Oldenbourgs Steuerfachbücher

Steuerliche Außenprüfung

(Betriebsprüfung) Steuerfahndung Steueraufsicht

Von
Prof. Dr. iur. utr. Heinz Mösbauer
unter Mitwirkung von
Dr. Theresia Mösbauer

2., völlig überarbeitete und erweiterte Auflage

R. Oldenbourg Verlag München Wien

Bibliografische Information Der Deutschen Bibliothek

Die Deutsche Bibliothek verzeichnet diese Publikation in der Deutschen Nationalbibliografie; detaillierte bibliografische Daten sind im Internet über <http://dnb.ddb.de> abrufbar.

Rosenheimer Straße 145, D-81671 München
Telefon: (089) 45051-0
www.oldenbourg.de

Gedruckt auf säure- und chlorfreiem Papier
Gesamtherstellung: Druckhaus „Thomas Müntzer" GmbH, Bad Langensalza

ISBN 3-486-57856-1

Vorwort

Dieses Studien- und Handbuch bezweckt, dem juristischen und wirtschaftswissenschaftlichen Nachwuchs, aber auch dem bereits in der Praxis mit Problemen der steuerlichen Außenprüfung, Steuerfahndung und Steueraufsicht, befaßten Praktiker, die spezifischen Schwerpunkte dieser so komplexen, schwierigen und dogmatisch defizitären Rechtsmaterie – problemorientiert – nahe zu bringen. Komplex und schwierig ist die Rechtsmaterie deshalb, weil die drei Rechtsbereiche häufig ineinander übergehen können, bevor es der Steuerpflichtige überhaupt bemerkt.
Die überwiegend hochqualifizierten Angehörigen der Prüfdienste (BP, Steufa, Aufsicht) der Finanzverwaltungen zeichnen sich regelmäßig sowohl durch profunde Kenntnisse des formellen und materiellen, allgemeinen und besonderen Steuerrechts als auch des Straf- und Strafprozeßrechts aus. Nur auf Grund dieser Qualifikation sind sie auch imstande, die Fehlgriffe im Rahmen der Besteuerung, sowie die regelmäßig intelligent-raffiniert angelegten Steuergestaltungen – korrigierend – zu erfassen.
Die Folge: Immer weniger Prüfer „erwirtschaften" immer mehr „Mehrsteuern". Nach den Berichten des Bundesfinanzministeriums überstiegen allein die Außenprüfungsergebnisse der vergangenen Jahre pro Jahr die 10-Milliarden-DM – Mehrsteuer-Grenze; ohne die Ergebnisse der Sonderprüfungen, der Steuerfahndung und der Steueraufsicht. Und dies in einem Staat, in dem nach zutreffenden Feststellungen der Deutschen Bundesbank die Gesamtbelastung durch Steuern und Sozialabgaben für Privatpersonen und Unternehmen, bereits über 40 Prozent des Sozialprodukts beträgt.
Die mit dem – verlegerisch – vorgegebenen Umfang zugleich vorgegebene Stoff- und Themenauswahl erfolgte wiederum nach subjektiven Erfahrungen, gesammelt während einer über 35-jährigen einschlägigen Tätigkeit in den Bereichen von Wissenschaft und Forschung, Finanzverwaltungs- und Beratungspraxis.
Auf diese subjektiven Erfahrungen gehen auch die unterschiedliche Gewichtung der Probleme, die Auswahl der Literatur sowie die Darstellungsmodalitäten zurück.
Wer gleichwohl – vermeintlich – Wichtiges vermißt, mag selbst zur Feder greifen und so zur Vervollständigung einer weiteren – dritten – Auflage dieses Werkes beitragen. Ihm wird mein Dank gelten.
Mein Dank gilt ferner all jenen – Rechtsanwälten und Steuerberatern, aber auch Unternehmern – die meinen Rat gesucht und mich schließlich dazu bewogen haben, die Erfahrungen einer rechts- und steuerberatenden Gutachtenpraxis in dieses Werk einzubringen.

Schließlich gilt mein Dank auch cand. med. Ulrike Mösbauer und stud. iur. Christopher Mösbauer, die bei der technischen Erstellung des Manuskripts unverzichtbare Hilfe geleistet haben.

Heinz Mösbauer

Inhaltsverzeichnis

Einführung

Die Ordnung des formellen Verhältnisses zwischen dem privat wirtschaftenden Individuum und der an den Leistungen und Erträgen dieses Wirtschaftens partizipierenden Staatsgewalt auf dem Gebiet des **Steuerrechts** bedarf speziell für die nachfolgend dargestellten Rechtsbereiche **„Steuerliche Außenprüfung“**, **„Steuerfahndung“** und **„Steueraufsicht“** rechtlicher Kodifikationen, die durch den Gedanken der rationalen Erfassung der Folgerichtigkeit steuerrechtlicher Wertungszusammenhänge geprägt sei und genau abgegrenzte Befugnisse für die Finanzbehörden enthalten müssen. Die Abgrenzung der administrativen Befugnisse erfolgt durch objektives Recht.[1] Es ist Befugnisnorm und Schranke zugleich für die dem Individuum gegenüber zu treffenden hoheitlichen Maßnahmen. Gegen sie sind dem das Sozial- und Wirtschaftsleben mitgestaltenden Individuum, als dem potentiell Betroffenen, subjektive Rechte an die Hand zu geben, die über die überwiegend **repressiven** Rechtsbehelfe und Rechtsmittel hinaus **präventiv** Beeinträchtigungen und Verletzungen von individuellen Rechtspositionen, wie z.B. des Privateigentums, der Berufs- und Gewerbefreiheit sowie der anderen Garantien des privatautonomen Wirtschaftens, entgegenzuwirken vermögen. Denn, wenn schon, worauf Papier[2] zutreffend verweist, **der Rechts- und Sozialstaat** des Grundgesetzes notwendigerweise zugleich **ein Steuerstaat** ist und die staatliche Besteuerungsgewalt demgemäß den rechtsstaatlichen Freiheitsgarantien komplementär[3] ist, dann muß sich der durch die kompetenzrechtlichen Vorschriften der Finanzverfassung (Art. 105 ff. GG) verfassungsrechtlich legitimierte Besteuerungseingriff i.w.S. auch in die grundrechtlichen Schrankenregelungen der Art.14 Abs. 1 Satz 2, Art. 12 Abs. 1 Satz 2 und Art. 2 Abs. 1 GG einfügen. Das Bundesverfassungsgericht[4] bestätigt dieses Ergebnis mit der Feststellung, mit der Eigentums- und Erbrechtsgarantie des Art. 14 Abs. 1 GG sei die **Wahrung eines individuellen Freiheitsraumes** im vermögensrechtlichen Bereich und damit einer eigenverantwortlichen Lebensgestaltung des einzelnen intendiert.
Damit werden zugleich die individualisierenden Akte[5] der staatlichen steuerlichen Außenprüfung, der Steuerfahndung und der Steueraufsicht in die rechtsstaatlichen Schranken

---

[1] Vgl. dazu **Mösbauer,** Das Steuerrecht – Auf der Suche nach dem System, DStR 1975, S. 680 ff.; ferner **Mösbauer,** Steuerliche Außenprüfung, Steueraufsicht und Steuerfahndung – im Spiegel staatlichen Autoritätsschwundes, StBp 2004, S. Im Ergebnis ebenso argumentiert **Buciek,** Bindende Erklärungen der Finanzverwaltung, DStZ 1999, S. 389, wenn er feststellt, das Handeln der Finanzverwaltung, sei es im Rahmen der Steuerfestsetzung oder im Steuererhebungsverfahren, vollziehe sich im allgemeinen in **gesetzlich vorgegebenen** Verfahrensabschnitten: Ob eine Steuer festgesetzt oder erlassen, beigetrieben oder gestundet, ob eine Besteuerungsgrundlage gesondert festgestellt oder eine Außenprüfung angeordnet wird: in allen diesen Fällen geht es um eine behördliche Entscheidung, die die Rechtsposition des Bürgers unmittelbar verändert und in diesem Sinne eine „verfügende“ Wirkung hat. Und erst mit dieser Entscheidung legt sich die Behörde fest.

[2] **Papier,** Grundgesetz und Wirtschaftsordnung, in: Benda / Maihofer / Vogel (Hrsg.), Handbuch des Verfassungsrechts, 1983, S. 645; so auch **Papier,** Grundgesetz und Wirtschaftsordnung, in: Benda / Maihofer / Vogel (Hrsg.)Handbuch des Verfassungsrechts, 2. Aufl., 1994, S. 842 (RdNr. 94). Zu den verfassungsrechtlichen Grundlagen der Besteuerung vgl. noch **Birk,** Steuerrecht, 7. Aufl., 2004, S. 30 ff., RdNrn. 101 ff., m. weit. Lit. Hinw.; **F. Kirchhof,** Grundriß des Steuer- und Abgabenrechts, 2.Aufl., 2001, S. 25 ff., RdNrn. 53 ff..

[3] Dazu **Isensee,** Steuerstaat als Staatsform, in: Hamburg, Deutschland, Europa, Festschrift für H. P. Ipsen zum 70. Geburtstag, 1979, S. 409 ff.; **Friauf,** Eigentumsgarantie und Steuerrecht, DÖV 1980, S. 480 ff..

[4] Vgl. dazu z.B. BVerfG, BVerfGE 50, 290 ff., bes. 339. Ferner **Kirchhof / von Arnim,** Besteuerung und Eigentum, in: VVDStRL 39 (1981), S. 213 ff.; 286 ff.; **Friauf,** Eigentumsgarantie und Steuerrecht, DÖV 1980, S. 480 ff.; **Schmidt-Bleibtreu / Schäfer,** Besteuerung und Eigentum, DÖV 1980, S. 489 ff.. Vgl. noch **Schneeloch,** Besteuerung und betriebliche Steuerpolitik, Band 1, 4.Aufl., 2003, S. 6 – 22 (zum Steuersystem der Bundesrepublik Deutschland) und S. 452 – 463 (zu den Prinzipien des Steuerrechts).

[5] Zur Differenzierung und Qualifizierung öffentlich-rechtlicher Handlungsformen der Verwaltung vgl. **Krause,** Rechtsformen des Verwaltungshandelns, 1974, S. 1 ff.; ferner **Tettinger,** Rechtsanwendung und gerichtliche Kontrolle im Wirtschaftsverwaltungsrecht, 1980, S. 273 ff..

dienender Funktion verwiesen. Denn noch immer ist der Staat um des Menschen willen da, nicht der Mensch um des Staates willen[6]. Gleichwohl bleibt die Wirkkraft der Freiheitsrechte gegenüber der staatlichen Finanzgewalt außerhalb des Verwaltungsverfahrensrechts relativ gering. Anderes gilt für das Steuerprüfungs- (§§ 193 – 207 AO), -fahndungs- (§ 208 AO) und –aufsichtsverfahren (§§ 209 – 217 AO), für die die grundrechtlichen Eingriffsschranken „Verhältnismäßigkeitsprinzip" und „Übermaßverbot" ihre uneingeschränkt wichtige Bedeutung haben; ungeachtet der Tatsache, ob sich das administrative procedere auf den Bereich der Finanz- oder der Ordnungssteuern[7] bezieht.[8]

---

[6] Vgl. hierfür Art. 1 Abs. 1 des Herrenchiemsee-Entwurfs.

[7] Vgl. dazu schon **Friauf,** Verfassungsrechtliche Grenzen der Wirtschaftslenkung und Grundgesetz, 1973, S. 26 ff.; **Knies,** Steuerzweck und Steuerbegriff, 1976, S. 123 ff.; **Bodenheim,** Der Zweck der Steuer, 1979, S. 1 ff.; **Papier,** Besteuerung und Eigentum, DVBl. 1980, S. 787 ff.

[8] Zu den Grundanforderungen des Gleichheitssatzes, der Freiheitsrechte und der Rechtssicherheit an das Besteuerungsverfahren vgl. **Puhl,** Besteuerungsverfahren und Verfassung, DStR 1991, S. 1141 ff. und 1173 ff.; **Bayer,** Steuerlehre – Steuerverfassung, Steuergesetz, Steuergericht – 1997, RdNrn. 30, 31, 896, 1555; **Lang,** in: Tipke / Lang, Steuerrecht, 16.Aufl., 1998, § 4 RdNrn. 209 ff.; **Birk,** Steuerrecht, 7. Aufl., 2004, S. 57 ff., RdNrn. 166 a – 178 b; **Mösbauer,** Steuerliche Außenprüfung, Steueraufsicht und Steuerfahndung – im Spiegel staatlichen Autoritätsschwundes, WPg 2005, S. 499 – 503.

Teil I

Die steuerliche Außenprüfung

A. Allgemeine Vorbemerkungen zur Außenprüfung

§ 1 Begriff, Wesen und Art der Außenprüfung im Steuerrecht

I. Begriff der Außenprüfung

Die Außenprüfung findet ihre gesetzliche Regelung in den §§ 193 – 207 AO. Der **Begriff** Außenprüfung umfaßt danach alle unter einer entsprechenden Prüfungsanordnung[1] durchgeführten **Sachverhalts-Ermittlungen** einer Finanzbehörde, die auf eine umfassende Beurteilung der steuerlich bedeutsamen Sachverhalte gerichtet sind.
Der gesetzliche Begriff **„Außenprüfung"** steht heute für den üblichen Begriff **„Betriebsprüfung"**. Daß der Gesetzgeber der AO an Stelle des früheren Begriffs „Betriebsprüfung" den Begriff „Außenprüfung" gesetzt hat, verdeutlicht, daß die Prüfung nicht nur steuerliche Verhältnisse von **Betrieben,** sondern u.U. auch von **Privatpersonen** mit steuerlich bedeutsamen Einkommens- oder Vermögensverhältnissen erfassen sollte.
Die Finanzverwaltung glaubt gleichwohl, den eingebürgerten Begriff Betriebsprüfung beibehalten zu müssen, was sich z.B. auch in der Bezeichnung der „Allgemeinen Verwaltungsvorschrift[2] für die Betriebsprüfung – Betriebsprüfungsordnung – (BpO 2000)" vom 15.3.2000[3] manifestiert.
Ein solches procedere begegnet aber im Hinblick auf Art. 20 Abs. 3 Halbs. 2 GG erheblichen rechtlichen Bedenken. Denn als vollziehende Gewalt ist die Finanzverwaltung, gleich der Rechtsprechung, an die gesetzlichen Vorschriften der §§ 193 – 207 AO – auch begrifflich - gebunden. Dies gilt auch unter dem Gesichtspunkt, daß mit der Verwaltungsvorschrift der „BpO 2000" vorrangig die Durchführung der Außenprüfung bei Land- und Forstwirten, Gewerbetreibenden und Freiberuflern geregelt werden sollte[4]. Doch ist auch eine solche organisatorische Abgrenzung der Betriebsprüfung als „allgemeine Außenprüfung" von den anderen Außenprüfungen als „besonderen Außenprüfungen"[5] an das Gesetz – die AO – und die dort gesetzgeberisch vorgegebenen Begriffe gebunden.

II. Wesen der Außenprüfung

1. Gesetzgeberisch erklärter Zweck des Ermittlungsverfahrens

[1] Vgl. dazu **Mösbauer,** Materiell-rechtliche Folgerungen der Anordnung einer steuerrechtlichen Außenprüfung, StBp 1998, S. 127 ff.; **Mösbauer,** Zeitliche Anforderungen an die Bekanntgabe einer Prüfungsanordnung, StBp 2000, S. 65 ff.; **Mösbauer,** Die abgekürzte Außenprüfung – Beschränkung von Rechtsansprüchen zugunsten der Verfahrensbeschleunigung, StBp 2001, S. 309 ff..

[2] Sie hat ihre Rechtsgrundlage in Art. 108 Abs. 7 GG. Danach kann die Bundesregierung allgemeine Verwaltungsvorschriften erlassen, und zwar mit Zustimmung des Bundesrates, soweit die Außenprüfungen den Landesfinanzbehörden und dem Bundesamt für Finanzen obliegen. Vgl. dazu auch § 1 Abs. 1 BpO 2000.

[3] BStBl. 2000 I, 368. Vgl. auch **Birk,** Steuerrecht, 7.Aufl., 2004, S. 142, RdNr. 442.

[4] Vgl. dazu § 2 Abs. 2 BpO 2000.

[5] Z.B. Umsatzsteuer – Sonderprüfung; Lohnsteuer – Außenprüfung. Vgl. in diesem Zusammenhang BFH, Urteil vom 14.11.1986 – VI R 214 / 83 – BStBl. 1987 II, 198; **Mösbauer,** in: Koch / Scholtz, AO, 5. Aufl., 1996, § 193 AO, Anm. 7. Vgl. auch § 1 Abs. 2 BpO 2000. Zur Umsatzsteuer-Sonderprüfung vgl. **Mösbauer,** Die Umsatzsteuer- Sonderprüfung – eine spezifische Form der Außenprüfung, UVR 2002, S. 333; zur Lohnsteuer-Außenprüfung vgl. **Mösbauer,** Die Überlassung von Werks- und Dienstwohnungen an Arbeitnehmer als typische Zweifelsfrage der Lohnsteuer-Außenprüfung, StBp 2002, S. 81.

Gesetzgeberisch erklärter **Zweck** des steuerlichen **Ermittlungsverfahrens** nach §§ 134 bis 154 AO[6] ist die, nach § 85 AO gesetzmäßige und gleichmäßige Erfassung und Sicherstellung der jeweils zutreffenden Besteuerungsgrundlagen[7] für die Durchführung der Besteuerung.[8]
Zur Erreichung dieses Zweckes hat der Gesetzgeber dem Steuerpflichtigen eine Reihe von Pflichten auferlegt; in Kenntnis administrativen Verhaltens aber auch zahlreiche Rechte eingeräumt.[9]
Ob in concreto eine **Einzelermittlungsmaßnahme**[10] oder eine Ermittlungsmaßnahme im Rahmen einer Außenprüfung vorliegt, entscheidet sich daran, wie sich das Tätigwerden der Finanzbehörde aus der Sicht des Betroffenen[11] in entsprechender Anwendung der zu § 133 BGB entwickelten Rechtsgrundsätze darstellt.[12] Entscheidend ist nach zutreffender Feststellung des BFH[13], wie der Steuerpflichtige nach den ihm bekannten Umständen den Gehalt der Ermittlungsmaßnahme unter Berücksichtigung von Treu und Glauben verstehen konnte.

2. Gesetzgeberisch erklärter Zweck der Außenprüfung

Auch die **Außenprüfung** dient nach § 194 Abs. 1 Satz 1 AO der Ermittlung der steuerlichen Verhältnisse des Steuerpflichtigen.[14] Damit ist gesetzgeberisch die richtige Ermittlung und

---

[6] Dazu vgl. **Mösbauer,** in: Koch / Scholtz, AO, 5.Aufl., 1996, §§ 134 ff. AO; **Mösbauer,** Grenzen der Buchführungs- und Abschlußpflicht bestimmter Steuerpflichtiger nach § 141 AO, DB 1995, S. 397 ff.; **Mösbauer,** Derivative und originäre steuerliche Buchführungs- und Aufzeichnungspflichten gewerblicher Unternehmer, DStZ 1996, S. 722 ff.; **Mösbauer,** Zur steuerlichen Buchführungspflicht gewerblicher Unternehmer nach § 140 AO, DB 1996, S. 2582 ff.; **Mösbauer,** Beginn, Ende und Übergang der steuerlichen Buchführungspflichten gewerblicher Unternehmer, DStZ 1997, S. 201 ff.; **Mösbauer,** Die Anforderungen an die Beschaffenheit einer steuerlichen Buchführung nach § 145 Abs. 1 AO, DB 1999, S. 1876 ff.; **Mösbauer,** Die an die Buchführung und die sonst erforderlichen Aufzeichnungen zu stellenden Anforderungen, DB 2002, S. 498 ff.; **Mösbauer,** Der – erweiterte – Zugriff der Außenprüfung auf die elektronischen Datenverarbeitungssysteme des zu prüfenden Unternehmens, in: Schröder / Muus (Hrsg.), Handbuch der steuerlichen Betriebsprüfung 2002, Liefg. 1 / 02 (April 2002), Kz. 3575 (S. 1 – 10).

[7] Auf diese „zutreffenden Besteuerungsgrundlagen" wird zunehmend dadurch eingewirkt, daß Einkünfte oder wesentliche Teile davon in das niedrigbesteuernde Ausland verlagert werden. Dazu vgl. **Mösbauer,** Die Beteiligungsbesteuerung bei Übertragung bestimmter Einkunftsquellen ins niedrigbesteuernde Ausland, BB 1998, S. 817 ff.; **Mösbauer,** Verlagerung von bestehender oder zukünftiger Steuersubstanz in niedrigbesteuerndes Ausland, DStZ 1998, S. 706 ff..

[8] S. dazu **Mösbauer,** in: Koch / Scholtz, AO, 5. Aufl., 1996, §§ 134 ff. AO, und vor § 193 AO, Rzn. 1 ff..

[9] Vgl. dazu **Mösbauer,** Rechte und Pflichten des Steuerpflichtigen bei der Durchführung der Besteuerung, StB 1984, S. 66 ff.; **Mösbauer,** Zum Umfang der Mitwirkungspflichten der Beteiligten und anderer Personen im Besteuerungsverfahren, DB 1985, S. 410 ff.; **Mösbauer,** Grenzen der Buchführungs- und Abschlußpflicht bestimmter Steuerpflichtiger nach § 141 AO, DB 1995, S. 397 ff.; **Mösbauer,** Derivative und originäre steuerliche Buchführungs- und Aufzeichnungspflichten gewerblicher Unternehmer nach § 140 AO, DB 1996, S. 2582 ff.; **Mösbauer,** Beginn, Ende und Übergang der steuerlichen Buchführungspflichten gewerblicher Unternehmer, DStZ 1997, S. 201 ff.; **Mösbauer,** Die Anforderungen an die Beschaffenheit einer steuerlichen Buchführung nach § 145 Abs. 1 AO, DB 1999, S. 1876 ff. ; **Mösbauer,** Die an die Buchführung und die sonst erforderlichen Aufzeichnungen zu stellenden Anforderungen, DB 2002, S. 498 ff.; **Mösbauer,** Der – erweiterte – Zugriff der Außenprüfung auf die elektronischen Datenverarbeitungssysteme des zu prüfenden Unternehmens, in: Schröder / Muus (Hrsg.), Handbuch der steuerlichen Betriebsprüfung 2002, Liefg. 1 / 02 (April 2002), Kz. 3575 (S. 1 – 10).

[10] Vgl. dazu auch AEAO (i.d.F. BMF – Schr. v. 14.2.2000 – BStBl. 2000 I, S. 190, ber. S. 495 / BMF – Schr. v. 14.1.2002 – BStBl. 2002 I, S. 64) zu § 85 AO.

[11] Eine Einzelermittlungsmaßnahme liegt z.B. dann vor, wenn ein Veranlagungsbeamter zum Zwecke der **Überprüfung** der in der Einkommensteuererklärung gemachten Angaben über ein häusliches Arbeitszimmer **bei** dem Steuerpflichtigen **erscheint.** So auch **Birk,** Steuerrecht, 7. Aufl., 2004, S. 142 f., RdNr. 442.

[12] BFH, Urteil vom 2.2.1994 – I R 57 / 93 – BStBl. 1994 II, 377, 378.

[13] BFH, Beschluß vom 25.8.1981 – VII B 3 / 81 – BStBl. 1982 II, 34; BFH, Urteil vom 28.11.1985 – IV R 178 / 83 – BStBl. 1986, II, 293; BFH, Urteil vom 19.6.1979 – VII R 27 / 77 – BStBl. 1980 II, 31.

[14] Er läßt aber die Regelungen über die Beweiserhebung im Besteuerungsverfahren nach §§ 88 ff. AO unberührt. Zum Zweck vgl. auch § 2 Abs. 1 Satz 1 BpO 2000; § 194 Abs. 1 Satz 1 AO.

Würdigung der steuerlich bedeutsamen Sachverhalte[15] gemeint, nicht etwa auf eine auf die Erzielung von Mehrsteuern ausgerichtete Ermittlung. Dazu gehört aber die bei der Praxis des Außenprüfungsdienstes nicht selten vermißte Erkenntnis, daß die tatsächlichen und rechtlichen Verhältnisse, soweit sie für die Steuerpflicht und die Bemessung der Steuer relevant sind, nach § 199 Abs. 1 Alt. 1 AO **auch zugunsten** des Steuerpflichtigen zu prüfen sind. Um solcher rechtswidriger Tendenz administrativen Vorgehens im Interesse gebotenen rechtmäßigen Verhaltens entgegenzuwirken, wies z.B. FinMin. NW bereits in seinem Erlaß[16] vom 17.5.1978 darauf hin, daß alles zu vermeiden sei, was auch nur den Anschein erwecken könnte, daß ein Angehöriger des Außenprüfungsdienstes nicht mit der erforderlichen Objektivität vorgeht. Mißt man aber die Realität an der Ermessensausübung bei der Anordnung und Durchführung von Prüfungsmaßnahmen sowie an der Beachtung der Grundsätze der Verhältnismäßigkeit des Mittels und des geringstmöglichen Eingriffs, so läßt sich bundesweit konstatieren, daß die Mehrergebnisse der Außenprüfungen solange nicht lediglich Folgewirkungen der Außenprüfung sein werden, wie sie Karrieredeterminanten für die fachliche Beurteilung der Außenprüfer sind.
Nach § 194 Abs. 1 Satz 2 AO obliegt die Bestimmung des sachlichen und zeitlichen Umfangs der Außenprüfung dem pflichtgemäßen Ermessen der Finanzbehörde. Sie kann auch bestimmen, ob sie die Prüfungspunkte und die im Interesse einer Verfahrensbeschleunigung zu setzenden Schwerpunkte[17] bereits in der Prüfungsanordnung abgrenzen will. Sie kann nach § 194 Abs. 1 Sätze 3 und 4 und Abs. 2 AO unter gewissen Voraussetzungen die Außenprüfung beim Steuerpflichtigen und bei einer Gesellschaft auch auf die steuerlichen Verhältnisse von Gesellschaftern von Personen- und Kapitalgesellschaften, von Mitgliedern von Genossenschaften und anderen Personenvereinigungen (z.B. Vereine), von Betriebsangehörigen oder Mitgliedern von Überwachungsorganen (z.B. Aufsichtsräte) ausdehnen. Da § 194 Abs. 2 AO anders als z.B. § 194 Abs. 1 Sätze 3 und 4 AO keine Einschränkung hinsichtlich des Prüfungsumfangs enthält, wird davon auszugehen sein, daß die Prüfung die gesamten steuerlichen Verhältnisse der Gesellschafter oder Mitglieder erfassen darf, sofern eine solche Feststellung zweckmäßig ist.
Allerdings bedarf es des Verwaltungsaktes einer besonderen Prüfungsanordnung nach §§ 196, 197 Abs. 1 AO, denn nur sie stellt die unmittelbare ermächtigende und verpflichtende Rechtsgrundlage für die Außenprüfung dar.[18] Vergleicht man die mit § 193 AO vom Gesetzgeber den Finanzbehörden eingeräumte Berechtigung und den gleichinhaltlichen Auftrag zur Durchführung von Außenprüfungen sowie deren Zweck nach § 194 Abs. 1 Satz 1 AO[19] z.B. mit dem Zweck der besonderen Steueraufsicht[20] über Zölle und Verbrauchsteuern, so läßt sich ein wesentlicher Unterschied nicht übersehen: Während die Steueraufsicht in besonderen Fällen der **laufenden** Kontrolle von Unternehmen, die den Tatbestand des § 209 AO erfüllen, dient, obliegt der Außenprüfung, ihrem Wesen nach überwiegend die –

[15] Die Ermittlung beschränkt sich nicht nur auf die unternehmerischen Einkünfte, sondern erfaßt auch andere Einkünfte wie z.B. solche aus Kapitalvermögen, ferner Sonderausgaben und außergewöhnliche Belastungen.
[16] Erl. FinMin. NW vom 17.5.1978 – S. 1401 – 5 – VA 1.
[17] Vgl. dazu § 5 BpO 2000.
[18] Zur Wirksamkeit der Prüfungsanordnung vgl. BFH, Urteil vom 10.4.1987 – III R 202 / 83 –, BStBl. 1988 II, 165 ff.. Zur Prüfungsanordnung eines mit der Durchführung einer Außenprüfung beauftragten Finanzamtes vgl. BFH, Urteil vom 10.12.1987 – IV R 77 / 86 –, BStBl. 1988 II, 322 ff.; ferner **Mösbauer,** Zeitliche Anforderungen an die Bekanntgabe einer Prüfungsanordnung, StBp 2000, S. 65 ff..
[19] Er ist nicht identisch mit dem Zweck sog. **Liquiditätsprüfungen**, durch die z.B. festgestellt werden soll, ob die Voraussetzungen für vom Steuerpflichtigen beantragte Billigkeitsmaßnahmen, wie Stundung oder Erlaß, vorliegen. Wesensverschieden ist auch der Zweck sog. **Richtsatzprüfungen.**
[20] Dazu vgl. schon **Paulick,** in: Hübschmann / Hepp / Spitaler, AO / FGO, 7.Aufl., 1951 / 79, § 209 AO Rz. 2; ferner **Mösbauer,** Steueraufsicht im Bereich der Zölle und Verbrauchsteuern, DB 1980, S. 1506 ff.; **Mösbauer,** Befugnisgrenzen der finanzbehördlichen Steueraufsicht (§§ 209 ff. AO), DStZ 1988, S. 267 ff.; **Mösbauer,** Staatsaufsicht über die Wirtschaft, 1990, §§ 27 – 29 (S. 531 ff.); ferner **Rüsken,** in: Klein, AO, 6.Aufl., 1998, § 209 AO, Anm. 1.

regelmäßig **nicht laufende**[21] – Ermittlung der regelmäßig[22] sämtlichen steuerlichen Verhältnisse eines Steuerpflichtigen.[23]
Der Vergleich zeigt also, daß die Außenprüfung ihre besondere Bedeutung im Besteuerungsverfahren hat, das noch dazu in der Praxis „das Schwergewicht der finanzamtlichen Prüfung zunehmend auf die Außenprüfung verlagert"[24]. Die Außenprüfung ist damit, ihrem Wesen nach, ein besonderes Verfahren der - überwachenden[25] – Sachaufklärung. Über ein bloßes Aufklären der steuerlichen Verhältnisse hinaus, kommt der Außenprüfung aber zugleich auch eine wesentliche **steueraufsichtliche** Funktion zu, nämlich die, die Besteuerung vorzubereiten, zu sichern und schließlich nachzuprüfen. Es kann daher Zwank nur zugestimmt werden, wenn er feststellt, daß die Außenprüfung für die Verwaltung „die effektivste[26] und daher wichtigste **Kontrollmaßnahme** der FinVerw." darstellt. Diese Realität zeigt, daß das Rechtsinstitut Außenprüfung daher schon seinem Wesen nach einer isolierten Betrachtung nicht zugänglich sein kann.
In diesem öffentlichen Interesse ist es auch begründet, daß der Gesetzgeber dem Steuerpflichtigen kein Recht auf Durchführung einer Außenprüfung eingeräumt, sondern sie dem finanzbehördlichen Entschließungs-[27] und Auswahlermessen[28] anheimgestellt hat.
Auf die steueraufsichtliche Funktion der Außenprüfung verweist auch die durch § 194 Abs. 3 AO gesetzlich erstmals geregelte Befugnis der Finanzbehörden, **Kontrollmitteilungen**

[21] Vgl. z.B. nur den zeitlichen Umfang der Außenprüfung nach § 4 BpO 2000. Nach § 4 Abs. 2 Satz 1 BpO 2000 soll nur bei Großbetrieben der Prüfungszeitraum an den vorhergehenden Prüfungszeitraum anschließen. Zum Steueraufsichtsverfahren vgl. auch AEAO zu § 85 AO, Nr. 1.

[22] Nur **ausnahmsweise** kann das berechtigte Interesse des Steuerpflichtigen Vorrang genießen und ein Verwertungsverbot begründen. Vgl. dazu FG Baden – Württemberg / Stuttgart, Urteil vom 23.6.1993 – 9 K 112 / 89 – EFG 1994, 75. Diese Ausnahme weist nach, daß es bei der grundlegenden und einschneidenden Bedeutung für den Staat, die Volkswirtschaft, die Unternehmen und sonst für jeden einzelnen ein wesentliches Gebot der Gerechtigkeit ist, daß der Staat die gesetzlich vorgesehene Besteuerung auch gegenüber jedermann gleichmäßig durchzusetzen versucht und dadurch ungleiche Behandlung und Wettbewerbsverzerrungen zu Lasten einzelner möglichst verhindert (BFH, Urteil vom 29.10.1986 – VII R 82 / 85 – BStBl. 1988 II, 359). Zum Prinzip einer möglichst gleichmäßigen Belastung der Steuerpflichtigen vgl. BVerfG, Urteil vom 27.6.1991 – 2 BvR 1493 / 89 – BStBl. 1991 II, 654.

[23] Vgl. dazu schon **Paulick,** Lehrbuch des allgemeinen Steuerrechts, 3.Aufl., 1977, Rz. 1082; **Seer,** in: Tipke / Lang, Steuerrecht, 16.Aufl., 1998, § 22, Rzn. 224 ff., 253 ff., 258.

[24] So schon **Klein / Orlopp,** AO, 2. Aufl., § 193 AO, Anm. 1; so auch **Zwank,** in: Koch, Abgabenordnung, 2.Aufl., 1979, Vorbem. zu §§ 193 – 207 AO, Rz. 3; **Zwank,** in: Koch, AO, 3.Aufl., 1986, Vorbem. zu §§ 193 – 207 AO, Rz. 3.
Diese Tendenz spiegelt sich auch in der Rechtsprechung des BFH wieder. So ist nach BFH, Urteil vom 4.11.1987 – II R 102 / 85 –, BStBl. 1988 II, 113 ff. die Anordnung einer Außenprüfung auch zulässig, soweit ausschließlich festgestellt werden soll, ob und inwieweit Steuerbeträge hinterzogen oder leichtfertig verkürzt worden sind. Eine sich insoweit gegenseitig ausschließende Zuständigkeit von Außenprüfung und Steuerfahndung besteht nicht.

[25] So im Ergebnis auch BFH, Urteil vom 28.8.1987 – III R 189 / 84 –, BStBl. 1988 II, 2f.; ferner § 2 Abs. 1 Satz 1 BpO 2000; **Birk,** Steuerrecht, 7.Aufl., 2004, S. 142 ff., RdNrn. 441 ff..

[26] **Zwank** verwechselt aber wohl die Begriffe „effektiv" und „effizient". Aus der Tatsache, daß er in: Koch, AO, 2.Aufl., 1979, Vorbem. zu §§ 193 – 207 AO, Rz. 1, noch von „wirksam" sprach, diesen Begriff in der 3.Aufl. aber durch „effektiv" ersetzte, ist zu entnehmen, daß er nur „effizient" gemeint haben kann.

[27] Die Finanzbehörde entscheidet nach pflichtgemäßem Ermessen, ob ... eine Außenprüfung durchgeführt wird. So auch § 2 Abs. 3 Satz 1 BpO 2000. Dies gilt auch, wenn der Steuerpflichtige eine baldige Außenprüfung begehrt. So ausdrücklich § 2 Abs. 3 Satz 2 BpO 2000.

[28] Die Betätigung des Auswahlermessens steht unter dem Vorbehalt gesetzmäßiger gleichmäßiger Besteuerung (§§ 85, 199 Abs. 1 AO). Zutreffend wies daher **Tipke,** Steuerrecht, 10.Aufl., 1985, § 18, 4.1 (S. 579), darauf hin, daß die Ablehnung einer Außenprüfung mit der Begründung, die Prüfung werde voraussichtlich nicht zu Steuernachforderungen, sondern zu Steuererstattungen führen, wegen §§ 85, 88 Abs. 2, 199 Abs. 1 AO mangels Aufgabenkonformität ermessensfehlerhaft wäre. Gleichmäßige Besteuerung erfordert aber auch sog. Stichprobenprüfungen. Das mögen jene Finanzverwaltungen zur Kenntnis nehmen, die sich bei der Auswahl der nach § 193 Abs. 1 AO zu prüfenden Unternehmer mehr vom fiskalischen Prinzip als vom Prinzip der gesetzmäßigen, gleichmäßigen Besteuerung leiten lassen. Vgl. dazu auch **Wenzig,** Das pflichtgemäße Ermessen bei der Auswahl zur Außenprüfung, StuW 1982, S. 321 ff..

hinsichtlich der Verhältnisse „anderer als der in § 194 Abs. 1 AO genannten Personen“[29] oder hinsichtlich festgestellter unerlaubter Hilfeleistung in Steuersachen erstellen zu dürfen. Die Finanzbehörden können auf derartige Kontrollmaßnahmen im Interesse einer ordnungsgemäßen Besteuerung nicht verzichten. Trotz der verständlicherweise sehr großen Versuchung der Finanzverwaltung kann es aber nicht zulässig sein, eine Außenprüfung mit dem Ziel durchzuführen, die Verhältnisse Dritter zu prüfen. Denn die Außenprüfung dient nach § 194 Abs. 1 Satz 1 AO der Ermittlung der steuerlichen Verhältnisse eines **bestimmten** Steuerpflichtigen, nicht aber der Beschaffung von Kontrollmaterial.

III. Art der Außenprüfung

Die Außenprüfung gewinnt im Steuerrecht immer mehr an Bedeutung[30]. Die zu erfassenden Sachverhalte werden immer vielschichtiger und damit komplizierter. Kaum ein größerer Steuerfall wird heutzutage als endgültig geklärt und erledigt angesehen, bevor nicht noch eine Außenprüfung stattgefunden hat, und die für die Steuerpflicht und die Bemessung der Steuer relevanten tatsächlichen und rechtlichen Verhältnisse zugunsten wie zuungunsten des Steuerpflichtigen festgestellt und rechtlich bewertet sind.[31]
Der Grundsatz der Finanzverwaltung: „erst ermitteln, dann festsetzen“ wird qua via zur Ausnahme; die Steuerfestsetzung nach §§ 164, 165 AO gewinnt im Hinblick auf die Ermittlung durch Außenprüfung[32] Regelcharakter.
„Angesichts d(ies)er herausragenden Bedeutung der Außenprüfung[33] für den Steuerpflichtigen und die Verwaltung ist es von großer Wichtigkeit, daß das Verfahren der Durchführung einer Außenprüfung klar und ausreichend geregelt ist.“[34] Dies setzt voraus, daß die **Rechte** und **Pflichten** der am Außenprüfungsverfahren **Beteiligten** genau determiniert sind. Eine solche Determinierung erfordert, daß das Außenprüfungsverfahren, mehr als bisher, auch verfassungs- und allgemein verwaltungsverfahrensrechtlichen Erkenntnissen zugänglich gemacht wird, die die Außenprüfung erkennbar jener verfahrensrechtlichen Position zuweisen, die ihr nach der Systematik der AO zukommt oder zumindest zukommen sollte.
Die schlechten Voraussetzungen für eine solche Zuweisung liegen ohne Zweifel in den verstreuten Vorschriften der AO begründet. Und sie sind sicher auch die Ursache dafür, daß die Wissenschaft seit langem ihr besonderes Interesse mehr systematischen Fragen des materiellen Steuerrechts statt solchen des **Verwaltungsverfahrensrechts** zuwendet. Gleichwohl stellt das Außenprüfungsverfahren ein besonders formell eingeleitetes Verwaltungsverfahren dar, das der Beeinflussung durch allgemeine angeblich „nur auslegende“ Verwaltungsanweisungen der Finanzbehörden nicht bedarf. Zu Recht begegnete

---

[29] ... und wegen des Sinngehalts des § 194 Abs. 3 AO wohl auch hinsichtlich der Verhältnisse anderer als der in § 194 Abs. 2 AO genannten Personen ...

[30] Dieser Bedeutungszuwachs führt in der Praxis dazu, daß – trotz des Zwangs zur Begrenzung der Personalausgaben – die Finanzverwaltungen zunehmend um eine „vernünftige **Verstärkung** des **Außendienstes**“ bemüht sind. Denn nur dadurch ist jenes Maß an Steuergerechtigkeit erreichbar, das für die Sicherung der Steuereinnahmen und der Steuermoral unabdingbar ist. Vgl. in diesem Zusammenhang **Heine,** Zur aktuellen Situation der Prüfungsdienste der Finanzverwaltung, Stbg 1998, S. 241.

[31] Zur Kontrollfunktion der Außenprüfung vgl. **Kühn / Hofmann,** AO / FGO, 17.Aufl., 1995, § 194 AO, Anm. 2; ferner Bundesrechnungshof, BT-Drucks. 10 / 2223, Tz. 54; **Mösbauer,** in: Koch / Scholtz, AO, 5.Aufl., 1996, § 193 AO, Anm. 1; so auch § 2 Abs. 1 Satz 1 BpO 2000.

[32] Nun wird die Außenprüfung vom Steuerpflichtigen regelmäßig als lästig empfunden. Gleichwohl sollte nicht übersehen werden, daß sie letzten Endes auch dazu beiträgt, Zweifelsfragen für den Steuerpflichtigen zu klären und Verbesserungen im Rechnungswesen und in der Buchführung zu bewirken.

[33] Ebenso **Schick,** Das Rechtsinstitut Außenprüfung – Grundstrukturen und tragende Prinzipien, DStR 1980, S. 275.

[34] **Zwank,** in: Koch, Abgabenordnung, 3.Aufl., 1986, Vorbem. zu §§ 193 – 207 AO, Rz. 2.

Schick[35] solchen Regelungen mit kritischem Mißtrauen, da speziell die Finanzverwaltung immer wieder versucht, trotz neuer gesetzlicher Regelungen am gewachsenen Rechtszustand festzuhalten oder unter Berufung auf Zweckmäßigkeitsgründe sich vom Gesetz zu entfernen. Beweise hierfür sind das Beharren der Finanzverwaltung auf eigener gesetzlicher Terminologie[36] sowie eigenen gesetzwidrigen Organisationsregelungen[37].
Dieses procedere macht es – trotz der Regelung des § 2 Abs. 1 Satz 2 BpO 2000 – in besonderer Weise erforderlich, der Finanzverwaltung für die Anordnung und Durchführung des Prüfungsverfahrens die Bedeutung des **verfassungsrechtlichen Übermaßverbotes** für die Festlegung von Zeitpunkt und Zeitdauer[38] der Prüfung, die Bestimmung der Prüferzahl und das Mitwirkungsverlangen gegenüber dem Steuerpflichtigen entgegenzuhalten.
Zutreffend verweist Schick auch darauf, daß wegen des mit der Außenprüfung notwendigerweise verbundenen weitgehenden Eindringens in die persönliche Sphäre des Steuerpflichtigen und wegen der Durchführung der Prüfung in den Geschäftsräumen des Steuerpflichtigen die Behörde – auch über die ausdrücklich geregelten Fälle der Gewährung rechtlichen Gehörs[39] hinaus – sich grundsätzlich mit dem Steuerpflichtigen hinsichtlich Prüfungszeit[40] des vom Steuerpflichtigen bereitzuhaltenden Raumes oder Arbeitsplatzes etc.[41] abzustimmen hat. Letztlich hat sie die maßgeblichen Verfahrensschritte , allerdings einseitig, festzulegen; denn sie ist „Herrin des Prüfungsverfahrens“ und hat als solche die Verfahrensleitung. Wird beim Steuerpflichtigen geprüft, so bleibt dessen Hausrecht allerdings grundsätzlich aufrechterhalten. Dies hat zur Folge, daß das Betreten der Privatwohnung des Steuerpflichtigen zum Zwecke der Prüfung gegen den Willen des Steuerpflichtigen im Hinblick auf Art. 13 GG unzulässig ist. In den Geschäftsräumen ist eine Außenprüfung aber grundsätzlich zulässig.
Die Art dieser Ermittlungen durch Außenprüfungen bestimmt zugleich auch die Art der Außenprüfung, nämlich als **allgemeine Außenprüfung** oder als **besondere Außenprüfung**[42], als **unbeschränkte** oder als auf die wesentlichen Grundlagen beschränkte – sog. **abgekürzte**[43] – **Außenprüfung;** als **uneingeschränkt zulässige** oder als nur **eingeschränkt zulässige Außenprüfung.**[44]

§ 2 Allgemeine Außenprüfungen – Besondere Außenprüfungen

I. Allgemeine Außenprüfungen

[35] **Schick,** Das Rechtsinstitut Außenprüfung – Grundstrukturen und tragende Prinzipien, DStR 1980, S. 276.
[36] So verwenden z.B. die Finanzverwaltungen den Begriff „Betriebsprüfung“ trotz des entgegenstehenden Gesetzeswortlauts z.B. der §§ 193, 194, 195, 196, 197, 198, 199, 200, 201, 202 und 203 AO gleich wohl weiter.
[37] Vgl. z.B. nur die „Gnofä“.
[38] Vgl. dazu mangels gesetzlicher Regelung den nur für die Verwaltung unmittelbar verbindlichen § 4 BpO 2000.
[39] Vgl. dazu z.B. **Mösbauer,** Der Informationsanspruch des Steuerpflichtigen bei der Durchführung einer steuerlichen Außenprüfung, StBp 2001, S. 217 ff..
[40] Vgl. dazu z.B. **Mösbauer,** Zeitliche Anforderungen an die Bekanntgabe einer Prüfungsanordnung, StBp 2000, S. 65 ff..
[41] Vgl. z.B. **Mösbauer,** Zum Umfang der Mitwirkungspflicht des Arbeitgebers bei der Lohnsteuer-Außenprüfung, DB 1998, S. 1303 ff..
[42] Vgl. z.B. **Mösbauer,** Die Umsatzsteuer-Sonderprüfung – eine spezifische Form der Außenprüfung, UVR 2002, S. 333 ff..
[43] ... nach § 203 AO. Sie erfüllt alle Kriterien einer Außenprüfung. Auf sie sind auch alle Vorschriften der §§ 193 ff. AO anwendbar, mit Ausnahme des § 201 Abs. 1 AO und § 202 Abs. 2 AO. Vgl. dazu **Mösbauer,** Die abgekürzte Außenprüfung, StBp 2001, S. 309 ff..
[44] Vgl. dazu **Köhler,** Prüfung durch „bewußte Auswahl“ oder durch „Zufallsauswahl“, StBp 2002, S. 68 ff..

1. Die uneingeschränkte Zulässigkeit der Außenprüfung

Nach der Ermächtigungs- und Auftragsnorm des § 193 Abs. 1 AO[1] ist eine Außenprüfung **uneingeschränkt zulässig** bei Steuerpflichtigen, die einen gewerblichen oder land- und forstwirtschaftlichen Betrieb unterhalten oder die freiberuflich tätig sind. Sie gelten ex ante als prüfungsbedürftig.
Ist ein Betriebsinhaber verstorben, ist die Anordnung der Außenprüfung auch gegenüber dem Erben zulässig.
Besondere Voraussetzungen, wie z.B. bei der nur **eingeschränkt zulässigen** Außenprüfung nach § 193 Abs. 2 Nrn. 1 und 2 AO müssen nicht vorliegen[2].
Das gesetzgeberische Motiv der Regelung des § 193 Abs. 1 AO ist darin begründet, daß bei den in Abs. 1 genannten Steuerpflichtigen die steuerlichen Verhältnisse regelmäßig nur auf Grund der geführten Bücher[3] und Aufzeichnungen überprüft und ermittelt werden können.[4] Können sich aus solchen Ermittlungen keine steuerlichen Folgen ergeben, z.B. weil die Festsetzungsfrist bereits abgelaufen ist (§§ 169 ff. AO), ist die Durchführung einer Außenprüfung unzulässig. Denn die **Außenprüfung** ist **nicht Selbstzweck.**[5]

2. Die eingeschränkte Zulässigkeit der Außenprüfung

Während bei den Steuerpflichtigen des § 193 Abs. 1 AO eine Außenprüfung **ohne** besondere Einschränkungen und Voraussetzungen zulässig ist, kann bei denen des § 193 Abs. 2 AO eine Außenprüfung nur unter den **Einschränkungen**[6] des § 193 Abs. 2 Nr. 1 AO und den **Voraussetzungen**[7] des § 193 Abs. 2 Nr. 2 AO stattfinden.
Konkret bedeutet das, daß bei den in § 193 Abs. 2 AO genannten „anderen" Steuerpflichtigen eine Außenprüfung nur zulässig ist, **soweit** sie die Verpflichtung dieser Steuerpflichtigen betrifft, für Rechnung eines anderen Steuern zu entrichten oder einzubehalten und abzuführen (§ 193 Abs. 2 Nr. 1 AO) oder **wenn** die für die Besteuerung erheblichen Verhältnisse der Aufklärung bedürfen und eine Prüfung an Amtsstelle nach Art und Umfang des zu prüfenden Sachverhalts, z.B. wegen umfangreicher und vielgestaltiger Einkünfte, nicht zweckmäßig ist (§ 193 Abs. 2 Nr. 2 AO).
Haben Ehegatten Zusammenveranlagung beantragt, so ist eine Außenprüfung wohl nur gegen den Steuerpflichtigen zulässig, bei dem die spezifischen Voraussetzungen vorliegen. Stillschweigende Bevollmächtigung ist kein Surrogat für die fehlenden Voraussetzungen der Außenprüfung.

II. Besondere Außenprüfungen

---

[1] Vgl. auch § 2 Abs. 2 BpO 2000. Vgl. dazu auch **Mösbauer,** Zur Begründung der Anordnung einer Außenprüfung nach § 193 Abs. 1 AO, DB 1993, S. 67; dazu **Tipke,** in: Tipke / Kruse, AO / FGO, vor § 193 AO.
[2] Vgl. aber in diesem Zusammenhang die Außenprüfung von Konzernen und sonstigen zusammenhängenden Unternehmen nach §§ 13 ff. BpO 2000.
[3] Die Zulässigkeit einer Außenprüfung setzt jedoch keine Buchführungspflicht voraus; denn Freiberufler sind , wie § 141 AO zeigt, ohnehin nicht buchführungspflichtig. Vgl. dazu **Mösbauer,** Grenzen der Buchführungs- und Abschlußpflicht bestimmter Steuerpflichtiger nach § 141 AO, DB 1995, S. 397 ff..
[4] Vgl. dazu auch Bundesrechnungshof, BT-Drucks. 10 / 2223, Tz. 54. Er ist der Auffassung, daß eine zutreffende Feststellung der gesetzlichen Besteuerungsgrundlagen insbesondere bei Gewinnermittlern i.d.R. **nicht** durch den **Innendienst** der Finanzämter sichergestellt werden kann.
[5] So im Ergebnis auch § 2 Abs. 1 Satz 1 BpO 2000: Zweck ... ist die Ermittlung und Beurteilung der steuerlich bedeutsamen Sachverhalte, um die Gleichmäßigkeit der Besteuerung sicherzustellen (§§ 85, 199 Abs. 1 AO).
[6] ... soweit ...
[7] ... wenn ...

1. Die Umsatzsteuer-Sonderprüfung[8]

a) Der Sonderprüfungstatbestand[9]

aa) Rechtliche Modalitäten

aaa) Die Umsatzsteuer-Sonderprüfung – eine spezifische Form der Außenprüfung[10]

Die **Umsatzsteuer-Sonderprüfung**[11] ist, wie die **Lohnsteuer-Außenprüfung,** eine spezifische[12] Form der Außenprüfung. Sie wird zeitnah und unabhängig vom Turnus der allgemeinen Betriebsprüfung und von der Größe des Betriebes durchgeführt und dient der Überprüfung, ob die Umsatzsteuerschuld richtig errechnet wurde. Durch die Umsatzsteuer-Sonderprüfung soll insbesondere erreicht werden, daß steuerpflichtige Leistungen **sachlich** und **zeitlich** zutreffend besteuert[13], Steuerbefreiungen und Steuervergünstigungen nicht zu

---

[8] Die Umsatzsteuer-Sonderprüfung hat deshalb besondere Relevanz, da die Umsatzsteuer – einschließlich der Einfuhrumsatzsteuer – mit einem jährlichen Durchschnittsaufkommen von 288 Mrd. DM bisher eine der ergiebigsten Steuern ist. Sie erbringt fast ein Drittel des gesamten Steueraufkommens. Vgl. dazu BMF (Hrsg.), Finanzbericht 2001, Tabelle 12, S. 262. Die Umsatzsteuer ist nach Art. 106 Abs. 3,4 und 7 GG eine Gemeinschaftssteuer. Ihr Aufkommen steht dem Bund und den Ländern gemeinsam zu. Die Anteile werden durch Bundesgesetz, mit Zustimmung des Bundesrates, festgesetzt. Von dem Länderanteil fließt den Gemeinden und Gemeindeverbänden insgesamt ein von der Landesgesetzgebung zu bestimmender Hundertsatz zu.
Die Steuerverteilung erfolgt nach dem FAG vom 23.6.1993 – BGBl. 1993 I, S. 944 / 977 i.d.F.d.G. vom 20.12.2001 – BGBl. 2001 I, S. 3955 und nach dem FAG vom 20.12.2001 – BGBl. 2001 I, S. 3955 (Dieses FAG ist als Art. 5 des Solidarpaktfortführungsgesetzes vom 20. 12. 2001 verkündet worden. Es tritt m.W.v. 1. 1. 2005 in Kraft).
Ein Teil des Umsatzsteueraufkommens fließt nach Art. 2 Abs. 1 Buchst. c des Beschlusses des Rates über das System der Eigenmittel vom 31. 10. 1994 vorweg in den Haushalt der EG.

[9] Vgl. dazu **Mösbauer,** Die Umsatzsteuer-Sonderprüfung – eine spezifische Form der Außenprüfung, UVR 2002, S. 333 ff..

[10] Dazu **Mösbauer,** Die Umsatzsteuer-Sonderprüfung – eine spezifische Form der Außenprüfung, UVR 2002, S. 333 ff.; BMF, Schreiben betr. Durchführung von Umsatzsteuer-Sonderprüfungen vom 7.11.2002 – IV B2 – S 7420a – 4 / 02 – BStBl. 2002 I, S. 1366, Abschn. III Abs. 1 Satz 2: Bei der Anwendung der Regelungen zum **Datenzugriff** und zur Prüfbarkeit **digitaler Unterlagen** sind die §§ 146 Abs. 5, 147 Abs. 2, 5, 6, 200 Abs. 1 AO und § 14 Abs. 4 Satz 2 UStG sowie das BMF-Schreiben vom 16.7.2001 – BStBl. 2001 I, S. 415 zu beachten.

[11] Vgl. dazu BFH, Urteil vom 11.11.1987 – X R 54 / 82 –, BStBl. 1988 II, 306 ff.; BFH, Urteil vom 28.10.1992 – X R 117 / 89 – BStBl. 1993 II, 261; ferner BMF, Schreiben vom 16.5.1994 – IV C 4 – S 7420a – 1 / 94 – abgedr. in: Hartmann / Metzenmacher, UStG, A 1418; ergänzend auch **Hentschel,** Die strafrechtliche Beurteilung der Verwendung von Scheinrechnungen im Besteuerungsverfahren, StBp 2000, S. 260 ff.; **Weimann / Eichmann,** Umsatzsteuer-(-Sonder)prüfungen, 2003, S.1 ff..

[12] Sie wird einzelfallbezogen, nie zufällig, sondern je nach Notwendigkeit (Abschn. 232 Abs. 2 Nrn. 1 – 12 UStR 2000), als Erst- oder Bedarfsprüfung, durchgeführt. Dies führt dazu, daß sie den Unternehmer regelmäßig scheinbar völlig überraschend ereilt. Von der mehr oder weniger regelmäßigen Außenprüfung unterscheidet sich die Umsatzsteuer-Sonderprüfung ferner durch ihre Prüfungs**schwerpunkte,** ihre Prüfungs**kriterien** und das Prüfungs**verfahren** (Abschn. 232 UStR 2000). Im Rahmen einer Umsatzsteuer-Sonderprüfung können auch lohnsteuerrechtliche Sachverhalte mitgeprüft werden, soweit ein Bezug zum Umsatzsteuerrecht besteht. Vgl. auch **Welte,** Umsatzsteuer-Sonderprüfungen – Verfahrensrechtliche Aspekte und Prüfungsschwerpunkte im Bereich des innergemeinschaftlichen Waren- und Dienstleistungsverkehrs, DSWR 1995, S. 145 – 149.
Vgl. in diesem Zusammenhang auch § 1 Abs. 2 BpO 2000.

[13] Ob dies geschieht, ist anhand einer logischen **Schlüssigkeitsprüfung** der erklärten Besteuerungsgrundlagen festzustellen. Die Prüfer beschränken sich also bei einem Vorsteuerüberhang **nicht** mit der **belegmäßigen** Überprüfung der geltend gemachten Vorsteuern. Sie prüfen auch, ob vielleicht **steuerfreie** Umsätze getätigt oder unverhältnismäßig hohe Leistungen in Form von **Anlagevermögen** oder **Warenbestand** dem Unternehmen zugeführt wurden. Eine Prüfung der Personenkonten der Buchführung kann bei nicht ausgeglichenen Salden Hinweise auf **nicht erfaßte Geschäftsvorfälle** erbringen. Überzahlte Kundenkonten sprechen für fehlende Ausgangsrechnungen, unbezahlte Verbindlichkeiten für nicht vorgenommene Vorsteuerberichtigungen.

Unrecht in Anspruch genommen werden und keine Vorsteuerbeträge unberechtigt abgezogen oder vergütet werden.[14]
Die Umsatzsteuer-Sonderprüfung hat sich daher in erster Linie auf Sachverhalte zu erstrecken, die zu **endgültigen Steuerausfällen,** zu **unberechtigten Steuererstattungen / -vergütungen** oder zu **nicht unbedeutenden Umsatzverlagerungen** führen können. Zur Sicherung des Steueraufkommens sind Umsatzsteuer-Sonderprüfungen aber auch dann durchzuführen, wenn die Prüfung der Umsatzsteuer im Einzelfall **kein Mehrergebnis** erwarten läßt oder die Feststellungen voraussichtlich nur für die **Besteuerung Dritter** von Bedeutung sein können (z.B. in grenz- und länderübergreifenden Fällen).[15]
Auf die Umsatzsteuer-Sonderprüfung sind die Vorschriften der §§ 193 bis 203 AO weiterhin uneingeschränkt anwendbar. Die §§ 5 bis 12, 20 bis 24, 29 und 30 BpO 2000 sind, mit Ausnahme des § 5 Abs. 4 Satz 2 BpO 2000, sinngemäß anzuwenden (§ 1 Abs. 2 BpO 2000).[16]
Jedoch erforderte der Wegfall von Warenkontrollen an den Binnengrenzen der Mitgliedstaaten der Europäischen Gemeinschaft (EG) ab 1.1.1993 auch im Bereich der Umsatzsteuer-Sonderprüfung neue Regelungen.[17]
Im automatisierten Umsatzsteuer Voranmeldungs- und Vorauszahlungs-Verfahren (UVV-Verfahren) und im automatisierten Verfahren zur Berechnung / Festsetzung der Jahresumsatzsteuer (USt-Verfahren) werden automationsgestützt Hinweismitteilungen[18] ausgegeben, die Umsatzsteuer-Sonderprüfungen **anregen.** Diese Hinweise sind bei der Bearbeitung von USt-Voranmeldungen, USt-Erklärungen für das Kalenderjahr und Kontrollmitteilungen **auszuwerten.** Wird ein Fall – vordruckmäßig – zur Umsatzsteuer-Prüfung vorgeschlagen bzw. **gemeldet,** so überprüft der Hauptsachgebietsleiter „Umsatzsteuer" diesen Fall auf seine **Prüfungswürdigkeit** und seine **Dringlichkeit.** Werden diese bejaht, so erfolgt eine **Weiterleitung** des Falles an das zuständige **Prüfungsfinanzamt.** Fälle des eigenen Amtes werden an die **Umsatzsteuer-Prüfungsstelle** weitergeleitet. Nicht

[14] So zutreffend BMF, Schreiben betr. Durchführung von Umsatzsteuer-Sonderprüfungen vom 7.11.2002 – IV B 2 – S 7420a – 4 / 02 – BStBl. 2002 I, S. 1366, Abschn. I Abs. 1 und Abschn. III Abs. 6.

[15] So zutreffend BMF, Schreiben betr. Durchführung von Umsatzsteuer-Sonderprüfungen vom 7.11.2002 – IV B 2 – S 7420a – 4 / 02 – BStBl. 2002 I, S. 1366, Abschn. III Abs. 1 Sätze 4 und 5.

[16] Anders als bei der Lohnsteueraußenprüfung, die in § 42 f EStG eine Regelung erfahren hat, gibt es bei der Umsatzsteuer-Sonderprüfung im UStG keine besondere Regelung. Lediglich Abschn. 232 UStR 2000 enthält Regelungen für die **Vorbereitung** und **Durchführung** von Umsatzsteuer-Sonderprüfungen. Sie nehmen aber überwiegend Bezug auf BMF, Schreiben betr. Durchführung von Umsatzsteuer-Sonderprüfungen vom 7.11.2002 – IV B 2 – S 7420a – 4 / 02 – BStBl. 2002 I, S. 1366.
Die Umsatzsteuer-Sonderprüfung ist streng zu trennen von der **Umsatzsteuer-Nachschau** des § 27 b UStG, die erst mit Wirkung vom 1.1.2002 durch das Gesetz zur Bekämpfung von Steuerverkürzungen bei der Umsatzsteuer und anderer Steuern – Steuerverkürzungsbekämpfungsgesetz / StVBG – vom 19.12.2001 – BGBl. 2001 I, S. 3922 in das UStG eingefügt worden ist; vgl. auch BMF, Schreiben vom 23.12.2002 – IV B 2 – S 7420 – 415 / 02 – BStBl. 2002 I, S. 1447; vgl. noch **Pump,** Abgrenzung Unternehmer gem. § 2 UStG und Arbeitnehmer, StBp 2000, S. 271 ff..

[17] Vgl. in diesem Zusammenhang die neuen Möglichkeiten der Finanzämter zur **Direktabfrage** der innergemeinschaftlichen Geschäfte durch das Dialogsystem „USLO" (Umsatz-Steuer-Länder-Online). Ferner das Verfahren „ZAUBER" (Zentrale Datenbank zur Speicherung und Auswertung von Umsatzsteuer-Betrugsfällen und Entwicklung von Risikoprofilen); dazu vgl. OFD Koblenz, Verfügung vom 9.4.2001 – S 7420 A – St 44 5 / ZD 16 42, UR 2001, S. 416. Außerdem Informationsquelle ZIVED (Zentrale Informations-Vermittlung aus externen Datenbanken). Vgl. auch Analyseprogramm WinIDEA und MIAS (Mehrwertsteuer-Information-Austausch-System). Vgl. dazu **Porzner,** Austausch von Angehörigen des höheren Dienstes der öffentlichen Verwaltung zwischen Frankreich und der Bundesrepublik Deutschland, StBp 2000, S. 75; nunmehr noch BMF, Schreiben betr. Durchführung von Umsatzsteuer-Sonderprüfungen vom 7.11.2002 – IV B 2 – S 7420a – 4 / 02 – BStBl. 2002 I, S. 1366. Danach – Abschn. III Abs. 7 – sind die gemeinschaftsrechtlichen Informationsmöglichkeiten für die zwischenstaatliche Amtshilfe im Besteuerungsverfahren zu nutzen
(**Informationen** gemäß Art. 4 Abs. 2 und 3 der EWG-VO Nr. 218 / 92 des Rates vom 27.1.1992 – Zusammenarbeits-VO und **Einzelauskunftsersuchen** gemäß Art. 5 dieser VO). Ggf. sind auch **Spontanauskünfte** nach § 2 Abs. 2 EG-AHG zu fertigen und nach § 1b EG-AHG ausländische Bedienstete von Mitgliedstaaten hinzuzuziehen.

[18] Die Meldungen der prüfungswürdigen Fälle zur Umsatzsteuer-Prüfung erfolgen vordruckmäßig.

weitergeleitete Fälle werden mit entsprechender Begründung an die meldende Stelle **zurückgegeben.**
Dies zeigt, daß 2 Formen der Erledigung zu differenzieren sind: die **Prüfung** (P) und die **Rückgabe** (R).
Fortlaufend geführte **Überwachungsblätter** differenzieren zwischen erledigten und unerledigten Meldungen. Können bestehende Zweifel zunächst nicht mit Mitteln des Innendienstes ausgeräumt werden, ist unverzüglich eine Umsatzsteuer-Sonderprüfung **durchzuführen.**[19] Diese ist aber auf das **Wesentliche** abzustellen und ihre Dauer auf das **notwendige Maß** zu beschränken.[20] Um mehrere Prüfungen innerhalb kurzer Zeit bei demselben Unternehmer zu vermeiden, ist die jeweils in Aussicht genommene Umsatzsteuer-Sonderprüfung, vor Erteilung einer Prüfungsanordnung, mit den anderen Prüfungsdiensten **abzustimmen.**
Umsatzsteuer-Sonderprüfungen werden dadurch **veranlaßt,** daß Veranlagungsstellen und Voranmeldungsstellen, als die zuständigen Stellen, den Prüfungsberechtigten (HSL – USt) Prüfungsvorschläge und Prüfungsmeldungen zuleiten. Diese werden anhand der in Abschn. 232 Abs. 2 und 3 UStR 2000 aufgeführten Kriterien auf ihre Prüfungseignung, Prüfungswürdigkeit und Dringlichkeit überprüft und ggf. an die zuständige USt-Prüfungsstelle weitergeleitet. Unterstützt werden die zuständigen Stellen nach Abschn. 232 Abs. 3 UStR 2000 bei der Auswahl der Prüfungsfälle durch die in den automatisierten Verfahren zur Bearbeitung der Voranmeldungen (UVV-Verfahren) und zur Berechnung / Festsetzung der Jahresumsatzsteuer (USt-Verfahren) enthaltenen Plausibilitätsprüfungen. Die Zuleitungen werden im UVV-Verfahren gespeichert. Der HSL – USt erfaßt als Leiter der USt-Prüfungsstelle sowohl die weitergeleiteten als auch die nicht weitergeleiteten und mithin zurückzugebenden zugeleiteten Prüfungsvorschläge und Prüfungsmeldungen – jeweils für ein Kalenderjahr in einem Überwachungsblatt. Dieses procedere dient über die Überwachung der Prüfungsvorschläge und Prüfungsmeldungen hinaus zugleich der Abstimmung mit anderen Prüfungsdiensten. So hilft die Beiziehung des Außenprüfungsgeschäftsplans bei der Auswahl der Prüfungsfälle, Mehrfachprüfungen bei demselben Unternehmer innerhalb relativ kurzer Zeit zu vermeiden.
Im Regelfall ist auch für eine Umsatzsteuer-Sonderprüfung eine schriftliche **Prüfungsanordnung**[21] erforderlich (§ 196 AO[22]). In ihr ist der **Prüfungsumfang**[23] eindeutig festzulegen.[24] Die Prüfung erschöpft sich nicht lediglich in einer formellen Prüfung der

---

[19] BMF, Schreiben betr. Durchführung von Umsatzsteuer-Sonderprüfungen vom 7.11.2002 – IV B 2 – S 7420 a – 4 / 02 – BStBl. 2002 I, S. 1366, Abschn. I Abs. 3.

[20] **Reiffs,** Aktuelle Fragen aus der Praxis der Außenprüfung, StBp 1999, S. 191 f. weist in diesem Zusammenhang darauf hin, daß im Rahmen multilateraler Prüfungen der Umsatzsteuer die EU-Kommission finanzielle Anreize schafft, damit die nationalen Verwaltungen die vorhandenen Instrumente in Zusammenarbeit mit den Verwaltungen anderer Staaten nutzen. Vgl. in diesem Zusammenhang auch **Mösbauer,** Der – erweiterte – Zugriff der Außenprüfung auf die elektronischen Datenverarbeitungssysteme des zu prüfenden Unternehmens, in: Schröder / Muus (Hrsg.), Handbuch der steuerlichen Betriebsprüfung 2002, Liefg. 1 / 02 (April 2002), Kz. 3575 (S. 1 – 10); BMF, Schreiben betr. Durchführung von Umsatzsteuer-Sonderprüfungen vom 7.11.2002 – IV B 2 – S 7420 – 4 / 02 – BStBl. 2002 I, S. 1366, Abschn. III Abs. 1 Satz 3.

[21] Zwingende Bestandteile dieser Prüfungsanordnung sind: die die Anordnung erlassende **Behörde** (= Leiter der Umsatzsteuer-Prüfungsstelle); der **zeitliche** Prüfungsumfang; der **sachliche** Prüfungsumfang; der genaue Zeitpunkt des Prüfungs**beginns** nach Datum und Uhrzeit; der Name und die Dienststellung des **Prüfers** sowie die **Rechtsbehelf**sbelehrung.

Behält sich das Finanzamt in der Prüfungsanordnung ausdrücklich „die Überprüfung der Angaben des Unternehmers zum **innergemeinschaftlichen** Warenverkehr" vor, so sollte daraus der Schluß gezogen werden, daß das Bundesamt für Finanzen bereits in die Prüfungsvorbereitungen einbezogen ist. Das gleiche gilt auch, wenn sich das Finanzamt ausdrücklich „die Aufklärung des Sachverhalts im Rahmen **zwischenstaatlicher** Amtshilfe" vorbehält.

[22] ... i.V.m. § 193 Abs. 2 Nr. 1 AO oder § 193 Abs. 2 Nr. 2 AO.

Bei **anderen** als den in § 193 Abs. 1 AO bezeichneten Steuerpflichtigen, also bei Unternehmen, die keinen gewerblichen oder land- und forstwirtschaftlichen Betrieb unterhalten und die auch nicht freiberuflich tätig sind,

Buchführung und der buch- und belegmäßigen Nachweise.[25] Sie hat sich auch darauf zu erstrecken, ob die Geschäfte tatsächlich in der dargestellten Weise abgewickelt wurden.[26] **Abfragen** in geeigneten Datenbanken oder im Internet, ergänzt durch einzelfallbezogene **Ermittlungen,** prägen erfolgreiche Umsatzsteuer-Sonderprüfungen.
Die eindeutige Festlegung des Prüfungsumfangs setzt aber umfangreiche Prüfungsvorbereitungen voraus. In ihrem Rahmen sind z.B. Berichte über vorangegangene Außenprüfungen, Kontrollmitteilungen, Mitteilungen anderer Steuerstellen, Bilanzen, Geschäftsberichte und Verträge, Anzeigen über Betriebseröffnungen sowie über Abtretungen auszuwerten.
Soweit ein Besteuerungszeitraum auf Grund einer USt-Jahreserklärung in Frage steht, empfiehlt die eindeutige Festlegung des Prüfungsumfangs eine vorherige Verprobung erklärter Umsätze und des Vorsteuerabzugs. Denn Verprobungsdifferenzen ergeben gerade Hinweise auf jene Prüfungsbereiche, deren Konten und Belege besonders prüfungsbedürftig sind.

---

ist nur in den Fällen des § 193 Abs. 2 Nr. 1 AO eine Umsatzsteuer-Sonderprüfung zulässig, in denen eine Verpflichtung besteht, für Rechnung eines anderen Steuern zu **entrichten** oder Steuern **einzubehalten** und **abzuführen**. Darüber hinaus ist nach § 193 Abs. 2 Nr. 2 AO eine Umsatzsteuer-Sonderprüfung zulässig, wenn die für die Besteuerung erheblichen Verhältnisse der **Aufklärung bedürfen und** eine Prüfung an Amtsstelle nach Art und Umfang des zu prüfenden Sachverhalts **nicht zweckmäßig** ist. Prüfungsanordnungen nach § 193 Abs. 2 Nr. 2 AO sind besonders zu begründen.

[23] Er zeigt dem Unternehmer zugleich, worauf sich der Prüfer **vorbereiten** wird. So wird dieser sich mit dem Inhalt der Steuerakten für den in Aussicht genommenen Prüfungsbereich vertraut machen, konkret mit den Bilanzen, den Gewinn- und Verlustrechnungen, den Anlagelisten, sowie mit den Angaben über andere Einkunftsarten. Diese Daten der Vergangenheit wird er mit den aktuellen Daten der Gegenwart vergleichen. Dann wird er aus den Prüferhandakten die Daten und Ergebnisse früherer Betriebs- und Sonderprüfungen des zu prüfenden Unternehmens festhalten. Besondere Aufmerksamkeit finden dabei erhebliche Abweichungen, ferner der Vergleich der steuerpflichtigen und steuerfreien Umsätze des aktuellen Prüfungszeitraums mit denen der Vergangenheit sowie die geltend gemachte Vorsteuer mit Vorsteuerbeträgen der Vergangenheit. Von besonderem Interesse für den Prüfer ist noch das Verhältnis zwischen dem Gesamtumsatz und dem geltend gemachten Vorsteuerabzug. Vorsteuer**verprobung** und Abfragen in MIAS werden die Prüfungsvorbereitungen abrunden.
Dieses Wissen um die Vorbereitung des Prüfers wird auch die Prüfungsvorbereitung des Unternehmers bestimmen. So gebietet es die Chancengleichheit für den Unternehmer, sich in gleicher Weise mit den über die Buchführung hinausgehenden Steuerakten seines Unternehmens vertraut zu machen, insbesondere aber die erklärten Erlöse durch Umsatz**verprobung** oder eventuell – auch private – Geldverkehrsrechnung auf ihre Vollständigkeit zu überprüfen. Differenzen zwischen Verprobung und gebuchter Vorsteuer sind hinsichtlich ihrer umsatzsteuerlichen Schlüssigkeit aufzuklären, und ggf. i.S. einer Selbstanzeige zu berichtigen.
Bei Voranmeldungszeiträumen tritt an die Stelle der Verprobung regelmäßig der Vergleich der einzelnen Voranmeldungszeiträume.
Mit Vorsteuer- und Umsatzsteuerverprobung, betrieblicher und privater Geldverkehrsrechnung, Vermögenszuwachsrechnung und Ermittlung von Kassenfehlbeträgen sollte jeder **Unternehmer** oder zumindest sein **Steuerberater** bereits **vor** der Prüfung vertraut sein.
Soll eine Umsatzsteuer-Sonderprüfung abweichend von der bisherigen Prüfungsanordnung **erweitert** oder **eingeschränkt** werden, so ist eine **schriftliche Änderung** der Prüfungsanordnung erforderlich. Soweit dies zu ihrem Verständnis für den Unternehmer erforderlich ist, ist diese Änderung nach § 121 Abs. 1 AO zu **begründen.**

[24] Zur Anordnung und Durchführung von USt-Sonderprüfungen vgl. BMF, Schreiben vom 16.5.1994 – IV C 4 – S 7420a – 1 / 94 – StEK AO 1977, § 193 AO, Nr. 3 und StEK UStG 1980, Vor § 1 UStG, Nr. 45. Sehr informativ in diesem Zusammenhang auch, Sachsen-Anhalt, Erlaß vom 12. 5. 1993 – 43 – InvZ 1015 – 10 – StEK AO 1977, § 193 AO, Nr. 35 und StEK InvZulG 1991, Nr. 23 (zur Durchführung von Sonderprüfungen betreffend Investitionszulagen); zur Prüfungsanordnung im Einzelnen **Weimann / Eichmann,** Umsatzsteuer (-Sonder)prüfungen, 2003, S. 21, Nr. 14.

[25] Dieser einschränkende Eindruck entsteht dadurch, daß der Prüfer für die tatsächliche Prüfung zwischen 2 Prüfungsmethoden entscheiden kann: der Prüfung „vom Beleg zur Buchung" und alternativ der Prüfung „von der Buchung zum Beleg". Letztere Technik findet überwiegend bei umfangreicheren Prüfungen Anwendung.

[26] So auch schon BMF, Schreiben vom 16.5.1994, a.a.O., Abschn. III, Abs. 5. So im Ergebnis auch **Hentschel,** Die strafrechtliche Beurteilung der Verwendung von Scheinrechnungen im Besteuerungsverfahren, StBp 2000, S. 260 ff. (zur Verwendung von Scheinrechnungen).

Aus der sog. Weiterleitung dürfte der Schluß gezogen werden, daß USt-Voranmeldungsstelle, Amtsprüfer und HSL-USt in concreto eine Prüfungsveranlassung bejahen.
Die eindeutige Festlegung des Prüfungsumfangs gestattet es, dem Unternehmer oder seinem steuerlichen Berater konkrete Prüfungsschwerpunkte – außerhalb der Buchführung[27] – zu benennen, zugleich mit der Aufforderung, hierfür konkret bezeichnete Unterlagen vorzulegen.
Der Prüfungsumfang ist aber nicht nur darauf zu erstrecken, ob der Unternehmer seine Geschäfte **tatsächlich** in der von ihm dargestellten Weise abgewickelt hat[28], sondern auch, ob er die allgemeinen Buchführungs- und Aufzeichnungspflichten nach Handelsrecht und AO, sowie die besonderen Aufzeichnungspflichten nach § 22 UStG erfüllt und dabei die Anforderungen des Umsatzsteuerrechts auch – frei von Systemmängeln[29] – beachtet hat.
Bei Umsatzsteuer-Sonderprüfungen bei Unternehmen, die die Voraussetzungen des § 193 Abs. 1 AO (... einen gewerblichen oder land- und forstwirtschaftlichen Betrieb unterhalten oder freiberuflich tätig ...) nicht erfüllen, ist eine Prüfungsanordnung nur zulässig, wenn die Voraussetzungen des § 193 Abs. 2 Nr. 2 AO (... die für die Besteuerung erheblichen Verhältnisse der Aufklärung bedürfen und eine Prüfung an Amtsstelle nach Art und Umfang des zu prüfenden Sachverhaltes nicht zweckmäßig ...) gegeben sind.
Ausnahmsweise kann nach § 27 b Abs. 3 Satz 1 UStG[30] **ohne** vorherige Prüfungsanordnung zu einer Außenprüfung übergegangen werden, wenn die bei der Umsatzsteuer-Nachschau getroffenen Feststellungen hierzu Anlaß geben. Allerdings wird nach § 27 b Abs. 3 Satz 2 UStG auf den Übergang zur Außenprüfung schriftlich hingewiesen.
Die Prüfungsanordnung ist ein Verwaltungsakt i.S.d. § 122 AO, der mit dem **Einspruch** nach § 347 AO angefochten werden kann. Der Einspruch hat **keine** aufschiebende Wirkung. Schwerwiegende sachliche Fehler können im Gegensatz zu den rein formalen Fehlern zur Nichtigkeit der Prüfungsanordnung führen. Die Finanzbehörde a quo kann die Prüfungsanordnung nach § 361 Abs. 2 Satz 1 Halbsatz 1 AO aber aussetzen.
Die Prüfung selbst hat sowohl **zu Ungunsten** als auch **zu Gunsten** des Unternehmers zu erfolgen. Er sollte während der Prüfung über sämtliche getroffenen Feststellungen unterrichtet werden. Die Prüfung muß nicht nur die **steuerlichen,** sondern auch die **rechtlichen** Verhältnisse des Unternehmers umfassen. Die diesbezüglichen Prüfungsfeststellungen sind, regelmäßig nach vorheriger Information des Unternehmers, in einer Schlußbesprechung[31] zu erörtern. Sie führt i.d.R. zur Erstellung eines Prüfungsberichts, der dem Unternehmer auf Antrag vorab zur Stellungnahme zur Kenntnis zu geben ist. Sie hat nicht die Qualifikation eines Einspruchs.
Auf diese **Zweck**setzung der Prüfung und die **Prüfungsveranlassung** in concreto wird auch ihre **Vorbereitung** ausgerichtet, wenn sich der Prüfer mit dem Inhalt der **Steuerakten** sowie der sämtlichen **Unterlagen** der Umsatzsteuer-Voranmeldungsstellen vertraut macht. Bei diesen handelt es sich vor allem um Außenprüfungsberichte vorangegangener Prüfungen, um Kontrollmitteilungen und Mitteilungen anderer Arbeitsgebiete wie z.B. von Lohnsteuer-, Vollstreckungs-, Bewertungs- und Grunderwerbsteuerstellen. Ferner handelt es sich um

---

[27] Hinsichtlich der Buchführung sollte der Unternehmer bzw. sein steuerlicher Berater davon ausgehen, daß die Umsatzsteuer-Sonderprüfer überwiegend profunde Kenntnisse und ebensolche Prüfungserfahrungen in den Buchführungssystemen (z.B. DATEV, TAYLORIX, EURODATA, SYBEX, Nixdorf, IBM, BBS u.a.) besitzen und die große Zahl der Fehlerquellen ebenso kennen wie die Kontrollmöglichkeiten.

[28] So im Ergebnis auch **Hentschel,** Die strafrechtliche Beurteilung der Verwendung von Scheinrechnungen im Besteuerungsverfahren, StBp 2000, S. 260 ff. (zur Verwendung von Scheinrechnungen).

[29] Z.B. bzgl. der Erfolgs-, Kosten- oder Bestandskonten, der Netto- oder Brutto-Buchungen, der USt-Schlüsselzahlen sowie der zahlreichen Konten-Modalitäten.

[30] § 27 b UStG wurde mit Wirkung vom 1.1.2002 durch Gesetz vom 19.12.2001 – BGBl. 2001 I, S. 3922 eingefügt. Vgl. dazu **Bilsdorfer,** Die Umsatzsteuer - Nachschau nach dem Steuerverkürzungsbekämpfungsgesetz, StBp 2002, S. 82 ff.; **Crößmann,** Die Umsatzsteuer-Nachschau, StBp 2002, S. 165 ff..

[31] Sie dient der Abklärung strittiger Detailfragen. Ein Feststellungskatalog bestimmt darüber, welche strittigen Detailfragen einem Kompromiß zugeführt werden sollen.

Bilanzen, Geschäftsberichte und Verträge sowie häufig um Betriebseröffnungs- und Umsatzsteuer-Überwachungsbogen; gelegentlich auch Abfragen bei Steuerrückständen und Anzeigen bei Abtretungen.
Die Prüfungsvorbereitungen umfassen regelmäßig auch **Rücksprachen** mit Mitarbeitern der Umsatzsteuer-Voranmeldungsstelle, mit Amtsprüfern und dem Hauptsachgebietsleiter Umsatzsteuer.
Art und **Umfang** der Prüfungsvorbereitungen sind **aktenkundig** zu machen. Sie haben auch die Prüfungserfahrungen der Finanzverwaltung z.B. hinsichtlich des jeweils zu prüfenden Buchführungssystems[32] sowie die typischen Fehlerquellen, Manipulationsmöglichkeiten und Kontrollmöglichkeiten zu umfassen.
Auch bei Umsatzsteuer-Sonderprüfungen kann aber auf die Erstellung eines **Prüfungsberichts verzichtet** werden, wenn die Prüfung zu keiner Änderung der Besteuerungsgrundlagen führt. In diesem Fall hat dann aber eine **schriftliche Mitteilung** an den Steuerpflichtigen zu ergehen (§ 202 Abs. 1 Satz 3 AO). Sie hat aber **nicht** die Qualifikation eines **Verwaltungsakts.**

bbb) Auswirkungen von Sonderprüfungen auf die Steuerfestsetzungen

Eine Umsatzsteuer-Anmeldung steht nach § 168 Satz 1 AO einer Steuerfestsetzung unter **Vorbehalt der Nachprüfung** gleich. Die **Aufhebung** dieses Vorbehalts ist aber für den Fall, daß die Außenprüfung zu einer Änderung der Steuerfestsetzung führt, im Gesetz **nicht** ausdrücklich **vorgeschrieben.** Es stellt sich daher die Frage, ob der Vorbehalt **aufgehoben** werden muß oder **bestehen** bleibt. Die Finanzverwaltung zieht die für sie günstigere zweite Alternative „Bestehenbleiben" vor. Sie stützt sich dabei auf § 164 Abs. 1 Satz 1 AO[33]. Danach darf die geänderte Steuerfestsetzung nur dann nicht mehr unter dem Vorbehalt der Nachprüfung ergehen, wenn es sich bei der Außenprüfung um eine **"abschließende Prüfung"** i.S.d. § 164 Abs. 1 Satz 1 AO gehandelt hat. Eine Umsatzsteuer-Sonderprüfung stellt aber dann **keine abschließende** Prüfung dar, wenn sie, zum Zwecke der Vermeidung der Aufhebung des Vorbehalts, auf einzelne Teilbereiche, wie z.B. auf die Überprüfung der Voraussetzungen für die Steuerfreiheit von Ausfuhrlieferungen[34], **beschränkt** wird.
Eine zweite umfassende und **abschließende** (Außen-)Prüfung eines Sachverhaltskomplexes, der zuvor schon einer vorläufigen Sonderprüfung unterlag, verstößt dann nicht gegen allgemeine Rechtsgrundsätze, wenn sich die Finanzbehörde eine solche Verfahrensweise von Anfang an, z.B. in der Anordnung der Sonderprüfung, ausdrücklich vorbehalten hat.[35] Denn nur eine abschließende Prüfung hat die Aufhebungspflicht zur Folge.
Ob also eine Umsatzsteuer-Sonderprüfung eine abschließende Prüfung darstellt, entscheidet allein der Inhalt der Prüfungsanordnung; und dessen ist sich die Finanzverwaltung auch sehr bewußt.

bb) Örtliche Modalitäten

Die Umsatzsteuer-Sonderprüfung wird, unabhängig von dem Turnus der allgemeinen Außenprüfung, von einem Sonderprüfungsdienst[36] grundsätzlich in den **Geschäftsräumen**[37]

---

[32] Z.B. DATEV, TAYLORIX, EURODATA, Dentso, SYBEX Starkontor IV, Xenis System 5, Advodat Basisprogramm, Nixdorf, BBS, IBM, u.a..
[33] § 164 AO beinhaltet das Prinzip des rationellen Gesetzesvollzugs.
[34] Speziell dazu **Mösbauer,** Der Belegnachweis – ein Tatbestandsmerkmal der USt – Freiheit von Ausfuhrlieferungen, DStR 1984, S. 418 ff.; **Mösbauer,** Der Buchnachweis als gesetzliche Bedingung für die Umsatzsteuer-Freiheit von Ausfuhrlieferungen, RIW 1984, S. 540 ff..
[35] Bestätigend BFH, Urteil vom 28.10.1992 – X R 117 / 89 – BStBl. 1993 II, 261; FG Hamburg, Urteil vom 3.7.1992 – II 202 / 90 – EFG 1993, 66.
[36] ... durch Umsatzsteuer-Fachprüfer.

des Steuerpflichtigen durchgeführt. Rechtsgrundlage hierfür ist § 200 Abs. 2 Satz 1 AO. Diese Regelung ist seit einiger Zeit Gegenstand einer Auslegungskontroverse[38]. Sie wird darum geführt, ob die zuständigen Finanzbehörden von einer seit eh und je geübten Gewohnheit, Außenprüfungen stets und immer beim Steuerpflichtigen vorzunehmen, „in einer nicht unerheblichen Zahl von Fällen Abschied nehmen müssen“[39], oder ob „bereits aus dem Wortlaut des § 200 Abs. 2 Satz 1 AO folgt, daß die Außenprüfung grundsätzlich in den Geschäftsräumen stattzufinden hat“[40]. Die überwiegend herrschende Meinung geht derzeit, wohl zu Recht, von der Erkenntnis aus, daß der Wortlaut des § 200 Abs. 2 Satz 1 AO, der logisch-systematische Zusammenhang zwischen § 200 Abs. 2 Satz 1 AO und § 200 Abs. 2 Satz 2 AO sowie § 200 Abs. 3 Satz 1 AO, die Bedeutung der allgemeinen Vorschriften der AO über die Außenprüfung, die Entwicklung der Institution Außenprüfung sowie die Entstehungsgeschichte des § 200 Abs. 2 AO ein gedankliches „Wahlrecht“ bezüglich des **Ortes der Außenprüfung,** und damit auch eine verfassungskonforme Auslegung des § 200 Abs. 2 Satz 1 AO ausschließen. Dies kann aber nur bedeuten, daß die Durchführung der Außenprüfung grundsätzlich in den Geschäftsräumen des Steuerpflichtigen stattzufinden hat.[41]

Das Unternehmen als **Ort der Umsatzsteuer-Sonderprüfung** hat für den Unternehmer auch **Vorteile,** die in der Praxis viel zu gering geachtet werden. So kann er z.B. mit dem Prüfer jederzeit betriebsspezifische Steuer-Probleme **besprechen.** Die Prüfungsnähe versetzt den Unternehmer darüber hinaus eher in die Lage, sich auf die Arbeitsweise des Prüfers sowie die **Schwerpunkte** seiner Prüfung einzustellen. Der Unternehmer ist so stets über den Prüfungsablauf **informiert** und damit imstande, angemessen zu **reagieren.** Der Angst vor sog. „Fangfragen“ des Prüfers kann der Unternehmer dadurch vorbeugen, daß er den in umsatzsteuerrechtlichen Fragen kompetenten **Buchhalter** oder **Steuerberater** zur Prüfung hinzuzieht. Beide können auch sofort die steuerrechtliche **Relevanz** der „vor Ort“ ausgewerteten Unterlagen, wie z.B. der Bauunterlagen, der Miet-, Pacht- und Gesellschaftsverträge sowie der Belege über innergemeinschaftliche Lieferungen, **erkennen.** Und sie können sich darauf einstellen, daß der Prüfer die steuerbaren Soll-Umsätze bei doppelter Buchführung und die steuerbaren Ist- und Soll-Umsätze bei Einnahmen-Überschuß-Rechnung **verproben** wird. Das sollte dazu veranlassen, die einzelnen Vermögenswerte und Bestände, ferner die Aufwendungen und Erträge noch einmal auf ihre steuerrechtliche Korrektheit zu überprüfen und bereits vor Erscheinen des Prüfers Verprobungsdifferenzen festzustellen. Denn diese Differenzen bestimmen die Prüffelder und mit ihnen die Konten und Belege, die der Umsatzsteuer-Sonderprüfer überprüfen wird. Das wird der Unternehmer oder sein steuerlicher Berater regelmäßig auch aus der nach § 199 Abs. 2 AO gebotenen Unterrichtung entnehmen können.

cc) Zeitliche Modalitäten

---

[37] Vgl. dazu **Papperitz,** Die Durchführung einer Außenprüfung in den Geschäftsräumen des Steuerpflichtigen, BB 1980, S. 674 ff..

[38] Sie wurde ausgelöst durch den über den entschiedenen Einzelfall weit hinausgehenden Beschluß des BVerfG vom 3.4.1979 – 1 BvR 994 / 76 - , BStBl.1979 II, 601. Nach dem Leitsatz dieses Beschlusses erfordert Art. 13 Abs. 2 GG auch bei einer Zwangsvollstreckung gemäß § 758 ZPO, außer bei Gefahr im Verzug, eine– besondere richterliche Anordnung für die Durchsuchung der Wohnung des Schuldners zum Zwecke der Pfändung beweglicher Sachen.

[39] **Rössler,** StBp 1979, S. 241 ff., bes. S. 243; FG Rheinland – Pfalz, Urteil vom 30.8.1979 – V 136 / 79 – , EFG 1980, 11.

[40] **Papperitz,** a.a.O., S. 678.

[41] So auch § 6 BpO 2000. Dies hat auch darin seine Berechtigung, daß sich die prüfungsrelevanten Unterlagen und Geschäftsaufzeichnungen (z.B. die Buchhaltungsunterlagen) regelmäßig im Betrieb des Unternehmers befinden, und nur dort „eindeutig und leicht erkennbar“ ist, welche Umsätze der Umsatzsteuer unterworfen wurden und welcher Vorsteuerbetrag für die jeweiligen Zeiträume geltend gemacht wurde.

Zeitlich gesehen sind die Umsatzsteuer-Sonderprüfungen **zeitnahe**[42] örtliche Erst- oder Bedarfsprüfungen. Sie können unabhängig von dem **Turnus** der allgemeinen Außenprüfung bei allen Unternehmen vorgenommen werden. Sie können auf einzelne **Voranmeldungszeiträume** oder auf bestimmte **Sachverhalte** beschränkt werden.[43] Sie können aber auch ganze **Besteuerungszeiträume** umfassen. Bei Prüfungen von Voranmeldungszeiträumen werden nicht selten zur Sicherstellung einer zeitgerechten Versteuerung der Voranmeldungszeitraum Dezember, ja sogar das IV. Kalendervierteljahr des Vorjahres in die Prüfung mit einbezogen. Ferner ergehen Auskunftsersuchen zum Vorsteuerabzug regelmäßig an die für die leistenden Unternehmer zuständigen Finanzämter, ausnahmsweise auch an Rechnungsaussteller. Dies gilt vor allem für Neugründungs- und Erstattungsfälle. Bei der Prüfung innergemeinschaftlicher Erwerbe kommen auch Anfragen und Auskunftsersuchen beim Bundesamt für Finanzen, Außenstelle Saarlouis, in Betracht. Komplexe Informationen über innergemeinschaftlichen Waren- und Dienstleistungsverkehr fließen über Amtshilfeersuchen nach der EG-Amtshilferichtlinie.
Auch wenn sich Umsatzsteuer-Sonderprüfungen nur auf Voranmeldungszeiträume erstrecken, da die Anrechnung und die Erstattung der Vorsteuern bereits im Umsatzsteuer-Voranmeldungsverfahren erfolgen (Abschn. 232 Abs. 1 Satz 2 UStR 2000), hindern sie die Finanzbehörden nicht, im Rahmen von Umsatzsteuer-Sonderprüfungen, die die Jahresumsatzsteuer betreffen, bereits geprüfte Sachverhalte noch einmal zu prüfen.
Die Umsatzsteuer-Sonderprüfung kennt keine bestimmte Zeitspanne. Sie wird in ihrer Höchstdauer lediglich durch die **Festsetzungsverjährung** begrenzt. Dies bedeutet, daß sie, egal ob Erst- oder Bedarfsprüfung, einen Voranmeldungszeitraum oder, wenn eine Steuerhinterziehung nachgewiesen ist, zehn Jahre umfassen kann.
Da aber die Vorsteuern bereits im Umsatzsteuer-Voranmeldungsverfahren angerechnet bzw. vergütet werden, kann mit der Prüfung zweifelhafter Fälle nicht bis zur Berechnung / Festsetzung der Jahresumsatzsteuer oder bis zur Durchführung einer allgemeinen Außenprüfung gewartet werden.[44]
Umsatzsteuer-Sonderprüfungen, die Voranmeldungszeiträume betreffen, erfassen i.d.R. auch den **letzten** Voranmeldungszeitraum. Sie reichen nicht selten bis zum Voranmeldungszeitraum Dezember des Vorjahres zurück.
Der **Prüfungstermin** selbst wird regelmäßig in Absprache mit dem Unternehmer und / oder seinem Steuerberater festgelegt. Die Absprache bezweckt, dem Unternehmer hinreichend Gelegenheit (mindestens zwei Wochen) zur Vorbereitung auf die Prüfung zu geben (§ 197 AO; § 5 Abs. 4 BpO 2000). Dies erfordert, daß bei der Festsetzung des Prüfungstermins die nachfolgend dargestellten persönlichen und betrieblichen Belange des Unternehmers beachtet werden: Krankheit, Urlaub oder anderweitige Verhinderung des Unternehmers, Steuerberaters oder des für die Umsatzsteuer zuständigen Buchhalters; ferner wesentliche Betriebsabläufe, Inventur, Hochsaison im Unternehmen, Betriebsurlaub sowie Messe- und Ausstellungstermine. Sie rechtfertigen eine Verschiebung des Prüfungstermins. Die Festlegung eines **kurzfristigen** Prüfungstermins ist dann zulässig, wenn sie aus Steuersicherungsgründen geboten ist, d.h. der Umsatzsteueranspruch gefährdet erscheint. Abweichungen im Einzelfall sind auch zulässig, wenn der Unternehmer damit – nachweislich – **einverstanden** ist.

aaa) Umsatzsteuer-Sonderprüfungen, die Voranmeldungszeiträume betreffen[45]

---

[42] BMF, Schreiben betr. Durchführung von Umsatzsteuer-Sonderprüfungen vom 7. 11. 2002, a.a.O., Abschn. I Abs.2 Satz 1.

[43] Die Beschränkung des Prüfungsumfangs muß nach § 196 AO in der Prüfungsanordnung eindeutig bestimmt sein. Diese Bestimmung weist die Umsatzsteuer-Sonderprüfung entweder als „abschließende“ Prüfung i.S. des § 164 Abs. 1 Satz 1 AO oder als auf Teilbereiche beschränkte Prüfung aus.

[44] So zutreffend BMF, Schreiben vom 7.11.2002, a.a.O., Abschn. I Abs. 2 Satz 2.

[45] Dazu **Mösbauer,** Die Umsatzsteuer-Sonderprüfung – eine spezifische Form der Außenprüfung, UVR 2002, S. 333 ff..

Nach § 18 Abs. 1 Satz 1 UStG hat der Unternehmer bis zum 10. Tag nach Ablauf jedes Voranmeldungszeitraums eine **Voranmeldung** nach amtlich vorgeschriebenem Vordruck abzugeben, in der er die Steuer für den Voranmeldungszeitraum (Vorauszahlung) **selbst zu berechnen** hat. Diese Umsatzsteuer-Voranmeldung mit einer Zahllast hat mit Eingang beim Finanzamt nach § 168 Satz 1 AO die Wirkung einer **Steuerfestsetzung unter dem Vorbehalt der Nachprüfung.** Führt die Steueranmeldung zu einer **Herabsetzung** der bisher zu entrichtenden Steuer oder zu einer **Steuervergütung,** so gilt § 168 Satz 1 AO erst, wenn die Finanzbehörde **zustimmt**[46]. Dies bedeutet, daß Herabsetzung und Vergütung nach Zustimmung der Finanzbehörde nach § 168 Satz 2 AO ebenfalls die Wirkung einer Steuerfestsetzung unter Vorbehalt der Nachprüfung hat.

Da eine **Voranmeldung** (Steueranmeldung) nach § 168 Satz 1 AO und die **Festsetzung** einer **Vorauszahlung** durch das Finanzamt nach § 164 Abs. 1 Satz 2 AO einer Steuerfestsetzung unter Vorbehalt der Nachprüfung gleichstehen bzw. stets eine Steuerfestsetzung unter Vorbehalt der Nachprüfung sind, können diese Steuerfestsetzungen nach § 164 Abs. 2 Satz 1 AO **jederzeit aufgehoben** oder **geändert** werden.[47] Aus diesem Grunde erstreckt sich die Prüfung von Umsatzsteuer-Voranmeldungen i.d.R. bis zum letzten Voranmeldungszeitraum. Korrigiert ein Finanzamt auf Grund einer Außenprüfung die Vorauszahlungen, so stehen diese weiterhin unter dem Vorbehalt der Nachprüfung. Dieser braucht nach der Prüfung nicht aufgehoben zu werden, da Voranmeldungen kraft Gesetzes stets mit dem Vorbehalt der Nachprüfung verbunden sind. § 164 Abs. 3 Satz 3 AO, wonach nach einer Außenprüfung der Vorbehalt aufzuheben ist, wenn sich Änderungen gegenüber der Steuerfestsetzung unter Vorbehalt der Nachprüfung nicht ergeben, ist nicht anzuwenden. Ebenso tritt die Änderungssperre des § 173 Abs. 2 AO[48] nicht ein[49]. Demnach können bereits geprüfte Sachverhalte z.B. bei einer erneuten Umsatzsteuer-Sonderprüfung oder einer Außenprüfung, die auch die Jahresumsatzsteuer zum Gegenstand hat, **nochmals geprüft werden** und auch zu einer Änderung der Umsatzsteuer führen.[50]

Die Finanzverwaltungspraxis hebt nach einer Umsatzsteuer-Sonderprüfung bei Umsatzsteuervorauszahlungen den Vorbehalt der Nachprüfung „in keinem Fall" auf. Dies gilt auch dann, wenn die Sonderprüfung nicht beschränkt[51] war und zu keiner Änderung der bisherigen Vorauszahlung geführt hat.

Eine Umsatzsteuer-Sonderprüfung, die **nur Voranmeldungszeiträume** erfaßt, wirkt sich nicht auf die Festsetzung der Jahresumsatzsteuer aus. Daher tritt bei dieser Steuerfestsetzung auch keine Änderungssperre i.S. des § 173 Abs. 2 AO hinsichtlich der bereits geprüften Voranmeldungszeiträume ein. Bereits geprüfte Sachverhalte können deshalb bei einer

---

[46] Die Zustimmung bedarf nach § 168 Satz 3 AO **keiner Form.**

[47] Vgl. in diesem Zusammenhang **Leisner,** Vorbehaltsfestsetzungen und Vertrauensschutz, DStZ 1999, S. 358 ff..

[48] § 173 Abs. 2 AO dient dem Gedanken des Rechtsfriedens.

[49] Denn sie wirkt nur bei **endgültigen** Steuerbescheiden, die auf Grund einer Außenprüfung ergangen sind, nicht bei Vorbehaltsfestsetzungen. Dazu **Hildebrandt,** Die Bestandskraft von Steuerbescheiden nach durchgeführter Umsatzsteuer-Sonderprüfung und Lohnsteuer-Außenprüfung, BB 1980, S. 1688.

[50] Dazu **Metzmaier,** Die Steuerfestsetzung unter Vorbehalt der Nachprüfung in der Praxis der Finanzämter, DStR 1978, S. 461; vgl. auch BMF, Schreiben betr. Durchführung von Umsatzsteuer-Sonderprüfungen vom 7.11.2002 – a.a.O., Abschn. III Abs. 2 Sätze 3 – 5.

[51] Zur **Beschränkung** vgl. Abschn. 232 Abs. 6 Satz 1 UStR 2000 vom 10.12.1999 – BStBl. 1999 I, Sondernummer 2, UStR (C. H. Beck), ErgLiefg. 109 (Sept. 2003). Danach sollte sich eine Umsatzsteuer-Sonderprüfung im Interesse einer zeitnahen Prüfung i.d.R. „nur auf **einzelne** Voranmeldungszeiträume erstrecken". Die Finanzverwaltung vermeidet es aber, in der Prüfungsanordnung eine solche Beschränkung sichtbar werden zu lassen. Denn damit kann sie , ohne an eine Prüfungsanordnung gebunden zu sein, auch weitere Sachverhalte prüfen. Die Finanzverwaltung braucht also nur eine Aufnahme der Beschränkung in die Prüfungsanordnung für „nicht zweckmäßig" und „nicht erforderlich" halten, und schon kann sie „contra legem" prüfen, was sie will. Und die Steuerberater erkennen das nicht einmal.

Umsatzsteuer-Sonderprüfung oder Außenprüfung, die die Jahresumsatzsteuer zum Gegenstand hat, **nochmals geprüft** werden und zu einer Änderung der Jahresumsatzsteuer führen.[52]

bbb) Umsatzsteuer-Sonderprüfungen, die die Jahresumsatzsteuer betreffen[53]

Die Umsatzsteuer ist eine Jahressteuer. Nach § 18 Abs. 3 Satz 1 UStG hat daher der Unternehmer grundsätzlich für das **Kalenderjahr,** ggf. aber auch für einen kürzeren Besteuerungszeitraum, eine Steuererklärung nach amtlich vorgeschriebenem Vordruck abzugeben. In ihr hat er die zu entrichtende Steuer (Zahllast) oder den Überschuß, der sich zu seinen Gunsten ergibt, nach § 16 Abs. 1 – 4 UStG und § 17 UStG selbst zu berechnen (**Steueranmeldung**). Als Steueranmeldung steht diese Steuererklärung nach § 168 Satz 1 AO mit ihrem Eingang bzw. nach Zustimmung des Finanzamts ebenfalls einer Steuerfestsetzung unter Vorbehalt der Nachprüfung gleich.

Ist diese Steueranmeldung Gegenstand einer Umsatzsteuer-Sonderprüfung, so ist entscheidend darauf abzustellen, ob diese Sonderprüfung in der Prüfungsanordnung als **unbeschränkte** Prüfung verfügt ist oder eine **Beschränkung** i.S.d. Abschn. 232 Abs. 6 UStR 2000 auf bestimmte Sachverhalte vorgesehen ist. Ist die Prüfungsanordnung **nicht** auf bestimmte Sachverhalte **beschränkt,** muß der Vorbehalt der Nachprüfung nach § 164 Abs. 3 Satz 3 AO nach einer Außenprüfung aufgehoben werden, wenn sich Änderungen gegenüber der Steuerfestsetzung unter Vorbehalt der Nachprüfung ergeben. Ein eventueller Änderungsbescheid kann nicht erneut unter dem Vorbehalt der Nachprüfung erlassen werden, da der Steuerfall nun abschließend geprüft ist.[54]

Bei einer späteren Überprüfung an Amtsstelle oder einer nachfolgenden Außenprüfung ist die **Änderungssperre des § 173 Abs. 2 AO** zu beachten.[55]

Wurde hingegen die Umsatzsteuer-Sonderprüfung auf bestimmte Sachverhalte, wie z.B. Vorsteuern oder zeitgerechte Versteuerung, **beschränkt**[56]**,** braucht der Vorbehalt nach erfolgter Sonderprüfung nach § 164 Abs. 3 Satz 3 AO nicht aufgehoben zu werden, da der Steuerfall noch **nicht** i.S.d. § 164 Abs. 1 Satz 1 AO **„abschließend geprüft“** ist. Ein eventueller Änderungsbescheid kann erneut unter Vorbehalt ergehen. Das Finanzamt kann so auf Grund einer nachfolgenden Außenprüfung die Vorbehaltsfestsetzung erneut korrigieren; eine Änderungssperre nach § 173 Abs. 2 AO tritt **nicht** ein.[57] Dies macht es verständlich, daß der sachliche Prüfungsumfang in der Prüfungsanordnung regelmäßig beschränkt wird.

Wegen dieser rechtlichen Konsequenzen bei Umsatzsteuer-Sonderprüfungen führt die Finanzverwaltung **vor Anordnung** von Prüfungen, die die Jahresumsatzsteuer betreffen, regelmäßig überschlägige Umsatz- und / oder Vorsteuer-**Verprobungen** durch.

Eine weitere nachfolgende Außenprüfung kann die unter dem Vorbehalt der Nachprüfung stehende Umsatzsteuerfestsetzung abermals in vollem Umfang nachprüfen. Die Änderungssperre des § 173 Abs. 2 AO tritt auch hier nicht ein.[58]

---

[52] Bestätigend auch BMF, Schreiben betr. Durchführung von Umsatzsteuer-Sonderprüfungen vom 7.11.2002 - IV B 2 – S 7420 a – 4 / 02 – BStBl. 2002 I, S. 1366, Abschn, III Abs. 2 Sätze 3 – 5.

[53] Dazu **Mösbauer,** Die Umsatzsteuer-Sonderprüfung – eine spezifische Form der Außenprüfung, UVR 2002, S. 333 ff..

[54] Nur abschließende Prüfungen sollen nach dem Sinn und Zweck des § 164 Abs. 3 Satz 3 AO weitgehend Rechtsfrieden schaffen. Vgl. dazu auch FG Hamburg, Urteil vom 3.7.1992 – II 202 / 90 – EFG 1993, 66; **Tipke / Kruse,** AO, § 164 AO, Tz. 9.

[55] Vgl. in diesem Zusammenhang **Metzmaier,** Die Steuerfestsetzung unter Vorbehalt der Nachprüfung in der Praxis der Finanzämter, DStR 1978, S. 463.

[56] Um sich die **rechtlichen Vorteile** einer Beschränkung des Prüfungsumfangs zu sichern, beschränkt die Finanzbehörde im Regelfall den sachlichen Prüfungsumfang.

[57] Bestätigend auch BMF, Schreiben betr. Durchführung von Umsatzsteuer-Sonderprüfungen vom 7.11.2002 – IV B 2 – S 7420 a – 4 / 02 – BStBl. 2002 I, S. 1366, Abschn. III Abs. 2 Sätze 3 – 5.

[58] Dazu vgl. FG Hamburg, Urteil vom 3.7.1992 – II 202 / 90 – EFG 1993, 67.

Zur Vermeidung der nur **eingeschränkten Änderungsmöglichkeiten** im Rahmen einer späteren Außenprüfung werden die Umsatzsteuer-Sonderprüfungen, die die **Jahresumsatzsteuer** betreffen, regelmäßig nur **auf einzelne Sachbereiche beschränkt.** „Die Beschränkung ist, nach übereinstimmenden gleichlautenden Verfügungen verschiedener Oberfinanzdirektionen, in der Prüfungsanordnung ausdrücklich und unmißverständlich vorzusehen und im Prüfungsbericht oder in der Mitteilung nach § 202 Abs. 1 Satz 3 AO zu vermerken".
Besonderes Augenmerk verwendet die Finanzverwaltung hier – verständlicherweise – darauf, daß der Prüfungsumfang in der Prüfungsanordnung mit den tatsächlich geprüften und im Prüfungsbericht dargestellten Sachverhalten auch übereinstimmt.
Eine abschließende Prüfung der Jahresumsatzsteuer im Rahmen einer Umsatzsteuer-Sonderprüfung hält die Finanzverwaltung regelmäßig dann als veranlaßt, wenn der zu prüfende Besteuerungszeitraum voraussichtlich, wie z.B. bei Kleinst- und Kleinbetrieben, durch eine spätere Außenprüfung wohl nicht mehr geprüft wird.
Wie bei der turnusmäßigen Außenprüfung sind auch bei der Umsatzsteuer-Sonderprüfung der Unternehmer und / oder der steuerliche Berater bereits während der Prüfung über relevante Prüfungsfeststellungen zu unterrichten. Dies gilt auch für den Fall abweichender rechtlicher Beurteilungen.
Ergibt sich während der Prüfung ein Verdacht für das Vorliegen einer Steuerstraftat oder einer Steuerordnungswidrigkeit, so wird der Prüfer regelmäßig die Prüfung unterbrechen und unverzüglich den Sachgebietsleiter der zuständigen Straf- und Bußgeldsachenstelle in Kenntnis setzen. Er wird entscheiden, ob ein Straf- oder Bußgeldverfahren eingeleitet wird (§ 10 BpO 2000). Nach Einleitung kann die Umsatzsteuer-Sonderprüfung fortgesetzt werden; allerdings unter veränderten Mitwirkungsbedingungen.
Über das Ergebnis (je)der Außenprüfung – also auch der Umsatzsteuer-Sonderprüfung – ist nach § 201 Abs. 1 Satz 1 AO regelmäßig eine Besprechung abzuhalten (Schlußbesprechung); es sei denn, der Unternehmer verzichtet darauf. Bei der Schlußbesprechung sind nach § 201 Abs. 1 Satz 2 AO insbesondere strittige Sachverhalte sowie die rechtliche Beurteilung der Prüfungsfeststellungen und ihre steuerlichen Auswirkungen zu erörtern.
Die für die Besteuerung erheblichen Prüfungsfeststellungen in tatsächlicher und rechtlicher Hinsicht sowie die Änderung der Besteuerungsgrundlagen sind nach § 202 Abs. 1 Satz 2 AO im Prüfungsbericht darzustellen. Er unterliegt dem Zeichnungsvorbehalt des Sachgebietsleiters. Die Art der Darstellung muß die einzelnen Prüfungshandlungen nachvollziehbar machen. Die 10 Jahre aufzubewahrenden Prüfungsaufzeichnungen müssen die einzelnen Ergebnisse für jeden sachkundigen Dritten verständlich machen, im einzelnen also die erklärten und gebuchten Besteuerungsgrundlagen, die relevanten Sachverhalte, die konkreten Prüfungsanlässe, die gefertigten Kontrollmitteilungen, die erbetenen Auskünfte z.B. zum Vorsteuerabzug, die erteilten Auskünfte, die angestellten Berechnungen sowie die straf- , bußgeld-, haftungs- und vollstreckungsrechtlichen Feststellungen.
In jedem Falle werden die Prüfungsfeststellungen im automatisierten UVV- bzw. USt-Verfahren ausgewertet und gespeichert.

dd) Unmittelbare und mittelbare Auswirkungen

Umsatzsteuer-Sonderprüfungen wirken sich **unmittelbar i.d.R.** nur auf die Festsetzung der Umsatzsteuer aus. Daher tritt auch hinsichtlich anderer Steuerarten **keine Änderungssperre** nach § 173 Abs. 2 AO ein.
Mittelbar können sich die Umsatzsteuer-Sonderprüfungen aber auch auf die Festsetzung der Ertragsteuern auswirken. Denn die Finanzbehörden sind nicht daran gehindert, einen im Rahmen einer Umsatzsteuer-Sonderprüfung bereits geprüften ertragsteuerlich relevanten

Sachverhalt noch einmal im Rahmen einer Außenprüfung zu prüfen und ggf. auf Grund dieser nochmaligen Prüfung die Festsetzung der Ertragsteuern aufzuheben oder zu ändern.

b) Die Finanzbehörde als Berechtigte

Berechtigt i.S. des Sonderprüfungstatbestandes sind grundsätzlich nur die für die Besteuerung zuständigen **Finanzbehörden**. Personifiziert sind dies für den Bereich des Umsatzsteuerrechts die speziell ausgebildeten[59] Umsatzsteuer-Sonderprüfer der Finanzämter[60] und die Umsatzsteuer-Gruppen der Oberfinanzdirektionen[61]. Die **Berechtigung** der Finanzbehörde zur Sonderprüfung läßt sich auf einen erhöhten Prüfungsbedarf im Bereich der Umsatzsteuer zurückführen, der seinerseits im Selbstveranlagungsprinzip begründet ist. Das **betrugsanfällige** System des **Vorsteuerabzugs**[62] sowie die Umsatzbesteuerung von grenzüberschreitenden Waren- und Dienstleistungsbewegungen innerhalb der EU ist zu einem europäischen Problem geworden.

Seitens des Unternehmers besteht, wegen der einseitigen Berechtigung der Finanzbehörden, kein Anspruch auf Durchführung einer Umsatzsteuer-Sonderprüfung. Dies gilt auch für außerordentliche betriebliche Dispositionen wie z.B. für die Aufnahme eines Gesellschafters oder für eine Betriebsveräußerung.

Wohl aber besteht gegenüber der Finanzbehörde eine Verpflichtung des Unternehmers, die Prüfung zu dulden und dem Prüfer die erforderlichen Unterlagen (z.B. Belege, Buchhaltungsunterlagen wie Sachkonten und Summen-Saldenlisten, Abschlußunterlagen wie Umbuchungslisten und Abschlüsse sowie die erläuternde Korrespondenz) zur Verfügung zu stellen, die erforderlichen Erläuterungen zu erteilen und die notwendigen Auskünfte zu geben.

Die Berechtigung der Finanzbehörde bei der Umsatzsteuer-Sonderprüfung geht über eine formelle Prüfung der Buchführung sowie der buch- und belegmäßigen Nachweise hinaus. Die Finanzbehörde hat regelmäßig auch zu prüfen, ob der Unternehmer seine Geschäfte **tatsächlich** in der von ihm dargestellten Weise **abgewickelt** hat. Darüber hinaus ist in Investitionsfällen, sofern eine Umsatzsteuer-Nachschau nach § 27 b UStG noch nicht durchgeführt worden ist, eine **Ortsbesichtigung** bzw. die **Inaugenscheinnahme** des erworbenen Anlage- und Umlaufvermögens vorzusehen.[63]

[59] **Weimann / Eichmann,** Umsatzsteuer-Sonderprüfungen, 2003, S. 5, Nr. 6 sprechen sogar von „hochqualifizierten Spezialisten". Als Angehörige der Umsatzsteuer-Sonderprüfung wissen sie natürlich um die hervorragenden Materialien für die Vorbereitung und Durchführung von Umsatzsteuer-Sonderprüfungen. Die Unternehmer und Angehörigen der steuerberatenden Berufe haben dem nichts Vergleichbares gegenüberzustellen. Diese Materialien werden noch ergänzt durch weitere Materialien, Vordrucke und Merkblätter zu den einzelnen Prüffeldern. Zahlreiche schriftlich fixierte Prüfungserfahrungen und Prüfungsanregungen vereinheitlichen und erleichtern so als bundeseinheitliche Vorgaben die Durchführung von Umsatzsteuer-Sonderprüfungen.

[60] Die Prüfungsdienste der Finanzämter gliedern sich in **drei** Bereiche: die **reguläre Außenprüfung,** die **Sonderprüfung** und die **Steuerfahndung.** Die reguläre Außenprüfung wird durch die Bp-Hauptstellen (Betriebsprüfung) und die Amtsbetriebsprüfung (Betriebsprüfung und abgekürzte Außenprüfung) durchgeführt, die Sonderprüfungen durch die Umsatzsteuer-Sonderprüfung (reguläre Prüfung und neu ab 1.1.2002 Nachschau) und die Lohnsteuer-Außenprüfung (reguläre Prüfung). Die Steuerfahndung obliegt den betrauten Dienststellen der Landesfinanzbehörden und den Zollfahndungsämtern. (Sie ermitteln in steuerlicher und strafrechtlicher Hinsicht).
Zur abgekürzten Außenprüfung speziell **Mösbauer,** Die abgekürzte Außenprüfung, StBp 2001, S. 309 ff.; zur Steuerfahndung speziell **Mösbauer,** Steuerfahndung – ein besonderer Prüfdienst der Finanzverwaltung zur Bekämpfung der Steuerkriminalität, StB 2003, S. 214 ff..

[61] Vgl. in diesem Zusammenhang FG Düsseldorf, Urteil vom 15.11.1995 - 5 K 6793 / 93 U – EFG 1996, 627 (Bindungswirkung der Zusage einer OFD auf abweichende Steuerfestsetzung aus Billigkeitsgründen).

[62] Dazu BMF, Schreiben betr. Durchführung von Umsatzsteuer-Sonderprüfungen vom 7.11.2002 – IV B 2 – S 7420 a – 4 / 02 – BStBl. 2002 I, 1366, Abschn. III Abs. 6. Vgl. dazu auch **Dohrmann,** Zeitpunkt des Vorsteuerabzugs, StBp 2003, S. 216 ff..

[63] Bestätigend auch BMF, Schreiben betr. Durchführung von Umsatzsteuer-Sonderprüfungen vom 7.11.2002 – IV B 2 – S 7420 a – 4 / 02 – BStBl. 2002 I, S. 1366, Abschn. III Abs. 4 Sätze 1 und 2.

Eine Abstimmung der Umsatzsteuer-Sonderprüfung mit den anderen Prüfungsdiensten beschränkt die Berechtigung der Finanzbehörde zur Prüfung auf das unabdingbare Maß. Der Überwachung solcher Beschränkung dient der Betriebsprüfungsgeschäftsplan.
Die Berechtigung der Finanzbehörde umfaßt nach § 194 Abs. 3 AO auch das Recht, im Rahmen – ja sogar noch während – der Umsatzsteuer-Sonderprüfung **Kontrollmitteilungen** über steuerliche Verhältnisse „anderer" Personen zu fertigen und auszuwerten. Allerdings sind dabei das Auskunftsverweigerungsrecht des § 102 AO (nicht auch des § 101 AO) sowie das Vertrauensverhältnis des § 30 a AO zu beachten. Besonderes Interesse der Finanzverwaltung finden bei der Fertigung von Kontrollmitteilungen vor allem Sachverhalte „außerhalb des üblichen Geschäftsverkehrs", wie z.B. ungewöhnliche Zahlungen, Zuschüsse, Abfindungen, Ohne-Rechnung-Geschäfte, branchentypische Geschäfte, Provisionen und andere Vergütungen, „Vertrauensprovisionen" (Schmiergeldzahlungen) und andere Leistungsvergütungen, Gewährung ungewöhnlicher Vorteile und Schenkungen, Forderungsverzicht sowie Rechnungen aus dem Ausland.

c) Kriterien für die Veranlassung von Umsatzsteuer-Sonderprüfungen

Die Kriterien für die Veranlassung von Sonderprüfungen sind heute überwiegend darin begründet, daß die Umsatzsteuer zunehmend auf europäischem Recht beruht. Sie ist das Ergebnis jener Harmonisierungsbemühen, die einen freien Warenverkehr zwischen den Mitgliedstaaten der EU gewährleisten und Wettbewerbsverzerrungen vermeiden wollten.[64]
Von einer Vollharmonisierung ist die Umsatzsteuer aber noch weit entfernt, wie allein schon die unterschiedliche Steuersatzstruktur in der EG nachweist.
Als Kriterien, die Veranlassung für die Durchführung einer Umsatzsteuer-Sonderprüfung sein können, kommen insbesondere in Betracht[65]:

aa) Vorsteuerabzug (§15 UStG)[66]

Der Vorsteuerabzug dient rein technisch dazu, den zunächst mit Umsatzsteuer belasteten Unternehmer wieder zu entlasten. Die Entlastung erfolgt über einen Verrechnungs- bzw. Vergütungsanspruch gegenüber dem Finanzamt. Qua via wird nur die jeweilige Wertschöpfung (Mehrwert) versteuert und wirtschaftlich mit der Umsatzsteuer nur der Endverbraucher belastet.
Problematisch können sein:

aaa) Außergewöhnlich hohe Vorsteuerbeträge[67],

[64] Vgl. dazu z.B. Art. 14 EGV i.V.m. Art. 93 EGV; ferner 6. EG-Richtlinie vom 17.5.1977 – ABl. Nr. L 145 (1977), S. 1; sog. Binnenmarktrichtlinie vom 16.12.1991 – ABl. Nr. L 376, S. 1; Amtshilfe-VO vom 27.2.1992 – EWG Nr. 218 / 92 (betr. USt-Erfassungs- und Kontrollverfahren innerhalb der EG / StNr. wird ergänzt durch USt-IdentifikationsNr.); EG-Richtlinie vom 19.10.1992 – ABl. Nr. L 316, S. 1.

[65] Entnommen aus BMF, Schreiben vom 7.11.2002, a.a.O., Abschn. II.

[66] Bei diesem Kriterium geht es konkret um das Problem der **Berechtigung** zum Vorsteuerabzug nach § 15 UStG. Relevant ist hier die Frage nach der Existenz der Unternehmereigenschaft des in der Rechnung aufgeführten **leistenden** Unternehmers.
Zum Vorsteuerabzug werden von der Finanzverwaltung **Auskunftsersuchen** an diejenigen **Finanzämter** gerichtet, die für den **leistenden** Unternehmer zuständig sind. Die Antworten der Finanzämter dienen der Überprüfung des Vorsteuerabzugs. Aus gegebenem Anlaß werden zugleich die bundesweiten **Zusammenstellungen** der Finanzverwaltung hinsichtlich der 3 Sachverhaltsgruppen „Scheinunternehmen" beigezogen. Besteht darüber hinaus noch weiterer Bedarf, kann nach § 93 AO auch an den **Aussteller der Rechnung** ein Auskunftsersuchen gerichtet werden.

[67] Sie treten regelmäßig bei folgenden Geschäftsvorfällen auf: Anschaffung eines neuen Anlagevermögens, wie z.B. von Maschinen, Fahrzeugen oder sonstiger Geschäftsausstattung; ferner Erwerb oder Errichtung eines Betriebsgebäudes; sowie Anschaffung übergroßer Bestände an Umlaufvermögen.

bbb) Vorsteuerabzug bei Inanspruchnahme von Steuerbefreiungen für Umsätze mit Vorsteuerabzug,

ccc) Vorsteuerdifferenzen auf Grund von Verprobungen,

ddd) branchen-/ unternehmens-atypische und (oder) ungeklärte vorsteuerbelastete Leistungsbezüge,

eee) Vorsteuerausschluß / -aufteilung[68] (z.B. bei innergemeinschaftlichen Erwerben),

fff) Verwendungsabsicht des Unternehmers im Zeitpunkt des Leistungsbezugs (insbesondere beim Erwerb von gemischt genutzten Grundstücken und bei der Herstellung von gemischt genutzten Gebäuden),

ggg) Rechnungen von Ausstellern, bei denen die Unternehmereigenschaft zweifelhaft[69] ist, Zweifel an dem in der Rechnung ausgewiesenen Leistungsinhalt oder formale Mängel in der Rechnung,

hhh) Vorsteuerabzug aus dem Erwerb neuer Fahrzeuge durch Unternehmer (Abgrenzung zum nichtunternehmerischen Bereich / Fahrzeugeinzelbesteuerung).

bb) Vorsteuerberichtigungen nach § 15 a UStG[70]

Beim **internen** (Betriebs-)Vergleich durch das Finanzamt sind saisonale Schwankungen ebenso zu berücksichtigen wie anderweitig übliche geschäftsbedingte Schwankungen. **Hohe** Vorsteuerbeträge werden vom Finanzamt immer dann angenommen, wenn die Vorsteuerbeträge eines Unternehmens in der Umsatzsteuervoranmeldung zu einer **Umsatzsteuererstattung** führen.
Der Unternehmer kann eine Umsatzsteuer-Sonderprüfung dadurch vermeiden, daß er die **ungewöhnlich hohen Vorsteuerbeträge** in der betreffenden Umsatzsteuervoranmeldung spezifiziert.
Beim **externen** (Betriebs-)Vergleich durch das Finanzamt wird das Unternehmen mit anderen Unternehmen gleicher Branche, Größe und ähnlicher Wirtschaftsstrukturen verglichen. Ergibt dieser Vergleich dauerhaft ungewöhnlich hohe Vorsteuerbeträge, so kann dies das Finanzamt zu einer Bedarfsprüfung veranlassen.
Der Unternehmer kann eine solche Prüfung dadurch vermeiden, daß er die **ungewöhnlich hohen Vorsteuerbeträge** begründet. Auf die statistischen Veröffentlichungen des betreffenden Berufsverbandes sollte Bezug genommen werden.

[68] Meldet ein Unternehmer in seinen Umsatzsteuervoranmeldungen neben steuerbaren und steuerpflichtigen Umsätzen, also neben Nichtausschlußumsätzen auch sog. Ausschlußumsätze an, so wird das Finanzamt i.d.R. das Vorliegen deren Voraussetzungen und ggf. den in Betracht kommenden Aufteilungsschlüssel in einer Bedarfsprüfung feststellen.
Meldet ein Unternehmer in seinen Umsatzsteuervoranmeldungen nur sog. Ausschlußumsätze an und macht er gleichzeitig Vorsteuerbeträge geltend, so ist mit hoher Wahrscheinlichkeit mit einer Bedarfsprüfung zu rechnen. Sie dient der Feststellung, ob die geltend gemachten Vorsteuerbeträge künftigen oder vergangenen steuerpflichtigen Umsätzen zugerechnet werden können.

[69] Die Finanzbehörden widmen – „aus gegebenem Anlaß" – dem Problem der **Zweifelhaftigkeit der Unternehmereigenschaft** besondere Aufmerksamkeit. Denn die Berechtigung eines Unternehmers zum Vorsteuerabzug setzt voraus, daß der in der Rechnung aufgeführte leistende Unternehmer überhaupt **existiert,** daß er nicht lediglich als Unternehmer in das Leistungsverhältnis **zwischengeschaltet** ist und daß ihm die Leistungen tatsächlich **zuzurechnen** sind. Die Bedeutung dieses Problems erhellt aus dem Umfang der BFH- und FG-Rechtsprechung zu den sog. „Scheinunternehmen", „Domizilgesellschaften", „Oasengesellschaften", „unzulässigen Arbeitnehmerüberlassungen" sowie „Scheinwerkverträgen". Dazu vgl. z.B. **Hentschel,** Die strafrechtliche Beurteilung der Verwendung von Scheinrechnungen im Besteuerungsverfahren, StBp 2000, S. 260 ff., bes. S. 261 f. (Rechnungsaussteller ist eine Scheinfirma); ferner **Pump,** Abgrenzung Unternehmer gem. § 2 UStG und Arbeitnehmer, StBp 2000, S. 205 ff., S. 239 ff., S. 271 ff., S. 299 ff., S. 330 ff..

[70] § 15 a Abs. 1 Satz 1 UStG (Berichtigung des Vorsteuerabzugs) neugefaßt m.W.v. 1.1.2002 durch Gesetz vom 20.12.2001 – BGBl. 2001 I, S. 3794. Vorsteuerberichtigungen lösen nicht selten Umsatzsteuer-Sonderprüfungen

Ändern sich bei einem Wirtschaftsgut innerhalb von fünf Jahren ab dem Zeitpunkt der erstmaligen Verwendung die für den ursprünglichen Vorsteuerabzug maßgebenden Verhältnisse, ist nach § 15 a Abs. 1 UStG[71] für jedes Kalenderjahr der Änderung ein Ausgleich durch eine Berichtigung des Abzugs der auf die Anschaffungs- oder Herstellungskosten entfallenden Vorsteuerbeträge vorzunehmen.
Problematisch können sein:

aaa) Grundstücksveräußerungen und –entnahmen,

bbb) erstmalige Anwendung bzw. Änderung des Verwendungsschlüssels bei gemischt genutzten Grundstücken und beweglichen Wirtschaftsgütern.

cc) Neugründung von Unternehmen / Firmenmantelkauf

aaa) Unternehmereigenschaft[72], insbesondere bei Personen, die nach Vorbereitungshandlungen keine Umsätze tätigen,

bbb) erhebliche Vorsteuerüberschüsse im zeitlichen Zusammenhang mit der Neugründung,

ccc) Verträge des Unternehmers mit Anteilseignern, Gesellschaftern, Mitgliedern oder nahestehenden Personen (z.B. Gestaltungsmißbrauch bei Vermietung, Anwendung der Mindestbemessungsgrundlage),

ddd) Vermietung von Freizeitgegenständen (z.B. Wohnmobile[73], Segelschiffe).

dd) Inanspruchnahme von Steuerbefreiungen für Umsätze mit / ohne Vorsteuerabzug

aaa) Umsätze nach § 4 Nrn. 1 bis 7 UStG (bei innergemeinschaftlichen Lieferungen Differenzen nach Abgleich der Steueranmeldung mit den gespeicherten Daten der zusammenfassenden Meldungen),

bbb) Innergemeinschaftliche Erwerbe[74],

ccc) Umsätze unter Inanspruchnahme der Umsatzsteuerbefreiungen nach dem Zusatzabkommen zum NATO-Truppenstatut, dem Offshore-Steuerabkommen sowie dem Ergänzungsabkommen zum Protokoll über die NATO-Hauptquartiere,

---

aus. Sie sind dadurch vermeidbar, daß der Berichtigungsbetrag in der Voranmeldung oder der Umsatzsteuererklärung hinreichend erläutert wird.
Für **bewegliche** Wirtschaftsgüter beträgt der Berichtigungszeitraum fünf Jahre.
Vgl. z.B. BFH, Urteil vom 5.2.1998 – V R 66 / 94 – BB 1998, 829 f..

[71] ... i.d.F.d. G.v. 20.12.2001 – BGBl. 2001 I, S. 3794 (Fassung gültig ab 1.1.2002).

[72] Hier kann ein Sachverhalt vorliegen, der unter dem Sammelbegriff **„Scheinunternehmen“** regelmäßig zu einer ungerechtfertigten Inanspruchnahme des Vorsteuerabzugs führt. Eine bundesweite Zusammenstellung der Finanzverwaltung weist vor allem 3 bevorzugte Bereiche nach, die seitens der Außenprüfung besondere Aufmerksamkeit verdienen: (a) fehlende Unternehmereigenschaft des Leistenden, (b) Rechnungen ohne Leistung sowie (c) Nicht-Erfaßbarkeit des Leistenden.

[73] Vgl. z. B. BFH, Urteil vom 10. 4. 1997 – V R 17 / 94 – UStR 1998, 144 ff..

[74] Zum Zwecke der Prüfung von innergemeinschaftlichen Erwerben (EU-Mitgliedstaaten) werden von der Finanzverwaltung **Anfragen** an das Bundesamt für Finanzen gestellt. Ergeben diese wesentliche Abweichungen zu den erklärten Erwerben, werden zusätzlich **Einzelauskunftsersuchen** veranlaßt. Flankiert werden können die Prüfungshandlungen der Finanzverwaltung durch **stichprobenweise** veranlaßte Einzelauskunftsersuchen.

ddd) Berechtigung zur Inanspruchnahme der Steuerbefreiungen nach § 4 Nr. 8 ff. UStG.

ee) Besteuerung des innergemeinschaftlichen Erwerbs[75].[76]

aaa) Erwerbe, insbesondere durch Unternehmer, bei denen der Vorsteuerabzug ganz oder teilweise ausgeschlossen ist,

bbb) Erwerbe durch Unternehmer, bei denen erhebliche Differenzen nach Abgleich der Steuererklärung für das Kalenderjahr mit den gemeldeten Lieferungen aus anderen EU-Mitgliedsstaaten bestehen,

ccc) Erwerbe durch Unternehmer im Sinne des § 18 Abs. 4 a UStG, die zwar eine Umsatzsteuer-Identifikationsnummer beantragt, aber keine innergemeinschaftlichen Erwerbe angemeldet haben.[77]

ff) Berechtigung zur Inanspruchnahme des ermäßigten Steuersatzes nach § 12 Abs. 2 Nrn. 1 bis 10 UStG

gg) Versendungsumsätze[78]nach § 3 c UStG

hh) Leistungsort in besonderen Fällen[79]

aaa) Innergemeinschaftliche Beförderungen von Gegenständen und damit zusammenhängende sonstige Leistungen (§ 3 b Abs. 3 bis 6 UStG),

bbb) Vermittlungsumsätze,

ccc) Lieferungen während einer Personenbeförderung nach § 3 e UStG,

ddd) Elektronisch erbrachte Dienstleistungen (E-Commerce).

---

[75] Die Umsatzsteuer-Sonderprüfung erstreckt sich hier darauf, ob die Erwerbsteuer rechtlich angemeldet werden muß und sachlich auch in richtiger Höhe angemeldet worden ist. Das Finanzamt überprüft in diesem Zusammenhang auch mögliche Erwerbsschwellen und Optionsmöglichkeiten.
Eine Prüfung durch das Finanzamt kann auch von einer Umsatzsteuer-Identifikationsnummer (für innergemeinschaftliche Erwerbe) ausgelöst werden, für die bisher keine Erwerbe angemeldet wurden.

[76] Für die Prüfung des innergemeinschaftlichen Waren- und Dienstleistungsverkehrs kann die Finanzverwaltung über **Einzelauskunftsersuchen** hinaus zwischenstaatliche Amtshilfe in Form von **Amtshilfeersuchen** nach dem EG-Amtshilfegesetz in Anspruch nehmen. Sie sind insbesondere dann veranlaßt, wenn die Prüfung eine Überprüfung von Unternehmens-Unterlagen in einem EU-Mitgliedsstaat erforderlich macht, wenn umfangreiche Sachverhaltsermittlungen in einem EU-Mitgliedsstaat anstehen oder wenn die ersuchende Behörde auf komplexe rechtliche Wertungen durch die ersuchte Behörde des EU-Mitgliedsstaates angewiesen ist.

[77] Probleme der Aufklärung von Auslandssachverhalten ergeben sich hier insbesondere bei der umsatzsteuerrechtlichen Beurteilung von beteiligten ausländischen Unternehmen. Sie gehen über Fragen der Rechtsform, der Gründung und der Eintragung sowie der Gründer weit hinaus; und erfassen ebenso Fragen der Geschäftsleitung, -führung, -repräsentanz und –organisation.

[78] Beim Ausführen innergemeinschaftlicher Versendungsumsätze sind vor allem der Leistungsort und die Abrechnung der Leistung, ferner die Identifikationsnummer des jeweiligen Geschäftspartners und ihre berechtigte Zuordnung bevorzugter Gegenstand der Prüfung des Finanzamts. Denn der Unternehmer haftet für Umsatzsteuerbeträge auf Grund falscher Identifikationsnummer. Es empfiehlt sich daher für den Unternehmer, die Identifikationsnummern seiner Geschäftspartner mittels einer qualifizierten Anfrage beim Bundesamt für Finanzen auf deren Richtigkeit überprüfen zu lassen.

[79] Vgl. in diesem Zusammenhang auch **Mösbauer,** Grenzüberschreitende Beratungsleistungen von Steuerberatern im Umsatzsteuerrecht, UR 1998, S. 134 ff..

ii) Zeitgerechte Besteuerung der Umsätze

aaa) Zahlung des Entgelts oder eines Teilentgelts vor Ausführung der Leistung (insbesondere in der Bauwirtschaft und bei Versorgungsunternehmen),

bbb) Erhebliche Abweichungen bei Umsätzen und Vorsteuern zwischen Steuererklärungen für das Kalenderjahr und Voranmeldungen[80] oder bei Abgabe berichtigter Voranmeldungen.

jj) Insolvenzfälle[81]

aaa) Zwangsverwaltung von Grundstücken (Zuordnung der Umsätze, Umfang der Option, Vorsteuerabzug und Vorsteuerberichtigung gem. § 15 a UStG,

bbb) Vorläufige Insolvenzverwaltung (z.B. bei Zweifeln, ob Lieferungen während der vorläufigen Insolvenzverwaltung oder erst nach Eröffnung des Insolvenzverfahrens ausgeführt worden sind),

ccc) Insolvenzverfahren (insbesondere Verwertung der Insolvenzmasse, Erfüllung steuerlicher Pflichten durch den Insolvenzverwalter, bei Gesellschaften: Schlechterstellung vor Eröffnung des Insolvenzverfahrens – Haftung des Geschäftsführers –).

kk) Steuerschuldnerschaft des Leistungsempfängers

ll) Juristische Personen

aaa) Betriebe gewerblicher Art von juristischen Personen des öffentlichen Rechts (insbesondere Abgrenzung des Unternehmensbereiches vom hoheitlichen Bereich),

bbb) Vereine (insbesondere Abgrenzung des nichtunternehmerischen vom unternehmerischen Bereich bzw. des Zweckbetriebes vom wirtschaftlichen Geschäftsbetrieb).

Weitere Kriterien:
Eine Anrufungsauskunft, wie für Lohnsteuer-Außenprüfungen, existiert für Umsatzsteuer-Sonderprüfungen nicht. Der Zukunftsabsicherung der Unternehmer dienen aber die beiden Rechtsinstitute der **„verbindlichen Zusage“**[82] und der **„verbindlichen Auskunft“**[83].
Der Prüfer hat zwar den Unternehmer oder den steuerlichen Berater über steuerrelevante Prüfungsfeststellungen zu **unterrichten** und auf abweichende rechtliche Beurteilungen

[80] Erhebliche Nachzahlungen in den Umsatzsteuerjahreserklärungen sind ein Beweis dafür, daß die umsatzsteuerlichen Sachverhalte in den Voranmeldungen unrichtig erklärt wurden. Sie lösen regelmäßig eine Umsatzsteuer-Sonderprüfung durch das Finanzamt aus. Gegenstand der Prüfung ist die Feststellung der zeitnahen Erfassung der Umsätze sowie die Ermittlung möglicherweise zu zahlender Hinterziehungszinsen.
Die der Umsatzsteuer-Voranmeldung nachfolgende Umsatzsteuer-Erklärung gilt als Selbstanzeige i.S.d. § 371 AO. Sie schließt eine Strafverfolgung wegen Steuerhinterziehung aus.
Umsatzsteuer-Sonderprüfungen erbringen den Beweis, daß im Rahmen des Jahresabschlusses Umsatzsteuernachzahlungen deshalb besonders häufig entstehen, weil nicht beachtet wird, daß bei Besteuerung nach vereinbarten Entgelten Umsatzsteuer mit tatsächlicher Ausführung der Leistung entsteht und nicht erst mit Rechnungsstellung.

[81] Differenzierung zwischen den Zeiträumen „bis einschließlich 2001“ und „ab 2002“.

[82] Dazu **Weimann / Eichmann,** Umsatzsteuer -(-Sonder)prüfungen, 2003, S. 38, Nr. 26.1.

[83] Dazu **Weimann / Eichmann,** a.e.a.O., S. 39, Nr. 26.2.

seitens der Finanzverwaltung **hinzuweisen,** verbindliche **Zusagen** über die künftige Behandlung eines bestimmten Sachverhalts darf **er** aber **nicht** machen. Dies gilt auch für **Zusicherungen.**

Das Recht und die Pflicht zur Unterrichtung während der Prüfung stehen aber unter dem **Vorbehalt**, daß der Zweck und der Ablauf der Prüfung **nicht beeinträchtigt** werden.

Besteht die Möglichkeit, daß auf Grund der Prüfungsfeststellungen ein **Straf- oder Bußgeldverfahren** durchgeführt werden muß, soll der Steuerpflichtige nach § 201 Abs. 2 AO, spätestens in der Schlußbesprechung, darauf **hingewiesen** werden, daß die straf- oder bußgeldrechtliche Würdigung einem besonderen Verfahren vorbehalten bleibt. Der Hinweis wird nach Datum, Ort und Zeit **aktenkundig** gemacht.

Nach unverzüglicher Unterrichtung des zuständigen Sachgebietsleiters der Bußgeld- und Strafsachenstelle **entscheidet** dieser, ob, auf Grund zureichender tatsächlicher Anhaltspunkte, für einen über eine bloße Vermutung hinausgehenden Verdacht ein besonderes Straf- oder Bußgeldverfahren einzuleiten ist. **Bis** zur Bekanntgabe dieser Entscheidung darf die Umsatzsteuer-Sonderprüfung nur auf **nicht** verdachtsbefangenem Gebiet **fortgesetzt** werden; im übrigen ist sie zu unterbrechen. **Nach** der Bekanntgabe kann die Prüfung **fortgesetzt** werden, allerdings mit der Maßgabe, daß die Mitwirkung des Unternehmers auf verdachtsbefangenem Gebiet nicht mehr erzwingbar ist.

Nach § 201 Abs. 1 Satz 1 AO ist über das Ergebnis der Umsatzsteuer-Sonderprüfung regelmäßig eine **Schlußbesprechung** abzuhalten. Nach § 201 Abs. 1 Satz 2 AO sind in der Schlußbesprechung insbesondere strittige Sachverhalte sowie die rechtliche Beurteilung der Prüfungsfeststellungen und ihre steuerlichen Auswirkungen zu erörtern.

Über das Ergebnis der Außenprüfung ergeht nach § 202 Abs. 1 Satz 1 AO ein schriftlicher – vordruckmäßig erstellter – **Prüfungsbericht.**

Er beruht auf den **Aufzeichnungen** und den Aktenvermerken des Prüfers. Sie sollen die jeweiligen Prüfungshandlungen[84] [85] [86], die geprüften steuerrelevanten Sachverhalte und ihre rechtliche Bewertung sowie die Feststellungen erkennbar machen, die eine Divergenz von Recht und Wirklichkeit belegen.

Ergänzt werden die Aufzeichnungen durch weitere Nachweise über die gefertigten Kontrollmitteilungen, die dem Prüfer erteilten Auskünfte, die Antworten auf Auskunftsersuchen zum Vorsteuerabzug, die gefertigten Aktenvermerke des Prüfers und die sonst vom Prüfer verwendeten Vermerke, Photokopien und Berechnungen.

Zielsetzung des Prüfungsberichts ist es, den an der Prüfung Beteiligten einen **umfassenden** – aber auch auf das Wesentliche beschränkten – **Überblick** über die Umsatzsteuer-Sonderprüfung zu vermitteln; insbesondere über die geprüften Sachverhalte und ihre steuerrechtliche Würdigung. Sachverhalte von grundsätzlicher umsatzsteuerrechtlicher Relevanz sind, unabhängig von dem Ergebnis der Prüfung, in jedem Falle darzustellen. Die umsatzsteuerrechtliche Relevanz bestimmt auch das zulässige Maß von Zusammenfassungen. Sie enden dort, wo Einwendungen gegen Prüfungsfeststellungen erschwert würden.

---

[84] Die **Voll**prüfung erfaßt regelmäßig sämtliche umsatzsteuerrechtlichen Sachverhalte eines Besteuerungszeitraums von mindestens einem Kalenderjahr. Ihr Abschluß führt zur **Aufhebung des Vorbehalts** der Nachprüfung und mithin zu einer erhöhten Bestandskraft der Steuerfestsetzung.. Sie wiederum bewirkt, daß die Steuerfestsetzung nicht – mehr – ohne weiteres geändert werden kann. Vgl. in diesem Zusammenhang auch **Mösbauer,** Die Umsatzsteuer-Sonderprüfung – eine spezifische Form der Außenprüfung, UVR 2002, S. 333 ff..

[85] Bei einer **punktuellen** Prüfung werden nur bestimmte Sachverhalte und eine bestimmte Umsatzart überprüft. Die Prüfung kann sich dabei auf einen Voranmeldungs- oder Besteuerungszeitraum (Kalenderjahr) aber auch auf mehrere Voranmeldungs- oder Besteuerungszeiträume erstrecken. Die Praxis erbringt den Beweis, daß überwiegend einzelne Umsatzarten einzelner Voranmeldungszeiträume geprüft werden.

[86] **Liquiditäts**prüfungen bezwecken die Feststellung, ob ein insolventes Unternehmen durch Erlaß oder Teilerlaß von Steuern saniert werden kann. Sie erfolgen regelmäßig durch Umsatzsteuer-Sonderprüfer, gelegentlich auch durch Betriebsprüfer.

Der Prüfungsbericht ist dem Unternehmer oder seinem steuerlichen Berater, spätestens zusammen mit dem Steuerbescheid, **bekanntzugeben.**
Auf **Antrag** des Unternehmers oder seines steuerlichen Beraters hat die Finanzbehörde nach § 202 Abs. 2 AO den Prüfungsbericht aber bereits **vor** seiner Auswertung zu übersenden und ihnen Gelegenheit zu geben, in angemessener Zeit dazu Stellung zu nehmen.
Führt die Prüfung zu keiner Änderung der Besteuerungsgrundlagen, so genügt es nach § 202 Abs. 1 Satz 3 AO, wenn dies dem Unternehmer oder seinem steuerlichen Berater **schriftlich mitgeteilt** wird. Allerdings setzt die schriftliche Mitteilung voraus, daß kein Anlaß zu steuerrelevanten Beanstandungen besteht.
Die **Auswertung** der Prüfungsfeststellungen erfolgt im automatisierten UVV-Verfahren oder im automatisierten USt-Verfahren.

2. Die Lohnsteuer-Außenprüfung

a) Der Sonderprüfungstatbestand[87]

aa) Rechtliche Modalitäten

Die **Lohnsteuer-Außenprüfung** nach § 42 f EStG[88] ist eine besondere Außenprüfung[89] im Sinne der Abgabenordnung.[90]
Sie findet ihre Rechtsgrundlage neben § 193 Abs. 1 AO[91] in § 193 Abs. 2 Nr. 1 AO[92]. Dies gilt jedoch nur für die Prüfung der Lohnsteuer bei denjenigen Steuerpflichtigen, die als Privatpersonen mehrere Bedienstete haben.[93]**Die** Lohnsteuer-Außenprüfung hat nach R 148 Abs. 3 Satz 1 LStR das Ziel, die **Entrichtungsschuld** des Arbeitgebers, als einer **anderen** Person i.S.d. § 194 Abs. 1 Satz 4 AO, für den zu prüfenden Anmeldungszeitraum umfassend und abschließend zu **überprüfen.**[94] Führt die Prüfung zu einer Änderung der Steuerfestsetzung, wird die Lohnsteueranmeldung nicht durch einen Änderungsbescheid nach §§ 172 ff. AO korrigiert. Es werden vielmehr **Lohnsteuer-Haftungs-**[95] und / oder

---

[87] Vgl. dazu auch **Mösbauer,** Zum Umfang der Mitwirkungspflicht des Arbeitgebers bei der Lohnsteuer-Außenprüfung, DB 1998, S. 1303 ff.; **Mösbauer,** Die Überlassung von Werks- und Dienstwohnungen an Arbeitnehmer als typische Zweifelsfrage der Lohnsteuer-Außenprüfung, StBp 2003, S. 81 ff..

[88] Vgl. dazu **Mösbauer,** Zum Umfang der Mitwirkungspflicht des Arbeitgebers bei der Lohnsteuer-Außenprüfung, DB 1998, S. 1303 ff..

[89] Für sie gelten die Vorschriften der BpO 2000 grundsätzlich nicht (§ 1 Abs. 2 BpO 2000). Gleichwohl sind die §§ 5 bis 12, 20 bis 24, 29 und 30 BpO 2000 mit Ausnahme des § 5 Abs. 4 Satz 2 BpO 2000 sinngemäß anzuwenden (R 148 Abs. 1 Satz 2 LStR 2002 vom 11.10.2001 – BStBl. 2001 I, Sondernummer 1).

[90] Bestätigend R 148 Abs. 1 Satz 1 LStR 2002; vgl. auch BFH, Urteil vom 15.12.1989 – VI R 151 / 86 – BStBl. 1990 II, 526 ff.; BFH, Urteil vom 9.3.1990 – VI R 87 / 89 – BStBl. 1990 II, 608 ff..

[91] ... i.V. mit § 194 Abs. 1 Satz 4 AO. Sie sind die Rechtsgrundlage für die Lohnsteuer-Außenprüfung bei Steuerpflichtigen, die einen **gewerblichen** oder **land**-und **forstwirtschaftlichen** Betrieb unterhalten oder die **freiberuflich** tätig sind; und die Arbeitgeber sind. Dazu vgl. BMF, Schreiben betr. Überprüfung von umsatzsteuerlichen Sachverhalten bei Lohnsteuer-Außenprüfungen vom 11.3.1982 – IV A 7 – S 0401 – 2 / 82 - Steuererlasse (C. H. Beck) Nr. 800, § 193 AO / 3 Nr. 1.

[92] § 193 Abs. 2 Nr. 1 AO ist die Rechtsgrundlage für die Lohnsteuer-Außenprüfung bei **anderen** als den in § 193 Abs. 1 AO bezeichneten Steuerpflichtigen. Das sind z.B. Privatpersonen, die Arbeitnehmer beschäftigen. R 148 Abs. 3 Satz 2 LStR 2002, wonach Privathaushalte, in denen nur gering entlohnte Hilfen beschäftigt werden, in der Regel nicht zu prüfen sind, wird jedoch durch § 193 Abs. 2 Nr. 1 AO nicht aufgehoben.

[93] „Die Abgrenzung und Zerlegung der Lohnsteuer" ist nicht Gegenstand der Lohnsteuer-Außenprüfung. Zu diesem Problembereich vgl. **Hidien,** DStZ 1997, S. 801 ff..

[94] Vgl. dazu **Baum,** Änderung der Lohnsteueranmeldung durch Lohnsteuerhaftungs- und Lohnsteuer-Nachforderungsbescheide, DB 1993, S. 2562.

[95] Der **Lohnsteuer-Haftungsbescheid** ist ein **Bescheid** i.S.d. § 191 AO. Mit ihm wird der Arbeitgeber als Haftungsschuldner für die vom Arbeitnehmer geschuldete Lohnsteuer in Anspruch genommen. Er ist **kein** Steuerbescheid. Daraus folgt, daß die **Änderungssperre** des § 173 Abs. 2 AO **nicht** anwendbar ist.

Lohnsteuer-Nachforderungsbescheide[96] erlassen. Das Steuermehr wird also durch einen selbständigen Steuerbescheid festgesetzt. Schuldner der Lohnsteuer ist nach § 38 Abs. 2 Satz 1 EStG der **Arbeitnehmer;** der **Arbeitgeber** ist nach § 42 d Abs. 1 EStG Haftungsschuldner[97]. Nun sind Arbeitnehmer und Arbeitgeber zwar Gesamtschuldner, § 42 d Abs. 3 Satz 4 EStG verweist aber darauf, daß in bestimmten Fällen der Nachforderungsanspruch gegen den Gesamtschuldner Arbeitnehmer nur sehr beschränkt geltend gemacht werden darf.

bb) Abschließende Prüfung

Da die Lohnsteueranmeldung anders als die Umsatzsteuer-Voranmeldung keinen Vorauszahlungscharakter hat, sondern eine abschließende Steuerfestsetzung darstellt[98], handelt es sich bei der Lohnsteuer-Außenprüfung ebenfalls stets um eine **abschließende Prüfung.** Dies hat zur Folge, daß der Vorbehalt der Nachprüfung i.S.d. § 164 AO in jedem Fall aufzuheben ist[99], egal, ob eine Lohnsteuer-Außenprüfung zu einer Änderung der angemeldeten Lohnsteuer geführt hat oder nicht. Wird aber im Anschluß an eine Lohnsteuer-Außenprüfung der Vorbehalt der Nachprüfung der den Prüfungszeitraum betreffenden Lohnsteuer-Anmeldungen aufgehoben, so steht dem späteren – erstmaligen – Erlaß eines Pauschalierungsbescheides (oder eines Lohnsteuer-Haftungsbescheids) für einen den Prüfungszeitraum betreffenden Sachverhalt die Änderungssperre des § 173 Abs. 2 Satz 1 AO

Der BFH (Urteil vom 31.8.1990 – VI R 78 / 86 – BStBl. 1991 II, 537; Urteil vom 15.5.1992 – VI R 183 / 88 – BStBl. 1993 II, 829) mißbilligt dieses Ergebnis ausdrücklich. Er ist der Auffassung, daß die Änderungssperre des § 173 Abs. 2 AO auch dann gelten muß, wenn, wie im Lohnsteuerverfahren, die Änderung der Steuerfestsetzung nicht durch einen Änderungsbescheid i.S.d. §§ 172 ff. AO erfolgt, also durch eine Änderung der Lohnsteueranmeldung, sondern durch den Erlaß eines Lohnsteuer-Haftungsbescheids und / oder eines Lohnsteuer-Nachforderungsbescheids.

Der BFH hält es – überzeugend – für unzulässig, bei nachträglichem Bekanntwerden neuer Tatsachen erstmals einen Lohnsteuer-Haftungsbescheid oder einen Nachforderungsbescheid zu erlassen, wenn das Finanzamt dem Arbeitgeber bezügl. des Prüfungszeitraums nach § 202 Abs. 1 Satz 3 AO mitgeteilt hat, daß die Lohnsteuer-Außenprüfung zu keiner Änderung der Besteuerungsgrundlagen geführt hat.

Vgl. in diesem Zusammenhang auch **Mösbauer,** Möglichkeiten des Haftungsausschlusses bei der Lohnsteuerhaftung des Arbeitgebers, FR 1995, S. 173 ff.; **Mösbauer,** Grenzen der haftungsmäßigen Inanspruchnahme des Arbeitgebers für die Lohnsteuer der Arbeitnehmer, FR 1995, S. 727 ff.; **Mösbauer,** Die Haftung des Arbeitgebers für die Lohnsteuer, BB 1995, S. 2194 ff.; **Mösbauer,** Entbehrlichkeit von Haftungsbescheid und Leistungsgebot bei der haftungsmäßigen Inanspruchnahme des Arbeitgebers für Lohnsteuer, FR 1995, S. 893 ff.; **Mösbauer,** Zur Haftung des Entleihers von Arbeitnehmern für deren Lohnsteuer, FR 1996, S. 281 ff.; **Mösbauer,** Zum Umfang der Mitwirkungspflicht des Arbeitgebers bei der Lohnsteuer-Außenprüfung, DB 1998, S. 1303 ff.; **Mösbauer,** Die unentgeltliche oder verbilligte Überlassung von Wohnräumen an Arbeitnehmer durch den Arbeitgeber als lohnsteuerpflichtige Einnahmen, StB 2002, S. 463 ff.; **Mösbauer,** Die Überlassung von Werks- und Dienstwohnungen an Arbeitnehmer als typische Zweifelsfrage der Lohnsteuer-Außenprüfung, StBp 2003, S. 81 ff.; zu dieser Problematik vgl. ergänzend **Mösbauer,** Die tatsächliche Verständigung – ein vages Beweismittel-Surrogat im Besteuerungsverfahren, BB 2003, S. 1037 ff..

[96] Der **Lohnsteuer-Nachforderungsbescheid** ist ein **Steuerbescheid** i.S.d. § 155 Abs. 1 Satz 1 AO. Er kann auf Grund einer Lohnsteuer-Außenprüfung ergehen. Vgl. dazu BFH, Urteil vom 30.8.1988 – VI R 21 / 85 – BStBl. 1989 II, 193; BFH, Urteil vom 21. 6. 1989 – VI R 31 / 86 – BStBl. 1989 II, 909.

Der Lohnsteuer-Nachforderungsbescheid wird nach § 40 Abs. 1 EStG erlassen, wenn der **Arbeitgeber** selbst **Schuldner** der Lohnsteuer ist, wie z.B. in den Fällen der Lohnsteuer-Pauschalierung nach den §§ 40 Abs. 3 Satz 2, 40 a und 40 b EStG. Er läßt die Lohnsteuer-Anmeldung unberührt und bezieht sich nur auf bestimmte lohnsteuerpflichtige Sachverhalte. Eine Änderung eines Nachforderungsbescheides ist hinsichtlich der ihm zugrundeliegenden Sachverhalte wegen der **Änderungssperre** des § 173 Abs. 2 AO nur zulässig, wenn eine Steuerhinterziehung oder eine leichtfertige Steuerverkürzung vorliegt.

[97] Dazu **Mösbauer,** Die Haftung des Arbeitgebers für die Lohnsteuer, BB 1995, S. 2194 ff.; **Mösbauer,** Möglichkeiten des Haftungsausschlusses bei der Lohnsteuerhaftung des Arbeitgebers, FR 1995, S. 173 ff..

[98] Vgl. dazu **Giloy,** Steuer- und Haftungsbescheide im Lohnsteuerverfahren, FR 1977, S. 292

[99] BFH, Urteil vom 15.5.1992 – VI R 106 / 88 – BStBl. 1993 II, 840.

entgegen.[100] Der erstmalige Erlaß eines Lohnsteuer-Haftungs- oder Lohnsteuer-Nachforderungsbescheids wäre nach einer Lohnsteuer-Außenprüfung grundsätzlich nicht möglich, wenn nach der Lohnsteuer-Außenprüfung der Vorbehalt der Nachprüfung aufgehoben wurde. Ausnahmen von dieser Änderungssperre gibt es nur dann, wenn eine Steuerhinterziehung[101] oder eine leichtfertige Steuerverkürzung[102] vorliegt.

cc) Umfang der Prüfung

Der Sonderprüfungstatbestand **umfaßt** neben der Lohnsteuer regelmäßig auch die Kirchenlohnsteuer, die Verpflichtungen des Arbeitgebers nach den Vermögensbildungsgesetzen, die Vergünstigungen für bestimmte Arbeitslöhne, die Bergmannsprämien, gegebenenfalls auch den Steuerabzug bei beschränkt Steuerpflichtigen nach § 50 a EStG und die Umsatzsteuer auf Sachzuwendungen und sonstige Leistungen sowie den Vorsteuerabzug bei Reisekosten der Arbeitnehmer.[103]
Konkret wird der Umfang der Lohnsteuer-Außenprüfung regelmäßig durch die typischen Zweifelsfragen bei der steuerlichen Beurteilung der einzelnen Prüfungsfeststellungen determiniert. Im einzelnen betreffen diese Fragen folgende Problembereiche:

aaa) Abfindungen wegen Auflösung von Dienstverhältnissen;

bbb) Besteuerung von Arbeitslöhnen bei Auslandstätigkeiten;

ccc) Einmalige oder gelegentliche Zuwendungen des Arbeitgebers im Rahmen von Beihilfen oder Unterstützungen;

ddd) Überlassung von Werks- und Dienstwohnungen an Arbeitnehmer[104];

eee) Vorsorgemaßnahmen des Arbeitgebers zur Zukunftssicherung der Arbeitnehmer;

fff) Berechtigung zu privater Nutzung dienstlicher Fernsprechanlagen;

ggg) Fortbildungs-, Ausbildungs- und Studienförderung durch Arbeitgeber;

hhh) Zahlung von Zuschlägen für tatsächlich geleistete Sonntags-, Feiertags- und Nachtarbeit;

iii) Gewerbsmäßige Überlassung von Arbeitnehmern;

---

[100] BFH, Urteil vom 15.5.1992 – VI R 183 / 88 – BStBl. 1993 II, 829, unter ausdrücklicher Bezugnahme auf BMF, Schreiben vom 8. 11. 1993 – IV A 4 S 0351 – 11 / 93 / IV B 6 – S 2386 – 33 / 93 – BStBl. 1993 I, 922; BFH, Urteil vom 15.5.1992 – VI R 106 / 88 – BStBl. 1993 II, 840. Vgl. auch FM Niedersachsen, Erlaß betr. Änderungssperre des § 173 Abs. 2 AO nach der Lohnsteuer-Außenprüfung vom 1.8.1997 – S 0337 – 21 – 33 – Steuererlasse (C. H. Beck), Nr. 800, § 173 AO / 4 (i.d.F.v. Dez. 2000).

[101] Dazu ausführlich **Mösbauer,** Steuerstraf- und Steuerordnungswidrigkeitenrecht, 2. Aufl., 2000, § 12 (S. 93 ff.) .

[102] Vgl. dazu **Mösbauer,** a.e.a.O., § 25 (S. 379 ff.).

[103] Dazu vgl. BMF, Schreiben betr. Überprüfung von umsatzsteuerlichen Sachverhalten bei Lohnsteuer-Außenprüfungen vom 11.3.1982 – IV A 7 – S 0401 – 2 / 82 – Steuererlasse (C. H. Beck) Nr. 800, § 193 AO / 3, Nrn. 3 und vor allem 4.

[104] Dazu **Mösbauer,** Die unentgeltliche oder verbilligte Überlassung von Wohnräumen an Arbeitnehmer durch den Arbeitgeber als einkommensteuerpflichtige Einnahmen, StB 2002, S. 463 ff.; **Mösbauer,** Die Überlassung von Werks- oder Dienstwohnungen an Arbeitnehmer als typische Zweifelsfrage der Lohnsteuer-Außenprüfung, StBp 2003, S. 81 ff.; zu dieser Problematik vgl. ergänzend **Mösbauer,** Die tatsächliche Verständigung – ein vages Beweismittel-Surrogat im Besteuerungsverfahren, BB 2003, S. 1037 ff..

kkk) Überlassung von Getränken und Genußmitteln durch den Arbeitgeber;

lll) Kostenlose oder verbilligte Überlassung von Grundstücken durch den Arbeitgeber;

mmm)Private Nutzung betriebseigener Kraftfahrzeuge durch Arbeitnehmer;

nnn) Verbilligte Veräußerung von gebrauchten Kraftfahrzeugen an Arbeitnehmer;

ooo) Lohnzahlungen durch Dritte;

ppp) Gewährung von unentgeltlichen oder verbilligten Mahlzeiten durch den Arbeitgeber;

qqq) Zahlung von Reise- und Fahrtkosten sowie Auslösungen;

rrr) Verbilligte Überlassung von Waren durch den Arbeitgeber; sowie

sss) Besteuerung von teilzeitbeschäftigten Arbeitnehmern.

dd) Überwachungsfunktion der Prüfung

Die **Überwachungsfunktion** der Außenprüfung erstreckt sich hauptsächlich darauf, ob sämtliche Arbeitnehmer, auch die nicht ständig beschäftigten, erfaßt sind und alle zum Arbeitslohn gehörigen Einnahmen i.S.d. § 8 EStG, gleichgültig in welcher Form sie gewährt werden, dem Steuerabzug unterworfen werden und ob bei der Berechnung der Lohnsteuer von der richtigen Lohnhöhe ausgegangen ist.[105]
Charakteristisch ist für die Lohnsteuer-Außenprüfung, daß sich ihre besonders qualifizierten Maßnahmen unmittelbar und zielgerichtet **allein gegen den Arbeitgeber**[106] richten. Denn er hat nach § 41 a Abs. 1 Satz 1 Nr. 1 EStG dem Betriebsstättenfinanzamt die Lohnsteuer **anzumelden** und nach § 41 a Abs. 1 Satz 1 Nr. 2 EStG die einbehaltene und übernommene Lohnsteuer an das Betriebsstättenfinanzamt **abzuführen.**[107] Daran ändert auch die Tatsache nichts, daß nach § 42 f Abs. 2 Satz 2 EStG die Arbeit**nehmer** des Arbeitgebers gewisse die Prüfung erleichternde Mitwirkungspflichten zu erfüllen haben.[108]
Die **Lohnsteuer-Anmeldung** des § 41 a Abs. 1 Satz 1 Nr. 1 EStG steht nach § 168 Satz 1 AO einer **Steuerfestsetzung unter Vorbehalt der Nachprüfung** gleich. Solange der Vorbehaltwirksam ist, kann die Steuerfestsetzung nach § 164 Abs. 2 Satz 1 AO aufgehoben oder geändert werden.
Die **Prüfungsanordnung** ergeht nach §§ 196 f. AO **nur dem Arbeitgeber gegenüber.** Sie bestimmt nicht nur das Maß der tatsächlichen Prüfungshandlungen sondern auch den Umfang der Ablaufhemmung des § 171 Abs. 4 AO.

---

[105] So zutreffend R 148 Abs. 3 Satz 1 LStR 2002.
[106] BFH, Urteil vom 15.12.1989 – VI R 151 / 86 – BStBl. 1990 II 528; vgl. auch **Ruban,** in: Hübschmann / Hepp / Spitaler, AO / FGO, 9. Aufl. § 171 AO, Anm. 14.
[107] Vgl. in diesem Zusammenhang z.B. **Mösbauer,** Möglichkeiten des Haftungsausschlusses bei der Lohnsteuerhaftung des Arbeitgebers, FR 1995, S. 173 ff.; **Mösbauer,** Grenzen der haftungsmäßigen Inanspruchnahme des Arbeitgebers für die Lohnsteuer der Arbeitnehmer, FR 1995, S. 727 ff.; **Mösbauer,** Die Haftung des Arbeitgebers für Lohnsteuer, BB 1995, S. 2194 ff.; **Mösbauer,** Entbehrlichkeit von Haftungsbescheid und Leistungsgebot bei der haftungsmäßigen Inanspruchnahme des Arbeitgebers für Lohnsteuer, FR 1995, S. 893 ff.; **Mösbauer,** Zur Haftung des Entleihers von Arbeitnehmern für deren Lohnsteuer, FR 1996, S. 281 ff..
[108] Vgl. dazu FG Düsseldorf, Urteil vom 15.9.1988 – 11 K 72 / 85 E – EFG 1989, 48.

b) Die Finanzbehörde als Berechtigte

aa) Zuständigkeit des Betriebsstättenfinanzamts

Nach § 42 f Abs. 1 EStG ist für die – **überwachende**[109] – Außenprüfung der ordnungsmäßigen Einbehaltung oder Übernahme und Abführung der Lohnsteuer – sowohl durch private als auch durch öffentlich-rechtliche Arbeitgeber[110] – das **Betriebsstätten-finanzamt** zuständig.

bb) Mitwirkungspflicht des Arbeitgebers

Der **Arbeitgeber** hat im Rahmen des § 200 AO bei der Außenprüfung mitzuwirken (§ 42 f Abs. 2 Satz 1 EStG).[111] Dazu hat er insbesondere im Interesse der vollständigen Feststellung der Sachverhalte, die für die Besteuerung relevant sein können, Auskünfte zu erteilen und Einsicht in die, von ihm aufbewahrten Lohnsteuerkarten der Arbeitnehmer, in die sonst vorgeschriebenen Aufzeichnungen und in die Lohnbücher sowie in die Geschäftsbücher und Unterlagen zu gewähren, soweit dies nach dem Ermessen der Prüfer für die Durchführung der Außenprüfung erforderlich ist.

cc) Mitwirkungspflicht der Arbeitnehmer

Darüber hinaus haben nach § 42 f Abs. 2 Satz 2 EStG aber auch die **Arbeitnehmer** des Arbeitgebers dem mit der Prüfung Beauftragten jede gewünschte Auskunft über Art und Höhe ihrer Einnahmen zu geben und auf Verlangen die etwa in ihrem Besitz befindlichen Lohnsteuerkarten sowie Belege über bereits entrichtete Lohnsteuer vorzulegen. Diese Verpflichtung haben auch **Personen**, bei denen es streitig ist, ob sie Arbeitnehmer oder Arbeitgeber sind oder waren (§ 42 f Abs. 2 Satz 3 EStG).[112]

dd) Die konkrete Berechtigung der Finanzbehörde

Die Berechtigung der Finanzbehörde ist eine **konkrete** Berechtigung. Sie ist nicht nur durch die auch die Rechte des Arbeitgebers[113] wahrenden[114] einschlägigen Rechtsvorschriften gebunden, sondern hat darüber hinaus auch der besonderen Situation des Arbeitgebers Rechnung zu tragen. Sie ist dadurch geprägt, daß dem Arbeitgeber mit dem Lohnsteuer-Abzugsverfahren nach §§ 38 – 42 f EStG oft schwierige und arbeitsaufwendige Aufgaben obliegen, die durch weitere Aufgaben aus dem Bereich der Sozialversicherung ergänzt

---

[109] Vgl. dazu R 148 LStR 2002.

[110] Die Prüfung bei öffentlich-rechtlichen Verwaltungen und Betrieben entspricht hinsichtlich ihres Umfangs denen bei privaten Arbeitgebern. **Prüfungen** eines öffentlich-rechtlichen Arbeitgebers durch die zuständige **Aufsichts-** und **Rechnungsprüfungsbehörde** stehen der Zulässigkeit einer Lohnsteuer-Außenprüfung nicht entgegen (R 148 Abs. 2 Satz 2 LStR 2002).

[111] Die Mitwirkung umfaßt auch die Gewährung von Einsicht in die Personalakten und sonstigen Personalunterlagen der Arbeitnehmer, aber nur soweit diese für die Besteuerung von Bedeutung sein können. Vgl. dazu FG Hannover, Beschluß vom 4.3.1955 – EFG 1955, 277; ferner **Mösbauer,** Zum Umfang der Mitwirkungspflicht des Arbeitgebers bei der Lohnsteuer-Außenprüfung, DB 1998, S. 1303 ff..

[112] Vgl. dazu z.B. BFH, Urteil vom 24.11.1961, BStBl. 1962 III, 37; BFH, Urteil vom 18.1.1974 – BStBl. 1974 II, 301; BFH, Urteil vom 21.3.1975 – BStBl. 1975 II, 513.

[113] So ist z.B. über das Ergebnis der Außenprüfung dem Arbeitgeber ein Prüfungsbericht zu übersenden (§ 202 Abs. 1 AO). Führt die Außenprüfung zu keiner Änderung der Besteuerungsgrundlagen, so genügt es, wenn dies dem Arbeitgeber schriftlich mitgeteilt wird (§ 202 Abs. 1 Satz 3 AO). In den Fällen, in denen ein Nachforderungsbescheid oder ein Haftungsbescheid zu erteilen ist (§ 42 d Abs. 4 EStG), kann der Arbeitgeber auf die Übersendung des Prüfungsberichts verzichten (R 148 Abs. 4 LStR 2002).

[114] So z.B. §§ 193 – 207 AO; 347 – 367 AO; 4 – 12 BpO 2000 sinngemäß.

werden. Aus diesem Grunde steht das Recht auf Anrufungsauskunft nach § 42 e EStG auch **nicht** dem Recht auf Erteilung einer verbindlichen Zusage auf Grund einer Außenprüfung nach § 204 AO entgegen.[115]

Der Bezug der konkreten Berechtigung der Finanzbehörde zum Arbeitgeber zeigt sich auch im Prüfungszeitraum bei der Lohnsteuer.

Die Lohnsteuer wird regelmäßig von der Lohnsteuer-Außenprüfung geprüft. Hat ein Betrieb fünf oder weniger Arbeitnehmer, ist die Lohnsteuer im Rahmen der Betriebsprüfung mitzuprüfen. Dies gilt auch für den Fall, daß ein Betrieb bei wechselnder Arbeitnehmerzahl innerhalb des in Frage stehenden Prüfungszeitraums in keinem Lohnsteueranmeldungszeitraum mehr als fünf Arbeitnehmer beschäftigt hatte.

Der zeitliche Umfang der Prüfung[116] ist durch eine sog. Anschlußprüfung bestimmt. Dies bedeutet, daß eine Lohnsteuer-Außenprüfung stets an die vorangegangene Prüfung anzuschließen hat. Nur darf die Festsetzungsfrist noch nicht abgelaufen sein.

Eine Abschlußprüfung entfällt bei erstmaliger Prüfung. Hier beginnt der Prüfungszeitraum mit der Eröffnung des Betriebs. Dies gilt auch für Lohnkonten, die erst ab einem späteren Zeitpunkt geführt worden sind.

Der Prüfungszeitraum endet mit dem letzten Tag desjenigen Zeitraumes, für den in der juristischen Sekunde des Prüfungsbeginns eine Lohnsteueranmeldung des Arbeitgebers vorliegen müßte.[117]

Bei mittleren und größeren Unternehmen werden im Rahmen von Lohnsteuer-Außenprüfungen nicht selten Sachverhalte festgestellt, die mehrere hundert, ja auch mehrere tausend Mitarbeiter betreffen können. Hier kann zwischen Finanzverwaltung und Arbeitgeber eine tatsächliche **Verständigung** dahingehend gefunden werden, daß an Stelle einer genauen Ermittlung der Besteuerungsgrundlagen nach § 162 Abs. 1 AO eine Schätzung auf einen durchschnittlichen Steuersatz vorgenommen wird. Dies enthebt den Prüfer der Pflicht, für jeden einzelnen Arbeitnehmer für jeden Zeitraum die individuellen Verhältnisse zu überprüfen; etwa vergleichbar der Pauschalierung der Lohnsteuer nach § 40 EStG. Auch dieses procedere stellt eine Beweismaßreduzierung auf eine Wahrscheinlichkeitsfeststellung dar, die letztendlich in eine tatsächliche Verständigung über die Höhe des Pauschalsteuersatzes einmünden könnte.

---

[115] So auch R 148 Abs. 5 LStR 2002.

[116] Vgl. dazu Abschn. B 1.2. der Anleitung für den Lohnsteuer-Außendienst.

[117] Zum Problembereich des Prüfungszeitraums bei der Lohnsteuer vgl. OFD München, Verfügung betr. zeitlicher Umfang der Betriebsprüfung vom 10.2.1984 – S 0401 – 1 St 315 – Steuererlasse (C. H. Beck) Nr. 800, § 194 AO / 2, Nr. 5 (Erg.Liefg. Okt. 1999).

B. Die Rechtsstellung des Steuerpflichtigen und der Finanzbehörde vor dem Beginn einer Außenprüfung

§ 3 Zulässigkeit einer Außenprüfung

I. Zulässigkeit einer Außenprüfung allgemein

1. § 193 AO als Rechtsgrundlage

In welchen Fällen ein Steuerpflichtiger zulässigerweise mit einer Außenprüfung rechnen, die Finanzbehörde zulässigerweise eine solche initiieren kann, bestimmt § 193 AO.

Anders als das bisherige Recht, stellt § 193 AO nicht mehr darauf ab, ob der zu prüfende Steuerpflichtige nach den Steuergesetzen verpflichtet ist, Bücher oder Aufzeichnungen zu führen.[1]

Nach § 193 AO ist eine Außenprüfung unabhängig davon zulässig, ob eine Steuer bereits festgesetzt, ob der Steuerbescheid endgültig, vorläufig oder unter dem Vorbehalt der Nachprüfung ergangen ist.[2] Wesentlich ist aber, daß die Behörde zur Erfüllung ihrer in § 85 AO umschriebenen Aufgaben handelt.[3]

2. Die beiden Gruppen der potentiellen Aufsichtsadressaten

§ 193 AO unterscheidet hinsichtlich seiner materiellen Voraussetzungen[4] zwischen Steuerpflichtigen, die einen **gewerblichen** oder **land- und forstwirtschaftlichen**[5] Betrieb unterhalten oder die **freiberuflich** tätig sind (Abs. 1) und **„anderen“** als den in Absatz 1 bezeichneten Steuerpflichtigen (Abs. 2).

Bei den in Absatz 1 genannten Steuerpflichtigen sind **keine besonderen** Voraussetzungen für die Durchführung einer Außenprüfung erforderlich[6]; anders bei den Steuerpflichtigen des Absatzes 2. Der Grund für diese Differenzierung liegt darin, daß bei den Steuerpflichtigen des Absatzes 1 die steuerlichen Verhältnisse regelmäßig nur anhand der vom Steuerpflichtigen geführten Bücher und Aufzeichnungen ermittelt werden können.[7] Bei den Steuerpflichtigen des § 193 Abs. 1 AO „hält der Gesetzgeber

---

[1] So auch **Zwank,** in: Koch, AO, 3. Aufl., 1987, § 193 AO, Rz. 2; **Mösbauer,** in: Koch / Scholtz, AO, 5 Aufl., 1996, § 193 AO, Rz. 2; **Kühn / Hofmann,** AO / FGO, 17. Aufl., 1995, § 193 AO, Bem. 2; vgl. auch **Mösbauer,** Zur Begründung der Anordnung einer Außenprüfung nach § 193 Abs. 1 AO, DB 1993, S. 67; **Tipke,** in: Tipke / Kruse, AO / FGO, § 193 AO.

[2] So auch AEAO (i.d.F. BMF-Schr. v. 14.2.2000 – BStBl. 2000 I, S. 190, ber. S. 435) zu § 193 AO, Nr. 1 Satz 1.

[3] So zutreffend **Birk,** Steuerrecht, 7. Aufl., 2004, S. 143, RdNr. 445.

[4] So auch **Birk,** Steuerrecht, 7. Aufl., 2004, S. 143, RdNr. 444.

[5] Zur Abgrenzung der Land- und Forstwirtschaft vom Gewerbe vgl. BMF, Schreiben vom 31.10.1995 – IV B 4 – S 2230 – 47 / 95 – FR 1995, 908 ff.; **Wendt,** Einkommensteuerliche Aspekte alter und neuer Kooperationsformen landwirtschaftlicher Betriebe, FR 1996, S. 265 ff..

[6] Bestätigend auch BFH, Urteil vom 2.10.1991 – XR 89 / 89 – BStBl. 1992 II, 220; BFH, Urteil vom 25.11.1997 – VIII R – 4 / 94 – BStBl. 1998 II, 461.

[7] So auch **Rüsken,** in: Klein, AO, 6. Aufl., 1998, § 193 AO, Anm. 2; BFH, Urteil vom 2.10.1991 – XR 89 / 89 – BStBl. 1992 II, 221. Vgl. ergänzend hierzu **Mösbauer,** Grenzen der Buchführungs- und Abschlußpflicht bestimmter Steuerpflichtiger nach § 141 AO, DB 1995, S. 397 ff.; **Mösbauer,** Derivative und originäre steuerliche Buchführungs- und Aufzeichnungspflichten gewerblicher

– typisierend – die Außenprüfung für **das** geeignete Mittel der Sachverhaltsermittlung. Betriebe dieser Art unterliegen kraft Gesetzes der Außenprüfung."[8] Schick[9] spricht in diesem Zusammenhang zutreffend von einem gesetzgeberischen „Modell", das keine Ausnahme erlaube.

Einschränkungen für eine Außenprüfung bei den Aufsichtsadressaten des § 193 Abs. 1 AO ergeben sich, nach zutreffender **Rechtsprechung** des BFH[10] weder aus den §§ **193 ff. AO** noch aus **anderen abgabenrechtlichen Vorschriften.**

Auch der **Gesetzeszweck**[11] des § 193 Abs. 1 AO, eine – hinsichtlich Grund und Höhe der Steuerschuld[12] – möglichst lückenlose Aufklärung des abgabenrechtlich bedeutsamen Sachverhalts für den angesprochenen Personenkreis zu erreichen, läßt keine zusätzlichen (einschränkenden) Voraussetzungen erkennen.[13]

Zusätzliche (einschränkende) Voraussetzungen ergeben sich ferner nicht aus dem **Gesetzeszusammenhang**. Denn nach ihm ist die Außenprüfung gerade ein besonderes Mittel zur Erfüllung der Aufgabennorm des § 85 AO.[14] Nach ihr haben die Finanzbehörden die Steuern nach Maßgabe der Gesetze[15] **gleichmäßig**[16] festzusetzen und zu erheben (§ 85 Satz 1 AO).

Nur so ist die Außenprüfung zumindest annähernd imstande, „Steuergerechtigkeit durch gerechte Vollziehung der Steuergesetze zu verwirklichen"[17].

Aus den genannten Gründen steht, nach wohl nicht zutreffender Auffassung des BFH[18], der Verwertung von im Rahmen einer Außenprüfung ermittelten Tatsachen bei erstmaliger Steuerfestsetzung oder – dem gleichgestellt – bei Änderung eines unter dem Vorbehalt der Nachprüfung ergangenen Steuerbescheides vor Ablauf der Festsetzungsfrist nicht entgegen, daß die Finanzbehörde eine ohne weiteres zulässige Erweiterungs-Prüfungsanordnung nicht erlassen hatte. In einem solchen Fall hat das Interesse an einer materiell-rechtlich gesetzmäßigen und gleichmäßigen Steuerfestsetzung Vorrang vor dem Interesse an einem formal ordnungsgemäßen Verfahren.

Unternehmer, DStZ 1996, S. 722 ff.; **Mösbauer,** Zur steuerlichen Buchführungspflicht gewerblicher Unternehmer nach § 140 AO, DB 1996, S. 2582 ff.; **Mösbauer,** Beginn, Ende und Übergang der steuerlichen Buchführungspflichten gewerblicher Unternehmer, DStZ 1997, S.201 ff.; **Mösbauer,** Die Anforderungen an die Beschaffenheit einer steuerlichen Buchführung nach § 145 Abs. 1 AO, DB 1999, S. 1876 ff.; **Mösbauer,** Die an die Buchführung und die sonst erforderlichen Aufzeichnungen zu stellenden formellen Anforderungen, DB 2002, S. 498 ff.; **Mösbauer,** Der – erweiterte – Zugriff der Außenprüfung auf die elektronischen Datenverarbeitungssysteme des zu prüfenden Unternehmens, in: Schröder / Muus (Hrsg.), Handbuch der steuerlichen Betriebsprüfung 2002, Liefg. 1 / 02 (April 2002), Kz. 3575 (S. 1 – 10).

[8] BFH, Urteil vom 2.10.1991 – XR 89 / 89 – BStBl. 1992 II, 221 (Abschn. 2 c); vgl. auch die amtl. Begründung, BT-Drucks, VI / 1982, S. 160 f..

[9] **Schick,** in: Hübschmann / Hepp / Spitaler, AO / FGO, § 193 AO, Rz. 199.

[10] So z.B. BFH, Urteil vom 13.3.1987 – III R 236 / 83 – BFHE 149, 399, BStBl. 1987 II, 664; BFH, Urteil vom 2.9.1988 – III R 280 / 84 – BFHE 154, 425, BStBl. 1989 II, 4; BFH, Urteil vom 30. 6. 1989 – III R 8 / 88 – BFH / NV 1990, 273 f.; BFH, Urteil vom 10.4.1990 – VIII R 415 / 83 - , BFHE 160, 409, BStBl. 1990 II, 721.

[11] Dazu vgl. BT-Drucks. VI / 1982, S. 161 zu § 174 AO 1974.

[12] Bestätigend auch AEAO (i.d.F. BMF – Schr. v. 14.2.2000 – BStBl. 2000 I, S. 190, ber. S. 435) zu § 193 AO, Nr. 1 Satz 2, wenn er feststellt: Eine Außenprüfung nach § 193 kann zur Ermittlung der Steuerschuld sowohl dem Grunde als auch der Höhe nach durchgeführt werden.

[13] BFH, Urteil vom 2.10.1991 – XR 89 / 89 – BStBl. 1992 II, 221. § 2 Abs. 1 Satz 1 BpO 2000 spricht in diesem Zusammenhang von der Sicherstellung der Gleichmäßigkeit der Besteuerung.

[14] Vgl. dazu **Tipke / Kruse,** AO / FGO, Vor § 193 AO, Tz. 6.

[15] Gesetzmäßigkeits-Prinzip.

[16] Gleichmäßigkeits-Prinzip.

[17] BFH, Urteil vom 2.10.1991 – XR 89 / 89 – BStBl. 1992 II, 221 (Abschn. 2 b).

[18] BFH, Urteil vom 25.11.1997 – VIII R 4 / 94 – BStBl. 1998 II, 461, im Anschluß an BFH, Urteil vom 23. 8.1994 – VII R 93 / 93 – BFH / NV 1995, 572.

II. Zulässigkeit bei Unternehmen

1. Zulässigkeit ohne Einschränkung

Nach § 193 Abs. 1 AO ist eine Außenprüfung bei Steuerpflichtigen[19], die einen gewerb-
lichen[20] [21] oder land- und forstwirtschaftlichen[22] Betrieb unterhalten oder die freiberuflich[23] tätig sind, **ohne Einschränkung** zulässig.
Bei Anordnung der Außenprüfung nach § 193 Abs. 1 AO muß jedoch für das Finanzamt **feststehen,** daß der Steuerpflichtige **tatsächlich** einen Betrieb i.S.d. Abs. 1 unterhalten hat oder tatsächlich freiberuflich tätig war.[24]
Nur ausnahmsweise kann auch die Frage, ob tatsächlich ein Gewerbebetrieb vorliegt, Ziel einer Außenprüfung sein.[25] Nach AEAO zu § 193 AO, Nr. 4 ist eine Außenprüfung nach § 193 Abs. 1 AO zur Klärung dieser Frage zulässig, aber nur, wenn konkrete Anhaltspunkte für eine Steuerpflicht bestehen. Es darf nicht ausgeschlossen sein, daß eine gewerbliche Tätigkeit vorliegt. Eine Außenprüfung ist solange zulässig, als noch Ansprüche aus dem Steuerschuldverhältnis bestehen (z.B. handelsrechtlich voll beendigte KG, voll beendigte GbR). Zur Begründung der Anordnung einer solchen Außenprüfung nach § 193 Abs. 1 AO genügt der Hinweis auf diese Rechtsgrundlage.[26]
Die „Zulässigkeit ohne Einschränkung" beruht darauf, daß § 193 Abs. 1 AO davon ausgeht, die Heranziehung der dort genannten Steuerpflichtigen zu einer routinemäßigen Außenprüfung sei in aller Regel ermessensgerecht.[27] Dies soll nur dann nicht gelten, wenn konkrete Anhaltspunkte die Annahme rechtfertigen, das Verhalten der Finanzbehörde sei in concreto unverhältnismäßig, sachwidrig oder willkürlich.[28]

---

[19] Steuerpflichtig in diesem Sinne und damit Prüfungssubjekt kann auch eine Personengesellschaft sein, sofern sie einen Gewerbebetrieb unterhält. Bestätigend BFH, Urteil vom 1.10.1992 – IV R 60 / 91 – BStBl. 1993 II, 82.
Dies gilt auch insoweit, als sich die Prüfung auf die einheitliche und gesonderte Feststellung der Einkünfte und die Einheitswerte des Betriebsvermögens erstreckt. So auch BFH, Urteil vom 16.11.1989 – IV R 29 / 89 – BStBl. 1990 II, 272; BFH, Urteil vom 13.9.1990 – IV R 57 / 89 – BFH / NV 1991, 716.

[20] Vgl. dazu § 15 EStG.

[21] Dazu BFH, Urteil vom 1.10.1992 – IV R 60 / 91 – BStBl. 1993 II, 82; ferner BFH, Urteil vom 10.4.1990 – VIII R 415 / 83 – BStBl. 1990 II, 721, 723; BFH, Urteil vom 2.9.1988 – III R 280 / 84 – BStBl. 1989 II, 4, 5; BFH, Urteil vom 21.6.1994 – VIII R 54 / 92 – BStBl. 1994 II, 678, 679; BFH, Urteil vom 11.8.1994 – IV R 126 / 91 – DStZ 1995, 48.

[22] Vgl. dazu § 13 EStG.

[23] Vgl. dazu § 18 Abs. 1 Nr. 1 EStG. Vgl. ergänzend BFH, Urteil vom 5.11.1981 – IV R 179 / 79 – BStBl. 1982 II, 208.

[24] So auch BFH, Urteil vom 5.11.1981 – IV R 179 / 79 – BStBl. 1982, II, 208. Bestätigend auch OFD München, Verfügung betr. Anordnung von Außenprüfungen vom 5.3.1984 – S 0403 – 7 St 31 – Steuererlasse (C. H. Beck) Nr. 800, § 196 AO / 1, Nr. 4.1 (i.d.F.v. Okt. 1999).

[25] BFH, Urteil vom 11.8.1994 – IV R 126 / 91 – DStZ 1995, 48.

[26] So AEAO (i.d.F. BMF – Schr. v. 14.2.2000 – BStBl. 2000 I, S. 190, ber. S.435) zu § 193 AO, Nr. 4 Sätze 1 – 3.

[27] BFH, Urteil vom 21.6.1994 – VIII R 54 / 92 – BStBl. 1994 II, 678, 679.

[28] Bestätigend BFH, Urteil vom 28.10.1988 – III R 52 / 86 – BFH / NV 1990, 4, 5; BFH, Urteil vom 30.6.1989 – III R 8 / 88 – BFH / NV 1990, 273; BFH, Urteil vom 25.7.1991 – V R 89 / 88 – BStBl. 1992 II, 3; BFH, Urteil vom 1.10.1992 – IV R 60 / 91 – BStBl. 1993 II, 82, 84; BFH, Urteil vom

Wegen der „Zulässigkeit ohne Einschränkung" kann das Finanzamt auch die zu prüfenden Besteuerungszeiträume nach seinem Ermessen festlegen.[29]
Daraus folgt wiederum, daß der Steuerpflichtige weder ein Recht auf Durchführung einer Außenprüfung[30] noch ein Recht auf einen prüfungsfreien Zeitraum[31] i.S. eines auf Eingriffsverschonung gerichteten Individualinteresses haben kann. Demgemäß muß es auch ermessensgerecht sein, wenn die Auswahl der zu prüfenden Steuerpflichtigen in einem gesteuerten Zufalls-Auswahlverfahren erfolgt. Aus diesem Grunde ist es auch unbedenklich, wenn eine sich auf drei Veranlagungszeiträume erstreckende Prüfungsanordnung auf die zwei vorausgehenden Veranlagungszeiträume erweitert wird, die erweiterte Außenprüfung aber auf einen bestimmten Sachverhalt (z.B. doppelte Haushaltsführung) beschränkt und an Amtsstelle fortgeführt wird.[32]

2. Aufgabe des Unternehmens

Eine Außenprüfung ist auch noch **nach Aufgabe** des Unternehmens zulässig.[33]

a) Außenprüfung bei noch tätigen Unternehmern

Nach dem reinen Gesetzeswortlaut des § 193 Abs. 1 AO ist die Außenprüfung allerdings nur zulässig bei **Steuerpflichtigen,** die einen gewerblichen oder land- und forstwirtschaftlichen Betrieb – noch – **unterhalten** oder die – noch – freiberuflich **tätig sind.**

b) Außenprüfung bei früheren Unternehmern

Nach dem **Zweck** des § 193 Abs. 1 AO sind die steuerlichen Verhältnisse von Unternehmern besonders prüfungsbedürftig. Diese besondere Prüfungsbedürftigkeit endet aber nicht in der juristischen Sekunde der Betriebsveräußerung[34] oder der Betriebsaufgabe. Deshalb können auch die steuerlichen Verhältnisse **früherer Unternehmer** geprüft werden.[35] Aus diesem Grunde hat der BFH[36] – zutreffend – eine Außenprüfung auch bei einer handelsrechtlich bereits voll **beendigten KG** für zulässig erachtet. Voraussetzung ist nur, daß sie im Prüfungszeitraum einen Gewerbebetrieb unterhalten hat. Die KG ist auch insoweit Steuerpflichtige und damit

---

21.6.1994 – VIII R 54 / 92 – BStBl. 1994 II, 678, 679. Vgl. auch Niedersächs. FG, Urteil vom 26.11.1992 – XI 374 / 90 – EFG 1993, 429.

[29] So auch BFH, Urteil vom 10.4.1990 – VIII R 415 / 83 – BStBl. 1990 II, 721, 723; Niedersächs. FG, Urteil vom 26.11.1992 – XI 634 / 88 – EFG 1993, 501.

[30] Vgl. dazu **Mösbauer,** in: Koch / Scholtz, AO, 5. Aufl., 1996, vor § 193 AO, Rz. 12.

[31] Vgl. dazu FG Hamburg, Urteil vom 12.11.1990 – I 325 / 86 – EFG 1991, 586.

[32] So auch FG Baden-Württemberg / Freiburg, Urteil vom 24.8.1994 – 2 K 30 / 93 – EFG 1994, 991.

[33] Vgl. BFH, Urteil vom 9.5.1978 – VII R 96 / 75 – BStBl. 1978 II, 501; RFH, RFHE 40, 221. **Mösbauer,** Bekanntgabe von Prüfungsanordnungen an vollbeendigte und gelöschte Gesellschaften, StBp 1999, S. 188 ff..

[34] Vgl. in diesem Zusammenhang **Mösbauer,** Übereignung eines Unternehmens oder eines in der Gliederung eines Unternehmens gesondert geführten Betriebes als Voraussetzung der Betriebsübernehmerhaftung nach § 75 AO, DStZ 1995, S. 481 ff.; **Mösbauer,** Zur sachlichen, zeitlichen und gegenständlichen Beschränkung der Haftung des Betriebsübernehmers nach § 75 AO, DStZ 1995, S. 705 ff..

[35] Bestätigend auch BFH, Urteil vom 24.8.1989 – IV R 65 / 88 – BStBl. 1990 II, 3; BFH, Urteil vom 20.6.1984 – I R 111 / 80 – BFHE 142, 1; BFH, Urteil vom 23. 7.1985 – VIII R 48 / 85 – BFHE 145, 3; **Mösbauer,** Bekanntgabe von Prüfungsanordnungen an vollbeendigte und gelöschte Gesellschaften, StBp 1999, S. 188 ff..

[36] BFH, Urteil vom 1.10.1992 – IV R 60 / 91 – BStBl. 1993 II, 82.

Prüfungssubjekt, als sich die Prüfung auf die einheitliche und gesonderte Feststellung der Einkünfte und die Einheitswerte des Betriebsvermögens erstreckt.[37]

c) Außenprüfung bei Erben früherer Unternehmer

Aus dem nämlichen Grund muß es auch zulässig sein, bei einem **Erben** eines früheren Unternehmers eine Außenprüfung nach § 193 Abs. 1 AO wegen der steuerlichen Verhältnisse des früheren Unternehmers durchzuführen. Denn der Erbe ist Gesamtrechtsnachfolger des früheren Unternehmers. Damit gehen sowohl die Forderungen und Schulden aus dem **Steuerschuldverhältnis** des Erblassers als auch die Verpflichtungen aus dem Steuerschuldverhältnis nach § 45 Abs. 1 Satz 1 AO auf den Rechtsnachfolger Erben über. Es ist daher der Feststellung des BFH[38] nur beizupflichten, daß bei dem Rechtsnachfolger Erben eine Außenprüfung nach § 193 Abs. 1 AO insoweit stattfinden kann, als sie sich auf die Steuerschuld aus der unternehmerischen Betätigung des Erblassers erstreckt. Der Erbe hat die Außenprüfung als Steuerschuldner zu dulden.

d) Außenprüfung bei Erbeserben früherer Unternehmer

Das Ergebnis gilt uneingeschränkt auch für den **Erbeserben.** Das bedeutet, daß auch er die Außenprüfung als Steuerschuldner zu dulden hat.

3. Außenprüfung bei einem Testamentsvollstrecker

Eine Außenprüfung bei einem Testamentsvollstrecker ist nicht nach § 193 Abs. 1 AO zulässig. Denn seine Tätigkeit erfordert weder den Unterhalt eines gewerblichen oder land- und forstwirtschaftlichen Betriebs, noch ist sie als freiberuflich zu qualifizieren.[39]

III. Zulässigkeit bei „anderen" Steuerpflichtigen

1. Zulässigkeit mit Einschränkung

Bei allen anderen Steuerpflichtigen, die nicht zu den potentiellen Aufsichtsadressaten des § 193 Abs. 1 AO gehören, ist eine Außenprüfung nur unter den strengen Voraussetzungen des § 193 Abs. 2 Nr. 1 oder Nr. 2 AO zulässig. Auf sie, die nach § 2 Abs. 2 BpO 2000 den Sonderprüfungen gleichgestellt ist, finden die Vorschriften der BpO 2000 nur sehr beschränkt Anwendung.

2. Die Fälle des § 193 Abs. 2 Nr. 1 AO

a) Voraussetzung der Außenprüfung

---

[37] BFH, Urteil vom 16.11.1989 – IV R 29 / 89 – BStBl. 1990 II, 272; BFH, Urteil vom 13.9.1990 – IV R 57 / 89 – BFH / NV 1991, 716; BFH, Urteil vom 1.10.1992 – IV R 60 / 91 – BStBl. 1993 II, 82. **Mösbauer,** Bekanntgabe von Prüfungsanordnungen an vollbeendigte und gelöschte Gesellschaften, StBp 1999, S. 188 ff..

[38] BFH, Urteil vom 24.8.1989 – IV R 65 / 88 – BStBl. 1990 II, 3. So auch schon BFH, Urteil vom 9.5.1978 – VII R 96 / 75 – BFHE 125, 144.

[39] Vgl. dazu BFH, Urteil vom 5.11.1981 – IV R 178 / 79 – BStBl. 1982 II, 184.

Nach § 193 Abs. 2 Nr. 1 AO ist eine Außenprüfung bei anderen als den in § 193 Abs. 1 AO bezeichneten Steuerpflichtigen zulässig, **soweit** sie die Verpflichtung dieser Steuerpflichtigen betrifft, für Rechnung eines anderen Steuern zu entrichten oder Steuern einzubehalten und abzuführen.[40]

b) Umfang der Außenprüfung

Durch das Wort **„soweit"** wird der zulässige **Umfang** der Außenprüfung auf die Sachverhalte beschränkt, die Steuern betreffen, die die „anderen" Steuerpflichtigen zu entrichten, einzubehalten oder abzuführen haben.[41]
Solche Steuern sind vor allem die **Lohnsteuer** (§ 42 f EStG)[42], die **Kapitalertragsteuer** (§§ 43 ff EStG), die **Aufsichtsratsteuer** (§ 50 a EStG) und die **Versicherungsteuer** (§§ 7 Abs. 1, 10 VersStG).

3. Die Fälle des § 193 Abs. 2 Nr. 2 AO

a) Voraussetzungen der Außenprüfung

Nach § 193 Abs. 2 Nr. 2 AO ist eine Außenprüfung zulässig, **wenn** folgende drei Voraussetzungen gegeben sind:

aa) der Steuerpflichtige darf nicht zum Personenkreis des § 193 Abs. 1 AO gehören,
bb) die für die Besteuerung erheblichen Verhältnisse müssen der **Aufklärung bedürfen** und
cc) eine Prüfung an Amtsstelle muß nach Art und Umfang des zu prüfenden Sachverhalts **nicht zweckmäßig** sein.[43]

Sind diese **drei** Voraussetzungen gegeben, ist eine Außenprüfung zulässig. Ihr Umfang ist im Gegensatz zur Außenprüfung des § 193 Abs. 2 Nr. 1 AO nicht beschränkt.

b) Das Aufklärungsbedürfnis

Ein **Aufklärungsbedürfnis**[44] i.S.d. § 193 Abs. 2 Nr. 2 Alt. 1 AO ist gegeben, wenn Anhaltspunkte bestehen, die es nach den Erfahrungen der Finanzverwaltung als

---

[40] Dazu vgl. AEAO (i.d.F.BMF – Schr. v. 14.2.2000 – BStBl. 2000 I, S. 190, ber. S. 435) zu § 193 AO, Nr. 5 Satz 1.
[41] So auch **Mösbauer,** in Koch / Scholtz, AO, 5 Aufl. 1996, § 193 AO, Rz. 5.
[42] Gemeint ist hier die Durchführung von Lohnsteuer-Außenprüfungen bei den Steuerpflichtigen, die nicht unter § 193 Abs. 1 AO fallen, wie z.B. Privatpersonen mit mehreren Bediensteten. So auch AEAO (i.d.F. BMF – Schr. v. 14.2.2000 – BStBl. 2000 I, S. 190, ber. S. 435) zu § 193 AO, Nr. 5 Satz 1. Vgl. ergänzend auch **Mösbauer,** Zum Umfang der Mitwirkungspflicht des Arbeitgebers bei der Lohnsteuer-Außenprüfung, DB 1998, S. 1303 ff.; **Mösbauer,** Die Überlassung von Werks- und Dienstwohnungen an Arbeitnehmer als typische Zweifelsfrage der Lohnsteuer-Außenprüfung, StBp 2003, S. 81 ff..
[43] Siehe dazu AEAO (i.d.F. BMF – Schr. v. 14.2.2000 – BStBl. 2000 I, S. 190, ber. S. 435) zu § 193 AO, Nr. 5 Satz 6. Ebenso OFD München, Verfügung betr. Anordnung von Außenprüfungen vom 5.3.1984 – S 0403 – 7 St 31 – Steuererlasse (C. H. Beck) Nr. 800, § 196 AO / 1, Nr. 4.1 (i.d.F.v. Okt. 1999).
[44] Ob für die Finanzverwaltung ein Bedürfnis besteht, die Verhältnisse des Steuerpflichtigen aufzuklären, kann vom Finanzgericht überprüft werden. Bestätigend BFH, Urteil vom 5.11.1981 – IV R 179 / 79 – BStBl. 1982 II, 208; BFH, Urteil vom 17.11.1992 – VIII R 25 / 89 – BStBl. 1993 II, 147.

möglich erscheinen lassen[45], daß der Steuerpflichtige über steuerlich erhebliche Tatsachen unrichtige oder unvollständige Angaben gemacht oder Angaben pflichtwidrig unterlassen hat.[46]
Über die eben dargestellte **Möglichkeit** der Erfüllung eines Besteuerungstatbestandes hinaus bedarf es **keiner konkreten** Anhaltspunkte, daß die Steuererklärungen den genannten Anforderungen nicht entsprechen.[47] Denn für die Durchführung einer Außenprüfung nach § 193 Abs. 2 Nr. 2 AO ist es ausreichend, daß die steuerrelevanten Verhältnisse der Aufklärung bedürfen. Insofern stimmt die Außenprüfung mit den **Einzelermittlungsmaßnahmen** überein.[48] Abstrakte Anhaltspunkte, daß möglicherweise eine Steuerschuld entstanden ist, daß möglicherweise Steuern verkürzt oder zu Unrecht erhoben wurden oder daß Steuererstattungen oder Steuervergütungen zu Unrecht gewährt oder versagt wurden, reichen aus. Dies gilt für die allgemeinen Ermittlungen des FA im Rahmen des Besteuerungsverfahrens ebenso wie für die Ermittlungen des Prüfers im Rahmen des Außenprüfungsverfahrens. Denn nach dem Legalitätsprinzip des § 85 AO haben die Finanzbehörden grundsätzlich jeder Möglichkeit nachzugehen, die auf die Verwirklichung eines Steuertatbestandes hinweisen könnte; auch im Rahmen des Aufklärungsbedürfnisses des § 193 Abs. 2 Nr. 2 AO.[49]
§ 193 Abs. 2 Nr. 2 AO kann insbesondere bei Steuerpflichtigen mit umfangreichen und vielgestaltigen Überschußeinkünften zur Anwendung kommen. Unter § 193 Abs. 2 Nr. 2 AO fällt auch die Prüfung einer gemeinnützigen Körperschaft zum Zwecke der Anerkennung, Versagung oder Entziehung der Gemeinnützigkeit.[50]

c) Die Unzweckmäßigkeit einer Prüfung an Amtsstelle

aa) Das gesetzliche Regelungsdefizit

Wann eine Prüfung an Amtsstelle **unzweckmäßig** i.S. des § 193 Abs. 2 Nr. 2 Alt. 2 AO ist, ist gesetzlich nicht ausdrücklich geregelt. Dies zu entscheiden, ist wohl dem pflichtgemäßen Ermessen der Finanzverwaltung anheimgegeben.

bb) Die Regel-Ausnahme-Relation

Aus der gesetzlichen Formulierung des § 193 Abs. 2 Nr. 2 Alt. 2 AO, daß eine Außenprüfung erst zulässig ist, wenn „eine Prüfung an Amtsstelle ... nicht

---

[45] Vgl. dazu auch FG Hamburg, Urteil vom 25.6.1979 – I 176 / 78 – EFG, 1980, 3; **Tipke / Kruse,** AO, § 193 AO, Tz. 10; **Kühn / Hofmann,** AO, 17. Aufl., § 193 AO, Anm. 3; **Mösbauer,** in: Koch / Scholtz, AO, 5. Aufl., 1996, § 193 AO, Rz. 8 / 1.

[46] Vgl. dazu BFH, Urteil vom 5.11.1981 – IV R 179 / 79 – BStBl. 1982 II, 208; BFH, Urteil vom 7.11.1985 – IV R 6 / 85 – BStBl. 1986 II, 435; BFH, Urteil vom 13.3.1987 – III R 236 / 83 – BStBl. 1987 II, 664; BFH, Urteil vom 8.3.1988 – VIII R 229 / 84 – BFH / NV 1988, 550; BFH, Urteil vom 17.11.1992 – VIII R 25 / 89 – BStBl. 1993 II, 147. Zu den unrichtigen und unvollständigen Angaben sowie zum pflichtwidrigen Unterlassen von Angaben im einzelnen vgl. **Mösbauer,** Steuerstraf- und Steuerordnungswidrigkeitenrecht, 2. Aufl., 2000, § 12 (S. 101 ff.).

[47] So auch BFH, Urteil vom 17.11.1992 – VIII R 25 / 89 – BStBl. 1993 II, 147.

[48] Vgl. dazu § 199 AO (Prüfungsgrundsätze) und § 88 AO (Untersuchungsgrundsatz). So auch BFH, Urteil vom 17.11.1992 – VIII R 25 / 89 – BStBl. 1993 II, 147. Zu den Einzelermittlungen vgl. AEAO (i.d.F. BMF – Schr. v. 14.2.2000 – BStBl. 2000 I, S. 190, ber. S. 435) zu § 193 AO, Nr. 6 Sätze 1 – 3.

[49] Bestätigend auch BFH, Urteil vom 17.11.1992 – VIII R 25 / 89 – BStBl. 1993 II, 148. So im Ergebnis auch
§ 2 Abs. 1 Satz 1 BpO 2000.

[50] So auch AEAO (i.d.F. BMF – Schr. v. 14.2.2000 – BStBl. 2000 I, S. 190, ber. S. 435) zu § 193 AO, Nr. 5 Sätze 2 – 4.

zweckmäßig" ist, geht hervor, daß die Prüfung an Amtsstelle die Regel, die Außenprüfung die Ausnahme sein sollte. Diese Regel-Ausnahme-Relation hat zur Folge, daß jede auf § 193 Abs. 2 Nr.2 Alt.2 AO gestützte Prüfungsanordnung gesondert zu **begründen** ist.[51]

cc) Der Mißbrauch durch die Finanzverwaltung

Die Praxis der Finanzverwaltung entspricht nur selten dem gesetzlichen Gebot des § 193 Abs. 2 Nr. 2 Alt. 2 AO[52]. Die als Regel vorgesehene Prüfung an Amtsstelle wird zur Ausnahme degradiert; die als Ausnahme vorgesehene Außenprüfung beim Steuerpflichtigen wird zur Regel. Ursächlich hierfür sind handfeste haushaltsrechtliche Überlegungen. Denn warum sollte ein Staat Räumlichkeiten für Außenprüfer bereitstellen, wenn eine solche Bereitstellung durch Verlagerung der Prüfung zum Steuerpflichtigen diesem aufgezwungen werden kann? Es handelt sich hier um durchaus ehrenwerte Überlegungen, doch bleiben sie dies nicht, wenn sie zur Schändung des Rechts - § 193 Abs. 2 Nr. 2 Alt.
2 AO – mißbraucht werden. Die finanziellen Auswirkungen können in Extremfällen dazu führen, daß – contra legem – Unternehmen gezwungen sein können, ganze Gebäudeteile ausschließlich für Zwecke der Außenprüfung zur Verfügung stellen zu müssen. In jedem Falle ist § 193 Abs. 2 Nr. 2 AO unter dem Blickwinkel des Grundsatzes der Verhältnismäßigkeit der Mittel (§ 5 AO) zu verstehen.[53]

IV. Ermessen

1. Entschließungsermessen

Mit der Feststellung „Eine Außenprüfung ist zulässig ..." stellt es § 193 Abs. 1 AO dem pflichtgemäßen **Entschließungsermessen** der Finanzbehörde anheim, „ob" eine Außenprüfung stattfindet oder nicht. Der Gesetzgeber der AO räumt dem Steuerpflichtigen also ebensowenig ein Recht auf Durchführung einer Außenprüfung [54] ein, wie es ihm einen Anspruch auf „Prüfungspause"[55] zubilligt.
Es ist dem BFH[56] insofern zuzustimmen, daß sich § 193 Abs. 1 AO bei der **Rechtsfolgebestimmung** auf die Aussage beschränkt, eine Außenprüfung sei in den dort genannten Fällen **„zulässig"**[57]. Es ist ihm auch zuzustimmen, daß den Finanzbehörden damit ein **Ermessen** eingeräumt ist. Ob dieses aber lediglich ein **(Auswahl-)**Ermessen ist, wie der BFH meint, ist durch nichts bewiesen. **Ob** eine Außenprüfung nach § 193 Abs. 1 AO stattfindet, ist nicht dem – uneingeschränkten – wählenden Verhalten der Finanzverwaltung im Rahmen einer Werteverwirklichung

---

[51] Bestätigend auch BFH, Urteil vom 7.11.1985 – IV R 6 / 85 – BStBl. 1986 II, 435; BFH, Urteil vom 17.11.1992 – VIII R 25 / 89 – BStBl. 1993 II, 148; AEAO (i.d.F. BMF – Schr. v. 14.2.2000 – BStBl. 2000 I, S. 190, ber. S. 435) zu § 193 AO, Nr. 5 Sätze 5 und 6.

[52] Vgl. dazu **Schick,** Das Rechtsinstitut Außenprüfung – Grundstrukturen und tragende Prinzipien, DStR 1980, S. 278.

[53] So auch OFD München, Verfügung betr. Anordnung von Außenprüfungen vom 5.3.1984 – S 0403 – 7 St 31 – Steuererlasse (C. H. Beck) Nr. 800, § 196 AO / 1 Nr. 4.1 (i.d.F.v. Okt. 1999).

[54] Vgl. dazu AEAO zu § 193 AO Nr. 1. Vgl. in diesem Zusammenhang auch **Mösbauer,** Zur Begründung der Anordnung einer Außenprüfung nach § 193 Abs. 1 AO, DB 1993, S. 67.

[55] Siehe dazu BFH, Urteil vom 2.10.1991 – XR 89 / 89 – BStBl. 1992 II, 221.

[56] BFH, Urteil vom 2.10.1991 – XR 89 / 89 – BStBl. 1992 II, 221 (Abschn. 2 c).

[57] Entsprechend auch die Gesetzesvorschrift.

anheimgegeben. Es liegt in concreto also kein „klassisches“[58] Entschließungsermessen, sondern ein in mehrfacher Hinsicht, durch Gesetzeszusammenhang und Gesetzeszweck **eingeschränktes** Entschließungsermessen vor. Die Entstehungsgeschichte des § 193 AO weist nach, daß mit der „Ermessenseinräumung nur dem Umstand Rechnung getragen werden soll, daß die Ausstattung der Finanzverwaltung mit Sachmitteln und vor allem mit Personal zur umfassenden Erfüllung des Gesetzesauftrages nicht ausreicht.“[59] Daraus fließt die Befugnis der Finanzverwaltung, ihr (Entschließungs-) Ermessen dahingehend bestätigen zu dürfen, ob im Rahmen des § 193 Abs. 1 AO eine Außenprüfung stattfindet oder nicht. Der BFH spricht hier von einer **„faktischen Unmöglichkeit“**, alle unter § 193 Abs. 1 AO fallenden Steuerpflichtigen vollständig und gleichermaßen zu prüfen. Daher ist die Entscheidung darüber, **„ob“** überhaupt geprüft wird, in das Entschließungsermessen der Finanzbehörde gestellt.[60]

2. Auswahlermessen

a) Der Gesichtspunkt der sog. „faktischen Unmöglichkeit“

Desweiteren wählt die Finanzbehörde durch Betätigung ihres **Auswahlermessens** aus, **welcher** Steuerpflichtige, **wann,** in welchem **Umfang** und über welchen **Besteuerungszeitraum** hinweg geprüft wird. Dies darf ebenfalls nur unter dem Gesichtspunkt der sog. **„faktischen Unmöglichkeit“**[61], alle unter § 193 Abs. 1 AO fallenden Steuerpflichtigen vollständig und gleichermaßen zu prüfen, geschehen.
Der BFH bezieht sich in seiner Rechtsprechung auf die Gesetzesbegründung in BT-Drucks. VI / 1982, S. 161 zu § 174 AO 1974: „Da es von der Arbeitsbelastung der Verwaltung her unmöglich ist, alle Steuerpflichtigen, die der Außenprüfung unterliegen, auch tatsächlich zu prüfen, bleibt nur die Lösung, daß die Verwaltung nach pflichtgemäßem Ermessen über die Vornahme einer Prüfung entscheidet.“ Den Finanzbehörden ist hiermit, neben dem **Entschließungs**ermessen auch ein **Auswahl**ermessen eingeräumt.[62]
Die Finanzbehörde muß dabei erwägen, ob die von ihr gewünschten Aufklärungen eine Außenprüfung erfordern. Dabei ist zu berücksichtigen, daß eine Außenprüfung eine besonders intensive und umfangreiche Ermittlungsmaßnahme darstellt, die vom Steuerpflichtigen, sofern es sich nicht um eine turnusmäßige Prüfung handelt, nicht in jedem Falle hingenommen zu werden braucht.
Die Finanzbehörde hat nach dem Grundsatz der Verhältnismäßigkeit der Mittel[63] zu prüfen, ob die Aufklärung nicht auch mit Maßnahmen erreicht werden kann, die den Steuerpflichtigen weniger belasten[64].

b) Keine echte Abwägung öffentlicher und privater Interessen

---

[58] Siehe dazu **Forsthoff,** Lehrbuch des Verwaltungsrechts, Bd. 1, 10. Aufl., 1973, S. 87; **Erichsen,** in: Erichsen / Martens, Allg. Verwaltungsrecht, 8. Aufl. 1988, S. 209.
[59] BFH, Urteil vom 2.10.1991 – XR 89 / 89 – BStBl. 1992 II, 221 (Abschn. 2 c).
[60] Dabei sind die Grundsätze der **Verhältnismäßigkeit der Mittel** und des **geringstmöglichen Eingriffs** zu beachten. So zutreffend § 2 Abs. 1 Satz 2 BpO 2000.
[61] Siehe dazu BFH, Urteil vom 2.10.1991 – XR 89 / 89 – BStBl. 1992 II, 221; ferner **Köhler,** Prüfung durch „bewußte Auswahl“ oder durch „Zufallsauswahl“, StBp 2002, S. 68 ff..
[62] Vgl. in diesem Zusammenhang z.B. BFH, Urteil vom 16.11.1989 – IV R 29 / 89 – BFHE 159, 28, 30, BStBl. 1990 II, 272; BFH, Urteil vom 2.10.1991 – XR 89 / 89 – BStBl. 1992 II, 221.
[63] So auch § 2 Abs. 1 Satz 2 Alt. 1 BpO 2000.
[64] So auch § 2 Abs. 1 Satz 2 Alt. 2 BpO 2000.

Bei der Betätigung des Auswahlermessens durch die Finanzverwaltung, welcher Betrieb in den jährlichen Prüfungsplan einer Finanzbehörde aufgenommen wird, fällt auf, daß eine **echte Abwägung**[65] öffentlicher und privater Interessen, wie sie für Ermessensentscheidungen im „klassischen“ Sinne charakteristisch sind, regelmäßig **nicht** stattfindet. „Die Werteentscheidung des Gesetzgebers zugunsten einer zutreffenden Ermittlung der Steuerlast durch das Instrument der Außenprüfung läßt ebensowenig einen individualrechtlichen (Neben-) Zweck erkennen wie die ausschließlich Belange der Verwaltung berücksichtigende Einräumung des Auswahlermessens.“[66]

c) Reine Zweckmäßigkeitsüberlegungen

Es fällt weiter auf, daß der Ermessensbetätigung im Rahmen des § 193 Abs. 1 AO regelmäßig reine **Zweckmäßigkeitsüberlegungen** zugrunde liegen. Sie münden in der Praxis in die recht dubiose, daher nicht ausgesprochene Frage ein, wie den sog. Personalbedarfsberechnungen „von oben“ am ehesten entsprochen werden kann. Oder, um es mit dem BFH akademisch auszudrücken: wie mit der unzureichenden Personalausstattung[67] die Prüfungstätigkeit so effizient gestaltet werden kann, daß sie dem Grundsatz der Belastungsgleichheit[68] – noch – entspricht.
Es trifft zu, daß der „**Generalprävention** und dem **Überraschungsmoment** ...umso größere Bedeutung zukommen, je mehr der Finanzverwaltung die Mittel fehlen, die nach § 193 Abs. 1 AO zur Duldung der Außenprüfung verpflichteten Steuerpflichtigen lückenlos zu prüfen.“[69]

d) Fragen des Verfahrens

Außerdem fällt auf, daß sich die Ermessensausübung „in **Fragen des Verfahrens** bei der Auswahl der zu prüfenden Betriebe erschöpft“[70]. Dies zeigt, in welch massiver Weise die Ermessensbetätigung im Rahmen des § 193 Abs. 1 AO durch öffentliche Interessen determiniert ist.

e) Vermutung gegen Ermessensmißbrauch

§ 193 Abs. 1 AO ist hinsichtlich der Ermessensbetätigung auf das Ziel ausgerichtet, die „generelle Sicherung einer vollständigen, richtigen Besteuerung sowie die zutreffende Ermittlung der Besteuerungsgrundlagen im Einzelfall“ zu gewährleisten. Insoweit ist dem BFH[71] und mit ihm Schick[72] uneingeschränkt zuzustimmen. **Nicht** zugestimmt werden kann der bloßen verbal behaupteten Ansicht des BFH und Schicks, daß eine Vermutung dafür spreche, daß die Heranziehung eines der in § 193 Abs. 1 AO genannten Steuerpflichtigen zur Außenprüfung **nicht ermessensmißbräuchlich** ist. Einen solchen Wechsel auf eine vage Vermutung zu

---

[65] Vgl. dazu **Stelkens / Bonk / Leonhard**, Komm. z. Verwaltungsverfahrensgesetz, 3. Aufl. 1990, § 40 VerwVfG, Rz. 7.
[66] BFH, Urteil vom 2.10.1991 – XR 89 / 89 – BStBl. 1992 II, 222 (Abschn. 2 d).
[67] Mit ihr wird die unterschiedliche Prüfungshäufigkeit zu begründen versucht. Siehe dazu auch BFH, Urteil vom 2.9.1988 – III R 280 / 84 – BStBl. 1989 II, 4, 6.
[68] ... auch hinsichtlich des tatsächlichen Erfolges der Steuererhebung. § 2 Abs. 1 Satz 1 BpO 2000 spricht von „Gleichmäßigkeit der Besteuerung“.
[69] BFH, Urteil vom 2.10.1991 – XR 89 / 89 – BStBl. 1992 II, 223 (Abschn. 2 h).
[70] BFH, Urteil vom 2.10.1991 – XR 89 / 89 – BStBl. 1992 II, 222 (Abschn. 2 d).
[71] BFH, Urteil vom 2.10.1991 – XR 89 / 89 – BStBl. 1992 II, 222 (Abschn. 2 d).
[72] **Schick,** in: Hübschmann / Hepp / Spitaler, Komm. zur AO / FGO, 9. Aufl. § 193 AO, Rz. 199.

ziehen, ist der Verfasser in concreto nicht bereit; zumindest solange nicht erkennbar ist, worauf eine solche Vermutung sich überhaupt gründet.

f) Grundsätzliche Unbeachtlichkeit privater Interessen

Der BFH zieht zur Bestärkung seiner „Ansicht“ die „ähnelnde ... Entscheidungslage“ der Fälle der sog. Ermessenseinbürgerung[73] und Ermessensauswahl[74] unter mehreren zur Verfügung stehenden Wehrpflichtigen heran. Für diese Fälle hat das Bundesverwaltungsgericht in ständiger Rechtsprechung die Berücksichtigung **privater Interessen** bei der Ermessensausübung für grundsätzlich **„unbeachtlich“** erklärt.
Die diesbezügliche Ansicht des BFH muß nicht überzeugen, ebenso wie die hilfsweise herangezogene Rechtsprechung des BVerwG. Warum soll die Heranziehung eines der in § 193 Abs. 1 AO genannten Steuerpflichtigen zur Außenprüfung nicht ermessensmißbräuchlich i.S.d. Verletzung des Übermaß-, Willkür- und Schikaneverbots sein können?

g) Gleichheit der Lastenzuteilung

Der BFH sieht seine Rechtsprechung zur Ermessensbetätigung im Rahmen des § 193 Abs. 1 AO auch durch den Gleichheitssatz des Art. 3 Abs. 1 GG bestätigt. Weil der mit der Steuererhebung verbundene Eingriff in die Vermögens- und Rechtssphäre des Steuerpflichtigen seine Rechtfertigung auch und gerade aus der **Gleichheit der Lastenzuteilung**[75] erfährt, müssen im Steuerrecht von Verfassungs wegen sowohl die steuerbegründenden Vorschriften als auch die Regelungen ihrer Anwendung dem Prinzip einer möglichst gleichmäßigen Belastung des einzelnen besonders sorgfältig Rechnung tragen.[76]Dieser Rechtsprechung, sowohl des BVerfG, als auch des BVerwG, ist voll beizutreten. Unklar bleibt es aber, warum auf Grund der Gleichheit der Lastenzuteilung „bei der Ermessensausübung nach § 193 Abs. 1 AO für die Berücksichtigung eines auf Eingriffsverschonung gerichteten Individualinteresses ...kein Raum“[77] ist. Denkbar wäre höchstens ein Vorrang des öffentlichen Interesses vor dem privaten.

h) Gesichtspunkt des Zufalls

Dem BFH[78] ist weiter insofern zuzustimmen, daß der **Gesichtspunkt des Zufalls** bei der Ausübung des Auswahlermessens ein „sachliches Kriterium“ ist.
Die Finanzbehörde ist auch hinsichtlich der zeitlichen Aufeinanderfolge von Außenprüfungen **keinen generellen** Beschränkungen unterworfen. Doch weist die

---

[73] BVerwG, Urteil vom 30.9.1958 – IC 20 / 58 – BVerwGE 7, 237; BVerwG, Urteil vom 1.7.1975 – IC 44 / 70 - BVerwGE 49, 44; BVerwG, Urteil vom 29.7.1985 – IB 78 / 85 – NJW 1985, 2908; BVerwG, Urteil vom 21.10.1986 – IC 44 / 84 – NJW 1987,856.

[74] BVerwG, Urteil vom 19.6.1974 – VIII C 89 / 73 – BVerwGE 45, 197; BVerwG, Urteil vom 22.2.1985 – 8 C 25 / 84 – BVerwGE 71, 63; BVerwG, Urteil vom 12.2.1988 – VIII C 22 / 86 – BVerwGE 79, 68.

[75] Das BVerwG, Urteil vom 3.5.1991 – 8 C 13 / 89 – KStZ 1991, 170 spricht hier, wohl inhaltsgleich, vom **Gebot der Abgabengleichheit.** § 2 Abs. 1 Satz 1 BpO 2000 spricht gleichinhaltlich von der „Gleichmäßigkeit der Besteuerung“.

[76] BVerfG, Urteil vom 27.6.1991 – 2 BvR 1493 / 89 – BStBl. 1991 II, 654, 664.

[77] BFH, Urteil vom 2.10.1991 – XR 89 / 89 – BStBl. 1992 II, 222 (Abschn. 2 e).

[78] BFH, Urteil vom 2.10.1991 – XR 89 / 89 – BStBl. 1992 II, 222 (Abschn. 2 f), unter Bezugnahme auf **Schick,** in: Hübschmann / Hepp / Spitaler, Komm. zur AO / FGO, 9. Aufl. § 193 AO, Rz. 288.

Praxis nach, daß Art. 3 GG in Einzelfällen eine „Prüfungspause" gebieten kann. Ein Anspruch hierauf besteht allerdings nicht.
Die Praxis weist ferner nach, daß die Ausübung des Entschließungs-, vor allem aber des Auswahlermessens im Vorbereitungsstadium durch **exogene Ereignisse,** wie z.B. sinnvoller Arbeitseinsatz der Außenprüfer, Prüfungsanregungen der Veranlagungsstellen, Datenauswertung aus Betriebskarteien oder Aufnahme in Vormerklisten, **beeinflußt** werden.
Eine solche Beeinflussung ist unter dem Gesichtspunkt individueller Steuergerechtigkeit unbedenklich. Sie führt letztendlich nur zu einer Vorauswahl nach dem Gesichtspunkt der Prüfungsbedürftigkeit.[79]

i) Keine zeitliche Vorhersehbarkeit von Außenprüfungen

Nach zutreffender Rechtsprechung des BFH[80] ist die Finanzbehörde weder nach dem Gesetz noch nach den Vorschriften, die sich die Verwaltung zur Ausübung ihres Auswahlermessens in der BpO 2000 selbst gesetzt hat, im Einzelfall an einen bestimmten Prüfungsturnus oder Prüfungsrhythmus gebunden.[81]
Auch die spezifische Zielvorstellung, die Großbetriebe möglichst lückenlos zu prüfen, schließt im Ergebnis nicht aus, daß auch Mittel- und Kleinbetriebe möglichst lückenlos geprüft werden. Nur soll bei ihnen der Prüfungszeitraum regelmäßig nicht über die letzten drei Besteuerungszeiträume zurückreichen, für die vor Bekanntgabe der Prüfungsanordnung Steuererklärungen abgegeben wurden.[82]
Eine Bindung i.S. einer **zeitlichen Vorhersehbarkeit** von Außenprüfungen würde dem präventiven (Überraschungs-)Zweck der Außenprüfung entgegenstehen.

3. Kein Anspruch auf Durchführung einer Außenprüfung

Nach § 193 Abs. 1 AO ist eine Außenprüfung immer zulässig bei einem Gewerbebetrieb, einem Betrieb der Land- und Forstwirtschaft und bei einem „Freiberufler" i.S.d. § 18 Abs. 1 Nr. 1 EStG. Bei ihnen können Prüfungen ohne besonderen Anlaß vorgenommen werden.[83] Es liegt also nach § 5 AO allein im pflichtgemäßen Ermessen der Finanzbehörde, ob eine Außenprüfung durchgeführt wird oder nicht.[84] Zieht man aus dieser ausschließlichen Ermessensbefugnis[85] der Finanzbehörde den **Umkehrschluß**, so folgt daraus, daß der Steuerpflichtige **keinen Rechtsanspruch** auf die Durchführung einer Außenprüfung haben kann.[86] Er hat aber auch keinen Anspruch, (zeitweise) von ihr verschont zu bleiben.[87]

---

[79] BFH, Urteil vom 2.10.1991 – XR 89 / 89 – BStBl. 1992 II, 222 (Abschn. 2 f).
[80] Z.B. BFH, Urteil vom 2.9.1988 – III R 280 / 84 – BStBl. 1989 II, 4.
[81] So auch BFH, Urteil vom 2.10.1991 – XR 89 / 89 – BStBl. 1992 II, 222 (Abschn. 2 g).
[82] Vgl. dazu z.B. BFH, Urteil vom 13.12.1989 – IR 45 / 84 – BFH / NV 1990, 455 f..
[83] So schon RFH, Urteil vom 25.11.1936 – VIA 161 / 35 – RStBl. 1936, 1193: Eine Anordnung einer Prüfung ist nicht davon abhängig, daß zu ihrer Durchführung ein besonderer Anlaß, wie z.B. der Verdacht einer Steuerhinterziehung, vorliegt.
[84] Bestätigend BFH, Urteil vom 2.9.1989 – III R 280 / 84 – DStR 1989, 315 f..
[85] Die Ermessensentscheidung kann nicht frei oder willkürlich getroffen werden. Sie ist vielmehr entsprechend dem Zweck der Ermächtigungsnorm § 193 AO auszuüben, ohne dabei die gesetzlichen Grenzen des Ermessens zu überschreiten.
[86] Vgl. in diesem Zusammenhang **Wenzig,** Das pflichtgemäße Ermessen bei der Auswahl zur Außenprüfung, StuW 1982, S. 321; ferner BFH, Urteil vom 13.8.1970 – VR 56 / 57 – BStBl. 1970 II, 767; BFH, Urteil vom 8.11.1984 – IV R 33 / 82 – BStBl. 1985 II, 352; sowie vor allem BFH, Urteil vom 24.10.1972 – VIII R 8 / 69 – BStBl. 1973 II, 275: Grundsätzlich hat der Steuerpflichtige keinen

Ein Steuerpflichtiger hat zwar nach dem verfassungsrechtlichen Gleichheitsgrundsatz des Art. 3 GG, bei Ermessensfehlgebrauch der Finanzbehörde, einen sogar gerichtlich durchsetzbaren Anspruch, daß die Finanzverwaltung hinsichtlich ihres Ermessens objektiv verfährt und die von ihr **selbst gesetzten Schranken**[88] dabei beachtet.[89] Dieser Anspruch berechtigt den Steuerpflichtigen aber nicht, aus der Tatsache, daß andere vergleichbare Betriebe nicht geprüft werden, das Recht abzuleiten, daß auch er selbst nicht geprüft wird.
Soll z. B. bei Mittel- und Kleinbetrieben i.S.d. § 3 BpO 2000[90] eine Routineprüfung durchgeführt werden, so kann die Finanzbehörde die Auswahl der zu prüfenden Betriebe auch nach **Zufalls**gesichtspunkten wählen, wobei aber die sich daraus ergebende unterschiedliche Prüfungshäufigkeit wiederum nicht gegen das Gleichheitsgebot verstoßen darf.[91]
Wiederholungsprüfungen und die Wiederholung einzelner Verwaltungsakte sind grundsätzlich unbedenklich. Das Finanzamt kann somit auch eine erneute Prüfung anordnen. Um aber einen Ermessensmißbrauch auszuschließen, ist es erforderlich, daß ein anderer Beamter mit der erneuten Prüfung beauftragt wird.[92]
Ermessensmißbräuchlich und daher nicht zulässig ist eine Prüfung, wenn sich aus ihr keine steuerlichen Folgen mehr ergeben können, z.B. wegen Ablaufs der Festsetzungsverjährung. Unberührt bleibt davon jedoch die Möglichkeit, eine Ermittlung durch die Steuerfahndung nach § 208 AO durchzuführen.[93]

4. Das besondere Interesse an einer Prüfung

Hat ein Steuerpflichtiger ein besonderes Interesse an der Durchführung einer Prüfung, z.B. weil eine Betriebsveräußerung oder eine Auseinandersetzung bevorsteht, kann er einen Antrag auf Prüfung stellen. Er ist dann im Rahmen der Ermessensentscheidung zu berücksichtigen.[94]

V. Außenprüfung bei Ehegatten

1. Zwei gesonderte Außenprüfungen

Ehegatten sind grundsätzlich zwei voneinander unabhängige Steuersubjekte.

Rechtsanspruch auf Durchführung einer Betriebsprüfung zur Aufdeckung ihm günstiger neuer Tatsachen; ferner BT-Drucks. VI / 1982, S. 161 zu § 174 AO 1974.

[87] So auch BFH, Urteil vom 2.10.1991 – XR 89 / 89 – BStBl. 1992 II, 222 (Abschn. 2 d).

[88] Dazu vgl. BFH, Urteil vom 2.10.1991 – XR 89 / 89 – BStBl. 1992 II, 222 (Abschn. 2 g).

[89] **Erhard / Wenzig,** Steuerliche Betriebsprüfung, 5. Aufl., 1987, 66 f..

[90] Vgl. dazu BMF, Schreiben betr. Einordnung in Größenklassen gem. § 3 BpO; Merkmale zum 1. Jan. 2001 vom 21.7.2000 – IV D 6 – S 1450 – 8 / 00 – Steuererlasse (C.H.Beck), Nr. 800, § 193 AO / 4 (i.d.F.v. Dez. 2000): Die Merkmale sind erst nach Aufstellung der Betriebskartei anzuwenden.

[91] BFH, Urteil vom 2.9.1988 – III R 280 / 84 – BStBl. 1989 II, 4.

[92] Vgl. in diesem Zusammenhang BFH, Urteil vom 7.11.1985 – IV R 6 / 85 – BStBl. 1986 II, 435; BFH, Urteil vom 24.1.1989 – VII R 35 / 86 – DStR 1989, 495 (über die Zulässigkeit einer Zweitprüfung, die grundsätzlich gegeben ist); BFH, Urteil vom 20.10.1988 – IV R 104 / 86 – BStBl. 1989 II, 180.

[93] Dazu vgl. auch **Mösbauer,** Steuerstraf- und Steuerordnungswidrigkeitenrecht, 2. Aufl., 2000, §§ 32 – 36
(S. 427 ff.).

[94] Dazu vgl. **Rüsken,** in: Klein, AO, 6. Aufl. 1998, § 193 AO, Tz. 2. Vgl. dazu auch § 2 Abs. 3 Sätze 1 und 2 BpO 2000.

Diese Feststellung hat auch für den Fall Bestand, daß die Ehegatten nach §§ 26 Abs. 1, 26 b EStG oder nach § 14 Abs. 1 Nr. 1 VStG zusammenveranlagt werden.[95]
Sollen die steuerlichen Verhältnisse **beider** Ehegatten geprüft werden, so müssen die Voraussetzungen des § 193 AO bei **jeder** Person vorliegen.[96] Es müssen also **zwei** Außenprüfungen durchgeführt werden. Sie können ihre Rechtsgrundlagen – unterschiedlich – z.B. in § 193 Abs. 1 AO und in § 193 Abs. 2 Nr. 2 AO haben. Da es sich um zwei Außenprüfungen handelt, bedarf es zweier Prüfungsanordnungen. Sie wiederum können aber in **einer** Verfügung zusammengefaßt werden. [97]
Liegen die Voraussetzungen des § 193 AO nur bei **einem** Ehegatten vor, so dürfen auch nur dessen Verhältnisse geprüft werden. Denn eine Außenprüfung darf regelmäßig nur der Person gegenüber erfolgen, die – zulässigerweise – in der Prüfungsanordnung genannt ist.[98]

2. Keine Ausdehnung der Außenprüfung auf den anderen Ehegatten

Da § 196 Abs. 1 AO eine schriftliche Prüfungsanordnung vorschreibt, kann eine Außenprüfung auch **nicht** stillschweigend oder mündlich auf den anderen Ehegatten **ausgedehnt** werden. Qua via rechtswidrig festgestellte Tatsachen unterliegen einem **Verwertungsverbot.**[99]
In seinem Urteil vom 20.4.1995 hält es das FG Hamburg[100] für zulässig, daß bei einer Außenprüfung gemäß § 193 Abs. 1 AO neben den betrieblichen Verhältnissen auch andere Besteuerungsgrundlagen, insbesondere auch andere Überschußeinkünfte und Sonderausgaben geprüft werden.
Ferner unterliegen dabei die anläßlich einer gegen den Ehegatten des Steuerpflichtigen gerichteten Außenprüfung gewonnenen Erkenntnisse über steuerliche Verhältnisse dann mangels Kausalität keinem Verwertungsverbot, wenn die vom Prüfer festgestellten Tatsachen auch im laufenden Veranlagungsverfahren hätten erfragt werden können.
Und außerdem unterliegen die für Zeiten außerhalb des der Prüfungsanordnung zugrunde liegenden Zeitraumes getroffenen Feststellungen des Prüfers mangels Kausalität keinem Verwertungsverbot, wenn bei zeitraumübergreifenden Rechtsverhältnissen lediglich aus anläßlich einer Außenprüfung rechtmäßig erlangten Kenntnissen Folgerungen für außerhalb des Prüfungszeitraumes liegende Veranlagungszeiträume gezogen werden.[101]
Soweit Einzelermittlungen neben der Außenprüfung durchgeführt werden, hat der Außenprüfer klarzustellen, daß z.B. die den Prüfungszeitraum überschreitenden

[95] Siehe auch **Mösbauer,** in: Koch / Scholtz, AO, 5. Aufl., 1996, § 193 AO, Rz. 9 und § 196 AO, Rz. 2; FG Hamburg, Urteil vom 20.4.1995 – III 103 / 94 – EFG 1996, 126.
[96] Vgl. dazu auch BFH, Urteil vom 25.5.1976 – VII R 59 / 75 – BStBl. 1977 II, 18.
[97] So auch BFH, Urteil vom 14.2.1978 – VII R 51 / 77 – BStBl. 1978 II, 416; BFH, Urteil vom 28.10.1988 – III R 52 / 86 – HFR 1989 Nr. 5, E. 199; FG Düsseldorf, Urteil vom 31.1.1977 – VIII 8 / 76 – EFG 1977, 344.
[98] So auch **Birk,** Steuerrecht, 7. Aufl., 2004, S. 144, RdNr. 448.
[99] Vgl. in diesem Zusammenhang BFH, Urteil vom 10.5.1991 – V R 51 / 90 – BStBl. 1991 II, 828; BFH, Urteil vom 29.9.1987 – X R 15 / 92 – BFH / NV 1987, 333.
[100] FG Hamburg, Urteil vom 20.4.1995 – III 103 / 94 – EFG 1996, 126; so auch BFH, Urteil vom 28.11.1985 – IV R 323 / 84 – BStBl. 1986 II, 437; BFH, Urteil vom 24.8.1989 – IV R 65 / 88 – BStBl. 1990 II, 2.
[101] So auch FG Hamburg, Urteil vom 20.4.1995 – III 103 / 94 – EFG 1996, 126.

Einzelermittlungen und die diesbezüglich verlangten Auskünfte nicht im Zusammenhang mit der Außenprüfung stehen.[102]

3. Rechtsprechung contra Verwaltungspraxis

In seinem Urteil vom 7.11.1985[103] hat der BFH die Verwaltungspraxis zutreffend darauf hingewiesen, daß eine auf § 193 Abs. 2 Nr. 2 AO gestützte Prüfungsanordnung begründet werden muß. Die Begründung muß ergeben, daß die gewünschte Aufklärung durch Einzelermittlung nicht erreicht werden kann.
Hierzu genügt nicht der Hinweis, daß beim Ehegatten des Steuerpflichtigen ohnehin eine Außenprüfung stattfindet. Der BFH tritt damit einer rechtswidrigen Verwaltungsübung entgegen, die, mit dem Segen der Bp-Referenten der Oberfinanzdirektionen[104], auf den vom BFH geforderten, gesetzlich vorgeschriebenen Nachweis deshalb verzichtete, da ein solcher Nachweis in den meisten Fällen im Rahmen der Prüfungsanordnung kaum so zu führen ist, daß er einem Einspruch standhält.

VI. Außenprüfung nach vorbehaltloser Steuerfestsetzung?

1. Zulässigkeit einer Außenprüfung

Die Frage, ob eine Außenprüfung auch dann noch zulässig ist, wenn bereits ein Steuerbescheid **ohne Vorbehalt der Nachprüfung** i.S.d. § 164 AO ergangen, oder zwar unter dem Vorbehalt der Nachprüfung ergangen, der Vorbehalt aber zwischenzeitlich wieder aufgehoben worden ist, wird in der Literatur unterschiedlich beantwortet.[105]

2. Rechtlich verbindliche Wirkung vorbehaltloser Bescheide

Bedenkt man aber, daß ein Steuerpflichtiger sich darauf verlassen können muß, daß ein vorbehaltloser Bescheid auch rechtlich eine abschließende, verbindliche Wirkung hat, so wird man eine Außenprüfung als nicht mehr zulässig zu erachten haben.

3. Abschließende Prüfung als Ziel jeder Außenprüfung

Dazu kommt, daß ein vorbehaltloser Bescheid auf einer abschließenden Prüfung des Steuerfalles aufbaut. Eine solche abschließende Prüfung ist aber Ziel jeder Außenprüfung. Ist dieses Ziel aber schon erreicht, kann für eine Außenprüfung kein Raum mehr sein.[106]

---

[102] Vgl. dazu BFH, Urteil vom 5.4.1984 – IV R 244 / 83 – BStBl. 1984 II, 790; BFH, Urteil vom 2.2.1994 – I R 57 / 93 – BStBl. 1994 II, 377; FG Hamburg, Urteil vom 20.4.1995 – III 103 / 94 – EFG 1996, 126.

[103] BStBl. 1986 II, 435.

[104] Siehe dazu das Ergebnis der Besprechung vom 18.9.1984 – 20.9.1984 in Norderney.

[105] Bejahend z.B, **Schick,** in: Hübschmann / Hepp / Spitaler, AO / FGO, § 194 AO, Anm. 11 ff.; **Kammann / Rödl,** Die Unzulässigkeit von Außenprüfungen im Anschluß an vorbehaltlose Steuerfestsetzungen, DStR 1982, S. 641, AA z.B. **Rüsken,** in: Klein, AO, 6. Aufl., 1998, § 193 AO, Tz. 2; **Tipke / Kruse,** AO, 13. Aufl., 1989, § 193 AO, Tz. 3.

[106] AEAO (i.d.F. BMF – Schr. v. 14.2.2000 – BStBl. 2000 I, S. 190, ber. S. 435) zu § 193 AO, Nr. 1 Satz 3 bestätigt wohl die hier vertretene Auffassung, wenn er feststellt: Der gesamte für die Entstehung und Ausgestaltung eines Steueranspruchs erhebliche Sachverhalt kann **Prüfungsgegenstand** sein.

Aus diesen Gründen ist die vom BFH vertretene Auffassung, daß eine Außenprüfung auch noch nach einer endgültigen, vorbehaltlosen Steuerfestsetzung **angeordnet werden könne,** wohl nicht überzeugend.[107] Mit AEAO zu § 193 AO Nr. 1 Satz 1 hat sich das BMF der Auffassung des BFH angeschlossen: Eine Außenprüfung ist unabhängig davon zulässig, ob eine Steuer bereits festgesetzt, ob der Steuerbescheid endgültig, vorläufig oder unter dem Vorbehalt der Nachprüfung ergangen ist.[108]

VII. Außenprüfung zur Feststellung von Steuerhinterziehung oder leichtfertiger Steuerverkürzung

1. Ablauf der Festsetzungsfrist

Unzulässig ist wohl auch eine Außenprüfung, die sich auf einen Zeitraum erstreckt, für den die vierjährige Festsetzungsfrist des § 169 Abs. 2 Nr. 2 AO bereits abgelaufen ist.[109] Denn die Aufgabe einer Außenprüfung ist lediglich die Feststellung von Besteuerungsgrundlagen für bestehende Steueransprüche.[110]

2. Die verlängerten Festsetzungsfristen

Ist die vierjährige Festsetzungsfrist abgelaufen, dürfen nur noch hinterzogene oder leichtfertig verkürzte Steuern nacherhoben werden. Denn für sie gelten die **verlängerten** Festsetzungsfristen des § 169 Abs. 2 Satz 2 AO. Sie betragen 10 Jahre bei Steuerhinterziehung und 5 Jahre bei leichtfertiger Steuerverkürzung.

3. Feststellung von Steuerstraftaten durch Außenprüfung

Hier ergibt sich aber wiederum das Problem, daß die Erforschung von Steuerstraftaten gerade nicht die Aufgabe der Außenprüfung, sondern nach § 208 Abs. 1 Satz 1 AO Aufgabe der Steuerfahndung ist.[111] Tipke / Kruse[112] bestätigen die hier getroffene Feststellung mit dem Hinweis, bei Verdacht einer Steuerstraftat dürfe nicht ausschließlich zur Ermittlung dieser Tat ein Außenprüfungsverfahren angeordnet werden.

Unverständlich ist daher die Auffassung des BFH, wonach die **Finanzbehörde** dem **Verdacht** einer Steuerhinterziehung oder leichtfertigen Steuerverkürzung **jederzeit**

---

[107] BFH, Urteil vom 28.3.1985 – IV R 224 / 83 – BStBl. 1985 II, 700; BFH, Urteil vom 23.7.1985 – VII R 197 / 84 – BStBl. 1986 II, 36; BFH, Urteil vom 13.3.1987 – III R 236 / 83 – BStBl. 1987 II, 664.

[108] AEAO (i.d.F. BMF – Schr. v. 14.2.2000 – BStBl. 2000 I, S. 190, ber. S. 435) zu § 193 AO, Nr. 1 Satz 1.

[109] Bestätigend auch FG Düsseldorf, Urteil vom 17.3.1994 – 15 K 412 / 89 AO – EFG 1994, 992.

[110] So auch **Sauer,** Zulässigkeit der Außenprüfung zur Feststellung von Steuerhinterziehung oder leichtfertiger Steuerverkürzung, StBp 1985, S. 7. **A.A.** AEAO (i.d.F. BMF – Schr. v. 14.2.2000 – BStBl. 2000 I, S. 190, ber. 435) zu § 193 AO, Nr. 1 Satz 4: Der gesamte für die Entstehung und Ausgestaltung eines Steueranspruchs erhebliche Sachverhalt kann auch dann Prüfungsgegenstand sein, „wenn der Steueranspruch möglicherweise verjährt oder aus anderen Gründen nicht mehr durchgesetzt werden kann". Vgl. **demgegenüber** aber § 2 Abs.1 Satz 1 BpO 2000: Zweck der Außenprüfung ist die Ermittlung und Beurteilung der steuerlich bedeutsamen Sachverhalte, um – final – die Gleichmäßigkeit der Besteuerung sicherzustellen (§§ 85, 199 Abs. 1 AO).

[111] Vgl. in diesem Zusammenhang **Sauer,** Zulässigkeit der Außenprüfung zur Feststellung von Steuerhinterziehung oder leichtfertiger Steuerverkürzung, StBp 1985, S. 7 ff.; FG Nürnberg, Urteil vom 7.2.1985 – IV 166 / 83 – EFG 1985, 323. So auch **Mösbauer,** Steuerstraf- und Steuerordnungswidrigkeitenrecht , 2. Aufl., 2000, §§ 32 ff. (S. 427 ff).

[112] **Tipke / Kruse,** AO / FGO, § 193 AO, Tz. 4.

nachgehen darf; und zwar auch nach Ablauf der vierjährigen Festsetzungsfrist. Für den BFH besteht keine Notwendigkeit, daß die Finanzverwaltung den Fall an die Steuerfahndung abgibt.[113] Und eben so unverständlich ist die Feststellung des AEAO zu § 193 AO, Nr. 2[114], wonach die Voraussetzungen für eine Außenprüfung auch **gegeben** seien, soweit **ausschließlich** festgestellt werden soll, ob und inwieweit Steuerbeträge **hinterzogen** oder **leichtfertig verkürzt** worden sind. Eine sich insoweit gegenseitig **ausschließende** Zuständigkeit von Außenprüfung und Steuerfahndung bestünde **nicht.** Die Einleitung eines Steuerstrafverfahrens hindere **nicht** weitere Ermittlungen durch die Außenprüfung unter Erweiterung des Prüfungszeitraums. Dies gelte auch dann, wenn der Steuerpflichtige erklärt, von seinem Recht auf Verweigerung der Mitwirkung Gebrauch zu machen.

Für den Steuerpflichtigen würde sich eine gravierende Benachteiligung hinsichtlich seiner **Mitwirkungspflichten** ergeben. Denn während er im Rahmen einer Außenprüfung nach § 200 AO uneingeschränkt zur Mitwirkung verpflichtet ist, kann er im Strafverfahren (=Steuerfahndung) nach § 136 Abs. 1 Satz 2 i.V.m. § 163 a Abs. 3, Abs. 4 StPO jegliche **Mitwirkung** und **Aussage verweigern.**

Der Steuerpflichtige hat sich hier aber, bereits vor Beginn der Außenprüfung, darauf einzustellen, daß in der Praxis von den Finanzbehörden ein **Mißbrauch** betrieben wird. Beim Verdacht einer Steuerstraftat müßte die Prüfung sofort mit der Belehrung beginnen, daß der Steuerpflichtige keine Mitwirkungspflicht hat.[115]

Die Finanzbehörden werden aber regelmäßig eine „ganz normale" Außenprüfung anordnen. Sie erweckt beim Steuerpflichtigen den Rechtsschein, er habe die volle Mitwirkungspflicht. Der Steuerpflichtige kann regelmäßig nicht erkennen, daß er die **Rechte des § 393 AO** hat.[116]

Ergibt sich der Verdacht einer Steuerstraftat erst während einer Außenprüfung, so hat der Prüfer nach § 10 BpO 2000 unverzüglich die Strafsachenstelle zu unterrichten und die Außenprüfung zu unterbrechen.

Die Praxis der Außenprüfung sieht aber meist anders aus. Der Prüfer schweigt häufig über seinen Verdacht. Er setzt die Außenprüfung fort und fragt den Steuerpflichtigen alles, was er wissen will. Dieser glaubt noch im Rahmen der Außenprüfung alle Auskünfte geben zu müssen und wirkt damit, in Unkenntnis seiner strafprozessualen Weigerungsrechte[117], an der eigenen Überprüfung mit. Hierin liegt ein weiterer Rechtsmißbrauch durch die Finanzbehörde, auf den der Steuerpflichtige vor einer Außenprüfung aufmerksam gemacht werden sollte.

VIII. Rechte der Gemeinden und des Bundesamtes für Finanzen

[113] BFH, Urteil vom 23.7.1985 – VIII R 48 / 85 – BStBl. 1986 II, 433; BFH, Urteil vom 4.11.1987 – II R 102 / 85 – BStBl. 1988 II, 113. FG Bremen, Urteil vom 24.8.1992 – 292075 K 5 - EFG 1993, 204 sieht auch „grundsätzlich keine sich gegenseitig ausschließende Zuständigkeit von Außenprüfung und Steuerfahndung". Ebenso FG Bremen, Urteil vom 2.4.1997 – 2 96 175 K 2 – EFG 1997, 776; FG Bremen, Urteil vom 4.2.1997 – 2 96 111 K 2 – EFG 1997, 777.

[114] AEAO (i.d.F. BMF – Schr. v. 14.2.2000 – BStBl. 2000 I, S. 190, ber. S. 435) zu § 193 AO, Nr. 2 Sätze 1 – 4.

[115] So auch **Tipke / Kruse**, AO / FGO, 13. Aufl., 1989, § 193 AO, Tz. 4.

[116] **Sauer,** Zulässigkeit der Außenprüfung zur Feststellung von Steuerhinterziehung oder leichtfertiger Steuerverkürzung, StBp 1985, S. 10. Vgl. dazu auch **Mösbauer,** Steuerstraf- und Steuerordnungswidrigkeitenrecht, 2. Aufl., 2000, § 18 (S. 268 ff.).

[117] Vgl. dazu **Schuhmann,** Auskunftsverweigerungsrechte in der steuerlichen Außenprüfung, StBp 1983, S. 169 ff..

1. Teilnahmerecht der Gemeinden

Unterhält der Steuerpflichtige eine Betriebsstätte oder ein Grundstück im Inland, so hat die **Gemeinde,** in der die Betriebsstätte bzw. das Grundstück liegt, nach § 21 Abs. 3 FVG das Recht, an einer Außenprüfung **teilzunehmen,** sofern diese im Gemeindebezirk durchgeführt wird. Die Gemeinde hat jedoch **kein Mitwirkungsrecht.**

2. Mitwirkungsrecht des Bundesamtes für Finanzen

Anders verhält es sich dagegen beim Bun**desamt für Finanzen.** Es hat nach § 19 FVG ein **Mitwirkungsrecht.**[118] Es wirkt nach § 20 Abs. 1 BpO 2000 an Außenprüfungen der Landesfinanzbehörden durch **Prüfungstätigkeit** und Beteiligung an **Besprechungen** mit. Art und Umfang der Mitwirkung werden jeweils von den beteiligten Behörden im gegenseitigen Einvernehmen festgelegt.

IX. Unzulässigkeit einer Außenprüfung

1. Aufdeckung und Ermittlung unbekannter Steuerfälle

Eine Außenprüfung darf nur bei Steuerpflichtigen durchgeführt werden, die der Finanzbehörde bereits **bekannt** sind.
Die Aufdeckung und Ermittlung **unbekannter** Steuerfälle ist **nicht** Aufgabe der Außenprüfung, sondern nach § 208 Abs. 1 Satz 1 Nr. 3 AO der Steuerfahndung.[119]

2. Feststellung des Vorliegens der Zulässigkeitsvoraussetzungen

Bei einer Außenprüfung **nach § 193 Abs. 1 AO** muß für die Finanzbehörde bereits feststehen, **daß** der Steuerpflichtige **tatsächlich** einen gewerblichen oder land- und forstwirtschaftlichen
Betrieb unterhalten hat oder **tatsächlich** freiberuflich tätig war.[120]
Die Feststellung, ob diese Voraussetzungen vorliegen, ist nicht Aufgabe der Außenprüfung.

3. Außenprüfung bei einem Testamentsvollstrecker

Eine Außenprüfung bei einem Testamentsvollstrecker kann nicht auf § 193 Abs. 1 AO gestützt werden, weil er **nicht freiberuflich** tätig ist.[121] Die Tatsache, daß er nach § 18 Abs. 1 Nr. 3 EStG mit den Vergütungen für die Vollstreckung von Testamenten Einkünfte aus sonstiger selbständiger Arbeit erzielt, macht ihn **nicht** zu einem Angehörigen eines **freien Berufs** i.S.d. § 18 Abs. 1 Nr. 1 Sätze 1 und 2 EStG.

4. Zweckmäßigkeit von Prüfungen an Amtsstelle

---

[118] Vgl. in diesem Zusammenhang auch § 20 BpO 2000.
[119] Vgl. dazu **Mösbauer,** Steuerfahndung im Rechtsstaat, DStZ 1986, 339 ff.; **Mösbauer,** Steuerstraf- und Steuerordnungswidrigkeitenrecht, 2. Aufl., 2000, § 34 (S. 447 ff.).
[120] So auch BFH, Urteil vom 5.11.1981 – IV R 179 / 79 – BStBl. 1982 II, 208.
[121] BFH, Urteil vom 5.11.1981 – IV R 178 / 79 – BStBl. 1982 II, 184.

Die Finanzbehörde muß in jedem Fall erwägen, ob die erforderliche Aufklärung auch ohne Außenprüfung möglich ist.[122]
Nur wenn eine Prüfung an Amtsstelle **nicht zweckmäßig** ist, ist eine Außenprüfung zulässig. Dadurch soll der Steuerpflichtige vor unnötiger oder unverhältnismäßiger Belastung bewahrt werden.[123]

5. Besondere Begründung für die „Sonderbehandlung"

Eine auf § 193 Abs. 2 Nr. 2 AO gestützte Prüfungsanordnung muß **besonders begründet** werden[124], damit der Steuerpflichtige die Gründe für seine „Sonderbehandlung" erfährt und eine geeignete Grundlage für seine Entscheidung über die Einlegung eines Rechtsbehelfs hat.
Kommt z.B. wegen fehlender Verdachtsmomente für eine Steuerhinterziehung oder eine leichtfertige Steuerverkürzung eine nach § 169 Abs. 2 Satz 2 AO verlängerte Festsetzungsfrist nicht in Betracht und sind die Voraussetzungen des § 181 Abs. 5 AO nicht dargetan, so ist eine Prüfung des bereits nach § 169 Abs. 2 Nr. 2 AO verjährten Zeitraums unzulässig.[125]

6. Außenprüfung bei Eheleuten

Prüfungsanordnungen gegen **Eheleute** können zwar in einer Verfügung zusammengefaßt werden, die **Prüfungsvoraussetzungen** (§ 193 AO) müssen aber bei **jedem** Ehegatten erfüllt sein.[126]

7. Ausdehnung in Verbindung mit der Hauptprüfung

Eine **Ausdehnung** einer Außenprüfung auf steuerliche Verhältnisse von Gesellschaftern und Mitgliedern nach § 194 Abs. 2 AO ist nur in Verbindung mit der Durchführung einer Außenprüfung bei der Gesellschaft bzw. der anderen Personenvereinigungen (Hauptprüfung) zulässig.[127] Wenn es also **im Einzelfall zweckmäßig** ist, können die steuerlichen Verhältnisse von Gesellschaftern und Mitgliedern sowie von Mitgliedern der Überwachungsorgane nach § 194 Abs. 2 AO in die bei der Gesellschaft durchzuführende Außenprüfung **einbezogen** werden. Als Rechtsgrundlage kommt bei diesem Personenkreis § 193 Abs. 1 AO i.V.m. § 194 Abs. 2 AO in Betracht, wenn es sich um Gesellschafter von **Personen**gesellschaften handelt. Als Rechtsgrundlage kommt bei diesem Personenkreis aber § 193 Abs. 2 Nr. 2 AO i.V.m.
§ 194 Abs. 2 AO in Betracht, wenn es sich um Gesellschafter von **juristischen** Personen und Mitglieder der Überwachungsorgane handelt.[128]

8. Erforschung der Verhältnisse anderer Personen

---

[122] Vgl. dazu BFH, Urteil vom 24.1.1985 – IV R 232 / 82 – BStBl. 1985 II, 568.
[123] Bestätigend auch BFH, Urteil vom 7.11.1985 – IV R 6 / 85 – BStBl. 1986 II, 435.
[124] Vgl. dazu BFH, Urteil vom 5.11.1981 – IV R 179 / 79 – BStBl. 1982 II, 208.
[125] So auch FG Düsseldorf, Urteil vom 17.3.1994 – 15 K 412 / 89 AO – EFG 1994, 992.
[126] BFH, Urteil vom 5.11.1981 – IV R 179 / 79 – BStBl. 1982 II, 208.
[127] So schon **Zwank,** in: Koch, AO, 3.Aufl., 1987 § 194 AO, Rz. 7 / 2
[128] So auch OFD München, Verfügung betr. Anordnung von Außenprüfungen vom 5.3.1984 – S 0403 – 7 St 31 – Steuererlasse (C. H. Beck) Nr. 800, § 196 AO / 1, Nr. 4.1 a.E. (i.d.F.v. Okt. 1999).

Eine Außenprüfung darf nicht eigens zu dem Zweck durchgeführt werden, die Verhältnisse anderer Personen zu erforschen und **Kontrollmitteilungen** nach § 194 Abs. 3 AO zu fertigen.[129]

9. Ermittlung von Steuerstraftaten

Eine Außenprüfung darf **nicht** ausschließlich zur Ermittlung einer **Steuerstraftat** angeordnet und unter Mitwirkung des Steuerpflichtigen durchgeführt werden. Sie muß im Strafverfahren ermittelt werden.[130] Steuerfahndungsprüfungen dürfen nach ausdrücklicher Feststellung des
§ 2 Abs. 2 Halbs. 2 BpO 2000 den Betriebsprüfungsstellen nicht übertragen werden.[131]

10. Irrelevanz oder Verwertungsverbot

Ebenso ist eine Außenprüfung unzulässig, wenn ihre Ergebnisse für die Besteuerung **nicht erheblich** sein können oder für die Besteuerung **nicht verwertet** werden dürfen.[132]

11. Festsetzungsverjährung und Änderungssperre

Weiterhin ist eine Außenprüfung unzulässig, wenn die **Festsetzungsfrist** nach § 169 Abs. 1 Satz 1 AO abgelaufen ist oder eine Außenprüfung bereits stattgefunden hat und die **Änderungssperre des § 173 Abs. 2 AO** relevant ist.[133] Denn in diesen Fällen steht von vornherein fest, daß sich aus einer Außenprüfung keine steuerlichen Folgen mehr ergeben können. Eine gleichwohl erfolgte Anordnung wäre nicht nur unzulässig, sondern mangels Eignung i.S. eines Übermaßverbots wegen Verletzung des Verhältnismäßigkeitsprinzips auch noch ermessensfehlerhaft.

12. Prüfungshandlungen deutscher Amtsträger im Ausland

a) Prüfungsaufgabe

Nach § 88 Abs. 1 Satz 1 AO haben die deutschen Finanzbehörden die **Aufgabe,** den Sachverhalt von Amts wegen zu **ermitteln**[134]**.** Nach § 85 Satz 1 AO haben sie die weitere **Aufgabe,** die Steuern nach Maßgabe der Gesetze **gleichmäßig festzusetzen** und zu **erheben.** Diese Aufgaben enden, nach zutreffender Feststellung des FG

---

[129] Vgl. in diesem Zusammenhang **Rüsken,** in: Klein, AO, 6.Aufl., 1998, § 194 AO, Tz.6 a.E..

[130] FG Nürnberg, Urteil vom 12.7.1984 - IV 416 / 83 - EFG 1984, 592; FG Nürnberg, Urteil vom 7.2.1985 - IV 166 / 83 - EFG 1985, 323; vgl. ferner **Sauer,** Zulässigkeit der Außenprüfung zur Feststellung von Steuerhinterziehung oder leichtfertiger Steuerverkürzung, StBp 1985, S. 7 ff.. Vgl. auch **Mösbauer,** Finanzbehördliche Sachverhaltsermittlung bei Verdacht einer Steuerstraftat, DStZ 2000, S. 512 ff..

[131] Dieses Verbot gilt nicht für Außenprüfungen i.S.d. § 193 Abs. 2 AO, für Sonderprüfungen sowie andere Tätigkeiten mit Prüfungscharakter, wie z.B. Liquiditätsprüfungen.

[132] So auch **Tipke / Kruse,** AO / FGO, § 193 AO, Tz. 1. Zum Problem des Verwertungsverbots von Feststellungen, deren Anordnung rechtskräftig für rechtswidrig erklärt wurden, vgl. AEAO (i.d.F. BMF – Schr. v. 14.2.2000 – BStBl. 2000 I, S. 190, ber. S. 435) zu § 196 AO, Nr. 2 Sätze 3 und 4. Vgl. auch **Birk,** Steuerrecht, 7. Aufl. 2004, S. 145, RdNr. 451.

[133] So schon **Tipke / Kruse,** AO / FGO, § 193 AO, Tz.1; **Birk,** Steuerrecht, 7.Aufl., 2004, S. 143, RdNr. 445.

[134] Zum Problem der Einzelermittlungen vgl. AEAO (i.d.F. BMF – Schr. v. 14.2.2000 – BStBl. 2000 I, S. 190, ber. S. 435) zu § 193 AO, Nr. 6.

Rheinland – Pfalz[135], **nicht** an der Staatsgrenze. Sie stoßen aber an die territorialen Grenzen der deutschen Staatsgewalt.

b) Prüfungsbefugnis

Ein Widerspruch entsteht dadurch, daß die **Prüfungsbefugnis[136]**, anders als die Aufgabe, die sie zu erfüllen hat, in der Form der Ausübung staatlicher Hoheitsmacht der deutschen Finanzverwaltung grundsätzlich auf das Territorium der Bundesrepublik Deutschland **beschränkt** ist. Das bedeutet, daß Prüfungshandlungen deutscher Amtsträger im Ausland grundsätzlich **unzulässig** sind.[137] Daran kann auch eine **Einwilligung** des Steuerpflichtigen in eine Außenprüfung im Ausland **nichts** ändern. Denn die Territorialhoheit eines Staates ist nicht disponibel.

c) Zwischenstaatliche Abkommen

Eine Lösung des Widerspruches (unbeschränkte) Prüfungsaufgabe / (beschränkte) Prüfungsbefugnis versuchen **zwischenstaatliche Abkommen.** Nach ihnen können auch ausländisch relevante Sachverhalte im Inland und inländisch relevante Sachverhalte im Ausland i.S.d. § 88 Abs. 1 Satz 1 AO ermittelt werden. Es kann sich hier um **völkerrechtliche** Vereinbarungen i.S.d. Art. 59 Abs. 2 Satz 1 GG, aber auch um **Verwaltungs**abkommen i.S.d. Art. 59 Abs. 2 Satz 2 GG handeln.
Nun ergibt sich aber das Problem, daß sowohl Doppelbesteuerungsabkommen als auch z.B. das EG-Amtshilfegesetz[138] zwar die Erteilung von Auskünften gestattet, nicht aber **eigene[139]** Ermittlungshandlungen deutscher Amtsträger im Ausland. Und solche **eigenen** Prüfungshandlungen im Ausland sind auch keine Rechts- und Amtshilfehandlungen ausländischer Behörden, z.B. i.S.d. EG-AHG, die inländische Behörden zum Zwecke der Durchführung der Besteuerung in Anspruch nehmen.[140]

d) Einzelfallregelung kraft fallweisen Verzichts auf Territorialhoheit

Der Träger einer ausländischen Territorialhoheit kann im Einzelfall auf der „Grundlage zwischenstaatlicher Gegenseitigkeit" einseitig unterstützend Prüfungshandlungen deutscher Amtsträger auf seinem Territorium **gestatten.** Dieses „Gestatten" liegt außerhalb zwischenstaatlicher Abkommen. Allein erlaubt es aber noch nicht Prüfungshandlungen deutscher Amtsträger im Ausland.

e) Einzelfallregelung kraft fallweiser Einwilligung des Steuerpflichtigen

Prüfungshandlungen deutscher Amtsträger im Ausland sind nur dann zulässig, wenn der Steuerpflichtige **einwilligt,** daß die deutschen Finanzbeamten die ihm von dem ausländischen Hoheitsträger gestatteten Prüfungsmaßnahmen als Hoheitsmaßnahmen gegen ihn durchführen. Denn nur diese Einwilligung erweitert die an den Grenzen Deutschlands endenden Möglichkeiten hoheitlichen Handelns auf das konkrete

---

[135] FG Rheinland – Pfalz, Urteil vom 17.9.1992 – 4 K 1921 / 90 – EFG 1993, 127.
[136] Dazu OFD München, Verfügung betr. Anordnung von Außenprüfungen vom 5.3.1984 – S 0403 – 7 St 31 – Steuererlasse (C. H. Beck) Nr. 800, § 196 AO / 1, Nr. 1 (i.d.F.v. Juli 2000).
[137] Bestätigend auch BFH, Urteil vom 11.12.1991 – I R 66 / 90 – RJW 1992, 429; FG Rheinland – Pfalz, Urteil vom 17.9.1992 – 4 K 1921 / 90 – EFG 1993, 127.
[138] EG-AHG vom 19.12.1985 – BGBl. 1985 I, 2436.
[139] Auskünfte sind hingegen Erkenntnisse aus fremden Ermittlungen.
[140] So auch FG Rheinland – Pfalz, Urteil vom 17.9.1992 – 4 K 1921 / 90 – EFG 1993, 127.

Ausland.[141] Die Einwilligung bestimmt den Umfang der Prüfungshandlungen. Sie kann jederzeit widerrufen werden.[142] Bei diesem Widerruf ist aber der Grundsatz des „venire contra factum proprium" zu beachten.

13. Erledigung zwischenstaatlicher Amtshilfeersuchen

a) Auskunftsaustausch in Steuersachen

Unzulässig ist eine Außenprüfung, die ausschließlich der Erledigung eines zwischenstaatlichen Amtshilfeersuchens (§ 117 AO) durch **Auskunftsaustausch** in Steuersachen dient. Zur Erledigung eines solchen Amtshilfeersuchens kann eine Außenprüfung unter den Voraussetzungen des § 193 AO nur bei einem am ausländischen Besteuerungsverfahren Beteiligten durchgeführt werden (z.B. der Wohnsitzstaat ersucht um Prüfung der deutschen Betriebsstätte eines ausländischen Steuerpflichtigen).[143]

b) Steuerliche Spontanauskünfte

Anders als die sog. **Auskünfte auf Ersuchen** eines ausländischen Staates werden die **Spontanauskünfte** ohne ausdrückliches Ersuchen erteilt.[144] Sie haben eine freiwillig geleistete Information der Finanzverwaltung eines anderen Staates über eine besteuerungsrelevante Tatsache zum Gegenstand, die die Finanzverwaltung des informierenden Staates ermittelt hat. Ihrer Art nach sind diese Spontanauskünfte „internationale Kontrollmitteilungen".[145]

c) Generalnorm § 117 AO

Spontanauskünfte als Kontrollmitteilungen sind erlaubte rechtsstaatliche Mittel einer erforderlichen Steuerkontrolle. Ihre Rechtsgrundlage finden sie in § 117 AO[146], der die Voraussetzungen und die Durchführung des zwischenstaatlichen steuerlichen Auskunftsverkehrs regelt

Nach § 117 Abs. 1 AO können die Finanzbehörden zwischenstaatliche Rechts- und Amtshilfe nach Maßgabe des deutschen Rechts **in Anspruch nehmen.**

Leisten können sie diese Rechts- und Amtshilfe nach § 117 Abs. 2 AO auf Grund (1) innerstaatlich anwendbarer völkerrechtlicher Vereinbarungen, (2) innerstaatlich anwendbarer Rechtsakte der Europäischen Gemeinschaften sowie (3) des EG-Amtshilfe-Gesetzes.

Nach § 117 Abs. 3 AO können die Finanzbehörden nach pflichtgemäßem Ermessen die zwischenstaatliche Rechts- und Amtshilfe auch in anderen Fällen, d.h. bei Fehlen einer speziellen Rechtsgrundlage i.S.d. Abs. 2, **leisten,** wenn die Voraussetzungen der sog. „Kulanzhilfe" des Abs. 3 gegeben sind.

---

[141] Vgl. auch **Mösbauer,** in: Koch / Scholtz, AO, 5.Aufl., 1996, § 193 AO, Rz. 4.

[142] Dazu FG Rheinland – Pfalz, Urteil vom 17.9.1992 – 4 K 1921 / 90 – EFG 1993, 127.

[143] So auch AEAO (i.d.F. BMF – Schr. v. 14.2.2000 – BStBl. 2000 I, S. 190, ber. S. 435) zu § 193 AO, Nr. 3 Sätze 1 und 2; und zu § 194 AO, Nr. 3 Sätze 1 und 2: Ermittlungen sind in Verbindung mit einer Außenprüfung möglich, die aus anderen Gründen durchgeführt wird.

[144] Vgl. dazu § 2 Abs. 2 EG-AHG; BMF, Merkblatt, BStBl. 1987 I, Tz. 2 u. 4.2; ferner **Söhn,** in: Hübschmann / Hepp / Spitaler, AO / FGO, § 117 AO, Anm. 26.

[145] So im Ergebnis auch **Heidner,** Die Spontanauskunft als zwischenstaatliche Amts- und Rechtshilfe in Steuersachen, DStR 1989, S. 526.

[146] Vgl. dazu BFH, Urteil vom 23.7.1986 – I R 306 / 82 – BStBl. 1987 II, 92; **Söhn,** in: Hübschmann / Hepp / Spitaler, AO / FGO, § 117 AO, Anm. 15 ff., 145.

Die innerstaatliche **Durchführung** der zwischenstaatlichen Rechts- und Amtshilfe durch deutsche Finanzbehörden wird durch § 117 Abs. 4 AO geregelt.
§ 117 Abs. 5 AO schließlich **ermächtigt** das Bundesministerium der Finanzen durch Rechtsverordnung völkerrechtliche Vereinbarungen über gegenseitige, zwischenstaatliche, Rechts- und Amtshilfe auf dem Gebiete des Zollwesens in Kraft zu setzen.
§ 117 AO stellt die Generalnorm für den **zwischenstaatlichen Informationsaustausch** schlechthin dar. Er ist nicht lediglich auf die Amtshilfe auf Ersuchen beschränkt. Er umfaßt auch Spontanauskünfte und automatische Auskünfte. Auch sie sind gewollte Formen der zwischenstaatlichen Rechts- und Amtshilfe. Dies ist darin begründet, daß der Begriff „nach Maßgabe des deutschen Rechts" in § 117 Abs. 1 AO auch völkerrechtliche Vereinbarungen umfaßt, die in nationales Recht transformiert wurden, wie z.B. DBA, bestimmte Amts- und Rechtshilfeabkommen auf dem Gebiet des Steuerrechts, innerstaatlich anwendbare Rechtsakte der EG sowie das EG-Amtshilfegesetz.[147]

d) EG-Amtshilfegesetz

Eine inländische Finanzbehörde kann der zuständigen ausländischen Finanzbehörde eines Mitgliedstaates – **ohne** ausdrückliches **Ersuchen –** die in § 1 Abs. 2 EG-AHG bezeichneten **Auskünfte** erteilen, wenn tatsächliche Anhaltspunkte die Vermutung rechtfertigen, daß – alternativ – die Voraussetzungen für die Erteilung einer **Spontanauskunft** nach § 2 Abs. 2 Nrn. 1 – 6 EG-AHG vorliegen.
Nach § 2 Abs. 2 Nr. 1 EG-AHG müssen tatsächliche Anhaltspunkte die Vermutung rechtfertigen, daß Steuern des ausländischen Mitgliedstaates **verkürzt** worden sind oder werden könnten.
Nach § 2 Abs. 2 Nr. 2 EG-AHG muß sich die Vermutung darauf beziehen, daß **indirekte** Steuern dieses Mitgliedstaates **nicht zutreffend erhoben** worden sind oder werden könnten.
Spontanauskünfte dürfen nach § 2 Abs. 2 Nr. 3 EG-AHG auch erteilt werden, wenn die Vermutung vorliegt, daß zum Zwecke der **Steuerumgehung** Geschäftsbeziehungen über dritte Mitgliedstaaten oder andere Staaten **geleitet** worden sind.
§ 2 Abs. 2 Nr. 4 EG-AHG gestattet Spontanauskünfte ferner dann, wenn zu vermuten ist, daß insgesamt eine niedrigere Steuerbelastung dadurch eintreten kann, daß Gewinne zwischen **nahestehenden** Personen nicht wie zwischen nicht nahestehenden Personen abgegrenzt werden.
Besteht die Vermutung, daß ein Sachverhalt, auf Grund dessen eine Steuerermäßigung oder Steuerbefreiung gewährt worden ist, für den Steuerpflichtigen zu einer **Besteuerung** oder **Steuererhöhung** in dem Mitgliedstaat führen könnte, so ist eine Spontanauskunft nach § 2 Abs. 2 Nr. 5 EG-AHG zulässig.
Schließlich ist sie auch zulässig bei der Vermutung, daß ein im **Zusammenhang** mit der Auskunfterteilung eines anderen Mitgliedstaats ermittelter Sachverhalt für die zutreffende Steuerfestsetzung sowie für die zutreffende Erhebung der indirekten Steuern in diesem Mitgliedstaat **erheblich** ist (§ 2 Abs. 2 Nr. 6 EG-AHG).

---

[147] Vgl. dazu **K. Koch,** Die EG-Richtlinie zur internationalen Rechts- und Amtshilfe und ihre Auswirkungen im internationalen Recht, DStZ / A 1979, S. 4 ff..

Die gesetzliche Formulierung in § 2 Abs. 2 EG-AHG: Die Finanzbehörden **„können“**... Auskünfte ... erteilen, zeigt, daß die inländischen Finanzbehörden ein **Ermessen** haben, ob sie eine Spontanauskunft erteilen.[148]
Probleme kann die Auslegung der gesetzlichen Formulierung der sog. **„Vermutung“** in § 2 Abs. 2 EG-AHG aufwerfen. Es stellt sich hier die Frage, welche Anforderungen an die Erteilung von Kontrollmitteilungen in Form von Spontanauskünften zu stellen sind. Einigkeit besteht darüber, daß Kontrollmitteilungen in Form von Spontanauskünften nur erteilt werden dürfen, wenn **konkrete** Erfahrungen der deutschen Finanzbehörden aus der Vergangenheit dafür sprächen, daß es im Ausland in konkreten Fällen zu einer Steuerverkürzung gekommen sein könnte; wenn also „tatsächliche Anhaltspunkte die Vermutung rechtfertigen“. Diese gesetzliche Formulierung spricht für eine **restriktive** Handhabung bei der Fertigung von Kontrollmitteilungen in Form von Spontanauskünften nach § 2 Abs. 2 EG-AHG i.V.m. § 1 Abs. 2 EG-AHG i.V.m. §§ 117 Abs. 4, 91[149] AO.

e) Bilaterale Abkommen

Bestimmungen in innerstaatlich anwendbaren völkerrechtlichen Vereinbarungen und gemeinschaftsrechtliche Vorschriften, die eine **weitergehende Amtshilfe** zulassen, bleiben nach § 1 Abs. 3 EG-AHG **unberührt.** Das bedeutet, daß die Vorschrift eine weitergehende Amtshilfe dann zuläßt, wenn diese auf **völkerrechtlichen Vereinbarungen** oder auf **gemeinschaftsrechtlichen Vorschriften** beruht. Über das EG-AHG hinaus kann daher die Amtshilfe auf bilateralen Doppelbesteuerungsabkommen[150] ebenso beruhen wie auf speziellen zwischenstaatlichen Amts- oder Rechtshilfeabkommen.
Vertraglich vereinbart können sowohl **„kleine“** als auch **„große“** Auskunftsklauseln sein. Kleine Klauseln werden bevorzugt mit Entwicklungsländern vereinbart, große regelmäßig mit den Ländern des kontinental-europäischen Rechtsraumes und mit Industrieländern. Typisch ist für große Klauseln, daß nach ihnen, entsprechend Art. 26 OECD-Musterabkommen, sämtliche zur Anwendung der Doppelbesteuerungsabkommen erforderlichen Auskünfte ermittelt werden können. Dies gilt auch für die Auskünfte, die zur Anwendung der innerstaatlichen Bestimmungen eines Vertragsstaates über die unter das Abkommen fallenden Steuern erforderlich sind.
In jedem konkreten Einzelfall ist durch Auslegung der jeweiligen Vereinbarung zu ermitteln, ob ein Informationsaustausch **mit** Ersuchen oder **ohne** Ersuchen gegeben ist.[151]

f) Anhörung inländischer Beteiligter

Nach § 117 Abs. 4 Satz 3 Halbs. 1 AO gilt bei der Übermittlung von Auskünften und Unterlagen für **inländische Beteiligte** § 91 AO entsprechend. Soweit die Rechts- und Amtshilfe aber Steuern betrifft, die von den Landesfinanzbehörden verwaltet werden, hat nach § 117 Abs. 4 Satz 3 Halbs. 2 AO eine **Anhörung** des **inländischen**

[148] Vgl. dazu **Söhn,** in: Hübschmann / Hepp / Spitaler, AO / FGO, § 117 AO, Anm. 261; **Tipke / Kruse,** AO / FGO, § 117 AO, Tzn. 61 ff.; **Runge,** Das Steuerbereinigungsgesetz 1986: EG-Amtshilfegesetz, DB 1986, S. 191 ff.; **Krabbe,** Das EG-Amtshilfegesetz, RJW 1986, S. 126 ff..

[149] Vgl. dazu die Besonderheiten der Anhörung bei grenzüberschreitendem Auskunftsverkehr im Umsatzsteuerrecht.

[150] Vgl. dazu die Übersicht über die bestehenden Abkommen, Stand 1.1.2002, BStBl. 2002 I, 136 ff..

[151] Vgl. dazu auch BFH, Beschluß vom 29.4.1992 – I B 12 / 92 – BStBl. 1992 II, 645; **Heidner,** Die Spontanauskunft als zwischenstaatliche Amts- und Rechtshilfe in Steuersachen, DStR 1989, S. 526 ff..

Beteiligten – abweichend von § 91 Abs. 1 AO – **stets** stattzufinden, es sei denn, die Umsatzsteuer ist betroffen oder es liegt eine Ausnahme nach § 91 Abs. 2 oder 3 AO vor. Inländischer Beteiligter ist jeder, dessen Rechtsposition durch die Kontrollmitteilung berührt wird.[152]
Umstritten ist, ob der inländische Beteiligte des deutschen Besteuerungsverfahrens bereits **vor** Einleitung eines zwischenstaatlichen Amtshilfeverfahrens durch deutsche Finanzbehörden informiert und **angehört** werden muß. Ausgehend von der rechtlichen Realität, daß ein Steuerpflichtiger nicht über die finanzbehördlichen Ermittlungsmaßnahmen unterrichtet werden müsse, ist die finanzbehördliche Praxis dadurch geprägt, daß sie den Beteiligten nur im Rahmen eines pflichtgemäßen Ermessens auf die Möglichkeit eines Auskunftersuchens hinweist. Dies hat zur Folge, daß ein nur unzureichend informierter inländischer Steuerpflichtiger auch nur Inhaber eines unzureichend effizienten Rechtsschutzes sein kann. Die finanzbehördliche Praxis sollte daher, im Interesse der Effektuierung dieses Rechtsschutzes, der vorherigen Anhörung dergestalt Regelcharakter zubilligen, daß auf sie nur in den drei Ausnahmefällen des § 91 Abs. 1 AO, des § 91 Abs. 2 AO sowie der sondergesetzlichen Regelung des § 2 Abs. 3 Satz 2 EG-AHG verzichtet wird.[153]

§ 4 Sachlicher und zeitlicher Umfang einer Außenprüfung

I. Sachlicher und zeitlicher Umfang allgemein

1. Sachlicher Umfang

Der **sachliche Umfang** der Außenprüfung ist in § 194 AO geregelt. Er darf jedoch nicht abstrakt gesehen, sondern muß in den Zusammenhang mit § 193 AO gestellt werden. Denn der sachliche Umfang i.S.d. § 194 AO darf nicht weiter reichen, als die Außenprüfung nach
§ 193 AO zulässig ist.[1]

2. Zeitlicher Umfang

Der **zeitliche Umfang** der Außenprüfung ist in der AO nicht ausdrücklich geregelt. Er ist jedoch der Verwaltungsvorschrift des § 4 BpO 2000 zu entnehmen.[2] Ihr werden

---

[152] Vgl. dazu **Selling,** Anhörung und Rechtsschutz im Rahmen des Informationsaustausches mit dem Ausland, StBp 1988, S. 239 ff.; **Söhn,** in: Hübschmann / Hepp / Spitaler, AO / FGO, § 117 AO, Anm. 160; **Tipke / Kruse,** AO / FGO, § 117 AO, Tz. 53.

[153] Vgl. in diesem Zusammenhang **Baranowski,** Internationale Steuerauskunft in rechtsstaatlicher Sicht – eine Stellungnahme zu den Ausführungen von **Ritter,** Internationale Steuerauskunft in rechtsstaatlicher Sicht, DStZ / A 1974, S. 267 ff., DStZ / A 1975, S.296 ff.; **Runge,** Das Steuerbereinigungsgesetz 1986: EG-Amtshilfegesetz, DB 1986, S. 191 ff.; **Werra,** Die Grenzen der zwischenstaatlichen Amtshilfe in Steuersachen, BB 1988, S. 1160 ff..

[1] Dies bestätigt AEAO (i.d.F. BMF – Schr. v. 14.2.2000 – BStBl. 2000 I, S. 190, ber. S.435) zu § 194 AO, Nr. 1 mit der Feststellung, daß im Rahmen einer Außenprüfung nach § 193 **Abs. 1** AO auch **Besteuerungsmerkmale** überprüft werden können, die mit den **betrieblichen** Verhältnissen des Steuerpflichtigen in **keinem** Zusammenhang stehen, ohne daß die Voraussetzungen des § 193 Abs. 2 Nr. 2 AO vorliegen müssen. So im Ergebnis wohl auch **Birk,** Steuerrecht, 7. Aufl., 2004, S. 143, RdNr. 447.

[2] Vgl. dazu BFH, Urteil vom 21.6.1994 – VIII R 54 / 92 – BStBl. 1994 II, 678; BFH, Beschluß vom 5.4.1995 – I B 126 / 94 – DStZ 1995, 736.

aber wiederum durch die Festsetzungsfristen[3] des § 169 Abs. 2 AO grundsätzlich Grenzen gesetzt.

II. Sachlicher Umfang im einzelnen

1. Der unbegrenzte sachliche Prüfungsumfang

Der sachliche Umfang der Außenprüfung ist nach § 194 Abs. 1 Satz 2 AO **unbegrenzt.** Die Außenprüfung **kann** danach eine oder mehrere Steuerarten (einen oder mehrere Besteuerungszeiträume) umfassen (oder sich auf bestimmte Sachverhalte **beschränken**).

§ 194 Abs. 1 Satz 2 AO überläßt es dem pflichtgemäßen **Ermessen**[4] der Finanzbehörde, den Umfang der Außenprüfung zu bestimmen.[5] Diese Regelung gestattet es, Prüfungspunkte bereits in der Prüfungsanordnung abzugrenzen.[6] Damit können im Interesse der durch § 7 BpO 2000 gebotenen Prüfungseffizienz **Prüfungsschwerpunkte**[7] gebildet werden. Dies bedeutet, daß die Finanzbehörde die Prüfung in erster Linie auf solche Sachverhalte erstrecken wird, die zu endgültigen Steuerausfällen oder Steuererstattungen oder –vergü-
tungen oder zu nicht unbedeutenden Gewinnverlagerungen führen können.[8]

Nach § 194 Abs. 1 Satz 1 AO dient die Außenprüfung der **Ermittlung der steuerlichen Verhältnisse des Steuerpflichtigen.**[9] Mit dem Begriff „steuerliche Verhältnisse des Steuerpflichtigen" kommt zum Ausdruck, daß bei einer Außenprüfung alles geprüft werden kann[10], was mit der Besteuerung der geprüften Person im Zusammenhang steht. Es gibt also nach § 194 AO **keine** Abgrenzung zwischen Unternehmern und anderen Steuerpflichtigen, und somit auch keine Abgrenzung zwischen Unternehmens- und Privatbereich des Steuerpflichtigen.

Sieht man den § 194 AO jedoch im Zusammenhang mit § 193 AO, so führt das oft, je nach Auslegung des § 193 Abs. 1 AO, zu Unstimmigkeiten. Es stellt sich nämlich jetzt die Frage, ob eine Außenprüfung, die auf § 193 Abs. 1 AO gestützt ist, auch den **privaten** Bereich des Steuerpflichtigen erfassen darf, oder ob sie auf den **unternehmerischen** Bereich beschränkt bleiben muß.

2. Die Prüfungspraxis der Finanzverwaltung

---

[3] Dazu vgl. **Mösbauer,** Festsetzungs- und Zahlungsverjährung bei der Haftung nach Steuer- und Privatrecht, DStZ 1989, S. 380 ff..

[4] Vgl. auch BFH, Urteil vom 10.4.1990 – VIII R 415 / 83 – BStBl. 1990 II, 721, 723; BFH, Urteil vom 10.2.1983 – IV R 104 / 79 – BStBl. 1983 II, 286; FG Brandenburg, Urteil vom 11.3.1997 – 1 K 1449 / 96 AO – EFG 1997, 778.

[5] Dazu vgl. AEAO (i.d.F. BMF – Schr. v. 14.2.2000 – BStBl. 2000 I, S. 190, ber. S. 435) zu § 194 AO, Nr. 1; **Mösbauer,** in: Koch / Scholtz, AO, 5. Aufl., 1996, § 194 AO, Rz. 4; BFH, Urteil vom 21. 6. 1994 – VIII R 54 / 92 – BStBl. 1994 II, 678, 679; **Tipke,** in: Tipke / Kruse, AO / FGO, § 194 AO.

[6] Vgl. in diesem Zusammenhang z.B. die Mitprüfung von Verkehrsteuern; dazu schon OFD Münster, Verfügung vom 16.1.1992 – S 0403 – 2 – St 43 – 34 – StEK AO 1977, § 122 AO Nr. 32.

[7] ... wobei aber verstärkt auf die Einhaltung der Aufzeichnungspflichten nach § 144 Abs. 1 und 5 AO zu achten ist; siehe dazu BdF, Schreiben vom 31.7.1992 – IV A 7 – S 0314 – 1 / 94 – StEK AO 1977, § 144 AO, Nr. 1 und § 193 AO, Nr. 34.

[8] Vgl. dazu § 7 Satz 3 BpO 2000. Vgl. auch FG Baden – Württemberg / Freiburg, Urteil vom 24.8.1994 – 2 K 30 / 93 – EFG 1994, 991.

[9] So auch Niedersächs. FG, Beschluß vom 30.9.1998 – X 437 / 98 V – EFG 1999, 10, bes. 12.

[10] Vgl. dazu BFH, Urteil vom 11.4.1990 – I R 167 / 86 – BStBl. 1990 II, 772 ff..

In der Prüfungspraxis der Finanzverwaltung ist es üblich, daß Prüfungen i.S.d. § 193 Abs. 1 AO, wie selbstverständlich, auch auf den privaten Bereich des Steuerpflichtigen ausgedehnt werden.[11] Ein solches procedere ist contra legem. Eine Prüfung des privaten Bereiches eines Steuerpflichtigen ist nur unter den Voraussetzungen des § 193 Abs. 2 Nr. 2 AO zulässig.[12]
Nach dem Willen des Gesetzgebers ist für die Finanzverwaltung eine Gleichbehandlung von Unternehmern und Nichtunternehmern geboten. Deshalb stellt ihr procedere einen Verstoß gegen den Grundsatz der Gleichmäßigkeit der Besteuerung nach § 85 AO dar.[13] „Wer etwa meint, bei Gewerbetreibenden und Freiberuflern verstehe sich die Prüfungsbedürftigkeit z.B. der privaten Zins- und Mieteinkünfte oder des privaten Vermögens von selbst, bei Beamten, Angestellten und Arbeitern hingegen sei es nötig, im Einzelfall eine besondere Aufklärungsbedürftigkeit in Bezug auf solche Einkünfte / solches Vermögen darzutun, geht wohl an den wirklichen Verhältnissen vorbei".[14] Mit dieser Feststellung von Tipke / Kruse kann nur der BFH gemeint sein. Er ist nämlich der, wohl unzutreffenden, Auffassung, eine Prüfung, die auf § 193 Abs. 1 AO gestützt ist, dürfe sich auch auf die nichtbetrieblichen Verhältnisse erstrecken[15], das Vorliegen der Voraussetzungen des § 193 Abs. 2 Nr. 2 AO sei mithin nicht erforderlich.

3. Zweckmäßigkeit und Aufklärungsbedürftigkeit

Nach § 7 Sätze 1 und 2 BpO 2000 ist die Außenprüfung auf das Wesentliche abzustellen und ihre Dauer auf das notwendige Maß zu beschränken. Die Prüfung hat sich daher in sachlicher Hinsicht vorrangig auf solche Sachverhalte zu erstrecken, die zu endgültigen **Steuerausfällen** oder **Steuererstattungen** oder **Steuervergütungen** oder zu nicht unbedeutenden **Gewinnverlagerungen** führen können.[16]
Dies erfordert hinsichtlich des sachlichen Umfangs, die Grundsätze der **Zweckmäßigkeit** und der **Aufklärungsbedürftigkeit**[17] zu beachten.
Bereits in seinen „Grundsätzen zur Rationalisierung der steuerlichen Betriebsprüfung" hat der BdF[18] – wohl zutreffend – folgende sachliche Bereiche als besonders prüfungsrelevant hervorgehoben:
a) die Abgrenzung des Privatbereichs vom betrieblichen Bereich,
b) die Auslandsbeziehungen,

---

[11] Bestätigend auch **App,** Prüfungsumfang bei Gesellschaftern einer Personengesellschaft, DStZ 1984, S. 559. Vgl. auch BFH, Urteil vom 23.8.1994 – VII R 93 / 93 – BFH / NV 1995, 572; BFH, Urteil vom 25.11.1997 – VIII R 4 / 94 – StBp 1998, 136 f. (zum Verwertungsverbot bei fehlender Erweiterungsanordnung).

[12] Vgl. in diesem Zusammenhang schon **Tipke / Kruse,** AO / FGO, 13. Aufl., 1989, § 193 AO, Tz. 5; **Frotscher,** in: Schwarz, AO, § 194 AO, RdNr. 15; **Kühn / Hofmann,** AO / FGO, 17. Aufl., 1995, § 193 AO, Anm. 3; **Giesberts,** Die steuerliche Betriebs- und Außenprüfung, RdNr. 46; **Papperitz,** Ausdehnung der Betriebsprüfung auf Gesellschafter und Mitglieder nach § 194 Abs. 2 AO, StBp 1982, S. 128.

[13] Vgl. in diesem Zusammenhang **Seer,** Darf sich eine Außenprüfung nach § 193 Abs. 1 AO auch auf die nichtbetrieblichen bzw. nichtfreiberuflichen Verhältnisse erstrecken?, DStR 1987, S. 178.

[14] **Tipke / Kruse,** AO / FGO, 13. Aufl., 1989, § 193 AO, Tz. 5.

[15] BFH, Urteil vom 5.11.1981 – IV R 179 / 79 – BStBl. 1982 II, 208; BFH, Urteil vom 28.11.1985 – IV R 323 / 84 – BStBl. 1986 II, 437.

[16] So § 7 Satz 3 BpO 2000.

[17] Ein Aufklärungsbedürfnis nach § 193 Abs. 2 Nr. 2 AO ist anzunehmen, wenn Anhaltspunkte bestehen, die es nach den Erfahrungen der Finanzverwaltung als möglich erscheinen lassen, daß ein Steuerpflichtiger erforderliche Steuererklärungen nicht, unvollständig oder mit unrichtigem Inhalt abgegeben hat. So auch Niedersächs. FG, Urteil vom 27.5.1992 – XI 419 / 87 – EFG 1993, 424.

[18] Vgl. in diesem Zusammenhang Erlaß des FinMin NW vom 4.3.1980 S. 1540, - 25 - , VAI; vgl. auch **Thiel,** Mitteilungsblatt FinMin NW Nr. 5 / 1980, S. 6.

c) die Betriebseinnahmen,
d) die Gesellschaftsverhältnisse,
e) die Grundstücksbilanzierungen,
f) den Betriebserwerb,
g) die Betriebsveräußerung u. ä.,
h) die Investitionszulagen u.ä., sowie
i) den Vorsteuerabzug und
j) die Einhaltung der Aufzeichnungspflichten besonders nach § 144 Abs. 1 und 5 AO.[19]

Der BdF hat hier wohl eine sinnvolle sachliche Schwerpunktbildung[20] für die Prüfung getroffen. Denn gerade bei diesen Prüfungsbereichen kommt es häufig zu Verschiebungen der Ausgaben und Einnahmen sowie zu buchmäßig falschen Erfassungen der Sachverhalte und damit verbundenen Steuerverkürzungen.
Der sachliche Umfang der Außenprüfung wird jedoch eingeschränkt durch folgende Sachverhalte, die bisher regelmäßig im Rahmen der Prüfung nicht beanstandet wurden:
a) die nachträglichen Aufwendungen für aktivierte, abnutzbare Anlagegüter bis 3.000,-- DM
je Wirtschaftsgut,
b) die Nachaktivierung bei Vorräten, unfertigen und fertigen Erzeugnissen bis 3.000,-- DM
je Bilanzposition,
c) die Rechnungsabgrenzungsposten bis 3.000,-- DM,
d) die Pauschaldelkredere bis 3% der Forderungen, sowie
e) die Garantierückstellungen bis 0,5% des Umsatzes.

Da es sich in concreto um Aufwandsverlagerungen mit steuerlich nur geringen Auswirkungen handelt, ist der Verzicht der Beanstandung im Interesse einer schnellen und gleichwohl **effizienten** Prüfung vertretbar. Nicht selten haben sich darüber hinaus bis zur Außenprüfung die Aufwandsverschiebungen bereits aufgehoben. Unter diesen Umständen würden Prüfungsaufwand und Prüfungsintensität im Mißverhältnis zu den steuerlichen Auswirkungen stehen.
Zur Klarstellung sei jedoch darauf verwiesen, daß die sog. Rationalisierungsgrundsätze die Landesfinanzbehörden nicht binden. Sie sollen vielmehr nur dazu dienen, die häufig sehr unterschiedlichen Maßnahmen im Rahmen des aufsichtlichen procedere mit Blick auf die gebotene Gleichmäßigkeit der Besteuerung zu vereinheitlichen.
Zugunsten des Steuerpflichtigen wird davon ausgegangen, die entsprechenden Sachverhalte richtig erfaßt zu haben.
Er hat aber keinen klagbaren Rechtsanspruch auf die Prüfung i.S.d. Rationalisierungsgrundsatzes. Denn dieser hat seinen Ursprung in den begrenzten sachlichen und personellen Mitteln der Finanzbehörden. Angesichts dieser Realität sind die Finanzbehörden häufig aus tatsächlichen Gründen gar nicht imstande, von der Ermächtigung zur umfassenden Prüfung Gebrauch zu machen.[21] Sie sind daher

[19] Vgl. dazu BdF, Schreiben vom 13.7.1992 – IV A 7 – S 0314 – 1 / 92 – StEK AO 1977, § 193 AO, Nr. 34 und § 144 AO, Nr. 1.
[20] Vgl. in diesem Zusammenhang z.B. auch OFD Karlsruhe, Verfügung betr. Check-Liste für die Prüfung von Bauherrengemeinschaften, Erwerbergemeinschaften und geschlossenen Immobilienfonds vom 15.11.1982 – S 1503 B – St 332 – Steuererlasse (C. H. Beck), Nr. 800, § 194 AO / 1 (i.d.F.v. Okt. 1999).
[21] BFH, Urteil vom 21.6.1994 – VIII R 54 / 92 – BStBl. 1994 II, 678, 679.

gezwungen, unter den zu prüfenden Betrieben auszuwählen.[22] Allein schon dieser Zwang zur Auswahl gestattet über den Anspruch auf fehlerfreie Ermessensausübung[23] hinaus[24] keinen klagbaren Rechtsanspruch auf die Prüfung.

III. Ausdehnung einer Außenprüfung auf steuerliche Verhältnisse von Gesellschaftern und Mitgliedern

1. Die Überprüfung der steuerlichen Verhältnisse von Gesellschaftern einer Personengesellschaft

§ 194 Abs. 1 Satz 3 AO gestattet die Überprüfung der steuerlichen Verhältnisse von Gesellschaftern einer **Personengesellschaft insoweit,** als diese für die zu überprüfenden einheitlichen Feststellungen von Bedeutung sind.

2. Einschränkung der Überprüfung

§ 194 Abs. 1 Satz 3 AO enthält **zwei Einschränkungen**:

a) es sind nicht alle Gesellschaftsformen betroffen, sondern nur die **„Personengesellschaften"**, und
b) das Wort **„insoweit"** bringt zum Ausdruck, daß bei den Gesellschaftern nur diejenigen Verhältnisse geprüft werden dürfen, die auch tatsächlich im Zusammenhang mit der Personengesellschaft stehen.[25]

3. Wegfall der Einschränkung

§ 194 Abs. 2 AO[26] läßt diese **Einschränkungen** (z.B. § 194 Abs. 1 Sätze 3 und 4 AO) **wegfallen,** „wenn dies im Einzelfall **zweckmäßig** ist". Daß § 194 Abs. 2 AO von Gesellschaftern und Mitgliedern spricht, zeigt, daß neben den **Personengesellschaften** auch die **Kapitalgesellschaften** und alle **anderen Personenvereinigungen** bzw. deren Gesellschafter / Mitglieder betroffen sein können. Nach § 194 Abs. 2 AO können also z.B. GmbH-Gesellschafter, Genossen, Vereinsmitglieder und sogar Aktionäre und Aufsichtsräte in die Prüfung mit einbezogen werden.[27] Mangels Einschränkung des

---

[22] BFH, Urteil vom 29.10.1992 – IV R 47 / 91 – BFH / NV 1993, 149.

[23] Es handelt sich hier um ein **Auswahl-**Ermessen der Finanzverwaltung.

[24] BFH, Urteil vom 23.7.1985 – VIII R 197 / 84 – BStBl. 1986 II, 36; BFH, Urteil vom 20.6.1984 – I R 111 / 80 – BStBl. 1984 II, 815; BFH, Urteil vom 5.11.1981 – IV R 179 / 79 – BStBl. 1982 II, 208; BFH, Urteil vom 24.10.1972 – VIII R 8 / 69 – BStBl. 1973 II, 275.

[25] Daraus folgt, daß nach § 194 Abs. 1 Sätze 1 und 3 AO im Falle der Außenprüfung bei einer Personengesellschaft die **Gesellschaft** Adressat der Prüfungsanordnung ist und nicht ihre Gesellschafter. So auch Niedersächs. FG, Urteil vom 27.5.1992 – XI 419 / 87 – EFG 1993, 424. AEAO (i.d.F. BMF – Schr. v. 14.2.2000 – BStBl. 2000 I, S. 190, ber. S. 435) zu § 194 AO, Nr. 2 Satz 1 weist daher zutreffend darauf hin, daß § 194 Abs. 1 Satz 3 AO die Prüfung der Verhältnisse der Gesellschafter **ohne gesonderte Prüfungsanordnung** erlaubt.

[26] § 194 Abs. 2 AO ist als Rechtsgrundlage für die Nebenprüfung nicht Rechtsgrundlage für die Zulässigkeit einer Außenprüfung an sich, sondern nur für die Zulässigkeit der **Ausdehnung** einer nach § 193 Abs. 1 AO bereits angeordneten Außenprüfung. Vgl. dazu auch **Birk,** Steuerrecht, 7. Aufl., 2004, S. 144, RdNr. 448.

[27] **Papperitz,** Ausdehnung der Betriebsprüfung auf Gesellschafter und Mitglieder nach § 194 Abs. 2 AO, StBp 1982, S. 129. Vgl. dazu auch OFD München, Verfügung betr. Anordnung von

Prüfungsumfangs ist also davon auszugehen, daß sich die Prüfung der steuerlichen Verhältnisse der Gesellschafter oder Mitglieder nicht nur auf gesellschaftsbezogene Sachverhalte beschränken muß. Die Prüfung darf vielmehr auch die gesamten steuerlichen Verhältnisse der Gesellschafter oder Mitglieder erfassen.

4. Die „steuerlichen" Verhältnisse

Mit den „steuerlichen Verhältnissen" sind **sämtliche** steuerlichen Verhältnisse gemeint und nicht nur diejenigen, die mit der Gesellschaft in Verbindung stehen. Sie können über die in Abs. 1 geregelten Fälle hinaus geprüft werden. Dies führt dazu, daß jede betroffene Person einer selbständigen Prüfung unterliegt, in die alle ihre Einkünfte einbezogen werden können.

5. Ausdehnung der Außenprüfung

Allerdings müssen für eine Ausdehnung der Außenprüfung i.S.d. § 194 Abs. 2 AO die Voraussetzungen des § 193 Abs. 2 Nr. 2 AO gegeben sein.[28] Eine Außenprüfung **allein** zu dem Zwecke, die steuerlichen Verhältnisse **dritter** Personen zu erforschen, ist nicht zulässig.[29]

Zwank bestreitet diese Feststellung mit dem – wohl unzutreffenden – Hinweis, § 194 Abs. 2 AO betreffe nicht die Zulässigkeit einer Außenprüfung, sondern die Zulässigkeit der Ausdehnung einer nach § 193 Abs. 1 AO zulässigerweise angeordneten Außenprüfung. Deshalb müßten die Voraussetzungen des § 193 Abs. 2 Nr. 2 AO auch nicht vorliegen, da die Ausdehnung einer Außenprüfung auf nichtbetriebliche Verhältnisse bei Steuerpflichtigen i.S.d. § 193 Abs. 1 AO generell erlaubt seien.[30]

In der Praxis werden jedoch nur in seltenen Ausnahmefällen andere Einkunftsquellen mituntersucht, die nicht direkt mit der zu prüfenden Gesellschaft zusammenhängen. Hierin sieht App[31] wohl zu Recht eine Benachteiligung von Einzelunternehmen, bei denen wie selbstverständlich der Privatbereich mitgeprüft wird, im Gegensatz zu Mitunternehmern.

6. Voraussetzung für die Ausdehnung

Voraussetzung für die Ausdehnung einer Außenprüfung nach § 194 Abs. 2 AO ist die **Zweckmäßigkeit.** Die Entscheidung, wann sie gegeben ist, liegt im pflichtgemäßen Ermessen der Finanzbehörde.[32]

Gründe für das Vorliegen der Zweckmäßigkeit können z.B. sein:

Außenprüfungen vom 5.3.1984 – S 0403 – 7 St 31 – Steuererlasse (C. H. Beck) Nr. 800, § 196 AO / 1, Nr. 4.1 a.E. (i.d.F.v. Okt. 1999).

[28] Im gleichen Sinne AEAO (i.d.F. BMF – Schr. v. 14.2.2000 – BStBl. 2000 I, S. 190, ber. S. 435) zu § 194 AO, Nr. 2 Satz 2, wenn er feststellt, die Einbeziehung der steuerlichen Verhältnisse der in § 194 Abs. 2 AO bezeichneten Personen in die Außenprüfung bei einer Gesellschaft setze die Zulässigkeit (§ 193 AO) und eine eigene Prüfungsanordnung (§ 196 AO) voraus.

[29] So auch AEAO (i.d.F. BMF – Schr. v. 14.2.2000 – BStBl. 2000 I, S. 190, ber. S. 435) zu § 194 AO, Nr. 5; ebenso OFD München, Verfügung betr. Anordnung von Außenprüfungen vom 5.3.1984 – S 0403 – 7 St 31 – Steuererlasse (C. H. Beck) Nr. 800, § 196 AO / 1, Nr. 4.1 (i.d.F.v. Okt. 1999).

[30] Vgl. dazu **Zwank,** in: Koch, AO, 3. Aufl. 1987, § 194 AO, Rz. 7 / 2.

[31] **App,** Prüfungsumfang bei Gesellschaftern einer Personengesellschaft, DStZ 1984, S. 559.

[32] Vgl. in diesem Zusammenhang **Schuhmann,** Erweiterung des Prüfungszeitraums nach § 4 Abs. 3 BpO, StBp 1996, S. 183 ff.; ferner **Frank,** § 194 Abs. 2 AO – eine vergessene Vorschrift?, StBp 2003, S. 257 ff..

a) die Verringerung des Verwaltungsaufwandes,
b) die wirtschaftlich gewichtigen Beziehungen zwischen Gesellschaft und Gesellschafter, sowie
c) die Entlastung des Steuerpflichtigen, der bei einer Prüfung im Rahmen der Gesellschaft i.d.R. weniger belastet wird als bei seiner eigenen Prüfung nach § 193 Abs. 2 Nr. 2 AO.

Die nach § 194 Abs. 2 AO durchgeführten – ausgedehnten – Prüfungen sind, wegen ihrer Abhängigkeit von der Hauptprüfung, unselbständige Nebenprüfungen. Daran ändert auch die Tatsache nichts, daß nach § 197 Abs. 1 Satz 3 AO „insoweit“, d.h. soweit die Ausdehnung reicht, die Prüfungsanordnung auch den durch die Ausdehnung betroffenen Personen bekanntzugeben ist. Im Gegenteil. Dadurch daß er davon spricht, daß „die Prüfung auf ... erstreckt“ wird, und „die Prüfungsanordnung auch diesen Personen ...“ bekanntzugeben ist, verdeutlicht der Gesetzgeber, daß von einer Verfahrenseinheit von Haupt- und Nebenprüfung auszugehen ist.

IV. Kontrollmitteilungen

1. Rechtsgrundlage

Die sogenannten **„Kontrollmitteilungen“** finden ihre Rechtsgrundlage in dem gesetzgeberisch nicht sehr geglückten[33] § 194 Abs. 3 AO.
Ergänzt wird diese gesetzliche Regelung durch § 9 BpO 2000.
In Betracht kann auch eine sinngemäße Interpretation des § 155 Abs. 4 AO kommen.

2. Auswertung von steuerrelevanten Verhältnissen anderer

Nach § 194 Abs. 3 AO dürfen Verhältnisse anderer als der in § 194 Abs. 1 AO genannten Personen, die **anläßlich**[34] einer Außenprüfung[35] festgestellt wurden, insoweit **ausgewertet** werden, als ihre Kenntnis für die Besteuerung dieser **anderen** Personen von Bedeutung ist oder die Feststellungen eine unerlaubte Hilfeleistung in Steuersachen betreffen.

---

[33] Vgl. dazu auch **Schick,** in: Hübschmann / Hepp / Spitaler, AO / FGO, § 194 AO, Anm. 365.

[34] Das Wort **„anläßlich“** in § 194 Abs. 3 AO ist nicht eng auszulegen. Für den „sachlichen Zusammenhang“ zwischen der Außenprüfung bei einem Steuerpflichtigen und der Feststellung der Verhältnisse Dritter reicht es aus, wenn die vom Prüfer gesichteten Geschäftsunterlagen des Steuerpflichtigen Hinweise auf Verhältnisse **dritter** Personen geben, die für deren Besteuerung möglicherweise erheblich sind. Der Außenprüfer darf die Geschäftsunterlagen des Steuerpflichtigen nur **nicht** systematisch „ins Blaue hinein“ oder stichprobenweise nach steuererheblichen Verhältnissen dritter Personen **absuchen.** So zutreffend FG Baden – Württemberg / Freiburg, Beschluß vom 12.8.1999 – 3 V 42 / 98 – EFG 1999, 1063 unter Bezugnahme auf BFH, Urteil vom 29.10.1986 – VII R 82 / 85 – BStBl. 1988 II, 359.

[35] Die im Verlaufe einer Außenprüfung bei einer Bank bewirkte Ausstellung von Kontrollmitteilungen über Tafelgeschäfte von Bankkunden geschieht i.S.d. § 194 Abs. 3 AO so lange **„anläßlich einer Außenprüfung“**, als die Bankunterlagen nicht stichprobenweise oder „ins Blaue hinein“ nach steuererheblichen Verhältnissen der Bankkunden abgesucht werden. FG Baden – Württemberg / Freiburg, Beschluß vom 12.8.1999 – 3 V 42 / 98 – EFG 1999, 1063. Die Ausstellung der Kontrollmitteilungen setzt nicht voraus, daß die ausgewerteten eigenen Konten und Geschäftsunterlagen der Bank für deren Besteuerung von Bedeutung sein müssen. Die in Kontrollmitteilungen erfaßten Geschäfte müssen auch nicht generell oder im konkreten Fall außergewöhnlich sein.

Die Auswertung des § 194 Abs. 3 AO erfordert keinen „hinreichenden Anlaß“ für die Anfertigung von Kontrollmitteilungen.[36] Sie ist vielmehr ein „traditionell effektives Instrument“ der Finanzbehörden zur Erfüllung ihrer Aufgabe, die Steuern und steuerlichen Nebenleistungen nach Maßgabe der Gesetze gleichmäßig festzusetzen und zu erheben und Steuerverkürzungen möglichst lückenlos zu verhindern (§ 85 AO).[37]
Die Finanzbehörden können sogar Kontrollmitteilungen **ins Ausland** versenden, wenn dies ohne besonderen Aufwand möglich ist und höhere Interessen des Steuerpflichtigen nicht berührt werden.[38]
Feststellungen, die nach § 194 Abs. 3 AO für die Besteuerung anderer Steuerpflichtiger ausgewertet werden können, sollen daher nach § 9 Satz1 BpO 2000 der zuständigen **Finanzbehörde mitgeteilt** werden. Kontrollmaterial über Auslandsbeziehungen ist nach § 9 Satz 2 BpO 2000 auch dem **Bundesamt für Finanzen** zur Auswertung zu **übersenden.**
Der Begriff der Besteuerungsrelevanz in § 194 Abs. 3 AO umfaßt jede Handlung und jedes Verfahren der Finanzbehörde, das auf die Ermittlung, Festsetzung oder Erhebung einer Steuer oder steuerlichen Nebenleistung gerichtet ist. Er umfaßt das Steuerfestsetzungsverfahren, das Verfahren über gesonderte Feststellungen und das Erhebungsverfahren ebenso wie das Rechtsbehelfsverfahren und das Vollstreckungsverfahren; ferner das Stundungs- und Erlaßverfahren sowie das Verfahren bei abweichender Steuerfestsetzung aus Billigkeitsgründen.
Soweit die sinngemäße Interpretation des § 155 Abs. 4 AO in Frage steht, dürfen Kontrollmitteilungen auch für die Festsetzung von Steuervergütungen gefertigt werden.[39]

3. Außenprüfung keine Ausforschungsprüfung

Eine Außenprüfung darf jedoch nicht zu dem Zweck durchgeführt werden, ex ante Verhältnisse von **anderen** Personen als der geprüften zu erforschen.[40]

4. Verbot von Kontrollmitteilungen durch den „Bankenerlaß“ / § 30a AO

Für Banken galt mit dem sogenannten Bankenerlaß[41] eine Sonderregelung. Er verbot Kontrollmitteilungen anläßlich der Prüfung einer Bank. Wie weit die Finanzbehörden

---

[36] Niedersächs. FG, Beschluß vom 30.9.1998 – X 437 / 98 V – EFG 1999, 10, bes. 11, 12; ergänzend BFH, Urteil vom 29.10.1986 – VII R 82 / 85 – BStBl. 1988 II, 359; **Tipke / Kruse,** AO / FGO, 16. Aufl., § 194 AO, Tz. 9; **Mösbauer,** in: Koch / Scholtz, AO, 5. Aufl., 1996, § 194 AO, RdNr. 8; so auch **Klingelhöfer,** Anfertigung von Kontrollmaterial – Möglichkeiten und Grenzen, StBp 2002, S. 1 ff..

[37] So zutreffend FG Baden – Württemberg / Freiburg, Beschluß vom 12.8.1999 – 3 V 42 / 98 – EFG 1999, 1063; vgl. auch BFH, Urteil vom 18.2.1997 – VIII R 33 / 95 – BStBl. 1997 II, 499.

[38] So AEAO (i.d.F. BMF – Schr. v. 14.2.2000 – BStBl. 2000 I, S. 190, ber. S. 435) zu § 194 AO, Nr. 7 Satz 1. Zu **Auskünften** der Finanzbehörden an ausländische Staaten ohne Ersuchen vgl. Tz. 3.2.3 des Merkblatts über die zwischenstaatliche Amtshilfe durch Auskunftsaustausch in Steuersachen – BMF – Schr. v. 3.2.1999 – BStBl. 1999 I, S. 228.

[39] In diesem Zusammenhang vgl. **Frotscher,** Recht und Praxis der Kontrollmitteilung, in: Schröder / Muus (Hrsg.), Handbuch der steuerlichen Betriebsprüfung, Kza. 4800, S. 7; **Kottke,** Die Kontrollmitteilung, NWB, F. 17, S. 1391.

[40] In diesem Zusammenhang **Dörn,** Behandlung von Kontrollmitteilungen in Finanzämtern und Bußgeld- und Strafsachenstellen, DStZ 1991, S. 747 ff.; BFH, Urteil vom 18.2.1997 – VIII R 33 / 95 – BStBl. 1997 II, 499, 507.

[41] Der Bankenerlaß 1979 – BStBl. 1979 I, 590 war die wesentliche Ursache für einen strukturellen Erhebungsmangel, durch den die verfassungsrechtlich gebotene Gleichheit im Belastungserfolg prinzipiell verfehlt wurde. Dieser Verstoß gegen den Gleichheitssatz (Art. 3 Abs. 1 GG) war vom

heute auf das Vertrauensverhältnis zwischen den Kreditinstituten und deren Kunden Rücksicht zu nehmen haben, bestimmt § 30 a AO.[42]

„§ 30 a AO ... ist verfassungskonform einschränkend in der Weise **auszulegen,** daß er der von Art 3 Abs. 1 GG gebotenen gleichmäßigen Erhebung der Steuer auf Zinseinkünfte nicht entgegensteht. Die Regelungen des § 30 a Abs. 1, 2, 4 und 5 AO ... haben lediglich rechtsbestätigenden Charakter. § 30 a Abs. 3 AO ... hindert nicht die Fertigung und Auswertung von **Kontrollmitteilungen** anläßlich einer Außenprüfung bei Kreditinstituten, wenn hierfür ein **„hinreichend begründeter Anlaß"** besteht."[43]

Zutreffend stellt der BFH[44] im einzelnen dazu fest, daß § 30 a AO nicht zu einem das Gebot der Belastungsgleichheit verletzenden Defizit bei der Erhebung der Einkommensteuer führt.

Nach § 30 a Abs. 1 AO haben die Finanzbehörden bei der Ermittlung des Sachverhalts (§ 88 AO) auf das Vertrauensverhältnis zwischen den Kreditinstituten und deren Kunden besonders Rücksicht zu nehmen. Diese Regelung engt aber nicht[45] den Ermessensspielraum bei der Sachverhaltsermittlung nach § 88 AO ein. Sie stellt vielmehr nur einen ausdrücklichen Hinweis an die Ermittlungsbehörden dar, im Rahmen ihrer Verhältnismäßigkeits- und Zumutbarkeitserwägungen das schutzwürdige „Vertrauensverhältnis zwischen den Kreditinstituten und deren Kunden" besonders zu berücksichtigen.[46]

Nach § 30 a Abs. 2 AO dürfen die Finanzbehörden von den Kreditinstituten zum Zwecke der allgemeinen Überwachung[47] die einmalige oder periodische Mitteilung von Konten bestimmter Art oder bestimmter Höhe nicht verlangen.[48]

Nach § 30 a Abs. 3 Satz 1 AO dürfen die Guthabenkonten[49] oder Depots, bei deren Errichtung eine Legitimationsprüfung[50] nach § 154 Abs. 2 AO vorgenommen worden ist, anläßlich der **Außenprüfung** bei einem Kreditinstitut **nicht** zwecks Nachprüfung der ordnungsmäßigen Versteuerung **festgestellt** oder **abgeschrieben** werden.

Gesetzgeber lange nicht erkannt worden. Es bestand deshalb Anlaß, den überkommenen – durch die Übernahme des Bankenerlasses in § 30 a AO verfestigten – **Rechtszustand** durch das ZinsabschlagG zu ändern. § 30 a AO selbst wurde hingegen nicht geändert.

[42] ... eingefügt durch Gesetz vom 25.7.1988 (BGBl. 1988 I, S. 1093).Vgl. dazu auch **Tipke / Kruse,** AO / FGO, § 30 a AO, Tz. 6; Niedersächs. FG, Beschluß vom 30.9.1998 – X 437 / 98 V – EFG 1999, 10, bes. 14. Zum noch ungeklärten Maß der Einschränkung des § 194 Abs. 3 AO durch § 30 a AO vgl. FG Baden – Württemberg / Freiburg, Beschluß vom 12.8.1993 – 3 V 42 / 98 – EFG 1999, 1063, bes. 1064 sowie BFH, Urteil vom 18.2.1997 – VIII R 33 / 95 – BStBl. 1997 II, 499; BFH, Urteil vom 15.12.1998 – VIII R 6 / 98 – BStBl. 1999 II, 138; **Lübben / Zühlke,** Anfertigung von Kontrollmitteilungen bei Kreditinstituten im Rahmen von Außenprüfungen, StBp 1999, S. 169 ff..

[43] BFH, Urteil vom 18.2.1997 – VIII R 33 / 95 – BStBl. 1997 II, 499; FG Baden – Württemberg / Freiburg, Beschluß vom 25.11.1996 – 3 V 37 / 96 – EFG 1997, 519. So auch AEAO (i.d.F. BMF – Schr. v. 14.2.2000 – BStBl. 2000 I, S. 190, ber. S. 435) zu § 194 AO, Nr. 6 Satz 1.

[44] BFH, a.e.a.O., 504 f..

[45] A.A. **Tipke / Kruse,** AO / FGO, § 30 a AO, Tzn. 2 u. 4.

[46] So auch BFH, Urteil vom 18.2.1997 – VIII R 33 / 95 – BStBl. 1997 II, 499, 504; **Hellwig,** in: Hübschmann / Hepp / Spitaler, AO / FGO, § 30 a AO, RdNr. 13; **Kühn / Hofmann,** AO / FGO, 17. Aufl., 1995, § 30 a AO, Anm. 2; **Krabbe,** in: Koch / Scholtz, AO, 5. Aufl., 1996, § 30 a AO, RdNr. 6; FG Baden – Württemberg / Freiburg, Beschluß vom 12.8.1999 – 3 V 42 / 98 – EFG 1999, 1063, 1064 (Kontrollbedürfnis).

[47] Anderes gilt z.B. bei besonderen Anhaltspunkten für ein Auskunftsersuchen i.S.d. § 93 AO oder des § 208 Abs. 1 Nr. 3 AO.

[48] Bestätigend auch **Krabbe,** in: Koch / Scholtz, AO, 5. Aufl., 1996, § 30 a AO, RdNr. 10; **Kühn / Hofmann,** AO / FGO, 17. Aufl., 1995, § 30a AO, Anm. 3; a.A. **Tipke / Kruse,** AO, § 30 a AO, Tz. 5.

[49] ... also nicht die debitorisch geführten Konten.

[50] Sog. Identitätsprüfung.

Die Ausschreibung von **Kontrollmitteilungen** soll[51] nach § 30 a Abs. 3 Satz 2 AO insoweit **unterbleiben.** § 30 a Abs. 3 Satz 2 AO schränkt insoweit § 194 Abs. 3 AO ein.[52] Diese – bewußte und zielgerichtete – Einschränkung gilt nicht z.B. für betriebsinterne Eigenkonten der Kreditinstitute und für Konten pro diverse (Cpd-Konten).[53] Sie gilt auch nicht für steuer-
strafrechtsrelevante Zufallserkenntnisse im Rahmen einer Außenprüfung bei Kreditinstituten. Das bedeutet im Ergebnis: Kontrollmitteilungen dürfen durch den Außenprüfer stets dann „ausgeschrieben" werden, wenn ein „hinreichender Anlaß" [54] dazu besteht.[55]

Ferner soll nach § 30 a Abs. 4 AO in Vordrucken für Steuererklärungen die Angabe der Nummern von Konten und Depots, die der Steuerpflichtige bei Kreditinstituten unterhält, nicht verlangt werden, soweit nicht steuermindernde Ausgaben oder Vergünstigungen geltend gemacht werden oder die Abwicklung des Zahlungsverkehrs mit dem Finanzamt dies bedingt.

Die – rechtsbestätigende – Sollvorschrift des § 30 a Abs. 4 AO steht einem Informationsverlangen nach § 93 AO[56] nicht entgegen.[57] Dem Kreditinstitut steht **kein** Auskunftsverweigerungsrecht zu, wenn z.B. die Voraussetzungen des § 93 Abs. 1 AO gegeben sind. Daraus zieht der BFH[58] den zutreffenden Schluß, daß im Zusammenhang mit § 30 a AO von einem **„echten"** Bankgeheimnis **nicht** gesprochen werden kann. Denn das Auskunftsrecht der Finanzbehörden i.S.d. § 93 Abs. 1 AO ist nicht auf jene Fälle beschränkt, in denen bereits konkrete Anhaltspunkte für das Entstehen einer Steuerschuld oder / und eine Verkürzung von Steuern gegeben sind.[59] § 93 Abs. 1 Satz 1 AO gestattet vielmehr auch schon dann Auskunftsverlangen[60], wenn diese auf Grund von „konkreten Momenten" oder von „allgemeiner Erfahrung"[61] „im Wege vorweggenommener Beweiswürdigung" (§ 92 AO) zu der Überzeugung gelangen, daß die Auskunftsersuchen „zur Aufdeckung

---

[51] ... nicht muß; also kein generelles Verbot. Dazu vgl. auch **Hellwig,** in: Hübschmann / Hepp / Spitaler, AO / FGO, § 30 a AO, RdNr. 28.

[52] So auch **Tipke / Kruse,** AO / FGO, § 30 a AO, Tz. 2 und 6.

[53] So auch Niedersächs. FG, Beschluß vom 30.9.1998 – X 437 / 98 V – EFG 1999, 10, bes. 11, 14; **Tipke / Kruse,** AO / FGO, § 30 a AO, Tz. 12. Im gleichen Sinne auch FG Baden – Württemberg / Freiburg, Beschluß vom 12.8.1999 – 3 V 42 / 98 – EFG 1999, 1063, wenn es feststellt, es sei grundsätzlich unbedenklich, im Rahmen einer Außenprüfung bei einer Bank die Sachkonten „Wertpapiervermittlungen" und „Kasse" zu sichten. Die Überprüfung der Abwicklung (Verbuchung) von Tafelgeschäften gehört zu den ureigensten Aufgaben der Betriebsprüfung. Darüber hinaus kann auch das Konto „Wertpapiervermittlungen" daraufhin untersucht werden, ob Bankgebühren, Vermittlungsprovisionen und dergleichen gezahlt und zutreffend erfaßt wurden. Stößt der Außenprüfer dabei auf Barauszahlungen von Kunden-Guthabenkonten, so geschieht dies in jedem Falle „anläßlich einer Außenprüfung", selbst dann, wenn die ersichtlich werdenden Geldbewegungen für die Bank nicht steuerrelevant sind.

[54] Ein solcher ist nach zutreffender Feststellung des AEAO (i.d.F. BMF – Schr. vom 14.2.2000 – BStBl. 2000 I, S. 190, ber. 435) zu § 194 AO, Nr. 6 Satz 2 dann gegeben, wenn der Außenprüfer infolge Vorliegens konkreter Umstände oder einer auf Grund allgemeiner Erfahrungen getroffenen Prognoseentscheidung im Wege vorweggenommener Beweiswürdigung zu dem Ergebnis kommt, daß Kontrollmitteilungen zur Aufdeckung steuererheblicher Tatsachen führen können.

[55] Vgl. dazu BFH, Urteil vom 18.2.1997 – VIII R 33 / 95 – BStBl. 1997 II, 499, 506, 507; so wohl auch **Schick,** in: Hübschmann / Hepp / Spitaler, AO / FGO, § 194 AO, RdNr. 446.

[56] Vgl. dazu § 30 a Abs. 5 Satz 1 AO.

[57] So auch **Hellwig,** in: Hübschmann / Hepp / Spitaler, AO / FGO, § 30 a AO, RdNr. 29; **Krabbe,** in: Koch / Scholtz, AO, 5. Aufl., 1996, § 30 a AO, RdNr. 15.

[58] BFH, Urteil vom 18.2.1997 – VIII R 33 / 95 – BStBl. 1997 II, 499, 505.

[59] BFH, Urteil vom 23.10.1990 – VIII R 1 / 86 – BStBl. 1991 II, 277; BFH, Urteil vom 18.2.1997 – VIII R 33 / 95 – BStBl. 1997 II, 499, 505.

[60] Sc. l. gegenüber den Beteiligten und anderen Personen.

[61] BFH, Beschluß vom 13.2.1968 – GrS 5 / 67 – BStBl. 19968 II, 365, 369.

steuererheblicher Tatsachen führen können"[62]. Dies zeigt, daß Auskunftsersuchen noch nicht das Vorliegen von – lückenhaften oder zweifelhaften – Steuererklärungen voraussetzt. Das Vorliegen konkreter oder konkretisierbarer Anhaltspunkte für steuererhebliche Umstände reicht aus. Unzulässig sind hingegen Auskunftsersuchen im Rahmen sog. Rasterfahndungen oder im Rahmen sog. Ermittlungen „ins Blaue hinein".[63] Darüber hinaus müssen Auskunftsersuchen zur Sachverhaltsaufklärung **geeignet** sein. Sie müssen ferner **notwendig** und **verhältnismäßig** sein, und dem Adressaten **zugemutet** werden können.[64]

§ 93 Abs. 1 Satz 3 AO verweist aber darauf, daß „andere Personen als die Beteiligten", also die Kreditinstitute, erst dann zur Auskunft angehalten werden sollen, wenn die Sachverhaltsaufklärung durch die Beteiligten nicht zum Ziele führt oder keinen Erfolg verspricht. Nach § 30 a Abs. 5 Satz 1 AO gilt § 93 AO auch für Auskunftsersuchen an Kreditinstitute.

Ist die Person des Steuerpflichtigen bekannt und ist gegen ihn kein Verfahren wegen einer Steuerstraftat oder einer Steuerordnungswidrigkeit eingeleitet, soll auch im Verfahren nach § 208 Abs. 1 Satz 1 Nr. 3 AO ein Kreditinstitut erst um Auskunft und Vorlage von Urkunden gebeten werden, wenn ein Auskunftsersuchen an den Steuerpflichtigen nicht zum Ziele führt oder keinen Erfolg verspricht (§ 30 a Abs. 5 Satz 2 AO).[65]

Das **„grundsätzliche Kontrollmitteilungsverbot"** des § 30 a Abs. 3 AO[66] entspricht dem verfassungsrechtlichen Gebot der gleichmäßigen Belastung aller Steuerpflichtigen i.S.d. Art. 3 Abs. 1 GG. Denn auch § 194 Abs. 3 AO gestattet nur Kontrollmitteilungen „bei hinlänglichem Anlaß", nicht aber lediglich als „beliebige Stichprobe". Gestützt wird diese Feststellung auch durch den in Art. 2 Abs. 1 i.V.m. Art. 1 Abs. 1 und Art. 14 GG verbürgten grundrechtlichen Datenschutz, der eine unbegrenzte Erhebung, Speicherung, Verwendung oder Weitergabe individualisierter oder individualisierbarer Daten verbietet.[67] § 194 Abs. 3 AO entspricht diesen rechtsstaatlichen Anforderungen, da er im fiskalischen Interesse begründet ist und eine gleichmäßige Lastenverteilung bewirken soll. Außerdem gestattet er lediglich Kontrollmitteilungen **anläßlich** einer Außenprüfung[68], nicht aber auch Außenprüfungen zum Zwecke der Ausforschung der Verhältnisse dritter Personen.[69] Soweit § 30 a Abs. 3 AO im Rahmen des § 194 Abs. 3 AO relevant ist, sind die **öffentlichen** Belange der „Gleichbehandlung im Belastungserfolg"[70] und die **privaten** Belange der Bankkunden „vor unverhältnismäßigen staatlichen Eingriffen durch unbegrenzte Datenerhebung"[71] gegeneinander abzuwägen[72]. Diese Abwägung weist

---

[62] BFH, Urteil vom 29.10.1986 – VII R 82 / 85 – BStBl. 1988 II, 359; BFH, Urteil vom 24.3.1987 – VII R 30 / 86 – BStBl. 1987 II, 484; BFH, Urteil vom 24.10.1989 – VII R 1 / 87 – BStBl. 1990 II, 198; BFH, Urteil vom 17.3.1992 – VII R 122 / 91 – BFH / NV 1992, 791.

[63] So auch BFH, Urteil vom 18.2.1997 – VIII R 33 / 95 – BStBl. 1997 II, 499, 505.

[64] Vgl. dazu BFH, Urteil vom 7.8.1990 – VII R 106 / 89 – BStBl. 1990 II, 1010; **Helsper,** in: Koch / Scholtz, AO, 5. Aufl., 1996, § 93 AO, RdNr. 4.

[65] Vgl. in diesem Zusammenhang **Krabbe,** in: Koch / Scholtz, AO, 5. Aufl., 1996, § 30 a AO, RdNr. 17; **Tipke / Kruse,** AO / FGO, § 30 a AO, Tz. 8.

[66] Vgl. dazu **Lübben / Zühlke,** Anfertigung von Kontrollmitteilungen bei Kreditinstituten im Rahmen von Außenprüfungen, StBp 1999, S. 169 ff.. So auch **Klingelhöfer,** Anfertigung von Kontrollmaterial – Möglichkeiten und Grenzen, StBp 2002, S. 3.

[67] So zutreffend BFH, Urteil vom 18.2.1997 – VIII R 33 / 95 – BStBl. 1997 II, 499, 507.

[68] Zur Anfertigung und Auswertung von Kontrollmaterial durch die Steuerfahndung bei einer Bank vgl. FG Baden – Württemberg / Freiburg, Beschluß vom 25.11.1996 – 3 V 37 / 96 – EFG 1997, 519.

[69] So auch Niedersächs. FG, Beschluß vom 30.9.1998 – X 437 / 98 V – EFG 1999, 10, bes. 12.

[70] D.i. das Interesse an einer lückenlosen Steuererhebung.

[71] D.i. das Interesse an einem funktionierenden Kapitalmarkt.

[72] Vgl. dazu BT-Drucks. 12 / 2736, S. 32 f.. Dazu **Krabbe,** in: Koch / Scholtz, AO, 5. Aufl., 1996, § 30 a AO, RdNr. 2.

einerseits eine sog. „Rasterfahndung als unzulässige Ermittlungsmethode“[73] nach, die nach § 30 a Abs. 3 Satz 2 AO unterbleiben „soll“. Sie weist aber andererseits sowohl Einzelauskunftsersuchen als auch Sammelauskunftsersuchen an Kreditinstitute als berechtigt nach, wenn „hinreichender Anlaß“ für sie nachweisbar ist.
Es ist nicht zu übersehen, daß die Finanzbehörden nunmehr[74] von diesen durch die Rechtsprechung erweiterten Ermittlungsbefugnissen in der Praxis auch hinreichend Gebrauch machen.

5. Uneingeschränkte Verwertung

Die Kontrollmitteilungen bezwecken die Gleichmäßigkeit der Besteuerung. Ihre **Verwertung** ist nach § 194 Abs. 3 AO grundsätzlich **uneingeschränkt** zulässig.
Damit soll sichergestellt werden, daß ein Steuerpflichtiger nicht durch Vorlage eines Beleges den Abzug eines gezahlten Betrages erreichen kann, den der Empfänger vielleicht nicht versteuert hat. Durch Kontrollmitteilungen soll eine Umgehung des § 160 AO verhindert werden. Deshalb finden auch hier die Vorschriften über Auskunfts- und Vorlageverweigerungsrechte der §§ 101 und 103 AO keine Anwendung. Lediglich das Auskunftsverweigerungsrecht zum Schutz bestimmter Berufsgeheimnisse i.S.d. § 102 AO ist bei Kontrollmitteilungen anwendbar.
Die grundsätzlich uneingeschränkte Zulässigkeit der Verwertung von Kontrollmitteilungen wird durch ein **Verwertungsverbot** eingeschränkt. Es betrifft Tatsachen, die ohne rechtswidrige Ermittlungsmaßnahmen nicht zur Kenntnis der Finanzbehörde gelangt wären. Diese Tatsachen dürfen bei dem betroffenen Steuerpflichtigen nicht verwertet werden. Bescheide dürfen nicht auf diesen Tatsachen beruhen; sie sind daher aufzuheben oder zu ändern. Allerdings ist es zulässig, die nicht verwertbaren Tatsachen durch gleichinhaltliche zu ersetzen, die auf – nachweisbar – legalem Wege ermittelt wurden.[75]

6. Kontrollmitteilungen im einzelnen

a) Fertigung von Kontrollmitteilungen

In ihrer Verfügung vom 5.11.1992[76] weist die OFD Rostock zutreffend darauf hin, daß in vielen Fällen der Erfolg einer Außenprüfung davon abhängt, ob geeignetes Kontrollmaterial vorliegt. „Bei der Nachprüfung der Besteuerungsgrundlagen sind deshalb Kontollmitteilungen zu fertigen[77].“ Und daß dies auch wirklich geschieht, ist nach dieser Verfügung die Ausfertigung der Kontrollmitteilungen im Berechnungsbogen zu vermerken.

---

[73] BFH, Urteil vom 18.2.1997 – VIII R 33 / 95 – BStBl. 1997 II, 499, 508.
[74] Vgl. dazu z.B. auch BVerfG, Beschluß vom 23.3.1994 – 2 BvR 396 / 94 – NJW 1994, 2079; BVerfG, Beschluß vom 13.12.1994 – 2 BvR 894 / 94 – NJW 1995, 2839.
[75] Vgl. in diesem Zusammenhang **Stahl,** Verwertungsverbote im Steuer- und Steuerstrafrecht, Kösdi 1991, S. 8457 ff.; BFH, Beschluß vom 24.6.1982 – IV B 3 / 82 – BStBl. 1982 II, 659; BFH, Urteil vom 9.5.1985 – IV R 179 / 83 – BStBl. 1985 II, 579; BFH, Beschluß vom 11.7.1979 – I B 10 / 79 – BStBl. 1979 II, 704; **Hellwig,** in: Hübschmann / Hepp / Spitaler, AO / FGO, § 30 a AO, Anm. 35. Vgl. dazu auch **Klingelhöfer,** Anfertigung von Kontrollmaterial – Möglichkeiten und Grenzen, StBp 2002, S. 3 ff..
[76] OFD Rostock, Verfügung vom 5.11.1992 – S 2319 – St 21 / 213 – StEK AO 1977 § 194 AO, Nr. 14. Vgl. dazu ergänzend FG München, Beschluß vom 4.8.1997 – 1 V 776 / 96 – EFG 1997, 1286; Niedersächs. FG, Beschluß vom 30.9.1998 – X 437 / 98 V – EFG 1999, 10 ff..
[77] Die Fertigung von Kontrollmitteilungen erfolgt von der erstellenden Institution (Behörde) ohne ausdrückliches Ersuchen der empfangenden Stelle (Behörde).

Ohne Anspruch auf Vollständigkeit werden nachfolgend Bereiche dargestellt, die sich für Kontrollmitteilungen geradezu anbieten, da gerade hier Sachverhalte verwirklicht werden, die finanzbehördlich nur sehr schwer erfaßbar sind.

b) Erbschaft- und schenkungsteuerrechtlich relevante Sachverhalte

Erbschaft- und **schenkungsteuerrechtlich** relevante Sachverhalte sind dem für die Erbschaftsteuer zuständigen Finanzamt[78] mitzuteilen.[79] Als solche Sachverhalte kommen in der Praxis insbesondere in Betracht:

aa) Vermögensanfälle unter Lebenden, soweit sie nicht von einem inländischen Gericht oder Notar beurkundet worden sind.

bb) Verträge, bei denen eine gemischte oder gar versteckte Schenkung zu vermuten ist. Dies ist insbesondere bei Grundstückskaufverträgen unter Angehörigen der Fall, bei denen der Kaufpreis unüblich niedrig ist.

cc) Vereinbarungen über die Gewährung überhöhter Gewinnbeteiligungen.

dd) Übergänge von Gesellschaftsanteilen auf Grund des Gesellschaftsvertrages auf andere Gesellschafter oder auf die Gesellschaft beim Ausscheiden eines Gesellschafters. Ob dieses Ausscheiden zu Lebzeiten oder durch Tod erfolgt, ist irrelevant. Ebenso irrelevant ist es, ob es sich bei der Gesellschaft um eine Personen- oder Kapitalgesellschaft handelt.

ee) Höhe und Zusammensetzung des Vermögens eines Erblassers, möglichst unter genauer Erfassung der Werte des Grundvermögens und der inländischen land- und forstwirtschaftlichen Werte.

ff) Erwerb von land- und forstwirtschaftlichem Vermögen, von Grundvermögen und von Betriebsgrundstücken aus dem Nachlaß eines nicht im Inland wohnhaften Erblassers.

gg) Erbfälle und Schenkungen, bei denen der Zuwendende der erweiterten beschränkten Steuerpflicht nach § 2 Abs. 1 Satz 1 AStG unterliegt. Informationsrelevant ist insbesondere,
- **wann** der inländische Wohnsitz aufgegeben wurde,
- **wer** der inländische Vertreter war,
- **wie** hoch der Nachlaß bzw. das Vermögen ist,
- **wie** sich der Nachlaß bzw. das Vermögen zusammensetzt und
- **welche** weiteren Erwerber vorhanden sind.

hh) Erweiterung der Prüfungsanordnung

Werden anläßlich einer Außenprüfung derartige Verhältnisse anderer als der in § 194 Abs. 1 AO genannten Personen festgestellt, so ist die Auswertung insoweit zulässig, als ihre Kenntnis für die Besteuerung dieser Personen von Bedeutung ist. Das bedeutet, daß die Feststellungen als Kontrollmaterial für die steuerliche Überprüfung dieser Personen verwendet werden können.[80] Diese Verwendung erfolgt in concreto durch Bekanntgabe[81] an die Erbschaftsteuerstelle, ggf. auch durch Rücksprache mit dieser.

In diesem Zusammenhang ist ggf. auch zu klären, ob die Prüfungsanordnung entsprechend zu erweitern ist.

c) Grunderwerbsteuerrechtlich relevante Sachverhalte

---

[78] So auch § 9 Satz 1 BpO 2000.

[79] OFD Rostock, Verfügung vom 5.11.1992 – S 2319 – St 21 / 213 – StEK AO 1977 § 194 AO, Nr. 14.

[80] Siehe dazu **Mösbauer,** in: Koch / Scholtz, AO, 5. Aufl., 1996, § 194 AO, Rz. 8.

[81] Die Kontrollmitteilung ist also ein **Informationsinstrument** über Verhältnisse Dritter. Durch sie wird Wissen bestimmter Sachverhalte von einer Institution an eine andere übermittelt.

Grunderwerbsteuerrechtlich relevante Sachverhalte sind den Grunderwerbsteuerstellen[82] mitzuteilen.[83] Als solche Sachverhalte kommen in der Praxis insbesondere in Betracht:

aa) Einbringung eines Grundstücks oder eines Unternehmens mit Grundbesitz in eine Personengesellschaft ohne gleichzeitige Übertragung des bürgerlichrechtlichen Eigentums. Charakteristisch ist hier, daß kein notarieller Übertragungsvertrag gegeben ist. § 1 Abs. 2 GrStG unterwirft der Grunderwerbsteuer auch Rechtsvorgänge, die es ohne Begründung eines Anspruchs auf Übereignen einem anderen rechtlich und wirtschaftlich ermöglichen, ein inländisches Grundstück auf eigene Rechnung zu verwerten. Ein solcher Lebenssachverhalt ist insbesondere dann gegeben, wenn alle Gesellschafter, auch die, die nicht Grundstückseigentümer sind, an den stillen Reserven des Grundstücks beteiligt sind.

bb) Entnahme eines Grundstücks einer Personengesellschaft durch einen Gesellschafter und Auflösung einer Personengesellschaft mit Grundbesitz, ohne daß gleichzeitig das bürgerlich-rechtliche Eigentum übergeht und auch keine notarielle Beurkundung erfolgt.

cc) Umwandlung von Rechtsträgern mit Sitz im Inland[84] mit Grundbesitz.

dd) Erwerb eines Gebäudes auf fremdem Grund und Boden.
Als solche kommen regelmäßig in Betracht: Betriebsgebäude, Lagerhallen, Ausstellungshallen, Behelfsläden, Kantinen und Koiske.
Es ist dabei irrelevant, ob das Gebäude bürgerlich-rechtlich als bewegliche Sache i.S.d. § 95 BGB oder als unbewegliche Sache i.S.d. § 94 BGB gilt.
Die Bewertung des Grundvermögens entscheidet darüber, ob ein Gebäude vorliegt.
Da sich Erwerbe dieser Art außerhalb des Grundbuchs vollziehen, sind sie ohne Kontrollmitteilungen der Kenntnisnahme der Grunderwerbsteuerstellen regelmäßig kaum zugänglich.

ee) Begründung und Auflösung von Treuhandverhältnissen
Nach § 1 Abs. 2 GrEStG unterliegt der Erwerb der Verwertungsbefugnis über ein Grundstück durch einen Treugeber ebenso der Grunderwerbsteuer wie nach § 1 Abs. 1 GrEStG der Erwerb des Eigentums durch einen Treuhänder. Da die notariellen Urkunden regelmäßig ein bestehendes Treuhandverhältnis nicht erkennen lassen, wird der Erwerb der Verwertungsbefugnis durch den Treugeber i.S.d. § 1 Abs. 2 GrEStG auch regelmäßig – contra legem – nicht der Grunderwerbsteuer unterworfen.

ff) Vereinigung sämtlicher (100 v. H. / 95 v. H.) Anteile einer Gesellschaft mit inländischem Grundstück in der Hand einer Person. Es handelt sich auch hier um Lebenssachverhalte, die außerhalb des Grundbuchs vollzogen werden.

gg) Übertragung sämtlicher (100 v. H. / 95 v. H.) Anteile einer Gesellschaft mit inländi-
schem Grundstück auf eine andere Rechtsperson (§ 1 Abs. 3 GrEStG). Auch diese Lebenssachverhalte werden außerhalb des Grundbuchs vollzogen.

hh) Erweiterung der Prüfungsanordnung

Auch die eben dargestellten Sachverhalte sind so geartet, daß sie sich in der Praxis der finanzbehördlichen Aufmerksamkeit überwiegend entziehen, da sie weitgehend außerhalb des Grundbuchs realisiert werden. Dies macht die Grunderwerbsteuerstellen

[82] So auch § 9 Satz 1 BpO 2000.
[83] OFD Rostock, Verfügung vom 5.11.1992 – S 2319 – St 21 / 213 – StEK AO 1977 § 194 AO, Nr. 14.
[84] Vgl. dazu § 1 UmwG (Arten der Umwandlung).

von Kontrollmaterial für die steuerliche Überprüfung dieser Personen abhängig.[85] Der Informationsfluß ist auch via Rücksprache möglich. Rechtsansichten und Schlußfolgerungen werden von dem Informationsfluß nicht umfaßt.[86]
Des weiteren ist zu prüfen, ob die Prüfungsanordnung entsprechend zu erweitern ist.

d) Bewertungsrechtlich relevante Sachverhalte

Bewertungsrechtlich relevante Sachverhalte sind den Bewertungsstellen[87] mitzuteilen.[88] Als solche Sachverhalte kommen in der Praxis insbesondere in Betracht:
aa) Nachträglicher Ausbau von (Dachboden)-Räumen zu Wohnzwecken dienenden Räumen.
bb) Modernisierung und Instandsetzung von Heizungen und sanitären Anlagen. Die Höhe der Aufwendungen ist unbeachtlich.
cc) Um- und Ausbau mit einem 20 000.- DM übersteigenden Aufwand.
dd) Änderung der Nutzungsart.
Eine solche liegt z.B. dann vor, wenn ein Einfamilienhaus in ein Mietwohngrundstück umgewidmet wird.
ee) Erweiterung der Prüfungsanordnung.
Charakteristisch für die eben dargestellten Sachverhalte der Bau- und Modernisierungsmaßnahmen ist, daß sie den Bewertungsstellen häufig erst via Kontrollmaterial zur Kenntnis gelangen.[89]
Im Zusammenhang mit den Mitteilungen an die Bewertungsstellen ist zu überprüfen, ob noch zusätzliche eigene Ermittlungen veranlaßt sind und deshalb die Prüfungsanordnung zu erweitern ist.

e) Sonstige steuerrechtlich relevante Sachverhalte

In vielen Fällen hängt der Erfolg finanzbehördlicher Tätigkeit von dem Vorliegen eines geeigneten Kontrollmaterials ab.[90] Als solche **sonstigen** steuerrechtlich relevanten Sachverhalte (Fälle) kommen in der Praxis insbesondere in Betracht:
aa) Herstellungskosten für Wohngebäude z.B. im Rahmen des § 10 e EStG[91].
bb) Reparaturkosten.
cc) Außergewöhnliche Belastungen wegen Krankheit.
dd) Bausparverträge als Sonderausgaben.
Hier wird automatisch eine Kontrollmitteilung auch für die Prämienstelle gefertigt.
ee) Abschlußgebühren für Bausparvertrag.
Hier wird automatisch eine Kontrollmitteilung auch für die Prämienstelle gefertigt.
ff) Kapitalertragsteueranmeldungen
Bei dem Eingang von Kapitalertragsteueranmeldungen werden den für die Besteuerung der Empfänger der Kapitalerträge zuständigen Stellen

---

[85] Siehe dazu **Mösbauer,** in: Koch / Scholtz, AO, 5. Aufl., 1996, § 194 AO, Rz. 8.
[86] Vg. Dazu FinMin Bayern, Schreiben vom 24.4.1984 – 38 – S 0353 – 6 – 15923 – in Felix / Carle, StEK AO 1977, § 173 AO, Nr. 27.
[87] So auch § 9 Satz 1 BpO 2000.
[88] OFD Rostock, Verfügung vom 5.11.1992 – S 2319 – St 21 / 213 – StEK AO 1977, § 194 AO, Nr. 14.
[89] Sieh dazu **Mösbauer,** in: Koch / Scholtz, AO, 5.Aufl., 1996, § 194 AO, Rz. 8.
[90] OFD Rostock, Verfügung vom 5.11.1992 – S 2319 – St 21 / 213 – StEK AO 1977, § 194 AO, Nr. 14.
[91] Vgl. dazu § 52 Abs. 26 EStG.

Kontrollmitteilungen über die vorgenommenen Ausschüttungen zugeleitet. Dies ist besonders dann veranlaßt, wenn nach der Höhe der Ausschüttung davon auszugehen ist, daß die Kapitalertragsteuer die Einkommensteuerschuld voraussichtlich nicht decken wird.

gg) Geschäftsanzeigen.

Hinweise auf steuererhebliche Tatsachen können sich auch aus „anderen Unterlagen" ergeben; wie z.B. aus der örtlichen Tagespresse. So weisen z.B. Geschäftsanzeigen über Betriebseröffnungen oder Werbeanzeigen eindeutig auf steuererhebliche Tatsachen hin. Auch dieses Informationsmaterial ist nach Auffassung der OFD Rostock[92] regelmäßig zu sichten, auszuwerten und ggf. als Kontrollmaterial für die steuerliche Prüfung zu verwenden.

7. Kontrollmitteilung und Ausschluß der Straffreiheit bei Selbstanzeige nach § 371 Abs. 2 Nr. 2 AO

Nach § 371 Abs. 2 Nr. 2 AO tritt Straffreiheit – trotz Selbstanzeige – nicht ein, wenn die Tat im Zeitpunkt der Berichtigung, Ergänzung oder Nachholung ganz oder zum Teil bereits **entdeckt** war und der Täter dies **wußte** oder bei verständiger Würdigung der Sachlage **damit rechnen** mußte.
Die Tatentdeckung erfordert nach ständiger Rechtsprechung des BGH in objektiver Hinsicht hinreichenden Tatverdacht; d.h. überwiegende Wahrscheinlichkeit, nicht auch Gewißheit. Dies zeigt, daß Tatentdeckung durch Kontrollmitteilung einen nicht unerheblichen Beurteilungsspielraum zuläßt.
In subjektiver Hinsicht erfordert die Tatentdeckung, daß die Finanzbehörde den Steuerpflichtigen zu einer Stellungnahme auffordert, und dabei konkret die Herkunft und die Höhe der in Frage stehenden Beträge benennt, sowie die Zeiträume, auf die sie sich beziehen.[93]

V. Zeitlicher Umfang im einzelnen

1. Gesetzliche Grenze des zeitlichen Prüfungsumfangs

Der **zeitliche Umfang** der Außenprüfung ist in der AO nicht expressis verbis geregelt. § 194 Abs. 1 Satz 2 Alt. 2 AO besagt lediglich, daß die Außenprüfung **mehrere Besteuerungszeiträume** umfassen kann.[94] Die Finanzbehörde darf jedoch nur Besteuerungszeiträume prüfen, deren Steueransprüche noch **nicht** nach § 169 AO **verjährt** sind. Hierin liegt eine gesetzliche Grenze des zeitlichen Prüfungsumfangs.[95]

2. Beschränkung des zeitlichen Prüfungsumfangs durch Verwaltungsvorschrift

Eine weitere Beschränkung erhält der zeitliche Umfang der Außenprüfung durch die allgemeine Verwaltungsvorschrift des § 4 Abs. 3 Satz 1 BpO 2000. Danach soll der

[92] OFD Rostock, Verfügung vom 5.11.1992 – S 2318 – St 21 / 213 – StEK AO 1977, § 194 AO, Nr. 14.
[93] Vgl. in diesem Zusammenhang **Dörn,** Behandlung von Kontrollmitteilungen in Finanzämtern und Bußgeld- und Strafsachenstellen, DStZ 1991, S. 747 ff..
[94] Diese Regelung berechtigt das Finanzamt, die zu prüfenden Besteuerungszeiträume nach seinem Ermessen festzulegen. Bestätigend BFH, Urteil vom 10.4.1990 – VIII R 415 / 83 – BStBl. 1990 II, 721, 723; BFH, Urteil vom 21.6.1994 – VIII R 54 / 92 – BStBl. 1994 II, 678, 679. Es handelt sich hier um ein **Auswahl-**Ermessen. Gleichinhaltlich auch § 4 Abs. 1 BpO 2000, wonach die Finanzbehörde den – zeitlichen – Umfang der Außenprüfung nach pflichtgemäßem Ermessen bestimmt.
[95] Vgl. in diesem Zusammenhang BFH, Urteil vom 23.7.1985 – VIII R 48 / 85 – BStBl. 1986 II, 433.

Prüfungszeitraum i.d.R. die **drei letzten Besteuerungszeiträume,** für die, vor der Unterzeichnung der Prüfungsanordnung, Steuererklärungen abgegeben wurden, umfassen.

§ 4 Abs. 3 Satz 1 BpO 2000 findet aber nicht auf alle Außenprüfungen i.S.d. § 193 AO Anwendung, sondern nur auf die **allgemeinen** Außenprüfungen (Betriebsprüfungen) der Landesfinanzbehörden und des Bundesamtes für Finanzen (§ 1 Abs. 1 BpO 2000). Nach § 2 Abs. 1 BpO 2000 sind dies insbesondere die allgemeinen Außenprüfungen des § 193 **Abs. 1** AO; i.d.R. also die sog. Routineprüfungen.

Die Außenprüfungen nach § 193 **Abs. 2** AO werden von § 4 Abs. 3 Satz 1 BpO 2000 **nicht** erfaßt.[96] Dies ist aus § 2 Abs. 2 BpO 2000 zu entnehmen, wonach den Betriebsprüfungsstellen auch Außenprüfungen i.S.d. § 193 Abs. 2 AO, Sonderprüfungen sowie andere Tätigkeiten mit Prüfungscharakter, z.B. Liquiditätsprüfungen **übertragen** werden können. Dies gilt aber nicht für Steuerfahndungsprüfungen.

Daß die Außenprüfungen nach § 193 Abs. 2 AO von § 4 Abs. 3 Satz 1 BpO 2000 nicht erfaßt werden, zeigt auch § 1 Abs. 2 BpO 2000, wonach für besondere Außenprüfungen (nur) die

§§ 5 – 12 BpO 2000 mit Ausnahme des § 5 Abs. 4 Satz 2 BpO 2000 anzuwenden sind; mithin also nicht § 4 Abs. 3 BpO 2000.[97]§ 4 Abs. 3 Satz 1 BpO 2000 knüpft hinsichtlich der Bemessung des Prüfungszeitraums an den einzelnen „Betrieb" an. Denn dieser ist der Steuerpflichtige i.S.d. § 193 Abs. 1 AO und damit Prüfungssubjekt. Wird z.B. ein Betrieb – entgeltlich oder unentgeltlich – **übertragen** oder **umgegründet**, kann mit der Änderung der Betriebe zugleich deren **Identität entfallen;** so z.B. bei der Übertragung eines Einzelunternehmens; bei der Umwandlung einer GmbH in eine Personengesellschaft oder umgekehrt; bei Ausscheiden des vorletzten Gesellschafters und Fortführung des Unternehmens durch den verbliebenen Gesellschafter als Einzelunternehmen; bei Aufnahme eines Mitgesellschafters in ein Einzelunternehmen[98]. Hier kann der Prüfungszeitraum für das neue Prüfungssubjekt nach § 4 Abs. 3 Satz 1 BpO 2000 bis zu drei Jahre betragen. Tritt keine Änderung hinsichtlich des Prüfungssubjekts ein, **bleibt** es auch bei der **Identität** der Betriebe; so z.B. bei der Aufnahme eines weiteren Gesellschafters in eine Personengesellschaft oder bei der Aufnahme eines atypisch stillen Gesellschafters. Dies bedeutet, daß es bei einem einzigen Prüfungszeitraum verbleibt.[99]

3. Überschreiten des dreijährigen Prüfungszeitraums

Der Zeitraum des § 4 Abs. 3 Satz 1 BpO 2000 kann in besonderen Fällen **überschritten** werden, z.B. bei einer Betriebsaufgabe[100] oder bei erstmaliger Prüfung eines Großbetriebes.[101] Er kann auch überschritten werden, wenn mit nicht

---

[96] So auch AEAO (i.d.F. BMF – Schr. v. 14.2.2000 – BStBl. 2000 I, S. 190, ber. S. 435) zu § 194 AO, Nr. 4
Satz 4.

[97] So auch OFD Düsseldorf, Verfügung vom 2.5.1990 – S 0401 – St 431 – StEK AO 1977, § 193 AO, Nr. 22.

[98] Vgl. dazu **Mösbauer,** Zur steuerlichen Haftung bei Eintritt eines Dritten in das Geschäft eines Einzelkaufmanns, DStZ 1996, S. 257 ff..

[99] So auch OFD Düsseldorf, Verfügung vom 8.10.1991 – S 0401 – 1 – St 431 – StEK 1977, § 193 Nr. 30.

[100] Dazu BFH, Urteil vom 20.6.1984 – I R 111 / 80 – BStBl. 1984 II, 815.

[101] Dazu § 4 Abs. 2 BpO 2000.

unerheblichen Steuernachforderungen zu rechnen ist.[102] Das ist insbesondere dann der Fall, wenn bereits der dreijährige Prüfungszeitraum erhebliche Nachforderungen ergeben hat und nach dem Gesamtbild auch in den davorliegenden Jahren ähnliches zu erwarten ist.
Soll der Prüfungszeitraum in den Fällen des § 4 Abs. 3 BpO 2000 **mehr als drei** zusammenhängende Besteuerungszeiträume umfassen oder nachträglich erweitert werden, muß die Begründung der Prüfungsanordnung die vom Finanzamt angestellten Ermessenserwägungen erkennen lassen. Der Prüfungszeitraum darf zur Überprüfung **vortragsfähiger Verluste** auch dann auf die Verlustentstehungsjahre ausgedehnt werden, wenn der aus diesen Zeiträumen verbleibende Verlustabzug gemäß § 10 d Abs. 3 EStG festgestellt worden ist.[103]
Bei einer **Betriebsaufgabe** schließt der Prüfungszeitraum mit dem Jahr der Betriebseinstellung ab.

4. Anschlußprüfung bei Großbetrieben

Nach § 4 Abs. 2 Satz 1 BpO 2000 ist weiterhin bei **Großbetrieben** eine sogenannte **Anschlußprüfung** durchzuführen. Dies erfordert, daß ein Prüfungszeitraum an den vorhergehenden anschließt. Bei anderen Betrieben, den Mittel-, Klein- und Kleinstbetrieben,
soll keine Anschlußprüfung durchgeführt werden. Hier finden regelmäßig nur Stichproben statt. Den Großbetrieben stehen die Unternehmen i.S.d. §§ 13 und 19 BpO 2000 (Konzerne u. international verbundene Unternehmen) gleich.

VI. Einordnung der Steuerpflichtigen in Größenklassen (Groß-, Mittel-, Klein- und Kleinstbetriebe)

1. Rechtsgrundlage der Einordnung

Nach § 3 Satz 1 BpO 2000 werden Steuerpflichtige, die der Außenprüfung unterliegen, in die **Größenklassen** Großbetriebe, Mittelbetriebe, Kleinbetriebe und Kleinstbetriebe eingeordnet.[104]

---

[102] Dazu BFH, Urteil vom 1.8.1984 – I R 138 / 80 – BStBl. 1985 II, 350. Vgl. vor allem FM Nordrhein – Westfalen, Erlaß betr. Erweiterung des Prüfungszeitraums, wenn mit nicht unerheblichen Steuernachforderungen zu rechnen ist (§ 4 Abs. 3 BpO 2000) – S 0401 – 4 – V C 5 – koord. Ländererlaß v. 14.8.1991 – DB 1991, S. 1958, i.d.F.v. Okt. 1999 - Steuererlasse (C. H. Beck) Nr. 800, § 193 AO / 2. Der Erlaß weist darauf hin, daß eine Erweiterung des Prüfungszeitraums nur in **„gewichtigen Fällen"** vorgenommen werden soll. Entscheidend sind hierfür im Einzelfall folgende Umstände: z.B. Art, Umfang und Größe des Unternehmens, Verhältnis der zu erwartenden Steuernachforderung zur bisher festgesetzten Steuer, eine eventuelle Zahlungsunfähigkeit des Unternehmens oder die Ungewißheit von Schätzungsparametern. Entscheidend ist der Zeitpunkt der Erweiterung der Prüfungsanordnung. Die Steuernachforderungen müssen wahrscheinlich sein; vage Vermutungen reichen nicht aus. Bei Mittelbetrieben müssen es mehr als 3000.- DM sein, bei Kleinbetrieben mehr als 1000.- DM.

[103] AEAO (i.d.F. BMF – Schr. v. 14.2.2000 – BStBl. 2000 I, S. 190, ber. S.435) zu § 194 AO, Nr. 4 Sätze 1 und 2.

[104] Diese Einordnung kann „unvermeidlich gewisse im Einzelfall hinzunehmende Härten mit sich bringen" (BFH, Urteil vom 21.6.1994 – VIII R 54 / 92 – BStBl. 1994 II, 678, 680); ferner BVerfG, Urteil vom 9.5.1989 – 1 BvL 11 / 87 – BVerfGE 80, 297,310; BVerfG, Beschluß vom 13.12.1967 –1 BvR 679 / 64 – BVerfGE 23, 1, 8; vgl. auch BFH, Urteil vom 27.2.1985 – II R 83 / 83 – BFH / NV 1985, 6, 8.

Für die Entscheidung, ob ein Unternehmen nach § 4 Abs. 2 BpO 2000 („Großbetriebe“) oder nach § 4 Abs. 3 BpO 2000 („andere Betriebe“) geprüft wird, ist nach § 4 Abs. 4 Satz 1 BpO 2000 grundsätzlich die Größenklasse maßgebend[105], in die der Betrieb im Zeitpunkt der Prüfungsanordnung eingeordnet ist.[106]
Das der Finanzverwaltung eingeräumte sehr weite Auswahlermessen wird durch die BpO 2000 dahingehend – ermessensfehlerfrei – ausgeübt, daß bei **Großbetrieben** der Prüfungszeitraum an den vorhergehenden anschließen[107] soll (§ 4 Abs. 2 Satz 1 BpO 2000), bei **anderen Betrieben** der Prüfungszeitraum nicht über die letzten drei Besteuerungszeit-
räume, für die bis zur Unterzeichnung der Prüfungsanordnung Steuererklärungen für die Ertragsteuern schon abgegeben wurden, zurückreichen soll (§ 4 Abs. 3 Satz 1 BpO 2000); vorbehaltlich der Sonderregelungen des § 4 Abs. 3 Satz 2 BpO 2000). „Diese Selbstbeschränkung ihres Ermessens durch die Finanzverwaltung ist nach bisheriger Rechtsprechung auch im gerichtlichen Verfahren zu beachten.“[108]

2. Abgrenzungsmerkmale der Einordnung

Die Abgrenzungsmerkmale ergeben sich jeweils aus einer Tabelle, die differenziert nach Betriebsart (H; F; FB; AL; K; V; LuF; sonstige Fallart; VZG; BHG; BKÖ u. MIO), nach Bertriebsmerkmalen / Erfassungsmerkmalen, nach Großbetrieben (G), Mittelbetrieben (M) und Kleinbetrieben (K) für jeweils den Stichtag 1. Januar einheitliche Abgrenzungen vornimmt.[109]

3. Folgen der Einordnung

Folgen aus der Einordnung ergeben sich allerdings **nur für** die **Groß-** und **Mittelbetriebe.**[110]
Klein- und Kleinstbetriebe werden hinsichtlich der Außenprüfung gleich behandelt.
Bei **Mittel- und Kleinbetrieben** soll der Prüfungszeitraum regelmäßig nicht über die **letzten drei** Besteuerungszeiträume hinausgehen[111], für die eine Steuererklärung bis zur Unterzeichnung der Prüfungsanordnung abgegeben wurde.

---

[105] Diese Regelung dürfte im Hinblick auf **Art. 3 Abs. 1 GG** unbedenklich sein. Es dürfte nicht zu beanstanden sein, daß Außenprüfungen bei gewerblichen Betrieben grundsätzlich zulässig sind. Es dürfte auch nicht zu beanstanden sein, daß die Finanzverwaltung aus tatsächlichen Gründen eine Auswahl treffen muß. Und es kann schon gar nicht zu beanstanden sein, wenn sich die Finanzverwaltung über das Verhältnismäßigkeitsprinzip und das Willkürverbot hinaus im Rahmen der BpO 2000 Selbstbeschränkungen unterwirft; zumal das Stichtagsprinzip nicht lediglich einer Verfahrensvereinfachung dient, sondern auch der zuverlässigen Planung eines effizienten Personaleinsatzes. Vgl. dazu BFH, Urteil vom 21.6.1994 – VIII R 54 / 92 – BStBl. 1994 II, 678, 680.
Zur Bedeutung des Zeitpunkts der Prüfungsanordnung für das Stichtagsprinzip vgl. auch FG Baden – Württemberg / Stuttgart, Urteil vom 8.9.1992 – 4 K 29 / 92 – EFG 1993, 126.

[106] Vgl. dazu BFH, Urteil vom 21.6.1994 – VIII R 54 / 92 – BStBl. 1994 II, 678; vgl. auch FG Baden – Württemberg / Stuttgart, Urteil vom 8.9.1992 – 4 K 29 / 92 – EFG 1993, 126.

[107] Sog. Anschlußprüfungen sollen eine wirksame Kontrolle der umfangreichen, schwierigen steuerlich erheblichen Verhältnisse durch den Außendienst und somit eine zutreffende Besteuerung sicherstellen. Denn die Gefahr von Steuerausfällen ist hier größer als bei anderen Betrieben, die durch den Innendienst noch wirksam kontrolliert werden können (§ 85 AO). Dazu BFH, Beschluß vom 17.9.1974 – VII B 122 / 73 – BStBl. 1975 II, 197.

[108] BFH, Urteil vom 21.6.1994 – VIII R 54 / 92 – BStBl. 1994 II, 678, 679; BFH, Urteil vom 26.2.1987 – IV R 109 / 86 – BStBl. 1987 II, 361; BFH, Urteil vom 2.10.1991 – X R 89 / 89 – BStBl. 1992 II, 220; BFH, Urteil vom 8.4.1992 – I R 85 / 89 – BFH / NV 1993, 73.

[109] Vgl. z.B. BMF, Schreiben vom 21.7.2000 – IV D 6 – S 1450 – 8 / 00 – BStBl. 2000 I, 1194.

[110] Dazu vgl. z.B. OFD München, Verfügung betr. zeitlicher Umfang der Betriebsprüfung vom 10.2.1984 – S 0401 – 1 St 315 – Steuererlasse (C. H. Beck) Nr. 800, § 194 AO / 2 (i.d.F.v. Okt. 1999).

Demgemäß kann es bei Mittel- und Kleinbetrieben durchaus möglich sein, daß Wirtschaftsjahre **ungeprüft** bleiben.
Der Regel-Prüfungszeitraum kann nach § 4 Abs. 3 Satz 2 BpO 2000 über 3 Jahre hinaus erweitert werden, wenn

a) ohne eine Erweiterung des zeitlichen Umfangs der Prüfung die Besteuerungsgrundlagen
nicht ermittelt werden können oder
b) auf Grund bestimmter Tatsachen damit gerechnet werden muß, daß erhebliche Steuererstattungen oder Steuernachforderungen für die Vorjahre anfallen oder
c) ein bestimmter Verdacht für eine Steuerstraftat[112] oder eine Steuerordnungswidrigkeit[113] vorliegt[114].

Für den Steuerpflichtigen besteht ferner die Möglichkeit, nachgereichte Steuererklärungen zeitnah mitprüfen zu lassen. Dadurch hat er die Möglichkeit, bei einer vorzeitigen oder späteren Abgabe der Erklärung, z.B. aufgrund einer Fristverlängerung, den Prüfungszeitraum zumindest teilweise mitzubeeinflussen.
Eine wesentliche Folge für **Großbetriebe** besteht nach § 4 Abs. 2 Satz 1 BpO 2000 darin, daß bei ihnen der **Prüfungszeitraum** [115] an den vorhergehenden Prüfungszeitraum anschließen, also eine **Anschlußprüfung** durchgeführt werden soll. Dies bedeutet, daß auch mehr als drei vorangegangene Besteuerungszeiträume geprüft werden können. Qua via wird vermieden, daß eine Prüfungslücke entsteht.
Eine weitere Folge besteht darin, daß die Prüfungsanordnung, nach § 5 Abs. 4 Satz 1 BpO 2000 dem Steuerpflichtigen **angemessene Zeit vor Beginn** der Prüfung bekanntzugeben ist.[116]
In der Regel sind bei Großbetrieben 4 Wochen und bei Mittelbetrieben 2 Wochen angemessen.

VII. Unzulässiger Umfang der Außenprüfung

1. Sachlicher Umfang

Der **sachliche** Umfang der Prüfung darf nicht weiter reichen, als die Außenprüfung nach § 193 AO zulässig ist.[117]
Bei Prüfungen, die auf § 193 Abs. 2 Nr. 1 AO gestützt sind, wird durch das Wort **„soweit"** in § 193 Abs. 2 Nr. 1 AO die Außenprüfung auf den in concreto umrissenen Bereich begrenzt. Dies aber bedeutet, daß im Falle einer Lohnsteuer-Außenprüfung der Prüfer nur die Lohnsteuer, nicht aber auch eine andere Steuer, prüfen darf.

---

111 Vgl. dazu z.B. BFH, Urteil vom 30.3.1989 – IV R 41 / 88 – DB 1989, 1554.

112 Vgl. in diesem Zusammenhang **Mösbauer,** Zur Strafbarkeit bei Steuerhinterziehung, DStZ 1985, S. 559 ff.; **Mösbauer,** Steuerstraf- und Steuerordnungswidrigkeitenrecht (einschließlich Steuer- und Zollfahndung), 2. Aufl., 2000, §§ 11 und 12 (S. 85 ff.).

113 Vgl. in diesem Zusammenhang **Mösbauer,** Steuerstraf- und Steuerordnungswidrigkeitenrecht (einschließlich Steuer- und Zollfahndung), 2. Aufl., 2000, §§ 23 ff. (S. 363 ff.).

114 Vgl. dazu auch **Tipke / Kruse,** AO / FGO, § 194 AO, Tz. 6 f.; ferner BFH, Urteil vom 6.12.1978 – I R 131 / 75 – BStBl. 1979 II, 162; danach entscheidet der Leiter der Betriebsprüfungsstelle über die zeitliche Erweiterung der Prüfungsanordnung.

115 D.i. die zeitliche Abgrenzung des Steuerfalles. Sie ist vom Abstand der Außenprüfung eines Unternehmens, also vom **Prüfungsturnus** zu unterscheiden. Vgl. dazu **Kellerbach,** Prüfungszeitraum und Prüfungsturnus, StBp 1976, S. 169.

116 Vgl. in diesem Zusammenhang § 5 Abs. 4 BpO 2000.

117 Vgl. dazu **Tipke / Kruse,** AO / FGO, 13. Aufl., 1989, § 194 AO, Tz. 1.

Kontrollmitteilungen müssen unterbleiben, soweit der Steuerpflichtige ein Auskunftsverweigerungsrecht – z,.B. zum Schutz bestimmter Berufsgeheimnisse – nach § 102 AO hat.

2. Zeitlicher Umfang

Der **zeitliche** Umfang der Außenprüfung wird durch die Steueransprüche determiniert, die **noch nicht** nach § 169 Abs. 1 Satz 1 AO **verjährt**[118] sind.
Der Prüfungszeitraum darf auch **nicht** ex ante über die normale Verjährungsfrist hinaus **ausgedehnt** werden; selbst dann nicht, wenn die Finanzverwaltung das Vorliegen von Steuerhinterziehungen[119] oder Steuerverkürzungen[120] vermutet, mit der Folge, daß nach
§ 169 Abs. 2 Satz 2 AO die Festsetzungsfrist zehn Jahre bei Steuerhinterziehungen und
fünf Jahre bei leichtfertiger Steuerverkürzung beträgt.
Eine **Erweiterung** des Prüfungszeitraumes über den **normalen** zeitlichen Umfang von 3 Jahren[121] hinaus muß nach § 121 Abs. 2 Nr. 2 AO besonders **begründet** werden.

3. Überschreitung des angeordneten Prüfungsumfangs

Eine **Überschreitung** des in der Prüfungsanordnung festgelegten Prüfungsumfangs, ohne gleichzeitige Ergänzung der Prüfungsanordnung, macht die entsprechenden Prüfungshandlungen **rechtswidrig.**[122]

§ 5 Zuständigkeiten

I. Zuständige Finanzbehörde

1. Sachliche Zuständigkeit[1]

a) Rechtliche Regelung

Nach § 195 Satz 1 AO werden die Außenprüfungen von den für die Besteuerung **zuständigen** Finanzbehörden **durchgeführt.**[2] Sie **ordnen** auch die Außenprüfungen

[118] Vgl. in diesem Zusammenhang **Mösbauer,** Festsetzungs- und Zahlungsverjährung bei der Haftung nach Steuer- und Privatrecht, DStZ 1989, S. 331 ff..
[119] Dazu vgl. **Mösbauer,** Zur Strafbarkeit bei Steuerhinterziehung, DStZ 1985, S. 559 ff.; **Mösbauer,** Steuerstraf- und Steuerordnungswidrigkeitenrecht (einschließlich Steuer- und Zollfahndung), 2. Aufl., 2000, §§ 11 und 12 (S. 85 ff.).
[120] Dazu vgl. **Mösbauer,** Steuerstraf- und Steuerordnungswidrigkeitenrecht (einschließlich Steuer- und Zollfahndung), 2. Aufl., 2000, §§ 23 ff. (S. 363 ff.).
[121] Vgl. dazu § 4 BpO 2000.
[122] Vgl. dazu auch § 5 Abs. 2 Satz 5 BpO 2000.
[1] Sachliche Zuständigkeit entscheidet darüber, welche Behörde nach der Art der Aufgabe zuständig ist. Vgl. dazu z.B. OFD München, Verfügung betr. Betriebsprüfung bei Organgesellschaften vom 27.1.1984 – S 0402 – 3 St 31 – Steuererlasse (C. H. Beck) Nr. 800, § 195 AO / 1 (i.d.F.v. Okt. 1999).
[2] Dazu vgl. **Mösbauer,** Steuerliche Außenprüfungen durch beauftragte „andere" Finanzbehörden mit originären Prüfungskompetenzen, StBp 1996, S. 169 f.; **Tipke,** in: Tipke / Kruse, AO / FGO, § 195 AO.

an. Zuständigkeit der prüfenden Behörde ist also formelle Voraussetzung für die Zulässigkeit der Außenprüfung.[3]

b) Bundesfinanzbehörden

Wer im einzelnen zuständig ist, richtet sich zunächst nach Art. 108 Abs. 1 Satz 1 GG. Er weist die Verwaltungshoheit für Zölle, Finanzmonopole, die bundesgesetzlich geregelten Verbrauchsteuern einschließlich der Einfuhrumsatzsteuer und die Abgaben im Rahmen der Europäischen Gemeinschaften, den **Bundesfinanzbehörden** zu.

c) Landesfinanzbehörden

Die übrigen Steuern werden nach Art. 108 Abs. 2 Satz 1 GG durch **Landesfinanzbehörden**[4] verwaltet.[5]
Die **sachliche** Zuständigkeit der Finanzbehörden richtet sich nach § 16 AO, soweit nichts anderes bestimmt ist, nach §§ 12 Abs. 2 und 17 Abs. 2 FVG. Das FVG enthält über die sachliche Zuständigkeit eine abschließende Regelung. Sie hat Vorrang vor sämtlichen hiervon abweichenden Verwaltungsanweisungen.[6]
Nach § 12 Abs. 2 FVG sind die **Hauptzollämter** als örtliche Bundesbehörden für die Verwaltung der Zölle, der bundesgesetzlich geregelten Verbrauchsteuern einschließlich der Einfuhrumsatzsteuer und der Biersteuer, der Abgaben im Rahmen der Europäischen Gemeinschaften, für die zollamtliche Überwachung des Warenverkehrs über die Grenze, für die Grenzaufsicht (§ 74 Abs. 3 ZollG) und für die ihnen sonst übertragenen Aufgaben zuständig.
Nach § 17 Abs. 2 Satz 1 FVG sind die **Finanzämter** als örtliche Landesbehörden für die Verwaltung der Steuern mit Ausnahme der Zölle und der bundesgesetzlich geregelten Verbrauchsteuern (§ 12 FVG) zuständig, soweit die Verwaltung nicht auf Grund des Art. 108 Abs. 4 Satz 1 GG den Bundesfinanzbehörden oder auf Grund des Art. 108 Abs. 4 Satz 2 GG den **Gemeinden**[7] (Gemeindeverbänden) übertragen worden ist.
Für die Durchführung einer Außenprüfung sind daher regelmäßig, soweit nicht ein Fall des Art. 108 Abs. 1 GG vorliegt, die **Landesfinanzbehörden** zuständig.
Soweit es sich um Aufgaben der Finanzverwaltung handelt und der Vollzug der Aufgaben verbessert oder erleichtert wird, kann die zuständige Landesregierung durch Rechtsverordnung die Zuständigkeit eines Finanzamts oder einer besonderen Landesfinanzbehörde auf einzelne Aufgaben beschränken sowie einem Finanzamt oder einer besonderen Landesfinanzbehörde Zuständigkeiten für die Bezirke mehrerer Finanzämter übertragen (§ 17 Abs. 2 Satz 3 FVG). So sind z.B. bei einzelnen Finanzämtern – konzentriert – „Konzern- und Großbetriebsprüfungsstellen“ eingerichtet worden.[8] Daß durch eine solche Konzentrierung der Prüfungszuständigkeit bei einem Finanzamt auf der Rechtsgrundlage des § 17 Abs. 2 Satz 3 FVG zugleich dem örtlich zuständigen Finanzamt die Prüfungszuständigkeit

---

[3] So auch **Birk,** Steuerrecht, 7. Aufl., 2004, S. 143, RdNr. 444.
[4] Zur Zuständigkeit für die Anordnung und Durchführung von allgemeinen Außenprüfungen vgl. § 5 Abs. 1 Sätze 1 und 2 BpO 2000; ferner §§ 14 und 15 BpO 2000 sowie § 20 BpO 2000.
[5] Dazu **Maunz / Dürig,** GG, Art. 108 GG, RdNrn. 22 und 23.
[6] So auch BFH, Urteil vom 21.4.1993 – X R 112 / 91 – BStBl. 1993 II, 649, 652.
[7] Zum Umfang der Teilnahmerechte der Gemeinden an Außenprüfungen sowie der möglicherweise unzulässigen Teilnahme wegen fehlender Rechtsgrundlage vgl. **Mösbauer,** in: Koch / Scholtz, AO, 5. Aufl., 1996, vor § 193 AO, Rz. 18; FG Köln, Urteil vom 25.3.1993 – 8 K 2752 / 92 – EFG 1993, 732; BFH, Urteil vom 27.7.1983 – I R 210 / 79 – BStBl. 1984 II, 285.
[8] Vgl. dazu **Mösbauer,** in: Koch / Scholtz, AO, 5.Aufl., 1996, § 195 AO, Rz. 3.

genommen[9] wird, ist nur die rechtlich zulässige natürliche Folge eines solchen procedere. Unbedenklich ist auch, einem Finanzamt die Prüfungszuständigkeiten[10] für die Bezirke **mehrerer** Finanzämter zu übertragen.[11]

Nach § 19 Abs. 3 FVG kann das **Bundesamt für Finanzen** im Einvernehmen mit den zuständigen Landesfinanzbehörden im **Auftrag** des zuständigen Finanzamtes Außenprüfungen durchführen. Dies gilt aber **nicht** für die **Oberfinanzdirektionen** und die **Finanzministerien.** Sie haben keine Prüfungsbefugnis; auch nicht im Wege einer Auftragsprüfung nach § 195 Satz 2 AO.[12]

Die OFD (der Oberfinanzpräsident[13]) **„leitet"** nach § 8 Abs. 1 FVG die Finanzverwaltung. Nach § 8 Abs. 6 FVG **„leitet"** die Besitz- und Verkehrsteuerabteilung „die Durchführung der Aufgaben, für deren Erledigung die Finanzämter zuständig sind". Die Finanzämter sind hingegen nach § 17 Abs. 2 Satz 1 FVG „für die **Verwaltung** der Steuern ..." zuständig. Zu dieser Verwaltung gehört auch die Durchführung von Außenprüfungen. Für die Oberfinanzdirektionen gilt es hier zu erkennen, daß es rechtlich unzulässig ist, in Ausübung ihrer Leitungsbefugnis Verwaltungszuständigkeiten an sich zu ziehen.[14] Dies gilt sowohl für die Ausgliederung von Verwaltungszuständigkeiten der Finanzämter in einer Vielzahl von Fällen als auch im Einzelfall.[15] Ordnet daher eine OFD durch eine Verwaltungsanweisung ihre eigene Beauftragung an, so verletzt sie dadurch den Primat der Zuständigkeitsregelung des FVG.

Anders wäre die Rechtslage, wenn eine OFD durch eine Verwaltungsanweisung bestimmten Finanzämtern die Zuständigkeit für die Prüfung von Großbetrieben zuweist.[16]

§ 127 AO verhindert nicht ein Begehren auf Aufhebung eines Prüfungsauftrags an die OFD bzw. die Feststellung der Rechtswidrigkeit eines solchen Prüfungsauftrages. Denn § 127 AO ist nicht anwendbar bei Verletzung der Vorschriften über die sachliche Zuständigkeit.[17]

Diese Rechtslage spiegelt auch das Urteil des FG Rheinland - Pfalz[18] wieder, mit dem es – zutreffend – eine im Auftrag des zuständigen HZA vom Betriebsprüfungsdienst Zoll der OFD Köln (Zollwertgruppe) **allein** durchgeführte Außenprüfung für **unzulässig** erklärt.

2. Örtliche Zuständigkeit[19]

---

[9] Bestätigend BFH, Urteil vom 21.4.1993 – X R 112 / 91 – BStBl. 1993 II, 649, 650.

[10] Hierzu gehören die „Anordnung und Durchführung" von Prüfungsmaßnahmen. So auch § 2 Abs. 1 Satz 2 BpO 2000.

[11] Erfolgt eine solche Übertragung während eines finanzgerichtlichen Verfahrens, so führt dies zu einem Wechsel der Beteiligten auf der Beklagtenseite nach § 57 Nr. 2 FGO i.V.m. § 63 Nr. 1 oder 2 FGO. Vgl. dazu BFH, Urteil vom 10.11.1977 – V R 67 / 75 – BStBl. 1978 II, 310; BFH, Urteil vom 21.4.1993 – X R 112 / 91 – BStBl. 1993 II, 650.

[12] Bestätigend auch BFH, Urteil vom 21.4.1993 – X R 112 / 91 – BStBl. 1993 II, 649.

[13] Siehe dazu § 9 Abs. 1 FVG.

[14] So zutreffend BFH, Urteil vom 21.4.1993 – X R 112 / 91 – BStBl. 1993 II, 649,652.

[15] Vgl. dazu BFH, Urteil vom 14.5.1968 – II R 31 / 67 – BStBl. 1968 II, 586.

[16] Vgl. hierzu BFH, Urteil vom 4.4.1984 – I R 269 / 81 – BStBl. 1984 II, 563 (betr. Großbetriebsprüfungsstellen in Niedersachsen als örtliche Landesfinanzbehörden i.S. der §§ 2 Abs. 1 Nr. 2, 20, 21 FVG 1950); so auch BVerfG, Beschluß vom 3.9.1984 – 2 BvR 48 / 84 – HFR 1985, 285.

[17] Vgl. dazu BFH, Urteil vom 23.4.1986 – I R 178 / 82 – BStBl. 1986 II, 880; BVerwG, Urteil vom 29.9.1982 – 8 C 138 / 81 – BVerwGE 66, 178.

[18] FG Rheinland – Pfalz, Urteil vom 22.3.1993 – 7 K 2771 / 92 Z – EFG 1993, 531.

[19] Örtliche Zuständigkeit entscheidet darüber, welche sachlich zuständige Behörde räumlich zuständig ist.

Die örtliche Zuständigkeit richtet sich, soweit nichts anderes bestimmt ist, nach den §§ 18 ff. AO.[20] Je nach Steuerart hängt die örtliche Zuständigkeit von dem Wohnsitz[21], dem gewöhnlichen Aufenthalt[22], dem Ort der Geschäftsleitung, dem Ort des Sitzes, dem Ort der Betriebsstätte oder der Belegenheit des Grundstücks ab. Eine lex specialis stellt § 42 f EStG dar. Nach ihr ist für die Lohnsteuer-Außenprüfung das Betriebsstättenfinanzamt zuständig.
Für die Prüfung von vor dem 1.1.1991 entstandenen Besitz- und Verkehrsteuern einer GmbH bleibt auch nach Verlegung ihrer Geschäftsleitung in das Beitrittsgebiet das Finanzamt örtlich zuständig, in dessen Bezirk sich die Geschäftsleitung der GmbH bei Bekanntgabe der Prüfungsanordnung befand.[23] Die Außenprüfung ist ein Vorgang des Besteuerungsverfahrens. Daher gelten auch hier die §§ 18 ff. AO (§ 17 AO). § 195 Satz 1 AO weist klarstellend darauf hin. § 195 Sätze 2 und 3 AO stellen Sonderregelungen neben §§ 18 ff. AO dar; aber nur, wenn eine Auftragszuständigkeit gegeben ist.[24]
Nach § 20 Abs. 1 AO ist für die Besteuerung einer GmbH das Finanzamt örtlich zuständig, in dessen Bezirk sich die Geschäftsleitung befindet. Diese Umstände zum Zeitpunkt der Bekanntgabe der Außenprüfung gelten auch für die Außenprüfung; mit der Folge, daß es bei der ursprünglichen örtlichen Zuständigkeit für die Durchführung einer Außenprüfung verbleibt (Art. 97 a § 1 EGAO).

II. Beauftragte Finanzbehörde

1. Auftragsprüfung

Nach § 195 Satz 2 AO kann die sachlich und örtlich zuständige Finanzbehörde aber auch **andere Finanzbehörden**[25] mit der Außenprüfung **beauftragen,** soweit diese originäre[26] Prüfungskompetenzen besitzen. So können z.B. besondere Prüfungsfinanzämter gebildet werden. Diese Beauftragung einer anderen Finanzbehörde mit der Außenprüfung (§ 195 Satz 2 AO) ist eine gegenüber der Prüfungsanordnung (§ 196 AO) verfahrensrechtlich selbständige Regelung.[27]
Der Übertragung der Außenprüfung auf eine andere Finanzbehörde liegt eine **Ermessensentscheidung** der zuständigen Finanzbehörde zugrunde. Die Gründe für

---

[20] Vgl. dazu **Mösbauer,** Steuerliche Außenprüfungen durch beauftragte „andere" Finanzbehörden mit originären Prüfungskompetenzen, StBp 1996, S. 170 f.. Zur örtlichen Zuständigkeit vgl. auch OFD München, Verfügung betr. Betriebsprüfung bei Organgesellschaften vom 27.1.1984 – S 0402 – 3 St 31 – Steuererlasse (C. H. Beck) Nr. 800, § 195 AO / 1 (i.d.F.v. Okt. 1999).

[21] Vgl. dazu AEAO (i.d.F. BMF – Schr. v. 14.2.2000 – BStBl. 2000 I, S. 190, ber. S.435) zu § 8 AO.

[22] Vgl. dazu AEAO (i.d.F. BMF – Schr. v. 14.2.2000 – BStBl. 2000 I, S. 190, ber. S. 435) zu § 9 AO.

[23] Niedersächs. FG, Urteil vom 26.11.1992 – XI 370 / 91 – EFG 1993, 501; FG Bremen, Urteil vom 13.1.1994 – 293240 K 2 – EFG 1994, 380.

[24] Vgl. dazu BFH, Urteil vom 25.1.1989 – X R 158 / 87 – BStBl. 1989 II, 483; vgl. auch **Mösbauer,** Steuerliche Außenprüfungen durch beauftragte „andere" Finanzbehörden mit originären Prüfungskompetenzen, StBp 1996, S. 169 ff..

[25] Dazu **Mösbauer,** Steuerliche Außenprüfungen durch beauftragte „andere" Finanzbehörden mit originären Prüfungskompetenzen, StBp 1996, S. 170 f..

[26] Da aber die OFD keine solche originäre Prüfungskompetenz besitzt, durften die Finanzämter des Landes Nordrhein – Westfalen die einer OFD eingegliederten Großbetriebsprüfungsstellen auch nicht mit der Durchführung der Außenprüfung beauftragen. Ist die Rechtswidrigkeit einer solchen Beauftragung festgestellt, hemmt die von der beauftragten Finanzbehörde durchgeführte Außenprüfung nicht den Ablauf der Verjährung (§ 171 Abs. 4 AO). Diese Folge der Rechtswidrigkeit kann nicht nachträglich geheilt werden. So BFH, Urteil vom 21.4.1993 – X R 112 / 91 – BStBl. 1993 II, 649.

[27] So zutreffend BFH, Urteil vom 21.4.1993 – X R 112 / 91 – BStBl. 1993 II, 649. Vgl. ergänzend auch § 5 Abs. 1 Satz 2 BpO 2000.

die Beauftragung müssen daher in der Prüfungsanordnung zum Ausdruck kommen.[28] Denn die Beauftragung ist auf unmittelbare Rechtswirkung nach außen gerichtet und damit ein Verwaltungsakt, wenn sie dem Steuerpflichtigen vom beauftragenden Finanzamt zusammen mit der Prüfungsanordnung bekanntgegeben wird.[29] Aus der Prüfungsanordnung müssen sich die Gründe für die Beauftragung ergeben.[30]
Wird ein solcher Auftrag[31] erteilt, so kann die beauftragte Finanzbehörde im Namen der beauftragenden Finanzbehörde nicht nur die Prüfungsanordnung erlassen, sondern auch die Steuerfestsetzung vornehmen und verbindliche Zusagen i.S.d. §§ 204 ff. AO erteilen. Der individuelle Charakter der Auftragserteilung läßt keinen Raum für generelle Anweisungen übergeordneter Behörden zur Durchführung von Auftragsprüfungen.[32]

Auftragsprüfungen finden derzeit in großer Zahl für die neuen Bundesländer Brandenburg, Sachsen, Sachsen – Anhalt, Mecklenburg – Vorpommern und Thüringen statt. Nach dem Ergebnis einer Besprechung der Bp-Referenten der obersten Finanzbehörden des Bundes und der Länder[33] soll dadurch sichergestellt werden, daß in den Fällen, in denen Firmen und Betriebe in den neuen Bundesländern zu Konzernen in den Altländern gehören, Beteiligungen bestehen oder Geschäftsbeziehungen zu nahestehenden Personen in den Altländern vorhanden sind, diese Firmen oder Betriebe von der Betriebsprüfung in den Altländern – ggf. im Wege der Auftragsprüfung nach § 195 Satz 2 AO – mitgeprüft werden.
Diese Auftragsprüfungen stellen **keine Amtshilfe** i.S.d. §§ 111 ff. AO dar. Bei Auftragsprüfungen werden keine Hilfstätigkeiten zu Verwaltungshandlungen für die ersuchende Behörde vorgenommen. Auftragsprüfungen gehen auf einen verwaltungs**internen Prüfungsauftrag** des ersuchenden Finanzamtes zurück. Auf Grund dieses Prüfungsauftrages werden im Einzelfall Prüfungs-Aufgaben von einer Behörde auf eine andere Behörde übertragen. Die Übertragung hat die vollständige und selbständige Wahrnehmung der Aufgaben zum Gegenstand. Irrelevant ist, welches Finanzamt die Prüfungsanordnung an den Steuerpflichtigen erläßt. Die Auftragsprüfung läßt auch die dienstrechtliche Rechtsstellung des Außenprüfers unberührt. Er bleibt seiner Dienststelle auch dann zugeordnet, wenn er die Prüfung im Rahmen einer Dienstreise oder eines Dienstgangs durchführt. Verwaltungsakte im Rahmen der Auftragsprüfung sind solche des beauftragten Finanzamts.
Mit der Ermächtigung bestimmt die beauftragende Finanzbehörde den sachlichen Umfang (§ 194 Abs. 1 AO) der Außenprüfung.[34]

---

[28] So auch BFH, Urteil vom 10.12.1987 – IV R 77 / 86 – BStBl. 1988 II, 322. Vgl. ferner Erlaß Nordrhein – Westfalen vom 9.10.1992 – S 1401 – 2 – VC 5 – StEK AO 1977, § 195 AO, Nr. 6 (betreffend die Auftragsprüfung für die neuen Bundesländer).

[29] Siehe dazu BFH, Urteil vom 21.4.1993 – X R 112 / 91 – BStBl. 1993 II, 649.

[30] So auch AEAO (i.d.F. BMF – Schr. v. 14.2.2000 – BStBl. 2000 I, S. 190, ber. S. 495) zu § 195 AO, Satz 3.

[31] Vgl. dazu **Koops,** Wenn eine andere Finanzbehörde mit der Durchführung der Außenprüfung beauftragt wird, BB 1989, S. 892 ff.. Er vertritt die Auffassung, daß in den Fällen, in denen das für die Besteuerung zuständige Finanzamt eine andere Finanzbehörde mit der Außenprüfung beauftragt, die Zuständigkeit nicht auf die andere Finanzbehörde verlagert wird.
A.A. Schick, in: Hübschmann / Hepp / Spitaler, AO / FGO, § 195 AO, Anm. 17 ff. und **Tipke / Kruse,** AO / FGO, § 195 AO, Tz. 4. Vgl. auch **Schürner,** Zur Zulässigkeit der Beauftragung „anderer Finanzbehörden" mit einer Außenprüfung – dargestellt am Beispiel der atypischen stillen Gesellschaft, BB 1990, S. 1244 ff.; FG Berlin, Urteil vom 16.7.1982 – III 263 / 82 – EFG 1983, 268.

[32] Dazu **Mösbauer,** in: Koch / Scholtz, AO, 5. Aufl., 1996, § 195 AO, Rz.9.

[33] Vgl. dazu Erlaß Nordrhein – Westfalen vom 9.10.1992 – S 1401 – 2 – VC 5 – StEK AO 1977, § 195 AO, Nr. 6.

[34] So auch AEAO (i.d.F. BMF – Schr. v. 14.2.2000 – BStBl. 2000 I, S. 190, ber. S. 495) zu § 195 AO, Satz 2.

Da die Außenprüfung eine Maßnahme des zum Besteuerungsverfahren gehörenden Ermittlungsverfahrens darstellt, ist die beauftragende Finanzbehörde regelmäßig die für die Besteuerung zuständige Finanzbehörde.[35] Für die Zuständigkeit sind die Maßstäbe zum Zeitpunkt der Bekanntgabe der Prüfungsanordnung relevant.

2. Veranlagende Außenprüfung

Die nach § 195 Satz 2 AO beauftragte Finanzbehörde kann nach § 195 Satz 3 AO im Namen ihrer
Auftraggeberin auch Steuern festsetzen und verbindliche Zusagen i.S.d. §§ 204 – 207 AO erteilen.[36]
Dadurch entsteht eine neue Organisationsform, die als **„veranlagende Außenprüfung"** bezeichnet wird.[37]
Die nach § 195 Satz 2 AO mit der Außenprüfung beauftragte[38] Finanzbehörde kann auch die Prüfungsanordnung erlassen.[39]
Eine durch eine unzuständige Finanzbehörde erlassene Prüfungsanordnung ist rechtswidrig.[40] Sie wird auch nicht durch nachträgliche Zustimmung der zuständigen Finanzbehörde rechtmäßig. Der veranlagende Außenprüfer hat sowohl Ermittlungs- als auch Festsetzungsbefugnis. Er handelt für die zur Besteuerung eigentlich zuständige Finanzbehörde. Der Prüfer hat hier zwei Tätigkeitsbereiche. Er führt das Ermittlungsverfahren durch und wird ferner im Festsetzungsverfahren dadurch tätig, daß er die Veranlagung seiner erzielten Prüfungsergebnisse durchführt.

§ 6 Die Prüfungsanordnung[1]

I. Qualifikation der Prüfungsanordnung

1. Sachlicher und zeitlicher Umfang der Außenprüfung

Nach § 196 AO bestimmt die zuständige[2] Finanzbehörde in der – schriftlich zu erteilenden[3] – **„Anordnung einer Außenprüfung"** den sachlichen und zeitlichen Umfang der Außenprüfung.[4]

---

[35] So auch **Kühn / Hofmann,** AO / FGO, 17. Aufl., 1995, § 195 AO, Tz. 1; vgl. auch BFH, Urteil vom 25.1.1989 – X R 158 / 87 – BStBl. 1989 II, 483.

[36] Vgl. dazu auch **Mösbauer,** Steuerliche Außenprüfungen durch beauftragte „andere" Finanzbehörden mit originären Prüfungskompetenzen, StBp 1996, S. 171; **Mösbauer,** Verbindliche Zusagen im Anschluß an eine Außenprüfung, StBp 2000, S. 289 ff..

[37] Siehe dazu **Kühn / Hofmann,** AO / FGO, 17. Aufl., 1995, § 195 AO, Tz. 3.

[38] BFH, Urteil vom 25.1.1989 – X R 158 / 87 – BStBl. 1989II, 483.

[39] BFH, Urteil vom 10.12.1987 – IV R 77 / 86 – BStBl. 1988 II, 322.

[40] BFH, Urteil vom 25.1.1989 – X R 158 / 87 – BStBl. 1989 II, 483. Vgl. auch BFH, Urteil vom 12.1.1983 IV R 211 / 82 – BStBl. 1983 II, 360; FG Rheinland – Pfalz, Urteil vom 1.12.1981 – 2 K 109 / 81 – EFG 1982, 335, ferner **Papperitz,** Neue Urteile des Bundesfinanzhofs zur Anordnung von Außenprüfungen, DStR 1983,S. 563 ff.; FG Köln, Urteil vom 23.11.1982 – IX 110 / 82 – EFG 1983, 436.

[1] Vgl. dazu auch **Mösbauer,** Materiell-rechtliche Folgerungen der Anordnung einer steuerrechtlichen Außenprüfung, StBp 1998, S. 127 ff.; **Mösbauer,** Zeitliche Anforderungen an die Bekanntgabe einer Prüfungsanordnung, StBp 2000, S. 65 ff.; **Birk,** Steuerrecht, 7. Aufl., 2004, S.144, RdNr. 449; **Tipke,** in: Tipke / Kruse, AO / FGO, § 196 AO.

[2] Zuständige Finanzbehörde ist die **anordnungsbefugte** Finanzbehörde.

Art und **Weise** der Außenprüfung sind **nicht** Gegenstand der Prüfungsanordnung[5] ebenso der **Ort**[6] der Prüfung oder die Festlegung des **Prüfungsbeginns**[7]; oder gar die **Beauftragung**[8] einer anderen Behörde (§ 195 Satz 2 AO).[9] Die Prüfungsanordnung

---

Wird die Außenprüfung von dem für die **Besteuerung** zuständigen Finanzamt durchgeführt, sind also Veranlagung und Außenprüfung beim gleichen Amt, so ist dieses Amt die anordnungsbefugte Finanzbehörde. Funktionell steht die Anordnungsbefugnis dem **Vorsteher** dieses Amtes zu. Er kann (wird) sie aber dem **Hauptsachgebietsleiter** oder den **Sachgebietsleitern** der Außenprüfung übertragen.
Wird die Außenprüfung von einem **anderen** als dem für die Besteuerung zuständigen Finanzamt durchgeführt, so ist das für die Besteuerung zuständige Finanzamt anordnungsbefugt. Dies gilt auch für die **Außenstellen,** die einem Finanzamt mit Außenprüfungsstelle angeschlossen sind. Der Vorsteher kann auch hier die Anordnungsbefugnis an die **Sachgebietsleiter** des **Innendienstes** übertragen.
Wird die Außenprüfung im **Einzelfall** – ausnahmsweise – **nicht** von der zuständigen Außenprüfungsstelle durchgeführt, so gilt für die **Anordnungs**befugnis das soeben Festgestellte. Dazu im einzelnen OFD München, Verfügung betr. Anordnung von Außenprüfungen vom 5.3.1984 – S 0403 – 7 St 31 – Steuererlasse (C. H. Beck) Nr. 800, § 196 AO / 1 (i.d.F.v. Juli 2000).
Zur Anordnungsbefugnis bei der Außenprüfung bei **Organgesellschaften** vgl. OFD München, Verfügung betr. Anordnung von Außenprüfungen vom 5.3.1984 – S 0403 – 7 St 31 – Steuererlasse (C. H. Beck) Nr. 800, § 196 AO / 1 (i.d.F.v. Juli 2000), Nr. 1.4; OFD München, Verfügung betr. Betriebsprüfung bei Organgesellschaften vom 27.1.1984 – S 0402 – 3 St 31 – Steuererlasse (C. H. Beck) Nr. 800, § 195 AO / 1 (i.d.F.v. Okt. 1999).

[3] § 196 AO beschränkt die Schriftform nicht lediglich auf die **Erteilung** der Prüfungsanordnung. Vielmehr müssen auch **Änderungen** des Prüfungszeitraums sowie sonstige **Ergänzungen** zur Prüfungsanordnung schriftlich ergehen.

[4] Grundsätzlich kann das Finanzamt die zu prüfenden Besteuerungszeiträume nach seinem Ermessen festlegen. BFH, Urteil vom 23.7.1985 – VIII R 48 / 85 – BStBl. 1986 II, 433; BFH, Urteil vom 30.3.1989 – IV R 41 / 88 – BStBl. 1989 II, 592; BVerfG, Beschluß vom 13.9.1978 – 1 BvR 499 / 78 – HFR 1979, 203; FG Sachsen – Anhalt, Urteil vom 18.5.1999 – I 36 / 97 – EFG 1999, 935. Ermessensentscheidungen unterliegen nur einer sehr eingeschränkten gerichtlichen Nachprüfung (§ 102 FGO). Ermessensregelnde Verwaltungsanweisungen, wie z.B. § 2 Abs. 3 BpO 2000 und § 4 BpO 2000,beinhalten eine v.A.w. zu beachtende Selbstbindung der Verwaltung. BFH, Urteil vom 10.6.1992 – I R 142 / 90 – BStBl. 1992 II, 784; BFH, Urteil vom 10.4.1990 – VIII R 415 / 83 – BStBl. 1990 II, 721. Ergänzend BFH, Urteil vom 20.10.1988 – IV R 104 / 86 – BStBl. 1989 II, 180 (Anknüpfung an Betriebsgröße rechtlich unbedenklich). Vgl. auch Hess. FG, Urteil vom 25.10.1984 – 3 K 14 / 83 – EFG 1985, 161.

[5] Dazu BFH, Urteil vom 4.4.1984 – I R 269 / 81 – BStBl. 1984 II, 563; BFH, Urteil vom 29.8.1985 – IV R 154 / 84 – StRK AO 1977, § 196 R. 17. So entscheidet die Finanzbehörde nach pflichtgemäßem Ermessen, ob sie einen Sachverhalt, bei dem sich der Verdacht einer Steuerstraftat ergeben hat, entweder durch eine Außenprüfung nach §§ 193 ff. AO oder durch steuerstrafrechtliche Ermittlungen nach §§ 397 ff. AO feststellen läßt. In **beiden** Fällen ist das Steuerstrafverfahren einzuleiten. Dazu FG Düsseldorf, Urteil vom 24.5.1996 – 4 K 210 / 88 Z – EFG 1997, 177. Zur gleichzeitigen Anordnung einer Außenprüfung und Einleitung eines Steuerstrafverfahrens vgl. FG Bremen, Urteil vom 2.4.1997 – 296175 K 2 – EFG 1997, 776; BFH, Urteil vom 19.8.1998 – XI R 37 / 97 – BStBl. 1999 II, 7.

[6] Vgl. dazu BFH, Urteil vom 25.1.1989 – X R 158 / 87 – BStBl. 1989 II, 483; BFH, Urteil vom 21.4.1993 – X R 112 / 91 – BStBl. 1993 II, 649, 650.

[7] Vgl. dazu BFH, Urteil vom 24.2.1989 – III R 36 / 88 – BStBl. 1989 II, 445; BFH, Urteil vom 21.4.1993 – X R 112 / 91 – BStBl. 1993 II, 649, 650.

[8] War also z.B. ein zwischenbehördliches Mandat an die OFD rechtswidrig, so hat diese Rechtswidrigkeit nicht zugleich die Rechtswidrigkeit der gesamten Prüfungsanordnung zur Folge. Nach zutreffender Feststellung des BFH, Urteil vom 21.4.1993 – X R 112 / 91 – BStBl. 1993 II, 649, 651 kann nicht unter Bezugnahme auf den Rechtsgedanken der §§ 125 Abs. 4 AO, 139 BGB davon ausgegangen werden, ohne gleichzeitige Beauftragung der OFD wäre die Prüfung nicht angeordnet worden. Denn die Durchführung von Außenprüfungen ist das vom Gesetz vorgeschriebene Instrument zur Ermittlung steuerlich bedeutsamer Sachverhalte. Es kann nicht davon ausgegangen werden, daß die mit der Vollziehung der Steuergesetze betraute Verwaltung dann generell von der angeordneten Außenprüfung Abstand nehmen wollte, wenn sich eine Modalität der Außenprüfung – z.B. die Beauftragung einer anderen Behörde – sich als nicht rechtmäßig erweist.

[9] Vgl. dazu BFH, Urteil vom 21.4.1993 – X R 112 / 91 – BStBl. 1993 II, 649, 650. Vgl. in diesem Zusammenhang auch **Mösbauer,** Steuerliche Außenprüfungen durch beauftragte „andere" Finanzbehörden mit originären Prüfungskompetenzen, StBp 1996, S. 169 ff..

(§ 5 Abs. 2 Satz 1 BpO 2000), die Festlegung des Prüfungsbeginns und des Prüfungsorts sind selbständig anfechtbare Verwaltungsakte i.S.d. § 118 AO.[10]

a) Sachlicher Umfang

Unter dem **sachlichen** Umfang versteht man die zu prüfenden **Steuerarten** oder **Sachverhalte** (§ 194 Abs. 1 Satz 2 Alt. 1 und 3 AO).
Der sachliche Umfang ist in der „Reinschrift der Prüfungsanordnung" regelmäßig formularmäßig dargestellt. „Zutreffendes ist angekreuzt".

„Geprüft werden die Besteuerungsgrundlagen für":
aa) Einkommensteuer
bb) Körperschaftsteuer
cc) Gesonderte und einheitliche Gewinnfeststellung
dd) Gesonderte und einheitliche Feststellung von Einkünften
ee) Gewerbesteuer[11]
ff) Umsatzsteuer
gg) Vermögensteuer
hh) Einheitswert des Betriebsvermögens
ii) Einkünfte aus Land- und Forstwirtschaft der abweichenden Wirtschaftsjahre
jj) Gesonderte Feststellung nach § 47 KStG a.F.
kk) Gesonderte Feststellung des gemeinen Werts nichtnotierter Anteile an Kapitalgesellschaften
ll) ...

b) Zeitlicher Umfang

Unter dem **zeitlichen** Umfang versteht man die zu prüfenden **Besteuerungszeiträume** (§ 194 Abs. 1 Satz 2 Alt. 2 AO).[12]
Z.B. zu:
aa) Einkommensteuer 19.. – 20..
bb) Vermögensteuer 1.1.19.. – 31.12.20..
cc) Gesonderte Feststellung des gemeinen Werts nichtnotierter Anteile an Kapitalgesellschaften 31.12.19.. – 31.12.20..

2. Schriftliche Begründung der Prüfungsanordnung

a) Notwendigkeit der Begründung

[10] So auch AEAO (i.d.F. BMF – Schr. v. 14.2.2000 – BStBl. 2000 I, S. 190, ber. S. 495) zu § 196 AO, Nr. 1 Satz 2. Mit der Prüfungsanordnung können weitere nicht selbständig anfechtbare prüfungsleitende Bestimmungen (§ 5 Abs. 3 BpO 2000) verbunden werden.

[11] Als Folgebescheid des Gewerbesteuer-Meßbescheids ist der Zerlegungsbescheid zugleich Grundlagenbescheid des Gewerbesteuerbescheids. Damit unterliegt auch er der Festsetzungsverjährung nach § 171 Abs. 4 AO, wenn er auf Grund einer Außenprüfung ergangen ist. Wird die Prüfung der Gewerbesteuer angeordnet, so umfaßt die Außenprüfung auch die Zerlegung der Gewerbesteuer (§§ 28 ff. GewStG). Bestätigend BFH, Urteil vom 13.5.1993 – IV R 1 / 91 – BStBl. 1993 II, 828. Die Prüfungsanordnung muß sich nicht ausdrücklich auch auf die Zerlegung erstrecken. Nach § 194 Abs. 1 Satz 2 Alt. 3 AO kann sich eine Außenprüfung zwar auf bestimmte **Sachverhalte,** wie z.B. die Gewerbesteuerzerlegung, beschränken. Umfaßt die Prüfung aber eine bestimmte **Steuerart** nach § 194 Abs. 1 Satz 2 Alt. 1 AO, so unterliegen **alle** für diese Steuerart maßgebenden Verhältnisse der Prüfung.

[12] Siehe dazu auch **Mösbauer,** in: Koch / Scholtz, AO, 5. Aufl., 1996, § 196 AO, Rz. 2; BFH, Urteil vom 19.8.1998 – XI R 37 / 97 – BStBl. 1999 II, 7; BFH, Urteil vom 28.6.2000 – I R 20 / 99 – StBp 2001, 23 (zur Erweiterung einer Betriebsprüfung).

Die Prüfungsanordnung ist ein Verwaltungsakt i.S.d. § 118 Satz 1 AO. Sie ist als schriftlich zu erteilender Verwaltungsakt (§ 196 AO) nach § 121 Abs. 1 AO grundsätzlich schriftlich zu begründen[13], soweit dies zu ihrem Verständnis erforderlich ist.[14]
Bei Steuerpflichtigen i.S.d. **§ 193 Abs. 1 AO** dürfte – zumindest bei Routineprüfungen[15] – die Angabe der Rechtsgrundlage genügen[16]. Daher beschränkt sich die Finanzbehörde in der Prüfungsanordnung auch regelmäßig auf den Hinweis: „Die Außenprüfung wird nach § 193 Abs. 1 Abgabenordnung angeordnet".
Bei Steuerpflichtigen i.S.d. **§ 193 Abs. 2 Nr. 2 AO** muß ausdrücklich begründet werden, daß die gewünschte Aufklärung durch **Einzelermittlung**[17] nicht erreicht werden kann. Einer besonderen Begründung bedarf es auch bei der Prüfung von Gesellschaftern und Mitgliedern sowie von Mitgliedern der Überwachungsorgane nach **§ 194 Abs. 2 AO.** Dies gilt auch für die Prüfung von Mittel-, Klein- und Kleinstbetrieben über den eingeschränkten Prüfungszeitraum des **§ 4 Abs. 3 BpO 2000** hinaus.
In allen diesen Fällen muß die Prüfungsanordnung die Gründe für die Ermessensentscheidung erkennen lassen. Erforderlichenfalls sind Tatsachen anzugeben. Eine Bezugnahme des Finanzamts auf Prüfungsfeststellungen ist zulässig, wenn sie dem Steuerpflichtigen bereits bekannt sind.[18]
§ 121 Abs. 2 Nr. 2 AO weist ausdrücklich darauf hin, daß es, abweichend von der Regelbegründung – ausnahmsweise – einer Begründung nur dann nicht bedarf, soweit dem Adressaten der Prüfungsanordnung, d.h. also demjenigen, für den die Prüfungsanordnung bestimmt ist oder der von ihr betroffen wird, die Auffassung der Finanzbehörde über die Sach- und Rechtslage bereits bekannt oder auch ohne schriftliche Begründung für ihn ohne weiteres erkennbar ist.
Wenngleich auch § 121 AO von einer Regelbegründung ausgeht, so ist diese in keiner Weise mit den Regelbegründungen des § 39 VerwaltungsverfahrensG (VwVfG) und des § 35 Sozialgesetzbuch (SGB) X vergleichbar. Denn anders als diese fordert § 121 AO nur ein allgemeines, von der Verständlichkeit der Maßnahme abhängiges – sehr schwaches – Begründungserfordernis. Anders § 39 VwVfG und § 35 SGB X. Sie fordern positiv die Mitteilung der wesentlichen tatsächlichen und rechtlichen Gründe, auf denen die Entscheidung der Behörde beruht.

b) Entbehrlichkeit der Begründung

---

[13] Von der Begründung der Prüfungsanordnung ist die **Festlegung des Prüfungsbeginns** zu unterscheiden. Diese ist ebenfalls ein Verwaltungsakt. Siehe dazu BFH, Urteil vom 18.12.1986 – I R 49 / 83 – BStBl. 1987 II, 408. Vgl. dazu auch § 5 Abs. 2 Satz 1 BpO 2000.

[14] Vgl. dazu **Papperitz,** Zweifelsfragen zur Rechtmäßigkeit von Prüfungsanordnungen im Außenprüfungsverfahren, DStR 1981, S. 547 ff.; **Mösbauer,** in: Koch / Scholtz, AO, 5. Aufl., 1996, § 196 AO, Rz. 2 / 1. **Mösbauer,** Zur Begründung der Anordnung einer Außenprüfung nach § 193 Abs. 1 AO, DB 1993, S. 67.

[15] Sie lassen sich in der Praxis häufig nur sehr schwer von den **Außenprüfungen** abgrenzen.

[16] Vgl. dazu BFH, Urteil vom 28.4.1983 – IV R 255 / 82 – BStBl. 1983 II, 621; so auch BFH, Urteil vom 2.10.1991 – X R 89 / 89 –BStBl. 1992 II, 220. So auch AEAO (i.d.F. BMF – Schr. v. 14.2.2000 – BStBl. 2000 I, S. 190, ber. S. 495) zu § 196 AO, Nr. 1 Satz 1; ferner OFD München, Verfügung betr. Anordnung von Außenprüfungen vom 5.3.1984 – S 0403 – 7 St 31 – Steuererlasse (C. H. Beck) Nr. 800, § 196 AO / 1, Nr. 4.2 (i.d.F.v. Okt. 1999).

[17] Dazu vgl. AEAO (i.d.F. BMF – Schr. v. 12.2.2000 – BStBl. 2000 I, S. 190, ber. S. 495) zu § 193 AO, Nr. 6.

[18] Vgl. in diesem Zusammenhang OFD München, Verfügung betr. Anordnung von Außenprüfungen vom 5.3.1984 – S 0403 – 7 St 31 – Steuererlasse (C. H. Beck) Nr. 800, § 196 AO / 1, Nr. 4.2 (i.d.F.v. Okt. 1999).

aa) Gesetzesverständnis

Eine mangelnde Begründung macht eine Prüfungsanordnung nicht ex ante rechtsfehlerhaft. Denn „bei Prüfungsanordnungen, die auf § 193 Abs.1 AO beruhen, genügt in der Regel der Hinweis auf diese Vorschrift als Begründung"[19]. Dies zeigt ein Vergleich z.B. mit § 39 Abs. 1 Satz 3 VwVfG und § 35 Abs. 1 Satz 3 SGB X. Während § 193 Abs. 1 AO für Ermessensentscheidungen keine Regelung enthält, sieht § 39 Abs. 1 Satz 3 VwVfG ausdrücklich vor, daß die Begründung von Ermessensentscheidungen auch die Gesichtspunkte erkennen lassen **soll,** von denen die Behörde bei der Ermessensausübung ausgegangen ist. Eine solche Begründung hat der **Gesetzgeber** für die Prüfungsanordnung nach § 193 Abs. 1 AO als entbehrlich gehalten. § 35 Abs. 1 Satz 3 SGB X ordnet sogar für die Ermessensentscheidungen eine Begründungs**pflicht** an. Eine solche ist § 193 Abs. 1 AO völlig fremd.

bb) Entstehungsgeschichte

Die **Entstehungsgeschichte** der AO 1977 weist nach, daß die im Vergleich zu anderen Bereichen öffentlicher Verwaltung schwächer ausgestattete „Begründungspflicht" des
§ 193 Abs. 1 AO vom Gesetzgeber so gewollt war. Aus BT-Drucks. VI / 1982, S. 40 ist zu entnehmen, daß § 127 AO-Entwurf eine Begründungspflicht enthielt, die dem § 35 VwVfG-Entwurf entsprach. Die „praktischen Bedürfnisse der Finanzverwaltung" (wohl dem, der weiß, was damit gemeint ist) führten schließlich zu der heute gültigen – unbefriedigenden – Fassung. Aus BT-Drucks. 7 / 4292, S. 27 zu 121 ist zu entnehmen, daß eine „besondere Begründung von Steuerbescheiden häufig auch[20] unter Berücksichtigung der Belange des Steuerpflichtigen nicht für erforderlich"[21] gehalten wird. Wenn in diesem Zusammenhang dann, exemplarisch, noch Stundungsverfügungen vorgetragen werden, bei denen eine Begründung – „ebenfalls" – häufig entbehrlich sei, so mag dies bei begünstigenden Verwaltungsakten wie Stundungsverfügungen verständlich sein. Bei Prüfungsanordnungen, die ja gerade keine begünstigenden Verwaltungsakte sind, ist ein solches Verständnis schon schwieriger.

cc) Rechtsprechung

aaa) Routineprüfung

Gleichwohl hat das vorgetragene Gesetzesverständnis weitgehend Bestätigung durch die Rechtsprechung des BFH gefunden; allerdings zunächst beschränkt auf sog. **„Routineprüfungen".**

[19] BFH, Urteil vom 2.10.1991 – X R 89 / 89 – BStBl. 1992 II, 223. Dazu kommt, daß nach st. Rspr. des BFH auch noch in einer Rechtsbehelfsentscheidung die Begründung für eine Prüfungsanordnung – nachträglich – gegeben werden kann (so z.B. BFH, Urteil vom 10.2.1983 – IV R 104 / 79 – BStBl. 1983 II, 286; auch FG Bremen, Urteil vom 2.4.1997 – 2 96 175 K 2 – EFG 1997, 776).

[20] Das „auch" verweist darauf, daß die Prüfungsanordnung sowohl der **Vermeidung von Unklarheiten** bezüglich der Art und Ausführung der durchzuführenden Maßnahmen, als auch dem **Schutz** des Steuerpflichtigen dient.

[21] BFH, Urteil vom 2.10.1991 – X R 89 / 89 – BStBl. 1992 II, 233.

Für die Anordnung sog. Routineprüfungen hält der BFH[22] den Hinweis auf die gesetzliche Grundlage des § 193 Abs. 1 AO als Begründung für regelmäßig ausreichend.
Problematisch ist an der Rechtsprechung des BFH, daß er den Hinweis auf die gesetzliche Grundlage des § 193 Abs. 1 AO als Begründung nur für sog. „Routineprüfungen" genügen läßt. Der Begriff „Routineprüfung" ist aber, wie der BFH fairer Weise selbst einräumt, bislang ebensowenig definiert wie der Komplementärbegriff der „Nichtroutineprüfung"[23]. Ebenso ist nicht klar, wie beide Begriffe voneinander abgegrenzt werden können. Unklar ist weiterhin für den Begriff „Routineprüfung", welche Bedeutung dem für eine bestimmte Betriebsgröße üblichen „Prüfungsrhythmus" oder „Prüfungsturnus"[24] zukommt.[25]

bbb) Anlaßprüfung

Offen ist auch, wann eine Prüfung eine **„Anlaßprüfung"** ist, die nach überwiegender Meinung in Literatur und Rechtsprechung „eine weitergehende Begründungspflicht auslöst."[26]
Eine solche Anlaßprüfung ist nicht schon dann gegeben, wenn das Finanzamt Gründe benennt, die es zur Außenprüfung in concreto „veranlaßt" haben. „Anlaßprüfung" kann nur in Abgrenzung zur „Routineprüfung" definiert werden. Eine solche Definition muß dann **„besondere** Umstände" oder eine **„besondere** Art der angeordneten Maßnahme" erkennen lassen. Ist dies nicht der Fall, kann auch eine Routineprüfung eine Anlaßprüfung sein, nämlich dann, wenn im Rahmen eines routinemäßigen Geschäftsgangs eine solche Routineprüfung z.B. durch das Betreiben[27] eines Veranlagungsbezirks „veranlaßt" wird.

3. Sicheinstellen auf die Außenprüfung

Die – hinreichend bestimmte – Prüfungsanordnung zeigt schon **vor** Prüfungsbeginn, **wann,** bei **wem**[28] und in **welchem** sachlichen[29] und zeitlichen[30] **Umfang** eine Außenprüfung[31] zulässig ist.[32]

---

[22] Vgl. z.B. Urteil vom 10.2.1983 – IV R 104 / 79 – BStBl. 1983 II, 286; BFH, Urteil vom 28.4.1983 – IV R 255 / 82 – BStBl. 1983 II, 621; BFH, Urteil vom 23.1.1985 – I R 53 / 81 – BStBl. 1985 II, 566; BFH, Urteil vom 7.11.1985 – IV R 6 / 85 – BStBl. 1986 II, 435; BFH, Urteil vom 3.12.1985 – VII R 17 / 84 – BStBl. 1986 II, 439; BFH, Urteil vom 2.9.1988 – III R 280 / 84 – BStBl. 1989 II, 4; BFH, Urteil vom 20.10.1988 – IV R 104 / 86 – BStBl. 1989 II, 180; BFH, Urteil vom 25.1.1989 – X R 158 / 87 – BStBl. 1989 II, 483; BFH, Urteil vom 2.10.1991 – X R 89 / 89 – BStBl. 1992 II, 223; a.A. **Groh,** DStR 1985, S. 679, 681; BVerfG, Beschluß vom 8.3.1985 – 1 BvR 93 / 85 – StRK AO 1977, § 193 Nr. 10.

[23] BFH, Urteil vom 2.10.1991 – X R 89 / 89 – BStBl. 1992 II, 223.

[24] BFH, Urteil vom 2.10.1991 – X R 89 / 89 – BStBl. 1992 II, 224.

[25] Vgl. dazu BFH, Urteil vom 24.1.1985 – IV R 232 / 82 – BStBl. 1985 II, 568; BFH, Urteil vom 16.12.1987 – I R 238 / 83 – BStBl. 1988 II, 233. Vgl. aber auch BFH, Urteil vom 2.9.1988 – III R 280 / 84 – BStBl. 1989 II, 4. Vgl. dazu auch § 4 Abs. 2 und 3 BpO 2000.

[26] Vgl. in diesem Zusammenhang BFH, Urteil vom 28.4.1983 – IV R 255 / 82 – BStBl. 1983 II, 621; BFH, Urteil vom 16.11.1989 – IV R 29 / 89 – BStBl. 1990 II, 272; **Kuhlmann,** StBp 1991, 125.

[27] Z.B. durch Anmelden eines Betriebes als prüfungswürdig.

[28] Vgl. z.B. BFH, Urteil vom 28.10. 1988 – III R 52 / 86 – BStBl. 1989 II, 257; BFH, Urteil vom 14.3.1990 – X R 104 / 88 – BStBl. 1990 II, 612; BFH, Urteil vom 5.11.1981 – IV R 179 / 79 – BStBl. 1982 II, 208.

[29] Betreffend **Steuerart** und **Sachverhalt.**
Ausdrücklich verwiesen sei in diesem Zusammenhang nur einmal auf die – regelmäßige – Einbeziehung der **betrieblichen Altersversorgung** in die Prüfung. Hier hat sich der Steuerpflichtige ex ante auf eine sehr vage, künftige Prüfungssituation einzustellen, da aus der Prüfungsanordnung nicht erkennbar ist, ob eine „überschlägliche – vordruckmäßige – (Mit-)Prüfung" durch den Außenprüfer oder eine

Sie zeigt ferner die Prüfungsmodalitäten: **Ort**[33] und **Beginn**[34] der Prüfung, sowie **Name** des Prüfers.[35] Sie werden jedoch nicht durch die Prüfungsanordnung selbst, sondern in besonderen, getrennt anfechtbaren Verwaltungsakten geregelt.[36] Daher führt ein Fehlen der Benennung des Prüfungsortes[37] oder der Belehrung über die Rechte und Pflichten des Steuerpflichtigen[38] auch nicht zur Rechtswidrigkeit der Prüfungsanordnung.[39]
In der Prüfungsanordnung können auch bestimmte **Nebenbestimmungen**[40] enthalten sein, wie z.B. das Begehren, Lesegeräte zur Verfügung zu stellen, um die verfilmten Daten für den Prüfer sichtbar zu machen, oder Preislisten und Kalkulationsmethoden vorzulegen.
Der Prüfungsumfang zeigt dem Steuerpflichtigen den Umfang seiner **Mitwirkungspflichten.**[41]

„qualifizierte Prüfung durch Einschaltung der Fachprüfer für Pensionsrückstellungen" durchgeführt werden wird. Sie erfaßt neben den Organisationsfragen und Formen der betrieblichen Altersversorgung, deren arbeits- und steuerrechtliche Regelungen, ferner die Probleme der Direktversicherung, Pensions- und Unterstützungskassen, vor allem aber die Ruhegeldverpflichtungen und die Bildung der Pensionsrückstellungen. Dazu kommen die Sachverhalte der Rückdeckungsversicherung sowie die Sonderfälle (der betrieblichen Altersversorgung). Vgl. ergänzend **Köhler,** Bedeutung der Bilanzpolitik im Rahmen der Prüfungsplanung, StBp 2001, S. 312 ff..

[30] Betreffend **Besteuerungszeitraum.**

[31] Wird die angeordnete Außenprüfung in der Prüfungsanordnung irrtümlich als „Betriebsprüfung" bezeichnet, so macht diese irrtümliche Bezeichnung die Prüfungsanordnung wenigstens dann nicht unbestimmt oder sonst rechtsfehlerhaft, wenn ihr Gesamtinhalt keine Zweifel daran läßt, was mit der Prüfungsanordnung geregelt werden sollte. Siehe dazu BFH, Urteil vom 2.10.1991 – X R 89 / 89 – BStBl. 1992 II, 220; ferner **Tipke / Kruse,** AO / FGO, vor § 193 AO, Tz. 9.

[32] BFH, Urteil vom 24.8.1989 – IV R 65 / 88 – BStBl. 1990 II, 2, betreffend die Zuständigkeit und den Umfang einer Prüfungsanordnung. Ferner BFH, Urteil vom 5.11.1981 – IV R 179 / 79 – BStBl. 1982 II, 208; BFH, Urteil vom 25.1.1989 – X R 158 / 87 – BStBl. 1989 II, 483; **Mösbauer,** in: Koch / Scholtz, AO, 5. Aufl., 1996, § 196 AO, Rz. 2.

[33] FG München, Urteil vom 6.8.1987 – VI R 33 / 83 AO – EFG 1988, 40; BFH, Urteil vom 24.2.1989 – III R 36 / 88 – BStBl. 1989 II, 445. „Die Mitteilung über ... die Festlegung des Ortes der Außenprüfung kann mit der Prüfungsanordnung verbunden werden" (§ 5 Abs. 2 Satz 3 Alt. 2 BpO 2000).

[34] BFH, Urteil vom 18.12.1986 – I R 49 / 83 – BStBl. 1987 II, 408; FG Baden – Württemberg, Urteil vom 10.10.1989 – IV K 85 / 86 – EFG 1990, 148; BFH Urteil vom 25.1.1989 – X R 158 / 87 – BStBl. 1989 II, 483.
„Die Mitteilung über den voraussichtlichen Beginn ... der Außenprüfung kann mit der Prüfungsanordnung verbunden werden" (§ 5 Abs. 2 Satz 3 Alt. 1 BpO 2000).

[35] Der Steuerpflichtige hat **kein** Wahlrecht und auch **keinen** Anspruch auf einen bestimmten von ihm gewünschten Prüfer. Siehe auch BFH, Urteil vom 14.12.1983 – I R 301 / 81 – BStBl. 1984 II, 409. „Der Name des Betriebsprüfers, eines Betriebsprüfungshelfers und andere prüfungsleitende Bestimmungen können in die Prüfungsanordnung aufgenommen werden" (§ 5 Abs. 3 BpO 2000).

[36] Dazu vgl. auch BFH, Urteil vom 5.11.1981 – IV R 179 / 79 – BStBl. 1982 II, 208; BFH, Urteil vom 25.1.1989 – X R 158 / 87 – BStBl. 1989 II, 483.

[37] Vgl. FG München, Urteil vom 6.8.1987 – VI 33 / 83 AO – EFG 1988, 40: In der Prüfungsanordnung braucht der Prüfungsort noch nicht festgelegt zu werden. § 5 Abs. 2 Satz 3 Alt. 2 BpO 2000: „... kann ... verbunden werden".

[38] „Ihr (sc. l. der Prüfungsanordnung) sind Hinweise auf die wesentlichen Rechte und Pflichten des Steuerpflichtigen bei der Außenprüfung beizufügen" (§ 5 Abs. 2 Satz 2 BpO 2000).

[39] Vgl. FG Köln, Urteil vom 23.11.1982 – IX 110 / 82 – EFG 1983, 436. Die Anordnung einer Außenprüfung ist nicht rechtswidrig, wenn sie vom Sachgebietsleiter der Amtsbetriebsprüfungsstelle unterzeichnet ist und außer der Nennung der Rechtsgrundlage und der zu prüfenden Steuerarten keine weitere Begründung und keinen besonderen Hinweis auf das Wahlrecht des § 200 Abs. 2 AO enthält.

[40] Sog. „andere prüfungsleitende Bestimmungen" i.S.d. § 5 Abs. 3 Alt. 3 BpO 2000.

[41] Vgl. dazu **Mösbauer,** Rechte und Pflichten des Steuerpflichtigen bei der Durchführung der Besteuerung, StB 1984, S. 65 ff.; **Mösbauer,** Zum Umfang der Mitwirkungspflichten der Beteiligten und anderer Personen im Besteuerungsverfahren, DB 1985, S. 410 ff.; **Mösbauer,** in: Koch / Scholtz, AO, 5. Aufl., 1996, § 196 AO, Rz. 2. Vgl. auch **Mösbauer,** Zum Umfang der Mitwirkungspflicht des Arbeitgebers bei der Lohnsteuer-Außenprüfung, DB 1998, S. 1303 ff..

Der Umfang der Prüfungsanordnung entscheidet aber auch über die sich aus der bevorstehenden Prüfung ergebenden Rechtsfolgen. Diese Rechtsfolgen können aber nur die Steuerarten betreffen, auf die sich die Prüfung nach der Prüfungsanordnung erstrecken soll. Durch die Prüfungsanordnung wird dem Steuerpflichtigen die Möglichkeit gegeben, **sich** auf die Prüfung, den Prüfer[42], den Ort und den Beginn der Prüfung **einzustellen** und gegebenenfalls Einspruch nach § 347 Abs. 1 Satz 1 Nr. 1 AO einzulegen oder Selbstanzeige nach § 371 AO[43] zu erstatten.
§ 196 AO schreibt deshalb auch vor, daß die Prüfungsanordnung eine Rechtsbehelfsbelehrung (§ 356 AO[44]) enthalten muß.
In der Prüfungsanordnung werden somit die Rechte und Pflichten des Steuerpflichtigen „aktualisiert und konkretisiert".[45]

II. Konsequenzen des Prüfungsumfangs

1. Bedeutung des Prüfungsumfangs

Die genaue Bestimmung des **Prüfungsumfanges** in der Prüfungsanordnung ist von wesentlicher Bedeutung. Denn die Prüfungsanordnung zieht zahlreiche materiell-rechtliche Folgerungen nach sich. Sie beschränken sich allerdings **auf die in der Prüfungsanordnung enthaltenen** Steuerarten, Sachverhalte und Besteuerungszeiträume.[46]
Die wesentlichen Folgerungen sind:

a) Ablaufhemmung

aa) Beginn

---

[42] Hier ist es wesentlich, zu wissen, ob die Prüfung „überschläglich" durch einen Außenprüfer durchgeführt wird, oder durch einen **Fachprüfer** (z.B. für Pensionsrückstellungen / betriebliche Altersversorgung; Branchenprüfer des Kfz-Handwerks und -handels; für Kreditinstitute / Banken / Sparkassen / Kreditgenossenschaften; für freie Berufe; für Versorgungsbetriebe; für den Wirtschaftszweig „Güter- und Personenbeförderung mit Kraftfahrzeugen"; für Metzgereien; für die Gewerbezweige Brauereien, Getränkeindustrie, Getränkegroß- und -einzelhandel; für die Gewerbezweige Hoch- und Tiefbau, Bauneben- gewerbe und Baustoffhandel sowie für Versorgungsbetriebe).

[43] Dazu vgl. **Mösbauer,** Straffreiheit trotz Steuerhinterziehung, DStZ 1985, S. 325 ff.; **Mösbauer,** Grundprobleme des Steuerstraf- und Steuerordnungswidrigkeitenrechts, SteuerStud 1985, S. 259 ff.; **Mösbauer,** Sperre für die strafbefreiende Selbstanzeige bei Steuerhinterziehung (wegen Erscheinens eines Amtsträgers der Finanzbehörde zur steuerlichen Prüfung - §§ 371 Abs. 1, 2 Nr. 1 Buchst. a Alt. 1, 193 ff. AO), NStZ 1989, S. 11 ff.; **Mösbauer,** Steuerstraf- und Steuerordnungswidrigkeitenrecht, 2. Aufl., 2000, § 13 (S. 184 ff.); **Mösbauer,** Die „Einleitung des Strafverfahrens" als Tatbestandsmerkmal für den Ausschluß der Selbstanzeige nach § 371 AO, DB 2001, S. 836 ff..

[44] Die Rechtsbehelfsbelehrung ist regelmäßig auf der Rückseite der Prüfungsanordnung abgedruckt. Dazu vgl. Senator für Finanzen Berlin, Erlaß vom 21.3.1989 – III A 11 S 0403 1 / 89 – StZBl. 1989, 487; Bundesminister der Finanzen, Schreiben vom 13.3.1989 – IV A 7 S 1506 5 / 89.

[45] **Schick,** in: Hübschmann / Hepp / Spitaler, AO / FGO, § 196 AO, Anm. 159. So auch **Mösbauer,** in: Koch / Scholtz, AO, 5. Aufl., 1996, § 196 AO, Rz. 2.

[46] Vgl. dazu **Mösbauer,** Materiell-rechtliche Folgerungen der Anordnung einer steuerlichen Außenprüfung, StBp 1998, S. 127 ff..

Mit **Beginn** der – wirksam angeordneten – Außenprüfung wird der **Fristablauf** für die Steuern, auf die sich die Außenprüfung[47] erstreckt, nach § 171 Abs. 4 Satz 1 Alt. 1 AO **gehemmt.**[48] Nach der durch § 171 Abs. 4 Satz 1 Alt. 1 AO determinierten Rechtslage bestimmt sich also der Umfang der Fristhemmung nach den Steuern, die in der Prüfungsanordnung genannt und vom Prüfer auch tatsächlich – jedenfalls stichprobenartig – geprüft werden.[49] Dies bedeutet zweierlei:

- die **Prüfungsanordnung** bestimmt den Rahmen, innerhalb dessen die Ablaufhemmung eintreten kann[50],und
- die **tatsächlichen**[51] Prüfungsmaßnahmen des Einzelfalls bestimmen diejenige Steuerart und denjenigen Besteuerungszeitraum, hinsichtlich deren die Ablaufhemmung im Einzelfall tatsächlich eintritt.[52] Eine bloße Ankündigung des Prüfungsbeginns ohne nachfolgende Prüfungshandlungen reicht aber nicht aus.

Die Tatbestandsalternative „für die Steuern, auf die sich die Außenprüfung erstreckt" in § 171 Abs. 4 Satz 1 AO verdeutlicht, daß bereits nach dem Wortlaut der Norm der Ablauf der Festsetzungsfrist nur für die in der Außenprüfungsanordnung genannten und tatsächlich geprüften Steuerarten gehemmt ist.[53] Die Prüfungsanordnung bezeichnet in diesem Fall lediglich den äußersten Rahmen der Ablaufhemmung; tatsächliche Prüfungshandlungen müssen hinzukommen.[54]

Die Tatbestandsalternative „... oder im Falle der Hinausschiebung der Außenprüfung erstrecken sollte" in § 171 Abs. 4 Satz 1 AO verweist auf den in der Prüfungsanordnung vorgesehenen Prüfungsumfang.[55] Daraus kann jedoch nicht[56] geschlossen werden, im Falle einer Hinausschiebung der Außenprüfung komme es für den Umfang der Ablaufhemmung allein auf die Prüfungsanordnung an. Der Gesetzgeber hat für die Ablaufhemmung nach § 171 Abs. 4 AO grundsätzlich die tatsächliche Durchführung einer Außenprüfung vorausgesetzt. Dem Finanzamt soll dadurch ermöglicht werden, die Ergebnisse einer Außenprüfung steuerlich auszuwerten, ohne durch den Eintritt der Verjährung daran

---

[47] Entscheidend ist auf den in der Prüfungsanordnung **bestimmten** Prüfungsumfang abzustellen; **nicht** auf die **tatsächliche** „Erstreckung" der Prüfung; vgl. auch **Wiese,** Die Ablaufhemmung der Festsetzungsverjährung auf Grund einer Außenprüfung, DStZ 1994, S. 715 ff.; **Birk,** Steuerrecht, 7. Aufl., 2004, S. 143, RdNr. 443.

[48] Vgl. in diesem Zusammenhang **Mösbauer,** Festsetzungs- und Zahlungsverjährung bei der Haftung nach Steuer- und Privatrecht, DStZ 1989, S. 331 ff.; **Mösbauer,** in: Koch / Scholtz, AO, 5. Aufl., 1996, § 196 AO, Rz. 4.

[49] So zutreffend BFH, Urteil vom 4.11.1992 – XI R 32 / 91 – BStBl. 1993 II, 425 unter Bezugnahme auf BFH, Urteil vom 18.7.1991 – V R 54 / 87 – BStBl. 1991 II, 824.

[50] Bestätigend BFH, Urteil vom 11.8.1993 – II R 34 / 90 – BStBl. 1994 II, 375, 376; BFH, Urteil vom 18.7.1991 – V R 54 / 87 – BStBl. 1991 II, 824; BFH, Urteil vom 17.6.1998 – IX R 65 / 95 – BStBl. 1999 II, 4, bes. 6.

[51] Vgl. in diesem Zusammenhang BFH, Urteil vom 11.8.1993 – II R 34 / 90 – BStBl. 1994 II, 375; BFH, Urteil vom 17.6.1998 – IX R 65 / 95 – BStBl. 1999 II, 4 ff..

[52] Vgl. dazu BFH, Urteil vom 17.6.1998 – IX R 65 / 95 – BStBl. 1999 II, 4 ff.; ferner **Ruban,** in: Hübschmann / Hepp / Spitaler, AO / FGO, § 171 AO, RdNrn. 55, 56.

[53] So BFH, Urteil vom 17.6.1998 – IX R 65 / 95 – BStBl. 1999 II, 4, 6 unter ausdrücklicher Bezugnahme auf BFH, Urteil vom 27.3.1996 – I R 182 / 94 – BStBl. 1997 II, 449.

[54] So zutreffend BFH, Urteil vom 17.6.1998 – IX R 65 / 95 – BStBl. 1999 II, 4, 6 unter ausdrücklicher Bezugnahme auf BFH, Urteil vom 15.12.1989 – VI R 151 / 86 – BStBl. 1990 II, 526; BFH, Urteil vom 11.8.1993 – II R 34 / 90 – BStBl. 1994 II, 375; BFH Urteil vom 2.2.1994 – I R 57 / 93 – BStBl. 1994 II, 377.

[55] So BFH, Urteil vom 17.6.1998 – IX R 65 / 95 – BStBl. 1999 II, 4, 6.

[56] Bestätigend auch BFH, Urteil vom 17.6.1998 – IX R 65 / 95 – BStBl. 1999 II, 6; a.A. **Tipke / Kruse,** AO / FGO, § 171 AO, Tzn. 48 ff..

gehindert zu werden.[57] „Auch wenn in dem für den Eintritt der Ablaufhemmung maßgebenden Zeitpunkt, dem Beginn der Außenprüfung oder dem Antrag auf Verschiebung derselben, der Umfang der vorgesehenen Prüfung nur durch die Prüfungsanordnung festgelegt werden kann, schließt dies es nicht aus, den Umfang der Ablaufhemmung erst anhand der späteren tatsächlichen Prüfungshandlungen abschließend zu bestimmen. Im Zeitpunkt des Eintritts der Ablaufhemmung muß deren Umfang noch nicht zwingend feststehen."[58]
Nach § 171 Abs. 4 Satz 2 AO fällt die Ablaufhemmung rückwirkend weg, wenn eine Außenprüfung unmittelbar nach ihrem Beginn für die Dauer von mehr als sechs Monaten aus Gründen unterbrochen wird, die die Finanzbehörde zu vertreten hat.[59]
„Lagen die Voraussetzungen für eine Ablaufhemmung zunächst vor (Prüfungsanordnung und Prüfungsbeginn oder Antrag auf Verschiebung der Prüfung), bleibt die tatsächliche Prüfung dann aber hinter dem nach der Prüfungsanordnung vorgesehenen Umfang zurück oder wird sie letztlich gar nicht mehr durchgeführt, so entfällt die Ablaufhemmung grundsätzlich in dem Zeitpunkt rückwirkend, in dem die vorgenannten Tatsachen feststehen."[60]
Hat ein Prüfer Steuerarten **außerhalb** der Prüfungsanordnung geprüft, so tritt – ohne Erweiterung der Prüfungsanordnung[61] – **keine** Ablaufhemmung ein; auch dann nicht, wenn die Überschreitung des Rahmens der Prüfungsanordnung für den Steuerpflichtigen erkennbar war, oder der Steuerpflichtige sich widerspruchslos auf die Prüfung eingelassen hat.[62]
Ebensowenig hemmt eine sog. betriebsnahe Veranlagung, der keine förmliche Prüfungsanordnung i.S.d. § 196 AO zugrunde liegt, den Ablauf der Festsetzungsfrist nach § 171 Abs. 4 AO.[63]

bb) Beginn hinausgeschoben

Die Hemmung tritt auch dann ein, wenn der **Beginn** der Außenprüfung auf Antrag des Steuerpflichtigen **hinausgeschoben** wird (§ 171 Abs. 4 Satz 1 Alt. 2 AO).
Nach § 171 Abs. 4 AO wird der Fristablauf auch dann gehemmt, wenn der Beginn der Außenprüfung auf Antrag des Steuerpflichtigen **hinausgeschoben** wird. Wer durch Anfechtung der Prüfungsanordnung oder durch eine Aussetzung der Vollziehung (AdV) der Prüfungsanordnung oder der Festlegung des Prüfungsbeginns bewirkt, daß die Prüfung nicht zu dem vorgesehenen Zeitpunkt beginnt, muß – wenn die Prüfungsanordnung und die Festlegung des Prüfungsbeginns rechtmäßig sind – demjenigen gleichgestellt werden, der die Verschiebung der Prüfung beantragt.[64]

---

[57] Vgl. dazu BFH, Urteil vom 15.12.1982 – II R 72 / 81 – BStBl. 1983 II, 384 (noch zu § 146 a Abs. 3 RAO).
[58] So ausdrücklich BFH, Urteil vom 17.6.1998 – IX R 65 / 95 – BStBl. 1999 II, 6 unter ausdrücklicher Bezugnahme auf BFH, Urteil vom 21.4.1993 – X R 112 / 91 – BStBl. 1993 II, 649; BFH, Urteil vom 26.6.1994 – VIII R 24 / 92 – BFH / NV 1994, 763.
[59] Vgl. dazu auch **Rüsken,** in: Klein, AO, 6. Aufl., 1998, § 171 AO, Anm. 5 h; ferner **Oberloskamp,** Erneute Prüfungsanordnung nach Ablauf der Sechsmonatsfrist des § 171 Abs. 4 Satz 2 AO?, StBp 2001, S. 337 ff..
[60] So zutreffend BFH, Urteil vom 17.6.1998 – IX R 65 / 95 – BStBl. 1999 II, 6 f..
[61] So auch **Birk,** Steuerrecht, 7. Aufl., 2004, S. 144, RdNr. 449.
[62] Vgl. z.B. BFH, Urteil vom 15.12.1982 – II R 72 / 81 – BStBl. 1983 II, 384.
[63] BFH, Urteil vom 6.7.1999 – VIII R 17 / 97 – HFR 1999, 964.
[64] So BFH, Urteil vom 17.6.1998 – IX R 65 / 95 – BStBl. 1999 II, 4 ff., bes. 6, unter ausdrücklicher Bezugnahme auf **Ruban,** in: Hübschmann / Hepp / Spitaler, AO / FGO, § 171 AO, Rz. 50, 51; **Rüsken,** in: Klein, AO, 6. Aufl., 1998, § 171 AO, Anm. 5 b, g. Ergänzend FG Hamburg, Urteil vom 22.6.1993 – V 30 / 92 – EFG 1974, 76; **Schick,** in: Hübschmann / Hepp / Spitaler, AO / FGO, § 197 AO, Rz. 131.

Beantragt ein Steuerpflichtiger, den Beginn der Außenprüfung auf einen anderen Zeitpunkt zu verlegen, so hemmt dies den Ablauf der Festsetzungsfristen gemäß § 171 Abs. 4 Satz 1 AO aber nur dann, wenn der Antrag für das Hinausschieben des Prüfungsbeginns ursächlich gewesen ist.[65]

b) Sperrwirkung für die Aufhebung oder Änderung von Steuerbescheiden

aa) Änderungssperre

Steuerbescheide können, soweit[66] sie auf Grund einer Außenprüfung ergangen sind, nur **aufgehoben** oder **geändert** werden, wenn eine Steuerhinterziehung[67] oder eine leichtfertige Steuerverkürzung[68] vorliegt. Man spricht hier von der **Sperrwirkung** des § 173 Abs. 2 Satz 1 AO (sog. Änderungssperre[69]). Sie dient vorrangig dem **Rechtsfrieden**; die **materielle Gerechtigkeit** tritt in den Hintergrund. Die Sperrwirkung kennt nur wenige Ausnahmen, wie z.B. die Steuerhinterziehung und die leichtfertige Steuerverkürzung. Ein Staat kann als Steuergläubiger keine Steuerausfälle dulden, die auf Taten i.S.d. § 370 AO oder auf Zuwiderhandlungen i.S.d. § 378 AO beruhen. Umgekehrt muß dies aber auch für Steuerausfälle gelten, die auf eine Vernachlässigung von wesentlichen und unverzichtbaren Grundsätzen des betriebswirtschaftlichen Prüfungswesens durch die Prüfer des steuerlichen Außenprüfungsdienstes zurückzuführen sind.[70]

Keine Außenprüfung i.S.d. § 173 Abs. 2 AO ist die **Steuerfahndungsprüfung** nach § 208 **Abs. 1** AO. Ein auf ihr beruhender Steuerbescheid unterliegt nicht der Änderungssperre des § 173 Abs. 2 AO.[71]

Ein Änderungsbescheid ist auch dann i.S.d. § 173 Abs. 2 AO auf Grund einer Außenprüfung ergangen, wenn nach der Prüfungsanordnung auch die gewerblichen Einkünfte geprüft werden sollten und später ganz andersartige gewerbliche Einkünfte bekannt werden.[72]

Es ist in diesem Zusammenhang irrelevant, ob über das Ergebnis der Prüfung ein **Prüfungsbericht** i.S.d. § 202 Abs. 1 Satz 1 AO oder eine **schriftliche Mitteilung** i.S.d. § 202 Abs. 1 Satz 3 AO ergangen ist.

Wurde z.B. bei einer Lohnsteuer-Außenprüfung das Ehegattenarbeitsverhältnis ohne Beanstandung geprüft, greift wegen einer späteren Betriebsprüfung und der Versagung der Anerkennung des Ehegattenarbeitsverhältnisses in Erweiterung der

[65] So BFH, Beschluß vom 30.3.1999 – I B 139 / 98 – DStZ 1999, 541.

[66] Ob sie auf Grund einer Außenprüfung ergangen sind, ist nach dem Inhalt der Prüfungsanordnung zu beurteilen. Dazu BFH, Urteil vom 12.10.1994 – XI R 75 / 93 – BB 1995, 611; auch BFH, Urteil vom 12.5.1992 – VIII R 45 / 90 – BFH / NV 1993, 191, 194; **Szymczak**, in: Koch / Scholtz, AO, 5. Aufl., 1996, § 173 AO, Rz. 31 / 1; so schon BFH, Urteil vom 21.6.1989 – VI R 31 / 86 – BStBl. 1989 II, 909.

[67] Vgl. dazu **Mösbauer,** Steuerstraf- und Steuerordnungswidrigkeitenrecht (einschließlich Steuer- und Zollfahndung), 2. Aufl., 2000, § 12 (S. 93 ff.).

[68] Vgl dazu **Mösbauer,** a.e.a.O., § 25 (S. 379 ff.).

[69] Dazu Hess. FG, Urteil vom 18.5.1994 – 1 K 2556 / 93 – EFG 1995, 2. So auch **Birk,** Steuerrecht, 6. Aufl., 2003, S. 140, RdNr. 443.

[70] Dazu vgl. **Kühnel,** Die Änderungssperre des § 173 Abs. 2 AO als **Schutzvorschrift** für den Steuerpflichtigen, DB 1980, S. 2010; BFH, Urteil vom 11.2.1998 – I R 82 / 97 – BStBl. 1998 II, 552.

[71] Bestätigend BFH, Urteil vom 11.12.1997 – V R 56 / 94 – BStBl. 1998 II, 367.

[72] Dazu FG Baden – Württemberg / Stuttgart, Urteil vom 22.10.1998 – 6 K 465 / 97 – EFG 1999, 155.

Rechtsprechung des BFH[73] eine **Änderungssperre**[74] ein. Wurde also im Anschluß an eine Lohnsteuer-Außenprüfung der Vorbehalt der Nachprüfung aufgehoben, so darf wegen der Änderungssperre dem Arbeitgeber gegenüber **kein** neuer Bescheid mehr ergehen. Ausgenommen davon sind nur die Fälle, in denen eine **Steuerhinterziehung** nach § 370 AO oder eine **leichtfertige Steuerverkürzung** nach § 378 AO vorliegen. Die Änderungssperre gilt wegen des durch § 173 Abs. 2 AO bezweckten erhöhten Vertrauensschutzes des Steuerpflichtigen im Anschluß an eine Außenprüfung auch für eine Korrektur eines Bescheides, „der nicht auf Grund der Außenprüfung ergangen ist, der aber hinsichtlich der Besteuerungsgrundlagen in einem lebensmäßigen Zusammenhang mit den Sachverhalten steht, die auch Gegenstand der Lohnsteuer-Außenprüfung waren."[75]

bb) Änderungssperre bei Steuerdelikten Dritter

Fraglich ist, ob die Änderungssperre des § 173 Abs. 2 Satz 1 AO auch durch Steuerhinterziehungen[76] oder leichtfertige Steuerverkürzungen[77] **Dritter** – begangen zugunsten des Steuerpflichtigen – durchbrochen werden kann.
Zumindest nach dem reinen Wortlaut des § 173 Abs. 2 Satz 1 AO wäre eine solche durchbrechende Aufhebung oder Änderung zum Nachteil des Steuerpflichtigen möglich. Es stellt sich aber die Frage, ob man bei Steuerhinterziehungen oder leichtfertigen Steuerverkürzungen Dritter grundsätzlich davon ausgehen kann, daß der Steuerpflichtige davon wissen konnte. Hier wird man dem Steuerpflichtigen **nicht** schlechthin das Vertrauen in die Richtigkeit einer Steuerfestsetzung absprechen können.[78]
Verkauft z.B. ein Vertragshändler eines Automobilwerkes an einen zum Umsatzsteuerausweis nicht berechtigten Geschäftspartner einen Neuwagen und nimmt er dafür ein Altfahrzeug in Zahlung, so kann er in der im Gutschriftverfahren erfolgenden Abrechnung die für das Altfahrzeug ausgewiesene Vorsteuer nicht abziehen. Denn nach § 14 Abs. 5 Nr. 1 UStG ist eine Gutschrift nur dann anzuerkennen, wenn der leistende Unternehmer (Empfänger der Gutschrift) zum gesonderten Ausweis der Steuer in einer Rechnung nach § 14 Abs. 1 UStG berechtigt ist. Dies ist hier aber nicht der Fall. Trägt der Vertragshändler nun glaubhaft vor, der Geschäftspartner habe ihm glaubhaft seine umsatzsteuerrechtliche Unternehmereigenschaft versichert, so ist dem Vertragshändler weder eine Steuerhinterziehung noch eine leichtfertige Steuerverkürzung nachzuweisen, wenn er, im Vertrauen auf die Versicherung, für das in Zahlung genommene Altfahrzeug Vorsteuer ausgewiesen und abgezogen hat.[79]

---

73 BFH, Urteil vom 15.5.1992 – VI R 183 / 88 – BStBl. 1993 II, 829 (Das Urteil bezieht sich auf die Prüfung von Lohnsteuer-Anmeldungen im Lohnsteuer-Außenprüfungsverfahren und verbietet u.U. den späteren Erlaß eines Pauschalierungsbescheids); BFH, Urteil vom 15.5.1992 – VI R 106 / 88 – BStBl. 1993 II, 840 (Das Urteil führt die Änderungssperre auf die „Nämlichkeit" der Lebenssachverhalte als Regelungsinhalt zweier Bescheide zurück).

74 Hess. FG, Urteil vom 18.5.1994 – 1 K 2556 / 93 – EFG 1995, 2.

75 Hess. FG, a.a.O., 2.

76 Nach § 370 Abs. 1 AO kann der Tathandlungserfolg auch in einem Erlangen von nicht gerechtfertigten Steuervorteilen für einen anderen bestehen.

77 Das Erlangen von nicht gerechtfertigten Steuervorteilen für einen anderen gilt auch für die leichtfertige Steuerverkürzung, da § 378 Abs. 1 Satz 1 AO auf die objektiven Tatbestandsvoraussetzungen des § 370 Abs. 1 AO verweist.

78 Vgl. dazu APP, Durchbrechung der Änderungssperre von § 173 Abs. 1 AO wegen Steuerdelikte Dritter?, BB 1987, S. 313; vgl. auch BFH, Urteil vom 14.12.1994 – XI R 80 / 72 – BStBl. 1995 II, 293.

79 Vgl. in diesem Zusammenhang APP, Durchbrechung der Änderungssperre von § 173 Abs. 2 Satz 1 AO wegen Steuerdelikte Dritter?, BB 1987, S. 313.

Fest steht zur Gewißheit, daß der Gesetzgeber in anderen Vorschriften[80] Auswirkungen von Steuerhinterziehungen und leichtfertigen Steuerverkürzungen **Dritter** auf Nichttäter ausdrücklich zugelassen hat. Hätte er derartige Auswirkungen auch für § 173 Abs. 2 Satz 1 AO gewünscht, hätte er solche auch für § 173 AO ausdrücklich zugelassen. Im Falle des § 173 Abs. 2 Satz 1 AO kann der Steuerpflichtige also darauf vertrauen, daß die Steuerbescheide, die auf Grund einer Außenprüfung ergangen sind, nicht aufgehoben oder geändert werden, wenn **er nicht selbst** eine Steuerhinterziehung oder leichtfertige Steuerverkürzung begangen hat oder an der Steuerhinterziehung als Anstifter oder Gehilfe beteiligt war. „Die Bewahrung des Rechtsfriedens gebietet somit in allen Fällen, in denen dem Steuerpflichtigen **selbst kein unlauteres Verhalten** anzulasten ist, er ohne eigenes Zutun lediglich die Vergünstigung aus steuerunehrlichem Verhalten Dritter erfährt, den **Bestandsschutz** des § 173 Abs. 2 AO zu **erhalten.**“[81]

Anders wäre zu entscheiden, wenn die sog. Dritten in das Verfahren der Außenprüfung einbezogen waren.[82] In diesem Falle wäre nach § 173 Abs. 2 Satz 1 AO eine Aufhebung oder Änderung von Steuerbescheiden möglich.

Würde z.B. ein Steuerpflichtiger Wohnungen errichten und diese an eine GmbH als Zwischenmieterin vermieten, würde diese GmbH diese Wohnungen ferner an Endmieter weitervermieten und würde das Zwischenmietverhältnis auf Grund falscher Angaben der GmbH anerkannt, würde der Steuerpflichtige weiterhin auf die Umsatzsteuerbefreiung des § 4 Nr. 12 Buchst. a UStG verzichten, und Vorsteuer-Beträge geltend machen, dann läge eine Steuerhinterziehung der Geschäftsführer der GmbH zugunsten des Steuerpflichtigen vor.

Würde im folgenden das Finanzamt bei dem Steuerpflichtigen eine Außenprüfung durchführen und die GmbH hinsichtlich der Anerkennung der Zwischenvermietung in die Außenprüfung mit einbeziehen, so entfiele die Änderungssperre des § 173 Abs. 2 Satz 1 AO, wenn nachzuweisen ist, daß die Geschäftsführer der GmbH auf Grund ihrer falschen Auskünfte eine Steuerhinterziehung zu Gunsten des Steuerpflichtigen begangen haben.[83]

cc) Änderungssperre auch zu Gunsten des Steuerpflichtigen

Nach § 173 Abs. 2 Satz 1 AO können Steuerbescheide, soweit sie auf Grund einer Außenprüfung ergangen sind, nur aufgehoben oder geändert werden, wenn eine Steuerhinterziehung oder eine leichtfertige Steuerverkürzung vorliegt. Da § 173 Abs. 2 Satz 1 AO die Aufhebung und Änderung nicht beschränkt, kann davon ausgegangen werden, daß beide sowohl zu Lasten i.S.d. § 173 Abs. 1 Nr. 1 AO als auch **zu Gunsten** des Steuerpflichtigen nur bei Vorliegen einer Steuerhinterziehung oder einer leichtfertigen Steuerverkürzung möglich sind. Bei Nichtvorliegen besteht eine Änderungssperre auch zu Gunsten des Steuerpflichtigen.[84] Hätte der Gesetzgeber in § 173 Abs. 2 Satz 1 AO nur eine Änderungssperre nach § 173 Abs. 1 Satz 1 AO zu Lasten des Steuerpflichtigen beabsichtigt, hätte er dies in § 173 Abs. 2 Satz 1 AO zum Ausdruck gebracht.[85]

---

[80] Vgl. z.B. § 169 Abs. 2 Satz 3 AO. Hier wird die Festsetzungsfrist auch dann verlängert, wenn die Steuerhinterziehung oder leichtfertige Steuerverkürzung nicht durch den Steuerschuldner begangen worden ist.

[81] So zutreffend Niedersächs. FG, Urteil vom 2.7.1991 – V 759 / 89 – EFG 1992, 6.

[82] Dazu BFH, Urteil vom 14.12.1994 – XI R 80 / 92 – BStBl. 1995 II, 293.

[83] Dazu BFH, Urteil vom 14.12.1994 – XI R 80 / 92 – BStBl. 1995 II, 293; BFH, Urteil vom 24.10.1989 – VII R 1 / 87 – BStBl. 1990 II, 198; BFH, Urteil vom 18.3.1988 – V R 206 / 83 – BFH / NV 1990, 1.

[84] Vgl. dazu BFH, Urteil vom 29.1.1987 – IV R 96 / 85 – BStBl. 1987 II, 410.

[85] So auch BFH, Urteil vom 29.1.1987 – IV R 96 / 85 – BStBl. 1987 II, 410.

Das gesetzgeberische Motiv des § 173 Abs. 2 Satz 1 AO besteht darin, den Steuerbescheiden, die auf Grund einer Außenprüfung ergangen sind, eine **erhöhte Bestandskraft** zu verleihen. § 173 Abs. 2 Satz 1 AO soll qua via dem **Rechtsfrieden** nach einer Außenprüfung dienen. Der Steuerpflichtige kann darauf **vertrauen,** daß seine steuerlichen Verhältnisse für den Zeitraum der Prüfung abschließend geklärt und die entsprechenden Steuern **endgültig festgesetzt** sind. Das Finanzamt darf nachträglich keine Tatsachen oder Beweismittel, die zu einer höheren Steuer führen, verwerten.[86] Der Preis, den der Steuerpflichtige hierfür zu entrichten hat, ist nach § 200 AO eine **erhöhte Mitwirkungspflicht** bei der Feststellung der Sachverhalte, die für die Besteuerung erheblich sein können.[87] Dadurch soll zugleich die Rechtmäßigkeit eines Steuerbescheids außer Streit gestellt werden. Dies gilt auch für den Fall, daß er in einzelnen Punkten unrichtig sein sollte. Die logische Konsequenz hieraus ist allerdings ebenfalls, daß zugleich auch dem Steuerpflichtigen die Möglichkeit genommen ist, den Steuerbescheid **erneut anzufechten.**[88]
Die **Durchbrechung** der Änderungssperre ist – ausnahmsweise – nur bei Vorliegen einer Steuerhinterziehung oder einer leichtfertigen Steuerverkürzung möglich. Diese Möglichkeit zielt darauf ab, dem Steuerpflichtigen die Früchte eines unlauteren Verhaltens vorzuenthalten. Vergleichbare gesetzgeberische Motive finden sich z.B. auch in § 172 Abs. 1 Nr. 2 Buchst. c AO, wonach ein Steuerbescheid aufgehoben oder geändert werden darf, wenn er durch unlautere Mittel wie arglistige Täuschung, Drohung oder Bestechung erwirkt worden ist.
Eine Durchbrechung der Änderungssperre kann auch dadurch erfolgen, daß bei dem Verdacht einer Steuerhinterziehung oder einer leichtfertigen Steuerverkürzung ein Steuer-Strafverfahren oder ein Steuer-Bußgeldverfahren eröffnet wird, in dem die Finanzbehörde den Sachverhalt **erneut ermittelt.**[89] Dies macht ersichtlich, daß auch eine vorherige Außenprüfung nicht stets zu einer abschließenden Prüfung der tatsächlichen und rechtlichen Verhältnisse, die für die Steuerpflicht und für die Bemessung der Steuer maßgebend sind (Besteuerungsgrundlagen), führen muß.

dd) Durchbrechung der Änderungssperre im Einzelfall

Zutreffend weist der BFH[90] darauf hin, daß eine Durchbrechung der Änderungssperre **im Einzelfall** auch dann möglich sein muß, wenn nachträglich erhebliche Tatsachen und / oder Beweismittel bekannt werden, und **keiner** der Beteiligten das nachträgliche Bekanntwerden **zu vertreten** hat. Dies ist dann der Fall, wenn die Finanzbehörde ihren Ermittlungspflichten nach §§ 88 und 199 AO und der Steuerpflichtige seinen Mitwirkungspflichten nach §§ 90 und 200 Abs. 1 und 2 AO voll entsprochen haben. Auslösende Momente für die Durchbrechung sind regelmäßig Umstände, die **den Restitutionsgründen** des § 580 ZPO **vergleichbar** sind.

---

[86] Vgl. dazu **Mennacher,** Berichtigung von Steuerbescheiden, die aufgrund einer Außenprüfung ergangen sind, nur zuungunsten des Steuerpflichtigen?, DB 1979, S. 2202.
[87] Vgl. dazu **Mösbauer,** Zum Umfang der Mitwirkungspflicht des Arbeitgebers bei der Lohnsteuer-Außenprüfung, DB 1998, S. 1303 ff..
[88] Bestätigend BFH, Urteil vom 29.1.1987 – IV R 96 / 85 – BStBl. 1987 II, 410.
[89] Vgl. dazu **Mösbauer,** Finanzbehördliche Sachverhaltsermittlung bei Verdacht einer Steuerstraftat, DStZ 2000, S. 512 ff..
[90] BFH, Urteil vom 15.3.1984 – V R 97 / 82 – BStBl. 1985 II, 146.

Der Durchbrechung liegt die übergeordnete Erkenntnis zugrunde, daß im Einzelfall die materielle Gerechtigkeit dann den Vorrang vor dem Rechtsfrieden haben muß, wenn z.B. erst strafbare Handlungen[91] eine Entscheidung bewirkt haben.[92]

c) Aufhebung des Nachprüfungsvorbehalts

Der **Nachprüfungsvorbehalt** ist nach § 164 Abs. 3 Satz 3 AO **nach** der Außenprüfung aufzuheben, wenn sich Änderungen gegenüber der Steuerfestsetzung unter Vorbehalt der Nachprüfung nicht ergeben.
Kommt das Finanzamt dieser Rechtspflicht nicht nach, hat der Steuerpflichtige die Möglichkeit, dies durch Rechtsbehelf anzugreifen.[93] Unterläßt er die Anfechtung, wird der Steuerbescheid bzw. die Gewinnfeststellung bestandskräftig. Der Vorbehalt der Nachprüfung bleibt auch dann bestehen, wenn er im Falle einer Änderung des ursprünglichen Steuer- bzw. Feststellungsbescheids nicht ausdrücklich wiederholt wird.[94] Ein nach einer Außenprüfung ergangener Feststellungsbescheid kann daher noch auf Grund des fortwirkenden Nachprüfungsvorbehalts geändert werden.[95]

d) Sperrwirkung für Selbstanzeigen

Die **Sperrwirkung** des § 371 Abs. 2 Nr. 1 a AO **für Selbstanzeigen** bei Steuerhinterziehung (§ 370 AO) besagt, daß eine Selbstanzeige nach Erscheinen des Prüfers (aber nur) im Rahmen des Umfangs der Außenprüfung wirkungslos ist.[96]
Bei einer **leichtfertigen Steuerverkürzung** (§ 378 AO), die als Ordnungswidrigkeit (nur) mit einer Geldbuße bedroht ist, besteht trotz Erscheinens des Prüfers gleichwohl noch die Möglichkeit, eine wirksame „Selbstanzeige" zu erstatten.
Die Abgrenzung der leichtfertigen Steuerverkürzung von der vorsätzlich begangenen Steuerhinterziehung bereitet in der Praxis oftmals große Schwierigkeiten. Denn häufig ist nicht mit letzter Sicherheit feststellbar, ob in concreto noch eine Gleichgültigkeit und Nachlässigkeit hinsichtlich der Erfüllung der steuerlichen Pflichten höheren Grades, und mithin – gerade – noch Leichtfertigkeit[97] vorliegt, oder schon Vorsatz.

---

[91] **Keine** solche strafbare Handlung ist der **Subventionsbetrug** nach § 264 StGB. Er hebt die Sperrwirkung einer Außenprüfung nicht auf. So auch Niedersächs. FG, Urteil vom 7.5.1992 – II R 216 / 89 – EFG 1993, 248.

[92] Vgl. dazu FG München, Urteil vom 13.3.1985 – III 169 / 81 – EFG 1985, 431.

[93] BFH, Urteil vom 14.9.1993 – VIII R 9 / 93 – BStBl. 1995 II, 2, 3.

[94] St. Rspr. BFH.

[95] BFH, Urteil vom 29.4.1987 – I R 118 / 83 – BStBl. 1988 II, 168; BFH, Urteil vom 2.5.1990 – VIII R 20 / 86 – BFH / NV 1991, 219.

[96] Vgl. dazu **Mösbauer,** Straffreiheit trotz Steuerhinterziehung, DStZ 1985, S. 328; **Streck,** Die Steuerfahndung, 4. Aufl., 1986, Anm. 225; **Mösbauer,** Steuerstraf- und Steuerordnugswidrigkeitenrecht, 2. Aufl., 2000, § 13 (S. 213 ff.); **Brenner,** Erscheinen des Betriebsprüfers – Ausschluß der Selbstanzeige, StBp 1979, S. 1 ff.; **Mösbauer,** Sperre für die strafbefreiende Selbstanzeige bei Steuerhinterziehung (wegen Erscheinens eines Amtsträgers der Finanzbehörde zur steuerlichen Prüfung - §§ 371 Abs. 1, 2 Nr. 1 Buchst. a Alt. 1, 193 ff.), NStZ 1989, S. 11 ff.. Vgl. ergänzend **Mösbauer,** Die Bekanntgabe der Einleitung des Straf- oder Bußgeldverfahrens als Sperre für die Straffreiheit nach § 371 AO, DStZ 1999, S. 354 ff.; **Mösbauer,** Die Kenntnis des Täters von der Entdeckung der Tat als Sperre für die Straffreiheit nach § 371 AO, StB 1999, S. 393 ff.; **Mösbauer,** Das Erscheinen eines Amtsträgers der Finanzbehörde zur steuerlichen (Außen-)Prüfung als Sperre für die Straffreiheit nach § 371 AO, StBp 1999, S. 225 ff.; **Birk,** Steuerrecht, 7. Aufl., 2004, S. 143, RdNr. 443.

[97] Daß die **fahrlässige** Steuerverkürzung nicht geahndet wird, ist in der problematischen Kompliziertheit des Steuerrechts begründet. Das Steuerrecht ist durch die ständigen Änderungen so unübersehbar geworden, daß jedermann leichte Fehler bei der Erfüllung der steuerlichen Pflichten als Norm zugebilligt werden müssen.

e) Mitwirkungspflichten des Steuerpflichtige

Art und Umfang der **Mitwirkungspflichten** des Steuerpflichtigen nach § 200 AO sind durch den in der Prüfungsanordnung konkretisierten Umfang der Außenprüfung determiniert. Werden aber ein Steuerstrafverfahren eingeleitet und zulässiger Weise weitere Ermittlungen durch die Außenprüfung unter Erweiterung des Prüfungszeitraums[98] durchgeführt, so erweitert sich dadurch nicht auch die Pflicht des Steuerpflichtigen zur Mitwirkung. Er kann vielmehr von seinem Recht auf Verweigerung der Mitwirkung Gebrauch machen.[99]

2. Erweiterung und Ergänzung des Prüfungsumfangs

a) Ursprüngliche Prüfungsanordnung

Der Umfang der Außenprüfung kann nachträglich **erweitert** oder **ergänzt** werden. Stößt ein Prüfer während einer Außenprüfung auf Gesichtspunkte, die eine **Erweiterung**[100] des bisher in der Prüfungsanordnung festgelegten Prüfungsumfanges als zweckmäßig erscheinen lassen, so ist die Finanzbehörde grundsätzlich nicht gehindert, die bereits erteilte Prüfungsanordnung zu **ergänzen**[101]**.** Die Ergänzung erfolgt durch eine ebenfalls schriftlich zu erteilende **Ergänzungsanordnung.**

a) Ergänzungsanordnung

In der Ergänzungsanordnung kann sowohl der **zeitliche Umfang** (Besteuerungszeiträume) erweitert, als auch der **sachliche Umfang** (Steuerarten, Sachverhalte[102]) ergänzt werden. Obgleich die Ergänzungsanordnung auf der ursprünglichen Prüfungsanordnung aufbaut, ist sie ein **selbständiger**

---

[98] So BFH, Urteil vom 10.2.1983 – IV R 104 / 79 – BStBl. 1983 II, 286; BFH, Urteil vom 23.7.1985 – VIII R 48 / 85 – BStBl. 1986 II, 433; BFH, Urteil vom 10.4.1990 – VIII R 415 / 83 – BStBl. 1990 II, 721; BFH, Urteil vom 21.6.1994 – VIII R 54 / 92 – BStBl. 1994 II, 678; BFH, Urteil vom 19.8.1998 – XI R 37 / 97 – BStBl. 1999 II, 8.

[99] So auch BFH, Urteil vom 19.8.1998 – XI R 37 / 97 – BStBl. 1999 II, 7; vgl. dazu auch **Mösbauer,** Zum Umfang der Mitwirkungspflicht des Arbeitgebers bei der Lohnsteuer- Außenprüfung, DB 1998, S. 1303 ff..

[100] Zur Erweiterung des Prüfungszeitraums, wenn mit nicht unerheblichen Steuernachforderungen zu rechnen ist (§ 4 Abs. 3 Satz 2 BpO 2000) s. FinMin Nordrhein – Westfalen, Erlaß vom 14.8.1991 – SO 401 – 4 VC 5 – DB 1991, 1958. So nunmehr auch § 5 Abs. 2 Satz 5 BpO 2000.

[101] Bestätigend auch BFH, Urteil vom 13.10.1972 – I R 236 / 70 – BStBl. 1973 II, 74; BFH, Urteil vom 24.10.1979 – VIII R 220 / 78 – BStBl. 1980 II, 143; ebenso BFH, Urteil vom 23.7.1985 – VIII R 48 / 85 – BStBl. 1986 II, 433; BFH, Urteil vom 29.4.1970 – IV R 259 / 69 – BStBl. 1970 II, 714; BFH, Urteil vom 4.11.1987 – II R 102 / 85 – BStBl. 1988 II, 113; FG Bremen, Urteil vom 4.2.1997 – 2 96 111 K 2 – EFG 1997, 777, bes. 778: Auf Grund der gesetzlichen Vorschriften gibt es keine sich gegenseitig ausschließende Zuständigkeit von Außenprüfung und Steuerfahndung. So im Ergebnis auch FG Bremen, Urteil vom 9.1.1996 – 2 95 241 K 2 – EFG 1996, 466 unter ausdrücklicher Bezugnahme auf BFH, Beschluß vom 4.9.1989 – IV B 54 / 89 – BFH / NV 1990, 151; ebenfalls **Birk,** Steuerrecht, 7. Aufl., 2004, S. 144, RdNr. 449.

[102] Solche „bestimmte Sachverhalte“ i.S.d. § 194 Abs. 1 Satz 2 AO sind auch einzelne Besteuerungsgrundlagen, wie z.B. bestimmte Aufwendungen. Vgl. dazu z.B. FG Baden – Württemberg / Freiburg, Urteil vom 24.8.1994 – 2 K 30 / 93 – EFG 1994, 991; **Tipke / Kruse,** AO / FGO, § 194 AO, RdNr. 3. Die Beschränkung der Ergänzungsanordnung auf einen „bestimmten Sachverhalt“ soll aber die Ausnahme bleiben. Vgl. dazu BFH, Urteil vom 5.4.1984 – IV R 244 / 83 – BStBl. 1984 II, 790.

Verwaltungsakt i.S.d. § 118 Satz 1 AO[103], der mit dem Einspruch nach § 347 Abs. 1 Satz 1 Nr. 1 AO angefochten werden kann.
Die Ergänzungsanordnung ist, ebenso wie die ursprüngliche Anordnung, schriftlich zu **begründen**[104].
Es kann jedoch ausreichen, wenn sich die Finanzbehörde auf Prüfungsfeststellungen bezieht, die dem Steuerpflichtigen bekannt sind.[105] Denn die schriftliche Begründung steht nach § 121 Abs. 1 AO unter dem Vorbehalt der Verständniserforderlichkeit.
Nach § 4 Abs. 3 Satz 1 BpO 2000[106] soll bei **anderen** Betrieben als Großbetrieben der Prüfungszeitraum nicht über die drei letzten Besteuerungszeiträume zurückreichen. Dies gilt nach § 4 Abs. 3 Satz 2 BpO 2000 jedoch nicht, wenn z.B. die Besteuerungsgrundlagen nicht ohne Erweiterung des Prüfungszeitraums festgestellt werden können, oder mit nicht unerheblichen[107] Steuernachforderungen[108] oder nicht unerheblichen Steuererstattungen oder – vergütungen zu rechnen[109] ist oder der Verdacht einer Steuerstraftat oder einer Steuerordnungswidrigkeit besteht. Dies zeigt, daß eine **Erweiterung**[110] des zeitlichen Umfangs des Prüfungszeitraums nur in **gewichtigen Fällen** erfolgen soll.[111]
Zutreffend verwies das FinMin. Nordrhein – Westfalen[112] darauf, daß in jedem Fall der Erweiterung des Prüfungszeitraums **alle** Umstände zu berücksichtigen sind, also z.B. Art, Umfang und Größe des Unternehmens, die Höhe der Nachforderung zur Höhe der bisher festgesetzten Steuer, eine eventuelle Zahlungsunfähigkeit des Unternehmens oder die Ungewißheit von Schätzungsparametern, z.B. bei der Zuschätzung von Betriebseinnahmen.
Für die Beurteilung ist auf den **Zeitpunkt der Erweiterung** der Prüfungsanordnung abzustellen.

---

[103] Vgl. dazu **Schick,** in: Hübschmann / Hepp / Spitaler, AO / FGO, § 196 AO, Anm. 248, 249.
[104] Vgl. dazu BFH, Urteil vom 10.2.1983 – IV R 104 / 79 – BStBl. 1983 II, 286. Vgl. auch BFH, Urteil vom
28.4.1988 – IV R 106 / 86 – BStBl. 1988 II, 857; BFH, Urteil vom 20.10.1988 – IV R 104 / 86 – BStBl. 1989 II, 180.
[105] Vgl. dazu z.B. BFH, Urteil vom 6.12.1978 – I R 131 / 75 – BStBl. 1978 II, 162; vgl. auch **Mösbauer,** in: Koch / Scholtz, AO, 5. Aufl., 1996, § 196 AO, Rz. 6.
[106] BStBl. 1987 I, S. 802. Vgl. auch FG Sachsen – Anhalt, Urteil vom 18.5.1999 – I 36 / 97 – EFG 1999, 935.
[107] Ca. 3000.- DM jährlich.
[108] Mit nicht unerheblichen Steuernachforderungen ist zu rechnen, wenn sie nach Abwägung aller Umstände **wahrscheinlich** sind. Die bloße Möglichkeit nicht unerheblicher Steuernachforderungen reicht ebenso wenig aus wie vage Vermutungen. Siehe dazu auch BFH, Urteil vom 1.8.1984 – I R 138 / 80 – BStBl. 1985 II, 350; BFH, Urteil vom 28.4.1988 – IV R 106 / 86 – BStBl. 1988 II, 857; Niedersächs. FG, Urteil vom 26.11.1992 – XI 374 / 90 – EFG 1993, 429, 430; BFH, Urteil vom 19.8.1998 – XI R 37 / 97 – BStBl. 1999 II, 7, bes. 9.
[109] Z.B. auf Grund von Kontrollmaterial; dazu BFH, Urteil vom 13.12.1989 – I R 45 / 84 – BFH / NV 1990, 455; BFH, Urteil vom 19.8.1998 – XI R 37 / 97 – BStBl. 1999 II, 7, bes. 9.
[110] Vgl. dazu BFH, Urteil vom 9.11.1994 – XI R 16 / 94 – BFH / NV 1995, 578; BFH, Urteil vom 19.8.1998 – XI R 37 / 97 – BStBl. 1999 II, 7, bes. 9.
[111] Vgl. in diesem Zusammenhang BFH, Urteil vom 23.8.1994 – VII R 93 / 93 – BFH / NV 1995, 572; BFH, Urteil vom 25.11.1997 – VIII R 4 / 94 – BStBl. 1998 II, 461. Der BFH weist hier darauf hin, daß in einem Fall, in dem die Finanzbehörde eine ohne weiteres zulässige Erweiterungsprüfungsanordnung nicht erlassen hatte, das Interesse an einer materiell-rechtlich gesetzmäßigen und gleichmäßigen Steuerfestsetzung Vorrang haben kann vor dem Interesse an einem formal ordnungsgemäßen Verfahren. Vgl. ergänzend auch BFH, Urteil vom 19.8.1998 – XI R 37 / 97 – BStBl. 1999 II, 7, bes. 8 f. m. weit. Nachw..
[112] FinMin. Nordrhein – Westfalen, Erlaß vom 14.8.1991 – SO 401 – 4 VC 5 – DB 1991,1958.

Bei **Mittelbetrieben** soll die Erweiterung des Prüfungszeitraums unterbleiben, wenn mit Steuernachforderungen von weniger als **3.000,--DM** gerechnet wird.[113]
Bei **Kleinbetrieben** soll die Erweiterung des Prüfungszeitraums unterbleiben, wenn mit Steuernachforderungen von weniger als **1.000,--DM** gerechnet wird.
Unbedenklich ist es, aus Kenntnissen, die im Rahmen der Außenprüfung erlangt worden sind, Schlußfolgerungen auf tatsächliche Gegebenheiten während des Zeitraums **vor** dem Prüfungszeitraum zu ziehen.[114]
Einer **Erweiterung** des Prüfungszeitraums bedarf es in diesem Falle **nicht.**
Im Falle solcher Schlußfolgerungen ist der Steuerpflichtige davon in **Kenntnis** zu setzen. Dies kann im Rahmen der **Schlußbesprechung** aber auch **außerhalb** geschehen.
Die Tatsache der Information[115] ist **aktenkundig** zu machen.
Ebenso ist es **aktenkundig** zu machen, wenn von einer nach objektiven Kriterien gebotenen Erweiterung des Prüfungszeitraums **abgesehen** wird.

3. Verkürzung des Prüfungszeitraums

Ein Prüfungszeitraum kann nicht nur erweitert, sondern auch **verkürzt** werden. Für diesen Fall unterliegen die Tatsachen, die in dem Zeitraum ermittelt wurden, der nicht mehr von der Prüfungsanordnung umfaßt wird, dem Verwertungsverbot.[116]

III. Form der Prüfungsanordnung

1. Schriftform

§ 196 AO schreibt für Prüfungsanordnungen die **Schriftform** vor. Die Prüfungsanordnung ist „schriftlich zu erteilen".[117]
Die Verfügung erfolgt via „Dreier-Durchschreibe-Formular":
a) Das **Original** der Verfügung (erster-weißer-Bogen) ist für den Prüfungsadressaten[118] bestimmt.
b) Die erste **Ausfertigung** der Verfügung (zweiter-gelber-Bogen) erhält der zuständige Teilbezirk des Finanzamts (Veranlagungsstelle).
c) Die zweite **Ausfertigung** der Verfügung (dritter-grüner-Bogen) erhält die zuständige Bp-Stelle.[119]

Die **Vorder**seiten des Originals (in der Amtssprache: „Reinschrift der Prüfungsanordnung") und der beiden Ausfertigungen sind inhaltlich identisch.

---

[113] Siehe dazu BFH, Urteil vom 28.4.1988 – IV R 106 / 86 – BStBl. 1988 II, 857.
[114] BFH, Urteil vom 28.8.1987 – III R 189 / 84 – BStBl. 1988 II, 2.
[115] Dazu **Mösbauer,** Der Informationsanspruch des Steuerpflichtigen bei Durchführung einer steuerlichen Außenprüfung, StBp 2001, S. 217 ff..
[116] So auch OFD Bremen, Verfügung vom 12.7.1978 – StEK AO 1977, § 196 AO Nr. 2.
[117] Vgl. dazu BFH, Urteil vom 12.1.1983 – IV R 211 / 82 – BStBl. 1983 II, 360; BFH, Urteil vom 16.12.1987 – I R 238 / 83 – BStBl. 1988 II, 233; BFH, Urteil vom 28.4.1983 – IV R 255 / 82 – BStBl. 1983 II, 621; BFH, Urteil vom 24.1.1985 – IV R 232 / 82 – BStBl. 1985 II, 568; BFH, Urteil vom 10.2.1983 – IV R 104 / 79 – BStBl. 1983 II, 286; BFH, Urteil vom 13.3.1987 – III R 236 / 83 – BStBl. 1987 II, 664; BFH, Urteil vom 7.11.1985 – IV R 6 / 85 – BStBl. 1986 II, 435.
[118] Ein **weiterer** gleichinhaltlicher – weißer –erster Abdruck kann für den steuerlichen Vertreter bestimmt sein.
[119] Die Ausfertigung für die Betriebsprüfungsstelle ist nicht zwingend grün; sie kann auch blau sein, wie z.B. APr 022 – Prüfungsanordnung für eine Betriebsprüfung OFD München / Nürnberg – 5 / 10 000 Sätze **4-fach!** / 1.00 – 15 / 2857 / 00 zeigt.

Die **Rück**seiten unterscheiden sich wesentlich:
So enthält die sog. „Reinschrift der Prüfungsanordnung“ auf der Rückseite regelmäßig ein Merkblatt über die wesentlichen Rechte und Mitwirkungspflichten des Steuerpflichtigen bei der Außenprüfung und eine Rechtsbehelfsbelehrung.

a) Die Ausfertigung für den Teilbezirk des Finanzamts kann auf der Rückseite außer dem Hinweis auf die Rückseite des Originals vor allem den verfügenden Hinweis der „Wiedervorlage bis zum Eingang der Steuerakten und des Prüfungsberichts enthalten.
b) Die Ausfertigung für die Bp-Stelle enthält auf der Rückseite außer dem Hinweis auf die Rückseite des Originals vor allem den verfügenden Hinweis „zu den Arbeitsunterlagen des Prüfers.“

Die Kenntnis des Inhalts (Rückseite) der einzelnen Ausfertigungen der Verfügung ist für die Praxis deshalb von Relevanz, da er zeigt, welche Stellen des Finanzamts z.B. „Durchschriften“ erhalten, um zu agieren. Sie zeigt ferner, daß wegen der „Wv-Verfügung“ nach Eingang der Steuerakten und des Prüfungsberichts mit einem Agieren des Tbz. des Finanzamts zu rechnen ist. Ein Blick auf die Rückseite der für die Bp-Stelle bestimmten Ausfertigung der Verfügung, die nach Nr. 5 „zu den Arbeitsunterlagen des Prüfers“ zu nehmen ist, zeigt unter Nr. 4, ob und wann die „Prüfungsanordnung durch den Prüfer ausgehändigt“ worden ist, und unter Nr. 6 den „Beginn der BP am ... um ... Uhr“ sowie den „Ort der BP“.

2. Rechtsbehelfsbelehrung

Seit dem 1.1.1987 **müssen**[120] Prüfungsanordnungen ferner mit einer **Rechtsbehelfsbelehrung** i.S.d. § 356 AO versehen sein.
Sie lautet regelmäßig:
„Sie können gegen diese Prüfungsanordnung als Verwaltungsakt den Rechtsbehelf des Einspruchs einlegen. Der Einspruch ist bei dem Finanzamt, das die Prüfungsanordnung erlassen hat, schriftlich einzureichen oder zur Niederschrift zu erklären.“
„Die Frist für die Einlegung des Rechtsbehelfs beträgt einen Monat. Sie beginnt mit dem Ablauf des Tages, an dem Ihnen die Prüfungsanordnung bekannt gegeben worden ist. Bei Zusendung durch einfachen Brief oder Zustellung durch eingeschriebenen Brief gilt die Bekanntgabe am dritten Tag nach Aufgabe zur Post als bewirkt, es sei denn, daß der Verwaltungsakt zu einem **späteren** Zeitpunkt zugegangen ist. Bei Zustellung mit Postzustellungsurkunde bzw. gegen Empfangsbekenntnis ist Tag der Bekanntgabe der Tag der Zustellung.“
„Bei der Einlegung des Rechtsbehelfs soll angegeben werden, inwieweit der Verwaltungsakt angefochten und seine Aufhebung beantragt wird. Ferner sollen die Tatsachen, die zur Begründung dienen und die Beweismittel angeführt werden.“
Durch diese gesetzliche Neuregelung soll für alle Beteiligten die **Rechtssicherheit** im Außenprüfungsverfahren **erhöht** werden.
Bei Prüfungsanordnungen **ohne** Rechtsbehelfsbelehrung beträgt die Rechtsbehelfsfrist nach § 356 Abs. 2 Satz 1 AO ein Jahr seit Bekanntgabe der Prüfungsanordnung.

---

[120] Damit enthält § 196 AO, anders als § 121 AO, eine **spezielle gesetzliche Verpflichtung** zur Rechtsbehelfsbelehrung. Anders, aber wohl unzutreffend OFD München, Verfügung betr. Anordnung von Außenprüfungen vom 5.3.1984 – S 0403 – 7 St 31 - Steuererlasse (C. H. Beck) Nr. 800, § 196 AO / 1, Nr. 5 (i.d.F.v. Okt. 1999).

3. Merkblatt

Regelmäßig versenden die Finanzbehörden zusätzlich zur Prüfungsanordnung noch ein sog. **Merkblatt**[121] über die wesentlichen Rechte und Pflichten[122] des Steuerpflichtigen.[123 - 131]

---

[121] Dieses Merkblatt wird gelegentlich auch als „Hinweise" oder „**Hinweis**" (wie z.B. APr 022 OFD München / Nürnberg – 100 – 15 / 2857 / 00) bezeichnet.

[122] § 5 Abs. 2 Satz 2 BpO 2000: „Ihr (sc.l. der Prüfungsanordnung) sind Hinweise auf die wesentlichen Rechte und Pflichten des Steuerpflichtigen bei der Außenprüfung beizufügen."

[123 - 131] BMF, Schreiben betr. Hinweise über die wesentlichen Rechte und Mitwirkungspflichten bei der Außenprüfung (§ 5 Abs. 2 Satz 2 BpO) vom 13.3.1989 – BMF IV A 7 – S 1506 – 5 / 89 – Steuererlasse (C. H. Beck) Nr. 800, § 200 AO / 1 (i.d.F.v. Okt. 1999).Die Außenprüfung soll dazu beitragen, daß die Steuergesetze gerecht und gleichmäßig angewendet werden; deshalb ist auch zu Ihren Gunsten zu prüfen (§ 199 Abgabenordnung – AO –).

Beginn der Außenprüfung

Wenn Sie wichtige Gründe gegen den vorgesehenen Zeitpunkt der Prüfung haben, können Sie beantragen, daß ihr Beginn hinausgeschoben wird (§ 197 Abs. 2 AO). Wollen Sie wegen der Prüfungsanordnung Rückfragen stellen, wenden Sie sich bitte an die prüfende Stelle und geben Sie hierbei den Namen des Prüfers an. Über den Prüfungsbeginn sollten Sie ggf. Ihren Steuerberater unterrichten.

Der Prüfer wird sich zu Beginn der Außenprüfung unter Vorlage seines Dienstausweises bei Ihnen vorstellen (§ 198 AO).

Ablauf der Außenprüfung

Haben Sie bitte Verständnis dafür, daß Sie für einen reibungslosen Ablauf der Prüfung zur Mitwirkung verpflichtet sind. Sie können darüber hinaus auch sachkundige Auskunftspersonen benennen.

Legen Sie bitte dem Prüfer Ihre Aufzeichnungen, Bücher, Geschäftspapiere und die sonstigen Unterlagen vor, die er benötigt, erteilen Sie ihm die erbetenen Auskünfte und erläutern Sie ggf. die Aufzeichnungen (§ 200 Abs. 1 AO).

Stellen Sie ihm zur Durchführung der Außenprüfung bitte einen geeigneten Raum oder Arbeitsplatz sowie die erforderlichen Hilfsmittel unentgeltlich zur Verfügung (§ 200 Abs. 2 AO).

Werden die Unterlagen nur in Form der Wiedergabe auf einem Datenträger aufbewahrt, kann der Prüfer verlangen, daß Sie auf Ihre Kosten diejenigen Hilfsmittel zur Verfügung stellen, die zur Lesbarmachung erforderlich sind, bzw. daß Sie auf Ihre Kosten die Unterlagen unverzüglich ganz oder teilweise ausdrucken oder ohne Hilfsmittel lesbare Reproduktionen beibringen (§ 147 Abs. 5 AO).

Über alle Feststellungen von Bedeutung wird Sie der Prüfer rechtzeitig während der Außenprüfung unterrichten, es sei denn, Zweck und Ablauf der Prüfung werden dadurch beeinträchtigt (§ 199 Abs. 2 AO).

Ergebnis der Außenprüfung

Wenn sich die Besteuerungsgrundlagen durch die Prüfung ändern, haben Sie das Recht auf eine Schlußbesprechung. Sie erhalten dabei Gelegenheit, einzelne Prüfungsfeststellungen nochmals zusammenfassend zu erörtern (§ 201 AO).

Über das Ergebnis der Außenprüfung ergeht bei Änderung der Besteuerungsgrundlagen ein schriftlicher Prüfungsbericht, der Ihnen auf Antrag vor seiner Auswertung übersandt wird. Zu diesem Bericht können Sie Stellung nehmen (§ 202 AO).

Rechtsbehelfe können Sie allerdings nicht gegen den Bericht, sondern nur gegen die aufgrund der Außenprüfung ergehenden Steuerbescheide einlegen.

Wird bei Ihnen eine abgekürzte Außenprüfung durchgeführt, findet eine Schlußbesprechung nicht statt (§ 203 AO). Anstelle des schriftlichen Prüfungsberichts erhalten Sie spätestens mit den Steuer- / Feststellungsbescheiden eine schriftliche Mitteilung über die steuerlich erheblichen Prüfungsfeststellungen.

Ablauf der Außenprüfung beim Verdacht einer Steuerstraftat oder einer Steuerordnungswidrigkeit

Ergibt sich während der Außenprüfung der Verdacht einer Steuerstraftat oder einer Steuerordnungswidrigkeit gegen Sie, so dürfen hinsichtlich des Sachverhalts, auf den sich der Verdacht bezieht, die Ermittlungen bei Ihnen erst fortgesetzt werden, wenn Ihnen die Einleitung eines Steuerstraf- oder Bußgeldverfahrens mitgeteilt worden ist (vgl. § 397 AO). Soweit die Prüfungsfeststellungen auch für Zwecke eines Steuerstraf- oder Bußgeldverfahrens verwendet werden können, darf Ihre Mitwirkung bei der Aufklärung der Sachverhalte nicht erzwungen werden (§ 393 Abs. 1 Satz 2 AO). Wirken Sie bei der Aufklärung der Sachverhalte nicht mit (vgl. §§ 90, 93 Abs. 1, 200 Abs. 1 AO), können daraus allerdings im Besteuerungsverfahren für Sie nachteilige Folgerungen gezogen werden; ggf. sind die

Das Merkblatt ist aber kein gesetzlicher Bestandteil der Prüfungsanordnung. Deshalb berührt ein Fehlen dieses Merkblattes auch nicht die Wirksamkeit der Prüfungsanordnung.[132]

4. Mündliche Vorabsprachen

Die für die Prüfungsanordnung gebotene Schriftform schließt es jedoch nicht aus, daß die Finanzbehörde gewisse **mündliche Vorabsprachen** über Ort und Beginn der Außenprüfung mit dem Steuerpflichtigen oder dessen Berater trifft.

IV. Zuständigkeit für die Erteilung der Prüfungsanordnung

1. Sachliche Zuständigkeit

a) Für die Erteilung einer Prüfungsanordnung

Nach § 196 AO ist für die **Erteilung** einer Prüfungsanordnung **„die Finanzbehörde"** zuständig.
Finanzbehörde kann jede Behörde oder jeder Behördenteil sein, die bzw. der mit der Verwaltung von Finanzen befaßt ist, also z.B. das Bundesministerium der Finanzen, als die oberste Bundesfinanzbehörde (§ 1 Nr. 1 FVG), ein Landesfinanzministerium, als die für die Finanzverwaltung zuständige oberste Landesbehörde (§ 2 Abs. 1 Nr. 1 FVG), das Bundesamt für Finanzen, eine Oberfinanzdirektion als Mittelbehörde sowohl des Bundes als auch der Länder (§§ 1 Nr. 3, 2 Abs. 1 Nr. 2 FVG), ein Finanzamt als örtliche Landesbehörde (§ 2 Abs. 1 Nr. 3 FVG), eine Gemeindefinanzbehörde, oder Teile derselben.[133]
Regelmäßig werden die Außenprüfungen durch die Landesfinanzbehörden / Finanzämter[134] angeordnet.

b) Für die Durchführung von Außenprüfungen

Da der Sinn des § 196 AO darin liegt, den Steuerpflichtigen von einer bevorstehenden Außenprüfung zu unterrichten, damit dieser sich auf die Prüfung vorbereiten und gegebenenfalls Maßnahmen ergreifen kann, und da es sich bei der Prüfungsanordnung um einen Verwaltungsakt des Außenprüfungs-Verfahrens i.w.S. handelt, kann für die Erteilung einer Prüfungsanordnung keine andere Behörde sachlich zuständig sein, als die, die nach § 195 AO für die **Durchführung** von Außenprüfungen an sich zuständig ist.[135]

c) Bei Übertragung der Durchführung auf eine andere Finanzbehörde

---

Besteuerungsgrundlagen zu schätzen, wenn eine zutreffende Ermittlung des Sachverhalts deswegen nicht möglich ist (§ 162 AO).

[132] Vgl. dazu FG Berlin, Urteil vom 25.6.1984 – VIII 311 / 83 – EFG 1985, 157.

[133] So auch **Rößler,** Häufige Fehler in Außenprüfungsanordnungen, BB 1981, S. 1766.

[134] Siehe dazu §§ 12 Abs. 2 und 17 Abs. 2 FVG. Sie grenzen die Zuständigkeit der Finanzämter von der der Hauptzollämter ab.

[135] So auch **Schick,** in: Hübschmann / Hepp / Spitaler, AO / FGO, § 196 AO, Anm. 215.

Die Durchführung der Außenprüfung kann zwar nach § 195 Satz 2 AO auf eine andere Finanzbehörde übertragen werden[136], die Prüfungsanordnung aber selbst ist – entgegen der Verwaltungsanweisung in § 5 Abs. 1 Satz 2 BpO 2000 von der nach § 195 Satz 1 AO für die Besteuerung **zuständigen Finanzbehörde** zu erteilen.[137] Dies sind regelmäßig die **Landesfinanzbehörden;** soweit die verfassungsmäßige Verwaltungshoheit nicht durch Art. 108 Abs. 1 Satz 1 GG den Bundesfinanzbehörden übertragen ist.

2. Örtliche Zuständigkeit

Die Außenprüfung ist ein Verfahren, das im Rahmen der Besteuerung durchgeführt wird. Die Anordnung dieser Prüfung ist ein Verwaltungsakt nach § 118 Satz 1 AO, der von der für die Besteuerung zuständigen Finanzbehörde i.S.d. § 195 Satz 1 AO zu erlassen ist. Aus diesem Grunde kann für die Erteilung der Prüfungsanordnung nur das **Veranlagungsfinanzamt** bzw. das für die gesonderte Feststellung zuständige Finanzamt örtlich zuständig sein.[138]

3. Funktionelle Zuständigkeit

a) ... eine Frage der Organisationsverteilung?

Nach überwiegender Meinung in Literatur[139] und Rechtsprechung[140], die das Finanzamt lediglich als „Einmannbehörde" sehen, ist es eine Frage der Organisationsverteilung, wer vom Vorsteher mit der Zeichnung der Prüfungsanordnung beauftragt wird.

b) ... eine Frage der Entscheidungsbefugnis

Nach meinem Verständnis kann aber für die Prüfungsanordnung nur die **Veranlagungsstelle** funktionell **zuständig** sein, denn nach § 195 Satz 1 AO hat nur sie hier die Entscheidungsbefugnis.[141]
Denn Sinn und Zweck der Außenprüfung ist die Feststellung von Besteuerungsgrundlagen und die Besteuerung ist Aufgabe der Veranlagungsstelle. Deshalb kann der Versuch nicht überzeugen, Anordnungsbefugnisse Stellen zu überantworten, die für die Besteuerung eigentlich gar nicht zuständig sind.[142]
Dafür spricht wohl auch eine Reihe von Urteilen des BFH[143], die dem Außenprüfer de iure lediglich die Funktion eines Ermittlungsgehilfen[144] des Finanzamts zuerkennen.

---

[136] Vgl. dazu auch **Mösbauer,** Steuerliche Außenprüfungen durch beauftragte „andere" Finanzbehörden mit originären Prüfungskompetenzen, StBp 1996, S. 169 ff..

[137] So im Ergebnis auch **Schick,** in: Hübschmann / Hepp / Spitaler, AO / FGO, § 106 AO, Anm. 215.

[138] So auch **Schick,** in: Hübschmann / Hepp / Spitaler, AO / FGO, § 196 AO, Anm. 215.

[139] Statt vieler **Papperitz,** Neue Urteile des Bundesfinanzhofes zur Anordnung von Außenprüfungen, DStR 1983, S. 563 ff..

[140] Statt vieler BFH, Urteil vom 12.1.1983 – IV R 211 / 82 – BStBl. 1983 II, 360: „Die Anordnung kann vom Leiter der Betriebsprüfungsstelle veranlaßt und unterschrieben werden."

[141] So auch **Rößler,** Häufige Fehler in Außenprüfungsanordnungen, BB 1981, S. 1766.

[142] Vgl. auch **Mösbauer,** in: Koch / Scholtz, AO, 5. Aufl., 1996, § 196 AO, Rz. 7 / 2; FG Bremen, Urteil vom 9.1.1996 – 2 95 241 K 2 – EFG 1996, 466 (Das für die gesonderte Feststellung nach § 180 Abs. 1 Nr. 1, Nr. 2 Buchst. b AO zuständige Betriebs-FA ist auch für den Erlaß einer Prüfungsanordnung betr. Gewinnfeststellung und Einheitswert des Betriebsvermögens zuständig). Vgl. ergänzend auch BFH, Urteil vom 25.1.1989 – X R 185 / 87 – BStBl. 1989 II, 483.

[143] Statt vieler BFH, Urteil vom 22.8.1968 – IV R 1 / 67 – BStBl. 1969 II, 118.

V. Begründung

1. Schriftliche Begründung

Die Prüfungsanordnung nach § 196 AO ist ein schriftlicher Verwaltungsakt i.S.d. § 118 Satz 1 AO. Sie ist daher nach § 121 Abs. 1 AO **schriftlich** zu begründen, soweit dies zu ihrem Verständnis erforderlich ist.[145]
Nach § 126 Abs. 1 Nr. 2 AO kann die erforderliche Begründung auch nachträglich – bis zum Abschluß des außergerichtlichen Rechtsbehelfsverfahrens – gegeben werden. Ausnahmsweise kann es sogar ausreichend sein, wenn die erforderliche Begründung in der Entscheidung über den außergerichtlichen Rechtsbehelf enthalten ist.[146]

2. Mündliche Begründung

Eine **mündliche** Begründung kann ausreichend sein.[147]

3. Begründung in den Fällen des § 193 Abs. 1 AO

Bei Steuerpflichtigen i.S.d. § 193 Abs. 1 AO ist es regelmäßig ausreichend, wenn in der Prüfungsanordnung § 193 Abs. 1 AO als Rechtsgrundlage angegeben wird.[148]
Einer besonderen Begründung bedarf es in den Fällen des § 193 Abs. 1 AO nur dann, wenn die Außenprüfung außerhalb des allgemeinen Prüfungsrhythmus aus besonderem Anlaß stattfindet[149], oder wenn die Prüfung über den in § 4 Abs. 3 Satz 1 BpO 2000 in Aussicht genommenen Prüfungszeitraum von drei Besteuerungszeiträumen hinaus ausgedehnt wird.[150]

4. Begründung in den Fällen des § 193 Abs. 2 Nr. 2 AO

Bei Steuerpflichtigen i.S.d. § 193 Abs. 2 Nr. 2 AO ist eine Außenprüfung nur unter bestimmten Voraussetzungen zulässig. Daher ist in diesen Fällen eine Begründung erforderlich, aus der hervorgeht, daß die für die Besteuerung erheblichen Verhältnisse

---

[144] Vgl. in diesem Zusammenhang § 2 Abs. 1 Satz 1 BpO 2000: „Zweck der Außenprüfung ist die **Ermittlung** und Beurteilung der steuerlich bedeutsamen Sachverhalte, um die Gleichmäßigkeit der Besteuerung sicherzustellen (§§ 85, 199 Abs. 1 AO)."

[145] Vgl. dazu z.B. BFH, Urteil vom 28.4.1983 – IV R 255 / 82 – BStBl. 1983 II, 621; BFH, Urteil vom 17.11.1992 – VIII R 25 / 89 – BStBl. 1993 II, 148.

[146] So z.B. BFH, Urteil vom 24.1.1985 – IV R 232 / 82 – BStBl. 1985 II, 568; BFH, Urteil vom 17.11.1992 – VIII R 25 / 89 – BStBl. 1993 II, 148.

[147] BFH, Urteil vom 28.4.1983 – IV R 255 / 82 – BStBl. 1983 II, 621.

[148] Vgl. dazu FG Köln, Urteil vom 28.7.1989 – 7 K 3597 / 87 – EFG 1990, 7; so auch BFH, Urteil vom 2.10.1991 – X R 89 / 89 – BStBl. 1992 II, 220.

[149] Vgl. dazu z.B. BFH, Urteil vom 24.1.1985 – IV R 232 / 82 – BStBl. 1985 II, 568.

[150] BFH, Urteil vom 10.2.1983 – IV R 104 / 79 – BStBl. 1983 II, 286.

der Aufklärung bedürfen[151] und eine Prüfung an Amtsstelle nach Art und Umfang des zu prüfenden Sachverhalts nicht zweckmäßig ist.[152]
Der Hinweis, daß beim Ehegatten des Steuerpflichtigen ohnehin eine Außenprüfung stattfinde, reicht als Begründung nicht aus.[153]

5. Begründung bei nachträglicher Erweiterung[154] oder Ergänzung

Im Falle der **nachträglichen Erweiterung** oder **Ergänzung** einer Prüfungsanordnung liegt mit der sogenannten **Ergänzungsanordnung** ein eigener, selbständiger Verwaltungsakt i.S.d. § 118 Satz 1 AO vor, der wiederum nach § 121 Satz 1 AO einer eigenen Begründung bedarf.[155]
Für diese Begründung kann es jedoch ausreichen, wenn sich die Finanzbehörde auf Prüfungsfeststellungen bezieht, die dem Steuerpflichtigen bereits bekannt sind.[156]
Denkbar ist es auch, daß das Finanzamt die Außenprüfung über den ursprünglichen Prüfungszeitraum hinaus ausdehnt, ohne aber eine Ergänzungsanordnung zu erlassen. Für diesen Fall kommt – mangels Anordnung – kein Einspruch in Betracht. Der Steuerpflichtige ist vielmehr darauf beschränkt, die Rechtswidrigkeit der Prüfungserweiterung dadurch zu rügen, daß er den auf Grund der Außenprüfung erlassenen Steuerbescheid mittels Einspruchs nach § 347 Abs. 1 Satz 1 Nr. 1 AO anficht.[157]

VI. Rechtsbehelfsbelehrung

1. Rechtslage bis 1.1.1987

Bis 1.1.1987 konnte eine Prüfungsanordnung ohne Rechtsbehelfsbelehrung erteilt werden. Aus diesem Grund war nach § 356 Abs. 2 Satz 1 AO die Prüfungsanordnung noch innerhalb eines ganzen Jahres nach ihrer Bekanntgabe mittels Beschwerde (§ 349 AO) anfechtbar.
Dies führte in der Praxis zu großen Rechtsunsicherheiten bei den Beteiligten. Vor allem aber entstanden Schwierigkeiten für die Finanzbehörde, da eine rechtswidrige Prüfungsanordnung ein Verwertungsverbot hinsichtlich der Prüfungsfeststellungen nach sich ziehen kann. Es bestand also immer ein Jahr lang Unsicherheit, ob die Verwertung zulässig ist oder nicht.

2. Rechtslage seit dem 1.1.1987

---

[151] Z.B. weil der Verdacht besteht, daß der Steuerpflichtige seine Steuererklärung nicht vollständig oder unrichtig abgegeben hat. Vgl. in diesem Zusammenhang **Mösbauer,** Zur Strafbarkeit bei Steuerhinterziehung, DStZ 1985, S. 559 ff.; **Mösbauer,** Grundprobleme des Steuerstraf- und Steuerordnungswidrigkeitenrechts, Teil I, SteuerStud 1985, S. 226 ff.; **Mösbauer,** Steuerstraf- und Steuerordnungswidrigkeitenrecht, 2. Aufl., 2000, § 12 (S. 101 ff.).

[152] So im Ergebnis auch BFH, Urteil vom 13.3.1987 – III R 236 / 83 – BStBl. 1987 II, 664; BFH, Urteil vom 5.11.1981 – IV R 179 / 79 – BStBl. 1982 II, 208.

[153] Vgl. dazu BFH, Urteil vom 7.11.1985 – IV R 6 / 85 – BStBl. 1986 II, 435.

[154] Dazu vgl. BFH, Urteil vom 24.10.1979 – VIII R 220 / 78 – BStBl. 1980 II, 143. Vgl. auch § 5 Abs. 2 Satz 5 BpO 2000.

[155] Vgl. dazu BFH, Urteil vom 10.2.1983 – IV R 104 / 79 – BStBl. 1983 II, 286.

[156] Vgl. dazu BFH, Urteil vom 6.12.1978 – I R 131 / 75 – BStBl. 1978 II, 162.

[157] Siehe dazu auch **Mösbauer,** in: Koch / Scholtz, AO, 5. Aufl., 1996, § 196 AO, Rz. 9; ferner BFH, Urteil vom 17.7.1985 – I R 214 / 82 – StRK AO 1977, § 196 AO R 11.

Durch Art. 1 Nr. 37 des Steuerbereinigungsgesetzes 1986 wurde deshalb, mit Wirkung vom 1.1.1987, in den § 196 AO die Ergänzung **„mit Rechtsbehelfsbelehrung (§ 356 AO)“** eingefügt, und qua via die Rechtsbehelfsfrist verkürzt. Der Steuerpflichtige hat die Möglichkeit, nach § 347 Abs. 1 Satz 1 Nr. 1 AO i.V.m. § 355 Abs. 1 Satz 1 AO innerhalb eines Monats nach Bekanntgabe der Prüfungsanordnung Einspruch einzulegen. Darüber ist er zu belehren. Der Steuerpflichtige verliert sein Rechtsbehelfsrecht nicht dadurch, daß er sich zunächst widerspruchslos auf eine Außenprüfung einläßt.[158]

Der Einspruch hat gemäß § 361 AO keine aufschiebende Wirkung. Dies bedeutet, daß die Prüfung so nicht verhindert werden kann. Nach Abschluß der Prüfung tritt jedoch Erledigung ein. Nunmehr kann der Steuerpflichtige gemäß § 100 Abs. 1 Satz 4 FGO Fortsetzungsfeststellungsklage erheben und damit die Verwertung rechtswidrig erlangter Prüfungsergebnisse verhindern.[159]

VII. Prüfungsanordnungen gegen Ehegatten

1. Gesonderte Prüfungsanordnungen

Ehegatten sind, als zwei selbständige, voneinander unabhängige Rechtssubjekte, grundsätzlich getrennt steuerpflichtig. Daran ändert sich auch nichts, wenn die Ehegatten nach § 26 b EStG zusammenveranlagt werden.[160]

Deshalb ist **jedem** Ehegatten, dessen Verhältnisse geprüft werden sollen, eine **gesonderte** Prüfungsanordnung zu erteilen.[161]

Die beiden Prüfungsanordnungen dürfen jedoch in **einer** „Verfügung“ zusammengefaßt werden[162], insbesondere dann, wenn die Ehegatten durch die gemeinsame Abgabe der Einkommensteuererklärungen sich gegenseitig zur Empfangnahme im Besteuerungsverfahren ermächtigt haben.[163]

Eine nur gegenüber **einem** Ehegatten angeordnete Außenprüfung kann nicht ohne weitere Anordnung auf den anderen Ehegatten ausgedehnt werden.

Eine gleichwohl gegenüber dem anderen Ehegatten durchgeführte Außenprüfung ist **rechtswidrig** und führt zu einem **Verwertungsverbot** der hierbei festgestellten Tatsachen.

Demgegenüber genügt eine **zusammengefaßte**, an beide Ehegatten gerichtete, Prüfungsanordnung, in der die Adressaten mit dem gemeinsamen Nachnamen, aber nur mit einem Vornamen bezeichnet sind, dem Bestimmtheitserfordernis.[164]

Stellt sich während der Außenprüfung bei einem Steuerpflichtigen heraus, daß er nicht, wie angenommen, Einzelunternehmer ist, sondern daß zwischen ihm als Unternehmer und seiner Ehefrau eine **Mitunternehmerschaft** besteht, so wird eine

[158] BFH, Urteil vom 7.11.1985 – IV R 6 / 85 – StRK AO 1977, § 194 AO R 9; BFH, Urteil vom 7.11.1985 – IV R 6 / 85 – StRK AO 1977, § 193 AO R 19.

[159] So auch **Birk,** Steuerrecht, 7. Aufl., 2004, S. 144, RdNr. 449.

[160] Vgl. dazu **Mösbauer,** in: Koch / Scholtz, AO, 5. Aufl., 1996, § 193 AO, Rz. 2.

[161] Vgl. dazu FG Rheinland – Pfalz, Urteil vom 5.10.1981 – V 27 / 79 – EFG 1982, 333; BFH, Urteil vom 25.5.1976 – VII R 59 / 75 – BStBl. 1977 II, 18.

[162] Vgl. dazu BFH, Urteil vom 14.2.1978 – VII R 51 / 77 – BStBl. 1978 II, 416; BFH, Urteil vom 28.10.1988 – III R 52 / 86 – BStBl. 1989 II, 257; FG Düsseldorf, Urteil vom 31.1.1977 – VIII 8 / 76 – EFG 1977, 344.

[163] So auch OFD München, Verfügung betr. Anordnung von Außenprüfungen vom 5.3.1984 – S 0403 – 7 St 31 – Steuererlasse (C. H. Beck) Nr. 800, § 196 AO / 1, Nr. 3.2 (i.d.F.v. Okt. 1999), unter ausdrücklicher Bezugnahme auf BFH, Urteil vom 5.11.1981 – IV R 179 / 79 – BStBl. 1982 II, 208.

[164] So auch BFH, Urteil vom 14.3.1990 – X R 104 / 88 – BStBl. 1990 II, 612 ff..

besondere Prüfungsanordnung gegen die Eheleute in Mitunternehmereigenschaft erforderlich. Unterbleibt diese, so führt dies zu einem Verwertungsverbot hinsichtlich der Prüfungsergebnisse.
Das Ergebnis läßt sich auch nicht dadurch aufweichen, daß man aus der verbotenen **Ver**wertung eine zulässige **Aus**wertung der Ermittlungsergebnisse gegenüber Dritten macht.[165]

2. Ausweichen auf Einzelermittlungen

Bei der Finanzverwaltung herrscht die Auffassung vor, daß auf eine **Mitprüfung** der steuerlichen Verhältnisse des Ehegatten regelmäßig nicht verzichtet werden kann. Sind die Voraussetzungen für eine Mitprüfung des Ehegatten nicht gegeben, weicht die Finanzverwaltung auf **Einzelermittlungen** i.S. des § 88 AO aus.[166] Das Ausweichen erfolgt dadurch, daß die Finanzbehörde den Außenprüfer – **formlos** – mit der Durchführung der Einzelermittlung **beauftragt.**
Die Ehegatten sind davon in Kenntnis zu setzen, wenn im zeitlichen Zusammenhang mit der Außenprüfung beim Steuerpflichtigen (§ 193 Abs. 1 AO) die steuerlichen Verhältnisse des Ehegatten nach § 88 AO „mit-ermittelt" werden.
Die Feststellungen nach § 88 AO sollten in einem vom Prüfungsbericht **getrennten Protokoll** festgehalten werden.
In jedem Falle strebt die Finanzverwaltung eine Mitprüfung nach § 193 Abs. 2 Nr. 2 AO an.

VIII. Wiederholungsprüfungen

1. Zulässigkeit von Wiederholungsprüfungen

In der Praxis kommt es gelegentlich vor, daß eine Außenprüfung **wiederholt** wird.[167] Da aber Steuerbescheide, die auf Grund einer Außenprüfung ergangen sind, nach § 173 Abs. 2 Satz 1 AO nur aufgehoben oder geändert werden dürfen, wenn eine Steuerhinterziehung[168] oder eine leichtfertige Steuerverkürzung[169] vorliegt, dürfte eine dadurch begründete Wiederholungsprüfung nur geringe Bedeutung haben.
Wird jedoch eine Prüfungsanordnung wegen vorliegender Verfahrensfehler aus formellen Gründen durch das Gericht oder die Finanzbehörde **aufgehoben** oder für **nichtig erklärt,** kann die Finanzbehörde eine bereits abgeschlossene Prüfung auf Grund einer fehlerfreien **erneuten Prüfungsanordnung** wiederholen.[170] Für die Durchführung der Wiederholungsprüfung ist es regelmäßig geboten, einen anderen Prüfer mit der Prüfung zu beauftragen, der in eigener Verantwortung bei

[165] So z.B. FG Rheinland – Pfalz, Urteil vom 24.1.1983 – 3 K 55 / 82 – EFG 1983, 591.
[166] Vgl. dazu AEAO (i.d.F. BMF – Schr. v. 14.2.2000 – BStBl. 2000 I, S. 190, ber. S. 495) zu § 193 AO, Nr. 6.
[167] Siehe dazu BFH, Urteil vom 24.1.1989 – VII R 35 / 86 – BStBl. 1989 II, 440; BFH, Urteil vom 7.11.1985 – IV R 6 / 85 – BStBl. 1986 II, 435; BFH, Urteil vom 24.8.1989 – IV R 65 / 88 – BStBl. 1990 II, 2; Hess. FG, Urteil vom 29.1.1988 – 7 K 23 / 84 – EFG 1988, 342.
[168] **Mösbauer,** Steuerstraf- und Steuerordnungswidrigkeitenrecht, 2. Aufl., 2000, § 12 (S. 93 ff.).
[169] **Mösbauer,** a.a.O., § 25 (S. 379 ff.).
[170] Vgl. dazu BFH, Urteil vom 7.11.1985 – IV R 6 / 85 – BStBl. 1986 II, 435.

Durchführung der Prüfung ein selbständiges Urteil über die Erfüllung der steuerlichen Pflichten durch den Steuerpflichtigen gewinnt.[171]

2. Anforderungen an eine Wiederholungsprüfung

Die **Wiederholungsprüfung** darf nicht als bloße äußere Hülle die früheren Feststellungen sanktionieren, sondern muß mit einem durch eigenständige Prüfungsfeststellungen getragenen Ergebnis durchgeführt werden.

3. Zweitprüfung

Von der Wiederholungsprüfung zu unterscheiden ist die sog. **Zweitprüfung**. Bei ihr handelt es sich um eine – erneute – Außenprüfung für einen bereits geprüften Zeitraum. Ihre Anordnung ist grundsätzlich zulässig.[172]

IX. Zwangsmittel

1. Zwangsmittel allgemein

Die Prüfungsanordnung nach § 196 AO ist ein selbständiger Verwaltungsakt i.S.d. § 118 Satz 1 AO.[173]
Als solcher kann sie nach § 328 Abs. 1 Satz 1 AO mit **Zwangsmitteln** durchgesetzt werden; insbesondere durch
- Zwangsgeld nach § 328 Abs. 1 Satz 1 AO i.V.m. § 329 AO,
- Ersatzvornahme nach § 328 Abs. 1 Satz 1 AO i.V.m.§ 330 AO, und
- unmittelbaren Zwang nach § 328 Abs. 1 Satz 1 AO i.V.m. § 331 AO.

2. Zwangsgeld

Das einzelne **Zwangsgeld** darf fünfzigtausend Deutsche Mark, ab 1.1.2002 fünfundzwanzigtausend Euro, nicht übersteigen.

3. Ersatzvornahme

Unter **Ersatzvornahme** versteht man die Vornahme einer Handlung, zu der der Steuerpflichtige verpflichtet ist, durch eine andere Person, auf Kosten des Steuerpflichtigen.

4. Unmittelbarer Zwang

Der **unmittelbare Zwang** kann auch darin bestehen, daß die Finanzbehörde die vom Steuerpflichtigen verweigerte Handlung selbst vornimmt.

---

[171] So AEAO (i.d.F. BMF – Schr. v. 14.2.2000 – BStBl. 2000 I, S. 190, ber. S. 495) zu § 196 AO, Nr. 3 Satz 2.

[172] So ausdrücklich AEAO (i.d.F. BMF – Schr. v. 14.2.2000 – BStBl. 2000 I, S. 190, ber. S. 495) zu § 196 AO, Nr. 4.

[173] Sie wirkt durch ihre nach § 197 Abs. 1 Satz 1 AO vorgeschriebene **Bekanntgabe** nach außen; s. dazu BFH, Urteil vom 14.8.1985 – I R 188 / 82 – BStBl. 1986 II, 2. Vgl. in diesem Zusammenhang auch § 5 Abs. 4 Satz 1 BpO 2000: „Die Prüfungsanordnung und die Mitteilungen nach den Absätzen 2 und 3 sind dem Steuerpflichtigen angemessene Zeit vor Beginn der Prüfung bekanntzugeben, wenn der Prüfungszweck dadurch nicht gefährdet wird."

X. Prüfungsauftrag – Prüfungsanmeldung

1. Prüfungsauftrag

Der Begriff **„Prüfungsauftrag“** ist nicht identisch mit dem Begriff **„Prüfungsanordnung“.** Prüfungsauftrag ist die **Anweisung an den Außenprüfer,** eine bestimmte Außenprüfung durchzuführen. Es handelt sich hierbei **nicht** um einen **Verwaltungsakt** i.S.d. § 118 Satz 1 AO, sondern lediglich um eine **innerdienstliche** Koordinationsmaßnahme.[174]

2. Prüfungsanmeldung

Eine innerdienstliche Koordinationsmaßnahme ist auch die sog. **Prüfungsanmeldung.** Eine solche ist insbesondere dann gegeben, wenn die für die Besteuerung des potentiellen Prüfungsadressaten zuständige Dienststelle diesen für den Prüfungsgeschäftsplan anmeldet.[175]

XI. Fehlerhafte Prüfungsanordungen

1. Nichtige Prüfungsanordnungen

a) Mündliche Prüfungsanordnung

Die Außenprüfung wird durch einen nach § 196 AO **schriftlich** zu erteilenden Verwaltungsakt i.S.d. §§ 118 Abs. 1 Satz 1, 119 Abs. 3 AO, die Prüfungsanordnung, angeordnet. § 196 AO ist lex specialis gegenüber § 119 Abs. 2 Satz 1 AO. Dies bedeutet, daß eine **mündliche** Anordnung somit keine Wirkung entfaltet. Sie ist **nichtig.**

b) Unklare Adressierung

Eine unklare Adressierung dergestalt, daß der zu prüfende Steuerpflichtige nicht eindeutig identifizierbar ist, sowie sonstige **Unklarheiten** oder Widersprüchlichkeiten der Prüfungsanordnung haben ebenfalls die Nichtigkeit der Prüfungsanordnung zur Folge.[176]

Leidet eine Prüfungsanordnung an einem **Bekanntgabemangel,** so kann die Finanzbehörde die **Prüfungsanordnung aufheben.** Diese Aufhebung hindert die Finanzbehörde nicht, die Prüfungsanordnung **erneut zu erlassen.**[177] „Ist eine Prüfungsanordnung aus formellen Gründen durch das Gericht oder die Finanzbehörde

---

[174] Dazu **Salch,** Prüfungsanordnungen und Prüfungsauftrag; Begriff, Rechtsnatur, zulässiger Umfang und Bedeutung, StBp 1970, S. 1; vgl. auch BFH, Urteil vom 10.12.1987 – IV R 77 / 86 – BStBl. 1988 II, 322; BFH, Urteil vom 10.4.1987 – III R 202 / 83 – BStBl. 1988 II, 165; BFH, Urteil vom 3.7.1986 – IV R 258 / 84 – StRK AO 1977, § 196 AO R 18.

[175] Vgl. dazu BFH, Urteil vom 2.10.1991 – X R 89 / 89 – BStBl. 1992 II, 220.

[176] So auch OFD München, Verfügung betr. Anordnung von Außenprüfungen vom 5.3.1984 – S 0403 – 7 St 31 – Steuererlasse (C. H. Beck) Nr. 800, § 196 AO / 1, Nr. 3.9 (i.d.F.v. Okt. 1999).

[177] So auch BFH, Urteil vom 24.8.1989 – IV R 65 / 88 – BStBl. 1990 II, 2 ff..

aufgehoben oder für nichtig erklärt worden, so kann die Finanzbehörde eine erneute Prüfungsanordnung unter Vermeidung des Verfahrensfehlers erlassen."[178] Auch die **unrichtige Adressierung** einer Prüfungsanordnung ist ein solcher Verfahrensfehler.[179] **Kein** Verfahrensfehler, und mithin **keine** unrichtige Adressierung, liegen nach zutreffender Auffassung des BFH[180] dann vor, wenn ein Finanzamt eine Prüfungsanordnung an eine nach ausländischem Recht gegründete Kapitalgesellschaft unter dem Namen und in der Form richtet, die sie sich selbst im Geschäftsverkehr beimißt.

§ 130 Abs. 2 AO **steht** dem Erlaß einer zweiten Prüfungsanordnung **nicht entgegen.** Denn die Aufhebung der ersten Prüfungsanordnung ist nicht ein „begünstigender Verwaltungsakt" i.S.d. § 130 Abs. 2 AO, der durch den Erlaß der zweiten Prüfungsanordnung wieder zurückgenommen wird. Dazu wäre erforderlich, daß die Aufhebung der ersten Prüfungsanordnung **rechtswidrig** wäre. Die Aufhebung ist aber gerade **rechtmäßig.** Denn sie trägt einem Bekanntgabemangel der ersten Prüfungsanordnung Rechnung.

Der Erlaß einer zweiten Prüfungsanordnung ist außerdem auch kein Widerruf eines „rechtmäßig begünstigenden Verwaltungsaktes – Aufhebung der ersten Prüfungsanordnung".

Denn dic Aufhebung des fehlerhaften Verwaltungsaktes „erste Prüfungsanordnung" bereitet den Erlaß eines fehlerfreien Verwaltungsaktes „zweite Prüfungsanordnung" erst vor. Daraus folgt, daß auch § 131 Abs. 2 AO dem Erlaß einer zweiten Prüfungsanordnung **nicht entgegensteht.**[181]

c) Fehlen von Mindesterfordernissen

Zur Nichtigkeit führt ebenso das Fehlen eines der Mindesterfordernisse des § 196 AO, wie z.B. einer Aussage zum Prüfungsumfang.[182]

Die Bezeichnung „Betriebsprüfung" anstelle von Außenprüfung macht eine Prüfungsanordnung weder unbestimmt noch rechtsfehlerhaft[183]; und schon gar nicht nichtig.

d) Nichtige Prüfungsanordnung

Eine nichtige Prüfungsanordnung entfaltet keinerlei Rechtswirkungen. Sie kann demnach auch nicht Grundlage einer Außenprüfung sein.

2. Zeitpunkt für die Beurteilung der Rechtmäßigkeit einer Prüfungsanordnung

---

178 BFH, Urteil vom 24.8.1989 – IV R 65 / 88 – BStBl. 1990 II, 2 ff.; im gleichen Sinne auch schon BFH, Urteil vom 7.11.1985 – IV R 6 / 85 – BFHE 145, 23; BFH, Urteil vom 20.10.1988 – IV R 104 / 86 – BFHE 155, 4.

179 Bestätigend BFH, Urteil vom 20.10.1988 – IV R 104 / 86 – BFHE 155, 4.

180 BFH, Urteil vom 11.12.1991 – I R 66 / 90 – BStBl. 1992 II, 595.

181 Bestätigend auch BFH, Urteil vom 24.8.1989 – IV R 65 / 88 – BStBl. 1990 II, 3; BFH, Urteil vom 25.7.1986 – VI R 216 / 83 – BFHE 147, 215; **Tipke / Kruse,** AO / FGO, 13. Aufl., § 130 AO, Tz. 14; **Hein,** Zum Neuerlaß eines Haftungsbescheids nach „ersatzloser" Aufhebung eines inhaltsgleichen vorangegangenen Bescheids, DStR 1987, S. 175.

182 So auch FG Düsseldorf, Urteil vom 19.1.1984 – II 274 / 83 – AO-EFG 1984, 534 f.; ferner § 5 Abs. 2 Satz 1 BpO 2000.

183 So BFH, Urteil vom 2.10.1991 – X R 89 / 89 – BStBl. 1992 II, 220.

Ob eine Prüfungsanordnung rechtmäßig ist, beurteilt sich, wie bei anderen Ermessensverwaltungsakten auch[184], grundsätzlich nach den Verhältnissen und nach dem Erkenntnisstand im Augenblick ihres **Erlasses.**[185]
Erkenntnisse, die die Behörde **nach Erlaß** einer Prüfungsanordnung erlangt, können weder der Behörde zur Rechtfertigung noch dem Steuerpflichtigen zur Geltendmachung der Rechtswidrigkeit der Prüfungsanordnung dienen.[186]
Die Behörde **hat** auf Antrag die Nichtigkeit einer Prüfungsanordnung festzustellen, wenn der Steuerpflichtige an dieser Feststellung ein berechtigtes Interesse i.S.d. § 125 Abs. 5 Halbs. 2 AO hat.

3. Rechtswidrige Prüfungsanordnung

Ist eine Prüfungsanordnung **fehlerhaft** und damit rechtswidrig, so sind zwei Möglichkeiten zu unterscheiden:

a) Wird die Prüfungsanordnung **bestandskräftig,** ist sie trotz ihrer Rechtswidrigkeit Grundlage der Prüfung. Die auf ihrer Grundlage durchgeführten Prüfungshandlungen sind rechtmäßig.
b) Wird die Prüfungsanordnung **(angefochten und) aufgehoben,** entfaltet sie keinerlei Wirkung.

4. Verwirkung des Anfechtungsrechts

Das Anfechtungsrecht wird **nicht** dadurch **verwirkt,** daß der Steuerpflichtige sich zunächst widerspruchslos auf die Prüfung einläßt.[187]

§ 7 Bekanntgabe der Prüfungsanordnung

I. Die Bekanntgabe

1. Bekanntgabe als Wirksamkeitsvoraussetzung

Um **wirksam**[1] i.S.d. § 124 Abs. 1 AO zu werden, bedarf die inhaltlich hinreichend bestimmte Prüfungsanordnung des § 196 AO, als Verwaltungsakt i.S.d. § 118 AO, der Bekanntgabe[2] durch die zuständige Finanzbehörde.[3] Die Prüfungsanordnung wird

---

[184] Vgl. in diesem Zusammenhang **Mösbauer,** Entschließungs- und Auswahlermessen bei der Festsetzung von Verspätungszuschlägen nach § 152 AO, DStZ 1983, S. 24 ff.; **Mösbauer,** Entschließungs- und Auswahlermessen bei der haftungsmäßigen Inanspruchnahme des (mittelbaren) Geschäftsführers einer GmbH & Co. KG für einbehaltene und angemeldete, aber nicht abgeführte Lohnsteuer, GmbHR 1988, S. 400 ff..

[185] Vgl. BFH, Urteil vom 13.4.1978 – V R 109 / 75 – BStBl. 1978 II, 508.

[186] So auch FG Rheinland – Pfalz, Urteil vom 16.11.1971 – I 7a / 71 – EFG 1972, 218 f..

[187] Vgl. dazu BFH, Urteil vom 7.11.1985 – IV R 6 / 85 – BStBl. 1986 II, 435.

[1] Vgl. dazu **Mösbauer,** Bekanntgabe von Prüfungsanordnungen an vollbeendigte und gelöschte Gesellschaften, StBp 1999, S. 188 ff.; **Mösbauer,** Zeitliche Anforderungen an die Bekanntgabe einer Prüfungsanordnung, StBp 2000, S. 65 ff..

[2] Siehe dazu **Kühn / Hofmann,** AO / FGO, 17.Aufl., 1995, § 197 AO, Bem. 1; **Mösbauer,** in: Koch / Scholtz, AO, 5. Aufl., 1996, § 197 AO, Rzn. 2 ff.; ferner AEAO (i.d.F. BMF – Schr. v. 14.2.2000 –

nach § 124 Abs. 1 Satz 1 AO gegenüber demjenigen, für den sie bestimmt ist, oder der von ihr betroffen wird, in dem Zeitpunkt wirksam, in dem sie ihm **bekanntgegeben**[4] wird.
Die Prüfungsanordnung ist nach § 197 Abs. 1 Satz 1 AO dem Steuerpflichtigen, bei dem die Außenprüfung durchgeführt werden soll, als **Inhaltsadressaten**[5] bekanntzugeben.[6] Er ist selbst Prüfungssubjekt.[7] Die Bekanntgabe kann auch an einen „Zustellungsbevollmächtigten" erfolgen[8], z.B. einen **Bekanntgabeadressaten**[9] oder einen **Empfänger**[10].

2. Erfordernisse der Bekanntgabe

Eine wirksame Bekanntgabe der Prüfungsanordnung **erfordert** also

a) den **Zugang**[11] beim richtigen Adressaten / Empfangsbevollmächtigten[12],

BStBl. 2000 I, S. 190, ber. S. 495) zu § 197 AO: Für die Bekanntgabe der Prüfungsanordnungen gelten die Grundsätze über die Bekanntgabe von Steuerbescheiden entsprechend.

[3] Dazu vgl. **Mösbauer,** Steuerliche Außenprüfungen durch beauftragte „andere" Finanzbehörden mit originären Prüfungskompetenzen, StBp 1996, S. 169 ff.; **Tipke / Kruse,** AO / FGO, 16. Aufl., 1997, § 197 AO, Tz. 1; § 5 Abs. 4 Satz 1 BpO 2000.

[4] Als schriftlicher Verwaltungsakt ist die Prüfungsanordnung nach § 121 Abs. 1 AO erforderlichenfalls zu begründen. Vgl. in diesem Zusammenhang BFH, Urteil vom 3.12.1985 – VII R 17 / 84 – BStBl. 1986 II, 439; BFH, Urteil vom 24.8.1989 – IV R 65 / 88 – BStBl. 1990 II, 2 ff..

[5] **Inhaltsadressat** / Prüfungssubjekt ist derjenige, an den sich die Prüfungsanordnung richtet und dem aufgegeben wird, die Außenprüfung in dem in der Anordnung näher beschriebenen Umfang zu dulden und bei ihr mitzuwirken. AEAO (i.d.F. BMF – Schr. v. 14.2.2000 – BStBl. 2000 I, S. 190, ber. S. 495) zu § 197 Nr. 2.1.
Die Prüfungsanordnung und der Abdruck für den steuerlichen Vertreter (APr 022 weiß) sind von der Außenprüfungsstelle durch **einfachen Brief,** zusammen an den Steuerpflichtigen oder, bei entsprechender Vollmacht, an dessen steuerlichen Vertreter zu übersenden. Der Tag der Versendung ist – auf der Rückseite des bei der Außenprüfungsstelle verbleibenden Abdrucks – festzuhalten.

[6] Siehe dazu BdF, BStBl. 1991 I, 398. Vgl. auch **Tipke,** in: Tipke / Kruse, AO / FGO, § 197 AO.

[7] Zum Rechtsschutzinteresse dessen, der als Prüfungssubjekt die Prüfung zu dulden hat, vgl. BFH, Urteil vom 30.8.1994 – IX R 42 / 91 – BFH / NV 1995, 481; FG München, Beschluß vom 4.8.1997 – 1 V 776 / 96 – EFG 1997, 1286.

[8] Vgl. dazu Hess. FG, Urteil vom 6.10.1989 – 12 K 588 / 89 – EFG 1990, 148.

[9] **Bekanntgabeadressat** ist die Person oder die Personengruppe, der die Prüfungsanordnung bekanntzugeben ist. Der Bekanntgabeadressat ist regelmäßig mit dem Prüfungssubjekt identisch. Soweit die Bekanntgabe an das Prüfungssubjekt nicht möglich oder nicht zulässig ist, kommen Dritte als Bekanntgabeadressaten in Betracht; so z.B. Eltern eines minderjährigen Kindes, Geschäftsführer einer nicht rechtsfähigen Personenvereinigung (vgl. dazu BFH, Urteil vom 12.12.1996 – II R 61 / 93 – BStBl. 1997 II, 299), oder ein Liquidator.
In allen Fällen, in denen der Bekanntgabeadressat nicht personenidentisch ist mit dem Prüfungssubjekt, ist ein erläuternder Zusatz in die Prüfungsanordnung aufzunehmen, aus dem der Grund für die Anordnung beim Bekanntgabeadressaten erkennbar wird; z.B. die Prüfungsanordnung ergeht an Sie als Gesamtrechtsnachfolger der X-KG. So AEAO (i.d.F. BMF – Schr. v. 14.2.2000 – BStBl. 2000 I, S. 190, ber. S. 495) zu § 197 AO, Nr. 2.2 Sätze 1 – 3.

[10] **Empfänger** ist derjenige, dem die Prüfungsanordnung tatsächlich zugehen soll, damit sie durch Bekanntgabe wirksam wird. In der Regel ist dies der Bekanntgabeadressat. Es kann jedoch auch eine andere Person sein. Ist der Empfänger nicht identisch mit dem Prüfungssubjekt, muß im Text der Prüfungsanordnung darauf hingewiesen werden, wer Prüfungssubjekt ist, also „bei wem" die Prüfung stattfinden soll. So AEAO (i.d.F. BMF – Schr. v. 14.2.2000 – BStBl. 2000 I, S. 190, ber. 495) zu § 197 AO, Nr. 2.3 Sätze 1 – 5. Vgl. in diesem Zusammenhang **Mösbauer,** Die Haftung des Insolvenzverwalters im Steuerrecht, DStZ 2000, S. 443 ff..

[11] Vgl. z.B. BFH, Urteil vom 16.11.1989 – IV R 29 / 89 – BStBl. 1990 II, 272; BFH, Urteil vom 25.9.1990 – IX R 84 / 88 – BStBl. 1991 II, 120; FG Hamburg, Urteil vom 20.11.1987 – V 177 / 86 – EFG 1988, 334 (betr. Gesellschaft); BFH, Urteil vom 14.3.1990 – X R 104 / 88 – BStBl. 1990 II, 612 (betr. Ehegatten); OFD München, Verfügung vom 6.2.1984, StEK AO 1977, § 197 Nr. 1.

b) den **Bekanntgabewillen**[13], das Wissen und Wollen der Behörde hinsichtlich der Bekanntgabe,
c) den **behördlichen Akt**[14], durch den bekanntgegeben wird,
d) die **Schriftform**[15] der Prüfungsanordnung nach § 196 AO.

3. Bekanntgabefiktion[16]

Nach § 122 Abs. 2 Halbs. 1 AO **gilt** eine Prüfungsanordnung, die durch die Post übermittelt wird, **als bekanntgegeben:**

a) bei einer Übermittlung im Geltungsbereich der Abgabenordnung am **dritten Tag nach der Aufgabe zur Post,**
b) bei einer Übermittlung an einen Beteiligten **außerhalb** des Geltungsbereiches der Abgabenordnung **einen Monat nach der Aufgabe zur Post.**

4. Durchbrechung der Bekanntgabefiktion

Die Bekanntgabefiktion **gilt nicht,** wenn die Prüfungsanordnung **nicht** oder zu einem **späteren** Zeitpunkt zugegangen ist.
Nach § 122 Abs. 2 Halbs. 2 AO hat im Zweifel die Behörde den Zugang der Prüfungsanordnung und den Zeitpunkt des Zugangs **nachzuweisen.**

5. Zugang

Als schriftlich zu erteilender (§ 196 AO) Verwaltungsakt ist die Prüfungsanordnung **zugegangen,** wenn sie derart in den Machtbereich des Adressaten gelangt ist, daß diesem die Kenntnisnahme nach seinen Verhältnissen normalerweise möglich war und von ihm nach den Gepflogenheiten des Verkehrs auch erwartet werden konnte.[17]
Für den Zugang ist es irrelevant, ob der Adressat von der Prüfungsanordnung **tatsächlich Kenntnis** nimmt oder die fehlende Kenntnis verschuldet.[18]

---

[12] Soll z.B. bei einer BGB-Gesellschaft eine Außenprüfung durchgeführt werden, muß die Prüfungsanordnung an die **Gesellschaft** gerichtet und dieser, nicht den Gesellschaftern, bekanntgegeben werden. So auch BFH, Urteil vom 16.11.1989 – IV R 29 / 89 – BStBl. 1990 II, 272. Eine zusammengefaßte, an **Ehegatten** gerichtete Prüfungsanordnung, in der die Adressaten mit dem gemeinsamen Nachnamen, aber nur mit einem Vornamen bezeichnet sind, genügt dem Bestimmtheitserfordernis. So BFH, Urteil vom 14.3.1990 – X R 104 / 88 – BStBl. 1990 II, 612 ff.. Zur Problematik der Bekanntgabe der Prüfungsanordnung an den Liquidator des in Konkurs gefallenen Geschäftsinhabers bei Prüfung der steuerlichen Angelegenheiten einer atypischen stillen Gesellschaft i.L. vgl. BFH, Beschluß vom 4.10.1991 – VIII B 93 / 90 – BStBl. 1992 II, 59.

[13] Vgl. dazu BFH, Urteil vom 25.9.1990 – IX R 84 / 88 – BStBl. 1991 II, 120; BFH, Urteil vom 12.8.1996 – VI R 18 / 94 – BStBl. 1996 II, 627.

[14] Vgl. dazu BFH, Urteil vom 24.8.1989 – IV R 65 / 88 – BStBl. 1990 II, 2; Hess. FG, Urteil vom 6.10.1989 – 12 K 588 / 89 – EFG 1990, 148; ferner BFH, Urteil vom 25.5.1976 – VII R 59 / 75 – BStBl. 1977 II, 18; OFD Düsseldorf, StEK AO 1977, § 193 Nr. 7.

[15] Siehe dazu BFH, Urteil vom 3.12.1985 – VII R 17 / 84 – BStBl. 1986 II, 439; BFH, Urteil vom 24.8.1989 – IV R 65 / 88 – BStBl. 1990 II, 2.

[16] Dazu **Mösbauer,** Bekanntgabe von Prüfungsanordnungen an vollbeendigte und gelöschte Gesellschaften, StBp 1999, S. 188 ff..

[17] Siehe dazu BFH, Urteil vom 14.8.1975 – IV R 150 / 71 – BStBl. 1976 II, 764; BFH, Beschluß vom 3.8.1978 – VI R 73 / 78 – BStBl. 1978 II, 649; BFH, Urteil vom 3.12.1985 – VII R 17 / 84 – BStBl. 1986 II, 439; BFH, Urteil vom 24.8.1989 – IV R 65 / 88 – BStBl. 1990 II, 2; BFH, Urteil vom 25.9.1990 – IX R 84 / 88 – BStBl. 1991 II, 120.

[18] Siehe auch BFH, Urteil vom 14.8.1975 – IV R 150 / 71 – BStBl. 1976 II, 764; BFH, Beschluß vom 3.8.1978 – VI R 73 / 78 – BStBl. 1978 II, 649; FG Hamburg, Urteil vom 24.1.1985 – V 199 / 82 – EFG 1985, 378; BFH, Urteil vom 25.9.1990 – IX R 84 / 88 – BStBl. 1991 II, 120.

Daher ist z.B. eine Prüfungsanordnung, die in den Hausbriefkasten des Empfängers geworfen worden ist, auch dann wirksam bekanntgegeben, wenn der Empfänger, wegen eines längeren Auslandsurlaubs, ortsabwesend ist.
Die Prüfungsanordnung ist in concreto in den **Machtbereich** des Adressaten gelangt. Die Kenntnisnahme konnte nach den Gepflogenheiten des Verkehrs normalerweise erwartet werden. Die Prüfungsanordnung ist zugegangen.[19]
Für den Zugang ist es **nicht** erforderlich, daß die Prüfungsanordnung förmlich **zugestellt** wird.[20]
Adressat der Bekanntgabe ist der Steuerschuldner (§ 43 AO), der die Außenprüfung dulden soll; dessen steuerliche Verhältnisse überprüft werden sollen. Er ist Prüfungssubjekt und mithin Adressat der Bekanntgabe. Sollen **beide Eheleute** eine Außenprüfung dulden[21], so sind beide selbständige Prüfungssubjekte, mit der Folge, daß **jeder für sich** Adressat der Bekanntgabe ist. Haben die Eheleute Zusammenveranlagung gewählt, hält es die Rechtsprechung – wohl zutreffend – für zulässig, daß die beiden Prüfungsanordnungen gemeinsam, und bei gleicher Adresse, in **einer** Ausfertigung bekanntgegeben werden.[22] Die Rechtsprechung bewertet den Antrag auf Zusammenveranlagung als antizipierte stillschweigende gegenseitige Empfangs-Bevollmächtigung. Allerdings müssen bei jedem Ehegatten die Prüfungsvoraussetzungen der §§ 193 und 194 AO erfüllt sein.[23]
Zutreffend weist AEAO[24] aber darauf hin, daß aus Gründen der Klarheit und Übersichtlichkeit **getrennte** Prüfungsanordnungen an Ehegatten bevorzugt werden sollten. Generell müssen die Prüfungen getrennt angeordnet werden, wenn beide Ehegatten unternehmerisch (jedoch nicht gemeinschaftlich) tätig sind.[25]
Nach § 194 Abs. 2 AO können die steuerlichen Verhältnisse von Gesellschaftern und Mitgliedern sowie von Mitgliedern der Überwachungsorgane über die in § 194 Abs. 1 AO geregelten Fälle hinaus in die bei einer Gesellschaft durchzuführende Außenprüfung einbezogen werden, wenn dies im Einzelfall zweckmäßig ist. Diese Einbeziehung erfordert nach § 197 Abs. 1 Satz 3 AO für jedes Rechtssubjekt die Bekanntgabe einer Prüfungsanordnung; und zwar „insoweit" ihre steuerlichen Verhältnisse geprüft werden.[26] Zutreffend weisen **Tipke / Kruse**[27] in diesem

---

[19] So auch BFH, Beschluß vom 5.2.1975 – II B 29 / 74 – BStBl. 1975 II, 465. Vgl. dazu auch **Mösbauer,** in: Koch / Scholtz, AO, 5. Aufl., 1996, § 197 AO, Rzn. 2 ff..

[20] Siehe dazu BFH, Urteil vom 14.2.1978 – VII R 51 / 77 – BStBl. 1978 II, 416; BFH, Urteil vom 25.9.1990 – IX R 84 / 88 – BStBl. 1991 II, 120. Zur Art der Bekanntgabe im einzelnen vgl. OFD München, Verfügung betr. Anordnung von Außenprüfungen vom 5.3.1984 – S 0403 – 7 St 31 – Steuererlasse (C. H. Beck) Nr. 800, § 196 AO / 1, Nr. 3.8 (i.d.F.v. Okt.1999).

[21] Diese Duldung erfolgt aber nicht in Gesamtschuldnerschaft.

[22] Es ist allerdings zu beachten, daß durch die Zusammenfassung der beiden Prüfungsanordnungen das Bestimmtheitsgebot des § 119 AO nicht verletzt werden darf. Es muß erkennbar bleiben, daß die Verfügung mehrere Regelungsinhalte für mehrere Personen enthält. Zutreffend weisen **Kühn / Hofmann,** AO / FGO, 17. Aufl., 1995, § 197 AO, Bem. 1 in diesem Zusammenhang darauf hin, daß § 155 Abs. 5 AO als lex specialis nicht verallgemeinert werden kann.

[23] So auch OFD München, Verfügung betr. Anordnung von Außenprüfungen vom 5.3.1984 – S 0403 – 7 St 31 – Steuererlasse (C. H. Beck) Nr. 800, § 196 AO / 1, Nr. 3.2 (i.d.F.v. Juli 2000).

[24] So AEAO (i.d.F. BMF – Schr. v. 14.2.2000 – BStBl. 2000 I, S. 190, ber. 495) zu § 197 AO, Nr. 3 Sätze 1 – 5.

[25] Zur Prüfung bei Eheleuten im einzelnen vgl. OFD München, Verfügung betr. Anordnung von Außenprüfungen vom 5.3.1984 – S 0403 – 7 St 31 – Steuererlasse (C. H. Beck) Nr. 800, § 196 AO / 1, Nr. 3.2 (i.d.F.v. Juli 2000).

[26] So auch OFD München, Verfügung betr. Anordnung von Außenprüfungen vom 5.3.1984 – S 0403 – 7 St 31 – Steuererlasse (C. H. Beck) Nr. 800, § 196 AO / 1, Nr. 3.4 (i.d.F.v. Juli 2000).

[27] **Tipke / Kruse,** AO / FGO, 16. Aufl., 1997, § 197 AO, Tz. 7; so auch **Kühn / Hofmann,** AO / FGO, 17. Aufl., 1995, § 197 AO, Bem. 1.

Zusammenhang darauf hin, daß die Prüfungsanordnung gegenüber der Gesellschaft nicht automatisch zu Prüfungshandlungen gegenüber den Gesellschaftern berechtigt. **Keine** Bekanntgabe-Adressaten i.S.d. § 197 Abs. 1 Satz 1 AO sind die für die Finanzverwaltung zuständigen obersten Landesbehörden und Gemeinden, die nach § 21 Abs. 2 u. 3 FVG berechtigt sind, an Außenprüfungen **teilzunehmen.**[28]

6. Adressaten der Bekanntgabe in besonderen Fällen[29]

a) Personengesellschaften mit Einkünften i.S. des § 193 Abs. 1 AO

Nach § 193 Abs. 1 Alt. 1 AO ist eine Außenprüfung zulässig bei Steuerpflichtigen, die einen gewerblichen Betrieb unterhalten. Sie sind verpflichtet,
- die Prüfung im angeordneten Umfang zu **dulden** und
- den in § 200 AO näher dargelegten **Mitwirkung**spflichten

zu entsprechen. Als solche Verpflichtete können auch Personengesellschaften in Betracht kommen. Dies bestätigt auch § 194 Abs. 1 Satz 3 AO.[30] Daraus folgt wiederum, daß Inhaltsadressat der Prüfungsanordnung nur die **Personengesellschaft** ist.[31] Denn sie ist i.S. des § 33 Abs. 1 AO Schuldnerin der Umsatz- und Gewerbesteuer und hat die Buchführungs- und Aufzeichnungspflichten i.S.d. §§ 238 ff. HGB, 140 ff. AO[32] zu erfüllen.[33]

Die Personengesellschaft besitzt auch die erforderliche – beschränkte – Steuerrechtsfähigkeit. Dies beweist auch die Rspr. des BFH, die die Personengesellschaft für die ESt insoweit als Steuerrechtssubjekt ansieht, als sie „in der Einheit ihrer Gesellschafter Merkmale eines Besteuerungstatbestandes verwirklicht, wie z.B. den Betrieb eines gewerblichen Unternehmens und das Erzielen von Gewinn und Verlust aus diesem Betrieb".[34]

Zutreffend verweist die OFD Münster[35] darauf, daß auch die Überprüfung der gesondert festzustellenden verrechenbaren Verluste der Kommanditisten i.S.d. § 15 a Abs. 4 EStG im Hinblick auf die Regelung des § 194 Abs. 1 Satz 3 AO durch die bei der Personengesellschaft angeordnete Prüfung der Feststellung der Einkünfte gedeckt ist. Es bedarf daher keiner gesonderten Prüfungsanordnung für jeden Kommanditisten. Daraus folgt, daß **Prüfungssubjekt** die Personengesellschaft ist. Bei ihr wird die Prüfung durchgeführt.[36] **Steuerschuldner** für die aus der Prüfung resultierenden Steuern vom Einkommen sind allerdings die Gesellschafter.

Nach § 34 Abs. 1 Satz 1 Alt. 3 AO werden die steuerlichen Pflichten der Personengesellschaft, einschließlich der Mitwirkungspflichten des § 200 AO, durch die geschäftsführenden Gesellschafter als Organ der Personengesellschaft erfüllt.[37]

---

[28] Zum Teilnahmerecht der Gemeinden an Außenprüfungen vgl. **Mösbauer,** in: Koch / Scholtz, AO, 5. Aufl., 1996, § 197 AO, Rz. 10.

[29] Vgl. dazu auch **Rüsken,** in: Klein, AO, 6. Aufl., 1998, § 197 AO, Anm. 2; **Mösbauer,** Bekanntgabe von Prüfungsanordnungen an vollbeendigte und gelöschte Gesellschaften, StBp 1999, S. 188 ff..

[30] Vgl. dazu BFH, Urteil vom 23.7.1985 – VIII R 48 / 85 – BStBl. 1986 II, 433; BFH, Urteil vom 16.11.1989 – IV R 29 / 89 – BStBl. 1990 II, 272.

[31] Bestätigend auch OFD Münster, Verfügung vom 16.1.1992 – S 0403 – 2 – St 43 – 34 – StEK AO 1977, § 193 AO Nr. 31 und § 122 AO Nr. 29; Niedersächs. FG, Urteil vom 27.5.1992 – XI 419 / 87 – EFG 1993, 424; FG Nürnberg, Urteil vom 7.7.1993 – V 192 / 90 – EFG 1993, 760.

[32] Dazu **Mösbauer,** in: Koch / Scholtz, AO, 5. Aufl., 1996, §§ 140 ff. AO.

[33] BFH, Urteil vom 13.3.1990 – IV R 57 / 89 – BFH / NV 1991, 716.

[34] BFH, Beschluß vom 25.6.1984 – GrS 4 / 82 – BStBl. 1984 II, 751.

[35] OFD Münster, Verfügung vom 16.1.1992 – S 0403 – 2 – St 43 – 34 – StEK AO 1977, § 122 AO Nr. 29.

[36] OFD Münster, Verfügung vom 16.1.1992 – S 0403 – 2 – St 43 – 34 – StEK AO 1977, § 122 AO Nr. 29.

Da die Personengesellschaft alleiniges Prüfungssubjekt ist, auch hinsichtlich der Prüfung der gesonderten und einheitlichen Feststellung der Einkünfte und der Einheitswertfeststellung, kann die Prüfungsanordnung nur der Personengesellschaft[38], nicht auch den Gesellschaftern, bekanntgegeben werden. Die Adressierung an die „Geschäftsleitung der ... KG" reicht als Wirksamkeitserfordernis aus.[39] Der Wechsel oder das Ausscheiden von Gesellschaftern läßt dieses Ergebnis unberührt.[40]

b) Voll beendigte KG

Soll z.B. bei einer handelsrechtlich **voll beendigten KG** eine Außenprüfung durchgeführt werden, so ist die Prüfungsanordnung der KG bekanntzugeben.[41] Denn diese ist nach zutreffender ständiger Rechtsprechung des BFH[42] auch nach ihrer Auflösung so lange als materiell-rechtlich existent zu behandeln, bis alle gemeinsamen Rechtsbeziehungen, zu denen auch das Rechtsverhältnis zwischen der Gesellschaft und dem FA gehört, abgewickelt sind.[43] Daß der Gewerbebetrieb bereits eingestellt ist und Vermögensgegenstände des Anlage- und Umlaufvermögens veräußert sind, ist für die steuerrechtliche Existenz der KG irrelevant.[44]
Dieses Ergebnis wird ferner dadurch gestützt, daß auch zivilrechtlich das Fortbestehen einer Handelsgesellschaft nicht zwingend von dem Vorhandensein eines Aktivvermögens abhängig ist. Bei berechtigtem Interesse eines Gläubigers an der Rechtsverfolgung können nichtvermögensrechtliche Ansprüche[45] auch gegen eine vermögenslose Personenhandels- oder Kapitalgesellschaft geltend gemacht werden.[46] Dies muß – steuerrechtlich – auch dann gelten, wenn Rechtsbeziehungen zwischen einer vermögenslosen Handelsgesellschaft und dem FA noch nicht vollständig abgewickelt sind. Dies bedeutet, daß auf Grund des als berechtigt anzuerkennenden Interesses des FA an der Durchführung des abgabenrechtlichen Verwaltungsverfahrens „Außenprüfung" ein durchaus „anzuerkennendes Bedürfnis der Finanzverwaltung dafür zu bejahen" ist, „noch nicht vollständig abgewickelte Ansprüche aus dem Steuerschuldverhältnis zumindest verfahrensmäßig unter

---

[37] BFH, Urteil vom 16.11.1989 – IV R 29 / 89 – BStBl. 1990 II, 272.
[38] Vgl. dazu BdF, Schreiben vom 8.4.1991 – IV A 5 – S 0284 – 1 / 91 – StEK AO 1977, § 122 AO Nr. 26, vor allem Tz. 2.4. Vgl. dazu auch AEAO (i.d.F. BMF – Schr. v. 14.2.2000 – BStBl. 2000 I, S. 190, ber. S. 495) zu § 197 AO, Nr. 5 (Personengesellschaften / Gemeinschaften).
[39] Bestätigend FG Nürnberg, Urteil vom 7.7.1993 – IV 192 / 90 – EFG 1993, 760.
[40] Zur Problematik der Bekanntgabe von Prüfungsanordnungen an Personengesellschaften (Gemeinschaften) im Einzelnen, also an nichtrechtsfähige Personenvereinigungen mit Gewinn- oder Überschußeinkünften, an atypische stille Gesellschaften oder Personengesellschaften i.L. vgl. AEAO (i.d.F. BMF – Schr. v. 14.2.2000 – BStBl. 2000 I, S. 190, ber. S.495) zu § 197 AO, Nr. 5.
[41] Bestätigend auch FG Hamburg, Urteil vom 9.3.1993 – I 195 / 90 – EFG 1993, 700.
[42] Z.B. BFH, Urteil vom 21.5.1971 – V R 117 / 67 – BStBl. 1971 II, 540; BFH, Urteil vom 18.9.1980 – V R 175 / 74 – BStBl. 1981 II, 293; BFH, Urteil vom 22.10.1986 – II R 118 / 84 – BStBl. 1987 II, 183; BFH, Urteil vom 24.3.1987 – X R 28 / 80 – BStBl. 1988 II, 316; BFH, Urteil vom 28.9.1988 – II R 1 / 86 – BFH / NV 1989, 615; BFH, Urteil vom 10.8.1989 – V R 36 / 84 – BFH / NV 1990, 386; BFH, Urteil vom 1.10.1992 – IV R 60 / 91 – BStBl. 1993 II, 83.
[43] Dazu besonders BFH, Urteil vom 24.3.1987 – X R 28 / 80 – BStBl. 1988 II, 316.
[44] Vgl. dazu **Mösbauer,** in: Koch / Scholtz, AO, 5. Aufl., 1996, § 197 AO, Rz. 2.
[45] D.s. z.B. Ansprüche auf die Abgabe von Willenserklärungen. Vgl. in diesem Zusammenhang OLG Hamm, Beschluß vom 13.7.1990 – 15 W 40 / 90 – NJW – RR 1990, 1371 (berechtigtes Interesse des Gläubigers an Abwicklungsmaßnahmen nichtvermögensrechtlicher Art).
[46] So z.B. BAG, Urteil vom 9.7.1981 – 2 AZR 329 / 79 – NJW 1982, 1831 (Anspruch auf Zeugniserteilung eines ehemaligen Arbeitnehmers); BGH, Urteil vom 10.10.1988 – II ZR 92/ 88 – BB 1988, 2407 (Anspruch eines Gläubigers gegen eine vermögenslose und im Handelsregister gelöschte GmbH auf Abgabe einer zur Bestellung einer durch Vormerkung gesicherten Hypothek erforderlichen Willenserklärung).

Einbeziehung der vermögenslosen Gesellschaft geltend zu machen“[47]. Denn eine Personengesellschaft wird im Rahmen der das Gesellschaftsverhältnis betreffenden steuerrechtlichen Rechtsbeziehungen zur Steuerpflichtigen i.S.d. § 33 AO. Damit obliegt ihr die Verpflichtung, z.B. eine Steuer zu entrichten, für eine Steuer zu haften, eine Steuer für Rechnung eines Dritten einzubehalten und abzuführen, eine Steuererklärung abzugeben, Sicherheit zu leisten, Bücher und Aufzeichnungen zu führen oder andere ihr durch die Steuergesetze auferlegte Verpflichtungen zu erfüllen. Ob die Steuerpflichtige ihre Pflichten erfüllt hat, kann auch nach voller Beendigung der KG zulässiger Weise im Rahmen einer Außenprüfung überprüft werden.[48] Denn der Außenprüfer hat im Rahmen des Besteuerungsverfahrens nicht nur zu überprüfen, ob die Steuerpflichtige Steuererklärungen abgegeben und Steuern entrichtet hat, sondern auch, ob die für die Besteuerung maßgeblichen Verhältnisse auch korrekt ermittelt worden sind.[49]

§ 200 Abs. 1 Satz 2 AO weist nach, daß es bei dieser Überprüfung auch darum geht, ob die Bücher und Aufzeichnungen korrekt geführt worden sind.[50]

Daraus folgt: Auch eine handelsrechtlich voll beendigte KG ist für die Durchführung einer Außenprüfung noch als voll existent zu verstehen. Daher ist auch ihr nach § 122 Abs. 1 Satz 1 AO die Prüfungsanordnung bekanntzugeben. Gesetzlich vertreten wird die voll beendigte KG nach § 161 Abs. 2, 146, 149 HGB, mangels anderweitiger Regelung im Gesellschaftsvertrag oder durch Gesellschafterbeschluß, durch sämtliche – ehemalige – Gesellschafter.[51] Sie haben auch die Prüfungsanordnung als Vertretungsberechtigte der KG entgegenzunehmen.[52]

c) Gelöschte GmbH

Der Rechtsprechung des BFH zum steuerrechtlichen Fortbestehen einer Personengesellschaft als Steuersubjekt, trotz voller Beendigung im handelsrechtlichen Sinne, sind im Zusammenhang mit der Durchführung von Maßnahmen der Steuerverwaltung gegen eine **gelöschte GmbH** auch das Bay. Oberste Landesgericht – BayObLG[53] – sowie das Oberlandesgericht – OLG – Karlsruhe gefolgt. Prüfungssubjekt und damit Bekanntgabeadressat für die Prüfungsanordnung ist die gelöschte GmbH.[54]

Dieses Ergebnis wird auch durch die Rechtsprechung des BFH[55] bestätigt, wonach ein FG in der Sache entscheiden kann, wenn eine wegen Vermögenslosigkeit nach § 2 Abs. 1 LöschG gelöschte GmbH im Klageverfahren durch einen vor der Löschung bevollmächtigten Prozeßbevollmächtigten vertreten wird. Zwar gilt eine gelöschte GmbH als aufgelöst; eine Liquidation findet nicht statt. Sie wird aber steuerrechtlich als fortbestehend angesehen, solange sie noch steuerrechtliche Pflichten zu erfüllen hat

---

[47] BFH, Urteil vom 1.10.1992 – IV R 60 / 91 – BStBl. 1993 II, 83.

[48] Vgl. dazu auch **Mösbauer,** in: Koch / Scholtz, AO, 5. Aufl., 1996, § 193 AO, Rz. 3.

[49] Vgl. §§ 194, 199 Abs. 1 AO. Siehe dazu BFH, Urteil vom 25.4.1985 – IV R 10 / 85 – BStBl. 1985 II, 702.

[50] Vgl. dazu BFH, Urteil vom 4.10.1991 – VIII B 93 / 90 – BStBl. 1992 II, 59.

[51] Vgl. dazu **Baumbach / Duden / Hopt,** HGB, 28. Aufl., § 146 HGB, Anm. 2 A.

[52] So auch BFH, Urteil vom 1.10.1992 – IV R 60 / 91 – BStBl. 1993 II, 84.

[53] Vgl. dazu z.B. BayObLG, Beschluß vom 30.10.1984 – BReg. 3 Z 204 / 84 – DB 1985, 107; BayObLG, Beschluß vom 2.2.1984 – BReg. 3 Z 192 / 83 – BB 1984, 446; OLG Karlsruhe, Beschluß vom 21.6.1989 – 4 W 126 / 88 – NJW – RR 1990, 100; BFH, Urteil vom 1.10.1992 – IV R 60 / 91 – BStBl. 1993 II, 83.

[54] Dazu **Mösbauer,** in: Koch / Scholtz, AO, 5. Aufl., 1996, § 197 AO, Rz. 2.

[55] BFH, Urteil vom 27.4.2000 – I R 65 / 98 – BStBl. 2000 II, 500.

oder gegen sie ergangene Steuer- oder Haftungsbescheide angreift. Ihre Beteiligungsfähigkeit wird durch die Löschung nicht berührt.[56]
Allerdings verliert der bisherige gesetzliche Vertreter (Geschäftsführer) durch die Löschung nach § 2Abs. 2 LöschG seine Vertretungsbefugnis (§ 35 Abs. 1 GmbHG).[57]

d) Voll beendete Gesellschaft des bürgerlichen Rechts

Mit Urteil vom 1.10.1993 hatte der IV. Senat des BFH[58] für die Personenhandelsgesellschaft entschieden, daß sie Prüfungssubjekt auch dann bleibe, wenn sie voll beendet sei. Diese Rechtsprechung hat der VIII. Senat des BFH[59] auch auf die **Gesellschaft des bürgerlichen Rechts** übertragen.[60] „Damit wird erreicht, daß die Prüfungsanordnung, die sich regelmäßig auf mehrere Steuerarten bezieht, nicht unterschiedlich beurteilt werden muß je nach dem, welche Steuerart geprüft werden soll.“[61]
Man sollte sich aber klarmachen, daß die Fiktion des Fortbestehens der Gesellschaft lediglich eine relative Rechtssubjektfähigkeit der Gesellschaft begründet, die aber durchaus nicht zwingend ist.[62]

e) Gesamtrechtsnachfolge in Erbfällen und Umwandlungen

Hinsichtlich der weiteren Sonderfälle der Gesamtrechtsnachfolge in Erbfällen[63] und Umwandlungen (Verschmelzung nach §§ 2 – 122 UmwG, Spaltung nach §§ 123 – 173 UmwG und Vermögensübertragung nach §§ 174 – 189 UmwG) sowie der formwechselnden Umwandlung nach §§ 190 ff. UmwG wird auf den AEAO[64] verwiesen.

---

[56] So auch BFH, Urteile vom 31.1.1961 – I 58 / 59 U – BStBl. 1961 III, 171; BFH, Urteil vom 2.7.1969 – I R 190 / 67 – BStBl. 1969 II, 656; BFH, Urteil vom 26.3.1980 – I R 111 / 79 – BStBl. 1980 II, 587; BGH, Urteil vom 29.9.1967 – V ZR 40 / 66 – BGHZ 48, 303.
[57] Vgl. dazu BGH, Beschluß vom 23.2.1970 – II ZB 5 / 69 – BGHZ 53, 264.
[58] BFH, Urteil vom 1.10.1993 – IV R 60 / 91 – BStBl. 1993 II, 82.
[59] BFH, Urteil vom 1.3.1994 – VIII R 35 / 92 – DStZ 1995, 40.
[60] Zur Abweichung beim Feststellungsbescheid vgl. BFH, Urteil vom 25.6.1992 – IV R 87 / 90 – BFH / NV 1993, 457 m.w.N.; zum Umsatzsteuerbescheid vgl. BFH, Urteil vom 26.10.1989 – IV R 23 / 89 – BStBl. 1990 II, 333; zum Gewerbesteuermeßbescheid vgl. BFH, Urteil vom 17.2.1989 – III R 36 / 85 – BStBl. 1989 II, 664; BFH, Beschluß vom 3.5.1993 – GrS. 3 / 92 – BStBl. 1993 II, 616.
[61] **Gschwendtner,** Prüfungsanordnung an vollbeendete Gesellschaft des bürgerlichen Rechts, DStZ 1995, S. 71.
[62] Dazu im einzelnen **Gschwendtner,** a.a.O..
[63] Vgl. in diesem Zusammenhang zur Klagebefugnis des Testamentsvollstreckers BFH, Beschluß vom 29.11.1995 – X B 328 / 94 – FR 1996, 288 ff..
[64] AEAO (i.d.F. BMF – Schr. v. 14.2.2000 – BStBl. 2000 I, S. 190, ber. S. 495) zu § 197 AO, Nrn. 8 und 9; vgl. auch OFD München, Verfügung betr. Anordnung von Außenprüfungen vom 5.3.1984 – S 0403 – 7 St 31 – Steuererlasse (C. H. Beck) Nr. 800, § 196 AO / 1, Nr. 3.6 (i.d.F.v. Okt. 1999).

II. Zeitliche Anforderungen an die Bekanntgabe[65]

1. Bekanntgabe „angemessene Zeit“ vor Beginn der Prüfung

Nach § 197 Abs. 1 Satz 1 AO muß die Prüfungsanordnung nicht nur bekanntgegeben werden, sondern **angemessene Zeit vor Beginn** der Außenprüfung dem Steuerpflichtigen, bei dem die Außenprüfung durchgeführt werden soll, bekanntgegeben werden.[66] Qua via sollen ein möglichst reibungsloser Ablauf der Außenprüfung gewährleistet und Störungen des Geschäftsbetriebes des Unternehmens weitgehend vermieden werden.[67] Der Steuerpflichtige hat nur so die Möglichkeit, sich auf die Prüfung vorzubereiten[68] und seinen Mitwirkungspflichten zu entsprechen.[69] Für die **„angemessene Zeit“** kommt es entscheidend darauf an, welche Vorbereitungshandlungen die konkrete Prüfung vom Steuerpflichtigen erfordert.[70]
Als angemessene Zeit wird bei Mittel- und Großbetrieben i.d.R. von 2 – 4 Wochen ausgegangen; bei Kleinbetrieben ist der Zeitraum zwischen Bekanntgabe der Prüfungsanordnung und Prüfungsbeginn entsprechend kürzer. Der Aufwand der entsprechenden Vorbereitungsmaßnahmen ist auch entscheidend für die Angemessenheit der Zeit der Prüfungsanordnungsbekanntgabe vor deren Beginn.[71]
Die angemessene Zeit kann sich nach den Umständen des Einzelfalls verlängern aber auch verkürzen.[72] **Nicht** ausreichend ist es hingegen, die Prüfungsanordnung erst **nach Abschluß** der Außenprüfung bekanntzugeben. Eine solche Prüfungsanordnung ist nichtig.[73] Denn die Prüfungsanordnung ist nach § 197 Abs. 1 Satz 1 AO in jedem Fall „**vor** Beginn der Prüfung bekanntzugeben“. Feststellungen eines Prüfers ohne vorherige Bekanntgabe der Prüfungsanordnung unterliegen dem Verwertungsverbot[74], auch wenn die Prüfung nach §§ 193, 194 AO zulässig war.[75]

2. Bekanntgabe mit Beginn der Prüfung

a) Gefährdung des Prüfungszwecks

[65] Vgl. dazu auch **Mösbauer,** Zeitliche Anforderungen an die Bekanntgabe einer Prüfungsanordnung, StBp 2000, S. 65 ff..

[66] Siehe dazu BFH, Urteil vom 18.12.1986 – I R 49 / 83 – BStBl. 1987 II, 408; BFH, Urteil vom 18.10.1988 – VII R 123 / 85 – BStBl. 1989 II, 76; ferner § 5 Abs. 4 Satz 1 BpO 2000; **Mösbauer,** Zeitliche Anforderungen an die Bekanntgabe einer Prüfungsanordnung, StBp 2000, S. 65 ff..

[67] Vgl. dazu BT-Drucks. VI / 1982, 162; **Tipke / Kruse,** AO / FGO, 16. Aufl., 1997, § 197 AO, Tz. 1; **Rüsken,** in: Klein, AO, 6. Aufl., 1998, § 197 AO, Anm. 1.

[68] Siehe dazu BFH, Urteil vom 4.2.1988 – V R 57 / 83 – BStBl. 1988 II, 413; Hess. FG, Urteil vom 6.10.1989 – 12 K 588 / 89 – EFG 1990, 148; FG Berlin, Urteil vom 28.4.1989 – VI 283 / 86 – EFG 1990, 218.

[69] Im gleichen Sinne **Rüsken,** in: Klein, AO, 6. Aufl., 1998, § 197 AO, Tzn. 1 u. 3; **Kühn / Hofmann,** AO / FGO, 17. Aufl., 1995, § 197 AO, Anm. 2.

[70] Vgl. dazu BFH, Urteil vom 4.2.1988 – V R 57 / 83 – BStBl. 1988 II, 413; FG Hamburg, Urteil vom 22.6.1993 – V 30 / 92 – EFG 1994, 76.

[71] So schon **Zwank,** in: Koch, AO, 3. Aufl., 1986, § 197 AO, Anm. 3; BFH, Urteil vom 4.2.1988 – V R 57 / 83 – BStBl. 1988 II, 413. So auch § 5 Abs. 4 Satz 2 BpO 2000. Vgl. auch OFD München, Verfügung betr. Anordnung von Außenprüfungen vom 5.3.1984 – S 0403 – 7 St 31 – Steuererlasse (C. H. Beck) Nr. 800, § 196 AO / 1, Nr. 4.6 (i.d.F.v. Okt. 1999).

[72] Siehe dazu BFH, Beschluß vom 4.2.1988 – V R 57 / 83 – BStBl. 1988 II, 413; Hess. FG, Urteil vom 6.10.1989 – 12 K 588 / 89 – EFG 1990, 148; FG Berlin, Urteil vom 28.4.1989 – VI 283 / 86 – EFG 1990, 218.

[73] So auch **Tipke / Kruse,** AO / FGO, 16. Aufl., 1997, § 197 AO, Tzn. 3 u. 6.

[74] A.A. **Tipke / Kruse,** a.e.a.O.. Sie sehen das Fehlen der vorausgehenden Prüfungsanordnung – wohl unzutreffend – lediglich als Formfehler. Wohl ebenso BFH, Urteil vom 25.11.1997 – VIII R 4 / 94 – BStBl. 1998 II, 461.

[75] Vgl. dazu **Mösbauer,** Zeitliche Anforderungen an die Bekanntgabe einer Prüfungsanordnung, StBp 2000, S. 65.

Ausnahmsweise darf die **Bekanntgabe** der Prüfungsanordnung **mit dem Beginn** der Prüfung zusammentreffen[76], nämlich dann, wenn eine vorzeitige Bekanntgabe den **Prüfungszweck gefährden**[77] würde. Das ist z.B. dann der Fall, wenn die Finanzbehörde Grund zu der Annahme hat, daß der Steuerpflichtige falsche Erklärungen abgegeben hat und nun versuchen könnte, bis zum Prüfungstermin den wirklichen Sachverhalt zu verschleiern.[78]
Insbesondere bei der Anordnung einer ergänzenden oder erweiternden Prüfung – während einer begonnenen oder nach einer bereits abgeschlossenen Erstprüfung – fallen i.d.R. Bekanntgabe und Prüfungsbeginn zusammen.[79]
Festzuhalten ist jedoch, daß die Gefährdung des Prüfungszwecks **nicht** zu einem **Verzicht** auf die Bekanntgabe der Prüfungsanordnung sowie des voraussichtlichen Prüfungsbeginns und der Namen der Prüfer berechtigt. Die Gefährdung des Prüfungszwecks berechtigt lediglich dazu, die nach § 197 Abs. 1 Satz 1 AO unabdingbare Bekanntgabe bis zum Beginn der Prüfung **aufzuschieben.** Im Falle der **Übergabe** der Prüfungsanordnung und des Abdrucks für den steuerlichen Vertreter hat der Empfänger nach § 5 Abs. 1 VwZG ein mit dem Datum der Aushändigung versehenes Empfangsbekenntnis zu unterschreiben. Außerdem ist das Datum der Zustellung auf der dem Steuerpflichtigen auszuhändigenden Prüfungsanordnung zu vermerken.

b) Verzicht auf Einhaltung der Frist

Der Steuerpflichtige kann nach § 197 Abs. 1 Satz 2 AO auf die Einhaltung der Frist auch **verzichten.** Dies gilt auch für den Fall, daß die Prüfungsanordnung versehentlich **nicht vor** Beginn der Außenprüfung bekanntgegeben worden ist.
Der Verzicht bedarf keiner besonderen Form. Er ist auch konkludent, z.B. durch Dulden einer Außenprüfung möglich. Wirksamkeitsvoraussetzung ist aber, daß sich der Steuerpflichtige der rechtlichen Folgen seines Verzichts bewußt ist.
Der Verzicht auf Einhaltung der Frist beinhaltet nicht zugleich auch einen Verzicht auf Anfechtung der Prüfungsanordnung.

c) Rechtzeitige Bekanntgabe

Die rechtzeitige Bekanntgabe der Prüfungsanordnung hat außerdem den Zweck, dem Steuerpflichtigen die Möglichkeit zu geben, gegen die Prüfungsanordnung **Einspruch** nach § 347 Abs. 1 Satz 1 Nr. 1 AO einzulegen oder **Selbstanzeige** nach § 371 AO[80] zu erstatten.

---

[76] Siehe dazu BFH, Beschluß vom 4.2.1988 – V R 57 / 83 – BStBl. 1988 II, 413; BFH, Urteil vom 18.10.1988 – VII R 123 / 85 – BStBl. 1989 II, 76.

[77] Dies ist dann der Fall, wenn der Prüfungszweck ohne eine Überraschungsprüfung gefährdet wäre. Dazu BFH, Urteil vom 4.2.1987 – V R 57 / 83 – StBp 1988, 98; **Tipke / Kruse,** AO / FGO, 16. Aufl., 1997, § 197 AO, Tz. 5. So auch § 5 Abs. 4 Satz 2 BpO 2000.

[78] Vgl. auch **Mösbauer,** in: Koch / Scholtz, AO, 5. Aufl., 1996, § 197 AO, Rz. 4; **Mösbauer,** Zeitliche Anforderungen an die Bekanntgabe einer Prüfungsanordnung, StBp 2000, S. 65 f..

[79] So auch **Rüsken,** in: Klein, AO, 6. Aufl., 1998, § 197 AO, Anm. 3.

[80] Dazu im einzelnen **Mösbauer,** Straffreiheit trotz Steuerhinterziehung, DStZ 1985, S. 328; **Mösbauer,** Steuerstraf- und Steuerordnungswidrigkeitenrecht, 2. Aufl., 2000, § 13 (S. 184 ff.); **Mösbauer,** Sperre für die strafbefreiende Selbstanzeige bei Steuerhinterziehung (wegen Erscheinens eines Amtsträgers der Finanzbehörde zur steuerlichen Prüfung - §§ 371 Abs. 1, 2 Nr. 1 Buchst. a Alt. 1, 193 ff. AO), NStZ 1989, S. 11 ff.; **Mösbauer,** Die Bekanntgabe der Einleitung des Straf- oder Bußgeldverfahrens als Sperre für die Straffreiheit nach § 371 AO, DStZ 1999, S. 354 ff.; **Mösbauer,** Die Kenntnis des Täters von der Entdeckung der Tat als Sperre für die Straffreiheit nach § 371 AO, StB 1999, S. 393 ff.; **Mösbauer,** Das Erscheinen eines Amtsträgers der Finanzbehörde zur steuerlichen (Außen-) Prüfung als Sperre für die Straffreiheit nach § 371 AO, StBp 1999, S. 225 ff.; **Mösbauer,** Die „Einleitung des Strafverfahrens" als Tatbestandsmerkmal für den Ausschluß der Selbstanzeige nach § 371 AO, DB 2001, S. 836 ff..

3. Bekanntgabe des Namens des Prüfers

Mit der Prüfungsanordnung wird dem Steuerpflichtigen auch der **Name des Prüfers** bekanntgegeben. Das gibt dem Steuerpflichtigen die Möglichkeit, eine etwaige **Ausgeschlossenheit** des Prüfers von Prüfungshandlungen i.S.d. § 82 Abs. 1 AO festzustellen oder den Prüfer wegen **Besorgnis der Befangenheit** i.S.d. § 83 AO eventuell abzulehnen. Es empfiehlt sich in einem solchen Fall, den Ausschluß- oder Befangenheitsgrund dem Behördenleiter anzuzeigen und um einen anderen Prüfer zu bitten.[81]
Die Bekanntgabe des Namens des Prüfers ist aber nicht Bestandteil der Prüfungsanordnung. Dies hat zur Folge, daß der Steuerpflichtige diese nicht anfechten kann, um eine etwaige Ausgeschlossenheit des Prüfers oder eine Ablehnung wegen Besorgnis der Befangenheit geltend zu machen. Eine Anfechtung ist auch dann nicht möglich, wenn der Ausschluß- oder Befangenheitsgrund von dem Behördenleiter bereits nicht anerkannt wurde. Ebenso ist eine Anfechtung der Prüfungsanordnung nicht möglich, wenn es der Behördenleiter abgelehnt hat, anzuordnen, daß der benannte Prüfer sich der Mitwirkung an der Außenprüfung zu enthalten hat. Anfechtbar ist, unter dem Vorbehalt des § 127 AO, lediglich der Steuerbescheid, der auf Grund der Außenprüfung ergeht.[82]
Liegen die gesetzlichen Voraussetzungen der §§ 82 und 83 AO für eine Ausgeschlossenheit oder eine Besorgnis der Befangenheit nicht vor, so ist es gleichwohl zulässig, den bereits benannten Prüfer durch einen anderen zu ersetzen, wenn wichtige Gründe dafür sprechen. Dem Begehren des Steuerpflichtigen darf nur nicht soweit entsprochen werden, daß dieser de facto sich den Prüfer aussuchen kann.
Sind **mehrere** Außenprüfer vorgesehen, so sind die Namen aller Prüfer anzugeben.
Wird mit der Prüfung ein **anderer** als der ursprünglich vorgesehene Prüfer beauftragt, ist der Steuerpflichtige davon rechtzeitig in Kenntnis zu setzen.
Für die Prüfung bei **Auslandsbeziehungen** wird regelmäßig ein **Fach-Prüfer** beteiligt. Auch sein Name ist in die Prüfungsanordnung mit aufzunehmen. Ergibt sich die Notwendigkeit einer Prüfung der Auslandsbeziehungen erst während der Prüfung, ist die Bekanntgabe seines Namens **schriftlich nachzuholen.** Dies gilt auch für den Fall, daß der Fach-Prüfer erst nach Bekanntgabe der Prüfungsanordnung feststeht.[83]
Denkbar ist auch, daß sich das **Bundesamt für Finanzen** nach §§ 5 Abs. 1 und 19 FVG an Außenprüfungen der Finanzbehörden beteiligt. Für diesen Fall ist auch der Name des Prüfers des BfF in die Prüfungsanordnung aufzunehmen. Ist die Prüfungsanordnung **ohne** diesen Hinweis ergangen, muß dem Steuerpflichtigen die Beteiligung des Prüfers des BfF schriftlich **nachgegeben werden.**[84]
Nach § 21 Abs. 3 FVG haben auch **Gemeinden** für den Bereich der **Realsteuern** das Recht, bei Steuerpflichtigen an Außenprüfungen teilzunehmen, die in der Gemeinde eine Betriebsstätte unterhalten oder Grundbesitz haben. Für den Fall einer solchen Teilnahme ist der Name des prüfenden Gemeindebediensteten in die Prüfungsanordnung mit **aufzunehmen.**[85]

4. Bekanntgabe des voraussichtlichen Prüfungsbeginns

[81] Vgl. dazu **Tipke / Kruse,** AO / FGO, 16. Aufl., 1997, § 197 AO, Tz. 1.
[82] FG Köln, Urteil vom 5.12.1990 – 7 K 231 / 85 – EFG 1991, 515, 518.
[83] So auch OFD München, Verfügung betr. Anordnung von Außenprüfungen vom 5.3.1984 – S 0403 – 7 St 31 – Steuererlasse (C. H. Beck) Nr. 800, § 196 AO / 1, Nr. 4.5.2 (i.d.F.v. Okt. 1999).
[84] So auch OFD München, Verfügung betr. Anordnung von Außenprüfungen vom 5.3.1984 – S 0403 – 7 St 31 – Steuererlasse (C. H. Beck) Nr. 800, § 196 AO / 1, Nr. 4.5.3 (i.d.F.v. Okt. 1999).
[85] So auch OFD München, Verfügung betr. Anordnung von Außenprüfungen vom 5.3.1984 – S 0403 – 7 St 31 – Steuererlasse (C. H. Beck) Nr. 800, § 196 AO / 1, Nr. 4.5.4. (i.d.F.v. Okt. 1999).

Der bekanntgegebene Prüfungsbeginn[86] muß lediglich der **voraussichtliche** sein.[87] Er kann ohne weiteres geändert werden[88], wenn relevante innerdienstliche Gründe[89] eine Verlegung des Prüfungsbeginns erfordern.
Die Prüfungsanordnung entspricht dem mit der Feststellung: „Voraussichtlicher Beginn der Außenprüfung – am ..."
oder
„Es ist beabsichtigt, mit der Prüfung am ... zu beginnen."

Es ist **nicht** erforderlich, daß darüber hinaus die **genaue Uhrzeit** angegeben wird, zu welcher der Prüfer erscheinen wird.[90] Die Angabe des Prüfungsbeginns nur dem Datum nach – ... am ... – ist ausreichend.
Die so geartete Bekanntgabe des Prüfungsbeginns ist ein inhaltlich hinreichend bestimmter Verwaltungsakt i.S.d. § 119 Abs. 1 AO. Unzulässig ist es aus Gründen der Rechtssicherheit, **vor** dem angegebenen voraussichtlichen Termin die Prüfung aufzunehmen; es sei denn auf Antrag oder mit Zustimmung des Steuerpflichtigen.
Die Verfügung des – voraussichtlichen – Prüfungsbeginns ist ein **eigenständiger** Verwaltungsakt. Da für seine Bekanntgabe, im Gegensatz zu der der Prüfungsanordnung, keine besondere Form vorgeschrieben ist, kommt § 119 Abs. 2 AO in Betracht.
Aus Gründen der Zweckmäßigkeit bedient sich die Finanzbehörde in der Praxis der Schriftform.
Will oder kann sich die Finanzbehörde terminlich (noch) nicht festlegen, tritt an die Stelle der Feststellung der Hinweis: „Der genaue Termin wird ihnen noch bekanntgegeben".

5. Erweiternde Bekanntgabe

[86] Die Festlegung des Prüfungsbeginns ist ein selbständiger, von der Prüfungsanordnung getrennter Verwaltungsakt. Siehe dazu BFH, Urteil vom 18.12.1986 – I R 49 / 83 – BStBl. 1987 II, 408; FG Baden – Württemberg, Urteil vom 10.10.1989 – IV K 85 / 86 – EFG 1990, 148; FG Hamburg, Urteil vom 22.6.1993 – V 30 / 92 – EFG 1994, 76; **Mösbauer,** in: Koch / Scholtz, AO, 5. Aufl., 1996, § 197 AO, Rz. 5.

[87] Das FG Hamburg, Urteil vom 22.6.1993 – V 30 / 92 – EFG 1994, 76 hatte den Sonderfall zu entscheiden, ob der 23.12. als beabsichtigter Prüfungsbeginn den sog. „Weihnachtsfrieden" verletze. Danach **sollen,** auf Grund verfügter Selbstbindung der Finanzverwaltung, in der Zeit vom 20.12. bis 31.12. die Ankündigung und der Beginn von Außenprüfungen grundsätzlich unterbleiben. Das FG Hamburg gelangte zu dem Ergebnis, wegen der drohenden Verjährung (§ 171 Abs. 4 AO) müßte noch vor dem 31.12. mit der ablaufhemmenden Außenprüfung begonnen werden. Ein Beginn am 23.12. sei daher zulässig. Eine solche profiskalische Rechtsprechung muß aber nicht überzeugen. Vgl. auch **Mösbauer,** Zeitliche Anforderungen an die Bekanntgabe einer Prüfungsanordnung, StBp 2000, S. 66 f..

[88] So auch **Rüsken,** in: Klein, AO, 6. Aufl., 1998, § 197 AO, Anm. 3.

[89] Z.B. Erkrankung des Prüfers.

[90] Vgl. dazu FG Hamburg, Urteil vom 22.6.1993 – V 30 / 92 – EFG 1994, 76; **Rüsken,** in: Klein, AO, 6. Aufl., 1998, § 197 AO, Anm. 3.

Soll die Prüfung nach § 194 Abs. 2 AO auf die steuerlichen Verhältnisse von Gesellschaftern ausgedehnt werden, so ist die Prüfungsanordnung insoweit nach § 197 Abs. 1 Satz 3 AO auch diesen Personen innerhalb der Frist bekanntzugeben.[91]
Dies gilt nur dann nicht, wenn sich die Prüfung lediglich auf die mit der einheitlichen Gewinnfeststellung zusammenhängenden Fragen beschränkt.

III. Verlegung des Prüfungsbeginns auf Antrag des Steuerpflichtigen

1. Der Antrag des Steuerpflichtigen

Nach § 197 Abs. 2 AO kann der Steuerpflichtige **beantragen,** daß der **Beginn** der Außenprüfung auf einen anderen Zeitpunkt **verlegt** wird.[92]
Der Beginn **soll** verlegt werden, wenn der Steuerpflichtige dafür **wichtige** Gründe **glaubhaft** machen kann.[93]
Für den Antrag ist **keine Form** vorgeschrieben. Er kann also sowohl schriftlich als auch mündlich gestellt werden, wobei aber die Schriftform, aus Gründen der Beweisführung, immer zu empfehlen ist.[94]

2. Zeitliche Grenze der Antragstellung

Der auf Verlegung gerichtete Antrag kann nur **bis zum Beginn** der Außenprüfung gestellt werden.
Hat die Prüfung bereits begonnen, kann ihr Beginn nicht mehr verlegt werden. Die Prüfung kann nur noch **unterbrochen** werden.[95]

3. Gefährdung des Prüfungszwecks

Eine **Verlegung** des Prüfungsbeginns nach § 197 Abs. 2 AO kommt **nicht** in Betracht, wenn die Finanzbehörde den **Prüfungszweck** dadurch **gefährdet** sieht.[96] Dieser Schluß ist aus § 197 Abs. 1 Satz 1 letzter Halbsatz AO zu ziehen. Er besagt, daß bei einer Gefährdung des Prüfungszwecks verzichtet werden kann, die Prüfungsanordnung angemessene Zeit vor Beginn der Außenprüfung bekanntzugeben.

4. Der Einfluß der Verlegung auf die Verjährung

Eine Verlegung des Prüfungsbeginns auf Antrag des Steuerpflichtigen wirkt sich nach § 171 Abs. 4 Satz 1 AO auch auf den Ablauf der **Verjährungsfrist** aus. Wird vor Ablauf der Festsetzungsfrist der Beginn einer Außenprüfung auf Antrag des Steuerpflichtigen hinausgeschoben, so läuft nach § 171 Abs. 4 Satz 1 AO die Festsetzungsfrist für die Steuern, auf die sich die Außenprüfung erstrecken sollte, nicht ab, bevor die auf Grund der

---

[91] Siehe auch **Mösbauer,** in: Koch / Scholtz, AO, 5. Aufl., 1996, § 197 AO, Rz. 6.
[92] Dazu **Mösbauer,** Zeitliche Anforderungen an die Bekanntgabe einer Prüfungsanordnung, StBp 2000, S. 67.
[93] Zum Beginn der Außenprüfung vgl. auch BMF, Schreiben betr. Hinweise auf die wesentlichen Rechte und Mitwirkungspflichten des Steuerpflichtigen bei der Außenprüfung (§ 5 Abs. 2 Satz 2 BpO) vom 20.7.2001 – BMF IV D 2 – S 0403 – 3 / 01 Steuererlasse (C. H. Beck) Nr. 800, § 200 AO / 1 (i.d.F.v. Jan. 2002), Abschn. 1 Abs. 1.
[94] Ausführlich hierzu **Papperitz,** Verlegung einer Außenprüfung auf Antrag des Steuerpflichtigen – § 197 Abs. 2 AO – StBp 1984, S. 193 ff..
[95] Vgl. dazu **Tipke / Kruse,** AO / FGO, 16. Aufl., 1997, § 197 AO, Tz. 5.
[96] Im gleichen Sinne **Tipke / Kruse,** AO / FGO, 16. Aufl., 1997, § 197 AO, Tzn. 5 u. 8.

Außenprüfung zu erlassenden Steuerbescheide unanfechtbar geworden sind oder nach Bekanntgabe der Mitteilung nach § 202 Abs. 1 Satz 3 AO drei Monate verstrichen sind.

5. Ermessensspielraum der Finanzbehörde

Die Entscheidung über den Antrag auf Verlegung des Beginns der Außenprüfung liegt zwar im Ermessen[97] der Finanzbehörde. Da es sich hier aber um eine **Sollvorschrift** handelt, wird man die Verpflichtung der Verwaltung zur Verlegung als Regelgebot zu sehen haben; es sei denn, es stehen einer solchen Verlegung **öffentliche Belange** entgegen. Der Ermessensspielraum der Finanzbehörde ist also recht gering.
Eine eine Verlegung **ablehnende Entscheidung** stellt einen Verwaltungsakt i.S.d. § 118 AO dar, der nach § 347 Abs. 1 Satz 1 Nr. 1 AO mit dem Einspruch angefochten werden kann.[98]
Dem Antrag auf Verlegung kann ggf. unter einer **Auflage** i.S.d. § 120 Abs. 2 Nr. 4 AO stattgegeben werden.[99]

6. Glaubhaftmachung von wichtigen Verlegungsgründen

In dem Antrag müssen **wichtige Gründe**[100] für die begehrte Verlegung des Prüfungsbeginns **glaubhaft** gemacht werden. Die Gründe sind aktenkundig zu machen.
Wichtige Gründe in diesem Sinne sind z.B.:

a) die Erkrankung[101] des Steuerpflichtigen,
b) die Erkrankung des für die Erteilung von Auskünften erforderlichen steuerlichen Beraters,
c) die Erkrankung eines maßgeblichen Mitarbeiters des Steuerpflichtigen,
d) beträchtliche Betriebsstörungen, z.B. durch Umbau,
e) höhere Gewalt, sowie
f) dringende Verhinderung des steuerlichen Beraters oder des Buchhalters.

Möchte der Steuerpflichtige, daß die Prüfung zu einem anderen Zeitpunkt stattfindet, so muß er einen **Antrag auf Verschiebung** der Prüfung stellen. Diesem Antrag wird regelmäßig bei Vorliegen eines Grundes **unter Auflage** entsprochen.[102] Als solche Auflagen kommen für den Steuerpflichtigen regelmäßig Handlungen zur Vorbereitung der Prüfung in Betracht, wie z.B. das Zusammenstellen von Unterlagen.
Der Antragsteller braucht die Gründe nur **glaubhaft** zu machen, also nicht zu beweisen.

IV. Anordnung der Außenprüfung nach § 5 BpO 2000

1. Bindung der Verwaltung

§ 5 BpO 2000[103] ergänzt die Regelung der Prüfungsanordnung in den §§ 196 und 197 AO.
Die Verwaltung ist an die allgemeine Verwaltungsvorschrift der BpO 2000 gebunden.
Die Außenprüfung wird von der für die Besteuerung **zuständigen** oder der von ihr **beauftragten** Finanzbehörde angeordnet (§ 5 Abs. 1 Sätze 1 und 2 BpO 2000).

---

[97] So auch schon zu § 197 Abs. 3 Satz 1 AEAO v. 15.7.1998 – BStBl. 1998 I, S. 630.
[98] So auch schon zu § 197 Abs. 3 Satz 2 AEAO v. 15.7.1998 – BStBl. 1998 I, S. 630.
[99] So z.B. auch § 5 Abs. 5 Satz 2 BpO 2000.
[100] Es handelt sich hier um wichtige Gründe in der **Person** oder den **Verhältnissen** des **Steuerpflichtigen.**
[101] Vgl. in diesem Zusammenhang schon **Schick,** in: Hübschmann / Hepp / Spitaler, AO / FGO, § 197 AO, Anm. 203 u. **Zwank,** in: Koch, AO, 3. Aufl., 1986, § 197 AO, Anm. 9; nunmehr § 5 Abs. 5 Satz 1 BpO 2000.
[102] Nicht so jedoch bei lang andauernder Krankheit. Dazu FG Nürnberg, Urteil vom 17.4.1985 – V 71 / 85 – EFG 1985, 478.
[103] Dazu vgl. **Mösbauer,** Zeitliche Anforderungen an die Bekanntgabe einer Prüfungsanordnung, StBp 2000, S. 67 f..

2. Hinweise auf die Rechte und Pflichten des Steuerpflichtigen

§ 5 Abs. 2 Satz 2 BpO 2000 enthält eine wichtige Regelung für den Steuerpflichtigen. Er schreibt vor, daß der Prüfungsanordnung Hinweise auf die wesentlichen **Rechte** und **Pflichten** des Steuerpflichtigen bei der Außenprüfung beizufügen sind. Das Schreiben des BMF betr. Hinweise auf die wesentlichen Rechte und Mitwirkungspflichten des Steuerpflichtigen bei der Außenprüfung (§ 5 Abs. 2 Satz 2 BpO) vom 20.7.2001[104] konkretisiert diese Rechte und Pflichten.

3. Unterrichtung von der abgekürzten Außenprüfung

Nach § 5 Abs. 2 Satz 4 BpO 2000 ist der Steuerpflichtige, sofern bei ihm eine abgekürzte Außenprüfung nach § 203 AO[105] beabsichtigt ist, von dieser Absicht in Kenntnis zu setzen. Denn die abgekürzte Außenprüfung weist gegenüber der „normalen“ Außenprüfung gewisse, für den Steuerpflichtigen nachteilige, Besonderheiten auf.

4. Rechtzeitige Bekanntgabe einer Prüfungsanordnung

Die in § 5 Abs. 4 BpO 2000 gesetzte Regel, wonach bei Mittelbetrieben eine Prüfungsanordnung 2 Wochen vor dem Prüfungsbeginn bekanntgegeben wird, ist rechtlich nicht zu beanstanden.[106]

V. Bekanntgabe der unwesentlichen Bestandteile der Prüfungsanordnung

1. Unwesentliche Bestandteile der Prüfungsanordnung

Außer der Prüfungsanordnung werden dem Steuerpflichtigen nach § 197 Abs. 1 Satz 1 AO noch andere Daten, wie z.B. der voraussichtliche **Prüfungsbeginn[107]**, die Namen der **Prüfer[108]** und der **Prüfungsort[109]**, bekanntgegeben.

Diese Angaben sind nicht Bestandteil der Prüfungsanordnung; sie stehen vielmehr neben dieser.

Will ein Steuerpflichtiger bezüglich dieser Daten eine Änderung erreichen, kann er deshalb nicht die Prüfungsanordnung anfechten.[110]

2. Antrag auf Datenänderung

---

[104] BMF, Schreiben ... vom 20.7.2001 – IV D 2 – S 0403 – 3 / 01 – BStBl. 2001 I, S. 502.

[105] Dazu **Mösbauer,** Die abgekürzte Außenprüfung – Beschränkung von Rechtsansprüchen zugunsten der Verfahrensbeschleunigung, StBp 2001, S. 309 ff..

[106] So auch FG Hamburg, Urteil vom 28.4.1999 – I 149 / 98 – EFG 1999, 1004.

[107] Die Festlegung des Prüfungsbeginns ist ein – mittels Einspruchs – gesondert anfechtbarer, eigenständiger Verwaltungsakt. Vorläufiger Rechtsschutz kann durch Aussetzung der Vollziehung erfolgen.

[108] Die Benennung der Prüfer ist kein gesondert anfechtbarer, eigenständiger Verwaltungsakt. Vgl. auch BFH, Beschluß vom 29.4.2002 – IV B 2 / 02 – StBp 2002, S. 279 ff. (zum Recht auf einen „unbefangenen“ Betriebsprüfer).

[109] Die Festlegung des Prüfungsorts ist ein – mittels Einspruchs – gesondert anfechtbarer, eigenständiger Verwaltungsakt. Vorläufiger Rechtsschutz kann durch Aussetzung der Vollziehung erfolgen.

[110] So auch **Tipke / Kruse,** AO / FGO, 16. Aufl., 1997, § 197 AO, Tz. 9.

Es können jedoch **Anträge** gestellt werden, diese Daten zu ändern. Wird diesen Anträgen **nicht stattgegeben**, so kann nicht die Prüfungsanordnung, wohl aber der im Anschluß an die Prüfung ergehende **Bescheid** angefochten werden.

3. Voraussichtlicher Prüfungsbeginn

Der **voraussichtliche** Prüfungsbeginn braucht nicht der tatsächliche Prüfungsbeginn zu sein. Es darf auch später, **nicht** aber **früher** mit der Außenprüfung begonnen werden.
Sofern der Prüfungszweck dadurch nicht gefährdet wird, hat die Bekanntgabe in der Regel bei Großbetrieben 4 Wochen und in anderen Fällen 2 Wochen vor Prüfungsbeginn zu erfolgen. Eine **mündliche** Ankündigung der Prüfung reicht für das Ingangsetzen dieser Frist nicht aus, weil die Prüfungsanordnung nach § 196 AO **schriftlich** zu erteilen ist.[111]
Nach § 197 Abs. 2 AO soll auf Antrag des Steuerpflichtigen der Beginn der Außenprüfung auf einen anderen Zeitpunkt verlegt werden, wenn dafür wichtige Gründe glaubhaft gemacht werden.
Eine die Verlegung **ablehnende Entscheidung** der Behörde stellt einen Verwaltungsakt dar, der mit dem **Einspruch** angefochten werden kann.

4. Ausschluß oder Ablehnung des Prüfers

Mit der Bekanntgabe der Prüfungsanordnung erfährt der Steuerpflichtige auch den **Namen** des Prüfers. Er hat somit die Möglichkeit, eine etwaige **Ausgeschlossenheit** des Prüfers von Prüfungshandlungen nach § 82 AO festzustellen oder den Prüfer wegen **Besorgnis der Befangenheit** nach § 83 AO abzulehnen.
In einem solchen Fall empfiehlt es sich, den Ausschluß- oder Befangenheitsgrund dem Behördenleiter anzuzeigen und um einen anderen Prüfer nachzusuchen. Wird der Ausschluß- oder Befangenheitsgrund nicht anerkannt, so kann der im Anschluß an die Prüfung ergehende Bescheid angefochten werden.[112]

---

[111] Vgl. dazu BFH, Beschluß vom 4.2.1988 – V R 57 / 83 – BStBl. 1988 II, 413. Vgl. dazu auch **Wendt,** Die erneute Festlegung des Prüfungsbeginns, StBp 2002, S. 266 ff..
[112] So auch **Tipke / Kruse,** AO / FGO, 16. Aufl., 1997, § 197 AO, Tz. 1.

§ 8 Beginn der Außenprüfung

I. Erscheinen in Prüfungsabsicht[1]

1. Erscheinen

a) Tatbestandsmäßigkeit

Nach § 198 Satz 1 AO haben sich die Prüfer bereits bei – erstmaligem – **„Erscheinen"**[2] im Betrieb unverzüglich **auszuweisen**[3]. Das „Erscheinen" ist **nicht** identisch mit dem **Beginn** der Außenprüfung. Das geht auch aus dem Wortlaut des § 198 AO hervor. In § 198 Satz 1 AO ist vom „Erscheinen" des Prüfers, in § 198 Satz 2 AO vom „Beginn" der Außenprüfung die Rede. Es wird also schon im Gesetzestext ausdrücklich zwischen beiden Begriffen unterschieden.[4]

b) Physisches Erscheinen

Erscheinen bedeutet „Ankommen" an dem Ort, an dem die Prüfung durchgeführt werden soll.[5] Der Prüfer ist mithin erschienen, wenn er am Prüfungsort körperlich in das Blickfeld des Prüfungssubjekts oder dessen Vertreters getreten ist.

Erscheinen ist daher ein **physisches Erscheinen** mit ernsthafter Prüfungsabsicht. Regelmäßig wird sich dieses in einem **Betreten** von Räumen – Geschäfts- oder Privaträumen – manifestieren. Denkbar ist aber auch ein Erscheinen ohne ein solches Betreten, so z.B. dann, wenn ein Prüfer ein Prüfungssubjekt wegen dessen Abwesenheit nicht angetroffen hat und sich mit dem Hinweis entfernt, er werde nach Rückkehr des Prüfungssubjekts wiederkommen.

Ist eine Prüfung nach Vereinbarung mit einem Prüfungssubjekt an einen **dritten Ort** verlegt, z.B. in die Räume des steuerlichen Beraters oder der Finanzbehörde, so kommt es auf das physische Erscheinen des Prüfers an **diesem** Ort an.[6]

---

[1] Vgl. dazu **Mösbauer,** Erscheinen in Prüfungsabsicht und Beginn der Außenprüfung, StBp 1997, S. 57 ff..

[2] Zum „Erscheinen eines Amtsträgers" siehe **Mösbauer,** Sperre für die strafbefreiende Selbstanzeige bei Steuerhinterziehung (wegen Erscheinens eines Amtsträgers der Finanzbehörde zur steuerlichen Prüfung – §§ 371 Abs. 1, 2 Nr. 1 Buchst. a Alt. 1, 193 ff. AO), NStZ 1989, S. 11 ff.; ferner Bay. ObLG, Beschluß vom 17.9.1986 – R Reg. 4 St. 155 / 86 – DStR 1987, 161; vgl. auch **Merkt,** Selbstanzeige nach Erscheinen eines Amtsträgers zur steuerlichen Prüfung, DStR 1987, S. 710 f.; **Pfaff,** Erscheinen eines Amtsträgers der Finanzbehörde zur steuerlichen Prüfung oder zur Ermittlung einer steuerlichen Zuwiderhandlung – (§ 371 Abs. 2 Nr. 1 a AO), StBp 1977, S. 39; OLG Celle, Beschluß vom 21.12.1984 – 3 Ss 219 / 84 – Wistra 1985, 84; **Mösbauer,** Steuerstraf- und Steuerordnungswidrigkeitenrecht, 2. Aufl., 2000, § 13 (S. 213 ff.); **Mösbauer,** in: Koch / Scholtz, AO, 5. Aufl., 1996, § 198 AO, Rzn. 2 ff.; **Mösbauer,** Das Erscheinen eines Amtsträgers der Finanzbehörde zur steuerlichen (Außen-)Prüfung als Sperre für die Straffreiheit nach § 371 AO, StBp 1999, S. 225 ff.; ergänzend **Mösbauer,** Die Bekanntgabe der Einleitung des Straf- oder Bußgeldverfahrens als Sperre für die Straffreiheit nach § 371 AO, DStZ 1999, S. 354 ff.; **Mösbauer,** Die Kenntnis des Täters von der Entdeckung der Tat als Sperre für die Straffreiheit nach § 371 AO, StB 1999, S. 393 ff.; **Mösbauer,** Die „Einleitung des Strafverfahrens" als Tatbestandsmerkmal für den Ausschluß der Selbstanzeige nach § 371 AO, DB 2001, S. 836 ff..

[3] Das Sich-Ausweisen erfolgt durch Vorzeigen des **Prüferausweises** (mit Lichtbild und Dienststempel versehenen Dienstausweises des zuständigen Finanzamts).

[4] Bestätigend auch **Tipke / Kruse,** AO / FGO, § 198 AO, Tz. 2.

[5] FG München, Urteil vom 1.12.1992 – 13 K 2437 / 91 – EFG 1993, 449: „Erscheinen" i.S.d. § 371 Abs. 2 Nr. 1 Buchst. a AO ist ein tatsächlicher Vorgang, ein Realakt.

[6] Vgl. dazu **Mösbauer,** Steuerstraf- und Steuerordnungswidrigkeitenrecht, 2. Aufl., 2000, § 13 (S. 217 f.); ferner **Mösbauer,** in: Koch / Scholtz, AO, 5. Aufl., 1996, § 198 AO, Rz. 2. **Mösbauer,** Erscheinen in Prüfungsabsicht und Beginn der Außenprüfung, StBp 1997, S. 57 ff.. Vgl. auch **Tipke,** in: Tipke / Kruse, AO / FGO, § 198 AO.

c) Erscheinen in „Prüfungsabsicht"

Das Erscheinen des Prüfers muß auf der **Absicht** beruhen, steuerlich **zu prüfen.** Ein Erscheinen in der Absicht, einen Prüfungstermin **anzukündigen** oder **zu vereinbaren,** ist kein Erscheinen i.S.d. § 198 Satz 1 AO. Dies gilt auch für ein Erscheinen, um private, dienstliche oder sonstige Fragen **zu besprechen.**[7] Der Prüfer ist also nur dann in Prüfungsabsicht erschienen, wenn er am Prüfungsort eingetroffen ist und **Kontakt** mit dem Prüfungssubjekt oder seinem Bevollmächtigten zwecks alsbaldigen Beginns der Prüfung **aufgenommen** hat.[8] Diese Kontaktaufnahme dient regelmäßig dem Prüfer dazu, sich einen allgemeinen Überblick über die **Organisation** des zu prüfenden Betriebs zu verschaffen, Informationen über steuerrelevante **Besonderheiten** zu erhalten und den **Ablauf der Prüfung** mit dem Steuerpflichtigen abzustimmen.

d) Finalität des Erscheinens

Die Relation, in der die Begriffe „Prüfer" und „Erscheinen" in § 198 Satz 1 AO zueinander stehen, zeigt weiter, daß das Erscheinen ein Erscheinen zur steuerlichen Prüfung sein muß. Dies verweist auf die **Finalität** des Erscheinens des Prüfers, nämlich Steuerverhältnisse zu prüfen. Das Erscheinen zur Prüfung soll also gewährleisten, daß Steuern richtig und vollständig festgesetzt werden. Dabei ist zu prüfen, ob das Prüfungssubjekt als Steuerpflichtiger seine steuerlichen Pflichten erfüllt hat.[9] Es ist in diesem Zusammenhang irrelevant, ob es sich um **ordentliche** (turnusmäßige) Prüfungen z.B. gewerblicher oder land- und forstwirtschaftlicher Betriebe (§ 193 Abs. 1 AO) oder **außerordentliche** Prüfungen handelt, die einen bestimmten Sachverhalt aufklären sollen (§ 193 Abs. 2 Nr. 2 AO). Darunter fallen auch allgemeine umfassende Prüfungen oder **Sonderprüfungen**, die sich nur auf einzelne Steuerarten, z.B. Lohnsteuer, Kapitalertragsteuer, Umsatzsteuer-Vergütungen, erstrecken. Anders als bei § 371 Abs. 2 Nr. 1 Buchst. a AO gehören bei § 198 Satz 1 AO die Prüfer der Steueraufsicht, z.B. im Rahmen der Nachschau (§ 210 AO), nicht zu dem Personenkreis der Außen- Prüfer.

e) Erscheinen bei Konzernen und sonstigen zusammenhängenden Unternehmen

Bei der Außenprüfung von Konzernen und sonstigen zusammenhängenden Unternehmen i.S.d. §§ 13 – 19 BpO 2000 gelten keine Besonderheiten. Da es sich um rechtlich selbständige Unternehmen handelt, fällt der Beginn der Außenprüfung grundsätzlich auf den Tag, an dem mit der Prüfung des **jeweiligen** Unternehmens **begonnen** wird. Werden **mehrere** konzernzugehörige Unternehmen von **einer** Finanzbehörde geprüft und hat sie sich mit **allen** von ihr zu prüfenden Betrieben befaßt, um sich einen Überblick über die prüfungsrelevanten Sachverhalte zu verschaffen, sowie die wirtschaftlichen, bilanziellen und liquiditätsmäßigen Verflechtungen zwischen den Unternehmen aus den unterschiedlichen Perspektiven untersucht, ist damit bereits ein **einheitlicher Prüfungsbeginn** gegeben.[10]
Wenn dagegen ein konzernzugehöriges Unternehmen von einer **anderen** Finanzbehörde geprüft wird, beginnt die Außenprüfung erst dann, wenn **konkrete** Prüfungshandlungen **in**

---

[7] Vgl. dazu **Mösbauer,** Steuerstraf- und Steuerordnungswidrigkeitenrecht, 2. Aufl., 2000, § 13 (S. 219 ff.); ferner **Mösbauer,** in: Koch / Scholtz, AO, 5. Aufl., 1996, § 198 AO, Rz.2.

[8] Im gleichen Sinne **Tipke / Kruse,** AO / FGO, § 198 AO, Tz. 2; **Schick,** in: Hübschmann / Hepp / Spitaler, AO / FGO, § 198 AO, Anm. 11; **Mösbauer,** Erscheinen in Prüfungsabsicht und Beginn der Außenprüfung, StBp 1997, S. 57 ff..

[9] Vgl. dazu auch **Mösbauer,** Steuerstraf- und Steuerordnungswidrigkeitenrecht, 2. Aufl., 2000, § 13 (S. 219 ff.).

[10] AEAO (i.d.F. BMF – Schr. v. 14.2.2000 – BStBl. 2000 I, S. 190, ber. S. 495) zu § 198 AO, Nr. 2 Sätze 1 – 3.

diesem Einzelfall vorgenommen worden sind. Der Zeitpunkt des Beginns der Außenprüfung ist in den Prüfungsbericht aufzunehmen.[11]

2. Erscheinen und Ablaufhemmung nach § 171 AO

a) Voraussetzungen der Ablaufhemmung

Das **bloße Erscheinen** der Prüfer wirkt sich auf die Festsetzungsfrist **noch nicht** aus. Die Ablaufhemmung der Festsetzungsfrist[12] setzt nach § 171 Abs. 4 AO **nicht** lediglich ein **Erscheinen** des Prüfers, sondern bereits den **Beginn der Außenprüfung** voraus.[13]
Nach § 171 Abs. 4 AO i.V.m. § 181 Abs. 1 Satz 1 AO wird auch der Ablauf der Feststellungsfrist gehemmt, wenn vorher mit einer Außenprüfung **begonnen** oder deren **Beginn** auf Antrag des Steuerpflichtigen **hinausgeschoben** wird. Dem Antragsteller „muß ... gleichgestellt werden", wer „durch Anfechtung und AdV der Prüfungsanordnung oder der Festlegung des Prüfungsbeginns bewirkt, daß die Prüfung nicht zu dem vorgesehenen Zeitpunkt beginnt".[14] Der Aussetzungsantrag schließt das Begehren ein, den Beginn der Außenprüfung hinauszuschieben, bis über die Rechtmäßigkeit der angefochtenen Verwaltungsakte entschieden ist. In jedem Fall greift aber eine Ablaufhemmung des § 171 Abs. 4 AO grundsätzlich nur dann ein, wenn auch tatsächlich eine Außenprüfung durchgeführt wird.
Eine sog. **betriebsnahe Veranlagung,** der keine förmliche Prüfungsanordnung i.S.d. § 196 AO zugrunde liegt, hemmt nicht den Ablauf der Festsetzungsfrist nach § 171 Abs. 4 AO.[15]

b) Umfang der Ablaufhemmung

Nach § 171 Abs. 4 Satz 1 AO läuft die Festsetzungsfrist nur „für die Steuern, auf die sich die Außenprüfung erstreckt (Alt. 1), oder im Falle der Hinausschiebung der Außenprüfung erstrecken sollte (Alt. 2)", nicht ab.[16] Dies zeigt, daß bei Alt. 1 der Umfang der Ablaufhemmung durch die Steuern bestimmt wird, die in der Prüfungs**anordnung** benannt waren und die auch tatsächlich **geprüft** wurden.[17] Bei Alt. 2 wird der Umfang der Ablaufhemmung ebenfalls durch die Steuern bestimmt, die in der Prüfungs**anordnung** benannt waren.[18] Nur unterscheidet sie sich von Alt. 1 dadurch, daß durch das Hinausschieben **keine** tatsächliche Prüfung durchgeführt wird. Daraus könnte der Schluß gezogen werden, bei Alt. 2 komme es für den Umfang der Ablaufhemmung allein auf die Prüfungsanordnung an.

---

[11] AEAO (i.d.F. BMF – Schr. v. 14.2.2000 – BStBl. 2000 I, S. 190, ber. S. 495) zu § 198 AO, Nr. 2 Sätze 4 und 5.
[12] Vgl. in diesem Zusammenhang **Mösbauer,** Festsetzungs- und Zahlungsverjährung bei der Haftung nach Steuer- und Privatrecht, DStZ 1989, S. 331 ff.; ferner BFH, Urteil vom 10.8.1989 – III R 5 / 87 – BStBl. 1990 II, 38 ff.; BFH, Urteil vom 13.2.2003 – IV R 31 / 01 – StBp 2003, 220 f..
[13] So auch BFH, Urteil vom 17.6.1998 – IX R 65 / 95 – BStBl. 1999 II, 4; FG Düsseldorf, Urteil vom 24.11.1998 – 8 K 424 / 96 AO – EFG 1999, 259; **Köhler,** Prüfung als „Soll – Ist – Vergleich", StBp 2001, S. 190 ff..
[14] BFH, Urteil vom 17.6.1998 – IX R 65 / 95 – BStBl. 1999 II, 4, bes. 6; vgl. ergänzend auch **Ruban,** in: Hübschmann / Hepp / Spitaler, AO / FGO, § 171 AO, Rzn. 50 u. 51; **Rüsken,** in: Klein, AO, 6. Aufl., 1998, § 171 AO, Anm. 5 b, g; **Mösbauer,** Erscheinen in Prüfungsabsicht und Beginn der Außenprüfung, StBp 1997, S. 57 ff..
[15] So auch BFH, Urteil vom 6.7.1999 – VIII R 17 / 97 – BStBl. 2000 II, 306.
[16] Vgl. dazu auch BFH, Beschluß vom 30.3.1999 – I B 139 / 98 – StBp 1999, 192 f..
[17] So auch BFH, Urteil vom 17.6.1998 – IX R 65 / 95 – BStBl. 1999 II, 4, bes. 6; ergänzend BFH, Urteil vom 27.3.1996 – I R 182 / 94 – BStBl. 1997 II, 449; BFH, Urteil vom 15.12.1989 – VI R 151 / 86 – BStBl. 1990 II, 526; BFH, Urteil vom 11.8.1993 – II R 34 / 90 – BStBl. 1994 II, 375; BFH, Urteil vom 2.2.1994 – I R 57 / 93 – BStBl. 1994 II, 377.
[18] So auch **Tipke / Kruse,** AO / FGO, § 171 AO, Tzn. 48 ff.. Vgl. dazu auch AEAO (i.d.F. BMF – Schr. v. 14.2.2000 – BStBl. 2000 I, S. 190, ber. S. 495) zu § 196 AO, Nr. 5.

Der BFH[19] tritt einer solchen Schlußfolgerung mit der wohl zutreffenden Feststellung entgegen, die Ablaufhemmung nach § 171 Abs. 4 AO trete grundsätzlich nur dann ein, wenn tatsächlich eine Außen**prüfung** durchgeführt wird, auch die hinausgeschobene. Dazu ist erforderlich, daß der Prüfer ernsthaft Handlungen zur Ermittlung des Steuerfalls aufnimmt, d.h. daß er in die sachliche Prüfung in einem Umfang eintritt, der im Verhältnis zur Gesamtheit der zu prüfenden Sachverhalte von Gewicht ist.[20]

3. Erscheinen und Selbstanzeige nach § 371 AO

Das **bloße Erscheinen** der Prüfer bewirkt jedoch schon, daß eine **Selbstanzeige** i.S.d. § 371 Abs. 2 Nr. 1 Buchst. a AO[21] **keine Straffreiheit** mehr zur Folge haben kann. Denn ist ein Prüfer erst einmal erschienen, kann man davon ausgehen, daß eine Selbstanzeige, die nach dem Zeitpunkt des Erscheinens erstattet wird, ihren Grund nicht in Reue oder einem schlechten Gewissen, sondern lediglich in der Furcht vor Entdeckung einer Straftat hat.[22]

4. Beginn einer Prüfung[23]

Eine Prüfung wird **begonnen,** wenn der Außenprüfer ernsthaft konkrete Ermittlungshandlungen vornimmt.[24] Sie brauchen dem Betroffenen gegenüber nicht erkennbar zu sein. Hierzu gehören neben dem Studium der den Steuerfall betreffenden Akten auch Anfangsbesprechungen mit dem Steuerpflichtigen oder seinem Bevollmächtigten. Erscheint ein Außenprüfer wenige Tage vor Ablauf der Festsetzungsfrist für die zu prüfenden Steuern am Prüfungsort lediglich zu einem fünfminütigen Gespräch, so kann bei nicht eindeutig feststellbarem Gesprächsinhalt ein **„Beginn"** der Außenprüfung i.S.d. § 171 Abs. 4 Satz 1 AO allein auf Grund des Gesprächs **nicht** angenommen werden.[25] Denn es handelt sich noch nicht um ein Auskunfts- oder Vorlageersuchen, mit dem unter Hinweis auf die Außenprüfung um Beantwortung verschiedener Fragen und Vorlage bestimmter Unterlagen i.S.d. AEAO[26] gebeten wird. Der Prüfer hat mit der Außenprüfung erst begonnen, sobald er Handlungen[27] zur Ermittlung des Steuerfalls vornimmt.[28] Die Handlungen müssen **ernsthaft** der Durchführung der Außenprüfung dienen. Sie dürfen **keine eigenständigen**

[19] BFH, Urteil vom 17.6.1998 – IX R 65 / 95 – BStBl. 1999 II, 4, bes. 6; unter Bezugnahme auf BFH, Urteil vom 15.12.1982 – II R 72 / 81 – BStBl. 1983 II, 384 (noch zu § 146 a Abs. 3 RAO).

[20] Bestätigend auch FG Düsseldorf, Urteil vom 24.11.1998 – 8 K 424 / 96 AO – EFG 1999, 259.

[21] Speziell zur Selbstanzeige vgl. **Mösbauer,** Straffreiheit trotz Steuerhinterziehung, DStZ 1985, S. 325 ff.; **Mösbauer,** Grundprobleme des Steuerstraf- und Steuerordnungswidrigkeitenrechts, Teil II, SteuerStud 1985, S. 259 ff.; **Mösbauer,** Sperre für die strafbefreiende Selbstanzeige bei Steuerhinterziehung (wegen Erscheinens eines Amtsträgers der Finanzbehörde zur steuerlichen Prüfung - §§ 371 Abs. 1, 2 Nr. 1 Buchst. a Alt. 1, 193 ff AO), NStZ 1989, S. 11; **Mösbauer,** Steuerstraf- und Steuerordnungswidrigkeitenrecht (einschließlich Steuer- und Zollfahndung), 2. Aufl., 2000, § 13 (S. 184 ff., 214 ff.). Vgl. auch **J. R. Müller,** Beratungshinweise vor Erstattung einer Selbstanzeige, StBp 2002, S. 356 ff.; **Burkhard,** Straffreiheit bei Selbstanzeige durch Dritte (sog. Drittanzeige)?, StBp 2003, S. 15 ff..

[22] Bestätigend auch **Kühn / Hofmann,** AO / FGO, 17. Aufl., 1995, § 198 AO, Bem. 2.

[23] Vgl. dazu **Mösbauer,** Erscheinen in Prüfungsabsicht und Beginn der Außenprüfung, StBp 1997, S. 57 ff..

[24] So auch AEAO (i.d.F. BMF – Schr. v. 14.2.2000 – BStBl. 2000 I, S. 190, ber. S. 495) zu § 198 AO, Nr. 1 Sätze 1 und 2. Vgl. auch **Mösbauer,** Erscheinen in Prüfungsabsicht und Beginn der Außenprüfung, StBp 1997, S. 57 ff..

[25] So zutreffend FG Düsseldorf, Urteil vom 24.11.1998 – 8 K 424 / 96 AO – EFG 1999, 259.

[26] AEAO (i.d.F. BMF – Schr. v. 14.2.2000 – BStBl. 2000 I, S. 190, ber. S. 495) zu § 198 AO, Nr. 1 Satz 3.

[27] Auch ein **Aktenstudium** kann bereits der Beginn einer Außenprüfung sein. Vgl. dazu BFH, Urteil vom 7.8.1980 – II R 119 / 77 – BStBl. 1981 II, 409; BFH, Urteil vom 2.2.1994 – I R 57 / 93 – BStBl. 1994 II, 377, 379.

[28] Vgl. dazu auch BFH, Urteil vom 7.8.1980 – II R 119 / 77 – BStBl. 1980 II, 409, 411.

Einzelermittlungsmaßnahmen außerhalb des Rahmens einer Außenprüfung sein.[29] Entscheidend hierfür ist, wie sich das Tätigwerden der Finanzbehörde aus der Sicht des Betroffenen in entsprechender Anwendung der zu § 133 BGB entwickelten Rechtsgrundsätze darstellt. Maßgeblich ist in Zweifelsfällen, ob der Steuerpflichtige nach den ihm bekannten Umständen die Ermittlungsmaßnahme dem Gehalt nach unter Berücksichtigung von Treu und Glauben als Außenprüfungshandlung verstehen konnte.[30] Im Regelfall kann davon ausgegangen werden, daß Maßnahmen eines Außenprüfers zur Ermittlung eines Steuerfalls auch Prüfungshandlungen sind, und zwar selbst dann, wenn sie auf die Vorlage von Aufzeichnungen, Büchern oder Geschäftspapieren ausgerichtet sind. Daher hat ein Außenprüfer, der den Prüfungszeitraum überschreitende Einzelermittlungen[31] anstellt, dem Steuerpflichtigen zu erklären, daß z.B. die verlangten Auskünfte nicht mehr im Zusammenhang mit der Außenprüfung stehen.[32]

Ein Indiz für das Vorliegen **eigenständiger** Einzelermittlungsmaßnahmen **im** Zusammenhang mit einer Außenprüfung ist regelmäßig bei Prüfungshandlungen gegeben, die sich auf steuerrelevante Tatbestände beziehen, deren Steuerart in der Prüfungsanordnung nicht genannt wurde. Solche eigenständige **Prüfungshandlungen** dürfen nur insoweit begonnen werden, als die Prüfungsanordnung auf diese Steuern **förmlich erweitert** worden ist.

Keiner förmlichen Erweiterung bedarf es, wenn der Prüfer **keine** eigenständigen Prüfungshandlungen vornimmt, sondern sich darauf beschränkt, den für die Steuer zuständigen **Innendienst** durch **Kontrollmitteilungen** zu unterrichten.

Der Innendienst wird bei der Auswertung des Kontrollmaterials darauf achten, daß die Änderungen der bisherigen Steuerfestsetzungen **nicht** „auf den Feststellungen der Außenprüfung“ beruhen.

Ein solches procedere bewirkt, daß eine förmliche Erweiterung der Prüfungsanordnung entbehrlich wird, da der Innendienst qua via „das Kontrollmaterial zum Anlaß eigener Ermittlungen oder Beanstandungen i.S.d. §§ 85 ff. AO“[33] macht.

Denkbar ist es auch, daß im Prüfungszeitraum **Dauersachverhalte** festgestellt werden, die möglicherweise bereits in den Vorjahren vorgelegen haben. In solchen Fällen ist es unbedenklich, wenn der Prüfer den Innendienst auf solche möglichen Sachverhalte aufmerksam macht.

Wenn gleichzeitig der Prüfer den Steuerpflichtigen, spätestens in der Schlußbesprechung, noch auf die Möglichkeit einer Änderung der Vorjahre hinweist, hat er sämtlichen möglichen Einwendungen des Steuerpflichtigen wirksam vorgebeugt.[34]

Beginnt der Prüfer mit Prüfungshandlungen, **ohne** daß eine **wirksame Prüfungsanordnung** bekanntgegeben worden ist, so kann der Steuerpflichtige die **Mitwirkung verweigern** und gegen das stillschweigende Verlangen nach Duldung der Prüfung sowie gegen Mitwirkungsanordnungen **Einspruch einlegen.**

Nach st. Rspr. des BFH[35] kann eine Außenprüfung, die auf Grund einer **unwirksamen** Prüfungsanordnung durchgeführt wird, den Ablauf der Festsetzungsfrist **nicht** hemmen.

---

[29] Zu ihrer Abgrenzung zu den Außenprüfungshandlungen vgl. BFH, Urteil vom 2.2.1994 – I R 57 / 93 – BStBl. 1994 II, 377, 378.

[30] Bestätigend auch BFH, Beschluß vom 25.8.1981 – VII B 3 / 81 – BStBl. 1982 II, 34; BFH, Urteil vom 28.11.1985 – IV R 178 /83 – BStBl. 1986 II, 293; BFH, Urteil vom 19.6.1979 – VII R 27 / 77 – BStBl. 1980 II, 31.

[31] Sie erfolgen nach § 88 AO grundsätzlich nur durch das örtlich und sachlich zuständige Finanzamt.

[32] Bestätigend BFH, Urteil vom 5.4.1984 – IV R 244 / 83 – BStBl. 1984 II, 790.

[33] So auch OFD München, Verfügung betr. Anordnung von Außenprüfungen vom 5.3.1984 – S 0403 – 7 St 31 – Steuererlasse (C. H. Beck) Nr. 800, § 196 AO / 1, Nr. 6 (i.d.F.v. Okt. 1999).

[34] So auch OFD München, Verfügung betr. Anordnung von Außenprüfungen vom 5.3.1984 – S 0403 – 7 St 31 – Steuererlasse (C. H. Beck) Nr. 800, § 196 AO / 1, Nr. 6 (i.d.F.v. Okt. 1999).

[35] Z.B. Urteil vom 13.12.1990 – V R 48 / 86 – BFH / NV 1991, 790; BFH, Urteil vom 21.4.1993 – X R 112 / 91 – BStBl. 1993 II, 649, 651. Vgl. auch BFH, Urteil vom 10.4.2003 – IV R 30 / 01 – StBp 2003, 308 f..

Dieselben Rechtsfolgen müssen eintreten, wenn eine **wirksame,** aber **rechtswidrige**[36] Prüfungsanordnung auf Anfechtung hin aufgehoben wird oder die Rechtswidrigkeit der erledigten Prüfungsanordnung festgestellt wird.[37]
Rechtswidrige, aber wirksame Prüfungshandlungen, die nicht mit Erfolg angefochten worden sind, hemmen hingegen den Fristablauf.[38]
Die Folgen der Rechtswidrigkeit, z.B. Ablauf der Festsetzungsfrist, können durch eine nachträglich erlassene rechtmäßige Prüfungsanordnung in materieller Hinsicht **nicht geheilt** werden. Zwar kann nach zutreffender Feststellung des BFH[39], die Finanzbehörde unter Vermeidung des Verfahrensfehlers eine erneute Prüfung anordnen; der Ablauf der Festsetzungsfrist kann dadurch aber nicht rückwirkend beseitigt werden.
Anders ist zu entscheiden, wenn die tatsächliche Prüfungshandlung dem Erlaß einer Ergänzung der Prüfungsanordnung vorausgeht und die Prüfungsanordnung vor Ablauf der Festsetzungsfrist (§ 171 Abs. 4 AO) ergänzt wird. In diesem Fall ist der Ablauf der Festsetzungsfrist gehemmt.[40] Die Ablaufhemmung umfaßt die jeweils geprüfte **Steuer, nicht** nur die geprüften Sachverhalte.

5. Scheinhandlungen

Scheinhandlungen[41], die lediglich den Zweck haben, die Ablaufhemmung der Festsetzungsfrist herbeizuführen, bedeuten **keinen** Beginn der Prüfung. Sie hemmen somit auch nicht die Festsetzungsfrist.[42] Auch wenn die Prüfung innerhalb der Sechsmonatsfrist des § 171 Abs. 4 Satz 2 AO tatsächlich aufgenommen wird, heilt dies den Mangel einer ernsthaft begonnenen Außenprüfung nicht. Denn nur eine ernsthaft begonnene Außenprüfung kann i.S.d. § 171 Abs. 4 Satz 2 AO unterbrochen werden.
Auch hier ist in der Praxis gelegentlich ein **Mißbrauch** durch die Finanzbehörden zu konstatieren, der von den Angehörigen der steuerberatenden Berufe viel zu gering geachtet wird. So kommt es z.B. vor, daß ein Prüfer, der eine Krankheit herannahen spürt, mit einer Außenprüfung „beginnt", sich an einem der nächsten Tage krank meldet und sich dann längere Zeit nicht mehr blicken läßt. In einem solchen Fall, in dem der Prüfer bei „Prüfungsbeginn" die Krankheit bereits „in den Knochen" hatte, wird man wohl davon auszugehen haben, daß die Außenprüfung nur zum Zweck der Hemmung des Fristablaufs „begonnen" wurde. Es liegt somit eine sogenannte Scheinhandlung vor. Die Außenprüfung war mithin **nicht** ernsthaft begonnen. Die Festsetzungsfrist wird nicht gehemmt.
Eine Scheinhandlung ist auch anzunehmen, wenn der Prüfer nach wenigen Tagen die Prüfung abbricht, weil er einen anderen Prüfungsauftrag erhalten hat oder wenn er überhaupt nur alle paar Tage erscheint.[43]
Nach zutreffender Feststellung des FG Düsseldorf[44] ist auch die Anforderung von Unterlagen kurz vor Jahresschluß dann als Scheinhandlung zu bewerten, wenn der Prüfer aus

---

[36] Eine solche rechtswidrige Prüfungsanordnung ist z.B. dann gegeben, wenn sie den Prüfungsbeginn rechtswidrig festlegt. Eine solche Prüfungsanordnung vermag den Ablauf der Verjährungsfrist nicht zu hemmen. So auch BFH, Urteil vom 18.12.1986 – I R 49 / 83 – BStBl. 1987 II, 408; BFH, Urteil vom 21.4.1993 – X R 112 / 91 – BStBl. 1993 II, 649, 651.

[37] Vgl. dazu BFH, Urteil vom 21.4.1993 – X R 112 / 91 – BStBl. 1993 II, 649, 651 unter Bezugnahme auf BFH, Urteil vom 16.5.1990 – X R 147 / 87 – BStBl. 1990 II, 942.

[38] So auch BFH, Urteil vom 25.6.1992 – IV R 87 / 90 – BFH / NV 1993, 457; BFH, Urteil vom 2.2.1994 – I R 57 / 93 – BStBl. 1994 II, 377, 378.

[39] BFH, Urteil vom 24.8.1989 – IV R 65 / 88 – BStBl. 1990 II, 2; BFH, Urteil vom 21.4.1993 – X R 112 / 91 – BStBl. 1993 II, 649, 652.

[40] BFH, Urteil vom 2.2.1994 – I R 57 / 93 – BStBl. 1994 II, 377.

[41] Zum Begriff der Scheinhandlungen ausführlich **Tipke / Kruse,** AO / FGO, 16. Aufl., § 171 AO, Tz. 13.

[42] Vgl. FG Baden – Württemberg, Urteil vom 30.4.1985 – XI K 52 / 84 Z – EFG 1985, 535; FG Düsseldorf, Urteil vom 24.11.1998 – 8 K 424 / 96 AO – EFG 1999, 259.

[43] Im gleichen Sinne schon **Tipke / Kruse,** AO / FGO, 13. Aufl., 1989, § 171 AO, Tz. 13.

organisatorischen Gründen noch nicht in der Lage ist, mit der Prüfung wirklich zu beginnen und die Anforderung der Unterlagen tatsächlich für längere Zeit die einzige Prüfungshandlung bleibt.
Andererseits kann ein Erscheinen eines Prüfers um **Vor-** oder **Anfangsbesprechungen** mit einem Steuerpflichtigen oder dessen Berater durchzuführen, durchaus ein Erscheinen „zur Prüfung" darstellen. Es kann sogar schon einen „Beginn" der Außenprüfung i.S.d. § 198 Satz 2 AO darstellen. Selbst die Maßnahmen eines Prüfers, die nur auf die Vorlage von Aufzeichnungen, Büchern, Geschäftspapieren und ähnlichem gerichtet sind, können schon den Beginn von Prüfungshandlungen markieren.[45]

II. Ausweispflicht

1. Unverzügliche Ausweispflicht

Nach § 198 Satz 1 AO haben sich die Prüfer bei erstmaligem Erscheinen zur Prüfung[46] unaufgefordert und unverzüglich auszuweisen.[47]
Unverzüglich bedeutet zwar „ohne schuldhaftes Zögern". Doch kann es nicht darum gehen, ob der Prüfer sich **schuldhaft** oder **nicht schuldhaft** nicht ausweisen kann. Primär geht es wohl um das „Sich – Ausweisen – Können". Denn es kann einem Steuerpflichtigen nicht zugemutet werden, einer Person, die sich nicht ausweisen kann, Einsicht in seine Unterlagen zu gewähren. Ob der Prüfer den Umstand, daß er sich nicht ausweisen kann, verschuldet hat oder nicht, ist irrelevant.[48]

2. Sinn der Ausweispflicht

Der **Sinn** der Ausweispflicht liegt in erster Linie darin, dem Steuerpflichtigen die Möglichkeit zu geben, anhand der Prüfungsanordnung – „Als Prüfer ist vorgesehen ... von der Außenprüfungsstelle des Finanzamts" – die Prüfungsbefugnis und die Identität[49] der erschienenen Person zu **kontrollieren.**
Der Steuerpflichtige soll hier davor geschützt werden, daß etwa die Ausübung eines öffentlichen Amtes nur amtsanmaßend i.S.d. § 132 StGB vorgetäuscht wird.[50]
Die **Prüferausweise** werden daher nach § 29 Satz 1 BpO 2000 nur für „Sachgebietsleiter für Betriebsprüfung" und „Betriebsprüfer" i.S.d. §§ 25 – 27 BpO 2000 ausgestellt; nicht so auch für weisungsgebundene zur Unterstützung der Betriebsprüfer eingesetzte Betriebsprüfungshelfer. Die Prüferausweise identifizieren die Prüfer nach Finanzbehörde, Ort

---

[44] FG Düsseldorf, Urteil vom 24.11.1998 – 8 K 424 / 96 AO – EFG 1999, 259.
[45] So auch BFH, Urteil vom 2.2.1994 – I R 57 / 93 – BStBl. 1994 II, 377; FG Düsseldorf, Urteil vom 24.11.1998 – 8 K 424 / 96 AO – EFG 1999, 259.
[46] Zum Begriff des „Erscheinens zur Prüfung" vgl. **Mösbauer,** Sperre für die strafbefreiende Selbstanzeige bei Steuerhinterziehung (wegen Erscheinens eines Amtsträgers der Finanzbehörde zur steuerlichen Prüfung - §§ 371 Abs. 1, 2 Nr. 1 Buchst. a Alt. 1, 193 ff.) NStZ 1989, S. 11 ff.; **Mösbauer,** Das Erscheinen eines Amtsträgers der Finanzbehörde zur steuerlichen (Außen-)Prüfung als Sperre für die Straffreiheit nach § 371 AO, StBp 1999, S. 225 ff..
[47] Darauf verweist auch BMF, Schreiben betr. Hinweise auf die wesentlichen Rechte und Mitwirkungspflichten des Steuerpflichtigen bei der Außenprüfung (§ 5 Abs. 2 Satz 2 BpO) vom 20.7.2001 – IV D 2 – S 0403 – 3 / 01 – BStBl. 2001 I, S. 502, Abschn. 1 Abs. 2 (betr. Vorlage des Dienstausweises).
[48] So auch **Schick,** in: Hübschmann / Hepp / Spitaler, AO / FGO, 9. Aufl., 1989, § 198 AO, Anm. 47.
[49] Auf diese Identitätskontrolle ist der Inhalt des **Prüferausweises** ausgerichtet. Dazu vgl. § 29 Satz 2 BpO 2000.
[50] Vgl. dazu z.B. Leipziger Kommentar, StGB, 10. Aufl., 1988, § 132 StGB Rd. Nrn. 5 und 6; ferner **Mösbauer,** in: Koch / Scholtz, AO, 5. Aufl., 1996, § 198 AO, Rzn. 2 ff..

und Datum der Ausstellung, Funktionsbezeichnung (Sachgebietsleiter, Betriebsprüfer), Namen, Befugnissen des Inhabers sowie Dauer der Befugnisse.[51]

3. Ausweispflicht gegenüber dem Steuerpflichtigen

Auszuweisen hat sich der Prüfer – und zwar unaufgefordert – durch seinen Prüfer-Dienstausweis[52] gegenüber dem Steuerpflichtigen, gegen den sich die Außenprüfung richtet bzw. dessen Vertreter (Steuerberater).
Das gilt auch im Falle der sog. Erstreckungsprüfung nach § 194 Abs. 2 AO.
In den Fällen des § 194 Abs. 1 Sätze 3 und 4 AO brauchen sich die Prüfer gegenüber dem Steuerpflichtigen, deren Verhältnisse mitgeprüft werden können, nicht auszuweisen.
Weist sich ein Prüfer nicht aus, so braucht ihm der Steuerpflichtige weder das Betreten seiner Räume noch die Durchführung der Prüfung zu gestatten.[53]
Hat der Steuerpflichtige dem Prüfer die Durchführung der Außenprüfung ohne Ausweis gestattet, so löst dieser Mangel gleichwohl kein Verwertungsverbot aus.[54]

III. Schriftliche Fixierung des Prüfungsbeginns

1. Fixierung des „Beginns" der Außenprüfung

a) Fixierungsgebot

Nach § 198 Satz 2 AO ist der **Beginn** der Außenprüfung unter Angabe von Datum und Uhrzeit **aktenkundig** zu machen.
Dies erfolgt regelmäßig auf der Rückseite der – grünen – Ausfertigung der Verfügung der Prüfungsanordnung für die Bp-Stelle. Sie ist „zu den Arbeitsunterlagen des Prüfers" zu nehmen und mit dem Vermerk „Beginn der APr. am ... um ... Uhr" zu versehen.

b) Bedeutung der Fixierung

aa) Ablaufhemmung der Festsetzungsfrist

Diese Fixierung des **Beginns** der Außenprüfung, also des Zeitpunkts der Vornahme der ersten Prüfungshandlung, ist deshalb erforderlich, weil mit ihm die **Ablaufhemmung der Festsetzungsfrist** nach § 171 Abs. 4 Satz 1 AO einsetzt.[55]
Aus diesem Grunde soll der Prüfungsbeginn, zu späteren Beweiszwecken, **sofort schriftlich** festgehalten werden.[56]
Wo und in welcher **Form** dies zu geschehen hat, regelt das Gesetz nicht. Nach dem neuerdings geltenden AEAO[57] ist der Zeitpunkt des Beginns der Außenprüfung in den

---

[51] Dazu vgl. § 29 Satz 2 BpO 2000.
[52] Siehe dazu § 29 Satz 1 BpO 2000.
[53] So auch **Schick,** in: Hübschmann / Hepp / Spitaler, AO / FGO, § 198 AO, Anm. 1; **Salch,** Prüfungsanordnungen und Prüfungsauftrag: Begriff, Rechtsnatur, zulässiger Umfang und Bedeutung, StBp 1970, S. 1 ff..
[54] So auch **Tipke / Kruse,** AO / FGO, § 198 AO, Tz. 1.
[55] Siehe dazu **Mösbauer,** Festsetzungs- und Zahlungsverjährung bei der Haftung nach Steuer- und Privatrecht, DStZ 1989, S. 331; BFH, Urteil vom 10.8.1989 – III R 5 / 87 – BStBl. 1990 II, 38.
[56] Siehe dazu **Mösbauer,** in: Koch / Scholtz, AO, 5. Aufl., 1996, § 198 AO, Rz. 3. AEAO (i.d.F. BMF – Schr. v. 14.2.2000 – BStBl. 2000 I, S. 190, ber. S. 495) zu § 198 AO, Nr. 2 Satz 5 verfügt: Der Zeitpunkt des Beginns der Außenprüfung ist in den Prüfungsbericht aufzunehmen.
[57] AEAO (i.d.F. BMF – Schr. v. 14.2.2000 – BStBl. 2000 I, S. 190, ber. S. 495) zu § 198 AO, Nr. 2 Satz 5.

Prüfungsbericht bzw. in die **Mitteilung** über die ergebnislose Prüfung (§ 202 Abs. 1 Satz 1 AO) aufzunehmen. Wird es unterlassen, den Prüfungsbeginn schriftlich festzuhalten und läßt sich der genaue Zeitpunkt des Beginns nicht mehr feststellen, so ist der für den Steuerpflichtigen günstigste Zeitpunkt anzunehmen.[58]

bb) Außenprüfung vor Ablauf der Festsetzungsfrist

Wird **vor Ablauf der Festsetzungsfrist** mit einer Außenprüfung **begonnen**[59] oder wird deren **Beginn** auf Antrag des Steuerpflichtigen **hinausgeschoben,** so **läuft** die **Festetzungsfrist** für die Steuern, auf die sich die Außenprüfung erstreckt oder im Falle der Hinausschiebung der Außenprüfung erstrecken sollte, **nicht ab,** bevor die auf Grund der Außenprüfung zu erlassenden Steuerbescheide unanfechtbar geworden sind (§ 171 Abs. 4 Satz 1 AO). Der Fristablauf wird gehemmt, weil auf Grund bestimmter Hinderungsgründe die rechtzeitige Steuerfestsetzung vor dem Ende der Festsetzungsfrist unmöglich wird.

cc) Außenprüfung nach Ablauf der Festsetzungsfrist

Ist die **Festsetzungsfrist abgelaufen,** ist nach § 169 Abs. 1 Satz 1 AO eine Steuerfestsetzung nicht mehr zulässig.

dd) Beginn der Festsetzungsfrist

Die **Festsetzungsfrist beginnt** nach § 170 Abs. 1 AO grundsätzlich mit dem Ablauf des Kalenderjahres, in dem die Steuer entstanden ist.

ee) Dauer der Festsetzungsfrist

Die Festsetzungsfrist **beträgt** für

- Zölle und Verbrauchsteuern	ein Jahr (§ 169 Abs. 2 Satz 1 Nr. 1 AO),
- sonstige Steuern	vier Jahre (§ 169 Abs. 2 Satz 1 Nr. 2 AO),
- leichtfertig verkürzte Steuern[60]	fünf Jahre (§ 169 Abs. 2 Satz 2 Halbs. 2 AO),
- hinterzogene Steuern[61]	- zehn Jahre (§ 169 Abs. 2 Satz 2 Halbs. 1 AO).

ff) Hemmung der Festsetzungsfrist

Nach Fristablauf ist der Steueranspruch wegen § 47 Alt. 4 AO materiell erloschen. Der Steueranspruch kann nicht mehr geltend gemacht werden. § 171 Abs. 4 AO verhindert dies. Danach läuft die Festsetzungsfrist mit **Beginn** der Außenprüfung nicht weiter. Die Frist wird gehemmt.
Eine Außenprüfung kann aber nur angeordnet werden, wenn die entsprechenden Bescheide noch geändert werden können.
Ein trotz Fristablaufs erlassener Steuerbescheid ist aber nur anfechtbar, nicht nichtig.
Ob ein Steuerbescheid noch änderbar ist, richtet sich nach dem Zeitpunkt des **Beginns** der Außenprüfung.

---

[58] So auch **Tipke / Kruse,** AO / FGO, § 198 AO, Tz. 2.
[59] Der **tatsächliche** Prüfungsbeginn ist nicht identisch mit der **Ankündigung** des Prüfungsbeginns. Vgl. dazu BFH, Urteil vom 11.8.1993 – II R 34 / 90 – BStBl. 1994 II, 375 (GrEStG NW).
[60] Dazu vgl. **Mösbauer,** Steuerstraf- und Steuerordnungswidrigkeitenrecht, 2. Aufl., 2000, § 25 (S. 379 ff.).
[61] Dazu vgl. **Mösbauer,** a.e.a.O., § 12 (S. 93 ff.).

Eine Außenprüfung beginnt mit **Übergabe der Prüfungsanordnung** und den sich anschließenden Ermittlungshandlungen[62] des Prüfers.[63] Ermittlungshandlungen **vor** Übergabe der Prüfungsanordnung sind Ermittlungshandlungen **außerhalb** des Außenprüfungsverfahrens. Sie können nicht zu Ablaufhemmungen führen.

Wird vor Eintritt der Verjährung mit der Außenprüfung begonnen, so läuft die Festsetzungsfrist nicht ab, bevor

- die Finanzbehörde dem Steuerpflichtigen schriftlich mitgeteilt hat, daß die Außenprüfung zu keiner Änderung der Besteuerungsgrundlagen geführt hat (und seitdem drei Monate vergangen sind)

oder

- bei einer Änderung der Besteuerungsgrundlagen auf Grund einer Außenprüfung, die neu erlassenen Steuerbescheide unanfechtbar geworden sind.[64]

gg) Antrag auf Verlegung des Beginns der Außenprüfung

Auch bei einem Antrag des Steuerpflichtigen nach § 197 Abs. 2 AO auf Verlegung des Beginns der Außenprüfung wird das Verjährungsfristende hinausgeschoben, wenn mit der Prüfung erst nach Ablauf der regulären Festsetzungsfrist aufgrund des Antrages begonnen wurde. Der Steuerpflichtige kann somit nicht durch eine derartige Verschleppungstaktik die Prüfung mit dem Ziel einer Verjährung hinauszögern.

hh) Ausschluß der Ablaufhemmung der Verjährung

Die **Ablaufhemmung** der Verjährung tritt jedoch nach § 171 Abs. 4 Satz 2 AO **nicht ein,** wenn eine Außenprüfung zwar begonnen, aber unmittelbar nach ihrem Beginn, aus Gründen, die die Finanzbehörde zu vertreten hat, für die Dauer von mehr als sechs Monaten unterbrochen wird.[65]

ii) Beschränkung der Dauer der Ablaufhemmung

§ 171 Abs. 4 Satz 3 AO beschränkt die Dauer der Ablaufhemmung. Danach endet die Festsetzungsfrist spätestens, wenn seit Ablauf des Kalenderjahres, in dem die **Schlußbesprechung stattgefunden** hat, die in § 169 Abs. 2 AO genannten Fristen verstrichen sind. Die Festsetzungsfrist endet ebenfalls bei **Unterlassung der Schlußbesprechung,** wenn seit Ablauf des Kalenderjahres, in dem die letzten Ermittlungen im Rahmen der Außenprüfung stattgefunden haben, die in § 169 Abs. 2 AO genannten Fristen verstrichen sind.

Diese Regelung, die erst mit Wirkung vom 1.1.1987 in die AO eingefügt worden ist[66], zwingt die Finanzbehörde zu schnellen Auswertungen der Prüfungsergebnisse und zum schnellen

---

[62] Zu ihnen gehören auch die **Ortsbesichtigungen** als unverzichtbare Bestandteile der notwendigen Sachverhaltsermittlungen. So können z.B.Sachverhalte, die in Belegen enthalten sind, wie z.B. Erwerb von Anlagevermögen oder Vorsteueraufteilung bei Grundstücken, vor Ort auf ihre Richtigkeit überprüft werden. Das gilt auch hinsichtlich der tatsächlichen Existenz von Firmenneugründungen; sowie hinsichtlich der tatsächlichen Errichtung von Gebäuden. Und natürlich ist – wesenstypisch für die Finanzverwaltung – über die Ortsbesichtigung ein Aktenvermerk zu fertigen.

[63] BFH, Urteil vom 9.5.1985 – IV R 111 / 82 – BFH / NV 1985, 10; BFH, Urteil vom 15.12.1982 – II R 72 / 81 – BStBl. 1983 II, 384.

[64] Siehe dazu **Mösbauer,** Festsetzungs- und Zahlungsverjährung bei der Haftung nach Steuer- und Privatrecht, DStZ 1989, S. 331; BFH, Urteil vom 10.8.1989 – III R 5 / 87 – BStBl. 1980 II, 38.

[65] Hierzu **Schick,** in: Hübschmann / Hepp / Spitaler, AO / FGO, § 171 AO, Anm. 60 ff.; **Tipke / Kruse,** AO / FGO, § 171 AO, Tz.13 ff..

[66] Gesetz vom 19.12.1985 – BGBl. 1985 I, S. 2436.

Erlaß von berichtigten Steuerbescheiden. Kommt die Finanzbehörde dieser Frist nicht nach, so erlöschen die Steueransprüche durch Ablauf der Festsetzungsfrist.
§ 171 Abs. 4 AO gilt nur, wenn die Prüfungsanordnung der Außenprüfung wirksam ist. Prüfungshandlungen, die nicht während einer Außenprüfung ergehen, z.B. Handlungen auf Grund einer nichtigen Prüfungsanordnung, sind nur Einzelermittlungen **ohne** die rechtliche Wirkung einer Ablaufhemmung.[67]

2. Keine Fixierung des „Erscheinens" des Außenprüfers

Das Gesetz sieht **nicht** vor, daß der Zeitpunkt des **Erscheinens** der Prüfer schriftlich fixiert wird. Die Bundesregierung hält dies auch nicht für erforderlich, da das Erscheinen des Prüfers und der Prüfungsbeginn regelmäßig zusammenfallen und somit nur ein Zeitpunkt festgehalten werden muß.
Diese Auffassung der Bundesregierung ist zwar klar, aber nicht unbedingt überzeugend. Denn was nützt schon die schriftliche Fixierung des „Prüfungsbeginns", wenn die Selbstanzeige nach § 371 AO nur bis zum Zeitpunkt des „Erscheinens" möglich ist, der seinerseits wiederum nicht schriftlich fixiert zu werden braucht; zumindest nach Auffassung der Bundesregierung. Es wäre daher zu überlegen, ob nicht auch dieser Zeitpunkt zusätzlich festgehalten werden sollte. Zur Vermeidung von Streitigkeiten würde es sich vielleicht sogar empfehlen, die schriftlichen Fixierungen der Zeitpunkte „Erscheinen" und „Prüfungsbeginn" beim Steuerpflichtigen vom Steuerpflichtigen unterschreiben zu lassen.[68]

[67] BFH, Urteil vom 10.4.1987 – III R 202 / 83 – DStR 1987, 591.
[68] Im gleichen Sinne **Schick,** in:Hübschmann / Hepp / Spitaler, AO / FGO, § 171 AO, Anm. 73 u. 78.

§ 9 Ausschluß einer strafbefreienden Selbstanzeige bei Steuerhinterziehung – wegen Erscheinens eines Außenprüfers[1] –

I. Strafbefreiende Selbstanzeige bei Steuerhinterziehung

1. Steuerhinterziehung

Nach § 370 Abs. 1 AO wird mit Freiheitsstrafe bis zu 5 Jahren oder mit Geldstrafe bestraft, wer

a) den Finanzbehörden oder anderen Behörden über steuerlich erhebliche Tatsachen **unrichtige** oder **unvollständige Angaben** macht (§ 370 Abs. 1 Nr. 1 AO),
b) die Finanzbehörden **pflichtwidrig** über steuerlich erhebliche Tatsachen **in Unkenntnis läßt** (§ 370 Abs. 1 Nr. 2 AO), oder
c) **pflichtwidrig** die Verwendung von Steuerzeichen oder Steuerstemplern unterläßt (§ 370 Abs. 1 Nr. 3 AO),

und dadurch **Steuern verkürzt** (§ 370 Abs. 4 Satz 1 AO) oder für sich oder einen anderen **nicht gerechtfertigte Steuervorteile** (§ 370 Abs. 4 Satz 2 AO) erlangt.[2]
Auch der **Versuch** einer Steuerhinterziehung ist nach § 370 Abs. 2 AO i.V.m. § 23 Abs. 1 Alt. 2 StGB strafbar.[3]
Der Gesetzgeber bietet zum Zwecke der Erschließung von bisher verheimlichten Steuerquellen mit § 371 Abs. 1 AO die Möglichkeit der **strafbefreienden Selbstanzeige.**

2. Selbstanzeige bei Steuerhinterziehung

Wer – nur – in den Fällen der Steuerhinterziehung[4] nach § 370 AO[5] die unrichtigen oder unvollständigen Angaben (§ 370 Abs. 1 Nr. 1 AO) bei der Finanzbehörde – formlos[6] – **berichtigt** oder **ergänzt** oder die unterlassenen Angaben (§ 370 Abs. 1 Nr. 2 AO) **nachholt,** wird nach der im deutschen Strafrechtssystem dogmatisch nur sehr schwer einzuordnenden

---

[1] Vgl. dazu **Mösbauer,** Sperre für die strafbefreiende Selbstanzeige bei Steuerhinterziehung wegen Erscheinens eines Amtsträgers der Finanzbehörde zur steuerlichen Prüfung, NStZ 1989, S. 11 ff.; **Mösbauer,** Das Erscheinen eines Amtsträgers der Finanzbehörde zur steuerlichen (Außen-)Prüfung als Sperre für die Straffreiheit nach § 371 AO, StBp 1999, S. 225 ff.; **Mösbauer,** Steuerstraf- und Steuerordnungswidrigkeitenrecht, 2. Aufl., 2000, § 13 (S. 184 ff., bes. S. 213 ff.); vgl. ergänzend **Mösbauer,** Die Bekanntgabe der Einleitung des Straf- oder Bußgeldverfahrens als Sperre für die Straffreiheit nach § 371 AO, DStZ 1999, S. 354 ff.; **Mösbauer,** Die Kenntnis des Täters von der Entdeckung der Tat als Sperre für die Straffreiheit nach § 371 AO, StB 1999, S. 393 ff.; **Mösbauer,** Die „Einleitung des Strafverfahrens" als Tatbestandsmerkmal für den Ausschluß der Selbstanzeige nach § 371 AO, DB 2001, S. 836 ff..

[2] Vgl. dazu im einzelnen **Mösbauer,** Zur Strafbarkeit bei Steuerhinterziehung, DStZ 1985, S. 559; **Mösbauer,** Steuerstraf- und Steuerordnungswidrigkeitenrecht, 2. Aufl., 2000, § 12 (S. 93 ff.).

[3] Dazu **Mösbauer,** Aktuelle Rechtsfragen bei der Abgrenzung des Versuchs von der Vorbereitungshandlung im Steuerstrafrecht, DStZ 1997, S. 577 ff.; **Mösbauer,** Steuerstraf- und Steuerordnungswidrigkeitenrecht, 2. Aufl., 2000, § 12 (S. 145 ff.).

[4] Es handelt sich hierbei um die Fälle der **versuchten** (§ 370 Abs. 2 AO) und **vollendeten** Steuerhinterziehung (§ 370 Abs. 1 Nrn. 1 bis 3 AO), die **besonders schweren** Fälle (§ 370 Abs. 3 Satz 2 Nrn. 1 bis 4 AO) sowie die Fälle der Hinterziehung der in § 370 Abs. 6 AO genannten **Eingangsabgaben** und um die Fälle der **Mittäterschaft** (§ 25 StGB) und der **Teilnahme** (Anstiftung, § 26 StGB; Beihilfe, § 27 StGB). Zur entsprechenden Geltung des § 371 AO „kraft ausdrücklicher Verweisung" siehe **Scheurmann – Kettner,** in: Koch / Scholtz, AO, 5. Aufl., 1996, § 371 AO, Rdnr. 6, 7.

[5] Dazu vgl. **Mösbauer,** Zur Strafbarkeit bei Steuerhinterziehung, DStZ 1985, 559 ff.; **Mösbauer,** Steuerstraf- und Steuerordnungswidrigkeitenrecht (einschließlich Steuer- und Zollfahndung), 2. Aufl., 2000, § 12 (S. 93 ff.).

[6] Vgl. dazu OLG Hamburg, Urteil vom 27.1.1970 – 2 Ss 191 / 69 – NJW 1970, 1385; so auch schon OLG Hamm, Urteil vom 24.1.1961 – 3 Ss 345 / 61 – DB 1961, 968; **Wassmann,** Die Selbstanzeige im Steuerrecht, 1991, S. 22, 30.

Ausnahmevorschrift des § 371 Abs. 1 AO[7] insoweit – **persönlich – straffrei.** Die Selbstanzeige ist damit ein **persönlicher Strafaufhebungsgrund.** Sie beseitigt rückwirkend die bereits begründete Strafbarkeit. Der persönliche Strafaufhebungsgrund kommt nur **demjenigen** Täter oder Teilnehmer einer Steuerhinterziehung zugute, der in seiner Person die Voraussetzungen der – von Amts wegen zu berücksichtigenden – Selbstanzeige erfüllt. Die Motive für die Selbstanzeige, z.B. Reue, Angst oder auch Freiwilligkeit, sind, dem steuerpolitischen Zweck entsprechend, irrelevant.
Die Umkehr zur Steuerehrlichkeit setzt allerdings voraus, daß der Weg zur strafbefreienden Selbstanzeige noch nicht **versperrt** ist.

II. Sperre für die strafbefreiende Selbstanzeige

1. Erscheinen eines Amtsträgers der Finanzbehörde zur steuerlichen Prüfung

a) Bedeutung der Sperre

Nach § 371 Abs. 1, Abs. 2 Nr. 1 a AO tritt die **persönliche Straffreiheit** für den Selbstanzeigenden dann **nicht** ein, wenn vor[8] der Berichtigung, der Ergänzung oder der Nachholung ein **Amtsträger** der Finanzbehörde zur steuerlichen Prüfung[9] (oder zur Ermittlung einer Steuerstraftat oder einer Steuerordnungswidrigkeit)[10] **erschienen** ist.[11]
Die besondere Bedeutung dieser Sperre des § 371 Abs. 2 Nr. 1 a AO besteht darin, daß die Zuwiderhandlungen gegen Steuergesetze gerade durch die steuerstrafrechtlichen und steuerordnungswidrigkeitenrechtlichen Ermittlungen, vor allem aber durch die steuerlichen Prüfungen[12] der Finanzbehörden, einschließlich der Prüfungen im Steueraufsichts-,[13] Steuerfahndungs-,[14] Steuerermittlungs- und Steuerfestsetzungsverfahren[15], aufgedeckt werden.

---

[7] Zur Frage der Verfassungsmäßigkeit vgl. BVerfG, Beschluß vom 28.6.1983 – 1 BvL 31 / 82, Wistra 1983, 251; BGH, Urteil vom 13.5.1983 – Wistra 1983, 197; vgl. auch **Zöbeley,** Zur Verfassungsmäßigkeit der strafbefreienden Selbstanzeige bei Steuerhinterziehung, DStZ 1984, S. 198; **Bilsdorfer,** Aktuelle Tendenzen des Steuerstrafrechts, DStZ 1985, S. 148 ff.; **Mösbauer,** Straffreiheit trotz Steuerhinterziehung, DStZ 1985, 325 ff.; **Rolletschke,** § 371 Abs. 1 AO: Die Reichweite der Offenbarungspflicht, DStZ 1999, S. 566. Neben der strafbefreienden Selbstanzeige nach §§ 371, 378 AO ermöglicht auch das **Steueramnestiegesetz** für Einkünfte aus Kapitalvermögen die strafbefreiende Wirkung einer Selbstanzeige.
[8] Anders, als bei der Selbstanzeige nach § 371 Abs. 1, Abs. 2 Nr. 1 a Alt. 1 AO, kann bei der sog. „Selbstanzeige“ nach § 378 Abs. 3 AO (leichtfertige Steuerverkürzung) auch noch **nach** Erscheinen des Prüfers berichtigt, ergänzt oder nachgeholt werden. Dazu im einzelnen **Mösbauer,** Steuerstraf- und Steuerordnungswidrigkeitenrecht (einschließlich Steuer- und Zollfahndung), 2. Aufl., 2000, § 25 (S. 348 ff.).
[9] § 371 Abs. 2 Nr. 1a Alt. 1 AO. Vgl. dazu BFH, Urteil vom 2.2.1994 – I R 57 / 93 – BStBl. 1994 II, 377.
[10] § 371 Abs. 2 Nr. 1 a Alt. 2 und 3 AO. Vgl. auch **Mösbauer,** Die Bedeutung der Definitionsnorm des § 369 AO für die steuerstrafrechtliche Ermittlungszuständigkeit der Finanzbehörden, Wistra 1996, S. 252 ff.; **Mösbauer,** Finanzbehördliche Sachverhaltsermittlung bei Verdacht einer Steuerstraftat, DStZ 2000, S. 512 ff..
[11] Zur Sperre bei Einleitung eines Strafverfahrens vgl. **Mösbauer,** Die „Einleitung eines Strafverfahrens“ als Tatbestandsmerkmal für den Ausschluß der Selbstanzeige nach § 371 AO, DB 2001, S. 836 ff..
[12] §§ 193 ff. AO. Vgl. dazu z.B. **Mösbauer,** Staatsaufsicht über die Wirtschaft, 1990, § 25, S. 486 ff..
[13] Dazu **Mösbauer,** Steueraufsicht im Bereich der Zölle und Verbrauchsteuern, DB 1980, S. 1506 ff.; **Mösbauer,** Befugnisgrenzen der finanzbehördlichen Steueraufsicht (§§ 209 ff. AO), DStZ 1988, S. 267 ff.; **Mösbauer,** Staatsaufsicht über die Wirtschaft, 1990, § 27, S. 531 ff..
[14] Dazu **Mösbauer,** Steuerfahndung im Rechtsstaat, DStZ 1986, S. 339 ff.; **Mösbauer,** Steuerstraf- und Steuerordnungswidrigkeitenrecht, 2. Aufl., 2000, §§ 32 ff. (S. 427 ff.); ergänzend **Mösbauer,** Staatsaufsicht über die Wirtschaft, 1990, § 26, S. 503 ff..
[15] Dazu **Mösbauer,** Rechte und Pflichten des Steuerpflichtigen bei der Durchführung der Besteuerung, StB 1984, S. 65 ff..

b) Amtsträger der Finanzbehörde

Amtsträger i.S. des § 371 Abs. 1, Abs. 2 Nr. 1 a AO können nach der Legaldefinition des § 7 AO sowohl **Beamte** als auch **Angestellte** der Finanzbehörde sein, die zur steuerlichen Prüfung[16] (oder zur Ermittlung einer Steuerstraftat oder einer Steuerordnungswidrigkeit) beim Steuerpflichtigen erschienen sind. Für die Angestellten setzt aber § 7 Nr. 3 AO voraus, daß sie dazu bestellt sind, bei der **Finanz**behörde[17] Aufgaben der öffentlichen Verwaltung wahrzunehmen.

§ 371 Abs. 1, Abs. 2 Nr. 1 a AO differenziert nicht zwischen Amtsträgern von **Bundesfinanzbehörden** i.S. des § 6 Abs. 2 AO i.V. mit § 1 FVG und solchen von **Landesfinanzbehörden** i.S. des § 6 Abs. 2 AO i.V. mit § 2 FVG. Es macht also – theoretisch – keinen Unterschied, ob ein Amtsträger eines Hauptzollamts einschließlich seiner Dienststellen (Zollamt, Grenzkontrollstelle, Zollkommissariat), eines Zollfahndungsamtes, eines Bundesvermögens- oder gar eines Bundesforstamtes, der OFD als Bundesmittelbehörde, einer Oberbehörde, wie z.B. der Bundesschuldenverwaltung, der Bundesmonopolverwaltung für Branntwein, des Bundesamtes für Finanzen, des Zollkriminalamts, des Bundesamtes zur Regelung offener Vermögensfragen oder der Bundesaufsichtsämter für das Kredit- oder das Versicherungswesen sowie für den Wertpapierhandel erschienen ist; das gleiche gilt für das Erscheinen eines Amtsträgers des Bundesministers der Finanzen, als oberster Behörde.

Regelmäßig wird aber ein Amtsträger eines **Finanzamtes** erscheinen; ausnahmsweise auch der OFD als Landesmittelbehörde oder der für die Finanzverwaltung zuständigen obersten Landesbehörde. **Entscheidend** ist, daß der Amtsträger eine **Prüfungsanordnung ausführt** oder auf Grund eigener Entschließung im Rahmen seiner dienstlichen Aufgaben – prüfend – einschreiten will.[18]

Gelegentlich werden auch Amtsträger einer **anderen Verwaltungsbehörde** für eine Finanzbehörde tätig. Solche Amtsträger sind aber **nicht Amtsträger der Finanzbehörde** i.S. des § 371 Abs. 1, Abs. 2 Nr. 1 a AO, auch dann nicht, wenn sie von sich aus, z.B. auf Grund des § 163 Abs. 1 StPO, für die Finanzbehörde tätig werden, wie z.B. Polizeibeamte, die Ermittlungen wegen des Verdachts einer Steuerstraftat anstellen. Einem anderen Verständnis dürfte wohl der Wortlaut des § 371 Abs. 2 Nr. 1 a AO[19] entgegenstehen.[20] Amtsträger einer **anderen** Behörde dürften ausnahmsweise aber dann den Amtsträgern einer Finanzbehörde **gleichstehen,** wenn sie die zuständige Finanzbehörde um **Amtshilfe** ersucht hat.

c) Erscheinen der Amtsträger

Die Amtsträger müssen **erschienen** sein, d.h. sie müssen – tatsächlich – „angekommen" sein und zwar an dem Ort der steuerlichen Prüfungs- und Ermittlungshandlung.

Ein Amtsträger ist mithin „erschienen" i.S. des § 371 Abs. 2 Nr. 1 a Alt. 1 AO, wenn er am Prüfungsort körperlich in das Blickfeld des von der Prüfung unmittelbar Betroffenen oder dessen Vertreter getreten ist. Das Erscheinen kann daher nur ein **physisches Erscheinen** sein, das durch eine **ernsthafte Prüfungsabsicht** determiniert ist. Das Erscheinen manifestiert sich regelmäßig in einem Betreten von Geschäfts- und Privaträumen des Steuerpflichtigen.[21]

---

[16] Das sind z.B. Außenprüfer und Fahndungsprüfer; auch wenn sie im Auftrag der Staatsanwaltschaft tätig werden. Vgl. dazu LG Stuttgart, Beschluß vom 21.8.1989 – 10 KLs 137 / 88 – Wistra 1990, 72.

[17] Vgl. dazu § 6 Abs. 1 AO i.V.m. § 6 Abs. 2 AO.

[18] So auch **Scheurmann – Kettner,** in : Koch / Scholtz, AO, 5. Aufl., 1996, § 371 AO, Rz. 24.

[19] ... „der Finanzbehörde" ... Dazu **Mösbauer,** Steuerliche Außenprüfungen durch beauftragte „andere" Finanzbehörden mit originären Prüfungskompetenzen, StBp 1996, S. 169 ff..

[20] So wohl auch **Scheurmann – Kettner,** in: Koch / Scholtz, AO, 5. Aufl., 1996, § 371 AO, Rz.24.

[21] So auch OLG Oldenburg, Urteil vom 16.6.1953 – Ss 90 / 53, NJW 1953, 1847.

Ausnahmsweise kann es für die Sperre sogar ausreichen, wenn ein Amtsträger, der den Steuerpflichtigen wegen dessen **Abwesenheit** nicht angetroffen hat, sich mit dem Hinweis entfernt, er werde dann wiederkommen, wenn der Steuerpflichtige zurückgekehrt sei.[22]
Ist eine Prüfung auf Grund Vereinbarung mit dem Steuerpflichtigen an einen **dritten Ort** verlegt worden, z.B. in die Räume des steuerlichen Beraters oder der Finanzbehörde, so tritt die Sperrwirkung auch dann ein, wenn der Prüfer **dort eintrifft.**[23]
Kein Erscheinen eines Amtsträgers i.S. des § 371 Abs. 2 Nr. 1 a Alt. 1 AO ist jedoch das Erscheinen des Steuerpflichtigen auf Vorladung **beim Finanzamt.** Ein anderes Verständnis hätte zur Folge, daß die Sperrwirkung auch eintreten würde, wenn der Steuerpflichtige trotz Vorladung nicht erscheint. Denn der Amtsträger der Finanzbehörde ist ja zur Prüfung an Amtsstelle – immer – „erschienen".
Wo die steuerliche Prüfung stattfindet, entscheidet die Finanzbehörde nach pflichtgemäßem Ermessen (§ 5 AO)[24]. Besitzt der Steuerpflichtige mehrere Betriebe, die als eine unternehmerische Einheit anzusehen sind, wie z.B. eine Betriebs- und eine Besitzfirma, so tritt durch das Erscheinen des Amtsträgers in einem der Betriebe oder in der Wohnung des Steuerpflichtigen die Sperrwirkung des § 371 Abs. 2 Nr. 1 a AO auch für die Steuerhinterziehung in den anderen Betrieben ein. Dies gilt z.B. nur dann nicht, wenn die Prüfungsanordnung nur für einen Betrieb erteilt worden ist und auch kein Sachzusammenhang besteht.
Bei einer **Organgesellschaft** bleibt die Selbstanzeigemöglichkeit für die Verantwortlichen einer der Gesellschaften weiterhin bestehen, auch wenn der Amtsträger nur bei einem der Unternehmen erschienen ist. Denn zwischen Mutter- und Tochtergesellschaft besteht, im Gegensatz zur Betriebsaufspaltung, keine wirtschaftliche Einheit, da alle Gesellschaften rechtlich selbständige Unternehmen sind. Hat der Prüfer allerdings den Auftrag zur **gesamten Konzernprüfung,** so wird durch sein Erscheinen die Sperrwirkung gleichwohl ausgelöst. Das Erscheinen wird nicht dadurch wieder beseitigt, daß der Prüfer die Prüfung verlegen muß, weil der Steuerpflichtige z.B. fehlende Unterlagen nicht beibringen kann oder wichtige Personen, wie z.B. der Steuerberater oder der Buchhalter, ortsabwesend sind, oder betriebliche Gründe, wie z.B. Hochsaison, eine Prüfung ausschließen. Wird der Amtsträger nach Erscheinen durch unvorhergesehene Umstände an der Prüfung gehindert, so tritt die Sperrwirkung gleichwohl ein. Das kann z.B. der Fall sein, weil die Wohnung nicht geöffnet wird, der Steuerpflichtige sich verleugnen läßt oder kurzfristig erkrankt ist. Die Sperrwirkung ist eingetreten, weil der Amtsträger zum Zwecke der Prüfung am vereinbarten Ort erschienen ist, auch wenn er die Räume des Steuerpflichtigen nicht betreten konnte.
Für die Sperrwirkung reicht es aber **nicht** aus, wenn die Finanzbehörde eine steuerliche Prüfung lediglich **ankündigt.** Ankündigung ist noch kein Erscheinen i.S. des § 371 Abs. 2 Nr. 1 a Alt. 1 AO[25]. Der von der Prüfung unmittelbar Betroffene braucht von dem Ausschlußgrund nach § 371 Abs. 2 Nr. 1 a Alt. 1 AO keine Kenntnis zu haben. Daher tritt die Sperrwirkung auch dann ein, wenn ein Amtsträger mit Prüfungsabsicht erscheint, **ohne** daß vorher gemäß § 197 AO die **Prüfungsanordnung bekanntgegeben** worden war.

---

[22] Vgl. in diesem Zusammenhang OLG Oldenburg, Urteil vom 11.3.1958 – Ss 14 / 58 – NJW 1958, 1407; **Mösbauer,** Steuerstraf- und Steuerordnungswidrigkeitenrecht, 2. Aufl., 2000, § 13 (S. 216 ff.).
[23] Vgl. dazu FG Münster, Urteil vom 15.8.1985 – III 3881 / 84 AO, EFG 1986, 163.
[24] So auch BFH, Urteil vom 20.6.1984 – I R 111 / 80 – BStBl. 1984 II, 815; BFH, Beschluß vom 10.2.1987 – IV B 1 / 87 – BStBl. 1987 II, 360. Vgl. auch § 6 BpO 2000.
[25] Vgl. dazu BGH, Beschluß vom 19.4.1983 – 1 StR 859 / 82 – Wistra 1983, 146 f.; BayObLG, Beschluß vom 23.1.1985 – RReg 4 St 309 / 84 – Wistra 1985, 117 ff.; **Franzen,** Grenzen der strafbefreienden Selbstanzeige, Wistra 1986, S. 210 f.; BayObLG, Beschluß vom 17.9.1986 – RReg 4 St 155 / 86, Wistra 1987, 77 f.; ergänzend **Mösbauer,** Erscheinen in Prüfungsabsicht und Beginn der Außenprüfung, StBp 1997, S. 57 ff..

d) Erfordernis der Prüfungsabsicht

Das Erscheinen des Amtsträgers muß auf der festen **Absicht** beruhen, **steuerlich zu prüfen.**[26] Ein Erscheinen, nur um einen Prüfungstermin anzukündigen oder zu vereinbaren, läßt die Selbstanzeigemöglichkeit ebenso unberührt wie ein Erscheinen, um private, dienstliche oder sonstige Fragen zu besprechen, die mit der Prüfung nur in mittelbarem Zusammenhang stehen. Will ein Amtsträger durch sein Erscheinen nur **verjährungsunterbrechende (Schein-)Handlungen** vornehmen, so handelt er nicht in Prüfungsabsicht, auch dann nicht, wenn er zunächst zum Schein einige Prüfungsmaßnahmen vornimmt und dann erklärt, er müsse die Prüfung abbrechen und werde sie in nächster Zeit fortsetzen. Ist aus dem ausdrücklichen oder schlüssigen Verhalten des Prüfers erkennbar, daß er die **ernstliche** Prüfungsabsicht hat, dann ist die Sperrwirkung uno actu mit seinem Erscheinen eingetreten, auch wenn der Amtsträger die Prüfung unterbrechen sollte. Das Erscheinen muß ein Erscheinen „zur steuerlichen Prüfung" sein. Dies verweist auf die Finalität des Erscheinens, nämlich Steuerverhältnisse auf die Richtigkeit und Vollständigkeit ihrer Festsetzung hin zu überprüfen. Der Begriff „steuerliche Prüfung" erfaßt Außenprüfungen jeder Art (§§ 193 ff. AO), **ordentliche** (turnusmäßige) z.B. gewerblicher oder land- und forstwirtschaftlicher Betriebe (§ 193 Abs. 1 AO) oder **außerordentliche,** die einen bestimmten Sachverhalt aufklären sollen (§ 193 Abs.2 Nr. 2 AO). Darunter fallen auch **allgemeine** umfassende Prüfungen oder **Sonderprüfungen,** die sich nur auf einzelne Steuerarten, z.B. Lohnsteuer, Kapitalertragsteuer, Umsatzsteuer-Vergütungen, erstrecken. Zu den steuerlichen Prüfungen gehören aber auch Maßnahmen der **Steueraufsicht,** z.B. die Nachschau (§ 210 AO)[27], die Prüfung von Büchern, Geschäftspapieren und sonstigen Urkunden (§ 97 AO) sowie Umsatz- und Inventurprüfungen. **Richtsatzprüfungen** fallen nur darunter, wenn sie neben der Überprüfung der üblichen Gewinnsätze in dem bestimmten Geschäftszweig auch die Besteuerungsgrundlagen selbst überprüfen sollen. Die Liquiditätsprüfungen zur Feststellung der Zahlungsfähigkeit sind dagegen **keine** Prüfungen in dem Sinne, da sie nicht das Ziel einer richtigen und vollständigen Festsetzung der Steuern haben.

Für den Ausschluß der Straffreiheit und dessen Umfang ist der Prüfungsauftrag und dessen persönlicher, sachlicher und zeitlicher Umfang relevant, wie er sich aus der nach § 196 AO schriftlich zu erteilenden Prüfungsanordnung – mit Rechtsbehelfsbelehrung – ergibt.

Überschreitet ein Amtsträger diese **Prüfungsanordnung,** so führt dies nur dann zu einer weiteren Sperre für die strafbefreiende Selbstanzeige, wenn er zur Überschreitung befugt war, so z.B. wenn er kraft seiner Dienststellung (z.B. als Sachgebietsleiter) den Umfang der Prüfung bestimmen durfte. Das Erscheinen des Amtsträgers ist für die strafbefreiende Selbstanzeige dann irrelevant, wenn dem Steuerpflichtigen von der Finanzbehörde eine **Aufklärungsfrist** eingeräumt worden und die Frist noch nicht abgelaufen ist.[28]

Nach Beendigung der Prüfungshandlungen kann das Recht zur Selbstanzeige für diejenigen Tatbestände **wiederaufleben,** deren Verwirklichung von der Finanzbehörde bisher noch nicht entdeckt worden ist.

Soweit der Prüfer die Verwirklichung von Tatbeständen der Verkürzung nur teilweise entdeckt hat, scheidet ein Wiederaufleben nur insoweit aus. Dies ist darin begründet, daß auch eine Selbstanzeige hinsichtlich der nicht entdeckten Tatbestandsverwirklichung als strafrechtspolitisch wertvoll zu verstehen ist.

---

[26] Dazu vgl. **Mösbauer,** Erscheinen in Prüfungsabsicht und Beginn der Außenprüfung, StBp 1997, S. 57 ff.; **Gast - de Haan,** in: Klein, AO, 6. Aufl., 1998, § 371 AO, Anm. 6 d.

[27] Vgl. dazu **Mösbauer,** Steueraufsicht im Bereich der Zölle und Verbrauchsteuern, DB 1980, S. 1506 ff.; **Mösbauer,** Befugnisgrenzen der finanzbehördlichen Steueraufsicht (§§ 209 ff. AO), DStZ 1988, S. 267 ff.; **Mösbauer,** Staatsaufsicht über die Wirtschaft, 1990, § 27, S. 531 ff..

[28] Vgl. dazu OLG Frankfurt, Urteil vom 18.10.1961 – 1 Ss 854 / 61 – NJW 1962, 974.

2. Wirkung des Erscheinens des Amtsträgers

a) Sperrwirkung

Wenn vor der Berichtigung, Ergänzung oder Nachholung ein Amtsträger der Finanzbehörde zur steuerlichen Prüfung erschienen ist, so tritt nach § 371 Abs. 2 Nr. 1 a Alt. 1 AO **Straffreiheit nicht** ein. Die Selbstanzeige verliert qua via ihre strafbefreiende Wirkung. Die dadurch bedingte Sperrwirkung ist in zweifacher Hinsicht begrenzt: **persönlich** und **sachlich.**

b) Persönlicher Umfang der Sperrwirkung

Der Umfang der Sperrwirkung ist in **persönlicher** Hinsicht auf den Steuerpflichtigen begrenzt, bei dem der Amtsträger erschienen ist. Die Eingrenzung der Sperrwirkung nach § 371 Abs. 2 Nr. 1 a Alt. 1 AO auf den Umfang der **Prüfungsanordnung** widerspricht nicht dem Gesetz. Denn nach §§ 194, 196 AO darf eine steuerliche Prüfung nur im Rahmen der Prüfungsanordnung durchgeführt werden. Dies aber bedeutet, daß der Prüfer zur steuerlichen Prüfung auch nur wieder im Rahmen der Prüfungsanordnung erschienen sein kann. Die Ausdehnung der Prüfungsanordnung bedarf besonderer Gründe.[29] Zwar kann der Prüfer bei der Prüfung auch andere Sachverhalte beachten, wie z.B. lohnsteuerrechtliche Gestaltungen, aber er darf sie ohne Prüfungsanordnung nicht prüfen, da er die Prüfungsanordnung nicht eigenmächtig erweitern darf. § 371 AO ist, entsprechend seinem finanzpolitischen Zweck, so weit auszulegen, daß möglichst viele Steuerpflichtige wirksam eine strafbefreiende Selbstanzeige erstatten können. „Es ist zwar richtig, daß nicht selten anläßlich einer Außenprüfung auch Steuerstraftaten aufgedeckt werden, die auf dem Gebiet anderer, von der Prüfungsanordnung nicht umfaßter Steuerarten begangen wurden. Dies führt aber nicht dazu, daß der Prüfer deshalb auch insoweit als zur Prüfung erschienen angesehen werden könnte; vielmehr setzt dies eine ausdrückliche Erweiterung der Prüfungsanordnung voraus“[30].
Überschreitet ein Amtsträger seinen **Prüfungsauftrag[31],** so wird die Selbstanzeigemöglichkeit nur insoweit weiterhin eingeschränkt, als er **zu Prüfungshandlungen befugt** war[32]. Die Prüfungsanordnungen sind daher in der Praxis regelmäßig sehr weit gefaßt[33]. Deshalb reicht auch die Sperrwirkung regelmäßig sehr weit; zu Lasten des Steuerpflichtigen.
Besondere Bedeutung hat die Begrenzung des Prüfungsauftrags bei den **Sonderprüfungen** (Lohn- und Umsatzsteuer)[34]. Bei ihnen ist der jeweilige Prüfungsauftrag enger als bei einem allgemeinen Prüfungsauftrag. Der Umfang des besonderen Prüfungsauftrags beschränkt die Möglichkeit der Selbstanzeige auf die zu prüfenden Steuern. Soweit der Steuerpflichtige aber noch andere Steuern hinterzogen hat, kann er – hinsichtlich dieser Steuern – auch noch nach Erscheinen des Prüfers Selbstanzeige erstatten.

---

[29] Vgl. dazu BFH, Urteil vom 10.2.1983 – IV R 104 / 79 – BStBl. 1983 II, 286.

[30] BayObLG, Beschluß vom 23.1.1985 – RReg 4 St 309 / 84 – BB 1985, 856, Wistra 1985, 228, NStZ 1985, 228.

[31] Dieser Prüfungsauftrag ist eine **innerdienstliche** Anweisung des Leiters der Außenprüfungsstelle an den Außenprüfer zur Durchführung einer bestimmten Prüfung. Er ist nicht mit Rechtsbehelfen anfechtbar, da ihm die Verwaltungsakts-Qualifikation fehlt.

[32] **Mösbauer,** Straffreiheit trotz Steuerhinterziehung, DStZ 1985, S. 326; BGH, Beschluß vom 15.1.1988 – 3 StR 465 / 87, NStZ 1988, 226.

[33] Zum hier relevanten Streit zwischen der Theorie des Sachzusammenhangs und der Theorie der Typisierung der Entdeckungsgefahr vgl. **Mösbauer,** Steuerstraf- und Steuerordnungswidrigkeitenrecht, 2. Aufl., 2000, § 13 (S. 224 ff.).

[34] Vgl. dazu **Mösbauer,** Zum Umfang der Mitwirkungspflicht des Arbeitgebers bei der Lohnsteuer-Außenprüfung, DB 1998, S. 1303 ff.; **Mösbauer,** Die Überlassung von Werks- und Dienstwohnungen an Arbeitnehmer als typische Zweifelsfrage der Lohnsteuer-Außenprüfung, StBp 2003, S. 81 ff.; **Mösbauer,** Die Umsatzsteuer-Sonderprüfung – eine spezifische Form der Außenprüfung, UVR 2002, S. 333 ff..

c) Sachlicher Umfang der Sperrwirkung

Auch der **sachliche** Umfang der Sperrwirkung wird durch den **Prüfungsauftrag** bestimmt. Er ergibt sich aus der schriftlichen **Prüfungsanordnung** (§ 196 AO); speziell aus den in ihr enthaltenen Angaben der zu prüfenden Steuerarten, der zu prüfenden Sachverhalte und der Prüfungszeiträume (§ 194 AO). Der Steuerpflichtige kann sich durch diese Angaben Gewißheit darüber verschaffen, worauf sich die Prüfung erstreckt. Er verliert durch das Erscheinen des Amtsträgers aber nur hinsichtlich der Steuerarten, Sachverhalte und Prüfungszeiträume das Selbstanzeigerecht, die Gegenstand der Prüfungsanordnung sind.[35]

III. Ende der Sperrwirkung

1. Vorübergehende Sperrwirkung

Der Gesetzeswortlaut „zur steuerlichen Prüfung ... erschienen" läßt offen, ob durch die Außenprüfung eine Selbstanzeige für den geprüften Zeitraum und die geprüften Steuerarten **für immer ausgeschlossen** oder ob mit dem Abschluß der Prüfung die Erstattung einer Selbstanzeige mit strafbefreiender Wirkung **wieder möglich** ist.
Die **Verwaltungspraxis** geht aber – wohl zu Recht – in sachgerecht-restriktiver Auslegung[36] davon aus, daß § 371 Abs. 2 Nr. 1 a Alt. 1 (aber auch Alt. 2 u. 3) AO nur eine **vorübergehende Sperrwirkung** entfaltet.

2. Wiederaufleben des Selbstanzeigerechts

Ist die steuerliche Prüfung abgeschlossen, so **lebt** das **Selbstanzeigerecht** hinsichtlich der nicht aufgedeckten Taten **wieder auf.**
Begründet wird diese Feststellung damit, daß nach dem Abschluß der Prüfung **ohne** Tatentdeckung die Situation des Steuerpflichtigen nicht anders ist als vor der Prüfung. Da in der Regel bereits geprüfte Zeiträume nicht nochmals Gegenstand einer Prüfung werden, ist die Aussicht auf Entdeckung der verheimlichten Steuerquellen geringer als vorher. Dementsprechend stärker ist das Interesse des Staates an einer Selbstanzeige.
Die hier vertretene Auffassung vom Wiederaufleben der Selbstanzeigemöglichkeit wird auch durch die Finanzminister der Länder und den Bundesminister der Finanzen **bestätigt.** Sie stellen übereinstimmend fest, daß nach Abschluß der Prüfung eine Selbstanzeige mit strafbefreiender Wirkung auch für die geprüften Steuerarten und –abschnitte wieder erstattet werden kann.[37]
Bestritten wurde hier die vertretene Auffassung vom Wiederaufleben der Selbstanzeigemöglichkeit z.B. von Hübner[38]. Er verstand den Begriff „erschienen" nicht, wie es u.E. sein Sinngehalt erfordert, als „zeitlich gegenwartsbezogen". Sobald die Prüfung

---

[35] So auch OLG Düsseldorf, Urteil vom 27.5.1981 – 2 Ss 214 / 81, Wistra 1982, 119; BGH, Beschluß vom 15.1.1988 – 3 StR 465 / 87 – NStZ 1988, 226; **Kühn / Hofmann,** AO / FGO, 17. Aufl., 1995, § 371 AO, Anm. 4; **Gast – de Haan,** in: Klein, AO, 6. Aufl., 1998, § 371 AO, Anm. 6 d.

[36] Vgl. dazu BGH, Urteil vom 13.5.1983 – 3 StR 82 / 83 – NStZ 1983, 415; BGH, Beschluß vom 19.4.1983 – 1 StR 859 / 82 – NStZ 1983, 559 f.; OLG Celle, Beschluß vom 24.1.1984 – 1 Ss 367 / 83 – NStZ 1984, 323; BGH, Urteil vom 24.10.1984 – 3 StR 315 / 84 – NStZ 1985, 126; ergänzend **Klos,** Die Selbstanzeige – Grundlagen und Praxisfragen des steuerstrafrechtlichen „Ablasses", NJW 1996, S. 2339.

[37] Vgl. z.B. schon Hess.Min.d.Fin., Erl. v. 17.4.1957 – S 1260; Fin.Min. NRW, Erl. vom 23.4.1957 – S 1260, BB 1957, 460; Fin.Min. RhlPf., Erl. v. 5.6.1957 – S 1260 A, DB 1957, 734.

[38] **Hübner,** in: Hübschmann / Hepp / Spitaler, AO / FGO, § 371 AO, Rn. 89, 95.

abgeschlossen ist, ist u.E. der Prüfer auch nicht mehr „zur steuerlichen Prüfung“ erschienen. Hübner meinte dagegen unter Bezugnahme auf den Gesetzeswortlaut, daß das Recht zur Selbstanzeige mit dem Erscheinen des Amtsträgers ein für **allemal ausgeschlossen** sei. § 371 Abs. 2 Nr. 1 a Alt. 1 AO setze mit dem Erscheinen eine feste zeitliche Grenze, die bei Überschreitung die Selbstanzeigemöglichkeit ausschließe. Im Gesetz stehe nirgends, daß das Recht zur Selbstanzeige danach jemals wieder aufleben solle. Nach Hübners Auffassung gehe die Anreizfunktion der Selbstanzeige verloren, wenn die Steuerhinterziehung während der Prüfung nicht entdeckt werde und danach kaum noch eine Entdeckungsgefahr für den Steuerpflichtigen bestehe. Die Lage vor Erscheinen des Amtsträgers der Finanzverwaltung zur Prüfung sei somit nicht wiederhergestellt, sondern entscheidend verändert.

3. Prüfung mit oder ohne Mehrergebnis

a) Prüfung mit Mehrergebnis

Das Ende der Sperrwirkung ist davon abhängig, ob es sich um eine steuerliche Prüfung **mit** Mehrergebnis oder **ohne** Mehrergebnis handelt.
Die Prüfung **mit** Mehrergebnis ist **beendet,** wenn die Finanzbehörde die auf Grund der Prüfung erstmalig erlassenen oder berichtigten Steuer-, Steuermeß- oder Feststellungs**bescheide abgesendet** hat.
Gelegentlich wird auch die Auffassung vertreten, eine strafbefreiende Selbstanzeige sei schon nach Beendigung der Schlußbesprechung (§ 201 AO)[39] möglich, wenn sich der Steuerpflichtige und das Finanzamt über die Feststellungen des Prüfers einig sind. Diese Auffassung scheint jedoch nicht hinreichend zu beachten, daß eine Prüfung nicht in allen Fällen mit einer Schlußbesprechung abgeschlossen sein muß. Es kommt gelegentlich auch vor, daß in der Schlußbesprechung noch Fragen oder tatsächliche Zweifel auftauchen, die der Prüfer vor Erstellen eines Prüfungsberichts im Betrieb des Steuerpflichtigen noch klären muß. Nach § 202 Abs. 2 AO hat die Finanzbehörde dem Steuerpflichtigen auf Antrag vor der Auswertung den Prüfungsbericht zu übersenden, um ihm Gelegenheit zu seiner Stellungnahme zu geben. Wenn diese Gelegenheit dem Steuerpflichtigen aber nach der Schlußbesprechung noch eingeräumt wird, so muß das Finanzamt die Prüfung gegebenenfalls noch nach einer Schlußbesprechung fortsetzen dürfen. Dem Gebot der Rechtssicherheit entspricht es, daß erst durch die Absendung berichtigter Bescheide das Finanzamt zu erkennen gibt, daß die **Prüfung nunmehr abgeschlossen** sein soll.
Bei einer Prüfung **mit** Mehrergebnis ergibt sich häufig zugleich auch das Problem der **Sicherung** der Mehrsteuern. Da primär nur der Außenprüfer Kenntnis von den Mehrsteuern hat, obliegt es ihm auch, das Sicherungsbedürfnis festzustellen und vorhandene Sicherheiten auf ihre Tauglichkeit zu überprüfen. Über das Ergebnis seiner Erkenntnisse ist die Festsetzungsstelle zu informieren. Die Art der regelmäßigen Sicherheitsleistung bestimmt § 241 AO. Offen bleiben bei der Annahme der Sicherheiten durch das Finanzamt aber stets die Annahmewerte.[40]

b) Prüfung ohne Mehrergebnis

Führt aber die Außenprüfung zu keiner Änderung der Besteuerungsgrundlagen, mithin also zu **keinem** Mehrergebnis, so genügt es nach § 202 Abs. 1 Satz 3 AO, wenn dies dem Steuerpflichtigen **schriftlich mitgeteilt** wird. Da die Finanzbehörde aus der Außenprüfung keine neuen Erkenntnisse von steuerlichen Grundlagen gewonnen hat, ist eine Änderung der

---

[39] Dazu **Mösbauer,** in: Koch / Scholtz, AO, 5. Aufl., 1996, § 201 AO.
[40] Dazu vgl. APP, Überblick über die Sicherung der durch die Außenprüfung ermittelten Mehrsteuern durch den Steuerschuldner, StBp 1998, S. 113 ff..

Bescheide nicht erforderlich. Die Absendung der schriftlichen Mitteilung nach § 202 Abs. 1 Satz 3 AO steht daher hinsichtlich des Endes der Sperre der Absendung eines berichtigten Steuerbescheides gleich.

§ 10 Abgekürzte Außenprüfung[1]

I. Voraussetzungen

1. Außenprüfung in regelmäßigen Zeitabständen nicht erforderlich

Nach § 203 Abs. 1 Satz 1 AO kann die Finanzbehörde bei allen unter § 193 AO fallenden[2] Steuerpflichtigen, bei denen sie eine Außenprüfung in **regelmäßigen** Zeitabständen nach den Umständen des Falles **nicht** für **erforderlich** hält, eine abgekürzte Außenprüfung durchführen.[3] Diese beschränkt sich nach § 4 Abs. 5 Satz 2 BpO 2000 auf die Prüfung einzelner Besteuerungsgrundlagen, eines Besteuerungszeitraums oder mehrerer Besteuerungszeiträume.

Die abgekürzte Außenprüfung ist speziell für **kleinere Betriebe** relevant, sowie für Steuerpflichtige, die keine betrieblichen Einkünfte[4] haben.[5] Bei Groß- und Mittelbetrieben[6] findet in der Regel eine turnusmäßige Prüfung statt; bei Großbetrieben in Abständen von ca. 4 Jahren, bei Mittelbetrieben in Abständen von ca. 9 Jahren. Eine Beschränkung der in Frage kommenden Fälle nach der Einordnung der Betriebe in Größenklassen besteht aber nicht.[7]

Die abgekürzte Außenprüfung ist nicht identisch mit der **betriebsnahen Veranlagung.** Bei ihr sollen sich ergebende Einzelfragen an Ort und Stelle geklärt werden, soweit nicht die Durchführung einer Außenprüfung erforderlich ist. Sie ist ebenso nicht identisch mit der **Außenprüfung mit Schwerpunktbildung** i.S.d. § 194 Abs. 1 Satz 2 AO. Er gestattet, die Außenprüfung auf eine oder mehrere Steuerarten, einen oder mehrere Besteuerungszeiträume zu erstrecken oder auf bestimmte Sachverhalte zu beschränken.[8]

2. Ausnahme vom Regelfall

Die abgekürzte Außenprüfung ist bei allen Steuerpflichtigen i.S.d. § 193 AO, speziell aber bei solchen des § 193 Abs. 2 AO, **zulässig.**[9] Sie ist demnach eine **Ausnahme vom Regelfall** der Prüfungen nach § 193 AO.

Eine abgekürzte Außenprüfung ist damit nur selten zugleich Betriebsprüfung; es sei denn, daß der zu prüfende Steuerpflichtige einen kleinen Betrieb unterhält, der nicht regelmäßig zu prüfen ist.

Die abgekürzte Außenprüfung ist eine **spezifische** Form der Außenprüfung. Auf sie sind die Vorschriften über die Außenprüfung (§§ 193 ff. AO) bis auf die in § 203 Abs. 2 Satz 3 AO enthaltenen Ausnahmen anwendbar.[10] So muß z.B. auch eine Prüfungsanordnung ergehen

---

[1] Vgl. dazu auch **Mösbauer,** Die abgekürzte Außenprüfung – Beschränkung von Rechtsansprüchen zugunsten der Verfahrensbeschleunigung – StBp 2001, S. 309 ff.; **Tipke,** in: Tipke / Kruse, AO / FGO, § 203 AO.

[2] So auch AEAO (i.d.F. BMF – Schr. v. 14.2.2000 – BStBl. 2000 I, S. 190, ber. S. 495) zu § 203 AO, Nr. 2 Satz 2.

[3] Ebenso § 4 Abs. 5 Satz 1 BpO 2000. Vgl. dazu **Mösbauer,** Die abgekürzte Außenprüfung, StBp 2001, S. 309 ff..

[4] Z.B. in den Fällen des § 193 Abs. 2 Nr. 2 AO.

[5] Vgl. dazu die Begründung des Regierungsentwurfs, BT-Drucks. VI / 1982, S. 164; **Rüsken,** in: Klein, AO, 6. Aufl., 1998, § 203 AO, Anm. 1.

[6] Vgl. dazu BMF, Schreiben vom 21.7.2000 betr. Einordnung in Größenklassen gem. § 3 BpO 2000; Merkmale zum 1. Januar 2001 – BMF IV D 6 – S 1450 – 8 / 00 – BStBl. 2000 I, S. 1194.

[7] So auch AEAO (i.d.F. BMF – Schr. v. 14.2.2000 – BStBl. 2000 I, S. 190, ber. S. 495) zu § 203 AO, Nr. 2 Satz 3.

[8] Bestätigend auch AEAO (i.d.F. BMF – Schr. v. 14.2.2000 – BStBl. 2000 I, S. 190, ber. S. 495) zu § 203 AO, Nr. 2 Satz 4.

[9] So auch AEAO (i.d.F. BMF – Schr. v. 14.2.2000 – BStBl. 2000 I, S. 190, ber. S. 495) zu § 203 AO, Nr. 2 Satz 2.

(§ 197 AO), der Prüfer hat sich auszuweisen (§ 198 AO) und dem Steuerpflichtigen obliegen die üblichen Mitwirkungspflichten (§ 200 AO)[11]. Die abgekürzte Außenprüfung dient überwiegend der Vereinfachung und Beschleunigung[12] des Prüfungsablaufes und trägt so einem Bedürfnis der Besteuerungspraxis Rechnung.[13]
Die abgekürzte Außenprüfung löst jedoch **dieselben Rechtsfolgen** aus[14] wie eine nicht abgekürzte Außenprüfung[15]; also z.B. Aufhebung des Vorbehalts der Nachprüfung (§ 164 Abs. 3 Satz 3 AO), Ablaufhemmung (§ 171 Abs. 4 AO), eingeschränkte Berichtigungsmöglichkeit (§ 173 Abs. 2 AO) und Antrag auf Erteilung einer verbindlichen Zusage (§ 204 AO).[16]

3. Entschließungs- und Auswahlermessen

Die Abgrenzung der „normalen" Prüfung, die in regelmäßigen Zeitabständen durchgeführt wird, von der abgekürzten Außenprüfung, die unregelmäßig stattfindet, erfolgt, mangels näherer Gesetzesbestimmungen, durch **Ermessensbetätigung** der Finanzbehörde.
Auch wenn der Finanzbehörde durch § 203 AO ein sehr weiter Ermessensspielraum eingeräumt ist, kann § 203 AO nicht wegen Verstoßes gegen das Rechtsstaatsprinzip als verfassungswidrig und daher unanwendbar angesehen werden. Denn die abgekürzte Außenprüfung ermöglicht – auch im Interesse des Steuerpflichtigen – eine verhältnismäßig rasche und effiziente Durchführung der Prüfungsmaßnahmen.[17]
Hat die Finanzbehörde ihr Ermessen i.S. einer abgekürzten Außenprüfung betätigt, versieht sie die „Anordnung einer Außenprüfung bei ..." mit den Feststellungen:
a) „Die Außenprüfung wird nach § 193 Abs. 1 AO angeordnet."[18]
b) „Die Prüfung wird als abgekürzte Außenprüfung (§ 203 AO) durchgeführt."[19]
Soweit die Feststellungen formularmäßig vorgedruckt sind, ist entsprechendes Ankreuzen ausreichend.

II. Effiziente Durchführung des Besteuerungs- bzw. Festsetzungsverfahrens

Durch die abgekürzte Außenprüfung soll das **Besteuerungsverfahren vereinfacht** bzw. **beschleunigt**[20] werden.

---

[10] So auch AEAO (i.d.F. BMF – Schr. v. 14.2.2000 – BStBl. 2000 I, S. 190, ber. S. 495) zu § 203 AO, Nr. 2 Satz 1.
[11] Zu den Mitwirkungspflichten vgl. auch § 8 BpO 2000; ergänzend AEAO (i.d.F. BMF – Schr. v. 14.2.2000 – BStBl. 2000 I, S. 190, ber. S.495) zu § 200 AO; ferner **Mösbauer,** Zum Umfang der Mitwirkungspflicht des Arbeitgebers bei der Lohnsteuer-Außenprüfung, DB 1998, S. 1303 ff..
[12] Diese Beschleunigung – „rasche Durchführung der Außenprüfung" – liegt auch im Interesse des Steuerpflichtigen. So AEAO (i.d.F. BMF – Schr. v. 14.2.2000 – BStBl. 2000 I, S. 190, ber. S. 495) zu § 203 AO, Nr. 1.
[13] Vgl. dazu **Mösbauer,** in: Koch / Scholtz, AO, 5. Aufl., 1996, § 203 AO, Rz. 2.
[14] So auch AEAO (i.d.F. BMF – Schr. v. 14.2.2000 – BStBl. 2000 I, S. 190, ber. S. 495) zu § 203 AO, Nr. 5.
[15] So auch AEAO (i.d.F. BMF – Schr. v. 14.2.2000 – BStBl. 2000 I, S. 190, ber. S. 495) zu § 203 AO, Nr. 2 Satz 1 u. Nr. 1.
[16] Vgl. dazu **Mösbauer,** Materiell-rechtliche Folgerungen der Anordnung einer steuerrechtlichen Außenprüfung, StBp 1998, S. 127 ff..
[17] Vgl. dazu BFH, Urteil vom 25.1.1989 – X R 158 / 87 – BStBl. 1989 II, 483; AEAO (i.d.F. BMF – Schr. v. 14.2.2000 – BStBl. 2000 I, S. 190, ber. S. 495) zu § 203 AO, Nr. 1.
[18] Vgl. dazu § 5 BpO 2000.
[19] So auch AEAO (i.d.F. BMF – Schr. v. 14.2.2000 – BStBl. 2000 I, S. 190, ber. S. 495) zu § 203 AO, Nr. 3 Satz 1. Vgl. auch **Mösbauer,** Die abgekürzte Außenprüfung, StBp 2001, S. 309 ff..

Es entsteht somit die Möglichkeit, auch bei kleineren Betrieben und Steuerpflichtigen, die keine betrieblichen Einkünfte haben, Steuern nach § 164 Abs. 1 Satz 1 AO unter dem **Vorbehalt der Nachprüfung** festzusetzen und später, soweit es die Finanzbehörde für erforderlich hält, in Form einer abgekürzten Außenprüfung zu überprüfen. Qua via soll eine relativ effiziente Durchführung des Besteuerungs- bzw. Festsetzungsverfahrens erreicht werden.[21]

III. Besonderheiten der abgekürzten Außenprüfung

1. Anordnung einer abgekürzten Außenprüfung

Die Außenprüfung muß bereits in der Prüfungsanordnung (§ 197 AO) als sog. **abgekürzte Außenprüfung erkennbar** sein.[22] Der Steuerpflichtige muß bereits **vor** Beginn der Außenprüfung wissen, daß bei ihm eine Prüfung mit den sich aus § 203 AO ergebenden Konsequenzen durchgeführt wird.[23] Aus diesem Grunde wird man es für bedenklich halten müssen, wenn eine normale Außenprüfung nachträglich in eine abgekürzte Außenprüfung übergeleitet wird.
Ist das Vorliegen einer abgekürzten Außenprüfung nicht erkennbar, so handelt es sich um eine **„normale"** Außenprüfung.
Während einer solchen „normalen" Prüfung kann man aber gleichwohl in eine abgekürzte Außenprüfung **übergehen** und umgekehrt. Dabei ist aber zu beachten, daß eine **neue** (ergänzende) **Prüfungsanordnung** erlassen werden muß.[24]

2. Beschränkung auf die wesentlichen Besteuerungsgrundlagen

Die – hinsichtlich Umfang und Ablauf – abgekürzte Außenprüfung hat sich nach § 203 Abs. 1 Satz 2 AO auf die **wesentlichen Besteuerungsgrundlagen zu beschränken.**[25]
Eine entsprechende Regelung enthält auch die allgemeine Verwaltungsanweisung des § 7 Satz 1 BpO 2000[26] für die „normale Außenprüfung": „Die Außenprüfung ist auf das Wesentliche abzustellen." „Ihre Dauer ist auf das notwendige Maß zu beschränken".[27] Sie ist aber, im Vergleich zu § 203 Abs. 1 Satz 2 AO, von geringerer Rechtsqualität.[28]
Mit Ausnahme der §§ 201 Abs. 1 und 202 Abs. 2 AO gelten für die abgekürzte Außenprüfung die allgemeinen Vorschriften der Außenprüfung nach §§ 193 ff. AO. Dies ist ausdrücklich in

---

[20] So ausdrücklich AEAO (i.d.F. BMF – Schr. v. 14.2.2000 – BStBl. 2000 I, S. 190, ber. S. 495) zu § 203 AO, Nr. 1.
[21] Im gleichen Sinne schon **Tipke / Kruse,** AO / FGO, 13. Aufl., 1989, § 203 AO, Tz. 1; siehe auch **Mösbauer,** in: Koch / Scholtz, AO, 5. Aufl., 1996, § 203 AO, Rz. 4.
[22] Daher ist in der Prüfungsanordnung die Außenprüfung als abgekürzte Außenprüfung i.S.d. §§ 193, 203 AO ausdrücklich zu bezeichnen. So auch AEAO (i.d.F. BMF – Schr. v. 14.2.2000 – BStBl. 2000 I, S. 190, ber. S. 495) zu § 203 AO, Nr. 3 Satz 1.
[23] Vgl. dazu **Mösbauer,** in: Koch / Scholtz, AO, 5. Aufl., 1996, § 203 AO, Rz. 11.
[24] Bestätigend auch AEAO (i.d.F. BMF – Schr. v. 14.2.2000 – BStBl. 2000 I, S. 190, ber. S. 495) zu § 203 AO, Nr. 3 Sätze 2 und 3; vgl. auch **Mösbauer,** Die abgekürzte Außenprüfung, StBp 2001, S. 309 ff..
[25] Mangels gesetzlicher Regelung wird man hinsichtlich des zeitlichen Umfangs von einem unter drei Jahren liegenden (Regel-)Prüfungszeitraum auszugehen haben.
[26] Sie bindet aber nur die Verwaltung, nicht auch die Gerichte. Dem Steuerpflichtigen erwachsen keine im Klagewege verfolgbaren subjektiven Rechte im materiellen Sinne.
[27] § 7 Satz 2 BpO 2000.
[28] § 7 Sätze 1 und 2 BpO 2000 begründet, anders als § 203 Abs. 1 Satz 2 AO, für den Steuerpflichtigen keinen Anspruch darauf, daß sich die abgekürzte Außenprüfung auf die wesentlichen Besteuerungsgrundlagen beschränkt.

§ 203 Abs. 2 Satz 3 AO geregelt. Daher entbindet § 203 Abs. 2 AO auch nicht von der Verpflichtung zur Fertigung eines Prüfungsberichts.[29]

3. Kein Verwertungsverbot bei Erweiterung der Prüfung

Eine über die „wesentlichen Besteuerungsgrundlagen" hinausgehende Prüfung wird allerdings **kein Verwertungsverbot** der dadurch aufgedeckten Tatsachen nach sich ziehen. Es sei denn, der Steuerpflichtige hat sich im gerichtlichen Verfahren erfolgreich gegen die Erweiterung der Prüfung gewehrt.

4. Keine Schlußbesprechung

Nach § 203 Abs. 2 Satz 3 Alt. 1 AO ist bei der abgekürzten Außenprüfung **keine Schlußbesprechung** i.S.d. § 201 Abs. 1 AO vorgesehen.[30]
Gleichwohl wird dem Steuerpflichtigen auch bei der abgekürzten Außenprüfung **rechtliches Gehör** gewährt.[31] Denn nach § 203 Abs. 2 Satz 1 AO ist der Steuerpflichtige vor Abschluß der Prüfung darauf **hinzuweisen,** inwieweit von den Steuererklärungen oder den Steuerfestsetzungen abgewichen werden soll.[32]
Ist der Steuerpflichtige der Ansicht, daß auf Grund des Umfangs der Prüfungsfeststellungen eine **Schlußbesprechung** und die **Vorabzusendung des Prüfungsberichts notwendig** sind, so kann er den **Übergang zu einer normalen Prüfung** verlangen. Zuvor ist allerdings noch die **Prüfungsanordnung zu erweitern.**[33]
Desweiteren sind dem Steuerpflichtigen nach § 203 Abs. 2 Satz 2 AO die steuerlich erheblichen Prüfungsfeststellungen spätestens mit dem Steuerbescheid schriftlich **mitzuteilen.**

5. Keine Übersendung des Prüfungsberichts vor seiner Auswertung

Weiterhin kann der Steuerpflichtige wegen § 203 Abs. 2 Satz 3 Alt. 2 AO **nicht** nach § 202 Abs. 2 AO die **Übersendung des Prüfungsberichtes** vor dessen Auswertung verlangen, um gegebenenfalls dazu Stellung zu nehmen. § 203 AO betrifft jedoch nur die Übersendung, nicht auch die Fertigung des Prüfungsberichts.
Der Steuerpflichtige ist aber nach § 203 Abs. 2 Satz 1 AO vor Abschluß der abgekürzten Außenprüfung darauf **hinzuweisen,** inwieweit von den Steuererklärungen oder den Steuerfestsetzungen **abgewichen** werden soll.[34] Damit wird ihm rechtliches Gehör gewährt. Diese Gewährung ist von besonderer Relevanz, weil bei einer abgekürzten Außenprüfung die Abhaltung einer Schlußbesprechung nicht zwingend vorgeschrieben ist (§ 203 Abs. 2 Satz 3 Alt. 1 AO).

---

[29] So auch AEAO (i.d.F. BMF – Schr. v. 14.2.2000 – BStBl. 2000 I, S. 190, ber. S. 495) zu § 203 AO, Nr. 4.
[30] Vgl. dazu **Mösbauer,** Das Recht auf Schlußbesprechung, StBp 2000, S. 257 ff..
[31] So auch BFH, Urteil vom 25.1.1989 – X R 158 / 87 – BStBl. 1989 II, 483.
[32] Vgl. dazu **Mösbauer,** Der Informationsanspruch des Steuerpflichtigen bei Durchführung einer steuerlichen Außenprüfung, StBp 2001, S. 217 ff..
[33] **Tipke / Kruse,** AO / FGO, § 203 AO, Tz. 4. Vgl. ferner **Mösbauer,** Materiell-rechtliche Folgerungen der Anordnung einer steuerrechtlichen Außenprüfung, StBp 1998, S. 127 ff.; **Mösbauer,** Bekanntgabe von Prüfungsanordnungen an vollbeendigte und gelöschte Gesellschaften, StBp 1999, S. 188 ff.; **Mösbauer,** Zeitliche Anforderungen an die Bekanntgabe einer Prüfungsanordnung, StBp 2000, S. 65 ff..
[34] Vgl. dazu **Kühn / Hofmann,** AO / FGO, 17. Aufl., 1995, § 203 AO, Tz. 2.

6. Folgen der abgekürzten Außenprüfung

Abgesehen von den genannten Besonderheiten finden auf die abgekürzte Außenprüfung alle Vorschriften der „normalen" Außenprüfung (§§ 193 ff. AO) Anwendung. Sie löst auch alle rechtlichen Folgen[35] einer „normalen" Außenprüfung aus.
Es können auch verbindliche Zusagen nach §§ 204 – 207 AO nach einer abgekürzten Außenprüfung erteilt werden.[36]

IV. Übergang zur „normalen" Außenprüfung

1. Erweitertes rechtliches Gehör

Der Steuerpflichtige kann den Übergang von der abgekürzten zur normalen Außenprüfung – mit oder ohne Schwerpunktbildung – verlangen, wenn wegen des Umfangs der Prüfungsfeststellungen ein **erweitertes rechtliches Gehör** durch Schlußbesprechung[37] und Vorabzusendung des Prüfungsberichtes notwendig ist.

2. Erweiterung der Prüfungsanordnung

Der Übergang setzt eine **Erweiterung der Prüfungsanordnung** voraus. Zulässig ist es in diesem Falle, die normale Außenprüfung als **Prüfung mit Schwerpunktbildung** durchzuführen. Denn § 194 Abs. 1 Satz 2 AO gestattet es, die Außenprüfung auf eine Steuerart oder mehrere Steuerarten, einen Besteuerungszeitraum oder mehrere Besteuerungszeiträume zu erstrecken oder auf bestimmte Sachverhalte zu beschränken. Die Prüfungen mit Schwerpunktbildung gewinnen im Hinblick auf das Rationalisierungsgebot[38] bei Außenprüfungen zunehmend an Bedeutung.

---

[35] Z.B. Aufhebung des Vorbehalts der Nachprüfung (§ 164 Abs. 3 Satz 3 AO), Ablaufhemmung (§ 171 Abs. 4 AO), eingeschränkte Berichtigungsmöglichkeit (§ 173 Abs. 2 AO) und Antrag auf Erteilung einer verbindlichen Zusage (§ 204 AO). Vgl. in diesem Zusammenhang **Mösbauer,** Materiell-rechtliche Folgerungen der Anordnung einer steuerrechtlichen Außenprüfung, StBp 1998, S. 127 ff..

[36] Dazu **Mösbauer,** Verbindliche Zusagen im Anschluß an eine Außenprüfung, StBp 2000, S. 289 ff..

[37] Dazu **Mösbauer,** Das Recht auf Schlußbesprechung, StBp 2000, S. 257 ff..

[38] Vgl. dazu auch **Mösbauer,** in: Koch / Scholtz, AO, 5. Aufl., 1996, § 203 AO, Rz. 2.

C. Die Rechtsstellung des Steuerpflichtigen und der Finanzbehörde während einer Außenprüfung

§ 11 Rechte und Pflichten hinsichtlich der Bereitstellung der technischen Voraussetzungen

I. Rechtliche Regelung

1. § 200 AO als lex specialis

Die **Rechte** und **Pflichten**[1] hinsichtlich der Bereitstellung der technischen Voraussetzungen sind in § 200 AO geregelt.

§ 200 AO wiederholt und erweitert als **lex specialis** die allgemeinen Ermittlungsvorschriften der §§ 90, 85 ff. AO[2]. Sie gelten auch für das Außenprüfungsverfahren, sofern dieses nicht ausdrücklich durch Spezialvorschriften der AO geregelt ist.

§ 200 AO enthält zwar **keine abschließende** Aufzählung der Mitwirkungspflichten des Steuerpflichtigen. Diese Feststellung wird durch das Wort **„insbesondere"** in § 200 Abs. 1 Satz 2 AO bestätigt. § 200 AO **konkretisiert** aber die Schwerpunkte der Mitwirkungspflichten im Außenprüfungsverfahren.

2. Passive Duldungspflichten – aktive Mitwirkungspflichten

Neben den **passiven Duldungspflichten,** z.B. zu akzeptieren, daß die Außenprüfung während der üblichen Geschäfts- oder Arbeitszeit[3] stattfindet (§ 200 Abs. 3 Satz 1 AO) oder daß die Außenprüfer Grundstücke und Betriebsräume betreten und besichtigen[4] (§ 200 Abs. 3 Satz 2 AO), obliegen den Steuerpflichtigen nach § 200 Abs. 1 und 2 AO mit diesen Pflichten korrespondierende zumutbarkeitsdeterminierte[5] **aktive steuerliche Mitwirkungspflichten[6].**

---

[1] Zutreffend verweist der BFH, Urteil vom 2.10.1991 – X R 89 / 89 – BStBl. 1992 II, 221 darauf, daß der **Sachaufklärungspflicht** der Finanzverwaltung eine **Duldungspflicht** sowie **besondere Mitwirkungspflichten** des Steuerpflichtigen entsprechen; so auch BFH, Urteil vom 10.11.1998 – VIII R 3 / 98 – BStBl. 1999 II, 199; vgl. auch § 8 BpO 2000; ferner **Finger,** Die Rechte des Außenprüfers, StBp 2000, S. 33 ff..

[2] Dazu vgl. **Mösbauer,** Rechte und Pflichten des Steuerpflichtigen bei der Durchführung der Besteuerung, StB 1984, S. 65 ff.; **Mösbauer,** Zum Umfang der Mitwirkungspflichten der Beteiligten und anderer Personen im Besteuerungsverfahren, DB 1985, S. 410 ff.; **Mösbauer,** in: Koch / Scholtz, AO, 5. Aufl., 1996, § 200 AO, Rz. 2; **Mösbauer,** Zum Umfang der Mitwirkungspflicht des Arbeitgebers bei der Lohnsteuer-Außenprüfung, DB 1998, S. 1303 ff.; **Mösbauer,** in: Schröder / Muus, Handbuch der steuerlichen Betriebsprüfung, Lieferung 1 / 02 (April 2002), Kz. 3575 (Der – erweiterte – Zugriff der Außenprüfung auf die elektronischen Datenverarbeitungssysteme des zu prüfenden Unternehmens).

[3] Im Einvernehmen mit dem Steuerpflichtigen kann die Außenprüfung auch **außerhalb** der üblichen Geschäfts- oder Arbeitszeit durchgeführt werden.

[4] Bei der Besichtigung soll nach § 200 Abs. 3 Satz 3 AO tunlichst der Betriebsinhaber oder sein Beauftragter hinzugezogen werden.

[5] Vgl. dazu § 90 Abs. 1 Satz 3 AO.

[6] Sie haben besondere Bedeutung bei der Prüfung von computergestützten Buchführungssystemen, bei denen im großen Umfang Zahlenverdichtungen vorgenommen werden. Es versteht sich von selbst, daß bei **Auslands**sachverhalten der Steuerpflichtige eine **erhöhte** Mitwirkungspflicht trägt. So auch AEAO (i.d.F. BMF – Schr. v. 14.2.2000 – BStBl. 2000 I, S. 190, ber. S. 495) zu § 200 AO, Nr. 1 Satz 2. Im Falle von Verzögerungen durch den Steuerpflichtigen oder der von ihm benannten Personen kann nach den Umständen des Einzelfalles von der Möglichkeit der Androhung und Festsetzung von Zwangsmitteln (§ 328 AO) oder der Schätzung (§ 162 AO) Gebrauch gemacht werden. Vgl. in diesem Zusammenhang auch **Köhler,** Die Einsichtnahme in die Kosten- und Leistungsrechnung als unabdingbare Voraussetzung zur Prüfung der Bewertung der selbsterstellten Anlagen sowie der unfertigen und fertigen Erzeugnisse, StBp 1999, S. 183 ff.;

So hat der Steuerpflichtige nach § 200 Abs. 1 Satz 1 AO bei der Feststellung der Sachverhalte, die für die Besteuerung erheblich sein können, mitzuwirken. Hierbei hat er nach § 200 Abs. 1 Satz 2 AO[7] **insbesondere** Auskünfte [8] zu erteilen, Aufzeichnungen, Bücher, Geschäftspapiere und andere Urkunden zur Einsicht und Prüfung vorzulegen, die zum Verständnis der Aufzeichnungen erforderlichen Erläuterungen zu geben[9] und die Finanzbehörde bei Ausübung ihrer Befugnisse nach § 147 Abs. 6 AO zu unterstützen[10], speziell beim **Datenzugriff[11].** Die hierauf gerichteten Prüfungsanfragen sind **keine** – nach §§ 328 ff. AO erzwingbaren – **Verwaltungsakte.** Ihnen fehlt der Regelungscharakter[12]. Es handelt sich vielmehr um vorbereitende Maßnahmen[13], die der Ermittlung des Sachverhalts im Rahmen einer Außenprüfung i.S.d. § 194 AO und damit lediglich der Vorbereitung der Steuerfestsetzung dienen.[14]
Sie zeigen, daß die Bestimmung des Umfangs der Mitwirkung des Steuerpflichtigen im pflichtgemäßen Ermessen der Finanzbehörde liegt.[15]
Darüber hinaus hat der Steuerpflichtige – ab 1.1.2002 – die Finanzbehörde bei Ausübung ihrer Befugnisse nach § 147 Abs. 6 AO zu **unterstützen.** Nach den in Art. 7 Nrn. 1 – 3 StSenkG vorgesehenen Änderungen der §§ 146, 147 und 200 AO wird der Außenprüfung ein Zugriff auf die elektronischen Datenverarbeitungssysteme des zu prüfenden Steuerpflichtigen gewährt. Das **Zugriffs- und Auswertungsrecht** bei DV-gestützter Buchführung unterliegt dem Grundsatz der Verhältnismäßigkeit. Der „Datenzugriff" dient überwiegend der Vereinfachung und Beschleunigung des Prüfungsablaufs und trägt so einem Bedürfnis der Besteuerungspraxis Rechnung. Der Datenzugriff bewirkt Zeitgewinn, verringerte Prüfungsbelastung für den Steuerpflichtigen, verringerten personellen und finanziellen Aufwand für Finanzverwaltung und Steuerpflichtigen sowie verringerte Lager- und

---

ferner **Mösbauer,** Der – erweiterte – Zugriff der Außenprüfung auf die elektronischen Datenverarbeitungssysteme des zu prüfenden Unternehmens, in: Schröder / Muus (Hrsg.), Handbuch der steuerlichen Betriebsprüfung 2002, Liefg. 1 / 02 (April 2002), Kz. 3575 (S. 1 – 10).

[7] § 200 Abs. 1 Satz 2 AO ist anzuwenden ab 1.1.2002 (Art. 97 § 19 b EGAO – Steuergesetze / C. H. Beck, Nr. 800 a).

[8] Zu den allgemeinen Voraussetzungen für das Verlangen der Finanzbehörde an eine Bank, Auskunft zu erteilen bzw. Kontounterlagen herauszugeben, zu den verfahrensrechtlichen Voraussetzungen für dieses Ersuchen und dem Umfang der Begründungspflicht sowie zu den Einwendungen des – steuerpflichtigen – Kontoinhabers gegen dieses Ersuchen vgl. FG München, Urteil vom 16.10.1996 – 1 K 983 / 92 – EFG 1997, 42.

[9] Die während einer Außenprüfung vom Prüfer gegenüber dem Steuerpflichtigen erlassene schriftliche **Aufforderung,** bestimmte Fragen zu beantworten sowie genau bezeichnete Belege, Verträge und Konten vorzulegen, ist in der Regel **kein Verwaltungsakt** i.S.d. § 118 Satz 1 AO, sondern eine nicht selbständig anfechtbare Vorbereitungshandlung, wenn sie ausschließlich der Ermittlung steuermindernder Umstände dient und deshalb nicht erzwingbar ist. BFH, Urteil vom 10.11.1998 – VIII R 3 / 98 – BStBl. 1999 II, 199. Vgl. in diesem Zusammenhang auch § 8 BpO 2000.

[10] § 200 Abs. 1 Satz 2 AO wurde ergänzt m.W.v. 1.1.2002 (Art. 97 § 19 b EGAO) durch G v. 23.10.2000 – BGBl. 2000 I, S. 1433.

[11] Vgl. dazu **Mösbauer,** Der – erweiterte – Zugriff der Außenprüfung auf die elektronischen Datenverarbeitungssysteme des zu prüfenden Unternehmens, in: Schröder / Muus (Hrsg.), Handbuch der steuerlichen Betriebsprüfung, 2002, Liefg. 1 / 02 (April 2002), Kz. 3575 (S. 1 – 10).

[12] Ausnahmen hiervon in BFH, Urteil vom 23.2.1984 – IV R 154 / 82 – BStBl. 1984 II, 512; BFH, Urteil vom 5.4.1984 – IV R 244 / 83 – BStBl. 1984 II, 790; BFH, Urteil vom 14.8.1985 – I R 188 / 82 – BStBl. 1986 II, 2; BFH, Urteil vom 15.9.1992 – VII R 66 / 91 – BFH / NV 1993, 76; BFH, Beschluß vom 11.9.1996 – VII B 176 / 94 – BFH / NV 1997, 166.

[13] So auch BFH, Urteil vom 20.4.1988 – I R 67 / 84 – BStBl. 1988 II, 927; BFH, Urteil vom 11.10.1989 – I R 101 / 87 – BStBl. 1990 II, 280.

[14] So auch BFH, Urteil vom 10.11.1998 – VIII R 3 / 98 – BStBl. 1999 II, 199 unter Bezugnahme auf BFH, Urteil vom 12.9.1985 – VIII R 371 / 83 – BStBl. 1986 II, 537.

[15] So auch AEAO (i.d.F. BMF – Schr. v. 14.2.2000 – BStBl. 2000 I, S. 190, ber. 495) zu § 200 AO, Nr. 1 Satz 1; ebenso **Birk,** Steuerrecht, 7. Aufl., 2004, S. 144, RdNr. 450.

Logistikkosten durch Buchführungen auf Bildschirmen.[16] Zutreffend weist das Finanzministerium Nordrhein – Westfalen[17] darauf hin, daß ohne „Datenzugriff“ die von den zu prüfenden Unternehmen geforderte elektronische Rechnung, wie sie die ebenfalls ab dem Jahr 2002 geltende Neufassung des § 14 Abs. 4 Satz 2 UStG vorsieht, auch gar nicht umsetzbar wäre. Es sollte in diesem Zusammenhang auch nicht übersehen werden, daß mit der Einführung eines Zugriffs- und Auswertungsrechts bei DV-gestützter Buchführung Deutschland zugleich Anschluß an internationale Prüfungsstandards findet.[18]

Die Pflichten sind regelmäßig **persönlich** zu erfüllen. Der einzelne Steuerpflichtige kann sich jedoch durch einen mit der Wahrnehmung der steuerlichen Mitwirkungspflichten beauftragten geeigneten Vertreter, z.B. für ein bestimmtes Sachgebiet aber auch für einzelne Pflichten, **vertreten** lassen. So kann er z.B. Auskunftspersonen benennen. Ihre Namen sind nach § 8 Abs. 1 Satz 2 BpO 2000 aktenkundig zu machen. Die Auskunfts- und sonstigen Mitwirkungspflichten des Steuerpflichtigen erlöschen aber nicht mit dieser Benennung von Auskunftspersonen.

Der Verpflichtungstatbestand des § 200 Abs. 1 AO, der in § 211 Abs. 1 AO eine beachtenswerte steueraufsichtliche Parallelität findet[19], modifiziert und ergänzt die allgemeinen Vorschriften über die Mitwirkung des Steuerpflichtigen im Besteuerungsverfahren.[20]

II. Bereitstellung geeigneter Räume

1. Bestimmung des Prüfungsortes

a) Zuweisung eines Prüfungsraumes

Ist der Prüfer zur Außenprüfung an Ort und Stelle erschienen und hat er sich nach § 198 Satz 1 AO als Prüfer ausgewiesen, dann steht nach § 200 Abs. 2 Satz 2 Alt. 1 AO die Frage der Zuweisung eines geeigneten **Prüfungsraumes** an.[21]

In der Prüfungsanordnung steht zwar, daß die Prüfung „beim Steuerpflichtigen“ erfolgt. Dadurch wird aber noch nicht der **genaue Prüfungsort** bestimmt.[22]

b) Kein Recht auf separaten Raum

---

[16] Zu dieser Gesamtproblematik vgl. Finanzministerium Nordrhein – Westfalen, Finanzreport 8 – 2000, Seite 26, Abschn. V. 3; ferner **Apitz,** Digitale Buchführung und Datenzugriff der Finanzverwaltung ab 1.1.2002, StBp 2002, S. 33 ff..

[17] A.e.a.O.. Vgl. dazu auch **Schmitz,** Die steuerliche Anerkennung und Prüfbarkeit elektronischer Rechnungen im Zusammenhang mit der Buchführung im Ausland, StBp 2002, S. 153 ff..

[18] Dazu vgl. **Mösbauer,** in: Schröder / Muus, (Hrsg.), Handbuch der steuerlichen Betriebsprüfung, Lieferung 1 / 02 (April 2002), Kz. 3575 (Der – erweiterte – Zugriff der Außenprüfung auf die elektronischen Datenverarbeitungssysteme des zu prüfenden Unternehmens).

[19] S. dazu **Mösbauer,** Staatsaufsicht über die Wirtschaft, 1990, § 27, S. 531 ff..

[20] Dazu vgl. **Mösbauer,** Rechte und Pflichten des Steuerpflichtigen bei der Durchführung der Besteuerung, StB 1984, S. 65ff.; **Mösbauer,** Zum Umfang der Mitwirkungspflichten der Beteiligten und anderer Personen im Besteuerungsverfahren, DB 1985, S. 410 ff..

[21] So auch BMF, Schreiben betr. Hinweise auf die wesentlichen Rechte und Mitwirkungspflichten des Steuerpflichtigen bei der Außenprüfung (§ 5 Abs. 2 Satz 2 BpO) vom 20.7.2001 – IV D 2 – S 0403 – 3 / 01 – BStBl. 2001 I, S. 502, Abschn. 2 Abs. 3.

[22] BFH, Urteil vom 5.11.1981 – IV R 179 / 79 – BStBl. 1982 II, 208; **Assmann,** Die Festlegung des Prüfungsortes der Außenprüfung, StBp 1989, S. 127; **von Wedelstädt,** Der Ort der Außenprüfung nach § 200 Abs. 2 AO, DB 1989, S. 1536.

Die Tatsache, daß dem Prüfer ein geeigneter Raum zur Verfügung zu stellen ist, besagt **nicht,** daß er für sich **allein** einen Raum beanspruchen darf. Der Prüfer wird es im Interesse effizienter Arbeitsleistung zwar begrüßen, für sich einen separaten Raum zur Verfügung zu haben. Er wird aber auch Verständnis dafür haben, wenn ein Steuerpflichtiger ihm nicht allein ein Zimmer zur Verfügung stellen kann[23], da nicht hinreichend Räumlichkeiten vorhanden sind.

2. Geeigneter Raum

a) Der Begriff Raum

Der Begriff **Raum** umfaßt in diesem Sinne neben dem **Zimmer** auch den **Saal,** die **Diele** und den **Keller.**

b) Qualifizierung als „geeignet"

Als **geeignet** ist ein Raum anzusehen, der **instand, sauber** und **heizbar** ist und genügend **Platz** bietet für einen Schreibtisch und einen Stuhl, der ferner durch entsprechende Fenster **hell** genug zum Arbeiten ist und auch freundlich wirkt.
In Großbetrieben, bei denen ununterbrochen Außenprüfungen durchgeführt werden, ist es somit durchaus möglich, daß mehrere Prüfer auch mehrere Zimmer oder sogar eine ganze Etage als Raum für ihre Arbeit benötigen. Gegebenenfalls kann es erforderlich sein, den Ort der Prüfungsdurchführung in einem besonderen Verwaltungsakt zu regeln.[24]

3. Rechtsbehelf gegen die Bestimmung des Prüfungsortes

Die Bestimmung des Prüfungsortes kann mit dem Einspruch angefochten werden. Dieser Rechtsbehelf wird jedoch nur dann Erfolg haben, wenn der Steuerpflichtige glaubhaft machen kann, daß er dem Prüfer keine geeigneten Geschäftsräume zur Verfügung stellen kann. Für diesen Fall kann er als Prüfungsort seine Privatwohnung oder die Amtsstelle wählen.[25]

4. Unentgeltlichkeit der Bereitstellung

Die Bereitstellung des geeigneten Raumes hat **unentgeltlich**[26] zu erfolgen. Als geeignete Räume können Geschäftsräume, Räume an Amtsstelle sowie Räume des Steuerberaters gleichermaßen in Betracht kommen.

5. Geschäftsräume

a) Prüfung in den Geschäftsräumen

Nur bei den in § 193 Abs. 1 AO genannten selbständigen Einkunftsarten spricht man von „Geschäft oder Betrieb". Dies bedeutet, daß auch nur im Zusammenhang mit diesen Einkunftsarten von **„Geschäfts- oder Betriebsräumen"** die Rede sein kann.
Nach § 200 Abs. 2 Satz 1 AO hat die Prüfung regelmäßig in den Geschäftsräumen des Steuerpflichtigen stattzufinden.[27]

---

[23] So auch **Schick,** in: Hübschmann / Hepp / Spitaler, AO / FGO, § 200 AO, Anm. 349.
[24] BFH, Urteil vom 5.11.1981 – IV R 179 / 79 – BStBl. 1982 II, 208.
[25] **Giesberts,** Die steuerliche Betriebsprüfung und Außenprüfung, 2. Aufl., 1981, § 200 AO, Tz. 190.
[26] Vgl. dazu **Felix,** Unentgeltlich dem Betriebsprüfer zur Verfügung zu stellende Hilfsmittel, KöSDI 1988, S. 7180 ff..

Die Prüfung kann nach den Grundsätzen der Einfachheit, Gleichmäßigkeit und Gerechtigkeit aber auch dort stattfinden, wo sie für alle Beteiligten am zweckmäßigsten ist, wie z.B. in der Steuerberaterkanzlei. Erst wenn diese Räume für eine Prüfung nicht geeignet sind, wird alternativ auf die **Wohnräume** des Steuerpflichtigen oder die **Diensträume** an Amtsstelle zurückgegriffen.[28]
Nun ist es aber wiederum denkbar, daß die tatsächlichen Verhältnisse eine Prüfung der Unterlagen in den Diensträumen an Amtsstelle nicht zulassen. In diesem Falle kann die Außenprüfung, auch ohne das ausdrückliche Einverständnis, in den **Geschäftsräumen** des Steuerpflichtigen stattfinden. § 200 Abs. 2 Satz 1 AO ist insoweit verfassungskonform auszulegen.[29]
Die Außenprüfung in den Geschäftsräumen des Steuerpflichtigen ist zwingendes Recht.[30] Eine Außenprüfung hat daher primär dort stattzufinden. Sie verstößt nicht gegen Art. 13 GG.[31] Läßt sich die Prüfung aber nicht realisieren, z.B. weil die Räume zur Durchführung der Prüfung nicht geeignet sind, kann eine Prüfung in der **Wohnung** des Steuerpflichtigen nur mit dessen Zustimmung erfolgen.
Der Steuerpflichtige braucht bei Ungeeignetheit seiner Geschäftsräume nicht speziell für die Durchführung der Außenprüfung Räume anzumieten.
Allein die Begriffswahl „Außen"-Prüfung, für die sich der Gesetzgeber der AO 1977 in den §§ 193 ff. AO entschieden hat, verdeutlicht, daß die Prüfung regelmäßig **außerhalb** der Räume der Amtsstelle durchgeführt wird, also beim Steuerpflichtigen.
Dort werden auch regelmäßig die steuerrelevanten Unterlagen aufbewahrt. Dort hat der Steuerpflichtige daher auch seinen Mitwirkungspflichten nachzukommen. Demnach sollte der dem Prüfer zur Verfügung gestellte Raum auch in räumlicher Nähe zur Geschäftsführung oder Buchhaltung liegen.
Daß der Steuerpflichtige nach § 200 Abs. 2 Satz 2 Alt. 2 AO dem Prüfer, neben einem geeigneten Raum oder Arbeitsplatz, auch die **erforderlichen Hilfsmittel** unentgeltlich zur Verfügung zu stellen hat, verdeutlicht der logisch systematische Zusammenhang des § 200 Abs. 2 Satz 2 AO.

b) Prüfung während der üblichen Geschäfts- oder Arbeitszeit

Der Hinweis in § 200 Abs. 3 Satz 1 AO, daß die Prüfung während der üblichen **Geschäfts- oder Arbeitszeit**[32] stattzufinden hat, ist ein weiteres Indiz dafür, daß mit den Geschäftsräumen des Steuerpflichtigen i.S.d. § 200 Abs. 2 Satz 1 AO nur die des Steuerpflichtigen gemeint sein können.

---

[27] **Von Wedelstädt,** Der Ort der Außenprüfung nach § 200 Abs. 2 AO, DB 1989, S. 1536 ff.; vgl. auch **Horst,** Der Ort der Außenprüfung nach § 200 Abs. 2 AO, DB 1989, S. 2247 f.; FG Bremen, Urteil vom 13.1.1994 – 293240 K 2 – EFG 1994, 380; ferner BFH, Urteil vom 11.3.1992 – X R 116 / 90 – BFH / NV 1992, 757. Bestätigend auch AEAO (i.d.F. BMF – Schr. v. 14.2.2000 – BStBl. 2000 I, S. 190, ber. S. 495) zu § 200 AO, Nr. 2 Satz 3 und § 6 Satz 1 BpO 2000.

[28] Vgl. dazu **Rössler,** Verletzen die Finanzämter mit der Durchführung von Außenprüfungen in den Räumen des Steuerpflichtigen Art. 13 GG?, StBp 1979, S. 241 ff.; **Wenzig,** Verfassungsrechtliche Überlegungen zur Betriebsprüfung in den Geschäftsräumen des Steuerpflichtigen, StBp 1980, S. 145 ff.; **Rössler,** Nochmals: Verfassungsrechtliche Überlegungen zur Außenprüfung in den Geschäftsräumen des Steuerpflichtigen, StBp 1980, S. 269 ff.. So auch § 6 Satz 2 BpO 2000.

[29] A. A. **Kalmes,** Außenprüfung in den Geschäfts- oder Wohnräumen eines Steuerpflichtigen, StBp 1980, S. 148 ff.. Er hält eine solche verfassungskonforme Auslegung für unzumutbar.

[30] Bestätigend auch AEAO (i.d.F. BMF – Schr. v. 14.2 2000 – BStBl. 2000 I, S. 190, ber. S. 495) zu § 200 AO, Nr. 2 Satz 2: Ist ein geeigneter Geschäftsraum vorhanden, so **muß** die Außenprüfung dort stattfinden.

[31] So auch AEAO (i.d.F. BMF – Schr. v. 14.2.2000 – BStBl. 2000 I, S. 190, ber. S. 495) zu § 200 AO, Nr. 2 Satz 1.

[32] Vgl. dazu BFH, Urteil vom 20.10.1988 – IV R 104 / 86 – BStBl. 1989 II, 180.

Bei der Außenprüfung müssen grundsätzlich alle steuerlich relevanten Gegenstände, Zustände und Vorgänge des Unternehmens erfaßt werden. Dies ist überwiegend nur im Betrieb selbst gewährleistet. Denn nur dort können strittige Sachverhalte durch Augenschein und Einsicht in Bücher und andere Unterlagen sowie durch Rücksprache mit dem Steuerpflichtigen oder mit seinem Einverständnis mit Hilfe des zuständigen Sachbearbeiters abgeklärt werden. Folglich empfiehlt sich eine Prüfung in den Geschäftsräumen des Steuerpflichtigen grundsätzlich für alle an der Prüfung Beteiligten von selbst.

c) Gemischt genutzte Räume

Als Geschäftsräume können auch **gemischt genutzte Räume,** die sowohl gewerblichen als auch privaten Zwecken dienen, angesehen werden. Denn dort werden regelmäßig auch die Büroarbeiten verrichtet und die notwendigen Unterlagen aufbewahrt.
Besonders bei Kleinbetrieben sind derartige Räumlichkeiten häufig vorhanden. Die entstandenen Kosten für den Unterhalt dieser Räume sind daher auch, zumindest teilweise, abzugsfähige Betriebsausgaben.
Die oft heftig umstrittene Frage nach dem Prüfungsort ist mehr von rechtstheoretischer Bedeutung als von praktischem Sinn.[33] Dies beweist auch ihre Relevanz in der Außenprüfungspraxis.

6. Wohnräume

a) Die Alternative: Wohnung – Amtsstelle

Erst wenn **kein** geeigneter Geschäftsraum zur Verfügung gestellt werden kann, hat der Steuerpflichtige die **Wahl,** ob er die Prüfung in seiner **Wohnung** oder an **Amtsstelle** durchführen lassen möchte.[34]
Wo die Prüfung durchgeführt wird, wird oftmals erst **nach der Betriebsbesichtigung** entschieden, nachdem sich der Prüfer selbst davon überzeugen konnte, daß kein geeigneter Raum vorhanden ist.

b) Wahlrecht des Steuerpflichtigen

Der Prüfer kann **nicht** verlangen, daß die Prüfung in den **privaten** Räumen des Steuerpflichtigen durchgeführt wird.[35]
Vielmehr hat der **Steuerpflichtige** selbst ein **Wahlrecht.** Er kann seine Wohnung oder die Diensträume an Amtsstelle als Prüfungsort wählen. Dabei sollte der Steuerpflichtige aber berücksichtigen, daß es für ihn in concreto weniger Zeit und Arbeit erfordert, dem Prüfer einen Raum in seiner Privatwohnung zu überlassen.
Will der Prüfer die Privatwohnung des Steuerpflichtigen mit der Begründung betreten, auch die Wohnungsausstattung habe einen Einfluß auf die Besteuerung, z.B. im Falle notwendiger Anerkennung eines Arbeitszimmers, so ist die Einschränkung des § 99 Abs. 1 Satz 3 AO zu beachten. Danach dürfen Wohnräume gegen den Willen des Inhabers nur zur Verhütung dringender Gefahren für die öffentliche Sicherheit und Ordnung betreten werden. Nicht überzeugen kann daher die Argumentation Tipkes[36], die Normen des Steuerrechts seien ein

---

[33] Vgl. dazu **Kalmes,** Außenprüfung in den Geschäfts- oder Wohnräumen eines Steuerpflichtigen, StBp 1980, S. 148.
[34] So auch AEAO (i.d.F. BMF – Schr. v. 14.2.2000 – BStBl. 2000 I, S. 190, ber. S. 495) zu § 200 AO, Nr. 2 Satz 4.
[35] **Langhein,** Wann scheitert die Außenprüfung am Prüfungsort?, DB 1984, S. 1119.
[36] **Tipke,** Betriebsprüfung – unzulässiger Eingriff in die „Unverletzlichkeit der Wohnung“ (Art. 13 GG)?, DStR 1967, S. 79 f..

wesentlicher Bestandteil der öffentlichen Ordnung. Daher müsse deren Gefährdung verhütet und beseitigt werden. Da aber die Betriebsprüfung diesem Ziel diene, könne ein dadurch bedingter Eingriff in das Grundrecht der Unverletzlichkeit der Wohnung nach Art. 13 Abs. 1 GG nicht unzulässig sein. Dieser Argumentation steht der klare Wortlaut des § 200 Abs. 2 AO solange entgegen, wie er nicht dahingehend abgeändert ist, daß das Grundrecht des Art. 13 Abs. 1 GG in dem bezeichneten Umfang eingeschränkt wird. Nur eine so geartete Änderung könnte auch dem Art. 19 Abs. 1 Satz 2 GG gerecht werden.

Gestattet der Steuerpflichtige dem Prüfer das **Betreten** und **Arbeiten** in seinen Wohnräumen, so darf dieser, soweit er Betretungsbefugnis hat, die Räume auch **besichtigen.** Betreten und Besichtigen kann man nur schwer voneinander trennen, das eine geht in den Bereich des anderen über.

Die Besichtigung bestimmter, spezieller Wohnräume kann wiederum eine **Augenscheineinnahme** des Prüfers darstellen. Sie muß daher gesondert angeordnet werden.[37]

Wird eine Privatwohnung nur aus betrieblichen Gründen beibehalten, z.B. um einen kürzeren Weg zur Arbeit zu haben, verliert sie dadurch nicht ihren privaten Charakter.

7. Räume an Amtsstelle

Die Außenprüfung ist an Amtsstelle durchzuführen, wenn der Steuerpflichtige **keinen** geeigneten **Geschäftsraum** dem Prüfer zur Verfügung stellen kann.

Die Finanzbehörde kann den Steuerpflichtigen nicht dazu zwingen, die Prüfung in seinen Wohnräumen durchführen zu lassen. Ist der Steuerpflichtige **nicht** bereit, dem Prüfer seine **Wohnräume** zur Verfügung zu stellen und kann die Prüfung auch nicht an dritter Stelle, z.B. bei einem Steuerberater, durchgeführt werden, so findet sie in diesen Ausnahmefällen[38] **an Amtsstelle** statt.

Dieser Prüfungsort an Amtsstelle ist für den Steuerpflichtigen selbst am ungeeignetsten, um seinen Mitwirkungspflichten nachzukommen. Der Steuerpflichtige hat nämlich alle vom Prüfer gewünschten **Unterlagen** auf seine Kosten zum Finanzamt zu bringen. Außerdem muß er dort dem Prüfer auch zur **Auskunftserteilung** zur Verfügung stehen.

8. Räume des Steuerberaters

a) Antrag des Steuerpflichtigen

Die Möglichkeit, die Außenprüfung in den Räumen des **Steuerberaters**[39] durchzuführen, ist im Gesetz nicht ausdrücklich geregelt. Sie ist auch nur ausnahmsweise gegeben.[40] Die Räume des Steuerberaters werden als Prüfungsort nicht von Amts wegen in Erwägung gezogen, sondern auf **Antrag** des **Steuerpflichtigen.**[41]

b) Einverständnis des Steuerpflichtigen, des Steuerberaters und des Prüfers

Der Steuerpflichtige kann jedoch von seinem Steuerberater nicht verlangen, daß dieser dem Prüfer einen Prüfungsraum zur Verfügung stellt. Vielmehr ist für eine Prüfung in den Räumen

[37] Vgl. dazu **Schick,** in: Hübschmann / Hepp / Spitaler, AO / FGO, § 200 AO, Anm. 492.

[38] Auch AEAO (i.d.F. BMF – Schr. v. 14.2.2000 – BStBl. 2000 I, S. 190, ber. S. 495) zu § 200 AO, Nr. 2 Satz 5 weist zutreffend darauf hin, daß nur im Ausnahmefall und nur auf Antrag andere Prüfungsorte in Betracht kommen, wenn schützenswerte Interessen des Steuerpflichtigen von besonders großem Gewicht die Interessen der Finanzbehörden an einem effizienten Prüfungsablauf in den Geschäftsräumen verdrängen.

[39] BFH, Beschluß vom 30.11.1988 – I B 73 / 88 – BStBl. 1989 II, 265; **Breuer,** Außenprüfung in den Räumen des Steuerberaters, DStR 1989, S. 199.

[40] Bestätigend auch § 6 Satz 3 BpO 2000.

[41] BFH, Beschluß vom 30.11.1988 – I B 73 / 88 – BStBl. 1989 II, 265.

des Steuerberaters das **Einverständnis** des Steuerpflichtigen, des Steuerberaters und des Prüfers mit dem Prüfungsort erforderlich. Besteht der Prüfer darauf, die Prüfung statt in den Räumen des Steuerberaters in den Räumen an Amtsstelle durchzuführen, so hat er hierfür konkrete Gründe zu benennen. Eine diesbezügliche Ermessensbetätigung ohne Benennung konkreter Gründe ist rechtsfehlerhaft.[42]

Gelegentlich regen Steuerberater ex ante an, die Prüfung des Steuerpflichtigen in den Räumen ihrer Kanzlei durchführen zu lassen. Bei allem Wohlwollen sollte dabei nicht unbeachtet bleiben, daß die „Gefälligkeit" für den Steuerpflichtigen regelmäßig nicht unentgeltlich erbracht wird.

Außerdem erspart eine Prüfung am Prüfungsort „Steuerberaterkanzlei" keineswegs eine Betriebsbesichtigung beim Steuerpflichtigen. Sie wird für den Prüfer auch die ihn bedrängende Frage beantworten, ob für seine Prüfungstätigkeit tatsächlich keine geeigneten Räume vorhanden sind. Die langjährige Erfahrung mit Prüfern empfiehlt, diesen nicht das Gefühl zu vermitteln, als habe man vor dem Prüfer etwas zu verbergen. Denn diese Gefühle „vererben sich" amtsintern von Außenprüfer zu Außenprüfer fort. Einmal suspekt, immer suspekt. Und mancher Steuerpflichtige konnte dieses Odium des aufsichtlichen Vorbehalts gegen ihn nur durch einen geographischen Ortswechsel in ein anderes Bundesland abschütteln. Es würde sich daher empfehlen, wirklich nur dann die Steuerberaterkanzlei als Prüfungsort zu wählen, wenn im Betrieb absolut kein geeigneter Raum vorhanden ist.

Die Steuerberaterkanzlei als Prüfungsort kann nur dann von Vorteil sein, wenn alle Geschäftsunterlagen und Bücher des Steuerpflichtigen dort aufbewahrt werden und der Steuerberater vom Steuerpflichtigen als Auskunftsperson[43] benannt wird. „Gerade bei kleineren Betrieben kann es vorkommen, daß der Steuerpflichtige einen für die Außenprüfung geeigneten Raum oder Arbeitsplatz weder in den Geschäftsräumen noch in seiner Wohnung zur Verfügung stellen kann. In derartigen Fällen bieten Steuerberater immer häufiger ihre Kanzleiräume für die Außenprüfung an. Vorteil des Prüfungsortes Steuerberaterkanzlei sind die Arbeitsbedingungen und der leichte Zugang zu technischen Auskünften. Nachteil ist die Betriebsferne."[44]

9. Zulässigkeit des Eingriffs in die geschäftliche und private Sphäre

a) Bindung der Steuergesetze an die Grundrechte und die verfassungsmäßige Ordnung

Nach Art. 1 Abs. 3 GG binden die Grundrechte Gesetzgebung, vollziehende Gewalt und Rechtsprechung als unmittelbar geltendes Recht.

Nach Art. 20 Abs. 3 GG ist die Gesetzgebung, und somit auch die Steuergesetzgebung, an die **Grundrechte** und die **verfassungsmäßige Ordnung** gebunden.

Da nach Art. 20 Abs. 1 GG die Bundesrepublik Deutschland ein **sozialer Bundesstaat** ist und nach Art. 28 Abs. 1 Satz 1 GG die verfassungsmäßige Ordnung in den Ländern den Grundsätzen des republikanischen, demokratischen und sozialen Rechtsstaates entsprechen muß, untersteht auch das Steuerrecht dem **Verfassungsrecht.**

Der Steuerpflichtige kann demnach die **Rechtssicherheit,** die **materielle Gerechtigkeit** und den **Grundrechtsschutz** gegenüber der Steuergesetzgebung und der Finanzverwaltung durchsetzen, zumal die Besteuerung stets einen Eingriff in die grundrechtlich geschützte Rechtssphäre des Steuerpflichtigen bedeutet.[45]

---

[42] So auch FG Düsseldorf, Urteil vom 19.5.1988 – 8 K 26 / 88, 8 K 25 – 26 / 88 – EFG 1988, 610; Niedersächs. FG, Urteil vom 26.11.1992 – XI 341 / 91 – EFG 1993, 501.

[43] ... i.S.d. § 8 Abs. 1 Satz 1 BpO 2000.

[44] Vgl. dazu **Wenzig,** Die Betriebsprüfung in der Kanzlei des steuerlichen Beraters, StBp 1979, S. 173.

[45] Vgl. dazu **Tipke,** Betriebsprüfung – unzulässiger Eingriff in die „Unverletzlichkeit der Wohnung" (Art. 13 GG)?,DStR 1967, S. 79 f.; **von Wallis,** Verfassungsmäßigkeit und Steuerrecht, NWB 1983, Fach 2, S. 4151 ff.;

Bei der Bestimmung des Prüfungsortes stellt sich also stets die Frage, ob der Steuerpflichtige qua via in seinen Grundrechten beeinträchtigt wird, oder ob der Eingriff in seine geschäftliche und private Sphäre zulässig ist. Art. 13 Abs. 1 GG garantiert dem Steuerpflichtigen die Unverletzlichkeit seiner Wohnung. Dieses Grundrecht wird durch § 413 AO eingeschränkt. Demnach sind nach der AO folgende Eingriffe bei einer Betriebsprüfung zulässig:

a) das Betreten der Wohnung,
b) das Verweilen in der Wohnung und
c) das Besichtigen der Wohnung.[46]

Der Begriff Wohnung ist im Gesetz nicht definiert. Nach herrschender Auffassung[47] zählen zur Wohnung sowohl **Betriebs-** und **Geschäftsräume** als auch **private Wohnräume.** Art. 13 Abs. 1 GG besagt zum Begriff Wohnung selbst nichts. Hilfreich kann hier jedoch die Rechtsprechung zu § 123 StGB werden. Nach ihr sind Wohnungen Räumlichkeiten, deren Hauptzweck darin besteht, Menschen als Unterkunft zu dienen. Somit gehören zur Wohnung auch Nebenräume.[48]

b) Geschäftsräume

Geschäftsräume sind Räumlichkeiten, die der Abwicklung eines effizienten Betriebsablaufes dienen und in denen betrieblich notwendige Gegenstände und Unterlagen aufbewahrt und gebraucht werden.
Aufgrund dieser Tatsache sowie der Regelung des § 200 Abs. 2 AO kann die Finanzverwaltung eine Prüfung in den Geschäftsräumen des Steuerpflichtigen als uneingeschränkt zulässig annehmen. Art. 13 Abs. 1 GG grenzt den Begriff der Wohnung nicht ein, so daß davon auszugehen ist, daß er sowohl die Privaträume wie die Wohnung i.e.S., als auch die Geschäftsräume gleichermaßen umfaßt.
Das Schutzbedürfnis der Räumlichkeiten ist dabei jedoch unterschiedlich strukturiert. Während die Wohnräume eindeutig der zu schützenden Privatsphäre des Steuerpflichtigen zugerechnet werden müssen, sind die Geschäftsräume, ihrem Zweck entsprechend, gerade durch eine besondere Offenheit nach außen, dritten Personen gegenüber, determiniert.
Nach wohl zutreffender Auffassung des BVerfG[49] ist das Betreten von Geschäftsräumen nur unter folgenden zwei Voraussetzungen zulässig:

aa) Es muß eine Ermächtigung zum Betreten der Räume durch eine besondere gesetzliche Vorschrift gegeben sein.
§ 200 AO i.V.m. § 413 AO enthalten für die Außenprüfung eine solche gesetzliche Ermächtigung.

bb) Das Betreten der Räume, die Vornahme der Besichtigung und die Durchführung der Prüfungen müssen einem erlaubten Zweck dienen und für dessen Erreichung erforderlich sein.
Auch diese Voraussetzung ist in concreto gegeben. Die Außenprüfung ist ein aufsichtliches Institut, das das Steueraufkommen sichern und dabei die Gerechtigkeit und Gleichmäßigkeit der Besteuerung wahren soll.

Zutavern, Aktuelle Fragen der Praxis der Außenprüfung: „Verletzen die Finanzämter mit der Durchführung von Außenprüfungen in den Räumen von Steuerpflichtigen Art. 13 GG?", StBp 1980, S. 89 f..

[46] Vgl. dazu **Schick,** in: Hübschmann / Hepp / Spitaler, AO / FGO, § 200 AO, Anm. 458.

[47] Statt vieler vgl. z.B. nur **Dagtoglou,** in: Bonner Kommentar des GG von 1950 / 79, Art. 13 GG, Anm. 16; ferner BVerfG, Beschluß vom 13.10.1971 – 1 BvR 280 / 66 – BVerfGE 32, 54.

[48] In diesem Zusammenhang **Lenckner,** in: Schönke / Schröder, Kommentar zum StGB, § 123 StGB, Anm. 3 ff..

[49] BVerfGE 32, 69ff..

§§ 193 ff. AO lassen den Zweck des Betretens, den Gegenstand und den Umfang der zugelassenen Besichtigung und Prüfung deutlich erkennen.
§ 200 Abs. 3 Satz 1 AO bestätigt auch, daß das Betreten der Räume und die Vornahme der Besichtigung und Prüfung nur in den Zeiten statthaft ist, zu denen die Räume normalerweise für die jeweilige geschäftliche oder betriebliche Nutzung zur Verfügung stehen.
Liegen diese Voraussetzungen vor, so dürfen nach Art. 13 GG, ohne daß die Voraussetzungen des Art. 13 Abs. 3 GG gegeben sind, die Geschäftsräume zum Zwecke der steuerlichen Prüfung betreten werden.

c) Privatwohnung

Die Wohnung ist nach Art. 13 Abs. 1 GG unverletzlich. Eingriffe und Beschränkungen dürfen auch im Rahmen einer Außenprüfung nach Art. 13 Abs. 3 GG nur zur Abwehr einer gemeinen Gefahr oder einer Lebensgefahr für einzelne Personen, auf Grund eines Gesetzes auch zur Verhütung dringender Gefahren für die öffentliche Sicherheit und Ordnung vorgenommen werden. Eine solche dringende Gefahr ist dann gegeben, wenn die Gefahr so erheblich und so schwer ist, daß sie nicht in Kauf genommen werden kann, sondern Abhilfe dringend erfordert. Die Außenprüfung hat die aufsichtliche Aufgabe, festzustellen, ob die Steuergesetze beachtet werden und eventuelle Steuerhinterziehungen und Steuerverkürzungen aufzudecken bzw. zu verhindern. Daß Steuerhinterziehungen und Steuerverkürzungen strafrechtlich verfolgt und geahndet werden, ist schon ein Zeichen einer dringenden Gefahr.
Durch die Bestimmung einer Privatwohnung als Prüfungsort können jedoch regelmäßig keine dringenden Gefahren verhütet werden. Vielmehr könnte bei Verdacht einer Steuerstraftat die Besichtigung der Privatwohnung als Aufklärung der dringenden Gefahr dienen. Hierfür ist aber nicht die Außenprüfungsstelle zuständig, sondern ausschließlich die **Steuerfahndungsstelle**[50]**.**
Demgemäß kann, gegen den Willen des Steuerpflichtigen, eine Prüfung in seiner Privatwohnung nicht in Frage kommen. Art. 13 GG vermag eine solche Prüfung nicht zu rechtfertigen.
Der Steuerpflichtige hat aber die Möglichkeit, auf den Schutz des Art. 13 GG zu **verzichten** und einer Prüfung in seiner **Privatwohnung zuzustimmen.** Voraussetzung hierfür ist ein **Antrag** des Steuerpflichtigen, die Prüfung in seiner Wohnung durchzuführen oder sein Einverständnis dazu. Es besteht dabei jederzeit die Möglichkeit, das **Einverständnis zu widerrufen.**
Lehnt der Steuerpflichtige unter Berufung auf Art. 13 GG eine Prüfung in seinen Wohnräumen ab und ist kein geeigneter Geschäftsraum vorhanden, so hat die Prüfung an Amtsstelle zu erfolgen.[51]
Betritt der Prüfer gegen den Willen des Steuerpflichtigen ohne ersichtlichen Grund gleichwohl dessen Privatwohnung oder entfernt er sich nicht trotz Aufforderung, so macht sich der Prüfer eines Vergehens nach § 123 StGB strafbar. Der Steuerpflichtige hat nach § 123 Abs. 2 StGB das Recht, Strafantrag wegen Hausfriedensbruchs zu stellen.

d) Gemischt genutzte Räume

Wird ein Raum sowohl **geschäftlich** als auch **privat** genutzt, so kommt es bei der Schutzbedürftigkeit des Art. 13 GG darauf an, für welchen Zweck er **vorwiegend genutzt** wird.

---

[50] Vgl. dazu **Mösbauer,** Steuerfahndung im Rechtsstaat, DStZ 1986, S. 339 ff.; **Mösbauer,** Steuerstraf- und Steuerordnungswidrigkeitenrecht (einschließlich Steuer- und Zollfahndung), 2. Aufl., 2000, §§ 32 ff. (S. 437 ff.); **Mösbauer,** Staatsaufsicht über die Wirtschaft, 1991, § 26, S. 503 ff..
[51] So auch § 6 Satz 2 BpO 2000 unter ausdrücklicher Bezugnahme auf § 200 Abs. 2 AO.

Der Raum verliert seine Eigenschaft nicht durch die **untergeordnete** Nutzung der jeweils anderen Art. So untersteht ein **vorwiegend privater** Wohnraum dem **erhöhten** Schutzbedürfnis des Art. 13 GG, auch wenn in ihm gelegentlich geschäftliche Arbeiten verrichtet werden.
Eine Prüfung kann nur dann in einem **überwiegend privat** genutzten Raum stattfinden, wenn der Steuerpflichtige dies **beantragt** oder er sein **Einverständnis** dazu gibt.
Beabsichtigt der Steuerpflichtige, durch die private Nutzung, die Prüfung zu verhindern, so kann er sich auf die **mißbräuchlich** dargestellte private Nutzung nicht berufen.
Wird ein gemischt genutzter Raum **vorwiegend geschäftlich** genutzt und dient dieser Raum nur **untergeordnet privaten** Zwecken, so ist er wie ein **Geschäftsraum** zu betrachten. Die dadurch bedingte untergeordnete Schutzbedürftigkeit des Art. 13 GG vermag daher unter den oben genannten Voraussetzungen die Durchführung einer Außenprüfung nicht auszuschließen.[52] Der gemischt genutzte Raum unterliegt nur dann nicht dem übergeordneten Schutzzweck des Art. 13 GG, wenn er eine Öffnung nach außen aufweist.[53] Ansonsten hat der Steuerpflichtige hinsichtlich der im Raum getroffenen betrieblichen Vorgänge seinen verstärkten Mitwirkungspflichten zu entsprechen.

e) Grundrechtseingriffe durch Außenprüfung?

Vielfach werden Bedenken dahingehend geäußert, daß zahlreiche Handlungen der Außenprüfung gegen das Grundgesetz verstoßen.
So wird insbesondere immer wieder der Vorwurf erhoben, der **Gleichheitsgrundsatz** des Art. 3 GG werde dadurch verletzt, daß z.B. die Einkünfte des § 193 Abs. 1 AO regelmäßiger geprüft würden als andere Einkünfte. Eine Grundrechtsverletzung ist darin nicht zu sehen. Denn für die Gewinneinkünfte ist es nun einmal charakteristisch, daß ihre Höhe ohne Außenprüfung nicht kontrolliert werden kann.
Die ungleiche Behandlung ungleicher Lebenssachverhalte ist zulässig; nicht aber die ungleiche Behandlung gleicher Sachverhalte.
Gerügt wird auch, durch die Außenprüfung werde die freie **Persönlichkeitsentfaltung** der Unternehmer eingeschränkt.
Die sich aus der Außenprüfung ergebenden steuerlichen Konsequenzen beruhen aber auf Gesetz. Der Steuerpflichtige hat diese daher zu akzeptieren. Darüber hinaus stellt die gesetzliche Regelung und die richterliche Nachprüfung der Grenzen des **Ermessens** einen hinreichenden Schutz des Steuerpflichtigen gegen rechtswidrige Eingriffe in die Unternehmenssphäre dar.

III. Bereitstellung eines geeigneten Arbeitsplatzes

Nach § 200 Abs. 2 Satz 2 Alt. 2 AO hat der Steuerpflichtige dem Prüfer entweder einen geeigneten Raum oder zumindest einen **Arbeitsplatz** unentgeltlich zur Verfügung zu stellen.
Zwischen beiden besteht keine Wahlmöglichkeit. Vielmehr hat der Steuerpflichtige dem Prüfer einen Arbeitsplatz in einem Raum zur Verfügung zu stellen. Er muß also beiden Verpflichtungen nachkommen. Die Gesetzesformulierung ist insoweit ungenau. Klarer wäre es, wenn das Gesetz einen „Raum oder zumindest einen Arbeitsplatz“ verlangen würde.
Der Arbeitsplatz muß für Zwecke der Außenprüfung geeignet sein. Er muß also so beschaffen sein, daß der Prüfer in Ruhe seiner Tätigkeit nachgehen kann. Der Arbeitsplatz muß daher hell genug und im Bedarfsfalle geheizt sein. Der Arbeitsplatz muß zumindest aus einem Tisch

---

[52] Bestätigend auch **Tipke / Kruse,** AO / FGO, § 200 AO, Tz. 13 ff..
[53] So auch FG Düsseldorf, Urteil vom 23.11.1976 – II 342 / 75 S – EFG 1977, 403.

und einem Stuhl bestehen. Der Tisch muß groß genug für die prüfungsrelevanten Lese- und Schreibarbeiten sein.
Der Arbeitsplatz selbst kann sich sowohl in einem separaten Raum als auch in einem Großraum befinden. Bei seiner Bereitstellung sollte darauf geachtet werden, daß nicht exogene Einflüsse, wie z.B. Lärm, den Prüfer in seiner Prüfungstätigkeit beeinträchtigen können.
Sind mehrere Prüfer vorhanden, so sollte für jeden separat ein Arbeitsplatz zur Verfügung stehen.
Diese Arbeitsplätze brauchen nicht in einem Raum zu sein, jedoch sollte die räumliche Trennung nicht so groß sein, daß dadurch die Prüfungsarbeit erschwert wird.
Will der Steuerpflichtige sicher sein, daß das **Steuergeheimnis** gewahrt wird, so obliegt es ihm, dafür Sorge zu tragen. Der Arbeitsplatz des Prüfers sollte so gelegen sein, daß **Besprechungen** ungestört stattfinden können.[54]

IV. Bereitstellung der erforderlichen Hilfsmittel

1. Begriffsabgrenzung

Nach § 200 Abs. 2 Satz 2 Alt. 3 AO hat der Steuerpflichtige dem Prüfer neben einem geeigneten Raum oder einem Arbeitsplatz auch die für eine Prüfungstätigkeit **erforderlichen Hilfsmittel** zur Verfügung zu stellen. Da diese Hilfsmittel **unentgeltlich** zur Verfügung zu stellen sind[55], sollte darauf geachtet werden, daß sie sich in einem zumutbaren, möglichst für den Steuerpflichtigen nicht zu sehr belastenden Rahmen halten.
Die Begriffsabgrenzung der Hilfsmittel ist oftmals schwierig und kann nur im konkreten Einzelfall klar erfaßt werden.
Die Finanzbehörde bestimmt den Umfang und die Art und Weise der Prüfungshandlung. Sie darf sich nicht in Abhängigkeit zum Steuerpflichtigen begeben, so daß die eigentlichen direkt zur Prüfungstätigkeit erforderlichen Mittel, wie Schreibgeräte und Papier von ihr selbst zu stellen sind. Sie sind zwar auch Hilfsmittel, aber nicht solche i.S.d. § 200 Abs. 2 Satz 2 Alt. 3 AO.

2. Technische Hilfsmittel

a) Hilfsmittel

Welche Hilfsmittel in concreto vom Steuerpflichtigen zur Verfügung zu stellen sind, ist im Gesetz nicht bestimmt. Nur der konkrete Einzelfall kann darüber entscheiden. Daher brauchen als Hilfsmittel auch nur die für den jeweiligen Einzelfall erforderlichen Mittel zur Verfügung gestellt zu werden.
Zu den Hilfsmitteln gehören auf jeden Fall neben einem **Tisch** und einem **Stuhl** auch die **Beleuchtung** und erforderlichenfalls eine **Heizung.**
Rechenmaschine, Schreibmaschine, Fotokopiergerät und Telefon erleichtern dem Prüfer zwar die Arbeit. Sie sind aber für die Prüfungsarbeiten nicht unmittelbar erforderlich. Der Steuerpflichtige braucht diese Hilfsmittel dem Prüfer nicht unentgeltlich zu überlassen. Tut er es dennoch, so wird der Prüfer dies sicherlich wohlwollend zur Kenntnis nehmen.

b) Annehmlichkeiten

---

[54] Dazu **Schick,** in: Hübschmann / Hepp / Spitaler, AO / FGO, § 200 AO, Anm. 349 ff..
[55] **Felix,** Unentgeltlich dem Betriebsprüfer zur Verfügung zu stellende Hilfsmittel, KÖSDI 1988, 7180.

Annehmlichkeiten wie z.B. das Überlassen eines Parkplatzes für den PKW des Prüfers oder das Einladen zu einer Tasse Kaffee, erfüllen nicht die Qualifikation für das Bereitstellen von erforderlichen Hilfsmitteln. Der Prüfer wird jedoch ebenso wohlwollend diese Aufmerksamkeiten zur Kenntnis nehmen. Es steht hier also dem Steuerpflichtigen frei, inwieweit er dem Prüfer das Arbeiten so angenehm wie möglich macht.
Doch hat auch das Wohlwollen des Steuerpflichtigen gegenüber dem Prüfer seine – sogar strafrechtlichen – Grenzen.
Es empfiehlt sich daher, darauf zu achten, dem Prüfer gegenüber nicht zu aufdringlich servil zu erscheinen.
Kleine Aufmerksamkeiten wird er als angenehm empfinden. Übertriebene **Großzügigkeit** würde den Prüfer in auch von ihm nicht gewollte Abhängigkeit bringen. Durch Vorteilsgewährung nach § 333 StGB und durch Bestechung nach § 334 StGB würde sich der Steuerpflichtige sogar strafbar machen. Der Prüfer hingegen wird das, was über bloße Annehmlichkeiten hinausgeht, ablehnen, um sich nicht nach § 331 StGB durch Vorteilsnahme oder nach § 332 StGB durch Bestechlichkeit strafbar zu machen.
Inwieweit also Hilfsmittel erforderlich und daher zur Verfügung zu stellen sind, ist im konkreten Einzelfall im Einvernehmen mit dem Prüfer und dem Steuerpflichtigen festzustellen.

3. Hilfsmittel bei EDV-gespeicherten Unterlagen

Für die Verantwortlichen der Außenprüfung stellt sich immer häufiger die Frage, inwieweit die Benutzung der betriebseigenen EDV-Anlagen dem Prüfer für seine Tätigkeit zur Verfügung zu stellen sind. Eine Regelung diesbezüglich, speziell für die Außenprüfung gibt es nicht. Jedoch sind § 146 Abs. 5 AO und § 147 Abs. 2, 5 und 6 AO zu beachten[56], die ab 1.1.2002 eine beachtliche gesetzliche Neuregelung erfahren haben.[57]
Nur noch wenige kleine Unternehmen haben heutzutage eine handgeschriebene Journalbuchführung. Die meisten Betriebe erstellen ihre Buchführung und sonstigen Unterlagen mittels Datenverarbeitung[58], und unterliegen mithin dem sog. **elektronischen Datenzugriff.**[59]
Der Steuerpflichtige ist nach § 146 Abs. 5 AO und § 147 Abs. 2, 5 und 6 AO verpflichtet, die Daten auf seine Kosten **lesbar** zu machen und sie erforderlichenfalls **ausdrucken** zu lassen. Dies braucht aber nicht nach prüfungsmethodischen Gesichtspunkten zu geschehen. Werden die erforderlichen Unterlagen dem Prüfer nicht ausgedruckt, weil z.B. ein solcher Ausdruck für den Steuerpflichtigen zu zeit- und kostenintensiv ist, so hat er dem Prüfer die erforderlichen Geräte zum Lesen der Mikroverfilmung bzw. eine Nutzungsmöglichkeit der EDV-Anlage zur Verfügung zu stellen.

---

[56] So auch **Birk,** Steuerrecht, 7. Aufl., 2004, S. 144, RdNr. 450; **Mösbauer,** Der – erweiterte – Zugriff der Außenprüfung auf die elektronischen Datenverarbeitungssysteme des zu prüfenden Unternehmens, in: Schröder / Muus (Hrsg.), Handbuch der steuerlichen Betriebsprüfung, 2002, Liefg. 1 / 02 (April 2002), Kz. 3575 (S. 1 – 10).
[57] Vgl. dazu Art. 7 Nrn. 1 – 3 StSenkG – BGBl. 2000 I, S. 1460. Dazu **Mösbauer,** in: Schröder / Muus, (Hrsg.), Handbuch der steuerlichen Betriebsprüfung, Liefg. 1 / 02 (April 2002), Kz. 3575 (Der – erweiterte – Zugriff der Außenprüfung auf die elektronischen Datenverarbeitungssysteme des zu prüfenden Unternehmens).
[58] Vgl. in diesem Zusammenhang **Mösbauer,** in: Koch / Scholtz, AO, 5. Aufl., 1996, § 200 AO, Rz. 4.
[59] Vgl. dazu auch BMF, Schreiben betr. Hinweise auf die wesentlichen Rechte und Mitwirkungspflichten des Steuerpflichtigen bei der Außenprüfung (§ 5 Abs. 2 Satz 2 BpO) vom 20.7.2001 – IV D 2 – S 0403 – 3 / 01 – BStBl. 2001 I, S. 502, Abschn. 2 Abs. 5 und 6; vgl. ferner **Schmitz,** Zweifelsfragen im Zusammenhang mit dem Zugriffsrecht der Finanzverwaltung auf DV-gestützte Buchführungssysteme, StBp 2002, S. 199 ff., 221 ff., 253 ff..

Erforderlichenfalls ist der Prüfer auch vom Steuerpflichtigen oder einem Sachbearbeiter in die Materie einzuweisen. Programmierpersonal zur Erledigung seiner Arbeit steht dem Prüfer dagegen nicht zu.
Der Steuerpflichtige braucht aber **keine Arbeitskräfte** für die eigentliche Prüfungshandlung zur Verfügung zu stellen.
Verursacht das Arbeiten des Prüfers an der EDV-Anlage Kosten, so sollte zwischen dem Steuerpflichtigen und der Finanzbehörde ein vorheriges Einvernehmen über die Kostenlast herbeigeführt werden. Gegebenenfalls sind hierfür Verträge über die entgeltliche Nutzung der EDV-Anlagen abzuschließen.[60]
Ist eine Nutzung der EDV-Anlage für die Prüfungsarbeiten nicht unbedingt erforderlich, erleichtert sie aber die Prüfungstätigkeit, so steht es dem Steuerpflichtigen frei, ob und wie häufig er dem Prüfer seine EDV-Anlage unentgeltlich zur Nutzung überläßt.
Das Recht, Einsicht in die gespeicherten Daten nehmen zu dürfen, wird damit gerechtfertigt, der Grundsatz der Gleichmäßigkeit der Besteuerung und die Steuergerechtigkeit würden die Überprüfbarkeit der Daten und der Datenverarbeitungssysteme erfordern. Dies habe vor allem bei der Aufbewahrung von Massendaten im Hinblick auf die Anerkennung der elektronischen Abrechnung zu gelten. Die gelegentlich geäußerten verfassungsrechtlichen Bedenken bzgl. Datenschutz und Übermaßverbot übersehen m. E., daß Gleichmäßigkeit der Besteuerung nur durch entsprechende Kontrolle erreichbar ist.[61]

V. Die Berechtigung zum Betreten und Besichtigen von Grundstücken und Betriebsräumen

1. Betriebsbesichtigung und Augenscheineinnahme

Nach § 200 Abs. 3 Satz 2 AO sind die Außenprüfer berechtigt, Grundstücke und Betriebsräume zu **betreten** und zu **besichtigen.**[62]
Die Vorschrift des § 99 AO über die **Augenscheineinahme** gilt dabei auch für die Außenprüfung, sofern dem keine leges speciales entgegenstehen.
Die **Betriebsbesichtigung** nach § 200 Abs. 3 Satz 2 AO ist eine Art Augenscheineinnahme von **Betriebsorganisation** und **Betriebsablauf.** Sowohl die Augenscheineinnahme als auch die Betriebsbesichtigung bedürfen einer Anordnung, die zusammen mit der **Prüfungsanordnung** erlassen werden kann.

2. Betriebsbesichtigung

a) Erreichen des Prüfungsziels

Durch die Betriebsbesichtigung wird gewährleistet, daß die Außenprüfung **nicht** zur reinen **Buch**prüfung verkümmert. Sie ist oftmals für das Erreichen des Prüfungsziels in besonderer Weise geeignet.[63] Denn nur qua via vermag sich der Prüfer einen Eindruck von der Betriebsorganisation und dem Betriebsablauf zu verschaffen.[64]

---

[60] So auch **Schick,** in: Hübschmann / Hepp / Spitaler, AO / FGO, § 200 AO, Anm. 379.
[61] Vgl. in diesem Zusammenhang auch **Birk,** Steuerrecht, 7. Aufl., 2004, S. 145, RdNr. 450 a; **Mösbauer,** Steuerliche Außenprüfung, Steueraufsicht und Steuerfahndung – im Spiegel staatlichen Autoritätsschwundes, WPg 2005, S. 499 – 503.
[62] S. dazu **Mösbauer,** in: Koch / Scholtz, AO, 5. Aufl., 1996, § 200 AO, Rz. 11.
[63] **Rößler,** Die Betriebsbesichtigung im Rahmen der Außenprüfung, StBp 1984, S. 217.
[64] Vgl. dazu BFH, Urteil vom 20.10.1988 – IV R 104 / 86 – BStBl. 1989 II, 180.

Darüber hinaus ist die Betriebsbesichtigung ein unverzichtbarer Bestandteil der Sachverhaltsermittlung. Denn erst sie ermöglicht, steuerrelevante Sachverhalte, die sich aus Belegen ergeben, vor Ort auf ihre Richtigkeit zu überprüfen. Dies gilt in besonderer Weise z.B. für die Errichtung von Gebäuden. Ist das Gebäude in einem anderen Finanzbezirk belegen, ist es zulässig, die Ortsbesichtigung i.S.d. § 99 AO im Wege der Amtshilfe nach § 112 Abs. 1 Nr. 5 AO durch das Belegenheitsfinanzamt vornehmen zu lassen. Über die Feststellungen der tatsächlichen und möglichen Nutzung des Gebäudes ist im Interesse des Erreichens des Prüfungsziels ein Aktenvermerk zu fertigen.

b) Rechtliches Gehör und Gleichmäßigkeit der Besteuerung

aa) Rechtliches Gehör

Der Steuerpflichtige erhält so die Gelegenheit, dem Prüfer an Ort und Stelle **sachdienliche Informationen** geben zu können.
Ferner trägt die Betriebsbesichtigung dazu bei, dem Steuerpflichtigen rechtliches Gehör zu gewährleisten.
Der Steuerpflichtige selbst kann während der Besichtigung bei Sachverhaltsfeststellungen **gehört** werden und er kann seinerseits im Bedarfsfalle für **Richtigstellung** sorgen.

bb) Gleichmäßigkeit der Besteuerung

Die Betriebsbesichtigung dient damit dem Grundsatz der **Gleichmäßigkeit der Besteuerung**[65] durch möglichst exakte Sachverhaltsfeststellungen. Diese Betriebsbesichtigungen haben z.B. für den Bereich der **Getränkeindustrie** die Erkenntnis vermittelt, daß die Teilvermittlung des Leergutes bei der Einheitsbewertung des Betriebsvermögens in den einzelnen OFD-Bereichen so unterschiedlich gehandhabt wird, daß dem Grundsatz der Gleichmäßigkeit der Besteuerung nicht mehr Genüge getan ist.
Auch eventuell erforderlich werdende Schätzungen von Besteuerungsgrundlagen nach § 162 AO können so möglichst zutreffend erfolgen.

c) Ermöglichen der Betriebsbesichtigung

Der Steuerpflichtige hat die Pflicht, dem Prüfer die Betriebsbesichtigung zu **ermöglichen,** da oftmals bestimmte Zweifelsfragen nur an Ort und Stelle geklärt werden können. Ein persönlicher Eindruck von der Betriebsorganisation und dem Betriebsablauf, auf Grund einer Besichtigung, wird für den Prüfer eine rationellere Prüfung und eine bessere und schnellere Auswertung der Unterlagen zur Folge haben.

d) Hinzuziehung des Betriebsinhabers oder seines Beauftragten

Nach § 200 Abs. 3 Satz 3 AO soll bei der Betriebsbesichtigung der **Betriebsinhaber** oder sein **Beauftragter** hinzugezogen werden. In kleinen und mittelgroßen Betrieben wird der Prüfer meist vom Unternehmer selbst, bei großen Betrieben oftmals von technisch hoch qualifizierten Angestellten, begleitet.
Die Gestaltung des § 200 Abs. 3 Satz 3 AO als **Sollvorschrift** verdeutlicht den Regelcharakter. Dies bedeutet, daß nur in bestimmten Fällen und ausnahmsweise eine Hinzuziehung unterbleiben kann.
Hält der Prüfer eine Begleitperson für nicht erforderlich und verzichtet der Steuerpflichtige auf seine Hinzuziehung zur Betriebsbesichtigung, so darf der Prüfer die Besichtigung auch

---

[65] Bestätigend auch § 2 Abs. 1 Satz 1 BpO 2000.

allein durchführen. Dies wird jedoch regelmäßig nicht der Fall sein. Es ist nicht nur ein angebrachtes Zeichen der Höflichkeit, wenn der Steuerpflichtige den Prüfer selbst durch seinen Betrieb führt, sondern auch eine Frage von Stil und Form, die Pindar, wohl zu Recht, mit Gesinnung gleichsetzt. Dem Prüfer wird diese nicht entgehen.
Besteht der Prüfer auf Hinzuziehung des Steuerpflichtigen oder dessen Beauftragten, so wird das **Recht** des Steuerpflichtigen zur **Pflicht.** Er muß auf jeden Fall eine Betriebsbesichtigung dulden. Weigert sich der Steuerpflichtige, selbst dem Prüfer die Besichtigung zu ermöglichen und benennt er keinen Beauftragten, so daß eine unzumutbare Verzögerung des Prüfungsablaufs eintritt, dann kann eine Hinzuziehung unterbleiben[66], d.h. der Prüfer **besichtigt allein.**

e) Hinzuziehung eines Sachverständigen

Der Prüfer selbst verspricht sich von einer Betriebsbesichtigung **mit** dem Steuerpflichtigen oder einem Beauftragten prüfungsrelevante Informationen zum Betriebsablauf und zur spezifischen Marktlage, als unabdingbare Voraussetzung für eine umfassende Tatbestandsfeststellung und eine kritische Urteilsbildung.
Soweit der Prüfer wegen Fehlens eigener spezifischer Sachkunde noch einen Sachverständigen hinzuzieht, hat der Steuerpflichtige auch dies zu dulden. Dabei ist jedoch zu beachten, daß der Sachverständige als „Gehilfe der Finanzbehörde“ **keine eigenständigen** Prüfungsarbeiten vornehmen darf. Er wird nur vom Prüfer für dessen Arbeit hinzugezogen, ist also bei Ermittlungstätigkeiten nur behilflich.[67]

f) Besichtigung von Grundstücken und Betriebsräumen

aa) Grundstücke und Betriebsräume

Nach § 200 Abs. 3 Satz 2 AO umfaßt die Betriebsbesichtigung **Grundstücke** und **Betriebsräume.** Privaträume sind durch den Umkehrschluß des Gesetzestextes davon ausgeschlossen, nicht jedoch Privatgrundstücke. Diese dürfen besichtigt werden. Dies ist insbesondere für eine Außenprüfung nach § 193 Abs. 2 AO von Bedeutung. Die Betriebsbesichtigung umfaßt sowohl die Buchhaltungsräume, als auch die Produktionsräume.

bb) Betriebsbesichtigung in mehreren Akten

§ 200 Abs. 3 Satz 3 AO spricht von **der** Betriebsbesichtigung. Eine Betriebsbesichtigung kann aber derart umfangreich sein, daß sie oftmals nur in mehreren Akten, begleitend zu den derzeitigen Buchprüfungsarbeiten des Prüfers, sinnvoll ist. Demgemäß sollte die Betriebsbesichtigung nicht nur als einmaliger Vorgang verstanden werden, sondern als ein Verwaltungshandeln, das sich im Rahmen des Außenprüfungsverfahrens wiederholen kann.

cc) Betriebsbesichtigung und Beweiserhebung

Bei einer Betriebsbesichtigung handelt es sich **nicht** um eine **Beweiserhebung.** Das Ergebnis braucht daher auch nicht nach § 98 Abs. 1 AO aktenkundig gemacht zu werden.

dd) Betriebsbesichtigung und Geheimhaltungsinteresse

---

[66] So auch **Kühn / Hofmann,** AO / FGO, 17. Aufl., 1995, § 200 AO, Anm. 5.
[67] **Schick,** in: Hübschmann / Hepp / Spitaler, AO / FGO, § 200 AO, Anm. 300 ff..

Hat der Steuerpflichtige ein besonders hohes Geheimhaltungsinteresse bezüglich eines bestimmten Gebietes der Betriebsbesichtigung, z.B. die Besichtigung einer ganz neu entwickelten und noch zu patentierenden Maschine, so ist abzuwägen, ob diesbezüglich eine Besichtigung vielleicht sogar unzulässig ist. Mitentscheidend hierfür ist, inwieweit die Besichtigung für hinreichend sichere Prüfungsfeststellungen unverzichtbar ist. Ist dies der Fall, so hat der Steuerpflichtige die Pflicht, dem Verlangen des Prüfers nachzukommen und ihm steuerlich relevante Auskünfte zu erteilen.

3. Sonstige Augenscheineinnahme

a) Zulässigkeit der Augenscheineinnahme

Der Steuerpflichtige hat auch die **sonstige Augenscheineinnahme** nach § 98 AO zu dulden. Dies gilt auch für den Fall, daß bereits zuvor eine Betriebsbesichtigung durchgeführt wurde. Dem Prüfer ist es bei der Besichtigung nicht immer möglich, die für spezielle Entscheidungen erforderlichen Erkenntnisse zu gewinnen.
Die sonstige Augenscheineinnahme ist als **Beweismittel** für eine Sachaufklärung im Außenprüfungsverfahren oft unverzichtbar.

b) Anordnung der Augenscheineinnahme

Eine Augenscheineinnahme kann **angeordnet** werden, um **Gegenstände vorzulegen** oder auch – und dies insbesondere – um **Grundstücke** und **Betriebsräume** zu **betreten** und zu **besichtigen.** Die Augenscheineinnahme ist dabei auf die Erforschung bestimmter Besteuerungsgrundlagen ausgerichtet.
Eine Augenscheineinnahme kann aber auch der Feststellung dienen, ob der Steuerpflichtige tatsächlich keinen geeigneten Raum oder Arbeitsplatz für den Prüfer zur Verfügung stellen kann.

c) Hinzuziehung von Sachverständigen

Bei einer Augenscheineinnahme hat der Steuerpflichtige auch einen vom Prüfer nach § 98 Abs. 2 AO **hinzugezogenen Sachverständigen** zu akzeptieren.
Als Beweismittel muß die Augenscheineinnahme auf einen **bestimmten** Gegenstand, dessen Vorhandensein konkret vermutet wird, gerichtet sein. Sie darf also nicht dazu genutzt werden, unbekannte Gegenstände zu erforschen. Bei zufälliger Entdeckung darf die Finanzbehörde dennoch ihre gewonnenen Erkenntnisse verwerten.

d) „Aktenkundigmachen“ der Ergebnisse einer Augenscheineinnahme

Die Ergebnisse einer Augenscheineinnahme sind nach § 98 Abs. 1 AO **aktenkundig** zu machen und im Prüfungsbericht zu dokumentieren.

e) Einspruch gegen die Anordnung einer Augenscheineinnahme

Gegen den Verwaltungsakt der Anordnung einer Augenscheineinnahme ist als Rechtsbehelf der Einspruch nach § 347 Abs. 1 Satz 1 Nr. 1 AO statthaft.

4. Zeitliche Begrenzung der Betriebsbesichtigung und der sonstigen Augenscheineinnahme

a) Die übliche Geschäfts- oder Arbeitszeit

Nach § 200 Abs. 3 Satz 1 AO hat die Prüfung während der **üblichen Geschäfts-** oder **Arbeitszeit** des Steuerpflichtigen stattzufinden. Unter **üblicher** Geschäfts- oder Arbeitszeit ist sowohl die **branchenübliche** zu verstehen, als auch die **speziell** für den Betrieb des Steuerpflichtigen **übliche** Zeit.
Das Gesetz geht bei seiner Zeitbestimmung vorrangig von der üblichen Zeit des **konkreten** Unternehmens aus. Dabei bietet sich dem Prüfer eine Wahlmöglichkeit zwischen Geschäfts- oder Arbeitszeit. Diese Zeiten werden oftmals nicht übereinstimmen. Der Steuerpflichtige hat die Pflicht, den Prüfer zu diesen Zeiten nicht nur zu dulden, sondern sogar seinen **Mitwirkungspflichten** nachzukommen.
Ist der Prüfer der Auffassung, daß eine Betriebsbesichtigung z.B. während der Nachtschicht seinem Prüfungszweck dient, so muß er dieses dem Steuerpflichtigen rechtzeitig bekanntgeben. Dieser hat dann die Pflicht, der Aufforderung nachzukommen. Er kann den Prüfer selbst bei der Besichtigung begleiten oder kann einen Mitarbeiter damit beauftragen. Möchte der Prüfer zu nächtlichen Zeiten auch die Büroräume sehen, in denen zu der Zeit nicht mehr gearbeitet wird, so hat der Steuerpflichtige das Recht, dieses zu verweigern und sich auf die dort übliche Geschäfts- oder Arbeitszeit zu berufen.

b) Buchhaltungsräume – Produktionsräume

Bei den **üblichen** Geschäfts- oder Arbeitszeiten muß der Prüfer, je nach Prüfungszweck, zwischen den Arbeitszeiten in den **Buchhaltungsräumen** und denen in den **Produktionsräumen** differenzieren.

c) Gleitende Arbeitszeiten

Bei **gleitenden** Arbeitszeiten hat der Steuerpflichtige die Prüfung während der **Gesamtzeit** und nicht nur während der **Stammzeit** zu dulden. Dabei hat er auch seinen Mitwirkungspflichten während der gesamten Zeit nachzukommen, um so eine reibungslose Prüfung zu ermöglichen.

d) Arbeitszeiten der Finanzbehörde

Hat der Steuerpflichtige selbst keinen bestimmten Zeitplan für seine Tätigkeiten, also **keine üblichen** Geschäfts- oder Arbeitszeiten, so kann sich der Prüfer an die **Arbeitszeiten** der **Finanzbehörde** halten. Dieses wird bei Freiberuflern hin und wieder der Fall sein. Das gleiche gilt bei Betrieben, bei denen sich die üblichen Geschäfts- oder Arbeitszeiten überwiegend auf Wochenenden und Feiertage beschränken. Sind während der Prüfung Betriebsurlaub oder Ruhetage vorgesehen, so hat der Prüfer diese Zeiten zu beachten. Regelmäßig werden solche Zeiten schon rechtzeitig zuvor bekannt sein, damit bei Anordnung der Prüfung der Prüfungsbeginn darauf abgestellt werden kann.[68]

[68] **Schick,** in: Hübschmann / Hepp / Spitaler, AO / FGO, § 200 AO, Anm. 410 ff..

§ 12 Mitwirkungspflichten des Steuerpflichtigen

I. Die überwiegend aktiven Mitwirkungspflichten

Der Steuerpflichtige hat im Interesse eines reibungslosen Ablaufs der Prüfung nach § 200 Abs. 1 Satz 1 AO bei der Feststellung der steuerlich relevanten[1] Sachverhalte **mitzuwirken**[2]. Diese Mitwirkungspflicht, die sich mehr als ein **aktives Tun,** weniger als ein passives Dulden darstellt, ergibt sich bereits aus § 90 AO[3] und § 93 AO[4].
Ihr **gesetzgeberisches Motiv** findet die Mitwirkungspflicht[5] in der Erkenntnis, daß der Steuerpflichtige im allgemeinen am ehesten in der Lage ist, zur Aufklärung der steuerrelevanten Sachverhalte beizutragen.[6]

II. Die Konkretisierung der Mitwirkungspflichten

§ 200 Abs. 1 Satz 2 AO[7] **konkretisiert** diese Mitwirkungspflichten der §§ 200 Abs. 1 Satz 1, 90, 93 AO speziell für Zwecke der Außenprüfung.
Die Mitwirkungspflichten richten sich speziell nach dem konkret zu prüfenden Einzelfall und dem in concreto pflichtgemäßen Ermessen des Prüfers. Der Steuerpflichtige kann sich bei der Wahrnehmung seiner Mitwirkungspflichten auch vertreten lassen.
Der Steuerpflichtige hat nach § 200 Abs. 1 Satz 2 AO insbesondere **Auskünfte** zu erteilen, Aufzeichnungen, Bücher, Geschäftspapiere und andere **Urkunden** zur Einsicht und Prüfung vorzulegen, die zum Verständnis der Aufzeichnungen erforderlichen **Erläuterungen** zu geben und die Finanzbehörde bei Ausübung ihrer Befugnisse nach § 147 Abs. 6 AO, nämlich beim **Datenzugriff**, zu unterstützen. Durch das Wort **„insbesondere"** in § 200 Abs. 1 Satz 2 AO wird verdeutlicht, daß die expressis verbis aufgeführten Pflichten den **Schwerpunkt** der Mitwirkungspflichten des Steuerpflichtigen darstellen.

III. Die Vorlage von (Geschäfts-) Urkunden

1. Subsidiarität zur Auskunft

Nach § 97 Abs. 1 Satz 1 AO kann die Finanzbehörde von dem Steuerpflichtigen als dem Beteiligten, aber auch von anderen Personen die Vorlage von Büchern, Aufzeichnungen, Geschäftspapieren und anderen Urkunden zur Einsicht und Prüfung verlangen. Nach § 97 Abs. 2 Satz 1 AO hat der Steuerpflichtige diesem Verlangen erst dann nachzukommen, wenn

---

[1] Vgl. dazu BFH, Beschluß vom 13.2.1968 – Gr. S. 5 / 67 – BStBl. 1968 II, 365.

[2] **Wenzig,** Die Prüfungshandlungen, StBp 1981, 73 ff.; hinsichtlich der wesentlichen Rechte und Mitwirkungspflichten bei der Außenprüfung s. BdF, Schreiben vom 13.3.1989, StEK AO 1977, § 196 Nr. 6. Vgl. auch **Köhnemann / Wendt / Schirmbeck,** Betriebsprüfung in der Praxis, 2. Aufl., 1990, RdNrn. 321 – 438; ferner § 8 BpO 2000. Bestätigend auch BMF, Schreiben betr. Hinweise auf die wesentlichen Rechte und Mitwirkungspflichten des Steuerpflichtigen bei der Außenprüfung (§ 5 Abs. 2 Satz 2 BpO) vom 20.7.2001 – IV D 2 – S 0403 – 3 / 01 – BStBl. 2001 I, S. 502, Abschn. 3; **Tipke,** in: Tipke / Kruse, AO / FGO, § 200 AO.

[3] Zur Problematik der Mitwirkung bei Auslandssachverhalten s. § 90 Abs. 2 AO, zur Problematik der Mitwirkung bei der Lohnsteuer-Außenprüfung s. OFD Frankfurt vom 6.5.1977, StEK AO 1977, § 193 R. 1; ferner **Mösbauer,** Zum Umfang der Mitwirkungspflicht des Arbeitgebers bei der Lohnsteuer-Außenprüfung, DB 1998, S. 1303 ff..

[4] In diesem Zusammenhang **Mösbauer,** Rechte und Pflichten des Steuerpflichtigen bei der Durchführung der Besteuerung, StB 1984, S. 65; **Mösbauer,** Zum Umfang der Mitwirkungspflichten der Beteiligten und anderer Personen im Besteuerungsverfahren, DB 1985, S. 410.

[5] Vgl. auch FG Nürnberg, Urteil vom 13.6.1989 – I 259 / 88 – EFG 1989, 609.

[6] So auch **Mösbauer,** in: Koch / Scholtz, 5. Aufl., 1996, § 200 AO, Rz. 2.

[7] ... anzuwenden ab 1.1.2002 (Art. 97 § 19 b EGAO.

der Vorlagepflichtige die Auskünfte nicht oder nur unzureichend erteilt hat, oder wenn Bedenken gegen ihre Richtigkeit bestehen.

2. Keine Subsidiarität zur Auskunft

Auch bei der Außenprüfung hat der Steuerpflichtige nach § 200 Abs. 1 Satz 2 AO eine **Vorlagepflicht.**
Der Steuerpflichtige muß allerdings die geforderten Unterlagen dem Prüfer ohne Rücksicht darauf vorlegen, ob die Voraussetzungen des § 97 Abs. 2 Satz 1 AO gegeben sind. Darauf verweist § 200 Abs. 1 Satz 4 AO sogar ausdrücklich. Nach ihm ist die Anwendung des § 97 Abs. 2 AO ausgeschlossen.
Die Mitwirkungspflichten des Steuerpflichtigen nach § 200 Abs. 1 Satz 2 AO sind somit umfangreicher als die der allgemeinen Vorschrift des § 97 AO.[8]

IV. Vorlage von Aufzeichnungen, Büchern, Geschäftspapieren und anderen Urkunden

1. Vorlagepflicht

a) Geschäftsunterlagen

aa) Eigentliche Geschäftsunterlagen

Nach § 200 Abs. 1 Satz 2 AO hat der Steuerpflichtige Aufzeichnungen, Bücher[9], Geschäftspapiere und andere Urkunden zur Einsicht und Prüfung vorzulegen. Es müssen aber nur die Geschäftsunterlagen vorgelegt werden, deren Inhalt für die zu prüfenden Steuerfälle von Bedeutung ist.[10] Das sind nicht nur die **gesetzlich[11] vorgeschriebenen** Aufzeichnungen, sondern auch die **freiwilligen** Aufzeichnungen, soweit sie steuerlich relevant sind.[12]

---

[8] Vgl. dazu auch **Mösbauer,** Zum Umfang der Mitwirkungspflicht des Arbeitgebers bei der Lohnsteuer-Außenprüfung, DB 1998, S. 1303 ff..

[9] Vgl. in diesem Zusammenhang **Mösbauer,** Derivative und originäre steuerliche Buchführungs- und Aufzeichnungspflichten gewerblicher Unternehmer, DStZ 1996, S. 722 ff.; **Mösbauer,** Zur steuerlichen Buchführungspflicht gewerblicher Unternehmer nach § 140 AO, DB 1996, S. 2582 ff.; **Mösbauer,** Beginn, Ende und Übergang der steuerlichen Buchführungspflichten gewerblicher Unternehmer, DStZ 1997, S. 201 ff.; **Mösbauer,** Die Anforderungen an die Beschaffenheit einer steuerlichen Buchführung nach § 145 Abs. 1 AO, DB 1999, S. 1876 ff.; **Mösbauer,** Die an die Buchführung und die sonst erforderlichen Aufzeichnungen zu stellenden formellen Anforderungen, DB 2002, S. 498 ff.; **Mösbauer,** Der – erweiterte – Zugriff der Außenprüfung auf die elektronischen Datenverarbeitungssysteme des zu prüfenden Unternehmens, in: Schröder / Muus (Hrsg.), Handbuch der steuerlichen Betriebsprüfung 2002, Liefg. 1 / 02 (April 2002), Kz. 3575 (S. 1 – 10).

[10] Vgl. dazu FG Rheinland – Pfalz, Urteil vom 25.4.1988 – 5 K 351 / 87 – EFG 1988, 502.

[11] Soweit die durch § 22 UStG vorgeschriebenen Aufzeichnungen in Frage stehen, wird der Prüfer die ordnungsmäßige Buchung der Geschäftsvorfälle anhand folgender Überlegungen überprüfen: (a) aus welchen Erfolgskonten der Finanzbuchhaltung erfolgt die Umsatzermittlung? (b) erfolgen Buchungen steuerbarer Umsätze auch auf Kosten- oder Bestandskonten? (c) erfolgen Buchungen netto oder brutto und wird nachträglich die Umsatzsteuer oder Vorsteuer herausgerechnet? (d) sind die Umsatzsteuer-Schlüsselzahlen der Finanzbuchhaltung zulässig? (e) sind die Automatikkonten der Finanzbuchhaltung zulässig? (f) ist das EDV-Programm hinsichtlich der Verwendung von Vorsteuer-Schlüsseln korrekt? (g) werden die Umsatzsteuer- und Vorsteuerbeträge kontenmäßig korrekt erfaßt? und (h) ist der Einzelnachweis für Umsatzsteuer-Sammelbuchungen korrekt?

[12] Vgl. dazu BFH, Urteil vom 13.2.1968 – Gr. S. 5 / 67 – BStBl. 1968 II, 365; BFH, Urteil vom 17.11.1981 – VIII R 174 / 77 – BStBl. 1982 II, 430; BVerfG, Beschluß vom 24.7.1984 – I BvR 934 / 84 – StRK AO 1977, § 200 R. 2.

Charakteristisch ist regelmäßig für die vorzulegenden Belege, daß sie **aufbewahrungspflichtig** sind.
Privatkonten werden von der Vorlagepflicht nicht erfaßt.
Der **Steuerpflichtige** hat also nach § 200 Abs. 1 Sätze 1 und 2 Alt. 2 AO im Rahmen seiner Mitwirkungspflichten bei der Feststellung der steuerrelevanten Sachverhalte Aufzeichnungen, Bücher, Geschäftspapiere und andere Urkunden zur Einsicht und Prüfung vorzulegen.[13]
Anders als nach § 97 Abs. 2 Satz 1 AO kann der Außenprüfer aber nach § 200 Abs. 1 Satz 4 AO die Vorlage von Aufzeichnungen, Büchern, Geschäftspapieren und anderen Urkunden auch schon dann verlangen, wenn der Vorlagepflichtige eine Auskunft noch nicht erteilt hat. Dies hat seinen Grund darin, daß die Außenprüfung vornehmlich eine sog. Buchprüfung[14] ist.
Urkunden i.S. des § 200 Abs. 1 Satz 2 AO sind alle schriftlichen oder in der Form von Wiedergaben auf Bild- oder anderen Datenträgern verkörperten Gedankenerklärungen. Daher umfaßt der Begriff Urkunde in concreto über die einzeln aufgezählten Urkunden „Aufzeichnungen“, „Bücher“ und „Geschäftspapiere“ hinaus, z.B. auch Korrespondenzen, Personalakten sowie Vorstands- und Aufsichtsratsprotokolle. Ihre Vorlage kann der Außenprüfer aber nur dann verlangen, wenn sie für die Besteuerung von Bedeutung sein können. Der Außenprüfer würde daher ermessensfehlerhaft handeln, wenn er en bloc auch solche Urkunden anfordern würde, von denen er annehmen muß, daß sie nicht besteuerungsrelevant sind.[15]
Zwar sind auch Kopien von Urkunden als Urkunden zu qualifizieren. Gleichwohl ist der Steuerpflichtige nicht verpflichtet, dem Außenprüfer unentgeltlich Kopien der vorzulegenden Urkunden anzufertigen oder gar zu überlassen.
Soweit erforderlich, ist der Steuerpflichtige nach § 200 Abs. 1 Satz 2 zweiter Halbs. AO ferner verpflichtet, die zum Verständnis der Aufzeichnungen erforderlichen Erläuterungen zu geben. Der Begriff der **Aufzeichnungen** kann nach dem Sinn und Zweck der Mitwirkungspflichten nur in einem auch Bücher, Geschäftspapiere und andere Urkunden umfassenden Sinn verstanden werden, sodaß ein Rückgriff auf die allgemeine Mitwirkungspflicht nach § 200 Abs. 1 Satz 1 AO entbehrlich wird. Seit 1.1.2002 hat er ferner die Finanzbehörde bei Ausübung ihrer Befugnisse nach § 147 Abs. 6 AO zu unterstützen.
§ 200 Abs. 2 Satz 1 AO verpflichtet den Steuerpflichtigen weiter, die Aufzeichnungen, Bücher, Geschäftspapiere und anderen Urkunden des § 200 Abs. 1 Satz 2 AO in seinen **Geschäftsräumen** vorzulegen. Ist ein zur Durchführung der Außenprüfung geeigneter Geschäftsraum nicht vorhanden, so sind die Urkunden in den **Wohnräumen** des Steuerpflichtigen oder an **Amtsstelle** vorzulegen. In jedem Fall hat der Steuerpflichtige einen zur Durchführung der Außenprüfung geeigneten Raum oder Arbeitsplatz sowie die erforderlichen Hilfsmittel, wie z.B. Tisch, Stuhl und Lampe, unentgeltlich zur Verfügung zu stellen (§ 200 Abs. 2 Satz 2 AO). Vorzulegen sind somit all jene Urkunden, die für die Besteuerung beweiserhebliche Dokumente darstellen. Danach kommen regelmäßig folgende Urkunden in Betracht:
a) Bilanzen (ungekürzt),

---

[13] Vgl. in diesem Zusammenhang **Mösbauer,** Grenzen der Buchführungs- und Abschlußpflicht bestimmter Steuerpflichtiger nach § 141 AO, DB 1995, S. 397 ff.; **Mösbauer,** Die an die Buchführung und die sonst erforderlichen Aufzeichnungen zu stellenden formellen Anforderungen, DB 2002, S. 498 ff.; **Mösbauer,** Der – erweiterte – Zugriff der Außenprüfung auf die elektronischen Datenverarbeitungssysteme des zu prüfenden Unternehmens, in: Schröder / Muus (Hrsg.), Handbuch der steuerlichen Betriebsprüfung 2002, Liefg. 1 / 02 (April 2002), Kz. 3575 (S. 1 – 10).
[14] Diese Qualifikation als Buchprüfung beschränkt die Außenprüfung aber nicht lediglich auf eine sog. „Feststellung der Ordnungsmäßigkeit“ von Belegen, sondern umfaßt auch die Erfassung von Auffälligkeiten, wie z.B. unvollständige Rechnungen, Barzahlungen hoher Beträge und sonstiger im Wirtschaftsverkehr unüblicher und ungewöhnlicher Vorgänge.
[15] Vgl. dazu BFH, Beschluß vom 13.2.1968 – Gr. S. 5 / 67 – BStBl. 1968 II, 365 ff.; BFH, Urteil vom 27.5.1968 – VII 243 / 63 – BStBl. 1968 II, 592 ff..

b) Gewinn- und Verlustrechnungen,
c) Hauptabschlußübersichten,
d) Handelsbücher (Journale, Sach- und Personenkonten, Nebenbücher, Geheimbuchhaltung),
e) Unterlagen aus der Betriebsbuchhaltung,
f) Buchungsbelege,
g) Verträge z.B. über Grundstücksan- oder -verkäufe, Mieten, Pachten, Kredite oder Leasingverträge,
h) Korrespondenz,
i) Teile der Berichte über externe und interne Revisionen, die für die Besteuerung bedeutsam sind,
j) Dokumentationen der EDV-Buchführung über den Aufbau und Ablauf des betreffenden Verfahrens,
k) Inventarverzeichnis oder Anlagenkartei,
l) Inventuranweisungen für das Personal und die Inventuren (Ur- und Reinschrift),
m) Unterlagen über die Bewertung des Umlaufvermögens, sofern nicht in der Inventur enthalten,
n) Vorgänge über nennenswerte Forderungsabschreibungen,
o) Debitoren- und Kreditorenlisten zu den Bilanzstichtagen[16],
p) Gerichtsurteile,
q) Unterlagen, die den Prüfungsablauf erleichtern können, auch wenn sie nur unmittelbare Schlüsse auf die steuerliche Behandlung geben, wie z.B. Organisationspläne und interne Arbeitsanweisungen.

Der Steuerpflichtige hat nach § 87 Abs. 2 Satz 1 AO von fremdsprachigen Urkunden auf Verlangen des Prüfers unverzüglich eine Übersetzung vorzulegen.

bb) Private Unterlagen

Steht bei rein **privaten** Unterlagen zur Gewißheit fest, daß sie keine steuerlich relevanten Tatsachen beinhalten, so sind sie von der Vorlagepflicht ausgenommen. Erfahrungsgemäß kann aber davon ausgegangen werden, daß alle Unterlagen, die sich in den Geschäftsräumen des Steuerpflichtigen befinden, regelmäßig auch betrieblichen Charakter haben.

cc) Statistisches Material

[16] Nach § 240 Abs. 2 HGB muß ein Kaufmann (nach § 17 Abs. 2 GenG auch eine eingetragene Genossenschaft; ferner nach § 28 Abs. 4 SpKO eine Sparkasse) zu den Bilanzstichtagen Listen über Forderungen und Schulden erstellen. Dazu gehören sog. Saldenlisten mit Personenübersichten. Diese Listen sind Bilanzurkunden, deren Vorlage die Finanzbehörden nach § 97 Abs. 1 Satz 1 AO zur Einsicht und Prüfung verlangen können. Im Rahmen einer Außenprüfung ist der Steuerpflichtige nach § 200 Abs. 2 AO verpflichtet, in Erfüllung seiner Mitwirkungspflichten, die vom Außenprüfer verlangten Bilanzunterlagen zur Prüfung vorzulegen. Diese Verpflichtung obliegt nach Auffassung der Finanzbehörden auch den zu prüfenden Kreditinstituten. Danach haben sie, mit den Bilanzunterlagen, die namentlichen Gläubigersaldenlisten (und mit ihnen die Einlegerlisten) vorzulegen – entgegen der Rechtsauffassung des Bundesverbandes der Deutschen Volksbanken und Raiffeisenbanken (BVR). Er hält das Verlangen der Finanzbehörden zur Vorlage der Bestandslisten für Spareinlagen, Termineinlagen und sonstigen Einlagen mit Angabe der Namen der Sparer für rechtlich (§ 30 a AO) unzulässig.
Dem kann so nicht zugestimmt werden. Der Rechtsauffassung des BVR ist lediglich insoweit beizutreten, als Außenprüfungen bei Kreditinstituten nicht den Zweck verfolgen dürfen, die steuerlichen Verhältnisse dritter Personen, nämlich der Bankkunden, zu ermitteln. Demgemäß muß es regelmäßig auch unzulässig sein, daß Außenprüfer Kontrollmitteilungen über die eingesehenen namentlichen Saldenlisten erstellen. Solche dürften, wenn überhaupt, nur in jenen seltenen atypischen Fällen zulässig sein, die den konkreten Tatverdacht einer Steuerverkürzung begründen.

Nach § 12 Abs. 1 Gesetz über die Statistik für Bundeszwecke brauchen Unterlagen, die als **statistisches** Material von amtlichen Stellen für deren Zweck angefordert wurden, dem Prüfer nicht vorgelegt zu werden.

dd) Auskunftsverweigerungsrecht

Ferner kann der Steuerpflichtige die Vorlage von Unterlagen verweigern, für die der Steuerpflichtige nach § 102 AO ein **Auskunftsverweigerungsrecht** hat.[17]

b) Aufsichtsrats- und Vorstandsprotokolle

Nach zutreffender Auffassung des BFH[18] steht es im pflichtgemäßen Entschließungs- und Auswahlermessen der Finanzbehörde, ob und in welchem Umfang sie die Vorlage der Aufsichtsrats- und Vorstandsprotokolle verlangt. Das Ermessen orientiert sich dabei an dem konkreten Einzelfall.
Der Steuerpflichtige braucht diese Unterlagen grundsätzlich nicht vorzulegen, wenn er **glaubhaft** machen kann, daß sie **nicht steuerrelevant** sind. Zweifelt der Prüfer jedoch an der Richtigkeit dieser Glaubhaftmachung, so hat der Steuerpflichtige zu dulden, daß sich der Prüfer von dem Inhalt der Protokolle Kenntnis verschafft. Dies geschieht regelmäßig durch Einsicht in die Tagesordnungspunkte.
Reicht diese Einsicht für einen Rückschluß auf die steuerliche Relevanz nicht aus, so hat der Steuerpflichtige dem Prüfer unmittelbare Einsicht in die Aufsichtsrats- und Vorstandsprotokolle zu gewähren.
Eine Vorlage der Protokolle en bloc kommt aber gleichwohl nicht in Betracht.

2. Vorlageverlangen

a) Umfang

Das Vorlageverlangen wird durch die Grenzen des Mitwirkungsverlangens determiniert.[19] Das Gebot der Verhältnismäßigkeit der Mittel zum Zweck ist zu beachten.

b) Vorlagepflicht

Der Begriff „vorlegen" in § 200 Abs. 1 Satz 2 AO verdeutlicht, daß der Prüfer **nicht** das Recht hat, sich den **Zugriff** für die prüfungsrelevanten Unterlagen **selbst** zu verschaffen. Ebensowenig kommt eine Durchsuchung im Außenprüfungsverfahren in Betracht.

c) Vorlagerecht

Durch die gesetzliche Vorlagepflicht begründet sich das **Recht** des Steuerpflichtigen oder seines Beauftragten, dem Prüfer **selbst** die notwendigen Unterlagen **vorzulegen.** Der **Zugriff** kann dem Prüfer vom Steuerpflichtigen jedoch **freiwillig gestattet** werden.

d) Vorlageort

---

[17] Vgl. in diesem Zusammenhang das Auskunftsverweigerungsrecht des Arztes hinsichtlich der Patientenkartei.

[18] BFH, Urteil vom 13.2.1968 – Gr. S. 5 / 67 – BStBl. 1968 II, 365.

[19] Vgl. dazu FG Rheinland – Pfalz, Urteil vom 25.4.1988 – 5 K 351 / 87 – EFG 1988, 502; BFH, Urteil vom 13.2.1968 – Gr. S. 5 / 67 – BStBl. 1968 II, 365. Zu Aufklärungsanordnungen während einer Außenprüfung als selbständig anfechtbare Verwaltungsakte vgl. BFH, Urteil vom 10.11.1998 – VIII R 3 / 98 – DStZ 1999, 383.

Da die Unterlagen zur Prüfung vorgelegt werden sollen, hat der Steuerpflichtige diesem Verlangen regelmäßig am **Prüfungsort** (Geschäftsräume[20]; Wohnräume[21]; Amtsstelle; anderer Ort[22]; Büro des Steuerberaters[23]) nachzukommen. Werden die erforderlichen Unterlagen an einem anderen Ort als dem Prüfungsort aufbewahrt, so hat sie der Steuerpflichtige an den Arbeitsplatz des Prüfers zu schaffen.

e) Vorlagezeitraum

Die Unterlagen sind dem Prüfer für einen **hinreichenden Zeitraum** zur Einsichtnahme und Prüfung bereitzuhalten.

f) Entfernung der Urkunden vom Prüfungsort

Die **Entfernung** der Urkunden vom Prüfungsort, und damit die vorübergehende Aufgabe des Gewahrsams, kann nur mit Wissen und Wollen des Steuerpflichtigen erfolgen. Stimmt der Steuerpflichtige einer solchen Entfernung zu, so hat er das Recht auf eine **Empfangsbestätigung.**

g) Keine prüfungsspezifische Aufbereitung der Urkunden

Der Steuerpflichtige hat die Unterlagen nicht speziell für die Prüfung aufzubereiten. Ein solches Verlangen wäre für ihn nicht zumutbar. Der Steuerpflichtige muß aber dem Verlangen des Prüfers nach Auswahl bestimmter Unterlagen nachkommen. Dieses Verlangen darf nur nicht mit unzumutbaren Aufwendungen für den Steuerpflichtigen verbunden sein.
Urkunden, die auf Datenträgern gespeichert sind, hat der Steuerpflichtige jedoch erforderlichenfalls **lesbar** zu machen.[24]

3. Die zum Verständnis erforderlichen Erläuterungen

Die Geschäftsunterlagen sind nicht nur zur Einsicht und Prüfung vorzulegen, sondern es sind auch die zum Verständnis dieser Unterlagen erforderlichen Erläuterungen zu geben. § 200 Abs. 1 Satz 2 AO stellt dabei hinsichtlich der Erforderlichkeit auf den Prüfungszweck ab.
Sind die Unterlagen **ohne** nähere Erläuterungen verständlich, so kann der Steuerpflichtige vom Sachverstand des Prüfers ausgehen. Für diesen Fall besteht dann keine Erläuterungspflicht. Soweit Erläuterungen erforderlich sind[25], können diese mündlich oder schriftlich gegeben werden, da in § 200 AO für sie keine bestimmte Form vorgeschrieben ist.

---

[20] Vgl. dazu § 200 Abs. 2 Satz 1 Alt. 1 AO; BFH, Urteil vom 20.10.1988 – IV R 104 / 86 – BStBl. 1989 II, 180.
[21] Vgl. dazu § 200 Abs. 2 Satz 1 Alt. 2 AO; BVerfG, BVerfGE 32, 54.
[22] Vgl. dazu BFH, Beschluß vom 10.2.1987 – IV B 1 / 87 – BStBl. 1987 II, 360; FG Düsseldorf, Urteil vom 19.5.1988 – 8 K 25 / 88 AO – EFG 1988, 610.
[23] Vgl. dazu BFH, Beschluß vom 30.11.1988 – I B 73 / 88 – BStBl. 1989 II, 265; BFH, Urteil vom 24.2.1989 – III R 36 / 88 – BStBl. 1989 II, 445.
[24] So auch **Schick,** in: Hübschmann / Hepp / Spitaler, AO / FGO, § 200 AO, Anm. 215 ff..
[25] ... insbesondere im Rahmen computergestützter Buchführungssysteme. Siehe dazu **Mösbauer,** in: Koch / Scholtz, AO, 5. Aufl., 1996, § 200 AO, RdNr. 4.

V. Erteilung von Auskünften

1. Auskunftserteilung allgemein

a) Mitteilung von Wissen

Nach § 200 Abs. 1 Satz 2 AO hat der Steuerpflichtige Aufzeichnungen, Bücher, Geschäftspapiere und andere Urkunden zur Einsicht und Prüfung vorzulegen und, soweit es für ihr Verständnis erforderlich ist, auch zu erläutern. Seit 1.1.2002 hat der Steuerpflichtige auch die Finanzbehörde bei Ausübung ihrer Befugnisse nach § 147 Abs. 6 AO zu unterstützen.[26]

Darüber hinaus hat der Steuerpflichtige jede vom Prüfer erbetene, auch sachkundige prüfungsrelevante Auskunft zu erteilen. Nur so ist eine dem Zweck der Außenprüfung entsprechende, richtige und gerechte Sachverhaltsermittlung möglich.

Der **Steuerpflichtige** hat also nach § 200 Abs. 1 Sätze 1 und 2 Alt. 1 AO bei der Feststellung der Sachverhalte, die für die Besteuerung erheblich sein können, **mitzuwirken.** Sind der Steuerpflichtige oder die von ihm benannten oder noch zu benennenden Personen[27] nicht in der Lage, Auskünfte zu erteilen, oder sind die Auskünfte zur Klärung des Sachverhalts unzureichend oder versprechen Auskünfte des Steuerpflichtigen keinen Erfolg, so kann der Außenprüfer nach § 200 Abs. 1 Satz 3 AO i.V.m. § 8 Abs. 2 BpO 2000 auch **andere** Betriebsangehörige um Auskunft ersuchen.

Anders als im Besteuerungsverfahren (§ 93 Abs. 2 Satz 2 AO) braucht das Auskunftsersuchen im Außenprüfungsverfahren auf Verlangen des Auskunftspflichtigen aber nicht schriftlich zu ergehen (§ 200 Abs. 1 Satz 4 AO).

Auskunft ist nach allgemeinem Rechtsverständnis die **Äußerung von Wissen über Tatsachen,** nicht über Vermutungen, Werturteile oder Rechtsauffassungen.[28] Da nach § 200 Abs. 1 Satz 4 AO nur § 93 Abs. 2 Satz 2 AO nicht auch § 93 Abs. 3 Satz 1 AO nicht gelten sollte, sind die Auskünfte auch im Außenprüfungsverfahren wahrheitsgemäß nach bestem Wissen und Gewissen zu erteilen. Kann der Steuerpflichtige die ersuchte Auskunft nicht aus dem Gedächtnis geben, hat er die ihm zur Verfügung stehenden Aufzeichnungen, Bücher, Geschäftspapiere und anderen Urkunden einzusehen und, soweit erforderlich, Aufzeichnungen daraus zu entnehmen. Der Außenprüfer kann nach § 93 Abs. 4 Satz 2 AO sogar schriftliche Auskunft verlangen, wenn dies sachdienlich ist. Im übrigen ist die Form der Auskunft dem Mitwirkungspflichtigen grundsätzlich freigestellt (§ 93 Abs. 4 Satz 1 AO).

Da nach überwiegender Meinung eine Auskunftserteilung die physische und geistige Fähigkeit voraussetzt, die ersuchte Auskunft nach bestem Wissen und Gewissen zu erteilen, wird man regelmäßig auch Steuerpflichtige als auskunftsfähig anzusehen haben, die nicht gem. § 79 AO handlungsfähig sind, sofern sie nur geeignet sind, der steuerlichen Wahrheitsfindung zu dienen. Damit steht zugleich fest, daß die Auskunft zwar eine für das Verfahren erhebliche Handlung ist, aber keine Verfahrenshandlung i.S. des § 79 AO.

Eine Einschränkung dürfte hier gleichwohl zu machen sein, und zwar bei handlungsunfähigen Steuerpflichtigen. Bei ihnen kann auf den Schutz des § 79 AO nicht verzichtet werden. Sie müssen sich daher bei Auskünften in eigener Angelegenheit durch handlungsfähige Personen gesetzlich vertreten lassen.

---

[26] Vgl. in diesem Zusammenhang **Mösbauer,** in: Schröder / Muus, (Hrsg.), Handbuch der steuerlichen Betriebsprüfung, Lieferung 1 / 02 (April 2002), Kz. 3575 (Der – erweiterte – Zugriff der Außenprüfung auf die elektronischen Datenverarbeitungssysteme des zu prüfenden Unternehmens).

[27] Die Benennung von Auskunftspersonen durch den Steuerpflichtigen läßt die Auskunftspflicht des Steuerpflichtigen selbst nicht erlöschen.

[28] Vgl. dazu z.B. BGH, Urteil vom 17.12.1963 – VII 182 / 60 U – BStBl. 1964 III, 89.

b) Verantwortung für die Sachaufklärung

Nach § 88 Abs. 1 AO ermittelt die Finanzbehörde den Sachverhalt von Amts wegen. Danach trägt also grundsätzlich sie die **Verantwortung** für die **Sachaufklärung.** Bei der Wahrnehmung dieser Aufgaben kann sich die Finanzbehörde jedoch der **Mitwirkung der Beteiligten** bedienen. Dies geht aus § 90 Abs. 1 AO und § 200 Abs. 1 AO ganz klar hervor.

c) Aufklärungsinteresse – Vertrauensschutzinteresse

Stellt man den Grundsatz der Amtsermittlung auf der einen Seite bzw. das **Aufklärungsinteresse** und die Mitwirkungspflichten auf der anderen Seite bzw. das Interesse an der **schutzwürdigen Vertrauenssphäre** des Steuerpflichtigen gegenüber, so wird ein Spannungsfeld offenbar. Es ist durch eine Unsicherheit der Grenzen zwischen den Mitwirkungspflichten der Beteiligten und den Ermittlungsbefugnissen der Finanzverwaltung determiniert.

d) Gesetzliche Beschränkung der persönlichen Freiheit

Die Pflicht des Steuerpflichtigen, den Behörden über Angelegenheiten Auskunft zu erteilen, die ihn selbst betreffen, kann, als Beschränkung der **persönlichen Freiheit,** nur durch **Steuergesetz** auferlegt werden. § 90 Abs. 1 AO und § 200 Abs. 1 AO sind solche steuergesetzlichen Vorschriften.

e) Formfreiheit von Auskünften

Die vom Steuerpflichtigen oder von einer von ihm benannten Person erteilten Auskünfte können, mangels spezieller Formvorschrift, **schriftlich** oder auch nur **mündlich** erteilt werden. Schriftlichkeit empfiehlt sich insbesondere bei Auskünften über umfangreiches Zahlenmaterial.

f) Mündlichkeit des Auskunftersuchens

Nach § 200 Abs. 1 Satz 4 AO ist § 93 Abs. 2 Satz 2 AO bei der Außenprüfung nicht anzuwenden. Der Steuerpflichtige hat mithin **kein** Recht, das Auskunftsersuchen des Prüfers **schriftlich** zu verlangen. Er hat daher auch einem – nur – mündlichen Auskunftsersuchen zu entsprechen.

g) Beibringung notwendiger Unterlagen

Hat der Steuerpflichtige die zur Auskunftserteilung erforderlichen Tatsachen nicht vorliegen, ist er zur **Beibringung** der zur Sachaufklärung notwendigen Unterlagen verpflichtet. Nur sie ermöglicht eine korrekte, zweckmäßige und der Wahrheit entsprechende Auskunft und Prüfung.

h) Das Auskunftsverlangen

Das Auskunftsverlangen ist ein mit dem Einspruch (§ 347 Abs. 1 Satz 1 Nr. 1 AO) anfechtbarer **Verwaltungsakt.**

Kein Verwaltungsakt, sondern lediglich eine Vorbereitungshandlung zum Erlaß eines Verwaltungsaktes, ist hingegen das Verlangen nach Empfängerbenennung i.S.d. § 160 AO.[29]

2. Auskunftserteilung durch den Steuerpflichtigen

a) Originäre Auskunftspflicht

Nach § 200 Abs. 1 Satz 2 AO hat grundsätzlich der **Steuerpflichtige** – als primäre Auskunftsperson – dem Prüfer Auskünfte zu erteilen.
Ist der Steuerpflichtige selbst nicht handlungsfähig, besitzt er also nicht die Fähigkeit, Verfahrenshandlungen selbst wirksam vor- oder entgegenzunehmen, so hat ihn sein **Vertreter** in seinen Rechten und Pflichten zu vertreten.

b) Derivative Auskunftspflicht

Der Steuerpflichtige kann auch dritte **Personen** benennen[30], die dem Prüfer als Auskunftspersonen dienen. Dadurch wird er aber nicht von der Auskunftspflicht befreit. Der Prüfer kann in diesem Fall den Steuerpflichtigen **und** die beauftragte Person um Auskünfte ersuchen.[31]
Hat der Steuerpflichtige als Bevollmächtigten für die Erfüllung seiner Mitwirkungspflichten im Rahmen des § 200 AO z.B. einen **Steuerberater** bestellt, so soll sich der Außenprüfer nach § 80 Abs. 3 Satz 1 AO grundsätzlich an den Steuerberater halten. Er kann sich nach § 80 Abs. 3 Satz 2 AO aber **auch** an den **Steuerpflichtigen** selbst wenden; auch im Rahmen des § 200 AO. Die Auswahlentscheidung ist von dem Prüfer nach pflichtgemäßem Ermessen zu treffen. Die Vollmacht ist von dem Prüfer insoweit grundsätzlich zu beachten. Ergibt sich aber im Verlaufe der Außenprüfung, daß der Steuerberater nicht imstande ist, die erforderlichen Auskünfte zu erteilen, so ist es ermessensfehlerfrei, wenn der Prüfer, trotz Vollmacht, sich subsidiär an den Steuerpflichtigen wendet. Dies zeigt, daß bei bestehender Vollmacht die Inanspruchnahme des Steuerpflichtigen nur in Ausnahmefällen zulässig ist.
Die Finanzverwaltung artikuliert gegen diese Rechtslage Bedenken **tatsächlicher** Art. Sie gipfeln in der Befürchtung, der Steuerpflichtige könne so seine Auskünfte nach vorheriger rechtlicher Beratung an steuervermeidenden oder – mindernden Auswirkungen orientieren.
Die Finanzverwaltung artikuliert gegen diese Rechtslage aber auch Bedenken **zeitlicher** Art. Sie wiederum gipfeln in der Befürchtung, ein Auskunftsersuchen an den Berater könne möglicherweise zu zeitlichen Verzögerungen der Außenprüfung führen.
Weder die tatsächlichen, noch die zeitlichen Bedenken der Finanzverwaltung sind überzeugend. Es trifft zwar zu, daß § 200 Abs. 1 AO eine unmittelbare Mitwirkungspflicht des Steuerpflichtigen statuiert. Eine unmittelbare Mitwirkungspflicht ist aber keine „höchstpersönliche". Um diese Vertretung gleichwohl „zu entschärfen", gehen einzelne Außenprüfer, mit Billigung ihrer Oberfinanzdirektionen, zunehmend dazu über, sog. **„Fragen aus dem Wissensbereich"** des Steuerpflichtigen direkt an diesen zu richten. Motiv ist ausschließlich die Furcht der Finanzverwaltung, der Steuerpflichtige könnte seine Auskünfte durch den rechtlichen oder steuerlichen Berater formulieren lassen. Die Furcht ist durchaus begründet. Die Steuerpflichtigen haben hier ihre Chancen erkannt. Und Chancen weckten schon immer Begehrlichkeiten.

---

[29] So auch BFH, Urteil vom 12.9.1985 – VIII R 371 / 83 – BStBl. 1986 II, 537; BFH, Urteil vom 20.4.1988 – I R 67 / 84 – BStBl. 1988 II, 927.
[30] ... insbesondere bei dezentralisierter Aufgabenverteilung.
[31] Dazu vgl. auch § 8 Abs. 1 BpO 2000.

c) Aufklärungslast

Unaufgeklärte Sachverhalte gehen grundsätzlich zu **Lasten des Steuerpflichtigen.**
Werden dem Prüfer die erforderlichen Auskünfte nicht erteilt, so kann es, je nach den Umständen des konkreten Einzelfalls, zu einer **Schätzung** nach § 162 AO oder gar zur Anwendung von **Zwangsmitteln** i.S.d. § 328 AO kommen.[32]

d) Formfreie Auskunftsersuchen

Der Prüfer kann **formfreie Auskunftsersuchen** in eigener Zuständigkeit durchführen. Der Steuerpflichtige hat dabei das Recht auf eine **angemessene Zeit,** um dem Verlangen des Prüfers zu entsprechen.

e) Allgemeine Unterstützungspflicht

Zu den Mitwirkungspflichten gehört nicht nur die Vorlage von Unterlagen und Erteilung von Auskünften, sondern auch die **allgemeine Unterstützungspflicht.** Dies verlangt von dem Steuerpflichtigen, alles zu tun, um einen ordnungsgemäßen Ablauf der Prüfung zu ermöglichen.

f) Ende der spezifischen Mitwirkungspflicht

Die Mitwirkungspflicht des Steuerpflichtigen nach § 200 AO ist spezifisch prüfungsbezogen. Sie **endet** daher regelmäßig mit Abschluß der Außenprüfung. Dies ist regelmäßig der Zeitpunkt der **Zusendung des Prüfungsberichts.**[33]

g) Fortdauer der allgemeinen Mitwirkungspflicht

Die Pflichten der §§ 90 ff. AO bestehen aber regelmäßig auch noch nach Abschluß einer Außenprüfung weiter. Dies gilt selbst für das Rechtsbehelfs- und das Klageverfahren.
Das Finanzamt kann sich auch nach einer Außenprüfung im Rahmen einer nochmals erforderlichen Prüfung der Mitwirkung des Steuerpflichtigen versichern.
Einschränkungen können sich lediglich durch die Grenzen der **Zumutbarkeit,** z.B. aufgrund des Ablaufs von Aufbewahrungs- oder Festsetzungsfristen, ergeben.

3. Auskunftserteilung durch vom Steuerpflichtigen benannte Personen

a) Benennung von Auskunftspersonen

Nach § 200 Abs. 1 Satz 3 AO kann der Steuerpflichtige dem Prüfer auch **andere Personen** formlos als Auskunftspersonen **benennen.** Der Prüfer hat zu Beginn der Prüfung den Steuerpflichtigen nach Auskunftspersonen zu befragen. Diese sind mit Namen aktenkundig zu machen.[34]

---

[32] Vgl. in diesem Zusammenhang BFH, Urteil vom 15.2.1989 – X R 16 / 86 – DB 1990, 259 ff.; BFH, Urteil vom 20.9.1989 – X R 39 / 87 – DB 1990, 304 ff.. Vgl. dazu auch Richtsatz – Sammlung für das Kalenderjahr 1999 – Pauschbeträge für unentgeltliche Wertabgaben – BMF v. 31.5.2000 – IV D 6 – S 1544 – 1 / 00 – BStBl. 2000 I, 788; ferner **Becker,** Zwangsgelder in der Außenprüfung, StBp 2002, S. 317 ff..

[33] So auch BFH, Urteil vom 4.2.1988 – V R 57 / 83 – BStBl. 1988 II, 413.

[34] So auch § 8 Abs. 1 Satz 2 BpO 2000; BMF, Schreiben betr. Hinweise auf die wesentlichen Rechte und Mitwirkungspflichten des Steuerpflichtigen bei der Außenprüfung (§ 5 Abs. 2 Satz 2 BpO) vom 20.7.2001 – IV D 2 – S 0403 – 3 / 01 – BStBl. 2001 I, S. 502, Abschn. 2 Abs. 2.

Der Prüfer hat sich während der Außenprüfung **primär** an den Steuerpflichtigen und die von ihm benannten Auskunftspersonen zu halten.
Die Praxis erbringt den Nachweis, daß gelegentlich Personen ohne oder gar gegen ihren Willen als Auskunftspersonen benannt werden. Sie können sich von dem Status als Auskunftspersonen **entbinden** lassen.[35]

b) Mehrheit von Auskunftspersonen

Der Steuerpflichtige kann **eine** oder auch **mehrere** Auskunftspersonen für das **gesamte** Außenprüfungsverfahren oder auch nur für **Teil**komplexe, **während** oder **vor Beginn** der Prüfung, benennen.
Dabei empfiehlt es sich für den Steuerpflichtigen, kompetente, sachkundige Personen als Hilfspersonen zu benennen. Nur sie ermöglichen ein reibungsloses schnelles Prüfungsverfahren.[36] Als Auskunftspersonen kommen insbesondere **Betriebsangehörige,** wie der Leiter der Steuerabteilung oder der Leiter des Rechnungswesens, in Betracht.

c) Andere Personen als Auskunftspersonen

Sind der **Steuerpflichtige** oder die von ihm **benannten** Personen zur erfolgreichen und ausreichenden Auskunftserteilung nicht in der Lage[37], so hat der Prüfer dem Steuerpflichtigen rechtzeitig mitzuteilen, daß er **andere** Personen um Auskunft ersuchen möchte. Der Steuerpflichtige hat dann die Möglichkeit, andere Auskunftspersonen zu **benennen.** Macht der Steuerpflichtige von diesem Recht keinen Gebrauch und erhält der Prüfer von auskunftsberechtigten Personen nicht die erforderlichen Auskünfte, dann kann er sich an **andere** Personen wenden.

d) Recht auf Anwesenheit bei Befragung

Sofern es der Wahrheitsfindung nicht schadet, hat der Steuerpflichtige einen Rechtsanspruch, bei Befragungen **anwesend** zu sein.

4. Auskunftserteilung durch andere Betriebsangehörige

a) „Andere" Betriebsangehörige

Sind der Steuerpflichtige oder die von ihm benannten Personen nicht in der Lage, dem Prüfer die erforderlichen Auskünfte zu erteilen, oder sind die Auskünfte zur Klärung des Sachverhalts unzureichend oder versprechen Auskünfte des Steuerpflichtigen keinen Erfolg, so kann der Außenprüfer nach § 200 Abs. 1 Satz 3 AO auch **andere** – nicht benannte – **Betriebsangehörige** um Auskunft ersuchen.
„Andere" Betriebsangehörige i.S.d. § 200 Abs. 1 Satz 3 AO sind Angestellte und Arbeiter des Steuerpflichtigen, die **nicht ausdrücklich** von ihm als Auskunftspersonen **benannt** worden sind.[38]

b) Subsidiarität der Befragung „anderer"

---

[35] Vgl. dazu **Mösbauer,** in: Koch / Scholtz, AO, 5. Aufl., 1996, § 200 AO, Rz. 6.
[36] So auch **Tipke / Kruse,** AO / FGO, § 200 AO, Tz. 6.
[37] ... z.B. wegen Verhinderung durch Abwesenheit oder mangels erforderlicher Detailkenntnisse.
[38] S. dazu **Mösbauer,** in: Koch / Scholtz, AO, 5. Aufl., 1996, § 200 AO, Rz. 7.

Will ein Prüfer im Rahmen seiner Ermittlungsbefugnisse nach § 200 Abs. 1 Sätze 3 u. 4 AO Betriebsangehörige um Auskunft ersuchen, die nicht als Auskunftspersonen benannt worden sind, so soll er den Steuerpflichtigen rechtzeitig von seiner Absicht unterrichten, damit dieser gegebenenfalls andere Auskunftspersonen benennen kann.
Die Befragung „anderer" Betriebsangehöriger stellt nur eine **Ausnahme** dar. Entschließt sich der Prüfer trotzdem dazu, so sollte er sich direkt an Personen wenden, die voraussichtlich seine Fragen beantworten können.[39]

5. Auskunftserteilung durch sonstige dritte Personen

a) Die lex generalis des § 93 Abs. 1 Satz 3 AO

Nach der **lex generalis** des § 93 Abs. 1 Satz 3 AO sollen andere Personen als die Beteiligten erst dann zur Auskunft angehalten werden, wenn die Sachverhaltsaufklärung durch die Beteiligten nicht zum Ziele führt oder keinen Erfolg verspricht. Voraussetzung ist also, daß die Beteiligten nach § 200 Abs. 1 AO dem Auskunftsverlangen des Prüfers nicht hinreichend nachgekommen sind.

b) Auskunftspflicht der Beteiligten und anderer Personen

Hält also ein Prüfer nach § 93 Abs. 1 Satz 3 AO andere Personen als die Beteiligten zur Auskunft an, so muß er nach § 93 Abs. 2 Satz 1 AO in dem Auskunftsersuchen angeben, worüber Auskünfte erteilt werden sollen und ob die Auskunft für die Besteuerung des Auskunftspflichtigen oder für die Besteuerung anderer Personen angefordert wird.

c) Schriftlichkeit des Auskunftsersuchens

Da in concreto § 200 Abs. 1 Satz 4 AO nicht zur Anwendung kommt, kann die Auskunftsperson nach § 93 Abs. 2 Satz 2 AO verlangen, daß das **Auskunftsersuchen schriftlich** ergeht.
Nach § 93 Abs. 4 Satz 1 AO kann der Auskunftspflichtige die Auskünfte schriftlich, mündlich oder fernmündlich erteilen. Nach § 93 Abs. 4 Satz 2 AO kann die Finanzbehörde verlangen, daß der Auskunftspflichtige schriftlich Auskunft erteilt, wenn dies sachdienlich ist.

d) Auskunftserteilung durch den Steuerberater

aa) Der Steuerberater als sonstige dritte Person

Als sonstige dritte Person i.S.d. § 93 Abs. 1 Satz 3 AO kann z.B. der **Steuerberater** des Steuerpflichtigen in Betracht kommen.[40]

bb) Wahrung der Belange des Mandanten

Nach § 33 Satz 1 StBerG haben Steuerberater, Steuerbevollmächtigte und Steuerberatungsgesellschaften die Aufgabe, die Steuerpflichtigen, im Rahmen ihres Auftrages, in Steuersachen zu **beraten,** sie zu **vertreten** und ihnen bei der Bearbeitung ihrer Steuerangelegenheiten und bei der Erfüllung ihrer steuerlichen Pflichten **Hilfe zu leisten.**

---

[39] **Schick,** in: Hübschmann / Hepp / Spitaler, AO / FGO, § 200 AO, Anm. 145 ff..

[40] **Lohmeyer,** Die rechtliche Stellung des Steuerberaters im Besteuerungsverfahren und im Steuerstraf- bzw. Bußgeldverfahren, StB 1981, S. 213.

Dazu gehören nach § 33 Satz 2 StBerG auch die Hilfeleistungen in **Steuerstrafsachen**[41] und in **Bußgeldsachen**[42] wegen einer Steuerordnungswidrigkeit sowie die Hilfeleistung bei der Erfüllung von **Buchführungspflichten**[43], die auf Grund von Steuergesetzen bestehen, insbesondere die Aufstellung von **Steuerbilanzen** und deren steuerrechtliche Beurteilung. Somit hat der Steuerberater die Belange seines Mandanten zu wahren. Das Maß seiner Pflichten ist durch die dem Mandanten gegenüber übernommenen Verpflichtungen determiniert.

cc) Verfahrensmäßige Rechtsstellung und bürgerlich-rechtlicher Pflichtenkreis

Welche Verpflichtungen ein Steuerberater durch den Beratungsvertrag – ausdrücklich oder stillschweigend – übernommen hat, ist im Außenprüfungsverfahren ausdrücklich festzustellen. Nur so läßt sich die verfahrensmäßige Rechtsstellung des Steuerberaters klar abgrenzen und bestimmen. Die verfahrensmäßige Rechtsstellung ist regelmäßig ein Spiegelbild des bürgerlich-rechtlichen Pflichtenkreises des Steuerberaters gegenüber seinem Auftraggeber. Der Steuerberater hat im Außenprüfungsverfahren **keine** besondere Treuepflicht gegenüber dem Finanzamt. Er muß sich bei der Beratung des Mandanten lediglich an Gesetzgebung und Rechtsprechung halten.

dd) Der Steuerberater als bevollmächtigter Vertreter

---

[41] Vgl. in diesem Zusammenhang **Mösbauer,** Straffreiheit trotz Steuerhinterziehung, DStZ 1985, S. 325 ff.; **Mösbauer,** Grundprobleme des Steuerstraf- und Steuerordnungswidrigkeitenrechts, Teil I, Steuerstud 1985, S. 226 ff.; Teil II, Steuerstud 1985, S. 259 ff.; **Mösbauer,** Zur Strafbarkeit bei Steuerhinterziehung, DStZ 1985, S. 559; **Mösbauer,** Die Haftung im Steuerrecht bei Steuerhinterziehung und Steuerhehlerei, NWB 1985, Fach 13, S. 677 ff.; **Mösbauer,** Steuerfahndung im Rechtsstaat, DStZ 1986, S. 339 ff.; **Mösbauer,** Der Steuerberater als Steuerstrafverteidiger, INF 1988, S. 169 ff.; **Mösbauer,** Zur Ausschließung des Steuerberaters von der Strafverteidigung, INF 1988, S. 313 ff.; **Mösbauer,** Der Steuerberater als Steuerstrafverteidiger, INF 1988, S. 1 ff.; **Mösbauer,** Sperre für die strafbefreiende Selbstanzeige bei Steuerhinterziehung (wegen Erscheinens eines Amtsträgers der Finanzbehörde zur steuerlichen Prüfung - §§ 371 Abs. 1, 2 Nr. 1 Buchst. a Alt. 1, 193 ff.), NStZ 1989, S. 11 ff.; **Mösbauer,** Beschlagnahme zur Sicherstellung der Sachhaftung durch Zollfahndungsämter – eine Kompetenzanmaßung par excellence –, DStZ 1989, S. 380 ff.; **Mösbauer,** Steuerstraf- und Steuerordnungswidrigkeitenrecht (einschließlich Steuer- und Zollfahndung), 2. Aufl., 2000, §§ 1 – 22 (S. 1 ff.).

[42] Vgl. in diesem Zusammenhang **Mösbauer,** Grundprobleme des Steuerstraf- und Steuerordnungswidrigkeitenrechts, Teil I, Steuerstud 1985, S. 226 ff.; Teil III, Steuerstud 1985, S. 290 ff.; **Mösbauer,** Steuerstraf- und Steuerordnungswidrigkeitenrecht (einschließlich Steuer- und Zollfahndung), 2. Aufl., 2000, §§ 23 – 31 (S. 363 ff.); **Mösbauer,** Steuergefährdung durch Verletzung der Pflicht zur Kontenwahrheit nach § 154 I AO, NStZ 1990, S. 475 ff.; **Mösbauer,** Die Steuergefährdung nach § 379 AO, Wistra 1991, S. 41 ff..

[43] Vgl. z.B. nur **Mösbauer,** Rechte und Pflichten des Steuerpflichtigen bei der Durchführung der Besteuerung, StB 1984, S. 65 ff.; **Mösbauer,** Der Buchnachweis als gesetzliche Bedingung für die Umsatzsteuerfreiheit von Ausfuhrlieferungen, RIW 1984, S. 540 ff.; **Mösbauer,** Der Belegnachweis – ein Tatbestandsmerkmal der USt-Freiheit von Ausfuhrlieferungen, DStR 1984, S. 418 ff.; **Mösbauer,** Die Aufzeichnungspflichten des Unternehmers nach § 22 des Umsatzsteuergesetzes, BB 1984, S. 1928 ff.; **Mösbauer,** Zum Umfang der Mitwirkungspflichten der Beteiligten und anderer Personen im Besteuerungsverfahren, DB 1985, S. 410 ff.; **Mösbauer,** Steuergefährdung durch Verletzung der Pflicht zur Kontenwahrheit nach § 154 I AO, NStZ 1990, S. 475 ff.; **Mösbauer,** Grenzen der Buchführungs- und Abschlußpflicht bestimmter Steuerpflichtiger nach § 141 AO, DB 1995, S. 397 ff.; **Mösbauer,** Derivative und originäre steuerliche Buchführungs- und Aufzeichnungspflichten gewerblicher Unternehmer, DStZ 1996, S. 722 ff.; **Mösbauer,** Zur steuerlichen Buchführungspflicht gewerblicher Unternehmer nach § 140 AO, DB 1996, S. 2582 ff.; **Mösbauer,** Beginn, Ende und Übergang der steuerlichen Buchführungspflichten gewerblicher Unternehmer, DStZ 1997, S. 201 ff.; **Mösbauer,** Die Anforderungen an die Beschaffenheit einer steuerlichen Buchführung nach § 145 Abs. 1 AO, DB 1999, S. 1876 ff.; **Mösbauer,** Die an die Buchführung und die sonst erforderlichen Aufzeichnungen zu stellenden formellen Anforderungen, DB 2002, S. 498 ff.; **Mösbauer,** in: Schröder / Muus, (Hrsg.), Handbuch der steuerlichen Betriebsprüfung, Lieferung 1 / 02 (April 2002), Kz 3575 (Der – erweiterte – Zugriff der Außenprüfung auf die elektronischen Datenverarbeitungssysteme des zu prüfenden Unternehmens).

In der Praxis wird ein Steuerpflichtiger, nach Zugang der Prüfungsanordnung, mit seinem Steuerberater Kontakt aufnehmen und ihn zur Prüfung hinzuziehen. Sofern der Steuerberater bevollmächtigter **Vertreter** des Steuerpflichtigen ist, hat er die sehr umfangreichen gesetzlichen Auskunfts- und Mitwirkungspflichten des Steuerpflichtigen zu erfüllen.

ee) Der Steuerberater als Auskunftsperson

Der Steuerpflichtige kann den Steuerberater auch als **Auskunftsperson** für die Außenprüfung benennen. Als solche Hilfsperson hat er dann die vom Prüfer geforderten Auskünfte nur stellvertretend für den Steuerpflichtigen zu erteilen.
Der Prüfer hat sich in diesem Falle, trotz weiter bestehender Mitwirkungspflicht des Steuerpflichtigen, nach § 80 Abs. 3 Satz 1 AO primär an den Steuerberater als Bevollmächtigten nach § 80 Abs. 1 AO zu halten.

ff) Der Steuerberater als Beistand

Der Steuerberater kann vom Steuerpflichtigen auch als **Beistand** i.S.d. § 80 Abs. 4 Satz 1 AO benannt werden.
Bevollmächtigte und Beistände nach § 80 AO haben die gleichen Pflichten i.S.d. § 200 AO zu erfüllen, wie der Steuerpflichtige. Mit der gesetzlichen Regelung entspricht der Gesetzgeber den Belangen der steuerberatenden Berufe. Ziel des Gesetzgebers war es, den freiberuflichen steuerlichen Berater in einem möglichst weiten Umfang für den Beteiligten handeln zu lassen und den Beteiligten in einem möglichst geringen Umfang zum Handeln zu verpflichten.

gg) Der Steuerberater als dritte Person

Wird der Steuerberater nicht direkt vom Steuerpflichtigen als Auskunftsperson benannt, so hat er auch **keine** besonderen Pflichten gegenüber dem Finanzamt; auch dann nicht, wenn, was häufig der Fall ist, er die Zusammenhänge der zu prüfenden Unterlagen kennt.
Der Steuerberater kann in diesem Fall nur als **dritte Person** nach § 93 AO um Auskunft ersucht werden.[44]
Dabei hat der Steuerberater jedoch nach § 102 Abs. 1 Nr. 3 Buchst. b AO das Recht, über das, was ihm in seiner Eigenschaft als Berater anvertraut worden oder bekannt geworden ist, die Auskunft zu verweigern.

e) Auskunftserteilung durch Angehörige

aa) Angehörige als sog. dritte Personen

Erhält ein Prüfer auf sein Auskunftsverlangen hin weder vom Steuerpflichtigen noch von den von ihm benannten Personen die erforderlichen Auskünfte, so kann er auch **Angehörige** als sog. dritte Personen nach § 93 AO um Auskunft ersuchen.

bb) Angehörige als andere Betriebsangehörige

Arbeitet der Angehörige des Steuerpflichtigen in dessen Betrieb mit, so gilt er als **anderer Betriebsangehöriger.** Dabei ist jedoch zu berücksichtigen, daß Angehörige (§ 15 AO) eines Beteiligten ein **Auskunftsverweigerungsrecht** nach § 101 AO haben, sofern sie nicht selbst

---

[44] Vgl. in diesem Zusammenhang **Wenzig,** Die Auskunftsperson im Außenprüfungsverfahren, StuW 1983, S. 242, 346.

Beteiligte sind oder als Person nach §§ 34, 35 AO[45] der Auskunftspflicht für den Beteiligten nachzukommen haben.

cc) Die Personen der §§ 34, 35 AO

Die gesetzlichen Vertreter natürlicher (§ 34 Abs. 1 Satz 1 Alt. 1 AO) und juristischer (§ 34 Abs. 1 Satz 1 Alt. 2 AO) Personen, die Geschäftsführer von nicht rechtsfähigen Personenvereinigungen und Vermögensmassen (§ 34 Abs. 1 Satz 1 Alt. 3 AO) sowie die Vermögensverwalter (§ 34 Abs. 3 AO) und die Verfügungsberechtigten (§ 35 AO) haben nach §§ 34, 35 AO die Pflichten der Beteiligten. Ihnen haben sie als **eigenen steuerlichen Pflichten** nachzukommen. Somit haben sie nach § 93 Abs. 1 AO die gleichen Rechte und Pflichten wie ein Beteiligter.

6. Auskunftserteilung durch Banken

a) Die Banken als sog. Dritte

Kommen der Steuerpflichtige und seine Hilfspersonen dem Auskunftsverlangen des Prüfers nicht nach, so kann sich dieser an **Dritte** wenden. Zu diesen Dritten gehören auch die **Banken.**

b) Schutz von Bankkunden

Um aber das **Vertrauensverhältnis** zwischen den Kreditinstituten und ihren Kunden zu wahren, hat die Finanzverwaltung bereits am 2.8.1949 einen sogenannten **Bankenerlaß** erlassen. Das Schreiben des BdF vom 31.8.1979 über „Ermittlungen bei Kreditinstituten" ist an dessen Stelle getreten. Dieses Schreiben ist im Zuge der Steuerreform 1990 mit fast gleichem Wortlaut als neuer § 30 a in die AO übernommen worden.
Im Interesse der Wahrung des Gleichheitsgrundsatzes hat die Finanzbehörde die in § 30 a AO aufgeführten Anweisungen im Rahmen ihres Ermessens zu beachten.
Nach § 30 a AO sollte die Finanzverwaltung bei einer Außenprüfung daher davon absehen, die Vorlage privater Bankkonten und Sparbücher pauschal anzufordern.
§ 30 a AO ist aber verfassungskonform dergestalt einschränkend auszulegen, daß er der von Art. 3 Abs. 1 GG gebotenen gleichmäßigen Besteuerung nicht entgegensteht. § 30 a Abs. 3 AO hindert nicht die Fertigung und Auswertung von Kontrollmitteilungen, wenn hierfür ein „hinreichend begründeter Anlaß" besteht.[46]

c) Einzelauskunftsersuchen

Sollten sich jedoch Anhaltspunkte ergeben, die eine Überprüfung erforderlich erscheinen lassen, so ist der Prüfer nach § 88 AO zur Nachforschung verpflichtet. **Einzelauskunftsersuchen** sind nach § 93 AO und § 30 a AO zulässig, unabhängig davon, ob gerade in concreto eine Außenprüfung durchgeführt wird oder nicht.

d) Bankgeheimnis kein Berufsgeheimnis

[45] Zu diesem Personenkreis im einzelnen **Mösbauer,** Die Haftung für die Steuerschuld, 1990, § 5 II (S. 41 ff.); **Mösbauer,** Die Vertretungs- und Verfügungsmacht nach den §§ 34 und 35 AO als Tatbestandsmerkmal der Haftung nach § 69 AO, DB 1995, S. 1679 ff..

[46] Vgl. dazu auch BFH, Urteil vom 18.2.1997 – VIII R 33 / 95 – BStBl. 1997 II, 499; ergänzend AEAO (i.d.F. BMF – Schr. v. 14.2.2000 – BStBl. 2000 I, S. 190, ber. S.435) zu § 30 a AO.

Da das **Bankgeheimnis nicht** bei den **Berufsgeheimnissen** des § 102 AO aufgeführt ist, sind Kreditinstitute nicht berechtigt, nach § 102 AO gegenüber dem Prüfer die Auskunft zu verweigern. Es gelten nur die von der Finanzverwaltung selbst gesetzten Schranken des § 30 a AO.
Zu den Obliegenheiten des Betriebsprüfungsdienstes gehört auch die Prüfung der Kapitalertragsteuer nach §§ 43 ff. EStG. § 30 a AO steht den Prüfungsmaßnahmen nicht entgegen.
Die Prüfungsmaßnahmen erstrecken sich regelmäßig auch darauf, ob die nach § 154 Abs. 2 AO gebotene Legitimationsprüfung regelmäßig aktualisiert wurde.
Die Prüfung der Kapitalertragsteuer ist zusammen mit der Prüfung der übrigen Steuerarten förmlich anzuordnen und auf die Vorschriften der §§ 50 b EStG und 193 Abs. 1 AO zu stützen.[47]
Das Auskunftsersuchen des Prüfers sollte **konkrete** Fragen zu Kontenarten, Konteneinrichtungen und Verfügungsberechtigungen enthalten. Ist die Bank **Beteiligte** i.S.d. § 93 Abs. 1 AO, z.B. als Haftungsschuldnerin nach dem ErbStG, ergeben sich keinerlei Einschränkungen der Ermessensausübung des Finanzamtes.[48]

d) Sammelauskunftsersuchen

Unter bestimmten Voraussetzungen insbesondere dann, wenn z.B. nach den Erfahrungen der Finanzbehörden eine verhältnismäßig große Anzahl von vergleichbaren Steuerpflichtigen **Steuern verkürzt,** sind nach zutreffender Auffassung des BFH[49] auch **Sammelauskunftsersuchen** an ein Kreditinstitut zulässig. Solche Sammelauskunftsersuchen können z.B. die Provisionszahlungen an alle in einer bestimmten Zeit für das Kreditinstitut tätig gewordenen Kreditvermittler erfassen.
Nicht hierher gehören Auskunftsersuchen an Kreditinstitute über private Kontenbewegungen.[50]

e) Prüfung von CpD-Konten

CpD-Konten sind, wie die Konten des Rechnungswesens auch, Eigenkonten des Kreditinstituts. Sie sind in Kontokorrent geführte Sammelkonten. Sie bezwecken, Geschäftsvorgänge für Personen, die bei dem Kreditinstitut kein entsprechendes eigenes Konto unterhalten, buchmäßig festzuhalten. Der „Vorteil" für den Steuerpflichtigen bzw. der „Nachteil" für die Finanzbehörden besteht darin, daß bei Buchungen über ein CpD-Konto keine Legitimationsprüfung stattfindet. Die Finanzbehörden haben dies ganz klar erkannt und versuchen diesen Nachteil durch teilweise hemmungsloses Fertigen von Kontrollmitteilungen – auch ohne konkreten Anlaß – auszugleichen. Die Frage nach Art und Maß der steuerlichen Auswirkung findet dabei regelmäßig keine Beachtung. Stattdessen zeichnet sich eine Tendenz ab, die Kontrollmitteilungen zunehmend bereits während des laufenden Prüfungsverfahrens zu erstellen, gelegentlich sogar schon in Form „eiliger Anfragen".
Dabei erinnert man sich an einen Beschluß der Bp-Referenten der Oberfinanzdirektionen aus dem Jahre 1985, nach dem Kontrollmitteilungen nur bei wesentlichen steuerlichen Auswirkungen (über 10 000,-- DM Steuermehrung) übersandt werden sollten.

---

[47] So auch FM Nordrhein – Westfalen, Erlaß betr. Prüfung der Kapitalertragsteuer bei Kreditinstituten vom 4.3.1999 – S 1401 – 6 – V C 5 – Steuererlasse (C. H. Beck) Nr. 800, § 30 a AO / 2 (i.d.F.v. Dez. 2000).
[48] So zutreffend auch BFH, Urteil vom 18.3.1987 – II R 35 / 86 – BStBl. 1987 II, 419.
[49] BFH, Urteil vom 24.3.1987 – VII R 30 / 86 – DB 1987, 1619.
[50] Dazu siehe BFH, Urteil vom 23.10.1990 – VIII R 1 / 86 – BStBl. 1991 II, 277.

VI. Auskunftsverweigerungsrechte

1. Voraussetzungen eines Verweigerungsrechts

a) Qualifikation des Auskunftsverlangens

Nach zutreffender Auffassung des BFH[51] braucht dem Auskunftsverlangen des Prüfers nur stattgegeben zu werden, wenn die Auskunft **notwendig, verhältnismäßig, erfüllbar** und **zumutbar** ist.

b) Notwendigkeit

Notwendig ist die Auskunft, wenn sie zur Ermittlung des Sachverhalts benötigt wird.

c) Verhältnismäßigkeit

Verhältnismäßig ist die Auskunft, wenn das Auskunftsbegehren vom Zweck der Maßnahme gedeckt ist.

d) Erfüllbarkeit

Erfüllbar ist die Auskunft, wenn die Pflichterfüllung für den Betroffenen objektiv und subjektiv möglich ist.

e) Zumutbarkeit

Zumutbar ist die Auskunft, wenn das Auskunftsverlangen den Steuerpflichtigen nicht überfordert.

f) Auskunftsverweigerungsrecht

Sind diese Voraussetzungen nicht gegeben, so kann ein **Auskunftsverweigerungsrecht** bestehen. Darüber hinaus sind im Außenprüfungsverfahren auch die Vorschriften der §§ 101 und 106 AO über die Auskunftsverweigerungsrechte anwendbar.[52]

g) Vorlageverweigerungsrecht

Das **Vorlageverweigerungsrecht** nach § 104 AO gilt für alle, in den §§ 101 und 103 AO genannten, auskunftsverweigerungsberechtigten Personen.

2. Verweigerungsrecht des Steuerpflichtigen

a) Der Steuerpflichtige als Verweigerungsberechtigter

Regelmäßig ist der **Steuerpflichtige** selbst zur Auskunft verpflichtet.[53] Nur wenn er sich der Gefahr der Strafverfolgung[54] wegen eines Verstoßes gegen die Steuergesetze aussetzt, ist er

---

[51] BFH, Urteil vom 24.3.1987 – VII R 30 / 86 – DB 1987, 1619.

[52] Vgl. in diesem Zusammenhang auch **Mösbauer,** in: Koch / Scholtz, AO, 5. Aufl., 1996, § 200 AO, Rz. 6.

[53] Vgl. dazu AEAO (i.d.F. BMF – Schr. v. 14.2.2000 I, S. 190, ber. S. 435), zu § 101 AO, Nr. 1: „Der Beteiligte (Steuerpflichtige) selbst hat **kein** Auskunftsverweigerungsrecht; § 393 Abs. 1 – AO – ist zu beachten."

berechtigt, Auskünfte zu verweigern. Dieses ergibt sich schon aus dem Grundsatz, daß niemand gezwungen werden kann, sich selbst zu belasten.

b) Schätzung von Besteuerungsgrundlagen

Verweigert ein Steuerpflichtiger jedoch **unberechtigt** seine Auskunftspflicht, so kann der Prüfer die **Besteuerungsgrundlagen** nach § 162 AO **schätzen.**

c) Anwendung von Zwangsmitteln

Der Steuerpflichtige muß ferner damit rechnen, daß der Prüfer **Zwangsmittel,** wie z.B. Zwangsgeld, anwendet, um zu erreichen, daß seinem Auskunftsbegehren entsprochen wird.

3. Verweigerungsrecht von Angehörigen eines Beteiligten

a) Die Angehörigen als Verweigerungsberechtigte

Nach § 101 Abs. 1 Satz 1 AO können **Angehörige** eines Beteiligten i.S.d. § 15 AO die Auskunft verweigern, soweit sie nicht selbst als Beteiligte über ihre eigenen steuerlichen Verhältnisse auskunftspflichtig sind oder die Auskunftspflicht für einen Beteiligten nach §§ 34, 35 AO zu erfüllen haben.

Die **gesetzlichen Vertreter, Vermögensverwalter** und **Verfügungsberechtigten** haben nach §§ 34, 35 AO die Pflichten des Beteiligten als **eigene** steuerliche Pflichten zu erfüllen.[55] Sie haben daher nach § 93 Abs. 1 AO die gleiche Rechtsstellung wie ein Beteiligter.

b) Beteiligte im Außenprüfungsverfahren

Beteiligte im Außenprüfungsverfahren sind nach § 78 Nr. 2 AO diejenigen, an die die Finanzbehörde den Verwaltungsakt „Prüfungsanordnung" richten will oder gerichtet hat.

Dies weist nach, daß dem Angehörigenbegriff in concreto überwiegend **verfahrensrechtliche** Bedeutung zukommt.[56]

Nach § 101 Abs. 1 Satz 2 AO sind die Angehörigen über das Auskunftsverweigerungsrecht zu belehren. Ist eine solche Belehrung unterblieben, dürfen die auf der Aussage des Angehörigen beruhenden Kenntnisse nicht verwertet werden, es sei denn, der Angehörige stimmt nachträglich zu oder wiederholt nach Belehrung seine Aussage.[57]

Die Belehrung ist nach § 101 Abs. 1 Satz 3 AO aktenkundig zu machen.

c) Angehörige eines Beteiligten

Angehörige eines Beteiligten i.S.d. § 15 AO sind:
- der Verlobte (§ 15 Abs. 1 Nr. 1 AO)[58];
- der Ehegatte (§ 15 Abs. 1 Nr. 2 AO);
- Verwandte und Verschwägerte gerader Linie (§ 15 Abs. 1 Nr. 3 AO);
- Geschwister (§ 15 Abs. 1 Nr. 4 AO)[59];

---

[54] Zum Antagonismus Auskunftsverweigerungsrecht / Auskunftspflicht vgl. **Mösbauer,** Steuerstraf- und Steuerordnugswidrigkeitenrecht (einschließlich Steuer- und Zollfahndung), 2. Aufl., 2000, § 18 (S. 268 ff.).

[55] Dazu vgl. **Mösbauer,** Die Vertretungs- und Verfügungsmacht nach den §§ 34 und 35 AO als Tatbestandsmerkmal der Haftung nach § 69 AO, DB 1995, S. 1679 ff..

[56] So auch AEAO (i.d.F. BMF – Schr. v. 14.2.2000 – BStBl. 2000 I, S. 190, ber. S. 435) zu § 15 AO, Nr. 1 Satz 1.

[57] So auch AEAO (i.d.F. BMF – Schr. v. 14.2.2000 – BStBl. 2000 I, S. 190, ber. S. 435) zu § 101 AO, Nr. 2.

[58] § 15 Abs. 1 Nr. 1 AO setzt ein wirksames Eheversprechen voraus.

- Kinder der Geschwister (§ 15 Abs. 1 Nr. 5 AO)[60];
- Ehegatten der Geschwister und Geschwister der Ehegatten (§ 15 Abs. 1 Nr. 6 AO)[61];
- Geschwister der Eltern (§ 15 Abs. 1 Nr. 7 AO); sowie
- Personen, die durch ein auf längere Dauer angelegtes Pflegeverhältnis mit häuslicher Gemeinschaft wie Eltern und Kind miteinander verbunden sind (Pflegeeltern und Pflegekinder), (§ 15 Abs. 1 Nr. 8 AO).[62]

d) Wahlrecht zur Auskunftsverweigerung

aa) Zweck des Wahlrechts

Das **Wahlrecht** nach § 101 Abs. 1 AO **zur Auskunftsverweigerung** soll die Angehörigen eines Beteiligten vor schweren **Konflikten** zwischen der Familientreue und dem Recht des Finanzamtes auf Wahrheit bewahren.

bb) Keine Angabe von Gründen

Ein Angehöriger braucht **keine Gründe** für seine Auskunftsverweigerung anzugeben.

cc) Verwertungsrecht

Erteilt er jedoch dem Prüfer, trotz ausdrücklicher Auskunftsverweigerung, gleichwohl Auskünfte, so hat der Prüfer das **Recht,** die erlangten Kenntnisse **zu verwerten.**

dd) Recht, die Beeidigung zu verweigern

Bei Auskunftserteilung hat der Angehörige demgegenüber das **Recht,** die **Beeidigung** diesbezüglich nach § 101 Abs. 2 Satz 1 AO **zu verweigern.** Der Angehörige ist über sein Recht vom Prüfer zu belehren. Ferner ist die Belehrung nach § 101 Abs. 2 Satz 2 AO (entspr.) aktenkundig zu machen.

4. Auskunftsverweigerungsrecht zum Schutz bestimmter Berufsgeheimnisse

a) Der Begriff „Geheimnis“

Nach § 102 AO haben die dort – abschließend – aufgezählten Personen, zum Schutz ihrer Berufsgeheimnisse, ein Auskunftsverweigerungsrecht. Sie können allerdings durch den Steuerpflichtigen von ihrer **Schweigepflicht entbunden** werden.
Der Begriff **„Geheimnis“** ist im Gesetz zwar nicht definiert. Man wird aber das Geheimnis auf solche Tatsachen zu beziehen haben, die nur einem bestimmten Personenkreis bekannt

---

[59] Geschwister i.S.d. § 15 Abs. 1 Nr. 4 AO sind auch **Halb**geschwister. Das sind diejenigen Geschwister, die einen Elternteil gemeinsam haben. Nach AEAO (i.d.F. BMF – Schr. v. 14.2.2000 – BStBl. 2000 I, S. 190, ber. S. 435) zu § 15 AO, Nr. 3 Satz 2 Halbs. 2 fallen jedoch darunter **nicht** die mit in eine Ehe gebrachten Kinder, die keinen Elternteil gemeinsam haben.

[60] Das Angehörigenverhältnis des § 15 Abs. 1 Nr. 5 AO besteht lediglich zu den Kindern der Geschwister (Neffen oder Nichten), **nicht** jedoch zwischen den Kindern der Geschwister untereinander (z.B. Vettern). So auch AEAO (i.d.F. BMF – Schr. v. 14.2.2000 – BStBl. 2000 I, S. 190, ber. S 435) zu § 15 AO, Nr. 4.

[61] Die Ehegatten mehrerer Geschwister sind im Verhältnis zueinander **keine** Angehörigen i.S.d. § 15 Abs. 1 Nr. 6 AO. Dasselbe gilt für die Geschwister der Ehegatten. So AEAO (i.d.F. BMF – Schr. v. 14.2.2000 – BStBl. 2000 I, S. 190, ber. S. 435) zu § 15 AO, Nr. 5.

[62] Für die Annahme eines Pflegeverhältnisses ist nicht erforderlich, daß das Kind außerhalb der Pflege und Obhut seiner leiblichen Eltern steht. Dazu im einzelnen AEAO (i.d.F. BMF – Schr. v. 14.2.2000 – BStBl. 2000 I, S. 190, ber. S. 435) zu § 15 AO, Nr. 6.

sind und an deren Geheimhaltung derjenige, den sie betreffen, ein von seinem Standpunkt aus sachlich begründetes Interesse hat oder bei eigener Kenntnis der Tatsache haben würde.[63]

b) Geschäfts- oder Betriebsgeheimnisse

Das Geheimnis kann in seiner spezifischen Form ein **Berufs**geheimnis oder ein **Geschäfts- oder Betriebs**geheimnis sein.[64]
Geschäfts- oder Betriebsgeheimnisse sind Privatgeheimnisse, die dem Gewerbe- oder Geschäftsbetrieb eigentümlich sind. Sie sind also nicht allgemein bekannt. Ihre Geheimhaltung ist für den Geschäftsbetrieb wesentlich. Die Geheimnisse beziehen sich auf eigene Angelegenheiten des Geheimnisherrn.
Alle Berufszweige können Geschäfts- oder Berufsgeheimnisse haben.
Bei einem Außenprüfungsverfahren brauchen nur der Steuerpflichtige und die von ihm beauftragte Auskunftsperson über die Geheimnisse Auskunft zu geben. Auskunft braucht auch nur dann gegeben zu werden, wenn sie dem Prüfer zum Verständnis der steuerlich relevanten Sachaufklärung dient.

c) Berufsgeheimnisse

Berufsgeheimnisse können demgegenüber nur Angehörige eines besonders qualifizierten Personenkreises haben. Soweit diese Personen für das Außenprüfungsverfahren Bedeutung haben können, sind sie in § 102 Abs. 1 AO gesondert aufgeführt. Charakteristisch für diese Berufsgruppe ist, daß ihnen von Dritten ein besonderes Vertrauen entgegengebracht wird. Diese Dritten sind **Geheimnisherren.** Sie vertrauen einem Angehörigen eines bestimmten, durch seinen Beruf qualifizierten, Personenkreises spezifische Privatgeheimnisse an und machen ihn qua via zu einem **Geheimnisträger.**
Daraus erhellt zugleich der Sinn des Auskunftsverweigerungsrechtes. Er soll die Vertrauensbasis zwischen Geheimnisherrn und Geheimnisträger wahren. Aus diesem Grunde war es nur logisch, daß § 102 Abs. 2 AO auch den **Hilfspersonen** der Berufsträger nach § 102 Abs. 1 AO ein Auskunftsverweigerungsrecht zubilligte.
Eine Ausnahme vom Auskunftsverweigerungsrecht besteht nach § 102 Abs. 3 AO. Die Berufsträger und ihre Hilfspersonen dürfen die Auskunft nicht verweigern, wenn sie von der Verpflichtung zur Verschwiegenheit entbunden sind.

d) Auskunftsverweigerungsrecht der Geistlichen

aa) Geistliche

Geistliche i.S.d. § 102 Abs. 1 Nr. 1 AO sind Personen, denen im Rahmen ihrer Religionsgemeinschaft die Eigenschaft als Seelsorger zukommt. Sie haben hinsichtlich der

---

[63] So auch **Lenkner,** in: Schönke / Schröder, StGB, § 203 StGB, Rn. 5.
[64] Vgl. dazu **Schuhmann,** Das Steuergeheimnis unter besonderer Berücksichtigung der Außenprüfung, StBp 1981, S. 1 ff..

Tatsachen, die ihnen bei Ausübung ihrer Tätigkeit z.B. in Form der Beichte, anvertraut oder bekannt geworden sind, ein Auskunftsverweigerungsrecht.

bb) Hilfspersonen

Dieses Auskunftsverweigerungsrecht gilt auch für **Hilfspersonen,** die den Geistlichen bei ihrer seelsorgerischen Tätigkeit zur Seite stehen.

cc) Verschwiegenheitspflicht

Bei § 102 Abs. 1 Nr. 1 AO kommt es nicht auf den Status der Religionsgemeinschaft an. Voraussetzung für das Auskunftsverweigerungsrecht nach § 102 Abs. 1 Nr. 1 AO ist vielmehr nur, daß es bei der jeweiligen Glaubensgemeinschaft eine **Verschwiegenheitspflicht** gibt.
In der Steuer-Praxis hat das Verweigerungsrecht des Geistlichen jedoch kaum Bedeutung. Daß es **gleichwohl** eine **Regelung** erfahren hat und noch dazu an **erster** Rangstelle (Nr. 1) des § 102 Abs. 1 AO plaziert ist, ist das Relikt aus einer Zeit, in der die Theologie, nach der Philosophie, aber noch vor der Jurisprudenz, einen geistigen Führungsanspruch für sich rekurrierte, und nach einem scheinbar allgemeinen Konsens, auch zuerkannt bekam.

e) Auskunftsverweigerungsrecht der Mitglieder von Gesetzgebungsorganen

Wurden einem Mitglied des Bundestages, eines Landtages oder einer zweiten Kammer von einer Person, in der Eigenschaft als Mitglied eines dieser Organe Tatsachen anvertraut oder hat ein solches Mitglied anderen in dieser Eigenschaft Tatsachen anvertraut, so hat der Personenkreis des § 102 Abs. 1 Nr. 2 AO in seiner Eigenschaft als Mandatsträger ein Auskunftsverweigerungsrecht über die Personen und die Tatsachen.
§ 102 Abs. 1 Nr. 2 AO wiederholt die Bestimmung des Art. 47 Satz 1 GG.

f) Auskunftsverweigerungsrecht der Mitglieder bestimmter qualifizierter Berufsgruppen

aa) Die Verweigerungsberechtigten

Die Auskunft können ferner die in § 102 Abs. 1 Nr. 3 AO abschließend aufgezählten Berufsgruppen verweigern:
die Verteidiger (§ 102 Abs. 1 Nr. 3 Buchst. a AO); die Rechtsanwälte, Patentanwälte, Notare, Steuerberater, Wirtschaftsprüfer, Steuerbevollmächtigten, sowie vereidigten Buchprüfer (§ 102 Abs. 1 Nr. 3 Buchst. b AO); ferner die Ärzte, Zahnärzte, Psychologischen Psychotherapeuten, Kinder- und Jugendpsychotherapeuten, Apotheker und Hebammen (§ 102 Abs. 1 Nr. 3 Buchst. c AO).

bb) Das Verweigerungsrecht

Sind diesen privilegierten Personen während ihrer berufsspezifischen Tätigkeitsausübung von ihren Kunden bzw. Mandanten oder Klienten Tatsachen anvertraut worden oder sonst bekannt geworden, so haben auch sie gegenüber der Finanzbehörde diesbezüglich ein Auskunftsverweigerungsrecht. Dieses Recht umfaßt auch das Recht, die Vorlage von Unterlagen im engeren Sinne, so z.B. die Patientenkarteien bei Ärzten, zu verweigern.[65]

cc) Schutz des Vertrauensverhältnisses

[65] Dazu vgl. BFH, Beschluß vom 11.12.1957 – II 100 / 53 U – BStBl. 1958 III, 86.

Das Auskunftsverweigerungsrecht beruht auf dem engen Vertrauensverhältnis der Berufsträger zu dem entsprechenden Steuerpflichtigen. Dieses soll nicht durch das Auskunftsverlangen der Finanzbehörde getrübt werden. Dem Steuerpflichtigen als dem am Verfahren Beteiligten soll die Geheimhaltung der privaten Sphäre gesichert werden.

dd) Verweigerungsrecht nach Beendigung der Berufstätigkeit

Auch wenn der um Auskunft Ersuchte zur Zeit des Auskunftsverlangens nicht mehr die Tätigkeit nach § 102 Abs. 1 Nr. 3 AO ausübt, so hat er dennoch das Recht, die Tatsachen zu verschweigen, die ihm während seiner Berufstätigkeit bei der Berufsausübung anvertraut wurden.

ee) Schutz des Beratungsgeheimnisses

Durch die Vorschrift des § 102 Abs. 1 Nr. 3 AO ist qua via das **Beratungsgeheimnis in Steuerangelegenheiten** ausdrücklich geschützt.

g) Auskunftsverweigerungsrecht der Mitarbeiter von Presse und Rundfunk

aa) Die Verweigerungsberechtigten

Nach § 102 Abs. 1 Nr. 4 AO können Personen, die bei der Vorbereitung, Herstellung oder Verbreitung von periodischen Druckwerken oder Rundfunksendungen berufsmäßig mitwirken oder mitgewirkt haben, über die **Person** des Verfassers, Einsenders oder Gewährsmanns von Beiträgen und Unterlagen sowie über die ihnen im Hinblick auf ihre Tätigkeit gemachten **Mitteilungen,** soweit es sich um Beiträge, Unterlagen und Mitteilungen für den redaktionellen Teil handelt, die Auskunft verweigern.
§ 102 Abs. 1 Nr. 4 AO entspricht dem Art. 3 des Gesetzes über das Zeugnisverweigerungsrecht der Mitarbeiter von Presse und Rundfunk.

bb) Schutz des Vertrauensverhältnisses

Die Regelung des § 102 Abs. 1 Nr. 4 AO beruht auf dem **Schutz des Vertrauensverhältnisses** zwischen Presse bzw. Rundfunk und ihren privaten Informanten.
§ 102 Abs. 1 Nr. 4 AO ist die Konsequenz aus dem in Art. 5 GG geschützten Recht auf freie Meinungsäußerung.
Es ist unerheblich, ob die erzielten Informationen dieser Medienmitarbeiter veröffentlicht wurden.

cc) Beschränkung auf redaktionellen Teil

§ 102 Abs. 1 Nr. 4 AO gestattet nur ein Auskunftsverweigerungsrecht bezüglich des **redaktionellen Teils.** Der Grund dafür liegt in der **Kontrollfunktion** und der **meinungsbildenden Funktion der Presse.** Kommt die Presse dieser Aufgabe in Ausnahmefällen auch mit dem Anzeigenteil, z.B. Chiffreannoncen, nach, so kann man unter Berücksichtigung des Grundsatzes der Verhältnismäßigkeit auch hier ein Auskunftsverweigerungsrecht ableiten.[66]

---

[66] So auch **Tipke / Kruse,** AO / FGO, § 102 AO, Tz. 4.

§ 13 Der Einfluß von Kontrollmitteilungen auf die Rechtsstellung des Steuerpflichtigen

I. Fertigung von Kontrollmitteilungen[1]

1. Feststellung von Verhältnissen Dritter

Werden anläßlich einer Außenprüfung Verhältnisse **anderer** als der in § 194 Abs. 1 AO genannten – steuerpflichtigen – Personen festgestellt, so ist die Auswertung der Feststellungen nach § 194 Abs. 3 AO insoweit zulässig[2], als ihre Kenntnis für die Besteuerung dieser anderen Personen von Bedeutung ist oder die Feststellungen eine unerlaubte Hilfeleistung in Steuersachen betreffen.[3]

Andere Personen i.S.d. § 194 Abs. 3 AO können auch die in § 194 Abs. 1 und 2 AO genannten Personen sein, als ihre steuerlichen Verhältnisse nicht Gegenstand der Außenprüfung sind. Darüber hinaus sind auch Kontrollmitteilungen hinsichtlich anderer als der geprüften Steuerarten desselben Steuerpflichtigen zulässig.

Die Verhältnisse Dritter müssen **„festgestellt"** werden; und zwar durch die **Ermittlungs**tätigkeit des Außenprüfers nach §§ 194 Abs. 1 Satz 1, 200 Abs. 1 Satz 1, 201 Abs. 1 Satz 2 und Abs. 2, 202 Abs. 1 Satz 2, 203 Abs. 2 Satz 2 AO. Daraus folgt, daß die Feststellungen selbst, wegen ihres Ermittlungscharakters, keine Kontrollmitteilungen sind, sondern diesen vorausgehen. Kontrollmitteilungen ergehen, im Anschluß an die Feststellungen, über die Verhältnisse Dritter, die bei den Ermittlungen des Außenprüfers nach § 194 Abs. 1 und 2 AO bekannt geworden sind.

Gegenstand der Feststellung sind die **„Verhältnisse"** anderer; d.h. diejenigen tatsächlichen und rechtlichen Umstände, die bei einem anderen als dem in § 194 Abs. 1 und 2 AO genannten Steuerpflichtigen „steuerliche Verhältnisse" i.S.d. § 194 Abs. 1 Satz 1 AO darstellen.

Die Verhältnisse Dritter müssen ferner **„anläßlich einer Außenprüfung"** festgestellt werden; d.h. also zwar nach ihrem Beginn aber vor ihrem Ende. Da die Feststellungen nach § 194 Abs. 3 AO durch einen Außenprüfer getroffen werden müssen und die Außenprüfung nach § 194 Abs. 1 und 2 AO der Ermittlung der steuerlichen Verhältnisse des Steuerpflichtigen dient, ist es rechtlich **nicht** zulässig, **gezielt** Feststellungen von Verhältnissen Dritter zu treffen. Sie können immer nur ein Nebenprodukt der Außenprüfung sein. Dies schließt es aus, die Feststellung von Verhältnissen Dritter zum Gegenstand einer Prüfungsanordnung nach § 196 AO zu machen.

Feststellungen, die nach § 194 Abs. 3 AO für die Besteuerung anderer Steuerpflichtiger ausgewertet werden können, sollen nach § 9 Satz 1 BpO 2000 der zuständigen Finanzbehörde mitgeteilt werden. Kontrollmaterial über Auslandsbeziehungen ist nach § 9 Satz 2 BpO 2000 auch dem Bundesamt für Finanzen zur Auswertung zu übersenden.

Die drei Rechtsgrundlagen der Kontrollmitteilung - § 194 Abs. 3 AO, § 9 Satz 1 BpO 2000 und § 9 Satz 2 BpO 2000 – zeigen, daß ihr Zweck nur in der steuerlichen Kontrolle der Verhältnisse **Dritter** bestehen kann. Allein ihre Existenz bewirkt – praeventiv – ein höheres Maß an Steuerehrlichkeit. Darüber hinaus werden zahlreiche steuerrelevante Sachverhalte erst

---

[1] **Dörn,** Behandlung von Kontrollmitteilungen in Finanzämtern und Bußgeld- und Strafsachenstellen, DStZ 1991, S. 747 ff.; **Klingelhöfer,** Anfertigung von Kontrollmaterial – Möglichkeiten und Grenzen, StBp 2002, S. 1 ff.; **Tipke,** in: Tipke / Kruse, AO / FGO, § 194 AO, Tzn. 27 – 29.

[2] Vgl. in diesem Zusammenhang **Carl / Klos,** Rechtsschutzprobleme bei steuerlichen Spontanauskünften an ausländische Finanzbehörden, DStR 1992, S. 528 ff..

[3] Vgl. dazu auch **Tipke,** in: Tipke Kruse, AO / FGO, § 194 AO, Tzn. 28 u. 33.

durch Kontrollmitteilungen der zuständigen Finanzbehörde bekannt; und so auch Gegenstand steuerstraf- oder steuerordnungswidrigkeitenrechtlicher Ermittlung.[4]
Ihre Rechtfertigung erlangen die Kontrollmitteilungen aus dem dezentralisierten Aufbau des Staates. Die Aufspaltung der staatlichen Aufgaben auf eine Vielzahl von Behörden und andere staatliche und nichtstaatliche Institutionen macht die Erfüllung der genau umrissenen Aufgaben von einem umfassenden Informationsaustausch abhängig. Besondere Bedeutung haben in diesem Zusammenhang für die Finanzverwaltung die Kontrollmitteilungen.
Ihr Inhalt divergiert zwischen Feststellungen, die die Verhältnisse Dritter betreffen und Feststellungen, die zwar die Verhältnisse des Steuerpflichtigen betreffen, aber für eine andere Steuerart als die geprüfte relevant sind.
Die Feststellungen der Verhältnisse anderer beruhen auf der Ermittlungstätigkeit des Außenprüfers gemäß §§ 194 Abs. 1 Satz 1, 200 Abs. 1 Satz 1, 201 Abs. 1 Satz 2, Abs. 2, 202 Abs. 1 Satz 2 und 203 Abs. 2 Satz 2 AO; sind mithin also i.S. von **Ermittlungsergebnis** zu verstehen.

2. Kontrollmitteilungen über steuerlich relevante Verhältnisse

Nach § 194 Abs. 3 Alt. 1 AO sind also bei einer Außenprüfung **Kontrollmitteilungen** über steuerlich relevante Verhältnisse dritter Personen zu erstellen und auszuwerten, um so die sog. „Empfängerbesteuerung" sicherzustellen.[5] Diese **Sicherstellung** erfolgt einerseits dadurch, daß allein schon das bloße Vorhandensein dieses effizienten Kontrollmittels **generalpraeventive** Wirkung hat und damit zugleich die Steuerehrlichkeit steigert, andererseits dadurch, daß viele steuerrelevante Sachverhalte erst durch Kontrollmitteilungen **aufgedeckt** und der steuerstraf- und steuerordnungswidrigkeitenrechtlichen Ermittlung der Finanzbehörden zugeführt werden.[6]
Die Erforderlichkeit der Fertigung von Kontrollmitteilungen folgt aus dem **dezentralisierten Staatsaufbau.** Der Staat ist zur Erfüllung seiner Aufgaben auf den Austausch von Informationen angewiesen. Dies gilt in besonderem Maße für die Erfüllung von Aufgaben der Finanzverwaltung nach § 85 AO. Die Kontrollmitteilungen ermöglichen der Finanzverwaltung eine Kontrolle der Wechselbeziehungen der einzelnen Steuerarten. Sie dienen so zugleich der Realisierung des Korrespondenzprinzips[7] und versetzen die Finanzbehörde in die Lage, die Lücke zwischen Steuernorm und Steuerwirklichkeit zu schließen.
Allerdings will der Gesetzgeber mit der Formulierung „von Bedeutung" in § 194 Abs. 3 AO auch sicherstellen, daß Kontrollmitteilungen **unterbleiben,** die aus der – subjektiven – Sicht des Außenprüfers offensichtlich die Wahrscheinlichkeit nicht erhöhen, daß bei einer anderen als der in § 194 Abs. 1 AO genannten Person auf Grund der Kontrollmitteilung die Steuern genauer festgesetzt werden. Der Außenprüfer steht hier vor einem kaum zu lösenden Konflikt: einerseits können im Interesse der Prüfungseffizienz sämtliche Verhältnisse für die Besteuerung des Dritten von Bedeutung sein, andererseits ist ein totaler Informationsaustausch nicht zulässig. Dies ist darin begründet, daß das allgemeine Persönlichkeitsrecht des Art. 2 Abs. 1 GG i.V.m. Art. 1 Abs. 1 GG auch den Schutz des Einzelnen gegen unbeschränkte Erfassung, Speicherung, Verwendung und Weitergabe seiner

---

[4] Vgl. dazu auch OFD Rostock, Verfügung vom 5.11.1992 – in: Felix / Carle, Steuererlasse in Karteiform (StEK) AO 1977, § 194 AO, Nr. 14.
[5] ... gegebenenfalls sogar durch den Einsatz von sog. „Betriebsprüfungshelfern".
[6] So schon **Schick,** in: Hübschmann / Hepp / Spitaler, AO / FGO, § 194 AO, Nr. 14.
[7] Vgl. dazu insbes. § 160 AO; ferner FG Münster, Urteil vom 6.11.1987 – IV 1368 / 84 E – EFG 1988, 394; FG Nürnberg, Urteil vom 26.10.1987 – VI 3 / 85 – EFG 1988, 397.

persönlichen Daten erfaßt.[8] Die Fertigung und Weiterleitung von Kontrollmitteilungen stellt aber einen zulässigen Eingriff in das verfassungsrechtlich geschützte Recht der informationellen Selbstbestimmung dar. Denn sie erfolgen im überwiegenden Allgemeininteresse, beruhen auf einer verfassungsmäßigen gesetzlichen Grundlage, diese entspricht dem rechtsstaatlichen Gebot der Normenklarheit und beachten den Grundsatz der Verhältnismäßigkeit.[9] Die Fertigung und Weiterleitung von Kontrollmitteilungen dient dem Besteuerungsrecht des Staates. Es macht die Datenerhebung der Finanzverwaltung im überwiegenden Allgemeininteresse erforderlich.

3. Kontrollmitteilungen über unerlaubte Hilfeleistung in Steuersachen

Die Kontrollmitteilungen können nach § 194 Abs. 3 Alt. 2 AO auch eine unerlaubte Hilfeleistung in Steuersachen betreffen.
Denn nach § 5 Abs. 1 Satz 1 StBerG dürfen andere als die in den §§ 3 und 4 StBerG bezeichneten Personen und Vereinigungen **nicht** geschäftsmäßig **Hilfe** in Steuersachen leisten, insbesondere **nicht** geschäftsmäßig **Rat** in Steuersachen erteilen. Die Personen und Vereinigungen des § 3 StBerG sind zu **unbeschränkter** Hilfeleistung in Steuersachen befugt, die des § 4 StBerG lediglich zu **beschränkter**, d.h. nach § 5 Abs. 1 Satz 2 StBerG „nur im Rahmen ihrer Befugnis".
Werden den Finanzbehörden – oder den Steuerberaterkammern – Tatsachen bekannt, die den Verdacht begründen, daß eine Person oder Vereinigung entgegen § 5 Abs. 1 StBerG geschäftsmäßig Hilfe in Steuersachen leistet, so haben sie diese Tatsachen nach § 5 Abs. 2 StBerG[10] der für das Bußgeldverfahren zuständigen Stelle mitzuteilen. **Sie** – nicht die feststellende Behörde – entscheidet dann im Rahmen des Opportunitätsprinzips über die Einleitung eines Bußgeldverfahrens nach § 160 StBerG.
§ 194 Abs. 3 Alt. 2 AO erfaßt die Fälle, in denen nach den Umständen lediglich die **Möglichkeit** besteht, daß eine unerlaubte Hilfeleistung in Steuersachen erbracht wird.

4. Auswertung von Kontrollmitteilungen

Wie der Begriff „Kontrollmitteilung" schon besagt, dienen die Aufzeichnungen und die Auswertung der Kontrolle. Die Aufzeichnungen, die der Außenprüfer während einer Außenprüfung über Dritte macht, werden dem für die Besteuerung des Dritten zuständigen Finanzamt zugeleitet. Die erstellte Kontrollmitteilung wird in den Steuerakten des Dritten aufbewahrt. Im Rahmen einer Außenprüfung oder im Rahmen einer Veranlagung wird sodann überprüft, ob die in der Kontrollmitteilung bezeichneten Vorgänge beim Dritten ihre Berücksichtigung erfahren haben.
Kontrollmitteilungen werden insbesondere dann erstellt, wenn bei dem ursprünglich geprüften Steuerpflichtigen bestimmte abzugsfähige Betriebsausgaben vorliegen und diese von dem Empfänger der Geldleistung – dem Dritten – als Einnahmen zu versteuern sind.
Die Finanzbehörde hat zu klären, ob die Kontrollmitteilungen im Rahmen eines gegebenenfalls einzuleitenden Besteuerungsverfahrens zu verwerten sind oder Anlaß geben für weitere Ermittlungen nach § 208 Abs. 1 Satz 1 Nr. 3 AO. Sie hat ferner zu klären, ob ein Anlaß für die Einleitung eines Steuerstraf- oder Steuerordnungswidrigkeitenverfahrens besteht.

---

[8] Vgl. dazu BVerfG, Urteil vom 15.12.1983 – 1 BvR 209, 269, 362, 420, 440, 484 / 83 – BVerfGE 65, 1; BVerfG, Urteil vom 17.7.1984 – 2 BvE 11, 15 / 83 – BVerfGE 67, 100; BVerfG, Urteil vom 25.7.1988 – 1 BvR 109 / 85 – NJW 1988, 3009.

[9] Vgl. dazu auch BVerfG, Urteil vom 15.12.1983 – 1 BvR 209, 269, 362, 420, 440, 484 / 83 – BVerfGE 65, 1; vgl. noch **Friauf,** Grenzen der Mitwirkungspflicht im Informations- und Auskunftsverkehr zwischen den Finanzbehörden verschiedener Länder, in: Curtius – Hartung / Herzig / Niemann, StbJb 1984 / 85, S. 317.

[10] § 5 Abs. 2 StBerG wurde neugef. m.W.v. 1.7.2000 durch G.v.24.6.2000 – BGBl. 2000 I, S. 874.

Veranlaßt kann es auch sein, den Steuerpflichtigen zur Abgabe einer Steuererklärung aufzufordern. Kommt dieser der Aufforderung nicht nach, kann die Finanzbehörde, nach Ausschöpfung sämtlicher möglicher und zumutbarer Erkenntnismittel, nach § 162 Abs. 2 AO die Besteuerungsgrundlagen schätzen.
Die Finanzbehörde hat weiter zu klären, ob eine **Korrektur** eines Steuerbescheids auf Grund einer Kontrollmitteilung in Betracht kommt. Häufigste Korrekturtatbestände sind in concreto § 164 Abs. 2 Satz 1 AO für Steuerfestsetzungen unter Vorbehalt der Nachprüfung und § 173 Abs. 1 Satz 1 Nr. 1 AO für endgültige Steuerfestsetzungen.
Steuerbescheide, die auf Grund einer Außenprüfung ergangen sind, genießen eine erhöhte Bestandskraft. Sie können nach § 173 Abs. 2 Satz 1 AO nur noch aufgehoben oder geändert werden, wenn eine Steuerhinterziehung oder eine leichtfertige Steuerverkürzung vorliegt.[11]
Kontrollmaterial über Auslandsbeziehungen ist nach § 9 Satz 2 BpO 2000 auch dem Bundesamt für Finanzen zu übersenden.
Die **Auswertung** liegt nach § 5 AO im pflichtgemäßen Ermessen der Finanzbehörde. Dabei sind die Verhältnisse des Einzelfalls für die behördliche Entscheidung maßgebend. Sie können auch Anlaß für weitere Vorermittlungen nach § 208 Abs. 1 Satz 1 Nr. 3 AO oder für die Einleitung eines Straf- oder Bußgeldverfahrens sein.[12]

5. Typische Geschäftsvorfälle für Kontrollmitteilungen

Die besondere Aufmerksamkeit der Finanzbehörden finden dabei folgende Geschäftsvorfälle, die typischer Weise bei Dritten nicht immer steuerlich ordnungsgemäß erfaßt werden:

a) Vertrauensprovisionen (sc. 1. Schmiergelder);
b) branchenunübliche Vermittlungsprovisionen;
c) Beratungshonorare;
d) ungewöhnliche Abwicklungsarten[13] [14] [15];

[11] Vgl. dazu BFH, Urteil vom 19.5.1998 – I R 140 / 97 – DStR 1998, 1510.

[12] Vgl. in diesem Zusammenhang auch **Dörn,** Eingang von Kontrollmaterial bei Nichtabgabe von Steuererklärungen, DStZ 1997, S. 73 ff..

[13] Ein Außenprüfer stellt z.B. im Rahmen einer Prüfung bei der A-Sparkasse fest, daß der Vorstand der B-Sparkasse einen privaten Grundstückserwerb zu ungewöhnlichen Konditionen (Auszahlung 90%, Disagio 10%) über die A-Sparkasse finanziert hat.
Die Fertigung einer **Kontrollmitteilung** ist hier zulässig. Es besteht hier ein besonderer konkreter Anlaß, die steuerrelevanten Angaben in dem **Kredit**konto sowie in den Unterlagen zum Kreditvertrag aufzuklären, zumal im Folgejahr die ungewöhnlichen Konditionen auf 100% Auszahlung umgestellt wurden und der Vorstand der B-Sparkasse eine entsprechende Gutschrift erhielt.

[14] Ungewöhnliche Abwicklungsarten werden immer wieder beim Ankauf von Gold und Münzen im Tafelgeschäft offenbar. Einzelne Banken entsprechen dabei nur unvollständig den Aufzeichnungserfordernissen des § 143 Abs. 3 AO. Nicht aufgezeichnet wird häufig – entgegen § 143 Abs. 3 Nr. 2 AO – der Name des Lieferers. Vgl. in diesem Zusammenhang auch § 160 AO (dazu BFH, Urteil vom 17.12 1980 – I R 148 / 76 – BStBl. 1981 II, 333; BFH, Urteil vom 30.3.1983 – I R 209 / 81 – BStBl. 1983 II, 664; BFH, Urteil vom 15.1.1960 – VI 147 / 59 U – BStBl. 1960 III, 167).
Wird aus dem Ankauf von Edelmetallen und Münzen ein Vorsteuerabzug begehrt, so wird dem von Seiten der Finanzverwaltung nur entsprochen, wenn eine ordnungsgemäße Rechnung vorgelegt wird.
Die Tendenz der Finanzverwaltungen geht dahin, **„verstärkt Kontrollmitteilungen** zu fertigen“. Dies gilt vor allem im Rahmen von Außenprüfungen bei **Kreditinstituten.**

[15] Ungewöhnliche Abwicklungsarten finden sich auch bei Dividenden- und ähnlichen Zahlungen aus den USA. Den Finanzbehörden geht häufig umfangreiches Kontrollmaterial der US-amerikanischen Steuerverwaltung zu. Absender ist das Bundesamt für Finanzen. Das Kontrollmaterial besteht aus EDV-Ausdrucken über Zahlungen von Dividenden aus den USA an Personen, die, was auch das Kontrollmaterial beweist, in Deutschland ihren Wohnsitz oder gewöhnlichen Aufenthalt haben. Von den Zahlungen aus den USA haben die US-amerikanischen Steuerbehörden bereits eine Abzugssteuer einbehalten.
Bei der Auswertung des Kontrollmaterials der US-amerikanischen Steuerverwaltung steht die deutsche Finanzverwaltung vor dem Problem, daß Prüfungsanordnungen zwar regelmäßig dazu berechtigen, die

e) Barzahlungsgeschäfte[16];
f) Rabatte, sowie
g) Umsatzvergütungen an Kunden[17].

6. Gefahr einer Steuerhinterziehung oder Steuerverkürzung

Gerade bei diesen Sachverhalten ist die **Gefahr** einer **Steuerhinterziehung** i.S.d. § 370 AO[18] oder **Steuerverkürzung** i.S.d. § 378 AO[19] erfahrungsgemäß sehr hoch. Aus diesem Grunde erfolgt hier, wohl auch zu Recht, oftmals eine Überprüfung auf Grund einer Kontrollmitteilung.[20]
Flankiert wird diese Überprüfung nicht selten durch Maßnahmen der Steuerfahndung, die, über eine Strafverfolgung hinaus, dem finanzbehördlichen Steuersicherungsauftrag des § 85 AO dienen.
Die bei den Finanzämtern eingehenden Kontrollmitteilungen sind auch für die Strafsachen- und Bußgeldstellen von besonderer Relevanz, da besonders durch sie die **Tatentdeckungen** erfolgen. Und gerade sie sind **objektive** Voraussetzungen für den Ausschluß der Selbstanzeige. Nach § 371 Abs. 2 Nr. 2 Halbs. 1 AO tritt die Straffreiheit auf Grund einer Selbstanzeige nämlich dann nicht mehr ein, wenn die Tat im Zeitpunkt der Berichtigung, Ergänzung oder Nachholung i.S.d. § 371 Abs. 1 AO – durch Kontrollmitteilungen nachweisbar – ganz oder zum Teil bereits **entdeckt** war. **Subjektive** Voraussetzung für den Ausschluß der Selbstanzeige ist nach § 371 Abs. 2 Nr. 2 Halbs. 2 AO weiterhin, daß der Täter von der Tatentdeckung **wußte** oder bei verständiger Würdigung der Sachlage **damit rechnen** mußte.
Neben der Kontrollmitteilung als Steuerüberwachungsmaßnahme steht der Finanzverwaltung also mit der **Steuerfahndung** nach § 208 AO ein weiteres Mittel zur Verfügung, um dem Steuersicherungsauftrag des § 85 Satz 1 AO gerecht zu werden, die Steuern nach Maßgabe der Gesetze gleichmäßig festzusetzen und zu erheben; und nach § 85 Satz 2 AO insbesondere sicherzustellen, daß Steuern nicht verkürzt, zu Unrecht erhoben oder Steuererstattungen und Steuervergütungen nicht zu Unrecht gewährt oder versagt werden.[21]

7. Änderungen von Steuerfestsetzungen

Sind die in der Kontrollmitteilung enthaltenen Feststellungen von dem Dritten bei seiner Veranlagung nicht berücksichtigt worden, so können **Änderungen von Steuerfestsetzungen** nach § 164 Abs. 2 Satz 1 AO oder § 173 Abs. 1 Nr. 1 AO erforderlich werden.

---

steuerlichen Verhältnisse der **Kreditinstitute** zu prüfen, **nicht** aber auch die Verhältnisse der **Kunden**. Denn sie lassen als sog. Dritte (bezogen auf die Außenprüfung) von dem Kreditinstitut ihre Wertpapiere verwalten. Die Übersendung des Kontrollmaterials bezweckte aber gerade die Überprüfung der steuerlichen Verhältnisse der Kunden der Kreditinstitute und nicht der Kreditinstitute selbst. Daraus folgt, daß die Finanzbehörden die steuerlichen Verhältnisse der Bankkunden nur unter den Voraussetzungen der §§ 93 ff. AO überprüfen dürfen, beschränkt auf **Einzel**auskunftsersuchen.
Die nationalen Finanzverwaltungen haben die nur sehr schwer lösbaren Probleme einer Auswertung des Kontrollmaterials der US-amerikanischen Steuerverwaltung erkannt. Sie haben daraus – wohl übereinstimmend – den zutreffenden Schluß gezogen, in concreto bis auf weiteres **keine Überprüfungen** vorzunehmen. Damit dürfte aber wohl zugleich festgestellt sein, daß die Kunden mit Wohnsitz oder gewöhnlichem Aufenthalt im Inland auf die Besteuerung durch die US-amerikanischen Steuerbehörden vertrauen durften.

[16] Dazu vgl. **Rüsken,** in: Klein, AO, 6. Aufl., 1998, § 194 AO, Anm. 6, und 7. Aufl., 2000, § 194 AO, Anm. 28.

[17] ... z.B. in Form von Barschecks, Reisen oder Sachwerten.

[18] Dazu **Mösbauer,** Steuerstraf- und Steuerordnungswidrigkeitenrecht (einschließlich Steuer- und Zollfahndung), 2. Aufl., 2000, § 12 (S. 93 ff.).

[19] Dazu **Mösbauer,** Steuerstraf- und Steuerordnungswidrigkeitenrecht (einschließlich Steuer- und Zollfahndung), 2. Aufl., 2000, § 25 (S. 379 ff.).

[20] Vgl. dazu auch § 9 BpO 2000.

[21] Vgl. dazu schon **Schick,** in: Hübschmann / Hepp / Spitaler, AO / FGO, § 208 AO, Anm. 128.

Die Änderung nach § 164 Abs. 2 Satz 1 AO setzt einen Steuerbescheid voraus, der unter dem **Vorbehalt** der Nachprüfung ergangen ist; z.B. weil der Steuerpflichtige regelmäßig der Außenprüfung unterliegt oder ein Schätzungsbescheid ergangen ist. Der Änderungsbescheid steht wiederum unter dem Vorbehalt der Nachprüfung, solange der Steuerfall nicht abschließend geprüft ist. Der Vorbehalt entfällt mit Ablauf der Festsetzungsfrist oder mit – ausdrücklicher – Aufhebung. Dadurch können auch Kontrollmitteilungen bei der Steuerfestsetzung berücksichtigt werden, ohne daß die Voraussetzungen der §§ 172 - 175 AO vorliegen müssen.
Die Änderung nach § 173 Abs. 1 Nr. 1 AO setzt einen **endgültigen** Steuerbescheid voraus. Allerdings müssen die Kontrollmitteilungen beweisen, daß die nachträglich bekannt gewordenen Tatsachen und Beweismittel bei Erlaß des ursprünglichen Steuerbescheids bereits existent waren. Außerdem dürfen die Tatsachen und Beweismittel der Finanzbehörde nicht nur deshalb verborgen geblieben sein, weil sie ihre Ermittlungspflicht verletzt, der Steuerpflichtige aber seiner Mitwirkungspflicht voll genügt hat.
Abweichend von § 173 Abs. 1 AO können Steuerbescheide, soweit sie auf Grund einer Außenprüfung ergangen sind, nur aufgehoben oder geändert werden, wenn eine Steuerhinterziehung oder leichtfertige Steuerverkürzung vorliegt. Diese erhöhte Bestandskraft beruht auf § 173 Abs. 2 Satz 1 AO.

8. Verhinderung der Auswertung

Will der geprüfte Steuerpflichtige **verhindern,** daß steuerlich bedeutsame Unterlagen gegenüber Dritten **ausgewertet** werden, so muß er damit rechnen, daß die Finanzbehörde die Betriebsausgaben als nicht abzugsfähig ansieht. Denn nach § 160 Abs. 1 Satz 1 AO sind Schulden und andere Lasten, Betriebsausgaben, Werbungskosten und andere Ausgaben steuerlich regelmäßig dann nicht zu berücksichtigen, wenn der Steuerpflichtige dem Verlangen der Finanzbehörde nicht nachkommt, die Gläubiger oder die Empfänger genau zu benennen.

9. „Selbstbindung der Finanzverwaltung"

§ 8 Abs. 1 Satz 2 BpO (a.F.) enthielt davon jedoch eine Ausnahme. Denn nach ihm hatte die Fertigung von Kontrollmitteilungen zu unterbleiben, soweit der Steuerpflichtige ein Auskunftsverweigerungsrecht nach § 102 AO hatte und hierauf nicht ausdrücklich verzichtet hatte. Es lag hier eine **Selbstbindung der Finanzverwaltung** vor. Sie ging über den Grundsatz der Gleichbehandlung hinaus und führte somit zu einem Anspruch des Steuerpflichtigen, nach diesen Vorschriften auch behandelt zu werden. § 9 BpO 2000 enthält eine solche Selbstbindung der Finanzverwaltung **nicht** mehr.

10. Kontrollmitteilungen als Nebenprodukt von Außenprüfungen

Eine Außenprüfung darf nach § 196 AO nicht zu dem Zweck angeordnet werden, die Verhältnisse Dritter anhand der Erstellung von Kontrollmitteilungen zu überprüfen.[22]
Die Kontrollmitteilungen sind vielmehr ein – zufälliges – **Nebenprodukt** von Außenprüfungen.[23] Sie sollten dies auch bleiben.

---

[22] So auch AEAO (i.d.F. BMF – Schr. v. 14.2.2000 – BStBl. 2000 I, S. 190, ber. S. 435) zu § 194 AO, Nr. 5; BFH, Urteil vom 18.2.1997 – VIII R 33 / 95 – BStBl. 1997 II, 499.

[23] **Tipke / Kruse,** AO / FGO, § 194 AO, Tz. 8; **Pauly,** Grenzen für Kontrollmitteilungen, BB 1986, S. 1130 ff.. So im Ergebnis auch § 9 BpO 2000; **Klingelhöfer,** Anfertigung von Kontrollmaterial – Möglichkeiten und Grenzen, StBp 2002, S. 1 ff..

Daß die Finanzverwaltung die Kontrollmitteilungen möglicherweise anders sieht als lediglich als „Nebenprodukt“ von Außenprüfungen, zeigen – landesübergreifend – Bemühungen, die darauf ausgerichtet sind, daß künftig

a) die Kontrollmitteilungen **beschleunigt** – schon **während**[24] der Außenprüfung an die Empfänger-Finanzämter **abgesandt** werden, und
b) die Empfänger-Finanzämter die Kontrollmitteilungen **zügiger** bearbeiten und **auswerten.**

II. Voraussetzungen einer Kontrollmitteilung

1. Entschließungs- und Auswahlermessen des Prüfers

Die Anfertigung von Kontrollmitteilungen liegt grundsätzlich im pflichtgemäßen Entschließungs- und Auswahl-**Ermessen** des Prüfers. In einzelnen Ländern ist dieses Ermessen jedoch auf null reduziert, da interne Vorschriften zu regelmäßigen Kontrollmitteilungen veranlassen.[25]

Mit der Formulierung „... die Auswertung der Feststellungen – ist – zulässig ...“ stellt § 194 Abs. 3 AO die Fertigung und Auswertung von Kontrollmitteilungen in das pflichtgemäße Ermessen der Finanzbehörde. Bei der Ermessensbetätigung hat die Finanzbehörde nach § 5 AO einerseits den Zweck der Ermächtigung, nämlich die Sicherstellung der Besteuerung, zu beachten, andererseits den Grundsatz der Verhältnismäßigkeit zu berücksichtigen. Die Ermessenserwägungen können auch durch behördeninterne Überlegungen, wie z.B. Verfügbarkeit von Personal, beeinflußt werden. Auch das Maß der Belastung des Steuerpflichtigen bei Feststellung und Auswertung der Verhältnisse Dritter ist zu beachten. Keine Rolle darf für die Ermessensbetätigung die Frage spielen, ob sich eine Kontrollmitteilung zugunsten oder zuungunsten des Dritten auswirken würde. Beachtenswert für die Anfertigung einer Kontrollmitteilung ist ferner, ob im Interesse der Vermeidung widerstreitender Steuerfestsetzungen nach § 174 AO, die steuerliche Behandlung eines Sachverhalts beim geprüften Steuerpflichtigen zu einer korrespondierenden Behandlung bei einem Dritten führen muß.

2. Schutz des Steuergeheimnisses

Erlangt ein Prüfer im Außenprüfungsverfahren Kenntnis von steuerlich relevanten Tatsachen eines Dritten, so unterliegen diese nach § 30 AO dem **Schutz des Steuergeheimnisses.** Nach § 30 Abs. 4 Nr. 1 AO ist die Offenbarung von im Außenprüfungsverfahren erlangten Kenntnissen aber zulässig, soweit sie der Durchführung eines Steuerverfahrens i.S.d. § 30 Abs. 2 Nr. 1 Buchst. a und b AO dienen. Daraus folgt: Mitteilungen zwischen den in § 6 AO genannten Finanzbehörden und sonstigen Behörden sind zulässig. Dies bedeutet aber, daß die Erstellung von Kontrollmitteilungen sowohl nach § 30 AO als auch – ausdrücklich – nach § 194 Abs. 3 AO zulässig ist.

Diese Zulässigkeit begründet aber kein uneingeschränktes Offenbarungsrecht, sondern erklärt Offenbarungen in concreto nur unter dem Aspekt des Steuergeheimnisses für unbedenklich. Unabdingbar bleibt eine erforderliche Rechtfertigung der Offenbarung, insbesondere hinsichtlich ihrer Verhältnismäßigkeit.

§ 31 AO läßt die Zulässigkeit der Offenbarung unberührt, denn er betrifft nicht die steuerlichen Verhältnisse „anderer“ Personen. Das Gebot des § 30 Abs. 1 AO, wonach

---

[24] Bisher wurden die von den Prüfern gefertigten Kontrollmitteilungen überwiegend erst **nach** Abschluß der Außenprüfung abgesandt.

[25] So nun auch § 9 Satz 1 BpO 2000: Feststellungen ... nach § 194 Abs. 3 AO ... sollen der zuständigen Finanzbehörde mitgeteilt werden.

Amtsträger das Steuergeheimnis zu wahren haben, konkretisiert die informationelle Selbstbestimmung für das Besteuerungsverfahren. Das Gebot ist das Äquivalent für die umfangreichen Offenbarungs- und Mitwirkungspflichten der – beteiligten – Steuerpflichtigen und anderer Personen nach §§ 90 ff., 93 ff. und 137 ff. AO.[26] Die Steuerpflichtigen müssen darauf vertrauen können, daß die Finanzverwaltung die offengelegten Verhältnisse nicht unbefugt weitergibt. Grenzen der Zulässigkeit des Austausches von Informationen ergeben sich für die Finanzverwaltung aus § 30 AO.

3. Bindung der Kontrollmitteilungen

Die Kontrollmitteilungen sind aber an Feststellungen gebunden, die „anläßlich einer Außenprüfung" gemacht wurden.[27]

III. Kontrollmitteilungen und Schutz von Bankkunden

1. Keine Mitteilung von Konten

Bei Außenprüfung von Kreditinstituten darf der Prüfer nach § 30 a Abs. 2 AO von den Kreditinstituten zum Zwecke der allgemeinen Überwachung die einmalige oder periodische **Mitteilung von Konten** bestimmter Art oder bestimmter Höhe **nicht verlangen.**[28 29]

---

[26] Vgl. dazu BVerfG, Urteil vom 27.6.1991 – 2 BvR 1493 / 89 – BStBl. 1991 II, 654 ff..

[27] **Schuhmann,** Die sogenannten Kontrollmitteilungen der Außenprüfer, BB 1981, S. 1573: Die Kontrollmitteilungen müssen „anläßlich" einer Außenprüfung gemacht werden. D.h. die Außenprüfung muß begonnen sein, darf aber noch nicht beendet sein. **Tipke,** in: Tipke / Kruse, AO / FGO, § 194 AO, Tz. 8 sieht „anläßlich" als einen synonymen Begriff für „gelegentlich" an. Dem widerspricht **Schick,** in: Hübschmann / Hepp / Spitaler, AO / FGO, § 194 AO, Anm. 387: Zwischen Prüfung beim Steuerpflichtigen und der Feststellung der Kontrollmitteilung muß sowohl ein äußerer als auch innerer Zusammenhang bestehen.

[28] Würde gleichwohl Kontrollmaterial gefertigt und weitergegeben, könnte der **Bankkunde** mittels Feststellungsklage nach § 41 Abs. 1 Alt. 1 FGO die Feststellung begehren, daß die Fertigung und Weitergabe rechtswidrig waren; vorausgesetzt, er erlangt davon überhaupt Kenntnis. Ein vorbeugender Rechtsschutz kann jedoch nicht begehrt werden. Das Interesse des Klägers besteht darin, die Rechtswidrigkeit der Ermittlungsmaßnahme feststellen zu lassen und damit die Verwertung der ermittelten Tatsachen zu verhindern. Vgl. dazu BFH, Urteil vom 8.4.1981 – II R 47 / 79 – BStBl. 1981 II, 581; BFH, Urteil vom 14.8.1985 – I R 188 / 82 – BStBl. 1986 II, 2; BFH, Urteil vom 20.2.1990 – IX R 83 / 88 – BStBl. 1990 II, 789.
Das Verwertungsverbot wird regelmäßig **im** Rechtsbehelfsverfahren gegen den Steuer- oder den Feststellungs**bescheid** geltend gemacht. Bei Erfolglosigkeit im Vorverfahren besteht die Möglichkeit der Anfechtungsklage nach § 40 Abs. 1 Satz 1 Alt. 1 FGO. Denkbar ist auch eine Leistungsklage nach § 40 Abs. 1 Alt. 3 FGO auf Unterlassung der Weitergabe und Verwertung von Kontrollmaterial. Dazu ist jedoch ein Geltendmachen des Klägers i.S.d. § 40 Abs. 2 FGO erforderlich, durch die verwaltungsinterne Weitergabe des Kontrollmaterials in seinen Rechten verletzt zu sein. Hierzu BFH, Beschluß vom 28.10.1997 – VII B 40 / 97 – BFH / NV 1998, 424 ff..
Vorläufiger Rechtsschutz ist durch Antrag auf Erlaß einer einstweiligen Anordnung nach § 114 Abs. 1 FGO zu erlangen. Dazu BFH, Urteil vom 28.1.1988 – IV R 68 / 86 – BStBl. 1988 II, 449.

[29] Das **Kreditinstitut** kann sich gegen die Verwertung einer gefertigten Kontrollmitteilung nach § 40 Abs. 1 Alt. 3 FGO mittels einer allgemeinen Leistungsklage i.d. Form einer Unterlassungsklage wehren. Das Klagebegehren ist auf ein Unterlassen der Weitergabe und Verwertung des Kontrollmaterials ausgerichtet. Das Kreditinstitut muß nach § 40 Abs. 2 FGO geltend machen, durch die verwaltungsinterne Weitergabe des Kontrollmaterials in seinen Rechten verletzt zu sein. Als Recht kommt das Eigentumsrecht der Bank nach § 903 Satz 1 BGB i.V.m. dem Abwehranspruch nach Art. 14 Abs. 1 Satz 1 GG i.V.m. Art. 2 Abs. 1 GG in Betracht. Denn eine Verletzung von Eigentumsrechten liegt auch in der unberechtigten Benutzung von Geschäftsunterlagen durch andere Personen; damit also auch in dem Anfertigen von Abschriften. So auch BFH, Beschluß vom 28.10.1997 – VII B 40 / 97 – BFH / NV 1998, 424.
Vorläufigen Rechtsschutz kann das Kreditinstitut durch § 114 Abs. 1 FGO erlangen. Auf Antrag kann das Gericht schon vor Klageerhebung eine einstweilige Anordnung in Bezug auf den Streitgegenstand treffen.

Die Finanzbehörden haben vielmehr nach § 30 a Abs. 1 AO bei der Ermittlung des Sachverhalts i.S.d. § 88 AO auf das **Vertrauensverhältnis** zwischen den Kreditinstituten und deren Kunden besonders Rücksicht zu nehmen. Dieses Vertrauensverhältnis beruht seitens des Kreditinstituts einerseits auf seinem Geschäftsgebaren, das vor allem durch das Bankgeheimnis bestimmt wird, andererseits, überwacht durch die Bankenaufsicht, auf der strikten Einhaltung der Vorschriften über die Zulassung zum Geschäftsbetrieb, über das Eigenkapital und die Liquidität sowie über das Kreditgeschäft und den Sparverkehr. Seitens des Bankkunden beruht das Vertrauensverhältnis auf seiner Kreditwürdigkeit, Bonität und Zuverlässigkeit.

Im Rahmen des Zweckes des § 30 a AO, das Vertrauensverhältnis im Interesse des Bankkunden gegenüber der Finanzverwaltung zu **schützen,** ergibt sich ein Problem: nämlich, wie läßt sich der Grundsatz der gleichmäßigen Festsetzung und Erhebung der Steuern nach § 85 AO mit dem Grundsatz des Schutzes von Bankkunden nach § 30 a AO in Einklang bringen? Einigkeit besteht bei allem Meinungspluralismus darüber, daß § 30 a AO keinen absoluten Schutz des Bankgeheimnisses vor den steuerlichen Nachforschungen der Finanzverwaltung statuiert.[30]

So „sollen" z.B. nach § 30 a Abs. 4 AO in Steuererklärungsvordrucken die Nummern von Konten und Depots, die der Steuerpflichtige bei Kreditinstituten unterhält, regelmäßig nicht verlangt werden. Das Verb „sollen" in § 30 a Abs. 4 AO steht aber einem finanzbehördlichen Informationsverlangen nicht entgegen. Das bedeutet, daß die Finanzverwaltung, unter Umgehung des § 30 a Abs. 4 AO, nach § 93 AO i.V.m. § 88 Abs. 1 AO i.V.m. § 90 Abs. 1 AO von dem Kreditinstitut und dem Steuerpflichtigen die für die Feststellung des besteuerungsrelevanten Sachverhalts erforderlichen **Auskünfte** verlangen kann.[31]

Für Einzel-Auskunftsersuchen an Kreditinstitute gilt nach § 30 a Abs. 5 Satz 1 AO der § 93 AO. Ein Mitwirkungsverweigerungsrecht seitens der Bank besteht nicht.[32] Auch aus dem sog. Bankgeheimnis ergibt sich kein Auskunftsverweigerungsrecht gegenüber der Finanzbehörde. Ebenso hat die Bank kein Auskunftsverweigerungsrecht zum Schutz bestimmter Berufsgeheimnisse nach § 102 AO.[33]

Ist die Person des Steuerpflichtigen bekannt und gegen ihn kein Verfahren wegen einer Steuerstraftat oder einer Steuerordnungswidrigkeit eingeleitet, so soll nach § 30 a Abs. 5 Satz 2 AO auch im Verfahren nach § 208 Abs. 1 Satz 1 AO ein Kreditinstitut – subsidiär – erst um **Auskunft** und Vorlage von **Urkunden** gebeten werden, wenn ein Auskunftsersuchen an die Steuerpflichtigen nicht zum Ziele führt oder keinen Erfolg verspricht.[34]

Unberührt davon bleibt das Recht der Finanzverwaltung, auch für eine Vielzahl von Fällen, Auskunft über die Identität von Kunden zu verlangen, denen das Kreditinstitut Bescheinigungen über gezahlte Leistungen zur Vorlage bei den Finanzbehörden ausgestellt

---

[30] So z.B. auch **Bellstedt,** Änderung der Kapitalertragsteuer, DB 1988, S. 2119 ff.; **Apitz,** Erweiterter Schutz des Bankkunden durch § 30 a AO?, StBp 1989, S. 217 ff.; **Krabbe,** Änderungen des Steuerverfahrensrechts durch das Steuerreformgesetz 1990, DB 1988, S. 1668 ff..

[31] Vgl. dazu **Apitz,** Erweiterter Schutz des Bankkunden durch § 30 a AO?, StBp 1989, S. 217 ff.; **Bruschke,** Das Bankgeheimnis, BB 1990, S. 392 ff.; BFH, Urteil vom 18.2.1997 – VIII R 33 / 95 – BStBl. 1997 II, 499.

[32] Vgl. dazu BFH, Urteil vom 18.3.1987 – II R 35 / 86 – BStBl. 1987 II, 419.

[33] Vgl. in diesem Zusammenhang BFH, Beschluß vom 21.12.1992 – XI B 55 / 92 – BStBl. 1993 II, 451; BFH, Urteil vom 20.2.1979 – VII R 16 / 78 – BStBl. 1979 II, 268; **Schuhmann,** Auskunftsverweigerungsrechte in der steuerlichen Außenprüfung, StBp 1996, S. 89 ff.; **Scholtz,** Die Erfassung der Zinserträge unter Berücksichtigung der gesetzlichen Regelung des Bankgeheimnisses und der sog. Zinsamnestie, DStZ 1989, S. 263 ff..

[34] Vgl. in diesem Zusammenhang FG München, Urteil vom 16.10.1996 – 1 K 983 / 92 – EFG 1997, 42; ergänzend BFH, Urteil vom 24.3.1987 – VII R 30 / 86 – DB 1987, 484 (zur Zulässigkeit von Sammelauskunftsersuchen).

hatte, die in hohem Maße mißverständlich sind und dadurch die richtige Besteuerung gefährden können.[35]
§ 30 a Abs. 2 AO schließt aber die Verwertung von zufällig erlangtem Wissen nicht aus.[36]

2. Einschränkung durch Bankenerlaß

Diese **Einschränkung** zur Erstellung von Kontrollmitteilungen hatte die Finanzverwaltung „sich selbst“ bereits im sog. **Bankenerlaß**[37] auferlegt, um so das Vertrauensverhältnis zwischen den Kreditinstituten und deren Kunden zu wahren.[38]
Die Finanzbehörden durften nach dieser Rechtslage von den Kreditinstituten keine einmaligen oder periodischen Mitteilungen von Konten bestimmter Art oder bestimmter Höhe verlangen. Die stichprobenweise Feststellung von Guthabenkonten oder Depots und die Fertigung von Kontrollmitteilungen war untersagt. Die Angabe von Bankkonten oder Sparkassenguthaben sollte vom Steuerpflichtigen nicht verlangt werden.[39] Nach Inkrafttreten der AO 1977 wurde der Bankenerlaß durch das BMF-Schreiben vom 31.8.1979[40] neu gefaßt und durch das Steuerreformgesetz 1990 vom 25.7.1988[41] als § 30 a AO in die AO übernommen.
Nicht vorherzusehen war dabei das **Problem,** daß der Grundsatz der effizienten und gleichmäßigen Besteuerung nach § 85 AO mit dem zivilrechtlich verankerten Bankgeheimnis kaum in Einklang zu bringen ist.[42] Daran hat auch das Zinsabschlagsgesetz nichts geändert.

3. Einschränkung durch § 30 a AO

Durch **§ 30 a AO** hat die Einschränkung zur Erstellung von Kontrollmitteilungen im Vergleich zum bisherigen sog. Bankenerlaß zwar eine **verbesserte rechtliche Qualität** erfahren.[43] Eine tatsächliche Verbesserung für die Praxis hat § 30 a AO aber nicht gebracht. Ihm fehlt, abgesehen von der Regelung der Steuerfahndung, ein eigenständiger Regelungsinhalt. Stattdessen beschränkt er sich überwiegend auf die Klarstellung steuerlicher Ermittlungsgrundsätze.[44]
Nach § 30 a Abs. 2 AO dürfen die Finanzbehörden von den Kreditinstituten zum Zweck der allgemeinen Überwachung die einmalige oder periodische Mitteilung von Konten bestimmter Art oder bestimmter Höhe zwar **nicht** verlangen. § 30 a Abs. 2 AO schließt aber die Verwertung von **zufällig** erlangtem Wissen auch nicht aus. Der BFH[45] versteht – erweiternd – auch das erfragte Wissen über einmalige oder periodische Kontenbewegungen als zufällig

---

[35] Vgl. dazu BFH, Urteil vom 24.10.1989 - VII R 1 / 87 - DB 1990, 259 ff.. Ergänzend dazu **Rolletschke,** Kontrollmitteilungen der Steuerfahndung in Bankverfahren: Ein Auslegungsdissens zwischen dem VIII. und VII. Senat des BFH, DStZ 1999, S. 887.
[36] Vgl. dazu **Rüsken,** in: Klein, AO, 7. Aufl., 2000, § 194 AO, Rz. 31.
[37] „Erlaß des Direktors der Verwaltung für Finanzen“ vom 24.6.1949, DStZ / E 1949, 242.
[38] **Lohmeyer,** Das Bankgeheimnis im Steuerrecht, KStZ 1987, S. 88; **Nieland,** Der Einfluß des § 30 a AO auf die Besteuerung von Kapitalanlagen bei Banken, DStZ 1990, S. 192.
[39] Vgl. in diesem Zusammenhang BVerfG, Urteil vom 27.6.1991 – 2 BvR 1493 / 89 – BStBl. 1991 II, 654.
[40] BMF, Schreiben vom 31.8.1979 – IV A 7 – S 0230 – 11 / 79 – BStBl. 1979 I, 590.
[41] BStBl. 1988 I, 224.
[42] Vgl. in diesem Zusammenhang BFH, Urteil vom 18.2.1997 – VIII R 33 / 95 – BStBl. 1997 II, 499 ff..
[43] Beim Bankenerlaß handelte es sich lediglich um eine Verwaltungsanweisung ohne Bindungswirkung für die Finanzgerichte. Vgl. dazu den sog. Erlaß des Direktors der Verwaltung für Finanzen vom 24.6.1949 – DStZ / E 1949, 242. Nach ihm war es unzulässig, Kontrollmitteilungen auszuschreiben. Vgl. in diesem Zusammenhang auch BVerfG, Urteil vom 27.6.1991 – 2 BvR 1493 / 89 – BStBl. 1991 II, 654 ff.. Vgl. auch BMF- Schreiben vom 31.8.1979 – IV A 7 – S 0230 – 11 / 79 – BStBl. 1979 I, 590, durch das der Bankenerlaß neu gefaßt wurde. Zu seiner Rechtmäßigkeit **Tipke,** in: Tipke / Kruse, AO / FGO, 16. Aufl., 1996, § 102 AO, Tz. 6; FG Baden – Württemberg, Außensenate Freiburg, Urteil vom 5.6.1986 – III K 325 / 83 – EFG 1986, 451.
[44] So auch **Bruschke,** Das Bankgeheimnis, BB 1990, S. 392 ff.; ferner BFH, Urteil vom 18.2.1997 – VIII R 33 / 95 – BStBl. 1997 II, 499.
[45] Vgl. dazu BFH, Urteil vom 18.2.1997 – VIII R 33 / 95 – BStBl. 1997 II, 499 ff..

erlangtes, und damit zulässiges, Wissen. Darüber hinaus erweitert Hellwig[46] das zulässige Wissen noch auf das durch Einzelermittlungen erlangte Wissen, da § 30 Abs. 2 AO nach seinem Zweck Bankkunden vor „allgemeiner Überwachung", nicht aber vor Einzelermittlungsmaßnahmen schützen solle. Relevant ist in diesem Zusammenhang auch das Recht der Finanzverwaltung, Auskunft über die Identität von Bankkunden verlangen zu können, die ihr mißverständliche Bescheinigungen über gezahlte Leistungen vorlegen. Auch dieses Recht auf Auskunft bleibt durch § 30 a AO unberührt.[47]

Nicht unberührt bleibt hingegen eine Ermittlungspraxis der Finanzverwaltung, die das Verbot der allgemeinen Kontoüberwachung dadurch zu umgehen trachtet, daß sie nicht die Mitteilung von Konten **„bestimmter** Art oder **bestimmter** Höhe" i.S.d. § 30 a Abs. 2 AO verlangt, sondern die Mitteilung **sämtlicher** Kontenstände und Konteninhaber. Eine solche „Ermittlung ins Blaue" ist nach § 30 a AO unzulässig. Sie würde die Kontrollmitteilungen zum eigentlichen Zweck der Außenprüfung machen.

Um dies zu vermeiden, ordnet die Finanzverwaltung die Prüfung der Kreditinstitute selbst an. Denn § 30 a AO schützt die **Bankkunden,** nicht die Banken. Damit kann die Finanzverwaltung sämtliche Kontenstände und Konteninhaber feststellen, um – subjektiv – die ordnungsgemäße Besteuerung des Kreditinstituts zu überprüfen. Damit kann die Finanzverwaltung wenigstens teilweise die Einschränkung der Möglichkeit von Sammelermittlungen durch § 30 a Abs. 2 AO umkehren. Unterstützt wird sie dabei noch durch § 33 ErbStG, der für Kreditinstitute, außerhalb des § 30 a Abs. 2 AO, eine eigenständige Anzeigepflicht aus konkretem Anlaß statuiert.[48]

§ 30 a Abs. 3 AO ermöglicht auch hier einen gewissen Schutz für und von Bankkunden. So dürfen die Guthabenkonten oder Depots anläßlich einer Außenprüfung bei einem Kreditinstitut nach § 30 a Abs. 3 Satz 1 AO nur ausnahmsweise zwecks Nachprüfung der ordnungsmäßigen Versteuerung festgestellt oder abgeschrieben werden.[49] Betriebsinterne Konten des Kreditinstituts werden von § 30 a Abs. 3 AO nicht erfaßt, sodaß Kontrollmitteilungen hier grundsätzlich zulässig sind.

4. Legitimationsprüfung nach § 154 Abs. 2 AO

§ 30 a Abs. 3 Satz 1 AO setzt jedoch für eine Einschränkung von Kontrollmitteilungen voraus, daß die Bank bei Errichtung der Kundenkonten – im Interesse der **Sicherung der formellen Kontenwahrheit** – die sog. **Legitimationsprüfung** nach § 154 Abs. 2 AO vorgenommen hat.[50]

Bei den obersten Finanzbehörden des Bundes und der Länder besteht aber Übereinstimmung, daß Prüfungshandlungen zur Gewinnung von Kontrollmaterial im Rahmen der Außenprüfung auch bei Kreditinstituten und Banken zulässig und notwendig sind. Aus diesem Grunde stellt das FM Sachsen – Anhalt[51] daher zutreffend fest, daß grundsätzlich aus allen Konten, die nicht ausdrücklich in § 30 a Abs. 3 AO erwähnt sind, Kontrollmitteilungen i.S.d. § 194 Abs. 3 AO gefertigt werden können. „Weder § 30 a Abs. 1 noch Abs. 3 AO stehen dem entgegen."

---

[46] **Hellwig,** in: Hübschmann / Hepp / Spitaler, AO / FGO, § 30 a AO, Anm. 17.

[47] Vgl. dazu BFH, Urteil vom 24.10.1989 – VII R 1 / 87 – DB 1990, 259 ff..

[48] In diesem Zusammenhang vgl. BFH, Beschluß vom 2.10.1992 – VIII B 129 / 91 – BStBl. 1992 II, 615.

[49] Vgl. in diesem Zusammenhang auch BFH, Urteil vom 18.2.1997 – VIII R 33 / 95 – BStBl. 1997 II, 499 ff. (zum Widerspruch zwischen § 30 a Abs. 3 Satz 1 und Satz 2 AO); ferner **Hamacher,** Kontrollmitteilungen bei Betriebsprüfungen in Banken, DB 1996, S. 2460 ff.; BFH, Beschluß vom 28.10.1997 – VII B 40 / 97 – BFH / NV 1998, 424 ff..

[50] So auch AEAO (i.d.F. BMF – Schr. v. 14.2.2000 – BStBl. 2000 I, S. 190, ber. S. 435) zu § 30 a AO, Nr. 1. Vgl. dazu auch **Klingelhöfer,** Anfertigung von Kontrollmaterial – Möglichkeiten und Grenzen, StBp 2002, S. 3 ff..

[51] FM Sachsen – Anhalt, Erlaß betr. Fertigung von Kontrollmitteilungen von allen nicht in § 30 a Abs. 3 AO genannten Konten vom 17.11.1997 – 45 – S 1505 – 3 – Steuererlasse (C. H. Beck) Nr. 800, § 30 a / 1.

Das FM Sachsen – Anhalt bezieht sich insofern auf die Rechtsprechung des BFH[52], die die vorstehende Auffassung der obersten Finanzbehörde des Bundes und der Länder ausdrücklich bestätigt hat. Demgemäß ist § 30 a Abs. 3 AO dahingehend auszulegen, daß auch hinsichtlich Guthabenkonten und Depots, bei deren Errichtung eine Legitimationsprüfung nach § 154 Abs. 2 AO vorgenommen worden ist, Kontrollmitteilungen ausgeschrieben werden dürfen, wenn ein **hinreichender Anlaß** besteht.[53] Verboten bleibt nach § 30 a Abs. 3 AO allerdings eine willkürliche Fertigung von Kontrollmitteilungen im Zuge einer Außenprüfung, die zu einer unzulässigen Rasterfahndung führen könnte.[54] Dies ist z.B. dann gegeben, wenn bestimmte Personen aus einer großen Gruppe von Bankkunden „herausgefiltert" werden, um weitere Ermittlungsmaßnahmen zu finden.[55]
Ergeben sich Erkenntnisse über den Verdacht von Steuerverkürzungen durch Bankkunden, so dürfen auch Konten und Depots, bei denen nach § 154 Abs. 2 AO eine Legitimationsprüfung erfolgt ist, mittels Kontrollmitteilungen ausgewertet werden. Der Schutz des § 30 a Abs. 3 AO steht hier nicht entgegen.[56]

5. Sicherung der formalen Kontenwahrheit[57]

a) Pflicht zur Kontenwahrheit

Nach § 154 Abs. 1 AO darf **niemand** – z.B. als Kunde[58] oder Geschäftspartner – auf einen falschen[59] oder erdichteten[60] Namen[61] für sich oder einen Dritten ein Konto[62] errichten[63] oder Buchungen[64] vornehmen lassen, Wertsachen (z.B. in- oder ausländisches Geld, Wertpapiere wie z.B. Rekta-, Order- oder Inhaberpapiere, Kostbarkeiten[65]) in Verwahrung geben oder verpfänden oder sich ein Schließfach[66] geben[67] lassen.

[52] BFH, Urteil vom 18.2.1997 – VIII R 33 / 95 – BStBl. 1997 II, 499.
[53] A. A. BFH, Beschluß vom 28.10.1997 – VII B 40 / 97 – BFH / NV 1998, 424 ff.. Er will die Befugnisse der Prüfer gegenüber § 194 Abs. 3 AO einschränken, um dem Sinn des § 30 a Abs. 3 AO zu entsprechen.
[54] Vgl. auch FG Schleswig – Holstein, Beschluß vom 28.11.2000 – V 288 / 00 – EFG 2001, 182.
[55] So zutreffend FM Sachsen – Anhalt, Erlaß ... , a.e.a.O..
[56] Vgl. in diesem Zusammenhang **Apitz,** Erweiterter Schutz des Bankkunden durch § 30 a AO? StBp 1989, S. 217 ff.; **Hellwig,** in: Hübschmann / Hepp / Spitaler, AO / FGO, § 30 a AO, Anm. 28; **Schick,** in: Hübschmann / Hepp / Spitaler, AO / FGO, § 194 AO, Anm. 381 (Die zulässige Feststellung von Guthabenkonten oder Depots ist logische Voraussetzung für die Fertigung von Kontrollmitteilungen).
[57] Dazu im einzelnen **Mösbauer,** Die Haftung bei Verletzung der Pflicht zur Kontenwahrheit, INF 1990, S. 7 ff.; **Mösbauer,** Steuergefährdung durch Verletzung der Pflicht zur Kontenwahrheit nach § 154 I AO, NStZ 1990, S. 475 ff.; **Mösbauer,** Steuerstraf- und Steuerordnungswidrigkeitenrecht (einschließlich Steuer- und Zollfahndung), 2. Aufl., 2000, § 26 (S. 394 ff.).
[58] Der **Kunde** ist primärer Adressat des Verbots in § 154 Abs. 1 AO. So auch AEAO (i.d.F. BMF – Schr. v. 14.2.2000 – BStBl. 2000 I, S. 190, ber. S. 435) zu § 154 AO, Nr. 1 Satz 1. Das Verbot, im eigenen Geschäftsbetrieb falsche oder erdichtete Namen für Konten zu gebrauchen, ist in § 146 Abs. 1 AO geregelt.
[59] D.i. der Name eines anderen als des Verfügungsberechtigten.
[60] ...; der Name ist frei erfunden. Zulässig ist jedoch die Verwendung eines frei erfundenen Künstlernamens, wenn die Identität des Künstlers zweifelsfrei feststellbar ist.
[61] Das kann ein bürgerlicher Name, aber auch ein Firmenname (§ 17 HGB) sein.
[62] D.i. die buch- und rechnungsmäßige Erfassung des jeweiligen Standes von laufenden Geschäftsbeziehungen zwischen dem Kontoinhaber und dem Kontoführer. Sie ist nicht auf Kreditinstitute beschränkt, sondern kann auch durch andere natürliche Personen erfolgen. Der Begriff „Konto" geht also über das reine Bankkonto hinaus; vgl. dazu auch RFH, Gutachten v. 28.9.1928 – V D 2 / 28 – RFHE 24, 203, 305.
[63] Der Neuerrichtung ist die Übertragung gleichzuachten.
[64] D.s. Gut- und Lastschriften.
[65] Bei ihnen handelt es sich um Sachen, deren Wert im Verhältnis zu ihrer Größe unverhältnismäßig hoch ist, z.B. Edelmetall, Schmuck, Kunstgegenstände, Edelsteine und alte Münzen.
[66] Schließfächer in diesem Sinne sind nicht die anonymen Schließfächer in Bahnhöfen und auf Flughäfen, sowie die Postschließfächer. Es sind vielmehr nur jene Schließfächer, die von dem Überlassenden in jedem konkreten Fall zum Zwecke der Aufbewahrung von Wertsachen überlassen werden.
[67] Die Geber müssen nicht notwendig geschäftsmäßig Schließfächer überlassen.

Konten Dritter, Anderkonten und Fremdkonten sind keine Konten i.S. des § 154 Abs. 1 AO[68]. Ihre Errichtung ist zulässig. Allerdings ist die Existenz des Dritten nachzuweisen. Der ausdrücklichen Zustimmung des Dritten bedarf es nicht.

b) Prüfungspflicht des Kontenführers

aa) Gewißheit über die Person des Verfügungsberechtigten

Wer[69] für einen anderen ein Konto führt, Wertsachen verwahrt oder als Pfand nimmt oder ein Schließfach überläßt, hat sich nach § 154 Abs. 2 Satz 1 AO zuvor[70] **Gewißheit**[71] über die Person[72] [73] und Anschrift[74] des **Verfügungsberechtigten**[75] zu verschaffen und die entsprechenden Angaben in geeigneter Form, bei Konten auf dem Kontenblatt, dem Kontoeröffnungsantrag oder sonst in einer Kartei festzuhalten.[76]

bb) Die Legitimationspflichtigen

Die **Legitimationspflicht** des § 154 Abs. 2 Satz 1 AO ist nicht auf Kreditinstitute[77] beschränkt, sondern richtet sich an alle, auch an Privatpersonen, die für einen anderen Konten führen, Wertsachen verwahren oder von ihm zum Pfand nehmen oder ihm Schließfächer überlassen.

cc) Abwicklung von Geschäftsvorfällen über CpD-Konten

---

[68] Bestätigend AEAO (i.d.F. BMF – Schr. v. 14.2.2000 – BStBl. 2000 I, S. 190, ber. S. 435) zu § 154 AO, Nr. 2. Der ausdrücklichen Zustimmung des Dritten bedarf es zur Errichtung der Konten nicht.

[69] Adressaten dieser Vorschrift sind nicht nur Kreditinstitute, sondern jeder Kontoführer, Verwahrer, Pfandnehmer oder Vermieter eines Schließfachs. AEAO (i.d.F. BMF – Schr. v. 14.2.2000 – BStBl. 2000 I, S. 190, ber. S. 435) zu § 154 AO, Nr. 3 Satz 2 bestätigt dies durch die Feststellung, daß die Vorschrift nicht auf Kreditinstitute beschränkt ist, sondern auch „im gewöhnlichen Geschäftsverkehr und für Privatpersonen" gilt.

[70] D.h. also **vor** Kontoeröffnung bzw. vor Annahme der Wertsachen zur Verwahrung.

[71] Die „Gewißheit über die Person" umfaßt nicht zugleich auch die Frage, ob die Person zu Recht über eine Sache verfügt. So hat z.B. ein Kontoführer nicht zu prüfen, ob z.B. die Gelder, die eine Person auf ein Konto einzahlt, vielleicht unterschlagen sind, oder ob z.B. die Wertsachen, die eine Person in Verwahrung gibt oder verpfändet, gestohlen sind.

[72] Gewißheit über eine Person besteht regelmäßig nur dann, wenn der vollständige Name der Person, sowie ihr Geburtsdatum und ihr Wohnsitz bekannt sind.

[73] Soweit eine **juristische** Person (z.B. Körperschaft des öffentlichen Rechts, AG oder GmbH) in Frage steht, ist es ausreichend, sich Gewißheit über die auf sie bezogenen amtlichen Veröffentlichungen und Register sowie die Register-Nummer zu verschaffen. So auch AEAO (i.d.F. BMF – Schr. v. 14.2.2000 – BStBl. 2000 I, S. 190, ber. S. 435) zu § 154 AO, Nr. 4 Satz 4.

[74] Gewißheit über eine nur vorübergehende Anschrift, wie z.B. eine Hotelanschrift, entspricht nicht den Erfordernissen des § 154 Abs. 2 Satz 1 AO. So auch **Baum,** in: Koch / Scholtz, AO, 5. Aufl., 1996, § 154 AO, Rz. 10; **Brockmeyer,** in: Klein, AO, 6. Aufl., 1998, § 154 AO, Anm. 4 a.E..

[75] Verfügungsberechtigter ist regelmäßig derjenige, der befugt ist, z.B. von dem Konto Geld abzuheben, ohne lediglich als Vertreter, wie z.B. als Treuhänder oder gesetzlicher Vertreter, aufzutreten. Der Verfügungsberechtigte braucht nicht zugleich Inhaber zu sein. Vgl. dazu auch **Tipke / Kruse,** AO / FGO, § 154 AO, Tz. 5.

[76] Vgl. dazu **Hamacher,** Umfang der Pflicht zur Legitimationsprüfung nach § 154 Abs. 2 AO, DB 1987, S. 1324; **Wallach,** Zur aktuellen Diskussion um die Neuregelung der Legitimationsprüfungspflicht gem. § 154 II AO, DB 1987, S. 2497 ff.; **Kühn / Hofmann,** AO / FGO, 17. Aufl., 1995, § 154 AO, Anm. 3; **Trzaskalik,** in: Hübschmann / Hepp / Spitaler, AO / FGO, § 154 AO, Anm. 20 – 22.

[77] So auch **Brockmeyer,** in: Klein, AO, 6. Aufl., 1998, § 154 AO, Anm. 3; **Baum,** in: Koch / Scholtz, AO, 5. Aufl., 1996, § 154 AO, Rz. 7.

Verboten ist, nach ausdrücklicher Feststellung des Einführungserlasses zur AO zu § 154 Abs. 3 Satz 3[78], die Abwicklung von Geschäftsvorfällen über sog. Conto pro Diverse – **CpD-Konten**[79], wenn der Name des Beteiligten bekannt ist oder unschwer ermittelt werden kann und für ihn bereits ein entsprechendes Konto geführt wird.[80]
Die Schutzwirkung des § 30 a Abs. 3 AO entfällt bei CpD-Konten allein schon wegen der fehlenden Legitimationsprüfung.

dd) Der Verfügungsberechtigte

Da die Legitimationsprüfung nach § 154 Abs. 2 Satz 1 AO zwingend[81] ist, darf der Prüfungspflichtige **vor** Erfüllung dieser Pflicht **keine** Aufträge des Verfügungsberechtigten erledigen. **Verfügungsberechtigter** kann sowohl der Inhaber der Forderung sein, als auch der, der als kraft Gesetzes oder Rechtsgeschäfts Berechtigter für diesen Inhaber verfügen darf.[82]

ee) Verfügungsberechtigung bei Verträgen zugunsten Dritter

Problematisch kann die Frage der **Verfügungsberechtigung** vor allem **bei Verträgen zugunsten Dritter** nach § 328 Abs. 1 BGB sein, wenn sich nicht mit Sicherheit feststellen läßt, ob der Begünstigte **echter** – unmittelbarer – **Forderungsinhaber** werden sollte. In diesem Falle sind Name und Anschrift des Kontoinhabers und des Kontoerrichtenden festzuhalten.[83]

ff) Errichtung eines Gemeinschaftskontos

Wird ein **Gemeinschaftskonto,** wie z.B. ein „Oder-Konto" oder ein „Und-Konto", errichtet, so hat sich der Kontoführer Gewißheit über die Person aller Guthaben-Inhaber zu verschaffen. Eine solche **„Legitimation aller"** kann aktuell werden bei BGB-Gesellschaften und Erbengemeinschaften. Problematisch kann sie bei nicht eingetragenen Vereinen mit hoher Mitgliederfluktuation werden. Für diesen Fall ist es zulässig, das (Treuhand) Konto auf den Namen eines Vorstandsmitglieds zu errichten.
Zulässig ist es auch, ein Konto auf den Namen einer Einzelfirma (§ 18 HGB), einer OHG (§ 124 Abs. 1 HGB), einer KG (§§ 124 Abs. 1, 161 Abs. 2 HGB), einer GmbH & Co.KG, einer GmbH, einer AG oder einer eG zu errichten. Der Verfügungsberechtigte ist hier aus dem Handels- bzw. dem Genossenschaftsregister zu entnehmen.[84]

gg) Die Legitimationsprüfung

---

78 Gleichinhaltlich nunmehr auch AEAO (i.d.F. BMF – Schr. v. 14.2.2000 – BStBl. 2000 I, S. 190, ber. S. 435) zu § 154 AO, Nr. 3 Satz 3.

79 Dazu im einzelnen **Trzaskalik,** a.a.O., Anm. 14; ferner LG Düsseldorf, Beschluß vom 29.9.1984 – III Qs 121 – 123 / 84, wistra 1985, 201 f.; **Hamacher,** Kontrollmitteilungen bei Betriebsprüfungen in Banken, DB 1996, S. 2460 ff..

80 Aus diesem Grunde entfällt nach zutreffender Feststellung des FG Baden – Württemberg, Beschluß vom 12.8.1999 – 3 V 42 / 98 – EFG 1999, 1063 die Schutzwirkung des § 30 a AO, wenn von dem Kreditinstitut Informationen über Wertpapierkäufe durch Zwischenschaltung bankinterner Konten anonymisiert werden und der Außenprüfer seine Informationen ausschließlich durch die Prüfung der Zwischenkonten erlangt.

81 **Keine** Legitimationsprüfung ist erforderlich, wenn über die Person und Anschrift des Verfügungsberechtigten bereits Gewißheit besteht, z.B. weil schon Konten existieren.

82 A. A. **Tipke / Kruse,** AO / FGO, § 154 AO, Tz. 5.

83 So auch AEAO (i.d.F. BMF – Schr. v. 14.2.2000 – BStBl. 2000 I, S. 190, ber. S. 435) zu § 154 AO, Nr. 4 Sätze 5 und 6.

84 Vgl. in diesem Zusammenhang auch **Trzaskalik,** in: Hübschmann / Hepp / Spitaler, AO / FGO, § 154 AO, Anm. 6 – 14.

Die **Legitimationsprüfung** des Verfügungsberechtigten erfolgt regelmäßig durch Vorlage eines Lichtbildausweises, eines Reisepasses, eines Führerscheins, einer Geburtsurkunde, einer Heiratsurkunde, eines Familienstammbuchs, durch Unterschriftsvergleich, Urkundenvergleich, Bevollmächtigungsnachweis, Registerauszug sowie Beiziehung amtlicher Veröffentlichungen.

hh) Prüfen – Festhalten – Sichern

Die **Prüfung** umfaßt auch ein **Festhalten** und **Sichern** der gewonnenen Erkenntnisse. Ob daraus schon die rechtliche Unzulässigkeit der sog. **Nummernkonten**[85] folgt, muß zumindest angezweifelt werden. Denn eine gesetzgeberische Intention für das Verbot eines Nummernkontos gelangt jedenfalls im Gesetz nicht hinreichend zum Ausdruck. Dazu kommt, daß auch eine außerhalb eines Nummernkontos geführte Dokumentation den Verfügungsberechtigten hinreichend identifizieren kann.[86]

ii) Zweck der Legitimationsprüfung

Da die **Legitimationsprüfung** dem Zwecke dient, den **Auskunftsersuchen** der Finanzbehörden **jederzeit entsprechen** zu können, ist es erforderlich, daß **fortlaufend Nachweise** geführt werden, welche Personen über welche Konten oder Schließfächer verfügungsberechtigt sind (§ 154 Abs. 2 Satz 2 AO)[87]. Diese Nachweise können dann problematisch werden, wenn der Kontoinhaber, also diejenige Person, auf deren Namen das Konto lautet, nicht identisch ist mit dem über dieses Konto verfügungsberechtigten Gläubiger. Dies ist insbesondere dann der Fall, wenn der Kontoinhaber, auf dessen Namen z.B. das Sparkonto eröffnet wird, nicht sofort verfügungsberechtigter Gläubiger des Kontos werden soll, sondern z.B. erst beim Tod desjenigen, der das Konto errichtet hat.[88]

ii) Name und Anschrift des Kontoinhabers

Für die Legitimationsprüfung wird man es für ausreichend erachten dürfen, wenn der Kontoführer die **Namen** und **Anschriften** des Kontoinhabers und des verfügungsberechtigten Gläubigers auf dem Kontostammblatt festgehalten hat.[89] „Es ist unzulässig, Name und Anschrift des Verfügungsberechtigten lediglich in einer vertraulichen Liste zu führen und das eigentliche Konto nur mit einer Nummer zu kennzeichnen".[90]

c) Exkurs – Herausgabeverbot und Zuwiderhandlung

Ist gegen die Pflicht zur Kontenwahrheit nach § 154 Abs. 1 AO verstoßen worden, so tritt nach § 154 Abs. 3 AO uno actu – kraft Gesetzes – eine öffentliche **Kontensperre** zugunsten der Gläubiger (Bund, Länder, Gemeinden, Religionsgesellschaften) von Ansprüchen aus dem Steuerschuldverhältnis (§ 37 AO) ein. Sie bedeutet, daß Guthaben, Wertsachen und der Inhalt eines Schließfachs nicht ohne Zustimmung des für die Einkommen- und Körperschaftsteuer

---

[85] Dazu vgl. AEAO (i.d.F. BMF – Schr. v. 14.2.2000 – BStBl. 2000 I, S. 190, ber. S. 435) zu § 154 AO, Nr. 5.

[86] So im Erg. auch **Trzaskalik,** in: Hübschmann / Hepp / Spitaler, AO / FGO, § 154 AO, Anm. 20 – 22.

[87] Dazu AEAO (i.d.F. BMF – Schr. v. 14.2.2000 – BStBl. 2000 I, S. 190, ber. S. 435) zu § 154 AO, Nr. 6.

[88] Zur Bedeutung der Prüfungspflicht des Kontenführers im einzelnen vgl. **Mösbauer,** Steuerstraf- und Steuerordnungswidrigkeitenrecht (einschließlich Steuer- und Zollfahndung), 2. Aufl., 2000, § 26 (S. 399 f.).

[89] Vgl. hierzu AEAO (i.d.F. BMF – Schr. v. 14.2.2000 – BStBl. 2000 I, S. 190, ber. S. 435) zu § 154 AO, Nr. 4 Satz 5 und Nr. 5 Satz 1 .

[90] AEAO, a.e.a.O., zu § 154 AO, Nr. 5 Satz 2.

des Verfügungsberechtigten zuständigen Finanzamts herausgegeben werden dürfen. Herausgeben ist nicht nur die körperliche Hingabe einer Sache, sondern jedes Ermöglichen mitwirkender Verfügung über eine Sache oder ein Guthaben, z.B. durch Abheben von Geld, Überweisen vom Girokonto, Einlösen von Wechseln, Einlösen von Schecks sowie Eröffnung von Akkreditiven.[91]

Wer vorsätzlich oder leichtfertig die Pflicht zur Kontenwahrheit nach § 154 Abs. 1 AO verletzt, handelt nicht nur ordnungswidrig im Sinne einer **Steuergefährdung nach § 379 Abs. 2 Nr. 2 AO**[92], sondern **haftet** auch **nach § 72 AO**[93],soweit dadurch die Verwirklichung von Ansprüchen aus dem Steuerschuldverhältnis beeinträchtigt wird.[94]

---

[91] So auch **Tipke / Kruse,** AO / FGO, § 72 AO, Tz. 3.

[92] 1. Steuergefährdung nach § 379 Abs. 2 Nr. 2 AO.

§ 379 AO regelt die Steuergefährdung, soweit sie noch nicht durch die leges speciales § 380 AO (Gefährdung der Abzugsteuern), § 381 AO (Verbrauchsteuergefährdung) und § 382 AO (Gefährdung der Eingangsabgaben) erfaßt ist. Bei den außerhalb des Bereichs des kriminellen Unrechts stehenden Gefährdungshandlungen handelt es sich um das Ausstellen sachlich unrichtiger Belege. (§ 379 Abs. 1 Satz 1 Nr. 1 AO), das Nicht- oder unrichtige Verbuchen von nach Gesetz buchungs- oder aufzeichnungspflichtigen Geschäftsvorfällen oder Betriebsvorgängen (§ 379 Abs. 1 Satz 1 Nr. 2 AO), die Verletzung der Mitteilungspflicht nach § 138 Abs. 2 AO (§ 379 Abs. 2 Nr. 1 AO), das Zuwiderhandeln gegen eine Auflage nach § 120 Abs. 2 Nr. 4 AO (§ 379 Abs. 3 AO) sowie um die **Verletzung der Pflicht zur Kontenwahrheit nach § 154 Abs. 1 AO (§ 379 Abs. 2 Nr. 2 AO).**

Charakteristisch ist für die Tatbestandsalternative der Blankettnorm des § 379 Abs. 2 Nr. 2 AO, daß sie Verhaltensweisen erfaßt, die das Steueraufkommen besonders gefährden. Sie dienen häufig der Vorbereitung der Steuerhinterziehung oder bewirken, daß diese Vorgänge bei der nachfolgenden Steuererklärung nicht oder nicht richtig erfaßt werden. Es handelt sich sämtlich um Gefährdungshandlungen im Vorfeld der eigentlichen Verkürzungsdelikte. Sie verletzen zwar Ordnungsvorschriften, und stellen so eine abstrakte Gefährdung für die Steueransprüche des Staates dar, führen aber noch nicht unmittelbar zu einer Verkürzung der Steuereinnahmen. Qua via stellen sich die Tatbestandsalternativen so regelmäßig als Vorbereitungshandlungen für die eigentlichen Verkürzungsdelikte dar. Wegen ihrer besonderen Gefährlichkeit hat der Gesetzgeber die Handlungen bereits zu einem Zeitpunkt zutreffend mit Bußgeld bedroht, zu dem die Steuerverkürzung noch nicht einmal in das Versuchsstadium getreten ist.

Ordnungswidrig i.S. der Blankettvorschrift des § 379 Abs. 2 Nr. 2 AO handelt, wer vorsätzlich oder leichtfertig die Pflicht zur Kontenwahrheit nach § 154 Abs. 1 AO verletzt, d.h. wer vorsätzlich oder grob fahrlässig der Kontensperre des § 154 Abs. 3 AO zuwiderhandelt. Wann eine solche Zuwiderhandlung vorliegt, zeigen die folgenden Überlegungen hinsichtlich der Pflicht zur Kontenwahrheit, der Prüfungspflicht des Kontenführers und des Herausgabeverbots.

2. Personenkreis des § 154 AO

Handelnder kann eine natürliche Person sein, die z.B. als Angestellter eines Kreditinstituts, Gegenstände, die der Kontensperre des § 154 Abs. 3 unterliegen, herausgibt. Handelnder kann ferner ein Bankkunde sein, der ein Konto auf einen falschen oder erdichteten Namen errichten läßt. Der Inhaber des Kontos braucht nicht Steuerpflichtiger zu sein. Als Handelnder kann aber auch das Kreditinstitut selbst, z.B. als Kontoführer, in Betracht kommen, wenn es entgegen dem Verbot des § 154 Abs. 3 AO, seine zivilrechtliche Pflicht gegenüber dem Verfügungsberechtigten dadurch erfüllt, daß es die Herausgabe veranlaßt, anordnet oder duldet.

Ist der Kontoführer eine juristische Person, z.B. eine Bank-AG, so kommt es hinsichtlich der Merkmale „vorsätzlich" und „leichtfertig" nach § 166 Abs. 1 BGB grundsätzlich auf die Kenntnis oder das Kennenmüssen des Vertreters an. Dieser Grundsatz wird durch § 166 Abs. 2 BGB für die Fälle durchbrochen, daß ein bevollmächtigter Vertreter nach bestimmten Weisungen des Vollmachtgebers gehandelt hat. In diesem Fall kann sich der Vertretene in Ansehung solcher Umstände, die er selbst kannte, nicht auf die Unkenntnis des Vertreters berufen.

3. Vorsätzliche oder leichtfertige Pflichtverletzung.

Nach § 379 Abs. 2 Nr. 2 AO handelt nur der ordnungswidrig, der die Pflicht zur Kontenwahrheit nach § 154 Abs. 1 AO vorsätzlich oder leichtfertig verletzt.

Vorsätzlich handelt in concreto, wer um den Erfolg seines Handelns weiß, ihn in seinen Handlungswillen mit einbezieht oder ihn zumindest billigend in Kauf nimmt. Demgegenüber handelt leichtfertig, wer die ihm nach den gegebenen Umständen und seinen persönlichen Verhältnissen, wie z.B. Kenntnissen, Erfahrungen und Einsichtsfähigkeit, zumutbare Sorgfalt in ungewöhnlich hohem Maße außer acht läßt. Irrelevant ist es in diesem Zusammenhang, ob der ordnungswidrig Handelnde die Pflicht bewußt fahrlässig verletzt hat.

Soweit der Kontoführer die Pflicht durch einen Angestellten erfüllen läßt, trifft ihn selbst das Verschulden, wenn der Angestellte seine Pflicht **mangels Belehrung** oder durch einen **Organisationsmangel** bedingt nicht kannte, als **nicht zuverlässig** bekannt war oder **nicht überwacht** wurde.

Im einzelnen dazu **Mösbauer,** Steuergefährdung durch Verletzung der Pflicht zur Kontenwahrheit nach § 154 Abs. 1 AO, NStZ 1990, S. 475 ff.; ferner **Mösbauer,** Steuerstraf- und Steuerordnungswidrigkeitenrecht (einschließlich Steuer- und Zollfahndung), 2. Aufl., 2000, § 26 (S. 386 ff., vor allem S. 394 ff.).

[93] 1. Begriff, Wesen und Art der Haftung

Wer vorsätzlich oder grob fahrlässig der Vorschrift des § 154 Abs. 3 AO **zuwiderhandelt, haftet,** soweit dadurch die Verwirklichung von Ansprüchen aus dem Steuerschuldverhältnis beeinträchtigt wird. Der Haftungstatbestand des § 72 AO knüpft damit **begrifflich** an die Verletzung der zugunsten des Steuerberechtigten statuierten Pflicht aus § 154 Abs. 3 AO i.V.m. § 135 BGB an.

Das **Wesen** der Haftung nach § 72 AO besteht darin, einem Zuwiderhandeln gegen das durch § 154 Abs. 1 AO statuierte Gebot der **formalen Kontenwahrheit** und gegen die – öffentlich-rechtliche – Kontensperre, das Sicherungmittel für dieses Gebot, entgegenzuwirken. Konkret ist das Wesen der Haftung nach § 72 AO also darauf ausgerichtet, bei Verstoß gegen § 154 Abs. 1 AO zu verhindern, daß Guthaben, Wertsachen und der Inhalt eines Schließfachs ohne – vorherige, aber auch nachträgliche – Zustimmung des für die Einkommen- und Körperschaftsteuer des Verfügungsberechtigten zuständigen Finanzamts herausgegeben werden. Die **praeventive,** Haftungsfälle vermeidende, **Wirkung** der Vorschrift richtet sich gegen den Kontoführer. Er soll haften, wenn durch seinen Verstoß die Verwirklichung von Ansprüchen aus dem Steuerschuldverhältnis (§ 37 AO) gegen den Kontoinhaber beeinträchtigt wird. Die Verletzung der Pflicht zur Kontenwahrheit nach § 154 Abs. 1 AO ist **zugleich als Steuergefährdung i.S.d. § 379 Abs. 2 Nr. 2 AO** eine Steuerordnungswidrigkeit.

§ 154 AO, der im Vergleich zu § 163 RAO wesentlich erweitert worden ist, soll verhindern, daß die Überprüfung der steuerlichen Verhältnisse durch die Verwendung falscher oder erdichteter Namen bei Konten erschwert wird. Damit dient die Kontensperre dem Schutz der Gläubiger von Ansprüchen aus dem Steuerschuldverhältnis. Sie wird hinsichtlich ihrer zivilrechtlichen Wirkung qua via zu einem gesetzlichen Verfügungsverbot i.S.d. § 135 Abs. 1 BGB, mit der Maßgabe, daß die gegen das gesetzliche Verfügungsverbot verstoßende Verfügung den Steuergläubigern gegenüber – relativ – unwirksam ist. Aus dieser relativen Unwirksamkeit leitet sich das Wesen der Haftung nach § 72 AO ab. Wird durch gesetzwidriges Verfügen die Verwirklichung von Ansprüchen aus dem Steuerschuldverhältnis beeinträchtigt, hat der Zuwiderhandelnde für die Beeinträchtigung einzustehen; nicht auch diejenigen Personen, welche Rechte von einem Nichtberechtigten herleiten. Denn für sie gelten nach § 135 Abs. 2 BGB die Vorschriften der §§ 932 ff. BGB entsprechend. Doch auch sie stehen unter dem Vorbehalt des § 135 Abs. 1 BGB.

Hat z.B. ein Unternehmer bei einem Kreditinstitut auf einen erdichteten Namen ein **Schwarzgeldkonto** errichtet und hat ein privater Gläubiger des Unternehmers dieses Konto **gepfändet,** so ist diese Pfändung nach § 154 Abs. 3 AO i.V.m. § 135 Abs. 1 BGB dem Steuergläubiger gegenüber **relativ unwirksam.** Dies hat zur Folge, daß der Steuergläubiger nachträglich eine Pfändung des Schwarzgeldkontos durchführen, und dadurch die erste Rangstelle erlangen kann.

Problematisch ist das relative Verfügungsverbot dann, wenn z.B. das kontoführende Kreditinstitut mit einer Kreditforderung gegen die Forderung des Unternehmers aus dem Schwarzgeldkonto aufrechnet. Eine solche Aufrechnung wird man dem Wesen der Haftung entsprechend nur dann als Zuwiderhandeln gegen die Kontensperre zu verstehen haben, mit der Folge der Haftungsauflösung nach § 72 AO, wenn der Kontenführer seine Gegenforderung erworben hat, nachdem er bereits von dem **erdichteten Namen** Kenntnis hatte oder bei Anwendung der gebotenen Sorgfalt hätte haben müssen. Ein solches Zuwiderhandeln dürfte wohl auch dann vorliegen, wenn die Gegenforderung des aufrechnenden Kontenführers nach der Forderung aus dem Schwarzgeldkonto fällig wird und der Kontoführer im Zeitpunkt der Fälligkeit bereits weiß oder infolge grober Fahrlässigkeit nicht weiß, daß der Unternehmer das Schwarzgeldkonto auf einen erdichteten Namen errichtet hat. Abgesehen von diesen beiden Fällen wird man eine Aufrechnung des Kontenführers gegen ein auf einen erdichteten Namen angelegtes Konto nach §§ 154 Abs. 3, 72 AO, § 135 BGB i.V.m. § 392 BGB (sinngemäß) für zulässig zu erachten haben, ohne zugleich den Haftungstatbestand des § 72 AO zu verwirklichen.

Unbedenklich ist die Errichtung von Konten dritter **wirklich existierender Personen** sowie die Errichtung von **Fremd-** und **Anderkonten.**

Der **Art** nach ist die Haftung nach § 72 AO eine Ausfallhaftung. Sie ist, der Haftung nach § 69 AO und § 71 AO vergleichbar, eine Art Schadensersatzhaftung für pflichtwidriges Verhalten. Die Pflichtwidrigkeit besteht aber nur insoweit, wie das für die Einkommen- und Körperschaftsteuer des Verfügungsberechtigten zuständige Finanzamt – mit Wirkung für und gegen sämtliche Steuergläubiger – von der Verfügungsbeschränkung nach § 154 Abs. 3 AO nicht entbunden hat.

2. Voraussetzungen der Haftung

Als **Haftungsschuldner** kommt nur in Betracht, wer vorsätzlich oder grob fahrlässig der Kontensperre des § 154 Abs. 3 AO **zuwiderhandelt.** Wann eine solche Zuwiderhandlung vorliegt, sollen die folgenden Überlegungen hinsichtlich der Pflicht zur Kontenwahrheit, der Prüfungspflicht des Kontenführers und des Herausgabeverbots klären.

Haftungsschuldner kann eine (**natürliche**) Person sein, die z.B. als Angestellter eines Kreditinstituts, Gegenstände, die der Kontensperre des § 154 Abs. 3 AO unterliegen, herausgibt. Als Haftungsschuldner kann aber auch das **Kreditinstitut** selbst, z.B. als Kontoführer, in Betracht kommen, wenn es entgegen dem Verbot

IV. Rechte und Pflichten im Zusammenhang mit Kontrollmitteilungen

1. Kontrollmitteilungen über steuerlich relevante Verhältnisse Dritter

a) Anfertigung von Kontrollmitteilungen

Nach § 194 Abs. 3 AO werden Feststellungen über steuerlich relevante Verhältnisse anderer als der in § 194 Abs. 1 AO genannten Personen, die anläßlich einer Außenprüfung getroffen worden sind, der zuständigen Finanzbehörde mitgeteilt.[95]

b) Zweck der Kontrollmitteilungen

---

des § 154 Abs. 3 AO, seine zivilrechtliche Pflicht gegenüber dem Verfügungsberechtigten dadurch erfüllt, daß es die Herausgabe veranlaßt, anordnet oder duldet. Ist der Kontoführer eine juristische Person, so kommt es hinsichtlich der Tatbestandsmerkmale „vorsätzlich" und „grob fahrlässig" nach § 166 Abs. 1 BGB grundsätzlich auf die Kenntnis oder das Kennenmüssen des **Vertreters** an. Dieser Grundsatz wird durch § 166 Abs. 2 BGB für die Fälle durchbrochen, daß ein bevollmächtigter Vertreter nach bestimmten Weisungen des Vollmachtgebers gehandelt hat. In diesem Fall kann sich der Vertretene, in Ansehung solcher Umstände, die er selbst kannte, nicht auf die Unkenntnis des Vertreters berufen.
Nach § 72 AO haftet nur, wer **vorsätzlich** oder **grob fahrlässig** der Vorschrift des § 154 Abs. 3 AO zuwiderhandelt.
Vorsätzlich handelt, wer um den Erfolg seines Handelns weiß, ihn in seinen Handlungswillen mit einbezieht, oder ihn zumindest billigend in Kauf nimmt. Bei Vorliegen einer vorsätzlichen Pflichtverletzung dürfte im Regelfall zugleich eine Steuerhinterziehung nach § 370 AO gegeben sein, entweder in Eigentäterschaft, Mittäterschaft oder in Form der Teilnahme. Dies wiederum kann zur Folge haben, daß neben dem Haftungstatbestand des § 72 AO (Haftung bei Verletzung der Pflicht zur Kontenwahrheit) auch der des § 71 AO (Haftung des Steuerhinterziehers und des Steuerhehlers) in Betracht kommen kann.
Demgegenüber handelt **fahrlässig,** wer die ihm nach den gegebenen Umständen und seinen persönlichen Verhältnissen, wie z.B. Kenntnissen, Erfahrung und Einsichtsfähigkeit, zumutbare Sorgfalt außer Acht läßt. Das Außerachtlassen muß aber, da § 72 AO grobe Fahrlässigkeit voraussetzt, in **ungewöhnlich hohem Maße** erfolgt sein. Irrelevant ist es in diesem Zusammenhang, ob der Haftungsschuldner bewußt oder unbewußt fahrlässig gehandelt hat.
Läßt ein Kontoführer die Pflicht durch einen Mitarbeiter erfüllen, so wird ihm das Verschulden zugerechnet, wenn der Mitarbeiter seine Pflicht **mangels Belehrung** oder durch einen **Organisationsmangel** bedingt nicht kannte, als **nicht zuverlässig** bekannt war oder **nicht überwacht** wurde.
Der Haftungstatbestand des § 72 AO setzt weiter voraus, daß die vorsätzliche oder grob fahrlässige Pflichtverletzung nach § 154 Abs. 3 AO **ursächlich** dafür ist, daß die Verwirklichung von Ansprüchen aus dem Steuerschuldverhältnis – auf der Grundlage der in § 218 Abs. 1 AO aufgeführten Verwaltungsakte – beeinträchtigt wird. Bei **mehraktigen Verstößen** gegen die Kontensperre ist das Vorhandensein der Ursächlichkeit für jeden Einzelfall festzustellen.
3. Umfang der Haftung
Die Haftung bei Verletzung der Pflicht zur Kontenwahrheit erfaßt dem **Grunde** nach alle Ansprüche aus dem Steuerschuldverhältnis (§ 37 Abs. 1 AO). Hier gilt also das gleiche wie bei der Haftung der Vertreter nach § 69 AO.
Die **Höhe** der Haftung bestimmt sich danach, inwieweit die Pflichtverletzung **ursächlich** für den Haftungsschaden des Steuergläubigers geworden ist. Das bedeutet, daß der Schaden immer nur so hoch sein kann, wie der Wert der herausgegebenen Gegenstände.
4. Inanspruchnahme durch Haftungsbescheid
Die Haftung bei Verletzung der Pflicht zur Kontenwahrheit nach § 72 AO ist eine **Haftung kraft Gesetzes.** Die Inanspruchnahme des Haftungsschuldners richtet sich daher nach § 191 Abs. 1 AO. Da nichts anderes bestimmt ist, darf der Haftungsschuldner auf Zahlung nur in Anspruch genommen werden, soweit die Vollstreckung in das bewegliche Vermögen des Steuerschuldners ohne Erfolg geblieben oder anzunehmen ist, daß die Vollstreckung aussichtslos sein würde (§ 219 Satz 1 AO).
Im einzelnen dazu **Mösbauer,** Die Haftung für die Steuerschuld, 1990, § 9 (S. 120 ff.) und §§ 24, 25 (S. 261 ff.).
[94] Vgl. dazu im einzelnen **Mösbauer,** Die Haftung bei Verletzung der Pflicht zur Kontenwahrheit, INF 1990, S. 7 ff.; **Mösbauer,** Die Haftung für die Steuerschuld, 1990, § 9, S. 120 ff..
[95] Vgl. dazu auch § 9 Satz 1 BpO 2000; ferner **Klingelhöfer,** Anfertigung von Kontrollmitteilungen – Möglichkeiten und Grenzen, StBp 2002, S. 1 ff..

Zweck der Kontrollmitteilungen ist es, die Feststellungen des Prüfers über Verhältnisse anderer, der Prüfung nicht unterworfener, Personen der für die Durchführung der Besteuerung zuständigen Behörde zugängig zu machen.
Dieses procedere berührt das Recht des Einzelnen auf informationelle Selbstbestimmung. Als allgemeines Persönlichkeitsrecht i.S.d. Art. 2 Abs. 1 GG i.V.m. Art. 1 Abs. 1 GG schützt es den Einzelnen gegen **unbegrenzte** Erhebung, Speicherung, Verwendung und Weitergabe seiner persönlichen Daten.[96] Nur er allein hat die Befugnis, selbst über die Preisgabe und Verwendung seiner persönlichen Daten, einschließlich der wirtschaftlichen Daten, zu entscheiden.[97] Als Einschränkungen im überwiegenden Allgemeininteresse sind die Kontrollmitteilungen in concreto zulässig. Sie besitzen auch eine verfassungsgemäße gesetzliche Grundlage. Sie entspricht dem rechtsstaatlichen Gebot der Normenklarheit und ist durch den gesetzlich vorgegebenen Zweck beschränkt.

c) Inhalt der Kontrollmitteilungen

Im einzelnen sind folgende Feststellungen von Bedeutung:

aa) Feststellungen, die die Verhältnisse **dritter** Personen betreffen, und
bb) Feststellungen, die zwar die Verhältnisse des **Steuerpflichtigen** betreffen, die aber für eine andere Steuerart als die geprüfte relevant sind.

2. Feststellungen, die die Verhältnisse dritter Personen betreffen

a) Grundsätzliche Zulässigkeit von Kontrollmitteilungen

Daß Kontrollmitteilungen **grundsätzlich zulässig** sind, geht nicht nur aus § 30 AO hervor, sondern ist in § 194 Abs. 3 AO für das Außenprüfungsverfahren sogar ausdrücklich festgelegt.
§ 30 AO stellt die gesetzliche Konkretisierung des Grundsatzes der informationellen Selbstbestimmung für das Steuerverfahren dar. § 30 AO ist das Äquivalent für die vielfältigen Offenbarungs- und Mitwirkungspflichten des Steuerpflichtigen und sonstiger Personen nach §§ 90, 93 ff. und 137 ff. AO.[98] Qua via wird § 30 AO zum Orientierungsdatum für Zulässigkeit und Grenzen steuerlicher Kontrollmitteilungen.

b) Qualifizierung der Kontrollmitteilungen

Kontrollmitteilungen sind **interne** Verwaltungshandlungen.[99] Sie entfalten keine Rechtswirkungen nach außen. Kontrollmitteilungen besitzen daher auch nicht die Qualifikation von anfechtbaren Verwaltungsakten i.S.d. § 118 AO. Dies würde voraussetzen, daß durch die Erstellung einer Kontrollmitteilung die Rechtsstellung der betreffenden Person berührt wird.[100] Qua via entfällt auch das Recht des Betroffenen, über die Kontrollmitteilung informiert zu werden. Dies aber bedeutet insgesamt, daß weder der Steuerpflichtige, bei dessen Außenprüfung eine Kontrollmitteilung erstellt wird, noch der von der

---

[96] Vgl. in diesem Zusammenhang BVerfG, Urteil vom 15.12.1983 – 1 BvR 209, 269, 362, 420, 440, 484 / 83 – BVerfGE 65, 1; BVerfG, Urteil vom 17.7.1984 – 2 BvE 11, 15 / 83 – BVerfGE 67, 100.
[97] Vgl. dazu BVerfG, Urteil vom 25.7.1988 – 1 BvR 109 / 85 – NJW 1988, 3009.
[98] Vgl. dazu BVerfG, Urteil vom 27.6.1991 – 2 BvR 1493 / 89 – BStBl. 1991 II, 654 ff..
[99] Dies gilt auch dann, wenn Kontrollmaterial über Auslandsbeziehungen „auch" dem Bundesamt für Finanzen zur Auswertung übersandt werden. Vgl. dazu § 9 Satz 2 BpO 2000.
[100] So auch BFH, Urteil vom 23.7.1986 – I R 306 / 82 – BStBl. 1987 II, 92; FG Baden – Württemberg, Beschluß vom 25.11.1996 – 3 V 37 / 96 – EFG 1997, 519 f..

Kontrollmitteilung betroffene Dritte sich gegen die Fertigung und Auswertung der Kontrollmitteilung wehren können.
Interne Verwaltungshandlungen sind auch die sog. **„internationalen** Kontrollmitteilungen". Als **Spontanauskünfte** sind sie freiwillige Informationen der Finanzverwaltungen ausländischer Staaten über besteuerungsrelevante Tatsachen. Sie werden **ohne** Auskunftsersuchen geleistet.[101] Die – nationalen – Finanzbehörden haben nach § 88 Abs. 1 Satz 1 AO den Sachverhalt von Amts wegen zu **ermitteln** und die Steuern nach § 85 Satz 1 AO gleichmäßig **festzusetzen** und zu **erheben.** Die Erfüllung dieser Verpflichtungen ist aber, soweit es sich um Ermittlungen **außerhalb** der territorialen Grenzen der nationalen Finanzbehörden handelt, kaum realisierbar.
Die nationalen Finanzbehörden halten Spontanauskünfte sowohl **von** ausländischen Finanzbehörden als auch **an** diese als rechtsstaatliches Mittel einer erforderlichen Steuerkontrolle für rechtlich **zulässig.** Rechtsgrundlage des zwischenstaatlichen steuerlichen Auskunftsverkehrs ist § 117 AO. Er bestimmt, unter welchen Voraussetzungen deutsche Finanzbehörden zwischenstaatliche Rechts- und Amtshilfe **in Anspruch nehmen** (Abs. 1), **leisten** (Abs. 2) oder in „anderen" Fällen[102] **leisten** (Abs. 3) können. Die **Durchführung** der Rechts- und Amtshilfe richtet sich nach Abs. 4, das In-Kraft-Setzen **völkerrechtlicher Vereinbarungen** über die gegenseitige Rechts- und Amtshilfe nach Abs. 5. Soweit die Finanzbehörden zwischenstaatliche Rechts- und Amtshilfe „nach Maßgabe des deutschen Rechts" in Anspruch nehmen, zählen dazu auch die völkerrechtlichen Vereinbarungen, die bereits in nationales Recht transformiert wurden, wie z.B. die DBA. Es zählen dazu auch die besonderen Rechts- und Amtshilfeabkommen auf dem Gebiet des Steuerrechts, die innerstaatlich anwendbaren Rechtsakte der EG sowie das EG-Amtshilfegesetz. Ist nach diesen Rechtsvorschriften ein zwischenstaatlicher Informationsaustausch **mit**[103] und / oder **ohne** Ersuchen vereinbart oder zugelassen, so dürfen deutsche Finanzbehörden auch **Spontanauskünfte** und **automatische** Auskünfte in Anspruch nehmen.
Nach § 2 Abs. 2 EG-AHG können die deutschen Finanzbehörden der zuständigen Finanzbehörde eines Mitgliedstaats **ohne Ersuchen** die in § 1 Abs. 2 EG-AHG bezeichneten Auskünfte erteilen, wenn **tatsächliche Anhaltspunkte** die Vermutung rechtfertigen, daß eine Voraussetzung der in § 2 Abs. 2 Nrn. 1 – 6 EG-AHG aufgeführten sechs Voraussetzungen gegeben ist.
Ob eine Spontanauskunft erteilt wird, liegt im pflichtgemäßen **Ermessen**[104] der inländischen Finanzbehörden.
Die gesetzliche Formulierung „wenn tatsächliche Anhaltspunkte die Vermutung rechtfertigen" zeigt, daß die Erteilung von Spontanauskünften nach § 2 Abs. 2 Nrn. 1 – 6 EG-AHG **restriktiver** zu handhaben ist als die Weitergabe von Kontrollmitteilungen nach § 194 Abs. 3 AO.
Nach § 1 Abs. 3 EG-AHG kann eine Amtshilfe über das EG-Amtshilfegesetz hinaus auch auf **bilaterale Doppelbesteuerungsabkommen**[105]und auf **spezielle zwischenstaatliche Amts- oder Rechtshilfevereinbarungen** gestützt werden. Eine dadurch begründete **weitergehende** Amtshilfe bleibt durch das EG-AHG unberührt. Solche weitergehende Amtshilfe enthalten regelmäßig die sog. „Großen Auskunftsklauseln" in den Abkommen mit den Ländern des kontinental-europäischen Rechtsraumes und mit bedeutenden Industrieländern; nicht auch die sog. „Kleinen Auskunftsklauseln" in den Abkommen mit den Entwicklungsländern. Die

[101] Vgl. dazu BFH, Beschluß vom 28.10.1997 – VII B 40 / 97 – BFH / NV 1998, 424 ff.; vgl. auch § 2 Abs. 2 EG – AHG; BMF – Merkblatt, BStBl. 1987 I, Tz. 4.2; ergänzend **Heidner,** Die Spontanauskunft als zwischenstaatliche Amts- und Rechtshilfe in Steuersachen, DStR 1989, S. 526; **Söhn,** in: Hübschmann / Hepp / Spitaler, AO / FGO, § 117 AO, Anm. 26.
[102] Z.B. sog. „Kulanzhilfe".
[103] Dazu vgl. z.B. BFH, Urteil vom 23.7.1986 – I R 306 / 82 – BStBl. 1987 II, 92.
[104] § 2 Abs. 2 EG-AHG: „Die Finanzbehörden **können** ... ."
[105] Eine Darstellung der derzeit gültigen Abkommen – Stand 1.1.2002 – findet sich in BStBl. 2002 I, 136 ff..

Befugnis zu gegenseitigen Spontanauskünften findet sich regelmäßig nur in den „Großen Auskunftsklauseln“ statuiert.
Ob eine Auskunftsklausel einen Informationsaustausch ohne oder nur mit Ersuchen regelt, ist im Einzelfall zu ermitteln.[106] Auslegungshilfe bieten die OECD-Musterabkommen 1963 und 1977.
Da auch Spontanauskünfte gegenüber dem inländischen Betroffenen, wie die Kontrollmitteilungen, lediglich als interne Verwaltungshandlungen zu qualifizieren sind, die keine Rechtswirkungen nach außen entfalten, kommt auch bei ihnen vorläufiger Rechtsschutz nach § 114 FGO in Betracht. Auch die Übersendung einer Kontrollmitteilung an eine ausländische Finanzverwaltung ist kein Verwaltungsakt.
Bei der Übermittlung von Auskünften und Unterlagen gilt nach § 117 Abs. 4 AO für inländische Beteiligte das **vorgeschaltete Anhörungsrecht** des § 91 AO.

c) Schranken für die Kontrollmitteilungen

Mit § 102 AO sind der Finanzverwaltung hinsichtlich der Fertigung von Kontrollmitteilungen **Schranken** gesetzt. Danach hat die Fertigung von Kontrollmitteilungen zu **unterbleiben,** soweit der geprüfte **Steuerpflichtige** ein Auskunftsverweigerungsrecht nach § 102 AO hat und hierauf nicht ausdrücklich verzichtet.
Der geprüfte Steuerpflichtige hat zum Zwecke der Erstellung von Kontrollmitteilungen hinsichtlich der Steuerverhältnisse Dritter aber Auskunft zu geben. Das Auskunftsersuchen des Prüfers entspricht dem des § 93 AO. Somit endet das Recht auf Erstellung von Kontrollmitteilungen dort, wo keine Pflicht zur Auskunftserteilung in fremden Steuersachen für den Steuerpflichtigen besteht.

d) Auskunftsverweigerungsrecht

Die Finanzverwaltung billigt den Steuerpflichtigen nur ein Auskunftsverweigerungsrecht nach § 102 AO zu.[107]
Daraus zieht zumindest die Finanzverwaltung den einseitigen Schluß, daß bei Auskunftsverweigerungsrechten z.B. nach §§ 101 und 103 AO die Fertigung von Kontrollmitteilungen möglich und zulässig sei. Denn der Steuerpflichtige sei in **eigenen** Steuerangelegenheiten zur Auskunft verpflichtet. Außerdem sei er, soweit bei ihm eine Außenprüfung durchgeführt wird, nicht Dritter.
Man muß die Auffassung der Finanzverwaltung zwar zur Kenntnis nehmen, akzeptieren muß man sie aber nicht. Denn bei dem einzelnen Auskunftsersuchen des Prüfers ist klar zu differenzieren, ob die erlangten Kenntnisse vorwiegend zur **Besteuerung** des Steuerpflichtigen oder zur Fertigung von **Kontrollmitteilungen** dienen.
Ist eine korrekte Ermittlung der Besteuerungsgrundlagen auch ohne die jeweilige Auskunft des Steuerpflichtigen möglich, so sollte man dem Steuerpflichtigen ein Auskunftsverweigerungsrecht nach §§ 101, 103 AO zugestehen. Denn die zusätzlichen Informationen durch den Steuerpflichtigen würden dann überwiegend der Erstellung von Kontrollmitteilungen, und somit der Besteuerung **Dritter**, dienen. Nur ein solches Verständnis wird zugleich auch dem § 93 Abs. 1 Satz 3 AO gerecht.
§ 93 Abs. 1 Satz 3 AO weist nach, daß der Gesetzgeber der AO grundsätzlich vom ehrlichen Steuerpflichtigen ausgeht. Steuerliche Kontrollmaßnahmen kommen nur subsidiär zum Einsatz; um Beeinträchtigungen dritter Personen zu vermeiden. Der BFH bestätigt diese Erkenntnis mit der Feststellung, es sei nicht Aufgabe der Finanzbehörden, jede

---

[106] Vgl. dazu BFH, Beschluß vom 29.4.1992 – I B 12 / 92 – BStBl. 1992 II, 645.
[107] Vgl. dazu BFH, Beschluß vom 27.11.1996 – IV B 5 / 96 – BFH / NV 1997, 274; ferner **Klingelhöfer,** Anfertigung von Kontrollmitteilungen – Möglichkeiten und Grenzen, StBp 2002, S. 2 ff..

Steuererklärung auf jede nur erdenkliche Fehlerquelle zu überprüfen[108]; es sei denn, es lägen hinreichend begründete Zweifel an der Richtigkeit des vom Steuerpflichtigen vorgetragenen Sachverhalts vor. Daraus folgt: das Vertrauen des Gesetzgebers gegenüber dem Steuerpflichtigen bedarf zu seiner Rechtfertigung der Kontrolle. Kontrollmitteilungen stellen somit eine Ergänzung des Deklarationsprinzips durch das Verifikationsprinzip dar.

3. Feststellungen, die zwar die Verhältnisse des Steuerpflichtigen betreffen, die aber für eine andere Steuerart als die geprüfte relevant sind

a) Der einengende Wortlaut des § 194 Abs. 3 AO

Nach § 194 Abs. 3 AO wird lediglich die Fertigung von Kontrollmitteilungen für die Verhältnisse **dritter Personen** als zulässig erachtet, nicht so auch für die Verhältnisse von Personen i.S.d. § 194 Abs. 1 AO.
Für sie klärt § 194 Abs. 1 Satz 1 AO den **Zweck** der steuerlichen Außenprüfung.[109] § 194 Abs. 1 Sätze 2 – 4 und Abs. 2 AO grenzen ihren sachlichen und zeitlichen **Umfang** ab.

b) Die erweiternde Auslegung des § 194 Abs. 3 AO

Die Tatsache, daß § 194 Abs. 3 AO die steuerpflichtigen Personen i.S.d. § 194 Abs. 1 AO nicht ausdrücklich benennt, macht aber deshalb die Erstellung von Kontrollmitteilungen für die Verhältnisse der geprüften Steuerpflichtigen nicht automatisch unzulässig. Ein solches Verständnis würde dem Zweck der Kontrollmitteilung widersprechen. Er besteht in der Überprüfung der richtigen Besteuerung bei Dritten **und** bei dem gerade geprüften Steuerpflichtigen.
Trifft ein Prüfer Feststellungen, die bei dem geprüften Steuerpflichtigen für eine **andere Steuerart**, für die die prüfende Stelle z.B. nicht zuständig ist, bedeutsam sind, so wäre es wohl unverständlich, wenn man ihm das Recht zur Erstellung von Kontrollmitteilungen absprechen würde. Dies kann aber im Hinblick auf den Zweck von Kontrollmitteilungen und unter Einbeziehung des § 30 AO nur bedeuten, daß Kontrollmitteilungen, trotz des einengenden Wortlautes des § 194 Abs. 3 AO auch bei Feststellungen zulässig sein müssen, die zwar die Verhältnisse des Steuerpflichtigen betreffen, die aber für eine andere Steuerart als die geprüfte relevant sind.
Bezüglich eigener Kontrollmitteilungen hat der Steuerpflichtige die Mitwirkungspflichten nach § 200 AO, da er ja selbst davon betroffen ist.

---

[108] So schon BFH, Urteil vom 17.4.1969 – V R 21 / 66 – BStBl. 1969 II, 474.
[109] Die Außenprüfung **dient** … .

§ 14 Prüfungsgrundsätze

I. Durchführung der Prüfung

1. Pflichtgemäßes Ermessen

Die Durchführung der Außenprüfung liegt im **pflichtgemäßen Ermessen** der Finanzbehörde.

2. Modalitäten der Prüfung

Da die Prüfungstätigkeit hinsichtlich ihrer Art, ihrer Dauer, ihrer Intensität, ihrer Schwerpunktbildung und ihrer Prüfungstechnik[1] regelmäßig von den Umständen des konkreten Einzelfalls abhängt, konnte der Gesetzgeber diese **Modalitäten** auch nur allgemein regeln. So gibt es **keine** besonderen gesetzlichen Festlegungen von Einzelheiten hinsichtlich des Ablaufs der Außenprüfung.

3. Kriterien der Prüfung

Die Gestaltung der Prüfung wird der Prüfer regelmäßig von folgenden **Kriterien** abhängig machen:

a) der Betriebsgröße[2],
b) dem Prüfungsauftrag, und
c) der Prüfungsmethode.

4. Prüfungsgrundsätze allgemein

In § 199 AO hat der Gesetzgeber **Prüfungsgrundsätze** aufgestellt, die der Prüfer im Rahmen seiner Ermessensausübung zu beachten hat.

II. Untersuchungsgrundsatz

1. Besteuerungsgrundsätze

Durch § 85 AO ist den Finanzbehörden die Aufgabe zugewiesen, die Steuern nach Maßgabe der Gesetze gleichmäßig festzusetzen und zu erheben. Dabei haben sie insbesondere sicherzustellen, daß Steuern nicht verkürzt, zu Unrecht erhoben oder Steuererstattungen und Steuervergütungen nicht zu Unrecht gewährt oder versagt werden.

2. Untersuchungsgrundsatz

Zu diesem Zweck ermittelt die Finanzbehörde nach § 88 AO den Sachverhalt von Amts wegen.

---

[1] Zu den Begriffen der steuerlichen Prüfungstechnik vgl. z.B. BMF, Schreiben betr. Zusammenstellung der in der steuerlichen Betriebsprüfung zu verwendenden Begriffe vom 11.11.1974 – BMF IV B 7 – S 1401 – 25 / 74 – Steuererlasse (C. H. Beck) Nr. 800, § 199 AO / 1, Nr. I (i.d.F.v. Okt. 1999). Vgl. auch **Huber,** Weiterentwickelte und neue Methoden der Überprüfung, Verprobung und Schätzung, StBp 2002, S. 199 ff., S. 233 ff., S. 258 ff., S. 293 ff..

[2] Vgl. dazu § 3 BpO 2000.

3. Beweismittel

Nach § 92 AO kann sich die Finanzbehörde aller Beweismittel bedienen, die sie nach pflichtgemäßem Ermessen zur Ermittlung des Sachverhalts für erforderlich hält.
Diese Ermittlungspflicht ist in § 199 AO für die Außenprüfung nochmals beschrieben.

4. Prüfungsgrundsätze im einzelnen

a) Ermittlung der steuerlichen Verhältnisse

§ 199 Abs. 1 AO beinhaltet den **Untersuchungsgrundsatz.** Er ist aus § 194 Abs. 1 AO abgeleitet.
Nach § 194 Abs. 1 Satz 1 AO dient die Außenprüfung der **Ermittlung** der **steuerlichen Verhältnisse** des Steuerpflichtigen.[3]

b) Tatsächliche und rechtliche Verhältnisse

Diese steuerlichen Verhältnisse können nach § 199 Abs. 1 AO sowohl **tatsächliche** als auch **rechtliche** Verhältnisse sein.[4]
Sie sind die **Bemessungsgrundlagen** für die Besteuerung. Sie müssen aber von steuerlicher Relevanz sein.

c) Prüfung zugunsten und zuungunsten

Der Prüfer hat nach § 199 Abs. 1 AO die Besteuerungsgrundlagen sowohl **zugunsten** als auch **zuungunsten** des Steuerpflichtigen zu prüfen.[5] Dieses Gebot geht auch schon aus der allgemeinen Vorschrift des § 88 Abs. 2 AO hervor.[6] Qua via sollte wenigstens der Schein der Objektivität des Prüfers gewahrt werden.

d) Stichprobenweise Prüfung

Nach zutreffender Auffassung des BFH[7] ist es nicht zu beanstanden, wenn bestimmte Prüfungsgebiete nur **stichprobenweise** geprüft oder von einer Prüfung gar ganz **ausgespart** werden. Ein Recht des Steuerpflichtigen auf **Nichtprüfung** von in der Prüfungsanordnung bestimmten Prüfungsgebieten läßt sich daraus nicht ableiten. Vielmehr soll nur der Prüfer die **Möglichkeit** beschleunigender Arbeitseffizienz erhalten. Durch die Ausklammerung bestimmter Prüfungsgebiete wird zugunsten des Steuerpflichtigen angenommen, die entsprechenden Sachverhalte steuerlich richtig erfaßt zu haben.

---

[3] Nach § 199 Abs. 1 AO ist es Aufgabe der Außenprüfung, nach § 208 Abs. 1 Nr. 2 AO der Steuerfahndung, die Besteuerungsgrundlagen zu ermitteln. Vgl. dazu FG Bremen, Beschluß vom 24.8.1992 – 292075 K 5 – EFG 1993, 204. Beide Verfahren schließen sich gegenseitig nicht aus. Bestätigend auch BFH, Urteil vom 4.11.1987 – II R 102 / 85 – BStBl. 1988 II, 113. Dem Finanzamt obliegt es, das in concreto zweckmäßigste Mittel für die Feststellung der Besteuerungsgrundlagen auszusuchen.
[4] Vgl. dazu **Mösbauer,** in: Koch / Scholtz, AO, 5. Aufl., 1996, § 199 AO, Rz.2.
[5] Dies verweist darauf, daß die Außenprüfung dazu beitragen soll, daß die Steuergesetze **gerecht** und **gleichmäßig** angewendet werden. So auch BMF, Schreiben betr. Hinweise auf die wesentlichen Rechte und Mitwirkungspflichten bei der Außenprüfung (§ 5 Abs. 2 Satz 2 BpO) vom 20.7.2001 – IV D 2 – S 0403 – 3 / 01 – BStBl. 2001 I, S. 502.
[6] Dazu **Rüsken,** in: Klein, AO, 6. Aufl., 1998, § 199 AO, Anm. 1.
[7] BFH, Urteil vom 1.6.1967 – V 228 / 64 – BStBl. 1967 III, 736. So auch **Köhler,** Auswahl von Prüfungsschwerpunkten durch Überprüfung der bilanzpolitischen Gestaltung im Jahresabschluß, StBp 2001, S. 249 ff..

e) Prüfungsmethode

Nach welcher **Prüfungsmethode** der Prüfer vorgeht, bleibt ihm überlassen. Sie richtet sich schließlich nach dem konkreten Einzelfall.

f) „Tatsächliche Verständigung“[8]

aa) Voraussetzungen

aaa) Schwierig zu ermittelnde tatsächliche Umstände
In Fällen **erschwerter Sachverhaltsermittlung**[9] dient es der Förderung und Beschleunigung der Besteuerung[10] und auch dem Rechtsfrieden, **„besondere Vereinbarungen**[11] über eine bestimmte (steuerliche) Behandlung von Sachverhalten (nicht aber über das anzuwendende Recht[12]) zuzulassen“[13]. Dieses unabweisbare praktische Bedürfnis wird insbesondere in Schätzungsfällen relevant. „Derartige **tatsächliche Verständigungen** betreffen in der Regel (nur) **einen** – von beiden Beteiligten zu konkretisierenden – **Ausschnitt** aus dem gesamten jeweils zu beurteilenden Besteuerungssachverhalt und dienen dem Ziel, insoweit **Unsicherheiten** und Ungenauigkeiten zu beseitigen.“[14]
Dies zeigt, daß als Voraussetzung für eine tatsächliche Verständigung nicht schon eine gewisse Detaildichte des Sachverhalts ausreicht. Es muß vielmehr noch ein gewisses Maß an **Unaufklärbarkeit** des Sachverhalts hinzukommen; trotz hinreichender Untersuchungstätigkeit der Finanzbehörde und vollständiger Erfüllung der Mitwirkungspflichten durch den Steuerpflichtigen.

---

[8] Dazu **Wiese,** Die Praxis der tatsächlichen Verständigung im Steuerverfahren, DStZ 1997, S. 745 ff.; ferner **Mösbauer,** Die tatsächliche Verständigung – ein vages Beweismittel-Surrogat im Besteuerungsverfahren, BB 2003, S. 1037 ff..

[9] BFH, Urteil vom 11.12.1984 – VIII R 131 / 76 – BStBl. 1985 II, 354 ff.; BFH, Urteil vom 6.2.1991 – I R 13 / 86 – BStBl. 1991 II, 673 ff.. Vgl. ferner **Buciek,** Bindende Erklärungen der Finanzverwaltung, DStZ 1999, S. 389, bes. S. 395 (Abschn. IV 2); OFD Frankfurt a. M., Verfügung betr. tatsächliche Verständigung über den der Steuerfestsetzung zugrundeliegenden Sachverhalt vom 12.4.2000 – S 0223 A – 5 – St II 42 – Steuererlasse (C. H. Beck) § 88 AO / 1, Einführung.

[10] So auch BFH, Urteil vom 5.10.1990 – III R 19 / 88 – BStBl. 1991 II, 45, 46.

[11] Sie begründen keinen öffentlich-rechtlichen Vertrag. So auch FG Saarland, Urteil vom 25.10.1995 – 1 K 190 / 94 – EFG 1996, 45.
Der BFH sieht Steuervereinbarungen, wegen fehlender Dispositionsermächtigung, als grundsätzlich unzulässig an. § 85 Satz 1 AO beinhalte ein Verbot für öffentlich-rechtliche Verträge im Steuerrecht. Durch den Regelungsverzicht hat der Gesetzgeber für öffentlich-rechtliche Verträge im Steuerrecht keinen Raum gelassen.

[12] So auch FG Baden Württemberg / Stuttgart, Urteil vom 22.6.1990 – IX K 7 / 89 – EFG 1991, 59; FG Köln, Urteil vom 4.9.1996 – 4 K 7724 / 94 – EFG 1997, 6; BFH, Urteil vom 13.12.1995 – XI R 43 – 45 / 89 – BStBl. 1996 II, 93 – BFH / NV 1995, 369; BFH, Beschluß vom 30.7.1997 – II B 18 / 97 – BFH / NV 1998, 188. Ergänzend Niedersächs. FG, Urteil vom 19.11.1996 – VI 393 / 92 – EFG 1997, 846 (Tat- und Rechtsfragen sind fast immer eng miteinander verwoben); BFH, Urteil vom 13.8.1997 – I R 12 / 97 – BFH / NV 1998, 498 (zum Problem „mixed questions of law and fact“). Zum Problem der Verständigung über Rechtsfragen (Tat- und Rechtsfragen / Gemischte Fragen / Reine Rechtsfragen) vgl. **Buciek,** Bindende Erklärungen der Finanzverwaltung, DStZ 1999, S. 389, S. 396 (Abschn. IV 3 a – c).

[13] BFH, Urteil vom 31.7.1996 – XI R 78 / 95 – BStBl. 1996 II, 625, 626. Zur Zulässigkeit und Bindungswirkung tatsächlicher Verständigungen vgl. ebenfalls BFH, Urteil vom 11.12.1984 – VIII R 131 / 76 – BStBl. 1985 II, 354; BFH, Urteil vom 5.10.1990 – III R 19 / 88 – BStBl. 1991 II, 45; BFH, Urteil vom 6.2.1991 – I R 13 / 86 – BStBl. 1991 II, 673; BFH, Urteil vom 28.6.1993 – XI R 68 / 92 – BFH / NV 1994, 290; FG Hamburg, Beschluß vom 16.2.1996 – I 141 / 95 – EFG 1996, 522; FG Saarland, Urteil vom 25.10.1995 – 1 K 190 / 94 – EFG 1996, 45; ergänzend noch **Eich,** Die tatsächliche Verständigung im Steuerverfahren und Steuerstrafverfahren, Diss. 1992, S. 11; BFH, Urteil vom 8.9.1994 – V R 70 / 91 – BStBl. 1995 II, 32; BFH, Urteil vom 15.3.2000 – IV B 44 / 99 – BFH / NV 2000, 1073; BFH, Urteil vom 1.2.2001 – IV R 3 / 00 – BStBl. 2000 II, 520.

[14] BFH, Urteil vom 31.7.1996 – XI R 78 / 85 – BStBl. 1996 II, 625, 626; so auch **Mösbauer,** Die tatsächliche Verständigung – ein vages Beweismittel-Surrogat im Besteuerungsverfahren, BB 2003, S. 1037 ff..

Tatsächliche Verständigungen dürfen **keine** – gesetzesabweichenden – **Vergleiche** über Steueransprüche enthalten, denn solche wären wegen des Gebots der **Gesetzmäßigkeit** und der **Gleichmäßigkeit** der Besteuerung unzulässig.[15] Dieses Gebot gilt für das **Ermittlungs**verfahren nach §§ 134 ff. AO ebenso wie für das **Festsetzungs**verfahren nach §§ 155 ff. AO, das **Erhebungs**verfahren nach §§ 218 ff. AO, das **Vollstreckungs**verfahren nach §§ 249 ff. AO sowie das **Erstattungs-** und **Vergütungs**verfahren; und im Rahmen des Ermittlungsverfahrens für das **Außenprüfungs**verfahren nach §§ 193 ff., 199 AO, das **Steuerfahndungs**verfahren nach § 208 AO, das **Steueraufsichts**verfahren nach §§ 209 ff. AO und das **Einspruchs**verfahren nach §§ 365 Abs. 1, 367 Abs. 2 AO. Diese Verfahren umschreiben zugleich den Anwendungsbereich der Besteuerungsgrundsätze des § 85 AO[16]. Danach haben die Finanzbehörden die Steuern nach Maßgabe der Gesetze gleichmäßig festzusetzen und zu erheben. Das Legalitätsprinzip wird so zur verfahrensrechtlichen Seite des Verfassungsgrundsatzes der Gesetzmäßigkeit der Verwaltung. Da Tatbestand und Rechtsfolgen der Besteuerung bereits im Gesetz niedergelegt sind, verbleibt der Finanzverwaltung lediglich das „qua via" der Sachverhaltsermittlung und der Durchsetzung der Steuerforderungen. Auch diese steht unter dem Vorbehalt der Rechtsanwendungsgleichheit als der Grundforderung eines Rechtsstaates.

Die Finanzbehörde ermittelt nach § 88 Abs. 1 Satz 1 AO den **Sachverhalt** von Amts wegen. Sie bestimmt nach § 88 Abs. 1 Satz 2 Halbs. 1 AO Art und Umfang der Ermittlungen. An das Vorbringen und an die Beweisanträge der Beteiligten ist sie nach § 88 Abs. 1 Satz 2 Halbs. 2 AO nicht gebunden. Der Umfang dieser Pflichten richtet sich gemäß § 88 Abs. 1 Satz 3 AO nach den Umständen des Einzelfalls. Daraus folgt, daß die Finanzbehörde gemäß § 86 Satz 1 AO nach pflichtgemäßem Ermessen entscheidet, ob und wann sie ein Verwaltungsverfahren durchführt, wann sie der Mitwirkung des Steuerpflichtigen und anderer Personen bedarf und wann sie auf einen kooperativen **Sach**aufklärungsprozeß als Ursprung von Verständigungen zurückgreift. Dieses Zurückgreifen darf aber nicht dazu führen, daß Steuern mit dem Steuerpflichtigen vereinbart werden. Sie werden ausschließlich durch einen Verwaltungsakt (Steuerbescheid) festgesetzt (§ 155 Abs. 1 Satz 1 AO). Dies bedeutet aber wiederum nicht, daß dem Besteuerungsverfahren Verständigungen fremd wären. Denn die Erfüllung der finanzbehördlichen **Sachaufklärungspflicht** ist nicht selten nur bei gehöriger Erfüllung der **Mitwirkungspflichten** des Steuerpflichtigen möglich. Eine Finanzbehörde kann nur die Besteuerungsgrundlagen, die der Steuerpflichtige **vorher** deklariert hat, **nachher** nach einer Schlüssigkeits- und Plausibilitätskontrolle übernehmen. **Sachverhaltsungewißheiten** können via kooperativer Verständigung aufgeklärt und damit beseitigt werden. Dieser kooperative Aufklärungsprozeß zeigt sich besonders deutlich bei der Außenprüfung, bei der der Steuerpflichtige gemäß § 200 Abs. 1 Satz 1 AO bei der Feststellung der Sachverhalte, die für die Besteuerung erheblich sein können, mitzuwirken hat.

Speziell bei Großbetrieben kommt es in diesem Zusammenhang zu Zwischenbesprechungen über bestimmte strittige Sachverhalte und Rechtsstandpunkte, deren rechtliche Beurteilungen und steuerliche Auswirkungen auf diese Weise einer möglichst einvernehmlichen Lösung zugeführt werden sollen. Ziel ist ein materiell-rechtlicher Abschluß ohne anschließende Rechtsstreitigkeiten.

Gesetzmäßigkeit und Gleichmäßigkeit der Besteuerung stehen unter dem Vorbehalt begrenzter Verwaltungskapazität. Dies führt die Finanzbehörden in einen Zielkonflikt „zwischen periodischer Sicherstellung des Gesamtvollzugs und sorgfältiger Sachaufklärung

---

[15] Vgl. dazu **Mösbauer,** Die tatsächliche Verständigung – ein vages Beweismittel-Surrogat im Besteuerungsverfahren, BB 2003, S. 1037 ff.; bestätigend auch **Tipke / Lang,** Steuerrecht, 17. Aufl., 2002, § 21, RdNr. 1; § 4, RdNr. 150.

[16] ... i.V.m. Art. 20 Abs. 3 GG i.V.m. §§ 3, 4, 38 AO.

im Einzelfall"[17]. Ihn versuchen sie auf dem Wege eines sog. „maßvollen Gesetzesvollzugs" dadurch zu umgehen, daß sie, trotz des Legalitätsprinzips des § 85 AO, in die Entscheidungen Überlegungen mit einbeziehen, die letztendlich Zweckmäßigkeitserwägungen gleichzustellen sind. Das Maß der Aufklärungspflicht wird durch das Verhältnis zwischen voraussichtlichem Arbeitsaufwand und steuerlichem Erfolg bestimmt. Berücksichtigt wird auch, in welchem Maße ein finanzgerichtliches Verfahren die Finanzbehörde belasten würde, falls tatsächliche und rechtliche Zweifel zum Nachteil des Steuerpflichtigen entschieden würden. Die Finanzverwaltung beschreitet daher in Fällen erschwerter Sachverhaltsermittlung nicht selten den sog. "Weg des geringsten Widerstandes". Er dient angeblich der Effizienz der Besteuerung und dem Rechtsfrieden. Auf der Strecke bleibt das Legalitätsprinzip des § 85 AO, wenn sich Finanzverwaltung und Steuerpflichtiger über eine **bestimmte** Sachbehandlung eines **bestimmten** Sachverhalts einigen können. Sind Interessen der Verwaltungsökonomie überhaupt ein taugliches Surrogat für Tatbestandsmäßigkeit der Besteuerung? Wie soll hier noch Rechtsanwendungsgleichheit gewährleistet werden?

Auch der verwaltungsökonomische Gesetzesvollzug durch die Finanzverwaltung ist den Verfassungsprinzipien der Gesetzmäßigkeit und Gleichmäßigkeit der Besteuerung verpflichtet. Gesetzesvollzug erfordert aber nicht die Erforschung des Sachverhalts im Hinblick auf sämtliche möglichen Fallgestaltungen. Gesetzesvollzug umfaßt auch das Vertrauen, daß die Erklärungen des Steuerpflichtigen vollständig und richtig sind. Jedoch ist ein solches Vertrauen nur durch effiziente Kontrolle zu sichern. Das Vertrauensvorschußprinzip ist mithin durch das Kontrollprinzip beschränkt. Unschlüssige, unvollständige und finanzbehördlicher Erfahrung widersprechende Angaben sind in jedem Fall durch Einzelfallprüfung aufzuklären. Stichprobenartige Plausibilitätskontrollen beinhalten zwar eine Ungleichbehandlung. Sie verschaffen aber den Finanzbehörden eine gewisse Autorität, die i.S. einer Generalprävention wesentlich zur Sicherung der Gesetzmäßigkeit beiträgt.

Nur ein so verstandener, maßvoller, Gesetzesvollzug vermag auch bei begrenzten Verwaltungskapazitäten Gesetzmäßigkeit und Gleichmäßigkeit der Besteuerung zu gewährleisten. Er bleibt aber auch weiterhin auf einen Vertrauensvorschuß zugunsten des Steuerpflichtigen angewiesen.

Daraus folgt, daß bei schwierig zu ermittelnden Sachverhalten eine tatsächliche Verständigung auch nur dann Quelle eines maßvollen Gesetzesvollzugs sein kann, wenn sie dem Endziel größtmöglicher Rechtsanwendungsgleichheit dient.[18] Auch hier wird, gleich dem Vertrauensvorschuß einer Steuererklärung, einem schlüssig vorgebrachten Sachverhalt Glauben geschenkt.

bbb) Offensichtlich unzutreffendes Ergebnis

Tatsächliche Verständigungen sind aber nur **zulässig**[19] und **wirksam,** sofern sie **nicht** zu einem offensichtlich **unzutreffenden Ergebnis** führen.[20] Unzutreffend ist ein Ergebnis dann, wenn es dem Grundsatz der Gesetzmäßigkeit und Gleichmäßigkeit der Besteuerung

---

[17] **Seer,** Verständigungen im Steuerverfahren, 1996, S. 229.

[18] So auch BFH, Urteil vom 11.12.1984 – VIII R 131 / 76 – BStBl. 1985 II, 354 ff.; vgl. auch BVerfG, Urteil vom 27.6.1991 –2 VvR 1493 / 89 – BVerfGE 84, 239, 273.

[19] Vgl. dazu BFH, Urteil vom 11.12.1984 – VIII R 131 / 76 – BStBl. 1985 II, 354; BFH, Urteil vom 5.10.1990 – III R 19 / 88 – BStBl. 1991 II, 45; BFH, Urteil vom 6.2.1991 – I R 13 / 86 – BStBl. 1991 II, 673; BFH, Urteil vom 28.7.1993 – XI R 68 / 92 – BFH / NV 1994, 290; **Mösbauer,** Die tatsächliche Verständigung – ein vages Beweismittel-Surrogat im Besteuerungsverfahren, BB 2003, S. 1037 ff..

[20] Dazu BFH, Urteil vom 11.12.1984 – VIII R 131 / 78 – BStBl. 1985 II, 354, 358; BFH, Urteil vom 6.2.1991 – I R 13 / 86 – BStBl. 1991 II, 673, 674; FG Saarland, Urteil vom 25.10.1995 – 1 K 190 / 94 – EFG 1996, 45; BFH, Urteil vom 31.7.1996 – XI R 78 / 95 – BStBl. 1996 II, 625, 626; FG Baden – Württemberg, Urteil vom 22.6.1990 – IX K 7 / 89 – EFG 1991, 59.

widerspricht.[21] **Offensichtlich** unzutreffend ist das Ergebnis, wenn es für eine unvoreingenommene, urteilsfähige Person ohne weiteres und unzweifelhaft als unzutreffend erkenntlich ist. Die Finanzbehörde und der Steuerpflichtige haben zwar für das zutreffende Ermittlungsergebnis eine gemeinsame Verantwortung, die letztendliche Verantwortlichkeit liegt aber bei der Finanzbehörde. Nur sie kann daher entscheiden, ob die steuerrechtlichen Beweismaßabstufungen bei der Sachverhaltsermittlung Verständigungsspielräume eröffnen. Dies dürfte dann nicht der Fall sein, wenn ein Steuerpflichtiger seine Mitwirkungspflicht bei der Sachverhaltsermittlung dadurch verletzt, daß er der Finanzbehörde steuerrelevante Informationen aus seiner Verantwortungssphäre vorenthält; z.B. durch Verlegung eines Firmensitzes auf die Niederländischen Antillen. Verständigungen in derartigen Fällen dürften stets zu offensichtlich unzutreffenden Ergebnissen führen und daher unzulässig sein.
Ergeben sich für die Finanzverwaltung Zweifel an der Richtigkeit des vorgetragenen Sachverhalts, wären weitere Ermittlungen veranlaßt. Ein Unterlassen solcher Ermittlungen würde zu einer Verletzung der Gesetzmäßigkeit und Gleichmäßigkeit der Besteuerung führen; und mithin zu einem offensichtlich unzutreffenden Ergebnis. Daraus folgt, daß Verständigungen auf Sachverhaltsermittlungen mit individuellen Besonderheiten beschränkt bleiben sollten.[22] Für eine Ermittlung auf konsensualer Basis ist in Massenverfahren kein Raum. Denn eine solche würde zu offensichtlich unzutreffenden Ergebnissen führen.
§ 38 AO bestimmt zwar, daß die Ansprüche aus dem Steuerschuldverhältnis entstehen, sobald der Tatbestand verwirklicht ist, an den das Gesetz die Leistungspflicht knüpft. Ob aber ein solcher Tatbestand verwirklicht ist, läßt sich regelmäßig nicht schon ex ante, sondern erst nach umfangreichen Ermittlungen feststellen, wie z.B. die unterschiedliche Auslegung der Rechts- und Wertbegriffe: verdeckte Gewinnausschüttungen (Abschn. 31 Abs. 3 KStR zu § 8 KStG), Teilwert (§ 6 Abs. 1 Satz 1 Nr. 1 Satz 3 EStG) oder unangemessene Betriebsausgaben (§ 4 Abs. 5 Nr. 7 EStG) beweisen. Bei ihnen sind Meinungsverschiedenheiten hinsichtlich des Grundes und der Höhe schon wesensimmanent. Dies führt wiederum häufig dazu, daß die Finanzverwaltung aus mehreren möglichen richtigen Entscheidungen auswählen muß. Eindeutige Gesetzesbefehle, wie z.B. hinsichtlich Freibeträge, Freigrenzen, Pauschalen und Steuertarife, sind aber nicht disponibel. Keinen Raum für Verständigung beläßt auch z.B. § 19 Abs. 1 EStG, wonach sämtliche Einkünfte aus nichtselbständiger Arbeit zu versteuern sind. Anders ist allerdings wiederum bei geldwerten Vorteilen zu entscheiden, die nach § 8 Abs. 2 EStG zu bewerten sind. Hier sind mehrere gesetzmäßige „übliche Endpreise am Abgabeort" denkbar. Auf Grund ihrer Primärentscheidungskompetenz und ihres Konkretisierungsspielraums ist die Finanzverwaltung hier verständigungsbefugt, ohne zu einem offensichtlich unzutreffenden Ergebnis zu gelangen. Eine solche Verständigung verstößt nicht gegen die Gesetzmäßigkeit und Gleichmäßigkeit der Besteuerung.[23]
Solange sich das Ergebnis einer solchen Verständigung im Rahmen der amtlichen Richtsätze bewegt, ist es zutreffend. Später eingetretene Erkenntnisse sind berücksichtigungsfähig[24]; vor allem aber auch im Rahmen der verwaltungsverfahrensrechtlichen Korrekturvorschriften.
Solche einverständlichen Regelungen im Bereich der Sachverhaltsermittlung sind zulässig. Für sie besteht sogar ein Bedürfnis.[25] Sie sind bindend, soweit sie nicht zu offensichtlich unzutreffenden Ergebnissen führen.

---

[21] Vgl. dazu BFH, Urteil vom 11.12.1994 – VIII R 131 / 76 – BStBl. 1985 II, 358; BFH, Urteil vom 31.7.1996 – XI R 78 / 95 – BStBl. 1996 II, 625.

[22] So auch BFH, Urteil vom 20.8.1997 – I B 32 / 97 – BFH / NV 1998, 333; BFH, Urteil vom 31.3.1999 – VII B 110 / 98 – BFH / NV 1999, 1598; BFH, Urteil vom 15.3.2000 – IV B 44 / 99 – BFH / NV 2000, 1073.

[23] Vgl. in diesem Zusammenhang z.B. BFH, Urteil vom 11.12.1984 – VIII R 131 / 76 – BStBl. 1984 II, 354 ff.; BFH, Urteil vom 31.7.1996 – XI R 78 / 95 – BStBl. 1996 II, 625.

[24] Dazu z.B. FG Münster, Urteil vom 26.2.1997 – 1 K 4356 / 94 U – EFG 1997, 929.

[25] Vgl. dazu BFH, Urteil vom 5.10.1990 – III R 19 / 88 – BStBl. 1991 II, 45; BFH, Urteil vom 6.2.1991 – I R 13 / 86 – BStBl. 1991 II, 673; BFH, Urteil vom 23.5.1991 – V R 1 / 88 – BFH / NV 1991, 573.

ccc) Mitwirkung eines entscheidungsbefugten Amtsträgers

Ferner muß als Vertreter der Finanzbehörde ein **Amtsträger** an der Verständigung unmittelbar mitwirken, der nach der innerbehördlichen Organisation zur Entscheidung über die Steuerfestsetzung befugt ist.[26] Regelmäßig ist dies der Vorsteher, der Vertreter des Vorstehers, der jeweilige Sachgebietsleiter und der Leiter der Rechtsbehelfsstelle.

Eine dieser Personen muß nach Auffassung des BFH[27] bei der Verständigung persönlich anwesend sein. Nicht ausreichend ist die Anwesenheit eines Außenprüfers oder des Sachgebietsleiters der Außenprüfung.[28] Ausgenommen hiervon ist lediglich der Fall der veranlagenden Betriebsprüfung.[29] Denn die Finanzbehörden sind Organe von Gebietskörperschaften (Bund, Länder, Gemeinden), für die, mangels eigener Handlungsfähigkeit, natürliche – zuständige – Personen handeln müssen.

Die Mitwirkung eines entscheidungsbefugten Amtsträgers erfordert ferner regelmäßig, daß die tatsächliche Verständigung von einer **örtlich zuständigen** Finanzbehörde i.S.d. §§ 17 ff. AO abgeschlossen wurde. Fehlte es aber an dieser Zuständigkeit, so bleibt die Verständigung wegen § 125 Abs. 3 Nr. 1 AO entspr. i.V.m. § 127 AO entspr. gleichwohl wirksam, da alle zuständigen Behörden als sachlich gleich kompetent angesehen werden müßten.

Anders wäre bei fehlender **sachlicher** Zuständigkeit zu entscheiden, denn sie begründet regelmäßig eine Vermutung auf Inkompetenz der Finanzbehörde. Ein solcher Verstoß würde sich sowohl auf die Gesetzmäßigkeit als auch auf die Gleichmäßigkeit der Besteuerung auswirken; und mithin auch auf den wirksamen Abschluß einer tatsächlichen Verständigung. Allerdings wird auch hier verschiedentlich die Auffassung vertreten, durch eine analoge Anwendung des § 177 Abs. 1 BGB i.V.m. § 184 Abs. 1 BGB könnte ein unwirksamer Abschluß einer tatsächlichen Verständigung geheilt werden. Diese Auffassung muß aber nicht überzeugen.

Es ist wohl nicht[30] zulässig, daß der zuständige Amtsträger vorher nach § 167 BGB analog einem Vertreter Vertretungsmacht für eine tatsächliche Verständigung erteilt oder nachher eine solche billigt.[31] Die finanzgerichtliche Rechtsprechung[32] hält gleichwohl eine solche Möglichkeit vereinzelt für zulässig; nämlich durch analoge Anwendung des § 167 BGB oder des § 177 BGB.

Auf der Seite des **Steuerpflichtigen** ist es hingegen zulässig, einen ordnungsgemäß bevollmächtigten[33] **Vertreter** am Zustandekommen einer tatsächlichen Verständigung mitwirken zu lassen.[34]

Die Bevollmächtigung des § 80 Abs. 1 Satz 2 AO bedarf keiner besonderen Form.

bb) Form

---

[26] So auch FG Hamburg, Beschluß vom 16.2.1996 – I 141 / 95 – EFG 1996, 522. Vgl. ferner BFH, Urteil vom 5.10.1990 –III R 19 / 88 – BStBl. 1991 II, 45; BFH, Urteil vom 28.7.1993 –XI R 68 / 92 – BFH / NV 1994, 290; FG Saarland, Urteil vom 25.10.1995 – 1 K 190 / 94 – EFG 1996, 45.

[27] Vgl. z.B. BFH, Urteil vom 31.7.1996 – XI R 78 / 95 – BStBl. 1996 II, 625, 626.

[28] BFH, Urteil vom 5.10.1990 – III R 19 / 88 – BStBl. 1991 II, 45, 46.

[29] Vgl. dazu BFH, Urteil vom 31.7.1996 – XI R 78 / 95 – BStBl. 1996 II, 625.

[30] A. A. wohl noch FG Saarland, Urteil vom 30.9.1992 – 1 K 8 / 92 – EFG 1993, 280; FG Baden – Württemberg, Urteil vom 26.3.1992 – 3 K 132 / 86 – EFG 1992, 707. Sie wenden § 167 BGB analog an, halten eine Verständigung, ohne vorherige Vollmacht auf Seiten der Finanzbehörde, für schwebend unwirksam und genehmigungsfähig durch eine verwaltungsintern befugte Person. Die Verständigung würde nach § 184 Abs. 1 BGB analog rückwirkende Gültigkeit erlangen.

[31] BFH, Urteil vom 28.7.1993 – XI R 68 / 92 – BFH / NV 1994, 290; OFD München, Verfügung vom 2.6.1998 – S 0223 – 6 St 312 – DStR 1998, 1635; BFH, Urteil vom 28.7.1993 – XI R 68 / 92 – BFH / NV 1994, 290, 291.

[32] Vgl. dazu z.B. FG Saarland, Urteil vom 30.9.1992 – 1 K 8 / 92 – EFG 1993, 280; FG Baden – Württemberg, Urteil vom 26.3.1992 – 3 K 132 / 86 – EFG 1992, 707.

[33] Vgl. dazu z.B. FG München, Urteil vom 21.4.1998 – 2 K 3415 / 96 – EFG 1998, 1102.

[34] So z.B. FG Saarland, Urteil vom 11.12.1985 – I 215 / 84 – EFG 1986, 214; BFH, Urteil vom 6.2.1991 – I R 13 / 86 – BStBl. 1991 II, 673, 674; Niedersächs. FG, Urteil vom 19.1.1995 – II 22 / 91, 36 / 91 – EFG 1998, 1374, 1376.

Tatsächliche Verständigungen bedürfen selbst **keiner** besonderen **Form.**[35] Eine schriftliche Fixierung empfiehlt sich aber allein schon aus Gründen der Beweissicherung.[36]
Kann aber eine tatsächliche Verständigung ohne Einhaltung einer besonderen Form geschlossen werden, so führt ein in einer Schlußbesprechung erzieltes Einvernehmen zwangsweise zu einer bindenden Verständigung.[37] Diese umfaßt auch die Auslegung und die rechtliche Beurteilung zivilrechtlicher Verträge und zivilrechtlicher Vorfragen der steuerlichen Beurteilung.[38] Das entscheidende Niedersächs. FG hält über den **Sachverhalt** hinaus entgegen dem BFH eine Verständigung sogar über das **Recht** für zulässig, da jede Einigung über eine bestimmte Sachbehandlung zwangsläufig zugleich eine partielle Einigung über den Steueranspruch sei. Außerdem gäbe es keine klare Trennung zwischen Sachverhaltsfeststellungen und Rechtsanwendungen, da letztere ersterer nicht nachfolge, sondern sie begleite. Ferner wirke sich jede Sachverhaltsänderung auch auf die Rechtsanwendung aus. Mit seiner Rechtsprechung hat das Niedersächs. FG den kurvenreichen Weg der Rechtsprechung zur tatsächlichen Verständigung verlassen und einen neuen Weg eingeschlagen. Weitere Finanzgerichte sind ihm bisher nicht gefolgt, sondern orientieren ihre Rechtsprechung nach wie vor streng an der des Bundesfinanzhofs und am Meinungsstand der Literatur. Letztere neigt jedoch weniger dazu, die Bindungswirkung der tatsächlichen Verständigung aus dem Grundsatz von Treu und Glauben zu entwickeln, sondern aus einem öffentlich-rechtlichen Vertrag.[39] Nicht weiter verfolgt wurde offenbar die Auffassung, eine tatsächliche Verständigung in einer Schlußbesprechung nach § 201 AO sei als Zusage der Finanzbehörde zu verstehen, die nach Treu und Glauben mit einem vorgezogenen Rechtsbehelfsverzicht verbunden sei.[40]
Für die Praxis wichtig zu wissen ist, daß die **Finanzverwaltung** die Rechtsprechung des BFH zur tatsächlichen Verständigung fast spiegelgleich in Verwaltungsvorschriften umgesetzt hat. Diese Vorschriften binden die Finanzbehörden, nicht jedoch auch die Finanzgerichte und die Steuerpflichtigen. Sie ermöglichen es aber den letzten beiden, sich rechtzeitig auf genau umschriebene Verhaltensweisen der Finanzbehörden bei der Umsetzung der tatsächlichen Verständigung einzustellen.

---

[35] So ausdrücklich BFH, Urteil vom 31.7.1996 – XI R 78 / 95 – BStBl. 1996 II, 625, 626; **Buciek,** Bindende Erklärungen der Finanzverwaltung, DStZ 1999, S. 389, bes. S. 397 (Abschn. IV 4 b). Vgl. ergänzend BFH, Beschluß vom 21.6.2000 – IV B 138 / 99 – BFH / NV 2000, 2 (Nichteinhaltung der Schriftform, fehlende Protokollierung und Vorbehalt der Nachprüfung können Indizien dafür sein, daß sich Finanzbehörde und Steuerpflichtiger **nicht** binden wollten).

[36] So auch BFH, Urteil vom 31.7.1996 – XI R 78 / 95 – BStBl. 1996 II, 625, 626. Vgl. demgegenüber FG Hamburg, Beschluß vom 16.2.1996 – I 141 / 95 – EFG 1996, 450 (Schriftform aus Rechtsgründen erforderlich). Ferner FG Saarland, Urteil vom 25.10.1995 – 1 K 190 / 94 – EFG 1996, 45 (Bindungswirkung erst durch entsprechenden Bescheid). Vgl. ergänzend noch OFD Frankfurt a. M., Verfügung vom 12.4.2000 – S – 0223 A – 5 – St II 42, Nr. 4.3: „Über eine tatsächliche Verständigung ist eine Niederschrift zu fertigen, die von den Beteiligten zu unterschreiben ist. In dieser Niederschrift sind die Beteiligten auf die Bindungswirkung der tatsächlichen Verständigung hinzuweisen." Unbestreitbar ist der Abschluß einer tatsächlichen Verständigung auch durch andere Beweismittel, wie z.B. Zeugenvernehmung, nachweisbar.

[37] So auch Niedersächs. FG, Urteil vom 19.11.1996 – VI 393 / 92 – EFG 1997, 846; ebenso BFH, Urteil vom 31.7.1996 – XI R 78 / 95 – BStBl. 1996 II, 625; ergänzend noch BFH, Urteil vom 28.11.1990 – X R 197 / 87 – BStBl. 1991 II, 300.

[38] Dazu vgl. auch Niedersächs. FG, Urteil vom 19.11.1996 – VI 393 / 92 – EFG 1997, 846.

[39] Vgl. z.B. **Iwanek,** Aufhebung der Bindungswirkung einer tatsächlichen Verständigung, DStR 1993, S. 1394 ff.; **Rössler,** Nochmals: Die Praxis der tatsächlichen Verständigung im Steuerverfahren, DStZ 1998, S. 168 ff.; **Wolf,** Verständigungen im Steuerrecht: Bekenntnis zum öffentlich-rechtlichen Vertrag, der auch für Rechtsfragen zulässig ist?, DStZ 1998, S. 267 ff.; **Wiese,** Die Praxis der tatsächlichen Verständigung im Steuerverfahren, DStZ 1997, S. 745 ff.; **Tipke / Kruse,** AO / FGO, § 85 AO, Tzn. 48 ff..

[40] Vgl. z.B. **Bauer,** Vereinbarungen in der Schlußbesprechung – Vorteile und Risiken, BB 1988, S. 602 ff.; **Sangmeister,** Pacta sunt servanda – oder die Pflicht zur Einhaltung einer tatsächlichen Verständigung, BB 1988, S. 613.

In subjektiver Hinsicht wird von der Finanzbehörde und dem Steuerpflichtigen das **Bewußtsein** verlangt, daß eine tatsächliche Verständigung mit Bindungswirkung herbeigeführt werden soll und hierauf regelmäßig in eindeutiger und zweifelsfreier **Form** hinzuweisen ist.[41] Auf dieses Bewußtsein nimmt das FG Hamburg[42] Bezug und verlangt „als unerläßliche Voraussetzung für – die – Bindungswirkung“, daß der genau bestimmte Gegenstand der Verständigung schriftlich niedergelegt und von den beiden Beteiligten unterfertigt wird. Nur auf diese Weise könne letztlich sichergestellt werden, daß das Ziel, dessentwegen das Institut der tatsächlichen Verständigung überhaupt nur – ohne daß es hierfür eine gesetzliche Grundlage gibt – anerkannt wird, nämlich auf pragmatischem Wege durch Einigung über Sachverhaltsfragen zeitnah den Rechtsfrieden zwischen den Beteiligten herzustellen, erreicht wird. Durch die schriftliche Fixierung wird, zumindest nach Auffassung des FG Hamburg, in objektiver Hinsicht Klarheit darüber geschaffen, was Gegenstand der Verständigung sein soll. Außerdem gehe von ihr die erforderliche Warnfunktion für die Tragweite der – ausdrücklich abgegebenen[43] – Erklärungen aus.
Das Gebot der Schriftform ergibt sich, wiederum zumindest nach Meinung des FG Hamburg, auch aus den Grundsätzen der Fairneß des Verfahrens mit Rücksicht auf die Formerfordernisse in Bezug auf die verbindliche Zusage des § 204 AO i.V.m. § 205 AO. Ob man aus einer solchen Parallelität von tatsächlicher Verständigung und verbindlicher Zusage Schriftform und Unterzeichnung wirklich als unabdingbare Voraussetzungen für eine Bindungswirkung entnehmen kann, ist, weder von dem FG Hamburg, noch von der übrigen Rechtsprechung, noch durch die Literatur, hinreichend überzeugend nachgewiesen. Interessant ist das Argument, das Buciek[44] seitens der Literatur in die Diskussion einbringt. Die tatsächliche Verständigung binde ihrem Wesen nach im Rahmen der Steuerfestsetzung. So verstanden ist sie „gleichsam eine ausgelagerte, aber für ihren Bereich abschließende Festlegung im Rahmen des Festsetzungsverfahrens“. Damit nehme sie einen Teil des Steuerbescheides bereits teilweise vorweg, und partizipiere damit auch an der Form dieses Steuerbescheids. Dem ist zu entgegnen: Die tatsächliche Verständigung ist ebensowenig ein Steuerbescheid wie ein außergerichtlicher oder gerichtlicher Rechtsbehelfsverzicht und daher kann es nicht überzeugen, wenn deren Formerfordernisse in gewagten Konstruktionen auf die tatsächliche Verständigung übertragen wird.

cc) Rechtsgrundlagen

Rechtsgrundlagen für die tatsächlichen Verständigungen sind das **konkrete Steuerrechtsverhältnis** mit den **Mitwirkungspflichten** des Steuerpflichtigen i.S.d. §§ 90 ff. AO sowie der Grundsatz von **Treu und Glauben.**[45] Der BFH ergänzt diese Rechtsgrundlagen durch Hinweise auf die Grundsätze der **Verhältnismäßigkeit,** der **Verwaltungsökonomie** und des **Rechtsfriedens.**
Die Rechtsgrundlagen nehmen darauf Bezug, daß die Finanzverwaltung und der Steuerpflichtige für die wahrheitsgemäße und vollständige Sachverhaltsaufklärung zwar gemeinsam verantwortlich sind[46], der Finanzverwaltung aber gleichwohl eine

[41] Siehe dazu FG Hamburg, Beschluß vom 16.2.1996 – I 141 / 95 – EFG 1996, 522 mit weit. Nachw..
[42] FG Hamburg, a.e.a.O., 522, bes. 523.
[43] Bloßes Stillschweigen eines Beteiligten reicht für eine Bindung nicht aus. So zutreffend BFH, Urteil vom 28.11.1990 – X R 197 / 87 – BStBl. 1991 II, 300; BFH, Urteil vom 12.12.1990 – I R 85 / 83 – BFH / NV 1992, 59, 60 (keine bindende Erklärung durch Nichtbestreiten von Berechnungen des anderen Beteiligten). Vgl. auch OFD München, Verfügung vom 2.6.1998 – S 0223 – 6 St 312 – DStR 1998, 1635, 1636 (Nr. 4.3): Zwang zu schriftlicher Fixierung bei Steuerfahndungsprüfungen.
[44] **Buciek,** Bindende Erklärungen der Finanzverwaltung, DStZ 1999, S. 389, bes. 398 (Abschn. IV 4 b).
[45] So auch FG Saarland, Urteil vom 25.10.1995 – 1 K 190 / 94 – EFG 1996, 45; **Mösbauer,** Die tatsächliche Verständigung – ein vages Beweismittel-Surrogat im Besteuerungsverfahren, BB 2003, S. 1037 ff..
[46] So auch BFH, Urteil vom 15.2.1989 – X R 16 / 86 – BStBl. 1989 II, 464.

Primärentscheidungskompetenz zukommt.[47] Sie kann sich daher nach § 92 Satz 1 AO auch der Beweismittel bedienen, die sie nach pflichtgemäßem Ermessen zur Ermittlung des Sachverhalts für erforderlich hält. Ferner kann sie den ihr eingeräumten Ermittlungsspielraum im Konsens mit dem Steuerpflichtigen ausfüllen.[48]
Die Rechtsgrundlagen nehmen ferner darauf Bezug, daß bei der Masse an Besteuerungsverfahren das Prinzip der Vollüberprüfung zunehmend durch das **Stichprobenprinzip** abgelöst wird. Diese Entwicklung führt gleichzeitig zu einer **Herabsetzung des Beweismaßes** der Sachverhaltsgewißheit, und damit zu einer bedenklichen Erweiterung der geduldeten Sachverhaltsunsicherheiten. Sie eröffnet zugleich für die Finanzverwaltung und den Steuerpflichtigen einen Bereich, der Verständigungen über Sachverhaltsunsicherheiten zuläßt. Das Gebot der „einzig richtigen Entscheidung" wird durch eine bloße „Wahrscheinlichkeitsentscheidung" abgelöst. Die sphärenorientierten Mitwirkungspflichten des Steuerpflichtigen als Ausdruck der Kooperationsmaxime des Besteuerungsverfahrens eröffnen jenen Verständigungsspielraum, der der Finanzverwaltung gestattet, die fehlende Überzeugung von einem Sachverhalt durch eine tatsächliche Verständigung über diesen Sachverhalt zu ersetzen.

dd) Bindungswirkung

Wirksam zustandegekommene[49] tatsächliche Verständigungen sind nicht nur zulässig, sondern sie **binden**[50] nach dem auch im Steuerrecht uneingeschränkt anerkannten Grundsatz von **Treu und Glauben**[51] die Beteiligten.[52] Dies erfordert, daß jeder der Beteiligten in subjektiver Hinsicht auf die berechtigten Belange des jeweils anderen angemessen Rücksicht nimmt und sich mit seinem eigenen früheren Verhalten nicht in Widerspruch setzt[53], auf das der andere Beteiligte vertraut und im Hinblick darauf vielleicht schon **Dispositionen** getroffen hat.[54]
Eine Bindungswirkung für beide Beteiligte kommt demnach nur und erst dann zustande, wenn einer der Beteiligten des Steuerrechtsverhältnisses[55] im Vertrauen auf die Verständigung bestimmte - erklärungsbedingte[56] - Dispositionen getroffen hat.[57] Seitens der Finanzverwaltung manifestieren sich solche Dispositionen in aller Regel in entsprechenden Bescheiden. Offener Einigungsmangel i.S.d. § 154 Abs. 1 BGB schließt eine Bindung aus, nicht so hingegen versteckter Einigungsmangel i.S.d. § 155 BGB. Soweit eine solche ausgeschlossen ist, bestehen Sachaufklärungspflicht und Schätzungsbefugnis fort.[58]

---

[47] So im Ergebnis auch **Tipke,** in: Tipke / Kruse, AO / FGO, § 88 AO, Tz. 1; **Söhn,** in: Hübschmann / Hepp / Spitaler, AO / FGO, § 88 AO, Rz. 39.
[48] **Tipke,** in: Tipke / Kruse, AO / FGO, § 85 AO, Tz. 50.
[49] Vgl. dazu OFD Frankfurt a. M., Verfügung betr. tatsächliche Verständigung über den der Steuerfestsetzung zugrundeliegenden Sachverhalt vom 12.4.2000 – S 0223 A – 5 – St II 42 – Steuererlasse (C. H. Beck) § 88 AO / 1, Nr. 6.
[50] Nach der Rechtsprechung des RFH, z.B. RFH, Urteil vom 25.5.1938 – VI 212 / 38 – RStBl. 1938, 636 f., hatte die tatsächliche Verständigung keine rechtliche, sondern nur faktische Bindungswirkung.
[51] Vgl. dazu BFH, Urteil vom 9.8.1989 – I R 181 / 85 – BStBl. 1989 II, 990.
[52] So schon BFH, Urteil vom 11.12.1984 – VIII R 131 / 76 – BStBl. 1985 II, 354.
[53] BFH, Urteil vom 4.11.1975 – VII R 28 / 72 – BFHE 117, 317, 321; BFH, Urteil vom 26.8.1986 – III R 209 – BStBl. 1987 II, 167; BFH, Urteil vom 10.11.1987 – VII R 17184 – BStBl. 1988 II, 42.
[54] BFH, Urteil vom 13.7.1994 – I R 38 / 93 – BStBl. 1995 II, 37, 39; BFH, Urteil vom 31.7.1996 – XI R 78 / 95 – BStBl. 1996 II, 625, 626; FG Saarland, Urteil vom 25.10.1995 – 1 K 190 / 94 – EFG 1996, 45.
[55] Vgl. dazu BFH, Urteil vom 9.8.1989 – I R 181 / 85 – BStBl. 1989 II, 992; vgl. ergänzend **Rössler,** Die Praxis der tatsächlichen Verständigung im Steuerverfahren, DStZ 1998, S. 168.
[56] So auch BFH, Urteil vom 31.7.1996 – XI R 78 / 95 – BStBl. 1996 II, 625, 626 (Verzicht des Steuerpflichtigen); FG Berlin, Urteil vom 13.1.1987 – VII 474 / 84 – EFG 1987, 439 (Verzicht der Behörde).
[57] FG Saarland, Urteil vom 25.10.1995 – 1 K 190 / 94 – EFG 1996, 45, bes. 46 unter ausdrücklicher Bezugnahme auf BFH, Urteil vom 13.7.1994 – I R 38 / 93 – BStBl. 1995 II, 37.
[58] Bestätigend Niedersächs. FG, Urteil vom 19.1.1995 – II 22 / 91, 36 / 91 – EFG 1998, 1374.

Tatsächliche Verständigungen entfalten ihre Bindungswirkung im Besteuerungsverfahren[59] **sofort,** und nicht erst, wenn z.B. die Behörde durch Erlaß entsprechender Bescheide bereits disponiert hat.[60] Daraus folgt, daß einer im Rahmen einer Außenprüfung getroffenen tatsächlichen Verständigung auch schon dann Bindungswirkung zukommt, wenn noch **kein** entsprechender Bescheid erlassen worden ist. Daraus zieht das FG Saarland[61] den Schluß, daß eine sofortige Bindung an die Verständigung nur dann eintritt, wenn die Beteiligten eine zusätzliche Erklärung erstellen, die nach Form und Inhalt den Anforderungen des § 205 AO entspricht.

Charakteristisch ist für die einverständlichen Regelungen, daß sie lediglich **Ausschnitte abgeschlossener Besteuerungssachverhalte** betreffen. Ferner bedürfen sie der Umsetzung in die hoheitliche Steuerfestsetzung.

Probleme ergeben sich daraus, daß die Besteuerung zunehmend an Besteuerungssachverhalte anknüpft, die erst **in der Zukunft** abgeschlossen sind. Solche Sachverhalte gestatten keine hinreichend genauen Sachverhaltsermittlungen; sie bedingen geradezu eine Einigung über eine bestimmte Sachbehandlung.[62] Aktuell wird dies besonders bei den Sachverhalten der **Schätzung** von Besteuerungsgrundlagen (§ 162 AO), der **Abgrenzungen** und **Aufteilungen,** der **Wertermittlung** und den zukunftsorientierten **Prognosen.**

Bei einer Schätzung nach § 162 Abs. 2 AO i.V.m. § 158 AO ist das äußerst flexible Beweismaß an der Sphärenverantwortlichkeit orientiert. An die Stelle einer sicheren Feststellung tritt eine unsichere Wahrscheinlichkeitserwägung. Diese Beweissenkung eröffnet einen sachverhaltsbezogenen Verständigungsspielraum; im Interesse größtmöglicher Wahrscheinlichkeit.[63]

Bei Abgrenzungen und Aufteilungen im Einkunfts- und Privatbereich, im steuerpflichtigen und steuerfreien Einkunftsbereich, im Einkunfts- und Sonderausgabenbereich, im steuerpflichtigen und nicht steuerbaren Einkunftsbereich sowie beim Zusammentreffen von mehreren Einkunftsarten hat die Finanzverwaltung für die unterschiedlichen Bereiche einen geeigneten Aufteilungsmaßstab zu entwickeln. Diese Entwicklung gestaltet sich aber um so schwieriger, je enger die Verflechtung der Bereiche ist. In solchen Fällen kann sich über einen bestimmten Aufteilungsmaßstab oder über eine bestimmte Zuordnung eine tatsächliche Verständigung ergeben, die eine Bindungswirkung entfaltet.[64]

Eine Wertermittlung ist die Zuordnung eines Wertes in einem nicht greifbaren Wahrscheinlichkeitsrahmen. Dies zeigt z.B. der Teilwert des § 6 Abs. 1 Satz 1 Nr. 1 Satz 3 EStG, der von der Vermutung einer Veräußerung des ganzen Betriebs[65], seiner Fortführung durch den fiktiven Erwerber[66] und einer Bewertung im Rahmen des Gesamtkaufpreises ausgeht. Je mehr sich aber ein Wert an der Zukunft orientiert, desto größer werden die Unsicherheitsfaktoren für eine Wertermittlung. Dies gilt z.B. auch für Rückstellungen für

---

[59] Für das Strafverfahren kommt eine Bindung an eine getroffene Vereinbarung nicht in Betracht. Vgl. ergänzend Niedersächs. FG, Urteil vom 19.1.1995 – II 22 / 91, 36 / 91 – EFG 1998, 1974; FG Baden – Württemberg / Stuttgart, Beschluß vom 21.1.1997 – 6 V 20 / 95 – EFG 1997, 784.

[60] So noch RFH, Urteil vom 25.5.1938 – VI 212 / 38 – RStBl. 1938, 636 f..

[61] FG Saarland, Urteil vom 25.10.1995 – 1 K 190 / 94 – EFG 1996, 45.

[62] Bestätigend auch BFH, Urteil vom 11.12.1984 – VIII R 131 / 76 – BStBl. 1985 II, 358.

[63] Vgl. dazu BFH, Urteil vom 25.6.1970 – IV 17 / 65 – BStBl. 1970 II, 838; BFH, Urteil vom 31.7.1974 – I R 216 / 72 – BStBl. 1975 II, 96 ff.; BFH, Urteil vom 17.11.1981 – VIII R 174 / 77 – BStBl. 1982 II, 430 ff.; BFH, Urteil vom 2.3.1982 – VIII 225 / 80 – BStBl. 1984 II, 504 ff.; BFH, Urteil vom 28.5.1986 – I R 265 / 83 – BStBl. 1986 II, 732 ff.; BFH, Urteil vom 8.11.1989 – X R 178 / 87 – BStBl. 1990, 286 ff.; vgl. auch **Assmann,** Schätzungen bei Außenprüfungen, StBp 2001, S. 255 ff., S. 281 ff..

[64] Vgl. in diesem Zusammenhang BFH, Urteil vom 21.11.1980 – VI R 202 / 79 – BStBl. 1981 II, 131; BFH, Urteil vom 25.10.1985 – VI R 15 / 81 – BStBl. 1986 II, 200; BFH, Urteil vom 20.7.1988 – I R 49 / 84 – BStBl. 1989 II, 140; BFH, Urteil vom 22.6.1990 – VI R 2 / 87 – BStBl. 1990 II, 901; BFH, Urteil vom 24.3.1992 – VIII R 12 / 89 – BStBl. 1993 II, 18; BFH, Urteil vom 23.1.1991 – X R 37 / 86 – BStBl. 1991 II, 398.

[65] Vgl. dazu BFH, Urteil vom 31.1.1991 – IV R 31 / 90 – BStBl. 1991 II, 627.

[66] Vgl. dazu BFH, Urteil vom 24.2.1994 – IV R 18 / 92 – BStBl. 1991 II, 627.

ungewisse Verbindlichkeiten und für drohende Verluste aus schwebenden Geschäften; und für die betriebsgewöhnliche Nutzungsdauer bestimmter Wirtschaftsgüter bei Abschreibungen. Betriebsindividuelle Umstände eröffnen hier einen Verständigungsspielraum für solche Sachverhalte, die gesetzlicher Regelung nur unzureichend zugänglich sind.[67]
Wie der Teilwert des § 6 Abs. 1 Satz 1 Nr. 1 Satz 3 EStG zeigt, gibt es im Steuerrecht Bereiche, in denen Tatfragen und Rechtsfragen untrennbar ineinander übergehen.[68] In solchen Fällen hält der BFH eine tatsächliche Verständigung auch über **Rechtsfragen** für zulässig; wie seine Überlegungen zur „Angemessenheit der Geschäftsführer – Gesamtausstattung“[69] oder zur „Vollgewinnschätzung“[70] beweisen.
Nach wie vor für unzulässig hält der BFH tatsächliche Verständigungen über **reine Rechtsfragen**[71]**.** Gewichtigen Argumentationen in der Literatur und in der Finanzgerichts-Rechtsprechung tritt der BFH mit der Feststellung entgegen, die Unzulässigkeit von tatsächlichen Verständigungen über reine Rechtsfragen bedürfe keiner weiteren Klarstellung.[72] Die Unzulässigkeit folge bereits aus dem Grundsatz der Gesetzmäßigkeit und Gleichmäßigkeit der Besteuerung.
Die apodiktische Arroganz, mit der der BFH jede weitere Klarstellung für überflüssig hält, mag stören. Im Ergebnis ist dem BFH aber zuzustimmen, daß problematische Rechtsfragen nicht durch tatsächliche Verständigungen wegverhandelt werden dürften.[73] Recht ist nicht disponibel, über Recht ist von Gerichten zu entscheiden; wenngleich es, gemessen an manchen gerichtlichen Entscheidungen, manchmal für den Rechtsstaat besser wäre, ein Gericht hätte nicht entschieden.[74]
Tatsächliche Verständigungen über eine bestimmte Sachbehandlung sind nach zutreffender Feststellung des BFH[75] **grundsätzlich jederzeit** zulässig. Solche Verständigungen können bereits bei der Ermittlung der Besteuerungsgrundlagen, während eines Außenprüfungsverfahrens[76], aber auch erst während eines Rechtsbehelfs-[77] oder Rechtsmittelverfahrens[78] aktuell werden; nicht mehr während eines Revisionsverfahrens. Als Komplexe mit Aufklärungsbedarf treten hier besonders in Erscheinung: die Bewertung von Wirtschaftsgütern des Betriebsvermögens, Probleme im Rahmen von Betriebsveräußerungen, von Auslandsbeziehungen (z.B. Verrechnungspreise) und von Investitionszulagen, ferner

---

[67] Vgl. in diesem Zusammenhang z.B. FG Baden – Württemberg, Urteil vom 2.5.1994 – VII 8 / 92 – EFG 1994, 1038; FG Münster, Urteil vom 13.12.1994 – 15 K 3237 / 93 E – EFG 1995, 552.
[68] Vgl. dazu **Offerhaus,** Die tatsächliche Verständigung – Voraussetzungen und Wirkung, DStR 2001, S. 2093 ff..
[69] Vgl. dazu BFH, Urteil vom 13.8.1997 – I R 12 / 97 – BFH / NV 1998, 498.
[70] Vgl. dazu BFH, Urteil vom 5.10.1990 – III R 19 / 88 – BStBl. 1991 II, 45.
[71] Vgl. dazu BFH, Urteil vom 11.12.1984 – VIII R 131 / 76 – BStBl. 1985 II, 354 unter Aufhebung von BFH, Urteil vom 11.1.1963 – VI 97 / 61 U – BStBl. 1963 III, 180; BFH, Urteil vom 14.9.1994 – I R 125 / 93 – BFH / NV 1995, 369.
[72] Vgl. dazu BFH, Urteil vom 15.3.2000 – IV B 44 / 99 – BFH / NV 2000, 1073; BFH, Urteil vom 1.2.2001 – IV R 3 / 00 – BStBl. 2000 II, 520; ergänzend BFH, Urteil vom 31.7.1996 – XI R 78 / 95 – BFHE 181, 103; BFH, Urteil vom 30.7.1997 – II B 18 / 97 – BFH / NV 1998, 188.
[73] So im Ergebnis auch BFH, Urteil vom 5.10.1990 – III R 19 / 88 – BStBl. 1991 II, 45; BFH, Urteil vom 11.12.1984 – VIII R 131 / 76 – BStBl. 1985 II, 354; BFH, Urteil vom 13.12.1995 – XI R 43, 45 / 89 – BStBl. 1996 II, 232; **Buciek,** Bindende Erklärungen der Finanzverwaltung, DStZ 1995, S. 394 ff..
[74] Vgl. z.B. LG Nürnberg – Fürth, Beschluß vom 30.1.2004 – 7 T 6494 / 02 – n. veröff. .
[75] Vgl. dazu BFH, Urteil vom 6.2.1991 – I R 13 / 86 – BStBl. 1991 II, 45, 673.
[76] Vgl. dazu z.B. § 201 AO. Möglichkeit eines einvernehmlichen Gesprächs mit streitschlichtender Wirkung.
[77] Vgl. dazu z.B. § 364 a AO. Möglichkeit eines einvernehmlichen Gesprächs mit streitschlichtender Wirkung.
[78] Vgl. dazu z.B. § 76 Abs. 1 Satz 1 FGO. Bindung des Gerichts an Sachverhaltsverständigung. Nach § 79 Abs. 1 Satz 2 Nr. 1 FGO kann der Vorsitzende oder der Berichterstatter die Beteiligten zur Erörterung des Sach- und Streitgegenstandes und zur gütlichen Beilegung des Rechtsstreits laden. Vgl. ferner **Offerhaus,** Die tatsächliche Verständigung – Voraussetzungen und Wirkung, DStR 2001, S. 2097; **Tipke / Kruse,** AO / FGO, § 76 FGO, Tz. 2.

Probleme im Zusammenhang mit der Aufteilung von Privat- und Betriebsvermögen und von Schätzungen der Besteuerungsgrundlagen.
Tatsächliche Verständigungen beziehen sich regelmäßig auf bereits **abgeschlossene** Sachverhalte.[79] Dadurch unterscheiden sie sich von den verbindlichen Zusagen, die sich auf die steuerliche Behandlung **zukünftiger** Gestaltung beziehen.[80] Die zeitlichen Grenzen der tatsächlichen Verständigungen werden durch die Vereinbarung bestimmt. Eine Erstreckung auf zukünftige Vorgänge kommt regelmäßig nicht in Betracht. In einer tatsächlichen Verständigung kann aber auch eine verbindliche Zusage bezüglich einer künftigen Sachbehandlung enthalten sein. Dies kann insbesondere bei **Dauersachverhalten**[81] aktuell werden, die in der Vergangenheit begründet, in die Zukunft fortwirken, wie z.B. die Absetzung für Abnutzung nach § 7 Abs. 1 Satz 2 EStG; soweit die Nutzungsdauer von der amtlichen AfA – Tabelle abweicht. Für diesen Fall wird durch Verständigung eine **individuelle Nutzungsdauer** auch in die Zukunft hinein errechnet.[82] Eine solche Verständigung ist auch über Aufteilungs- und Abgrenzungsmaßstäbe sowie über Garantierückstellungsberechnungen denkbar.
Eine durch eine **örtlich unzuständige** Finanzbehörde getroffene tatsächliche Verständigung behält gleichwohl ihre Bindungswirkung. Denn die örtliche Zuständigkeit steht in keinem Zusammenhang mit der Sachentscheidung und deren Qualität. Denn alle zuständigen Behörden sind sachlich gleich kompetent; ohne Rücksicht auf ihre örtliche Zuständigkeit. Dies kann aber nur bedeuten, daß eine tatsächliche Verständigung auch dann ihre Bindungswirkung behält, wenn sie von einer örtlich unzuständigen Behörde getroffen wurde. Der Vertrauensschutz und die Rechtssicherheit für den Steuerpflichtigen gebieten dies. Anderes gilt bei der **sachlichen Unzuständigkeit** einer Finanzbehörde. Sie begründet eine Vermutung der Inkompetenz dieser Behörde.
Tatsächliche Verständigungen können einvernehmlich **aufgelöst** werden[83], egal ob man sie als auf einer Vertragskonzeption[84] beruhend versteht oder die Bindung aus dem Grundsatz von Treu und Glauben ableitet.
Tatsächliche Verständigungen können auch nach den analog anzuwendenden Regeln des BGB **angefochten** werden.[85] Allerdings können diese Anfechtungsregeln nur dann eine Wirkung entfalten, wenn die tatsächliche Verständigung **noch nicht** Eingang in einen endgültigen und nicht mehr abänderbaren Steuerbescheid gefunden hat. In diesem Falle

---

[79] Vgl. dazu **Buciek,** Bindende Erklärung der Finanzverwaltung, DStZ 1999, S. 399; dazu **Tiedtke / Wälzholz,** Vertrauensschutz im Steuerrecht, DStZ 1998, S. 820 ff..

[80] Vgl. dazu z.B. BFH, Urteil vom 11.12.1984 – VIII R 131 / 76 – BStBl. 1985 II, 354; BFH, Urteil vom 6.2.1991 – I R 13 / 86 – BStBl. 1991 II, 673; FG Düsseldorf, Urteil vom 6.9.1996 – 18 K 4217 / 93 E – EFG 1998, 5, sowie BFH, Urteil vom 6.3.1997 – IV R 21 / 96 – BFH / NV 1997, 762, 764.

[81] Vgl. dazu z.B. FG Saarland, Urteil vom 14.7.1992 – 1 K 78 / 92 – EFG 1992, 706; FG Münster, Urteil vom 13.12.1994 – 15 K 3237 / 93 E – EFG 1995, 552; FG Saarland, Urteil vom 4.2.1998 – 1 K 184 / 95 – EFG 1998, 686.

[82] Vgl. dazu auch FG Baden – Württemberg, Urteil vom 26.3.1992 – 3 K 132 / 86 – EFG 1992, 706; FG Münster, Urteil vom 13.12.1994 – 15 K 3237 / 93 – EFG 1995, 552; FG Saarland, Urteil vom 18.12.1996 – 1 K 32 / 95 – EFG 1997, 441 ff.; FG Saarland, Urteil vom 4.2.1998 – 1 K 184 / 95 – EFG 1998, 686.

[83] Vgl. dazu OFD München, Verfügung vom 2.6.1998 – S 0223 – 6 St 312 – DStR 1998, 1635, 1636 (Abschn. 6.1).

[84] So z.B. FG Hamburg, Urteil vom 4.12.1991 – II 125 / 89 – EFG 1992, 379; FG Saarland, Urteil vom 30.9.1992 – 1 K 113 / 89 – EFG 1993, 279. Der BFH, Urteil vom 28.7.1993 – XI R 68 / 92 – BFH / NV 1994, 290 weist aber darauf hin, daß er die Rechtsauslegung der Finanzgerichte nicht trägt. Sie sehen die tatsächliche Verständigung als öffentlich-rechtlichen Vertrag, wenden für die Vertretung der Finanzbehörde die zivilrechtlichen Vorschriften an, sehen bei Abwesenheit des Finanzamtsvertreters den Vertrag als schwebend unwirksam, die nachfolgende Auswertung der Verständigung als Genehmigung der Willenserklärung und die nunmehrige Wirksamkeit des Vertrages als Auslöser für die jetzt endgültige Bindung.

[85] Vgl. dazu z.B. BFH, Urteil vom 16.9.1994 – I R 125 / 93 – BFH / NV 1995, 369, 370; Niedersächs. FG, Urteil vom 19.1.1995 – II 22 / 91, 33 / 91 – EFG 1998, 1374, 1375; BFH, Urteil vom 16.11.2000 – XI R 28 / 99 – BStBl. 2001 II, 303.

können die Beteiligten die tatsächliche Verständigung jederzeit **einvernehmlich aufheben** oder **ändern.** Bei bestandskräftigen Steuerbescheiden besteht regelmäßig keine Möglichkeit der Korrektur, da die Unwirksamkeit einer tatsächlichen Verständigung keine nachträglich bekannt gewordene Tatsache nach § 173 AO und auch kein rückwirkendes Ereignis nach § 175 Abs. 1 Nr. 2 AO darstellt.

Nach § 119 Abs. 1 Satz 1 Alt. 2 BGB kann derjenige, welcher bei der Abgabe einer Willenserklärung eine **Erklärung dieses Inhalts** überhaupt **nicht abgeben wollte,** die Erklärung **anfechten,** wenn anzunehmen ist, daß er sie bei Kenntnis der Sachlage und bei verständiger Würdigung des Falles nicht abgegeben haben würde. Bei einer tatsächlichen Verständigung liegt ein solcher Erklärungsirrtum insbesondere dann vor, wenn der Erklärende nicht das erklärt, was er erklären wollte, wenn er sich z.B. verspricht oder verschreibt oder etwas übersieht. Die Verständigung des Steuerpflichtigen erscheint nach außen als wirksame Erklärung, nach innen wollte er aber eine solche Erklärung gar nicht abgeben. Hier gibt ihm die analoge Anwendung des § 119 Abs. 1 Satz 1 Alt. 2 BGB die Möglichkeit der Anfechtung wegen **Erklärungsirrtums.**

Nach § 119 Abs. 1 Satz 1 Alt. 1 BGB kann derjenige, welcher bei der Abgabe einer Willenserklärung über deren **Inhalt im Irrtum** war, die Erklärung **anfechten,** wenn anzunehmen ist, daß er sie bei Kenntnis der Sachlage und bei verständiger Würdigung des Falles nicht abgegeben haben würde. Bei einer tatsächlichen Verständigung kann hier z.B. ein Irrtum über eine Rechtsfolge der Erklärung vorliegen. Die Rechtsfolge muß sich aber aus der Vereinbarung selbst ergeben. Nicht zulässig wäre eine Anfechtung bei einem **Inhaltsirrtum** als Beweggrund, denn dieser liegt außerhalb des Erklärten.[86]

Nach § 123 Abs. 1 BGB kann derjenige, welcher zur Abgabe einer Willenserklärung durch **arglistige Täuschung** oder widerrechtlich durch **Drohung** bestimmt worden ist, die Erklärung anfechten. Bei einer tatsächlichen Verständigung kann eine solche arglistige Täuschung dann vorliegen, wenn durch Vorspiegelung oder Unterdrückung von Tatsachen ein Irrtum hervorgerufen oder aufrechterhalten wurde.

Drohung erfordert Ausübung psychischen Zwangs; Inaussichtstellung eines künftigen Nachteils z.B. in Form einer Durchführung eines Steuerstrafverfahrens.[87]

Bei Vorliegen eines Anfechtungstatbestandes erfolgt die **Anfechtungserklärung** nach § 143 Abs. 1 BGB analog gegenüber dem Anfechtungsgegner i.S.d. § 143 Abs. 2 BGB analog, als Beteiligtem an einer tatsächlichen Verständigung.

Die Anfechtung muß nach § 121 Abs. 1 Satz 1 BGB analog ohne schuldhaftes Zögern, also unverzüglich erfolgen **(Anfechtungsfrist).**

Die **Beweislast** obliegt dem Anfechtenden.

Das Rechtsinstitut der tatsächlichen Verständigung ist durch fünf Voraussetzungen charakterisiert: Zunächst muß es sich um eine Verständigung über einen **erschwerten Sachverhalt** handeln, sodann muß eine Einigung über einen **bestimmten Sachverhalt** erfolgen. Diese darf zu **keinem offensichtlich unzutreffenden Ergebnis** führen. Die tatsächliche Verständigung kann sich nur auf einen **abgeschlossenen Sachverhalt** beziehen und erfordert als Wirksamkeitsvoraussetzung, daß ein **befugter Amtsträger** an der Verständigung **beteiligt** war.

Bei Vorliegen dieser Voraussetzungen entsteht auf Grund des Grundsatzes von Treu und Glauben eine **Bindungswirkung** für die Beteiligten.

Im Besteuerungsverfahren stehen Steuerpflichtiger und Finanzverwaltung vor der Alternative zwischen Konfrontation und Kooperation. Die tatsächliche Verständigung ist ein Mittel der Kooperation.

---

[86] Vgl. dazu **Iwanek,** Aufhebung der Bindungswirkung einer tatsächlichen Verständigung, DStR 1993, S. 1394 ff..

[87] Vgl. in diesem Zusammenhang z.B. FG Münster, Urteil vom 29.1.1996 – 8 V 5581 / 95 E – EFG 1996, 464.

III. Grundsatz der Verhältnismäßigkeit der Mittel

1. Keine gesetzliche Regelung

Der Grundsatz der **Verhältnismäßigkeit der Mittel** ist gesetzlich **nicht geregelt.** Er bestimmt sich nach dem jeweiligen **Einzelfall.**

2. Das Verhältnis Arbeitsaufwand / Prüfungsergebnis

Nach der Regelung des § 7 Sätze 1 und 2 BpO 2000 ist die Außenprüfung jedoch auf das **Wesentliche** abzustellen und ihre Dauer auf das **notwendige Maß** zu beschränken.
Dies zeigt, daß das Verhältnis **Arbeitsaufwand** zu den **Prüfungsergebnissen** ausgewogen sein muß. Kann der Prüfer des bisherigen Prüfungsverlaufs davon ausgehen, daß die steuerlichen Verhältnisse des Steuerpflichtigen zutreffend erfaßt worden sind und eine weitere Prüfung im Hinblick auf das dabei zu erzielende Ergebnis dem Prüfungsaufwand unverhältnismäßig gegenübersteht, so ist die Prüfung zu beenden.
Der Steuerpflichtige hat aber das Recht, zuvor gehört zu werden.

3. Zweck des Grundsatzes

Zweck dieses Prüfungsgrundsatzes ist es, den Steuerpflichtigen so wenig wie möglich **zu belasten.** Der Prüfer darf also den Steuerpflichtigen nur in Anspruch nehmen, wenn er seiner Tätigkeit ohne dessen Hilfe nicht nachkommen könnte.[88]
Der Steuerpflichtige kann vom Prüfer verlangen, daß dieser die **zweckmäßigste** aber zugleich **schonendste Maßnahme** zur Sachverhaltsaufklärung trifft.

4. Rechtsbehelf gegen Prüfungstätigkeit

Handelt der Prüfer nicht nach dem Grundsatz der Verhältnismäßigkeit, so kann der Steuerpflichtige die Maßnahmen der Prüfungstätigkeit mittels Einspruchs nach § 347 AO **anfechten.**

IV. Informationsanspruch des Steuerpflichtigen

1. Unterrichtung des Steuerpflichtigen

Nach § 199 Abs. 2 Halbs. 1 AO ist der **Steuerpflichtige** während der Außenprüfung über die festgestellten Sachverhalte und die möglichen steuerlichen Auswirkungen **zu unterrichten.** Voraussetzung ist aber, daß durch diese Unterrichtung Zweck und Ablauf der Prüfung nicht beeinträchtigt werden.[89]
Zweck und Ablauf der Prüfung werden dann beeinträchtigt, wenn der Steuerpflichtige auf Grund der erhaltenen Information wahrscheinlich Sachverhalte verdunkeln, oder gar steuerrelevante Belege und andere Urkunden beseitigen (lassen) würde. Eine solche

---

[88] Vgl. dazu **Mösbauer,** Zum Umfang der Mitwirkungspflicht des Arbeitgebers bei der Lohnsteuer-Außenprüfung, DB 1998, S. 1303 ff..

[89] Vgl. dazu **Mösbauer,** Der Informationsanspruch des Steuerpflichtigen bei Durchführung einer steuerlichen Außenprüfung, StBp 2001, S. 217 ff.; ferner BMF, Schreiben betr. Hinweise auf die wesentlichen Rechte und Mitwirkungspflichten des Steuerpflichtigen bei der Außenprüfung (§ 5 Abs. 2 Satz 2 BpO) vom 20.7.2001 – IV D 2 – S 0403 – 3 / 01 – BStBl. 2001 I, S. 502, Abschn. 2 Abs. 7.

Beeinträchtigung setzt also voraus, daß eine genaue und richtige Prüfung erschwert, verschleppt oder gar unmöglich wird.
Intensität und Häufigkeit der Unterrichtung werden durch den Umfang und das Gewicht der für den Steuerpflichtigen relevanten Prüfungsfeststellungen bestimmt.[90]

2. Überleitung in ein Steuerstrafverfahren[91]

Handelt der Steuerpflichtige qua via gegen seine Mitwirkungspflicht, und kommt es dabei sogar zu einer Steuerhinterziehung oder Steuerverkürzung, so wird das Außenprüfungsverfahren **in ein Steuerstrafverfahren übergeleitet.**[92]

3. Nachholung des Rechts auf Gehör

Das Recht auf Gehör kann auch **nachgeholt** werden.[93]
Hat der Prüfer, wie in der Praxis häufig der Fall, den Steuerpflichtigen während der Außenprüfung **nicht unterrichtet** und **holt** er die Unterrichtung bei der Schlußbesprechung **nach**, so wird das **fehlerhafte Verhalten** des Prüfers dadurch **geheilt**. Der Steuerpflichtige kann dann auch nicht mehr erfolgreich gegen die fehlende Unterrichtung durch den Prüfer vorgehen.
Der Informationsanspruch des Steuerpflichtigen[94] ist **gesetzlich geregelt.** Der Prüfer hat ihm von Amts wegen zu entsprechen; nicht nur auf Verlangen des Steuerpflichtigen. Dem Steuerpflichtigen wird auf Grund der Vorschrift des § 199 Abs. 2 AO für den Verlauf der Außenprüfung ausdrücklich **rechtliches Gehör** zuerkannt; ein Recht, das ihm auch schon durch Art. 103 Abs. 1 GG und § 91 AO zugesichert wird.
Dadurch bleibt er **vor Überraschungen** in der Schlußbesprechung **bewahrt.**

4. Unterrichtung und Verfahrensökonomie

Die Unterrichtung des Steuerpflichtigen dient auch dem rationellen und **ökonomischenVerlauf** der Außenprüfung. Denn durch sie können mögliche Fehlannahmen des Prüfers und darauf beruhende Fehlentwicklungen der Außenprüfung vermieden werden.

5. Umfang des Informationsanspruchs

a) Informationsanspruch und Recht auf Gehör

Nach dem Sinn des § 199 Abs. 2 AO umfaßt der Informationsanspruch des Steuerpflichtigen auch das **Recht auf Gehör,** auch wenn dies dem Gesetzeswortlaut nicht ausdrücklich zu entnehmen ist.
Werden die Prüfungen unter Beachtung des Informationsanspruchs durchgeführt, werden die Steuerpflichtigen den Prüfern mit weniger Vorbehalten gegenübertreten.[95]

---

[90] Siehe dazu **Mösbauer,** in: Koch / Scholtz, AO, 5. Aufl., 1996, § 199 AO, Rz. 6.

[91] Dazu vgl. **Mösbauer,** Steuerstraf- und Steuerordnungswidrigkeitenrecht (einschließlich Steuer- und Zollfahndung), 2. Aufl., 2000, §§ 17 ff. (S. 262 ff.).

[92] Vgl. dazu **Mösbauer,** Finanzbehördliche Sachverhaltsermittlung bei Verdacht einer Steuerstraftat, DStZ 2000, S. 512 ff.; **Mösbauer,** Die „Einleitung des Strafverfahrens" als Tatbestandsmerkmal für den Ausschluß der Selbstanzeige nach § 371 AO, DB 2001, S. 836 ff..

[93] FG Rheinland – Pfalz, Urteil vom 19.12.1983 – SK 320 / 83 – EFG 1984, 430.

[94] Dazu **Mösbauer,** Der Informationsanspruch des Steuerpflichtigen bei Durchführung einer steuerlichen Außenprüfung, StBp 2001, S. 217 ff..

[95] Vgl. dazu **Tipke / Kruse,** AO / FGO, § 199 AO, Tz. 6.

b) Zeitlicher und gegenständlicher Umfang

Der Informationsanspruch ist sowohl in **zeitlicher** als auch in **gegenständlicher** Hinsicht gesetzlich nicht hinreichend abgegrenzt. Da das Gesetz nur besagt, daß die Unterrichtung **„während"** der Außenprüfung zu erfolgen hat, nicht jedoch in welchen Zeitabständen, kann das Maß der Unterrichtung nur durch den konkreten Einzelfall determiniert sein.

c) Form der Unterrichtung

Auch ist **keine Form** der Information vorgeschrieben, so daß die Mitteilungen sowohl mündlich als auch schriftlich erfolgen können. Bei komplexen Zahlenwerken wird sich aber Schriftlichkeit empfehlen.

d) Unterrichtung über die möglichen steuerlichen Auswirkungen

Nach § 199 Abs. 2 AO ist der Steuerpflichtige nur über die **möglichen** steuerlichen Auswirkungen der Prüfungsergebnisse zu unterrichten. Dies zeigt zugleich, daß die abschließende Entscheidung über die rechtlichen Folgen der Feststellungen nicht beim Prüfer liegen.

§ 15 Verdacht einer Steuerstraftat

I. Unverzügliche Unterrichtung der für die Ermittlung von Straftaten zuständigen Finanzbehörde

Ergeben sich **während** einer **Außenprüfung** zureichende tatsächliche Anhaltspunkte für eine Straftat (§ 152 Abs. 2 StPO), deren Ermittlung der Finanzbehörde obliegt, so ist die für die Bearbeitung dieser Straftat **zuständige** Stelle **unverzüglich zu unterrichten.** Sie entscheidet nach pflichtgemäßem Ermessen, ob sie einen Sachverhalt, bei dem sich der Verdacht einer Steuerstraftat ergeben hat, entweder durch eine Außenprüfung nach §§ 193 ff. AO oder durch steuerstrafrechtliche Ermittlungen feststellen läßt. In beiden Fällen ist aber ein **Strafverfahren einzuleiten.**[1] [2]

Die Anordnung und Durchführung einer Außenprüfung ist auch zulässig, wenn gleichzeitig ein Steuerstrafverfahren wegen des Verdachts der Steuerhinterziehung eingeleitet wird. Die – internen[3] - (Dienst)-Anweisungen für das Straf- und Bußgeldverfahren (Steuer)[4] stehen dem nicht entgegen.[5] Die Anordnung und Durchführung ist selbst dann zulässig, wenn die Steuerfahndung im Rahmen eines Steuerstrafverfahrens bereits Ermittlungen angestellt hat.[6]

Ein **Verdacht** einer Steuerstraftat liegt dann vor, wenn zureichende tatsächliche Anhaltspunkte für eine Tat gegeben sind.[7] Gegenstand des Verdachts ist regelmäßig die **einzelne** unrichtige, unvollständige oder unterlassenen Angabe einer steuerrelevanten Tatsache mit der Folge einer Steuerverkürzung oder der Erlangung von ungerechtfertigten Steuervorteilen.

Ein solcher Verdacht kann z.B. im Zusammenhang mit einem **Vermögenszuwachs** entstehen, der mit **Spielbankengewinnen** begründet wird. Solche Gewinne sind Ausnahmesachverhalte.[8] Sie unterliegen einer erhöhten Nachweispflicht.[9] Bei den Außenprüfungsreferenten der Oberfinanzdirektionen der Bundesrepublik besteht Übereinstimmung dahingehend, daß die Behauptung von Spielbankgewinnen grundsätzlich nicht akzeptiert wird. Dies soll auch dann gelten, wenn

a) Eintrittskarten mit handschriftlichen Vermerken über Spielgewinne,

---

[1] FG Düsseldorf, Urteil vom 24.5.1996 – 4 K 210 / 88 Z – EFG 1997, 177; so auch schon BFH, Urteil vom 4.11.1987 – II R 102 / 85 – BStBl. 1988 II, 113.

[2] Zur Einleitung eines Strafverfahrens vgl. auch **Mösbauer,** Die Bedeutung der Definitionsnorm des § 369 AO für die steuerstrafrechtliche Ermittlungszuständigkeit der Finanzbehörden, Wistra 1996, S. 252 ff.; **Mösbauer,** Aktuelle Rechtsfragen bei der Abgrenzung des Versuchs von der Vorbereitungshandlung im Steuerstrafrecht, DStZ 1997, S. 577 ff.; **Mösbauer,** Die Bekanntgabe der Einleitung des Straf- oder Bußgeldverfahrens als Sperre für die Straffreiheit nach § 371 AO, DStZ 1999, S. 354 ff.; **Mösbauer,** Die Kenntnis des Täters von der Entdeckung der Tat als Sperre für die Straffreiheit nach § 371 AO, StB 1999, S. 393 ff.; **Mösbauer,** Das Erscheinen eines Amtsträgers der Finanzbehörde zur steuerlichen (Außen-)Prüfung als Sperre für die Straffreiheit nach § 371 AO, StBp 1999, S. 225 ff.; **Mösbauer,** Finanzbehördliche Sachverhaltsermittlungen bei Verdacht einer Steuerstraftat, DStZ 2000, S. 512 ff.; **Mösbauer,** Die „Einleitung des Strafverfahrens" als Tatbestandsmerkmal für den Ausschluß der Selbstanzeige nach § 371 AO, DB 2001, S. 836 ff..

[3] Vgl. dazu **Scheurmann – Kettner,** in: Koch / Scholtz, AO, 5. Aufl., 1996, Vorb. zu § 385 ff., RdNr. 4 f..

[4] Abgedruckt in BStBl. 1996 I, 959.

[5] FG Bremen, Urteil vom 2.4.1997 – 2 96 175 K 2 – EFG 1997, 776; FG Bremen, Urteil vom 4.2.1997 – 2 96 111 K 2 – EFG 1997, 777.

[6] So zutreffend FG Bremen, Urteil vom 4.2.1997 – 2 96 111 K 2 – EFG 1997, 777.

[7] Vgl. dazu **Mösbauer,** in: Koch / Scholtz, AO, 5. Aufl., 1996, § 199 AO, Rz. 9; ferner BMF, Schreiben betr. Hinweise auf die wesentlichen Rechte und Mitwirkungspflichten bei der Außenprüfung (§ 5 Abs. 2 Satz 2 BpO) vom 20.7.2001 – IV D 2 – S 0403 – 3 / 01 – BStBl. 2001 I, S. 502; ferner **Mösbauer,** Steuerstraf- und Steuerordnungswidrigkeitenrecht, 2. Aufl., 2000, § 12 (S. 93 ff.).

[8] BFH, Urteil vom 13.11.1969 – IV R 22 / 67 – BStBl. 1970 II, 189.

[9] BFH, Urteil vom 3.8.1966 – IV R 75 / 66, IV R 152 / 66 – BStBl. 1966 III, 650.

b) Aufzeichnungen über Spielverläufe,
c) Bestätigungen einer Spielbank über Besuche in der Spielbank,
d) Bescheinigungen einer Spielbank über eingetauschte[10] Spielmarken vorgelegt werden oder
e) durch ein bestimmtes Spielsystem Spielgewinne glaubhaft gemacht oder
f) Spielbankbesuche oder gar gelegentliche Gewinne, ohne konkreten Nachweis der Einsätze, durch Zeugenbeweis nachgewiesen werden.

II. Unterbrechung der Prüfungsermittlungen

1. Verdacht gegen den Steuerpflichtigen

Richtet sich der **Verdacht gegen den Steuerpflichtigen,** so dürfen hinsichtlich des Sachverhalts, auf den sich der Verdacht bezieht, die Ermittlungen (§ 194 AO) bei ihm erst fortgesetzt werden, wenn ihm die **Einleitung des Strafverfahrens mitgeteilt** worden ist.[11]

2. Unterbrechung der Ermittlungen

Dieser Mitteilung geht daher eine **Unterbrechung der Ermittlungen** voraus. Denn eine **Fortsetzung** der Ermittlungen setzt logischerweise ihre vorherige **Unterbrechung** voraus.

3. Voraussetzungen der Unterbrechung

Die Unterbrechung der Ermittlungen setzt voraus, daß

a) sich ein Verdacht einer Straftat ergeben hat,
b) dieser Verdacht sich gegen den Steuerpflichtigen richtet und
c) die Finanzbehörde für die Ermittlung der Straftat zuständig ist.

Liegen diese Voraussetzungen vor, ist zunächst

a) die für die Bearbeitung dieser Straftat zuständige Stelle[12] - unverzüglich – zu unterrichten, sodann sind
b) die Ermittlungen zu unterbrechen.[13]

4. Verdacht gegen andere Personen als den Steuerpflichtigen

Richtet sich der **Verdacht nicht gegen den Steuerpflichtigen,** bei dem die Außenprüfung stattfindet, so darf der Außenprüfer, trotz der Verpflichtung zur unverzüglichen Unterrichtung

---

[10] Es kann sich hier auch um **rückgetauschte** Spielmarken handeln.

[11] Vgl. dazu § 10 Abs. 1 Satz 3 BpO 2000; vgl. auch **Papperitz,** Die neue Betriebsprüfungsordnung (II), INF 1989, S. 104; **Wilke,** Die neue Betriebsprüfungsordnung, NWB Fach 17, S. 952; **Wendt / Könemann / Schirmbeck,** Betriebsprüfung in der Praxis, 2. Aufl., 1990, S. 153, Anm. 639; **Schuhmann,** Die neue Betriebsprüfungsordnung, !989, S. 114; ferner BMF, Schreiben betr. Hinweise auf die wesentlichen Rechte und Mitwirkungspflichten bei der Außenprüfung (§ 5 Abs. 2 Satz 2 BpO) vom 20.7.2001 – IV D 2 – S 0403 – 3 / 01 – BStBl. 2001 I, S. 502, Abschn. 4.

[12] Sog. Bußgeld- und Strafsachenstelle; es gibt hierfür aber auch andere Bezeichnungen.

[13] Vgl. dazu **Wendt / Könemann / Schirmbeck,** Betriebsprüfung in der Praxis, 2. Aufl., 1990, S. 153, Anm. 639; **Schuhmann,** Die neue Betriebsprüfungsordnung, 1989, S. 114, 115; **Wittkowski / Wittkowski,** Einleitung eines Strafverfahrens im Rahmen einer Betriebsprüfung, NWB Fach 13, S. 633.

der für die Bearbeitung dieser Straftat zuständigen Stelle, die **Ermittlungen** im Rahmen der Außenprüfung **uneingeschränkt fortsetzen.**
Ein solcher Fall liegt insbesondere dann vor, wenn sich der Verdacht z.B. gegen eine dritte Person richtet, z.B. einen Geschäftspartner, einen Betriebsangehörigen oder einen Angehörigen des Steuerpflichtigen.

5. Vager Verdacht gegen den Steuerpflichtigen

Die Ermittlungen dürfen auch dann im Rahmen einer Außenprüfung uneingeschränkt fortgesetzt werden, wenn sich der Verdacht vorläufig zwar noch nicht gegen den Steuerpflichtigen richtet, eine Begehung der Straftat durch den Steuerpflichtigen aber auch nicht ausgeschlossen werden kann.
Wird der vage Verdacht im weiteren Verlauf der Ermittlungen aber konkretisiert, kann sich der Steuerpflichtige während der weiteren Ermittlungen (§ 194 AO) des Außenprüfers auf verdachtsbefangenem Gebiet selbst schon belastet haben.
§ 10 BpO 2000 bezweckt aber gerade dadurch, Klarheit und Eindeutigkeit in das Verfahren zu bringen, daß der Steuerpflichtige vor Mitteilung der Einleitung nicht mit Ermittlungen des Außenprüfers auf verdächtigem Gebiet zu rechnen braucht.
Um diesem materiellen Gesetzeszweck überhaupt aber erst zum Leben zu verhelfen, ist es unabdingbar, ab sofort die Unterbrechung der Ermittlungen auch auf die Fälle auszudehnen, bei denen die Begehung der Tat durch den Steuerpflichtigen nicht ausgeschlossen werden kann.

III. Umfang der Unterbrechung

1. Unterbrechung „hinsichtlich des Sachverhalts, auf den sich der Verdacht bezieht"

Liegen die Voraussetzungen der **Unterbrechung** vor, so hat diese **unverzüglich[14],** i.S.d. § 121 BGB, zu erfolgen.
Der Außenprüfer darf also **keine weiteren Prüfungshandlungen** mehr vornehmen, um den Verdacht zu erhärten.
Nach § 10 Abs. 1 Satz 3 BpO 2000 dürfen aber die Ermittlungen nur unterbrochen werden „hinsichtlich des Sachverhalts, auf den sich der Verdacht bezieht." Diese Einschränkung ist problematisch. Denn sie macht den Umfang der Prüfungsunterbrechung von einem Tatverdacht abhängig, dessen rechtliche Qualifizierung in der Literatur heftig umstritten ist. Der Streit wird darum geführt, ob der Tatbegriff eng oder weit aufzufassen ist.

2. Das Verständnis des engen Tatbegriffs

Nach dem Verständnis des **engen Tatbegriffs[15]** wird eine Steuererklärung durch eine Vielzahl einzelner Mitwirkungspflichten bestimmt. Die Prüfung sei deshalb nur insoweit zu unterbrechen, als durch eine unrichtige, unvollständige oder unterlassene Angabe einer steuerlich erheblichen Tatsache Steuern verkürzt oder nicht gerechtfertigte Steuervorteile erlangt worden sind.

---

[14] In dieser Unverzüglichkeit der Unterbrechung der Ermittlungen manifestiert sich zugleich die Schutzfunktion der Unterbrechung.

[15] Vgl. z.B. **Tipke,** in: Tipke / Kruse, AO / FGO, Vor § 193 AO, Tz. 12; **Schuhmann,** Die neue Betriebsprüfungsordnung, 1989, S. 115; **Latsch,** Die wesentlichen Schutzvorschriften der BpO (St) und ihre Bedeutung für den Steuerpflichtigen, StBp 1983, S. 160; **Lohmeyer,** Die straf- und bußgeldrechtlichen Vorschriften der Betriebsprüfungsordnung (Steuer), BlStSozArbR 1982, S. 190.

Richtet sich der Verdacht eines Außenprüfers z.B. nur auf nicht erklärte Zinseinkünfte, wäre er, nach dem Verständnis des engen Tatbegriffs, nicht daran gehindert, die Prüfung wegen anderer Einkunftsarten (z.B. wegen Einkünften aus Gewerbebetrieb) fortzusetzen.

3. Das Verständnis des weiten Tatbegriffs

Nach dem Verständnis des **weiten Tatbegriffs**[16] umfaßt eine Tat die Abgabe einer unrichtigen oder unvollständigen Steuererklärung sowie die pflichtwidrige Nichtabgabe einer Steuererklärung. Daraus folgt nach diesem Verständnis die Unterbrechung **aller** Ermittlungen, die Besteuerungsgrundlagen des gleichen Veranlagungszeitraums betreffen.
Nach hier vertretener Auffassung erfordert die Schutzfunktion des § 10 BpO 2000 die Anwendung des weiten Tatbegriffs. Denn die Bestimmung des Umfangs der Prüfungsunterbrechung nach dem engen Tatbegriff würde ein so hohes Maß auch an strafrechtlicher Qualifikation erfordern, das von einem Außenprüfer nicht erwartet werden kann. Aus diesem Grunde sollte das aufsichtliche Handeln des juristisch nicht vorgebildeten Außenprüfers möglichst frei von Voraussetzungen gehalten werden, die eine solche strafrechtliche Qualifikation des Außenprüfers erfordern.
Die Anwendung des weiten Tatbegriffs dient daher nur der Klarheit und Eindeutigkeit des Verfahrens.[17] Sie kommt nicht zuletzt auch dem Interesse des Außenprüfers entgegen. Denn er entzieht sich in der Praxis einer Entscheidung steuerstrafrechtlicher Probleme regelmäßig dadurch, daß er die Außenprüfung insgesamt unterbricht.[18]
Ferner erwachsen durch eine weite Auslegung des Tatbegriffs auch keine Nachteile für das Strafverfolgungsinteresse, die eine Unterbrechung der Prüfung im Umfang aller Besteuerungsgrundlagen zumindest des betreffenden Veranlagungszeitraums ausschließen würden.[19]

4. Bedenken gegen die Zulässigkeit der begrenzten Fortsetzung der Außenprüfung

Streck[20] will die Außenprüfung zunächst **insgesamt** unterbrochen haben. Dem dürfte aber die Formulierung des § 9 Satz 2 BpO[21]: „hinsichtlich des Sachverhalts, auf den sich der Verdacht bezieht" entgegenstehen.
Sie zeigt, daß die Außenprüfung nicht insgesamt unterbrochen werden sollte.
Vielmehr sollte das selbstverordnete Ermittlungshindernis im Umfang begrenzt sein. Dies aber bedeutet, daß die Außenprüfung auf nicht verdachtsbefangenen Prüfungsfeldern unbedenklich fortgesetzt werden kann.
Gleichwohl darf auch nicht übersehen werden, daß durch die begrenzte Fortsetzung der Außenprüfung Täuschungen erzeugt werden. Sie sollten aber gerade durch § 10 BpO 2000, der die Offenheit des Verfahrenszwecks anstrebt, verhindert werden.
Die Bedenken gegen die Zulässigkeit der begrenzten Fortsetzung der Außenprüfung werden selbst von Vertretern der Finanzverwaltung[22] als „nicht völlig unberechtigt" gesehen.

---

[16] Vgl. dazu z.B. **Wendt / Könemann / Schirmbeck,** Betriebsprüfung in der Praxis, 2. Aufl., 1990, S. 153, Anm. 1642; **Suhr / Naumann,** Steuerstrafrecht, 4. Aufl., 1986, S. 356; **Wittkowski / Wittkowski,** Einleitung eines Steuerstrafverfahrens im Rahmen einer Betriebsprüfung, NWB Fach 13, S. 633.
[17] Vgl. dazu **Streck,** Die Außenprüfung, 2. Aufl., 1993, S. 168, Anm. 729.
[18] Vgl. in diesem Zusammenhang **Papperitz,** Die neue Betriebsprüfungsordnung (II), INF 1989, S. 104; **Streck,** Die Außenprüfung, 2. Aufl., 1993, S. 168 ff.; Anm. 729 ff..
[19] Im gleichen Sinne **Wendt / Könemann / Schirmbeck,** Betriebsprüfung in der Praxis, S. 153, Anm. 642; auch **Wittkowski / Wittkowski,** Einleitung eines Steuerstrafverfahrens im Rahmen einer Betriebsprüfung, NWB Fach 13, S. 633 / 634.
[20] **Streck,** Die Außenprüfung, 2. Aufl., 1993, S. 170, Anm. 732.
[21] Der Formulierung des § 9 Satz 2 BpO entspricht haargenau die des **neugefaßten** § 10 Abs. 1 Satz 3 BpO 2000.
[22] Vgl. z.B. **Papperitz,** Die neue Betriebsprüfungsordnung (II), INF 1989, S. 104.

Gleichwohl sieht auch die Neufassung der BpO 2000 die Notwendigkeit, die Fortsetzung der Außenprüfung in concreto generell zu untersagen. Daß in der Praxis die Außenprüfung häufig solange völlig unterbrochen wird, bis die Bußgeld- und Strafsachenstelle eine Entscheidung getroffen hat, kann die rechtliche Unsicherheit nicht beseitigen. Denn wenn bei einem Steuerpflichtigen die Außenprüfung trotzdem fortgesetzt wird, kann er sich auf Grund der häufigen Handhabung in der Praxis nicht auf ein diesbezügliches „Gewohnheitsrecht" berufen. Deshalb ist die Schaffung eines Rechtsanspruchs, über den Gleichheitsgrundsatz des Art. 3 GG hinaus, erforderlich, indem der Wortlaut des § 10 Abs. 1 Satz 3 BpO 2000 entsprechend geändert wird.

IV. Fortsetzung der Ermittlungen

1. Fortsetzung der Ermittlungen vor der Mitteilung der Einleitung

Die Fortsetzung der Außenprüfung auf verdachtsbefangenem Gebiet erfordert grundsätzlich die **Mitteilung der Einleitung** an den Beschuldigten (§ 10 Abs. 1 Satz 3 BpO 2000). Desweiteren soll „die Prüfung **bis zur Entscheidung** der Strabu-Stelle unterlassen"[23] werden.

Die unterbrochenen Ermittlungen können aber auch schon **vor** einer **solchen Entscheidung** fortgesetzt werden, wenn die Bußgeld- und Strafsachenstelle **vor der Mitteilung der Einleitung** zu dem Ergebnis gelangt, daß der Verdacht einer Steuerstraftat nicht oder nicht mehr begründet ist. In beiden Fällen liegen die Voraussetzungen für eine Unterbrechung der Ermittlungen nicht vor.

Da nach hier vertretener Auffassung durch die Unterrichtung der Bußgeld- und Strafsachenstelle die Einleitung des Strafverfahrens erfolgt ist (§ 397 Abs. 1 AO)[24], sind in diesen Fällen die aufsichtlichen Ermittlungen der Außenprüfung einzustellen.

2. Mitteilung der Einleitung als Voraussetzung der Fortsetzung der Ermittlungen

a) Bedeutung der Mitteilung der Einleitung

Nach § 10 Abs. 1 Satz 3 BpO 2000 dürfen die Ermittlungen der steuerlichen Verhältnisse i.S.d. § 194 AO beim Steuerpflichtigen erst fortgesetzt werden, wenn ihm die Einleitung des Steuerstrafverfahrens **mitgeteilt** worden ist.

Neben den Rechtsfolgen des Ausschlusses der Selbstanzeige nach § 371 Abs. 2 Nr. 1 Buchst. b AO i.V.m. § 78 c Abs. 1 Nr. 1 StGB erlangt die Mitteilung der Einleitung[25] insbesondere dadurch **Bedeutung** für den Beschuldigten, daß er meist erst durch sie von der veränderten Rechtslage Kenntnis erlangt.

Dies gilt vor allem dann, wenn sich das Steuerstrafverfahren aus einem Außenprüfungsverfahren heraus entwickelt hat. In diesem Falle kann der Verdächtig(t)e zunächst nicht erkennen, ob und wann Ermittlungen des Außenprüfers nicht mehr lediglich im Besteuerungs- sondern auch schon im Strafverfahren erfolgen.[26] Nach Art. 20 Abs. 3 GG

---

[23] **Wittkowski / Wittkowski,** Einleitung eines Steuerstrafverfahrens im Rahmen einer Betriebsprüfung, NWB, Fach 13, S. 633.

[24] Zur Einleitung des Strafverfahrens vgl. **Mösbauer,** Steuerstraf- und Steuerordnungswidrigkeitenrecht (einschließlich Steuer- und Zollfahndung), 2. Aufl., 2000, § 19 (S. 281 ff.).

[25] Kritisch zur Mitteilung der Einleitung **Hübner,** in: Hübschmann / Hepp / Spitaler, AO / FGO, § 397 AO, Anm. 47 ff., Anm. 56 ff..

[26] Vgl. **Papperitz,** Von der Betriebsprüfung zur strafrechtlichen Ermittlung – Typische Anlässe und Situationen, DStZ 1987, S. 58.

muß das staatliche Handeln für den Bürger nicht nur **vorhersehbar,** sondern auch **berechenbar** sein.[27] Der Steuerpflichtige hat daher ein Recht zu erfahren, ob er im Rahmen eines **Steuerstrafverfahrens** oder eines **Außenprüfungsverfahrens** angesprochen wird.[28] Die Mitteilung der Einleitung dient somit dem Schutz des Beschuldigten.[29]

b) Zeitpunkt der Mitteilung der Einleitung

Wird das Verfahren nicht schon vorher eingestellt, ist die Fortsetzung der Ermittlungen i.S.d. § 194 AO an die Mitteilung der Einleitung geknüpft.

Nach § 397 Abs. 3 AO ist die Einleitung des Strafverfahrens dem Beschuldigten spätestens mitzuteilen, wenn er dazu aufgefordert wird, Tatsachen darzulegen oder Unterlagen vorzulegen, die im Zusammenhang mit der Straftat stehen, derer er verdächtigt wird.

Daraus folgt, daß die Mitteilung der Einleitung **nicht** unbedingt gleichzeitig **mit** der Einleitung zu erfolgen braucht.[30] Sie muß jedoch **spätestens vor** der Beteiligung des Steuerpflichtigen an der Aufklärung des Sachverhalts erfolgen.[31]

Durch den Terminus „spätestens" hat der Gesetzgeber der Finanzbehörde einen **zeitlichen Ermessensspielraum** eingeräumt.[32] Die Finanzbehörde kann im Rahmen pflichtgemäßer Ermessensausübung zunächst von der Mitteilung der Einleitung absehen, insbesondere, um die strafrechtlichen Ermittlungen nicht zu gefährden oder um den Steuerpflichtigen nicht unnötig zu beunruhigen.[33]

Unzulässig ist hingegen eine – weithin übliche – **Verzögerung** der Mitteilung, um den Beschuldigten auszuforschen. Denn qua via hält sich der Beschuldigte, mangels Kenntnis von der Einleitung, weiterhin für auskunftspflichtig.

Die Mitteilung soll dem Beschuldigten so früh zugehen, wie dies ohne Gefährdung des Untersuchungszwecks möglich ist.

§ 10 Abs. 1 Sätze 3 und 4 BpO 2000 schränken den Ermessensspielraum der Finanzbehörde weiter ein. Denn soll die Außenprüfung insgesamt fortgesetzt werden, **bevor** der Steuerpflichtige zur Mitwirkung im Strafverfahren aufgefordert worden ist, muß dem Beschuldigten die Einleitung schon zu diesem Zeitpunkt mitgeteilt werden.

Daraus folgt für den Außenprüfer das **Verbot,** steuerliche **Ermittlungen** auf verdachtsbefangenem Gebiet **vor Mitteilung** der Einleitung vorzunehmen.

Qua via sollen Klarheit und Eindeutigkeit des Verfahrens erreicht werden. Ermittlungen, egal ob steuerliche oder strafrechtliche, sind, wenn sie unter Zuhilfenahme des Beschuldigten erfolgen sollen, erst dann zulässig, wenn dieser Kenntnis über die Einleitung des Strafverfahrens hat.

§ 10 BpO 2000 dient so der Abgrenzung und Klarstellung zwischen Besteuerungsverfahren und Steuerstrafverfahren.

c) Die zur Mitteilung Verpflichteten

Weder das Gesetz noch die BpO 2000 bestimmen ausdrücklich, **wer** dem Beschuldigten die Einleitung des Strafverfahrens nach § 397 Abs. 3 AO mitzuteilen hat.

---

[27] Vgl. dazu **Herzog,** in: Maunz / Dürig, GG, Art. 20 GG, Abschn. VII, Anm. 58, 62.

[28] Vgl. schon **Franzen,** in: Franzen / Gast / Samson, Steuerstrafrecht, § 397 AO, Anm. 93.

[29] Vgl. dazu **Hübner,** in: Hübschmann / Hepp / Spitaler, AO / FGO, § 397 AO, Anm. 49; **Papperitz,** Von der Betriebsprüfung zur strafrechtlichen Ermittlung – Typische Anlässe und Situationen, DStZ 1987, S. 58.

[30] **Pütz,** Die Anfangsphase des Steuerstrafverfahrens, StKongrRep. 1982, S. 234; **Streck,** Die Außenprüfung, 2. Aufl., 1993, S. 168, Anm. 728.

[31] Vgl. dazu **Kühn / Hofmann,** AO / FGO, 17. Aufl., 1995, § 397 AO, Anm. 4; **Wisser,** in: Klein, AO, 6. Aufl., 1998, § 397 AO, Anm. 8.

[32] Vgl. dazu **Wisser,** in: Klein, AO, 6. Aufl., 1998, § 397 AO, Anm. 8.

[33] Bestätigend auch **Wisser,** in: Klein, AO, 6. Aufl., 1998, § 397 AO, Anm. 8.

Aus der Schutzfunktion der Mitteilung dürfte aber zu folgern sein, daß spätestens **derjenige Amtsträger** zur Mitteilung der Einleitung verpflichtet ist, der den Beschuldigten zu Offenbarungen **auffordert.** Dies gilt für den Fall, daß dem Beschuldigten die Einleitung nicht schon früher mitgeteilt worden ist.

Daraus folgt, daß auch der **Außenprüfer** (bzw. der Sachgebietsleiter der Außenprüfungsstelle) zur Mitteilung der Einleitung des Strafverfahrens verpflichtet sein kann. Dies gilt insbesondere dann, wenn die unterbrochene Außenprüfung **vor** einer Vernehmung des Beschuldigten fortgesetzt werden soll.

Nach den Intentionen des § 10 BpO 2000 soll der Außenprüfer regelmäßig nicht mit strafrechtlichen Ermittlungshandlungen betraut werden. Denn die Herrschaft des strafrechtlichen Ermittlungsverfahrens obliegt der Bußgeld- und Strafsachenstelle. Sie bestimmt die **Art** und das **Maß** der Ermittlungshandlungen, einschließlich des Zeitpunktes der Vernehmung des Beschuldigten.

Ihre Aufgabe ist es auch, den **Zeitpunkt** der strafrechtlichen Maßnahmen zu bestimmen, die eine vorherige Mitteilung der Einleitung erforderlich machen.

Die Bußgeld- und Strafsachenstelle hat außerdem über den Zeitpunkt der Fortsetzung der Außenprüfung zu entscheiden. Dies dient nicht nur der Abstimmung der Verfahren, sondern auch der Sicherung des Untersuchungserfolgs.

Die Entscheidung über den Zeitpunkt der Vornahme von Maßnahmen, die zur Mitteilung der Einleitung verpflichten, ist von der Bekanntgabe der Einleitung an den Beschuldigten zu unterscheiden.

Für die Bekanntgabe[34] ist regelmäßig die Bußgeld- und Strafsachenstelle zuständig; sie kann aber auch dem Sachgebietsleiter der Außenprüfungsstelle übertragen werden.[35]

3. Belehrung nach § 393 Abs. 1 Satz 4 AO

a) Gegenstand der Belehrung

Die Fortsetzung der – unterbrochenen – Ermittlungen setzt nach § 10 Abs. 1 Satz 4 BpO 2000 die **Belehrung** des Beschuldigten über das Zwangsmittelverbot voraus. Diese Belehrungspflicht ist gesetzlich in § 393 Abs. 1 Satz 4 AO geregelt. Danach ist „der Steuerpflichtige hierüber zu belehren, soweit dazu Anlaß besteht“.

Der Terminus „hierüber“ nimmt auf § 393 Abs. 1 Sätze 1 – 3 AO Bezug und macht so deren Inhalt zum Gegenstand der Belehrungspflicht.[36] Gegenstand der Belehrung des Steuerpflichtigen werden so die Rechte und Pflichten des Steuerpflichtigen und der Finanzbehörde im Besteuerungsverfahren und im Strafverfahren (Satz 1) und das Verbot der Anwendung von Zwangsmitteln im Besteuerungsverfahren (Sätze 2 und 3).

Die auch gesetzgeberisch[37] gewollte Bedeutung der Belehrungspflicht besteht in einem effizienten Schutz des Steuerpflichtigen vor Selbstbelastung[38] gerade in einem Bereich rechtlicher Regelung, der besonders unübersichtlich ist.

Es reicht deshalb nicht aus, wenn insbesondere der Außenprüfer stillschweigend von unzulässigem Zwang absieht. Er muß vielmehr den Steuerpflichtigen bei gegebenem Anlaß auch belehren.[39]

---

[34] Ihr Zeitpunkt ist aktenkundig zu machen. Vgl. dazu § 10 Abs. 1 Satz 5 BpO 2000.

[35] Vgl. dazu auch BMF, Schreiben betr. Hinweise auf die wesentlichen Rechte und Mitwirkungspflichten bei der Außenprüfung (§ 5 Abs. 2 Satz 2 BpO) vom 20.7.2001 – IV D 2 – S 0403 – 3 / 01 – BStBl. 2001 I, S. 502, Abschn. 4.

[36] Vgl. **Hübner,** in: Hübschmann / Hepp / Spitaler, AO / FGO, § 393 AO, Anm. 87.

[37] Vgl. dazu BT-Drucksache 7 / 4292, S. 46.

[38] Vgl. dazu **Lüderssen,** Rollenkonflikte im Verfahren, Wistra 1983, S. 232.

[39] So auch **Hübner,** in: Hübschmann / Hepp / Spitaler, AO / FGO, § 393 AO, Anm. 86.

b) Zeitpunkt der Belehrung

Nach § 10 Abs. 1 Sätze 4 und 3 BpO 2000 hat die Belehrung **spätestens** mit der **Bekanntgabe** der Einleitung des Strafverfahrens zu erfolgen.
Sie hat jedoch bereits **vorher** zu erfolgen, wenn vorher ein Anlaß dazu besteht.[40]
Umstritten ist, wann ein solcher „Anlaß" zur Belehrung besteht. So wird die Auffassung vertreten, daß dieser Anlaß auch schon **vor** der Einleitung eines Strafverfahrens gegeben sein kann, wenn Anhaltspunkte vorliegen, daß der Steuerpflichtige sich möglicherweise wegen einer von ihm begangenen Steuerstraftat belasten könnte.[41]
Unzweifelhaft liegt ein solcher Anlaß mit Einleitung des strafrechtlichen Ermittlungsverfahrens nach § 397 Abs. 1 AO vor.[42] Deshalb hat der Außenprüfer die Belehrung des Steuerpflichtigen auch bereits zum Zeitpunkt der Unterrichtung der zuständigen Bußgeld- und Strafsachenstelle vorzunehmen. Dadurch würde der Steuerpflichtige aber Kenntnis von der Einleitung des Strafverfahrens erlangen. Die Mitteilung der Einleitung würde mit der Einleitung einhergehen. Diese Realität würde dazu führen, daß strafrechtliche Ermittlungsmaßnahmen ohne Kenntnis des Beschuldigten von der Einleitung an nicht mehr möglich wären. Dies könnte möglicherweise zu einer **Einschränkung des Strafverfolgungsinteresses** führen.
Andererseits ist aber auch die **Gefahr** zu sehen, daß sich der Steuerpflichtige, wegen Unkenntnis der Rechtslage, **selbst belastet.** Eine solche Selbstbelastung würde dem Willen des Gesetzgebers widersprechen.
Diese Realität berechtigt die Forderung Kohlmanns, den Begriff „Anlaß" extensiv, i.S. frühzeitiger Belehrung, auszulegen.[43]
Auch der Finanzausschuß des Bundestages[44] hatte, wegen der Schutzbedürftigkeit des Steuerpflichtigen, die Erwartung geäußert, daß dem Steuerpflichtigen regelmäßig zu Beginn einer Prüfung eine solche Belehrung erteilt wird.[45]
Die Finanzverwaltung hat dieser Aufforderung – wenigstens – durch das „Schreiben betr. Hinweise über die wesentlichen Rechte und Mitwirkungspflichten bei der Außenprüfung" vom 13.3.1989[46] entsprochen. Mit ihm wird der Steuerpflichtige nach § 5 Abs. 2 BpO[47] bereits in der Prüfungsanordnung über seine wesentlichen Rechte und Pflichten belehrt, insbesondere auch über die Rechtslage nach § 393 Abs. 1 AO.
Anders als Kohlmann[48] läßt Hübner[49] den Außenprüfer, durch dieses – generelle – Schreiben, nicht von der Pflicht entbinden, den Steuerpflichtigen **bei konkretem Anlaß** noch einmal ausdrücklich auf das Zwangsmittelverbot hinzuweisen. Diese Auffassung Hübners verdient

---

[40] Vgl. dazu **Wisser,** in: Klein, AO, 6. Aufl., 1998, § 393 AO, Anm. 6a.
[41] In diesem Sinne schon **Zeller,** in: Koch, AO, 3. Aufl., 1987, § 393 AO, Anm. 15.
[42] Dazu **Mösbauer,** Steuerstraf- und Steuerordnungswidrigkeitenrecht (einschließlich Steuer- und Zollfahndung), 2. Aufl., 2000, § 19 (S. 281 ff.).
[43] Vgl. **Kohlmann,** Steuerstrafrecht, 4. Aufl., 1987, § 393 AO, Anm. 63.
[44] Vgl. dazu BT-Drucksache 7 / 4292, S. 46.
[45] Im gleichen Sinne schon **Hübner,** in: Hübschmann / Hepp / Spitaler, AO / FGO, § 393 AO, Anm. 90; **Rüster,** Der Steuerpflichtige im Grenzbereich zwischen Besteuerungsverfahren und Strafverfahren, 1989, S. 50; **Franzen,** in: Franzen / Gast / Samson, Steuerstrafrecht, 3. Aufl., 1985, § 397 AO, Anm. 50; **Papperitz,** Von der Betriebsprüfung zur strafrechtlichen Ermittlung – Typische Anlässe und Situationen –, DStZ 1987, S. 57; **Streck,** Über Betriebsprüfung und Steuerstrafverfahren im Widersinn, BB 1984, S. 201; **Wisser,** in: Klein, AO, 6. Aufl., 1998, § 393 AO, Anm. 6a.
[46] BStBl. 1989 I, S. 122.
[47] Nunmehr § 5 Abs. 2 Satz 2 BpO 2000.
[48] Vgl. **Kohlmann,** Steuerstrafrecht, 4. Aufl., 1987, § 393 AO, Anm. 63; ebenso **Kretschmar,** Welche Aktenvermerke hat der Betriebs-(Außen)prüfer nach der Einleitung des Steuerstraf-(Bußgeld)verfahrens zu fertigen? StBp 1983, S. 265.
[49] Vgl. **Hübner,** in: Hübschmann / Hepp / Spitaler, AO / FGO, § 393 AO, Anm. 90; gleicher Ansicht **Latsch,** Die wesentlichen Schutzvorschriften der BpO(St) und ihre Bedeutung für den Steuerpflichtigen, StBp 1983, S. 161.

den Vorzug. Denn eine vorsorgliche – abstrakte – Belehrung kann eine Belehrung bei konkretem Anlaß schon deshalb nicht ersetzen, weil ihr der konkrete Bezug zwischen Situation und Rechtslage fehlt.

c) Form der Belehrung

Für die Belehrung ist vom Gesetz **keine bestimmte Form** vorgeschrieben. Mit dem Finanzausschuß[50] wird man aber verlangen dürfen, daß die Belehrung bei Beginn einer Prüfung beim Steuerpflichtigen **schriftlich** erteilt wird. Dementsprechend händigt die Finanzverwaltung dem Steuerpflichtigen auch bei Beginn der Außenprüfung ein Merkblatt über die wesentlichen Rechte und Mitwirkungspflichten des Steuerpflichtigen bei der Außenprüfung aus.

Nach § 10 Abs. 1 Satz 5 BpO 2000 ist die Belehrung unter Angabe von **Datum** und **Uhrzeit aktenkundig** zu machen und auf Verlangen schriftlich zu bestätigen (§ 397 Abs. 2 AO).

Das Erfordernis der schriftlichen Bestätigung auf Verlangen stellte eine Neuerung in der BpO vom 17.12.1987 dar. Damit wurde im Ergebnis der Anregung von dritter Seite im Anhörungsverfahren dahingehend Rechnung getragen, daß die Belehrung nicht nur schriftlich erteilt, sondern dem Steuerpflichtigen auch ausgehändigt werden sollte.

Der Finanzausschuß[51] hatte in seinem Bericht ferner die Erwartung geäußert, daß der Steuerpflichtige über die Rechtslage **in verständlicher Form** zu belehren ist.

Da es sich bei § 393 Abs. 1 AO um eine für Laien schwer verständliche Vorschrift handelt[52], dürfte das Aushändigen eines bloßen Merkblattes die Qualifikation einer Belehrung über die Rechtslage nicht erfüllen. Zu fordern wäre zumindest der **konkrete** Hinweis, daß die im Rahmen der Außenprüfung erbrachten Mitwirkungsleistungen des Steuerpflichtigen auch im Steuerstrafverfahren verwendet werden können.

---

[50] Vgl. BT-Drucksache 7 / 4292, S. 46.

[51] Vgl. BT-Drucksache 7 / 4292, S. 46.

[52] Vgl. **Ehlers,** Verwertungsverbot mit und ohne praktische Folgen, StBp 1981, S. 102; zum Verhältnis von Besteuerungsverfahren und Steuerstrafverfahren vgl. **Mösbauer,** Steuerstraf- und Steuerordnungswidrigkeitenrecht (einschließlich Steuer- und Zollfahndung), 2. Aufl., 2000, § 18 (S. 268 ff.).

D. Die Rechtsstellung des Steuerpflichtigen und der Finanzbehörde nach Abschluß einer Außenprüfung

§ 16 Die Schlußbesprechung

I. Das Recht auf Schlußbesprechung[1]

1. Erforderlichkeit

Ist die Außenprüfung beim Steuerpflichtigen **abgeschlossen,** so **ist** nach § 201 Abs. 1 Satz 1 Halbs. 1 AO[2] über deren Ergebnis eine – externe – **Schlußbesprechung** abzuhalten. Eine lediglich „interne" Schlußbesprechung, an der nur Angehörige der Finanzverwaltung teilgenommen haben, entfaltet **keine** Rechtsbindung. Abgeschlossen ist die Außenprüfung, wenn die prüfende Behörde den Abschluß **ausdrücklich** oder **konkludent erklärt.**[3] Eine solche Erklärung, und mithin der Abschluß einer Außenprüfung, kann in der Regel mit der Zusendung des Prüfungsberichts (§ 202 Abs. 1 AO) angenommen werden.[4]

Eine Schlußbesprechung stellt den regelmäßigen **Schluß**punkt einer Außenprüfung dar. Daher kann von einer Schlußbesprechung regelmäßig immer dann gesprochen werden, wenn „**nach** Vornahme von Prüfungshandlungen die **Prüfung eingestellt** und allen Beteiligten im Rahmen einer Besprechung Gelegenheit gegeben wird, abschließend zu den Prüfungsfeststellungen Stellung zu nehmen"[5]. Ist aber die Prüfung einmal eingestellt, hat der Steuerpflichtige keinen Anspruch auf Wiederaufnahme von Prüfungshandlungen.

Werden im Anschluß an eine Schlußbesprechung weitere Ermittlungen im Rahmen einer Außenprüfung durchgeführt und unterläßt es die Finanzbehörde, die Schlußbesprechung nach Abschluß der Ermittlungen fortzusetzen, so beginnt die **Auswertungs**frist nach § 171 Abs. 4 Satz 3 AO mit Ablauf des Kalenderjahres, in dem die Schlußbesprechung stattgefunden hat.[6]

Erkennt die Finanzbehörde **nach** der Schlußbesprechung noch **Rechtsirrtümer,** so können diese bei der Auswertung der Prüfungsfeststellungen noch **richtiggestellt** werden. Dies gilt auch dann, wenn an der Schlußbesprechung der für die Steuerfestsetzung zuständige Beamte teilgenommen hat.[7]

---

[1] Vgl. dazu auch **Mösbauer,** Das Recht auf Schlußbesprechung, StBp 2000, S. 257 ff.; **Mösbauer,** Der Informationsanspruch des Steuerpflichtigen bei Durchführung einer steuerlichen Außenprüfung, StBp 2001, S. 217 ff.; **Tipke,** in: Tipke / Kruse, AO / FGO, § 201 AO.

[2] § 201 Abs. 1 AO ist eine Vorschrift über das Verfahren i.S.d. § 127 AO. Dazu FG Berlin, Urteil vom 22.4.1996 – VIII 392 / 94 – EFG 1997, 90; **Mösbauer,** Der Informationsanspruch des Steuerpflichtigen bei Durchführung einer steuerlichen Außenprüfung, StBp 2001, S. 217 ff..

[3] So zutreffend AEAO (i.d.F. BMF – Schr. v. 14.2.2000 – BStBl. 2000 I, S. 190, ber. S. 435) zu § 201 AO, Nr. 2 Satz 1.

[4] So auch AEAO (i.d.F. BMF – Schr. v. 14.2.2000 – BStBl. 2000 I, S. 190, ber. S. 435) zu § 201 AO, Nr. 2 Satz 2.

[5] FG des Saarlandes, Urteil vom 30.9.1992 – 1 K 8 / 92 – EFG 1993, 279; vgl. auch **Birk,** Steuerrecht, 7. Aufl., 2004, S. 145, RdNr. 450 b; ferner BMF, Schreiben betr. Hinweis auf die wesentlichen Rechte und Mitwirkungspflichten des Steuerpflichtigen bei der Außenprüfung (§ 5 Abs. 2 Satz 2 BpO) vom 20.7.2001 – IV D 2 – S 0403 – 3 / 01 – BStBl. 2001 I, S. 502, Abschn. 3.

[6] So FG Düsseldorf, Urteil vom 2.2.1999 – 6 K 5708 / 95 K, V, U – EFG 1999, 684, unter Bezugnahme auf BFH, Urteil vom 2.2.1994 – I R 57 / 93 – BStBl. 1994 II, 377.

[7] So auch AEAO (i.d.F. BMF – Schr. v. 14.2.2000 – BStBl. 2000 I, S. 190, ber. S. 435) zu § 201 AO, Nr. 1 Satz 1.

2. Verzichtbarkeit

Die Schlußbesprechung ist aber nach § 201 Abs. 1 Satz 1 Halbs. 2 AO **verzichtbar**[8],

a) wenn sich nach dem Ergebnis der Außenprüfung **keine Änderung** der Besteuerungsgrundlagen ergibt (Alt. 1) oder
b) wenn der Steuerpflichtige auf die Besprechung **verzichtet** (Alt. 2).[9]
c) Die Schlußbesprechung ist ferner verzichtbar, wenn eine **abgekürzte Außenprüfung** stattgefunden hat (§ 203 Abs. 2 Satz 3 Alt. 1 AO).

3. Abhaltung einer Schlußbesprechung

Der Steuerpflichtige hat **während** der Außenprüfung grundsätzlich kein Recht auf Abhaltung einer Schlußbesprechung.
Nach Abschluß der Außenprüfung kann der Steuerpflichtige die **Ablehnung** der Abhaltung einer Schlußbesprechung aber mittels Einspruchs nach § 347 AO anfechten.
Da nach § 201 Abs. 1 Satz 1 Halbs. 1 AO eine Schlußbesprechung **abzuhalten ist,** stellt jedes Unterlassen einer solchen Schlußbesprechung ein **gesetzwidriges Unterlassen** dar. Als **Verfahrensfehler** ist dieses Unterlassen aber nach § 126 Abs. 1 Nr. 3 AO durch **Nachholung** der unterlassenen Schlußbesprechung **heilbar.**[10] Sie bewirkt, daß die Steuerbescheide, die auf diesen Prüfungsfeststellungen beruhen, nicht rechtswidrig sind. Die **Verwertung** von Prüfungsfeststellungen hängt aber nicht davon ab, ob eine Schlußbesprechung stattgefunden hat.[11] Daraus zieht der BFH den Schluß, daß das Unterlassen einer Schlußbesprechung nicht „ohne weiteres" zu einer Fehlerhaftigkeit der Steuerbescheide führt, die auf Grund des Berichts über die Außenprüfung ergangen sind.

II. Zweck der Schlußbesprechung

Zweck der Schlußbesprechung ist es nach § 201 Abs. 1 Satz 2 AO insbesondere, die **strittigen Sachverhalte**[12] sowie die **rechtliche Beurteilung** der Prüfungsfeststellungen und **ihre steuerlichen Auswirkungen**[13] zu erörtern.[14]
Qua via wird dem Steuerpflichtigen bei der Schlußbesprechung – noch vor Erstellung des Prüfungsberichts – ein qualifiziertes **rechtliches Gehör** gewährt.[15] Gleichzeitig dient die Schlußbesprechung dazu, dem Steuerpflichtigen das **wesentliche Ergebnis** der Prüfung

---

[8] Dazu **Mösbauer,** Das Recht auf Schlußbesprechung, StBp 2000, S. 257 ff..

[9] Der Verzicht auf die Schlußbesprechung kann inzidenter erklärt werden. Dazu FG Bremen, Urteil vom 24.9.1996 – 2 94 085 K 2 u.a. – EFG 1997, 449, bes. 450. So weist z.B. auch der AEAO (i.d.F. BMF – Schr. v. 14.2.2000 – BStBl. 2000 I, S. 190, ber. S. 435) zu § 201 AO, Nr. 3 Satz 4 darauf hin, daß auch die Tatsache, daß ein Steuerpflichtiger den Termin einer Schlußbesprechung ohne Angaben von Gründen nicht wahrnimmt, als ein solcher Verzicht auf eine Schlußbesprechung i.S.d. § 201 Abs. 1 Satz 1 AO zu werten ist.

[10] Der Verfahrensfehler der Unterlassung der Schlußbesprechung wird dadurch geheilt, daß der Steuerpflichtige die Möglichkeit hat, sich zum Außenprüfungsbericht vor dem und in dem Einspruchsverfahren zu äußern. Dazu FG Baden – Württemberg / Stuttgart, Beschluß vom 30.1.1997 – 6 V 1 / 96 – EFG 1997, 779.

[11] AEAO (i.d.F. BMF – Schr. v. 14.2.2000 – BStBl. 2000 I, S. 190, ber. S. 435) zu § 201 AO, Nr. 4 Satz 1.

[12] D.s. Unklarheiten in **tatsächlicher** Hinsicht.

[13] Z.B. das **Verwertungsverbot.** Es manifestiert einen Vorrang des berechtigten Interesses des Steuerpflichtigen. Vgl. z.B. FG Baden – Württemberg / Stuttgart, Urteil vom 23.6.1993 – 9 K 112 / 89 – EFG 1994, 75.

[14] Vgl. dazu FG Hamburg, Urteil vom 21.11.1980 – VI 109 / 80 – EFG 1981, 325. Zur Erörterung vgl. **Mösbauer,** Die tatsächliche Verständigung – ein vages Beweismittel-Surrogat im Besteuerungsverfahren, BB 2003, S. 1037 ff..

[15] Vgl. dazu auch **Mösbauer,** in: Koch / Scholtz, AO, 5. Aufl., 1996, § 201 AO, Rz. 2. **Mösbauer,** Der Informationsanspruch des Steuerpflichtigen bei Durchführung einer steuerlichen Außenprüfung, StBp 2001, S. 217 ff.; **Birk,** Steuerrecht, 7. Aufl., 2004, S. 145, RdNr. 450 b.

mitzuteilen. Der Steuerpflichtige erhält so noch einmal die Möglichkeit zur weiteren Sachaufklärung[16] und Beweisführung.[17]
Ferner werden durch in der Schlußbesprechung erzielte Übereinstimmungen[18] **Rechtsbehelfsverfahren vermieden** und der **Prüfungsbericht entlastet.**[19]
Die Zustimmung des Steuerpflichtigen zu dem Ergebnis der Außenprüfung beinhaltet aber noch **keinen Einspruchsverzicht,** da nach § 354 Abs. 1 Satz 1 AO auf die Einlegung des Einspruchs regelmäßig ohnehin erst **nach Erlaß** des Verwaltungsaktes verzichtet werden kann. Außerdem bedarf der Verzicht der Schriftform (§ 354 Abs. 2 Satz 1 AO).
Andererseits haben aber die Äußerungen der Finanzbehörde in einer Schlußbesprechung i.d.R. lediglich – **unverbindlichen**[20] – **vorläufigen** Charakter; es sei denn, es kommt zulässiger Weise eine tatsächliche Verständigung zustande.[21]
Aus diesem Grunde erzeugen auch **Zusagen,** die im Rahmen einer Schlußbesprechung gemacht werden, die aber im Betriebsprüfungsbericht nicht aufrechterhalten werden, **keine Bindung** der Finanzbehörde nach Treu und Glauben.[22]

III. Unterrichtung des Steuerpflichtigen

Damit der Steuerpflichtige sich auf eine Schlußbesprechung vorbereiten kann, müssen ihm – nach § 11 Abs. 1 BpO 2000 – die **Besprechungspunkte** und der **Termin** der Schlußbesprechung angemessene Zeit vor der Besprechung **bekanntgegeben** werden. Welche Zeit angemessen ist, bestimmen Umfang und Schwierigkeitsgrad des **Besprechungsstoffes.** Er wird bei der Prüfung von Groß- und Konzernbetrieben regelmäßig schriftlich fixiert. Die Art der Fixierung erfolgt unter systematischen Gesichtspunkten; vor allem im Hinblick seiner Auswirkung auf Gewinn bzw. Vermögen sowie auf Steuern. In der Regel **vereinbart** die Finanzbehörde den Termin zur Abhaltung der Schlußbesprechung mit dem Steuerpflichtigen; innerhalb eines Monats seit Beendigung der Ermittlungshandlungen. Kommt eine solche Terminabsprache **nicht** zustande, **kann** die Finanzbehörde den Steuerpflichtigen zur Schlußbesprechung **laden. Nimmt** der Steuerpflichtige diesen Termin ohne Angabe von Gründen **nicht wahr,** ist dies als **Verzicht** auf eine Schlußbesprechung i.S.d. § 201 Abs. 1 Satz 1 Halbs. 2 Alt. 2 AO zu werten.[23]
Als verfahrensleitende Maßnahme ist die Anberaumung der angemessenen Frist weder anfechtbar noch einklagbar.

---

[16] Wegen der Sachaufklärungsmöglichkeiten insbesondere in Schätzungsfragen vgl. BFH, Urteil vom 11.12.1984 – VIII R 131 / 76 – BStBl. 1985 II, 354.

[17] So auch BMF, Schreiben betr. Hinweise auf die wesentlichen Rechte und Mitwirkungspflichten des Steuerpflichtigen bei der Außenprüfung (§ 5 Abs. 2 Satz 2 BpO) vom 20.7.2001 – IV D 2 – S 0403 – 3 / 01 – BStBl. 2001 I, S. 502, Abschn. 3 Abs. 1.

[18] Siehe **Bauer,** Vereinbarungen in der Schlußbesprechung – Vorteile und Risiken, BB 1988, S. 602 ff.; FG Saarland, Urteil vom 18.12.1996 – 1 K 32 / 95 – EFG 1997, 491.

[19] Bestätigend auch **Tipke / Kruse,** AO / FGO, § 201 AO, Tz. 2; **Sauer,** Steuerliche Außenprüfung, 1988, S. 113; vgl. auch FG Hamburg, Urteil vom 21.11.1980 – VI 109 / 80 – EFG 1981, 325; **Rüsken,** in: Klein, AO, 6. Aufl., 1998, § 201 AO, Anm. 4; ferner **Pump,** Die Einigung im Sinne der Berichtsabfassung, ihre Auswirkung auf die Stellungnahme des Prüfers sowie auf das Einspruchs- und Klageverfahren, StBp 2002, S. 76 ff..

[20] Vgl. dazu auch **Buciek,** Bindende Erklärungen der Finanzverwaltung, DStZ 1999, S. 389 ff..

[21] ... z.B. im Rahmen des Beurteilungsspielraums des § 162 AO. Dazu vgl. BFH, Urteil vom 11.12.1984 – VIII R 131 / 76 – BStBl. 1985 II, 354; BFH, Urteil vom 6.2.1991 – I R 13 / 86 – BStBl. 1991 II, 673; FG Saarland, Urteil vom 30.9.1992 – 1 K 8 / 92 – EFG 1993, 279, bes. 280.

[22] So auch AEAO (i.d.F. BMF – Schr. v. 14.2.2000 – BStBl. 2000 I, S. 190, ber. S. 435) zu § 201 AO, Nr. 1 Satz 2.

[23] So AEAO (i.d.F. BMF – Schr. v. 14.2.2000 – BStBl. 2000 I, S. 190, ber. S. 435) zu § 201 AO, Nr. 3 Sätze 2 – 4.

Der Steuerpflichtige ist auch davon zu unterrichten, ob an der Schlußbesprechung ein für die Entscheidung über die Steuerfestsetzung **zuständiger** Amtsträger **teilnimmt**[24], wem die Gesprächsleitung obliegt, inwieweit eine Aufgabenteilung vorgesehen ist, ob eine weitere Bereitstellung von Urkunden erforderlich ist, ob Gutachten beigezogen werden und ob die Anwesenheit von Mitarbeitern des Steuerpflichtigen erforderlich ist.
Wird in der Schlußbesprechung **keine Übereinstimmung** erzielt, so besteht eine Vermutung dafür, daß mit einem **Rechtsbehelf** zu rechnen ist.
In diesem Falle empfiehlt es sich für die Finanzverwaltung, den Sachverhalt möglichst **umfassend** darzustellen.
Für den Steuerpflichtigen würde es sich empfehlen, sich einen **Prüfungsbericht** vor dessen Auswertung **übersenden** zu lassen.[25]
Die Bekanntgabe der Schlußbesprechung bedarf nach § 11 Abs. 1 Satz 2 BpO 2000 **nicht** der Schriftform.
Besteht allerdings die Möglichkeit, daß auf Grund der Prüfungsfeststellungen ein Straf- oder Bußgeldverfahren durchgeführt werden „muß", so soll der Steuerpflichtige darauf **hingewiesen** werden, daß die straf- oder bußgeldrechtliche Würdigung einem besonderen Verfahren vorbehalten bleibt. Diese Hinweise nach § 201 Abs. 2 AO sind nach § 11 Abs. 1 Satz 2 BpO 2000 **aktenkundig** zu machen.

IV. Ort der Schlußbesprechung

Der **Ort**[26] der Schlußbesprechung ist in § 201 AO **nicht geregelt.** Die Praxis erweist es aber als sinnvoll, die Besprechung in den Räumen durchzuführen, in denen auch die Prüfung durchgeführt worden war. Denn regelmäßig befinden sich dort die Unterlagen und Belege. Außerdem können die Verfahrensbeteiligten bei Zweifelsfragen zum Zwecke der Aufklärung nochmals Einblick in die Urkunden nehmen, Auskunftspersonen hören und, im Bedarfsfalle, eine Besichtigung an Ort und Stelle vornehmen.
Dies erklärt auch die Tatsache, daß die Schlußbesprechung, wie auch die Prüfung, regelmäßig in den **Geschäftsräumen** des Steuerpflichtigen stattfindet.
Unbedenklich wäre es aber auch, die Schlußbesprechung in den Räumen der Finanzbehörde, des steuerlichen Beraters oder in angemieteten Räumen dritter Personen stattfinden zu lassen.

V. Teilnehmer der Schlußbesprechung

1. Steuerpflichtige

Teilnehmer der Schlußbesprechung sind regelmäßig der **Steuerpflichtige,** sein Steuerberater und evtl. von ihm benannte Auskunftspersonen sowie Angehörige.
Der Steuerpflichtige ist zwar berechtigt, nicht aber auch verpflichtet, „höchstpersönlich" an der Schlußbesprechung teilzunehmen. Er kann sich **vertreten** lassen. Da er aber regelmäßig den größten Einblick in seine steuerrelevanten Tätigkeiten hat, empfiehlt es sich für ihn, an der Schlußbesprechung teilzunehmen.

---

[24] Die Teilnahme eines entscheidungsbefugten Beamten ist keine zwingende Voraussetzung für die Annahme einer „Schlußbesprechung". So auch FG Saarland, Urteil vom 30.9.1992 – 1 K 8 / 92 – EFG 1993, 279, bes. 280.
[25] Bestätigend auch **Latsch,** Die Bedeutung der Schlußbesprechung (§ 201 AO) im Rahmen der steuerlichen Außenprüfung, StBp 1980, S. 1 ff..
[26] Dazu **Mösbauer,** Das Recht auf Schlußbesprechung, StBp 2000, S. 257 ff..

2. Gesellschafter von Personengesellschaften

Teilnehmer der Schlußbesprechung können auch aktive **Gesellschafter von Personengesellschaften** sein, soweit sie nach § 352 Abs. 1 Nr. 1 AO hinsichtlich der Bescheide, die auf Grund der Außenprüfung ergehen, einspruchsbefugt sind.
Ausgeschiedene Gesellschafter können insoweit an der Schlußbesprechung teilnehmen, als sie von der Außenprüfung betroffen sind.

3. Vertreter der Finanzverwaltung

Teilnehmen können ferner die **Vertreter der Finanzverwaltung,** wie z.B. der Prüfer selbst und / oder der ihm vorgesetzte Sachgebietsleiter. Soweit weitere Teilnehmer der Finanzverwaltung in Frage stehen, werden sie durch den Zweck der Außenprüfung determiniert, ferner durch den Umfang und den Schwierigkeitsgrad des Besprechungsstoffes. So können sie die Teilnahme z.B. des – entscheidungsbefugten – Sachgebietsleiters des zuständigen Veranlagungsbezirks erforderlich machen; ausnahmsweise auch des zuständigen Vorstehers oder der jeweils zuständigen Beamten der OFD oder des Landesfinanzministeriums.
Die Entscheidungsbefugnis der teilnehmenden Beamten, mit Ausnahme der des Bundesamtes für Finanzen und der Gemeinden, richtet sich nach der Geschäftsordnung des Finanzamts.

4. Bundesamt für Finanzen

§ 20 Abs. 1 BpO 2000 erweitert den Kreis potentieller Teilnehmer an der Schlußbesprechung um die Beamten des **Bundesamtes für Finanzen,** soweit dieses an Außenprüfungen mitwirkt, die durch Landesfinanzbehörden durchgeführt werden. Art und Umfang der Mitwirkung werden jeweils von den beteiligten Behörden im gegenseitigen Einvernehmen festgelegt.

5. Gemeinden

§ 21 Abs. 3 FVG berechtigt ferner **Gemeinden,** durch Gemeindebedienstete an Schlußbesprechungen bei Steuerpflichtigen teilzunehmen, wenn diese in der Gemeinde eine Betriebsstätte unterhalten oder Grundbesitz haben und die Betriebsprüfungen im Gemeindebezirk erfolgen.

VI. Verzicht auf die Schlußbesprechung

Nach § 201 Abs. 1 Satz 1 Halbs. 2 Alt. 2 AO kann der Steuerpflichtige auf die Abhaltung einer Schlußbesprechung **verzichten.** Der Verzicht kann **formlos** erklärt werden.[27]
In einem solchen Verzicht ist aber keinesfalls eine Zustimmung des Steuerpflichtigen zu den vom Prüfer festgestellten Prüfungsergebnissen zu sehen.[28]

VII. Die Vorbereitungsfunktion der Schlußbesprechung

---

[27] Bestätigend auch AEAO (i.d.F. BMF – Schr. v. 14.2.2000 – BStBl. 2000 I, S. 190, ber. S. 435) zu § 201 AO, Nr. 3 Satz 1.
[28] So auch **Tipke / Kruse,** AO / FGO, § 201 AO, Tz. 1.

Die Schlußbesprechung schafft die Voraussetzungen dafür, daß die Steuerbescheide, auf Grund der Prüfung, ggf. berichtigt, ergehen können.
Wird ein Steuerbescheid, ohne vorherige Schlußbesprechung, berichtigt erlassen, so ist er zwar rechtswidrig, aber rechtswirksam. Der berichtigte Bescheid leidet an einem nach § 126 Abs. 1 Nr. 3 AO durch die Nachholung der Schlußbesprechung **heilbaren Verfahrensfehler.**
Das Unterlassen einer Schlußbesprechung kann – leider – erst mit der Anfechtung des auf Grund der Außenprüfung ergangenen Steuerbescheides gerügt werden. Der Steuerbescheid wird qua via zu einem **anfechtbaren Verwaltungsakt[29].** Bei Unterlassen einer Schlußbesprechung ist für den Verjährungsbeginn auf den Zeitpunkt des Zugangs des Prüfungsberichts abzustellen.[30]
Steuerpflichtiger und Finanzverwaltung sind an Absprachen der Schlußbesprechung grundsätzlich[31] **nicht gebunden.** Diese Absprachen dürfen nicht den Steueranspruch an sich, sondern nur den diesem Steueranspruch zugrundeliegenden **Sachverhalt** zum Inhalt haben. Denn der Steueranspruch ist gesetzlich vorgegeben, mithin also nicht disponibel. Das Finanzamt ist aber an eine **tatsächliche Verständigung** i.S.d. BFH-Urteils vom 11.12.1984[32], die im Rahmen einer Schlußbesprechung getroffen wird, gebunden, wenn der zuständige Veranlagungsbedienstete hieran beteiligt worden ist.[33] Das bedeutet, daß auf Seiten der Finanzbehörde ein Amtsträger beteiligt sein muß, der zur Entscheidung über die **Steuerfestsetzung befugt** ist.[34]
Ausnahmsweise kann eine **tatsächliche Verständigung** auch einmal **ohne** unmittelbare Beteiligung des zuständigen Veranlagungsbeamten **bindend** sein. Dies setzt aber voraus, daß der Prüfer **vor** Verständigung sein Konzept mit dem Innendienst abgestimmt hat und von diesem mit der Vertretung beauftragt worden ist.[35] Liegt eine solche Abstimmung noch nicht vor, so kann die schwebend unwirksame Verständigung **nachträglich** durch den Veranlagungsdienst **genehmigt** werden. Denn nur eine wirksam und unanfechtbar zustandegekommene Verständigung bindet die Beteiligten an die vereinbarte Tatsachenbehandlung.[36]
Die tatsächliche Verständigung[37] im Steuerverfahren – und im Steuerstrafverfahren – wird in der Praxis immer wieder dazu mißbraucht, unter dem Deckmantel eines legalen „Aktes der Vernunft" die gleichmäßige Festsetzung und Erhebung von Steuern i.S.d. § 85 AO

---

[29] BFH, Urteil vom 24.10.1972 – VIII R 108 / 72 – BStBl. 1973 II, 542; FG Berlin, Beschluß vom 12.5.1987 – V 411 / 86 – EFG 1988, 156.
[30] So auch OLG Celle, Urteil vom 18.4.1990 – 3 U 28 / 89 – DStZ 1991, 153.
[31] Zu den Ausnahmen vgl. BFH, Urteil vom 1.3.1963 – BStBl. 1963 III, 271; BFH, Urteil vom 10.7.1964 – BStBl. 1964 III, 587; BFH, Urteil vom 14.11.1968 – BStBl. 1969 II, 120.
[32] BFH, Urteil vom 11.12.1984 – VIII R 131 / 76 – BStBl. 1985 II, 354. Im gleichen Sinne BFH, Urteil vom 5.10.1990 – III R 19 / 88 – BStBl. 1991 II, 45; BFH, Urteil vom 6.2.1991 – BStBl. 1991 II, 673; BFH, Beschluß vom 28.8.1992 – BFH / NV 1993, 393.
[33] BFH, Urteil vom 28.7.1993 – XI R 68 / 92 – BB 1994, 633; BFH, Urteil vom 5.10.1990 – III R 19 / 88 – BStBl. 1991 II, 45; BFH, Urteil vom 16.7.1986 – I R 78 / 79 – BFH / NV 1987, 326; FG Hamburg, Urteil vom 22.5.1997 – II 22 / 95 – EFG 1997, 1355, bes. 1358. Vgl. dazu **Mösbauer,** Die tatsächliche Verständigung – ein vages Beweismittel-Surrogat im Besteuerungsverfahren, BB 2003, S. 1037 ff..
[34] So auch AEAO (i.d.F. BMF – Schr. v. 14.2.2000 – BStBl. 2000 I, S. 190, ber. S. 435) zu § 201 AO, Nr. 5 Satz 3.
[35] Vgl. dazu FG des Saarlandes, Urteil vom 30.9.1992 – EFG 1993, 279; vgl. auch BFH, Urteil vom 11.12.1984 – VIII R 131 / 76 – BStBl. 1985 II, 354; FG Hamburg, Urteil vom 27.5.1992 – I 45 / 89 – EFG 1993, 85; BFH, Urteil vom 6.2.1991 – I R 13 / 86 – BStBl. 1991 II, 673; BFH, Urteil vom 31.7.1996 – XI R 78 / 95 – BStBl. 1996 II, 625; FG Hamburg, Urteil vom 22.5.1997 – II 22 / 95 – EFG 1997, 1355, bes. 1358. Ferner **Buciek,** Bindende Erklärungen der Finanzverwaltung, DStZ 1999, S. 389 ff.; **Birk,** Steuerrecht, 6. Aufl., 2003, S. 142, RdNr. 450 b.
[36] So auch AEAO (i.d.F. BMF – Schr. v. 14.2.2000 – BStBl. 2000 I, S. 190, ber. S. 435) zu § 201 AO, Nr. 5 Satz 4.
[37] ... bis zum Urteil des BFH vom 11.12.1984 – VIII R 131 / 76 – BStBl. 1985 II, 354 stets als **Einigung** bezeichnet ... ; gelegentlich (BStBl. 1963 III, 180) auch mal als **Vergleich.**

vorzugaukeln. De facto werden aber die Grundsätze der Gesetzmäßigkeit und Gleichmäßigkeit der Besteuerung dadurch überspielt[38], daß, entgegen dem Grundsatz von Treu und Glauben, die tatsächliche Verständigung über die **tatsächlichen Umstände** hinaus auch auf die rechtliche Würdigung von Tatsachen ausgedehnt wird. Dies widerspricht aber der Rechtsprechung des BFH. Sie hat nämlich das Rechtsinstitut der tatsächlichen Verständigung nicht geschaffen, um den Finanzbehörden ein Surrogat für zeitaufwendige gründliche Sachaufklärungen[39] komplizierter Rechtslagen zur Verfügung zu stellen.
Dieses bestätigt der AEAO[40], wenn er feststellt, daß eine die Beteiligten bindende tatsächliche Verständigung über einen der Steuerfestsetzung zugrundeliegenden Sachverhalt **nur** in Fällen einer **erschwerten** Sachverhaltsermittlung in Betracht kommen kann. Voraussetzung ist, daß z.B. ein Beurteilungs-, Schätzungs- oder Bewertungsspielraum besteht, der Sachverhalt abgeschlossen ist und die Beteiligten zu einer abschließenden Regelung befugt sind.[41]
Eine im Rahmen einer Außenprüfung getroffene zulässige und wirksame tatsächliche Verständigung bindet die Finanzbehörde bereits **vor** Erlaß der darauf beruhenden Bescheide. Es empfiehlt sich daher, den Inhalt der tatsächlichen Verständigung in **beweissicherer** Form festzuhalten und von den Beteiligten unterschreiben zu lassen.[42]
Die Wirkung der Schlußbesprechung ist diametral zu der der verbindlichen Zusage nach §§ 204 ff. AO. Während diese die **künftige** Behandlung des Sachverhalts betrifft, betrifft jene Sachverhalte der **Vergangenheit.**
Der Steueranspruch wird schließlich durch Steuerbescheid festgestellt, der nach § 347 AO auch dann anfechtbar ist, wenn über den ihm zugrundeliegenden Sachverhalt in der Schlußbesprechung Einigung erzielt worden ist.

VIII. Hinweis auf mögliches Strafverfahren

Die Außenprüfung hat steuerlich relevante Sachverhalte auf ihre steuerlich richtige Behandlung hin zu überprüfen.[43]
Für Ermittlungen bei Steuerstraftaten oder Steuerordnungswidrigkeiten hingegen ist der Außenprüfer nicht zuständig.[44]
Besteht die **Möglichkeit,** daß auf Grund der Prüfungsfeststellungen ein Straf- oder Bußgeldverfahren durchgeführt werden „muß“, **soll** nach § 201 Abs. 2 AO der Steuerpflichtige darauf hingewiesen werden, daß die straf- oder bußgeldrechtliche Würdigung einem besonderen Verfahren vorbehalten bleibt. Denn im Steuerstrafverfahren hat der Steuerpflichtige weniger Mitwirkungspflichten als im Außenprüfungsverfahren.
Der nach § 201 Abs. 2 AO dem Steuerpflichtigen zu erteilende[45] Hinweis beinhaltet **noch keine Einleitung** eines Straf- (§ 397 AO) oder Bußgeldverfahrens (§ 410 Abs. 1 Nr. 6 AO

---

[38] Vgl. dazu **Schuhmann,** Die tatsächliche Verständigung im Steuerverfahren, DStZ 1995, S. 35.
[39] ... vor allem „in Schlußbesprechungen im Anschluß an Außenprüfungen“ (**Schuhmann,** Die tatsächliche Verständigung im Steuerverfahren, DStZ 1995, S. 36).
[40] AEAO (i.d.F. BMF – Schr. v. 14.2.2000 – BStBl. 2000 I, S. 190, ber. S. 435) zu § 201 AO, Nr. 5 Satz 1; vgl. auch **Birk,** Steuerrecht, 7. Aufl., 2004, S. 145, RdNr. 450 b.
[41] AEAO (i.d.F. BMF – Schr. v. 14.2.2000 – BStBl. 2000 I, S. 190, ber. S. 435) zu § 201 AO, Nr. 5 Satz 2.
[42] So auch AEAO (i.d.F. BMF – Schr. v. 14.2.2000 – BStBl. 2000 I, S. 190, ber. S. 435) zu § 201 AO, Nr. 5 Sätze 6 und 5.
[43] Vgl. dazu **Hentschel,** Die strafrechtliche Beurteilung der Verwendung von Scheinrechnungen im Besteuerungsverfahren, StBp 2000, S. 260 ff..
[44] Zur Zuständigkeit der Finanzbehörde bei Steuerstraftaten vgl. **Mösbauer,** Steuerstraf- und Steuerordnungswidrigkeitenrecht (einschließlich Steuer- und Zollfahndung), 2. Aufl., 2000, § 19 (S. 281 ff.).
[45] Während nach § 201 Abs. 2 AO der Steuerpflichtige nur darauf hingewiesen werden **soll,** daß die straf- oder bußgeldrechtliche Würdigung einem besonderen Verfahren vorbehalten bleibt, **ist** der Hinweis nach § 201 Abs. 2 AO nach AEAO (i.d.F. BMF – Schr. v. 14.2.2000 – BStBl. 2000 I, S. 190, ber. S. 435) zu § 201 AO, Nr. 6 Satz 1 zu erteilen. Auch Nr. 114 Abs. 2 der Anweisungen für das Straf- und Bußgeldverfahren (Steuer) –

i.V.m. § 397 AO). Denn die Feststellung eines strafrechtlichen Vorbehalts erfolgt noch im Rahmen der Außenprüfung bei Durchführung der Besteuerung.[46]
Hinweise nach § 201 Abs. 2 AO sind nach § 11 Abs. 2 BpO 2000 **aktenkundig** zu machen.
Um den Steuerpflichtigen nicht mit der späteren Eröffnung eines Strafverfahrens zu überrumpeln, sollte der Prüfer die Unterrichtung nicht – wie gelegentlich üblich – erst am Ende der Schlußbesprechung geben. Ein solches administratives procedere würde das ohnehin nur noch bruchstückhaft vorhandene Vertrauensverhältnis zwischen Finanzverwaltung und Steuerpflichtigem noch weiter belasten.[47]
Der sog. **„strafrechtliche Hinweis"** nach § 201 Abs. 2 AO ist **kein** anfechtbarer Verwaltungsakt. Unterläßt ihn die Finanzverwaltung, so ist sie gleichwohl nicht daran gehindert, ein Straf- oder Bußgeldverfahren durchzuführen.
Von der bloßen „Möglichkeit" ist der **Verdacht** einer Straftat i.S.d. § 152 Abs. 2 StPO zu unterscheiden. Er verpflichtet zur Einleitung eines Strafverfahrens.

AStBV(St) – v. 28.6.1996 – BStBl. 1996 I, S. 707 spricht davon, daß der Hinweis nach § 201 Abs. 2 AO zu erteilen **ist.**

[46] So auch AEAO (i.d.F. BMF – Schr. v. 14.2.2000 – BStBl. 2000 I, S. 190, ber. S. 435) zu § 201 AO, Nr. 6 Satz 3; BMF, Schr. v. 20.7.2001 – BStBl. 2001 I, S. 502, Abschn. 4.

[47] Siehe dazu auch **Mösbauer,** in: Koch / Scholtz, AO, 5. Aufl., 1996, § 201 AO, Rz. 8; ferner **Bilsdorfer,** Der strafrechtliche Hinweis nach § 201 Abs. 2 AO – ein Anachronismus oder / und wirksamer Verteidigungsansatz?, StBp 2002, S. 25 ff..

§ 17 Der Außenprüfungsbericht

I. Ergehen eines Prüfungsberichts

Nach § 202 Abs. 1 Satz 1 AO ergeht über das Ergebnis der Außenprüfung ein auf die Gewährung rechtlichen Gehörs[1] ausgerichteter **schriftlicher Prüfungsbericht.**[2] Er hat keine Verwaltungsakts-Qualifikation. Er kann deshalb nicht mit dem Einspruch angefochten werden.
Das Ergehen eines Prüfungsberichts gilt nach § 203 Abs. 2 Satz 3 Alt. 2 AO (Umkehrschluß) auch für eine abgekürzte Außenprüfung nach § 203 AO.[3]
Führt die Außenprüfung zu **keiner** Änderung der Besteuerungsgrundlagen, so genügt es nach § 202 Abs. 1 Satz 3 AO, wenn dies dem Steuerpflichtigen **schriftlich mitgeteilt** wird. Auch diese Mitteilung hat keine Verwaltungsakts-Qualifikation. Somit kann auch sie nicht mit dem Einspruch angefochten werden.[4]
Die Verpflichtung der Finanzverwaltung zum Erlaß eines schriftlichen Prüfungsberichts nach § 202 Abs. 1 Satz 1 AO oder zur Übersendung einer schriftlichen Mitteilung nach § 202 Abs. 1 Satz 3 AO zeigt, daß der Steuerpflichtige ein **Recht** darauf hat, daß ihm entweder das **Ergebnis** oder die **Ergebnislosigkeit** der Prüfung schriftlich mitgeteilt wird.[5] § 12 Abs. 3 BpO 2000 stellt dies ausdrücklich fest: „In dem durch die Prüfungsanordnung vorgegebenen Rahmen muß die Außenprüfung entweder durch Steuerfestsetzung oder durch Mitteilung über eine ergebnislose Prüfung abgeschlossen werden."
Der Steuerpflichtige kann dieses Recht, im Falle der Verweigerung oder Unterlassung durch die Finanzbehörde, durch **Klage** vor dem Finanzgericht **erzwingen**[6]**.**
In seinem Urteil vom 17.7.1985 sieht der BFH[7] in dem Ergehen (der Zusendung) des Prüfungsberichts den **regelmäßigen** Abschluß der Außenprüfung. Eine **Ausnahme** von dieser Regel sei dann anzunehmen, wenn Tatsachen vorlägen, die abweichend vom Regelfall darauf hindeuten, daß mit der Zusendung des Prüfungsberichts die Prüfung noch nicht abgeschlossen sein sollte.
Dies zeigt, daß die Rechtsunsicherheit hinsichtlich des Abschlusses einer Außenprüfung in zweifacher Hinsicht problematisch ist:

a) Die Frage des Abschlusses ist für die gegen die Prüfungsanordnung zulässigen Klagen von Bedeutung.
b) Die Frage des Abschlusses ist für die Entscheidung des Verbrauchs der Prüfungsanordnung von Bedeutung, insbesondere dann, wenn nach Zusendung des Prüfungsberichts erneute Prüfungs- und Ermittlungsmaßnahmen erforderlich werden.

Die Finanzverwaltungen gehen in diesen Fällen – bisher unwidersprochen – davon aus, daß die Prüfung erst mit Bestandskraft der Berichtigungsbescheide bzw. mit der Mitteilung nach § 202 Abs. 1 Satz 3 AO abgeschlossen ist. Diese Überzeugung führt dann logischerweise dazu, daß die erneuten Prüfungs- und Ermittlungsmaßnahmen, obgleich sie nach der

[1] Dazu vgl. **Mösbauer,** Der Informationsanspruch des Steuerpflichtigen bei Durchführung einer steuerlichen Außenprüfung, StBp 2001, S. 217 ff.; **Tipke,** in: Tipke / Kruse, AO / FGO, § 202 AO.
[2] Dazu **Mösbauer,** in: Koch / Scholtz, AO, 5. Aufl., 1996, § 202 AO; **Mösbauer,** Der Informationsanspruch des Steuerpflichtigen bei Durchführung einer steuerlichen Außenprüfung, StBp 2001, S. 217 ff..
[3] Dazu vgl. **Mösbauer,** Die abgekürzte Außenprüfung – Beschränkung von Rechtsansprüchen zugunsten der Verfahrensbeschleunigung –, StBp 2001, S. 309 ff..
[4] Zur Anfechtung von Prüfungsbericht und Mitteilung vgl. AEAO (i.d.F. BMF – Schr. v. 14.2.2000 – BStBl. 2000 I, S. 190, ber. S. 435) zu § 202 AO, Satz 1.
[5] Bestätigend auch BMF – Schr. vom 20.7.2001 – BStBl. 2001 I, S. 502, Abschn. 3 Abs. 2.
[6] So auch BFH, Urteil vom 11.12.1980 – BStBl. 1981 II, 457.
[7] BFH, Urteil vom 17.7.1985 – BStBl. 1986 II, 22.

Schlußbesprechung und nach der Zusendung des Prüfungsberichts durchgeführt werden, ihre Grundlage noch in der ursprünglichen Prüfungsanordnung haben.
Die Auffassung der Finanzverwaltungen muß nicht überzeugen.

II. Inhalt des Prüfungsberichts

Inhalt des Prüfungsberichts[8] sind nach § 202 Abs. 1 Satz 2 AO die für die Besteuerung **erheblichen Prüfungsfeststellungen** in tatsächlicher und rechtlicher Hinsicht. Darzustellen sind vor allem die **tatsächlichen** Feststellungen. Für sie trägt der Prüfer auch die Verantwortung. Er hat unter dem Gesichtspunkt der Amtspflichtverletzung die Amtspflicht, die Sachverhalte sorgfältig und in rechtlich vertretbarer Weise zu würdigen. Eine Würdigung „bis ins letzte" ist nicht erforderlich.[9]
Ferner sind im Prüfungsbericht die **Änderungen der Besteuerungsgrundlagen** darzustellen. Führt die Außenprüfung zu **keiner** Änderung der Besteuerungsgrundlagen, so genügt es nach § 202 Abs. 1 Satz 3 AO, wenn dies dem Steuerpflichtigen **schriftlich mitgeteilt** wird. Ein förmlicher Prüfungsbericht erübrigt sich in diesem Falle. In der Übersendung des Prüfungsberichts, der keinen ausdrücklichen Hinweis darauf enthält, daß die Außenprüfung nicht zu einer Änderung der Besteuerungsgrundlagen geführt hat, kann keine konkludente Mitteilung i.S.d. § 202 Abs. 1 Satz 3 AO gesehen werden.[10]
Ist zu einem Sachverhalt mit einem Rechtsbehelf oder mit einem Antrag auf verbindliche Zusage nach § 204 AO zu rechnen, so soll nach § 12 Abs. 1 BpO 2000 der Sachverhalt umfassend im Prüfungsbericht dargestellt werden.
Der Inhalt des Prüfungsberichts läßt sich – ohne Anspruch auf Vollständigkeit – in folgende Abschnitte gliedern:

Abschnitt 1:

a) allgemeine Angaben
b) Prüfungsanordnung (mit Datum)
c) Name der (des) Prüfer(s)
d) Dauer der Prüfung
e) geprüfte Steuerarten
f) geprüfte Besteuerungszeiträume
g) geprüftes Unternehmen (nach Rechtsform und Gewerbezweig)
h) steuerliche(r) Berater
i) Auskunftspersonen
j) besondere steuerrelevante Modalitäten (wie z.B. Organschaft, Betriebsaufspaltung, Konzernverhältnisse, Gewinnverteilung)

Abschnitt 2:

a) Prüfungsfeststellungen zu einzelnen Steuerarten
b) Prüfungsfeststellungen zu steuerlichen Auswirkungen
c) Prüfungsfeststellungen zur Buchführung an sich

Abschnitt 3:

---

[8] Zur Form der Berichtsabfassung vgl. **Mösbauer,** in: Koch / Scholtz, AO, 5. Aufl., 1996, § 202 AO, Rz. 4.
[9] Vgl. dazu BGH, Beschluß vom 26.6.1986 – StRK AO 1977, § 202 R. 2 und § 199 R 2; **Mösbauer,** in: Koch / Scholtz, AO, 5. Aufl., 1996, § 202 AO, Rz. 3.
[10] So auch AEAO (i.d.F. BMF – Schr. v. 14.2.2000 – BStBl. 2000 I, S. 190, ber. S. 435) zu § 202 AO, Satz 2.

a) (Bemerkungen zum) Datum der Außenprüfung
b) Teilnehmer der Schlußbesprechung
c) Bekanntgabe des Prüfungsberichts

Abschnitt 4:

a) Prüfungsbilanzen
b) Mehr-Weniger-Rechnung
c) Vermögensstatus
d) Eigenkapital-Entwicklung

Von Seiten des BMF und des Bundesamtes für Finanzen wird „Dauerklage" darüber geführt, daß die **Auslandsbeziehungen** der Steuerpflichtigen in den Prüfungsberichten regelmäßig so nachlässig dargestellt werden, daß eine ausreichende Information und Auswertung unmöglich ist.

III. Übersendung des Prüfungsberichts

Der Prüfungsbericht wird regelmäßig zusammen mit den Berichtigungsbescheiden übersandt. Soweit Berichte über die **Außenprüfungen bei Konzernunternehmen** in Frage stehen, sind diese nach § 17 BpO 2000 aufeinander abzustimmen und den Steuerpflichtigen erst nach Freigabe durch die für die Leitung der Konzernprüfung zuständige Finanzbehörde zu übersenden.

IV. Zweck des Prüfungsberichts

1. Nach außen wirkende Aufgabe

Zweck des Berichts ist es, die Berichtigungsbescheide so zu erläutern, daß diese für den Steuerpflichtigen nachprüfbar sind. Qua via wird dem Steuerpflichtigen somit **nochmals rechtliches Gehör** gewährt.[11]
Ein im Prüfungsbericht dargestellter Sachverhalt bietet die Grundlage für eine **verbindliche Zusage** nach § 204 AO.[12]
Sachverhalte, die auch nach der Schlußbesprechung nach § 201 AO **noch strittig** geblieben sind, müssen mit Begründung der Entscheidung näher dargestellt werden.[13]

2. Innerdienstliche Aufgabe

Zweck des Berichts ist es ferner, den Innendienst über das Ergebnis der Außenprüfung zu unterrichten und gegebenenfalls vorzunehmende Steuerfestsetzungen vorzubereiten. Für den Innendienst bestimmte oder spätere Besteuerungszeiträume betreffende Mitteilungen des Außenprüfers sind in den Prüfungsbericht nicht aufzunehmen.[14]

---

[11] Dazu **Mösbauer,** Der Informationsanspruch des Steuerpflichtigen bei Durchführung einer steuerlichen Außenprüfung, StBp 2001, S. 217 ff..
[12] Vgl. dazu **Mösbauer,** Verbindliche Zusagen im Anschluß an eine Außenprüfung, StBp 2000, S. 289 ff..
[13] Vgl. dazu auch § 12 Abs. 1 BpO 2000.
[14] So ausdrücklich AEAO (i.d.F. BMF – Schr. v. 14.2.2000 – BStBl. 2000 I, S. 190, ber. S. 435) zu § 202 AO, Satz 3.

Einen Sonderfall stellt die **Zuleitung** von Prüfungsberichten an die **Bußgeld- und Strafsachenstelle** dar.[15] Sie erfolgt,

- wenn im Zusammenhang mit der Außenprüfung ein **Straf- oder Bußgeldverfahren eingeleitet** worden ist,
- wenn der Steuerpflichtige in der Schlußbesprechung nach § 201 Abs. 2 AO darauf hingewiesen worden ist, daß die **straf- oder bußgeldrechtliche Würdigung** einem besonderen Verfahren **vorbehalten** bleibt; oder
- wenn sich aus den Prüfungsfeststellungen die **Möglichkeit** ergibt, daß ein **Straf- oder Bußgeldverfahren** durchgeführt werden muß, insbesondere, wenn sich erst **nach** der Schlußbesprechung entsprechende Anhaltspunkte ergeben.

„Ein **Strafverfahren** muß eingeleitet (durchgeführt) werden, wenn der **Verdacht** einer Straftat vorliegt (Legalitätsprinzip).“ Er erfordert zureichende tatsächliche Anhaltspunkte für das Vorliegen einer Straftat (§ 152 Abs. 2 StPO). Die Anhaltspunkte müssen sowohl hinsichtlich der objektiven Tatbestandsmerkmale als auch hinsichtlich der Schuldfrage bestehen.

„Ob bei Vorliegen entsprechender Anhaltspunkte für eine Ordnungswidrigkeit ein **Bußgeldverfahren** durchgeführt werden muß, ist gemäß § 47 Abs. 1 OWiG nach pflichtgemäßem Ermessen zu entscheiden (Opportunitätsprinzip).“ Bei einem steuerlichen Mehrergebnis von unter 3000.- DM kann die **Zuleitung** an die Bußgeld- und Strafsachenstelle **unterbleiben,** wenn nicht besondere Umstände sie erfordern.

Die **Möglichkeit,** daß ein Straf- oder Bußgeldverfahren durchgeführt werden muß, besteht dann, wenn Anhaltspunkte eine Untersuchung des Sachverhalts durch die Bußgeld- und Strafsachenstelle als geboten erscheinen lassen. Die Anhaltspunkte brauchen noch keinen Verdacht zu begründen.

Eine lediglich **vage Vermutung** schuldhaften oder vorwerfbaren Verhaltens vermag eine Zuleitung des Prüfungsberichts an die Bußgeld- und Strafsachenstelle nicht zu veranlassen.

„Soll der Prüfungsbericht aufgrund der Prüfungsfeststellungen an die Bußgeld- und Strafsachenstelle abgegeben werden, ohne daß ein Hinweis nach § 201 Abs. 2 AO erteilt worden ist, so hat das Finanzamt den Steuerpflichtigen im Falle des § 202 Abs. 2 AO bei Übersendung des Prüfungsberichts, sonst vor Erlaß der Steuerbescheide, in einem besonderen Schreiben auf die zu erwartende straf- oder bußgeldrechtliche Überprüfung hinzuweisen.“

V. Übersendung des Prüfungsberichts vor seiner Auswertung

Soll der Prüfungsbericht dem Steuerpflichtigen bereits **vor seiner Auswertung übersandt** werden, so hat der Steuerpflichtige nach § 202 Abs. 2 AO[16] dies **zu beantragen.** Ohne einen solchen Antrag besteht für die Finanzbehörde keine Verpflichtung zur Übersendung. Der Steuerpflichtige erhält so die Möglichkeit, in angemessener Zeit dazu Stellung nehmen zu können. Die Angemessenheit der Zeit richtet sich nach dem konkreten Einzelfall. Dem Wesen nach ist der Antragstellung nach § 202 Abs. 2 AO auf die Gewährung **nochmaligen**

[15] Dazu vgl. FinBeh Hamburg, Erlaß betr. Grundsätze für die Zuleitung von Prüfungsberichten an die Bußgeld- und Strafsachenstelle vom 24.8.1979 – FinBeh Hamburg 51 – S 0720 – 6 / 76 – Steuererlasse (C. H. Beck) Nr. 800, § 202 AO / 1 (i.d.F.v. Okt. 1999).

[16] § 202 Abs. 2 AO ist eine Vorschrift über das Verfahren i.S.d. § 127 AO. Dazu FG Berlin, Urteil vom 22.4.1996 – VIII 392 / 94 – EFG 1997, 90. Bei unterbliebener Schlußbesprechung vgl. FG Baden – Württemberg / Stuttgart, Beschluß vom 30.1.1997 – 6 V 1 / 96 – EFG 1997, 779.

rechtlichen Gehörs – nach dem des § 199 Abs. 2 AO[17] und dem des § 201 Abs. 1 AO[18] – gerichtet. Mit einer solchen Antragstellung hat die Finanzbehörde regelmäßig dann zu rechnen, wenn die Erörterung der strittigen Sachverhalte sowie die rechtliche Beurteilung der Prüfungsfeststellungen und ihrer steuerlichen Auswirkungen zu keinem Ergebnis geführt haben.[19]
Zumindest verwunderlich ist eine Übung der Außenprüfer, die neben dem Prüfungsbericht sog. „nur für den innerdienstlichen Gebrauch bestimmte" **Sonderberichte** erstellt. Es handelt sich hier um sog. Ergänzungsberichte, Zusatzberichte und Rotberichte, die den Betroffenen regelmäßig verborgen bleiben.
Die Berichte können z.B. Fragen **künftigen Verwaltungshandelns** zum Gegenstand haben, wie Empfehlungen für

a) künftige Vorauszahlungen
b) künftige Stundungen
c) künftige Erlaßverfügungen
d) künftige steueraufsichtliche[20] Maßnahmen
e) künftige Außenprüfungen u. a.

Die Berichte können auch Fragen des **Vorbehalts** i.S.d. § 201 Abs. 2 AO betreffen.
Gelegentlich enthalten die Berichte auch steuerliche Verhältnisse **dritter** Personen.
In Sonderberichten finden sich aber auch Aufzeichnungen über steuerrelevante Sachverhalte, die in sachlicher, gegenständlicher, zeitlicher und personeller Hinsicht **außerhalb** des durch die Prüfungsanordnung gezogenen Rahmens liegen.
Diesen Berichten begegnen deshalb Bedenken, weil sie, gleich den Außenprüfungs-Arbeitsakten, für den Steuerpflichtigen regelmäßig nicht einsehbar sind, diese mithin den entsprechenden Aufzeichnungen nichts entgegensetzen können. Dies gilt auch für das Rechtsbehelfsverfahren, in dem nach § 364 AO den Beteiligten lediglich „die Unterlagen der Besteuerung ... **mitzuteilen**" sind. Es gilt sogar für das finanzgerichtliche Verfahren, in dem nach § 71 Abs. 2 FGO die beteiligte Finanzbehörde „die den Streitfall betreffenden Akten ... an das Gericht zu übersenden" hat. Nach § 86 Abs. 1 FGO kann das Finanzgericht die „Vorlage von ... Akten", also auch der Außenprüfungs-Arbeitsakten und der Sonderberichte anordnen und den Steuerpflichtigen via § 78 Abs. 1 FGO zugänglich machen. Für das Steuerstrafverfahren gilt nach § 369 Abs. 2 AO der § 147 StPO.

VI. Zur rechtlichen Qualifizierung des Prüfungsberichts

Der Prüfungsbericht ist, hinsichtlich seiner rechtlichen Qualifikation, **kein Verwaltungsakt** nach § 118 AO. Er entfaltet keine Rechtswirkung nach außen. Er ist lediglich eine Vorbereitungsmaßnahme für den Erlaß des Berichtigungsbescheids. Der Prüfungsbericht kann daher nur **zusammen** mit dem Bescheid **angefochten** werden. Erhält ein Steuerpflichtiger nach einer Außenprüfung den geänderten Steuerbescheid zunächst ohne den Prüfungsbericht, wird auf ihn aber in dem Bescheid hingewiesen und geht der Bericht erst etwa 2 Wochen vor Ablauf der Einspruchsfrist beim Steuerpflichtigen ein, so muß der

[17] Der Steuerpflichtige ist während der Außenprüfung über die festgestellten Sachverhalte und die möglichen steuerlichen Auswirkungen zu **unterrichten,** wenn dadurch Zweck und Ablauf der Prüfung nicht beeinträchtigt werden.
[18] Über das Ergebnis der Außenprüfung ist – regelmäßig – eine Schlußbesprechung abzuhalten.
[19] Vgl. auch **Mösbauer,** in: Koch / Scholtz, AO, 5. Aufl., 1996, § 202 AO, Rz. 7 f..
[20] Siehe dazu **Mösbauer,** Staatsaufsicht über die Wirtschaft, 1990, § 27, S. 531 ff..

Bescheid – gleichwohl – zur Fristwahrung vorsorglich angefochten werden. Eine Wiedereinsetzung[21] in den vorigen Stand nach § 110 Abs. 1 AO ist nicht zu gewähren.[22]
Gegen den Prüfungsbericht allein hat der Steuerpflichtige nur die Möglichkeit einer formlosen, fristlosen und regelmäßig auch fruchtlosen **Gegenvorstellung.**
Nach zutreffender Auffassung des Niedersächsischen FG[23] kann sich der Steuerpflichtige **nicht** mit Erfolg auf **Treu und Glauben** berufen, wenn das Finanzamt bei der Steuerfestsetzung von den Feststellungen im Außenprüfungsbericht **abweicht.**[24] Der Prüfungsbericht entfaltet nämlich i.d.R. **keine Bindungswirkung.** Ausnahmsweise kann er dann eine **Bindungswirkung** entfalten, wenn er z.B. eine bindende Zusage einer OFD auf abweichende Steuerfestsetzung aus **Billigkeitsgründen** enthält.[25] Dies kann im Falle der Schaffung eines Vertrauenstatbestandes gegeben sein.[26]

VII. Teil – Prüfungsbericht

Steuerrelevante Prüfungsfeststellungen während einer Außenprüfung können dazu führen, daß auch schon vor Abschluß einer Außenprüfung oder vor Ergehen eines Prüfungsberichts Steuernachforderungen **vorab festgesetzt** werden. Voraussetzung für eine solche Vorabfestsetzung ist aber, daß die vorangegangene Steuerfestsetzung unter dem Vorbehalt der Nachprüfung nach § 164 Abs. 1 Satz 1 AO ergangen ist.
Solche Vorabfestsetzungen sind regelmäßig dann veranlaßt, wenn abzusehen ist, daß durch langdauernde Außenprüfungen Verzögerungen bis zur Fälligkeit von Mehrsteuern eintreten können.[27]
Aus Gründen der Rechtssicherheit (Vermeidung mehrfacher Änderungen einer Steuerfestsetzung) und der Rationalisierung soll von der Möglichkeit der Vorabfestsetzung aber nur Gebrauch gemacht werden, wenn

- die bisherigen Prüfungsfeststellungen hohe Steuernachforderungen erwarten lassen und
- die Prüfung nicht in absehbarer Zeit beendet werden kann.

Aus Gründen der Rechtssicherheit und Rationalisierung können bestimmte Steuerarten, wie z.B. die Umsatzsteuer, oder bestimmte Veranlagungszeiträume **vorab geprüft** und die Prüfungsfeststellungen in **Teil-Prüfungsberichte** aufgenommen werden. Diese Teilberichte können dann Grundlage für vorzeitige Änderungsbescheide sein. Die geänderte Steuerfestsetzung ergeht wiederum unter Vorbehalt der Nachprüfung (§ 164 Abs. 1 Satz 1 AO).
Der Teil-Prüfungsbericht dient damit der **vorzeitigen Auswertung von Prüfungsfeststellungen.**[28]

---

[21] Eine solche Fristversäumnis ist nur dann als entschuldigt anzusehen, wenn sie durch die äußerste, den Umständen des Falls angemessene und vernünftigerweise zu erwartende Sorgfalt nicht verhindert werden konnte. So auch BFH, Urteil vom 14.4.1976 – IV R 43 – 45 / 75 – BStBl. 1976 II, 624.
[22] So auch FG Sachsen – Anhalt, Urteil vom 18.12.1998 – II 266 / 98 – EFG 1999, 358.
[23] Niedersächs. FG, Urteil vom 28.1.1988 – II 513 / 85 – EFG 1988, 453; siehe auch BFH, Urteil vom 16.7.1964 – V 92 / 61 S – BStBl. 1964 III, 634.
[24] Dazu **Mösbauer,** in: Koch / Scholtz, AO, 5. Aufl., 1996, § 202 AO, Rz. 12.
[25] Dazu FG Düsseldorf, Urteil vom 15.11.1995 – 5 K 6793 / 93 U – EFG 1996, 627.
[26] Dazu BFH, Urteil vom 11.4.1990 – I R 167 / 86 – BStBl. 1990 II, 772; ergänzend BFH, Urteil vom 26.2.1991 – IX R 95 / 88 – BStBl. 1991 II, 572; BFH, Urteil vom 21.1.1992 – VIII R 51 / 88 – BStBl. 1993 II, 3.
[27] Vgl. dazu z.B. FinMin. Nordrhein – Westfalen, Erlaß betr. vorzeitige Auswertung von Prüfungsfeststellungen vom 20.8.1991 – S 1503 – 1 – VC 5 – Steuererlasse (C. H. Beck) Nr. 800, § 164 / 1.
[28] Dazu **Mösbauer,** in: Koch / Scholtz, AO, 5. Aufl., 1996, § 202 AO, Rz. 8 / 1.

VIII. Übersendung der schriftlichen Mitteilung

Führt die Außenprüfung zu **keiner** Änderung der Besteuerungsgrundlagen, so genügt es nach § 202 Abs. 1 Satz 3 AO, wenn dies dem Steuerpflichtigen **schriftlich mitgeteilt** wird.[29] Diese Mitteilung über die ergebnislose Prüfung (§ 202 Abs. 1 Satz 3 AO) hat Bedeutung

- für spätere Änderungen (§ 173 Abs. 2 AO) und
- für die Ablaufhemmung (§ 171 Abs. 4 AO).

Die schriftliche Mitteilung hat, wie der Prüfungsbericht, **keine Verwaltungsakts-**Qualifikation i.S.d. § 118 AO. Beide können deshalb nicht mit dem Einspruch angefochten werden.[30]

---

[29] Vgl. dazu auch § 12 Abs. 3 Alt. 2 BpO 2000.

[30] So auch AEAO (i.d.F. BMF – Schr. v. 14.2.2000 – BStBl. 2000 I, S. 190, ber. S. 435) zu § 202 AO, Satz 1 Halbs. 2.

§ 18 Rechtsfolgen, die nach Abschluß einer Außenprüfung eintreten

I. Rechtsfolgen allgemein

1. Arten der Rechtsfolgen

Die Außenprüfung dient dem Zweck, die Besteuerungsgrundlagen zutreffend zu ermitteln und die dabei erforderlich werdenden Änderungen von Bescheiden vorzubereiten.[1]
Hinsichtlich der dadurch entstehenden **Rechtsfolgen,** die eine Außenprüfung auslöst, unterscheidet man:

a) Rechtsfolgen, die mit **Beginn** einer Außenprüfung eintreten, und
b) Rechtsfolgen, die sich nach **Abschluß** einer Außenprüfung ergeben.

2. Anknüpfungspunkte der Rechtsfolgen

In der Literatur konnte bisher kein Konsens darüber erreicht werden, ob man die Folgen der Außenprüfung auf den Umfang der **tatsächlichen Prüfungshandlung** oder auf den Umfang der dieser Prüfungshandlung zugrundeliegenden **Prüfungsanordnung** abstellt.
Da es aber häufig schwer nachzuvollziehen ist, inwieweit der Prüfer den in der Prüfungsanordnung bestimmten Umfang tatsächlich eingehalten hat[2], ist es wohl veranlaßt, die Rechtsfolgen auf den in der Prüfungsanordnung bestimmten Umfang abzustellen. Nur so lassen sich die Unklarheiten hinsichtlich der Auswirkungen der durchgeführten Maßnahmen vermeiden.

II. Rechtsfolgen im einzelnen

1. Aufhebung des Vorbehalts der Nachprüfung nach § 164 Abs. 3 Satz 3 AO

a) Änderung von Vorbehaltsbescheiden

Nach § 164 Abs. 2 AO können Steuerfestsetzungen, die unter dem **Vorbehalt der Nachprüfung** stehen, bei später bekanntwerdenden Tatsachen oder Beweismitteln jederzeit zugunsten und zuungunsten des Steuerpflichtigen, **aufgehoben** oder **geändert** werden. Folglich entscheidet der Umfang der Prüfungsanordnung, bei welchen Steuerbescheiden der Vorbehalt aufgehoben werden kann.[3]

b) Entfallen der Vorbehaltswirkung

---

[1] Vgl. dazu auch § 2 Abs. 1 Satz 1 BpO 2000.
[2] So auch **Schick,** in: Hübschmann / Hepp / Spitaler, AO / FGO, § 196 AO, Anm. 161; a.A. BFH, Urteil vom 10.12.1971 – III R 35 / 71 – BStBl. 1972 II, 333 und BFH, Urteil vom 21.11.1972 – VII B 80 / 71 – BStBl. 1973 II, 130. Danach ist für die Rechtsfolge einer Außenprüfung entscheidend, worauf sich die Außenprüfung **tatsächlich** erstreckt hat und was Gegenstand der Außenprüfung ist. Vgl. in diesem Zusammenhang auch BFH, Urteil vom 26.3.1974 – VII R 144 / 71 – BFHE 112, 324. Nach diesem Urteil tritt die Ablaufhemmung nur für die vom Prüfer tatsächlich geprüften Steuerarten und Besteuerungszeiträume ein.
[3] Bestätigend auch **Schick,** in: Hübschmann / Hepp / Spitaler, AO / FGO, § 194 AO, Anm. 23 ff.; **von Wallis,** in: Hübschmann / Hepp / Spitaler, AO / FGO, § 164 AO, Anm. 26.

Die Wirkung des Vorbehalts entfällt entweder durch ausdrückliche **Aufhebung** nach § 164 Abs. 3 Satz 1 AO oder durch **Ablauf der Festsetzungsfrist**[4] nach § 164 Abs. 4 Satz 1 AO i.V.m. §§ 169, 171 AO oder durch Ergehen eines **Änderungsbescheids ohne Vorbehalt** der Nachprüfung.

c) Aufhebung des Vorbehalts

Kommt der Außenprüfer zu keinem abweichenden Ergebnis, führt also die Außenprüfung zu keiner Änderung der Besteuerungsgrundlagen, so wird nach einer schriftlichen Mitteilung gegenüber dem Steuerpflichtigen i.S.d § 202 Abs. 1 Satz 3 AO der **Vorbehalt** der Nachprüfung durch Bescheid **aufgehoben**[5].
Steueranmeldungen **(Vorauszahlungsbescheide)** bleiben jedoch, kraft Gesetzes nach § 164 Abs. 1 Satz 2 AO weiterhin unter dem Vorbehalt der Nachprüfung.

d) Endgültiger Änderungsbescheid

Gelangt ein Außenprüfer im Rahmen seiner Prüfungstätigkeit zu Mehr- oder Minderergebnissen, so ergeht insoweit ein Änderungsbescheid. Da mit der Außenprüfung der Steuerfall aber als abschließend geprüft gilt, darf dieser dann nicht mehr unter dem Vorbehalt der Nachprüfung stehen.
Sind Sachverhalte im Rahmen der Außenprüfung nicht vollständig geklärt, so ist der Vorbehalt gleichwohl aufzuheben.

2. Eingeschränkte Korrekturmöglichkeiten bei endgültigen Steuerbescheiden nach § 173 Abs. 2 AO

a) Grundsätzliche Zulässigkeit von Wiederholungsprüfungen

Nach zutreffender Auffassung des BFH[6] ist die Wiederholung von Prüfungen ebenso wie die Wiederholung von einzelnen Verwaltungsakten, z.B. der Prüfungsanordnung, des Auskunftsersuchens oder der Aufforderung zur Vorlage von Unterlagen, **grundsätzlich** jederzeit **zulässig.** Das Finanzamt ist also nicht gehindert, unter Vermeidung eines früheren Verfahrensfehlers, eine **erneute Prüfung anzuordnen.**
Dies gilt selbst für den Fall, daß das Finanzgericht z.B. die Nichtigkeit der ersten Prüfungsanordnung rechtskräftig festgestellt hat und die Prüfung im wesentlichen abgeschlossen war.

b) Gefahr eines Ermessensfehlgebrauchs

Zu überlegen ist in diesen Fällen aber, ob hier nicht die Gefahr eines Ermessensfehlgebrauchs vorliegt. Der BFH[7] verneint das Vorliegen eines solchen Fehlgebrauchs, wenn ein anderer Beamter mit der erneuten Prüfung beauftragt wird und die Feststellung der Erstprüfung lediglich Anhaltspunkte liefern könnte.

c) Anordnung einer Zweitprüfung

---

[4] Vgl. in diesem Zusammenhang **Mösbauer,** Festsetzungs- und Zahlungsverjährung bei der Haftung nach Steuer- und Privatrecht, DStZ 1989, S. 331 ff..

[5] **Rüsken,** in: Klein, AO, 6. Aufl., 1998, § 164 AO, Anm. 7.

[6] BFH, Urteil vom 31.3.1976 – I R 123 / 74 – BStBl. 1977 II, 510 und BFH, Urteil vom 7.11.1985 – IV R 6 / 85 – BStBl. 1986 II, 435.

[7] BFH, Urteil vom 20.10.1988 – IV R 104 / 86 – BStBl. 1989 II, 180.

Die **Anordnung** einer Außenprüfung für einen bereits geprüften Zeitraum ist zulässig, soweit im Rahmen der Zweitprüfung noch nicht geprüfte Sachverhalte untersucht werden sollen.[8]

d) Gegenstand der Zweitprüfung

Gegenstand der Zweitprüfung kann demnach alles sein, was **noch nicht** vom Inhalt der Prüfungsanordnung der Erstprüfung erfaßt ist. Aus diesem Grunde können Steuerbescheide[9], soweit sie auf Grund einer – abschließenden[10] – Außenprüfung ergangen sind, nach § 173 Abs. 2 Satz 1 AO grundsätzlich **nicht** mehr aufgehoben oder geändert werden. Die gesetzliche Beschränkung von Wiederholungsprüfungen – sog. „Änderungssperre" – besteht nur nicht, wenn eine **Steuerhinterziehung** oder **leichtfertige Steuerverkürzung** vorliegt.[11] Denn es besteht keine Veranlassung, den Steuerpflichtigen, der seinen steuerlichen Pflichten nicht nachkommt, gegen eventuelle Steuernachforderungen zu schützen.[12]

e) Änderungssperre

Wurde die erste Prüfung i.S.d. § 194 Abs. 1 Satz 2 AO **beschränkt**[13], so wirkt sich die „Änderungssperre" des § 173 Abs. 2 Satz 1 AO auf die nach der Prüfungsanordnung nicht zu prüfenden und auch nicht geprüften Steuer**arten,** Besteuerungs**zeiträume** oder **Sachverhalte** nicht aus.[14] Die Änderungssperre des § 173 Abs. 2 Satz 2 AO greift also nur ein, wenn auf Grund einer Außenprüfung entweder ein Bescheid nach § 202 Abs. 1 Satz 1 AO oder eine förmliche Mitteilung nach § 202 Abs. 1 Satz 3 AO ergangen ist.
Beschränkt sich eine Außenprüfung nur auf Voranmeldungszeiträume, tritt insoweit **keine** Änderungssperre ein.[15]
Die Änderungssperre gilt nur für die Aufhebungen oder Änderungen nach § 173 Abs. 1 Nr. 1 u. Nr. 2 AO. Es ist daher irrelevant, ob es sich um solche zuungunsten (Nr. 1) oder zugunsten (Nr. 2) des Steuerpflichtigen handelt.[16] Da sich die Änderungssperre des § 173 Abs. 2 AO aber auf den § 173 AO beschränkt[17],werden die Berichtigung nach § 129 AO, die Aufhebung oder Änderung nach § 164 AO und § 165 AO, die Aufhebung oder Änderung nach § 172 AO sowie die Aufhebung oder Änderung nach § 174 AO von ihr nicht berührt. Würde also das

---

[8] BFH, Urteil vom 24.1.1989 – VII R 35 / 86 – BStBl. 1989 II, 440.

[9] Es kann sich hier um eine **erstmalige** Festsetzung von Steuern handeln. Vgl. auch BFH, Urteil vom 18.8.1988 – V R 194 / 83 – BStBl. 1988 II, S. 932.

[10] Es ist in diesem Zusammenhang irrelevant, ob über das Ergebnis der Außenprüfung ein schriftlicher Bericht **(Prüfungsbericht)** i.S.d. § 202 Abs. 1 Satz 1 AO ergangen ist, oder dem Steuerpflichtigen „lediglich" eine **schriftliche Mitteilung** i.S.d. § 202 Abs. 1 Satz 3 AO übersandt wurde, da die Außenprüfung zu keiner Änderung der Besteuerungsgrundlagen geführt hat. Dazu BFH, Urteil vom 14.12.1989 – III R 158 / 85 – BStBl. 1990 II, 283.

[11] Vgl. dazu auch **Gerber,** Neue Tatsachen und Verjährung, DStR 1987, S. 225 f.; **Mösbauer,** Steuerstraf- und Steuerordnungswidrigkeitenrecht (einschließlich Steuer- und Zollfahndung), 2. Aufl., 2000, § 12 (S. 93 ff.) und § 25 (S. 379 ff.); **Thomas,** Änderungssperre gem. § 173 Abs. 2 AO nach Lohnsteuer-Außenprüfung, DStR 1992, S. 1468; BFH, Urteil vom 15.5.1992 – VI R 106 / 88 – DStR 1992, 1474; BFH, Urteil vom 15.5.1992 – VI R 183 / 88 – DStR 1992, 1475.

[12] Dazu **Rüsken,** in: Klein, AO, 6. Aufl., 1998, § 173 AO, Anm. 16.

[13] D.h. **Beschränkung** auf eine Steuerart oder mehrere Steuerarten, einen Besteuerungszeitraum oder mehrere Besteuerungszeiträume, oder auf bestimmte Sachverhalte.

[14] Vgl. dazu BFH, Urteil vom 14.12.1989 – III R 158 / 85 – DB 1990, 720. Vgl. dazu auch **Apitz,** Reichweite der Änderungssperre gemäß § 173 Abs. 2 AO nach Bp ohne Auswirkung auf einzelne Jahre und Steuerarten, StBp 2003, S. 37 ff..

[15] BFH, Urteil vom 30.4.1987 – V R 29 / 79 – BStBl. 1987 II, 486; BFH, Urteil vom 11.11.1987 – X R 54 / 82 – BStBl. 1988 II, 307.

[16] Vgl. dazu BFH, Urteil vom 29.1.1987 – IV R 96 / 85 – BStBl. 1987 II, S. 410.

[17] Vgl. dazu BFH, Urteil vom 29.4.1987 – I R 118 / 83 – BStBl. 1988 II, 168.

Finanzamt einen Schreibfehler entdecken, der bei der vorherigen Außenprüfung nicht bemerkt wurde, so wäre eine Berichtigung nach § 129 AO möglich. Die Änderungssperre des § 173 Abs. 2 AO würde nicht entgegenstehen. Denn Schreibfehler sind weder neue Tatsachen noch Beweismittel i.S.d. § 173 Abs. 1 AO.
Zulässig sind im Einspruchsverfahren auch Änderungen von Steuerbescheiden, die auf Grund einer Außenprüfung ergangen sind. Denn nach § 367 Abs. 2 Satz 1 AO hat die Finanzbehörde, die über den Einspruch entscheidet, die Sache in vollem Umfang erneut zu prüfen. Dabei kann sie auch nach § 367 Abs. 2 Satz 2 AO den Verwaltungsakt umfassend ändern.

f) Kein Rechtsschutz durch Änderungssperre

Ein Steuerpflichtiger verdient nach § 173 Abs. 2 Satz 1 AO dann nicht den Schutz der Änderungssperre, wenn er Steuern **hinterzogen** oder **leichtfertig verkürzt**[18] hat.
Das Verbot der Wiederholungsprüfung gibt es demnach nicht bei einer Steuerhinterziehung nach § 370 AO[19] oder einer leichtfertigen Steuerverkürzung nach § 378 AO[20]. In diesen Fällen ist eine Wiederholung zulässig; ungeachtet der Tatsache, ob bereits eine **Bestrafung** oder eine **Ahndung** mit Bußgeld erfolgt ist. Daraus wiederum folgt, daß z.B. die Frage, ob eine **Selbstanzeige** nach § 371 AO vorliegt, in concreto ebenso irrelevant ist wie die Frage, ob eine **Verfolgungsverjährung** nach § 384 AO oder ein sonstiges **Prozeßhindernis** vorliegt.
In diesem Zusammenhang ist es irrelevant, ob die Außenprüfung zuvor eine steuerliche Auswirkung hatte oder eine Mitteilung nach § 202 Abs. 1 Satz 3 AO erging.

3. Erteilung einer verbindlichen Zusage nach § 204 AO[21]

a) Verbindliche Zusage

Gleich der **verbindlichen Zolltarifauskunft**[22] nach Art. 12 ZK und der **Lohnsteuer-Anrufungsauskunft**[23] nach § 42 e EStG ist auch die **verbindliche Zusage** im Anschluß an

---

[18] § 173 Abs. 2 AO stellt eine **Schutzvorschrift** für die Steuerpflichtigen dar. Denn den Steuergläubiger mit seinem Steueraufkommen in Milliardenhöhe kann eine Steuererstattung und Steuerrückzahlung nie so treffen, wie im Einzelfall eine unvermutete Steuernachzahlung den Steuerpflichtigen. Vgl. dazu **Kühnel,** Die Änderungssperre des § 173 Abs. 2 AO als Schutzvorschrift für den Steuerpflichtigen, DB 1980, S. 2011. So auch **Mennacher,** Berichtigung von Steuerbescheiden, die auf Grund einer Außenprüfung ergangen sind, nur zu ungunsten des Steuerpflichtigen?, DB 1979, S. 2202. § 173 Abs. 2 AO dient aber auch dem **Rechtsfrieden;** die materielle Steuergerechtigkeit tritt damit in den Hintergrund.

[19] Vgl. dazu **Mösbauer,** Steuerstraf- und Steuerordnungswidrigkeitenrecht (einschließlich Steuer- und Zollfahndung), 2. Aufl., 2000, § 12 (S. 93 ff.).

[20] Vgl. dazu **Mösbauer,** Steuerstraf- und Steuerordnungswidrigkeitenrecht (einschließlich Steuer- und Zollfahndung), 2. Aufl., 2000, § 25 (S. 379 ff.).

[21] Vgl. dazu **Mösbauer,** Verbindliche Zusagen im Anschluß an eine Außenprüfung, StBp 2000, S. 289 ff.; **Tipke,** in: Tipke / Kruse, AO / FGO, § 204 AO.

[22] Sie ist trotz ihrer Bezeichnung als Auskunft eine **Zusage.** Denn sie stellt eine behördliche **Willenserklärung** und nicht eine Wissenserklärung dar. Sie wird über die Tarifstelle des Zolltarifs erteilt und soll dem Steuerpflichtigen Gewißheit über die zu erwartende Zollbelastung (Zollsatz) von Einfuhr-Waren verschaffen. Die **Bindungswirkung** knüpft an eine vorher erfolgte Einreihung einer Ware in die Nomenklatur des Zolltarifs an. Vgl. in diesem Zusammenhang auch **Mayer,** Gerd, Die Zusage nach der Abgabenordnung 1977, Diss. 1991, S. 28 ff., 42,58.

[23] Gegenstand der Auskunft ist die Anwendung der Vorschriften über die Lohnsteuer. Die Auskunft bezieht sich auf Fragen des Arbeitgebers und des Arbeitnehmers zur Einbehaltung und Abführung der Lohnsteuer. Sie stellt eine behördliche **Wissenserklärung** und nicht eine Willenserklärung dar. Das auskunftserteilende Betriebsstättenfinanzamt ist nach Treu und Glauben an die Auskunft **gebunden;** ebenso Arbeitgeber und Arbeitnehmer. Da es sich bei der Lohnsteueraußenprüfung um eine Außenprüfung i.S.d. § 193 AO handelt, kann

eine Außenprüfung nach § 204 ff. AO eine **gesetzlich geregelte** Sonderform einer Zusage. Von ihr ist einerseits die **tatsächliche Verständigung** über den der Steuerfestsetzung zugrundeliegenden Sachverhalt[24] und andererseits die **Auskunft** [25] **mit Bindungswirkung** nach Treu und Glauben (verbindliche Auskunft) gemäß BMF – Schreiben vom 24.6.1987 – BStBl. 1990 I, S. 146 zu unterscheiden.[26]
Die verbindliche Zolltarif**auskunft** ist als zollrechtliche Entscheidung i.S.d. Art. 4 Nr. 5 Halbs. 1 ZK ein **Verwaltungsakt** i.S.d. § 118 Satz 1 AO. Sie betrifft inhaltlich die Einordnung einer Ware in den Zolltarif. Die Tarifierung gilt nach Art. 12 Abs. 7 ZK für die Festsetzung der Ein- und Ausfuhrabgaben, für die Berechnung der Ausfuhrerstattungen und der sonstigen Beträge, die im Rahmen der gemeinsamen Agrarpolitik bei der Ein- und Ausfuhr gewährt werden. Und sie gilt für die Verwendung von Ein- und Ausfuhrlizenzen oder Vorausfestsetzungsbescheinigungen. Die – nach Art. 12 Abs. 1 ZK schriftlich zu beantragende – verbindliche Zolltarifauskunft wird zwar von den Zollbehörden des Mitgliedstaats erteilt, in dem sie **verwendet** werden soll (Art. 6 Abs. 1 Halbs. 1 ZK-DVO) oder in dem der Antragsteller **ansässig** ist (Art. 6 Abs. 1 Halbs. 2 ZK-DVO), sie **bindet** aber die Zollbehörden **aller** Mitgliedstaaten. Die Bindungswirkung ist nach Art. 12 Abs. 2 ZK auf die zolltarifliche Einreihung der Waren für die in Art. 12 Abs. 7 ZK aufgeführten zollrechtlichen Entscheidungen beschränkt.
Die Zolltarifauskunft **tritt** nach Art. 12 Abs. 4 Satz 1 ZK mit Ablauf von sechs Jahren nach Ablauf ihrer Erteilung **außer Kraft.** Sie verliert also ihre Wirksamkeit durch **Zeitablauf.** Sie tritt aber nach Art. 12 Abs. 5 Buchst. a ZK auch außer Kraft, wenn die Vorschrift, auf der sie beruht, **geändert** wird (Art. 12 Abs. 2 Satz 1 ZK-DVO).
Die Zollbehörde hat die verbindliche Zolltarifauskunft nach Art. 12 Abs. 4 Satz 2 ZK **zurückzunehmen,** wenn sie auf unrichtigen oder unvollständigen Angaben des Antragstellers beruht. Die Rücknahme wirkt nach § 8 Abs. 3 ZK **ex tunc.** Die Zollbehörde kann nach Art. 12 Abs. 5 Buchst. c ZK i.V.m. Art. 9 ZK die verbindliche Zolltarifauskunft auch **widerrufen** oder **ändern.** Der Widerruf und die Änderung werden mit der Bekanntgabe an den Berechtigten wirksam und wirken **ex nunc.**
Als Verwaltungsakt ist die verbindliche Zolltarifauskunft nach § 347 Abs. 1 Satz 1 AO mittels **Einspruchs** anfechtbar.

Das Betriebsstättenfinanzamt hat nach § 42 e EStG auf Anfrage eines Beteiligten (Arbeitgeber; Arbeitnehmer) darüber **Auskunft** zu geben, ob und inwieweit im einzelnen Fall die Vorschriften über die Lohnsteuer anzuwenden sind. Qua via soll dem Arbeitgeber als Haftungsschuldner für die Lohnsteuer nach § 42 d EStG Sicherheit darüber verschafft werden, ob er Lohnsteuer einzubehalten und abzuführen hat.[27] Die Lohnsteuer-

---

der Arbeitgeber alternativ einen Antrag auf Erteilung einer Lohnsteueranrufungsauskunft nach § 42 e EStG oder auf Erteilung einer verbindlichen Zusage nach § 204 AO stellen.

[24] Vgl. dazu AEAO (i.d.F. BMF – Schr. v. 14.2.2000 – BStBl. 2000 I, S. 190, ber. S.435) zu § 201 AO, Nr.5.

[25] Bei einer Auskunft handelt es sich entweder um individuelle **Tatsachen**mitteilungen (Tatsachenauskunft) oder um unverbindliche **Rechts**mitteilungen (Rechtsauskunft) einer Finanzbehörde an einen Steuerpflichtigen. Die Rechtsauskunft kann sich auf Tatbestandsmerkmale und auf Rechtsfolgen beziehen. Die Auskunft entfaltet im Regelfall keine Bindungswirkung. Sie ist im Regelfall eine Wissenserklärung oder eine unverbindliche Meinungsäußerung.

[26] So zutreffend AEAO (i.d.F. BMF – Schr. v. 14.2.2000 – BStBl. 2000 I, S. 190, ber. S. 435) zu § 204 AO, Nr. 1.

[27] Vgl. in diesem Zusammenhang BFH, Urteil vom 9.10.1992 – VI R 97 / 91 – BStBl. 1993 II, 166; ferner **Mösbauer,** Möglichkeiten des Haftungsausschlusses bei der Lohnsteuerhaftung des Arbeitgebers, FR 1995, S. 173; **Mösbauer,** Grenzen der haftungsmäßigen Inanspruchnahme des Arbeitgebers für die Lohnsteuer der Arbeitnehmer, FR 1995, S. 727; **Mösbauer,** Die Haftung des Arbeitgebers für Lohnsteuer, BB 1995, S. 2194; **Mösbauer,** Entbehrlichkeit von Haftungsbescheid und Leistungsgebot bei der haftungsmäßigen Inanspruchnahme des Arbeitgebers für Lohnsteuer, FR 1995, S. 893; **Mösbauer,** Zur Haftung des Entleihers von Arbeitnehmern für deren Lohnsteuer, FR 1996, S. 281.

Anrufungsauskunft ist das gesetzgeberische Äquivalent für die noch dazu mit einer Haftungsfolge bewehrten, doch sehr weitgehenden Mitwirkungspflichten des Arbeitgebers im Lohnsteuerverfahren. Sie ist eine **Zusage** der Finanzbehörde zu einem bestimmten zukünftigen behördlichen Verhalten. **Inhaltlich** ist sie auf die Anwendung des Steuerrechts auf einen konkreten Einzelfall beschränkt, **sachlich** auf lohnsteuerabzugsrelevante Probleme.[28]

§ 42 e EStG erfordert eine Anfrage, die materiell als **Antrag** zu werten ist. Da Arbeitgeber und Arbeitnehmer ein Interesse daran haben, ob ihre Rechtsbeziehung dem Lohnsteuerrecht unterliegt, sind beide **antragsberechtigt.** Die Lohnsteuer-Anrufungsauskunft des Betriebstättenfinanzamts ist **nicht form**gebunden. Aus Beweisgründen empfiehlt sich aber die Schriftform. Erforderlich ist jedoch ein **Auskunftsinteresse.**

Antrag, Antragsberechtigung und Auskunftsinteresse begründen für den Antragsteller einen **Rechtsanspruch** auf Erteilung einer Lohnsteuer-Anrufungsauskunft (... hat ... Auskunft zu geben ...). Dieser Rechtsanspruch ist je nach Qualifikation der Auskunft als **Verwaltungsakt** oder als andere Leistung mittels Verpflichtungsklage nach § 40 Abs. 1 Alt. 2 FGO oder mittels allgemeiner Leistungsklage nach § 40 Abs. 1 Alt. 3 FGO gerichtlich durchsetzbar.

Soweit die Bindungswirkung in concreto in Frage steht, ist festzustellen, daß sie sich **sachlich** auf das Lohnsteuerabzugsverfahren beschränkt; **persönlich** bezieht sie sich auf den Adressaten der Lohnsteuer-Anrufungsauskunft.

Nach § 204 AO **soll**[29] die – für die Steuerfestsetzung zuständige – Finanzbehörde im Anschluß an eine Außenprüfung dem Steuerpflichtigen auf Antrag **verbindlich zusagen**[30], wie ein für die Vergangenheit geprüfter und im Prüfungsbericht dargestellter (verwirklichter) Sachverhalt in Zukunft steuerrechtlich behandelt wird, wenn die Kenntnis der künftigen steuerrechtlichen Behandlung für die geschäftlichen Maßnahmen des Steuerpflichtigen von Bedeutung ist.

Die verbindliche Zusage soll nur im Anschluß an eine Außenprüfung erteilt werden. Dies bedeutet, daß ein **zeitlicher** Zusammenhang mit der – bereits durchgeführten – Außenprüfung bestehen muß.[31]Es empfiehlt sich, den Prüfer bereits während der Prüfung von dem beabsichtigten Antrag in Kenntnis zu setzen. Dadurch hat er die Möglichkeit, den in Frage stehenden Sachverhalt besonders eingehend zu prüfen und im Prüfungsbericht ebenso besonders **klar darzustellen.** Zugunsten des Steuerpflichtigen können so Ungenauigkeiten und Mißverständnisse bei der Sachverhaltsbeurteilung vermieden werden.

b) Zweck der verbindlichen Zusage

Die verbindliche Zusage ist eine **behördliche Selbstverpflichtung**[32] in Beziehung auf eine noch zu treffende spätere Entscheidung. Sie bezweckt einen fundierten Dispositionsschutz für die Teilnehmer am privatwirtschaftlich organisierten Markt- und Gesellschaftssystem. Sie dient dazu, ex ante eventuell später auftretenden Differenzen zwischen Prüfer und Steuerpflichtigem über Sachverhalte mit Dauerwirkung oder Dauerwiederkehr, die bereits Gegenstand einer Außenprüfung waren, vorzubeugen.[33] Sie stellt einen „beachtlichen

---

[28] Vgl. dazu BFH, Urteil vom 9.10.1992 – VI R 97 / 91 – BStBl. 1993 II, 166.

[29] Das „soll" geht zurück auf das StBereinG vom 19.12.1985 – BGBl. I, S. 2436.

[30] Die verbindlichen Zusagen sind kosten- und gebührenfrei.

[31] Vgl. dazu **Mösbauer,** in: Koch / Scholtz, AO, 5. Aufl., 1996, § 204 AO, Rz. 5; AEAO (i.d.F. BMF – Schr. v. 14.2.2000 – BStBl. 2000 I, S. 190, ber. S. 435) zu § 204 AO, Nr. 3 Satz 2.

[32] Die **Beurteilung eines Sachverhalts** im Prüfungsbericht oder in einem auf Grund einer Außenprüfung ergangenen Steuerbescheid steht einer verbindlichen Zusage **nicht** gleich. Auch die Tatsache, daß eine bestimmte Gestaltung von vorangegangenen Außenprüfungen **nicht beanstandet** wurde, schafft **keine** Bindungswirkung nach Treu und Glauben. So zutreffend AEAO (i.d.F. BMF – Schr. v. 14.2.2000 – BStBl. 2000 I, S. 190, ber. S. 435) zu § 204 AO, Nr. 4 Sätze 1 und 2.

[33] Bestätigend auch **Schick,** in: Hübschmann / Hepp / Spitaler, AO / FGO, § 206 AO, Tz. 4 und vor § 204 AO, Tz. 40 f.; **Mösbauer,** Verbindliche Zusagen im Anschluß an eine Außenprüfung, StBp 2000, S. 289 ff..

Fortschritt in der Rechtsentwicklung“ auf dem Gebiet der Besteuerung dar. Ihre Bedeutung besteht darin, daß der Gesetzgeber dem Steuerpflichtigen erstmals einen **Rechtsanspruch** auf eine verbindliche Zusage eingeräumt hat. Steuerpflichtiger und Berater können so, zumindest für einen sehr engen Bereich, relative Klarheit über komplizierte steuerrechtliche Fragen erlangen.
Es ist irrelevant, welche Art von Außenprüfung durchgeführt worden ist. Eine **abgekürzte** Außenprüfung i.S.d. § 203 AO[34] erfüllt ebenso die Voraussetzung des § 204 AO wie eine **Sonderprüfung,** etwa die Lohnsteuer-Außenprüfung[35].
Ein Erledigungs**vorschlag** des Finanzamts im Einspruchsverfahren stellt grundsätzlich keine (verbindliche) Zusage dar.[36]

c) Antrag auf verbindliche Zusage

Verbindliche Zusagen werden nach § 204 AO nur **auf Antrag**[37] erteilt.[38] Um mögliche Unklarheiten zu Lasten des Antragstellers zu vermeiden, empfiehlt es sich, den Antrag **schriftlich**[39] zu stellen. So kann gleichzeitig dem möglichen Einwand der Finanzverwaltung begegnet werden, an Stelle einer Zusage sei nur eine unverbindliche Meinungsäußerung begehrt worden. Der Steuerpflichtige ist beweispflichtig, daß er auch eine „verbindliche Zusage“ beantragt hat.[40]
Zuständig für die Entscheidung über den Antrag ist grundsätzlich die für die Auswertung der Prüfungsfeststellungen zuständige Finanzbehörde[41]; innerhalb dieser – nach dem sog. Geschäftsverteilungsplan – der Vorsteher, der Sachgebietsleiter oder ausnahmsweise – bei entsprechender Zeichnungsbefugnis – auch der Sachbearbeiter. Bezieht sich eine verbindliche Zusage auf eine **gesonderte** Feststellung von Besteuerungsgrundlagen nach § 180 AO, so ergibt sich die Zuständigkeit der Finanzbehörde aus § 18 AO. Ist ein besonderes Prüfungs-Finanzamt von dem an sich zuständigen Finanzamt nach § 195 Satz 2 AO mit der Außenprüfung **beauftragt,** so kann die beauftragte Finanzbehörde nach § 195 Satz 3 AO nur **im Einvernehmen** mit der für die Besteuerung zuständigen Finanzbehörde eine verbindliche Zusage erteilen.[42] Die verbindliche Zusage wird der zuständigen Finanzbehörde zugerechnet.

---

[34] Dazu vgl. **Mösbauer,** Die abgekürzte Außenprüfung – Beschränkung von Rechtsansprüchen zugunsten der Verfahrensbeschleunigung – StBp 2001, S. 309 ff..

[35] Dazu vgl. **Mösbauer,** Die Überlassung von Werks- und Dienstwohnungen an Arbeitnehmer als typische Zweifelsfrage der Lohnsteuer-Außenprüfung, StBp 2003, S. 81 ff.; ergänzend noch **Mösbauer,** Die Umsatzsteuer-Sonderprüfung – eine spezifische Form der Außenprüfung, UVR 2002, S. 333 ff..

[36] BFH, Urteil vom 11.12.1987 – III R 168 / 86 – BStBl. 1988 II, 232.

[37] Da die Erteilung einer verbindlichen Zusage voraussetzt, daß der Steuerpflichtige einen entsprechenden **Antrag** stellt, ist die Zusage als **mitwirkungsbedürftiger Verwaltungsakt** zu qualifizieren. Die strenge Antragsgebundenheit macht eine Zusage **ohne** entsprechenden Antrag zu einem (verfahrens-)**fehlerhaften,** und damit rechtswidrigen, Verwaltungsakt, der allerdings nach § 126 Abs. 1 Nr. 1 AO durch Nachholung der Antragstellung **geheilt** werden kann. Rechtswidrigkeit ist auch dann gegeben, wenn die Finanzbehörde eine **andere** als die beantragte Zusage erteilt. Die Finanzbehörde kann nach § 207 Abs. 2 und 3 AO ihre rechtswidrigen Zusagen mit ex nunc- oder ex tunc-Wirkung aufheben oder ändern. Nach § 91 AO soll der Steuerpflichtige jedoch vorher gehört werden, damit dieser den Verfahrensmangel ggf. durch Nachholung des Antrags beseitigen kann. Auf Antrag des Steuerpflichtigen „ist“ die rechtswidrige Zusage **rückwirkend** aufzuheben. Dieses Procedere ist die einzig richtige Ermessensentscheidung.

[38] Niedersächs. FG, Urteil vom 14.5.1986 – IX 108 / 84 – EFG 1987, 160; Hess. FG, Urteil vom 26.7.1989 – 13 K 1637 / 89 – EFG 1990, 210; vgl. auch AEAO (i.d.F. BMF – Schr. v. 14.2.2000 – BStBl. 2000 I, S. 190, ber. S. 435) zu § 204 AO, Nr. 2 Satz 1.

[39] Die Schriftform ist aber nicht vorgeschrieben. Unklarheiten gehen zu Lasten des Steuerpflichtigen. So auch AEAO (i.d.F. BMF – Schr. v. 14.2.2000 – BStBl. 2000 I, S. 190, ber. S. 435) zu § 204 AO, Nr. 3 Sätze 4 und 5.

[40] BFH, Urteil vom 17.9.1992 – IV R 39 / 90 – BStBl. 1993 II, 218.

[41] So auch AEAO (i.d.F. BMF – Schr. v. 14.2.2000 – BStBl. 2000 I, S. 190, ber. S. 435) zu § 204 AO, Nr. 2 Satz 1.

[42] So auch AEAO (i.d.F. BMF – Schr. v. 14.2.2000 – BStBl. 2000 I, S. 190, ber. S. 435) zu § 204 AO, Nr. 2 Satz 2.

Erteilt das **Finanzministerium** eines Landes auf einen entsprechenden Antrag eine verbindliche Zusage, so bindet – auch – diese – wohl im Interesse des Steuerpflichtigen – das für die Veranlagung zuständige Finanzamt nach dem Grundsatz von Treu und Glauben.[43] Diese rechtsprechungsgestützte Feststellung findet aber im Hinblick auf § 130 Abs. 2 Nr. 1 AO nicht allenthalben Zustimmung. Denn eine solche Zusage ist rechtswidrig, da sie von einer sachlich unzuständigen Behörde erlassen worden ist. Sie kann nach § 207 Abs. 3 Alt. 2 AO rückwirkend aufgehoben oder geändert werden.

Was mag sich ein Gesetzgeber nur dabei gedacht haben? Ein Verwaltungsakt einer Oberfinanzdirektion oder gar eines Finanzministeriums, und noch dazu rechtswidrig?

Antragsberechtigt ist derjenige, welcher von der beantragten Zusage unmittelbar betroffen wird. Dies ist regelmäßig der **Steuerpflichtige.**

Ehegatten sind zwei selbständige Steuersubjekte. Daher sind sie beide , regelmäßig unabhängig voneinander, hinsichtlich ihres individuellen Bereiches zur Antragstellung berechtigt. Nur im Falle der Zusammenveranlagung nach § 26 b EStG sind beide Ehegatten **gemeinsam**[44] zur Antragstellung berechtigt, da sie „... gemeinsam als Steuerpflichtige behandelt ...“ werden.

Ist eine **Personenvereinigung** hinsichtlich des Gegenstandes der Zusage **selbst Steuersubjekt,** wird der Antrag nach § 79 Abs. 1 Nr. 3 AO durch den **gesetzlichen Vertreter** oder durch den **besonders Beauftragten** gestellt. Sind die **einzelnen beteiligten Personen** als selbständige Steuersubjekte **gemeinsam** von dem Zusagegegenstand betroffen, dann muß der Antrag – analog § 352 AO – von **allen gemeinsam** gestellt werden. Sie können aber auch einen Vertreter mit der Antragstellung beauftragen.

Auch **Dritte** können antragsberechtigt sein, soweit die Außenprüfung nach § 194 Abs. 1 Satz 3 u. 4, Abs. 2 und 3 AO auch ihre steuerlichen Verhältnisse erfaßt.

Bei **Rechtsnachfolge** ist hinsichtlich der Antragsberechtigung zu prüfen, ob Gesamtrechtsnachfolge oder Sonderrechtsnachfolge gegeben ist. Bei **Gesamtrechtsnachfolge** geht das Antragsrecht auf den Rechtsnachfolger über. Dies gilt auch für einen bereits vom Rechtsvorgänger gestellten Antrag. Bei **Sonderrechtsnachfolge** ist ein Übergang der Antragsberechtigung nur bei einer objektbezogenen verbindlichen Zusage möglich. Bei einer personenbezogenen verbindlichen Zusage geht die Antragsberechtigung nicht über. Denn durch die Rechtsnachfolge ändern sich die personenbezogenen Verhältnisse mit der Folge, daß kein geprüfter Sachverhalt mehr vorliegt.

Eine besondere **Form** für den Antrag auf verbindliche Zusage nach § 204 AO schreibt das Gesetz **nicht** vor. Daher sind auch lediglich mündlich gestellte Anträge grundsätzlich zulässig. Aus Gründen des Nachweises würde es sich für den Steuerpflichtigen aber empfehlen, den Antrag auf Erteilung einer verbindlichen Zusage schriftlich zu stellen. Denn sämtliche Unklarheiten gehen zu seinen Lasten.

Inhaltlich muß der Antrag so beschaffen sein, daß er eine verbindliche Zusage mit dem Inhalt des § 205 Abs. 2 AO ermöglicht. Aus dem Antrag muß sich ergeben, welcher Sachverhalt der verbindlichen Zusage zugrundegelegt werden, welchen Inhalt die verbindliche Zusage haben und auf welche Steuern sie sich beziehen soll. Ferner muß sich aus dem Antrag ergeben, auf welchen der im Prüfungsbericht dargestellten Sachverhalte er sich bezieht. Weiterhin ist im Antrag glaubhaft darzulegen, daß auch künftig ein gleichartiger Sachverhalt verwirklicht wird. Schließlich ist noch ein Zusageinteresse an der Kenntnis der zukünftigen steuerrechtlichen Behandlung nachzuweisen.

---

[43] So zumindest FG Rheinland – Pfalz, Urteil vom 12.12.1995 – 2 K 2902 / 94 – EFG 1997, 328; ergänzend BFH, Urteil vom 13.12.1989 – X R 208 / 87 – BStBl. 1990 II, 274; BFH, Beschluß vom 12.11.1987 – V B 52 / 86 – BStBl. 1988 II, 156. Fraglich ist aber in diesem Zusammenhang, ob eine an sich funktionell unzuständige Oberbehörde die funktionelle Zuständigkeit eines Finanzamts an sich ziehen kann. So auch FG Baden – Württemberg, Urteil vom 21.2.1990 – V K 98 / 89 – EFG 1990, 454.

[44] Eine gegenseitige Bevollmächtigung der Ehegatten zur Ausübung des Antragsrechts ist nach § 80 Abs. 1 Satz 1 AO zulässig.

Eventualanträge sind zulässig.
Sachverhalte, die der Disposition des Steuerpflichtigen entzogen sind, können nicht Gegenstand eines Antrags auf eine verbindliche Zusage sein.
Der Steuerpflichtige kann in seinem Antrag auch konkretisieren, für welche Zeiträume er eine verbindliche Zusage begehrt.
Soweit erforderlich, hat die Finanzverwaltung auf eine Präzisierung der Antragstellung hinzuwirken.
Der **Zeitpunkt der Antragstellung** wird durch die Sachverhaltsverwirklichung bestimmt. Denn ein Steuerpflichtiger kann einen Antrag auf Erteilung einer verbindlichen Zusage frühestens dann stellen, wenn der Sachverhalt, der Gegenstand der verbindlichen Zusage werden soll, durch ihn verwirklicht worden ist. Erst dann kann der Antrag den erforderlichen Inhalt haben. Die Finanzbehörde wird dem Antrag nur entsprechen, wenn sie im Prüfungsbericht oder in dem Steuerbescheid , der auf Grund der Außenprüfung ergangen ist, zu dem vom Steuerpflichtigen gewünschten Ergebnis kommt.
Für den Steuerpflichtigen empfiehlt es sich, den Antrag **möglichst frühzeitig** zu stellen, z.B. schon **vor** oder **während** der Außenprüfung. Dadurch kann er erreichen, daß der für ihn relevante Sachverhalt im Prüfungsbericht so ausführlich dargestellt wird, daß eine abschließende rechtliche Beurteilung für die Zukunft möglich wird. Anders als die Erteilung der verbindlichen Zusage setzt die Antragstellung also noch keine Durchführung einer Außenprüfung und auch noch kein Ergehen eines Prüfungsberichts voraus.
Der Antrag auf Erteilung einer verbindlichen Zusage kann nur in **zeitlichem** Zusammenhang mit der Außenprüfung gestellt werden.
Bei einem **nach** der Schlußbesprechung gestellten Antrag ist in der Regel **keine** verbindliche Zusage mehr zu erteilen, wenn nochmalige umfangreiche Prüfungshandlungen erforderlich sind.[45] Ist in diesem Fall ein Antrag auf Erteilung einer verbindlichen Zusage nicht mehr zulässig, kann der Steuerpflichtige die Finanzbehörde ersuchen, seinen Antrag in einen solchen auf Erteilung einer **allgemeinen Zusage umzudeuten.**
Ein Antrag auf Erteilung einer verbindlichen Zusage kann auch **zurückgenommen** oder **geändert** werden; und zwar bis zur Entscheidung der Finanzbehörde. Zurücknahme und Änderung sind nicht formgebunden. Außerdem ist auch eine **Teil**rücknahme zulässig.
Wurde ein Antrag auf Erteilung einer verbindlichen Zusage **abgelehnt,** so ist die **Wiederholung** einer solchen Antragstellung dann zulässig, wenn sich die Sach- und Rechtslage hinsichtlich des Ablehnungsgrundes geändert hat.

d) Ablehnung des Antrags

§ 204 AO wurde durch das Steuerbereinigungsgesetz 1986 mit Wirkung vom 1.1.1987 von einer **Kann**vorschrift in eine **Soll**vorschrift umgewandelt. Da auch eine Sollvorschrift eine Ermessensvorschrift ist[46], kann der Antrag auf Erteilung einer verbindlichen Zusage nur im Rahmen pflichtgemäßer Ermessensbetätigung **abgelehnt** werden. Die Ablehnung bedarf besonderer Gründe, die einer Zusageerteilung entgegenstehen. Da aber die Ablehnung selbst keine verbindliche Zusage ist, sind an den Inhalt der Ablehnungsgründe oder Teilablehnungsgründe andere Anforderungen zu stellen. Erforderlich ist aber die Erkennbarkeit, warum der Antrag abgelehnt wurde.

---

[45] AEAO (i.d.F. BMF – Schr. v. 14.2.2000 – BStBl. 2000 I, S. 190, ber. S. 435) zu § 204 AO, Nr. 3 Satz 3.
[46] Durch eine Sollvorschrift wird Ermessen in seiner „schwächsten" Form eingeräumt. Dazu **Buciek,** Bindende Erklärungen der Finanzverwaltung, DStZ 1999, S. 389.

Ein solcher Ablehnungsgrund liegt z.B. dann vor, wenn sich der betreffende **Sachverhalt nicht** für eine verbindliche Zusage **eignet** (wie z.B. die zukünftige Angemessenheit von Verrechnungspreisen bei unübersichtlichen Marktverhältnissen).[47]
Das gleiche gilt, wenn durch die verbindliche Zusage ein **unverhältnismäßig hoher Verwaltungsaufwand** entsteht (so z.B., wenn der Steuerpflichtige erst nach der Schlußbesprechung einen Antrag auf verbindliche Zusage stellt).[48]
Ein Ablehnungsgrund kann auch in der Tatsache bestehen, daß in absehbarer Zukunft zu dem betreffenden Sachverhalt eine **allgemeine Verwaltungsvorschrift** ergeht.[49]
Der allgemeinen Verwaltungsvorschrift steht eine in Aussicht genommene – **höchstrichterliche – Grundsatzentscheidung** des BFH gleich.[50] Bloße Anhängigkeit eines Verfahrens dürfte wohl nicht ausreichen.
Ein Ablehnungsgrund liegt ferner auch dann vor, wenn die steuerrechtliche Beurteilung eines Sachverhalts **unstreitig** ist.
Charakteristisch für diese Fälle ist, daß sie atypisch sind, d.h. vom Regelfall abweichen.[51]
Diese Eigenschaft berechtigt die Finanzverwaltung, den Antrag auf Erlaß einer verbindlichen Zusage nach § 204 AO abzulehnen.
Gegen diese – nach § 121 AO schriftlich zu begründende – Ablehnung ist nach § 347 Abs. 1, Abs. 2 AO der Rechtsbehelf des **Einspruchs** gegeben.
Trotz der „zusagefreundlichen" Ausgangslage sind Rechtsstreitigkeiten mit dem Ziel, im Anschluß an eine Außenprüfung eine Zusage zu erhalten, schon wegen der nur eingeschränkten gerichtlichen Überprüfbarkeit von Ermessensentscheidungen (§ 102 FGO) nur selten von Erfolg gekrönt.[52]

Wird einem Antrag auf Erteilung einer verbindlichen Zusage nur **teilweise** entsprochen, so gelten für die Teilstattgabe die Vorschriften über den Inhalt der verbindlichen Zusage, für die Teilablehnung die Vorschriften über die Ablehnung. Für den Steuerpflichtigen muß jedoch ersichtlich sein, inwieweit dem Antrag stattgegeben und inwieweit er abgelehnt wurde.
Teilzusage und Teilablehnung können in einem Schriftstück zusammengefaßt werden; obgleich es sich bei beiden um jeweils einen selbständigen Verwaltungsakt handelt.

e) Voraussetzungen für eine Zusage

Voraussetzungen für eine schriftlich zu erteilende und als verbindlich gekennzeichnete[53] Zusage sind:

aa) die verbindliche Zusage muß **geschäftlich-** „unternehmerische"[54] **Bedeutung** haben[55];

---

[47] Bestätigend AEAO (i.d.F. BMF – Schr. v. 14.2.2000 –BStBl. 2000 I, S. 190, ber. S. 435) zu § 204 AO, Nr. 5 Satz 1 Alt. 1.
[48] Vgl. dazu auch **Tipke / Kruse,** AO / FGO, § 204 AO, Tz. 7; **Buciek,** Bindende Erklärungen der Finanzverwaltung, DStZ, 1999, S. 390.
[49] So AEAO (i.d.F. BMF – Schr. v. 14.2.2000 – BStBl. 2000 I, S. 190, ber. S. 435) zu § 204 AO, Nr. 5 Satz 1 Alt. 2.
[50] So AEAO (i.d.F. BMF – Schr. v. 14.2.2000 – BStBl. 2000 I, S. 190, ber. S. 435) zu § 204 AO, Nr. 5 Satz 1 Alt. 3.
[51] Dazu vgl. **Mösbauer,** in: Koch / Scholtz, AO, 5. Aufl., 1996, § 204 AO, Rz. 8.
[52] So zutreffend **Buciek,** Bindende Erklärungen der Finanzverwaltung, DStZ 1999, S. 389; ergänzend OFD München, Verfügung vom 8.7.1996 – S 0430 – 3 / 2 St 312 – DStR 1996, 1287.
[53] ... i.S.d. § 205 Abs. 1 AO. Vgl. dazu auch **Mösbauer,** Verbindliche Zusagen im Anschluß an eine Außenprüfung, StBp 2000, S. 289 ff..
[54] ... i.S.d. § 2 UStG.
[55] Niedersächs. FG, Urteil vom 14.5.1986 – IX 108 / 84 – EFG 1987, 160; FG Hamburg, Urteil vom 9.8.1985 – II 69 / 80 – EFG 1986, 59.

bb) der Sachverhalt muß **mehrere Jahre** andauern oder sich **in Zukunft** des öfteren **wiederholen** (= Tatbestände mit Dauerwirkung oder Dauerwiederkehr);

cc) der in der Vergangenheit verwirklichte Sachverhalt muß im Rahmen einer **Außenprüfung**[56] **geprüft** worden sein.

Keine Voraussetzung ist, daß der Steuerpflichtige auf Grund des gesetzten Vertrauenstatbestandes auch schon Dispositionen vorgenommen hat. Denn eine verbindliche Zusage bindet die Finanzbehörde auch dann, wenn der Steuerpflichtige seine Dispositionen bereits **vor** der Erteilung der Zusage getroffen hat.[57]

Die Voraussetzungen zeigen, daß sich die verbindliche Zusage nur auf Sachverhalte erstrecken kann, die **für die Vergangenheit bereits geprüft** wurden und die (auch) in die Zukunft hineinwirken (können), wie z.B. Gesellschaftsverträge, Buchführungssysteme, Abrechnungsverfahren, Leasingverträge oder der Erwerb von Grundstücken.[58] Gegenstand einer Zusage kann daher nur die verbindliche Subsumtion eines bereits abgeschlossenen Sachverhalts unter eine Steuerrechtsnorm für zukünftige Veranlagungszeiträume sein.[59]

Die verbindliche Zusage kann von der Finanzbehörde nach § 204 AO nur **im Anschluß an eine Außenprüfung** erteilt werden. Es ist in diesem Zusammenhang irrelevant, ob es sich dabei um eine „normale" Außenprüfung nach § 193 AO, eine abgekürzte Außenprüfung nach § 203 AO oder um eine Sonderprüfung handelt. Nicht ausreichend sind Prüfungen im Rahmen des Steueraufsichts- oder sonstigen steuerlichen Ermittlungsverfahrens. § 204 AO erfordert also einen engen **zeitlichen Zusammenhang** der finanzbehördlichen Entscheidung mit der Außenprüfung.

Wegen des gebotenen zeitlichen Zusammenhangs mit einer Außenprüfung kann die verbindliche Zusage nach § 204 AO nur im Anschluß an eine Außenprüfung erteilt werden, wenn ein **Zusageinteresse** des Steuerpflichtigen besteht; d.h. wenn die Kenntnis der künftigen steuerrechtlichen Behandlung „für die geschäftlichen[60] Maßnahmen des Steuerpflichtigen von Bedeutung ist". Das Zusageinteresse des Steuerpflichtigen für künftige Sachverhaltsverwirklichungen dürfte hier in einem sehr weiten Sinne zu verstehen sein. Es dürfte bereits dann zu bejahen sein, wenn der Steuerpflichtige hinsichtlich seiner wirtschaftlichen Dispositionen Gestaltungsalternativen hat.

Das Vorliegen eines Zusageinteresses erfordert ferner, daß hinsichtlich der Behandlung des Sachverhalts eine **rechtliche Unsicherheit** besteht. Diese kann sich sowohl auf die Anwendbarkeit des Gesetzes als auch auf daraus resultierende Folgen beziehen.

Maßgebender **Zeitpunkt** für das Vorliegen des Zusageinteresses ist der Zeitpunkt der Entscheidung über den Antrag.

f) Form der Zusage

---

[56] Vgl. hier auch die **außerhalb** einer Außenprüfung gegebene Auskunft. Dazu BFH, Urteil vom 13.12.1989 – X R 208 / 87 – BStBl. 1990 II, 274: Ob eine außerhalb der Außenprüfung gegebene, nicht durch die §§ 204 bis 207 AO geregelte Auskunft das Finanzamt bindet, richtet sich nach den von der Rechtsprechung zur Rechtslage nach der AO entwickelten, aus Treu und Glauben abgeleiteten Rechtsgrundsätzen. Danach ist eine Auskunft des Finanzamtes nur dann verbindlich, wenn sie der für die spätere Veranlagung zuständige Beamte oder der Vorsteher erteilt hat. Vgl. auch BFH, Beschluß vom 27.10.1988 – IV S 11 / 88 – BFH / NV 1990, 416.

[57] Zum Meinungsstreit, ob die Bindungswirkung aus dem Rechtscharakter der verbindlichen Zusage (als VA oder Nicht-VA) folgt vgl. FG Köln, Urteil vom 31.1.1984 – V K 30 / 83 – EFG 1984, 426; Niedersächs. FG, Urteil vom 14.5.1986 – IX 108 / 84 – EFG 1987, 160; FG Münster, Urteil vom 9.3.1989 – V – III 6656 / 88 U – EFG 1989, 546; **Tipke / Kruse,** AO / FGO, 15. Aufl., vor § 204 AO, Tzn. 13 u. 16; **Schick,** in: Hübschmann / Hepp / Spitaler, AO / FGO, 10. Aufl., vor § 204 AO, RdNr. 49; **Ruppe,** in: Herrmann / Heuer / Raupach, EStG und KStG, 20. Aufl., Einf. EStG, Anm. 567; ergänzend BVerwG, Urteil vom 23.5.1986 – 8 C 5 / 85 – NVwZ 1986, 1011. Nach ihrer Meinung kommt es für die Bindungswirkung nicht auf die Grundsätze von Treu und Glauben an, sondern auf die Qualifikation der verbindlichen Zusage als VA. A.A. BFH st. Rspr..

[58] AEAO (i.d.F. BMF – Schr. v. 14.2.2000 – BStBl. 2000 I, S. 190, ber. S. 435) zu § 204 AO, Nr. 3.

[59] Dazu vgl. Hess. FG, Urteil vom 26.7.1989 – 13 K 1637 / 89 – EFG 1990, 210.

[60] Der Begriff „geschäftlich" ist wohl nicht nur als „unternehmerisch" i.S.d. § 2 UStG zu verstehen.

aa) Schriftform

Die verbindliche Zusage wird **schriftlich** erteilt (§ 205 Abs. 1 Alt. 1 AO). Die Schriftform dient der Sicherheit sowohl des Steuerpflichtigen als auch der Finanzbehörde. Mündlich erteilte Zusagen haben nicht die Bindungswirkung des § 206 AO. § 205 Abs. 1 Alt. 1 AO ist eine lex specialis zu § 119 Abs. 2 AO. Das Erfordernis der Schriftlichkeit bedeutet für die verbindliche Zusage, daß ihr in § 205 Abs. 2 AO vorgeschriebener Inhalt schriftlich niedergelegt und dem Steuerpflichtigen nach § 122 AO bekanntgegeben – „erteilt" – werden muß. Dabei wird die verbindliche Zusage nach § 124 Abs. 1 Satz 2 AO mit dem Inhalt wirksam, mit dem sie bekanntgegeben wird.[61]

bb) Kennzeichnung als verbindlich

Die verbindliche Zusage wird **als verbindlich gekennzeichnet** (§ 205 Abs. 1 Alt. 2 AO). Sie kann nicht mit einem Vorbehalt versehen werden. Vorbehalte (z.B. „vorbehaltlich des Ergebnisses einer Besprechung mit den obersten Finanzbehörden der Länder") schließen die Bindung aus (BFH, Urteil vom 4.8.1961 – BStBl. 1961 III, 562).[62] Sie würden eine verbindliche Zusage zu einer **unverbindlichen Auskunft** machen. Für die Kennzeichnung einer Zusage als verbindlich ist es irrelevant, ob der Terminus „verbindlich" in der Überschrift oder im Text der Zusage enthalten ist. Auch andere gleichbedeutende Formulierungen dürften ausreichen, wenn aus ihnen die Bindungswirkung klar erkennbar ist. Mit § 205 Abs. 1 Alt. 2 AO will der Gesetzgeber den Finanzbehörden bewußt machen, daß sie sich zu einem bestimmten Verhalten verpflichten und daß der Steuerpflichtige durch diese Zusage den Umfang des Bindungswillens zweifelsfrei feststellen kann. Zweifel an der Verbindlichkeit oder an deren Umfang gehen wohl zu Lasten der Finanzbehörde.

g) Inhalt der Zusage

Nach § 205 Abs. 2 AO muß eine verbindliche Zusage folgenden **Inhalt** haben:

aa) eine Erläuterung des zugrundegelegten **Sachverhalts;**
bb) **wie** und **weshalb** über den gestellten Antrag so **entschieden** wurde;
cc) eine Angabe darüber, für welche **Steuerarten** und für welchen **Zeitraum** die Zusage bindend ist.

Hinsichtlich des der verbindlichen Zusage zugrundegelegten **Sachverhalts** kann nach § 205 Abs. 2 Nr. 1 Halbs. 2 AO auf den im Prüfungsbericht dargestellten – und dem Steuerpflichtigen bekannten – Sachverhalt Bezug genommen werden. Die besondere Bedeutung dieser Regelung erhellt aus § 206 Abs. 1 AO. Danach ist die verbindliche Zusage für die Besteuerung nur bindend, wenn der später verwirklichte Sachverhalt dem entspricht, der der verbindlichen Zusage zugrunde gelegt worden war. Nur der **im Prüfungsbericht** dargestellte Sachverhalt bildet nach § 205 Abs. 2 Nr. 1 Halbs.2 AO die Grundlage für den Sachverhalt der verbindlichen Zusage; und damit für den Umfang der Bindungswirkung. Führt die Außenprüfung zu keiner Änderung der Besteuerungsgrundlagen, so ergeht nach § 202 Abs. 1 Satz 3 i.V.m. Satz 1 AO **kein** Prüfungsbericht. In diesem Falle dürfte es vertretbar sein, auf die Darstellung des Sachverhalts im Prüfungsbericht zu verzichten und den Sachverhalt umfassend nur in der verbindlichen Zusage darzustellen.

---

[61] Vgl. dazu **Mösbauer,** Verbindliche Zusagen im Anschluß an eine Außenprüfung, StBp 2000, S. 289 ff..
[62] So auch AEAO (i.d.F. BMF – Schr. v. 14.2.2000 – BStBl. 2000 I, S. 190, ber. S. 435) zu § 205 AO, Satz 1.

Soweit die **Entscheidung** über den Antrag und die dafür maßgebenden Gründe i.S.d. § 205 Abs. 2 Nr. 2 AO in Frage stehen, kann damit nur die **Sach**entscheidung gemeint sein, die der verbindlichen Zusage zugrunde liegt. Diese Sachentscheidung ist das Ergebnis rechtlicher Beurteilung. Sie ist nicht identisch mit der nach § 204 AO zu treffenden **Ermessens**entscheidung. Soweit die Erteilung der verbindlichen Zusage dem Antrag des Steuerpflichtigen **entspricht,** bedarf es nach § 121 Abs. 2 Nr. 1 Alt. 1 AO wohl **keiner Begründung.** Wird ein Antrag auf Erteilung einer verbindlichen Zusage ganz oder teilweise **abgelehnt,** ist diese Ablehnung nach § 121 Abs. 1 AO zu **begründen.** Verschiedentlich wird die Auffassung vertreten, § 205 Abs. 2 Nr. 2 AO schreibe als lex specialis generell eine Begründung vor. Wen diese Auffassung überzeugt, der muß eine Modifizierung nach § 121 Abs. 2 AO für unzulässig erachten. Dies hat dann zur Folge, daß die Entscheidung über die beantragte verbindliche Zusage sowohl in formeller als auch in materieller Hinsicht zu begründen ist.
Die Angabe darüber, für **welche Steuern** und für **welchen Zeitraum** die verbindliche Zusage gilt, ist nach § 205 Abs. 2 Nr. 3 AO deshalb erforderlich, weil die verbindliche Zusage beschränkt aber auch unbeschränkt, befristet aber auch unbefristet erteilt werden kann.[63] **Regelmäßig** sind verbindliche Zusagen **unbefristet.** Denn sie sollen dem Steuerpflichtigen auf Dauer Rechtssicherheit verschaffen. **Befristet** sind sie nur **in Ausnahmefällen;** z.B. dann, wenn der Steuerpflichtige einen entsprechenden Antrag gestellt hat, das Zusageinteresse nur für einen beschränkten Zeitraum vorhanden ist und im Vergleich zu einer Nichterteilung eine befristete Erteilung einer verbindlichen Zusage günstiger für den Steuerpflichtigen ist.
Die Bindungswirkung **beginnt** mit Wirksamkeit der Zusage und **endet** mit dem Eintritt eines bestimmten Ereignisses. Befristete verbindliche Zusagen können nachträglich auf Antrag **verlängert** werden. Der Antrag ist vor Ablauf der Befristung zu stellen. Die bisherige Zusage bildet die Brücke zur Außenprüfung, sofern nicht zwischenzeitlich eine neue Außenprüfung stattgefunden hat. Eine Verlängerung erweitert nur den Geltungszeitraum der bisherigen verbindlichen Zusage.
Denkbar ist auch eine **Erweiterung** der verbindlichen Zusage auf andere Personen, Sachverhalte oder Steuern. Sie stellt eine Neuerteilung dar, soweit sie nicht kraft Gesetzes erfolgt, wie z.B. bei der Rechtsnachfolge.

Da § 205 AO den erforderlichen Inhalt der verbindlichen Zusage nicht abschließend regelt, ergeben sich **weitere Inhaltserfordernisse** aus den allgemeinen verfahrensrechtlichen Grundsätzen, wie z.B. der Adressat oder sein Vertreter aus § 124 Abs. 1 AO, die erlassende Finanzbehörde aus § 119 Abs. 3 Satz 1 AO oder die Unterschrift oder Namenswiedergabe des Behördenleiters u.a. aus § 119 Abs. 3 Satz 2 AO i.V.m. § 125 Abs. 2 Nr. 1 AO.
Die verbindliche Zusage muß lediglich **materiell** den Erfordernissen des § 205 Abs. 2 Nrn. 1 – 3 AO genügen. Formal ist die Finanzbehörde nicht an die Reihenfolge dieser gesetzlichen Regelung gebunden.
Nebenbestimmungen in Form von Bedingungen, egal ob ausdrücklich oder stillschweigend, sind unzulässig; ebenso Widerrufsvorbehalte und Auflagen.

h) Bindungswirkung

Nach § 206 Abs. 1 AO ist eine – wirksame – verbindliche Zusage einer zuständigen Behörde und eines zuständigen Beamten für die Besteuerung nur dann **bindend,** wenn sich der später verwirklichte Sachverhalt mit dem der verbindlichen Zusage zugrunde gelegten Sachverhalt

---

[63] BFH, Urteil vom 17.9.1992 – IV R 39 / 90 – BStBl. 1993 II, 218. **Mösbauer,** Verbindliche Zusagen im Anschluß an eine Außenprüfung, StBp 2000, S. 289 ff..

deckt.[64] Dies zeigt, daß Gegenstand der Zusage ein **Verwaltungshandeln,** nicht ein Verwaltungsakt, ist.[65] Dieses darf nicht gegen ein gesetzliches Verbot verstoßen.[66] Das Verwaltungshandeln steht unter dem Vorbehalt der clausula „rebus sic stantibus“. Außerdem ist **Sachverhaltsidentität** unabdingbar.[67] Sie erfordert keine absolute Deckungsgleichheit von Sachverhalten.[68] Eine Steuerfestsetzung ohne Berücksichtigung der Zusage ist rechtswidrig und mithin **anfechtbar**[69]**.** Bei konkurrierenden sich widersprechenden Zusagen gilt die für den Steuerpflichtigen günstigere Zusage, soweit sie nicht nach § 207 Abs. 3 AO rückwirkend aufgehoben oder geändert wird.

Die Bindungswirkung erstreckt sich in **persönlicher** Hinsicht auf das gesamte Besteuerungsverfahren des Zusage-Adressaten und bindet die Finanzbehörden und mittelbar auch die Gerichte; nicht aber auch den Adressaten der Zusage. Aus diesem Grunde kann die verbindliche Zusage weder Grundlagen- noch Feststellungsbescheid und weder Teilsteuer- noch Vorbescheid sein. In **sachlicher** Hinsicht deckt sich die Bindungswirkung mit dem Gegenstand der verbindlichen Zusage. Sie gilt nur für die in der Zusage ausdrücklich genannten Sachverhalte und Steuerarten. In **zeitlicher** Hinsicht deckt sich regelmäßig der zeitliche Umfang der Bindungswirkung mit der Dauer der verbindlichen Zusage. Die Bindungswirkung setzt mit dem Wirksamwerden der verbindlichen Zusage ein und endet mit dem Außerkrafttreten der Zusage. Das Außerkrafttreten erfolgt bei befristeten Zusagen durch Zeitablauf, in allen anderen Fällen nach § 207 AO.

Konkurrierende Zusagen sind nicht ex ante unwirksam.

Die Bindungswirkung kann **horizontal** (z.B. im Rahmen einer Mitunternehmerschaft) oder **vertikal** (z.B. im Rahmen einer Rechtsnachfolge) relevant sein. Bei der Rechtsnachfolge ist zwischen der Gesamtrechtsnachfolge und der Einzel- oder Sonderrechtsnachfolge des Zusage-Adressaten zu unterscheiden. Da der Gesamtrechtsnachfolger in vollem Umfang in die verfahrensrechtliche Position des Rechtsvorgängers eintritt, entfaltet die verbindliche Zusage ihre Bindungswirkung auch für den Gesamtrechtsnachfolger. Im Falle der Einzelrechtsnachfolge ist zu unterscheiden, ob eine personenbezogene oder eine objektbezogene verbindliche Zusage erteilt wurde. Bei jener ist eine Übertragung der Bindungswirkung auf den Einzelrechtsnachfolger möglich, bei dieser hingegen nicht, da es auf die persönlichen Verhältnisse des Zusageadressaten ankommt. Der Grundsatz von Treu und Glauben hindert allerdings die Finanzbehörde daran, allein die Tatsache des Personenwechsels zum Anlaß für eine Änderung der steuerrechtlichen Behandlung zu nehmen.

Ist die verbindliche Zusage im Widerspruch zum geltenden – materiellen oder formellen – Recht zuungunsten des Antragstellers erteilt worden, so kommt zu Gunsten des Steuerpflichtigen eine **Ausnahme von der Bindungswirkung** nach § 206 Abs. 2 AO in

---

[64] Bestätigend auch AEAO (i.d.F. BMF – Schr. v. 14.2.2000 – BStBl. 2000 I, S. 190, ber. S. 435) zu § 206 AO, Satz 1.

[65] So auch BFH, Urteil vom 13.12.1989 – X R 208 / 87 – BStBl. 1990 II, 274; a.A. FG Brandenburg, Beschluß vom 2.2.1996 – 1 V 1554 / 95 U – EFG 1996, 403: Die verbindliche Zusage binde die Finanzbehörde auch dann, wenn der Steuerpflichtige seine Dispositionen bereits vor der Erteilung der Zusage getroffen hat. Dies folge aus dem Rechtscharakter der verbindlichen Zusage als Verwaltungsakt.

[66] Siehe dazu BGH, Urteil vom 22.11.1979 – III ZR 186 / 77 – NJW 1980, 828; **Mösbauer,** Verbindliche Zusagen im Anschluß an eine Außenprüfung, StBp 2000, S. 289 ff..

[67] Siehe dazu Hess. FG, Urteil vom 26.7.1989 – 13 K 1637 / 89 – EFG 1990, 210.

[68] Vgl. dazu **Mösbauer,** in: Koch / Scholtz, AO, 5. Aufl., 1996, § 206 AO, Rz. 2 / 1.

[69] Trifft die Finanzbehörde in einer Steuerfestsetzung eine andere Entscheidung als bei der Erteilung der verbindlichen Zusage, so kann der Steuerpflichtige im Rechtsbehelfsverfahren gegen den betreffenden Bescheid die **Bindungswirkung** geltend machen. So zutreffend AEAO (i.d.F. BMF – Schr. v. 14.2.2000 – BStBl. 2000 I, S. 190, ber. S. 435) zu § 206 AO, Satz 2.

Betracht.[70] Diese Ausnahme soll den Widerspruch zwischen dem Gesetzmäßigkeitsprinzip und dem Vertrauensschutzprinzip auflösen.
Rechtmäßige verbindliche Zusagen können nach § 207 Abs. 2 und 3 AO ihre Bindungswirkung verlieren.

i) Außerkrafttreten, Aufhebung oder Änderung der Zusage

§ 207 AO bestimmt, wann eine verbindliche Zusage durch **Außerkrafttreten, Aufhebung** oder **Änderung** ihre Bindungswirkung nachträglich verliert.[71] § 207 AO ist gegenüber den allgemeinen Korrekturvorschriften z.B. der § 129 AO, § 130 AO, § 131 AO, § 164 AO, § 165 AO und §§ 172 ff. AO eine **lex specialis.** Über die Fälle des § 207 AO hinaus endet die Wirkung der verbindlichen Zusage nach § 205 Abs. 2 Nr. 3 AO mit **Ablauf** des Zeitraums, für den die verbindliche Zusage gelten sollte.
Werden die **Rechtsvorschriften,** auf denen die verbindliche Zusage beruht, materiell in ihrer Rechtssubstanz geändert oder durch das BVerfG für nichtig erklärt, so **tritt** nach § 207 Abs. 1 AO die verbindliche Zusage **außer Kraft.** Die verbindliche Zusage hat daher im Hinblick auf diese gesetzliche Regelung im § 207 Abs. 1 AO die Rechtsvorschriften zu enthalten, auf die die Entscheidung gestützt wird.[72] Denn § 207 Abs. 1 AO räumt dem späteren Gesetz Vorrang gegenüber der Bindungswirkung ein. **Keine** Rechtsvorschriften i.S.d. § 207 Abs. 1 AO sind **Verwaltungsvorschriften**[73] oder eine **geänderte Rechtsprechung.**[74] Denn sie sind keine Rechtsnormen[75] i.S.d. § 4 AO. Rechtsnorm kann jeder Teil eines Gesetzes sein, der selbständig an die Erfüllung von Tatbestandsmerkmalen eine Rechtsfolge knüpft. Mit dem Außerkrafttreten der verbindlichen Zusage erlischt zugleich ex nunc die Bindungswirkung des § 206 Abs. 1 AO. Dadurch entstehende etwaige Härten können unter den Voraussetzungen des § 222 AO (Stundung) oder § 227 AO (Erlaß) ausgeglichen werden. Grundsätzlich kann jedoch das Vertrauen des Steuerpflichtigen auf den Fortbestand einer Rechtsvorschrift keinen Schutz genießen.
Das Außerkrafttreten kann auch ein nur **teilweises** sein. Der nicht berührte Teil der verbindlichen Zusage bleibt voll wirksam.
Eine verbindliche Zusage kann nach § 207 Abs. 2 AO aber auch mit Wirkung **für die Zukunft aufgehoben** und **geändert** werden, wenn sich z.B. die Rechtsprechung oder die Auslegung der Gesetze durch die Verwaltung nachträglich zuungunsten des Antragstellers ändert. In jedem Falle ist der Steuerpflichtige **vor** einer Aufhebung oder Änderung **zu hören** (§ 91 Abs. 1 AO).[76] Ob eine verbindliche Zusage aufgehoben oder geändert wird, ist der pflichtgemäßen **Ermessens**entscheidung der Finanzbehörde anheimgegeben, wobei auch zu berücksichtigen ist, inwieweit der Steuerpflichtige auf die verbindliche Zusage vertraut und disponiert hat. Entsprechend den im Vertrauen auf den Fortbestand der verbindlichen Zusage getroffenen Dispositionen bzw. vertraglichen Vereinbarungen kann es im **Einzelfall** aus **Billigkeitsgründen** gerechtfertigt sein, von einem Widerruf der verbindlichen Zusage **abzusehen** oder die Wirkung des Widerrufs zu einem **späteren Zeitpunkt** eintreten zu

---

[70] So auch AEAO (i.d.F. BMF – Schr. v. 14.2.2000 – BStBl. 2000 I, S. 190, ber. S. 435) zu § 206 AO, Satz 3. Der Steuerpflichtige kann den Steuerbescheid, dem eine verbindliche Zusage zugrundeliegt, **anfechten,** um eine **günstigere** Regelung zu erreichen. Hierbei ist es unerheblich, ob die Fehlerhaftigkeit der Zusage bereits bei ihrer Erteilung erkennbar war oder erst später (z.B. durch eine Rechtsprechung zugunsten des Steuerpflichtigen) erkennbar geworden ist. S. AEAO, a.e.a.O., Sätze 4 und 5.

[71] Dazu **Mösbauer,** Verbindliche Zusagen im Anschluß an eine Außenprüfung, StBp 2000, S. 289 ff.; ferner **Seer,** in: Tipke / Kruse, AO / FGO, § 207 AO, Tz. 1.

[72] So auch AEAO (i.d.F. BMF – Schr. v. 14.2.2000 – BStBl. 2000 I, S. 190, ber. S. 435) zu § 205 AO, Satz 2.

[73] Wie z.B. Richtlinien, BMF – Schreiben, Erlasse oder Verfügungen der Finanzbehörden.

[74] Bestätigend AEAO (i.d.F. BMF – Schr. v. 14.2.2000 – BStBl. 2000 I, S. 190, ber. S. 435) zu § 207 AO, Nr. 1.

[75] Sc.l. Gesetze im formellen Sinne und Rechtsverordnungen.

[76] Bestätigend AEAO (i.d.F. BMF – Schr. v. 14.2.2000 – BStBl. 2000 I, S. 190, ber. S. 435) zu § 207 AO, Nr. 2 Satz 4.

lassen; eine solche Billigkeitsmaßnahme wird in der Regel jedoch nur dann geboten sein, wenn sich der Steuerpflichtige nicht mehr ohne erheblichen Aufwand bzw. unter beträchtlichen Schwierigkeiten von den getroffenen Dispositionen oder eingegangenen vertraglichen Verpflichtungen zu lösen vermag.[77]
Die Aufhebung oder Änderung der verbindlichen Zusage kann nach § 347 Abs. 1 Nr. 1 AO mittels **Einspruchs** angefochten werden.
Mit **Zustimmung** des Steuerpflichtigen kann die verbindliche Zusage auch **rückwirkend** aufgehoben oder geändert werden (§ 207 Abs. 3 Alt. 1 AO). Zustimmung ist eine Willenserklärung, die der Finanzbehörde gegenüber abzugeben ist. Sie ist nicht formgebunden und grundsätzlich unanfechtbar und unwiderruflich. Der Antrag eines Steuerpflichtigen ist stets als Zustimmung zu verstehen.
Eine rückwirkende Aufhebung oder Änderung der verbindlichen Zusage ist auch zulässig, wenn sie

- von einer **sachlich unzuständigen** Behörde erteilt worden ist (§ 207 Abs. 3 Alt. 2 AO i.V.m. § 130 Abs. 2 Nr. 1 AO) oder
- durch **unlautere Mittel,** wie arglistige Täuschung, Drohung oder Bestechung erwirkt worden ist (§ 207 Abs. 3 Alt. 3 AO i.V.m. § 130 Abs. 2 Nr. 2 AO).

Sind die Voraussetzungen des § 125 AO gegeben, ist die verbindliche Zusage **nichtig.** Dies ist nach § 125 Abs. 1 AO insbesondere dann der Fall, wenn die verbindliche Zusage an einem besonders schwerwiegenden Fehler leidet und dies bei verständiger Würdigung aller in Betracht kommenden Umstände offenkundig ist. Ein nichtiger Verwaltungsakt ist nach § 124 Abs. 3 AO von Anfang an nichtig. Daher geht von ihm auch keine Bindungswirkung nach § 206 AO aus. Nach § 125 Abs. 5 AO kann die Finanzbehörde die Nichtigkeit jederzeit von Amts wegen feststellen. Der Steuerpflichtige kann die Nichtigkeit im Rahmen einer Anfechtungsklage nach § 40 Abs. 1 Alt. 1 FGO oder einer Feststellungklage nach § 41 FGO geltend machen.

j) Mißbrauch der Verbindlichkeit

In der Praxis der Finanzämter ist es teilweise üblich geworden, bei Erteilung verbindlicher Zusagen diese unter den **Vorbehalt der Änderung der** – internen (!) – **Verwaltungsanweisung** zu stellen. Das aber bedeutet, daß qua via der Vorbehalt auf die Meinungsänderung der Verwaltung (!) bezogen wird. Der Vorbehalt wird auf eine **Verlautbarung der eigenen Behörde** abgestellt. Dies läuft auf einen verdeckten jederzeit freien Widerruf hinaus, was mit der verbindlichen Eigenschaft der Zusage unvereinbar ist, denn der Vorbehalt bewirkt die Unverbindlichkeit der Zusage.[78] Das bedeutet, daß lediglich eine unverbindliche finanzbehördliche Auskunft gegeben sein kann, denn das FA hat die beantragte verbindliche Zusage nicht „ohne Einschränkung oder Vorbehalte erteilt“[79].

k) Verbindliche Zusage – verbindliche Auskunft

Eine **verbindliche Zusage** nach §§ 204 – 207 AO ist klar zu trennen von der **„verbindlichen“ Auskunft**[80].

[77] So AEAO (i.d.F. BMF – Schr. v. 14.2.2000 – BStBl. 2000 I, S. 190, ber. S. 435) zu § 207 AO, Nr. 2 Sätze 2 und 3.
[78] Siehe **Felix,** Aufhebung der verbindlichen Zusage bei Änderung der Verwaltungspraxis?, BB 1990, S. 1244 ff..
[79] BFH, Urteil vom 17.9.1992 – IV R 39 / 90 – BStBl. 1993 II, 218.
[80] BMF-Schreiben vom 24.6.1987 – IV A 5 – S 0430 – BStBl. 1987 I, S. 474; ferner **Krabbe,** Auskünfte mit Bindungswirkung nach Treu und Glauben, DB 1987, S. 2067; **Kaligin,** Der Auskunftserlaß vom 24.6.1987, DStZ 1988, S. 367, 396, 426; FG Münster, Urteil vom 10.2.1988 – V 344 / 85 U, E – EFG 1989, 442; Hess. FG, Urteil vom 26.7.1989 – 13 K 1637 / 89 – EFG 1990, 210; Hess. FG, Urteil vom 4.3.1996 – 13 K 2101 / 94 –

Synoptisch dargestellt ergeben sich folgende Unterschiedskriterien:

	Verbindliche Zusage	**Verbindliche Auskunft**
aa)	Verbindliche Zusagen müssen nach § 205 Abs. 1 AO als **verbindlich gekennzeichnet** sein.	Ob Auskünfte **verbindlich** sind, ist durch **Auslegung** zu ermitteln.
bb)	Es liegt im Ermessen der Finanzbehörden, verbindliche Zusagen zu erteilen; es besteht **keine Pflicht.**	Die Finanzbehörde ist **nicht verpflichtet,** verbindliche Auskünfte zu erteilen.
cc)	Durch eine verbindliche Zusage hat die Finanzbehörde **sich** nach § 206 AO **verpflichtet,** entsprechend dieser zu handeln.	Der Steuerpflichtige hat **kein einklagbares Recht,** daß die Finanzbehörde entsprechend ihrer verbindlichen Auskunft handelt.
dd)	Für eine verbindliche Zusage ist die **Schriftform** nach § 205 Abs. 1 AO vorgeschrieben.	Für Auskünfte bestehen **keine Formvorschriften.**

Auskünfte sind individuelle **Tatsachen**mitteilungen oder auch **Rechts**mitteilungen durch eine Verwaltungsbehörde. Tatsachenauskünfte können anhand der Kriterien „rechtmäßig" und „rechtswidrig" beurteilt werden, Rechtsauskünfte können am Gesetzesinhalt überprüft werden. Auskünfte können sich auf Vorgänge in der Vergangenheit aber auch in der Zukunft beziehen. Auskünfte enthalten keine Willens- sondern Wissenserklärungen; regelmäßig **ohne** Bindungswillen.
Ob eine **außerhalb** der Außenprüfung gegebene, nicht durch die §§ 204 – 207 AO geregelte **Auskunft** das Finanzamt – ausnahmsweise – bindet, richtet sich – worauf der BFH[81] zutreffend verweist – nach den von der Rechtsprechung zur Rechtslage nach der AO entwickelten, aus Treu und Glauben abgeleiteten **Rechtsgrundsätzen.** Danach ist eine Auskunft des Finanzamts u.a. nur dann verbindlich, wenn sie der – innerorganisatorisch – für die spätere Veranlagung zuständige Beamte oder der Vorsteher erteilt hat.
Einen Sonderfall stellt die sog. **Anrufungsauskunft** des § 42 e EStG dar.[82] Danach hat das Betriebstättenfinanzamt[83] auf Anfrage eines Beteiligten darüber Auskunft zu geben, ob und inwieweit im einzelnen Fall die Vorschriften über die Lohnsteuer anzuwenden sind.
Bei der Lohnsteuer-Anrufungsauskunft handelt es sich um eine **gesetzlich** geregelte Form der **bindenden** Verwaltungserklärung. Sie ist durch 2 Kriterien determiniert: sie ist auf das **Lohnsteuerverfahren** beschränkt und wirkt nur gegenüber dem **anfragenden** Beteiligten, dem Arbeitgeber. Eine Bindungswirkung gegenüber dem Arbeitnehmer entfaltet die Auskunft nicht; auch dann nicht, wenn der Arbeitnehmer selbst angefragt hatte. Auch Dispositionen seitens des Arbeitnehmers im Vertrauen auf eine solche Auskunft vermögen für ihn im Veranlagungsverfahren keine Bindungswirkung zu begründen. Denn die Auskunft erteilende

EFG 1996, 903; BMF, Schreiben betr. Auskunft mit Bindungswirkung nach Treu und Glauben (verbindliche Auskunft) vom 29.12.2003 – BMF IV A 4 – S 0430 – 7 / 03 – BStBl. 2003, S. 742.
[81] BFH, Urteil vom 13.12.1989 – X R 208 / 87 – BStBl. 1990 II, 274 ff..
[82] Dazu **Buciek,** Bindende Erklärungen der Finanzverwaltung, DStZ 1999, S. 389, bes. 390 f..
[83] BFH, Urteil vom 9.10.1992 – VI R 97 / 90 – BStBl. 1993 II, 166.

Arbeitgeber-Stelle des Finanzamts ist für die Veranlagung des Arbeitnehmers nicht zuständig; sodaß auch **nicht** die „Minimalform einer **allgemeinen Zusage**“[84] gegeben sein kann.
Die Anrufungsauskunft ist als **Wissensäußerung nicht** mit Rechtsbehelfen **anfechtbar.** Lediglich die Ablehnung, dem Antrag auf Auskunfterteilung zu entsprechen, ist mit dem Einspruch nach § 347 AO anfechtbar.
Ob eine Behörde sich im Einzelfall mit ihrer Erklärung binden will oder nicht, ist im Wege der **Auslegung** zu ermitteln. Der verwendete terminus „Auskunft“ ist lediglich ein Indiz. Bindungswirkung kann auch durch die Wahl einer bestimmten Erklärungsform eintreten, wie z.B. die Lohnsteuerauskunft des § 42 e EStG und die Zolltarifauskunft des Art. 4 Nr. 5 Halbs. 1 Zollkodex beweisen. Abgesehen von diesen beiden Fällen der „verbindlichen“ Auskunft, kann die Finanzbehörde eine gewollte Bindung in Bezug auf eine Auskunft auch ausdrücklich **erklären.** Sie kann eine solche Bindung auch ausdrücklich **ausschließen.** Mangels ausdrücklicher Äußerung sind Inhalt der Auskunft und Umstände ihrer Erteilung als Auslegungskriterien hilfsweise hinzuzuziehen. Auch dabei ist davon auszugehen, daß sich die Finanzbehörde in aller Regel **nicht** binden will.

l) Erteilung einer verbindlichen Auskunft „außerhalb“ der §§ 204 ff. AO, des Art. 12 ZK und des § 42 e EStG

Die Finanzämter können – unter bestimmten Voraussetzungen – auch außerhalb[85] der gesetzlichen Regelungen der §§ 204 ff. AO[86], des Art. 12 ZK[87] und des § 42 e EStG[88] **„verbindliche“ Auskünfte** über die steuerliche Beurteilung von genau bestimmten **Sachverhalten**[89] erteilen.[90]
Der BFH hat diese Verwaltungsauffassung in ständiger Rechtsprechung auch uneingeschränkt anerkannt.[91] Er hat jedoch auch darauf hingewiesen, daß aus einer finanzbehördlichen Auskunft Rechtsfolgen nur dann abgeleitet werden können, wenn der Steuerpflichtige eine solche verbindliche Auskunft z.B. über ein bestimmtes zukünftiges Verhalten[92] auch beantragt hat und das Finanzamt eine solche **verbindliche** Auskunft auch ohne Einschränkung und ohne Vorbehalte **erteilt** hat; was in aller Regel **nicht** geschieht. Eine

---

[84] Dazu BFH, Urteil vom 9.10.1992 – VI R 97 / 90 – BStBl. 1993 II, 166, 169 a.E..

[85] Zu den sonst für eine Zusage geeigneten Fällen vgl. BFH, Urteil vom 16.3.1983 – IV R 36 / 79 – BStBl. 1983 II, 459; BFH, Urteil vom 21.7.1988 – V R 97 / 83 – BFH / NV 1989, 356; BMF, Schreiben betr. Auskunft mit Bindungswirkung nach Treu und Glauben (verbindliche Auskunft) vom 24.6.1987 – BMF IV A 5 – S 0430 – 9 / 87 – Steuererlasse (C. H. Beck) Nr. 800, § 204 AO / 1 (i.d.F.v. Okt. 1999). Vgl. in diesem Zusammenhang auch FG Bremen, Urteil vom 27.1.1994 – 1 88 175, 1 88 176, 1 88 271 K 6 – EFG 1994, 1003, 1005; ferner **Mösbauer,** Verbindliche Zusagen im Anschluß an eine Außenprüfung, StBp 2000, S. 289 ff..

[86] §§ 204 – 207 AO: Verbindliche Zusage im Anschluß an eine Außenprüfung. Vgl. dazu **Mösbauer,** in: Koch / Scholtz, AO, 5. Aufl., 1996, §§ 204 – 207 AO; ferner **Mösbauer,** Verbindliche Zusagen im Anschluß an eine Außenprüfung, StBp 2000, S. 289 ff..

[87] Verbindliche Zolltarifauskunft.

[88] § 42 e EStG: LSt-Anrufungsauskunft.

[89] Der Begriff des Sachverhalts ist nach zutreffender Auffassung des Hess. FG, Urteil vom 4.3.1996 – 13 K 2101 / 94 – EFG 1996, 903 eng zu fassen. Sachverhalt ist „nicht jedwede Gestaltungsmöglichkeit“, die auch nur entfernt Einfluß auf den Steueranspruch haben kann. Sachverhalte sind vielmehr nur jene Lebensumstände, deren konkrete Ausgestaltung Gegenstand des Gesprächs mit den Finanzbehörden sein sollten.

[90] So zutreffend BMF, Schreiben betr. Auskunft mit Bindungswirkung nach Treu und Glauben (verbindliche Auskunft) vom 24.6.1987 – BMF IV A 5 – S 0430 – 9 / 87 – Steuererlasse (C. H. Beck) Nr. 800, § 204 AO / 1 (i.d.F.v. Okt. 1999); Saarland, Erlaß vom 28.11.1986 – B / II – 268 / 86 – S 0430 A – StEK AO 1977, § 204 AO, Nr. 2; OFD Koblenz, Verfügung vom 30.12.1987 – S 7527 A – St 51 1 / 2 / 3 – StEK UStG 1980, § 12 Abs. 2 Nr. 150 UStG und StEK AO 1977, § 204 AO, Nr. 4; BMF-Schreiben vom 21.2.1990 – IV A 5 – S 0430 – 4 / 90 – BStBl. 1990 I, S. 146; OFD Erfurt, Verfügung vom 28.4.1992 – S 1300 A – 2 – St 2.10 (V) – StEK AO 1977, § 204 AO, Nr. 8.

[91] Vgl. z.B. BFH, Urteil vom 13.12.1989 – X R 208 / 87 – BStBl. 1990 II, 274; BFH, Urteil vom 17.9.1992 – IV R 39 / 90 – BStBl. 1993 II, 219.

[92] Vgl. dazu FG Bremen, Urteil vom 27.1.1994 – 1 88 / 75, 1 88 / 76, 1 88 271 K 6 – EFG 1994, 1005.

besondere Rechtsgrundlage ist für solche Auskünfte nicht erforderlich. Denn sie sind bloße Mitteilungen. Sie sind auch nicht auf unmittelbare Rechtswirkungen nach außen ausgerichtet. Die Auskunftsbefugnis[93] ist Bestandteil der Entscheidungsbefugnis der Finanzbehörde. Dies ist aus § 89 Satz 2 AO unzweideutig zu entnehmen. Die **Berechtigung** zur Auskunftserteilung ist jedoch nicht unbeschränkt. Sie soll nur vermeiden, daß ein Steuerpflichtiger aus Unkenntnis ein Recht verliert. Die optimale Steuerplanung ist nicht Sache der Finanzbehörde, sondern der Steuerberatung. Eine **Verpflichtung** zur Auskunftserteilung besteht regelmäßig nur dort, wo der Gesetzgeber, wie z.B. in § 89 Satz 2 AO, eine solche vorgeschrieben[94] hat. In Einzelfällen kann sich eine solche auch aus **Fürsorge**gesichtspunkten ergeben.
Will sich eine Behörde mit einer auf einen Einzelfall ausgerichteten Auskunft einem Steuerpflichtigen gegenüber hinsichtlich ihres künftigen Verhaltens – Tuns, Duldens oder Unterlassens – einseitig **binden,** liegt eine verwaltungsrechtliche Willenserklärung mit hoheitlicher Selbstverpflichtung vor, und damit eine **Zusage.** Das entscheidende Kriterium ist mithin der von der Finanzbehörde klar zum Ausdruck gebrachte Bindungswille. Mit der Zusage wird keine abschließende Entscheidung in der Sache selbst getroffen. Die Zusage ist auch kein Teilsteuerbescheid. Für den Adressaten ist die Zusage **nicht bindend.**
An den verbindlichen Auskünften muß darüberhinaus im Hinblick auf erhebliche steuerliche Auswirkungen – vor allem im Steuerfestsetzungsverfahren – ein besonderes Interesse bestehen. Die verbindliche Auskunft kann aber ebenso auch Fragen des Erhebungsverfahrens betreffen.[95] Sie kann sich z.B. in einer Ankündigung manifestieren, es werde z.B. eine bestimmte Vollstreckungsmaßnahme aufgehoben oder ein Erlaß erfolgen.

aa) Verfahrensrechtliche Voraussetzungen

aaa) Zuständigkeit

Zutreffend verweist die OFD Hannover[96] darauf, daß eine **verbindliche** Auskunft / Zusage „außerhalb“ nur zwischen Partnern eines **konkreten** Steuerrechtsverhältnisses möglich ist.[97] **Zuständig** für die Erteilung einer solchen Auskunft kann demnach auch nur dasjenige Finanzamt sein, das im Falle der Verwirklichung des konkreten Lebenssachverhalts für das Veranlagungs- oder Feststellungsverfahren – augenblicklich oder künftig[98] – zuständig wäre.[99] In besonderen Fällen kann es veranlaßt sein, daß sich das künftig zuständige Finanzamt mit dem augenblicklich zuständigen abstimmt. Es handelt sich hier um eine fiktive Zuständigkeit, die verhindern soll, daß sich der Steuerpflichtige die Zusagebehörde aussucht.

---

[93] AEAO (i.d.F. BMF – Schr. v. 14.2.2000 – BStBl. 2000 I, S. 190, ber. S. 435) zu § 89 AO, Nr. 3 Satz 2: Die Erteilung von Auskünften **materieller** Art ist den Finanzbehörden **gestattet;** ein Anspruch hierauf besteht nicht.
[94] AEAO (i.d.F. BMF – Schr. v. 14.2.2000 – BStBl. 2000 I, S. 190, ber. S. 435) zu § 89 AO, Nr. 3 Satz 1 weist in diesem Zusammenhang zutreffend darauf hin, daß unter Auskünften i.S.d. § 89 Satz 2 AO solche über das **Verfahren** (z.B. Fristberechnung, Wiedereinsetzung in den vorigen Stand, Aussetzung der Vollziehung) gemeint sind.
[95] Vgl. dazu z.B. auch **Buciek,** Bindende Erklärungen der Finanzverwaltung, DStZ 1999, S. 389, bes. S. 391 (Abschn. III).
[96] OFD Hannover, Verfügung betr. Auskunft mit Bindungswirkung nach Treu und Glauben vom 29.3.1993 – OFD Hannover – S 0430 – 3 – StH 321 / S 0430 – 7 – StO 421 – Steuererlasse (C. H. Beck) Nr. 800, § 204 AO / 2 (i.d.F.v. Okt. 1999).
[97] Bestätigend auch BFH, Urteil vom 9.8.1989 – I R 181 / 85 – BStBl. 1989 II, 990.
[98] Z.B. im Falle der Neugründung einer Gesellschaft oder der Aufnahme einer Tätigkeit mit gleichzeitigem Wohnsitzwechsel oder Beibehaltung des bisherigen Wohnsitzes, aber Verwirklichung des konkreten Lebenssachverhaltes im Zuständigkeitsbereich eines anderen FA im Rahmen einer gesonderten Feststellung.
[99] Vgl. dazu BFH, Urteil vom 13.12.1989 – X R 208 / 87 – BStBl. 1990 II, 274, 276; BFH, Urteil vom 22.4.1998 – X R 4 / 95 – BFH / NV 1998, 1221, 1222; **Buciek,** Bindende Erklärungen der Finanzverwaltung, DStZ 1999, S. 389, 391 (Abschn. III 1a).

Der OFD Hannover ist hier aber mit § 17 Abs. 2 FVG entgegenzuhalten, daß eine **OFD** oder ein **Landesfinanzministerium** für die Erteilung einer verbindlichen Auskunft – für und gegen ihre Unterbehörden – nicht nur „grundsätzlich nicht zuständig" ist, sondern überhaupt **nicht.**[100]
Zuständig für die Erteilung einer Auskunft z.B. im Falle einer **Betriebsaufspaltung** ist das Finanzamt, in dessen Bereich sich die unmittelbaren steuerlichen Auswirkungen zeigen. Dies kann das für das Besitzunternehmen aber auch das für das Betriebsunternehmen zuständige Finanzamt sein.
Die **Bindungswirkung** nach **Treu und Glauben**[101] tritt nur dann ein, wenn die Auskunft von dem im Zeitpunkt der Auskunfterteilung zuständigen Beamten erteilt wurde. Es muß also derjenige **Bedienstete** tätig geworden sein, der in solchen Fällen zur Vertretung des Finanzamts berufen und **befugt** war. Über die Befugnis entscheidet der Umfang des abschließenden Zeichnungsrechts.[102] An diesem Erfordernis scheitert regelmäßig die Bindungswirkung der Erklärung eines Außenprüfers; es sei denn, es läge eine veranlagende Außenprüfung vor.[103] Es hat zur Folge, daß das Zeichnungsrecht die Verbindlichkeit der Erklärung eines **Sachgebietsleiters** auf die Verfahren seines Sachgebietes beschränkt[104], während der **Vorsteher** verbindliche Erklärungen für sein gesamtes Amt abgeben kann. Ein **Sachbearbeiter** besitzt i.d.R. keine Berechtigung zur Abgabe verbindlicher Erklärungen.[105] Guter Glaube eines Steuerpflichtigen an eine vermeintliche Berechtigung eines Erklärenden ist nicht ausreichend.[106] Er muß sich vergewissern, ob der Handelnde im Zeitpunkt der Zusage Vertretungsbefugnis besitzt.
Entscheidend ist auf die **tatsächliche** Zuständigkeit im Zeitpunkt der Abgabe der verbindlichen Erklärung abzustellen. Ein nachträglicher Zuständigkeitswechsel ist irrelevant. Das bedeutet, daß eine einmal verbindliche Erklärung auch bei Zuständigkeitswechsel verbindlich bleibt, während eine unverbindliche Erklärung auch durch Zuständigkeitswechsel nicht zu einer verbindlichen erstarken kann.[107] Diese Überlegungen haben ihre Berechtigung darin, daß die Befugnis der Finanzbehörden, Zusagen zu erteilen, unbestritten ein Annex der Regelungsbefugnis ist.[108] Eine Pflicht zur Erteilung existiert nicht. Die Erteilung der Auskunft

---

[100] Vgl. dazu FG Baden – Württemberg / Stuttgart, Urteil vom 21.2.1990 – V K 98 / 89 – EFG 1990, 454; FG Düsseldorf, Urteil vom 23.11.1983 – III 321 / 80 – EFG 1984, 409; a.A. FG Rheinland – Pfalz, Urteil vom 12.12 1995 – 2 K 2904 / 94 – EFG 1997, 328; FG Düsseldorf, Urteil vom 15.11.1995 – 5 K 6793 / 93 U – EFG 1996, 627. Vgl. ferner BFH, Urteil vom 27.1.1993 – IX R 269 / 87 – BStBl. 1994 II, 615, 619; BFH, Beschluß vom 2.7.1996 – V B 21 / 96 – BFH / NV 1997, 163; **Tipke / Kruse,** AO / FGO, § 4 AO, Tz. 4; **Buciek,** Bindende Erklärungen der Finanzverwaltung, DStZ 1999, S. 389, 391 f. (Abschn. III 1 b).

[101] Der BFH leitet die dogmatische Grundlage für die Bindungswirkung aus Treu und Glauben ab. Vgl. z.B. BFH, Urteil vom 17.9.1992 – IV R 39 / 90 – BStBl. 1993 II, 218, 219; BFH, Urteil vom 22.8.1990 – III R 27 / 88 – BFH / NV 1991, 572. In der Literatur wird gelegentlich die Auffassung vertreten, die Auskunft sei ein Verwaltungsakt und erlange daraus die Grundlage der Bindung. Vgl. z.B. **Tipke / Kruse,** AO / FGO, vor § 204 AO, Tz. 13; **Sauer,** in: Beermann, Steuerliches Verfahrensrecht, vor § 204 AO, Rz. 27.

[102] Bestätigend auch BFH, Urteil vom 13.12.1989 – X R 208 / 87 – BStBl. 1990 II, 274, 276; BFH, Urteil vom 19.6.1975 – VIII R 225 / 72 – BStBl. 1976 II, 97; BFH, Urteil vom 22.4.1998 – X R 4 / 95 – BFH / NV 1998, 1221, 1222.

[103] Vgl. dazu BFH, Urteil vom 23.5.1991 – V R 1 / 88 – BFH / NV 1991, 846.

[104] Dazu BFH, Urteil vom 13.12.1989 – X R 208 / 87 – BStBl. 1990 II, 274, 276.

[105] Dazu vgl. BFH, Urteil vom 19.6.1975 – VIII R 225 / 72 – BStBl. 1976 II, 97, 99; BFH, Urteil vom 26.11.1997 – III R 109 /93 – BFH / NV 1998, 808; BFH, Urteil vom 22.4.1998 – X R 4 / 95 – BFH / NV 1998, 1221, 1222.

[106] Vgl. dazu BFH, Urteil vom 14.7.1992 – IX R 116 / 88 – BFH / NV 1993, 99.

[107] Vgl. BFH, Urteil vom 13.12.1989 – X R 208 / 87 – BStBl. 1990 II, 274, 276. Zum Sonderfall der Bindung an Erklärungen von DDR-Behörden vgl. FG Brandenburg, Urteil vom 21.9.1993 – 1 K 198 / 93 SR – EFG 1994, 154.

[108] Vgl. dazu auch BdF, Schreiben vom 21.2.1990 – IV A 5 – S 0430 – 4 / 90 – BStBl. 1990 I, S. 146.

ist vielmehr nach § 5 AO dem pflichtgemäßen Ermessen[109] der zuständigen Finanzbehörde anheimgegeben.
Besondere Probleme entstehen dann, wenn eine Auskunft von einem **Sachbearbeiter** erteilt worden ist. Denn der durchschnittliche Steuerpflichtige kennt regelmäßig das Phänomen „abschließendes Zeichnungsrecht" nicht.[110] Es ist für ihn „schlicht eine Glücksfrage"[111], an welchen Bediensteten er geraten ist, und ob dieser vielleicht sogar sein Zeichnungsrecht überschritten[112] hat. Woher soll ein durchschnittlicher Steuerpflichtiger wissen, daß Zusagen nach § 22 Abs. 1 Nr. 2 Buchst. a FAGO vom 2.12.1985[113] nur durch Sachgebietsleiter erteilt werden dürfen; und daß sich der Sachbearbeiter zu etwas verpflichtet, was ihn schließlich zu nichts verpflichtet.

bbb) Darstellung des Sachverhalts

Die Erteilung einer verbindlichen Auskunft setzt ferner voraus, daß der – ernsthaft – **geplante[114] Sachverhalt** „genau bestimmt", „umfassend" und „in sich abgeschlossen" dargestellt wird.[115] Nur so vermag das FA bei Erteilung der Auskunft zu erkennen, ob es sich um Rechtsfragen aus einem bereits **abgeschlossenen** Sachverhalt handelt. Denn diese können nur noch Gegenstand eines Veranlagungs- oder Feststellungsverfahrens sein. Sie können ebenfalls nicht mehr auf zutreffende[116] **Dispositionen** ausgerichtet sein.
Ferner müssen vorbereitende Maßnahmen die **Ernsthaftigkeit** der **Planung** dartun. Die Planung braucht aber nicht auf die erstmalige Gestaltung eines Sachverhalts ausgerichtet zu sein. Es reicht aus, wenn sie auf die künftige Um-Gestaltung eines bereits gegebenen (möglichen Dauer-) Sachverhalts ausgerichtet ist.
Die **umfassende** Darstellung des Sachverhalts muß eigene Ermittlungen des Finanzamts regelmäßig entbehrlich machen.
Das Gebot der **genau bestimmten** Darstellung des Sachverhalts verbietet eine alternativ gestaltete Darstellung des Inhalts, daß „der Steuerpflichtige in zeitlichen Abständen Anträge auf Auskunftserteilung in jeweils abgewandelter Form stellt"[117].

ccc) Besonderes steuerliches Interesse

---

[109] Dazu vgl. AEAO (i.d.F. BMF – Schr. v. 14.2.2000 – BStBl. 2000 I, S. 190, ber. S. 435) zu § 5 AO, Nr. 1: Bei der Ausübung des Ermessens sind nicht nur die in einzelnen gesetzlichen Bestimmungen vorgeschriebenen Voraussetzungen, sondern auch die Grundsätze der Gleichmäßigkeit der Besteuerung, der Verhältnismäßigkeit der Mittel, der Erforderlichkeit, der Zumutbarkeit, der Billigkeit und von Treu und Glauben sowie das Willkürverbot und das Übermaßverbot zu beachten. Verwaltungsvorschriften, die die Ausübung des Ermessens regeln, sind für die Finanzbehörden bindend.

[110] So auch **Tipke / Kruse,** AO / FGO, vor § 204 AO, Tz. 11.

[111] **Buciek,** Bindende Erklärungen der Finanzverwaltung, DStZ 1999, S. 389 ff., bes. S. 393.

[112] Zumal ein solches Überschreiten weder ein Nichtigkeitsgrund (BFH, Urteil vom 14.7.1992 – IX R 116 / 88 – BFH / NV 1993, 99) noch ein Rücknahmegrund (**Tipke / Kruse,** AO / FGO, § 130 AO, Tz. 5) ist.

[113] BStBl. 1985 I, 685, 690.

[114] Hinsichtlich eines bereits **verwirklichten** Sachverhalts kann die Erteilung einer Auskunft **nicht** in Betracht kommen. So auch Hess. FG, Urteil vom 3.3.1996 – 13 K 2101 / 94 – EFG 1996, 903. Es hält es zutreffend für erforderlich, daß die Zusage **vor** Verwirklichung des zu beurteilenden Sachverhalts gegeben wird. Im gleichen Sinne BFH, Beschluß vom 19.11.1985 – VIII R 25 / 85 – BStBl. 1986 II, 520.

[115] OFD Hannover, Verfügung betr. Auskunft mit Bindungswirkung nach Treu und Glauben vom 29.3.1993 – OFD Hannover S 0430 – 3 – StH 321 / S 0430 – 7 – StO 421 – Steuererlasse (C. H. Beck) Nr. 800, § 204 AO / 2, Nr. 1.2 (i.d.F.v. Okt. 1999).

[116] Die vor Verwirklichung des zu beurteilenden Sachverhalts gegebene Zusage muß „ursächlich für die Sachverhaltsverwirklichung" gewesen sein. So zutreffend Hess. FG, Urteil vom 4.3.1996 – 13 K 2101 / 94 – EFG 1996, 903.

[117] OFD Hannover, Verfügung betr. Auskunft mit Bindungswirkung nach Treu und Glauben vom 29.3.1993 – OFD Hannover S 0430 – 3 – StH 321 / S 0430 – 7 – StO 421 – Steuererlasse (C. H. Beck) Nr. 800, § 204 AO / 2, Nr. 1.2.2. (i.d.F.v. Okt. 1999).

Die Erteilung einer verbindlichen Auskunft / Zusage setzt ferner voraus, daß der Antragsteller an der steuerlichen Beurteilung eines geplanten Sachverhalts wegen erheblicher steuerlicher Auswirkungen ein **besonderes steuerliches Interesse** besitzt. Das für das FA nachvollziehbare Interesse darf sich nicht auf die Erzielung von Steuervorteilen, z.B. durch Überprüfung von Steuersparmodellen[118] oder Feststellung von Grenzpunkten für einen Gestaltungsmißbrauch (§ 42 AO)[119], beziehen. Die Erteilung muß dem Dispositionsschutz des Steuerpflichtigen dienen. Sie darf nur auf ein künftiges rechtmäßiges Verhalten ausgerichtet sein.

ddd) Konkret formulierte Rechtsfrage

Die Erteilung einer verbindlichen Auskunft erfordert ferner, daß der **Antrag**steller unter Darlegung des eigenen Rechtsstandpunkts seine **Rechtsfrage konkret formuliert.** Es muß das **Begehren** des Steuerpflichtigen klar erkennbar werden, die Erteilung einer verbindlichen Auskunft zu erlangen. Begehrt z.B. ein Steuerpflichtiger, das Finanzamt möge „seine Gedankengänge überprüfen und ihm seine Ansicht über ... mitteilen“[120], so kann diese Bitte nur als unverbindliche Auskunft gesehen werden. Die Finanzbehörde braucht sich nicht zu einem abstrakten Sachverhalt zu äußern. Globale Rechtsfragen oder gar alternativ gestellte Fragen vermögen kein Zusageinteresse zu begründen.

eee) Formerfordernis

Auskünfte können auch formlos erteilt werden. Sie können auf eine **einzelne** Anfrage, aber auch **generell** erteilt werden. Die Vermeidung von Beweisschwierigkeiten empfiehlt es, sowohl den Antrag auf Erteilung einer verbindlichen Auskunft, als auch die Auskunft selbst, **schriftlich** abzufassen. Die Schriftform – der zugesagten Entscheidung – ist aber **keine** Voraussetzung der Bindungswirkung nach Treu und Glauben.[121] Sie läßt sich auch nicht sinngemäß aus § 205 Abs. 1 AO ableiten.[122] Daher können Anträge auf Erteilung verbindlicher Auskünfte auch **mündlich** oder **fernmündlich** gestellt werden. Gleichwohl verfügte die OFD Hannover[123], „bei mündlichen und fernmündlichen Anfragen äußerst zurückhaltend zu sein und **stets auf die Unverbindlichkeit der Antwort hinzuweisen“.**
Im gleichen Sinne argumentiert der BFH st.Rspr., wenn er feststellt, im Falle einer nur mündlichen Äußerung spräche eine Vermutung gegen den Rechtsbindungswillen der

---

[118] ... via Verlustzuweisungsgesellschaften, Bauherrengemeinschaften, Erwerbergemeinschaften. Bei ihnen handelt es sich häufig um Anlagemodelle, „bei denen ernstliche Zweifel daran bestehen, ob das Unternehmen infolge von extrem hohen Anlaufkosten und spekulativen Ertragserwartungen jemals in die Gewinnzone gelangen wird“. So zutreffend OFD Hannover, Verfügung betr. Auskunft mit Bindungswirkung nach Treu und Glauben vom 29.3.1993 – OFD Hannover S 0430 – 3 – StH 321 / S 0430 – 7 – StO 421 – Steuererlasse (C. H. Beck) Nr. 800, § 204 AO / 2, Nr. 1.3.2. (i.d.F.v. Okt. 1999).

[119] Zu denken ist hier z.B. an die Rechtsfrage, ob eine Pensionszahlung an einen Gesellschafter an Stelle laufender Bezüge eine verdeckte Gewinnausschüttung i.S.d. § 8 Abs. 3 Satz 2 KStG oder eine andere Ausschüttung i.S.d. § 27 Abs. 3 Satz 2 KStG darstellt. Gedacht werden könnte aber auch an die Rechtsfrage, ob eine erteilte Pensionszusage der Höhe nach angemessen ist. Vgl. dazu auch BFH, Urteil vom 22.1.1992 – I R 20 / 91 – BFH / NV 1992, 562. Hier fehlt es an einem besonderen steuerlichen Interesse für die Erteilung einer Auskunft.

[120] BFH, Urteil vom 17.9.1992 – IV R 39 / 90 – BStBl. 1993 II, 218.

[121] BFH, Urteil vom 9.5.1967 – II 176 / 63 – BStBl. 1967 III, 522. BFH, Urteil vom 22.4.1998 – X R 4 / 95 – BFH / NV 1998, 1221, 1222; ferner BFH, Urteil vom 13.12.1988 – X R 208 / 87 – BStBl. 1990 II, 274, 276; BFH, Urteil vom 26.11.1997 – III R 109 / 93 – BFH / NV 1998, 808.

[122] Vgl. dazu **Mösbauer,** Verbindliche Zusagen im Anschluß an eine Außenprüfung, StBp 2000, S. 289 ff..

[123] OFD Hannover, Verfügung betr. Auskunft mit Bindungswirkung nach Treu und Glauben vom 29.3.1993 – OFD Hannover S 0430 – 3 – StH 321 / S 0430 – 7 – StO 421 – Steuererlasse (C. H. Beck) Nr. 800, § 204 AO / 2, Nr. 1.5.1. (i.d.F.v. Okt. 1999).

Finanzbehörde. Diese Passage der Verfügung der OFD Hannover dürfte rechtlich aber ebenso bedenklich sein wie die Passage: „Sofern die Auskunft von einem ... nicht entscheidungsbefugten Beamten erteilt wird, ... ist auch hierauf hinzuweisen.“ Es stellt sich hier überhaupt die Frage, wie man einen nicht entscheidungsbefugten Beamten überhaupt eine Auskunft erteilen lassen kann.

Andererseits dürfte wohl auch die Feststellung von Buciek[124] zu weit gehen, der allein darauf abstellen will, ob der Erklärungsempfänger[125] die Erklärung als verbindlich verstehen durfte; wenngleich er auch bloße Absichtserklärungen[126], Erklärungen unter Einschränkungen und Erklärungen unter Vorbehalt[127] aus dem Kreis der verbindlichen Erklärungen wieder ausgeschlossen haben will.

In jedem Falle sollte der Steuerpflichtige um eine schriftliche Erteilung der Zusage bemüht sein. Denn im anderen Falle gehen sämtliche Zweifel an dem Inhalt und der Verbindlichkeit der Zusage zu seinen Lasten. Er allein trägt die objektive Beweislast.

bb) Rechtsbehelfe

aaa) Ablehnung des Antrags auf Erteilung einer verbindlichen Auskunft / Zusage

Die **Ablehnung** des Antrags auf Erteilung einer verbindlichen Auskunft, z.B. wegen Fehlens der formellen Voraussetzungen oder wegen einer bevorstehenden gesetzlichen Regelung, höchstrichterlichen Entscheidung oder Verwaltungsanweisung, ist ein **Verwaltungsakt.**[128] Gegen die Ablehnung ist nach § 347 Abs. 1 Satz 1 Nr. 1 AO der **Einspruch** statthaft.[129]

bbb) Erteilung einer verbindlichen Auskunft / Zusage

Die antragsgemäße **Erteilung** einer verbindlichen Auskunft ist **kein** Verwaltungsakt. Denn sie stellt keine auf unmittelbare Rechtswirkung nach außen gerichtete Regelung dar.[130] Gleichwohl besteht eine Amtspflicht i.S.d. Art. 34 GG, § 839 BGB zu richtiger, unmißverständlicher und vollständiger Auskunft.

Dies bedeutet: Gegen die Erteilung besteht **keine** Rechtsbehelfsmöglichkeit.[131] Diese Differenzierung ist deshalb vertretbar, da die Auskunft für den Steuerpflichtigen noch keine Verpflichtung begründet.Warum sie dann an §§ 155 ff. AO und §§ 204 ff AO partizipieren sollte, ist nicht einsichtig.

Denkbar ist auch die Modalität, daß eine verbindliche Auskunft erteilt wird, deren Inhalt aber von dem abweicht, den der Antragsteller begehrt hat. Dies ist insbesondere dann der Fall, wenn die Rechtsstandpunkte des Antragstellers und des Finanzamts nicht übereinstimmen.

Auch diese antragsabweichende **Erteilung** einer verbindlichen Auskunft ist **kein** Verwaltungsakt. Denn auch sie stellt keine auf unmittelbare Rechtswirkung nach außen gerichtete Regelung dar.

---

[124] **Buciek,** Bindende Erklärungen der Finanzverwaltung, DStZ 1999, S. 389, bes. S. 392 (Abschn. III 1 c).

[125] Sc.l. der Steuerpflichtige oder der steuerliche Berater. Dazu vgl. FG Baden – Württemberg / Stuttgart, Beschluß vom 10.9.1991 – 12 V 9 / 91 – EFG 1992, 105.

[126] BFH, Urteil vom 14.9.1994 – I R 125 / 93 – BFH / NV 1995, 369, 370.

[127] BFH, Urteil vom 17.9.1992 – IV R 39 / 90 – BStBl. 1993 II, 218.

[128] BFH, Urteil vom 16.12.1987 – I R 66 / 84 – BFH / NV 1988, 319; OFD Hannover, Verfügung betr. Auskunft mit Bindungswirkung nach Treu und Glauben vom 29.3.1993 – OFD Hannover S 0430 – 3 – StH 321 / S 0430 – 7 – StO 421 – Steuererlasse (C. H. Beck) Nr. 800, § 204 AO / 2, Nr. 2.1. (i.d.F.v. Okt. 1999).

[129] Vgl. dazu auch AEAO (i.d.F. BMF – Schr. v. 14.2.2000 – BStBl. 2000 I, S. 190, ber. S. 435) zu § 347 AO, Nr. 1 Satz 2 Alt. 2.

[130] BFH, Urteil vom 13.12.1989 – X R 208 / 87 – BStBl. 1990 II, 274, 275; BFH, Urteil vom 1.2.1973 – IV R 1 / 72 – BStBl. 1973 II, 533.

[131] Vgl. dazu OFD Koblenz, Verfügung vom 12.2.1990 – S 0111 A – St 53 1 – StEK AO 1977, § 204 AO, Nr. 5.

Dies bedeutet: Auch gegen die antragsabweichende Auskunft besteht **keine** Rechtsbehelfsmöglichkeit[132].

cc) Bindungswirkung

Die Erteilung der verbindlichen Auskunft führt für das die Auskunft erteilende Finanzamt nach **Treu und Glauben** – einseitig[133] – zu einer – eigenständigen[134] – **Bindung**swirkung, „wenn der Steuerpflichtige die von der Auskunft abhängig gemachte **Disposition** getroffen hat", die er im nachhinein nicht ohne Schaden[135] rückgängig machen kann.[136] Es kann sich bei ihr um die Wahl oder Unterlassung einer bestimmten materiell-rechtlich bedeutsamen Gestaltung ebenso handeln wie um die Aufgabe[137] einer günstigen verfahrensrechtlichen Position[138].

Der Vertrauenstatbestand zugunsten des Steuerpflichtigen wird aber nur geschaffen, wenn die Auskunft **vor** der Verwirklichung des Sachverhalts, auf den sie sich bezieht[139], erteilt worden ist. Außerdem muß die Auskunft **ursächlich** für die Verwirklichung gerade dieses[140] Sachverhalts gewesen sein.[141] Dies gilt auch für den Fall einer **gesetzwidrigen** Auskunft; es sei denn, der Steuerpflichtige hätte die Gesetzwidrigkeit erkannt oder hätte sie zumindest erkennen können.[142]

Das Finanzamt kann im Rahmen des Veranlagungs- oder Feststellungsverfahrens zugunsten des Steuerpflichtigen **abweichen,** wenn es nachträglich erkennt, daß die erteilte Auskunft unzutreffend war.

Die Bindungswirkung einer verbindlichen Auskunft erstreckt sich regelmäßig auf die **erstmalige Steuerfestsetzung.** Sie kann auch für **spätere Änderungen** gelten. Erstreckt sie sich auf einen **Dauersachverhalt,** so ist sie begrenzt, wenn sich eine solche Begrenzung aus der Erteilung der verbindlichen Auskunft ergibt, die Bindungswirkung widerrufen wird oder eine Änderung der Rechtsvorschriften, auf denen die Auskunft beruht, eine Begrenzung bewirkt.

Dem Steuerpflichtigen, der sich auf eine Bindungswirkung beruft, obliegt die objektive Beweislast für die Feststellung.[143]

dd) Vertrauen auf jahrzehntelange (rechtswidrige) Veranlagungspraxis?

---

[132] FG Berlin, Urteil vom 7.5.1991 – V 404 / 88 – EFG 1991, 713.

[133] Vgl. dazu **Tipke / Kruse,** AO / FGO, vor § 204 AO, Tz. 15.

[134] Dazu **Buciek,** Bindende Erklärungen der Finanzverwaltung, DStZ 1999, S. 389, bes. S. 394 (Abschn. III 2 d).

[135] Vgl. in diesem Zusammenhang BFH, Urteil vom 19.11.1985 – VIII R 25 / 85 – BStBl. 1986 II, 520; BFH, Beschluß vom 26.6.1992 – III B 72 / 91 – BFH / NV 1992, 722; Hess. FG, Urteil vom 4.3.1996 – 13 K 2101 / 94 – EFG 1996, 903; ergänzend BFH, Urteil vom 9.5.1967 – II 176 / 63 – BStBl. 1967 III, 522.

[136] BFH, Urteil vom 10.4.1991 – XI R 25 / 89 – BFH / NV 1991, 720; BFH, Urteil vom 14.9.1994 – I R 125 / 93 – BFH / NV 1995, 369.

[137] Z.B. Zustimmung der Beendigung eines Klageverfahrens vor dem Finanzgericht, oder Rücknahme eines Einspruchs.

[138] Vgl. dazu BFH, Urteil vom 29.10.1987 – X R 1 / 80 – BStBl. 1988 II, 121; BFH, Urteil vom 22.8.1990 – III R 27 / 88 – BFH / NV 1991, 572.

[139] Sog. Sachverhaltsidentität.

[140] ... nicht auch eines „Folgesachverhalts".

[141] Vgl. BFH, Urteil vom 13.12.1989 – X R 208 / 87 – BStBl. 1990 II, 274; BFH, Urteil vom 29.10.1987 – X R 1 / 80 – BStBl. 1988 II, 121; BFH, Urteil vom 22.8.1990 – III R 27 / 88 – BFH / NV 1991, 572.

[142] Vgl. BFH, Urteil vom 9.5.1967 – II 176 / 63 – BStBl. 1967 II, 522; BFH, Urteil vom 13.12.1989 – X R 208 / 87 – BStBl. 1990 II, 274; a.A. FG Bremen, Urteil vom 11.9.1990 – II 205 / 88 K – EFG 1991, 231. So auch **Buciek,** Bindende Erklärungen der Finanzverwaltung, DStZ 1999, S. 389, bes. S. 392 (Abschn. III 1 e).

[143] Dazu BFH, Urteil vom 13.12.1989 – X R 208 / 87 – BStBl. 1990 II, 274, 276; BFH, Urteil vom 22.4.1998 – X R 4 / 95 – BFH / NV 1998, 1221, 1222.

Zutreffend weist das FG Bremen[144] darauf hin, daß das Finanzamt auch an eine jahrzehntelange, in mehreren Außenprüfungen nicht beanstandete (rechtswidrige) Veranlagungspraxis **nicht gebunden** ist, da eine solche Praxis keinen Vertrauenstatbestand begründet. Ein Finanzamt ist bei der Durchführung der Besteuerung grundsätzlich nicht[145] an die Auffassung gebunden, die es bei vorhergehenden Veranlagungen vertreten hat. Entscheidungen und Beurteilungen für einen Steuerabschnitt haben keine Bindungswirkung für andere – künftige – Steuerabschnitte. Die Grundsätze von Treu und Glauben verbieten es hier nicht, daß sich ein Finanzamt mit seinem eigenen früheren Verhalten in Widerspruch setzt.

Die Finanzbehörde ist als vollziehende Gewalt nach Art. 20 Abs. 3 GG an Gesetz und Recht gebunden. Art. 20 Abs. 3 GG statuiert damit ein **Abweichungsverbot** dergestalt, daß die Finanzbehörde nicht gegen die geltenden Rechtssätze verstoßen darf.[146] Sie ist vielmehr verpflichtet, die gesetzlich geschuldete Steuer festzusetzen und auch durchzusetzen. Damit statuiert Art. 20 Abs. 3 GG zugleich auch ein **Anwendungsgebot.** Und da darüberhinaus der objektiv-rechtliche Grundrechtsgehalt des Art. 3 Abs. 1 GG der Finanzverwaltung aufgibt, ihre Vollzugspraxis zu vereinheitlichen **(Vereinheitlichungsgebot)** und § 85 Satz 1 AO der Finanzverwaltung den gesetzlichen **Optimierungsauftrag** erteilt, den Fundamentalgrundsätzen der Gesetz- und Gleichmäßigkeit zu entsprechen, ist ein Finanzamt nicht nur berechtigt, sondern auch verpflichtet, sich mit seinem eigenen – als rechtswidrig erkannten – früheren Verhalten in Widerspruch zu setzen.

---

[144] FG Bremen, Urteil vom 27.1.1994 – 1 88 175 / 1 88 176 / 1 88 271 K 6 – EFG 1994, 1003.

[145] Vgl. dazu BFH, Urteil vom 19.11.1985 – VIII R 25 / 85 – BStBl. 1986 II, 520.

[146] So auch **Seer,** in: Tipke / Lang, Steuerrecht, 16. Aufl., 1998, § 22 (S. 786 ff.), Rzn. 1 ff..

E. Rechtsschutz gegen Maßnahmen der steuerlichen Außenprüfung

§ 19 Rechtsschutz[1] gegen Maßnahmen der steuerlichen Außenprüfung

I. Außergerichtlicher und gerichtlicher Rechtsschutz

1. Das öffentlich-rechtliche Verhältnis Staat / Individuum

a) Das öffentlich-rechtliche Verhältnis als Dauerrechtsverhältnis

Das zwischen dem Bürger und dem Staat allgemein bestehende öffentlich-rechtliche Verhältnis erstarkt mehr und mehr zu einem **Dauerrechtsverhältnis.** Dieser Umstand gestattet dem Staat, auch in Zukunft, in vielfältiger Weise in die Rechtssphäre des Individuums einzugreifen. Dies gilt besonders dort, wo sich das öffentlich-rechtliche Dauerrechtsverhältnis durch Tatbestandsverwirklichung – meist nur vorübergehend – zu einem konkret speziellen öffentlich-rechtlichen Individualrechtsverhältnis mit spezifischen Rechten und Pflichten konkretisieren kann, wie z.B. durch Anordnung einer steuerlichen Außenprüfung.[2]

b) Das konkret spezielle öffentlich-rechtliche Individualrechtsverhältnis als Konkretisierungsform des Dauerrechtsverhältnisses

Da das Dauerrechtsverhältnis Staat / Individuum mit dem Eintritt des Individuums in die Gemeinschaft[3], d.h. regelmäßig mit der Geburt, beginnt und mit dem Ausscheiden aus der Gemeinschaft, d.h. regelmäßig mit dem Tode, endet[4], wird man jedes **konkret spezielle öffentlich-rechtliche Individualrechtsverhältnis** zwischen Staat und Individuum als jeweilige Konkretisierungsform[5] des Dauerrechtsverhältnisses zu verstehen haben. Dieses Verständnis hat zur Folge, daß die einzelnen Rechtsverhältnisse nicht mit ihrer Zweckerreichung, z.B. Abschluß der steuerlichen Außenprüfung, enden und erlöschen, sondern mit ihrer Beendigung in das abstrakte generell öffentlich-rechtliche Dauerrechtsverhältnis übergehen, aus dem heraus sie intensiviert erwachsen sind.

c) Das Steuerpflichtverhältnis

Für den Bereich der steuerlichen Außenprüfung bedeutet diese Erkenntnis, daß auch den steuerrechtlichen Beziehungen von Staat und Bürger ein Dauerrechtsverhältnis zugrunde liegt, aus dem heraus sich **gesetzlich**[6] normierte, daher grundsätzlich nicht disponible[7]

---

[1] Vgl. dazu auch **Mösbauer,** Die Haftung für die Steuerschuld, 1990, § 25 XIII, S. 360 ff.; ferner **Finger,** Rechtsbehelfsmöglichkeiten gegen Maßnahmen der Außenprüfung, Teil I, StBp 2002, S. 61 ff.; Teil II, StBp 2002, S. 95 ff..

[2] Dazu vgl. z.B. **Mösbauer,** Materiell-rechliche Folgerungen der Anordnung einer steuerrechtlichen Außenprüfung, StBp 1998, S. 127 ff..

[3] Sie ist nicht auf eine Staats- oder Volksgemeinschaft beschränkt.

[4] So auch **Kruse,** in: Tipke / Kruse, AO, Vorbem. zu §§ 33 – 77 AO.

[5] Vgl. z.B. BFH, Urteil vom 5.3.1968 – II 165 / 64 – BStBl. 1968 II, 416 f..

[6] Gelegentlich beruhen öffentlich-rechtliche Rechte und Pflichten auch auf **Verwaltungsakten;** vgl. z.B. die Vollstreckung in bewegliche Sachen durch Vollziehungsbeamte (§§ 285 ff. AO), die ein öffentlich-rechtliches Verwaltungsverhältnis begründet; seltener auf Vertrag.

[7] Vgl. in diesem Zusammenhang nur den grundrechtsbedingten Primat der Rechtssouveränität vor der Volkssouveränität.

Berechtigungen und Verpflichtungen aufgrund von Tatbestandsverwirklichungen zu öffentlich-rechtlichen Rechten und Pflichten verdichten, die teils dem Bürger, teils dem Staat zustehen bzw. obliegen. Zu denken ist hier vornehmlich an das als öffentlich-rechtliches Schuldverhältnis zu qualifizierende Steuerschuldverhältnis, ungeachtet dessen, ob es durch Ansprüche in bezug auf Steuern, z.B. Steuer-, Haftungs-[8], Erstattungs-, Vergütungs- oder Rückforderungsansprüche, bestimmt ist, oder durch Ansprüche in bezug auf steuerliche Nebenleistungen, z.B. Verspätungszuschläge[9], Zinsen[10], Säumniszuschläge[11], Zwangsgelder[12] oder Kosten[13]. Obgleich Kruse in diesem Zusammenhang von **„Steuerpflichtverhältnis“** sprach[14], bezog auch er neben den Pflichten die Rechte auf Tun, Dulden oder Unterlassen in den Gegenstand des allgemeinen Verwaltungsrechtsverhältnisses mit ein. Er verdeutlichte dies dadurch, daß er das Steuerpflichtverhältnis als „die steuerrechtliche Form des allgemeinen Verwaltungsrechtsverhältnisses“[15] bezeichnete. Dieses Verwaltungsrechtsverhältnis ist auf der einen Seite durch die Interessen der jeweiligen Träger der Finanzverwaltung[16], auf der anderen Seite durch die Interessen der sog. Steuerbürger[17] und der in steuerlicher Hinsicht Nebenleistungspflichtigen[18] gekennzeichnet.

d) Parallelität steuerrechtlicher Beziehungen

Auf das Rechtsschutzbegehren projiziert, bedeutet dies eine **Parallelität steuerrechtlicher Beziehungen** von Rechtssubjekt Bürger und Staat. Sie besteht bei Rechtshängigkeit der Streitsache in den konkret speziellen öffentlich-rechtlichen Individualrechtsverhältnissen des **Verwaltungsverfahrens**[19] und des **Finanzgerichtsverfahrens**[20], die, bei Identität der

---

[8] Dazu vgl. **Mösbauer,** Die Haftung für die Steuerschuld, 1990.

[9] § 152 AO. Dazu vgl. **Mösbauer,** Zur Festsetzung von Verspätungszuschlägen bei Nichterfüllung steuerlicher Erklärungspflichten, BB 1982, S. 1294 ff.; **Mösbauer,** Entschließungs- und Auswahlermessen bei der Festsetzung von Verspätungszuschlägen, DStZ 1983, S. 24 ff.; **Mösbauer,** in: Koch / Scholtz, AO, 5. Aufl., 1996, § 152 AO.

[10] §§ 233 – 237 AO.

[11] § 240 AO.

[12] § 329 AO.

[13] §§ 178, 337 – 345 AO.

[14] **Kruse,** in: Tipke / Kruse, AO, Vorbem. zu §§ 33 – 77 AO.

[15] Vgl. **Kruse,** Steuerrecht I, Allgemeiner Teil, 3. Aufl., 1973, § 11 I (S. 117).

[16] Bund, Länder, Gemeinden, öffentlich-rechtliche Religionsgemeinschaften.

[17] Es ist in diesem Zusammenhang unbeachtlich, durch wen die Interessen der sog. Steuerbürger wahrgenommen werden. Vgl. dazu z.B. § 11 SalzStG, wonach der Hersteller von steuerbarem Salz zur Erfüllung seiner steuerlichen Verpflichtungen einen Betriebsleiter bestellen kann.

[18] Dazu § 3 Abs. 4 AO – neugef. durch G v. 20.12.2001 – BGBl. 2001 I, S. 3794.

[19] Dazu **Rupp,** Grundfragen der heutigen Verwaltungsrechtslehre, 1965, S. 15.

[20] Für den verfahrensrechtlichen Begriff „Rechtsschutz“ kann demnach nicht sein abstrakter Begriffsinhalt maßgebend sein, sondern nur seine Bedeutung für die FGO. Dies schließt, über eine erfreuliche Abkehr von einem Normenidealismus, jegliche formalistische Bindung aus und verweist auf die dynamisch aufzufassenden inneren Zusammenhänge, die auch bei einem an sich klaren Gesetzeswortlaut unter zeitlichen sowie erkenntnismäßigen Aspekten erscheinen. Denn Recht ist niemals statisch. Recht ist nach zutreffender Feststellung von **Larenz** immer nur die jeweils in einer bestimmten Rechtsgemeinschaft als verbindlich gewußte Ordnung menschlichen Zusammenlebens unter der Anforderung der Gerechtigkeit. Dieser Feststellung liegt auch die Erkenntnis zugrunde, daß die dem Recht vorgegebenen Wirklichkeiten zu verschiedenen Zeiten durch verschiedene Rechtsordnungen unterschiedliche rechtliche Regelungen erfahren haben. Hier drängt sich förmlich der bereits vor einem halben Jahrhundert von **Berger** getroffene Hinweis auf jene wechselvolle staatspolitische und staatsrechtliche Entwicklung auf, in deren Strudel das Rechtsgebiet des Steuerprozesses in besonderer Weise geraten ist. Vgl. in diesem Zusammenhang auch **Friedlaender,** Die wirtschaftliche Betrachtungsweise im Steuerrecht, NJW 1956, S. 1049; **Somlo,** Juristische Grundlehre, S. 382; **Kruse,** Was kann im Steuerrecht unter „folgerichtiger Entscheidung“ verstanden werden?, StuW 1958, Sp.170; **Larenz,** Methodenlehre der Rechtswissenschaft, 3. Aufl., S. 233; **Heinrich,** Wandlungen im Rechtsverständnis, DRiZ 1977, S. 2; **Berger,** Der Steuerprozeß, 1954, S. V.

Beteiligten[21], einerseits durch ein **verwaltungsrechtliches Über- und Unterordnungsverhältnis**[22], andererseits durch ein **prozeßrechtliches Gleichordnungsverhältnis** derselben Beteiligten gekennzeichnet sind. Gemeinsam ist beiden Verfahren, daß sie auch den hoheitlich handelnden Staat, als Rechtssubjekt, seiner eigenen Rechtsordnung , und damit etwaigen subjektiven Rechten des Klägers, verpflichten.

2. Individualrechtsschutz und Verwaltungskontrolle

a) Lückenloser verfahrens- und materiellrechtlicher Rechtsschutz

Nach Art. 19 Abs. 4 Satz 1 GG steht jedem, der durch die öffentliche Gewalt[23] in seinen Rechten verletzt wird, der **Rechtsweg**[24] offen. Dieses Bekenntnis zu einem lückenlosen **verfahrensrechtlichen** Individualrechtsschutz[25] als Voraussetzung einer gerechten Rechtsordnung[26] stellt das überragende Pendant zu Art.2 Abs. 1 GG dar, der den lückenlosen verfahrensrechtlichen Rechtsschutz durch einen lückenlosen **materiell-rechtlichen** Rechtsschutz ergänzt. Da Sinn und Wesen der Grundrechte vornehmlich darin bestehen, die Rechtssphäre des Individuums gegenüber dem Staat zu erhalten und abzusichern[27], kann, unter verfassungsrechtlichem Aspekt, das Rechtsschutzbegehren nur das Begehren um Schutz dieser gefährdeten oder beeinträchtigten rechtlichen Individualsphäre sein.
Aus Art. 19 Abs. 4 Satz 1 GG entnimmt das Rechtsschutzbegehren als Endzweck die Erhaltung und Absicherung jenes lückenlosen verfahrensrechtlichen Individualrechtsschutzes, aus Art. 2 Abs. 1 GG demgegenüber die Erhaltung und Absicherung eines lückenlosen materiellrechtlichen Individualrechtsschutzes. Den Beweis hierfür erbringt u.a. bereits der Schriftliche Bericht des Rechtsausschusses (12. Ausschuß) über den FGO-Entwurf[28]. Er

---

[21] Vgl. §§ 78 AO / 57 FGO.

[22] Vgl. dazu §§ 132 AO, 68, 123 Satz 2, 127, 138 Abs. 2 FGO, wonach die beklagte Behörde den angefochtenen Verwaltungsakt auch während eines finanzgerichtlichen Verfahrens noch zurücknehmen oder ändern kann.

[23] Sie wird in concreto regelmäßig durch die Steuerverwaltungsbehörden repräsentiert.

[24] Dies ist sowohl der **außergerichtliche** als auch der **gerichtliche** Rechtsweg. A.A. **Tipke,** Steuerrecht, 10. Aufl., 1985, § 20, S. 608, Abschn. 1. Er reduziert den Rechtsweg auf den Gerichtsweg. Im gleichen Sinne nun auch **Seer,** in: Tipke / Lang, Steuerrecht, 16. Aufl., 1998, § 23 Rzn. 1 u. 6 ff.. Dazu vgl. auch **Schneeloch,** Besteuerung und betriebliche Steuerpolitik, Band 1, 4. Aufl., 2003, S. 45 ff..

[25] In krassem Gegensatz hierzu steht die Feststellung des Niedersächs. FG, Urteil vom 26.11.1992 – XI 374 / 90 – EFG 1993, 429: „Insbesondere ist nicht einsichtig, warum es der Steuerverwaltung bei ihrer Aufgabe, die Steuern richtig und gleichmäßig festzusetzen und zu erheben, untersagt sein sollte, steuerlich bedeutsame Kenntnisse zu verwerten, nur weil sie unter Verletzung relativ unbedeutender Formvorschriften erlangt wurden." Wahrlich ein eigenartiges Verständnis von Rechtskultur! Ist das Buch von **Lamprecht,** Vom Mythos der Unabhängigkeit – Über das Dasein und Sosein der deutschen Richter, 1995 nur ein Zufall. Vgl. dazu die auch nicht „zimperliche" Entgegnung von **Fischer,** Mitglied des gescholtenen BFH, Die richterliche Unabhängigkeit – ein Mythos?, DStZ 1996, S. 262 ff..

[26] Dazu vgl. **Esser,** Vorverständnis und Methodenwahl in der Rechtsfindung, 1970, S. 15. So auch **Tipke,** Steuerrecht, 10. Aufl., 1985, § 20, S. 608, Abschn. I, wenn er feststellte, die Finanzgerichte haben die Gerechtigkeitsfunktion des Steuerrechts im Einzelfall zu sichern.

[27] **Eckhardt,** Das Steuerrecht und die Einheit der Rechtsordnung, StbJb 1961 / 62, S. 84, spricht in diesem Zusammenhang mit Recht von dem „auf materielle Werte bezogenen Rechtsstaatsbegriff als Integrationskern der Rechtsordnung". Vgl. dazu bestätigend: BVerfG, Urteil vom 1.7.1953 – 1 BvL 23 / 51 – BVerfGE 2, 380, bes. 403; BVerfG, Urteil vom 16.1.1957 – 1 BvR 253 / 56 – BVerfGE 6, 32, bes. 40 – 41; BVerfG, Urteil vom 5.3.1958 – 2 BvL 18 / 56 – BVerfGE 7, 282, bes. 302; BVerfG, Beschluß vom 8.1.1959 – 1 BvR 425 / 52 – BVerfGE 9, 83, bes. 87. Vgl. auch **H. Jahrreiss,** in: Mensch und Staat, 1957, S. 126; **E. Forsthoff,** Die Umbildung des Verfassungsgesetzes, in: Festschrift für C. Schmitt, 1959, S. 35 ff.; **Hesse,** Das Grundgesetz in der Entwicklung der Bundesrepublik Deutschland; Aufgabe und Funktion der Verfassung, in: Benda / Maihofer / Vogel, Handbuch des Verfassungsrechts, 1983, S. 9. Vgl. auch **Hesse,** § 1 Verfassung und Verfassungsrecht, in: Benda / Maihofer / Vogel (Hrsg.), Handbuch des Verfassungsrechts, 2. Aufl., 1994, S. 1 ff., bes. S. 13 ff., RdNrn. 26 ff.; zum Justizgewährleistungsanspruch des Art. 19 IV GG vgl. ferner **Seer,** § 23 Rechtsschutz in Steuersachen, in: Tipke / Lang, Steuerrecht, 16. Aufl., 1998, § 23 Rzn. 1 ff. (S. 904 ff.), m.w.N..

[28] Dazu BT-Drucks, IV / 3523, S. 10 zu § 98.

verdeutlicht, daß nach heutiger Auffassung die Aufgabe der Finanzgerichte – auf der Grundlage des Art. 19 Abs. 4 Satz 1 GG – in entscheidender Weise am **Rechtsschutzinteresse** des durch einen Verwaltungsakt Betroffenen ausgerichtet sein muß.[29] Demgemäß kann das Finanzgerichtsverfahren auch nicht mehr zulässigerweise das Bemühen der Finanzbehörde fortsetzen, die zutreffende Steuer zu ermitteln und festzusetzen. Da Art. 19 Abs. 4 Satz 1 GG keine institutionelle Garantie für eine bestimmte Gerichtsbarkeit enthält, gilt die Entscheidung für einen lückenlosen verfahrensrechtlichen Rechtsschutz ebenso für die Finanzgerichtsbarkeit wie für die Verwaltungsgerichtsbarkeit[30]. Diese Wertung veranlaßt zu der Frage, ob wegen der Gleichartigkeit des beiden Gerichtsbarkeiten zugrundeliegenden Prinzips des Individualrechtsschutzes eine rechtsnormative Gleichartigkeit klägerischen Rechtsschutzbgehrens angenommen werden kann.

b) Grundentscheidung über die Stellung der Rechtsprechung zur Verwaltung

Art. 19 Abs. 4 Satz 1 GG beschränkt das Grundverhältnis zwischen Staat und Bürger, das sich im Steuerprozeß als **prozessuales Beteiligtenverhältnis** i.S. des § 57 FGO darstellt, jedoch nicht nur auf den Individualrechtsschutz. Neben ihm enthält Art. 19 Abs. 4 Satz 1 GG „auch eine Grundentscheidung über die Stellung der Rechtsprechung zur Verwaltung“. Danach haben „die Gerichte die Rechtsanwendung der Verwaltungsbehörden zu kontrollieren“[31]. Damit dient das Finanzgerichtsverfahren, wenn auch mit unterschiedlichem Gewicht, einem doppelten Zweck: dem **Individualrechtsschutz** und der **Verwaltungskontrolle**[32] [33].

c) Wertung des Rechtsschutzbegehrens

Im Interesse eines möglichst effizienten Rechtsschutzes ist daher Art. 19 Abs. 4 Satz 1 GG weit auszulegen. Dieser Überzeugung ist auch das BVerfG[34], wenn es aus der von Art. 19 Abs. 4 GG entscheidend geprägten Gesamtansicht des Grundgesetzes vom Verhältnis des einzelnen zum Staat folgert, daß im Zweifel diejenige Interpretation eines Gesetzes den Vorzug verdient, die dem Bürger einen möglichst umfassenden Rechtsschutz gewährt.[35] Diese

---

[29] So im Ergebnis auch BFH, Gutachten vom 17.4.1951 – GrS D 1 / 51 S - BFHE 55, 277, bes. 278 ff..

[30] Zum Rechtsschutz durch die Verwaltungsgerichtsbarkeit vgl. **Ule,** Verwaltungsprozeßrecht, 8. Aufl., 1983, § 1 I 1.

[31] So schon **Maunz / Dürig / Herzog,** Grundgesetz, Art. 19 Abs. IV, Rn. 7. Vgl. dazu **Jesch,** Unbestimmter Rechtsbegriff und Ermessen in rechtstheoretischer und verfassungsrechtlicher Sicht, AöR 82, 236; **Hesse,** Das Grundgesetz in der Entwicklung der Bundesrepublik Deutschland; Aufgabe und Funktion der Verfassung, in: Benda / Maihofer / Vogel, Handbuch des Verfassungsrechts, 1983, S. 9; er spricht zutreffend von „einer den Vorgängern des Grundgesetzes unbekannten Ausweitung der Rechtsprechung, die nunmehr zur gerichtlichen Kontrolle aller Akte der öffentlichen Gewalt“ führte. Vgl. dazu auch **Heyde,** § 33 Rechtsprechung, in: Benda / Maihofer / Vogel (Hrsg.), Handbuch des Verfassungsrechts, 2. Aufl., 1994, S. 1579 ff., RdNrn. 1 ff..

[32] Sie ist im Falle eines durch einen außergerichtlichen Rechtsbehelf vorgetragenen Rechtsschutzbegehrens eine **administrative Selbstkontrolle.**

[33] „Die den Gerichten verliehene Sanktionsbefugnis (Aufhebung von Verwaltungsakten, Verpflichtung zu Verwaltungsakten), verstärkt durch den einstweiligen Rechtsschutz, geht über die üblichen Grenzen der Kontrolle hinaus und läßt die Gerichte nicht selten zur zweiten (dritten, vierten) Verwaltungsinstanz werden, zumal die Gerichte die Kontrollintensität (Kontrolldichte) in letzter Zeit gesteigert haben“ (**Püttner,** Verwaltungslehre, 2. Aufl., 1989, S. 363). Die gerichtlichen Sanktionsbefugnisse gehen darauf zurück, daß man die Finanzgerichtsbarkeit 1965 zwar endgültig aus der Finanzverwaltung herauslöste, ihr aber gleichwohl auch als externer Rechtmäßigkeitskontrolle der Verwaltung die früher verständlichen Sanktionsbefugnisse einer internen Rechtmäßigkeitskontrolle beließ.

[34] BVerfG, Beschluß vom 5.2.1963 – 2 BvR 21 / 60 – BVerfGE 15, 281 f..

[35] Die Gewährung eines möglichst umfassenden Rechtsschutzes darf ihrerseits aber nicht wieder durch eine (über)lange Verfahrensdauer der Steuerprozesse gefährdet werden. Insofern erlangt Art. 6 I EMRK zumindest als allgemeiner Rechtsgrundsatz eines europäischen Rechtsschutzmindeststandards mittelbar Bedeutung. Dies gilt aber nur solange, wie **Verfahrensbeschleunigung nicht** zu einer **Beschränkung des Rechtsschutzes führt.**

Folgerung gilt, wegen der unmittelbaren Bindung[36] der Rechtsprechung an die Vorschrift des Art. 19 Abs. 4 GG, auch für die Finanzgerichte. Die Tatsache, daß Art. 19 Abs. 4 Satz 1 GG **jedem,** der durch die öffentliche Gewalt in seinen Rechten verletzt wird, das subjektiv formelle Grundrecht auf umfassenden lückenlosen Rechtsschutz gewährt, beinhaltet jedoch nicht zugleich eine Gewährung von Rechten selbst. Art. 19 Abs. 4 Satz 1 GG gewährt nicht selbst Schutzrechte[37], er setzt diese vielmehr als existent voraus. Da Art. 19 Abs. 4 GG den Gerichten zugleich die Aufgabe überträgt, im Zusammenhang mit der Gewährung des erstrebten Rechtsschutzes das Handeln der öffentlichen Gewalt in rechtlicher und tatsächlicher Hinsicht auf seine Rechtmäßigkeit nachzuprüfen, erscheint eine Wertung des Rechtsschutzbegehrens auch in dieser Hinsicht als angebracht.[38]

3. Individualrechtsschutz und Gesamtrechtsordnung

a) Schutz vor ungesetzlichem Zwang

Die Gesamtrechtsordnung unterwirft jedes Rechtsschutzbegehren – auch das Begehren der der staatlichen Rechtsschutzfunktion unterworfenen Verwaltung – als ein dem gesamten Prozeßrecht eigentümliches Begehren den Wertbindungen einer freiheitlich demokratischen Grundordnung, die entsprechend der im GG getroffenen verfassungspolitischen Entscheidung auf der Idee beruht, daß der Mensch nach der Schöpfungsordnung einen eigenen selbständigen Wert besitzt.[39] Es ist daher nur zutreffend, wenn der BayVerfGH[40] zu Art. 100 BayVerf. darauf verweist, daß der Mensch als Träger höchster geistig-sittlicher Werte einen sittlichen Eigenwert verkörpert, der unverlierbar und jedem Anspruch der Gemeinschaft, insbesondere allen rechtlichen und politischen Zugriffen des Staates und der Gesellschaft gegenüber, eigenständig und unantastbar ist. Damit wird die **Vermutung zugunsten der rechtlichen Freiheit des Individuums** zur Schranke staatlicher Betätigung, oder umgekehrt: „... die Schranken des Verwaltungsgesetzes“ werden „zugleich als die Freiheit des Bürgers vor dem ungesetzlichen Zwang schützend gedacht“[41]. Dieser Schutz ist aber nicht lediglich eine negative Schranke der staatlichen Betätigung.[42]

b) Partizipation an der Verbindlichkeit und verpflichtenden Kraft der Gesamtrechtsordnung

---

Vgl. in diesem Zusammenhang auch **Mösbauer,** Die abgekürzte Außenprüfung – Beschränkung von Rechtsansprüchen zugunsten der Verfahrensbeschleunigung – StBp 2001, S. 309 ff..

[36] In seinem Gutachten vom 17.4.1951 – GrS D 1 / 51 S – BFHE 55, 277, 278, das sich mit der Abgrenzung der Zuständigkeit der „Steuergerichte“ befaßt, führt der Große Senat des Bundesfinanzhofs die unmittelbare Bindung der Steuergerichte an die Vorschrift des Art. 19 Abs. 4 GG auf Art. 1 Abs. 3 GG zurück, wonach die Grundrechte des Abschnitts I GG die Gesetzgebung, vollziehende Gewalt und Rechtsprechung als unmittelbar geltendes Recht binden.

[37] Schutzrecht kann jede Norm des objektiven Rechts, nicht nur ein Grundrecht, sein.

[38] Vgl. BVerfG, Beschluß vom 5.2.1963 – 2 BvR 21 / 60 – BVerfGE 15, 282; vgl. auch BVerfG, Beschluß vom 10.11.1964 – 2 BvL 14 / 61 – BVerfGE 18, 212: „Der durch Art. 19 Abs. 4 Satz 1 gewährleistete Rechtsweg muß die vollständige Nachprüfung des Aktes der öffentlichen Gewalt in rechtlicher und tatsächlicher Hinsicht durch ein Gericht ermöglichen.“

[39] Vgl. z.B. BVerfG, Urteil vom 23.10.1952 – 1 BvB 1 / 51 – BVerfGE 2,1 bes. 12.

[40] Vgl. BayVerfGH, Entscheidung vom 22.3.1948 – Verf 32 – VI 47 – Verw.Rspr. 1,1,bes. 3 f..

[41] **Rupp,** Grundfragen der heutigen Verwaltungsrechtslehre, 1965, S. 107.

[42] So im Ergebnis auch BVerfG, Beschluß vom 12.11.1958 – 2 BvL 4, 26, 40 / 56, 1, 7 / 57 – BVerfGE 8, 274.

Die Einbeziehung des Individualrechtsschutzes in die Wertbegründetheit[43] der Gesamtrechtsordnung läßt das Individuum an der **Verbindlichkeit und verpflichtenden Kraft der Gesamtrechtsordnung partizipieren,** die im rechtlichen Zusammenleben der Menschen nur in der Verwirklichung des Wertanspruchs des Wertträgers bestehen kann. Dieser Wertanspruch wird nicht dadurch verwirklicht, daß der Richter das Gesetz „nach einigen herkömmlichen Gesichtspunkten und Maximen" auslegt, ohne sich um „deren Grundlagen in einer Theorie der Hermeneutik" zu kümmern.[44] Diese „wertkritische" Betrachtungsweise ist dadurch zu charakterisieren, daß sie sich bei der Erhellung des Wortsinnes von Normen auf die dem Recht zugrundeliegenden **Grundgedanken** und **Wertideen** bezieht[45]. Qua via wird der „gerechte Steuerrichter zu einem Mittler von Steuergerechtigkeit"[46].

c) Zum repressiven Charakter des Rechtsschutzes

Der Rechtsschutz gegen Maßnahmen der steuerlichen Außenprüfung muß demnach durch das unabhängige, von den Verwaltungsbehörden getrennte Gericht[47] auf die Realisierung des durch die Gesamtrechtsordnung gebotenen rechtlichen Sollens ausgerichtet sein. Damit geht sein Umfang über den Wertanspruch auf staatliches Nichtantasten der Menschenwürde hinaus und findet seine vornehmliche Funktion in der Wahrung und Kontrolle eines lückenlosen Individualrechtsschutzes. Das bedeutet, die gerichtliche Realisierung der „Verpflichtung aller staatlichen Gewalt, die Würde[48] des Menschen zu achten und zu schützen, die Gesetzmäßigkeit[49], die Rechtssicherheit und die Gleichbehandlung der Bürger zu gewährleisten und dem Bürger wirksamen Rechtsschutz zu gewähren"[50]. Da der gerichtliche Rechtsschutz überwiegend **repressiven** Charakter trägt, weil die rechtlichen Nachteile für den Rechtsschutzsuchenden[51] bereits häufig eingetreten sind[52], bezieht sich in einem Gerichtsverfahren das Rechtsschutzbegehren überwiegend auf die Frage nach einer Verletzung meist eigener Rechte; d.h. der Individualrechtssphäre[53].
Demgemäß kann ein Rechtsschutzbegehren auch erst dann unzulässig sein, wenn offensichtlich und eindeutig nach keiner Betrachtungsweise die von dem Kläger behaupteten Rechte bestehen oder ihm zustehen können[54]. Daraus fließt die Bezogenheit des

[43] Die Gesamtrechtsordnung gründet sich auf den sittlichen Wert der Menschenwürde (Art. 1 GG). Vgl. in diesem Zusammenhang auch Art. 1 der Präambel der UN-Deklaration: „Da die Anerkennung der allen Mitgliedern der menschlichen Familie innewohnenden Würde und ihrer gleichen und unveräußerlichen Rechte die Grundlage der Freiheit, der Gerechtigkeit und des Friedens in der Welt bildet ..."

[44] Vgl. dazu die berechtigte Kritik von **Coing,** Grundzüge der Rechtsphilosophie, 4. Aufl., 1985, S. 2.

[45] Vgl. dazu **Germann,** Probleme und Methoden der Rechtsfindung, 2. Aufl., 1967, S. 88 f..

[46] So zutreffend schon **Tipke,** Steuerrecht, 10. Aufl., 1985, § 20, S. 608, Abschn. I.

[47] § 1 FGO. Vgl. dazu BFH, Urteil vom 2.8.1968 – VI R 219 / 67 – BFHE 93, 218.

[48] Hier offenbart sich das Verhältnis der Rechtsordnung zur materiellen und geistigen Gesamtkultur.

[49] „Unter den Aufgaben, die Recht und „Regierung" gestellt sind, steht ... die Unterdrückung von Gewalt und Rechtsbruch an erster Stelle" (**Coing**, Grundzüge der Rechtsphilosophie, 4. Aufl., 1985, S. 134).

[50] **Kopp,** Verfassungsrecht und Verwaltungsverfahrensrecht, 1971, S. 263. So im Ergebnis wohl auch **Seer,** Rechtsschutz in Steuersachen, in: Tipke / Lang, Steuerrecht, 16. Aufl., 1998, § 23, Rz. 6 (S. 905), wenn er davon spricht, daß **„zum Schutz gegen behördliche Eingriffe"** besondere Verwaltungsgerichte berufen seien.

[51] Rechtsschutzsuchend kann z.B. auch eine Kammer der Steuerberater sein, die ein berechtigtes Interesse daran hat, daß die Nichtigkeit der Bestellung eines Steuerberaters festgestellt wird. Dazu entspr. BFH, Urteil vom 27.10.1970 – VII R 42 / 68 – BFHE 100, 288 ff..

[52] Vgl. dazu die sog. Untätigkeitsklage des § 46 FGO. Das rechtliche Interesse an der baldigen gerichtlichen Feststellung, daß die Finanzbehörde z.B. zum Erlaß einer Entscheidung über den Einspruch verpflichtet ist, ist nicht identisch mit dem Interesse an dem baldigen Ergehen der Entscheidung über den Einspruch. Dazu BFH, Beschluß vom 5.5.1970 – II B 19 / 67 – BFHE 99, 114 ff..

[53] Vgl. dazu Art. 2 Abs. 1 GG, der sich zu einem lückenlosen materiellrechtlichen Individualrechtsschutz bekennt.

[54] So bes. BFH, Urteil vom 21.10.1970 – I R 81, 82 92 – 94 / 68 – BFHE 100, 295 ff..

Rechtsschutzes auch zu den einzelnen Gebieten der ordentlichen, der Verwaltungs-, der Finanz-, der Arbeits- und der Sozialgerichtsbarkeit.

4. Verwirklichung des Individualrechtsschutzes

a) Bindung der Beteiligten

Rechtsschutzgewährung durch die staatlichen Gerichte verwirklicht sich durch eine prozeßlogisch nicht notwendige Bindung der **Beteiligten**[55] des Steuerprozesses durch das rechtskräftige lediglich deklaratorische[56] Urteil. Diese Bindung reicht so weit, wie über den Streitgegenstand entschieden[57] worden ist[58].

b) Die beschränkte Prüfungsbefugnis

---

[55] Der Rechtsschutz partizipiert in concreto an dem dialektischen Prozeß des steuerprozessualen **Beteiligtenverhältnisses.** Hier aktualisiert sich ein staatspolitisches und staatsrechtliches Problem, das dadurch gekennzeichnet ist, daß, anders als im Verwaltungsverfahren, Staat und Pflichtiger sich als „Parteien" gegenüberstehen. Dieses Verhältnis hat in der Wissenschaft nicht immer die ihm zukommende Wertung erfahren. Wenngleich es sich hier auch um ein Prozeßrechtsverhältnis handelt, so ist dieses doch stets auch durch die jeweilige Auffassung des **Dualismus Staat / Individuum** geprägt. Nur zu recht hatte daher Berger, wenn er in der Darstellung des Steuerprozesses immer auch zugleich eine Darstellung eines schicksalhaften Abschnitts deutscher Rechtsgeschichte sah. „Nur wenige Rechtsgebiete sind so sehr wie die Regeln des Steuerprozesses in den Sog jener wechselvollen staatspolitischen und staatsrechtlichen Entwicklung geraten, die mit dem Jahr 1933 ihren für jedermann sichtbaren Ausgang genommen hat" (Berger, Der Steuerprozeß, 1954, S. V). Die **Konsequenz** hieraus ist die Erkenntnis, daß das Wesen und die Funktion des Steuerprozesses, das Prozeßrechtsverhältnis zwischen den „Parteien" die Voraussetzungen und Grenzen des richterlichen Prüfungsrechts und damit der **Inhalt des steuerprozessualen Rechtsschutzes** durch das jeweilige Staatsverständnis mitbestimmt werden. Vgl. dazu auch **Mösbauer,** Befugnisgrenzen finanzgerichtlicher Sachaufklärung, BB 1977, S. 505 ff.; **Mösbauer,** Finanzgerichtlicher Rechtsschutz, DRiZ 1978, S. 137 ff..

[56] Das rechtskräftige Urteil wirkt also nicht gestaltend auf das materielle Recht ein.

[57] Nach § 96 Abs. 1 Satz 2 FGO darf das Finanzgericht in seiner **Entscheidung** über das klägerische Rechtsschutzbegehren nicht hinausgehen. Bedenkt man, daß ein Rechtssatz nicht eine bloße mechanische Aneinanderreihung von Worten darstellt, so ist daraus für § 65 Abs. 1 Satz 1 FGO der Schluß zu ziehen, daß dessen einzelne Teile – Kläger, Beklagter, Gegenstand des Klagebegehrens (=Streitgegenstand) und z.B. Prüfungsanordnung als angefochtener Verwaltungsakt – untereinander in einem Bedeutungszusammenhang stehen müssen, der seinerseits wieder auf die Rechtssätze der FGO und die Gesamtrechtsordnung bezogen ist. Diese Sinnbezogenheit ist teleologisch, da den einzelnen Rechtsbegriffen wie Rechtssätzen die Aufgabe obliegt, innerhalb des Normenkomplexes bestimmte Zwecke zu erfüllen, sei es durch Konkretisierung oder durch Ergänzung. So auch **Paulick,** Auslegung und Rechtsfortbildung im Steuerrecht, Gedächtnisschrift für Armin Spitaler, S. 169 ff.; ferner z.B. RFH, Urteil vom 30.9.1924 – II A 758 / 24 – RFHE 14, 201.
Diese Zwecke verbieten es dem unabhängigen (§ 1 FGO) Richter, an die Stelle des Gesetzes sein Billigkeitsempfinden zu setzen. Sie gebieten ihm, sich auf die Rolle neutraler streitentscheidender Gesetzesanwendung zu beschränken. Da die Zwecke sowohl konkret reale Effekte als auch abstrakte und ideelle Ziele haben können und darüber hinaus in aller Regel von ethischen, soziologischen, politisch-weltanschaulichen sowie irrationalen Ideen durchdrungen sind, ist der steuerprozessuale Rechtsschutz aus dem gedanklichen Zusammenhang der konkretisierenden Ergänzung durch den Wertgehalt der Gesamtrechtsordnung im allgemeinen und der Finanzgerichtsordnung im besonderen zu schöpfen. Die Schwierigkeiten dieses gebotenen procedere liegen darin begründet, daß sich die systematischen und teleologischen Zusammenhänge wegen ihrer Vielschichtigkeit nur sehr schwer trennen lassen. Das gilt im besonderen Maße für die finale Akzessorietät des Steuerprozeßrechts zum materiellen Steuerrecht. Daß die von den Rechtssätzen verfolgten Zwecke darüber hinaus sowohl außerhalb als auch innerhalb des Normkomplexes liegen können, bildet eine weitere Erschwernis. Dazu kommt, daß in den seltensten Fällen eine Rechtsnorm auf einen einzigen Zweck beschränkt ist. Der Begriff des Zweckes aber erstreckt sich seinem Inhalt nach von den konkreten realen Effekten, z.B. der Setzung eines Gegenmotivs, bis zu abstrakten und ideellen Zielen, z.B. der Wahrung der Rechtssicherheit und des Rechtsfriedens.

[58] § 110 Abs. 1 Satz 1 FGO; vgl. dazu **Mösbauer,** Der Streitgegenstand im Steuerprozeß, 1975, S. 253 ff..

Das einschränkende Kriterium „soweit" in § 110 Abs. 1 Satz 1 FGO ist ein weiterer Beweis dafür, daß das Finanzgericht, trotz der nach dem Wortlaut der FGO scheinbar gegebenen umfassenden Prüfungsbefugnis, auf die Entscheidung über den Rechtsschutz im **begehrten** Umfang **beschränkt** ist[59]. Diese Beschränkung kommt dem Rechtsschutzbedürfnis des einzelnen in gleicher Weise entgegen wie dem „öffentlichen Interesse, daß jeder Rechtsstreit ein Ende findet"[60].

c) Rechtsfrieden durch Rechtsschutzgewährung

Somit dient das steuerprozessuale Rechtsinstitut der Rechtskraft der Beendigung von Rechtsstreiten, Vermeidung von Mehrfachprozessen[61] und sich widersprechenden Gerichtsentscheidungen über den gleichen Streitgegenstand, und damit der Wahrung des **Rechtsfriedens durch Rechtsschutzgewährung.** Diese Rechtsschutzgewährung sichert sowohl formell den Bestand des Urteils, als auch materiell die bindende Wirksamkeit des Entscheidungsinhalts[62], aber nur in dem Umfang, in dem das klägerische Rechtsschutzbegehren an dem staatlichen Justizgewährungsanspruch partizipieren wollte.[63] Der Endeffekt besteht in einer Rechtssicherheit und Rechtsfrieden dienenden Verwirklichung zwischenmenschlicher Beziehungen. Diese Verwirklichung ist geradezu typisch für das Wesen des Rechts, denn „was sollte das Recht anderes mit menschlichen Beziehungen vorhaben, als sie regeln?"[64] [65]

d) Das Rechtsschutzbegehren als äußere Form des vom Kläger angestrebten Sicherheitszieles

Das Rechtsschutzbegehren ist die äußere Form des **vom Kläger angestrebten Sicherheitszieles.** Es ist geprägt von dem Wunsch nach Freiheit von Störungen, somit von dem Bedürfnis nach Ruhe, Ordnung, Harmonie und Sicherheit. Hinter diesem Bedürfnis des Menschen verbirgt sich aber gleichzeitig „seine Sehnsucht nach Dauer seines eigenen Daseins seiner Lebensbeziehungen".[66]

e) Außerordentliche und ordentliche Rechtsbehelfe

Der Rechtsschutz gegen Maßnahmen der steuerlichen Außenprüfung wird durch außerordentliche und ordentliche Rechtsbehelfe verwirklicht.
Die **außerordentlichen** Rechtsbehelfe (Gegenvorstellung Sachaufsichtsbeschwerde und Dienstaufsichtsbeschwerde) haben, wegen ihrer Ineffizienz, in der Praxis der steuerlichen Außenprüfung eine relativ untergeordnete Bedeutung. Sie werden nachfolgend nur relativ kurz dargestellt. Anders die **ordentlichen** – außergerichtlichen und gerichtlichen – Rechtsbehelfe.
Die **ordentlichen außergerichtlichen** Rechtsbehelfe (Einspruch nach § 347 AO) sowie die **ordentlichen gerichtlichen** Rechtsbehelfe (Klage nach §§ 40, 41 FGO, Sprungklage nach

---

[59] Vgl. dazu **Mösbauer,** Befugnisgrenzen finanzgerichtlicher Sachaufklärung, BB 1977, S. 505 ff..
[60] **Grunsky,** Grundlagen des Verfahrensrechts, 2. Aufl., 1974, § 47, S. 484.
[61] ... ne bis in idem.
[62] Vgl. dazu **Paulick,** Grundriß der Finanzgerichtsordnung, Rz. 333; **Kruse,** Steuerrecht I, Allg. Teil, 3. Aufl., § 35 IV 2 (S. 358); **Müffelmann,** Die objektiven Grenzen der materiellen Rechtskraft steuergerichtlicher Urteile, S. 20 ff.; **von Wallis / List,** in: Hübschmann / Hepp / Spitaler, AO, Anm. 16 zu § 110 FGO.
[63] So auch **Paulick,** Grundriß der Finanzgerichtsordnung, Rz. 312.
[64] ... i.S. einer kontinuierlichen Gestaltung.
[65] **G. Küchenhoff,** Rechtsbesinnung, S. 21.
[66] **G. Küchenhoff,** Rechtsbesinnung, S. 21.

§ 45 FGO, Revision nach §§ 115 ff. FGO und Rechtsbeschwerde nach §§ 128 ff. FGO) werden nachfolgend entsprechend ihrer Bedeutung für die Praxis der steuerlichen Außenprüfung problemorientiert dargestellt.[67]

II. Die außerordentlichen Rechtsbehelfe

1. Arten außerordentlicher Rechtsbehelfe

a) Gegenvorstellung, Sachaufsichtsbeschwerde und Dienstaufsichtsbeschwerde

Drei Arten außerordentlicher Rechtsbehelfe können im steuerlichen Außenprüfungsverfahren relevant werden:

aa) die **Gegenvorstellung,**
bb) die **Sachaufsichtsbeschwerde** und
cc) die **Dienstaufsichtsbeschwerde.**

Kein außerordentlicher Rechtsbehelf ist der Antrag, einen Verwaltungsakt zu berichtigen, zurückzunehmen, zu widerrufen, aufzuheben oder zu ändern **(Korrekturantrag;** §§ 129[68] bis 132[69], 172[70] bis 177 AO; § 35 b GewStG).[71]
Zutreffend weist die OFD Hannover[72] darauf hin, daß die Vorschriften über die Berichtigung, die Rücknahme, den Widerruf, sowie die Aufhebung oder Änderung gleichwohl auch **während** des Einspruchsverfahrens gelten (§ 132 AO). Das Finanzamt kann daher einen angefochtenen Verwaltungsakt auch **während** eines Einspruchsverfahrens nach den

---

[67] Vgl. in diesem Zusammenhang auch **Bayer,** Steuerlehre, 1997, S. 686 ff., RdNrn. 1788 ff. (Einspruchsverfahren) und S. 697 ff., RdNrn. 1819 ff. (gerichtliche Verfahren).

[68] Vgl. dazu BFH, Urteil vom 5.2.1998 – IV R 17 / 97 – BStBl. 1998 II, 535.

[69] Zu § 130 AO vgl. BFH, Urteil vom 15.4.1997 – VII R 100 / 96 – BStBl. 1997 II, 787.

[70] Zu § 172 AO vgl. FM Nordrhein – Westfalen, Erlaß betr. Anwendungsbereich des § 172 Abs. 1 Satz 1 Nr. 2 Buchst. a AO vom 17.6.1998 – S 0350 – 11 – V C 2 – Steuererlasse (C. H. Beck) Nr. 800, § 172 / 1.
Zu § 173 AO vgl. BFH, Urteil vom 19.5.1998 – I R 140 / 97 – BStBl. 1998 II, 599; ergänzend BFH, Urteil vom 26.11.1996 – IX R 77 / 95 – BStBl. 1997 II, 422; Nordrhein – Westfalen, Verfügung betr. Begriff des groben Verschuldens i.S. des § 173 Abs. 1 Nr. 2 Satz 1 AO vom 1.4.1988, Steuererlasse (C. H. Beck) Nr. 800, § 173 / 1; OFD München, Verfügung betr. Außenprüfungen bei Bauherrengemeinschaften und Abschreibungsgesellschaften; Durchbrechung der Änderungssperre des § 173 Abs. 2 AO vom 3.1.1983 – S 1503 B – 35 / St 243 – Steuererlasse (C. H. Beck) Nr. 800, § 173 / 2; OFD Nürnberg, Verfügung betr. Änderung von Steuerbescheiden nach § 173 Abs. 1 Nr. 2 AO bei antragsgebundenen Steuervergünstigungen vom 17.3.1986 – S 0351 – 99 / St 24 – Steuererlasse (C. H. Beck) Nr. 800, § 173 / 3; FM Niedersachsen, Erlaß betr. Änderungssperre des § 173 Abs. 2 AO nach der Lohnsteuer-Außenprüfung vom 1.8.1997 – S 0337 – 21 – 33 – Steuererlasse (C. H. Beck) Nr. 800, § 173 / 4.
Zu § 174 AO vgl. OFD Nürnberg, Verfügung betr. Beteiligung Dritter gem. § 174 Abs. 5 AO in einem Einspruchs- oder Änderungsverfahren vom 1.9.1993 – S 0352 – 35 / St 24 – Steuererlasse (C. H. Beck) Nr. 800, § 174 / 1.
Zu § 175 AO vgl. OFD München, Verfügung betr. Anpassung von Folgebescheiden an Grundlagenbescheide vom 6.11.1997 – S 0353 – 4 / 2 St 312 – Steuererlasse (C. H. Beck) Nr. 800, § 175 / 1; OFD Magdeburg, Verfügung betr. Erlaß, Aufhebung oder Änderung von Steuerbescheiden wegen des Eintritts eines rückwirkenden Ereignisses gem. § 175 Abs. 1 Satz 1 Nr. 2 AO vom 10.11.1997 – S 0353 – 4 – St 251 – Steuererlasse (C. H. Beck) Nr. 800, § 175 / 2.

[71] Siehe dazu auch AEAO (i.d.F. BMF – Schr. v. 14.2.2000 – BStBl. 2000 I, S. 190, ber. S. 435) vor § 347 AO, Nr. 1 Satz 1 Alt. 2; ferner **Schwehm,** Die Änderung von Steuerbescheiden nach Betriebsprüfungen, StBp 1996, S. 172 ff..

[72] OFD Hannover, Verfügung betr. Erlaß geänderter Verwaltungsakte während des Einspruchsverfahrens vom 8.1.1997 – OFD Hannover S 0625 – 1 – StO 321 / S 0625 – 1 – StH 551 – Steuererlasse (C. H. Beck) Nr. 800, § 365 AO / 2 (i.d.F.v. Okt. 1999).

Korrekturvorschriften berichtigen, zurücknehmen, widerrufen, aufheben oder ändern. Eine solche Korrektur wird dem Rechtsbehelfsantrag im allgemeinen nicht in vollem Umfang entsprechen, sie wird vielleicht sogar die Steuer erhöhen oder einen begünstigenden rechtswidrigen Verwaltungsakt zurücknehmen. Sie wird dadurch nicht zu einem Rechtsbehelf.

b) Formfreiheit

Die außerordentlichen Rechtsbehelfe bedürfen **keiner Form.** Sie können also ebenso schriftlich wie auch telefonisch eingelegt werden.

c) Keine Fristgebundenheit

Ferner ist die Einlegung der außerordentlichen Rechtsbehelfe an **keine Frist** gebunden. Es besteht daher im Verlauf einer Außenprüfung für den Steuerpflichtigen jederzeit die Möglichkeit, von der Einlegung der außerordentlichen Rechtsbehelfe Gebrauch zu machen.

d) Das Recht, einen außerordentlichen Rechtsbehelf einzulegen

Die Möglichkeit und das **Recht,** einen außerordentlichen Rechtsbehelf **einzulegen,** ergeben sich **nicht** aus der AO[73]. Sie sind vielmehr Ausfluß der Art. 17 und Art. 20 Abs. 3 GG[74], flankiert von den allgemeinen Grundsätzen des Verwaltungsrechts.

e) Rechtsbehelfsobjekt

Der Steuerpflichtige kann die außerordentlichen Rechtsbehelfe nicht nur gegen Verwaltungsakte, sondern auch gegen **jegliches** Verwaltungshandeln im Rahmen der steuerlichen Außenprüfung einlegen.

f) Kein Suspensiveffekt

Auf eine Gegenvorstellung, eine Sachaufsichtsbeschwerde oder eine Dienstaufsichtsbeschwerde hin kann der Steuerpflichtige zwar regelmäßig eine Antwort erwarten. Diese **hemmt** aber **nicht** den Vollzug der beanstandeten Maßnahme. Die außerordentlichen Rechtsbehelfe besitzen, wie der ordentliche Rechtsbehelf des Einspruchs auch bloße „Anstoßfunktion".

g) Antrag auf Aussetzung der Vollziehung

Der Steuerpflichtige kann jedoch **beantragen,** daß die Finanzbehörde die Vollziehung der Maßnahme aussetzt.

h) Anfechtbare Maßnahmen

Ist die angefochtene Maßnahme **kein** Verwaltungsakt, so sind grundsätzlich nur die außerordentlichen – nichtförmlichen – Rechtsbehelfe zulässig.
Bei den angefochtenen Maßnahmen darf es sich also nicht um Verfügungen, Entscheidungen oder andere hoheitliche Maßnahmen i.S.d. § 118 Satz 1 AO handeln, die eine Behörde[75] zur

---

[73] So ausdrücklich AEAO (i.d.F. BMF – Schr. v. 14.2.2000 – BStBl. 2000 I, S. 190, ber. S. 435) Vor § 347 AO, Nr. 1 Satz 1 Alt. 1.
[74] Vgl. **Haarmann,** Die Neugestaltung des Rechtsbehelfsverfahrens durch die AO 1977, DStZ A 1977, S. 83 ff..

Regelung eines Einzelfalls auf dem Gebiet des öffentlichen Rechts trifft und die auf unmittelbare Rechtswirkung nach außen gerichtet ist.
Mit außerordentlichen Rechtsbehelfen anfechtbar sind daher z.B. folgende „Nicht-Verwaltungsakte“:

aa) Der Prüfungsauftrag.
Er ist eine amtsinterne Dienstanweisung, eine Prüfung vorzunehmen. Der Prüfungsauftrag ist abzugrenzen von der Prüfungsanordnung. Sie ist ein Verwaltungsakt i.S.d. §§ 196, 197 AO.
bb) Die vorbereitenden Handlungen für die Außenprüfung.
cc) Die Auskünfte.
Sie können unter dem Gesichtspunkt von Treu und Glauben eine Bindungswirkung erzeugen, wenn der Steuerpflichtige im Vertrauen auf eine solche Auskunft wirtschaftliche Dispositionen getroffen hat.
dd) Das Verhalten des Prüfers an sich.
Ein solches kann sich z.B. in der Fertigung von Kontrollmitteilungen manifestieren.
ee) Die Schlußbesprechung nach § 201 AO.
ff) Der Prüfungsbericht nach § 202 AO.

2. Gegenvorstellung

a) Adressat der Gegenvorstellung

Die **Gegenvorstellung** richtet sich an die Finanzbehörde, mit deren **Verhalten** der Steuerpflichtige nicht einverstanden ist.
Adressat der Gegenvorstellung ist damit regelmäßig das für die Außenprüfung zuständige Finanzamt.
Die Gegenvorstellung bedarf keiner bestimmten Form. Sie ist auch an keine Frist gebunden. Sie erfordert ebenso keine besondere Beschwer. Jedoch muß aus ihr klar zu entnehmen sein, ob der Steuerpflichtige sich nicht rechtmäßig, nicht zweckmäßig oder nicht dienstlich einwandfrei behandelt fühlt.

b) Art der Einwendungen

Mit der Gegenvorstellung kann der Steuerpflichtige alle Maßnahmen rügen, die ihm am Verhalten der Behörde oder der Bediensteten mißfallen. Erfaßt werden dadurch auch alle Einwendungen des Steuerpflichtigen **gegen die Art und Weise der Prüfungsdurchführung** oder **die vom Prüfer geäußerten Rechtsansichten,** insbesondere gegen unhöfliches Verhalten des Außenprüfers.[76]

c) Konsequenzen der Gegenvorstellung

Die Gegenvorstellung veranlaßt das Finanzamt, das gerügte Verhalten zu überprüfen und ggf. den Einwendungen des Steuerpflichtigen zu folgen.[77]
Wird seinem Anliegen nicht entsprochen, kann der Steuerpflichtige die gerügten Maßnahmen auch via Dienstaufsichtsbeschwerde – sogar – durch die OFD überprüfen lassen. Wer aber jemals im Dienst einer OFD stand, der weiß bereits ex ante um den Erfolg einer solchen Überprüfung.

---

[75] ... i.S.d. § 6 AO und § 1 FVG.
[76] Vgl. dazu **Birkenfeld,** in: Hübschmann / Hepp / Spitaler, AO / FGO, vor § 347 AO, Anm. 108.
[77] Dazu **Tipke / Kruse,** AO / FGO, vor § 347 AO, Tz. 36.

3. Dienstaufsichtsbeschwerde

a) Adressat der Dienstaufsichtsbeschwerde

Die **Dienstaufsichtsbeschwerde** ist bei der vorgesetzten Dienststelle des mit der Außenprüfung betrauten Finanzamtes zu erheben. Vorgesetzte Dienststellen der Finanzämter sind nach §§ 2, 8 FVG die Oberfinanzdirektionen. Sie haben somit Überwachungsfunktion. Daher obliegt ihnen die Entscheidung, ob dem Begehren des Steuerpflichtigen stattzugeben ist, oder die Finanzbehörde ihre Maßnahmen ändern muß.[78]

b) Dienstaufsichtsbeschwerde – Sachaufsichtsbeschwerde

Vom Ursprung her unterscheidet man zwischen Dienstaufsichtsbeschwerde und Sachaufsichtsbeschwerde.

aa) Die **Dienstaufsichtsbeschwerde**

Mit ihr wird das dienstliche Verhalten des Amtsträgers gerügt.[79]

bb) Die **Sachaufsichtsbeschwerde**

Sie richtet sich gegen die Rechtsanwendung der Verwaltung.[80]

c) Anlaß für die Dienstaufsichtsbeschwerde

Anlaß für eine Dienstaufsichtsbeschwerde kann z.B. die Tatsache sein, daß der Prüfer Umstände **zugunsten** des Steuerpflichtigen bei der Prüfung **nicht** beachtet oder sich nicht an die Reihenfolge der auskunftspflichtigen Personen hält.
Ob der Steuerpflichtige **zuerst** die Gegenvorstellung oder **sofort** die Dienstaufsichtsbeschwerde erhebt, steht in seinem Belieben. Er sollte dabei allerdings immer darauf achten, die Frist zur Einlegung eines ordentlichen Rechtsbehelfs nicht zu versäumen.

III. Die ordentlichen Rechtsbehelfe allgemein

Die **ordentlichen Rechtsbehelfe** gliedern sich in:
die ordentlichen **außergerichtlichen** Rechtsbehelfe[81] und
die ordentlichen **gerichtlichen** Rechtsbehelfe.
Die ordentlichen außergerichtlichen Rechtsbehelfe werden bei den zuständigen Finanzbehörden, die ordentlichen gerichtlichen bei den zuständigen Finanzgerichten eingelegt.

---

[78] Dazu **Tipke / Kruse,** AO / FGO, vor § 347 AO, Tz. 36 (zur Beschwer als Zulässigkeitsvoraussetzung).
[79] Vgl. dazu **Birkenfeld,** in: Hübschmann / Hepp / Spitaler, AO / FGO, vor § 347 AO, Anm. 116.
[80] Vgl. dazu **Tipke / Kruse,** AO / FGO, vor § 347 AO, Tz. 34; **Birkenfeld,** in: Hübschmann / Hepp / Spitaler, AO / FGO, vor § 347 AO, Anm. 107.
[81] Das ordentliche außergerichtliche Rechtsbehelfsverfahren ist durch den Siebenten Teil der AO geregelt. Er gliedert sich in den Ersten Abschnitt: **Zulässigkeit** des Einspruchs (§§ 347 – 354 AO) und in den Zweiten Abschnitt: **Verfahrens**vorschriften (§§ 355 – 367 AO).

Die Entscheidung über die ordentlichen außergerichtlichen Rechtsbehelfe wird von der Verwaltung selbst getroffen. Sie kann ggf. in vereinfachter Weise, z.B. durch Aufhebungs- oder Änderungsbescheid, abhelfen.[82]
Als ordentlicher (= förmlicher[83]) außergerichtlicher Rechtsbehelf kommt der Einspruch nach § 347 AO in Betracht.[84]
Der Einspruch ist nur gegen die in § 347 AO abschließend aufgezählten **Verwaltungsakte** gegeben. Deshalb kommt der Einspruch **im** Außenprüfungsverfahren selbst nicht in Betracht, da in diesem Verfahren regelmäßig[85] keine Verwaltungsakte i.S.d. § 347 AO ergehen.
Der Einspruch ist aber als Rechtsbehelf gegen Entscheidungen gegeben, die **auf Grund** einer **Außenprüfung** ergehen. Solche Entscheidungen sind z.B.:

- der Steuerbescheid[86],
- die Aufhebung des Vorbehalts der Nachprüfung und
- die verbindliche Zusage.[87]

Verwaltungsakte des Außenprüfers sind z.B.:

- die Prüfungsanordnung,
- die Festlegung des Prüfungsbeginns nach Ablehnung eines Verlegungsantrags und
- die Bestimmung des Prüfungsortes.

Der **förmliche** Rechtsbehelf **(Einspruch)** unterscheidet sich von den Korrekturanträgen der §§ 129 bis 132 AO und §§ 172 bis 177 AO sowie § 35 b GewStG dadurch, daß er

- den Eintritt der formellen und materiellen Bestandskraft[88] hindert,
- zur Verböserung[89] führen kann (§ 367 Abs. 2 Satz 2 AO) und
- die Aussetzung der Vollziehung ermöglicht.

In Zweifelsfällen ist ein Einspruch anzunehmen, da er die Rechte des Steuerpflichtigen umfassender wahrt als ein Korrekturantrag.[90]
Das Einspruchsverfahren ist **nicht kostenpflichtig.** Steuerpflichtige und Finanzbehörden haben jeweils ihre eigenen Aufwendungen zu tragen.[91] In dieser Kostenfreiheit manifestiert

[82] Vgl. in diesem Zusammenhang **Birk,** Steuerrecht, 7. Aufl., 2004, S. 145, RdNr. 451.
[83] Die ordentlichen außergerichtlichen Rechtsbehelfe werden häufig auch als sog. förmliche Rechtsbehelfe bezeichnet. Denn sie sind nach § 357 Abs. 1 Satz 1 AO **förmlich** einzulegen, d.h. schriftlich oder telegrafisch einzureichen oder zur Niederschrift eines Beamten der Finanzbehörde zu erklären. Telefonische Einlegung genügt nicht.
[84] Nach der Einspruchsstatistik des BMF werden jährlich mehr als 2 Millionen Einsprüche bei den Finanzämtern eingelegt. Sie weisen das Einspruchsverfahren als verlängertes Verwaltungsverfahren aus, in dem die Finanzverwaltung die Sache in vollem Umfang erneut zu prüfen hat (§ 367 Abs. 2 Satz 1 AO).
[85] Werden während einer Außenprüfung von einem Prüfer gegenüber dem Steuerpflichtigen schriftliche **Aufklärungsanordnungen** erlassen, so stellen diese i.d.R. keine Verwaltungsakte dar. Anderes gilt, wenn der Steuerpflichtige diese „als Maßnahme zur Schaffung einer Rechtsgrundlage für die Einleitung eines Erzwingungsverfahrens verstehen mußte". Vgl. dazu BFH, Urteil vom 10.11.1998 – VIII R 3 / 98 – DStZ 1999, 383.
[86] Vgl. dazu **Schwehm,** Die Änderung von Steuerbescheiden nach Betriebsprüfungen, StBp 1996, S. 172 ff..
[87] Dazu **Mösbauer,** Verbindliche Zusagen im Anschluß an eine Außenprüfung, StBp 2000, S. 289 ff..
[88] Zum Begriff der Bestandskraft vgl. AEAO (i.d.F. BMF – Schr. v. 14.2.2000 – BStBl. 2000 I, S. 190, ber. S. 495) Vor §§ 172 bis 177 AO, Nr. 1.
[89] Der Verböserungsgefahr kann der Steuerpflichtige durch rechtzeitige Rücknahme des Einspruchs entgehen.
[90] So auch AEAO (i.d.F. BMF – Schr. v. 14.2.2000 – BStBl. 2000 I, S. 190, ber. S. 495) Vor § 347 AO, Nr. 1 Satz 3.

sich eine dreifache Zielrichtung des Einspruchsverfahrens: es dient dem **Rechtsschutz** des Steuerpflichtigen, der **Selbstkontrolle** der Verwaltung i.S. eines verlängerten Verwaltungsverfahrens und der **Entlastung** der Finanzgerichte, „da in den Fällen, in denen der Einspruch gegeben ist, eine Klage grundsätzlich (§ 44 FGO, Ausnahmen: §§ 45 f. FGO) erst nach Abschluß eines Rechtsbehelfsverfahrens zulässig ist (Vorverfahren)“[92].

IV. Die ordentlichen außergerichtlichen Rechtsbehelfe im einzelnen

1. Einspruch

a) Statthaftigkeit

aa) § 347 Abs. 1 Nr. 1 AO

Ein Einspruch ist nur gegen die in § 347 AO genannten **Verwaltungsakte** statthaft.[93] Deshalb hat der Einspruch **im** Außenprüfungsverfahren selbst unmittelbar **keine** Bedeutung. Denn es werden regelmäßig keine Verwaltungsakte i.S.d. § 347 AO erlassen.

Der Einspruch kann aber gleichwohl als Rechtsbehelf für Entscheidungen relevant sein, die **auf Grund** einer Außenprüfun ergehen. Solche Verwaltungsakte sind z.B. die **Prüfungsanordnung** (§ 5 Abs. 2 Satz 1 BpO 2000), die **Festlegung** des Prüfungsbeginns und des Prüfungsortes[94], ferner die auf Grund der Prüfungsfeststellungen ergehenden **Steuerbescheide**[95], die Aufhebung des Vorbehalts der Nachprüfung sowie die **verbindlichen Zusagen** nach § 204 AO.[96]

Da aber die geänderten Bescheide und die verbindlichen Zusagen („im Anschluß an eine Außenprüfung“) **Rechtsfolgen** einer Außenprüfung sind, kann der Rechtsbehelf des Einspruchs **weder vor** dem eigentlichen Außenprüfungsverfahren selbst, **noch während** des eigentlichen Außenprüfungsverfahrens in Betracht kommen. Denn § 347 AO berücksichtigt **nicht** schon die **Ermittlungshandlungen** während des Außenprüfungsverfahrens.

Nach § 347 Abs. 1 Nr. 1 AO ist gegen Verwaltungsakte der förmliche außergerichtliche Rechtsbehelf des **Einspruchs** statthaft. Damit scheiden als außergerichtliche Rechtsbehelfe auch die in der AO nicht geregelten förmlichen Rechtsbehelfe der **Gegenvorstellung,** der **Dienstaufsichtsbeschwerde** sowie der **Sachaufsichtsbeschwerde** aus.

Es ist in diesem Zusammenhang irrelevant, ob ein **nichtiger** Verwaltungsakt oder ein **Schein**verwaltungsakt angegriffen wird, oder ob der Einspruchsführer sich gegen den **Nichterlaß** eines Verwaltungsaktes wendet. Verwaltungsakt ist z.B. auch die **Ablehnung** eines Realaktes[97] oder die **Ablehnung** des Erlasses eines Verwaltungsaktes, wie z.B. der Erteilung einer verbindlichen Auskunft.[98]

Der Einspruch ist aber nicht nur gegeben, wenn ein Verwaltungsakt **aufgehoben, geändert, zurückgenommen** oder **widerrufen** oder ein **Antrag** auf Erlaß eines Verwaltungsaktes

---

[91] So auch AEAO (i.d.F. BMF – Schr. v. 14.2.2000 – BStBl. 2000 I, S. 190, ber. S. 495) Vor § 347 AO, Nr. 2 Sätze 1 und 2, unter ausdrücklichem Hinweis auf die Kostenerstattung nach § 139 FGO, „auch für das außergerichtliche Vorverfahren“.

[92] **Birk,** Steuerrecht, 7. Aufl., 2004, S. 158, RdNr. 495.

[93] Zum Ausschluß der Statthaftigkeit des Einspruchs vgl. § 348 AO. In diesem Zusammenhang vgl. **Birk,** Steuerrecht, 7. Aufl., 2004, S. 158, RdNr. 497.

[94] Sie bezeichnet AEAO (i.d.F. BMF – Schr. v. 14.2.2000 – BStBl. 2000 I, S. 190, ber. S.495) zu § 196 AO, Nr. 1 Satz 2 ausdrücklich als **selbständig anfechtbare Verwaltungsakte** i.S.d. § 118 AO.

[95] Dazu vgl. **Schwehm,** Die Änderung von Steuerbescheiden nach Betriebsprüfungen, StBp 1996, S. 172 ff..

[96] Dazu vgl. **Mösbauer,** Verbindliche Zusagen im Anschluß an eine Außenprüfung, StBp 2000, S. 289 ff..

[97] Vgl. dazu z.B. AEAO (i.d.F. BMF – Schr. v. 14.2.2000 – BStBl. 2000 I, S. 190, ber. S. 495) zu § 364 AO.

[98] So auch AEAO (i.d.F. BMF – Schr. v. 14.2.2000 – BStBl. 2000 I, S. 190, ber. S. 495) zu § 347 AO, Nr. 1 Sätze 1 und 2 und Nr. 2 Satz 1.

abgelehnt wird, sondern auch wenn die Finanzbehörde einen Verwaltungsakt wegen einer offenbaren Unrichtigkeit gemäß § 129 AO **berichtigt** oder es **ablehnt,** die beantragte Berichtigung eines Verwaltungsaktes durchzuführen.[99]
Beantragt z.B. ein Steuerpflichtiger im Anschluß an eine Außenprüfung bei einer Steuerfestsetzung unter Vorbehalt der Nachprüfung (§ 164 AO) oder bei einer vorläufigen Steuerfestsetzung (§ 165 AO)[100] die Aufhebung dieser Nebenbestimmungen, ist gegen den ablehnenden Bescheid der Einspruch gegeben. Wird der Vorbehalt nach § 164 AO aufgehoben, kann der Steuerpflichtige gegen die dann als Steuerfestsetzung ohne Vorbehalt der Nachprüfung wirkende Steuerfestsetzung uneingeschränkt Einspruch einlegen. Soweit eine vorläufige Steuerfestsetzung endgültig durchgeführt wird oder für endgültig erklärt wird, gilt dies nur, soweit die Vorläufigkeit reichte.[101]
Gegen die Aufhebung des Nachprüfungsvorbehalts in der **Einspruchsentscheidung** ist die **Klage,** nicht ein erneuter Einspruch, gegeben. Die **Klage** ist auch gegeben, wenn in einer **Einspruchsentscheidung** die bisher vorläufige Steuerfestsetzung für endgültig erklärt wird.[102]
Kein Verwaltungsakt ist die Fertigung und Weitergabe von **Kontrollmitteilungen,** auch nicht anläßlich einer Außenprüfung bei einer Bank. Dies bedeutet, daß sich der Bankkunde auch **nicht – direkt –** gegen dieses – interne - Verwaltungshandeln[103] mittels Einspruchs nach § 347 Abs. 1 Nr. 1 AO wehren kann. Gedacht werden könnte höchstens an eine **Feststellungsklage** nach § 41 Abs. 1 Alt. 1 FGO. Durch sie könnte der Bankkunde – theoretisch – die Feststellung begehren, daß die Prüferhandlung in Form einer Fertigung der Kontrollmitteilung rechtswidrig war.[104] Wegen der **Subsidiarität** der Feststellungsklage nach § 41 Abs. 2 Satz 1 FGO kann ein vorbeugender Rechtsschutz aber nicht in Betracht kommen.[105] Denn der Steuerpflichtige kann sein Rechtsschutzbegehren der Nichtverwertung der ermittelten Tatsachen im nachfolgenden Steuerfestsetzungsverfahren geltend machen. Das bedeutet, eine Feststellungsklage wäre wegen fehlenden Feststellungsinteresses unzulässig.[106]
Ebenso entfällt eine allgemeine Leistungsklage in Form einer Unterlassungsklage nach § 40 Abs. 1 Alt. 3 FGO wegen regelmäßigen Fehlens eines Rechtsschutzbedürfnisses.[107] Daraus folgt, daß bei Außenprüfungsmaßnahmen – in Form von Realakten – das Verwertungsverbot nur unmittelbar im Rechtsbehelfsverfahren gegen den Steuerbescheid oder ggf. gegen den Feststellungsbescheid geltend gemacht werden kann. Eines besonderen vorherigen Verfahrens

---

[99] So AEAO (i.d.F. BMF – Schr. v. 14.2.2000 – BStBl. 2000 I, S. 190, ber. S. 495) zu § 347 AO, Nr. 2 Sätze 1 und 2.
[100] Vgl. dazu auch BFH, Beschluß vom 8.7.1998 – I B 111 / 97 – BStBl. 1998 II, 702.
[101] So ausdrücklich AEAO (i.d.F. BMF – Schr. v. 14.2.2000 – BStBl. 2000 I, S. 190, ber. S. 495) zu § 347 AO, Nr. 3 Sätze 1 bis 3. Vgl. auch BFH, Urteil vom 28.5.1998 – V R 100 / 96 – BStBl. 1998 II, 502.
[102] So auch AEAO (i.d.F. BMF – Schr. v. 14.2.2000 – BStBl. 2000 I, S. 190, ber. S. 495) zu § 347 AO, Nr. 3 Sätze 4 und 5.
[103] Vgl. in diesem Zusammenhang **Söhn,** in: Hübschmann / Hepp / Spitaler, AO / FGO, § 118 AO, Anm. 125; **Tipke / Kruse,** AO / FGO, § 118 AO, Tz. 8; **Hamacher,** Schutz der Bankkunden – Rechtfertigung des § 30 a AO, StVjSchr 1992, S. 2460; **Bilsdorfer,** Rechtsschutz in der Betriebsprüfung, Inf 1996, S. 261 ff.; **Wengert / Widmann,** Ist die Kontrollmitteilung im Rahmen einer steuerlichen Außenprüfung noch von rechtsstaatlichen Grundsätzen gedeckt?, StBp 1998, S. 57 ff.; FG Baden – Württemberg, Beschluß vom 25.11.1996 – 3 V 37 / 96 – EFG 1997, 519. Obwohl die Fertigung von Kontrollmitteilungen über ihren tatsächlichen Erfolg hinausgehen und tatsächlich auch in Rechte des Steuerpflichtigen einwirken kann, besitzt sie keine Regelungswirkung für den Steuerpflichtigen.
[104] Vgl. dazu **Hamacher,** Schutz des Bankkunden – Rechtfertigung des § 30 a AO, StVj.Schr. 1992, S. 110 ff.; **Schick,** in: Hübschmann / Hepp / Spitaler, AO / FGO, § 194 AO, Anm. 454.
[105] Vgl. dazu BFH, Urteil vom 8.4.1981 – II R 47 / 79 – BStBl. 1981 II, 581.
[106] Vgl. dazu BFH, Urteil vom 8.4.1981 – II R 47 / 79 – BStBl. 1981 II, 581; BFH, Urteil vom 14.8.1985 – I R 188 / 82 – BStBl. 1986 II, 2; BFH, Urteil vom 20.2.1990 – IX R 83 / 88 – BStBl. 1990 II, 789.
[107] Vgl. BFH, Beschluß vom 28.10.1997 – VII B 40 / 97 – BFH / NV 1998, 424. Dazu kommt, daß der Steuerpflichtige regelmäßig erst längere Zeit nach der Fertigung, Weitergabe und Verwertung der Kontrollmitteilung Kenntnis erlangen wird; und schon deshalb ein Rechtsschutz ausscheiden wird.

zur Feststellung der Rechtswidrigkeit der Prüfungsmaßnahme bedarf es nicht. War das Rechtsschutzbegehren des Vorverfahrens ohne Erfolg, besteht die Möglichkeit der Anfechtungsklage nach § 40 Abs. 1 Satz 1 Alt. 1 FGO.[108]

Dem Kreditinstitut billigt der BFH[109] eine **Klagebefugnis** für eine allgemeine Leistungsklage nach § 40 Abs. 1 Alt. 3 FGO, in Form der Unterlassungsklage, zu, um die Weitergabe und Verwertung einer bereits gefertigten Kontrollmitteilung zu verhindern. Nach Auffassung des BFH kann das Kreditinstitut nach § 40 Abs. 2 FGO geltend machen, in seinen Eigentumsrechten nach § 903 Satz 1 BGB i.V.m. dem Abwehranspruch nach Art. 14 Abs. 1 Satz 1 GG und Art. 2 Abs. 1 GG verletzt zu sein. Eine solche Verletzung liege auch in einer – unberechtigten – Benutzung der Geschäftsunterlagen, wie z.B. durch Anfertigen von Abschriften.

§ 114 Abs. 1 FGO ermöglicht es, durch Antrag auf Erlaß einer **einstweiligen Anordnung** einen **vorläufigen Rechtsschutz** zu erlangen.[110]

Kein Verwaltungsakt[111] ist auch die Fertigung und Weitergabe von sog. **Spontanauskünften** als freiwillig geleistete Information der Finanzverwaltung nach § 117 AO, § 2 Abs. 2 EG-AHG i.V.m. § 1 Abs. 2 EG-AHG oder § 1 Abs. 3 EG-AHG i.V.m. bilateralen Abkommen. Für sie, die der Sache nach „internationale Kontrollmitteilungen“ gegen inländische Betroffene darstellen, gilt das, soeben, zu den Kontrollmitteilungen anläßlich einer Außenprüfung bei einer Bank Gesagte. Spontanauskünfte enthalten keine Regelung. Sie stellen lediglich behördeninternes Verwaltungshandeln dar.[112]

bb) Umdeutung eines unstatthaften Rechtsbehelfs

Legt der Rechtsbehelfsführer an Stelle des statthaften Einspruchs „Beschwerde“ ein, so ist der eingelegte Rechtsbehelf regelmäßig **umzudeuten.** Eine solche Umdeutung darf jedoch nicht entgegen dem Willen des Rechtsbehelfsführers erfolgen. Bringt der Rechtsbehelfsführer klar zum Ausdruck, daß er seinen Rechtsbehelf z.B. gegen den Steuerbescheid oder die verbindliche Zusage nach § 204 AO nicht als Einspruch i.S.des § 347 Abs. 1 Nr. 1 AO, sondern als „Beschwerde“ verstanden wissen will, so ist eine **Umdeutung unzulässig.** Der Rechtsbehelf wird dann als „Beschwerde“ behandelt, mit der Folge, daß er auf Grund der finanzbehördlichen Prüfung nach § 358 Satz 1 AO wegen des fehlenden Erfordernisses der Zulässigkeit nach § 358 Satz 2 AO als unzulässig verworfen wird.

Verfahrenserklärungen können regelmäßig **nicht** umgedeutet werden, wenn sie von **rechtskundigen** Personen stammen, weil davon ausgegangen werden kann, daß sich dieser Personenkreis der rechtlichen Tragweite seiner Erklärungen bewußt ist. Dies gilt auch für Erklärungen der **steuer-** und **rechtsberatenden** Berufe. Von ihnen erwartet die OFD Nürnberg[113] zutreffend, „daß sie – auch – den Rechtsbehelf wählen oder den Antrag stellen,

---

[108] Vgl. in diesem Zusammenhang **Rössler,** Das Verwertungsverbot von auf unzulässige Weise erlangten Tatsachenerkenntnissen und Beweismitteln, StBp 1980, S. 169 ff.; BFH, Urteil vom 27.7.1983 - I R 210 / 79 - BStBl. 1984 II, 285; BFH, Urteil vom 20.2.1990 - IX R 83 / 88 - BStBl. 1990 II, 789.

[109] BFH, Beschluß vom 28.10.1997 - VII B 40 / 97 - BFH / NV 1998, 424 ff.; vgl. auch **Hamacher,** Kontrollmitteilungen bei Betriebsprüfungen in Banken, DB 1996, S. 2460 ff..

[110] Vgl. dazu BFH, Urteil vom 28.1.1988 - IV R 68 / 86 - BStBl. 1988 II, 449; **Lange,** in: Hübschmann / Hepp / Spitaler, AO / FGO, § 114 FGO, Anm. 17.

[111] Dazu vgl. FG Baden - Württemberg, Urteil vom 27.9.1975 - III 82 / 74 - EFG 1976, 62; FG Düsseldorf, Urteil vom 20.4.1982 - V 327 / 81 AO - EFG 1982, 604; **Brenner,** Internationale Steuerauskünfte und Rechtsschutz, FR 1989, S. 236 ff.; **Selling,** Anhörung und Rechtsschutz im Rahmen des Informationsaustausches mit dem Ausland, StBp 1988, S. 239 ff..

[112] So auch FG Düsseldorf, Urteil vom 12.4.1991 - 4 / 13 K 120 / 86 AO - EFG 1991, 711.

[113] OFD Nürnberg, Verfügung betr. Verfahrenserklärungen (Auslegung, Umdeutung) vom 23.2.1987 - OFD Nürnberg S 0622 - 155 / St 24 - Steuererlasse (C. H. Beck) Nr. 800, § 357 AO / 1, Nr. 2.1. und 2.2. (i.d.F.v. Okt. 1999).

der dem Gesetz entspricht". Dies muß erst recht dann gelten, wenn ein Verwaltungsakt mit einer zutreffenden Rechtsbehelfsbelehrung ergangen ist.

cc) Unrichtige Bezeichnung des Rechtsbehelfs

Nach § 357 Abs. 1 Satz 4 AO ist die **unrichtige Bezeichnung** des Einspruchs unschädlich.[114] Eine solche unrichtige Bezeichnung ist z.B. dann gegeben, wenn der Rechtsbehelfsführer an Stelle des Einspruchs z.B. „Widerspruch" gegen den Steuerbescheid oder die verbindliche Zusage nach § 204 AO einlegt. Entscheidend ist auf das Begehren einer menschlichen Äußerung, nicht lediglich auf den bloßen Wortlaut abzustellen. Es ist nämlich typisch für das Wesen jeder menschlichen Äußerung, daß sowohl das gesprochene als auch das geschriebene Wort in den Bedeutungszusammenhang dieser jeweiligen Äußerung - z.B. des Rechtsbehelfsbegehrens – gestellt ist. Je nach Sinnzusammenhang[115] der Äußerung variiert das Wort in seiner Bedeutung; und während es den Sinn der Äußerung mit enthüllt, erfährt es erst durch den Sinn dieser Äußerung seinen verbindlichen Wortgehalt. Qua via erlangt das Wort „Widerspruch" den Bedeutungsgehalt des Wortes „Einspruch". Die Bedeutung dieser Wechselbeziehung[116] besteht nach zutreffender Ansicht von Betti[117] demnach darin, daß sie „die Bedeutung einer sinnhaften Form im Verhältnis zwischen dem Ganzen und seinen konstitutiven Elementen" erhellt. Eine absolute Klärung bedeutet dies aber wegen der Endlichkeit menschlichen Geistes nicht. Auch Rechtssätze sind menschliche Äußerungen, die ihren Sinnzusammenhang sowohl aus der konkreten Bedeutung der einzelnen Begriffe als auch aus anderen auf sie bezogenen Rechtssätzen sowie aus dem Bedeutungsgehalt der Gesamtrechtsordnung beziehen.[118] Und wie das Wort den Sinngehalt einer gesetzgeberischen Äußerung mit enthüllt[119], so wird auch ein Rechtssatz durch einen ihm immanenten Begriff mit erschlossen. Sein eigentlicher Sinngehalt offenbart sich aber umgekehrt erst aus seiner Stellung im Gefüge der einzelnen Rechtssätze und der Gesamtrechtsordnung. Hier zeigt es sich, daß die Rechtsordnung in ihrem Idealbild nicht eine Vielheit loser Einzelnormen ist,

[114] Zutreffend verweist hier OFD Nürnberg, Verfügung betr. Verfahrenserklärungen (Auslegung, Umdeutung) vom 23.2.1987 – OFD Nürnberg S 0622 – 155 / St 24 – Steuererlasse (C. H. Beck) Nr. 800, § 357 AO / 1, Nr. 1 (i.d.F.v. Okt. 1999) darauf, daß Verfahrenserklärungen in entsprechender Anwendung des § 133 BGB wie Willenserklärungen **auszulegen** sind. Dies gilt grundsätzlich auch für Erklärungen rechtskundiger Personen. Voraussetzung ist aber, daß die Erklärungen auslegungsfähig und auslegungsbedürftig sind. Es muß also an einer eindeutigen und zweifelsfreien Erklärung des wirklich Gewollten fehlen. Es muß unklar sein, welchen Inhalt die Erklärung haben soll. **Keine** Möglichkeit für eine Auslegung besteht dann, wenn die Erklärung nach Wortlaut und Zweck einen eindeutigen Inhalt hat.

[115] Vgl. dazu z.B. BFH, Urteil vom 5.11.1953 – V 182 / 53 U – BFHE 58, 201 ff.; **Coing,** Grundzüge der Rechtsphilosophie, 2. Aufl., S. 314 ff.; **Betti,** Die Hermeneutik als allgemeine Methodik der Geisteswissenschaften, 2. Aufl., 1972, S. 15; **Gadamer,** Wahrheit und Methode, 3. Aufl., 1972, S. 309.

[116] Für das Steuerrecht wurde diese Wechselbeziehung zwischen Rechtsbegriff und Rechtssatz bisher durch den Hinweis auf die Volksanschauung, den Zweck und die wirtschaftliche Bedeutung der Steuergesetze sowie auf die Entwicklung der Verhältnisse in § 1 Abs. 2 StAnpG indiziert. Wenngleich auch der Gesetzgeber der AO 1977 den § 1 Abs. 2 StAnpG und den für ihn ursprünglich vorgesehenen § 4 Abs. 2 AO 1977 gestrichen hat (BT-Drucks. VII / 4292, S. 15, zu § 4), so bedeutet diese Streichung nicht eine de lege lata festgestellte Entbehrlichkeit jener Orientierungsdaten. Diese Gesichtspunkte sind vielmehr für den Gesetzgeber heute nicht mehr besonders erwähnenswert, weil sie inzwischen Gemeingut geworden sind.

[117] **Betti,** Zur Grundlegung einer allgemeinen Auslegungslehre, in: Festschrift f. Rabel, Bd. II, S. 102; **Betti,** Die Hermeneutik als allgemeine Methodik der Geisteswissenschaften, 2. Aufl., 1972, S. 15 f..

[118] **Engisch,** Einführung in das juristische Denken, S. 79; spricht hier von einer „mannigfaltigen Bezüglichkeit auf die anderen Bestandteile des gesamten Rechtssystems".

[119] Vgl. z.B. den Begriff Klagebegehren. Mit seinem Klagebegehren gibt der Kläger kund, was er erreichen möchte. Gleichzeitig erschließt er damit den Streitgegenstand i.S. des § 65 Abs. 1 Satz 1 FGO. Das gleiche meint wohl auch **Gräber,** FGO, 1977, § 43 Anm. 1, wenn er eine – wohl nicht gegebene – Begriffsgleichheit von Klagebegehren und Streitgegenstand annimmt. Zu diesem Problem vgl. auch **Mösbauer,** Der Streitgegenstand im Steuerprozeß, 1975, S. 196 ff..

sondern eine Einheit vieler – mehr oder minder gut – aufeinander abgestimmter Rechtssätze.[120]

dd) Nichtbezeichnung des Rechtsbehelfs

Nicht erforderlich ist, daß der Rechtsbehelfsführer seinen Rechtsbehelf überhaupt als solchen **bezeichnet.** Es ist vielmehr ausreichend, wenn aus dem Vorbringen des Rechtsbehelfsführers zu erkennen ist, daß er sich z.B. durch den Steuerbescheid des Finanzamtes oder eine verbindliche Zusage nach § 204 AO[121] beschwert fühlt und daher dessen / deren Nachprüfung begehrt. Das auf Nachprüfung gerichtete Begehren darf noch nicht **„verbraucht"** sein, d.h. es darf noch kein Rechtsbehelfsverbrauch durch wirksamen **Verzicht** nach § 354 AO oder durch wirksame **Rücknahme** nach § 362 AO eingetreten sein. Verzicht ist eine verfahrensgestaltende Willenserklärung. Sie kann nach ihrem Zugang nicht mehr zurückgenommen oder wegen Irrtums angefochten werden. Nicht endgültig ist demgegenüber die Rücknahme. Daher kann in ihrem Falle innerhalb der Einspruchsfrist erneut Einspruch eingelegt werden. Denn nach § 362 Abs. 2 Satz 1 AO hat die Rücknahme lediglich den Verlust des – ersten – eingelegten – und zurückgenommenen – Einspruchs zur Folge.

ee) Antrag auf „schlichte Änderung"

Stellt der Rechtsbehelfsführer lediglich einen Antrag auf sog. **„schlichte Änderung",** so wird dieser Antrag von der Finanzbehörde regelmäßig als Einspruch gegen den Steuerbescheid oder eine verbindliche Zusage nach § 204 AO behandelt. Dies hat seinen Grund darin, daß derartige Anträge den Ablauf der Rechtsbehelfsfrist **nicht hemmen.**[122] Das aber würde bedeuten, daß bei solchen Anträgen auf sog. schlichte Änderung die Änderung, z.B. nach § 172 Abs. 1 Satz 1 Nr. 2 Buchst. a AO[123], vor Unanfechtbarkeit durchgeführt werden müßte. Sodann müßte der geänderte Bescheid ebenfalls noch vor Unanfechtbarkeit des ursprünglichen Bescheids bekanntgegeben werden. Dies läßt sich aber schon aus zeitlichen Gründen nicht realisieren; weder im manuellen noch im maschinellen Verfahren.
Die Möglichkeit, einen Antrag auf schlichte Änderung nach § 172 Abs. 1 Satz 1 Nr. 2 Buchst. a AO zu stellen, beseitigt nicht das Rechtsschutzbedürfnis für einen Einspruch. Denn dieser wahrt die Rechte des Steuerpflichtigen umfassender als jener Antrag.[124] Wendet sich daher ein Steuerpflichtiger gegen denselben Verwaltungsakt sowohl mit einem Einspruch als auch mit einem Antrag auf schlichte Änderung, so „ist nur das Einspruchsverfahren durchzuführen"[125].

b) Einspruchsbefugnis

aa) § 350 AO

---

[120] Vgl. in diesem Zusammenhang **Mösbauer,** Das Steuerrecht – Auf der Suche nach dem System, DStR 1975, S. 679 ff.; **Mösbauer,** Gedanken zur Rechtsbesinnung, Rechtstheorie 1976, S. 67 ff..

[121] Dazu vgl. **Mösbauer,** Verbindliche Zusagen im Anschluß an eine Außenprüfung, StBp 2000, S. 289 ff..

[122] So auch AEAO (i.d.F. BMF – Schr. v. 14.2.2000 – BStBl. 2000 I, S. 190, ber. S. 495) Vor § 347 AO, Nr. 1 Satz 2 Alt. 1. Im Unterschied zu den **Korrekturanträgen** (§§ 129 bis 132 AO, 172 bis 177 AO) hindert der förmliche Rechtsbehelf des Einspruchs den Eintritt der formellen und materiellen Bestandskraft.

[123] Zutreffend weist AEAO (i.d.F. BMF – Schr. v. 14.2.2000 – BStBl. 2000 I, S. 190, ber. S. 495) zu § 347 AO, Nr. 2 Satz 3 darauf hin, daß gegen Entscheidungen über die schlichte Änderung (§ 172 Abs. 1 Satz 1 Nr. 2 Buchst. a AO) ebenfalls der Einspruch gegeben ist.

[124] Vgl. dazu AEAO (i.d.F. BMF – Schr. v. 14.2.2000 – BStBl. 2000 I, S. 190, ber. S. 495) zu § 350 AO, Nr. 6 Satz 4 i.V.m. AEAO (i.d.F. BMF – Schr. v. 14.2.2000 – BStBl. 2000 I, S. 190, ber. S. 495) vor § 347 AO, Nr. 1. Bestätigend auch BFH, Urteil vom 27.9.1994 – VIII R 36 / 89 – DStZ 1995, 511.

[125] AEAO (i.d.F. BMF – Schr. v. 14.2.2000 – BStBl. 2000 I, S. 190, ber. S. 495) zu § 350 AO, Nr. 6 Satz 5.

Befugt, einen Einspruch z.B. gegen den Steuerbescheid oder eine verbindliche Zusage nach § 204 AO **einzulegen,** ist nach § 350 AO nur, wer geltend macht, durch den Verwaltungsakt **beschwert**[126] zu sein[127]. Einen Einspruch im Rahmen der Außenprüfung können nicht nur diejenigen Steuerpflichtigen einlegen, für die der Verwaltungsakt bestimmt ist, sondern auch diejenigen, die von ihm betroffen werden.[128]
Diese Einspruchsbefugnis wird nicht dadurch verwirkt, daß sich der Rechtsbehelfsführer zunächst widerspruchslos auf die Außenprüfung eingelassen hat.[129]
Werden **Gesellschafter** oder **Mitglieder einer Gesellschaft** nach § 194 Abs. 2 AO durch eine besondere Anordnung in die Prüfung miteinbezogen, so können sie geltend machen, durch diese Erstreckungsanordnung beschwert zu sein.[130]
Die steuerlichen Verhältnisse von **Gesellschaftern einer Personengesellschaft** können nach § 194 Abs. 1 Satz 3 AO in die Außenprüfung der Gesellschaft mit einbezogen werden, insoweit diese Verhältnisse für die zu überprüfenden einheitlichen Feststellungen von Bedeutung sind. Die Prüfungsanordnung richtet sich in diesem Fall aber **nicht** gegen die Gesellschafter, sondern unmittelbar gegen die Gesellschaft. Die **Gesellschafter** sind nicht unmittelbar beschwert. Eine **Anfechtung** durch sie kann deshalb **nicht in Betracht** kommen[131].

bb) **Geltendmachung** der Rechtsverletzung

Die **Geltendmachung** der Rechtsverletzung erfordert, daß der beteiligten[132]- und handlungsfähige[133] Einspruchsführer Tatsachen[134] substantiiert und schlüssig vorträgt, aus denen sich – ihre tatsächliche Richtigkeit unterstellt – ergibt, daß der Verwaltungsakt den Einspruchsführer in seinen Rechten[135] verletzt. Der Einspruchsführer braucht diese Tatsachen bei Einlegung des Einspruchs noch nicht zu beweisen. Ergibt sich aus den vorgetragenen Tatsachen, daß der Verwaltungsakt den Einspruchsführer in seinen Rechten gar nicht verletzen kann, so ist der Einspruch unzulässig. Daraus folgt, daß der Einspruch auf Grund der finanzbehördlichen Prüfung nach § 358 Satz 1 AO wegen des fehlenden Erfordernisses der Zulässigkeit nach § 358 Satz 2 AO als unzulässig verworfen wird.
Die Rechtsverletzung oder die Ermessenswidrigkeit[136] muß sich zu Beginn des Einspruchsverfahrens aus dem Vortrag des Einspruchsführers ergeben. Es ist für die

---

[126] Vgl. dazu **Birk,** Steuerrecht, 7. Aufl., 2004, S. 159, RdNr. 499.
[127] Vgl. in diesem Zusammenhang BFH, Urteil vom 26.2.1976 – VIII R 15 / 73 – BStBl. 1976 II, 492; BFH, Urteil vom 20.7.1988 – I R 174 / 85 – BStBl. 1989 II, 87. Vgl. auch BFH, Urteil vom 16.12.1997 – VII R 30 / 97 – BStBl. 1998 II, 319 (Abschn. 2 a).
[128] Bestätigend AEAO (i.d.F. BMF – Schr. v. 14.2.2000 – BStBl. 2000 I, S. 190, ber. S. 495) zu § 350 AO, Nr. 5.
[129] Vgl. dazu BFH, Urteil vom 7.11.1985 – IV R 6 / 85 – BStBl. 1986 II, 435.
[130] So auch **Schick,** in: Hübschmann / Hepp / Spitaler, AO / FGO, § 196 AO, Anm. 339.
[131] So auch **Schick,** in: Hübschmann / Hepp / Spitaler, AO / FGO, § 196 AO, Anm. 340.
[132] Beteiligter eines Rechtsbehelfsverfahrens kann nur sein, wer auch **steuerrechtsfähig** ist.
[133] Die Handlungsfähigkeit ist die Fähigkeit, wirksam Verfahrenshandlungen vornehmen zu können.
[134] Nach § 364 b Abs. 1 AO kann die Finanzbehörde dem Einspruchsführer eine **Frist** setzen: Zur Angabe der **Tatsachen,** durch deren Berücksichtigung oder Nichtberücksichtigung er sich beschwert fühlt (Nr. 1), zur Erklärung über bestimmte **klärungs**bedürftige Punkte (Nr. 2), sowie zur Bezeichnung von **Beweismitteln** oder zur Vorlage von Urkunden, soweit er dazu verpflichtet ist (Nr. 3).
Die Fristsetzung gegenüber dem Einspruchsführer, nicht auch gegenüber dem Hinzugezogenen des § 360 AO, hat ausschließende Wirkung und soll dem Mißbrauch des Rechtsbehelfsverfahrens zu rechtsbehelfsfremden Zwecken entgegenwirken. Vgl. dazu OFD München, Verfügung betr. Fristsetzung nach § 364 b AO vom 24.7.1996 – OFD München S 0622 – 51 St 312 – Steuererlasse (C. H. Beck) Nr. 800, § 364 b AO / 1 (i.d.F.v. Okt. 1999).
[135] Dazu vgl. **Birk,** Steuerrecht, 7. Aufl., 2004, S. 159, RdNr. 499.
[136] Vgl. dazu AEAO (i.d.F. BMF – Schr. v. 14.2.2000 – BStBl. 2000 I, S. 190, ber. S, 435) zu § 350 AO, Nr. 1 Satz 1 Halbs. 1.

Zulässigkeit des Verfahrens irrelevant, ob sich im Laufe des Verfahrens ergibt, daß doch keine Rechtsverletzung vorliegt. Dies ist schließlich eine Frage der Begründetheit des Einspruchs.[137]

cc) Geltendmachung der Verletzung von **Rechten**

Der Einspruchsführer muß geltend machen, durch den Verwaltungsakt in **Rechten** verletzt zu sein, d.h. in einer Rechtsposition, die von der Rechtsordnung[138] ihm zuerkannt worden ist. Die Rechtsposition muß also i.d.R. verschlechtert worden sein. Verschlechterung der wirtschaftlichen Position reicht regelmäßig nicht aus. Eine solche Verletzung von Rechten kommt in **Ermessens**fällen, wie z.B. bei der verbindlichen Zusage nach § 204 AO, insbesondere dann in Betracht, wenn „zu Lasten des Betroffenen die gesetzlichen Grenzen des Ermessens überschritten worden sind oder wenn von dem Ermessen in einer dem Zweck der Ermächtigung nicht entsprechenden Weise Gebrauch gemacht worden ist."[139] Häufig wird in der Verwaltungspraxis das Ermessen erstmals durch die Rechtsbehelfsstelle betätigt. Ein solches procedere stellt, obgleich keine Ermessensüberschreitung und kein Ermessensfehler vorliegen, ohne Zweifel die intensivste Form der Rechtsverletzung dar. Eine Verletzung von Rechten ist auch bei Ermessenswidrigkeit gegeben, nämlich dann, wenn das Ermessen zwar fehlerfrei, aber gemessen an dem Ermessensspielraum, nicht optimal ausgeübt wird.

dd) Geltendmachung der Verletzung **eigener** Rechte

Der Einspruchsführer muß weiter geltend machen, durch den Verwaltungsakt in **seinen** Rechten verletzt zu sein. Damit ist festgestellt, daß Einspruch nur der einlegen kann, der sich selbst verletzt glaubt.
Dies schließt zugleich ein sog. „Popularbegehren" aus. Denn es ist nicht Sache des einzelnen Bürgers, über die Einhaltung des formellen und materiellen Steuerrechts zu wachen. Dies ist der Finanzverwaltung aufgegeben.

ee) Geltendmachung der Rechts**verletzung**

Der Einspruchsführer muß schließlich noch geltend machen, daß der Verwaltungsakt seine Rechte **verletze,** mithin also rechtswidrig sei. Dies erfordert die Darlegung eines Verstoßes gegen eine objektive Rechtsnorm.
Nach AEAO[140] ist eine Beschwer auch dann schlüssig geltend gemacht, wenn der Einspruchsführer eine günstigere Ermessensentscheidung begehrt. Aus nicht gesondert festgestellten Besteuerungsgrundlagen (§ 157 Abs. 2 AO) ergibt sich keine Beschwer.

ee) Geltendmachung der Rechtsverletzung durch einen **Verwaltungsakt**

Der Einspruchsführer muß schließlich noch geltend machen, daß die Rechtsverletzung durch den Tenor[141] eines **Verwaltungsaktes** erfolgt ist. Die verbindliche Zusage nach § 204 AO ist

---

[137] Vgl. dazu BFH, Urteil vom 8.11.1972 – I R 257 / 71 – BStBl. 1973 II, 120; BFH, Urteil vom 12.4.1967 – VI 389 / 65 – BStBl. 1967 III, 382 f..

[138] Es muß sich hier nicht zwingend um ein Gesetz handeln; eine **Verwaltungsvorschrift,** an die die Finanzbehörde gebunden ist, ist ausreichend. Ausreichend ist auch eine Ermessenswidrigkeit.

[139] **Tipke / Kruse,** AO / FGO, § 350 AO, Tz. 2.

[140] AEAO (i.d.F. BMF – Schr. v. 14.2.2000 – BStBl. 2000 I, S. 190, ber. S. 435) zu § 350 AO, Nr. 1 Satz 1 Halbs. 2 und Satz 2.

[141] BFH, Urteil vom 27.1.1972 – IV R 157 / 71 – BStBl. 1972 II, 465. Vgl. auch BFH, Urteil vom 4.4.1974 – IV R 7 / 71 – BStBl. 1974 II, 522; BFH, Urteil vom 26.11.1974 – VIII R 258 / 72 – BStBl. 1975 II, 206; BFH,

ein solcher Verwaltungsakt i.S. des § 118 Satz 1 AO. Sie muß daher, nach dem Vortrag des Einspruchsführers objektiv rechtswidrig sein und ihn, subjektiv, in seinen Rechten verletzen.[142]
Wird der angefochtene Verwaltungsakt geändert oder ersetzt, so wird der **neue** Verwaltungsakt nach § 365 Abs. 3 Satz 1 AO **Gegenstand** des Einspruchsverfahrens.[143] Dies gilt entsprechend, wenn ein Verwaltungsakt wegen einer offenbaren Unrichtigkeit nach § 129 AO berichtigt wird, oder wenn ein Verwaltungsakt an die Stelle des angefochtenen – z.B. wegen eines Bekanntgabemangels – unwirksamen Verwaltungsaktes tritt (§ 365 Abs. 3 Satz 2 AO). Der neue Verwaltungsakt muß aber innerhalb der Festsetzungsfrist wirksam geworden sein.[144]
Wenn aber der neue – geänderte – Bescheid Gegenstand des Einspruchsverfahrens wird, braucht der Steuerpflichtige nicht erneut die Rechtsverletzung durch einen Verwaltungsakt geltend zu machen. Um dies klarzustellen und um unnötige – weitere – Einsprüche zu vermeiden, wird der geänderte Bescheid von dem Finanzamt mit dem „programmierten Erläuterungstext 707" versehen: „Dieser Bescheid tritt an die Stelle des angefochtenen Bescheides vom ... . Der Einspruch ist hierdurch nicht erledigt, das Verfahren wird fortgesetzt. Eines weiteren Einspruchs bedarf es nicht." Würde der Einspruchsführer gleichwohl erneut Einspruch einlegen, so wäre der erneut eingelegte Einspruch unzulässig.[145]

c) Einlegung des Einspruchs

aa) Formen des Einspruchs

Der Einspruch des Rechtsbehelfsführers gegen den Verwaltungsakt ist nach § 357 Abs. 1 Satz 1 Alt. 1 AO entweder **schriftlich** einzureichen, nach § 357 Abs. 1 Satz 1 Alt. 2 AO **zur Niederschrift** zu erklären oder nach § 357 Abs. 1 Satz 3 AO durch **Telegramm** einzulegen. Unzulässig ist die Einlegung des Einspruchs durch Telefon[146] oder die fernmündliche Erklärung des Einspruchs zur Niederschrift[147]; unwirksam ist die Einlegung unter einer Bedingung.[148]
Schriftlich ist der Einspruch gegen den Verwaltungsakt dann eingereicht, wenn sich der Inhalt des Einspruchs aus einem vom Einspruchsführer herrührenden Schriftstück ergibt. Dazu ist erforderlich, daß aus dem Schriftstück zwingend hervorgeht, wer den Rechtsbehelf eingelegt hat und daß eine Nachprüfung und / oder Änderung des Verwaltungsakts begehrt wird. Das Einspruchsschreiben soll nach § 357 Abs. 3 Satz 1 AO ferner den Verwaltungsakt genau bezeichnen, angeben, inwieweit dieser angefochten wird und eine Begründung

---

Urteil vom 12.12.1972 – VIII R 39 / 67 – BStBl. 1973 II, 323. Vgl. noch **Ritzer,** Beschwerde bei unrichtiger Bilanzierung, BB 1976, S. 1022.

[142] Vgl. dazu BFH, Urteil vom 16.10 1952 – IV 376 / 51 S – BStBl. 1952 III, 298.

[143] Vgl. dazu z.B. BFH, Urteil vom 4.11.1999 – V R 35 / 98 – BStBl. 2000 II, 454; ferner OFD Hannover, Verfügung betr. Erlaß geänderter Verwaltungsakte während des Einspruchsverfahrens vom 8.1.1997 – OFD Hannover S 0625 – 1 – StO 321 / S 0625 – 1 – StH 551 – Steuererlasse (C. H. Beck) Nr. 800, § 365 AO / 2, Nr. 2.2. (i.d.F.v. Okt. 1999).

[144] BFH, Urteil vom 16.5.1990 – X R 147 / 87 – BStBl. 1990 II, 942.

[145] Vgl. dazu OFD Hannover, Verfügung betr. Erlaß geänderter Verwaltungsakte während des Einspruchsverfahrens vom 8.1.1997 – OFD Hannover S 0625 – 1 – StO 321 / S 0625 – 1 – StH 551 – Steuererlasse (C. H. Beck) Nr. 800, § 365 AO / 2, Nr. 2.2. (i.d.F.v. Okt. 1999).

[146] Bestätigend BFH, Urteil vom 3.12.1953 – IV 256 / 53 U – BStBl. 1954 III, 27 a. E.; BFH, Urteil vom 10.7.1964 – III 120 / 61 U – BStBl. 1964 III, 590; BVerwG, Urteil vom 22.11.1963 – IV C 76 / 63 – NJW 1964, 831.

[147] Die gilt auch für den Fall, daß der zuständige Finanzbeamte bereit war, den Inhalt des Gesprächs in einer Aktennotiz festzuhalten. Dazu BFH, Urteil vom 10.7.1964 – III 120 / 61 U – BStBl. 1964 III, 590; a.A. FG Münster, Urteil vom 30.4.1975 – VII 634 / 75 E – EFG 1975, 497.

[148] **Keine** solche Bedingung liegt vor, wenn der Einspruch **vorsorglich** eingelegt wird.

enthalten. Ein Verstoß hiergegen beeinflußt die Wirksamkeit des Einspruchs aber nicht. Denn auch im Einspruchsverfahren gilt der Untersuchungsgrundsatz des § 88 AO. Die Finanzbehörde hat den angefochtenen Verwaltungsakt zu überprüfen. Art und Umfang dieser Überprüfung sind zwar durch das Vorbringen und die Beweisanträge des Einspruchsführers determiniert. Die Finanzbehörde ist aber daran nicht gebunden. In der Regel wird die Finanzbehörde den Intentionen des Einspruchsführers entgegenkommen und die schriftlichen Äußerungen zu seinen Gunsten auslegen oder zumindest (um)deuten.
Soweit der Rechtsbehelfsführer nach § 357 Abs. 1 Satz 3 AO zulässigerweise Einspruch durch **Telegramm** einlegt, ist die Schriftform auch dann gewahrt, wenn das Telegramm fernmündlich aufgegeben worden ist. Hier manifestiert sich das Wesen des Einspruchs als einer empfangsbedürftigen Willenserklärung des Verfahrensrechts, die im – öffentlichen – Interesse der Finanzbehörde, anders als es z.B. ein Telefongespräch ist, erfaßbar und nachweisbar sein muß. Diese Erfaßbarkeit und Nachweisbarkeit ist nach zutreffender Feststellung des BFH[149] selbst dann noch gegeben, wenn der Inhalt eines durch Fernsprecher aufgegebenen Telegramms innerhalb der Frist des § 18 Abs. 1 Telegramm O durch Fernsprecher zugesprochen wird und ein dazu bereiter und befugter Mitarbeiter der zuständigen Finanzbehörde eine Niederschrift anfertigt. Die Rechtsprechung zeigt also, daß es in concreto darauf ankommt, daß das Rechtsschutzbegehren erfaßbar[150] wird. Auf den Eingang des Telegrammformulars kommt es mithin also nicht an.
Dem Erfordernis der Erklärung **zur Niederschrift** ist dann entsprochen, wenn der Rechtsbehelfsführer seinen Einspruch gegen den Verwaltungsakt von der Finanzbehörde a quo aufnehmen läßt und der aufnehmende Beamte die Niederschrift unterzeichnet. Wesensgemäß ist eine Aufnahme des Einspruchs durch Fernsprecher nicht zulässig.[151] Nicht erforderlich ist, daß auch der Rechtsbehelfsführer die Niederschrift unterschreibt (§ 357 Abs. 1 Satz 2 AO).[152]
Die Schriftform für einen Einspruch ist auch bei einer Einlegung durch **Telefax** gewahrt.[153] Dies gilt auch für **Fernschreiben** oder **Telebrief.** Im Unterschied zur Klage braucht der Einspruch nicht unterschrieben zu sein.
Der Rechtsbehelfsführer kann nach § 362 Abs. 1 Satz 1 AO den Einspruch bis zur Bekanntgabe der Entscheidung über den Einspruch zurücknehmen. Keiner solchen Rücknahme bedarf es dann, wenn der Rechtsbehelfsführer seinen Einspruch widerruft, **bevor** er bei der zuständigen Finanzbehörde eingeht.

bb) Ort der Anbringung

Der Einspruch des Rechtsbehelfsführers ist nach § 357 Abs. 2 Satz 1 Alt. 1 AO bei der Finanzbehörde anzubringen, die den angefochtenen Verwaltungsakt **erlassen** hat. Die schriftliche Anbringung des Einspruchs bei einer anderen Behörde ist nach § 357 Abs. 2 Satz 4 AO unschädlich, wenn der Einspruch vor Ablauf der Rechtsbehelfsfrist der nach § 357 Abs.

---

[149] BFH, Urteil vom 3.12.1953 – IV 256 / 53 U – BStBl. 1954 III, 27.
[150] Darauf weist auch § 357 Abs. 1 Satz 2 AO hin, wonach aus dem Schriftstück hervorgehen muß, wer den Rechtsbehelf eingelegt hat.
[151] Vgl. dazu BFH, Urteil vom 10.7.1964 – III 120 / 61 U – BStBl. 1964 II, 590; vgl. in diesem Zusammenhang auch BFH, Urteil vom 11.8.1971 – VIII 7 / 65 – BStBl. 1972 II, 2.
[152] So auch BVerwG, Urteil vom 17.10.1968 – II C 112 / 65 – BVerwGE 30, 274.
[153] So ausdrücklich AEAO (i.d.F. BMF – Schr. v. 14.2.2000 – BStBl. 2000 I, S. 190, ber. S. 435) zu § 357 AO, Nr. 1; vgl. auch OFD München, Verfügung betr. Bekanntgabe von Verwaltungsakten und sonstigen Schriftstücken per Telefax vom 24.3.1993 – S 0284 – 29 / 2 St 312 – Steuererlasse (C. H. Beck) Nr. 800, § 122 / 4.

2 Satz 1 AO zuständigen Behörde **übermittelt** wird.[154] Über den Einspruch entscheidet die Finanzbehörde, die den Verwaltungsakt erlassen hat (§ 367 Abs. 1 Satz 1 AO).

cc) Mangel der Form

Nach § 358 Satz 1 AO hat die zur Entscheidung über den Einspruch des Rechtsbehelfsführers berufene Finanzbehörde zu prüfen, ob der Einspruch zulässig , insbesondere in der vorgeschriebenen Form eingelegt ist. Mangelt es an dem Erfordernis der Form, so ist der Einspruch als unzulässig zu **verwerfen** (§ 358 Satz 2 AO).

d) Einspruchsfrist

aa) § 355 Abs. 1 Satz 1 AO

Der Einspruch nach § 347 Abs. 1 Satz 1 AO ist **regelmäßig** innerhalb eines Monats nach **Bekanntgabe** des Verwaltungsaktes[155] einzulegen (§ 355 Abs. 1 Satz 1 AO). Die Frist für die Einlegung **beginnt** somit, sobald der Verwaltungsakt dem Adressaten oder dessen Vertreter oder Bevollmächtigten[156] **bekanntgegeben** oder **zugestellt** worden ist oder als bekanntgegeben oder zugestellt **gilt** (§§ 355 Abs. 1 Satz 1, 122 Abs. 2[157] und 5 AO).[158] Verwaltungsakte bedürfen nach § 122 Abs. 5 Satz 1 AO der Zustellung nur, wenn dies gesetzlich vorgeschrieben oder behördlich angeordnet wird, z.B. weil sie **außerhalb**[159] der Bundesrepublik bekanntgegeben werden sollen. Wird der Verwaltungsakt durch **einfachen Brief** zugesendet, oder durch **eingeschriebenen Brief** zugestellt, also durch die Post[160] im Geltungsbereich der AO übermittelt, so gilt er nach § 122 Abs. 2 Halbs. 1 Nr. 1 AO am dritten Tag **nach** der Aufgabe zur Post als bekanntgegeben, außer wenn er nicht oder zu einem späteren Zeitpunkt zugegangen ist. Bei Zustellung durch Postzustellungsurkunde bzw. gegen Empfangsbekenntnis ist Tag der Bekanntgabe der Tag der Zustellung. Der Tag der Aufgabe zur Post wird durch das Datum des Poststempels dokumentiert. Bestreitet der Rechtsbehelfsführer den Zugang des Verwaltungsakts, so trägt nach § 122 Abs. 2 Halbs. 2 Alt. 1 AO die Finanzbehörde hierfür die **Beweislast.**[161] Behauptet der Rechtsbehelfsführer

---

[154] So auch AEAO (i.d.F. BMF – Schr. v. 14.2.2000 – BStBl. 2000 I, S. 190, ber. S. 435) zu § 357 AO, Nr. 2. Der Steuerpflichtige trägt jedoch das Risiko der rechtzeitigen Übermittlung.

[155] Zum Sonderproblem der „Aufgabe des Bekanntgabewillens" vgl. OFD München, Verfügung betr. Aufgabe des Bekanntgabewillens bei Zentralversand von Steuerverwaltungsakten vom 11.7.1997 – S 0284 – 10 / 28 St 312 – Steuererlasse (C. H. Beck) Nr. 800, § 124 / 1.

[156] Dazu vgl. z.B. OFD Frankfurt a. M., Verfügung betr. Aufforderung zur Benennung eines inländischen Empfangsbevollmächtigten vom 17.12.1993 – S 0285 A – 1 – St II 42 – Steuererlasse (C. H. Beck) Nr. 800, § 123 / 1 (zu den Voraussetzungen für die Aufforderung, den Formerfordernissen und der Fristsetzung sowie den Rechtsfolgen bei Benennung und Nichtbenennung).

[157] ... in der ab 1.1.1987 gültigen Neufassung des Gesetzes vom 19.12.1985 – BGBl. 1985 I, 2436.

[158] Vgl. dazu schon BdF, Schreiben zum Anwendungserlaß zur AO (AEAO) vom 18.1.1990 – IV A 5 – S 0062 – 1 / 90 – zu § 355 AO – BStBl. 1990 I, S. 52; BFH, Urteil vom 6.9.1989 – II R 233 / 85 – BStBl. 1990 II, 108 ff.; nunmehr AEAO (i.d.F. BMF – Schr. v. 14.2.2000 – BStBl. 2000 I, S. 190, ber. S. 435) zu § 122 AO.

[159] Soll ein Verwaltungsakt einem Empfänger **außerhalb** des Geltungsbereichs der AO bekanntgegeben werden, so ist nach § 122 Abs. 2 Nr. 2 AO, § 123 AO, § 14 VwZG oder § 15 VwZG zu verfahren. Dazu vgl. FG Baden – Württemberg, Verfügung betr. Bekanntgabe von Verwaltungsakten an Empfänger außerhalb des Geltungsbereichs der Abgabenordnung, Stand: 1.1.1991 – Steuererlasse (C. H. Beck) Nr. 800, § 122 / 3.

[160] Die Bekanntgabefiktion des § 122 Abs. 2 AO gilt trotz der **Strukturänderungen** im Bereich der Post unverändert weiter. Vgl. dazu auch OFD Magdeburg, Verfügung betr. Bekanntgabe von Verwaltungsakten durch die Post vom 26.2.1998 – S 0284 – 9 – St 251 – Steuererlasse (C. H. Beck) Nr. 800, § 122 / 5.

[161] Der **Beweis** kann nach den allgemeinen Beweisregeln erfolgen, insbesondere auch denen des Indizienbeweises. Dabei sind nicht nur die Verhaltensweisen des Steuerpflichtigen frei zu würdigen, sondern es sind auch die Umstände zu berücksichtigen, die gegen die Glaubwürdigkeit der – unsubstantiierten – Behauptung des Steuerpflichtigen über den **Nichtzugang** des Verwaltungsaktes sprechen. So auch OFD

substantiiert, der Verwaltungsakt sei **später** als am dritten Tag nach der Aufgabe zur Post zugegangen, so hat er zwar diese Behauptung durch nähere Angaben glaubhaft zu machen, die Finanzbehörde hat aber nach § 122 Abs. 2 Halbs. 2 Alt. 2 AO den Zeitpunkt des Zugangs **nachzuweisen.**[162] Vereinbart ein als Prozeßbevollmächtigter tätiger Rechtsanwalt mit einem in seinem Zustellbezirk eingesetzten Postzusteller, an Samstagen die an sein Büro adressierten Postsendungen wieder mitzunehmen, falls das Büro nicht besetzt ist, und sie erst am darauf folgenden Werktag auszuliefern, kann er sich als eine geschäftlich für Dritte Rechtsangelegenheiten wahrnehmende Person nicht darauf berufen, ihm sei eine mit einfachem Brief bekannt gegebene Einspruchsentscheidung nicht innerhalb der Drei-Tages-Frist des § 122 Abs. 2 Nr. 1 AO zugegangen.[163]
Für die Fristberechnung gelten nach § 108 Abs. 1 AO die Vorschriften der §§ 187 bis 193 BGB entsprechend, soweit § 108 Abs. 2 bis 5 AO nichts anderes bestimmt. Somit beginnt die Frist mit Ablauf des Tages, an dem der Verwaltungsakt bekanntgegeben ist bzw. als bekanntgegeben gilt.
Die **Dauer** der Frist beträgt nach § 355 Abs. 1 AO regelmäßig einen Monat[164]. Die Frist **endet** nach § 188 BGB um 24 Uhr des letzten Tages der Frist. Ist dies ein Samstag, Sonntag oder Feiertag, so verlängert sich die Frist bis zum nächsten Werktag.
Die Rechtsbehelfsfrist ist gewahrt, wenn der Einspruch des Rechtsbehelfsführers bis zum Ablauf der Frist, d.h. spätestens am letzten Tag der Frist, 24 Uhr, der zuständigen Behörde zugeht. Wird der ursprüngliche Verwaltungsakt während der Rechtsbehelfsfrist korrigiert, so läuft diesbezüglich die Frist nicht mehr. Die Frist des korrigierenden Verwaltungsaktes bestimmt sich nach den allgemeinen Vorschriften des § 355 AO. Wird der korrigierende Verwaltungsakt seinerseits wieder aufgehoben, so tritt der ursprüngliche Verwaltungsakt wieder in Kraft, mit der Folge, daß für diesen die Rechtsbehelfsfrist mit dem Tag der Aufhebung neu zu laufen beginnt. Tritt Gesamtrechtsnachfolge ein, wirkt die Wahrung der Rechtsbehelfsfrist zugunsten, die Versäumung zu ungunsten des Rechtsnachfolgers. Die Frist beginnt mit der Bekanntgabe an den Rechtsvorgänger zu laufen. Sie endet folglich auch mit dem Fristablauf für den Rechtsvorgänger.

bb) Vorliegen der Rechtsbehelfsbelehrung

Dieser Regelfall ist nach § 356 Abs. 1 AO immer nur dann gegeben, wenn der Rechtsbehelfsführer über den Einspruch und die Finanzbehörde, bei der er einzulegen ist, deren Sitz und die einzuhaltende Frist schriftlich **belehrt** worden ist.[165] Denn nur in diesem Fall beginnt die Frist für die Einlegung des Einspruchs.

Hannover, Verfügung betr. Zugang eines Verwaltungsakts vom 6.3.1990 – S 0284 – 80 – StH 421 / S 0284 – 43 – StO 421 – Steuererlasse (C. H. Beck) Nr. 800, § 122 / 2 Nr. 1.

[162] Die Behauptung des **späteren** Zugangs eines Verwaltungsaktes wird z.B. durch Poststempel, Briefumschlag und Eingangsvermerk **substantiiert.** Diese Mitwirkungspflicht des Adressaten ist dadurch gerechtfertigt, daß die lediglich schlüssig vorzubringenden Tatsachen im Kenntnisbereich des Steuerpflichtigen liegen. Die schlüssige Darlegung eines atypischen Geschehensablaufs durch den Steuerpflichtigen begründet ihrerseits die volle **Beweispflicht** der Behörde (§ 122 Abs. 2 AO: ... im Zweifel ... hat die Behörde ... nachzuweisen). So auch OFD Hannover, Verfügung betr. Zugang eines Verwaltungsakts vom 6.3.1990 – S 0284 – 80 – StH 421 / S 0284 – 43 – StO 421 – Steuererlasse (C. H. Beck) Nr. 800, § 122 / 2 Nr. 2, unter ausdrücklicher Bezugnahme auf BFH, Urteil vom 7.11.1985 – V R 3 / 83 – BFH / NV 1987, 274.

[163] So zutreffend BFH, Urteil vom 9.12.1999 – III R 37 / 97 – BStBl. 2000 II, 175.

[164] Vgl. in diesem Zusammenhang BFH, Urteil vom 6.7.1983 – I R 177 / 80 – BFHE 139, 218.

[165] Vgl. OFD Hannover, Verfügung betr. Erteilung von Belehrungen über außergerichtliche Rechtsbehelfe vom 11.3.1991 – OFD Hannover S 0622 – 221 – StO 421 / S 0622 – 347 – StH 421 – Steuererlasse (C. H. Beck) Nr. 800,§ 356 AO / 1, Nr. 1.2. (i.d.F.v. Okt. 1999).
Die Jahresfrist gilt aber nicht mehr, sobald die Rechtsbehelfsbelehrung **nachgeholt** oder **richtiggestellt** wird. Mit der nachträglichen Bekanntgabe der zutreffenden Rechtsbehelfsbelehrung beginnt die normale Rechtsbehelfsfrist zu laufen. Auf diese Rechtsfolge muß das Finanzamt den Beteiligten ausdrücklich hinweisen.

cc) Unterbliebene oder unrichtige Rechtsbehelfsbelehrung

Ist dem Verwaltungsakt **keine Rechtsbehelfsbelehrung** beigefügt oder ist diese **unrichtig** erteilt, so ist die Einlegung des Einspruchs nach § 356 Abs. 2 Satz 1 AO binnen eines Jahres seit Bekanntgabe des Verwaltungsaktes zulässig.[166] Ausgenommen ist nur der Fall, daß die Einlegung vor Ablauf der Jahresfrist infolge höherer Gewalt unmöglich war oder eine schriftliche Belehrung dahin erfolgt ist, daß ein Rechtsbehelf nicht gegeben sei. In diesem Fall ist die Jahresfrist in ihrem Ablauf **gehemmt** (§ 356 Abs. 2 Satz 2 AO i.V. mit § 110 Abs. 2 AO sinngemäß). Das bedeutet, daß – für den Fall **höherer Gewalt** – der Einspruchsführer innerhalb eines Monats nach Wegfall des Hindernisses Einspruch gegen den Verwaltungsakt einlegen kann (§ 356 Abs. 2 Satz 2 AO i.V. mit § 110 Abs. 2 Satz 1 AO sinngemäß).[167] Die Tatsachen für die Ablaufhemmung sind bei Einlegung des Einspruchs oder im Einspruchsverfahren selbst glaubhaft zu machen (§ 356 Abs. 2 Satz 2 AO i.V.m. § 110 Abs. 2 Satz 2 AO sinngemäß).

dd) Mangel der Fristwahrung

Nach § 358 Satz 1 AO hat die zur Entscheidung über den Einspruch berufene Finanzbehörde zu prüfen, ob der Einspruch zulässig, insbesondere in der vorgeschriebenen Frist eingelegt ist. Mangelt es an dem Erfordernis der Fristwahrung, so ist der Einspruch als unzulässig zu **verwerfen** (§ 358 Satz 2 AO).
Die Versäumung der Einspruchsfrist führt in der Praxis am häufigsten zur Verwerfung. Es besteht daher besonderer Anlaß zu Beachtung der Fristenwahrung, zumal die Finanzbehörde beim Eingang der Rechtsbehelfe jedesmal **sofort** überprüft, ob die Frist gewahrt ist.

ee) Wiedereinsetzung in den vorigen Stand

Die Jahresfrist kann durch eine kurz vor ihrem Ablauf nachgeholte oder richtiggestellte Rechtsbehelfsbelehrung aber nicht verlängert werden. So zutreffend OFD Hannover, a.e.a.O., Nr. 1.2.1.

[166] Im Falle der ohne Zustimmung der Behörde als Steuerfestsetzung unter dem Vorbehalt der Nachprüfung wirkenden Steueranmeldung (§ 168 Satz 1 AO) bedarf es **keiner** Rechtsbehelfsbelehrung. Die Einspruchsfrist verlängert sich mangels Vorliegens eines schriftlichen Verwaltungsaktes demnach **nicht** auf **ein Jahr.** So BFH, Beschluß vom 25.6.1998 – V B 104 / 97 – BStBl. 1998 II, 649. Legt in einem solchen Fall ein Rechtsbehelfsführer nach mehr als einem Monat einen Einspruch ein (§ 347 Abs. 1 Satz 1 Nr. 1 AO i.V.m. § 355 Abs. 1 AO), so ist dieser Einspruch verspätet. So auch BFH, Urteil vom 13.4.2000 – V R 56 / 99 – BStBl. 2000 II, 490, 491. Das Finanzamt kann diesen Einspruch zu Recht, ohne Prüfung in der Sache, durch eine Einspruchsentscheidung als unzulässig verwerfen (§ 358 Satz 1 AO). Dies gilt auch für den Fall, daß der angefochtene VA geändert oder ersetzt wird und der neue VA Gegenstand des Einspruchsverfahrens wird (§ 365 Abs. 3 AO). Die durch Art. 1 Nr. 48 Buchst. b StBerG 1986 vom 19.12.1985 – BGBl. 1985 I, 2436 / BStBl. 1985 I, 735 – eingefügte Vorschrift soll nach der Gesetzesbegründung in BT-Drucks. 10 / 1636, S. 51 zu § 365 Abs. 3 AO verhindern, daß der Rechtsbehelfsführer ohne Einlegung eines erneuten Rechtsbehelfs aus dem außergerichtlichen Rechtsbehelfsverfahren hinausgedrängt wird, wenn der ursprüngliche VA durch einen neuen ersetzt wird.
Ist das außergerichtliche Rechtsbehelfsverfahren gegen den ursprünglichen VA durch einen unzulässigen Rechtsbehelf begonnen worden, so kann auch der neue VA in diesem Verfahren in der Sache nicht geprüft werden (arg. e § 365 Abs. 3 AO i.V.m. § 358 Satz 2 AO). Die Zulässigkeit des Rechtsbehelfs ist Sachurteilsvoraussetzung. So auch BFH, Urteil vom 13.4.2000 – V R 56 / 99 – BStBl. 2000 II, 490, 491. Nach § 358 Satz 2 AO „ist der Einspruch als unzulässig zu verwerfen".

[167] So auch OFD Hannover, Verfügung betr. Erteilung von Belehrungen über außergerichtliche Rechtsbehelfe vom 11.3.1991 – OFD Hannover S 0622 – 221 – StO 421 / S 0622 – 347 – StH 421 – Steuererlasse (C. H. Beck) Nr. 800, § 356 AO / 1, Nr. 1.2.2. (i.d.F.v. Okt. 1999).

§ 110 AO[168] bietet jedoch unter bestimmten Voraussetzungen trotz Versäumung einer gesetzlichen[169] Frist die Möglichkeit der Wiedereinsetzung in den vorigen Stand.[170] Der Rechtsbehelfsführer hat sogar einen Rechtsanspruch auf Wiedereinsetzung, wenn er **ohne Verschulden**[171] verhindert war, die gesetzliche Frist des § 355 AO einzuhalten. Die Wiedereinsetzung ist nach § 110 Abs. 2 Satz 1 AO innerhalb eines Monats nach Wegfall des Hindernisses zu **beantragen.**[172] Die **Entscheidung**[173] über diesen Antrag ist Gegenstand der Entscheidung über den Einspruch.

e) Rechtsschutzbegehren

Im Rahmen des Einspruchsverfahrens kann der Einspruchsführer Einwendungen gegen den Verwaltungsakt vorbringen. So kann der Einspruchsführer z.B. rügen, dem Verwaltungsakt fehle die **materiell-rechtliche** Grundlage. Mit dem Einspruch kann der Rechtsbehelfsführer ggf. auch rügen, der Verwaltungsakt sei **ermessensfehlerhaft**[174]. Die Rüge kann sich auch

---

[168] Sein **Anwendungsbereich** ist der der gesetzlichen Fristen, d.h. der Fristen, die in einem Gesetz i.S.d. § 4 AO festgelegt sind. Als solche gesetzlichen Fristen kommen z.B. in Betracht: vor allem die Frist zur Einlegung eines Einspruchs nach § 355 Abs. 1 AO, aber auch die Einmonatsfrist für die Stellung des Antrags auf Wiedereinsetzung in den vorigen Stand nach § 110 Abs. 2 AO, ferner die Frist für die Erhebung der Klage nach §§ 64, 47 FGO, die Fristen für die Einlegung und Begründung der Revision nach § 120 FGO, die Frist für die Einlegung und Begründung der Nichtzulassungsbeschwerde nach § 115 Abs. 3 FGO und die Frist für die Einlegung der (Rechts-)Beschwerde nach 129 FGO.

[169] Steuerliche Fristen werden nach **gesetzlichen** und **behördlichen** Fristen unterschieden. Behördliche Fristen können nach § 109 AO verlängert werden. Gesetzliche Fristen sind grundsätzlich nicht verlängerungsfähig. War jemand jedoch ohne Verschulden verhindert, eine solche gesetzliche Frist einzuhalten, so ist ihm auf Antrag Wiedereinsetzung in den vorigen Stand zu gewähren (§ 110 Abs. 1 Satz 1 AO). So auch OFD Hannover, Verfügung betr. Wiedereinsetzung in den vorigen Stand vom 25.7.1980 – S 0262 – 22 – StH 411 / S 0262 – 7 – StO 421 – Steuererlasse (C. H. Beck) Nr. 800, § 110 / 1 Nr. 1.

[170] Vgl. dazu BFH, Urteil vom 26.10.1989 – IV R 82 / 88 – BStBl. 1990 II, 277 ff.; ferner **Mösbauer,** in: Koch / Scholtz, AO, 5. Aufl., 1996, § 110 AO.

[171] Ein **Verschulden** liegt vor, wenn der Steuerpflichtige unter Berücksichtigung der **– objektiven –** Umstände des Einzelfalls und seiner **– subjektiven –** persönlichen Verhältnisse die nötige Sorgfalt außer acht gelassen hat. Bei der Bewertung der „diligentia quam in suis" darf nach zutreffender Auffassung des BFH kein zu strenger Maßstab angelegt werden. Zu den speziellen **Einzel**problemen des Verschuldens bei kürzerer und längerer Abwesenheit wegen Urlaubs- oder Geschäftsreisen, bei zunehmendem Alter, bei „unvorhersehbarer und unabwendbarer" Arbeitsüberlastung, bei Auffinden neuer Beweismittel, bei Ausländern, bei falscher Auskunft des Finanzamts, bei fehlender Begründung eines Verwaltungsaktes, bei Krankheit, bei kurzer Fristüberschreitung, bei Mandatsniederlegung, bei Rechtsirrtum, bei Unerfahrenheit in rechtlichen Dingen, bei unterlassener Protokollierung eines Rechtsbehelfs, bei Verzögerung im Postverkehr, bei Zusendung mehrerer Schriftstücke durch das Finanzamt sowie bei Verschulden des Vertreters vgl. OFD Hannover, Verfügung betr. Wiedereinsetzung in den vorigen Stand vom 25.7.1980 – S 0262 – 22 – StH 411 / S 0262 – 7 – StO 421 – Steuererlasse (C. H. Beck) Nr. 800, § 110 / 1 Nr. 3.2.

Speziell zur Problematik der Länge und der Häufigkeit der Abwesenheit vgl. OFD München, Verfügung betr. Wiedereinsetzung in den vorigen Stand bei Versäumung einer Rechtsbehelfsfrist wegen **vorübergehender** Abwesenheit vom 27.2.1987 – S 0262 – 3 St 322 – INF 1987, 287 (auch Steuererlasse (C.H.Beck), Nr. 800, § 110 / 2, unter ausdrücklicher Bezugnahme auf BVerfG, Beschluß vom 11.2.1976 – 2 BvR 849 / 75 – HFR 1976, 331.

[172] Zu den formellen Voraussetzungen für die Gewährung von Wiedereinsetzung in den vorigen Stand, speziell zu dem Antrag, der Nachholung der versäumten Rechtshandlung, der Begründung des Antrags, der Prüfung von Amts wegen bei Vornahme der versäumten Rechtshandlung nach § 110 Abs. 2 Satz 4 AO sowie zur Glaubhaftmachung der vom Steuerpflichtigen vorgetragenen Tatsachen vgl. OFD Hannover, Verfügung betr. Wiedereinsetzung in den vorigen Stand vom 25.7.1980 – S 0262 – 22 – StH 411 / S 0262 – 7 – StO 421 – Steuererlasse (C. H. Beck) Nr. 800, § 110 / 1 Nr. 4.

[173] Zur **gesetzesgebundenen Entscheidung** im einzelnen vgl. OFD Hannover, Verfügung betr. Wiedereinsetzung in den vorigen Stand vom 25.7.1980 – S 0262 – 22 – StH 411 / S 0262 – 7 – StO 421 – Steuererlasse (C. H. Beck) Nr. 800, § 110 / 1 Nr. 5.

[174] Eine verbindliche Zusage nach § 204 AO z.B. gebietet die Betätigung eines Entschließungs- und gegebenenfalls eines Auswahlermessens. Diese Ermessensbetätigung ist zu begründen. Ferner sind die für die Entscheidung maßgeblichen Gründe darzustellen. Vgl. dazu BFH, Urteil vom 3.2.1981 – VII R 86 / 76 – BStBl.

darauf beziehen, der Verwaltungsakt sei aus **sonstigen** Gründen **fehlerhaft.** Schließlich ist die Rüge zulässig, der Verwaltungsakt sei **verwirkt** und verstoße gegen Treu und Glauben.
Das Rechtsschutzbegehren muß aber von einem – in der AO nicht ausdrücklich genannten – **Rechtsschutzbedürfnis** getragen werden; d.h. von einem schutzwürdigen, berücksichtigungswerten Interesse an der begehrten Entscheidung im Einspruchsverfahren.[175] Es fehlt beispielsweise, wenn der Steuerpflichtige das gleiche Ziel einfacher und billiger erlangen kann oder wenn sich das Einspruchsverfahren durch vollständige Abhilfe oder durch andere Ereignisse erledigt hat.[176] Das Rechtsschutzbedürfnis fehlt auch, wenn mit dem Einspruch ausschließlich die angebliche Verfassungswidrigkeit einer Rechtsnorm gerügt wird und die Finanzbehörde den angefochtenen Verwaltungsakt spätestens im Einspruchsverfahren hinsichtlich des strittigen Punktes für vorläufig erklärt hat.[177]

f) Wiederaufrollung des Verfahrens

Der – zulässige[178] – Einspruch führt dazu, daß das Verfahren wieder aufgerollt wird (§ 367 Abs. 2 Satz 1 AO).
Dies hat zur Folge, daß die zuständige Finanzbehörde zu prüfen hat, ob ein materieller Rechtsgrund gegeben ist. Sie hat aber auch die Entscheidung hinsichtlich des Ermessens zu überprüfen.[179]
Bei dieser Überprüfung ist es zulässig, **versehentlich** unterlassene Ermessensbetätigungen im Einspruchsverfahren nachzuholen. Dies geschieht – wohl auf Grund der besonderen Qualifikation der in den Rechtsbehelfsstellen tätigen Amtsträger – auch in aller Regel in einer Deutlichkeit, die es dem Betroffenen und dem Finanzgericht ermöglichen, zu erkennen, wie die Finanzbehörde zu ihrer Entscheidung gekommen ist.

g) Entscheidung über den Einspruch

aa) Einspruchsentscheidung – Abhilfeentscheidung

Die Entscheidung über den Einspruch richtet sich nach § 367 AO. Danach hat die Finanzbehörde, die den Verwaltungsakt erlassen hat, die Möglichkeit, entweder eine **Einspruchsentscheidung** nach § 367 Abs. 1 Satz 1 AO oder eine **Abhilfeentscheidung** nach § 367 Abs. 2 Satz 3 AO zu erlassen.

1981 II, 493. Häufig anzutreffende floskelhafte Feststellungen und die Wiedergabe des bloßen Gesetzestextes reichen hierzu nicht aus. Das Für und Wider ist in einer gerichtlich nachprüfbaren Weise gegeneinander abzuwägen. Es muß klar erkennbar sein, daß Ermessen überhaupt ausgeübt wurde und daß die für die Ausübung des Ermessens geltenden allgemeinen Vorschriften, die Grundsätze der Gleichmäßigkeit der Besteuerung, der Verhältnismäßigkeit der Mittel, der Erforderlichkeit, der Zumutbarkeit, der Billigkeit und von Treu und Glauben sowie das Willkürverbot und das Übermaßverbot beachtet sind. Die Ermessensausübung muß ferner zweckmäßig sein. Für die Ausübung des Ermessens sind alle Umstände des Einzelfalls zu berücksichtigen.

[175] Bestätigend AEAO (i.d.F. BMF – Schr. v. 14.2.2000 – BStBl. 2000 I, S. 190, ber. S. 435) zu § 350 AO, Nr. 6 Satz 1.

[176] AEAO, a.e.a.O., Satz 2.

[177] So auch AEAO, a.e.a.O., Satz 6.

[178] Über einen Einspruch kann **sachlich** nur entschieden werden, wenn dieser auch **zulässig** ist. Daher bestimmt § 358 Satz 1 AO, daß die zur Entscheidung über den Einspruch berufene Finanzbehörde zunächst zu prüfen hat, ob der Einspruch zulässig, insbesondere in der vorgeschriebenen Form und Frist eingelegt ist. Mangelt es an einem dieser Erfordernisse, so ist der Einspruch **als unzulässig zu verwerfen.**

[179] Vgl. dazu BFH, Urteil vom 18.9.1981 – VI R 44 / 77 – BStBl 1981 II, 801; BFH, Urteil vom 26.9.1968 – IV R 53 / 68 – BStBl. 1969 II, 77; BFH, Urteil vom 3.2.1981 – VII R 86 / 78 – BStBl. 1981 II, 493; BFH, Urteil vom 24.9.1976 –I R 41 / 75 – BStBl. 1977 II, 127; vgl. ferner BFH, Urteil vom 4.7.1972 – VII R 103 / 69 – BStBl. 1972 II, 806; BFH, Urteil vom 3.6.1982 – VI R 48 / 79 – BStBl. 1982 II, 710; BFH, Urteil vom 4.11.1999 – V R 35 / 98 – BStBl. 2000 II, 454, 455.

Es fällt auf, daß die Finanzbehörden, **bevor** sie von einer dieser beiden Möglichkeiten Gebrauch machen, nicht selten den angefochtenen Verwaltungsakt erst ändern. Dies hat z.B. den Vorteil, daß **im Falle der Korrektur** zuungunsten des Einspruchsführers, anders als im Falle eines Einspruchsverfahrens, die Voraussetzungen für eine Verböserung nach § 367 Abs. 2 Satz 2 AO **nicht** gegeben zu sein brauchen; obgleich auch bei dieser 3. Möglichkeit dem Einspruchsführer zuvor Gelegenheit zur Äußerung zu geben ist.
Es fällt ferner auf, daß die Finanzbehörden bevorzugt von der vorweggenommenen Korrektur in Rechtsbehelfsfällen mit umfangreichem Streitstoff Gebrauch machen. Qua via können sie das Einspruchsverfahren auf die streitigen und noch klärungsrelevanten Punkte beschränken. Von der vorweggenommenen Korrektur wird weiter Gebrauch gemacht, wenn ein Einspruch teilweise begründet oder unbegründet, im übrigen aber noch nicht entscheidungsreif ist.[180]

bb) Einspruchsentscheidung

Über den Einspruch gegen einen Verwaltungsakt entscheidet die Finanzbehörde, die den Verwaltungsakt erlassen hat, nach § 367 Abs. 1 Satz 1 AO durch **Einspruchsentscheidung.** Diese Entscheidung ist nach § 366 AO **schriftlich** abzufassen, zu **begründen**[181], mit einer **Rechtsbehelfsbelehrung**[182] zu versehen und den Beteiligten[183] **bekanntzugeben.**[184] Die Bekanntgabe kann auch durch Telefaxübermittlung und in Form von Telefaxausdrucken wirksam erfolgen. Gibt ein steuerlicher Berater im Briefkopf seiner Schriftsätze eine Telefaxnummer an, ohne ausdrücklich darauf hinzuweisen, daß nicht er, sondern ein Dritter Inhaber des Telefaxanschlusses ist, muß er sich auf Grund des von ihm geschaffenen Rechtsscheins so behandeln lassen, als habe er den Dritten zu seinem Empfangsbevollmächtigten für Telefaxsendungen bestellt.[185]

---

[180] Dazu im Einzelnen OFD Hannover, Verfügung betr. Erlaß geänderter Verwaltungsakte während des Einspruchsverfahrens vom 8.1.1997 – OFD Hannover S 0625 – 1 – StO 321 / S 0625 – 1 – StH 551 – Steuererlasse (C. H. Beck) Nr. 800, § 365 AO / 2, Nr. 1.2. (i.d.F.v. Okt. 1999).

[181] In den Gründen der Einspruchsentscheidung sollen Wiedergabe des Tatbestandes und Darlegung der rechtlichen Erwägungen der entscheidenden Behörde getrennt sein. Auf Zulässigkeitsfragen braucht nur dann eingegangen zu werden, wenn hierzu ein begründeter Anlaß besteht. So auch AEAO (i.d.F. BMF – Schr. v. 14.2.2000 – BStBl. 2000 I, S. 190, ber. S. 435) zu § 366 AO, Nr. 3. Nach ihm kann ein solcher begründeter Anlaß z.B. in den Fällen des § 354 Abs. 2 AO (Einspruchsverzicht), oder des § 362 Abs. 2 AO (Einspruchsrücknahme) oder bei ernsthaften Zweifeln am Vorliegen einzelner Zulässigkeitsvoraussetzungen gegeben sein.

[182] Enthält die Einspruchsentscheidung entgegen § 366 Satz 1 Alt. 3 AO keine oder eine unrichtige Rechtsbehelfsbelehrung, beträgt die Klagefrist nach § 55 Abs. 2 Satz 1 FGO ein Jahr statt eines Monats. Bestätigend auch AEAO (i.d.F. BMF – Schr. v. 14.2.2000 – BStBl. 2000 I, S. 190, ber. S. 435) zu § 366 AO, Nr. 3 Satz 4.

[183] ... i.S. des § 359 AO: Beteiligte am Verfahren sind der **Einspruchsführer** und der zum Verfahren **Hinzugezogene.**
Sinn und Zweck der **Hinzuziehung** nach § 360 AO ist es, in Fällen, in denen die gleiche Rechtsfrage gegenüber **Dritten** ebenfalls entschieden werden müßte, das Verfahren zu vereinfachen und abweichende Entscheidungen zu vermeiden. So zutreffend OFD München, Verfügung betr. Hinzuziehung zum Verfahren vom 22.6.1990 – OFD München S 0622 – 40 St 322 – Steuererlasse (C. H. Beck) Nr. 800, § 360 AO / 1, Nr. 1 (i.d.F.v. Okt 1999). Nach § 360 Abs. 1 und 3 AO ist zwischen **einfacher** und **notwendiger** Hinzuziehung zu differenzieren. Notwendig hinzugezogen werden können auch Personen, die nach § 352 AO befugt sind, Einspruch einzulegen. Zur Hinzuziehung bei **zusammen veranlagten Ehegatten** vgl. OFD München, a.e.a.O., Nr. 2, zu den **Verfahrensfragen** bei Hinzuziehung vgl. OFD München, a.e.a.O., Nr. 3.

[184] § 122 AO gilt nach § 366 Satz 2 AO für die Bekanntgabe der Einspruchsentscheidung entsprechend. Eine förmliche Zustellung der Einspruchsentscheidung erfolgt nach § 122 Abs. 5 Satz 1 AO nur – ausnahmsweise – bei behördlicher Anordnung.

[185] So zutreffend BFH, Urteil vom 8.7.1998 – I R 17 / 96 – BStBl. 1999 II, 48, unter Bezugnahme auf BGH, Beschluß vom 4.5.1994 – XII ZB 21 / 94 – HFR 1995, 97; BGH, Urteil vom 7.12.1994 – VIII ZR 153 / 93 – NJW 1995, 665.

Die Finanzbehörde kann nach § 367 Abs. 2 Satz 2 AO den Verwaltungsakt auch **zum Nachteil** des Einspruchsführers ändern, wenn dies der richtigen Steuerfestsetzung dient. Voraussetzung ist, daß der Einspruchsführer auf die Möglichkeit einer verbösernden Entscheidung hingewiesen wird, daß ihm die Gründe für die mögliche Verböserung angegeben werden und er Gelegenheit erhält, sich dazu zu äußern. Der Hinweis auf die Möglichkeit einer verbösernden Entscheidung muß so eindeutig sein, daß der Einspruchsführer nachprüfbar erkennen kann, qua via die Finanzbehörde ihre Auffassung geändert hat.

Keiner besonderen Begründung bedarf regelmäßig die Aufhebung des Vorbehalts der Nachprüfung. Erfolgt sie durch die Einspruchsentscheidung, kann der Hinweis auf die Möglichkeit einer verbösernden Entscheidung (§ 367 Abs. 2 Satz 2 AO) unterbleiben.[186]

Eine Erhöhung der festgesetzten Steuer im Rahmen der Einspruchsentscheidung („Verböserung") ist nach Ablauf der Festsetzungsfrist aber regelmäßig unzulässig.[187]

Diese Verböserung kann der Einspruchsführer dadurch vermeiden, daß er den Einspruch nach § 362 AO **zurücknimmt.** Für die Rücknahme ist durch § 362 Abs. 1 Satz 2 AO i.V.m. § 357 Abs. 1 und 2 AO sinngemäß, zum Schutze des Steuerpflichtigen die Schriftform vorgeschrieben. Denn die Rücknahme hat nach § 362 Abs. 2 Satz 1 AO den Verlust des **eingelegten** Einspruchs zur Folge. Die Einspruchsmöglichkeit wird durch die Rücknahme nicht berührt, sodaß trotz Rücknahme der Einspruch innerhalb der Einspruchsfrist erneut erhoben werden kann.[188] Wird nachträglich die Unwirksamkeit der Rücknahme geltend gemacht, so wird das ursprüngliche Einspruchsverfahren wieder aufgenommen (§ 362 Abs. 1 Satz 2, 357 Abs. 2, 362 Abs. 2 Satz 2, 110 Abs. 3 AO). Die Finanzbehörde hat in der Sache zu entscheiden.[189]

Nach § 364 AO sind den Beteiligten, soweit es noch nicht geschehen ist, die Unterlagen der Besteuerung mitzuteilen. Ein Anspruch auf Akteneinsicht besteht nicht. Die Finanzbehörde kann jedoch im Einzelfall Akteneinsicht gewähren; sofern dadurch Verhältnisse anderer nicht – unbefugt – offenbart werden.[190]

Nach § 364 a Abs. 1 Satz 1 AO soll die Finanzbehörde auf Antrag eines Einspruchsführers vor Erlaß einer Einspruchsentscheidung den Sach- und Rechtsstand erörtern. Dadurch soll eine einvernehmliche Erledigung der Einspruchsverfahren gefördert und ein nicht unerhebliches Potential von Streitfällen von den Finanzgerichten ferngehalten werden. „Ziel einer mündlichen Eröterung kann auch eine „tatsächliche Verständigung" sein."[191] Einem Antrag des Einspruchsführers auf mündliche Erörterung soll grundsätzlich entsprochen werden. Eine mündliche Erörterung erübrigt sich, wenn die Finanzbehörde dem Einspruch abhelfen will sowie bei Aussetzung und Ruhen des Verfahrens nach § 363 AO.

Nach § 364 b Abs. 1 AO kann die Finanzbehörde dem Einspruchsführer eine Frist setzen zur Angabe von ihn beschwerenden Tatsachen (Nr. 1), zur Erklärung über klärungsbedürftige Punkte (Nr. 2), zur Bezeichnung von Beweismitteln (Nr. 3 Alt. 1) sowie zur Vorlage von Urkunden (Nr. 3 Alt. 2). § 364 b AO will damit dem Mißbrauch des Einspruchsverfahrens zu rechtsbehelfsfremden Zwecken entgegenwirken.[192]

---

[186] So auch BFH, Urteil vom 10.7.1996 – I R 5 / 96 – BStBl. 2000 I, 5; ergänzend BFH, Urteil vom 4.8.1983 – IV R 216 / 82 – BStBl. 1984 II, 85.

[187] So zutreffend BFH, Urteil vom 8.7.1998 – I R 112 / 97 – BStBl. 1999 II, 123 unter ausdrücklicher Bezugnahme auf BFH, Urteil vom 27.3.1996 – I R 182 / 94 – BStBl. 1997 II, 449; BFH, Urteil vom 30.7.1997 – II R 9 / 95 – BStBl. 1997 II, 635; BMF, Schreiben vom 22.2.1999 – IV A 4 – S 0342 – 1 / 99 – BStBl. 1999 I, 268.

[188] Vgl. dazu AEAO (i.d.F. BMF – Schr. v. 14.2.2000 – BStBl. 2000 I, S. 190, ber. S. 435) zu § 362 AO, Nr. 1.

[189] Dazu vgl. AEAO (i.d.F. BMF – Schr. v. 14.2.2000 – BStBl. 2000 I, S. 190, ber. S. 435) zu § 362 AO, Nr. 2.

[190] So auch AEAO (i.d.F. BMF – Schr. v. 14.2.2000 – BStBl. 2000 I, S. 190, ber. S. 435) zu § 364 AO, Sätze 1 – 3.

[191] AEAO (i.d.F. BMF – Schr. v. 14.2.2000 – BStBl. 2000 I, S. 190, ber. S. 495) zu § 364 a AO, Nr. 1 Satz 2, ferner zu § 88 AO, Nr. 1 Satz 11, und zu § 365 AO, Nr. 1.

[192] Bestätigend AEAO (i.d.F. BMF – Schr. v. 14.2.2000 – BStBl. 2000 I, S. 190, ber. S. 495) zu § 364 b AO.

Für das Verfahren über den außergerichtlichen Rechtsbehelf des Einspruchs gelten nach § 365 Abs. 1 AO im übrigen die Vorschriften sinngemäß, die für den Erlaß des angefochtenen oder des begehrten Verwaltungsaktes gelten. Die Aufklärungspflicht der Einspruchsbehörde wird dabei von der Zumutbarkeit begrenzt.[193] Im Hinblick auf die Gesetzmäßigkeit und Gleichmäßigkeit der Besteuerung können keine Vergleiche über Steueransprüche abgeschlossen werden. Wohl aber ist eine „tatsächliche Verständigung" über schwierig zu ermittelnde tatsächliche Umstände zulässig und bindend.
Einer Einspruchsentscheidung bedarf es nach § 367 Abs. 2 Satz 3 AO nur insoweit, als die Finanzbehörde dem Einspruch **nicht abhilft.**
Eine Einspruchsentscheidung, durch die der Einspruch gegen einen Bescheid über die gesonderte und einheitliche Feststellung von Einkünften aus Vermietung und Verpachtung als unbegründet zurückgewiesen wird, ist **kein** Grundlagenbescheid i.S.d. § 171 Abs. 10 AO.[194]

cc) Abhilfeentscheidung

Hilft[195] die Finanzbehörde dem Einspruch durch Änderungsbescheid ab, so bedarf es nach § 367 Abs. 2 Satz 3 AO **keiner** Einspruchsentscheidung. Es ergeht eine **Abhilfeentscheidung.** Sie ist aber auf den Verwaltungsakt beschränkt, da nur er von dem Rechtsbehelf des Einspruchs nach § 347 Abs. 1 AO erfaßt wird. Da auch die Abhilfeentscheidung eine Entscheidung über den Rechtsbehelf ist, ist auch sie, gleich der Einspruchsentscheidung, nach § 366 AO **schriftlich** abzufassen, zu **begründen,** mit einer **Rechtsbehelfsbelehrung** zu versehen und den Beteiligten[196] bekanntzugeben.
Zulässig ist auch eine **Teil-**Abhilfeentscheidung. „Stellt ein Steuerpflichtiger nach Einspruchseinlegung einen Antrag bezüglich eines bisher nicht geltend gemachten Streitpunkts, ist dieser Antrag als Erweiterung des Einspruchsantrags, verbunden mit der Anregung, dem Einspruch insoweit durch Erlaß eines Teilabhilfebescheids stattzugeben, auszulegen."[197] Im Falle der Begründetheit des Antrags kann während des Einspruchsverfahrens ein geänderter Verwaltungsakt erlassen werden. Dieser **neue** Verwaltungsakt wird nunmehr nach § 365 Abs. 3 Satz 1 AO **Gegenstand** des Einspruchsverfahrens. Im Falle der Unbegründetheit des Antrags ist über ihn erst in der Einspruchsentscheidung zu befinden.
Vom Erlaß eines Teilabhilfebescheids wird wegen der damit evtl. verbundenen verfahrensrechtlichen Unwägbarkeiten regelmäßig dann abgesehen, wenn die Möglichkeit einer Verböserung im weiteren Verfahren nicht ausgeschlossen ist oder die Einspruchsentscheidung vor Ablauf der Einspruchsfrist des Teilabhilfebescheides ergeht.[198]
Im Falle einer teilweisen Abhilfe wird in der Einspruchsentscheidung verfügt, daß der angefochtene Bescheid in der Weise geändert wird, daß ... . Im übrigen wird der Einspruch als unbegründet zurückgewiesen. Das hat zur Folge, daß der ursprüngliche Verwaltungsakt durch die Entscheidung über den außergerichtlichen Rechtsbehelf einen geänderten Regelungsinhalt findet. In dieser Gestalt wird er nach § 44 Abs. 2 FGO Gegenstand der Anfechtungsklage.

---

[193] Bestätigend AEAO (i.d.F. BMF – Schr. v. 14.2.2000 – BStBl. 2000 I, S. 190, ber. S. 495) zu § 365 AO, Nr. 1 Satz 1 i.V.m. zu § 88 AO, Nr. 1.
[194] Bestätigend BFH, Urteil vom 30.11.1999 – IX R 41 / 97 – BStBl. 2000 II, 173.
[195] **Abhilfe** ist dann gegeben, wenn dem Begehren der Sache nach entsprochen wird. Entscheidend kommt es hier auf das zahlenmäßige Ergebnis an. Die Gründe der Änderung sind irrelevant.
[196] ... i.S.des § 359 AO.
[197] AEAO (i.d.F. BMF – Schr. v. 14.2.2000 – BStBl. 2000 I, S. 190, ber. S. 435) zu § 367 AO, Nr. 3 Satz 2.
[198] So ausdrücklich OFD Hannover, Verfügung betr. Erlaß geänderter Verwaltungsakte während des Einspruchsverfahrens vom 8.1.1997 – OFD Hannover S 0625 – 1 – StO 321 / S 0625 – 1 – StH 551 – Steuererlasse (C. H. Beck) Nr. 800, § 365 AO / 2, Nr. 1.2. a.E. (i.d.F.v. Okt. 1999).

In der Einspruchsentscheidung ist nur der Teil des Einspruchsantrages zu begründen, der durch die vorausgegangene Korrektur nicht erledigt wurde.[199]
Wird ein Verwaltungsakt nur **teilweise**[200] **zurückgenommen** oder **widerrufen,** so bleibt der angefochtene Verwaltungsakt, wenn auch eingeschränkt, bestehen. Dieses Bestehenbleiben wiederum hat zur Folge, daß auch der Einspruch anhängig bleibt.[201]

dd) Auswirkungen eines Zuständigkeitswechsels auf das Rechtsbehelfsverfahren

aaa) Durch Maßnahmen des Steuerpflichtigen

Ist für den Steuerfall – durch Maßnahmen des Steuerpflichtigen[202] – nachträglich eine **andere** Finanzbehörde **zuständig** geworden, so entscheidet nach § 367 Abs. 1 Satz 2 Halbs. 1 AO **diese** Finanzbehörde. Nach § 367 Abs. 1 Satz 2 Halbs. 2 AO i.V.m. § 26 Satz 2 AO kann aber die **bisher** zuständige Finanzbehörde ein Verwaltungsverfahren fortführen, wenn dies unter Wahrung der Interessen der Beteiligten der einfachen und **zweckmäßigen** Durchführung des Verfahrens dient und die nunmehr zuständige Finanzbehörde **zustimmt.**
Diese Zuständigkeitsregelungen gelten auch für den **Einspruchsverzicht** des § 354 AO. Das bedeutet, der Einspruchsverzicht ist nach § 354 Abs. 2 Satz 1 AO entweder gegenüber der **neuerdings** „zuständigen Finanzbehörde" zu erklären oder unter den Voraussetzungen des § 26 Satz 2 AO gegenüber der **bisher** „zuständigen Finanzbehörde".
Nach § 63 Abs. 2 Nr. 1 FGO ist bei einem vorangegangenen Einspruchsverfahren die Klage **gegen** die Behörde zu richten, welche die Einspruchsentscheidung erlassen hat. (Passivlegitimation) „Das ist bei einem Zuständigkeitswechsel **vor** Erlaß der Einspruchsentscheidung die neu zuständige Finanzbehörde und bei einer Zuständigkeitsvereinbarung nach § 26 Satz 2 AO die bisher zuständige, das Verwaltungsverfahren weiterführende Finanzbehörde"[203] i.S.d. § 367 Abs. 1 AO.
Ein Zuständigkeitswechsel **nach** Erlaß der Einspruchsentscheidung berührt die Passivlegitimation hingegen nicht.
Im Falle einer Untätigkeitsklage nach § 46 FGO ist diejenige Behörde passivlegitimiert, die in der juristischen Sekunde der Klageerhebung zuständig war.
Ein erst nach Klageerhebung eintretender Zuständigkeitswechsel ist für die Passivlegitimation irrelevant.

bbb) Durch Maßnahmen der Finanzbehörden

Ist für den Steuerfall – durch Maßnahmen der Finanzbehörden[204] – nachträglich eine **andere** Finanzbehörde **zuständig** geworden, so entscheidet nach § 367 Abs. 1 Satz 2 AO regelmäßig **diese** Finanzbehörde. Die bisher zuständige Finanzbehörde verliert im Verhältnis zu den von

---

[199] Vgl. dazu OFD Hannover, Verfügung betr. Erlaß geänderter Verwaltungsakte während des Einspruchsverfahrens vom 8.1.1997 – OFD Hannover S 0625 – 1 – StO 321 / S 0625 – 1 – StH 551 – Steuererlasse (C. H. Beck), Nr. 800, § 365 AO / 2, Nr. 2.2. a.E. (i.d.F.v. Okt. 1999).
[200] Nicht selten kommt es in der Praxis zu einem **Streit** darüber, ob eine **vollständige** Abhilfe erfolgt ist oder nicht. Dazu vgl. OFD Hannover, Verfügung betr. Erlaß geänderter Verwaltungsakte während des Einspruchsverfahrens vom 8.1.1997 – OFD Hannover S 0625 – 1 – StO 321 / S 0625 – 1 – StH 551 – Steuererlasse (C. H. Beck) Nr. 800, § 365 AO / 2, Nr. 3 (i.d.F.v. Okt 1999).
[201] So auch BFH, Urteil vom 28.1.1982 – V R 100 / 80 – BStBl. 1982 II, 292; vgl ergänzend auch BFH, Urteil vom 6.3.1990 – VII R 132 / 87 – BFH / NV 1991, 7.
[202] Z.B. Wohnsitzverlegung.
[203] BMF, Schreiben betr. Auswirkungen eines Zuständigkeitswechsels auf das Rechtsbehelfsverfahren vom 10.10.1995 – BMF IV A 5 – S 0600 – 17 / 95 – Steuererlasse (C. H. Beck) Nr. 800, § 367 AO / 1, Nr. I 2 (i.d.F.v. Okt. 1999).
[204] Z.B. Änderung der FA-Bezirksgrenzen oder Übertragung von Verwaltungsaufgaben z.B. durch Zentralisierung.

der Veränderung betroffenen Steuerpflichtigen ihre „Fähigkeit, Pflichtsubjekt des öffentlichen Rechts zu sein“[205]. § 367 Abs. 1 Satz 2 AO begründet für das Einspruchsverfahren ausdrücklich den Übergang der Entscheidungskompetenz auf die neu zuständige Finanzbehörde.
Für das Problem des zutreffenden Adressaten eines **Einspruchsverzichts** gelten die eben gemachten Ausführungen in Abschnitt aaa) entsprechend.
Ist **vor** Erlaß der Entscheidung über den Einspruch eine andere als die ursprünglich zuständige Behörde für den Steuerfall örtlich zuständig geworden, so ist die Klage nach § 63 Abs. 2 Nr. 1 FGO gegen die Behörde zu richten, welche die Einspruchsentscheidung erlassen hat. **Passivlegitimiert** ist also allein die nunmehr zuständige Behörde.
Ein Zuständigkeitswechsel **nach** Erlaß der Einspruchsentscheidung berührt die Passivlegitimation hingegen nicht.
Eine Zuständigkeitsänderung **während** eines bereits anhängigen **gerichtlichen** Verfahrens bewirkt einen gesetzlichen **Beteiligtenwechsel.** Dies gilt auch bei einem Zuständigkeitswechsel während eines **Revisionsverfahrens.**[206]

h) Wirkungen des Einspruchs

aa) Erhebung der Abgabe – kein Suspensiveffekt

Durch die Einlegung des Einspruchs wird die Vollziehung des angefochtenen Verwaltungsaktes grundsätzlich **nicht gehemmt,** insbesondere die Erhebung der Abgabe nicht aufgehalten (§ 361 Abs. 1 Satz 1 AO).[207] Durch diesen Ausschluß des Suspensiveffekts will der Gesetzgeber des § 361 Abs. 1 Satz 1 AO verhindern, daß Steuerpflichtige Rechtsbehelfe nur deshalb einlegen, um Zeit zu gewinnen. Der Gesetzgeber übersieht aber mit seinem **generellen** Ausschluß des Suspensiveffekts, daß auch Verwaltungsakte angefochten werden, die keine Zahlungspflicht zum Gegenstand haben. Dem Gesetzgeber kann es hier nicht gelingen, logisch zu begründen, warum in concreto Rechtssubjektive schlechter gestellt werden, als wenn § 80 VwGO anwendbar wäre. Mit Birk[208] sind daher im Hinblick auf Art. 19 Abs. 4 GG und Art. 3 Abs. 1 GG verfassungsrechtliche Bedenken dahingehend zu äußern, ob der vollständige Ausschluß des Suspensiveffekts wirklich noch eine „adaequate Ausprägung der verfassungsrechtlichen Rechtsschutzgarantie“ darstellt.

bb) Aussetzung der Vollziehung[209]

---

[205] BMF, Schreiben betr. Auswirkungen eines Zuständigkeitswechsels auf das Rechtsbehelfsverfahren vom 10.10.1995 – BMF IV A 5 – S 0600 – 17 / 95 – Steuererlasse (C. H. Beck) Nr. 800, § 367 AO / 1, Nr. II (i.d.F.v. Okt. 1999).

[206] So BMF, Schreiben betr. Auswirkungen eines Zuständigkeitswechsels auf das Rechtsbehelfsverfahren vom 10.10.1995 – BMF IV A 5 - S 0600 – 17 / 95 – Steuererlasse (C. H. Beck) Nr. 800, § 367 AO / 1, Nr. II 1. u. 2 (i.d.F.v. Okt. 1999).

[207] Gleiches gilt nach § 69 Abs. 1 Satz 1 FGO für die Erhebung der Klage. Zum Suspensiveffekt vgl. noch **Birk,** Steuerrecht, 7. Aufl., 2004, S. 160 f., RdNr. 503.

[208] **Birk,** Steuerrecht, 7. Aufl., 2004, S. 160 f., RdNr. 503.

[209] Vgl. hierzu Bundesminister der Finanzen, Grundsätze für das behördliche Vollziehungsaussetzungsverfahren (§ 361 AO; § 69 Abs. 2 FGO) – IV A 6-S 0623 – 18 / 88 – vom 12.12.1988 – BStBl. 1989 I, 2 ff.. Die Finanzbehörde kann nach § 363 Abs. 2 Satz 1 AO das Verfahren mit Zustimmung des Einspruchsführers auch **ruhen** lassen, wenn das aus wichtigen Gründen **zweckmäßig** erscheint. BMF, Schreiben vom 23.3.2000 – IV D 6 – S 0338 – 28 / 00 – BStBl. 2000 I, 438 (betr. vorläufige Steuerfestsetzung im Hinblick auf anhängige Musterverfahren (§ 165 Abs. 1 AO); Ruhenlassen von außergerichtlichen Rechtsbehelfsverfahren (§ 363 Abs. 2 AO)). Vgl. ergänzend auch BMF, Schreiben vom 10.2.2000 – IV D 6 – S 0338 – 8 / 00 – BStBl. 2000 I, 309 (betr. vorläufige Steuerfestsetzung im Hinblick auf anhängige Musterverfahren (§ 165 Abs. 1 AO); Ruhenlassen von außergerichtlichen Rechtsbehelfsverfahren (§ 363 Abs. 2 AO)); ferner OFD Hannover, Verfügung betr. Ruhen des Verfahrens gem. § 363 Abs. 2 AO vom 28.1.1999 – OFD Hannover S 0622 – 859 – StO 321 / S 0622 – 445 – StH 551 – Steuererlasse (C. H. Beck) Nr. 800, § 363 AO / 1 (i.d.F.v. Juli 2000).

Da die Einlegung eines Einspruchs nach § 361 Abs. 1 Satz 1 AO die Vollziehung des angefochtenen Verwaltungsaktes grundsätzlich **nicht hemmt**[210], muß der Steuerpflichtige gleichwohl seine Pflichten auf Grund des erlassenen Verwaltungsaktes erfüllen. Ebenso hat die Finanzbehörde weiterhin das Recht, die angeordneten Maßnahmen durchzuführen.
Die Finanzbehörde, die den angefochtenen Verwaltungsakt erlassen hat, kann aber, im Rahmen der Gewährung **vorläufigen Rechtsschutzes,** die **Vollziehung** ganz oder teilweise **aussetzen** (§ 361 Abs. 2 Satz 1 Halbs. 1 AO)[211]. Nach § 361 Abs. 2 Satz 2 AO soll auf Antrag des Steuerpflichtigen die Aussetzung erfolgen, wenn ernstliche Zweifel an der Rechtmäßigkeit[212] des angefochtenen Verwaltungsaktes bestehen, oder wenn die Vollziehung für den Betroffenen eine unbillige, nicht durch überwiegende öffentliche Interessen gebotene Härte[213] zur Folge hätte.
Für den Steuerpflichtigen würde es sich daher empfehlen, im Rahmen einer Außenprüfung zusammen mit der Einlegung des Rechtsbehelfs zugleich auch den Antrag auf Aussetzung der Vollziehung zu stellen.
Die Aussetzung der Vollziehung erfolgt, wie z.B. die Stundung auch, regelmäßig nur **auf Antrag**[214]**.** Derartige Anträge sind sog. **Sofortsachen** und demgemäß von den **Veranlagungsstellen,** als den zur Bearbeitung zuständigen Stellen, auch unverzüglich zu bearbeiten.[215] Diese Feststellung steht unter dem Vorbehalt, daß die Bearbeitung[216] nicht

---

Die in § 361 Abs. 2 Satz 4 AO und in § 69 Abs. 2 Satz 8 FGO enthaltenen Beschränkungen der Möglichkeit, die Vollziehung eines Steuerbescheids auszusetzen, sind mit dem GG vereinbar. So auch BFH, Beschluß vom 2.11.1999 – I B 49 / 99 – BStBl. 2000 II, 57.

[210] So auch AEAO (i.d.F. BMF – Schr. v. 14.2.2000 – BStBl. 2000 I, S. 190, ber. S. 495) zu § 196 AO, Nr. 1 Satz 4: Ein Einspruch gegen die Prüfungsanordnung hat **keine aufschiebende Wirkung.**

[211] Soweit die Aussetzung durch die Finanzbehörde nicht während eines **Einspruchsverfahrens**, sondern während eines **Klageverfahrens** erfolgen soll, kommt als Rechtsgrundlage nicht § 361 AO sondern § 69 Abs. 2 FGO in Betracht. So auch AEAO (i.d.F. BMF – Schr. v. 14.2.2000 – BStBl. 2000 I, S. 190, ber. S. 495) zu § 361 AO, Nr. 1. Vgl. ergänzend auch OFD Koblenz, Verfügung betr. pflichtgemäßes Ermessen bei Verlangen nach Sicherheitsleistungen in Fällen der Aussetzung der Vollziehung; ... vom 23.7.1996 – OFD Koblenz S 4545 / S 4540 A – St 53 4 – Steuererlasse (C. H. Beck) Nr. 800, § 361 AO / 1 (i.d.F.v. Okt. 1999); ferner **Birkenfeld,** Die Beschränkung der Aussetzung und Aufhebung der Vollziehung, DStZ 1999, S. 349 ff..

[212] Solche **ernstlichen Zweifel an der Rechtmäßigkeit** einer Prüfungsanordnung können sich z.B. daraus ergeben, daß die Behörde keine Gründe dafür angeben will oder kann, warum sie einen bestimmten Steuerpflichtigen in einer ungewöhnlichen Form zur Prüfung heranzieht. Vgl. dazu BFH, Urteil vom 26.6.1972 – II B 121 / 72 – BFHE 112, 74 ff.. Vgl. auch AEAO (i.d.F. BMF – Schr. v. 14.2.2000 – BStBl. 2000 I, S. 190, ber. S. 495) zu § 361 AO, Nr. 2.5.

[213] Unannehmlichkeiten einer Außenprüfung, sowie die Tatsache, daß eine durchgeführte Außenprüfung nicht mehr rückgängig gemacht werden kann, stellen **für sich alleine keine unbillige Härte** dar. Vgl. dazu BFH, Urteil vom 17.9.1974 – VII B 122 / 73 – BStBl. 1975 II, 197, 199.
Eine **unbillige Härte** kann allerdings mit der Prüfung zu einem bestimmten Termin gegeben sein. Die Festlegung des Termins erfolgt jedoch außerhalb der Prüfungsanordnung, deshalb ist hier ein besonderes Rechtsbehelfsverfahren vorgesehen. Vgl. dazu **Schick,** in: Hübschmann / Hepp / Spitaler, AO / FGO, § 196 AO, Anm. 379. Vgl. auch AEAO (i.d.F. BMF – Schr. v. 14.2.2000 – BStBl. 2000 I, S. 190, ber. S. 495) zu § 361 AO, Nr. 2.6; **Birk,** Steuerrecht, 7. Aufl., 2004, S. 161 f., RdNrn. 504 – 509.

[214] Vgl. dazu § 361 Abs. 2 Satz 2 AO.

[215] Bestätigend AEAO (i.d.F. BMF – Schr. v. 14.2.2000 – BStBl. 2000 I, S. 190, ber. S. 495) zu § 196 AO, Nr. 1 Satz 5 Halbs. 1.

[216] Anträge auf Aussetzung der Vollziehung und auf Stundung sind von den **Veranlagungsstellen,** den **Stundungs-** und **Erlaßstellen** sowie den **Rechtsbehelfsstellen** „im Interesse einer möglichst zeitnahen Steuererhebung", aber auch im Interesse einer „Vermeidung evtl. ungerechtfertigter Vollstreckungsmaßnahmen" nach Erhalt von der Finanzkasse unverzüglich zu bearbeiten. Bei dieser Bearbeitung spielt insbesondere die Frage nach der Erforderlichkeit weiterer Ermittlungen für sachgerechte Entscheidungen eine Rolle. Denn das Anfordern weiterer Begründungen des Antrags, verbunden ggf. mit der Vorlage weiterer Unterlagen, verzögert regelmäßig die Entscheidung über den Antrag. Diese Verzögerung führt ihrerseits wieder dazu, daß bei Finanzämtern mit herkömmlichen Buchungsverfahren die Finanzkasse – vordruckmäßig – schriftlich angewiesen werden muß, b.a.w. eine Mahnung der in concreto gegebenen Rückstände zurückzustellen und von einer Zuleitung einer Rückstandsanzeige an die Vollstreckungsstelle abzusehen. Bei Finanzämtern mit

gesonderten **Stundungs-** und **Erlaßstellen** oder den **Rechtsbehelfsstellen** übertragen[217] worden sind.
In der Praxis kommt es gelegentlich dadurch zu Verzögerungen bei der unverzüglichen Bearbeitung, daß die Anträge auf Aussetzung der Vollziehung und auf Stundung, von der Postverteilungsstelle über den Vorsteher erst der Finanzkasse[218] zur weiteren Behandlung zugeleitet werden. Sie ist unterschiedlich, je nachdem, ob die Anträge Finanzkassen mit **herkömmlichem Buchungsverfahren** oder mit **automatisiertem Erhebungsverfahren** zugeleitet werden.
Im **ersten** Falle stellen die Buchhalter dem Antrag die Rückstände gegenüber und notieren diese auf dem Antragsschriftstück. Soweit für Rückstände bereits eine Rückstandsanzeige an die Vollstreckungsstelle ergangen ist, werden diese mit einem „R" in Rot gekennzeichnet. Der Durchlauf des Antrags wird auf dem Vermerkfeld der Sollkarte festgehalten. Bis zur Entscheidung über den Antrag, längstens jedoch für die Dauer von zwei Wochen, unterbleiben Anmahnung des Rückstandes und Anzeige an die Vollstreckungsstelle.
Im **zweiten** Falle wird bei Eingang eines Stundungsantrages ein Sperrvermerk im Speicherkonto abgelegt. Ebenso wird bei Anträgen auf Steuererlaß und Aussetzung der Vollziehung von Steuerbescheiden verfahren. Soweit für Rückstände bereits eine Rückstandsanzeige an die Vollstreckungsstelle ergangen ist, kann die Erteilung von Vollstreckungsaufträgen an die Vollziehungsbeamten künftig nur dann unterbleiben, wenn die Weiterleitung der Anträge künftig zügiger erfolgt.
Die – vermeidbaren – Folgen sind, daß Steuerpflichtige, die einen entsprechenden Antrag gestellt haben, wegen der in Betracht kommenden Rückstände noch gemahnt werden. Gelegentlich erfährt die Vollstreckungsstelle auch erst durch den Rechenschaftsbericht eines Vollziehungsbeamten von der Existenz eines bereits gestellten Stundungs- oder Erlaßantrages.
Der Steuerpflichtige kann auch für den Fall, daß die **Außenprüfung bereits durchgeführt** ist und ihre Ergebnisse Eingang in **Steuerbescheide** gefunden haben[219], vorläufigen Rechtsschutz durch **Aussetzung der Vollziehung** der Steuerbescheide unter Hinweis auf die gesondert gerügte Rechtswidrigkeit der Prüfungsanordnung erlangen.[220] Rechtswidrig erlangte Außenprüfungsergebnisse dürfen nicht verwertet werden, wenn der Steuerpflichtige erfolgreich gegen die Prüfungsanordnung der betreffenden Prüfungsmaßnahme vorgegangen ist.[221]

cc) Stundung

automatisiertem Erhebungsverfahren ist die Finanzkasse ebenfalls – vordruckmäßig – schriftlich anzuweisen. Der dadurch veranlaßte Sperrvermerk wird weisungsgemäß von der Finanzkasse dann aufgehoben, wenn der Antrag vor Ablauf der Sperrfrist abgelehnt wird. Mit der Ablehnung des Stundungsantrags oder des Antrags auf Aussetzung der Vollziehung wird regelmäßig eine Zahlungsfrist festgesetzt, die nicht später als zwei Monate nach dem eigentlichen Fälligkeitstag endet.
Liegt für den konkreten Fall bereits eine Rückstandsanzeige vor, so wird die Vollstreckungsstelle wiederum – vordruckmäßig – schriftlich angewiesen, bis zur Bearbeitung des Antrags keine Vollstreckungsmaßnahmen durchzuführen.

[217] ... z.B. durch Dienstanweisungen für die Neuorganisation der Finanzämter und die Neuordnung des Besteuerungsverfahrens.

[218] Anders die Anträge auf einstweilige Einstellung oder Beschränkung der Vollstreckung (§ 258 AO). Sie werden, wie auch sämtliche Schreiben, die sich offensichtlich gegen Vollstreckungsmaßnahmen richten, von der Postverteilungsstelle über den Vorsteher zunächst der **Vollstreckungsstelle** zugeleitet.

[219] In diesem Fall muß der Steuerpflichtige auch die Steuerbescheide anfechten, um ein steuerliches Verwertungsverbot zu erlangen. So auch AEAO (i.d.F. BMF – Schr. v. 14.2.2000 – BStBl. 2000 I, S. 190, ber. S. 495) zu § 196 AO, Nr. 2 Satz 2.

[220] Vgl. dazu BFH, Urteil vom 24.6.1982 – IV B 3 / 82 – BStBl. 1982 II, 659 ff..

[221] So AEAO (i.d.F. BMF – Schr. v. 14.2.2000 – BStBl. 2000 I, S. 190, ber. S. 495) zu § 196 AO, Nr. 2 Satz 1.

Die Finanzbehörde kann nach § 222 Abs. 1 Satz 1 AO Ansprüche aus dem Steuerschuldverhältnis – regelmäßig nur auf Antrag und gegen Sicherheitsleistung (§ 222 Abs. 1 Satz 2 AO)[222] – auch ganz oder teilweise **stunden,** wenn die Einziehung bei Fälligkeit eine erhebliche Härte für den Schuldner bedeuten würde **und** der Anspruch durch die Stundung nicht gefährdet erscheint.
Die **erhebliche Härte**[223] kann sowohl in der Sache[224] selbst begründet sein, als auch in dem Unvermögen[225] des Steuerschuldners[226], den geschuldeten Betrag, z.B. wegen Mangels an Zahlungsmitteln, fristgerecht zu entrichten.[227]
Eine **Gefährdung** des Steueranspruchs muß insbesondere bei leistungsschwachen Steuerschuldnern angenommen werden, deren Liquiditäts- oder Vermögensstatus oder deren Geldbedarfsrechnung keine Besserung der Zahlungsfähigkeit erwarten lassen.
Ist zur Gewißheit festgestellt, daß die Einziehung bei Fälligkeit eine erhebliche Härte für den Steuerschuldner bedeuten und der Anspruch durch die Stundung auch nicht gefährdet würde, so entscheidet die Finanzbehörde über den Stundungsantrag nach **pflichtgemäßem Ermessen** (§ 5 AO). Dabei hat sie die beiderseitigen Interessen[228] von Steuergläubiger[229] und Steuerschuldner[230] abzuwägen.

---

[222] Zu den möglichen Arten der Sicherheitsleistung vgl. § 241 AO. Andere als die in § 241 AO bezeichneten Sicherheiten kann die Finanzbehörde nach § 245 Satz 1 AO nach ihrem Ermessen annehmen. Nach § 245 Satz 2 AO sind Vermögensgegenstände vorzuziehen, die größere Sicherheit bieten oder bei Eintritt auch außerordentlicher Verhältnisse ohne erhebliche Schwierigkeit und innerhalb angemessener Frist verwertet werden können; wie z.B. sicherungsübereignete Kraftfahrzeuge und Maschinen.

[223] Sie ist vom Steuerschuldner hinreichend glaubhaft zu machen. Dies setzt konkrete Darlegungen voraus, die über Behauptungen allgemeiner Art, wie z.B. der Behauptung der allgemeinen schlechten wirtschaftlichen Lage, des Konjunkturrückgangs sowie der erheblichen Außenstände, hinausgehen müssen. Die Darlegungen müssen auf Grund einzelner konkreter Tatsachen erkennen lassen, ob und warum in der termingerechten Zahlung eine erhebliche Härte liegt. Eine pauschale Bezugnahme auf Steuerakten wird dem Erfordernis der Darlegung einzelner konkreter Tatsachen nicht gerecht. Sie begründet weder ein „zeitnahes Bild über die Vermögensverhältnisse" des Steuerschuldners noch wird sie dem „Rechtsschutzbedürfnis" des Steuerschuldners gerecht.

[224] Bei den **sachlichen Stundungsgründen,** die sich sowohl aus der Fälligkeit ergeben, als auch aus den Umständen, die zu dieser Fälligkeit geführt haben, sind die persönlichen – finanziellen – Verhältnisse des Steuerschuldners irrelevant.

[225] Das Unvermögen setzt regelmäßig voraus, daß der Steuerschuldner sämtliche möglichen Kreditquellen ausgeschöpft hat. Der Nachweis hierfür kann via Bankbescheinigung geführt werden.

[226] Die Finanzbehörde hat hier die – **persönliche – Stundungswürdigkeit** des Steuerschuldners in ihre Überlegungen mit einzubeziehen. An ihr fehlt es, wenn der Steuerschuldner beispielsweise seit Jahren seine steuerlichen Pflichten in nur sehr unzureichender Weise erfüllt oder finanzielle Mittel für andere Zwecke verwendet hat, obgleich dies nicht unbedingt erforderlich gewesen wäre. Indizien für die Stundungswürdigkeit des Steuerschuldners sind auch die Zahl der in den letzten (3) Jahren erfolgten Kündigungen von Krediten, der erfolgten Zahlungsbefehle, Klagen, Wechselproteste und Zwangsvollstreckungsmaßnahmen; ferner die Entnahmen, Gehälter und Tantiemen des Steuerschuldners und naher Familienangehöriger, das Privatvermögen des Steuerschuldners, einschließlich der Lebensversicherungen (Rückkaufswert), Sparguthaben (auch soweit sie auf fremden Namen – z.B. minderjähriger Kinder – angelegt sind). Indizien sind weiter die Forderungen von Verwandten gegen den Steuerschuldner. Die Vermögensübersicht (Status) muß erkennen lassen, welchen tatsächlichen Wert die Aktivas haben. Indizien können auch die Vorrechte, Aus- und Absonderungsrechte, Sicherungsübereignungen, Pfandrechte und Zessionen sein.

[227] Die positive Entscheidung über einen Stundungsantrag setzt regelmäßig die **Zahlungswilligkeit** des Steuerschuldners voraus. Sie manifestiert sich in der Bereitschaft, wenigstens einen Teilbetrag der Steuerschuld zu bezahlen.
An diese Bereitschaft knüpft die Praxis der Finanzverwaltung an, wenn sie die Stundung regelmäßig nur in der Form einer Teilzahlungsbewilligung gewährt. Dies zeigt sich in besonderem Maße auch dann, wenn die Finanzbehörde den Steuerschuldner wegen zeitaufwendiger Sachverhaltsermittlungen der Verhältnisse des Steuerschuldners schon vor Entscheidung über den Stundungsantrag zu einer ersten Abschlagszahlung auffordert. Weder Aufforderung noch Zahlung praejudizieren eine bestimmte Entscheidung.

[228] Nicht hinreichend beachtet sind die Interessen des Steuerschuldners dann, wenn die Finanzbehörde die Stundung ablehnt, obgleich der Steuerschuldner nachgewiesen hat, daß eine Erstattung von Steuern derselben Steuerart ansteht.

Durch die Gewährung der Stundung wird die Fälligkeit nur hinausgeschoben. Der Anspruch selbst erlischt nicht. In der Praxis fällt auf, daß von den Finanzbehörden die Anträge auf Stundung (§ 222 Satz 2 AO) und Vollstreckungsaufschub (§ 258 AO) regelmäßig nicht hinreichend unterschieden werden. Dabei kommt der Unterscheidung der Anträge gerade wegen ihrer unterschiedlichen Auswirkungen besondere Bedeutung zu. Denn während bei einer Stundung regelmäßig lediglich **Stundungszinsen**[231] zu erheben sind, entstehen bei einem Vollstreckungsauftrag weiterhin **Säumniszuschläge**[232]**.**
So werden in der Praxis der Finanzbehörden z.B. häufig Anträge auf Stundung von Steuerrückständen bereits dann als Anträge auf Vollstreckungsaufschub behandelt, wenn eine sog. Rückstandsanzeige vorliegt und dem Vollziehungsbeamten deshalb ein Vollstreckungsauftrag erteilt worden ist. Ein solches administratives procedere widerspricht jeder verständigen Auslegung des Antragsinhalts.
Ein solcher Antrag ist eindeutig ein Antrag nach § 222 AO. Dies muß umso mehr dann gelten, wenn den Anträgen noch keine Vollstreckungsmaßnahmen, wie z.B. Pfändungen, vorausgegangen sind. Anträge auf Zahlungsaufschub bis zur Fälligkeit eines Guthabens oder auf Herabsetzung einer Steuer sind in jedem Fall Stundungsanträge. Anträge auf Vollstreckungsaufschub (§ 258 AO) bedürfen stets eines konkreten Bezugs zu Vollstreckungsmaßnahmen, zu einer etwaigen Unbilligkeit der Vollstreckung oder auch nur einzelner Vollstreckungsmaßnahmen.
In jedem Fall ist nach abschließender Prüfung des Antrags ein schriftlicher Bescheid[233] zu erteilen. Aus ihm muß der Antragsteller klar erkennen können, ob seinem Antragsbegehren entsprochen worden ist oder nicht, und ggf. auf welchen Gründen die ablehnende Entscheidung beruht. Sie müssen die Verhältnisse des konkreten Einzelfalls klar erfassen und erkennen lassen, warum die entscheidende Behörde der vom Steuerschuldner vorgetragenen Begründung nicht gefolgt ist.
Soweit Rückstände bereits der Vollstreckungsstelle angezeigt sind, ist es veranlaßt, über Anträge auf Stundung und Aussetzung der Vollziehung erst nach Rücksprache mit der Vollstreckungsstelle zu entscheiden. Damit erhält die Vollstreckungsstelle überhaupt erst die Möglichkeit, wegen der Rückstände, deretwegen Anträge auf Stundung oder Aussetzung der Vollziehung gestellt sind, eingeleitete Vollstreckungsmaßnahmen auf ihre Rechtmäßigkeit zu überprüfen und qua via zu entscheiden, ob die eingeleiteten Maßnahmen weiter[234] durchgeführt[235] und neue Maßnahmen eingeleitet werden sollen, oder ob die eingeleiteten Maßnahmen auszusetzen[236] und die entsprechenden Rückstandsanzeigen auszusondern sind.

---

[229] D.i. das Interesse des Steuergläubigers an einer vollständigen, gleichmäßigen und rechtzeitigen Erhebung der Steuer.

[230] D.i. das Interesse des Steuerschuldners an einem Aufschub der Fälligkeit.

[231] Nach § 234 Abs. 1 AO werden für die Dauer einer gewährten Stundung von Ansprüchen aus dem Steuerschuldverhältnis Zinsen erhoben. Sie betragen nach § 238 Abs. 1 Satz 1 AO für jeden Monat eineinhalb vom Hundert. Zinsen werden nach § 239 Abs. 2 Satz 2 AO jedoch nur dann festgesetzt, wenn sie mindestens zehn Euro betragen. Nach § 239 Abs. 1 Satz 1 AO sind auf die Zinsen die für die Steuern geltenden Vorschriften entsprechend anzuwenden; jedoch beträgt die Festsetzungsfrist ein Jahr.

[232] Vgl. dazu § 240 AO. Auch die Aussetzung der Vollstreckung hindert nicht das Entstehen von Säumniszuschlägen. Die Aussetzung steht hinsichtlich ihrer Wirkung nicht der Stundung gleich.

[233] Eine Ausfertigung der Entscheidung über den Stundungs- und Aussetzungsantrag ist der Finanzkasse zuzuleiten. Das Gleiche gilt für die Vollstreckungsstelle, aber nur für den Fall, daß bei ihr eine Rückstandsanzeige vorliegt.

[234] Eine weitere Durchführung ist insbesondere dann veranlaßt, wenn die Antragstellung offensichtlich nur dazu dient, die Durchführung von Vollstreckungsmaßnahmen hinauszuschieben.

[235] Vgl. dazu § 257 AO. Der Natur der Sache entsprechend ist über Anträge auf einstweilige Einstellung oder Beschränkung von Vollstreckungsmaßnahmen von der Vollstreckungsstelle unverzüglich zu entscheiden.

[236] Eine Aussetzung von Vollstreckungsmaßnahmen ist, entgegen weitverbreiteter Übung in den Vollstreckungsstellen, nicht lediglich auf Grund mündlicher Mitteilungen von Veranlagungsstellen zulässig.

Mehr noch als die Anträge auf Stundung (§ 222 AO) begründen die Anträge auf Aussetzung der Vollziehung angefochtener Steuerbescheide (§ 361 AO) die Notwendigkeit, auch die Steuerbescheide auf ihre Rechtmäßigkeit zu überprüfen.

2. Beschwerde

a) Statthaftigkeit

aa) § 349 Abs. 1 Satz 1 AO a.F.

Nach § 349 Abs. 1 Satz 1 AO a.F. war gegen **andere** als die in § 348 AO a.F. abschließend aufgeführten Verwaltungsakte als Rechtsbehelf die **förmliche Beschwerde**[237] gegeben. § 349 AO a.F. wurde mit Wirkung vom 1.1.1996 durch das Grenzpendlergesetz vom 24.6.1994 – BGBl. 1994 I, S. 1395 – **aufgehoben.**
Einspruch und Beschwerde wurden zum **einheitlichen** außergerichtlichen Rechtsbehelf des Einspruchs – unter Wegfall des Devolutiveffekts[238] in den bisherigen Beschwerdefällen – aber unter Beibehaltung der „schlichten Änderung" zusammengefaßt.

V. Die ordentlichen gerichtlichen Rechtsbehelfe allgemein

1. Der Weg zum Finanzgericht

Ist der **außergerichtliche** Rechtsbehelf (Einspruch) gegen den Verwaltungsakt **erfolglos**[239] geblieben, weil dem Rechtsbehelfsbegehren nicht oder nur teilweise entsprochen wurde, so stehen dem Rechtsbehelfsführer nach § 33 Abs. 1 Nr. 1 AO i.V.m. § 33 Abs. 2 AO[240] die **ordentlichen gerichtlichen Rechtsbehelfe** des Finanzrechtswegs zu. Die generalklauselartige Fassung des Finanzrechtswegs durch § 33 FGO entspricht dem Gebot des Art. 19 Abs. 4 GG zu einem umfassenden finanzgerichtlichen Rechtsschutz. Ihm dienen auch der Untersuchungsgrundsatz[241], die Offizial- und Dispositionsmaxime[242], der Grundsatz

[237] Nur sie eröffnete den Finanzrechtsweg nach Art. 19 Abs. 4 GG i.V.m. § 33 FGO.

[238] Entscheidung durch die nächsthöhere Behörde.

[239] So auch **Birk,** Steuerrecht, 7. Aufl., 2004, S. 158, RdNr. 494: Im Unterschied zum allgemeinen Verwaltungsrecht ist das Vorverfahren für die finanzgerichtliche Klage nicht in der Prozeßordnung (FGO), sondern in der AO geregelt.

[240] ... i.d.F. des G v. 19.12.2000 – BGBl. 2000 I, S. 1757.

[241] Nach § 76 Abs. 1 Satz 1 FGO erforscht das Gericht den Sachverhalt von Amts wegen. Dies zeigt, daß die **Herrschaft** über den Prozeßstoff und die für die Entscheidung erheblichen Tatsachen beim Finanzgericht liegt. Es ist daher nach § 76 Abs. 1 Satz 5 FGO an das Vorbringen und an die Beweisanträge der Beteiligten nicht gebunden. Umgekehrt obliegt dem Finanzgericht aber eine Prozeßfürsorgepflicht gegenüber den Verfahrensbeteiligten nach § 65 Abs. 2 FGO i.V.m. § 76 Abs. 2 FGO. Der Untersuchungsgrundsatz erfährt durch die Statuierung prozessualer **Mitwirkungspflichten** der Verfahrensbeteiligten in § 76 Abs. 1 Sätze 2 – 4 FGO seine rechtliche Ausgestaltung. Sie beruht auf der Erkenntnis, daß das Finanzgericht zum Zwecke der Erfüllung der eigenen Untersuchungspflicht auf die Kooperation der Beteiligten angewiesen ist.

[242] Im finanzgerichtlichen Klageverfahren tritt die Offizialmaxime zu Gunsten der Dispositionsmaxime in den Hintergrund. Der Kläger bestimmt nach § 65 Abs. 1 Satz 1 FGO den Gegenstand des Klagebegehrens. Über ihn darf das Finanzgericht nach § 96 Abs. 1 Satz 2 Halbs. 1 FGO nicht hinausgehen. Ihn kann der Kläger unter den Voraussetzungen des § 67 FGO ändern. Der Kläger kann auch nach § 72 Abs. 1 Satz 1 FGO die Klage zurücknehmen. Ferner kann der Kläger nach § 68 Satz 1 FGO i.d.F. des G v. 19.12.2000 – BGBl. 2000 I, S. 1757 – einen nach Bekanntgabe der Einspruchsentscheidung geänderten oder ersetzten Verwaltungsakt zum – neuen – Gegenstand des Verfahrens machen. Nach § 138 FGO kann der Kläger, gemeinsam mit dem Beklagten, den Rechtsstreit in der Hauptsache für erledigt erklären.

der Mündlichkeit und Öffentlichkeit[243] sowie der Grundsatz des rechtlichen Gehörs (Art. 103 Abs. 1 GG)[244].
Regelmäßig eröffnet nur ein ordentlicher außergerichtlicher Rechtsbehelf den Weg zum Finanzgericht. Dies macht es verständlich, daß dem gerichtlichen Rechtsbehelfsverfahren auch regelmäßig ein außergerichtliches Rechtsbehelfsverfahren vorgeschaltet sein muß.
Der Rechtsbehelfsführer ist **klagebefugt,** da er geltend machen kann, durch den Verwaltungsakt und die diesen bestätigende Rechtsbehelfsentscheidung in seinen **Rechten verletzt** zu sein (§ 40 Abs. 2 FGO).
Steitgegenstand des finanzgerichtlichen Verfahrens ist der Umfang des prozessualen Rechtsschutzbegehrens[245] des Rechtsbehelfsführers auf Feststellung der objektiven Rechtswidrigkeit des Verwaltungsakts, ferner auf Feststellung, durch den objektiv rechtswidrigen Verwaltungsakt subjektiv in seinen rechtlichen Interessen beeinträchtigt zu sein, sowie auf Beseitigung der objektiv rechtswidrigen subjektiven Beeinträchtigung des Rechtsbehelfsführers.[246] Der Streitgegenstand bestimmt zugleich die Befugnisgrenzen finanzgerichtlicher Sachaufklärung[247].
Sie erstreckt sich sowohl auf das Bestehen der materiell-rechtlichen Rechtsgrundlagen, als auch auf die Pflichtmäßigkeit des von der Finanzbehörde ausgeübten Ermessens[248].
Die ordentlichen gerichtlichen Rechtsbehelfe sind eine Folge davon, daß das **Rechtsstaatsprinzip** im Grundgesetz der Bundesrepublik Deutschland eine wesentlich stärkere Betonung als in der Weimarer Verfassung und vollends in der Reichsverfassung von 1871 erfahren hat. Mit dieser Verstärkung hängt eine den Vorgängern des Grundgesetzes unbekannte Ausweitung der Rechtsprechung zusammen, die dazu geführt hat, daß nunmehr

---

243 Das Finanzgericht entscheidet, soweit nichts anderes bestimmt ist, nach § 90 Abs. 1 Satz 1 FGO auf Grund mündlicher Verhandlung. Der Grundsatz der Mündlichkeit bezweckt eine qualitativ hochstehende Sachaufklärung. Er ist für ein Klageverfahren unabdingbar, das nur eine einzige Tatsacheninstanz kennt. Entscheidungen des Gerichts, die nicht Urteile sind, können nach § 90 Abs. 1 Satz 2 FGO ohne mündliche Verhandlungen ergehen. Mit Einverständnis der Beteiligten kann das Gericht ohne mündliche Verhandlung entscheiden (§ 90 Abs. 2 FGO). Das Gericht kann ferner nach § 90 a Abs. 1 FGO in geeigneten Fällen ohne mündliche Verhandlung durch Gerichtsbescheid entscheiden. Entsprechendes gilt auch für die Entscheidungen im vorbereitenden Verfahren nach § 79 a Abs. 2 und 4 FGO. Mündliche Verhandlungen sind regelmäßig öffentlich (§ 52 Abs. 1 FGO i.V.m. § 169 GVG).

244 Der Grundsatz des rechtlichen Gehörs nach Art. 103 Abs. 1 GG ist für ein rechtsstaatliches Gerichtsverfahren unverzichtbar. Er findet seine Ausprägung z.B. in § 96 Abs. 2 FGO, wonach ein Urteil nur auf Tatsachen und Beweisergebnisse gestützt werden darf, zu denen die Beteiligten sich äußern konnten. Weitere Beispiele gesetzlicher Ausprägung sind z.B. die Mitteilung der Besteuerungsgrundlagen nach § 75 FGO, die Akteneinsicht der Beteiligten nach § 78 FGO, die Benachrichtigung der Beteiligten von den Beweisterminen nach § 83 FGO sowie die Erörterung der Streitsache nach § 93 FGO. Die Versagung des rechtlichen Gehörs für einen Beteiligten ist ein absoluter Revisionsgrund nach § 115 Abs. 2 Nr. 3 FGO i.d.F. des G v. 19.12.2000 – BGBl. 2000 I, S. 1757 i.V.m. § 119 Nr. 3 FGO.

245 Dazu vgl. **Mösbauer,** Finanzgerichtlicher Rechtsschutz, DRiZ 1978, S. 137 ff. m.w. Nachw..

246 Vgl. dazu **Mösbauer,** Der Streitgegenstand im Steuerprozeß, 1975, S. 246.

247 Dazu **Mösbauer,** Befugnisgrenzen finanzgerichtlicher Sachaufklärung, BB 1977, S. 505 ff.. Zur Erforschung des Sachverhalts durch das Finanzgericht nach § 76 FGO vgl. auch OFD München, Verfügung betr. Fristsetzung nach § 364 b AO vom 24.7.1996 – OFD München S 0622 – 51 St 312 – Steuererlasse (C. H. Beck) Nr. 800, § 364 b AO / 1 Nr. 9 (i.d.F.v. Okt. 1999). Danach steht § 76 Abs. 3 FGO im Zusammenhang mit § 364 b AO, mit der Maßgabe, daß die Pflicht des Finanzgerichts zur **Sachaufklärung** begrenzt ist, wenn das Finanzamt eine Frist nach § 364 b AO gesetzt hatte und der Steuerpflichtige diese Frist verstreichen ließ. „Da das Finanzamt ... bei der Berücksichtigung präkludierter Tatsachen oder Beweismittel keinen Ermessensspielraum besitzt, ist es nicht möglich, durch Berücksichtigung eine Erledigung in der Hauptsache herbeizuführen. Die vom Finanzamt präkludierten Tatsachen oder Beweismittel können daher nur durch Entscheidung des Finanzgerichts berücksichtigt werden.“ (OFD München, a.e.a.O. Nr. 9.3.).

248 Dazu BFH, Urteil vom 13.4.1978 – V R 109 / 75 – BFHE 36, 126 ff. (= BStBl. 1978 II, 508); BFH, Urteil vom 22.2.1972 – VII R 80 / 69 – BStBl. 1972 II, 544; ferner BFH, Urteil vom 1.6.1965 – VII 228 / 63 U – BStBl. 1965 III, 495; BFH, Urteil vom 24.9.1976 – I R 41 / 75 – BStBl. 1977 II, 127; so schon **Bühler,** Steuerrecht I, 2. Aufl., 1953, § 12 (S. 153 ff.). Vgl. ergänzend noch **Hill,** Verfahrensermessen der Verwaltung, NVwZ 1985, S. 449 ff..

alle Akte der öffentlichen Gewalt der gerichtlichen Kontrolle unterworfen werden können (Art. 19 Abs. 4 GG); allerdings „immer nur auf Anstoß des Verletzten“[249].
Institutionell ist die Finanzgerichtsbarkeit als rechtsprechende Gewalt i.S.d. Art. 92 GG im Verhältnis zu den anderen Gerichtsbarkeiten ein selbständiger und gleichrangiger Zweig der staatlichen Gerichtsbarkeit des Art. 95 Abs. 1 GG. Die Finanzgerichtsbarkeit wird nach § 1 FGO durch unabhängige[250] und nur dem Gesetz unterworfene (Art. 97 Abs. 1 GG), von den Verwaltungsbehörden getrennte, besondere Verwaltungsgerichte ausgeübt. Anders als die allgemeine Verwaltungsgerichtsbarkeit ist die Finanzgerichtsbarkeit traditionell nicht dreistufig, sondern nur **zweistufig** aufgebaut. Die Finanzgerichte entscheiden nach § 35 FGO im ersten Rechtszug als **Tatsachen**instanz, nach § 36 FGO im zweiten Rechtszug als **Rechtsmittel**instanz über Revisionen und Beschwerden.[251]

2. Rechtsschutzbegehren

Je nach Rechtsschutzbegehren des Steuerpflichtigen unterscheidet man zwischen:

a) der Anfechtungs-[252] und Verpflichtungsklage nach § 40 Abs. 1 Alt. 1 und 2 FGO,
b) der allgemeinen Leistungsklage nach § 40 Abs. 1 Alt. 3 FGO, sowie
c) der Feststellungsklage nach § 41 FGO.

Eine Sonderform ist die sog. Fortsetzungsfeststellungsklage nach arg.e. § 100 Abs. 1 Satz 4 FGO.

Eine Klage kann der Steuerpflichtige **selbst,** ohne Mithilfe eines Rechtsanwalts, Steuerberaters oder Wirtschaftsprüfers erheben, sofern er Postulationsfähigkeit besitzt. Postulationsfähigkeit ist die Fähigkeit, vor Gericht aufzutreten und zu argumentieren. Bei Volljährigen ist grundsätzlich vom Vorliegen der Postulationsfähigkeit auszugehen. Ist sie nicht gegeben, muß sich der Beteiligte nach § 62 Abs. 1 Satz 2 FGO vertreten lassen.
Die Klage muß eigenhändig **unterschrieben** werden. Die **Erhebung** der Klage mittels **Telegramm** oder **Telefax** ist zulässig.

VI. Die Klage

1. Allgemeine Zulässigkeitsvoraussetzungen[253]

a) ... bzgl. der Klage

aa) Ordnungsmäßigkeit der Klageerhebung

Nach § 64 Abs. 1 FGO **ist** die Klage bei dem Gericht **schriftlich** oder **zur Niederschrift** des Urkundsbeamten der Geschäftsstelle zu erheben.
Die Frage, ob daran festgehalten werden kann, daß ein bestimmender Schriftsatz, der mit einer Abkürzung (Paraphe[254], Namenszeichen) unterschrieben ist, dem Erfordernis der

---

[249] **Püttner,** Verwaltungslehre, 2. Aufl., 1989, S. 366.
[250] Dazu vgl. **P. Fischer,** Die richterliche Unabhängigkeit – ein Mythos?, DStZ 1996, S. 262 ff..
[251] Vgl. dazu **Seer,** in: Tipke / Lang, Steuerrecht, 16. Aufl., 1998, § 23, RdNr. 60, S. 918 f..
[252] Vgl. dazu BFH GrS, Beschluß vom 23.10.1989 – GrS 2 / 87 – BStBl. 1990 II, 327 ff..
[253] Dazu vgl. BFH, BStBl. 1986 II, 22.
[254] Zu den Anforderungen an die Lesbarkeit einer Unterschrift und der Möglichkeit der Wiedereinsetzung in den vorigen Stand vgl. BFH, Urteil vom 16.3.1999 – X R 41 / 96 – StB 1999, 398 f..

Schriftlichkeit **nicht** genügt, hat im Hinblick auf die Entwicklung der verschiedenen modernen Kommunikationsmittel grundsätzliche Bedeutung.[255]

§ 64 Abs. 1 FGO ordnet für alle Klagearten des Steuerprozesses **zwingend** Schriftform an; eine Regelung, die auch sonst im Verfahrensrecht für bestimmende Schriftsätze kennzeichnend ist.[256] Nach BFH st. Rspr. gehört zum Formerfordernis der Schriftlichkeit i.S.d. § 64 FGO grundsätzlich die eigenhändige (handschriftliche) Unterzeichnung.[257]

Wurde ein bestimmender Schriftsatz (z.B. eine Klageschrift) mit einer „Paraphe" unterzeichnet, so erfordert es der Anspruch auf ein faires Verfahren, dem Rechtsuchenden die Möglichkeit der Wiedereinsetzung in den vorigen Stand zu eröffnen, wenn glaubhaft und unwidersprochen vorgetragen wird, diese Art der Unterzeichnung sei im Geschäftsverkehr, bei Behörden und in Gerichtsverfahren jahrelang unbeanstandet verwendet worden.[258]

Der Klage sollen nach § 64 Abs. 2 Halbs. 1 FGO **Abschriften** für die übrigen Beteiligten beigefügt werden.

Den Klageschriftsätzen **sind** die **Urkunden,** auf die Bezug genommen wird, in Urschrift oder in Abschrift ganz oder im Auszug **beizufügen.** Sind die Urkunden der Finanzverwaltung bereits bekannt oder sehr umfangreich, so genügt die genaue Bezeichnung mit dem Anerbieten, Einsicht bei Gericht zu gewähren (§ 64 Abs. 2 Halbs. 2 i.V.m. § 77 Abs. 2 Sätze 1 und 2 FGO sinngemäß).

Als zwingende Voraussetzung für die Ordnungsmäßigkeit der Klageerhebung **muß** die Klage ferner nach § 65 Abs. 1 Satz 1 Halbs. 1 FGO den Kläger, den Beklagten[259] und den Gegenstand des Klagebegehrens, bei Anfechtungsklagen auch den Verwaltungsakt und die Entscheidung über den außergerichtlichen Rechtsbehelf **bezeichnen.**

Soweit die Bezeichnung des **Gegenstandes des Klagebegehrens**[260] in Frage steht, kann diese durch eine Bezugnahme auf genau bezeichnete Unterlagen in den Steuerakten erfolgen.[261] Dies gilt auch dann, wenn das Gericht dem Kläger die Bezeichnung nach § 65 Abs. 2 Satz 2 FGO aufgegeben hat.

Die Bezeichnung des Streitgegenstandes – jetzt: des Gegenstandes des Klagebegehrens – erfordert die Konkretisierung des Klagebegehrens.[262] „Hierfür ist vorzutragen, worin die den Kläger treffenden Rechtsverletzungen liegen und inwiefern der angefochtene Verwaltungsakt rechtswidrig sein soll. Diese Anforderungen sollen das Gericht in die Lage versetzen, die Grenzen seiner Entscheidungsbefugnis zu bestimmen (§ 96 Abs. 1 Satz 2 FGO)."[263] Eine Konkretisierung des Klagebegehrens ist aber immer einzelfallbezogen. Sie ist abhängig von dem Inhalt des angefochtenen Verwaltungsaktes, von der Steuerart und der Klageart. Die

---

[255] Dazu vgl. BFH, Beschluß vom 29.11.1995 – X B 56 / 95 – BStBl. 1996 II, 140, 141 m.w. Nachw.. So auch **Seer,** in: Tipke / Lang, Steuerrecht, 16. Aufl., 1998, § 23, RdNrn. 147 ff., S. 936 ff..

[256] So zutreffend BFH, Urteil vom 17.12.1998 – III R 87 / 96 – BStBl. 1999 II, 313, bes. 315 und ausdrücklicher Bezugnahme auf **Gräber / von Groll,** Finanzgerichtsordnung, 4. Aufl., § 64 FGO, Anm. 4.

[257] BFH, Urteil vom 17.12.1998 – III R 87 / 96 – BStBl. 1999 II, 313, bes. 315; BFH, Urteil vom 19.4.1994 – VIII R 22 / 93 – BFH / NV 1995, 222; BFH, Urteil vom 12.9.1991 – X R 38 / 91 – BFH / NV 1992, 50; auch BGH, Urteil vom 22.10.1993 – V ZR 112 / 92 – NJW 1994, 55; BVerwG, Urteil vom 6.12.1988 – 9 C 40 / 87 – BVerwGE 81, 32; BVerwG, Beschluß vom 19.12.1994 – 5 B 79 / 94 – NJW 1995, 2121; BFH, Urteil vom 23.6.1999 – X R 113 / 96 – BStBl. 1999 II, 668.

[258] So BFH, Urteil vom 16.3.1999 – X R 41 / 96 – BStBl. 1999 II, 565, m. zahlr. weit. Nachw..

[259] Zum Beklagtenwechsel vgl. **Wilke,** Der Wechsel des Beklagten im finanzgerichtlichen Verfahren, DStZ 1995, S. 499 ff..

[260] Dieses Tatbestandsmerkmal des § 65 Abs. 1 Satz 1 FGO ist durch das FGO-Änderungsgesetz vom 21.12.1992 – BGBl. 1992 I, 2109 neu gefaßt worden; eine inhaltliche Änderung war damit nicht verbunden (BT-Drucks. 12 / 1061, S. 14. Vgl. auch BFH, Urteil vom 23.1.1997 – IV R 84 / 95 – BStBl. 1997 II, 462.

[261] So BFH, Urteil vom 13.6.1996 – III R 93 / 95 – BStBl. 1996 II, 483 ff..

[262] Vgl. dazu BFH GrS, Beschluß vom 26.11.1979 – GrS 1 / 78 – BStBl. 1980 II, 99. Ergänzend BFH, Beschluß vom 15.11.1994 – VIII B 29 / 94 – BFH / NV 1995, 886; **von Groll,** in: Gräber, FGO, 3. Aufl., § 65 FGO, Rzn. 31, 46; **List,** in: Hübschmann / Hepp / Spitaler, AO / FGO, 10. Aufl., § 65 FGO, Rz. 34; **Kühn / Hofmann,** AO / FGO, 17. Aufl., 1995, § 65 FGO, Bem. 2 c.

[263] BFH, Urteil vom 13.6.1996 – III R 93 / 95 – BStBl. 1996 II, 483, 484.

Substantiierung des konkreten Sachverhalts soll das Gericht in die Lage versetzen, zu erkennen, worin nach Auffassung des Klägers die Rechtsverletzung begründet ist.
Eine Gegenüberstellung von § 65 Abs. 1 Satz 1 FGO und § 79 b Abs. 1 FGO weist nach, daß die Bezeichnung des Gegenstandes des Klagebegehrens nur eine eingeschränkte Angabe von Tatsachen verlangt. Nur so bleibt hinreichend Raum für eine „weitere" Angabe von Tatsachen i.S.d. § 79 b Abs. 1 Satz 1 FGO, durch deren Berücksichtigung oder Nichtberücksichtigung im Verwaltungsverfahren sich der Kläger beschwert fühlt. Sie müssen dergestalt substantiiert sein, daß sie für das Gericht eine Entscheidung i.S.d. § 79 b Abs. 2 FGO dahingehend ermöglichen, ob die Angabe weiterer Tatsachen oder die Bezeichnung weiterer Beweismittel veranlaßt ist, und ferner ob die Vorlage weiterer Urkunden oder anderer beweglicher Sachen erforderlich ist.[264]
Nicht ausreichend bezeichnet ist ein Gegenstand des Klagebegehrens, wenn ein FG den Gegenstand erst anhand einer Vielzahl ihm vorgelegter Unterlagen selbst ermitteln muß. Die **Klage**(schrift) muß nach § 65 Abs. 1 Satz 1 FGO den Gegenstand des Klagebegehrens bezeichnen. Zulässig ist es aber, zum Zwecke der Auslegung des Gegenstandes Anlagen[265] und auch Steuerakten[266] heranzuziehen. Förderlich ist § 65 Abs. 1 Satz 4 FGO[267], wonach der Klage die Urschrift oder eine Abschrift des angefochtenen Verwaltungsaktes und der Einspruchsentscheidung beigefügt werden soll.
Mehrere denselben Veranlagungszeitraum betreffende Änderungsbescheide können gleichzeitig zum Gegenstand des Verfahrens erklärt werden, nachträglich also auch ein durch den zweiten suspendierter erster Änderungsbescheid. Die Überleitung eines zweiten Änderungsbescheides in ein laufendes Verfahren gemäß § 68 FGO[268] setzt aber voraus, daß der vorausgegangene erste Änderungsbescheid ebenfalls Verfahrensgegenstand war.[269]
Ferner **soll** die Klage einen bestimmten Antrag enthalten (§ 65 Abs. 1 Satz 2 FGO).
Des weiteren **sollen** die zur Begründung dienenden **Tatsachen** und **Beweismittel angegeben** werden (§ 65 Abs. 1 Satz 3 FGO).
Nach dem mit Wirkung vom 1.1.2001 durch Gesetz vom 19.12.2000[270] angefügten § 65 Abs. 1 Satz 4 FGO soll der Klage außerdem die **Urschrift** oder eine **Abschrift** des angefochtenen **Verwaltungsaktes** und der **Einspruchsentscheidung** beigefügt werden.
Entspricht die Klage diesen Anforderungen nicht in vollem Umfange, so **hat** der Vorsitzende den Kläger zu der erforderlichen Ergänzung innerhalb einer bestimmten Frist **aufzufordern** (§ 65 Abs. 2 Satz 1 FGO).
Kommt der Kläger dieser Aufforderung nicht nach, so ist die Klage als **unzulässig** zu verwerfen.
Die vom Vorsitzenden bestimmte Frist kann **eine Ausschlußfrist** sein. Der Kläger kann die Klage bis zum Schluß der letzten mündlichen Verhandlung ergänzen[271], wenn keine Frist mit ausschließender Wirkung gesetzt wurde (§ 65 Abs. 2 Satz 2 FGO).

bb) Wirksame gewillkürte Bevollmächtigung

Nach § 62 Abs. 1 Satz 1 Halbs. 1 FGO können sich die Beteiligten – auch bei der Klageerhebung – durch **Bevollmächtigte vertreten** lassen.
Durch Beschluß des Gerichts kann nach § 62 Abs. 1 Satz 2 FGO angeordnet werden, daß ein Bevollmächtigter **bestellt** oder ein Beistand **hinzugezogen** werden muß.

---

[264] Vgl. dazu BFH, Beschluß vom 8.3.1995 – X B 243, 244 / 94 – BStBl. 1995 II, 417.
[265] Vgl. dazu BFH, Beschluß vom 6.3.1986 – I R 301 / 82 – BFH / NV 1986, 754.
[266] Vgl. dazu BFH, Urteil vom 16.3.1988 – I R 93 / 84 – BStBl. 1988 II, 895.
[267] ... i.d.F. des G v. 19.12.2000 – BGBl. 2000 I, S. 1757.
[268] ... i.d.F. des G v. 19.12.2000 – BGBl. 2000 I, S. 1757.
[269] So zutreffend BFH, Beschluß vom 15.5.1997 – XI R 53 / 88 – BStBl. 1997 II, 514.
[270] BGBl. 2000 I, S. 1757.
[271] Bestätigend auch BFH, Urteil vom 15.4.1971 – IV R 173-174/70 – BFHE 104, 309.

Die Bevollmächtigung ist nach § 62 Abs. 3 Satz 1 FGO durch eine **schriftliche Vollmacht**[272] nachzuweisen.
Sie kann **nachgereicht** werden (§ 62 Abs. 3 Satz 3 Halbs. 1 FGO). Das Gericht[273] kann hierfür eine **Frist bestimmen** (§ 62 Abs. 3 Satz 3 Halbs. 2 FGO).[274] Die zur Einreichung der Prozeßvollmacht gesetzte Frist – mit ausschließender Wirkung – wird gewahrt, wenn der Prozeßbevollmächtigte innerhalb dieser Frist dem Gericht die ihm vom Kläger durch **Telefax** erteilte Prozeßvollmacht vorlegt.[275]
Zwar entspricht nach zutreffender Feststellung des BFH[276] eine Telekopie der Vollmacht **nicht** der in § 126 Abs. 1 BGB vorgeschriebenen Schriftform, da sie keine eigenhändige Unterzeichnung enthält. Denn die Unterschrift ist nur vom Original übernommen. Dieses verbleibt bei dem Absender[277]. Da aber das **Prozeßrecht eigenständig** ist, können die Formvorschriften des Bürgerlichen Rechts auf die Erteilung der Prozeßvollmacht weder unmittelbar noch entsprechend angewendet werden.[278] Ganz abgesehen davon soll „die für Prozeßhandlungen vorgesehene Schriftform – lediglich – gewährleisten, daß aus dem Schriftstück Inhalt und Rechtsverbindlichkeit der Erklärung, die abgegeben werden soll, und die Person des Erklärenden hinreichend zuverlässig festgestellt werden können“[279]. Nur so kann das Gericht ohne langwierige Nachprüfungen feststellen, ob die Erklärungen abgegeben sind und von wem sie stammen. Diesem Zweck genügt eine Vollmacht durch Telekopie. Dies muß um so mehr gelten, als auch ein vom Kläger gegenüber dem Gericht **fernmündlich aufgegebenes Telegramm** einer Vollmacht dem Schrifterfordernis des § 62 Abs. 3 Satz 1 FGO entspricht.
Rössler[280] hält, wegen der Manipulationsmöglichkeiten in der modernen Kommunikationstechnik, dieses Ergebnis für „contra legem“. Er scheint hier aber außer Betracht zu lassen, daß auch eigenhändig unterschriebene Vollmachturkunden manipulierbar sind.
Der BFH hat mehrfach zu der Frage Stellung genommen, welche Anforderungen an die schriftliche Erteilung der Vollmacht zu stellen sind. Eine klare Linie läßt die Rechtsprechung nicht erkennen. In seinem Urteil vom 28.11.1995[281] stellt der BFH kategorisch fest: Der Nachweis der Bevollmächtigung kann ... nur durch die Vorlage der schriftlichen Vollmacht **im Original** geführt werden; es reicht nicht aus, daß der Prozeßbevollmächtigte dem Gericht die ihm erteilte Vollmacht durch Telefax (Telekopie) übermittelt. Noch in seinem Urteil vom 23.6.1987[282] hat der BFH es für ausreichend erachtet, daß die Vollmacht auch durch ein an das Gericht gerichtetes Telegramm des Klägers erteilt werden könne.[283] Ebenso hatte es der

---

[272] Vgl. dazu BFH, Urteil vom 16.2.1990 – III R 81/87 – BStBl. 1990 II, 746 f.; BFH, Urteil vom 28.11.1995 – VII R 63/95 – BStBl. 1996 II, 105; ferner BFH, Urteil vom 27.2.1998 – VI R 88/97 – BStBl. 1998 II, 445 m.w. Nachw. (zu den Anforderungen an den Nachweis der Bevollmächtigung im finanzgerichtlichen Verfahren).
[273] Sc.l. der Vorsitzende oder der Berichterstatter.
[274] Gesetzliche Vertreter (Steuerberater als Geschäftsführer) einer juristischen Person (Steuerberatungs-GmbH) bedürfen aber selbst dann keiner Prozeßvollmacht i.S.d. § 62 Abs. 3 FGO, wenn ihnen vom Gericht eine Ausschlußfrist gemäß § 62 Abs. 3 Satz 3 FGO gesetzt worden ist. So BFH, Urteil vom 9.11.1994 – I R 96/94 – DATEV – LEXinform – Nr. 0126417; BFH, Urteil vom 9.11.1994 – XI R 11/94 – DB 1995, 412.
[275] Bestätigend auch BFH, Urteil vom 15.6.1994 – II R 49/91 – DStZ 1995, 118. A.A. BFH, Urteil vom 28.11.1995 – VII R 63/95 – BStBl. 1996 II, 105 (er verlangt die Vorlage im Original).
[276] BFH, Urteil vom 15.6.1994 – II R 49/91 – DStZ 1995, 118.
[277] BGH, Urteil vom 28.1.1993 – IX ZR 259/91 (KG) – NJW 1993, 1126.
[278] BFH, Beschluß vom 5.11.1973 – GrS. 2 / 72 – BStBl. 1974 II, 242; BFH, Urteil vom 23.6.1987 – IX R 77 / 83 – BStBl. 1987 II, 717.
[279] BFH, Urteil vom 15.6.1994 – II R 49 / 91 – DStZ 1995, 118 unter ausdrücklicher Bezugnahme auf den Beschluß des Gemeinsamen Senats der obersten Gerichtshöfe des Bundes vom 30.4.1979 – GmS – OGB 1 / 78 – NJW 1980, 172; BAG, Urteil vom 1.6.1983 – 5 AZR 468 / 80 – BAGE 43, 46.
[280] **Rössler,** Anm. zu BFH, Urteil vom 15.6.1994 – II R 49 / 91 – DStZ 1995, 118.
[281] BFH, Urteil vom 28.11.1995 – VII R 63 / 95 – BStBl. 1996 II, 105.
[282] BFH, Urteil vom 23.6.1987 – IX R 77 / 83 – BStBl. 1987 II, 717.
[283] So auch BFH, Urteil vom 25.1.1996 – V R 31 / 95 – BStBl. 1996 II, 299, 300.

BFH[284] zugelassen, daß die Vollmacht durch ein an den Prozeßbevollmächtigten gerichtetes Telefax des Klägers erteilt wird. Als ausreichend hat es der BFH[285] für die Schriftlichkeit der Vollmachterteilung auch angesehen, wenn der Prozeßbevollmächtigte des Klägers dem Gericht seine ihm erteilte Vollmacht im Telebriefverfahren übermittelt.
Die gesamte Rechtsprechung des BFH läßt sich anhand der Neufassung[286] des § 62 Abs. 3 Satz 1 FGO[287] dahingehend zusammenfassen, daß dem Gericht stets **das Original** der dem Prozeßbevollmächtigten erteilten Vollmacht vorzulegen ist.[288]
Besteht für das Gericht erkennbar der **Verdacht,** daß ein Bevollmächtigter eine ihm erteilte, kein konkretes gerichtliches Verfahren benennende Prozeßvollmacht in **mißbräuchlicher** Weise zum Nachteil des Vollmachtgebers (Klägers) verwendet haben könnte, so hat es die Vorlage einer neuen, vom Kläger selbst auf das konkrete Verfahren bezogenen Vollmacht zu verlangen. Der Verdacht eines Vollmachtsmißbrauchs kann sich aus einer besonders ungewöhnlichen, keinerlei Erfolg versprechenden Prozeßführung ergeben.[289]
Ist ein Bevollmächtigter bestellt, sind die **Zustellungen** oder Mitteilungen des Gerichts an **ihn** zu richten (§ 62 Abs. 3 Satz 5 FGO).
Wirksam gewillkürte Bevollmächtigung ist ihrem Wesen nach nicht Zulässigkeits- sondern **Prozeßhandlungsvoraussetzung.**
Fehlt die wirksam gewillkürte Bevollmächtigung **bei** Klageerhebung, so ist die Klage **unzulässig.**
Entfällt sie **nach** Klageerhebung, tritt nicht Unzulässigkeit, sondern **Säumnis** ein.

cc) Postulationsfähigkeit

Nach § 62 Abs. 1 Satz 1 FGO **können sich** die Beteiligten – bei der Klageerhebung – durch Bevollmächtigte **vertreten lassen.** Sie können aber auch selbst Klage erheben. Dies zeigt, daß von Seiten des Gesetzgebers die **Postulationsfähigkeit** als stets gegeben vermutet wird. § 62 Abs. 1 Satz 2 FGO erbringt aber den Beweis, daß die Postulationsfähigkeit durch Bestellung eines Bevollmächtigten oder Hinzuziehung eines Beistandes auf Grund beschlußmäßiger gerichtlicher Anordnung nachträglich entfallen kann.
Postulationsfähigkeit ist ihrem Wesen nach nicht Zulässigkeits- sondern **Prozeßhandlungsvoraussetzung.**
Entfällt sie **nach** Klageerhebung, tritt nicht Unzulässigkeit, sondern **Säumnis** ein.

b) ... bzgl. des Gerichts

aa) Örtliche Zuständigkeit

Örtlich zuständig ist nach § 38 Abs. 1 FGO das Finanzgericht, in dessen Bezirk die Behörde, gegen welche die Klage gerichtet ist, ihren **Sitz** hat.

---

[284] BFH, Urteil vom 15.6.1994 – II R 49 / 91 – BStBl. 1994 II, 763.
[285] BFH, Urteil vom 19.1.1989 – IV R 21 – 23 / 87 – BStBl. 1989 II, 567.
[286] § 62 Abs. 3 Satz 1 FGO wurde dem § 80 Abs. 1 ZPO angeglichen.
[287] Vgl. dazu Begründung zu Art. 1 Nr. 8 des Entwurfs eines Gesetzes zur Änderung der FGO und anderer Gesetze, BT-Drucks. 12 / 1061, S. 14.
[288] So im Ergebnis auch BGH, Urteil vom 23.6.1994 – I ZR 106 / 92 – BGHZ 126, 266 – 269; **Baumbach / Lauterbach / Albers / Hartmann,** ZPO, 53. Aufl., § 80 ZPO, Anm. 2 B a; **Vollkommer,** in: Zöller, ZPO, 19. Aufl., § 80 ZPO, Rz. 8; BFH, Urteil vom 28.11.1995 – VII R 63 / 95 – BStBl. 1996 II, 105, 106; ergänzend BFH, Urteil vom 29.7.1997 – IX R 20 / 96 – BStBl. 1997 II, 823 (der in der Vollmachtsurkunde fehlende Name des Prozeßbevollmächtigten kann aus dem beigehefteten Schriftsatz entnommen werden).
[289] So zutreffend BFH, Beschluß vom 13.6.1996 – III B 23 / 95 – BStBl. 1997 II, 75.

Bei Zöllen, Verbrauchsteuern und Monopolabgaben ist das Finanzgericht zuständig, in dessen Bezirk ein **Tatbestand verwirklicht** wird, an den das Gesetz die Abgabe knüpft (§ 38 Abs. 2 Satz 1 Halbs. 2 FGO).
Hat der Kläger im Bezirk der obersten Finanzbehörde **keinen Wohnsitz,** keine Geschäftsleitung und keinen gewöhnlichen Aufenthalt, so ist das Finanzgericht örtlich zuständig, in dessen Bezirk die Behörde, gegen welche die Klage gerichtet ist, ihren **Sitz** hat (§ 38 Abs. 2 Satz 2 FGO i.V.m. § 38 Abs. 1 FGO).
Nach § 39 Abs. 1 FGO wird das zuständige Finanzgericht **durch** den **Bundesfinanzhof bestimmt,** wenn z.B. die Zuständigkeit ungewiß ist (Nr. 2) oder verschiedene Finanzgerichte sich rechtskräftig für zuständig oder unzuständig erklärt haben (Nr. 3 oder 4).
Nach § 39 Abs. 2 Satz 1 FGO kann **jeder** am Rechtsstreit **Beteiligte** und jedes mit dem Rechtsstreit befaßte Finanzgericht den Bundesfinanzhof **anrufen.**
Dieser kann **ohne** mündliche Verhandlung entscheiden (§ 39 Abs. 2 Satz 2 FGO).

bb) Sachliche Zuständigkeit

Das Finanzgericht entscheidet im ersten Rechtszug über alle Streitigkeiten, für die der Finanzrechtsweg gegeben ist (§ 35 FGO).
Bei den Finanzgerichten als oberen Landesgerichten i.S.d. § 2 FGO besteht wie beim Bundesfinanzhof, **Senatsverfassung** (§§ 5 Abs. 2 Satz 1, 10 Abs. 2 Satz 1 FGO). Die Finanzgerichte entscheiden daher regelmäßig[290] in der Besetzung mit drei Richtern und zwei ehrenamtlichen Richtern, soweit nicht ein **Einzelrichter**[291] entscheidet (§ 5 Abs. 3 Satz 1 FGO).[292]
Welcher Richter in concreto entscheidet, wird durch den **Geschäftsverteilungsplan** (§ 4 FGO, § 21 e Abs. 1 GVG) bestimmt, der nach dem verfassungsrechtlichen Gebot des gesetzlichen Richters (Art. 101 Abs. 1 Satz 2 GG) die konkrete Entscheidungsbefugnis ex ante zu verfügen hat (§ 4 FGO, § 21 a GVG i.V.m. § 21 g Abs. 1 GVG). Er kann durch einen sog. **Mitwirkungsplan** nach § 4 FGO, § 21 g Abs. 2 GVG individualisiert werden.

cc) Sog. perpetuatio fori

Die sachliche und örtliche Zuständigkeit des Finanzgerichts wird nach § 70 Satz 1 FGO i.V.m. § 17 Abs. 1 Satz 1 GVG durch eine nach Rechtshängigkeit i.S.d. § 66 Abs. 1 FGO eintretende Veränderung der sie begründenden Umstände nicht berührt.

dd) Verweisung

---

290 Bei Beschlüssen außerhalb der mündlichen Verhandlung oder bei Gerichtsbescheiden (§ 90 a FGO) wirken die ehrenamtlichen Richter nicht mit (§ 5 Abs. 3 Satz 2 FGO).

291 Der sog. **fakultative** Einzelrichter der § 5 Abs. 3 Satz 1 FGO, § 6 FGO, § 348 Abs. 1 ZPO stellt eine Ausnahme von dem der Senatsverfassung immanenten Kollegialprinzip dar; mithin also auch eine Ausnahme von der durch ein Kollegialgericht verbürgten Qualität des Rechtsschutzes. Der Einzelrichter soll die Senate der Finanzgerichte von den weniger bedeutsamen Verfahren der § 6 Abs. 1 Nr. 1 FGO, § 6 Abs. 1 Nr. 2 FGO und § 6 Abs. 2 FGO entlasten und so eine Verfahrensbeschleunigung bewirken. Zu den Motiven im einzelnen BR, Stellungnahme zum Regierungsentwurf, BT-Drucks. 12 / 1061, 27; Rechtsausschuß, Begründung, BT-Drucks. 12 / 3676, 20. Mit Übertragung des Rechtsstreits wird der Einzelrichter an Stelle des Senats „sachlich zuständiges Finanzgericht". Mit Zustimmung der Beteiligten kann auch – außerhalb des § 6 FGO – ein sog. **konsentierter** Einzelrichter i.S.d. § 79 a Abs. 3 und 4 FGO an Stelle des sachlich zuständigen Senats entscheiden.

292 Vgl. in diesem Zusammenhang auch **Rössler,** Darf der BFH darüber befinden, ob im zweiten Rechtsgang der Vollsenat oder der Einzelrichter des FG zur Entscheidung berufen ist? – zugleich Besprechung des Urteils des BFH vom 15.4.1996 – VI R 98 / 95 – in DStZ 1996, 568 – , DStZ 1996, S. 726 f..

Ist die Klage bei einem örtlich oder sachlich unzuständigen Finanzgericht erhoben, so wird die Klage nicht als unzulässig verworfen, sondern nach Anhörung der Beteiligten durch Beschluß nach § 70 Satz 1 FGO i.V.m. § 17 a Abs. 2 GVG an das örtlich oder sachlich zuständige Gericht verwiesen.

c) ... bzgl. der Beteiligten

aa) Beteiligtenfähigkeit

aaa) Beteiligte am Verfahren

Die Beteiligtenfähigkeit ist die Fähigkeit, Beteiligter am Verfahren zu sein. Die vier Gruppen möglicher Beteiligter am Verfahren nach § 57 FGO zeigen, daß beteiligtenfähig sind:

aaaa) der **Kläger** (§ 57 Nr. 1 FGO),
bbbb) der **Beklagte** (§ 57 Nr. 2 FGO)[293],
cccc) der **Beigeladene** (§ 57 Nr. 3 FGO)[294] [295], sowie
dddd) die **Behörde,** die dem Verfahren **beigetreten** ist (§ 122 Abs. 2 FGO; § 57 Nr. 4 FGO).

bbb) Existenz der Beteiligten

Die Beteiligtenfähigkeit setzt regelmäßig die **Existenz** des Beteiligten, ggf. auch nur die gesetzlich fingierte Existenz des Beteiligten voraus. Eine solche Fiktion wird z.B. dann relevant, wenn die Beteiligtenfähigkeit eines noch **ungeborenen Kindes** (nasciturus / nascitura) oder einer **GmbH** in der sog. **Vor- oder Gründungsphase** zur Disposition steht.

ccc) Keine gesetzliche Regelung

Die Beteiligtenfähigkeit ist in der FGO **nicht** ausdrücklich **geregelt.** Es wird daher auf § 61 Verwaltungsgerichtsordnung (VwGO) zurückgegriffen. Danach sind (rechts-)fähig, am Verfahren beteiligt zu sein:

aaaa) **natürliche** und **juristische** Personen (des bürgerlichen und öffentlichen[296] Rechts) i.S.d. § 61 Nr. 1 VwGO,
bbbb) (Personen-)**Vereinigungen** (ohne Rechtspersönlichkeit), z.B. nichtrechtsfähiger

---

[293] Richtige, sog. **passivlegitimierte** Beklagte ist nach § 63 Abs. 1 Nr. 1 FGO die Behörde, die den ursprünglichen Verwaltungsakt **erlassen** hat, nach § 63 Abs. 1 Nr. 2 FGO die Behörde, die den beantragten Verwaltungsakt oder die andere Leistung **unterlassen** oder **abgelehnt** hat sowie nach § 63 Abs. 1 Nr. 3 FGO die Behörde, der gegenüber die **Feststellung** des Bestehens oder Nichtbestehens eines Rechtsverhältnisses oder der Nichtigkeit eines Verwaltungsaktes begehrt wird.
§ 63 Abs. 2 FGO enthält eine Sonderregelung für die Fälle örtlicher Zuständigkeitsänderung.
[294] Zum Anspruch des Beigeladenen auf rechtliches Gehör (Art. 103 Abs. 1 GG, § 119 Nr. 3 FGO) vgl. BFH, Urteil vom 25.2.1999 – IV R 48 / 98 – BStBl. 1999 II, 531; ergänzend auch BFH, Urteil vom 15.10.1996 – IX R 72 / 92 – BStBl. 1997 II, 250.
[295] Die Beiladung nach §§ 60, 60 a FGO bezweckt, Dritte am Finanzgerichtsverfahren zu beteiligen, deren rechtliche Interessen nach den Steuergesetzen durch die Entscheidung berührt werden. Die Erstreckung der Rechtskraft auf die Beigeladenen dient dem Rechtsfrieden durch Vermeidung divergierender gerichtlicher Entscheidungen. Die Beiladung verschafft dem Dritten die Rechtsposition eines Beteiligten am Verfahren i.S.d. § 57 Nr. 3 FGO und dient so seinem Rechtsschutz. § 60 FGO differenziert zwischen einfacher Beiladung (Abs. 1) und notwendiger Beiladung (Abs. 3). § 60 a FGO ermöglicht eine Begrenzung der Beiladung bei mehr als fünfzig Personen (Publikumsgesellschaften).
[296] Z.B. Gemeinde.

Verein, BGB-Gesellschaft[297], politische Partei, freie Wählervereinigung, OHG und KG, soweit ihnen ein Recht zustehen kann i.S.d. § 61 Nr. 2 VwGO sowie

cccc) **Behörden,** sofern das Landesrecht dies bestimmt i.S.d. § 61 Nr. 3 VwGO.

In der Praxis, aber auch in Literatur und Rechtsprechung wird häufig – unzutreffend – von „Parteien" gesprochen. Im finanzgerichtlichen Verfahren gibt es aber, nach dem ausdrücklichen Willen des Gesetzgebers in § 57 FGO, gar keine Parteien, sondern nur Beteiligte. Die Rechtslage ist klar; offensichtlich aber manchem nicht.

bb) Verfahrenshandlungsfähigkeit

aaa) Begriff der Verfahrenshandlungsfähigkeit

Die **Verfahrenshandlungsfähigkeit** ist die Fähigkeit, Verfahrenshandlungen wirksam vornehmen zu können.

bbb) Die Geschäftsfähigen

Verfahrenshandlungsfähig sind nach § 58 Abs. 1 Nr. 1 FGO die Personen, die nach bürgerlichem Recht **geschäftsfähig** sind.

ccc) Die als geschäftsfähig Anerkannten

Verfahrenshandlungsfähig sind nach § 58 Abs. 1 Nr. 2 FGO auch die Personen, die nach dem bürgerlichen Recht in der Geschäftsfähigkeit beschränkt sind, soweit sie durch Vorschriften des bürgerlichen oder öffentlichen Rechts für den Gegenstand des Verfahrens **als geschäftsfähig anerkannt** sind.

ddd) Gesetzliche Vertretung Prozeßunfähiger und juristischer Personen

Für rechtsfähige und nichtrechtsfähige Personenvereinigungen, für Personen, die geschäftsunfähig oder in der Geschäftsfähigkeit beschränkt sind, für alle Fälle der Vermögensverwaltung und für andere einer juristischen Person ähnliche Gebilde, die als solche der Besteuerung unterliegen, sowie bei Wegfall eines Steuerpflichtigen handeln die nach dem bürgerlichen Recht dazu **befugten Personen** (§ 58 Abs. 2 Satz 1 FGO).
Nach § 58 Abs. 2 Satz 2 FGO gelten für die finanzgerichtliche Verfahrenshandlungsfähigkeit die §§ 53 – 58 **ZPO sinngemäß.**

a) ...bzgl. des Gegenstandes des Klagebegehrens[298]

aa) Keine entgegenstehende Rechtshängigkeit

[297] Klagen alle Gesellschafter einer BGB-Gesellschaft, die ohne Ausnahme persönlich klagebefugt sind, gegen einen Gewinnfeststellungsbescheid, ist i.d.R. davon auszugehen, daß sie sowohl im Namen der Gesellschaft als auch im eigenen Namen klagen. So zutreffend BFH, Urteil vom 19.8.1999 – IV R 13 / 99 – BStBl. 2000 II, 85.

[298] „Gegenstand des Klagebegehrens" i.S.d. § 65 Abs. 1 FGO n.F. entspricht dem Begriff „Streitgegenstand" i.S.d. § 65 Abs. 1 FGO a.F.. Mit der Einführung des Rechtsbegriffs „Gegenstand des Klagebegehrens" durch das FGO-ÄndG 1992 gegenüber dem bisherigen Begriff „Streitgegenstand" ist keine Änderung der Rechtslage verbunden. Vgl. dazu auch FG Baden – Württemberg / Stuttgart, Urteil vom 7.4.1993 – 6 K 87 / 92 – EFG 1993, 805; BFH, Urteil vom 8.7.1998 – I R 23 / 97 – BStBl. 1998 II, 628; BFH, Urteil vom 7.12.1999 – VIII R 26 / 94 – BStBl. 2000 II, 300.

Wenn der Gegenstand des Klagebegehrens schon bei einem Gericht der Finanzgerichtsbarkeit oder einem ordentlichen Gericht oder einem Gericht der Arbeits-, Verwaltungs- oder Sozialgerichtsbarkeit **rechtshängig** ist, so ist nach § 66 Abs. 1 FGO eine **neue Klage** während der Rechtshängigkeit **unzulässig.** Die Rechtshängigkeit löst eine Sperrwirkung aus.

bb) Keine entgegenstehende Rechtskraft

Rechtskräftige Urteile binden die Beteiligten, deren Rechtsnachfolger und in den Fällen des § 48 Abs. 1 Nr. 3 FGO die nicht klageberechtigten Gesellschafter oder Gemeinschafter, soweit über den **Streitgegenstand** entschieden worden ist (§ 110 Abs. 1 Satz 1 FGO).

cc) Zulässigkeit des Finanzgerichtswegs

Die ordentlichen gerichtlichen Rechtsbehelfe setzen ferner voraus, daß der **Finanzgerichtsweg** nach § 33 Abs. 1 FGO gegeben ist.
Dies erfordert, daß es sich um eine Abgabenangelegenheit i.S.d. § 33 Abs. 1 Nr. 1 i.V.m. Abs. 2[299] und zum Teil Nr. 4 FGO, eine Verwaltungsangelegenheit i.S.d. § 33 Abs. 1 Nr. 2 FGO oder um eine berufsrechtliche Streitigkeit i.S.d. § 33 Abs. 1 Nr. 3 FGO handelt.
Anders als z.B. § 40 Abs. 1 Satz 1 VwGO enthält § 33 FGO für die Regelung der Zulässigkeit des Finanzgerichtsweges keine Generalklausel, sondern eine Einzelzuweisung.[300] Ist nach dieser Zuweisung eine Klageerhebung unzulässig, so wird, wegen der Gleichwertigkeit der Gerichtswege, die Klage nicht als unzulässig verworfen, sondern nach Anhörung der Beteiligten durch Beschluß nach § 155 FGO i.V.m. § 17 a Abs. 2 GVG an das zuständige Gericht des zulässigen Rechtsweges verwiesen. Der Verweisungsbeschluß ist nach § 17 a Abs. 2 Satz 3 GG für dieses Gericht bindend.

dd) Rechtsschutz-Bedürfnis

§ 40 Abs. 2 FGO schließt die sog. Popular-Klage aus. **Rechtsschutzbedürftig** ist nur der unmittelbar Betroffene. Das ist derjenige, der als Kläger geltend machen kann, durch den Verwaltungsakt oder durch die Ablehnung oder Unterlassung eines Verwaltungsaktes oder einer anderen Leistung **in seinen Rechten verletzt** zu sein. Nur ihm garantiert Art. 19 Abs. 4 Satz 1 GG den Zugang zu den Gerichten. Nur für ihn statuiert § 40 Abs. 2 FGO eine **Klagebefugnis** als Sachurteilsvoraussetzung.
Die Klagebefugnis setzt aber, wie auch die Einspruchsbefugnis des § 350 AO[301], voraus:
- die **Geltendmachung**[302] der Rechtsverletzung,
- die Geltendmachung der Verletzung von **Rechten,**
- die Geltendmachung der Verletzung **eigener**[303] Rechte,
- die Geltendmachung der Rechts**verletzung**[304] sowie

---

[299] ... i.d.F. des G v. 19.12.2000 – BStBl. 2000 I, S. 1757.
[300] Vgl. dazu auch **Seer,** in: Tipke / Lang, Steuerrecht, 16. Aufl., 1998, § 23, RdNrn. 92 ff. (S. 926 f.).
[301] Siehe dazu im einzelnen § 19 Abschn. IV 1 b der vorliegenden Arbeit.
[302] Geltendmachung erfordert ein **substantiiertes Darlegen,** inwieweit der angefochtene Verwaltungsakt rechtswidrig sei und ihn in seinen Rechten verletze. Der Kläger muß substantiiert Umstände vortragen, die seine Rechtsverletzung als **möglich** erscheinen lassen. Die Klage muß nicht schon schlüssig sein. Sonst würde die Prüfung der materiellen Rechtmäßigkeit bereits in die Prüfung der Zulässigkeit der Klage vorverlegt. Bei **unsubstantiiertem** Darlegen hat nach § 76 Abs. 2 FGO der Vorsitzende darauf hinzuwirken, daß die ungenügenden tatsächlichen Angaben ergänzt werden. Damit entspricht der Vorsitzende seiner Prozeßfürsorgepflicht.
[303] Der Kläger muß als Inhaltsadressat des Verwaltungsaktes **subjektiv betroffen** sein. Das ist er dann nicht, wenn die Finanzbehörde ein belastendes Steuergesetz, das sie ihm gegenüber angewendet hat, nicht auch auf andere Steuerpflichtige anwendet. Art. 3 Abs. 1 GG begründet keine sog. Gleichheit im Unrecht.

- die Geltendmachung der Rechtsverletzung durch einen **Verwaltungsakt**[305].

ee) Kein Verbrauch durch Rücknahme der Klage

aaa) Rücknahme der Klage

Der Kläger kann seine Klage bis zur Rechtskraft des Urteils **zurücknehmen** (§ 72 Abs. 1 Satz 1 FGO).

bbb) Rücknahme mit Einwilligung des Beklagten

Nach Schluß der mündlichen Verhandlung, bei Verzicht auf die mündliche Verhandlung und nach Ergehen eines Gerichtsbescheides ist die Rücknahme nur noch **mit Einwilligung** des Beklagten möglich (§ 72 Abs. 1 Satz 2 FGO).

ccc) Verlust der Klage

Die Rücknahme hat bei Klagen, deren Erhebung an eine Frist gebunden ist, nach § 72 Abs. 2 Satz 1 FGO den **Verlust der Klage** zur Folge. Eine erneut erhobene Klage ist daher **unzulässig.**

ddd) Einstellung durch Beschluß

Wird die Klage zurückgenommen, so **stellt** das Gericht nach § 72 Abs. 2 Satz 2 FGO das Verfahren durch – deklaratorisch feststellenden – Beschluß **ein**. Denn die Klagerücknahme führt, nach zutreffender Feststellung des BFH[306], zur rückwirkenden Beseitigung der Rechtshängigkeit der Sache und (damit) zur Beendigung des Verfahrens, ohne daß dazu eine Entscheidung über das geltend gemachte Recht ergeht.
Der deklaratorische Beschluß entscheidet auch nicht über die Wirksamkeit und den Bestand der Klagerücknahme.[307]

ff) Kein Verbrauch durch Verzicht auf die Klage

aaa) Klageverzicht

Auf Erhebung der Klage kann **nach** Erlaß des Verwaltungsaktes **verzichtet** werden (§ 50 Abs. 1 Satz 1 FGO).

bbb) Unzulässigkeit der Klage

Eine trotz wirksamen Verzichts erhobene Klage ist **unzulässig** (§ 50 Abs. 1 Satz 3 FGO).

ccc) Erklärung des Verzichts

---

304 In seinen Rechten **verletzt** ist der Kläger, wenn unter Verletzung von Rechtsnormen nachhaltig in seine Sphäre eingegriffen wird. Dazu **Seer,** in: Tipke / Lang, Steuerrecht, 16. Aufl., 1998, § 23, RdNrn. 118 ff. (S. 930 ff.). Die Verletzung kann auch dadurch erfolgen, daß die gesetzlichen Grenzen des Ermessens überschritten werden oder von dem Ermessen in einer dem Zweck der Ermächtigung nicht entsprechenden Weise Gebrauch gemacht wird (§ 102 FGO).

305 Die Rechtsverletzung ist dem **Tenor des Verwaltungsaktes** zu entnehmen. Eine unzutreffende Begründung macht den Verwaltungsakt nicht rechtswidrig.

306 BFH, Beschluß vom 28.3.1990 – II B 163 / 89 – BStBl. 1990 II, 503 f..

307 BFH, Urteil vom 9.5.1972 – IV B 99 / 70 – BFHE 105, 246.

Der Verzicht ist nach § 50 Abs. 2 Satz 1 Halbs. 1 FGO gegenüber der zuständigen Behörde **schriftlich oder zur Niederschrift zu erklären.**

2. Besondere Zulässigkeitsvoraussetzungen

a) Die jeweils erhobene Klageart

Die besonderen Zulässigkeitsvoraussetzungen knüpfen an das jeweilige klägerische Begehren, und damit an **die jeweils erhobene Klageart** an.[308] Dies erfordert, daß jede Klageart **gesondert bestimmt** wird; differenziert nach

aa) Anfechtungs- und Verpflichtungsklage
bb) Allgemeine Leistungsklage und
cc) Feststellungsklage.

Erhebt ein Beteiligter eine zulässige und ein anderer Beteiligter eine unzulässige Klage, so ist der Beteiligte, der die unzulässige Klage erhoben hat, im Klageverfahren des Beteiligten, der die zulässige Klage erhoben hat, notwendig beizuladen (§ 60 Abs. 3 FGO).[309]
Wird eine unzulässige Klageart erhoben, wird diese nicht als unzulässig verworfen. Vielmehr wirkt nach § 76 Abs. 2 FGO der Vorsitzende darauf hin, daß der Kläger die zulässige Klageart erhebt und die hierfür erforderlichen, sachdienlichen Anträge stellt.

b) Anfechtungs- und Verpflichtungsklage

aa) Anfechtungsklage

aaa) Gegenstand

Eine **Anfechtungsklage** ist nach § 40 Abs. 1 Satz 1 Alt. 1 FGO auf **Aufhebung** oder **Änderung** eines Verwaltungsaktes ausgerichtet. Der Verwaltungsakt i.S.d. § 118 AO darf noch **nicht erledigt** sein. Dies zeigt, daß die verwaltungsbezogene Anfechtungsklage grundsätzlich auf Kassation ausgerichtet ist.
Gegenstand der Klage ist der **ursprüngliche** Verwaltungsakt in der Gestalt, die er durch die Einspruchsentscheidung gefunden hat.[310] Wird aber der mit der Klage angefochtene – ursprüngliche – Bescheid während des Klageverfahrens durch einen neuen Bescheid dahin „geändert", daß ein Teil aufgehoben (zurückgenommen) wird, während der andere Teil unter Hinweis auf den ursprünglichen Bescheid ohne eine eigenständige neue Regelung lediglich wiederholt wird, so bleibt der **ursprüngliche** Bescheid, soweit er nicht aufgehoben worden ist, **wirksam.** Das Klageverfahren gegen ihn ist fortzuführen, ohne daß es eines Antrags nach § 68 FGO bedarf.[311]
Anders ist bei einem **zweiten** Änderungsbescheid zu entscheiden. Seine Überleitung in ein laufendes Verfahren gemäß § 68 FGO setzt voraus, daß ein vorausgegangener erster Änderungsbescheid ebenfalls Verfahrensgegenstand geworden ist.[312]
Ein Verwaltungsakt kann **ganz** oder auch **teilweise** aufgehoben werden.

---

[308] Zur statthaften Klageart vgl. **Birk,** Steuerrecht, 6. Aufl., 2003, S. 161, RdNr. 517; 7. Aufl., 2004, S. 163, RdNr. 517 i.V.m. RdNr. 515.
[309] So zutreffend BFH, Urteil vom 28.2.1990 – I R 156 / 86 – BStBl. 1990 II, S. 697 f..
[310] Vgl. dazu **Wenzig,** Die Prüfungshandlungen, StBp 1982, S. 99 ff..
[311] BFH, Urteil vom 6.8.1996 – VII R 77 / 95 – BStBl. 1997 II, 79.
[312] BFH, Beschluß vom 15.5.1997 – XI R 53 / 88 – BStBl. 1997 II, 514.

Eine Anfechtungsklage kann im Rahmen einer Außenprüfung z.B. bei erfolglosem Einspruch gegen die Prüfungsanordnung oder gegen eine Erweiterung des Prüfungszeitraums, bei Festlegung des Prüfungsortes oder der Androhung und Festsetzung von Zwangsmaßnahmen zur Erzwingung von Mitwirkungspflichten in Betracht kommen.
Eine Anfechtungsklage ist also gegen alle Verwaltungsakte im Rahmen einer Außenprüfung gegeben.

bbb) Klagebefugnis

Soweit gesetzlich nichts anderes bestimmt ist, ist nach § 40 Abs. 2 FGO die Klage nur zulässig, wenn der Kläger geltend macht, durch den Verwaltungsakt oder durch die Ablehnung oder Unterlassung eines Verwaltungsaktes in seinen Rechten verletzt zu sein.

ccc) Vorverfahren

In den Fällen, in denen ein außergerichtlicher Rechtsbehelf gegeben ist, ist die Klage nach § 44 Abs. 1 FGO, vorbehaltlich der §§ 45 und 46 FGO, nur zulässig, wenn das **Vorverfahren** über den außergerichtlichen Rechtsbehelf ganz oder zum Teil erfolglos geblieben ist.[313] § 44 Abs. 1 FGO erhebt qua via die erfolglose Durchführung des außergerichtlichen Rechtsbehelfsverfahrens zu einer Sachurteilsvoraussetzung.
Die Klage ist **ohne Vorverfahren** insbesondere zulässig, bei:

- Sprungklagen (§ 45 Abs. 1 FGO).[314]	Sie setzen die Zustimmung der Finanzbehörde voraus. Zustimmung ist die Erklärung des Einverständnisses mit dem Verzicht, das Vorverfahren durchzuführen.
- Untätigkeitsklagen (§ 46 Abs. 1 FGO).	Hier hat das Finanzamt über den außergerichtlichen Rechtsbehelf in angemessener Frist sachlich nicht entschieden.

ddd) Klagefrist

Die Frist für die Erhebung der Anfechtungsklage beträgt nach § 47 Abs. 1 Satz 1 Halbs. 1 FGO einen Monat. Sie beginnt mit der Bekanntgabe der Entscheidung über den außergerichtlichen Rechtsbehelf, in den Fällen der Sprungklage des § 45 FGO und in den Fällen des § 348 AO, in denen ein außergerichtlicher Rechtsbehelf nicht gegeben ist, mit der Bekanntgabe des Verwaltungsaktes. Dies gilt nach § 47 Abs. 1 Satz 2 FGO für die Verpflichtungsklage sinngemäß, wenn der Antrag auf Vornahme eines Verwaltungsaktes abgelehnt worden ist.
Die Frist für die Erhebung der Klage gilt nach § 47 Abs. 2 Satz 1 FGO auch dann als gewahrt, wenn die Klage bei der **Behörde**[315], die den angefochtenen Verwaltungsakt oder die angefochtene Entscheidung erlassen oder den Beteiligten bekanntgegeben hat, innerhalb der Frist angebracht oder zur Niederschrift gegeben wird.
Auch Rechtsbehelfsbelehrungen in Einspruchsentscheidungen sind nach dem Gesamtinhalt solcher Verwaltungsakte auszulegen. Sie ist unrichtig i.S.d. § 55 Abs. 2 Satz 1 FGO, wenn sie in einer der gemäß § 55 Abs. 1 Satz 1 FGO wesentlichen Aussagen unzutreffend bzw. derart

---

313 Zur Problematik des erfolglosen Einspruchsverfahrens vgl. **Birk,** Steuerrecht, 6. Aufl., 2003, S. 162, RdNr. 520; 7. Aufl., 2004, S. 164, RdNr. 520.
314 Dazu vgl. **Mösbauer,** Sprungklage gegen Steuerhaftungsbescheide, DStR 1988, S. 15 ff..
315 Vgl. demgegenüber BFH, Urteil vom 28.7.1999 – X R 122 / 98 – BStBl. 1999 II, 662 (für die Fristwahrung eines Antrags nach § 68 FGO a.F. ist maßgeblich, wann er bei **Gericht** eingeht).

unvollständig oder mißverständlich gefaßt ist, daß hierdurch –bei objektiver Betrachtung – die Möglichkeit zur Fristwahrung gefährdet erscheint.[316]
Wenn jemand ohne Verschulden verhindert war, eine gesetzliche Frist einzuhalten, so ist ihm nach § 56 Abs. 1 FGO auf Antrag Wiedereinsetzung in den vorigen Stand zu gewähren. Dies kann z.B. dann aktuell werden, wenn die Versäumung der Frist auf einer Postlaufzeitverzögerung wegen falscher Postleitzahl auf dem Briefumschlag der Rechtsmittelschrift beruht und der Fehler dem ansonsten zuverlässig arbeitenden Büropersonal unterlaufen ist und für den Prozeßbevollmächtigten nicht leicht erkennbar war.[317]

bb) Verpflichtungsklage

Eine **Verpflichtungsklage** wird nach § 40 Abs. 1 Alt. 2 FGO erhoben, wenn das Finanzamt zum Erlaß eines abgelehnten oder unterlassenen Verwaltungsaktes verurteilt werden soll.
In Betracht kommen Untätigkeits- und Versagungsgegenklage.

aaa) Versagungsgegenklage

Sie ist veranlaßt, wenn die Finanzbehörde den Erlaß eines Verwaltungsaktes **verweigert** oder **versagt.**
Eine Versagungsgegenklage kann z.B. bei Ablehnung der Durchführung einer Außenprüfung in Betracht kommen, wenn die Ablehnung ermessensfehlerhaft wäre.
Mit der Versagungsgegenklage wäre also z.B. die Ablehnung eines Antrags auf die **Durchführung** einer Außenprüfung, auf die **Einbeziehung** eines weiteren Jahres in die Prüfungsanordnung oder auf **Verlegung des Beginns** der Außenprüfung zu rügen.

bbb) Untätigkeitsklage

Sie ist veranlaßt, wenn die Behörde es **unterlassen** hat, einen Verwaltungsakt zu erlassen.
Der Untätigkeitsklage vorauszugehen hat ein außergerichtlicher Untätigkeitseinspruch nach § 347 Abs. 1 Satz 2 AO.

c) Allgemeine Leistungsklage

Nach § 40 Abs. 1 Alt. 3 FGO kann der Steuerpflichtige eine **allgemeine Leistungsklage** erheben, wenn er die Finanzbehörde zu einer anderen Leistung, als einem Verwaltungsakt, verpflichten möchte.
Eine allgemeine Leistungsklage ist also veranlaßt, wenn der Steuerpflichtige Maßnahmen des Prüfers, die kein Verwaltungsakt sind, für fehlerhaft hält.
Die gerügte Leistung kann in einem **Tun, Dulden** oder **Unterlassen** bestehen. Der Kläger muß jedoch ein materielles subjektiv-öffentliches Recht auf die Leistung haben.
Die allgemeine Leistungsklage ist also gegeben, wenn der Kläger geltend macht, die Behörde **nehme** eine rechtswidrige Handlung **vor** (Tun), die kein Verwaltungsakt ist. So z.B. bei:
- Anfertigung von Kontrollmitteilungen über das zulässige Maß hinaus.

Die allgemeine Leistungsklage ist auch gegeben, wenn der Kläger geltend macht, die Behörde **unterlasse** eine Handlung rechtswidrig (Unterlassen), die kein Verwaltungsakt ist. So z.B. bei:
- Unterlassen einer Schlußbesprechung, oder
- Unterlassen der Übersendung des Prüfungsberichts.

---

[316] Vgl. dazu BFH, Urteil vom 29.7.1998 – X R 3 / 96 – BStBl. 1998 II, 742.
[317] So auch BFH, Zwischen-Urteil vom 10.6.1999 – V R 33 / 97 – BStBl. 2000 II, 235.

d) Feststellungsklage

Die subsidiäre Feststellungsklage nach § 41 FGO hat, soweit sie die Feststellung des **Bestehens** oder **Nichtbestehens eines Rechtsverhältnisses** zum Gegenstand hat, in der Praxis eine nur sehr untergeordnete Bedeutung.[318]
Soweit der Kläger seine Rechte durch Gestaltungs- und Leistungsklage verfolgen kann oder hätte verfolgen können, ist die Feststellungsklage unzulässig. Sie ist nach § 41 Abs. 2 Satz 1 FGO ausdrücklich subsidiär.
Ihre besondere Anwendung findet sie vor allen Dingen bei der Feststellung **der Nichtigkeit eines Verwaltungsaktes.**
Daneben kann die Feststellungsklage auch noch im Rahmen des § 100 Abs. 1 Satz 4 FGO eine Bedeutung haben, nämlich beim Übergang von der Anfechtungsklage zu einer Feststellungsklage[319] im Falle einer Klageerledigung.
Nach zutreffender Feststellung des BFH[320] ist nämlich eine Anfechtungsklage gegen den, eine Außenprüfung anordnenden Verwaltungsakt, dann unzulässig, wenn er sich vor der Entscheidung durch das Finanzgericht in der Hauptsache erledigt hat. In diesem Fall muß der Kläger eine **Fortsetzungsfeststellungsklage** i.S.d. § 100 Abs. 1 Satz 4 FGO mit dem Ziel der Feststellung erheben, daß der **Verwaltungsakt rechtswidrig** war.[321]
Eine solche Klage ist aber nur zulässig, wenn bis zum Eintritt des die Hauptsache erledigenden Ereignisses alle für die Anfechtungsklage vorgeschriebenen Prozeß-(Sachurteils)Voraussetzungen erfüllt sind.
Um die Auswirkung rechtswidrig erlangter Tatsachenkenntnisse in Steuerbescheiden abzuwehren, muß der Steuerpflichtige die **Rechtswidrigkeit der Ermittlungsmaßnahmen** feststellen lassen. Dies ist aber nur in einem Verfahren möglich, das die **Prüfungsanordnung** zum Gegenstand hat.

3. Sprungklage[322]

a) Statthaftigkeit

Die Klage gegen einen **Steuerbescheid** oder gegen eine **verbindliche Zusage** ist nach § 45 Abs. 1 Satz 1 FGO **ohne Vorverfahren** zulässig, wenn die Behörde, die über den außergerichtlichen Rechtsbehelf zu entscheiden hat, innerhalb eines Monats nach Zustellung der Klageschrift dem Gericht gegenüber **zustimmt.**
Die Zustimmung der Sprungklage soll nach den Intentionen des Gesetzgebers insbesondere in den Fällen erteilt werden, in denen eine Förderung des Rechtsstreits im Verwaltungsverfahren nicht mehr zu erwarten ist.[323]
Die restriktive Handhabung der Zustimmung in der Praxis ist die Folge regelmäßig nicht hinreichend sorgfältig getroffener tatsächlicher Feststellungen im Verwaltungsverfahren und unzureichend verfestigter Rechtsstandpunkte. Sie machen gerade für Steuerbescheide ein Einspruchsverfahren regelmäßig unverzichtbar, obgleich nach zutreffender Feststellung von

---

[318] Dazu vgl. BFH, Urteil vom 10.7.1997 – V R 94 / 96 – BStBl. 1997 II, 707.
[319] Vgl. dazu BFH, Urteil vom 10.4.1990 – VIII R 415 / 83 – BStBl. 1990 II, 721 f..
[320] BFH, Urteil vom 17.7.1985 – I R 214 / 82 – BStBl. 1986 II, 21.
[321] Vgl. dazu auch BFH, Urteil vom 21.6.1990 – V R 97 / 84 – BStBl. 1990 II, 804 ff..
[322] Vgl. auch **Mösbauer,** Sprungklage gegen Steuerhaftungsbescheide, DStR 1988, S. 15 ff.; **Mösbauer,** Die Haftung für die Steuerschuld, 1990, S. 388 ff..
[323] Vgl. dazu BFH, Beschluß vom 28.8.1973 – VII B 39 / 72 – BStBl. 1973 II, 852; **Wollny,** Sollte das Institut der Sprungklage beibehalten werden?, DStZ 1972, S. 57.

Kapp[324] das Einspruchsverfahren gerade nicht dazu da ist, eine **vor** Erteilung des angefochtenen Bescheids mögliche und erforderliche Prüfung der Rechtslage **nach**zuholen.

b) Anfechtungsklage und Verpflichtungsklage als Sprungklage

Nach dem neugefaßten Wortlaut des § 45 Abs. 1 Satz 1 FGO ist die Möglichkeit der Sprungklage nicht mehr auf die **Anfechtungsklage** beschränkt.[325] Sprungklage ist, trotz des unterschiedlichen klägerischen Rechtsschutzbegehrens, mithin auch bei der **Verpflichtungsklage** gegeben.[326]

c) Der Steuerbescheid und die verbindliche Zusage als Verwaltungsakte der in § 347 AO bezeichneten Art

Da die Sprungklage nach § 45 Abs. 1 Satz 1 FGO nur gegen einen Verwaltungsakt der in § 347 AO bezeichneten Art zulässig ist, gilt § 45 FGO **nicht** für andere Akte der Verwaltung.

d) Bezeichnung als „Sprungklage"

Die als Sprungklage erhobene Klage braucht **nicht ausdrücklich** als „Sprungklage" bezeichnet zu werden[327]. Es ist ausreichend, daß sich ihre Art aus dem klägerischen **Rechtsschutzbegehren** ergibt. Umgekehrt liegt noch keine wirksame Sprungklage vor, wenn der Steuerpflichtige seinen Einspruch als Sprungklage bezeichnet. „Hinzu kommen muß – innerhalb der vorgeschriebenen Frist – die (Bedingung der) Zustimmung"[328]. Dies zeigt, daß der in der Klage manifestierte Wille, eine **richterliche** Entscheidung über einen Verwaltungsakt zu erreichen, alleine zu einem solchen Erreichen nicht ausreicht.[329]

e) Erhebung der Sprungklage

Die „Sprung"-Klage ist nach § 64 Abs. 1 Satz 1 FGO unmittelbar bei dem zuständigen Finanzgericht **zu erheben** und nach § 71 Abs. 1 Satz 1 FGO von diesem der beklagten Finanzbehörde von Amts wegen **zuzustellen.** Die „Sprung"-Klage kann ausnahmsweise auch bei der Behörde erhoben werden, die den angefochtenen Verwaltungsakt erlassen hat (§ 47

---

[324] **Kapp,** Versagung der Einwilligung zur Sprungberufung, DB 1961, S. 689 f..

[325] So noch **Schall,** Sprungklage nur bei Anfechtungsklage – ein Versehen des Gesetzgebers?, DStR 1968, S. 341; **Theis,** Die Zustimmung zur Sprungklage, DB 1970, S. 2299 f.; **Wollny,** Sollte das Institut der Sprungklage beibehalten werden?, DStZ 1972, S. 57; **Glaenzer,** Nochmal: Sollte das Institut der Sprungklage beibehalten werden, DStZ 1972, S. 122; **Mösbauer,** Sprungklage gegen Steuerhaftungsbescheide, DStR 1988, S. 15 ff.. Vgl. dazu BFH, Urteil vom 28.4.1972 – III R 119 / 70 – BStBl. 1972 II, 711; BFH, Urteil vom 19.5.1972 – III R 138 / 68 – BStBl. 1972 II, 703; BFH, Urteil vom 28.11.1974 – V R 98 / 70 – BStBl. 1975 II, 300.

[326] Anders noch **Schall,** Sprungklage nur bei Anfechtungsklage – ein Versehen des Gesetzgebers?, DStR 1968, S. 341 f.; FG Nürnberg, Urteil vom 20.2.1968 – II 122 / 67 – EFG 1968, 277; FG Düsseldorf, Urteil vom 12.6.1968 – VIII 322 / 67 E – EFG 1968, 578; FG Rheunland – Pfalz, Beschluß vom 26.11.1968 – II 29 / 68 – EFG 1969, 98; BFH, Beschluß vom 10.7.1970 – VI B 2 / 69 – BStBl. 1970 II, 686; BFH, Urteil vom 27.5.1971 – V R 109 / 70 – BStBl. 1971 II, 649; **Mösbauer,** Sprungklage gegen Steuerhaftungsbescheide, DStR 1988, S. 15 ff..

A.A. BFH GrS, Beschluß vom 21.1.1985 – GrS 1 / 83 – BStBl. 1985 II, 303 ff., und **Günther,** Die „Sprungverpflichtungsklage" – eine Ergänzung zu **Mösbauer,** Sprungklage gegen Steuerhaftungsbescheide, DStR 1988, S. 15 ff., DStR 1988, S. 316. Bestätigend nun auch **Seer,** in: Tipke / Lang, Steuerrecht, 16. Aufl., 1998, § 23, RdNrn. 110 ff., (S. 929 f.).

[327] Vgl. dazu FG Düsseldorf, Beschluß vom 13.8.1975 – XI 64 / 75 P – EFG 1976, 94; FG Düsseldorf, Urteil vom 24.4.1978 – II 681 – 683 / 76 E, UM, G – EFG 1978, 605.

[328] **Tipke / Kruse,** AO / FGO, § 45 FGO, Tz.11.

[329] Vgl. in diesem Zusammenhang Hess. FG, Urteil vom 2.4.1971 – II 22 / 71 – EFG 1971, 348; FG Berlin, Urteil vom 8.4.1970 – VI 7 – 12, 20 – 22 / 70 – EFG 1970, 398.

Abs. 2 Satz 1 FGO). In diesem Fall hat die Behörde nach § 47 Abs. 2 Satz 2 FGO die Klageschrift unverzüglich dem Gericht zu übersenden, damit dieses wiederum die Klageschrift ihr als der beklagten Finanzbehörde von Amts wegen **zustellen** kann. In jedem Fall beginnt die Zustimmungsfrist erst mit der **gerichtlichen** Zustellung.[330]

f) Zustimmung der zuständigen Behörde

Die Sprungklage gegen den Steuerbescheid oder die verbindliche Zusage nach § 204 AO ist nur dann zulässig, wenn die Behörde, die über den außergerichtlichen Rechtsbehelf zu entscheiden hat, innerhalb eines Monats nach Zustellung der Klageschrift dem Gericht gegenüber **zustimmt.**

aa) Zuständige Behörde

Zuständige, und damit **zustimmungsberechtigte,** Behörde ist nur diejenige Behörde, die über den außergerichtlichen **Rechtsbehelf** zu **entscheiden** hat. Die Zustimmung einer unzuständigen Behörde ist irrelevant, mit der Folge, daß die Sprungklage unzulässig ist.[331]

bb) Zustimmung

Zustimmung ist die Erklärung des **Einverständnisses mit dem Verzicht,** das Vorverfahren durchzuführen.
Die Zustimmung bedarf **keiner** besonderen **Form.** Sie braucht auch **nicht ausdrücklich** erteilt zu werden. Es genügt ein Verhalten der zustimmungsberechtigten Behörde, das auf das Einverständnis mit dem Verzicht schließen läßt.[332]
Die Zustimmung ist **dem Finanzgericht** gegenüber zu erklären, da es sich bei ihr, ihrer Rechtsnatur nach, um eine sog. bedingungsfeindliche[333] **Prozeßerklärung** handelt, deren Zugang sowohl für die Zulässigkeit als auch für den Fortgang des gerichtlichen Verfahrens relevant ist.[334] Sie muß daher innerhalb der Monatsfrist des § 45Abs. 1 Satz 1 FGO dem Gericht **zugehen**[335]**.**
Ob die zuständige Finanzbehörde zustimmt, liegt in ihren **pflichtgemäßen Ermessen.** Die Ermessensbetätigung ist durch den Zweck[336] der Sprungklage gebunden. Daraus ziehen Tipke / Kruse[337] den zutreffenden Schluß, daß grundsätzliche Bedeutung oder Schwierigkeit der Sache für sich allein noch keine Zustimmung rechtfertigen, da die Klärung auch einer komplizierten Sach- und Rechtslage zunächst Aufgabe der Finanzbehörde ist. Dies verbietet, via Zustimmung, die Ermittlungstätigkeit auf das Finanzgericht zu verlagern.[338]
Die Verweigerung der Zustimmung ist mit Rechtsbehelfen nicht anfechtbar[339].

cc) Zustimmungsfrist

---

[330] Vgl. dazu FG Düsseldorf, Beschluß vom 14.6.1967 – VIII 65 / 67 L – EFG 1967, 464.
[331] Vgl. dazu FG Hamburg, Urteil vom 14.3.1963 – II 124 / 63 – EFG 1963, 580.
[332] Vgl. dazu BFH, Urteil vom 19.8.1969 – VI R 261 / 67 – BStBl. 1970 II, 11.
[333] FG Hamburg, Urteil vom 22.1.1968 – V 194 / 65 (I) – EFG 1968, 230.
[334] Vgl. dazu FG Düsseldorf, Beschluß vom 14.6.1967 – VIII 65 / 67 L – EFG 1967, 464; FG Hamburg, Beschluß vom 8.12.1967 – IV b 933 / 67 N - EFG 1968, 133; Hess. FG, Beschluß vom 11.12.1967 – III 941 / 67 – DStZ B 1968, 307.
[335] Dazu BFH, Beschluß vom 28.8.1968 – IV B 20 / 68 – BStBl. 1968 II, 661.
[336] Vgl. dazu schon RT-Drucks. Nr. 568 / 28, IV. Wahlperiode, S. 236; RRat-Drucks. Nr. 181 / 30, S. 60.
[337] **Tipke / Kruse,** AO / FGO, § 45 FGO, Tz. 6.
[338] So auch **Stehling,** Die Sprungberufung, DStZ 1956, S. 89, RFH, RStBl. 1939, 470.
[339] BFH, Urteil vom 4.3.1959 – VII 211 / 57 U – BStBl. 1959 III, 22; BFH, Urteil vom 15.7.1958 – II 44 / 57 U – BStBl. 1958 III, 453; FG Hamburg, Urteil vom 7.3.1957 – III / 57 – EFG 1957, 253.

Die Sprungklage ist nur dann zulässig, wenn die zustimmungsberechtigte Behörde **innerhalb eines Monats nach Zustellung**[340] der Klageschrift zustimmt.[341]
Stimmt sie **nicht** zu, ist die Sprungklage unzulässig; desgleichen, wenn sie **nach Ablauf** der Frist zustimmt. Der Kläger erleidet in diesem Fall keinen Rechtsverlust. Er kann daher auch nicht die Wiedereinsetzung in den vorigen Stand nach § 56 Abs. 1 FGO begehren, da er **nicht** ohne Verschulden verhindert war, die gesetzliche Frist des § 45 Abs. 1 Satz 1 FGO einzuhalten. Denn die Einhaltung der Frist obliegt der Finanzbehörde und nicht dem Kläger. Anders wäre wohl zu entscheiden, wenn die Finanzbehörde ohne Verschulden verhindert war, die gesetzliche Frist einzuhalten. Für diesen Fall wird ihr auf Antrag wohl Wiedereinsetzung in den vorigen Stand zu gewähren sein.
Da § 45 Abs. 1 Satz 1 FGO ausdrücklich eine Zustimmung „**nach** Zustellung[342] der Klageschrift" verlangt, kann die Zustimmung **nicht** bereits **vor** Beginn der Zustimmungsfrist wirksam erteilt werden; und schon gar nicht vor Klageerhebung[343] oder gar vor Erlaß des Verwaltungsaktes[344]. Die dem – diesbezüglich – ausdrücklich und klar erklärten gesetzgeberischen Willen widersprechenden Entscheidungen des BFH[345] und der Finanzgerichte Düsseldorf[346], Hamburg[347], München[348] sowie des Niedersächs. FG[349] können daher nicht überzeugen.[350]
Ebensowenig kann die Argumentation von Tipke / Kruse[351] überzeugen, die die hier vertretene Auslegung als zu „formalistisch"[352] bezeichnet. Wenn der Gesetzgeber schon von einer Zustimmung „**nach** Zustellung der Klageschrift" spricht, so kann er damit ja **nicht** eine Zustimmung **vor** Zustellung der Klageschrift gemeint haben. Für die hier vertretene Ansicht spricht auch, daß der Gesetzgeber gerade den § 45 Abs. 1 Satz 1 FGO erst durch das Gesetz vom 14.12.1976 – BGBl. 1976 I, S. 3341 geändert, ihn aber trotz der zu der hier vertretenen Meinung bereits zahlreich vorhandenen Gegenmeinungen vor allem des BFH sowie der FG hinsichtlich der Zustimmung unverändert gelassen hat. Dies kann aber doch nur eine auch gesetzgeberische Ablehnung dieser Meinung bedeuten. Dafür spricht auch die Neufassung des § 45 FGO durch das Gesetz vom 21.12.1992 – BGBl. 1992 I, S. 2109.

g) Behandlung der Sprungklage als Einspruch

Stimmt die Finanzbehörde der Sprungklage **nicht zu,** so ist die Klage nach § 45 Abs. 3 FGO „als Einspruch zu behandeln"[353]. Dies gilt jedoch nur für den Fall, daß die Sprungklage an

---

[340] Vgl. dazu § 71 Abs. 1 Satz 1 FGO.
[341] Dazu FG Hamburg, Beschluß vom 8.12.1967 – IV b 933 / 67 N – EFG 1968, 133; BFH, Beschluß vom 28.8.1968 – IV B 20 / 68 – BStBl. 1968 II, 661.
[342] A.A. noch BFH, Urteil vom 16.8.1961 – I 267 / 60 U – BStBl. 1961 III, 524. Die Frist zur Zustimmung beginnt erst mit der Zustellung.
[343] Vgl. dazu FG Düsseldorf, Beschluß vom 14.6.1967 – VIII 65 / 67 L – EFG 1967, 464.
[344] Vgl. dazu Hess. FG, Urteil vom 2.4.1971 – II 22 / 71 – EFG 1971, 347.
[345] BFH, Urteil vom 19.8.1969 – VI R 261 / 67 – BStBl. 1970 II, 11; BFH, Beschluß vom 28.5.1973 – VII B 39 / 72 – BStBl. 1973 II, 852.
[346] FG Düsseldorf, Beschluß vom 14.6.1967 – VIII 65 / 67 L – EFG 1967, 464; FG Düsseldorf, Urteil vom 24.9.1969 – II 291 / 67 E – EFG 1970, 20.
[347] FG Hamburg, Urteil vom 30.1.1975 – III 132 / 74 – EFG 1975, 215.
[348] FG München, Urteil vom 29.9.1969 – IV 108 / 66 – EFG 1969, 616.
[349] Niedersächs. FG, Urteil vom 31.10.1975 – V 36 / 75 – EFG 1976, 374.
[350] Bestätigend wohl FG München, Beschluß vom 14.5.1969 – I 210 / 67 – EFG 1969, 411; FG Nürnberg, Beschluß vom 24.9.1969 – II 28 / 67 – EFG 1969, 608.
[351] **Tipke / Kruse,** AO / FGO, § 45 FGO, Tz. 9.
[352] Vgl. dazu auch BFH, Urteil vom 8.2.1974 – III R 140 / 70 – BStBl. 1974 II, 418.
[353] Vgl. dazu BFH, Beschluß vom 3.11.1972 – III B 21 / 72 – BStBl. 1973 II, 227; ergänzend FG Berlin, Urteil vom 8.4.1970 – VI 7 – 12, 20 – 22 / 70 – EFG 1970, 398; FG Berlin, Urteil vom 15.4.1975 – V 151 / 74 – EFG 1975, 585; Hess. FG, Urteil vom 2.4.1971 – II 22 / 71 – EFG 1971, 348.

sich statthaft wäre. Das Finanzgericht stellt in diesem Fall durch Beschluß fest, daß die Sprungklage als Einspruch zu behandeln sei[354]. Der Beschluß ist mit Beschwerde anfechtbar. Wäre die Sprungklage an sich unstatthaft, z.B. weil eine andere Klage als die erhobene zu erheben wäre, ist § 45 Abs. 1 Satz 2 FGO nicht anwendbar[355].
Zulässig ist es auch, von einer an sich statthaften Sprungklage zum Einspruch **überzugehen.** Der Übergang hat allerdings innerhalb der Einspruchsfrist[356] zu erfolgen[357].
Desgleichen ist es zulässig, innerhalb der Rechtsbehelfsfrist von einem statthaften Einspruch zu einer Sprungklage überzugehen[358]. Allerdings ist für sie dann wieder eine Zustimmung der zuständigen Finanzbehörde erforderlich. Den Übergang vom Einspruch zur Sprungklage wird man wohl nicht als Zurücknahme des ursprünglichen Rechtsbehelfs „Einspruch" und Erhebung eines neuen Rechtsbehelfs „Sprungklage" zu verstehen haben, sondern mit dem BFH[359] als **Änderung des Charakters des Rechtsbehelfs.**
Die Finanzbehörde ist in diesem Fall gehalten, in entsprechender Anwendung des § 47 Abs. 2 Satz 2 FGO die Rechtsbehelfsschrift, einschließlich der Erklärung des Rechtsbehelfsführers hinsichtlich des Übergangs, unverzüglich dem Finanzgericht zu übersenden. Wird die Zustimmung nicht erteilt oder beantragt der Rechtsbehelfsführer erst nach Ablauf der Rechtsbehelfsfrist die Umwandlung des Einspruchs in eine Sprungklage, so ist die Streitsache an die Finanzbehörde zu **verweisen**[360], die den Verwaltungsakt erlassen hat, denn sie entscheidet nach § 367 Abs. 1 Satz 1 AO auch über den Einspruch.[361]

h) Abgabe der Sprungklage an die Finanzbehörde

Nach § 45 Abs. 2 Satz 1 FGO kann das Finanzgericht eine **Sprungklage** i.S. des § 45 Abs. 1 Satz 1 FGO innerhalb von **drei Monaten nach Eingang der Akten** der Behörde bei Gericht, spätestens innerhalb von sechs Monaten nach Klagezustellung, durch Beschluß an die zuständige Finanzbehörde zur Durchführung eines Einspruchsverfahrens **abgeben,** wenn eine weitere Sachaufklärung notwendig ist, die nach Art oder Umfang erhebliche Ermittlungen erfordert und die Abgabe auch unter Berücksichtigung der Belange der Beteiligten sachdienlich ist.
Die Sprungklage ist in diesem Fall als Einspruch zu behandeln.
Der **Abgabebeschluß** des Finanzgerichts ist **unanfechtbar** (§ 45 Abs. 2 Satz 2 FGO).
Qua via sollen die Finanzgerichte davor bewahrt werden, daß die Finanzbehörden die Last der Sachverhaltsermittlung auf sie übertragen. Rechtspolitisch muß diese Waffe der Finanzgerichtsbarkeit jedoch eine sehr stumpfe bleiben, da drei Monate regelmäßig nicht ausreichen, sich Gewißheit über die Schlüssigkeit eines (Sprung-)Klagebegehrens zu verschaffen.

---

[354] BFH, Beschluß vom 28.8.1968 – IV B 20 / 68 – BStBl. 1968 II, 661; BFH, Beschluß vom 10.7.1970 – VI B 2 / 69 – BStBl. 1970 II, 686.
[355] So auch BFH, Urteil vom 28.4.1972 – III R 119 / 70 – BStBl. 1972 II, 711; a.A. Niedersächs. FG, Beschluß vom 18.2.1975 – II 145 / 73 – EFG 1975, 277; BFH, Beschluß vom 10.7.1970 – VI B 2 / 69 – BStBl. 1970 II, 686.
[356] A.A. **Tipke / Kruse,** AO / FGO, § 45 FGO, Tz. 4. Nach ihrer Auffassung hat der Ablauf der Einspruchsfrist keine Bedeutung. Im gleichen Sinne auch Niedersächs. FG, Beschluß vom 14.8.1972 – II 86 – 87 / 72 – EFG 1973, 25.
[357] BFH, Urteil vom 14.2.1962 – II 36 / 59 U – BStBl. 1962 III, 203; a.A. Niedersächs. FG, Beschluß vom 14.8.1972 – II 86 – 87 / 72 – EFG 1973, 25.
[358] Dazu BFH, Beschluß vom 28.5.1973 – VII B 39 / 72 – BStBl. 1973 II, 852; FG Nürnberg, Beschluß vom 6.4.1967 – III 55 / 67 – EFG 1967, 356; FG München, Urteil vom 12.9.1968 – IV 150 / 67 – EFG 1969, 96.
[359] Vgl. z.B. BFH, Urteil vom 16.8.1961 – I 267 / 60 U – BStBl. 1961 III, 524.
[360] Vgl. in diesem Zusammenhang Niedersächs. FG, Beschluß vom 18.2.1975 – II 145 / 73 – EFG 1975, 277.
[361] So auch BFH, Beschluß vom 10.7.1970 – VI B 2 / 69 – BStBl. 1970 II, 687; Hess. FG, Urteil vom 2.4.1971 – II 22 / 71 – EFG 1971, 348.

Gleichwohl ist auch die rechtliche Möglichkeit einer Abgabe von Sprungklagen an die Finanzbehörde ein weiterer Beweis dafür, daß das **Rechtsstaatsprinzip** in unserer verfassungsmäßigen Ordnung eine wesentlich stärkere Betonung erfährt, als es in der Weimarer Verfassung und vollends in der Reichsverfassung von 1871 der Fall war. Die darin manifestierte Verstärkung der bindenden Kraft des Verfassungsrechts (Art. 20 Abs. 3 GG), besonders der Grundrechte (Art. 1 Abs. 3 GG) hat, nach zutreffender Feststellung von Hesse[362] zu einer den Vorgängern des Grundgesetzes unbekannten Ausweitung der Rechtsprechung geführt, die nunmehr zur gerichtlichen Kontrolle aller Akte der öffentlichen Gewalt berufen ist (Art. 19 Abs. 4 GG).

4. Vorläufiger Rechtsschutz

a) Vorläufiger Rechtsschutz allgemein

Rechtsschutz bedeutet auch hier Schutz **gegen Rechtsverletzung.** Eine solche liegt namentlich dann vor, wenn gegen das durch Rechtsnormen verkörperte objektive, formelle oder materielle Recht verstoßen wird. Der Schutz des Bürgers gegen Rechtsverletzungen in seinem Umgang mit den Behörden der Finanzverwaltung des Bundes oder der Länder wird verfassungsrechtlich durch die Grundrechte gewährleistet; vgl. z.B. nur Art. 2 Abs. 1, 3 Abs.1, 6, 12, 14, 19 Abs. 4 GG. Danach steht jedem, der durch die öffentliche Gewalt in seinen Rechten verletzt zu sein behauptet, der Rechtsweg offen.
Die Anfechtung eines Verwaltungsaktes mittels Klage hat ausschließlich zur Folge, daß die Rechtmäßigkeit des Verwaltungsaktes überprüft wird. Da Rechtsbehelfe nach § 361 Abs. 1 AO, § 69 Abs. 1 FGO grundsätzlich keine aufschiebende Wirkung haben, wird die Vollziehung des angefochtenen Verwaltungsaktes durch sie nicht gehemmt[363]. Um gleichwohl nicht die geforderte Leistung erbringen zu müssen oder auf Grund eines Verwaltungsaktes etwas dulden zu müssen, über dessen Rechtmäßigkeit noch nicht endgültig entschieden ist, hat der Steuerpflichtige folgende sich gegenseitig ausschließende Möglichkeiten **vorläufigen** Rechtsschutzes:

aa) Aussetzung der Vollziehung nach § 69 FGO[364] und
bb) Einstweilige Anordnungen nach § 114 FGO.

Die beiden Möglichkeiten zeigen, daß der vorläufige Rechtsschutz eine **Doppelfunktion** besitzt: Er soll einen Rechtszustand dergestalt sichern, daß er auch einer späteren Hauptsacheentscheidung noch zugänglich ist (sog. Sicherungsfunktion). Ferner soll er, mit Rücksicht auf die Unwiderruflichkeit des Zeitablaufs, die diametralen Interessen von Finanzbehörde und Steuerpflichtigem bis zu einer späteren Hauptsacheentscheidung vorläufig ausgleichen (sog. interimistische Befriedigungsfunktion).
Nach § 114 Abs. 5 FGO gelten die Vorschriften des § 114 Abs. 1 – 3 FGO nicht für die Fälle der Aussetzung der Vollziehung nach § 69 FGO. Das bedeutet, daß die einstweilige Anordnung gegenüber der Aussetzung der Vollziehung **subsidiär** ist. Die Aussetzung der Vollziehung kommt dann in Betracht, wenn die Rechtsverletzung durch einen vollziehbaren Verwaltungsakt erfolgt und ein Suspensiveffekt nach § 69 FGO hergestellt werden soll.
Die Verfahren des vorläufigen Rechtsschutzes sind wegen ihrer Eilbedürftigkeit sog. summarische Verfahren, bei denen sich der Prozeßstoff in tatsächlicher Hinsicht auf die

---

[362] **Hesse,** Das Grundgesetz in der Entwicklung der Bundesrepublik Deutschland; Aufgabe und Funktion der Verfassung, in: Benda / Maihofer / Vogel, Handbuch des Verfassungsrechts, 1983, S. 9.
[363] Vgl. dazu FG Düsseldorf, Beschluß vom 25.11.1974 – IX 313 / 74 A – EFG 1975, 272 und FG Rheinland – Pfalz, Beschluß vom 16.11.1971 – I 70 / 71 – EFG 1972, 218.
[364] Dazu vgl. BFH, Beschluß vom 13.8.1997 – I B 30 / 97 – BStBl. 1997 II, 700, bes. 703.

präsenten Beweismittel beschränkt. Die entscheidungserheblichen Tatsachen sind vom Antragsteller nach § 114 Abs. 3 FGO i.V.m. § 920 Abs. 2 ZPO (sinngemäß) i.V.m. § 294 ZPO (sinngemäß) glaubhaft zu machen.

b) Antrag auf Aussetzung der Vollziehung

Durch Erhebung der Anfechtungsklage wird die **Vollziehung** des angefochtenen Verwaltungsaktes **nicht gehemmt,** insbesondere die Erhebung einer Abgabe nicht aufgehalten. Entsprechendes gilt bei Anfechtung von Grundlagenbescheiden für die darauf beruhenden Folgebescheide (§ 69 Abs. 1 FGO).
Nach § 69 Abs. 3 Satz 1 Halbs. 1 FGO kann das Gericht der Hauptsache oder der Vorsitzende **auf Antrag**[365] des Steuerpflichtigen die Vollziehung ganz oder teilweise aussetzen.[366] Voraussetzung ist aber nach § 69 Abs. 3 Satz 1 Halbs. 2 AO i.V.m. § 69 Abs. 2 Satz 2 FGO (sinngemäß), daß ernstliche Zweifel an der Rechtmäßigkeit des angefochtenen Verwaltungsaktes bestehen oder die Vollziehung für den Betroffenen eine unbillige, nicht durch überwiegende öffentliche Interessen gebotene Härte zur Folge hätte[367].
Dem Steuerpflichtigen steht es nach § 69 Abs. 2 und 3 FGO frei, sich wegen der Aussetzung der Vollziehung zunächst an die den Verwaltungsakt erlassende Behörde zu wenden oder direkt an das Finanzgericht.[368] Der Antrag nach § 69 Abs. 3 FGO bei dem Gericht der Hauptsache ist aber nach § 69 Abs. 4 Satz 1 FGO nur **zulässig,** wenn die Finanzbehörde einen Antrag auf Aussetzung der Vollziehung i.S.d. § 361 Abs. 2 Satz 2 AO i.V.m. § 69 Abs. 2 Satz 2 FGO ganz oder zum Teil bereits **abgelehnt** hat. Die Ablehnung ist im Interesse eines effizienten Rechtsschutzes nach Art. 19 Abs. 4 GG i.V.m. § 69 Abs. 4 Satz 2 FGO nur dann keine Zulässigkeitsvoraussetzung, wenn die Finanzbehörde über den Antrag ohne Mitteilung eines zureichenden Grundes in angemessener Frist sachlich **nicht entschieden** hat (Nr. 1) oder eine **Vollstreckung droht** (Nr. 2).
Die Aussetzung der Vollziehung durch das Finanzgericht nach § 69 Abs. 3 Satz 1 Halbs. 1 FGO ist zwar eine Ermessensentscheidung (... kann ...); sie wird aber durch die generalisierende Regelung des § 69 Abs. 2 Satz 2 FGO (... soll ...), die nach § 69 Abs. 3 Satz 1 Halbs. 2 FGO sinngemäß gilt, wieder eingeschränkt.
Dies bedeutet, daß das Finanzgericht nach § 69 Abs. 3 Satz 1 FGO auf Antrag die Vollziehung **regelmäßig aussetzt:**

---

[365] Er ist Ausfluß der zunehmenden Subjektivierung des Bürger-Staat-Verhältnisses. Im Ergebnis ebenso BFH, Beschluß vom 16.10.1998 – VI B 222 / 97 – BStBl. 1999 II, 136: Zutreffend hat das FG entschieden, daß vorläufiger Rechtsschutz durch AdV des angefochtenen Bescheids ... zu gewähren ist; so auch BFH, Beschluß vom 17.12.1998 – I B 80 / 98 – BStBl. 1999 II, 293, bes. 294; ergänzend BFH, Beschluß vom 30.12.1996 – I B 61 / 96 – BStBl. 1997 II, 466.

[366] Vgl. dazu das Postulat der Rechtsschutzeffizienz in Art. 19 Abs. 4 GG; dazu BVerfG, Beschluß vom 19.6.1973 – 1 BvL 39 / 69, 14 / 72 – BVerfGE 35, 272; BVerfG, Beschluß vom 19.10.1977 – 2 BvR 42 / 76 – BVerfGE 46, 166 ff.; BVerwG, Beschluß vom 17.10.1967 – I WB 43 / 67 – BVerwGE 33, 42 ff.; BVerwG, Beschluß vom 11.4.1972 – I WB 32 / 72 – BVerwGE 43, 340 f.; ferner **Eyermann / Fröhler,** VwGO, 8. Aufl., 1980, § 80 VwGO, Rz. 11; **Kopp,** VwGO, § 80 VwGO, Rz. 22; **Redeker / von Oertzen,** VwGO, 8. Aufl., 1985, § 80 VwGO, Rz. 12; sowie BVerwG, Urteil vom 17.10.1975 – IV C 66 / 72 – BVerwGE 49, 244, bes. 250; ergänzend noch **Schenke,** Probleme des vorläufigen Rechtsschutzes gemäß § 80 Abs. 5 VwGO, DVBl. 1986, S. 9 ff.; auch **Quaritsch,** Die einstweilige Anordnung im Verwaltungsprozeß, Verw. Arch. 1960, S. 210, bes. 229. Vgl. in diesem Zusammenhang auch AEAO (i.d.F. BMF – Schr. v. 14.2.2000 – BStBl. 2000 I, S. 190, ber. S. 495) zu § 361 AO, Nr. 1; ferner **Birkenfeld,** Die Beschränkung der Aussetzung und Aufhebung der Vollziehung, DStZ 1999, S. 349 ff..

[367] Dazu BdF, Schreiben vom 10.7.1990 – IV A 6 – S 0623 – 10 / 90 – BStBl. 1990 I, S. 332 (betr. Grundsätze für das behördliche Vollziehungsaussetzungsverfahren; (§ 361 AO; § 69 Abs. 2 FGO). Vgl. auch BFH, Beschluß vom 17.12.1996 – VIII B 71 / 96 – BStBl. 1997 II, 290. Vgl. in diesem Zusammenhang auch AEAO (i.d.F. BMF – Schr. v. 14.2.2000 – BStBl. 2000 I, S. 190, ber. S. 495) zu § 361 AO, Nrn. 2.5. und 2.6.

[368] Vgl. dazu **Klemp,** Vorläufiger Rechtsschutz in Steuersachen, DStR 1974, S. 495 ff.; BFH, Beschluß vom 11.3.1999 – V B 24 / 99 – BStBl. 1999 II, 335.

- bei ernstlichen Zweifeln[369] an der Rechtmäßigkeit des angefochtenen Verwaltungsaktes oder
- bei unbilliger nicht durch überwiegende öffentliche Interessen gebotener Härte für den Antragsteller.

Ist der Verwaltungsakt im Zeitpunkt der Entscheidung schon vollzogen, kann das Gericht nach § 69 Abs. 3 Satz 3 FGO die Aufhebung der Vollziehung – ganz oder teilweise – anordnen.
Ein Antrag auf Aussetzung der Vollziehung nach §§ 361 AO oder 69 FGO ist nur hinsichtlich **vollziehbarer** Maßnahmen möglich.
Im übrigen kann der Steuerpflichtige über eine einstweilige Anordnung nach § 114 FGO vorläufigen Rechtsschutz suchen.

c) Antrag auf einstweilige Anordnung

Kann ein Steuerpflichtiger eine Verpflichtungs-, allgemeine Leistungs- oder Feststellungsklage erheben, so hat er nach § 114 FGO die Möglichkeit, schon vor Klageerhebung vorläufigen Rechtsschutz über eine Anordnung zu erlangen.[370] Erhebt der Steuerpflichtige hingegen eine Anfechtungsklage, so ist nur eine Aussetzung der Vollziehung des angefochtenen Verwaltungsaktes für ihn erreichbar. Dies zeigt, daß zwischen Klageart und vorläufigem Rechtsschutz eine Konnexität besteht.
So kann ein Steuerpflichtiger beim Finanzgericht einen Antrag auf einstweilige Anordnung nach § 114 FGO stellen, wenn er z.B. **verhindern will, daß die Außenprüfung zu einem von der Behörde festgesetzten und bekanntgegebenen Termin beginnt,** sofern er einen entsprechenden Antrag auf Verlegung des Prüfungsbeginns nach § 197 Abs. 2 AO gestellt und die Behörde über diesen Antrag noch nicht entschieden hat.
Vorläufiger Rechtsschutz kann also **nicht durch Aussetzung der Vollziehung der Prüfungsanordnung** gewährt werden. Denn um deren Anfechtung geht es nicht, da die Terminfestlegung kein Bestandteil der Prüfungsanordnung ist.
Nach § 114 Abs. 5 FGO kommt eine einstweilige Anordnung als komplementäres Instrument des vorläufigen Rechtsschutzes nur in den Fällen in Betracht, in denen die Aussetzung der Vollziehung nach § 69 FGO unstatthaft ist.
§ 114 Abs. 1 Satz 1 FGO ermöglicht dem Finanzgericht eine **Sicherungs**anordnung, § 114 Abs. 1 Satz 2 FGO eine **Regelungs**anordnung. Für ihren Erlaß gelten nach § 114 Abs. 3 FGO die §§ 920 Abs. 2, 294 Abs. 1 ZPO. Das bedeutet, daß der Anordnungs**anspruch** und der Anordnungs**grund glaubhaft** zu machen sind. Der Glaubhaftmachung schließt sich eine summarische Prüfung der Erfolgsaussichten in der Hauptsache und der möglichen Gefährdung des Individualrechts des Antragstellers an.
Durch den Erlaß einer einstweiligen Anordnung darf die Entscheidung im Hauptsacheverfahren **nicht** vorweggenommen werden.

5. Revision

a) Zulässigkeit

aa) Statthaftigkeit

aaa) Die „vier“ Fälle der Statthaftigkeit

§§ 115, 116 FGO regeln „vier“ Fälle der Statthaftigkeit einer Revision:

---

[369] Es reicht die summarisch feststellbare ernsthafte Möglichkeit der Rechtswidrigkeit des Bescheides aus.
[370] Vgl. dazu auch BFH, Beschluß vom 21.1.1999 – VII B 214 / 98 – BStBl. 1999 II, 141.

- die **„Streitwertrevision“** (§ 115 Abs. 1 Alt. 1 FGO i.d.F. bis 31.12.2000),
- die **„Zulassungsrevision“** (§ 115 Abs. 1 FGO i.d.F. ab 1.1.2001),
- die **„Verfahrensrevision“** (§ 119 FGO) und
- die **„Revision in Zolltarifsachen“** (§ 116 Abs. 2 FGO i.d.F. bis 31.12.2000).

bbb) Streitwertrevision

Nach § 115 Abs. 1 Alt. 1 FGO i.d.F. bis 31.12.2000 steht den Beteiligten gegen das Urteil[371] eines Finanzgerichts und gegen Entscheidungen, die Urteilen des Finanzgerichts gleichstehen[372] (§ 36 Nr. 1 FGO) die Revision an den Bundesfinanzhof zu, wenn der **Wert des Streitgegenstandes eintausend Deutsche Mark** übersteigt.
§ 115 Abs. 1 Alt. 1 FGO i.d.F. bis 31.12.2000 ist in seiner **Gesetzesgeltung** durch Art. 1 Nr. 5 des Gesetzes zur Entlastung des Bundesfinanzhofs vom 8.7.1975 – BGBl. 1975 I, S. 1861 **suspendiert**[373] worden. Nach ihm findet, abweichend von § 115 Abs. 1 FGO, die Revision – bis auf weiteres – nur statt, wenn das Finanzgericht oder auf Beschwerde gegen die Nichtzulassung (§ 115 Abs. 3 FGO i.d.F. bis 31.12.2000) der Bundesfinanzhof sie **zugelassen** hat.
§ 115 Abs. 1 FGO ist durch das Gesetz vom 19.12.2000[374] neugefaßt worden. Danach steht **ab 1.1.2001** den Beteiligten gegen das Urteil des Finanzgerichts (§ 36 Nr. 1 FGO) die Revision an den Bundesfinanzhof nur noch zu, „wenn das Finanzgericht oder auf Beschwerde gegen die Nichtzulassung der Bundesfinanzhof sie **zugelassen** hat“. Die ab 1.1.2001 geltende Fassung hat im Vergleich zu der bis 31.12.2000 geltenden Fassung den Passus „wenn der Wert des Streitgegenstandes eintausend Deutsche Mark übersteigt“ nicht übernommen. Daraus folgt: Die **Streitwertrevision** gilt ab 1.1.2001 **nicht mehr.**

ccc) Zulassungsrevision

Nach § 115 Abs. 1 FGO i.d.F. ab 1.1.2001 steht den Beteiligten gegen das Urteil eines Finanzgerichts und gegen Entscheidungen, die Urteilen des Finanzgerichts gleichstehen (§ 36 Nr. 1 FGO), die Revision an den Bundesfinanzhof zu, wenn das Finanzgericht oder auf Beschwerde gegen die Nichtzulassung der Bundesfinanzhof sie **zugelassen** hat.
Eine solche Zulassung erfolgt bei:

aaaa) **Grundsatzrevision.** Sie erfordert nach § 115 Abs. 2 Nr. 1 FGO, daß die Rechtssache **grundsätzliche** Bedeutung hat. Sie muß klärungsbedürftig und im Revisionsverfahren auch klärbar sein.

bbbb) **Divergenzrevision.** Sie verlangt nach § 115 Abs. 2 Nr. 2 FGO, daß die Fortbildung

---

[371] Über die Klage wird, soweit nichts anderes bestimmt ist, durch **Urteil** entschieden. Vgl. dazu BFH, Urteil vom 4.12.1996 – I R 99 / 94 – BStBl. 1997 II, 404.

[372] Neben der Entscheidungsform des **Urteils** nach § 95 FGO findet sich noch die eines **Gerichtsbescheids** nach §§ 90 a, 79 a Abs. 2 FGO. Der Gerichtsbescheid ist mit dem FGO-Änderungsgesetz (BGBl. 1992 I, 2109) zum 1.1.1993 eingeführt worden. Er ist an die Stelle des früheren Vorbescheids getreten. Anders als das Urteil kann der Gerichtsbescheid nach § 90 a Abs. 1 FGO ohne mündliche Verhandlung ergehen.
Die **Form** von Urteilen ist in § 105 FGO, die von Gerichtsbescheiden in § 105 FGO i.V.m. § 106 FGO geregelt.
Eine Entscheidung des Finanzgerichts in der Hauptsache entfällt, wenn der Kläger die Klage **zurücknimmt** (§ 72 Abs. 1 FGO), die Hauptsache sich **erledigt** hat (§138 FGO) oder der Kläger und der Beklagte den Rechtsstreit in der Hauptsache übereinstimmend **für** erledigt erklärt haben (ohne Rücksicht darauf, ob tatsächlich ein erledigendes Ereignis vorliegt).

[373] Vgl. dazu Gesetz zur Änderung des Gesetzes zur Entlastung der Gerichte in der Verwaltungs- und Finanzgerichtsbarkeit (vom 12.12.1990 / BGBl. 1990 I, S. 2587) vom 6.12.1990, BStBl. 1991 I, S. 86; nach Art. 1 Nr. 1 ein Gesetz mit immer wieder hinausgeschobenem Verfallsdatum. Auf der Strecke bleiben nicht nur Rechtsklarheit und Rechtssicherheit, sondern auch Rechtskontinuität und Rechtskultur.

[374] BGBl. 2000 I, S. 1757.

des Rechts oder die Sicherung einer einheitlichen Rechtsprechung eine Entscheidung des Bundesfinanzhofs erfordert.

cccc) (Allgemeine) **Verfahrensrevision.** Sie erfordert nach § 115 Abs. 2 Nr. 3 FGO, daß ein **Verfahrensmangel**[375] geltend gemacht wird, und vorliegt, auf dem die Entscheidung beruhen kann. Die Zulassung nach § 115 Abs. 2 Nr. 3 FGO kann nur hinsichtlich solcher Verfahrensmängel beantragt werden, die nicht bereits unter die zulassungsfreie Verfahrensrevision des § 116 Abs. 1 FGO fallen.

dddd) Nichtzulassungsbeschwerde

Die **Nichtzulassung** der Revision kann durch **Beschwerde** angefochten werden (§ 116 Abs. 1 FGO i.d.F. ab 1.1.2001).

Die Einlegung der Beschwerde **hemmt** die **Rechtskraft** des Urteils (§ 116 Abs. 4 FGO).

Die Einlegungs**frist** beträgt nach § 116 Abs. 2 Satz 1 FGO einen Monat nach der Zustellung des vollständigen Urteils. Die Frist ist nicht verlängerbar.

Nach § 116 Abs. 2 Satz 3 FGO bedarf die Nichtzulassungsbeschwerde der **Schriftform,** da der „Beschwerdeschrift" eine Ausfertigung oder Abschrift des Urteils, gegen das Revision eingelegt werden soll, beigefügt werden soll.

Einlegung durch **Telegramm / Telex / Telekopie** ist ausreichend.

Die eigenhändige Unterschrift ist nicht verzichtbar.

Die Beschwerde ist nach § 116 Abs. 2 Satz 1 FGO bei dem Bundesfinanzhof einzulegen.

Mindestinhalt der Nichtzulassungsbeschwerde ist nach § 116 Abs. 2 Satz 2 FGO die Bezeichnung des angefochtenen Urteils.

Hinsichtlich der **Begründungsfrist** bestimmt § 116 Abs. 3 Satz 1 FGO, daß die Beschwerde innerhalb von **zwei Monaten** nach der Zustellung des vollständigen Urteils zu begründen ist.

Die Begründung ist nach § 116 Abs. 3 Satz 2 FGO **bei dem Bundesfinanzhof** einzureichen.

Bedingt durch die Aufhebung der Streitwertrevision (§ 115 Abs. 1 Alt. 1 FGO i.d.F. bis 31.12.2000) und die Statuierung der Zulassungsrevision (§ 115 Abs. 1 FGO i.d.F. ab 1.1.2001) hat die **Nichtzulassungsbeschwerde** des § 116 Abs. 1 FGO als **drittes Rechtsmittel** – neben Revision (§§ 115 – 127 FGO) und Beschwerde (§§ 128 – 132 FGO) – wesentlich an Bedeutung gewonnen. Wie die Jahresberichte des BFH nachweisen, übertrifft die Zahl der Nichtzulassungsbeschwerden inzwischen die Zahl der Revisionen bei weitem.

Wird eine Revision in einem **Gerichtsbescheid nicht** zugelassen, so hat der unterlegene Beteiligte die Möglichkeit, innerhalb eines Monats nach Zustellung des Gerichtsbescheids mündliche Verhandlung zu beantragen (§ 90 a Abs. 2 Satz 1 FGO i.d.F. ab 1.1.2001). Hat das Finanzgericht in dem Gerichtsbescheid die Revision zugelassen, kann auch Revision eingelegt werden (§ 90 a Abs. 2 Satz 2 FGO i.d.F. ab 1.1.2001).

Wird von beiden Rechtsbehelfen Gebrauch gemacht, findet mündliche Verhandlung statt (§ 90 a Abs. 2 Satz 3 FGO i.d.F. ab 1.1.2001).

eeee) Entscheidung des BFH

Wird der Beschwerde nicht abgeholfen, so **entscheidet der Bundesfinanzhof** durch **Beschluß** (§ 115 Abs. 1 FGO).

In dieser Entscheidung manifestiert sich ganz deutlich der Zweck der Revision, nämlich dem Allgemeininteresse an der Fortbildung des Rechts zu dienen und die

---

[375] Z.B. Verletzung **rechtlichen Gehörs.** Dazu BFH, Urteil vom 19.9.1990 – X R 79 / 88 – BStBl. 1991 II, 100: Eine Entscheidung, die maßgeblich auf einen bis zuletzt nicht angesprochenen rechtlichen Gesichtspunkt gestützt wird, verletzt das Recht auf Gehör.

Rechtseinheit zu wahren. Dazu kommt die Verfahrensaufsicht des Revisionsgerichts BFH über die Instanzgerichte FG, die zugleich dem Beteiligteninteresse an einer gerechten Entscheidung im Einzelfall dient.[376]

ddd) Verfahrensrevision

Eine Verfahrensrevision ist eine Revision, bei der sich die Rüge auf **wesentliche Mängel des Verfahrens** bezieht.
Solche wesentlichen Mängel sind:
aaaa) Unvorschriftsmäßige **Besetzung** des erkennenden Gerichts (§ 119 Nr. 1 FGO).
bbbb) Mitwirkung eines **ausgeschlossenen** oder **abgelehnten** Richters (§ 119 Nr. 2 FGO). Bei der Entscheidung darf kein Richter mitwirken, der von der Ausübung des Richteramtes kraft Gesetzes ausgeschlossen oder wegen Besorgnis der Befangenheit mit Erfolg abgelehnt war.
cccc) Versagung des **rechtlichen Gehörs** für einen Beteiligten (§ 119 Nr. 3 FGO).
dddd) Unzutreffende **Vertretung** eines Beteiligten im Verfahren (§ 119 Nr. 4 FGO).
eeee) Verletzung der Vorschriften über die **Öffentlichkeit** des Verfahrens (§ 119 Nr. 5 FGO)[377].
ffff) Fehlen von **Entscheidungsgründen** (§ 119 Nr. 6 FGO)[378].

eee) Revision in Zolltarifsachen

Nach § 116 Abs. 2 FGO i.d.F. bis 31.12.2000 bedarf es auch keiner Zulassung zur Einlegung der Revision für Revisionen gegen Urteile in **Zolltarifsachen.**

bb) Frist

Nach § 120 Abs. 1 Satz 1 FGO i.d.F. ab 1.1.2001 ist die Revision **innerhalb eines Monats** nach Zustellung des vollständigen Urteils schriftlich **einzulegen** und nach § 120 Abs. 2 Satz 1 Halbs. 1 FGO i.d.F. ab 1.1.2001 **innerhalb von zwei Monaten** nach Zustellung des vollständigen Urteils zu begründen.

cc) Form

aaa) Schriftliche Einlegung

Nach § 120 Abs. 1 Satz 1 FGO i.d.F. ab 1.1.2001 ist die Revision bei dem Bundesfinanzhof **schriftlich** einzulegen.
Einlegung durch **Telegramm / Telex / Telekopie** ist ausreichend.
Die eigenhändige Unterschrift ist nicht verzichtbar.

bbb) Erhebung zur Niederschrift

---

[376] So auch **Seer,** in: Tipke / Lang, Steuerrecht, 16. Aufl., 1998, § 23, RdNr. 232, S. 955.
[377] Auf die Befolgung der Vorschriften über die Öffentlichkeit des finanzgerichtlichen Verfahrens kann ein Beteiligter wirksam verzichten. Bestätigend BFH, Beschluß vom 24.8.1990 – X R 45 – 46 / 90 – BStBl. 1990 II, 1032; im Anschluß an BVerwG, Beschluß vom 4.11.1977 – IV C 71 / 77 – HFR 1978, 174.
[378] Es ist ein absoluter Revisionsgrund, wenn das FG die Gründe seines Urteils hinsichtlich eines wesentlichen Streitpunkts durch die Bezugnahme auf eine von ihm erlassenen Entscheidung ersetzt, die den Beteiligten bei Beginn der Revisionsfrist weder bekannt noch zugänglich war. Bestätigend BFH, Urteil vom 31.7.1990 – VII R 60 / 89 – BStBl. 1990 II, 1071.

Nach § 121 FGO i.V.m. § 64 Abs. 1 Halbs. 2 FGO kann die Revision bei dem Bundesfinanzhof auch **zur Niederschrift** des Urkundsbeamten der Geschäftsstelle erhoben werden.

ccc) Vertretungszwang

Nach § 62 a Abs. 1 Satz 1 FGO i.d.F. ab 1.1.2001 **muß sich** vor dem Bundesfinanzhof jeder Beteiligte durch eine Person i.S.d. § 3 Nr. 1 StBG als Bevollmächtigten **vertreten lassen;** also durch einen Steuerberater, einen Steuerbevollmächtigten, einen Rechtsanwalt, einen niedergelassenen europäischen Rechtsanwalt, einen Wirtschaftsprüfer oder einen vereidigten Buchprüfer. Nur die genannten Personen sind somit postulationsfähig. Die Vorschrift hat für sonstige Rechtsanwälte aus einem Mitgliedstaat der Europäischen Union (EU) zur Folge, daß sie sich eines sog. Einvernehmensanwalts bedienen müssen. Einer Bevollmächtigung des Einvernehmensanwalts durch den Beteiligten bedarf es nicht. Das Einvernehmen ist jedoch schriftlich nachzuweisen.[379]
Zur Vertretung berechtigt sind nach § 62 a Abs. 2 FGO i.d.F. ab 1.1.2001 auch Gesellschaften i.S.d. § 3 Nrn. 2 und 3 StBG, die durch Personen gemäß § 62 a Abs. 1 Satz 1 FGO tätig werden.
Dies gilt auch für die **Einlegung der Revision** sowie der Beschwerde (§ 62 a Abs. 1 Satz 2 FGO i.d.F. ab 1.1.2001).

dd) Ort der Einlegung

Nach § 120 Abs. 1 Satz 1 FGO i.d.F. ab 1.1.2001 ist die Revision **bei dem Bundesfinanzhof** einzulegen; nicht (mehr) bei dem Finanzgericht.

ee) Inhalt

Nach § 120 Abs. 1 Satz 2 FGO i.d.F. ab 1.1.2001 muß die Revision **das angefochtene** Urteil bezeichnen.
Nach § 120 Abs. 3 FGO i.d.F. ab 1.1.2001 muß die Revisionsbegründung eine Erklärung enthalten, inwieweit das Urteil angefochten und dessen Aufhebung beantragt wird **(Revisionsanträge** – Nr. 1). Ferner muß die Begründung die **Revisionsgründe** angeben (Nr. 2), und zwar die bestimmte Bezeichnung der Umstände, aus denen sich die Rechtsverletzung ergibt und soweit die Revision darauf gestützt wird, daß das Gesetz in Bezug auf das Verfahren verletzt sei, die Bezeichnung der Tatsachen, die den Mangel ergeben.

ff) Begründung

aaa) Inhalt

Die Revisionsbegründung muß nach § 120 Abs. 3 FGO einen **bestimmten Antrag**[380] enthalten, die **Rechtsverletzung**[381] und, soweit Verfahrensmängel gerügt werden, die **Tatsachen**[382] bezeichnen, die den Mangel ergeben. Ferner sind Ausführungen dazu erforderlich, daß das angefochtene Urteil auf dem **Verfahrensmangel** beruhen kann.[383]

---

[379] So zutreffend BFH, Beschluß vom 28.7.1999 – II R 34 / 99 – BStBl. 1999 II, 637.
[380] § 120 Abs. 3 Nr. 1 FGO i.d.F. ab 1.1.2001 (Revisionsanträge).
[381] § 120 Abs. 3 Nr. 2 Buchst. a FGO i.d.F. ab 1.1.2001 (Revisionsgründe).
[382] § 120 Abs. 3 Nr. 2 Buchst. b FGO i.d.F. ab 1.1.2001 (Revisionsgründe).
[383] Ständ. Rspr. – Umkehrschluß aus § 119 FGO.

Verfahrensmängel können verzichtbar oder unverzichtbar sein. **Verzichtbar** sind Verfahrensmängel im Rahmen der Beweisaufnahme und Verstöße gegen den Grundsatz des rechtlichen Gehörs. **Unverzichtbar** sind die Verfahrensmängel der Nichtbeachtung des Vorliegens oder Nichtvorliegens von Sachurteilsvoraussetzungen, der unterlassenen notwendigen Beiladung sowie des unklaren Tenors. Der Verzicht kann **ausdrücklich,** aber auch **konkludent** erklärt werden. Ein konkludenter Verzicht auf das Rügerecht, mit der Folge dessen Verlusts, ist z.B. das Unterlassen einer beantragten Beweisaufnahme.
Erforderlich ist, daß der Inhalt der **Begründung** die Auffassung des Klägers erkennen läßt, welche Ausführungen der Vorinstanz aus welchen Gründen unrichtig sein sollen und welche Punkte des angefochtenen Urteils er für änderungsbedürftig hält.[384] Nicht erforderlich ist, daß dabei einzelne verletzte Bestimmungen bezeichnet werden, wenn der sachliche Bezug eindeutig erkennbar wird. Ebenso ist eine umfassende Erörterung der streitigen Rechtsfragen nicht erforderlich.[385]
§ 120 Abs. 3 FGO i.d.F. ab 1.1.2001 soll bloße Formalbegründungen verhindern.
Nach § 121 FGO i.V.m. § 76 Abs. 2 FGO hat der Vorsitzende darauf hinzuwirken, daß Formfehler beseitigt, sachdienliche Anträge gestellt, unklare Anträge erläutert, ungenügende tatsächliche Angaben ergänzt, ferner alle für die Feststellung und Beurteilung des Sachverhalts wesentlichen Erklärungen abgegeben werden.

bbb) Frist

Die Revision ist nach § 120 Abs. 1 Satz 1 FGO i.d.F. ab 1.1.2001 bei dem BFH innerhalb eines Monats nach Zustellung des vollständigen Urteils einzulegen und nach § 120 Abs. 2 Satz 1 Halbs. 1 FGO i.d.F. ab 1.1.2001 innerhalb von zwei Monaten nach Zustellung des vollständigen Urteils zu begründen.
Die Frist für die Revisionsbegründung kann auf einen vor ihrem Ablauf gestellten Antrag durch den Vorsitzenden des zuständigen Senats des Bundesfinanzhofs **verlängert** werden (§ 120 Abs. 2 Satz 3 FGO i.d.F. ab 1.1.2001).

ccc) Empfangsbehörde

Empfangsbehörde der Begründung ist nach § 120 Abs. 2 Satz 2 FGO i.d.F. ab 1.1.2001 der Bundesfinanzhof.

b) Begründetheit

aa) Verletzung von Bundesrecht

Die Revision kann nach § 118 Abs. 1 Satz 1 FGO nur darauf gestützt werden, daß das angefochtene Urteil auf der **Verletzung von Bundesrecht** beruhe.
Der Prüfungsumfang bestimmt sich in **tatsächlicher** Hinsicht nach § 118 Abs. 2 FGO, in **rechtlicher** Hinsicht nach § 118 Abs. 3 FGO.

bb) Kausalität

aaa) Absolute Revisionsgründe

---

[384] Vgl. dazu z.B. BFH, Urteil vom 6.5.1993 – XI R 46 / 90 – BFH / NV 1994, 47; BFH, Urteil vom 7.3.1995 – XI R 81 / 94 – BFH / NV 1995, 815; BFH, Urteil vom 31.7.1996 – XI R 78 / 95 – BStBl. 1996 II, 625; **Ruban,** in: Gräber, FGO, 3. Aufl., § 120 FGO, Anm. 32 f..
[385] Vgl. dazu BFH, Urteil vom 8.5.1995 – I R 108 / 81 – BStBl. 1995 II, 523; BFH, Urteil vom 31.7.1996 – XI R 78 / 95 – BStBl. 1996 II, 625.

Nach § 119 FGO ist ein Urteil **stets** auf **Verletzung von Bundesrecht** beruhend anzusehen, wenn einer der in § 119 Nrn.1 – 6 FGO geregelten **absoluten Revisionsgründe** gegeben ist.
Als solche absoluten Revisionsgründe kommen in Betracht:
aaaa) Unvorschriftsmäßige **Besetzung** des erkennenden Gerichts (§ 119 Nr. 1 FGO),
bbbb) Mitwirkung eines **ausgeschlossenen** oder **abgelehnten** Richters (§ 119 Nr. 2 FGO),
cccc) **Nichtgewährung rechtlichen Gehörs** für einen Beteiligten (§ 119 Nr. 3 FGO)[386],
dddd) Unzutreffende **Vertretung** eines Beteiligten im Verfahren (§ 119 Nr. 4 FGO),
eeee) Verletzung der Vorschriften über die **Öffentlichkeit** des Verfahrens (§ 119 Nr. 5 FGO), sowie
ffff) Fehlen von **Entscheidungsgründen** (§ 119 Nr. 6 FGO).

bbb) Relative Revisionsgründe

Bei den sog. **relativen Revisionsgründen** ist das Vorliegen der Kausalität stets im Einzelfall zu prüfen.
Als solche können z.B. in Betracht kommen:
aaaa) Verletzung der Pflicht zur Sachaufklärung (§ 76 FGO),
bbbb) Unterlassung einer notwendigen Beiladung (§ 60 Abs. 3 FGO),
cccc) Vorweggenommene Beweiswürdigung,
dddd) Verstoß gegen den klaren Inhalt der Akten (§ 96 FGO),
eeee) Sachentscheidung bei Fehlen der Voraussetzungen oder Prozeßurteil bei Vorliegen der Sachurteilsvoraussetzungen,
ffff) Nichtbeachtung einer Entscheidung des BVerfG über die Verfassungsmäßigkeit einer Rechtsnorm.

c) Entscheidung über die Revision

aa) Unzulässige Revision

Die Entscheidung über die Revision hängt davon ab, ob die Revision unzulässig oder zulässig ist.
Ist die Revision **unzulässig,** so **verwirft** der Bundesfinanzhof sie durch Beschluß (§ 126 Abs. 1 FGO).
Die **Senate** des Bundesfinanzhofs (§ 10 Abs. 2 Satz 1 FGO) entscheiden in der Besetzung von fünf Richtern, bei Beschlüssen außerhalb der mündlichen Verhandlung in der Besetzung von drei Richtern (§ 10 Abs. 3 FGO).
Welcher Senat in concreto zur Entscheidung berufen ist, wird durch den Geschäftsverteilungsplan des Präsidiums bestimmt.

bb) Zulässige Revision

aaa) Unbegründete Revision

Ist die Revision **zulässig,** so hängt die Entscheidung über die Revision davon ab, ob die Revision unbegründet oder begründet ist.
Ist die Revision **unbegründet,** so **weist** der Bundesfinanzhof sie **zurück** (§ 126 Abs. 2 FGO).[387]

---

[386] Zur schlüssigen Rüge der Verletzung des Rechts auf Gehör im Urteilsverfahren (§ 119 Nr. 3 FGO) vgl. BFH, (Vorlage-)Beschluß vom 8.4.1998 – VIII R 32 / 95 – BStBl. 1998 II, 676, m. zahlr. weit. Nachw. in Rspr. u. Lit..

Die Zurückweisung erfolgt in der Besetzung von fünf Richtern:
- durch **Beschluß** nach Art. 1 Nr. 7 Satz 1 BFHEntlG[388], wenn der Senat einstimmig die Revision für unbegründet und eine mündliche Verhandlung nicht für erforderlich hält. Allerdings sind die Beteiligten vorher davon zu unterrichten und zu hören. Die Voraussetzungen dieses Verfahrens sind im Beschluß festzustellen; einer weiteren Begründung bedarf es nicht (Art. 1 Nr. 7 Sätze 2 und 3 BFHEntlG).
- durch **Urteil** nach § 121 Satz 1 FGO i.V.m. § 90 Abs. 1 FGO auf Grund mündlicher Verhandlung. Mit Einverständnis der Beteiligten kann das Gericht ohne mündliche Verhandlung entscheiden (§ 90 Abs. 2 FGO).
- durch **Gerichtsbescheid** nach § 121 Satz 1 FGO i.V.m. § 90 a Abs. 1 FGO ohne mündliche Verhandlung. Die Beteiligten können aber innerhalb eines Monats nach Zustellung des Gerichtsbescheids mündliche Verhandlung beantragen (§ 90 a Abs. 2 Nr. 3 FGO).

Wenn ein Senat in einer Rechtsfrage von der Entscheidung eines anderen Senats oder des Großen Senats abweichen will, so entscheidet nach § 11 Abs. 2 FGO der große Senat (sog. **Divergenzanrufung**)[389]. Eine Vorlage an den Großen Senat ist nach § 11 Abs. 3 Satz 1 FGO aber nur zulässig, wenn der Senat, von dessen Entscheidung abgewichen werden soll, auf Anfrage des erkennenden Senats erklärt hat, daß er an seiner Rechtsauffassung festhält. Der erkennende Senat kann nach § 11 Abs. 4 FGO ferner eine Frage von grundsätzlicher Bedeutung dem großen Senat zur Entscheidung vorlegen, wenn das nach seiner Auffassung zur **Fortbildung des Rechts** oder zur **Sicherung einer einheitlichen Rechtsprechung** erforderlich ist (sog. **Grundsatzanrufung**).
Die Vorlage an den großen Senat dient der Sicherung einer einheitlichen Rechtsprechung.

bbb) Begründete Revision

Ist die Revision **begründet,** so hat der Bundesfinanzhof nach § 126 Abs. 3 FGO zwei Möglichkeiten:

aaaa) **Entscheidung** in der Sache **selbst** (§ 126 Abs. 3 Nr. 1 FGO[390] oder

bbbb) **Aufhebung** des angefochtenen Urteils[391] und **Zurückverweisung** der Sache zur anderweitigen Verhandlung und Entscheidung (§ 126 Abs. 3 Nr. 2 FGO).[392] Das Gericht, an das die Sache zurückverwiesen ist, hat seiner Entscheidung die rechtliche Beurteilung des BFH zugrunde zu legen (§ 126 Abs. 5 FGO).

cc) Kosten

---

[387] Vgl. dazu z.B. BFH, Urteil vom 24.10.1996 – VII R 113 / 94 – BStBl. 1997 II, 308, 309; BFH, Urteil vom 18.12.1996 – XI R 25 / 94 – BStBl. 1997 II, 441. Ebenso BFH, Urteil vom 18.2.1997 – VIII R 33 / 95 – BStBl. 1997 II, 499, 502: „Die Revision ist unbegründet und daher zurückzuweisen (§ 126 Abs. 2 FGO).“ „Das FG hat zutreffend entschieden, daß ... .“ (BFH, a.e.a.O.).

[388] ... i.d.F. bis 31.12.2000. Ab 1.1.2001 gelten die §§ 126 a und 127 FGO.

[389] Externe Divergenzen werden durch den Gemeinsamen Senat der obersten Gerichtshöfe des Bundes ausgeglichen.

[390] Vgl. dazu BFH, Urteil vom 6.7.1999 – VIII R 17 / 97 – BStBl. 2000 II, 306.

[391] ... der sog. Vorentscheidung.

[392] Vgl. dazu z.B. BFH, Urteil vom 23.1.1997 – IV R 84 / 95 – BStBl. 1997 II, 462, 463: „Die Revision des Klägers ist **begründet;** das angefochtene Urteil wird **aufgehoben** und die Sache zur anderweitigen Verhandlung und Entscheidung an das FG **zurückverwiesen** (§ 126 Abs. 3 Nr. 2 FGO).“ Ebenso z.B. BFH, Urteil vom 31.7.1996 – XI R 78 / 95 – BStBl. 1996 II, 625; BFH, Urteil vom 22.1.1997 – I R 101 / 95 – BStBl. 1997 II, 464, 465; BFH, Urteil vom 21.1.1999 – IV R 90 / 98 – BStBl. 1999 II, 563.
Im gleichen Sinne BFH, Urteil vom 22.4.1997 – IX R 74 / 95 – BStBl. 1997 II, 541 (für die Aufhebung des Verwaltungsaktes und der Entscheidung über den außergerichtlichen Rechtsbehelf nach § 100 Abs. 3 Satz 1 FGO – in der seit 1.1.1993 geltenden Fassung – wenn das Gericht eine weitere Sachaufklärung für erforderlich hält).

Die **Kosten** eines **ohne Erfolg** eingelegten Rechtsmittels (Revision) fallen nach § 135 Abs. 2 FGO demjenigen zur Last, der das **Rechtsmittel eingelegt** hat.

6. Beschwerde

a) Zulässigkeit

aa) Statthaftigkeit

aaa) Die zwei Fälle der Statthaftigkeit

- Entscheidungen des **Finanzgerichts,** die nicht Urteile oder Gerichtsbescheide sind,
- Entscheidungen des **Vorsitzenden** oder **Berichterstatters** des Finanzgerichts.

bbb) Entscheidungen des Finanzgerichts, die nicht Urteile oder Gerichtsbescheide sind

Nach § 128 Abs. 1 Halbs. 1 FGO steht den Beteiligten und den sonst von der Entscheidung Betroffenen gegen die Entscheidungen des Finanzgerichts, die nicht Urteile oder Gerichtsbescheide sind, also gegen **Beschlüsse,** die **Beschwerde** an den Bundesfinanzhof zu.[393]

ccc) Entscheidungen des Vorsitzenden oder Berichterstatters des Finanzgerichts

Nach § 128 Abs. 1 Halbs. 2 FGO steht den Beteiligten und den sonst von der Entscheidung Betroffenen gegen Entscheidungen des Vorsitzenden oder Berichterstatters des Finanzgerichts die **Beschwerde** an den Bundesfinanzhof zu.
§ 128 Abs. 1 FGO steht unter dem Vorbehalt des § 128 Abs. 2[394] und 3 FGO. Sie enthalten die Fälle richterlicher Entscheidungen die **nicht** mit der **Beschwerde** an den Bundesfinanzhof angefochten werden können.

bb) Frist

aaa) Einlegung beim Finanzgericht

Nach § 129 Abs. 1 FGO ist die Beschwerde **innerhalb von zwei Wochen** nach Bekanntgabe der Entscheidung beim Finanzgericht einzulegen.

bbb) Einlegung beim BFH

Die Beschwerdefrist ist auch gewahrt, wenn die Beschwerde innerhalb der Frist beim Bundesfinanzhof eingeht (§ 129 Abs. 2 FGO).

cc) Form

aaa) Schriftliche Einlegung

Nach § 129 Abs. 1 Alt. 1 FGO ist die Beschwerde beim Finanzgericht **schriftlich** einzulegen.

---

[393] Vgl. dazu BFH, Beschluß vom 15.6.2000 – IX B 13 / 00 – BStBl. 2000 II, 431.
[394] ... i.d.F. ab 1.1.2001.

bbb) Einlegung zur Niederschrift

Nach § 129 Abs. 1 Alt. 2 FGO kann die Beschwerde beim Finanzgericht auch **zur Niederschrift** des Urkundsbeamten der Geschäftsstelle eingelegt werden.

ccc) Eingang beim BFH

Die Beschwerdefrist ist auch gewahrt, wenn die Beschwerde innerhalb der Frist **beim BFH eingeht** (§ 129 Abs. 2 FGO).

ddd) Vertretungszwang

Nach Art. 1 Nr. 1 Sätze 1 und 2 Gesetz zur Entlastung des Bundesfinanzhofs[395] **muß sich** vor dem Bundesfinanzhof jeder Beteiligte durch einen Rechtsanwalt, Steuerberater oder Wirtschaftsprüfer als Bevollmächtigten **vertreten lassen.**
Dies gilt auch für die **Einlegung der Beschwerde** (sowie der Revision).
An die Stelle des Art. 1 Nr. 1 Sätze 1 und 2 BFHEntlG ist mit Wirkung vom 1.1.2001 § 62 a Abs. 1 Satz 1 FGO getreten. Danach muß sich jeder Beteiligte vor dem Bundesfinanzhof durch eine Person i.S.d. § 3 Nr. 1 StBG als Bevollmächtigten vertreten lassen.
Dies gilt nach § 62 a Abs. 1 Satz 2 FGO auch für die Einlegung der Beschwerde.
Zur Vertretung berechtigt sind nach § 62 a Abs. 2 FGO auch Gesellschaften i.S.d. § 3 Nrn. 2 und 3 StBG, die durch Personen gemäß Abs. 1 Satz 1 tätig werden.

dd) Ort der Einlegung

aaa) Finanzgericht

Nach § 129 Abs. 1 FGO ist die Beschwerde bei dem **Finanzgericht** einzulegen.

bbb) Bundesfinanzhof

Es ist auch ausreichend, wenn die Beschwerde innerhalb der Frist beim **Bundesfinanzhof** eingeht.

b) Entscheidung über die Beschwerde

aa) Abhilfe

Hält das Finanzgericht, der Vorsitzende oder der Berichterstatter, dessen Entscheidung angefochten wird, die Beschwerde für **begründet,** so ist ihr nach § 130 Abs. 1 Halbs. 1 FGO **abzuhelfen.**

bb) Vorlage

Hält das Finanzgericht, der Vorsitzende oder der Berichterstatter, dessen Entscheidung angefochten wird, die Beschwerde für **unbegründet,** so ist sie nach § 130 Abs. 1 Halbs. 2 FGO unverzüglich dem Bundesfinanzhof **vorzulegen.**
Das Finanzgericht soll die Beteiligten von der Vorlage der Beschwerde in Kenntnis setzen (§ 130 Abs. 2 FGO).
Über die Beschwerde entscheidet der Bundesfinanzhof durch **Beschluß** (§ 132 FGO).

cc) Kosten

Die **Kosten** eines **ohne Erfolg** eingelegten Rechtsmittels (Beschwerde) fallen nach § 135 Abs. 2 FGO demjenigen zur Last, der das **Rechtsmittel eingelegt** hat.

[395] ... i.d.F. bis 31.12.2000.

Teil II

Die Steuerfahndung (Zollfahndung)

§ 20 Die Steuerfahndung (Zollfahndung)[1]

I. Zweck der Steuerfahndung (Zollfahndung)

1. Erforschung von Steuerstraftaten und Steuerordnungswidrigkeiten

Der **Zweck** der Steuerfahndung (Zollfahndung)[2] nach § 208 besteht darin,

a) Steuerstraftaten[3] und Steuerordnungswidrigkeiten[4] zu erforschen,
b) in diesen Fällen die Besteuerungsgrundlagen zu ermitteln sowie
c) unbekannte Steuerfälle aufzudecken[5] und zu ermitteln. **Unbekannte Steuerfälle** sind entweder einzelne Besteuerungsgrundlagen oder auch alle Besteuerungsgrundlagen eines ganzen Steuerfalles i.S. des § 164 AO.

Der Zweck der Steuerfahndung weist damit eine – historisch gewachsene - **Doppelfunktion**[6] dergestalt nach, daß die zuständigen Behörden neben den steuer**strafrechtlichen**[7] Aufgaben der Erforschung von Steuerstraftaten und Steuerordnungswidrigkeiten – regelmäßig gleichzeitig[8] – auch steuer**rechtliche** Aufgaben vor allem die der allgemeinen – gefahrenabwehrenden – **Steueraufsicht**[9] entsprechend § 85 AO wahrzunehmen haben.[10]

---

[1] Vgl. auch **Mösbauer,** Steuerstraf- und Steuerordnungswidrigkeitenrecht (einschließlich Steuer- und Zollfahndung), 2. Aufl., 2000, §§ 32 ff., S. 427 ff.; ferner **Mösbauer,** Staatsaufsicht über die Wirtschaft, 1990, § 26 (S. 503 ff.); §§ 21 ff. (S. 429 ff.); **Mösbauer,** Steuerliche Außenprüfung (Betriebsprüfung) – Steuerfahndung – Steueraufsicht, 1994, §§ 20 – 24 (S. 255 ff.). Vgl. ferner BMF, Merkblatt über die Zusammenarbeit zwischen den Dienststellen Steuer und Zoll vom 28.12.1995 – BMF III A 6 – S 0060 – 7 / 95 – Steuererlasse (C. H. Beck) Nr. 800, § 30 / 14 (speziell zur Zusammenarbeit der Prüfungsdienste Steuer und Zoll sowie der Steuer- und Zollfahndung, zur Unterrichtung durch die Bußgeld- und Strafsachenstellen sowie zur Zusammenarbeit der Finanzämter und Hauptzollämter). Vgl. auch **Mösbauer,** Finanzbehördliche Sachverhaltsermittlung bei Verdacht einer Steuerstraftat, DStZ 2000, S. 512 ff.; **Mösbauer,** Steuerfahndung – ein besonderer Prüfdienst der Finanzverwaltung zur Bekämpfung der Steuerkriminalität, StB 2003, S. 214 ff..

[2] Dazu **Mösbauer,** Steuerfahndung – ein besonderer Prüfdienst der Finanzverwaltung zur Bekämpfung der Steuerkriminalität, StB 2003, S. 214 ff..

[3] S. dazu **Mösbauer,** Steuerstraf- und Steuerordnungswidrigkeitenrecht, 2. Aufl., 2000, §§ 11 ff., S. 85 ff..

[4] S. dazu **Mösbauer,** Steuerstraf- und Steuerordnungswidrigkeitenrecht, 2. Aufl., 2000, §§ 23 ff., S. 363 ff..

[5] S. dazu **Frick,** Auskunftsersuchen der Steuerfahndung gemäß § 208 Abs. 1 Satz 1 Nr. 3 AO, DB 1988, S. 109.

[6] Bestätigend Bericht und Antrag des Finanzausschusses, BT-Drucks. V / 1812, S. 21; BT-Drucks. VII / 4292 zu § 208; **Hamacher,** Neue Rechtsprechung zu den Voraussetzungen von Ermittlungsmaßnahmen der Finanzbehörden, DStZ 1987, S. 224 ff.; ferner **Kohlmann,** Steuerstrafrecht mit Ordnungswidrigkeitenrecht und Verfahrensrecht, 7. Aufl., 1997, § 404 AO, Rz. 40; **Streck,** Die Steuerfahndung, 3. Aufl., 1996, Rzn. 2 ff.. So auch BFH, Beschluß vom 16.12.1997 – VII B 45 / 97 – BStBl. 1998 II, 231, bes. 234, wenn er von einem „doppelfunktionalen" Tätigwerden der Steufa spricht; ebenso **Birk,** Steuerrecht, 7. Aufl., 2004, S. 145, RdNr. 452.

[7] Die Befugnis zu steuerstrafrechtlichen Ermittlungen folgt auch aus § 163 StPO i.V.m. § 404 Satz 1 AO. Sie weisen der Aufgabennorm des § 208 Abs. 1 Satz 1 Nr. 1 AO eine lediglich klarstellende Bedeutung zu. Vgl. dazu auch **Seer,** in: Tipke / Lang, Steuerrecht, 16. Aufl., 1998, § 22, RdNr. 253, S. 855; **Mösbauer,** Die Bedeutung der Definitionsnorm des § 369 AO für die steuerstrafrechtliche Ermittlungszuständigkeit der Finanzbehörden, Wistra 1996, S. 252 ff..

[8] Vgl. dazu FG Schleswig – Holstein, Urteil vom 3.11.1981 – III 247 / 79 (V) – EFG 1982, 284; BFH, Beschluß vom 29.10.1986 – I B 28 / 86 – Wistra 1987, 107 f.; BFH, Beschluß vom 28.10.1997 – VII B 40 / 97 – DB 1998, 172.

[9] Vgl. dazu **Kühnel,** Die Steuerfahndung als Mittel der allgemeinen Steueraufsicht im unbekannten Steuerfall des § 208 AO 1977, DStZ 1981, S. 95; vgl. auch Bericht und Antrag des Finanzausschusses, BT-Drucks. VII / 4292; in gleichem Sinne auch schon **Paulick,** Lehrbuch des allgemeinen Steuerrechts, 3. Aufl., 1977, RdNr. 1093; ebenso **Mösbauer,** Steueraufsicht im Bereich der Zölle und Verbrauchsteuern, DB 1980, S. 1506;

Darauf verweist der BFH[11] ausdrücklich, wenn er zutreffend feststellt, die Einleitung eines Steuerstrafverfahrens hindere nicht weitere Ermittlungen durch die Außenprüfung unter Erweiterung des Prüfungszeitraumes. Dies gelte auch dann, wenn der Steuerpflichtige erklärt, von seinem Recht auf Verweigerung der Mitwirkung[12] Gebrauch zu machen.
Aus den **Aufgaben** (§ 208 Abs. 1 Satz 1 Nrn. 1 – 3 AO) einer Behörde kann aber ebensowenig darauf geschlossen werden, sie habe auch alle zu ihrer Erfüllung erforderlichen **Befugnisse** (§ 208 Abs. 1 Satz 2 AO), wie umgekehrt aus einer vorhandenen Befugnis geschlossen werden kann, eine Maßnahme der Behörde in Ausübung dieser Befugnis sei stets ein Handeln im Rahmen des zugewiesenen Aufgabenbereichs.[13]

2. Problematik der gleichrangigen Parallelität von Besteuerungs- und Strafverfahren

Der doppelfunktionelle Zweck der Steuerfahndung erhellt auch aus § 393 Abs. 1 AO. Er verweist auf die gleichrangige **Parallelität**[14] von Besteuerungs- und Strafverfahren. Sie ist wegen ihrer besonderen Bedeutung für die Praxis nicht unproblematisch, da die Amtsträger der Steuerfahndung (Zollfahndung) im Interesse der Effizienz[15] ihres Tätigwerdens allzugern

---

Mösbauer, Befugnisgrenzen der finanzbehördlichen Steueraufsicht (§§ 209 ff. AO), DStZ 1988, S. 267 ff.. Bestätigend auch **Schleifer,** Zum Verhältnis von Besteuerungs- und Steuerstrafverfahren, Wistra 1986, S. 250 ff., unter ausdrücklicher Bezugnahme (Fußn. 13, a.a.O.) auf **Mösbauer,** DStZ 1986, S. 341; vgl. auch **Ricke,** Hinweis- und Belehrungspflichten bei Vernehmung durch die Zollfahndung im Strafverfahren, ZfZ 1987, S. 2 ff.; **Mösbauer,** Steueraufsicht über die Wirtschaft, 1990, §§ 21 ff. (S. 429 ff.).

Eine entsprechende Feststellung trifft der BFH, Urteil vom 4.11.1987 – II R 102 / 85 – BStBl. 1988 II, 113 auch für die Außenprüfung: „Die Anordnung einer Außenprüfung ist auch zulässig, soweit ausschließlich festgestellt werden soll, ob und inwieweit Steuerbeträge hinterzogen oder leichtfertig verkürzt worden sind. Eine sich insoweit gegenseitig ausschließende Zuständigkeit von Außenprüfung und Steuerfahndung besteht nicht". Zur Steuerhinterziehung und leichtfertigen Steuerverkürzung im einzelnen vgl. **Mösbauer,** Der Steuerberater als Steuerstrafverteidiger, 1988, S. 23 ff. und S. 55; **Mösbauer,** Steuerstraf- und Steuerordnungswidrigkeitenrecht, 2. Aufl., 2000, § 12, S. 93 ff. und § 25, S. 379 ff..

[10] So im Ergebnis auch **Scheurmann-Kettner,** in: Koch / Scholtz, AO, 5. Aufl., 1996, § 208 AO, Rz. 11; **Tipke,** in: Tipke / Kruse, AO / FGO, § 208 AO, Tz. 2; **Küffner,** Doppelfunktion der Steuerfahndung, DStR 1979, S. 243; ebenso BFH, Urteil vom 2.12.1976 – VII R 2 / 76 – BStBl. 1977 II, 318; BFH, Urteil vom 23.12.1980 – VII R 92 / 79 – BStBl. 1981 II, 349; FG Rheinland – Pfalz, Beschluß vom 22.1.1979 – VI a / 79 – EFG 1979, 377; FG Schleswig – Holstein, Urteil vom 3.11.1981 – III 247 / 79 (V) – EFG 1982, 284; a. A. wohl nur **Schick,** in: Hübschmann / Hepp / Spitaler, AO / FGO, § 208 AO, Tzn. 41 ff.; 98 f.; **Bilsdorfer,** Steuerfahndungsermittlung bei Banken, DStZ 1984, S. 415; **Sauter,** Außenprüfung und Steuerfahndung, DStZ 1988, S. 339; **Zacharias / Rinnewitz / Wiesbaum,** Anordnung der Außenprüfung und Einschaltung der Steuerfahndung als gleichrangige Instrumente zur Ermittlung von Steuerstraftaten und Steuerordnungswidrigkeiten?, DStZ 1988, S. 609.

[11] BFH, Urteil vom 19.8.1998 – XI R 37 / 97 – BStBl. 1999 II, 7 ff.; vgl. auch **Mösbauer,** Finanzbehördliche Sachverhaltsermittlung bei Verdacht einer Steuerstraftat, DStZ 2000, S. 512 ff..

[12] Vgl. in diesem Zusammenhang auch BMF, Schreiben betr. Merkblatt über die Rechte und Pflichten des Steuerpflichtigen bei Prüfungen durch die Steuerfahndung nach § 208 Abs. 1 Nr. 3 AO vom 14.2.1979 – BMF IV A 8 – S 1635 – 2 / 78 – Steuererlasse (C. H. Beck) Nr. 800, § 208 AO / 1 (i.d.F.v. Okt. 1999).

[13] So auch BFH, Beschluß vom 16.12.1997 – VII B 45 / 97 – BStBl. 1998 II, 231, 232, unter ausdrücklicher Bezugnahme auf BFH, Urteil vom 26.7.1988 – VII R 194 / 85 – BStBl. 1989 II, 3; BFH, Urteil vom 29.10.1986 – VII R 82 / 85 – BStBl. 1988 II, 359.

[14] Sie läßt sich offenbar nur sehr schwer in die Besteuerungswirklichkeit umsetzen. So auch **Schick,** in Hübschmann / Hepp / Spitaler, AO / FGO, § 208 AO, Anm. 172; **Wannemacher,** Vermeidbare Fehler des Steuerpflichtigen und seines Beraters bei der Wahrnehmung von Steuerstrafsachen, StbJb. 1980 / 81, S. 423; **Küffner,** Doppelfunktion der Steuerfahndung, DStR 1979, S. 243; BFH, Beschluß vom 29.10.1986 – I B 28 / 86 – Wistra 1987, 107 f.. Zutreffend verweist **Maurer,** in: Wannemacher, Steuerstrafrecht, 4. Aufl., 1999, RdNrn. 2183 f., S. 553 f. darauf, daß die zunehmenden Aktivitäten einer sich qualitativ und quantitativ wandelnden Steuer- und Zollfahndung im Schrifttum und in der Rechtsprechung zum Teil kritisch beleuchtet werden. **Mösbauer,** Steuerfahndung – ein besonderer Prüfdienst der Finanzverwaltung zur Bekämpfung der Steuerkriminalität, StB 2003, S. 214 ff..

[15] Vgl. dazu nur die wenig überzeugende Argumentation von **Klos,** Steuerfahndung im Rechtsstaat – Bemerkungen zu **Mösbauer,** DStZ 1986, 339, DStZ 1986, S. 508 (Abschn. 4 a. E.).

die durch diese Parallelität[16] bedingte Unterschiedlichkeit der Rechtsstellung[17] der beschuldigten Betroffenen geringachten. Klos[18] bestätigt diese Bedrohung unseres Gemeinwesens durch die Steuerfahndung ausdrücklich dadurch, daß er einräumt, die Steuerfahndung würde wegen des Verhältnisses von Besteuerungs- und Strafverfahren hinsichtlich der Ermittlungsbefugnisse **wesentliche tatsächliche** und **rechtliche Probleme** aufwerfen.

Zutreffend weist daher Seer[19] darauf hin, daß die Doppelfunktion die Steuerfahndung **nicht** berechtige, nach dem Prinzip höchstmöglicher Aufklärungseffektivität[20] **dysfunktional** Mittel des Steuerstrafverfahrens zur Ermittlung des Sachverhaltes für das Besteuerungsverfahren oder umgekehrt Mittel des Besteuerungsverfahrens zur Ermittlung des strafrechtlichen Sachverhaltes zu verwenden.

Dies muß im Hinblick auf Art. 20 Abs. 3 GG, wonach auch die Steuerfahndung als Fiskalbehörde und Strafverfolgungsorgan wie jede andere staatliche Eingriffsverwaltung an Gesetz und Recht gebunden ist, Anlaß zu Bedenken geben. Sie lassen sich nicht, wie Klos es versucht, durch verbale Simplifikationen beiseiteschieben. Intellektuelle Erleichterung durch Vereinfachung geistiger Phaenomene war immer schon die schlechteste Art, Probleme zu lösen.

In einem Rechtsstaat muß es jedoch von Relevanz sein, ob in concreto Ermittlungen der Besteuerungsgrundlagen im steuerlichen Interesse oder strafrechtliche Ermittlungen[21] aufgetragen sind[22]; und zwar ohne Rücksicht darauf, ob die **Finanzbehörde** (§§ 386, 399 –

---

[16] Dazu vgl. **Papperitz,** Von der Betriebsprüfung zur strafrechtlichen Ermittlung, DStZ 1987, S. 55 ff.; **Hamacher,** Neue Rechtsprechung zu den Voraussetzungen von Ermittlungsmaßnahmen der Finanzbehörden, DStZ 1987, S. 224 ff.; vgl. auch **Hildebrandt,** Über Betriebsprüfung und Steuerstrafverfahren im Widersinn, DB 1984, S. 1226 ff.; ferner **Maurer,** in: Wannemacher, Steuerstrafrecht, 4. Aufl., 1999, RdNrn. 2183 f., S. 553 f..

[17] Vgl. nur das **Recht** des Beschuldigten **zum Untätigbleiben** i.S. der §§ 399 AO; 161 a StPO; 133, 135 StPO; 136 Abs. 1, 163 a Absätze 3 und 4 StPO. Vgl. ferner das **Recht zur Verteidigung** i.S. der §§ 136 Abs. 2, 163 a Abs. 3 StPO; 163 a Abs. 2 StPO; 137, 138 Abs. 1 StPO, 329 AO; 138 Abs. 1 StPO, 392 Abs. 1 AO; 146 StPO. Im Zusammenhang mit der Verteidigung siehe § 258 StGB; § 148 StPO; 147 StPO. Vgl. weiter das **Recht auf Gehör** als rechtsstaatliches Gebot (sowie i.S. des Art. 103 Abs. 1 GG für das gerichtliche Strafverfahren). Vgl. abschließend auch die **Rechte** i.S. der §§ 396 AO; 170 Abs. 2 StPO; 153 a, 153 b StPO; 398 AO.

[18] **Klos,** Steuerfahndung im Rechtsstaat – Bemerkungen zu **Mösbauer,** DStZ 1986, 339 – DStZ 1986, S. 509. **Streck,** Die Steuerfahndung, 2. Aufl., 1993, Rz. 458, bezeichnet diese „Bemerkungen" zu Recht als „empfindliche Reaktionen aus der Fahndung selbst".

[19] **Seer,** in: Tipke / Lang, Steuerrecht, 16. Aufl., 1998, § 22, RdNr. 256, S. 856; vgl. auch BFH, Beschluß vom 28.10.1997 – VII B 40 / 97 – BFH / NV 1998, 424; ergänzend auch **Mösbauer,** Aktuelle Rechtsfragen bei der Abgrenzung des Versuchs von der Vorbereitungshandlung im Steuerstrafrecht, DStZ 1997, S. 577 ff..

[20] ... gemeint ist wohl Aufklärungseffizienz.

[21] Für sie vgl. z.B. das Beweismethodenverbot des § 136 StPO.

[22] Vgl. dazu **Jakob,** Rechtsfragen der Organisation und Funktion des Steuerfahndungsdienstes, StuW 1971, S. 297; **Jakob,** Zuständigkeitsprobleme im Steuerfahndungsrecht, StuW 1972, S. 115; ferner **Rüping,** Steuerfahndung im Rechtsstaat, DStZ 1980, S. 179; **Schick,** Steuerfahndung im Rechtsstaat, JZ 1982, S. 125; **Bilsdorfer,** Steuerfahndungsermittlung bei Banken, DStZ 1984, S. 420. Vgl. auch FG Schleswig – Holstein, Urteil vom 3.11.1981 – III 247 / 79 (V) – EFG 1982, 284; FG München, Urteil vom 9.10.1984 – XII 269 / 83 AO – EFG 1985, 569 und BFH, Urteil vom 20.4.1983 – VII R 2 / 82 – BStBl. 1983 II, 482. Ergänzend vgl. noch **Amelung,** Anmerkung zu BGH, Beschluß vom 16.12.1977 – BJS 93 / 77 – NJW 1978, S. 1014; **Amelung,** Probleme des Rechtsschutzes gegen strafprozessuale Grundrechtseingriffe, NJW 1979, S. 1688; **Dörr,** Rechtsschutz gegen vollzogene Durchsuchungen und Beschlagnahmen im Strafermittlungsverfahren, NJW 1984, S. 2259; **Götz,** Rechtsschutz gegen Maßnahmen der Polizei, JuS 1985, S. 871; FG Baden Württemberg, Beschluß vom 25.11.1996 – 3 V 37 / 96 – Wistra 1997, 158; **Pütz,** Fahndungsermittlungen in den Bank-Verfahren nach dem Meistbegünstigungsprinzip?, Wistra 1998, S. 55 ff.; **Kalligin,** Steuerfahndungsermittlungen gegen Banken und Bankkunden, StB 1998, S. 492 ff.; **Rolletschke,** Kontrollmitteilungen der Steuerfahndung in Bankverfahren: Ein Auslegungsdissens zwischen dem VIII. und VII. Senat des BFH, DStZ 1999, S. 887 ff.; **Mösbauer,** Finanzbehördliche Sachverhaltsermittlung bei Verdacht einer Steuerstraftat, DStZ 2000, S. 512 ff..

401 AO)[23] oder die **Staatsanwaltschaft** (§§ 402, 403 AO) das Verfahren betreibt. Diese Unklarheit ist auch die Quelle manigfacher verfassungsrechtlicher Bedenken.
Der Gesetzgeber fördert diese Probleme dadurch, daß er § 208 AO im Vierten Teil der AO: „Durchführung der Besteuerung" lokalisiert, statt ihn im Achten Teil der AO: „Straf- und Bußgeldvorschriften; Straf- und Bußgeldverfahren", zu dem er ja sachlich gehört, anzusiedeln. Daß auch der Gesetzgeber die sachliche Zugehörigkeit der Steuerfahndung erkannt hat, beweist der im Achten Teil der AO lokalisierte § 404 AO. Er betrifft, anders als z.B. § 208 AO[24], ausschließlich die Rechte und Pflichten der Steuer- und Zollfahndung im Steuerstrafverfahren.
Die gleichwohl isolierte Lokalisierung des § 208 AO als Fünfter Abschnitt des Vierten Teils der AO kann daher nur in seiner **aufsichtlichen** Beziehung zum gleichwohl **aufsichtlichen** Vierten Abschnitt: „Außenprüfung" und zum Sechsten Abschnitt: „Steueraufsicht ..." verstanden werden.
Die Finanzverwaltungen neigen nicht selten dazu, die durch die Doppelfunktion bedingten Probleme herunterzuspielen.[25] Durch eine Steuerfahndung (Zollfahndung) betroffen könnten schließlich nur „Steuerkriminelle" sein, die die Gemeinschaft und die ehrlichen Steuerzahler schädigen sowie die als Unternehmer ihren steuerehrlichen Konkurrenten Wettbewerbsnachteile zufügen. Dies kann zwar so sein, muß es aber nicht. Denn auch ein nicht selbständig Tätiger, der Einkünfte aus gelegentlicher Nebentätigkeit nicht versteuert, oder ein Steuerpflichtiger, der Zinseinkünfte nicht versteuert oder gar ein Rentner, der seiner Steuerpflicht nicht nachkommt, können Steuersünder sein, ohne zugleich „steuerkriminell" zu sein.
In jedem Fall einer Tatbestandsverwirklichung, sei es einer Steuerordnungswidrigkeit oder gar einer Steuerstraftat und erst recht bei der Ermittlung von Besteuerungsgrundlagen für das Besteuerungsverfahren, muß sich die Steuerfahndung (Zollfahndung) bewußt sein, daß die Steuerrechtsordnung trotz manigfacher Vorbehalte[26], eine **planvolle Gerechtigkeitsordnung** darstellt, die auch für staatliches Handeln gilt. Dazu gehört nicht nur die Beachtung der zur Steuermoral korrespondierenden Staatsmoral[27] durch den Staat bei der Verwendung von Steuergeldern, sondern auch die Beachtung des strengen Gesetzmäßigkeitsprinzips durch die Steuerfahndung (Zollfahndung). Dies bedeutet, daß die Amtsträger auch die Unterschiedlichkeit der Rechtsstellung der Betroffenen im Besteuerungs- und Strafverfahren streng zu beachten und so dem aus dem Rechtsstaatsprinzip unmittelbar ableitbaren Gebot der Zweckrichtigkeit des Verfahrens zu entsprechen haben. Nur so läßt sich dem sprachlichen Verständnis des Begriffs „Steuerfahndung" jene Affinität zur Schwerkriminalität nehmen, die für dieses gar nicht typisch ist, wie sich vor allem im Besteuerungsverfahren zeigt.[28]

II. Anlaß der Steuerfahndung (Zollfahndung)

---

[23] Dazu **Mösbauer,** Die Bedeutung der Definitionsnorm des § 369 AO für die steuerstrafrechtliche Ermittlungszuständigkeit der Finanzbehörden, Wistra 1996, S. 252 ff..

[24] Er stellt wohl primär die Rechtsgrundlage für die Ermittlungen der Steuerfahndung im Besteuerungsverfahren dar. Vgl. in diesem Zusammenhang BFH, Beschluß vom 29.10.1986 – I B 28 / 86 – Wistra 1987, 107 f..

[25] Vgl. dazu nur den untauglichen Versuch von **Klos,** Steuerfahndung im Rechtsstaat – Bemerkungen zu **Mösbauer,** DStZ 1986, 339, DStZ 1986, S. 505 ff.. **Streck,** Die Steuerfahndung, 3. Aufl., 1996, RdNr. 46 bestätigt die hier vertretene Auffassung mit dem ergänzenden Hinweis auf die 4 vorgesetzten anweisungs- und ersetzungsbefugten Dienststellen, die „die Fahndung überlagern" und es gestattet haben, daß „der Diener sich zum Herrn aufgeschwungen" hat.

[26] Vgl. dazu **Mösbauer,** Das Steuerrecht – Auf der Suche nach dem System, DStR 1975, S. 679.

[27] Dazu **Mösbauer,** Steuerstraf- und Steuerordnungswidrigkeitenrecht, 2. Aufl., 2000, S. 12 ff..

[28] Der BFH, Beschluß vom 28.10.1997 – VII B 40 / 97 – DB 1998, 172 f. erhebt keine Bedenken dagegen, wenn im Laufe des Einsatzes, etwa bei der Durchsicht von Geschäftsunterlagen, fortlaufend Aufgabe und Ermittlungsziel gewechselt werden. Eine solche Rechtsprechung muß nicht überzeugen.

Einleitung und Durchführung von Steuerfahndungen (Zollfahndungen) werden häufig durch reaktionelles Verhalten dritter Personen, wie z.B. durch – auch anonyme – **Anzeigen**[29], ausgelöst. Auslösungsfaktoren können aber auch **Presseberichte** über gestohlene Wertsachen[30], sowie **Außenprüfungen,** - vor allem bei Dritten – sein; gelegentlich auch ungeklärte, nicht plausible **Akteninhalte** und nicht glaubhafte **Selbstanzeigen.**[31]
Charakteristisch ist auch für die Maßnahmen der Steuerfahndung (Zollfahndung), daß sie aus gegebenem aktuellem Anlaß initiiert werden. Demnach sind auch sie, wie sämtliche übrige **steueraufsichtliche** Maßnahmen auch, nicht Dauermaßnahmen, sondern Anlaßmaßnahmen. Ihr Hauptanwendungsgebiet haben sie vor allem im Bereich der mittelständischen Betriebe.
Tätig wird die Steuerfahndung (Zollfahndung) auf Ersuchen oder im Auftrag der Staatsanwaltschaft (§ 121 StPO) oder auf Veranlassung der Veranlagungs-, Strafsachen- oder Außenprüfungsstellen der Finanzbehörde. Sie kann aber auch selbst die Erforschung strafbarer Handlungen einleiten. §§ 163 a Abs. 4 Satz 1 StPO, 163 a Abs. 4 Satz 2 i.V.m. 136 Abs. 1 Sätze 2 und 3 StPO, 163 a Abs. 4 Satz 2 i.V.m. 136 Abs. 2 StPO sowie 163 a Abs. 4 Satz 2 i.V.m. 136 Abs. 3 StPO sind dabei zu beachten.

---

[29] ... z.B. von ausgeschiedenen „lästigen" Gesellschaftern, von zerstrittenen Ehepartnern, von enttäuschten verlassenen Freundinnen / Freunden oder von entlassenen Mitarbeitern.

[30] Vgl. in diesem Zusammenhang **Mein,** Frage der Zusammenarbeit zwischen Steuerfahndung und Polizei nach der AO 1977, StBp 1980, S. 132.

[31] Dazu vgl. **Mösbauer,** Straffreiheit trotz Steuerhinterziehung, DStZ 1985, S. 325 ff.; **Mösbauer,** Steuerstraf- und Steuerordnungswidrigkeitenrecht, 2. Aufl., 2000, § 13, S. 184 ff..

§ 21 Organisation der Steuerfahndung (Zollfahndung)[1]

I. Die unterschiedliche Organisation von Steuer- und Zollfahndung

§ 208 Abs. 1 Satz 2 AO und § 208 Abs. 2 AO verweisen darauf, daß mit der Steuerfahndung sowohl Dienststellen der **Landesfinanzbehörden** als auch Zollfahndungsämter des **Bundes** betraut sein können.[2] Gleichwohl stellt § 208 Abs. 1 Satz 2 AO keine unmittelbare Rechtsgrundlage für die Organisation der nach Aufgaben und Befugnissen gleichgestellten Steuerfahndung und Zollfahndung dar. Sie ist vielmehr der gesetzesgebundenen Organisationsgewalt der Länder (Art. 108 Abs. 2 Satz 2 GG) und des Bundes (Art. 108 Abs. 1 Satz 2 GG) vorbehalten. Denn Organisationsregelungen durch Verwaltungsvorschrift oder gar auf „dienstinstruktionellem Wege“ kommen in einem Rechtsstaat nicht in Betracht.
Die Organisationsgewalt der Exekutive ist aber auf Organisationsstrukturen beschränkt, die den Aufgaben, Zuständigkeiten und Befugnissen der Steuerfahndung entsprechen. Diese Beschränkung hat mangels klarer gesetzlicher Regelung dazu geführt, daß sich die Länder aus bisher sachlich nicht einsichtigen Gründen[3] für eine **unterschiedliche Organisation** von Steuer- und Zollfahndung entschieden haben.

II. Organisationsgewalt der Länder

Soweit die Organisation der **Steuerfahndungsstellen** der Organisationsgewalt der Länder unterliegt, lassen sich bisher, wohl bedingt durch die nur unzureichende gesetzliche Regelung[4], und entgegen dem rechtsstaatlichen Gebot der klaren Verwaltungsorganisation, folgende Organisationsformen unterscheiden:

1. Die Steuerfahndungsstelle als unselbständige Dienststelle des Finanzamts

Diese Organisationsform[5] ist die in Baden - Württemberg[6], Bayern[7], Brandenburg, Bremen, Hamburg, Hessen, Mecklenburg – Vorpommern, Rheinland – Pfalz[8], Saarland[9], Sachsen, Sachsen – Anhalt, Schleswig – Holstein[10] und Thüringen bisher praktizierte. Sie weist die

[1] Vgl. auch **Mösbauer,** Steuerstraf- und Steuerordnungswidrigkeitenrecht, 2. Aufl., 2000, § 33, S. 431 ff.; **Mösbauer,** Steuerfahndung – ein besonderer Prüfdienst der Finanzverwaltung zur Bekämpfung der Steuerkriminalität, StB 2003, S. 214 ff.; **Seer,** in: Tipke / Kruse, AO / FGO, § 208 AO, Tzn. 1 – 13.

[2] Vgl. auch **Kühn / Hofmann,** AO / FGO, 17. Aufl., 1995, § 208 AO, Anm. 3 u. 4.

[3] **Maurer,** in: Wannemacher, Steuerstrafrecht, 4. Aufl., 1999, RdNr. 2189, S. 555 f. hält die Organisationsstruktur der Steuerfahndung und damit die Verantwortlichkeit sogar für „recht diffus“, was im Zweifel fast immer zu Lasten des Beschuldigten bzw. des Steuerpflichtigen geht.

[4] So ist z.B. nicht bestimmt, welcher Landesfinanzbehörde die mit der Steuerfahndung betrauten Dienststellen zugeordnet werden sollen. Streit besteht auch darüber, ob die Dienststellen der Landesfinanzbehörden die Kriterien für das Vorliegen einer „Behörde“ erfüllen. Dazu vgl. z.B. **Maurer,** in: Wannemacher, Steuerstrafrecht, 4. Aufl., 1999, RdNr. 2187, S. 554 f..

[5] Sie erinnert an die durch „Dienstinstruction“ determinierte Organisationsform des sog. Steuerfahndungsdienstes der frühen zwanziger Jahre.

[6] Wegen dieser Organisationsform ist es – zumindest in Baden – Württemberg – rechtlich unbedenklich, wenn, bei Verhinderung des Leiters der Straf- und Bußgeldstelle, der Leiter der Steuerfahndungsstelle als dessen geschäftsordnungsmäßiger Vertreter, den Antrag auf Erlaß eines Durchsuchungs- und Beschlagnahmebeschlusses stellt. Dazu LG Stuttgart, Beschluß vom 25.6.1987 – 6 Qs 57 / 87 – Wistra 1988, 328.

[7] Vgl. dazu BayGVBl. 1980, 213.

[8] Vgl. dazu BStBl. 1981 I, 538.

[9] Vgl. AmtsBl. Saarland, 1976, 156.

[10] Vgl. dazu BStBl. 1981 I, 538.

Steuerfahndungsstelle als Sachgebiet aus, das dem Weisungsrecht des Vorstehers desjenigen Finanzamts untersteht, dem sie als unselbständige Dienststelle eingegliedert ist. Die Tatsache, daß sie regelmäßig für die Bezirke mehrerer Finanzämter zuständig ist, läßt m.E. nicht den Schluß zu, daß das Weisungsrecht anteilig den Vorstehern derjenigen Finanzämter zuzuerkennen ist, die in den Fällen des § 208 Abs. 1 Satz 1 Nrn. 2 und 3 AO örtlich (§§ 17 ff. AO) zuständig sind. Wenn Tipke einer solchen Lösung das Wort redet, so ist ihm zu entgegnen, daß nach § 17 Abs. 2 Satz 3 Halbs. 2 FVG nur einem **Finanzamt,** nicht aber lediglich einer unselbständigen Dienststelle, **Zuständigkeiten** für die Bezirke mehrerer Finanzämter übertragen werden können. Dann muß der Vorsteher dieses Finanzamtes auch der „zuständige“ Weisungsberechtigte sein. Dies muß auch dann gelten, wenn gemäß § 17 Abs. 3 FVG auf Grund eines Staatsvertrages zwischen mehreren Ländern Zuständigkeiten auf eine Finanzbehörde außerhalb des Landes übertragen werden.

2. Die Steuerfahndungsstelle als Dienststelle eines selbständigen Finanzamts für Steuerfahndung und Prüfungsdienste

Diese Organisationsform, die der der Zollfahndungsämter sehr nahe kommt, findet sich in Niedersachsen[11], Nordrhein – Westfalen[12] und Berlin.
Hier ist die Steuerfahndung selbständigen Finanzämtern für Fahndung und Strafsachen übertragen. Sie sind jeweils an Stelle der Finanzämter im Regierungsbezirk zuständig. Weisungsberechtigt ist der Vorsteher des selbständigen Spezial-Finanzamtes.
Die §§ 208 Abs. 1 Satz 2 und 404 Satz 1 AO sprechen zwar ausdrücklich von den „mit der Steuerfahndung betrauten Dienststellen der Landesfinanzbehörden“. Aus dieser Formulierung wird man aber nicht ableiten können, daß die Steuerfahndung nicht auch als selbständige Behörde organisiert werden kann, wie dies in concreto auch im Hinblick auf § 17 Abs. 2 Satz 3 FVG, zulässiger Weise auch geschehen ist.

3. Die Steuerfahndungsstelle als Außenstelle der Oberfinanzdirektion

Diese Organisationsform wird heute nicht mehr praktiziert. Ihr Leiter war zugleich Referent der Oberfinanzdirektion. Orientiert am § 17 Abs. 2 Satz 1 FVG hat man erkannt, daß für die Verwaltung der Steuern (nur) die Finanzämter als örtliche Landesbehörden zuständig sind, nicht auch die Oberfinanzdirektionen oder Außenstellen von ihnen. Die Oberfinanzdirektion hat nach § 8 Abs. 1 FVG die Finanzverwaltung zu leiten. Die Tätigkeit der Steuerfahndung entbehrt aber gerade einer solchen Leitungsfunktion. Außerdem hat bei Verdacht einer Steuerstraftat die Finanzbehörde den Sachverhalt zu ermitteln, und nicht die Oberfinanzdirektion.

4. Die Steuerfahndungsstellen – unselbständige Dienststellen der Landesfinanzbehörden

Ungeachtet ihrer unterschiedlichen Organisationsformen kommt den Steuerfahndungsstellen, anders als den Zollfahndungsämtern, trotz gewisser organisatorischer und funktioneller Selbständigkeiten **nicht** die Eigenschaft **selbständiger**[13] Behörden zu. Dies beweisen § 208

---

[11] Vgl. dazu Nds. GVBl. 1981, 395; BStBl. 1982 I, 225; ferner Nds. VO über zentrale Zuständigkeiten der Finanzbehörden vom 10.1.1991 (§§ 3 u. 4), BStBl. 1991 I, 216.

[12] Vgl. hierzu die „Finanzämter für Steuerstrafsachen und Steuerfahndung“. Dazu Verordnung über die Zuständigkeiten der Finanzämter vom 16.12.1987 des Finanzministers des Landes Nordrhein – Westfalen, GV.NW. Nr. 52 S. 450 / BStBl. 1988 I, S. 47 ff., bes. S. 81 u. 82.

[13] Bestätigend z.B. auch Regierungsbegründung zum Entwurf des AO StrafÄndG – BT-Drucks. V / 1812, S. 36: Die Steuerfahndungsstellen der Länder sind dagegen keine selbständigen Behörden. Vgl. dazu auch **Rüsken,** in: Klein, AO, 8. Aufl., 2003, § 208 AO, Anm. 2.

Abs. 1 Satz 2 AO und § 404 Satz 1 bzw. Satz 2 AO, soweit sie mit Rücksicht auf die länderunterschiedliche Organisation, von den mit der Steuerfahndung betrauten „Dienststellen“ bzw. „Stellen“ der Landesfinanzbehörden sprechen. Dies beweist aber auch die Tatsache, daß die Steuerfahndungs-Stellen, anders als die Zollfahndungsämter, in den Bestimmungen über die Finanz-„Behörden“ (§ 2 Abs. 1 Nr. 3 FVG; § 7 FVG; § 8 FVG; § 17 FVG; § 6 AO; § 386 Abs. 1 Satz 2 AO) nicht erwähnt werden. Ganz abgesehen davon weist auch BT-Drucks. V / 1812, S. 36 darauf hin, daß die „Steuerfahndungsstellen ... keine selbständigen Behörden“ sind, sondern lediglich unselbständige Dienststellen der Landesfinanzbehörden.
Es macht in diesem Zusammenhang für das Ergebnis auch keinen Unterschied, ob sie in **steuerermittelnder** oder **strafverfolgender** Funktion tätig werden. Die Unselbständigkeit der mit der Steuerfahndung betrauten Dienststellen der Landesfinanzbehörden bleibt auch dadurch unangetastet, daß sie nach § 208 Abs. 1 Satz 2 AO im Rahmen ihrer Aufgabenerfüllung auch die Ermittlungsbefugnisse haben, die den Finanzämtern zustehen.
Eine Erweiterung ergibt sich dahingehend, daß die Steuerfahndungsstellen, soweit sie im Rahmen des § 208 Abs. 1 Satz 1 Nr. 1 AO Steuerstraftaten und Steuerordnungswidrigkeiten erforschen, auch als sog. Strafverfolgungsstellen tätig werden. In dieser Eigenschaft können sie gegenüber der Staatsanwaltschaft weisungsgebunden sein; aber auch gegenüber den Bußgeld- und Strafsachenstellen der Finanzämter, die die Funktion der Staatsanwaltschaft ausüben.

5. Informationszentrale für den Steuerfahndungsdienst

In den Jahren 1976 und 1977 ist eine **Informationszentrale für den Steuerfahndungsdienst** beim Finanzamt Wiesbaden II konstituiert worden. Sie beruht auf einer Vereinbarung zwischen den Bundesländern.[14]
Sie dient der Verbesserung des Informationsaustausches zwischen den einzelnen Steuerfahndungsstellen und den Bußgeld- und Strafsachenstellen. Damit dient sie zugleich der Effizienz der Ermittlungstätigkeit.[15]
Eigene Ermittlungsbefugnisse besitzt die Informationszentrale nicht. Ebenso besitzt sie gegenüber den einzelnen Steuerfahndungsstellen keine Weisungsbefugnisse. Wohl aber koordiniert sie die Zusammenarbeit zwischen den Steuerfahndungsstellen der Länder.
Da durch die Konstituierung der Informationszentrale von Bundesland zu Bundesland keine Zuständigkeiten übertragen wurden, bedurfte es auch keines Staatsvertrages nach § 17 Abs. 4 FVG.

6. Informationszentrale Ausland

Eine weitere Hilfsinstitution der Steuerfahndung ist die „Informationszentrale Ausland“ beim Bundesamt für Finanzen.[16] Ihre Haupttätigkeit besteht in der Beschaffung, Archivierung und Analysierung von Informationen[17], wie z.B.:
- natürliche und juristische Personen im Ausland, sowie Domizil-, Sitz- und Offshore-Gesellschaften,
- Rechtsprechung und Kommentierung zur steuerlichen Beurteilung der Beziehungen von Steuerinländern zu ausländischen Basis- oder Briefkastengesellschaften,
- Steueroasen- und Niedrigsteuerländer,
- Vergleichswerte für Lizenzgebühren,

[14] Vgl. dazu BMF-Finanznachrichten 3 / 78 vom 12.1.1978, in: DB 1978, 615.
[15] Vgl. dazu auch **Seipl,** in: Wannemacher, Steuerstrafrecht, 4. Aufl., 1999, RdNrn. 2241 ff., S. 576.
[16] Vgl. dazu auch **Klos,** in: Wannemacher, Steuerstrafrecht, 4. Aufl., 1999, RdNrn. 2265 ff., S. 581 ff..
[17] Vgl. dazu BMF-Schreiben vom 29.4.1997 – BStBl. 1997 I, 541.

- Zinsdaten und Devisenkurse im Ausland.

Das Bundesamt für Finanzen ist – vorbehaltlich der Zuständigkeit des Bundesministeriums für Einzelfälle – zuständig für zwischenstaatliche Steueramtshilfe nach den Doppelbesteuerungsabkommen und dem EG-Amtshilfegesetz.[18]

III. Organisationsgewalt des Bundes

Soweit die Organisation der Zollfahndung der Organisationsgewalt des Bundes obliegt, ist die Fahndung regelmäßig den **Zollfahndungsämtern** als örtlichen Bundesfinanzbehörden anvertraut. Sie sind, wie z.B. § 6 Abs. 2 Nr. 5 AO[19], aber auch § 1 Nr. 4 FVG[20] und § 12 Abs. 1 FVG[21] zeigen, anders als die mit der Steuerfahndung betrauten Dienststellen der Landesfinanzbehörden, **selbständige** Bundes-Behörden.[22] Sie stehen als selbständige Behörden **neben den Hauptzollämtern.**

Ihren **Sitz** haben die Zollfahndungsämter jeweils am Sitz der Oberfinanzdirektionen der Bundesrepublik Deutschland. Ihnen sind sie auch unmittelbar nachgeordnet. Ihr **Bezirk** stimmt regelmäßig mit dem Bezirk der jeweiligen Oberfinanzdirektion überein. Die Zuweisung eines Bezirks an die Zollfahndungsämter beschränkt ihre Beamten hinsichtlich der Durchführung ihrer Aufgaben jedoch nicht auf diesen Bezirk. Amtshandlungen sind auch **außerhalb** des Bezirks zulässig.[23]

Die Zollfahndungsämter sind nach § 386 Abs. 1 Satz 2 AO keine Finanzbehörden i.S. der strafverfahrensrechtlichen Vorschriften der AO. Sie sind daher nach § 386 Abs. 1 Satz 1 AO nicht dazu berufen, bei dem Verdacht einer Steuerstraftat den Sachverhalt zu ermitteln. Ebenso verwalten sie keine Steuern oder Zölle. Ihre Aufgaben bestehen vielmehr überwiegend in der Erforschung von Straftaten und Ordnungswidrigkeiten, die tatbestandsmäßig in den Zoll- und Verbrauchsteuergesetzen, in den Bestimmungen des Außenwirtschaftsrechts, des EG-Marktordnungsrechts und des Rechts des Washingtoner Artenschutzübereinkommens begründet sind.[24]

Die – derzeit 21 – Zollfahndungsämter werden nach § 1 Nr. 2 Alt. 4 FVG i.V.m. § 5 a Abs. 1 Satz 1 FVG bei der Erledigung ihrer Aufgaben auf Grund der Abgabenordnung und anderer Gesetze vom **Zollkriminalamt** als Bundesbehörde unterstützt.[25]

---

[18] Dazu BMF-Schreiben vom 3.2.1999 – BStBl. 1999 I, 228.

[19] § 6 Abs. 2 Nr. 5 AO nennt die Zollfahndungsämter **neben** den Hauptzollämtern als örtliche Behörden.

[20] Auch in § 1 Nr. 4 FVG sind die Zollfahndungsämter **neben** den Hauptzollämtern als örtliche Behörden genannt.

[21] Nach § 12 Abs. 1 FVG bestimmt der Bundesminister der Finanzen den Bezirk und den Sitz der Hauptzollämter **und** der Zollfahndungsämter. Vgl. dazu BdF, Erlaß vom 3.5.1976 – BStBl. 1976 I, 127, 145.

[22] Zum Behörden-Begriff vgl. BVerfG, Urteil vom 14.7.1959 – 2 BvF 1 / 58 – BVerfGE 10, 48.

[23] Zur örtlichen Zuständigkeit der Zollfahndung vgl. **Maurer,** in: Wannemacher, Steuerstrafrecht, 4. Aufl., 1999, RdNr. 2191, S. 556.

[24] Vgl. dazu **Besendorfer,** Die Zuständigkeit der Finanzverwaltung unter besonderer Berücksichtigung der Zuständigkeitsänderung, 1975, S. 121.

[25] Vgl. in diesem Zusammenhang **Maurer,** in: Wannemacher, Steuerstrafrecht, 4. Aufl., 1999, RdNrn. 2185 f., S. 554.

§ 22 Aufgaben der Steuerfahndung (Zollfahndung)[1]

I. Aufgaben der Steuerfahndung (Zollfahndung) allgemein

1. Gegenständlicher Aufgabenbereich

a) Originäre Aufgaben

Originäre (typische) Aufgabe der auch gefahrenabwehrenden Steuerfahndung (Zollfahndung) ist es, bei Verdacht Steuerstraftaten[2] und Steuerordnungswidrigkeiten[3] zu erforschen (§ 208 Abs. 1 Satz 1 Nr. 1 AO), in diesen Fällen auch die Besteuerungsgrundlagen zu ermitteln (§ 208 Abs. 1 Satz 1 Nr. 2 AO), sowie vermutete unbekannte Steuerfälle aufzudecken und zu ermitteln (§ 208 Abs. 1 Satz 1 Nr. 3 AO).[4]
Anders als die derivativen Aufgaben des § 208 Abs. 2 AO sind die originären Aufgaben des § 208 Abs. 1 AO nicht von einem entsprechenden Ersuchen oder einer einschlägigen Delegation abhängig.[5]

b) Derivative Aufgaben

aa) Aufgabenwahrnehmung auf Ersuchen

Die originäre Aufgabe wird durch die **derivative** Aufgabe ergänzt, auf **Ersuchen** der zuständigen Finanzbehörde steuerliche Ermittlungen, einschließlich der Außenprüfung, durchzuführen (§ 208 Abs. 2 Nr. 1 AO).
Ist die Steuerfahndung auf **Ersuchen** der zuständigen Finanzbehörde tätig geworden, so ist sie vom Zeitpunkt des Beginns dieser Tätigkeit in vollem Umfang Herr des Verfahrens. Dies gilt auch für den Fall, daß sie Ermittlungen der Außenprüfung übernimmt. Aus diesem Grunde ist auch dem Hess. FG zuzustimmen, wenn es feststellt: „Es ginge zu weit, wenn das Verwertungsverbot dahin ausgedehnt würde, daß Steufa-Feststellungen dann nicht verwertet werden dürfen, wenn eine Ap. die Steufa einschaltet, die selbst aufgrund einer Prüfungsanordnung tätig wurde, die möglicherweise nichtig bzw. rechtswidrig war.“[6]

bb) Aufgabenwahrnehmung kraft Delegation

Die originäre Aufgabe wird ferner durch die **derivative** Aufgabe ergänzt, kraft **Delegation** sonstige ihr im Rahmen der Zuständigkeit der Finanzbehörden übertragene Aufgaben wahrzunehmen (§ 208 Abs. 2 Nr. 2 AO).

c) Allgemeine Aufgaben – Sonderaufgaben

---

[1] Vgl. auch **Mösbauer,** Steuerstraf- und Steuerordnungswidrigkeitenrecht, 2. Aufl., 2000, § 34, S. 436 ff.; **Mösbauer,** Steuerfahndung – ein besonderer Prüfdienst der Finanzverwaltung zur Bekämpfung der Steuerkriminalität, StB 2003, S. 214 ff.; **Seer,** in: Tipke / Kruse, AO / FGO, § 208 AO, Tzn. 14 – 41.

[2] Zur Definition von Steuerstraftaten vgl. **Mösbauer,** Die Bedeutung der Definitionsnorm des § 369 AO für die steuerstrafrechtliche Ermittlungszuständigkeit der Finanzbehörden, Wistra 1996, S. 252 ff.; **Mösbauer,** Steuerstraf- und Steuerordnungswidrigkeitenrecht, 2. Aufl., 2000, §§ 11 ff., S. 85 ff.; **Mösbauer,** Finanzbehördliche Sachverhaltsermittlung bei Verdacht einer Steuerstraftat, DStZ 2000, S. 512 ff..

[3] Dazu **Mösbauer,** Steuerstraf- und Steuerordnungswidrigkeitenrecht, 2. Aufl., 2000, §§ 23 ff., S. 363 ff..

[4] **Pump,** Observation durch die Steuerfahndung?, Wistra 1987, S. 54 ff..

[5] So auch **Kühn / Hofmann,** AO / FGO, 17. Aufl., 1995, § 208 AO, Anm. 1.

[6] Hess. FG, Urteil vom 8.12.1989 – I K 56, 158 / 87 – EFG 1990, 369.

Sowohl die originären (§ 208 Abs. 1 Satz 1 Nrn. 1 – 3 AO)[7] als auch die derivativen Aufgaben (§ 208 Abs. 2 Nrn. 1 und 2 AO) sind **Sonderaufgaben,** die die Steuerfahndung (Zollfahndung) im Rahmen der nach § 85 AO den Finanzbehörden obliegenden **allgemeinen Aufgaben** zu erfüllen hat.
Um Aufgabenerfüllung bemüht sind regelmäßig mehrere Amtsträger, insbesondere dann, wenn im Interesse der Effizienz Durchsuchungen gleichzeitig im **betrieblichen** und im **privaten** Bereich erfolgen. Diese Steuerfahnder sind funktionell „Steuerpolizisten". Sie haben die Rechtsstellung von Hilfsbeamten der Staatsanwaltschaft i.S. von § 152 GVG i.V.m. § 404 AO und zeichnen sich dadurch aus, daß ihnen als Steuerbeamten des gehobenen Dienstes die für ihre Aufgabenerfüllung unabdingbare spezifische Qualifikation[8] im materiellen Steuerstrafrecht und im Strafverfahrensrecht regelmäßig fehlt.[9] Daran vermögen auch bundesweit erarbeitete, verwaltungs**interne** „Anweisungen für das Straf- und Bußgeldverfahren (Steuer)" nichts zu ändern.
Sobald ein solcher Fahnder erschienen ist, ist gemäß § 371 Abs. 2 Nr. 1 Buchst. a AO die strafbefreiende Selbstanzeige ausgeschlossen.[10] Daneben wird durch das Erscheinen eines Fahnders der Ablauf der Verjährung von Steueransprüchen, die Gegenstand der Fahndung sind, gemäß § 171 Abs. 5 AO gehemmt[11] sowie die Verjährung des Strafanspruchs gemäß § 78 c StGB unterbrochen.
Die (Sonder-)Aufgabenstellung macht es erforderlich, daß die Fahnder im Steuerstrafverfahren auch die **Banken**[12] in ihre steuerstraf- und steuerordnungswidrigkeitenrechtlichen Ermittlungen einbeziehen. § 30 a AO steht dem nicht entgegen.[13] So kann die Steuerfahndung (Zollfahndung) aufgrund des **Gerichtsbeschlusses**

---

[7] Vgl. dazu BFH, Beschluß vom 25.7.2000 – VII B 28 / 99 – StBp 2000, 310 ff. (zum Verwertungsverbot von Steufa-Maßnahmen bei Kreditinstituten).

[8] Zu dieser „entsprechenden Qualifikation des Personals" vgl. auch **Benda,** Der soziale Rechtsstaat, in: Benda / Maihofer / Vogel (Hrsg.), Handbuch des Verfassungsrechts, 2. Aufl., 1994, S. 734 f., RdNrn. 32 f..

[9] Bestätigend auch **Klos,** a.a.O., S. 506, 507.

[10] Dazu im einzelnen **Mösbauer,** Sperre für die strafbefreiende Selbstanzeige bei Steuerhinterziehung (wegen Erscheinens eines Amtsträgers der Finanzbehörde zur steuerlichen Prüfung – §§ 371 Abs. 1, 2 Nr. 1 Buchst. a Alt. 1, 193 ff. AO), NStZ 1989, S. 11 ff.; **Mösbauer,** Erscheinen in Prüfungsabsicht und Beginn der Außenprüfung, StBp 1997, S. 57 ff.; **Mösbauer,** Materiell-rechtliche Folgerungen der Anordnung einer steuerrechtlichen Außenprüfung, StBp 1998, S. 127 ff., bes. S. 129 f.; **Mösbauer,** Das Erscheinen eines Amtsträgers der Finanzbehörde zur steuerlichen (Außen-)Prüfung als Sperre für die Straffreiheit nach § 371 AO, StBp 1999, S. 225 ff.; **Mösbauer,** Steuerstraf- und Steuerordnungswidrigkeitenrecht, 2. Aufl, 2000, § 13, S. 184 ff..

[11] Vgl. dazu **Söffing,** Analoge Anwendung des § 171 Abs. 4 Satz 1 letzter Satzteil und Satz 3 AO bei Verjährungsunterbrechung durch Beginn von Steuerfahndungsermittlungen, DStZ 1996, S. 713 ff..

[12] Vgl. in diesem Zusammenhang auch die Probleme bei der Ermittlung der Steuerfahndungsbehörde durch Sammelersuchen an Kreditinstitute; dazu BFH, Urteil vom 24.3.1987 – VII R 30 / 86 – NJW 1988, 2502. Danach ist es der Steuerfahndungsbehörde grundsätzlich nicht verwehrt, an ein Kreditinstitut ein Sammelersuchen um Auskunft über seine Provisionszahlungen an alle in einer bestimmten Zeit für das Kreditinstitut tätig gewordenen Kreditvermittler zu richten. Im gleichen Sinne auch FG Bremen, Urteil vom 17.10.1989 – II 119 / 87 K – EFG 1990, 151. Vgl. in diesem Zusammenhang auch **Rolletschke,** Kontrollmitteilungen der Steuerfahndung in Bankverfahren: Ein Auslegungsdissens zwischen dem VIII. und VII. Senat des BFH, DStZ 1999, S. 887 ff..

[13] Zum Meinungspluralismus hierzu in Rechtsprechung und Literatur vgl. z.B. FG Baden – Württ., Beschluß vom 25.11.1996 – 3 V 37 / 96 – Wistra 1997, 158 (der Schutz des § 30 a AO komme nur im Rahmen von Außenprüfungen zur Anwendung); BFH, Urteil vom 18.2.1997 – VIII R 33 / 95 – BStBl. 1997 II, 499 nimmt auf die Vorgaben des sog. „Zinsurteils" des BVerfG, Urteil vom 27.6.1991 – 2 BvR 1493 / 89 – BVerfGE 84, 239 Bezug. Der BFH kommt zu dem Ergebnis, der § 30 a AO sei im Interesse des Gebots der Belastungsgleichheit verfassungskonform auszulegen. Danach haben § 30 a Absätze 1, 2, 4 und 5 AO lediglich deklaratorische Bedeutung. Zum „hinreichenden Anlaß" für Kontrollmitteilungen im Rahmen des § 30 a Abs. 3 AO vgl. **Rolletschke,** Kontrollmitteilungen der Steuerfahndung in Bankverfahren: Ein Auslegungsdissens zwischen dem VIII. und VII. Senat des BFH, DStZ 1999, S. 887, bes. S. 888, linke Spalte. Zur Literaturmeinung (Streck / Peschges; Eckhoff; Weyand; Bilsdorfer; Weber – Blank; Hamacher; Geurts; Pütz; Tipke; Klos; Harenberg; Wengert / Widmann; Joecks; Dötsch; Vogt / Kramer; Dörn u.a.) im Einzelnen vgl. **Rolletschke,**

(§§ 103, 94, 95 StPO) z.B. eine Bank um Auskunft über Konten eines Steuerpflichtigen ersuchen. Ein solches Ersuchen liegt im Rahmen der Aufgabenstellung des § 208 Abs. 1 Satz 1 Nr. 1 AO; mit der Folge, daß der Finanzrechtsweg **nicht** gegeben ist.[14] Der Finanzrechtsweg wird auch nicht dadurch begehbar, daß die Steuerfahndung (Zollfahndung) ihr Auskunftsbegehren auf § 93 AO stützt.[15] Der Finanzrechtsweg ist auch dann nicht gegeben, wenn die Steuerfahndung (Zollfahndung) auf Grund eines Gerichtsbeschlusses Akten beschlagnahmt.[16] Dies ist eine **rechtliche** Realität für die Steuerfahndung und entspricht nicht, wie in kaum zu übertreffender Hybris von Seiten der Finanzverwaltung immer wieder behauptet wird, lediglich „einigen örtlichen Fahndungsgepflogenheiten".[17] Eine solche Argumentation ist nicht nur absurd, sondern auch gefährlich, denn sie enthält einen doppelten Vorwurf an die eigene Adresse; sie erklärt mittelbar das administrative procedere für amtspflichtverletzend i.S. des § 839 Abs. 1 BGB, und was noch schwerer wiegt, die aufsichtliche cura posterior des jeweiligen Finanzministeriums als ignorant oder gar dolos, weil sie solche „-gepflogenheiten" zuläßt.

Die Ursache dafür, daß sich die Steuerfahndung an Gesetz und Recht halten muß[18], versuchen diejenigen, die eine verabsolutierte Steuerfahndung als das Maß aller Dinge sehen[19], dem Verhalten der Banken selbst anzulasten. Die Begründung, die Wahrung der Mittel-Zweck-Relation sei schließlich eine „allseitige Forderung" kann als lediglich floskelhafte Leerformel nicht überzeugen.

Ebensowenig vermögen Ausführungen zu überzeugen, die ein Verhalten abwertend als „Banktaktik" bezeichnen, die ohne Rechtsgrundlage[20] nicht bereit ist, einer verabsolutierten Steuerfahndung und deren Finanzbefehlen „zu weichen". Eine solche Argumentation, nicht das Bankenverhalten selbst, ist „rechtsstaatlich zwiespältig".[21]

Kontrollmitteilungen der Steuerfahndung in Bankverfahren: Ein Aulegungsdissens zwischen dem VIII. und VII. Senat des BFH, DStZ 1999, S. 887 ff., bes. S. 889 ff..

[14] Vgl. dazu BFH, Urteil vom 23.12.1980 – VII R 92 / 79 – BStBl. 1981 II, 349.

[15] Vgl. dazu FG Schleswig – Holstein, Urteil vom 3.11.1981 – III 247 / 79 (V) – EFG 1982, 284; BFH, Urteil vom 20.4.1983 – VII R 2 / 82 – BStBl. 1983 II, 482 f.. Vgl. auch BFH, Urteil vom 22.2.2000 – VII R 73 / 98 – BStBl. 2000 II, 366.

[16] Vgl. FG Rheinland – Pfalz, Beschluß vom 22.1.1979 – VI a / 79 – EFG 1979, 377; BFH, Beschluß vom 25.7.2000 – VII B 28 / 99 – StBp 2000, 310 ff..

[17] So z.B. **Klos,** Steuerfahndung im Rechtsstaat – Bemerkungen zu **Mösbauer,** DStZ 1986, 339, DStZ 1986, S. 507. So wurden z.B. im Rahmen der zahlreichen Bankdurchsuchungen in den Jahren nach Inkrafttreten des Zinsabschlaggesetzes zum 1.1.1993 – BStBl. 1992 I, 682 nicht nur strafrechtlich erhebliche Beweismittel in bis dahin nicht gekanntem Ausmaße beschlagnahmt – im Ausgangsverfahren „Dresdner Bank" allein 40 000 Belege – . Die Fahndungsprüfer fertigten teilweise auch für noch nicht tatverdächtige Bankkunden Aufzeichnungen aus unterschiedlichen Konten sowie aus alphabetisch abgelegtem Schriftverkehr und gaben diese an die jeweils zuständigen Festsetzungsfinanzämter als Kontrollmaterial weiter. Zu diesen „Fahndungsgepflogenheiten" vgl. **Rolletschke,** Kontrollmitteilungen der Steuerfahndung in Bankverfahren: Ein Auslegungsdissens zwischen dem VIII. und VII. Senat des BFH, DStZ 1999, S. 887 ff.; ergänzend BVerfG, Beschluß vom 13.12.1994 – 2 BvR 894 / 94 – Wistra 1995, 139. Ergänzend noch BFH, Urteil vom 15.12.1998 – VIII 6 / 98 – DStZ 1999, 220.

[18] ... „diese harte Ermittlungspraxis anstellen muß"; so **Klos,** a.a.O..

[19] Vgl. auch BFH, Urteil vom 26.7.1988 – VII R 194 / 85 – StRK AO 1977, § 208 R. 10. Er macht der Zollfahndung – wie leider allzu oft – wieder einmal klar, daß Zollfahndungsämter für Beschlagnahmen zur Sicherstellung der Sachhaftung nach § 76 Abs. 3 AO sachlich **nicht zuständig** sind.

[20] Vgl. nunmehr § 30 a AO, eingefügt durch Gesetz vom 25.7.1988 – BGBl. I S. 1093; anzuwenden ab 3.8.1988 (Art. 97 § 1 Abs. 3 EGAO).

[21] Vgl. in diesem Zusammenhang BFH, Urteil vom 20.4.1983 – VII R 2 / 82 – BStBl. 1983 II, 482; FG Schleswig – Holstein, Urteil vom 3.11.1981 – III 247 / 79 (V) – EFG 1982, 284; **Hamacher,** Aufgaben und Befugnisse der Steuerfahndung bei Ermittlungen nach § 208 Abs. 1 Satz 1 Nr. 1 und Nr. 2 AO – Zulässigkeit einer zwangsweisen Inpflichtnahme Dritter, DStZ 1983, S. 496; **Bilsdorfer,** Steuerfahndungsermittlung bei Banken, DStZ 1984, S. 418; **Laule,** Steuerfahndung bei Dritten, DStZ 1984, S. 605; **Wisser,** in: Klein, AO, 6. Aufl., 1998, § 393 AO, Anm. 4.

Das Steuerfahndungsverfahren mündet in der Praxis in aller Regel in einen **Fahndungsbericht** ein.[22] In ihm werden die steuerrechtlichen Ergebnisse festgestellt, ausgewertet und den Ergebnissen der **Schlußbesprechung** gegenübergestellt.
Diese Feststellung darf – auch nicht unbeabsichtigt – nicht zu einem einseitigen Formulierungs-Diktat der Steuerfahndung (Zollfahndung) werden, das den in Frage stehenden Lebenssachverhalt ungenau oder unkorrekt wiedergibt. Dies ist für den Steuerpflichtigen insofern problematisch, als er **keinen Rechtsanspruch** auf die **Anwesenheit seines Verteidigers** bei der Vernehmung durch die Fahndungsbeamten hat.
Während „der" gesetzlich nicht geregelte Fahndungsbericht dem Zwecke des Nachweises dient, ist die ebenfalls gesetzlich nicht geregelte Schlußbesprechung Ausfluß des rechtlichen Gehörs des Beschuldigten, verbunden mit dem Zweck, eine Einigung über noch strittige Fragen zu erreichen. Soweit das Strafverfahren durch die Steuerfahndung (Zollfahndung) betrieben wird, sind sowohl im Rahmen des Fahndungsberichts als auch der Schlußbesprechung der Grundsatz „in dubio pro reo" sowie das **Beweismethodenverbot** des § 136 a StPO zu beachten.

2. Räumlicher Aufgabenbereich

a) Inländisches Staatsgebiet

Wenngleich den Steuerfahndungsstellen der Länder und den Zollfahndungsämtern des Bundes auch unterschiedliche Bezirke zugewiesen sind, besteht in der Praxis – wohl zu Recht – Übereinstimmung dahingehend, daß diese Bezirke die Beamten der Steuerfahndung (Zollfahndung) hinsichtlich der Vornahme von erforderlichen Ermittlungshandlungen auf **inländischem** Staatsgebiet[23] **räumlich nicht binden.** Die „Bestimmung von Bezirk und Sitz der Hauptzollämter und Zollfahndungsämter – VSF O 310 Nr. 5 Abs. 4" bestätigte diese Praxis ausdrücklich durch die Feststellung, die Zuweisung eines Bezirks an die Zollfahndungsämter sei ohne Einfluß darauf, daß ihre Beamten auch außerhalb des Bezirks Amtshandlungen vornehmen können, soweit es die Durchführung ihrer Aufgabe erfordere. Die Praxis wird aber auch durch folgende Überlegung als rechtmäßig bestätigt: Würde man den Tätigkeitsbereich der landesintern nicht auf einen bestimmten Bezirk beschränkten Steuerfahndungsstellen als Dienststellen der Landesfinanzbehörden landesextern räumlich dort enden lassen, wo auch die Kompetenz der Bundesländer endet, nämlich an den Ländergrenzen[24], eine grenzüberschreitende Tätigkeit von örtlich zuständigen Steuerfahndungsbeamten also nicht für zulässig erachten[25], würde man das Rad der

---

[22] Vgl. dazu **Streck,** Die Steuerfahndung, 3. Aufl., 1996, Tz. 787 f..

[23] Vgl. dazu **Bühler,** Völkerrecht und Landesrecht im internationalen Steuerrecht, Zeitschrift für ausländisches öffentliches Recht und Völkerrecht, 1958, S. 683; **Dahm,** Völkerrecht, Band I, 1958, S. 251; **Grossfeld,** Basisgesellschaften im internationalen Steuerrecht, 1974, S. 171, bes. S. 198 ff.; **Herzfeld,** Probleme des internationalen Steuerrechts unter besonderer Berücksichtigung des Territorialitätsproblems und des Qualifikationsproblems, VJSchrStuFR 1932, S. 437 f.; **Papier / Olschewski,** Vollziehung ausländischer Verwaltungsakte, DVBl. 1976, S. 477; **Seidl / Hohenveldern,** Völkerrecht, 3. Aufl., 1974, Tz. 1133 ff.; **Spitaler,** Das Doppelbesteuerungsproblem, Nachdruck, 1967, S. 424 f.; **Verdross,** Völkerrecht, 5. Aufl., 1964, S. 238; **K. Vogel,** Der räumliche Anwendungsbereich der Verwaltungsrechtsnorm, 1965, S. 101 ff.; **Wengler,** Völkerrecht, Band II, 1964, S. 962 ff.; **K. Vogel,** Doppelbesteuerungsabkommen, 1983, Einl., Tz. 8; RFH, Urteil vom 27.9.1933 – IV A 165 / 33 – RFHE 34, 210 ff..

[24] Vgl. dazu **Bopp,** Die Gebietshoheit der Länder bei der Steuerverwaltung, DStR 1975, S. 488 ff., 493f.; ferner BFH, Urteil vom 2.8.1962 – IV 346 / 60 U – BStBl. 1963 III, 51; BVerfG, Beschluß vom 15.3.1960 – 2 BvG 1 / 57 – BVerfGE 11, 6.

[25] Dazu vgl. **Jakob,** Zuständigkeitsprobleme im Steuerfahndungsrecht, StuW 1972, S. 115 ff., bes. S. 121 und 126; **Bopp,** Die Gebietshoheit der Länder bei der Steuerverwaltung, DStR 1975, S. 488 ff., bes. S. 494. **Maurer,** in: Wannemacher, Steuerstrafrecht, 4. Aufl., 1999, RdNr. 2192, S. 557 lehnt – wohl unzutreffend – „zumindest für Ermittlungen im Strafverfahren ... eine länderübergreifende Ermittlungsbefugnis ab, da für die

Steuergeschichte zurückdrehen bis in das Jahr 1950. In diesem Jahr hatte nämlich der Gesetzgeber den Steuerfahndungsdienst gerade aus dem sachlichen Aufgabenbereich der Finanzämter herausgelöst, um ihn im Interesse größerer Effizienz „örtlich ungebundener“[26] zu machen.

b) Ausländisches Staatsgebiet

Diese relative örtliche Ungebundenheit endet allerdings an den Grenzen **ausländischer** Staatsgebiete. Die Steuerfahndung (Zollfahndung) ist ex ante nicht berechtigt, auf ausländischem Staatsgebiet Handlungen vorzunehmen. Gleichwohl fühlt sie sich in der Praxis auf Grund sog. konkludenter bilateraler Stillhaltevereinbarungen zu solchen Handlungen häufig geradezu noch ermuntert. Ein solches procedere verletzt eindeutig Völkerrecht.[27]

Diese Rechtsverletzung ist auch nicht durch die Behauptung zu rechtfertigen, Steuerhinterziehung würde eben, wie die übrige Wirtschaftskriminalität auch, nicht an den nationalen Grenzen halt machen, deshalb seien Auslandsermittlungen notwendig, und deshalb ende die Ermittlungspflicht nicht an der nationalen Grenze. Der Gesetzgeber hat in § 117 Abs. 1 AO klar bestimmt, daß die Finanzbehörden bei Ermittlungsbedarf im Ausland die zwischenstaatliche **Rechts-** und **Amtshilfe** nach Maßgabe des deutschen Rechts in Anspruch nehmen können.[28] Das gilt für den strafrechtlichen Bereich wie für den fiskalischen Bereich. In keinem Falle aber gestattet das Recht Ermittlungen der Fahndung auf fremdem Hoheitsgebiet. Und obgleich Klos die vom Verfasser an anderer Stelle[29] aufgestellte Behauptung, die Steuerfahndung sehe sich auf Grund von sog. konkludenten bilateralen Stillhaltevereinbarungen zu Ermittlungshandlungen auf ausländischem Staatsgebiet häufig geradezu noch ermuntert, bestreitet, räumt er dennoch ein, „daß – mit Duldung der jeweiligen nationalen Finanzministerien – im Grenzgebiet im Rahmen des sog. „kleinen Grenzverkehrs“, d.h. ohne Einhaltung des umständlichen und zeitraubenden Dienstweges, die Zusammenarbeit zwischen den verschiedenen nationalen Steuerfahndungsstellen in eng gesteckten Grenzen ordentlich funktioniert“.[30] Welch janusköpfige Argumentation! Es gibt also kein Stillhalten, sondern nur ein Dulden.

Da wird der Dienstweg, weil angeblich umständlich und zeitraubend, von Angehörigen des gehobenen Dienstes der Steuerfahndung mit Billigung von Angehörigen des höheren Dienstes umgangen und dieses rechtswidrige procedere auch noch mit „praktischer Notwendigkeit“, „Gebot der Ermittlungseffizienz“ und „Vermeidung von Informationsverlusten“ zu rechtfertigen versucht. Recht ist, was der Fahndung nützt.[31]

Ermittlungsbefugnis der Polizei über Landesgrenzen hinweg zwischen den Bundesländern entsprechende Abkommen getroffen wurden, vergleichbare Regelungen für die Steuerfahndung aber nicht bestehen“.

[26] **Paulick,** Lehrbuch des allgemeinen Steuerrechts, 3. Aufl., 1977, Rz. 1091. Bestätigend auch **Maurer,** in: Wannemacher, Steuerstrafrecht, 4. Aufl., 1999, RdNr. 2191 (für die Zollfahndung) und RdNr. 2192 (für die Steuerfahndung), S. 556 f..

[27] Bestätigend auch BVerfG, Urteil vom 22.3.1983 – 2 BvR 475 / 78 – RIW / AWD 1983, 703; **Tipke / Kruse,** AO / FGO, § 117 AO, Anm. 1; **Klos,** Steuerfahndung im Rechtsstaat – Bemerkungen zu **Mösbauer,** DStZ 1986, 339, DStZ 1986, S. 507 (Abschn. 4).

[28] Vgl. dazu **Maurer,** in Wannemacher, Steuerstrafrecht, 4. Aufl., 1999, RdNr. 2193, S. 557: Nur „mit **Zustimmung** des betroffenen Staates dürfen Fahndungsbeamte auch im Ausland tätig werden. Von dieser Möglichkeit wird zunehmend Gebrauch gemacht“.

[29] **Mösbauer,** Steuerfahndung im Rechtsstaat, DStZ 1982, S. 339.

[30] **Klos,** a.a.O., S. 507, 508.

[31] **Maurer,** in: Wannemacher, Steuerstrafrecht, 4. Aufl., 1999, RdNr. 2195, S. 557 f. sieht die Ursache für die „vielzitierte Übermacht der Steuerfahndung“ in § 208 AO, jener „als mißglückt zu bezeichnenden Vorschrift“, die „wenig zur Klärung beiträgt“, „im Gegenteil, sie stiftet eher Verwirrung“.

Fahndungsfaustrecht im Rechtsstaat also, und dieses soll, nach der lediglich als floskelhaft zu bezeichnenden Leerformel von Klos auch noch „von allen Seiten begrüßt“[32] werden? Wahrlich ein eigenartiges Verständnis von Rechtskultur.

II. Aufgaben der Steuerfahndung (Zollfahndung) im einzelnen

1. Erforschung von Steuerstraftaten und Steuerordnungswidrigkeiten

a) Erforschungspflicht

Nach § 208 Abs. 1 Satz 1 Nr. 1 AO hat die Steuerfahndung (Zollfahndung) die Aufgabe, Steuerstraftaten (§§ 369 Abs. 1; 370 – 376 AO)[33] und Steuerordnungswidrigkeiten (§§ 377 Abs. 1; 378 – 383 AO)[34], sowie Straftaten durch Vorspiegelung eines steuerlich erheblichen Sachverhalts (§ 385 Abs. 2 AO) und Ordnungswidrigkeiten nach dem Steuerberatungsgesetz zu **erforschen.**[35] Es handelt sich hierbei nach ausdrücklicher Feststellung des Finanzausschusses[36], um die **Haupt**aufgabe der Steuerfahndung (Zollfahndung).[37] Zur Erfüllung dieser Aufgabe haben die Zollfahndungsämter und die mit der Steuerfahndung betrauten Dienststellen der Landesfinanzbehörden sowie ihre Beamten dieselben Rechte und Pflichten wie die Behörden und Beamten des **Polizei**dienstes. Dies gilt sowohl für das Steuerstrafverfahren (§ 404 Satz 1 AO, § 163 StPO)[38] als auch für das Steuerordnungswidrigkeitenverfahren (§ 404 Satz 1 AO, § 410 Abs. 1 Nr. 9 AO, § 53 Abs. 1 OWiG).[39]

b) Erforschungspflicht / Verfolgungspflicht

aa) Legalitätsprinzip – Opportunitätsprinzip

Die **Erforschungspflicht** bezieht sich bei sog. Anfangsverdacht[40] ohne Unterschied auf Steuerstraftaten[41] und Steuerordnungswidrigkeiten.[42] Unterschiede gibt es nur bei der

[32] **Klos,** a.a.O., S. 508, Abschn. 4 a.E. Diese Realität bekommt dadurch noch eine besondere Brisanz, daß die einzelnen Länder die Zahl ihrer Steuerfahnder in jüngster Zeit wesentlich erhöht haben (z.B. Bayern um 45% – Zeitschrift „DM“ 1999, Heft 8, S. 123; Niedersachsen um mehr als 30% – Zeitschrift „impulse“ 1999, Heft 3, S. 179).

[33] **Mösbauer,** Steuerstraf- und Steuerordnungswidrigkeitenrecht, 2. Aufl., 2000, §§ 11 ff., S. 85 ff.. **Mösbauer,** Die Bedeutung der Definitionsnorm des § 369 AO für die steuerstrafrechtliche Ermittlungszuständigkeit der Finanzbehörden, Wistra 1996, S. 252 ff..

[34] **Mösbauer,** a.a.O., §§ 23 ff., S. 363 ff..

[35] Dazu **Scheurmann-Kettner,** in: Koch / Scholtz, AO, 5. Aufl., 1996, § 208 AO, Rzn. 16 ff.; **Rüsken,** in: Klein, AO, 6. Aufl., 1998, § 208 AO, Anm. 3; BFH, Beschluß vom 16.12.1997 – VII B 45 / 97 – BStBl. 1998 II, 231, 232; **Seer,** in: Tipke / Kruse, AO / FGO, § 208 AO, Tzn. 17 – 21.

[36] Bericht und Antrag des Finanzausschusses, BT-Drucks. VII / 4292, zu § 208; so auch **Kühn / Hofmann,** AO, 17. Aufl., 1995, § 208 AO, Bem. 2 a; **Maurer,** a.a.O., RdNr. 2196, S. 558 spricht gleichinhaltlich vom „Mittelpunkt der Fahndungspraxis“.

[37] Die Steuerfahndungsprüfung nach § 208 Abs. 1 AO stellt jedoch keine Außenprüfung i.S.d. § 173 Abs. 2 AO dar. Vgl. dazu BFH, Urteil vom 11.12.1997 – V R 56 / 94 – BStBl. 1998 II, 367.

[38] **Mösbauer,** a.a.O., §§ 17 – 22, S. 262 – 360; **Pütz,** Steuer- und Zollfahnder als Hilfsbeamte der Staatsanwaltschaft, Wistra 1990, S. 212.

[39] **Mösbauer,** a.a.O., § 31, S. 415 – 424.

[40] Er erfordert zureichende tatsächliche Anhaltspunkte für eine Steuerstraftat oder Steuerordnungswidrigkeit; **Mösbauer,** Finanzbehördliche Sachverhaltsermittlung bei Verdacht einer Steuerstraftat, DStZ 2000, S. 512 ff..

[41] Vgl. dazu **Müller / Sax,** StPO, 6. Aufl., § 152 StPO, Anm. 3 b aa.

Verfolgungspflicht. Sie steht bei Steuerstraftaten wegen des **Legalitätsprinzips** des § 152 Abs. 2 StPO außer Frage, bei Steuerordnungswidrigkeiten wegen des **Opportunitätsprinzips** der §§ 47, 52 OWiG im pflichtgemäßen Ermessen der Steuer- und Zollfahndung. Dies bedeutet, daß sie, anders als bei einer Steuerstraftat, bei einer Steuerordnungswidrigkeit auch von einer Verfolgung – nicht jedoch von einer Erforschung – absehen kann, wenn diese von geringer Bedeutung ist und eine Verfolgung, gemessen an dieser Bedeutung, einen unverhältnismäßigen Verwaltungsaufwand erfordern würde.
Die Grenze zwischen einem sog. Anfangsverdacht und einer bloßen Vermutung ist fließend. Es fällt auf, daß die Praxis der Steuerfahndung, ermutigt durch die Rechtsprechung des BVerfG, die Schwelle für die Bejahung eines sog. Anfangsverdachts zunehmend niedriger sieht.[43]

bb) Vorfeldermittlungen

Die Erforschungspflicht umfaßt auch das Recht, bei noch fehlendem Anfangsverdacht, bereits sog. **Vorfeldermittlungen** durchzuführen. Denn nur ein solches informatorisches Vorprüfen ist für die Feststellung geeignet, ob eine Steuerstraftat oder Steuerordnungswidrigkeit wahrscheinlich vorliegt. Unzulässig ist es, im Rahmen dieser Vorfeldermittlungen die Freiheit der Willensentschließung und der Willensbetätigung des Steuerpflichtigen psychisch zu beeinträchtigen, z.B. durch ermüdendes Befragen oder Vortäuschen von de facto nicht vorliegenden Informationen oder Erkenntnissen, oder gar durch Inaussichtstellen gesetzlich nicht vorgesehener Vorteile. Ein solches unzulässiges fahndungsmäßiges Vorgehen wird weder durch Einwilligung noch durch Zustimmung des Steuerpflichtigen zulässig.

cc) Pflichten anderer Stellen

Die Erforschungspflicht der Steuerfahndung (Zollfahndung) läßt die Pflichten anderer Stellen[44] der Finanzverwaltung zur Erforschung von Steuerstraftaten und Steuerordnungswidrigkeiten unberührt.

2. Ermittlung der Besteuerungsgrundlagen im Zusammenhang mit der Erforschung von Steuerstraftaten und Steuerordnungswidrigkeiten

a) Ermittlungsparallelität

Nach § 208 Abs. 1 Satz 1 Nr. 2 AO hat die Steuerfahndung (Zollfahndung) **auch** die Aufgabe[45], im Zusammenhang mit der Erforschung von Steuerstraftaten und Steuerordnungswidrigkeiten (§ 208 Abs. 1 Satz 1 Nr. 1 AO) die Besteuerungsgrundlagen für das eigentliche Besteuerungsverfahren zu ermitteln. Damit ist bereits gesetzgeberisch klargestellt, daß der Steuerfahndung (Zollfahndung) auch Aufgaben der **Steuerermittlung**

---

[42] Vgl. dazu **Göhler,** Ordnungswidrigkeitengesetz, 6. Aufl., 1980, § 52 OWiG, Tz. 14. Vorb. vor § 59 OWiG, Tz. 28. Vgl. in diesem Zusammenhang auch **Kreutziger,** Rechtsschutz gegen Maßnahmen der Steuerfahndung, DStZ 1987, S. 346 ff..

[43] Darin sieht **Maurer,** in Wannemacher, Steuerstrafrecht, 4. Aufl., 1999, RdNr. 2197, S. 558 f. einen „Einsatz strafprozessualer Mittel als Reparaturbetrieb für gesetzgeberische Versäumnisse (bei der Besteuerung von Einkünften aus Kapitalvermögen)", dem „schwerwiegende rechtsstaatliche Bedenken begegnen".

[44] Vgl. z.B. nur § 386 Abs. 1 AO; § 410 Abs. 1 i.V.m. §§ 35, 36 Abs. 1 Nr. 1 OWiG (Bußgeld- und Strafsachenstelle); § 399 Abs. 2 AO, § 410 Abs. 1 Nr. 7 AO (sonst zuständige Finanzbehörde).

[45] Dazu vgl. **Rüsken,** in: Klein, AO, 6. Aufl., 1998, § 208 AO, Anm. 4. Vgl. in diesem Zusammenhang auch die Sammelauskunftsersuchen der Steuerfahndung; dazu BFH, Urteil vom 24.3.1987 – VII R 30 / 86 – Wistra 1987, 302 ff.; vgl. ferner BFH, Beschluß vom 16.12.1997 – VII B 45 / 97 – BStBl. 1998 II, 231; **Seer,** in: Tipke / Kruse, AO / FGO, § 208 AO, Tzn. 22 – 25.

obliegen.[46] Das ist darin begründet, daß die steuer- wie die straf- und bußgeldrechtlichen Ermittlungen regelmäßig den gleichen Lebenssachverhalt erfassen.[47] Ungeachtet dieser Gleichrichtung verbleibt es jedoch bei einer verfahrensrechtlichen Parallelität dergestalt, daß das steuerrechtliche Ermittlungsverfahren rechtlich **selbständig neben** dem straf- oder bußgeldrechtlichen Verfahren durchgeführt wird. Dies hat wiederum zur Folge, daß sich die Rechte und Pflichten des Steuerpflichtigen einerseits und der Steuerfahndung (Zollfahndung) andererseits nach den Rechtsvorschriften des jeweiligen Ermittlungsverfahrens richten (§ 393 Abs. 1 Satz 1 AO).[48]

Die Maßnahmen der Steuerfahndung zur Ermittlung der Besteuerungsgrundlagen nach § 208 Abs. 1 Nr. 2 AO sind dem **Besteuerungsverfahren** zuzuordnen. Diese Realität eröffnet für Streitigkeiten den Weg zum **Finanzgericht.**

Anders noch der **BFH.**[49] Er ordnet die Maßnahmen der Steuerfahndung zur Ermittlung der Besteuerungsgrundlagen nach § 208 Abs. 1 Nr. 2 AO dem **Steuerstrafverfahren** zu. Nach seiner Auffassung gehöre zur Erforschung von Steuerstraftaten zwangsläufig die Ermittlung der entsprechenden Besteuerungsgrundlagen. Da die Steuerfahndung als Strafverfolgungsbehörde tätig werde, seien alle diesbezüglichen Maßnahmen solche des Steuerstrafverfahrens. Für Streitigkeiten dieses Verfahrens sei aber nach § 33 Abs. 3 FGO der Weg zum **Finanzgericht** gerade **ausgeschlossen.** Stattdessen sei der Rechtsweg zum **OLG** gegeben, da die Maßnahmen der Steuerfahndung, gleich denen der Polizei, als Akte der Justizbehörden i.S.d. § 23 EGGVG zu sehen seien. Dies gelte in jedem Falle für Maßnahmen der Ermittlung der Besteuerungsgrundlagen, die **nach Einleitung** eines steuerstrafrechtlichen Ermittlungsverfahrens vorgenommen würden.

Zutreffend hält Scheurmann-Kettner[50] dieser Argumentation des BFH entgegen, sie verkenne die Bedeutung des § 393 Abs. 1 AO für § 208 Abs. 1 AO. Die Steuerfahndung könne auch nach Einleitung eines Straf- und Bußgeldverfahrens von den steuerlichen Ermittlungsbefugnissen der §§ 93 ff. AO Gebrauch machen. „Wenn aber die Ermittlung der Besteuerungsgrundlagen nach Nr. 2 als Teil des Strafverfahrens anzusehen wäre, hätte die Anwendbarkeit der §§ 93 ff. AO zur Folge, daß der Steuerfahndung – entgegen § 393 Abs. 1 Satz 1 AO – im Strafverfahren zusätzlich zu ihren strafprozessualen Befugnissen (§ 208 Abs. 1 Satz 2 AO, § 404 AO) noch die Befugnisse des steuerlichen Verwaltungsverfahrens zustünden. Ihr würden damit im **Straf**verfahren Befugnisse eingeräumt, die nicht einmal der Staatsanwaltschaft oder der dieser gleichgestellten Finanzbehörde (§§ 386, 399 AO) zustünden, **– ein Ergebnis, das sich nicht rechtfertigen ließe".**[51]

Daraus folgt:

---

[46] A. A. **Schick,** in: Hübschmann / Hepp / Spitaler, AO / FGO, § 208 AO, Anm. 95. Vgl. demgegenüber **Klos,** Die Beschlagnahme von Geld durch die Steuerfahndung, Wistra 1987, S. 121 ff.; **Scheurmann-Kettner,** in: Koch / Scholtz, AO, 5. Aufl., 1996, § 208 AO, Rz. 21 f.. Vgl. ergänzend auch AEAO (i.d.F. BMF – Schr. v. 14.2.2000 – BStBl. 2000 I, S. 190, ber. S. 435) zu § 208 AO, Nr. 1 Buchst. b; **Mösbauer,** Steuerfahndung – ein besonderer Prüfdienst der Finanzverwaltung zur Bekämpfung der Steuerkriminalität, StB 2003, S. 214 ff..

[47] Vgl. dazu BT-Drucks. VII / 4292, S. 36; BFH, Urteil vom 2.12.1976 – VII R 2 / 76 – BStBl. 1977 II, 318 ff.; BFH, Urteil vom 23.12.1980 – VII R 92 / 79 – BStBl. 1981 II, 349 f.. Damit erlangt § 208 Abs. 1 Nr. 2 AO Bedeutung für die Zulässigkeit von Steuerfahndungsprüfungen in strafverfolgungsverjährten Zeiträumen. Vgl. dazu auch BFH, Beschluß vom 16.12.1997 – VII B 45 / 97 – BFH / NV 1998, 763.

[48] So wohl auch BFH, Beschluß vom 16.12.1997 – VII B 45 / 97 – BStBl. 1998 II, 231, 233 (b cc), unter ausdrücklicher Bezugnahme auf die „herrschende Ansicht im Schrifttum", z.B. **Tipke / Kruse,** AO / FGO, 16. Aufl., § 208 AO, Rz. 4; **Schwarz / Dumke,** AO, § 208 AO, Rz. 20; **Tormöhlen,** Befugnisse der Steuerfahndung bei Sachverhalten, in denen Strafverfolgungsverjährung, aber noch keine Festsetzungsverjährung nach § 169 AO eingetreten ist, Wistra 1993, S. 174, 176.

[49] BFH, Urteil vom 20.4.1983 – BStBl. 1983 II, 482; im gleichen Sinne BFH, Urteil vom 28.6.1991 – VII B 136, 137 / 90 – BFH nicht veröffentlicht. Zutreffend weist **Maurer,** in: Wannemacher, Steuerstrafrecht, 4. Aufl., 1999, RdNr. 2205, S. 561 darauf hin, daß die Vorschrift des § 208 Abs. 1 Satz 1 Nr. 2 AO zu den umstrittensten Vorschriften des gesamten Steuerstrafverfahrensrechts gehöre.

[50] **Scheurmann-Kettner,** in: Koch / Scholtz, AO, 5. Aufl., 1996, § 208 AO, Rz. 22 / 4.

[51] So zutreffend **Scheurmann-Kettner,** in: Koch / Scholtz, AO, 5. Aufl., 1996, § 208 AO, Rz. 22 / 4.

- Die Steuerfahndung wird **nicht**[52] **ausschließlich** als Strafverfolgungsbehörde tätig .
- Entscheidend ist, in „welcher **Funktion** und in welchem **Verfahren** sie – nach außen objektiv und eindeutig erkennbar – **tätig** geworden sei oder tätig werden wolle“.[53]

Aus diesem Grunde gehört zu den Aufgaben der Steufa die Ermittlung der Besteuerungsgrundlagen im Zusammenhang mit der Erforschung von Steuerstraftaten und Steuerordnungswidrigkeiten auch dann, wenn hinsichtlich dieser Delikte bereits Strafverfolgungsverjährung eingetreten ist.[54]

Zu Maßnahmen im Besteuerungsverfahren ist die Steufa auch berechtigt, wenn bereits ein Steuerstrafverfahren eingeleitet worden ist.[55]

b) Kritik an den Methoden der Steuerfahndung (Zollfahndung)

Probleme ergeben sich für die Praxis dadurch, daß sich die beiden parallelen Verfahren nur sehr schwer voneinander trennen lassen; und demgemäß die Rechtsstellung des Betroffenen in wesentlichem Maße verunsichert wird.[56] Einige durchgeführte Steuerfahndungsprüfungen begründen sogar die Vermutung, daß einzelne Steuerfahnder aus dem Wissen ihrer – echten – Doppelfunktion heraus die Rechtsstellung des Steuerpflichtigen nicht gerade unbewußt unangemessen beeinträchtigen; von der Mißachtung des Grundsatzes „in dubio pro reo“ einmal ganz abgesehen. Diese Feststellung stellt eine Kritik an den Methoden der Steuerfahndung dergestalt dar, daß die Steuerfahnder selbst den Eindruck erwecken, als würden sie die ihnen gesetzten strafprozessualen Befugnisgrenzen mißachten und Übermaßhandlungen besonders bei Durchsuchungen Regelcharakter beimessen. Dieses Ergebnis wird von Klos[57] in seiner Übermaßhandlungen der Steuerfahndung rechtfertigenden Philippika dadurch bestätigt, daß er, in seiner Eigenschaft als Leiter der Steuerfahndungsstelle für die Finanzämter des Saarlandes, ausdrücklich bestätigt, „daß auch (!) bei den Ermittlungen der Steuerfahndung im Einzelfall unverhältnismäßig reagiert wird.“ So fällt in der Praxis insbesondere auch auf, daß die Steuerfahnder nicht sehr darum bemüht sind, die von Maßnahmen der Steuerfahndung betroffenen Steuerpflichtigen hinreichend über ihre Rechte und Pflichten zu belehren. Tipke[58] rügt unter Bezugnahme auf Streck[59] und Rüping[60], daß für die Steuerfahndungsbeamten „der Zweck zuweilen die Mittel (raffinierte Ermittlertricks) heilige“, daß sie „oft zu voreingenommen seien, nicht selten hemdsärmelig und rüde oder sonst ungebührlich aufträten und dabei die psychische Belastung des Betroffenen unangemessen ausnützten“. Beispiele eines solchen unangemessenen Ausnützens sind die weit überhöhten[61] Schätzungen (sog. Horrorschätzungen) durch die Fahndungsbeamten, die die Betroffenen zu Geständnissen veranlassen sollen. Zweck von Schätzungen war aber noch nie, Psychoterror zu ermöglichen. Beispiel eines unangemessenen Handelns ist aber auch ein Wechseln der Verfahrensart nach Belieben der Steuerfahndung, um sich die gerade gewünschte Rechtsposition zu verschaffen.[62]

---

[52] A. A. **Dücker / Keune,** Zuständigkeit der Steuerfahndung nach Ablauf der Strafverfolgungsverjährung, DStR 1999, S. 14 ff..

[53] **Scheurmann-Kettner,**a.e.a.O.a.E..

[54] So auch BFH, Beschluß vom 16.12.1997 – VII B 45 / 97 – BStBl. 1998 II, 231.

[55] Bestätigend AEAO (i.d.F. BMF – Schr. v. 14.2.2000 – BStBl. 2000 I, S. 190, ber. S. 435) zu § 208 AO, Nr. 3 Satz 1.

[56] Vgl. **Mönch,** Steuerkriminalität und Sanktionswahrscheinlichkeit, 1978, S. 223 ff..

[57] **Klos,** a.a.O., S. 508, Abschn. 5.

[58] **Tipke,** in: Tipke / Kruse, AO / FGO, § 208 AO, Tz. 9.

[59] Nunmehr **Streck,** Die Steuerfahndung, 3. Aufl., 1996, S. 7 ff..

[60] **Rüping,** Steuerfahndung im Rechtsstaat, DStZ 1980, S. 179 f..

[61] Diese Überhöhung ist gelegentlich auch in der Rechtsunklarheit hinsichtlich der einzelnen Schätzungs**methoden** begründet.

[62] Vgl. dazu **Müller-Brühl,** Eine Aufsichtsbehörde für die Steuerfahndung muß geschaffen werden, DStZ 1991, S. 712 ff.; vgl. dazu auch **Maurer,** in: Wannemacher, Steuerstrafrecht, 4. Aufl., 1999, RdNr. 2199, S. 559. Er

Die Kritik an den „Zuckerbrot-und-Peitsche-Methoden“ der Fahndungsbeamten erfaßt auch das „wohlwollende“ Inaussichtstellen milder Strafen als Entgegenkommen für Geständnisbereitschaft gegenüber den Fahndungsbeamten oder die Bereitschaft, auf die Anwesenheit eines Verteidigers zu verzichten. Dieses in Aussicht gestellte Entgegenkommen ist schlichtweg verwerflich, da die Steuerfahndungsbeamten das Strafmaß gar nicht bestimmen können, sich somit also zu etwas verpflichten, was sie schließlich zu nichts verpflichtet.[63] Es ist daher Tipke nur zuzustimmen, wenn er ein solches Verhalten als „Tauschhandel“ oder gar als „Kuhhandel“ bezeichnet.
In diesem Lichte erscheint eine Argumentation janusköpfig, die die Existenz von „Entgegenkommen“ der Steuerfahndung bestreitet, „im Hinblick auf das Aushandeln des Steueranspruches“ aber die Existenz von „Formen der sog. tatsächlichen Verständigung“[64] zugesteht.

3. Aufdeckung und Ermittlung unbekannter Steuerfälle

a) Steueraufsichtliche Aufgabenstellung

Nach § 208 Abs. 1 Satz 1 Nr. 3 AO hat die Steuerfahndung (Zollfahndung) ferner die Aufgabe, unbekannte steuerliche Sachverhalte bei bereits bekannten oder noch unbekannten Steuerpflichtigen **aufzudecken** und zu **ermitteln,** um gemäß § 85 Satz 2 Alt. 1 AO sicherzustellen, daß Steuern nicht verkürzt werden. Diese durch sog. **Vorfeldermittlungen** determinierte[65] Aufgabe ist eindeutig eine Aufgabe der **Steueraufsicht.**[66]
„Diese Aufgabe[67] entspricht der hergebrachten Überwachungsfunktion der Zoll- und Steuerfahndung im Rahmen der allgemeinen Steueraufsicht nach § 201 Abs. 1 RAO, dessen Rechtsgedanke auch in § 85 Satz 2 AO enthalten ist“. [68] Demgemäß umfaßt die steueraufsichtliche Aufgabe **auch** die Nachforschungen nach unbekannten[69] Steuerpflichtigen, soweit die Möglichkeit einer objektiven Steuerverkürzung besteht, wie z.B. bei Schwarzarbeitsfällen, in den Fällen des Bezugs privater Zinseinkünfte[70] oder bei nebenberuflicher Provisionsvertretung.[71] [72]

---

spricht in diesem Zusammenhang von „offenkundigen Diskrepanzen“, die – auch – in der unterschiedlichen Ausgestaltung des Strafverfahrens nach der StPO und des Besteuerungsverfahrens nach der AO begründet sind.
[63] Vgl. dazu §§ 163 a Abs. 4 Satz 2 i.V.m. § 136 a StPO.
[64] **Klos,** a.a.O., S. 508, Abschn. 7.
[65] Vgl. dazu BdF, Schreiben vom 1.10.1976 – IV A 7-S 0015-30 / 76 betr. Einführungserlaß zur AO – BStBl. 1976 I, S. 576 / 617, zu § 208 AO; ferner **Klos,** Die Vorfeldermittlungen der Steuerfahndung im Spiegel der Rechtsprechung, Wistra 1988, S. 92 ff.. Vgl. dazu auch AEAO (i.d.F. BMF – Schr. v. 14.2.2000 – BStBl. 2000 I, S. 190, ber. S. 435) zu § 208 AO, Nr. 1 Buchst. a.
[66] So schon **Zeller,** in: Koch, Abgabenordnung, 3. Aufl., 1986, § 208 AO, Rz. 21. Vgl. auch BFH, Urteil vom 2.8.1962 – IV 346 / 60 U – BStBl. 1963 III, 50; **Mösbauer,** Staatsaufsicht über die Wirtschaft, 1990, § 28 (S. 556 ff.); **Kühn / Hofmann,** AO, 17. Aufl., 1995, § 208 AO, Bem. 2 c; **Scheurmann-Kettner,** in: Koch / Scholtz, AO, 5. Aufl., 1996, § 208 AO, Rz. 21; **Seer,** in: Tipke / Kruse, AO / FGO, § 208 AO, Tzn. 26 – 34.
[67] **Schick,** in: Hübschmann / Hepp / Spitaler, AO / FGO, § 208 AO, Anm. 118 spricht in diesem Zusammenhang zutreffend auch von einem **Steuersicherungsauftrag** der Finanzbehörden als eine Ausprägungsform des Grundsatzes der Gesetzmäßigkeit der Verwaltung.
[68] **Scheurmann-Kettner,** in: Koch / Scholtz, AO, 5. Aufl., 1996, § 208 AO, Rz. 23; im gleichen Sinne **Rüsken,** in: Klein, AO, 6. Aufl., 1998, § 208 AO, Anm. 4. So auch Bericht und Antrag des Finanzausschusses, BT-Drucks. VII / 4292, zu § 208.
[69] Zutreffend verweist **Schick,** in: Hübschmann / Hepp / Spitaler, AO / FGO, § 208 AO, Anm. 120 auf die Überlegungen des Arbeitskreises für die Reform der AO, BMF-Schriftenreihe Heft 13, S. 23 sowie die Regierungsbegründung, BT-Drucks. VI / 1982, S. 94. Sie bestätigen, daß der Gesetzgeber auch in die AO eine **„Steueraufsicht“** übernehmen wollte, in deren Rahmen es keinen Unterschied macht, „ob im Einzelfall bereits die Person des Steuerpflichtigen und der Steuerfall bekannt ist oder nicht“.
[70] BFH, Beschluß vom 28.10.1997 – VII B 40 / 97 – DStZ 1997, 220 stellt in Abweichung von BFH, Urteil vom 18.2.1997 – VIII R 33 / 95 – BStBl. 1997 II, 499 fest, die Tatsache, daß eine Steuerfahndung im Rahmen ihrer Aufgabenzuweisung nach § 208 Abs. 1 Satz 1 Nr.3 AO („Aufdeckung und Ermittlung unbekannter Steuerfälle“)

b) Fehlen eines konkreten Anfangsverdachts

Gibt es für ein Bestehen einer solchen Möglichkeit keine – nicht notwendig konkreten – Anhaltspunkte oder ist diese Möglichkeit sogar ausgeschlossen, fehlt es an dem Auftrag zu einem Tätigwerden der Steuerfahndung (Zollfahndung) nach der Aufgabennorm des § 208 Abs. 1 Satz 1 Nr. 3 AO[73]. Typisch ist für diese Fälle, daß bei ihnen, anders als z.B. bei den Fällen des § 208 Abs. 1 Satz 1 Nr. 1 AO, **noch kein konkreter** Verdacht, und schon gar kein dringender Verdacht für das Vorliegen einer Steuerstraftat oder Steuerordnungswidrigkeit gegeben ist. Es ist ausreichend, daß nach sämtlichen Umständen des Falles und der allgemeinen Erfahrung der Finanzbehörde die **Möglichkeit** einer steuerlichen Verfehlung in Betracht kommt.[74]

Nur in solchen „Vermutungs"-Fällen[75] dürfen Vorfeldermittlungen angestellt werden. Unzulässig sind hingegen Vorfeldermittlungen dort, wo es an einer solchen Möglichkeit (noch) fehlt; wo (noch) kein Anlaß zu der Annahme besteht, daß ein Steuerfall der Aufklärung bedarf. Aufgabe der Steuerfahndung (Zollfahndung) i.S.d. § 208 Abs. 1 Satz 1 Nr. 3 AO ist es nicht, im Rahmen von Vorfeldermittlungen zu ermitteln, ob im Rahmen von Vorfeldermittlungen zu ermitteln ist.[76] Andererseits dürfen, worauf Scheurmann-Kettner[77]

---

durchgeführt werde, begründe noch **keine** von der Aufgabenzuweisung zu trennende **Befugnis** zur Anfertigung von Aufzeichnungen und zu deren Weitergabe als Kontrollmitteilung. Eine steuerverfahrensrechtliche Tätigkeit der Steuerfahndung finde ihre Befugnisse in den Ermittlungsbefugnissen der Festsetzungsfinanzämter, also in den allgemeinen Beweiserhebungs- und Ermittlungsbefugnissen der §§ 93 ff. AO, im Rahmen funktionaler Tätigkeiten der Außenprüfung in den Befugnissen der §§ 193 ff. AO. Der für die Anfertigung von Kontrollmaterial auch bei Fahndungsprüfungen anwendbare § 194 Abs. 3 AO werde im Bankbereich jedoch durch § 30 a Abs. 3 AO begrenzt. Sie enthält eine „bewußte und zielgerichtete Einschränkung" für jenen Paragraphen.

[71] Vgl. dazu **Lauer,** Die neue Abgabenordnung und der Bankenerlaß von 1949, BB 1979, S. 43; BT-Drucks. VII / 4292, S. 36; **Tipke / Kruse,** AO / FGO, § 208 AO, Tz. 5.

[72] Ein hinreichender Anlaß für ein Tätigwerden (Auskunftsersuchen) der Steuerfahndungsbehörde im Rahmen ihrer Befugnis nach § 208 Abs. 1 Nr. 3 AO ist insbesondere dann anzunehmen, wenn aufgrund konkreter Momente oder aufgrund allgemeiner Erfahrung eine Anordnung bestimmter Art angezeigt ist. Hierzu genügt es, daß die Möglichkeit einer objektiven Steuerverkürzung besteht, wie z.B. bei einem Aufgeber einzelner Chiffre-Anzeigen in Zeitungen, in denen ausländische Immobilien von beträchtlichem Wert zum Verkauf angeboten werden. So auch BFH, Urteil vom 29.10.1986 – VII R 82 / 85 – BStBl. 1988 II, 359 ff.. Eine solche Möglichkeit einer objektiven Steuerverkürzung sieht die Literatur auch bei Goldgeschäften bei Zahnärzten (FG Hamburg, EFG 1987, 9) und bei dem Vorhandensein hochwertiger Segel- und Motoryachten (FG Hamburg, EFG 1987, 275).

[73] So auch **Rüping,** Steuerfahndung im Rechtsstaat, DStZ 1980, S. 181; vgl. hierzu auch **Kühnel,** Die Steuerfahndung als Mittel der allgemeinen Steueraufsicht im unbekannten Steuerfall des § 208 AO 1977, DStZ 1981, S. 95.

[74] Vgl. dazu BFH, Beschluß vom 13.2.1968 – GrS. 5 / 67 – BStBl. 1968 III, 365 ff., 369; **Müller / Sax,** StPO, 6. Aufl., § 152 StPO, Anm. 3 b aa. Vgl. dazu auch **Mösbauer,** Aktuelle Rechtsfragen bei der Abgrenzung des Versuchs von der Vorbereitungshandlung im Steuerstrafrecht, DStZ 1997, S. 577 ff.; **Mösbauer,** Finanzbehördliche Sachverhaltsermittlung bei Verdacht einer Steuerstraftat, DStZ 2000, S. 512 ff..

[75] Vgl. in diesem Zusammenhang z.B. nur die Erforschungsverbote der §§ 99 Abs. 2 und 100 Abs. 2 AO; vgl. auch BFH, Urteil vom 24.3.1987 – VII R 30 / 86 – BStBl. 1987 II, 484; BFH, Urteil vom 29.10.1986 – VII R 82 / 85 – BStBl. 1988 II, 359; **Scheurmann-Kettner,** in: Koch / Scholtz, AO, 5. Aufl., 1996, § 208 AO, Rz. 24.

[76] Auch § 194 Abs. 3 AO verbietet sog. „Ermittlungen ins Blaue", Rasterfahndungen oder ähnliche Ermittlungsmaßnahmen. Dazu Niedersächs. FG, Beschluß vom 30.9.1998 – X 437 / 98 V – EFG 1999, 10. Er erlaubt aber „stichprobenweise Überprüfungen" und „darauf basierende Kontrollmitteilungen". Im Ergebnis wohl ebenso Niedersächs. FG, Beschluß vom 4.12.1998 – X 524 / 98 V – StB 1999, 226; ferner FinMin. Sachsen – Anhalt, Erlaß vom 17.11.1997 – 45 – S 1505 3 – DStR 1997, 2026 (§ 30 a Abs. 3 AO verbiete lediglich eine „willkürliche Fertigung von Kontrollmitteilungen im Zuge einer Außenprüfung"). Kritisch zu sehen ist wohl FinMin. Nordrhein – Westfalen, Schreiben vom 8.7.1996 – S 1505 – 14 – V C 5 – DB 1997, 1252, mit dem die systematische Fertigung von Kontrollmaterial aus nichtlegitimationsgeprüften Konten „ohne hinreichenden Anlaß" verfügt wurde. Ein solches procedere ist contra legem - § 194 Abs. 3 AO – und macht den Außenprüfer entgegen dem Willen des Gesetzgebers zum Gehilfen der Steuerfahndung.

zutreffend verweist, die Ermittlungen nach § 208 Abs. 1 Satz 1 Nr. 3 AO auch nicht dazu dienen, die Einleitung eines straf- oder bußgeldrechtlichen Ermittlungsverfahrens im Hinblick auf die gem. § 393 Abs. 1 AO damit verbundenen Folgen hinauszuschieben, um die Aussagefreudigkeit des Steuerpflichtigen zu erhalten. Die Steuerfahndung (Zollfahndung) hat vielmehr dann von der Fahndungsprüfung des § 208 Abs. 1 Satz 1 Nr. 3 AO[78] zur Fahndungsprüfung des § 208 Abs. 1 Satz 1 Nrn. 1 und 2 AO überzugehen, sobald sich ein Anfangsverdacht für das Vorliegen einer Steuerstraftat oder Steuerordnungswidrigkeit ergibt.

c) Ermittlung der Besteuerungsgrundlagen im Zusammenhang mit der Erforschung von Steuerstraftaten

Unzulässig ist es, die Ermittlungen der Besteuerungsgrundlagen im Zusammenhang mit der Erforschung von Steuerstraftaten und Steuerordnungswidrigkeiten auf der Grundlage der §§ 193 ff. AO **(Außenprüfung)** fortzuführen. Dies folgt zum einen aus der lex specialis des § 208 Abs. 1 Satz 1 Nrn. 1 und 2 AO, zum anderen aus § 208 Abs. 1 Satz 3 AO, wonach von den Vorschriften der Außenprüfung nur § 200 Abs. 1 Sätze 1 und 2 , Abs. 2 sowie Abs. 3 Sätze 1 und 2 AO sinngemäß gelten. Dies wiederum bedeutet, daß die Steuerfahndung (Zollfahndung) hinsichtlich der Ermittlung der Besteuerungsgrundlagen in den in § 208 Abs. 1 Satz 1 Nr. 1 AO bezeichneten Fällen nicht auf eine schriftlich zu erteilende Prüfungsanordnung (§ 196 AO) und deren Bekanntgabe (§ 197 AO) angewiesen ist.[79] „Dies entspricht der bisherigen Rechtsprechung, wonach die Fahndungsstellen Ermittlungshandlungen ohne besonderen Auftrag des zuständigen Finanzamts durchführen können".[80]

d) Ablaufhemmung der Festsetzungsfrist

Beginnen die Zollfahndungsämter oder die mit der **Steuerfahndung** betrauten Dienststellen der Landesfinanzbehörden **vor** Ablauf der Festsetzungsfrist[81] beim Steuerpflichtigen mit Ermittlungen der Besteuerungsgrundlagen – nach § 208 Abs. 1 Satz 1 Nrn. 2 und 3 AO –, so läuft nach § 171 Abs. 5 Satz 1 Halbs. 1 AO die Festsetzungsfrist insoweit nicht ab, bevor die auf Grund der Ermittlungen zu erlassenden Steuerbescheide unanfechtbar geworden sind. § 171 Abs. 4 Satz 2 AO gilt hier sinngemäß.[82]

Ablaufhemmung tritt nach § 171 Abs. 5 Satz 2 Halbs. 1 AO auch dann ein, wenn dem Steuerpflichtigen vor Ablauf der Festsetzungsfrist die Einleitung des Steuerstrafverfahrens oder des Bußgeldverfahrens wegen einer Steuerordnungswidrigkeit **bekanntgegeben** worden ist. Da nach § 171 Abs. 5 Satz 2 Halbs. 2 AO der § 169 Abs. 1 Satz 3 AO hier sinngemäß gilt, kommt es **nicht** auf den **Zugang** des die Bekanntgabe enthaltenden Schriftstücks an. Es reicht

---

[77] **Scheurmann-Kettner,** in: Koch / Scholtz, AO, 5. Aufl., 1996, § 208 AO, Rz.24; vgl. auch **Rüsken,** in: Klein, AO, 6. Aufl., 1998, § 208 AO, Anm. 4. Vgl. dazu BdF, Schreiben vom 14.2.1979 – IV A 8 – S. 1635-2 / 78 – betr. Merkblatt über die Rechte und Pflichten des Steuerpflichtigen bei Prüfungen durch die Steuerfahndung nach § 208 Abs. 1 Satz 1 Nr. 3 AO – BStBl. 1979 I, S. 115.

[78] Vgl. dazu **Mösbauer,** Festsetzungs- und Zahlungsverjährung bei der Haftung nach Steuer- und Privatrecht, DStZ 1989, S. 308 ff..

[79] Bestätigend auch Hess. FG, Urteil vom 8.12.1989 – I K 56, 158 / 87 – EFG 1990, 369.

[80] **Scheurmann-Kettner,** in: Koch / Scholtz, AO, 5. Aufl., 1996, § 208 AO, Rz. 25. So auch schon BFH, BStBl. 1963 III, 49.

[81] Vgl. dazu **Mösbauer,** Festsetzungs- und Zahlungsverjährung bei der Haftung nach Steuer- und Privatrecht, DStZ 1989, S. 308 ff..

[82] Zum Gebot einer analogen Anwendung von § 171 Abs. 4 Satz 3 AO bei § 171 Abs. 5 AO vgl. **Kaligin,** Nochmals: Analoge Anwendung von § 171 Abs. 4 Satz 3 AO bei Steuerfahndungsprüfungen, DStZ 1997, S. 314 ff.. Vgl. auch BFH, Urteil vom 14.4.1999 - XI R 30 / 96 – BStBl. 1999 II, 478; **Söffing,** Analoge Anwendung des § 171 Abs. 4 Satz 1 letzter Satzteil und Satz 3 AO bei Verjährungsunterbrechung durch Beginn von Steuerfahndungsermittlungen, DStZ 1996, S. 713 ff..

vielmehr aus, daß das Schriftstück vor Ablauf der Festsetzungsfrist den Bereich der für die Einleitung zuständigen Dienststelle der Landesfinanzbehörde oder des Zollfahndungsamtes – nach außen – **verlassen** hat. **Innerdienstliche** Maßnahmen bewirken **keine** Ablaufhemmung. Die Wiederaufnahme einer **Fahndungsprüfung,** die unmittelbar nach Beginn für mehr als sechs Monate aus von der Finanzbehörde zu vertretenden Gründen unterbrochen war, gilt als Beginn einer erneuten Prüfung und hat eine Ablaufhemmung der Festsetzungsfrist zur Folge. Der Umfang der Ablaufhemmung hängt von den nach der Wiederaufnahme vorgenommenen Ermittlungshandlungen ab.[83] Im Unterschied zur Ablaufhemmung bei Außenprüfungen nach § 171 Abs. 4 AO bestimmt sich der höchstmögliche Umfang der Hemmung nicht nach einer Prüfungsanordnung. Denn für eine Fahndungsprüfung bedarf es keiner Prüfungsanordnung. Dies beweist § 208 Abs. 1 Satz 3 AO. Er sieht eine entsprechende Anwendung des **§ 196 AO nicht** vor.

e) Auseinandersetzung um die Institutionalisierung einer Steueraufsicht

An § 208 Abs. 1 Satz 1 Nr. 3 AO knüpft eine Auseinandersetzung an, die vor Inkrafttreten der AO 1977 um die Qualifizierung des § 201 RAO geführt worden ist. Sie hat die Frage zum Gegenstand, inwieweit § 208 Abs. 1 Satz 1 Nr. 3 AO eine **Steueraufsicht** institutionalisiert. Die h.M.[84] geht hierbei zutreffend, im Anschluß an die Begründung des Finanzausschusses BT-Drucks. VII / 4292, S. 36, von einer solchen Institutionalisierung aus. Auch Tipke / Kruse bejahen in § 208 AO, Anm. 5 eine solche Institutionalisierung, indem sie vom Vorliegen einer Nachfolgeregelung der allgemeinen Steueraufsicht sprechen. In den Vorbemerkungen vor § 209 AO widerrufen sie allerdings diese Feststellung bereits wieder, indem sie die Existenz einer allgemeinen Steueraufsicht verneinen.

Soweit Schick[85] argumentiert, über den Umfang der allgemeinen Steueraufsicht und über die in ihrem Zusammenhang gegebenen Befugnisse herrsche weitgehend Unklarheit, ist dem auch für § 208 Abs. 1 Satz 1 Nr. 3 AO zu folgen. Diese Unklarheit wird jedoch nicht dadurch beseitigt, daß man an die Stelle des Begriffes „Steueraufsicht" den Begriff „Steuerüberwachung" setzt, denn Steueraufsicht hat nicht nur den generellen Zweck zu überwachen, also auftretende Mängel festzustellen, sondern darüber hinaus diese Mängel – gegebenenfalls zwangsweise – abzustellen.[86] Von der Besteuerung i.w.S. unterscheidet sich die Steueraufsicht dadurch, daß sie nicht unmittelbar auf die Ermittlung und Feststellung der Besteuerungsgrundlagen in einem bestimmten Steuerfall ausgerichtet ist[87], sondern vielmehr einer Gefahr entgegenzuwirken hat, daß Steuern nicht richtig festgesetzt werden. Eine Gleichrichtung solchen Zwecks findet sich im übrigen auch bei der Personenstands- und Betriebsaufnahme (§§ 134 ff. AO)[88], den Anzeigepflichten (§§ 137 ff. AO)[89], der Pflicht zur Kontenwahrheit (§ 154 AO)[90], der Zulässigkeit von Kontrollmitteilungen (§ 194 Abs. 3

[83] So BFH, Urteil vom 2.7.1998 – IV R 39 / 97 – BStBl. 1999 II, 28, unter Bezugnahme auf BFH, Urteil vom 2.2.1994 – I R 57 / 93 – BStBl. 1994 II, 377; BFH, Urteil vom 11.8.1993 – II R 34 / 90 – BStBl. 1994 II, 375; BFH, Beschluß vom 8.11.1993 – VI B 99 / 93 – BFH / NV 1994, 258.

[84] Vgl. z.B. **Schwarz,** in: Schwarz, Abgabenordnung, § 208 AO, Anm. 2; **Zeller,** in: Koch, AO, 2. Aufl., § 208 AO, Anm. 23; **Pfaff,** AO – Verfahrensrecht im Steuerstraf- und Bußgeldverfahren, StBp 1978, S. 260 ff..

[85] **Schick,** in: Hübschmann / Hepp / Spitaler, AO / FGO, § 208 AO, Anm. 122.

[86] Vgl. dazu auch **Wolff / Bachof,** Verwaltungsrecht II, § 77 II a.

[87] So auch **Kühnel,** Die Steuerfahndung als Mittel der allgemeinen Steueraufsicht im unbekannten Steuerfall des § 208 AO 1977, DStZ 1981, S. 95; ferner BFH, Urteil vom 25.10.1973 – VII R 113 / 69 – BFHE 110, 468 ff..

[88] Dazu vgl. **Mösbauer,** in: Koch / Scholtz, AO, 5. Aufl., 1996, §§ 134 ff. AO.

[89] Dazu vgl. **Mösbauer,** a.a.O., §§ 137 ff. AO.

[90] Dazu vgl. **Mösbauer,** Die Haftung bei Verletzung der Pflicht zur Kontenwahrheit, INF 1990, S. 7 ff.; **Mösbauer,** Steuergefährdung durch Verletzung der Pflicht zur Kontenwahrheit nach § 154 I AO, NStZ 1990, S. 475 ff.; **Mösbauer,** Die Steuergefährdung nach § 379 AO, Wistra 1991, S. 44 ff..

AO)[91], der Amtshilfepflicht (§ 111 AO) sowie der Pflicht des Arbeitgebers, Lohnbescheinigungen an das Finanzamt zu übersenden.

4. Sonstige Aufgaben der Steuerfahndung (Zollfahndung)

a) Steuerliche Ermittlungsaufgaben auf Ersuchen

aa) Ermittlungszuständigkeit

Unabhängig von den und außerhalb der Aufgaben des § 208 Abs. 1 Satz 1 Nrn. 1 – 3 AO sind die mit der Steuerfahndung betrauten Dienststellen der Landesfinanzbehörden und die Zollfahndungsämter nach § 208 Abs. 2 Nr. 1 AO[92] ferner zuständig für steuerliche Ermittlungen einschließlich der Außenprüfung, aber nur **auf Ersuchen**[93] der örtlich und sachlich zuständigen Finanzbehörde. Dazu gehören z.B. Steueraufsichtsmaßnahmen sowie einzelne Ermittlungen im Steuerermittlungs-, Außenprüfungs-, aber auch Vollstreckungsverfahren.[94]

bb) Ermittlungszuständigkeit und Ermittlungsbefugnis

Der Umfang des gesetzgeberisch wohl in das Ermessen der zuständigen Behörde gestellten Ersuchens[95] grenzt zugleich den Umfang der Ermittlungsbefugnis ab.[96] Sie leitet sich ausschließlich von der Ermittlungsbefugnis der Finanzämter bzw. der Hauptzollämter ab. Wird die Steuerfahndung (Zollfahndung) z.B. auf Ersuchen im Bereich der Steueraufsicht tätig, stehen ihr ausschließlich die Befugnisse der §§ 209 ff. AO[97] zu, wird sie im Bereich der Außenprüfung tätig, richten sich ihre Befugnisse nach den §§ 193 ff. AO.[98] [99] [100]

cc) Problematik der Betrauung von Fahndern mit Aufgaben der Außenprüfung

Zutreffend verweist Rüsken[101] darauf, daß die Betrauung von Fahndern mit Aufgaben der Außenprüfung deswegen nicht unproblematisch ist, weil ein Fahnder wohl eher dazu neigen dürfte, die Dinge zu sehr aus der Sicht der Fahndung zu sehen und hierbei vielleicht seine ihm bei der Außenprüfung übertragene Verpflichtung, den Steuerfall auch zugunsten des Steuerpflichtigen zu prüfen (§ 88 Abs. 2 AO), vernachlässigen dürfte. Es ist daher dem

---

[91] Dazu vgl. **Mösbauer,** in: Koch / Scholtz, AO, 5. Aufl., 1996, § 194 AO, Rzn. 8 – 10.

[92] Vgl. das hierzu von **Schick,** in: Hübschmann / Hepp / Spitaler, AO / FGO, § 208 AO, Anm. 158 artikulierte „rechtsstaatliche Unbehagen“; vgl. auch **Seer,** in: Tipke / Kruse, AO / FGO, § 208 AO, Tzn. 35 – 38.

[93] Zum Begriff vgl. § 112 AO.

[94] Vgl. dazu auch BFH, Urteil vom 11.12.1991 – I R 66 / 90 – BStBl. 1992 II, 595.

[95] Vgl. dazu Begründung des Finanzausschusses, BT-Drucks. VII / 4292, S. 36.

[96] Vgl. in diesem Zusammenhang **Maurer,** in: Wannemacher, Steuerstrafrecht, 4. Aufl., 1999, RdNrn. 2216 ff., S. 564 f..

[97] Dazu vgl. **Mösbauer,** Steueraufsicht im Bereich der Zölle und Verbrauchsteuern, DB 1980, S. 1506 ff.; **Mösbauer,** Befugnisgrenzen der finanzbehördlichen Steueraufsicht (§§ 209 ff. AO), DStZ 1988, S. 267 ff.; **Mösbauer,** Staatsaufsicht über die Wirtschaft, 1990, § 27 (S. 531 ff.) sowie **Mösbauer,** Steuerliche Außenprüfung (Betriebsprüfung), Steuerfahndung, Steueraufsicht, 1994, S. 285 ff..

[98] Die Steuerfahndung (Zollfahndung) kann demnach auch nach § 201 AO eine Schlußbesprechung abhalten. Vgl. in diesem Zusammenhang FG Hamburg, Urteil vom 21.11.1980 – VI 109 / 80 – EFG 1981, 325.

[99] Bestätigend auch die Begründung des Finanzausschusses, BT-Drucks. VII / 4292, S. 36; vgl. dazu **Mösbauer,** in: Koch / Scholtz, AO, 5. Aufl., 1996, §§ 193 ff. AO.

[100] Eine Steuerfahndungsprüfung nach § 208 **Abs. 1** AO ist aber **keine** Außenprüfung i.S.d. § 173 Abs. 2 AO. Ein Steuerbescheid, der auf Grund einer solchen Steuerfahndungsprüfung nach § 208 Abs. 1 AO ergangen ist, unterliegt deshalb nicht der Änderungssperre des § 173 Abs. 2 AO. Dazu vgl. BFH, Urteil vom 11.12.1997 – V R 56 / 94 – BStBl. 1998 II, 367.

[101] **Rüsken,** in: Klein, AO, 8. Aufl., 2003, § 208 AO, Anm. 8.

BFH[102] beizupflichten, daß von der Möglichkeit, mit Fahndungsbefugnissen ausgestattete Beamte zur Außenprüfung heranzuziehen, nur in besonders gelagerten Ausnahmefällen Gebrauch gemacht werden sollte.

b) Sonst übertragene Aufgaben

Die mit der Steuerfahndung betrauten Dienststellen der Landesfinanzbehörden und die Zollfahndungsämter sind nach § 208 Abs. 2 Nr. 2 AO ferner zuständig für die ihnen **sonst** im Rahmen der Zuständigkeit der Finanzbehörden **übertragenen** Aufgaben. Es handelt sich hierbei um Aufgaben, die üblicherweise den Finanzämtern und Hauptzollämtern obliegen, wie z.B. Vollstreckungen durchzuführen. Auch hier bestimmt das Maß der übertragenen Aufgabe Art und Umfang der mit der Übertragung verbundenen Befugnisse. Die Aufgaben[103] und Befugnisse der Finanzämter (Hauptzollämter) selbst bleiben durch die Übertragung unberührt (§ 208 Abs. 3 AO). „Die Frage, in welcher Form Aufgaben auf die Steuerfahndung übertragen werden können, wird an dieser Stelle nicht geregelt".[104]
§ 208 Abs. 2 Nr. 2 AO ist eine Blankett-Norm, deren Ausfüllung entsprechenden Verwaltungsanweisungen vorbehalten bleibt.[105]

---

[102] BFH, Urteil vom 22.11.1962 – V 79 / 60 U – BStBl. 1963 III, 51.

[103] Es ist irrelevant, ob diese Aufgaben **materiell** dem Aufgabenbereich der Finanzbehörden angehören oder dem anderer Behörden, dem Zuständigkeitsbereich der Finanzbehörden aber kraft Rechtssatzes zugewiesen sind.

[104] Begründung des Finanzausschusses, BT-Drucks. VII / 4292, S. 36.

[105] So auch **Kühn / Hofmann,** AO, 17. Aufl., 1995, § 208 AO, Bem. 4. Vgl. auch **Seer,** in: Tipke / Kruse, AO / FGO, § 208 AO, Tz. 39.

§ 23 Befugnisse der Steuerfahndung (Zollfahndung)[1]

I. Die Befugnisse im Strafverfahren wegen Steuerstraftaten

Nach § 208 Abs. 1 Satz 2 Halbs. 1 AO haben die mit der Steuerfahndung betrauten Dienststellen der Landesfinanzbehörden und die Zollfahndungsämter sowie ihre Beamten im **Strafverfahren wegen Steuerstraftaten**[2] neben den in § 208 Abs. 1 Satz 2 AO nicht ausdrücklich erwähnten **Befugnissen**[3] des **§ 404 Satz 1 AO,** die Befugnisse nach **§ 404 Satz 2 Halbs. 1 AO.**[4] Hierbei handelt es sich nach § 404 Satz 2 Halbs. 1 AO i.V.m. § 399 Abs. 2 Satz 2 AO konkret um die Befugnis, **Beschlagnahmen**[5] (§§ 94, 95, 97, 98 StPO), **Notveräußerungen**[6] (§ 111 l StPO), **Durchsuchungen**[7] (§§ 100 – 109 StPO), **Untersuchungen** und **sonstige Maßnahmen** nach den für Hilfsbeamte der Staatsanwaltschaft[8] geltenden Vorschriften der Strafprozeßordnung anzuordnen bzw. durchzuführen sowie nach § 404 Satz 2 Halbs. 1 AO um die Befugnis zur **Durchsicht der Papiere** des von der Durchsuchung Betroffenen (§ 110 Abs. 1 StPO).[9] Die gesetzliche Formulierung in § 208 Abs. 1 Satz 2 AO „... haben außer den Befugnissen nach § 404 Satz 2 Halbs. 1 AO auch die Ermittlungsbefugnisse, die den Finanzämtern (Hauptzollämtern) zustehen" **erweitert nicht**[10] die Befugnisse der Steuerfahndung bei der Erforschung von

---

[1] Vgl. auch **Mösbauer,** Steuerstraf- und Steuerordnungswidrigkeitenrecht, 2. Aufl., 2000, § 35, S. 453 ff.; **Mösbauer,** Finanzbehördliche Sachverhaltsermittlung bei Verdacht einer Steuerstraftat, DStZ 2000, S. 512 ff.; **Mösbauer,** Steuerfahndung – ein besonderer Prüfdienst der Finanzverwaltung zur Bekämpfung der Steuerkriminalität, StB 2003, S. 214 ff.; **Seer,** in: Tipke / Kruse, AO / FGO, § 208 AO, Tzn. 44 – 133.

[2] Entsprechendes gilt nach § 410 Abs. 1 Nr. 9 AO für das **Bußgeldverfahren wegen Steuerordnungswidrigkeiten.**

[3] Bei ihnen handelt es sich um dieselben Befugnisse, aber auch Pflichten, die die Behörden und Beamten des Polizeidienstes nach der StPO haben. Vgl. z.B. das Recht zur Entgegennahme von Anzeigen (§ 158 StPO), die Befugnis zur Durchführung von Ermittlungen jeder Art (§ 161 StPO), das Recht des ersten Zugriffs (§ 163 StPO), das Recht auf Vernehmung von Beschuldigten, Zeugen und Sachverständigen (§§ 163 a Abs. 1, 4, 5 StPO, 55 OWiG) und z.B. das Recht auf Herausgabe von Beweismitteln (§ 95 StPO) ferner das Recht zur Identitätsfeststellung von Personen (§ 163 b StPO), das Recht, Verdächtige festzuhalten (§ 81 b StPO), das Recht zur vorläufigen Festnahme von auf frischer Tat betroffenen Personen (§ 164 StPO) und das Recht auf Anhörung des Betroffenen (§ 55 OWiG). Dazu **Klein,** in: Klein, AO, 6. Aufl., 1998, § 404 AO, Anm. 5 ff.; **Dörn,** Befugnisse der Steuerfahndung im Steuerstrafverfahren, StB 1993, S. 44; **Maurer,** in: Wannemacher, Steuerstrafrecht, 4. Aufl., 1999, RdNrn. 2222 – 2234, S. 566 – 573.

[4] Vgl. in diesem Zusammenhang BVerfG, Beschluß vom 23.3.1994 – 2 BvR 396 / 94 – NJW 1994, 2079. Diese Entscheidung läßt den sog. pauschalen Zugriff zu.

[5] Nach § 98 Abs. 1 StPO dürfen Beschlagnahmen durch die Steuerfahndung nur bei Gefahr im Verzug angeordnet werden. Allerdings ist § 97 StPO zu beachten. Er verhindert u.a. auch die Beschlagnahme von Mandantenunterlagen beim Steuerberater oder Rechtsanwalt. Vgl. auch LG Arnsberg, Beschluß vom 16.4.1983 – 3 Rs 359 / 82 – Wistra 1985, 205 (betr. Kontounterlagen); **Dörn,** Sicherstellung von Geld durch die Finanzbehörde im Steuerstrafverfahren, Wistra 1990, S. 181.

[6] ... sc. l. beschlagnahmter oder gepfändeter Gegenstände.

[7] Zum Begriff vgl. BVerwG, Urteil vom 6.9.1974 – IC 17 / 73 – BVerwGE 47, 31 f.. Nach § 105 Abs. 1 StPO dürfen Durchsuchungen durch die Steuerfahndung nur bei Gefahr im Verzug angeordnet werden. Die Anordnung kann formlos erfolgen, muß den Tatvorwurf konkret beschreiben und die zu erwartenden Beweismittel annäherungsweise angeben. Dazu BVerfG, Beschluß vom 26.5.1976 – 2 BvR 294 / 76 – BVerfGE 42, 212 ff.. Widerstand gegen die Durchführung ist nach § 113 StGB strafbar.

[8] Vgl. dazu **Pütz,** Steuer- und Zollfahnder als Hilfsbeamte der Staatsanwaltschaft, Wistra 1990, S. 212.

[9] Dazu **Joecks,** in: Franzen / Gast-de Haan / Joecks, Steuerstrafrecht, 4. Aufl., 1996, § 404 AO, Anm. 65 ff.; **Depping,** Die „mithörende" Steuerfahndung, StB 1995, S. 97.

[10] So auch **Wolter,** Die Befugnisse der Steuerfahndung im Steuerstrafverfahren, BB 1981, S. 236; **Henneberg,** Die Steuerfahndung, „Finanzstaatsanwaltschaft" oder Hilfsbeamter der Staatsanwaltschaft?, DStR 1981, S. 215; **Spitz,** Auskunftspflichten – Bankgeheimnis – Beschlagnahme – Durchsuchung – Zeugenvernehmung im Steuerstrafverfahren, DStR 1981, 433; **Streck,** Der Eingriff der Steuerfahndung, 3. Aufl., 1981, Tz. 211; sowie

Steuerstraftaten und Steuerordnungswidrigkeiten. Die Verweisung auf die Ermittlungsbefugnisse des Finanzamtes erweitert die Befugnisse der Steuerfahndung mithin nicht[11] um die staatsanwaltschaftlichen Ermittlungsbefugnisse der Bußgeld- und Strafsachenstellen. Die **polizeilichen** Befugnisse der Steuerfahndung und die **staatsanwaltschaftlichen** Befugnisse der Bußgeld- und Strafsachenstellen der Finanzämter sind daher gesetzgeberisch klar abgegrenzt.

Die Steuerfahndung kann daher weder richterliche Durchsuchungs- und Beschlagnahmebeschlüsse[12] beantragen[13], noch Anträge auf Erlaß eines Strafbefehls oder auf selbständige Einziehung oder Verfall stellen (§§ 400, 401 AO). Die Steuerfahndung kann ferner weder die Rechte der Finanzbehörde im gerichtlichen Verfahren wahrnehmen (§ 407 AO), noch das Verfahren nach §§ 153 Abs. 1, 153 a, 154 d oder 170 Abs. 2 StPO einstellen. Sie kann ferner nicht von der Verfolgung nach §§ 153 b, 153 c, 154, 154 b, 154 c StPO absehen oder die Verfolgung auf einzelne Tatteile beschränken (§ 154 a StPO). Auch entfallen Erteilung und Beantragung der Zustimmung zur Einstellung des Verfahrens oder Beschränkung der Strafverfolgung. Und anders als bei der Finanzstaatsanwaltschaft (Bustra-Stelle) brauchen Zeugen und Sachverständige auf Grund einer Ladung nicht vor der Steuerfahndung, als der Kriminalpolizei der Finanzverwaltung, zu erscheinen.[14] Mancher Fahndungsprüfer wäre deshalb gut beraten, diese klare gesetzgeberische Befugniszuweisung auch i.S. der gegebenen Eindeutigkeit sowie der gebotenen Rechtsklarheit und Stetigkeit zu verstehen, statt unzutreffender Weise davon auszugehen, sich zur Erforschung von Steuerstraftaten und Steuerordnungswidrigkeiten auch der Ermittlungsbefugnisse des Besteuerungsverfahrens bedienen zu dürfen.[15] § 208 Abs. 1 Satz 3 Halbs. 2 AO läßt § 393 Abs. 1 Satz 1 AO unberührt. Er aber stellt eindeutig fest, daß sich die Rechte und Pflichten des Steuerpflichtigen und der Finanzbehörde im Besteuerungsverfahren und im Strafverfahren nach den für das jeweilige Verfahren geltenden Vorschriften richten.[16]

Als ihre Hilfsbeamten und funktionellen Organe nach § 404 Satz 2 Halbs. 2 AO kann die Staatsanwaltschaft auf Grund ihrer Verfahrensherrschaft (§ 386 Abs. 4 AO) die mit der Steuerfahndung betrauten Beamten **ad personam** zur Ausführung eines **Auftrages** anweisen. Sie kann aber auch den für die Beamten zuständigen **Behördenleiter ersuchen,** eine bestimmte Ausführungshandlung durch einzelne Beamte vornehmen zu lassen.[17]

LG Hildesheim, Beschluß vom 10.11.1980 – 22 Qs 3 / 80 – BB 1981, 356; **Scheurmann-Kettner,** in: Koch / Scholtz, AO, 5. Aufl., 1996, § 404 AO, Rzn. 19 ff..

[11] So auch ausdrücklich **Maurer,** in: Wannemacher, Steuerstrafrecht, 4. Aufl., 1999, RdNr. 2233, S. 571 f..

[12] Gegen sie ist gem. § 304 StPO die Beschwerde gegeben. Sie wird nach § 306 Abs. 1 StPO bei dem Gericht, von dem oder von dessen Vorsitzenden die angefochtene Entscheidung erlassen ist, zu Protokoll der Geschäftsstelle oder schriftlich eingelegt. Erachtet das Gericht oder der Vorsitzende, dessen Entscheidung angefochten wird, die Beschwerde für begründet, so haben sie ihr nach § 306 Abs. 2 Halbs. 1 StPO abzuhelfen. Andernfalls ist nach § 306 Abs. 2 Halbs. 2 StPO die Beschwerde sofort, spätestens vor Ablauf von drei Tagen, dem Beschwerdegericht vorzulegen.

Durch die Einlegung der Beschwerde allein wird der Vollzug der angefochtenen Entscheidung zwar nicht gehemmt; es kann aber deren Vollziehung ausgesetzt werden. Nach § 304 Abs. 2 StPO können auch Zeugen, Sachverständige und andere Personen gegen Beschlüsse und Verfügungen, durch die sie betroffen werden, Beschwerde erheben.

[13] Bestätigend LG Berlin, Beschluß vom 8.2.1988 – 514 Qs 1 / 88 – Wistra 1988, 203.

[14] Bestätigend auch **Rüsken,** in: Klein, AO, 8. Aufl., 2003, § 404 AO, Anm. 2, letzter Absatz.

[15] Vgl. dazu die Simplifikationen von **Klos** zur Abgrenzung der polizeilichen Befugnisse der Steuerfahndung von den staatsanwaltschaftlichen Befugnissen des Finanzamtes (StraBu-Stelle), DStZ 1986, S. 509; ferner **Tipke / Kruse,** AO / FGO, Lfg. Okt. 1996, § 208 AO, Tz. 10.

[16] Vgl. in diesem Zusammenhang **Kühn / Hofmann,** AO, 17. Aufl., 1995, § 208 AO, Bem. 3. Vgl. ergänzend auch AEAO (i.d.F. BMF – Schr. v. 14.2.2000 – BStBl. 2000 I, S. 190, ber. S. 435) zu § 208 AO, Nr. 1 Satz 2: § 208 Abs. 1 Sätze 2 und 3 AO bestimmen, welche Vorschriften für das Verfahren zur Durchführung von Steuerfahndungsmaßnahmen maßgebend sind.

[17] Zur Rechtsstellung der Fahndungsdienste und ihrer Beamten im Steuerstrafverfahren vgl. **Maurer,** in: Wannemacher, Steuerstrafrecht, 4. Aufl., 1999, RdNrn. 2222 ff., S. 566 f..

Anders verhält es sich hingegen, wenn die Verfahrensherrschaft nach § 386 Abs. 2 AO i.V.m. § 399 Abs. 1 AO bei der Finanzbehörde liegt. In diesem (Ausnahme-)Fall ist allein die Finanzbehörde weisungsbefugt.
Einen Sonderfall regelt **§ 30 a Abs. 5 Satz 2 AO:** Ist die Person des Steuerpflichtigen bekannt und gegen ihn kein Verfahren wegen einer Steuerstraftat oder einer Steuerordnungswidrigkeit eingeleitet, soll auch im Verfahren nach § 208 Abs. 1 Satz 1 AO ein Kreditinstitut erst um Auskunft und Vorlage von Urkunden gebeten werden, wenn ein Auskunftsersuchen an den Steuerpflichtigen nicht zum Ziele führt oder keinen Erfolg verspricht.

II. Die Befugnisse im Bußgeldverfahren wegen Steuerordnungswidrigkeiten

Nach § 410 Abs. 1 Nr. 9 AO gelten für das Bußgeldverfahren die für das Strafverfahren wegen Steuerstraftaten geltenden Befugnisse entsprechend; allerdings mit der Maßgabe, daß die Beamten der Steuerfahndung (Zollfahndung) im Bußgeldverfahren wegen § 410 Abs. 1 Nr. 9 AO i.V.m. § 404 Satz 2 Halbs. 2 AO **keine** Hilfsbeamten der Staatsanwaltschaft sind. Denn § 404 Satz 2 Halbs. 2 AO wird von § 410 Abs. 1 Nr. 9 AO nicht erwähnt.

III. Die Ermittlungsbefugnisse im Besteuerungsverfahren

1. Die steuerlichen Ermittlungsbefugnisse

Die mit der Steuerfahndung betrauten Dienststellen der Landesfinanzbehörden und die Zollfahndungsämter haben nach § 208 Abs. 1 Satz 2 Halbs. 2 AO **auch** die steuerlichen **Ermittlungsbefugnisse,** die den **Finanzämtern (Hauptzollämtern) im Besteuerungsverfahren** zustehen (§§ 93 ff. AO); allerdings mit den Einschränkungen des § 208 Abs. 1 Satz 3 AO.[18] Daß es sich in concreto nur um die **steuerlichen** Ermittlungsbefugnisse handeln kann, macht der Gesetzgeber dadurch deutlich, daß er sie neben die steuerstrafrechtlichen Befugnisse des § 404 AO stellt; „... außer den Befugnissen nach § 404 Satz 2 Halbs. 1 auch die Ermittlungsbefugnisse, die den Finanzämtern (Hauptzollämtern) zustehen". Diese Befugnisse beschränken sich aber auf die Aufgabenbereiche des § 208 Abs. 1 Satz 1 Nr. 2 AO (Ermittlung der Besteuerungsgrundlagen in den Fällen des § 208 Abs. 1 Satz 1 Nr. 1 AO), des § 208 Abs. 1 Satz 1 Nr. 3 AO (Aufdeckung und Ermittlung unbekannter Steuerfälle) sowie des § 208 Abs. 2 Nr. 1 AO (steuerliche Ermittlungen einschließlich der Außenprüfung auf Ersuchen der zuständigen Finanzbehörde). Sie gelten **nicht** für den Aufgabenbereich des § 208 Abs. 1 Satz 1 Nr. 1 AO (Erforschung von Steuerstraftaten[19] und Steuerordnungswidrigkeiten[20]), da für ihn durch leges speciales die Befugnisse der §§ 404 Satz 2 Halbs. 1 AO i.V.m. 399 Abs. 2 Satz 2 AO sowie 410 Abs. 1 Nr. 9 AO vorgesehen sind.

2. Parallelität von Besteuerungsverfahren und Steuerstrafverfahren

a) Steuerliche / steuerstrafrechtliche Ermittlungsbefugnisse

---

[18] Vgl. dazu Bericht und Antrag des Finanzausschusses, BT-Drucks. VII / 4292. So auch BFH, Beschluß vom 16.12.1997 – VII B 45 / 97 – BStBl. 1998 II, 231, bes. 234. Vgl. dazu auch AEAO (i.d.F. BMF – Schr. v. 14.2.2000 – BStBl. 2000 I, S. 190, ber. S. 435) zu § 208 AO, Nr. 2 (zu Rechten und Pflichten der Steuerfahndung); ferner **Birk,** Steuerrecht, 7. Aufl., 2004, S. 145, RdNr. 452.

[19] ... z.B. auch, wenn nur die Prüfung der Schuldfrage ansteht.

[20] Bestätigend auch **Scheurmann-Kettner,** in: Koch / Scholtz, AO, 5. Aufl., 1996, § 208 AO, Rz. 28.

Für den Fall einer **Parallelität** von **Besteuerungsverfahren** und **Steuerstrafverfahren** verweist § 393 Abs. 1 Satz 1 AO den Steuerpflichtigen und die Finanzbehörde hinsichtlich ihrer Rechte und Pflichten auf die für das jeweilige Verfahren geltenden Rechtsvorschriften.[21] Das bedeutet, daß die steuerlichen Ermittlungsbefugnisse selbständig neben den steuerstrafrechtlichen Bestand haben.

b) Einschränkungen der Beweismittel-Reihenfolge

§ 208 Abs. 1 Satz 3 Halbs. 1 AO **hebt** allerdings für die Fälle des § 208 Abs. 1 Satz 1 Nrn. 2 und 3 AO, nicht aber auch für den Fall des § 208 Abs. 2 Nr. 1 AO, im Interesse der **Effizienz der Steuerfahndung** einige sonst für das Steuerermittlungsverfahren geltende **Beschränkungen auf.** So sollen z.B. die Einschränkungen der Beweismittel-Reihenfolge des § 93 Abs. 1 Satz 3, Abs. 2 Satz 2 AO und des § 97 Abs. 2 und 3 AO nicht gelten. Dies hat zur Folge, daß die mit der Steuerfahndung betrauten Dienststellen der Landesfinanzbehörden und die Zollfahndungsämter nicht gehindert sind, **andere** Personen als die Beteiligten auch schon dann zur Auskunft anzuhalten, wenn noch nicht feststeht, daß die Sachverhaltsaufklärung durch die Beteiligten nicht zum Ziele führt oder keinen Erfolg verspricht (§ 93 Abs. 1 Satz 3 AO).[22]

c) Zulässigkeit auch mündlicher Auskunftsersuchen

Dies hat ferner zur Folge, daß Auskunftsersuchen trotz Verlangens des Auskunftspflichtigen entgegen § 93 Abs. 2 Satz 2 AO wegen § 208 Abs. 1 Satz 3 Halbs. 1 AO **nicht schriftlich** zu ergehen haben. Davon unberührt bleibt hingegen § 93 Abs. 4 Satz 2 AO, wonach die Steuer- und Zollfahndungsbehörden gleichwohl eine **schriftliche** Auskunftserteilung von dem Auskunftspflichtigen verlangen können, wenn dies, wie regelmäßig bei komplizierten Steuer- und Wirtschaftsstraftaten der Fall, sachdienlich ist.
Zutreffend verweist Scheurmann-Kettner[23] daher in diesem Zusammenhang darauf, daß sich die Frage, ob und inwieweit bei strafprozessualen Ermittlungshandlungen über § 161 StPO hinaus (schriftliche) Auskünfte verlangt werden können, daher insoweit nicht stellt. Schließlich bestehe in diesen Fällen eine – im Strafverfahrensrecht grundsätzlich nicht gegebene – Informationspflicht nach § 93 Abs. 3 Satz 2 AO. Danach hat sich der Auskunftspflichtige vor der Auskunftserteilung anhand der ihm zur Verfügung stehenden Geschäftsunterlagen zu informieren und daraus ggf. Aufzeichnungen zu entnehmen.

d) Vorlage von Büchern, Aufzeichnungen, Geschäftspapieren und anderen Urkunden durch Dritte

---

[21] Vgl. dazu **Kühn / Hofmann,**AO / FGO, 17. Aufl., 1995, § 393 AO, Anm. 1. Ferner **Papperitz,** Von der Betriebsprüfung zur strafrechtlichen Ermittlung, DStZ 1987, S. 55 ff.; **Hamacher,** Neue Rechtsprechung zu den Voraussetzungen von Ermittlungsmaßnahmen der Finanzbehörden, DStZ 1987, S. 224 ff.; **Kreutziger,** Rechtsschutz gegen Maßnahmen der Steuerfahndung, DStZ 1987, S. 346 ff.; **Tormöhlen,** Befugnisse der Steuerfahndung bei Sachverhalten, in denen Strafverfolgungsverjährung aber noch keine Festsetzungsverjährung nach § 169 AO eingetreten ist, Wistra 1993, S. 174; **Scheurmann-Kettner,** in: Koch / Scholtz, AO, 5. Aufl., 1996, § 208 AO, Rz. 33 / 1; **Seer,** in: Tipke / Kruse, AO / FGO, § 208 AO, Tzn. 129 – 133.

[22] Dazu **Brockmeyer,** in: Klein, AO, 6. Aufl., 1998, § 93 AO, Anm. 2; **Scheurmann-Kettner,** in: Koch / Scholtz, AO, 5. Aufl., 1996, § 208 AO, Rz. 31 f.. Vgl. in diesem Zusammenhang auch **Reiche,** Die strafrechtliche Ermittlungskompetenz der Zollfahndung – Anmerkung zum Urteil des BGH vom 24.10.1989 – 5 StR 238 – 239 / 89 – Wistra 1990, S. 90; **Maurer,** in: Wannemacher, Steuerstrafrecht, 4. Aufl., 1999, RdNr. 2235, S. 573 f..

[23] Dazu **Scheurmann-Kettner,** in: Koch / Scholtz, AO, 5. Aufl., 1996, § 208 AO, Rz. 32; **Brockmeyer,** in: Klein, AO, 6. Aufl., 1998, § 93 AO, Anm. 2.

Weiterhin dürfen wegen § 208 Abs. 1 Satz 3 Halbs. 1 AO die Steuer- und Zollfahndungsbehörden – **von Dritten** – die Vorlage von Büchern, Aufzeichnungen, Geschäftspapieren und anderen Urkunden im steuerlichen Ermittlungsverfahren auch bereits dann verlangen, wenn noch nicht feststeht, ob der Vorlagepflichtige eine Auskunft erteilt hat, ob die Auskunft zureichend ist oder Bedenken gegen ihre Richtigkeit bestehen (§ 97 Abs. 2 Satz 1 AO).[24]

e) Ort der Vorlage

Außerdem können die Steuer- und Zollfahndungsbehörden die Vorlage der in § 97 Abs. 1 AO genannten Urkunden **an Amtsstelle** verlangen oder sie **bei dem Vorlagepflichtigen** einsehen, auch wenn dieser nicht einverstanden ist oder die Urkunden für eine Vorlage an Amtsstelle nicht ungeeignet sind (§ 97 Abs. 3 Satz 1 AO).

f) Auskunfts- und Vorlageersuchen an Kreditinstitute

Die Auskunfts- und Vorlagepflichten gelten auch für **Kreditinstitute**. Allerdings legte der sog. Bankenerlaß den mit der Steuerfahndung betrauten Dienststellen der Landesfinanzbehörden und den Zollfahndungsämtern für die Zeit bis zur Einleitung eines Steuerstraf- oder Steuerordnungswidrigkeitenverfahrens bisher gewisse Beschränkungen auf. Dies tat er, daß die Steuerfahndung diese Beschränkungen auch beachtet und sie nicht nur, wie z.B. im Herstatt-Fall, lediglich zur Kenntnis nimmt.[25]

§ 30 a Abs. 5 Satz 1 AO bestimmt nunmehr ausdrücklich, daß für Auskunftsersuchen an Kreditinstitute § 93 AO gilt. Ist die Person des Steuerpflichtigen **bekannt** und gegen sie **kein** Verfahren wegen einer Steuerstraftat oder einer Steuerordnungswidrigkeit eingeleitet, soll auch im Verfahren nach § 208 Abs. 1 Satz 1 AO ein Kreditinstitut erst um Auskunft und Vorlage von Urkunden gebeten werden, wenn ein Auskunftsersuchen an den Steuerpflichtigen nicht zum Ziele führt oder keinen Erfolg verspricht (§ 30 a Abs. 5 Satz 2 AO).[26]

§ 30 a AO enthält nicht nur für Auskunftsersuchen bei Banken Besonderheiten, sondern auch für die Anfertigung von Kontrollmaterial anläßlich der Durchsuchung einer Bank. Eine solche Anfertigung ist nach § 30 a Abs. 3 AO nicht unbeschränkt zulässig. Wann sie im Einzelfall zulässig ist, hängt von der insgesamt noch nicht vollständig geklärten Auslegung des § 30 a AO ab, der zwar inzwischen als verfassungsrechtlich unbedenklich gilt, aber gleichwohl einer verfassungskonform einschränkenden Auslegung bedarf. Sie tendiert dahin, § 30 a Abs. 1, 2, 4 und 5 AO lediglich als rechtsbestätigende Regelungen zu verstehen. § 30 a Abs. 3 AO wird als Regelung verstanden, die Kontrollmitteilungen unter dem Vorbehalt „hinreichend begründeten Anlasses" als zulässig erachtet.[27]

g) Mitwirkungs-, Auskunfts- und Vorlagepflichten des Steuerpflichtigen

Nach § 208 Abs. 1 Satz 3 Halbs. 2 AO gilt in den Fällen des § 208 Abs. 1 Satz 1 Nrn. 2 und 3 AO der § 200 Abs. 1 Sätze 1 und 2, Abs. 2, Abs. 3 Sätze 1 und 2 AO sinngemäß. Dies bedeutet konkret, daß der Steuerpflichtige bei der **Ermittlung** der Besteuerungsgrundlagen in

---

[24] So auch AEAO (i.d.F. BMF – Schr. v. 14.2.2000 –BStBl. 2000 I, S. 190, ber. S. 435) zu § 208 AO, Nr. 4 Satz 1.

[25] Dazu **Meyer-Arndt,** StbJb 1979 / 1980, S. 151 ff..

[26] So auch AEAO (i.d.F. BMF – Schr. v. 14.2.2000 – BStBl. 2000 I, S. 190, ber. S. 435) zu § 208 AO, Nr. 4 Satz 2; zur nicht vollständig geklärten Auslegung des § 30 a AO vgl. auch **Maurer,** in: Wannemacher, Steuerstrafrecht, 4. Aufl., 1999, RdNrn. 2236 f., S. 574 f..

[27] Vgl. in diesem Zusammenhang BFH, Beschluß vom 25.7.2000 – VII B 28 / 99 – WPg 2001, 228 und dazu BMF, Schreiben vom 12.12.2000 – IV A 4 – S 0130 a – 9 / 00 III – WPg 2001, 228.

den Fällen des § 208 Abs. 1 Satz 1 Nr. 1 AO sowie bei der **Aufdeckung** und Ermittlung unbekannter Steuerfälle gegenüber den Steuer- und Zollfahndungsbehörden eine **Mitwirkungspflicht** hat (§ 200 Abs. 1 Satz 1 AO sinngemäß). Im Rahmen dieser Mitwirkung hat er insbesondere **Auskünfte** zu erteilen (§ 200 Abs. 1 Satz 2 AO).
Er hat aber auch **Aufzeichnungen, Bücher, Geschäftspapiere** und **andere Urkunden** zur Einsicht und Prüfung vorzulegen (§ 200 Abs. 1 Satz 2 AO), die zum Verständnis der **Aufzeichnungen** erforderlichen **Erläuterungen** zu geben (§ 200 Abs. 1 Satz 2 Halbs. 2 AO) und die Finanzbehörde bei Ausübung ihrer Befugnisse nach § 147 Abs. 6 AO zu unterstützen. Hier hat der Gesetzgeber übersehen, daß nicht nur Aufzeichnungen unverständlich sein können, sondern auch Bücher, Geschäftspapiere und andere Urkunden, und daher auch sie zu ihrem Verständnis erläutert werden müssen. Drei Wege bieten sich hier zur Lösung des – gesetzgeberisch verursachten – Problems an:

a) Man versteht den Begriff **„Aufzeichnungen"** in einem sehr weiten, Bücher, Geschäftspapiere und andere Urkunden mit umfassenden, Sinne, dann sind auch im Falle ihrer Unverständlichkeit durch den Steuerpflichtigen die erforderlichen Erläuterungen zu geben; und zwar nach § 200 Abs. 1 Satz 2 Halbs. 2 AO.
b) Will man aber den Begriff **„Aufzeichnungen"** nicht in diesem erweiterten Sinne verstehen, käme man zum gleichen Ergebnis, wenn man den Steuerpflichtigen im Rahmen seiner Mitwirkungspflichten nach § 200 Abs. 1 Satz 1 AO verpflichten würde, die zum Verständnis der Bücher, Geschäftspapiere und anderen Urkunden – nicht auch der **Aufzeichnungen** – erforderlichen Erläuterungen zu geben.
c) Der dritte Lösungsweg wäre technisch der einfachste. Könnte sich der Gesetzgeber entschließen, den Begriff **„Aufzeichnungen"** durch den Begriff „Urkunden" zu ersetzen, hätte er noch dazu dem Postulat der Rechtsklarheit entsprochen.

Soweit § 200 Abs. 2 AO sinngemäß gilt, bedeutet dies, daß der Steuerpflichtige die in § 200 Abs. 1 AO genannten Unterlagen den Steuer- und Zollfahndungsbehörden in seinen Geschäftsräumen oder, soweit ein zur Durchführung der Steuerfahndung (Zollfahndung) geeigneter Geschäftsraum nicht vorhanden ist, in seinen Wohnräumen oder an Amtsstelle vorzulegen hat.[28]
Nach sinngemäßer Anwendung des § 200 Abs. 3 Sätze 1 und 2 AO findet die Steuerfahndung (Zollfahndung) während der üblichen Geschäfts- oder Arbeitszeit statt. Die Fahnder sind berechtigt, Grundstücke und Betriebsräume zu betreten und zu besichtigen. § 393 Abs. 1 AO, der nach § 208 Abs. 1 Satz 3 Halbs. 2 AO unberührt bleibt, markiert die Grenzen der Mitwirkungspflichten. Nach ihm sind Zwangsmittel (§ 328 AO)[29] gegen den mitwirkungspflichtigen Steuerpflichtigen unzulässig, wenn er dadurch gezwungen würde, sich selbst wegen einer von ihm begangenen Steuerstraftat oder Steuerordnungswidrigkeit zu belasten. Der Steuerpflichtige ist nach § 393 Abs. 1 Satz 4 AO hierüber zu belehren[30], soweit dazu Anlaß besteht. Ein solcher Anlaß ist in den Fällen des § 208 Abs. 1 Satz 1 Nrn. 2 und 3 AO regelmäßig anzunehmen.

[28] Vgl. in diesem Zusammenhang **Rüsken,** in: Klein, AO, 8. Aufl., 2003, § 200 AO, Anm. 6.
[29] Vgl. dazu **Brockmeyer,** in: Klein, AO, 6. Aufl., 1998, Vorbem. zu § 328 AO.
[30] Zum Text der Belehrung vgl. BdF-Schreiben vom 14.12.1979 – BStBl. 1979 I, 115. Zu den Mitwirkungspflichten des Steuerpflichtigen, die sich aus den Vorschriften über die Außenprüfung ergeben, vgl. AEAO (i.d.F. BMF – Schr. v. 14.2.2000 – BStBl. 2000 I, S. 190, ber. S. 435) zu § 208 AO, Nr. 5 Satz 1 (Mitwirkungspflichten) und Satz 2 (Belehrung).

IV. Rechtsschutz gegen Maßnahmen der Steuerfahndung (Zollfahndung)

1. Besteuerungsverfahren

Die Frage nach dem statthaften außergerichtlichen oder gerichtlichen Rechtsbehelf gegen Maßnahmen der Steuerfahndung (Zollfahndung) beantwortet sich danach, ob die Maßnahmen
a) dem Besteuerungsverfahren oder
b) dem Strafverfahren
zuzuordnen sind. Die Zuordnung ist deshalb schwierig, da die Befugnisnorm der Maßnahme nur ein vages Indiz ist. Macht die Steuerfahndung im Rahmen der Ermittlung der Besteuerungsgrundlagen (§ 208 Abs. 1 Nr. 2 AO) oder der Aufdeckung oder Ermittlung unbekannter Steuerfälle (§ 208 Abs. 1 Nr. 3 AO) von den Befugnissen des **Besteuerungsverfahrens,** also der §§ 93 ff. AO, Gebrauch, so ist gegen solche Maßnahmen nach § 347 AO der Rechtsbehelf des Einspruchs statthaft. Wird dem Einspruch nicht abgeholfen, ist nach § 33 Abs. 2 FGO die Klage zum Finanzgericht statthaft.[31]
Auch bei dem Verdacht einer Steuerstraftat ermittelt die Finanzbehörde nach § 386 Abs. 1 AO den Sachverhalt. Mit welchen Mitteln oder auf welche Weise sie dieser Ermittlungspflicht nachkommt, ist somit keine Frage der rechtlichen Zulässigkeit, sondern der Zweckmäßigkeit und der Praktikabilität.[32]

2. Steuerstrafverfahren

Soweit der Bereich **steuerstrafrechtlicher** Ermittlungen in Frage steht, sind nicht unerhebliche Rechtsschutzlücken zu konstatieren. Die Rechtsbehelfe der AO sind hier – nach dem ausdrücklichen Willen des Gesetzgebers in § 347 Abs. 3 AO – **nicht** anwendbar. Dies bedeutet eine Beschränkung auf den Rechtsschutz nach der Strafprozeßordnung.[33]
Ausdrücklich ist dieser nur bei **Grundrechtseingriffen** gegeben, soweit diese auf ausdrückliche Anordnungen
a) des Ermittlungs**richters** oder
b) bei Gefahr im Verzuge der Staatsanwaltschaft oder ihrer Hilfsbeamten (an Stelle des Richters)
zurückgehen (§ 105 Abs. 1 Satz 1 StPO).
Wird z.B. durch einen **Richter** nach § 105 Abs. 1 Satz 1 StPO eine **Durchsuchung** angeordnet, so ist gegen diesen Beschluß nach § 304 StPO der Rechtsbehelf der **Beschwerde** zulässig. Die Beschwerde ist übrigens gegen alle von den Gerichten im ersten Rechtszug oder im Berufungsverfahren erlassenen Beschlüsse zulässig.
Die Beschwerde wird nach § 306 Abs. 1 StPO **bei** dem Gericht eingelegt, **von** dem die angefochtene Entscheidung erlassen worden ist.

---

[31] Vgl. dazu BFH, Beschluß vom 29.10.1986 – I B 28 / 86 – Wistra 1987, 107; **Kreutziger,** Rechtsschutz gegen Maßnahmen der Steuerfahndung, DStZ 1987, S. 346; ergänzend LG Köln, Beschluß vom 21.4.1997 – 110 Qs 5 / 97 – Wistra 1997, 237. Der Finanzrechtsweg ist auch dort statthaft, wo für eine Tat zwar schon die fünfjährige Strafverfolgungsverjährungsfrist nach § 78 Abs. 3 Nr. 4 StGB abgelaufen ist, aber noch nicht die zehnjährige Festsetzungsverjährungsfrist nach § 169 Abs. 2 Nr. 2 AO. Vgl. ergänzend auch AEAO (i.d.F. BMF – Schr. v. 14.2.2000 – BStBl. 2000 I, S. 190, ber. S. 435) zu § 208 AO, Nr. 3 Satz 2 Halbs. 1: Für Einwendungen gegen ... Maßnahmen im Besteuerungsverfahren ist der **Finanz**rechtsweg ... gegeben.

[32] So ausdrücklich BFH, Urteil vom 19.8.1998 – XI R 37 / 97 – BStBl. 1999 II, 7, 9.

[33] AEAO (i.d.F. BMF – Schr. v. 14.2.2000 – BStBl. 2000 I, S. 190, ber. S. 435) zu § 208 AO, Nr. 3 Satz 2 Halbs. 2: ... für Einwendungen gegen Maßnahmen im Strafverfahren wegen Steuerstraftaten ist der **ordentliche** Rechtsweg gegeben.

Beschwerde**berechtigt** ist derjenige, welcher durch die Maßnahme in seinen Rechten verletzt worden ist. Das ist bei einer Durchsuchung nach § 102 StPO der Verdächtige, nach § 103 StPO der unverdächtige „Andere“.
Die Beschwerde, wie auch der Antrag auf richterliche Entscheidung nach § 98 Abs. 2 Satz 2 StPO, § 23 EGGVG wirken **nicht suspensiv,** d.h. nach § 307 Abs. 1 StPO: Durch die Einlegung der Beschwerde wird der Vollzug der angefochtenen Entscheidung nicht gehemmt. Die Vollziehung kann jedoch **ausgesetzt** werden.
Einer für begründet erachteten Beschwerde ist nach § 306 Abs. 2 Alt. 1 StPO **abzuhelfen;** eine für unbegründet erachtete Beschwerde ist nach § 306 Abs. 2 Alt. 2 StPO, spätestens vor Ablauf von 3 Tagen, dem Beschwerdegericht vorzulegen.
Die Entscheidung über die Beschwerde ergeht nach § 309 Abs. 1 StPO **ohne** mündliche Verhandlung.
Eine weitere Anfechtung der auf eine Beschwerde ergangenen Entscheidung findet nach § 310 Abs. 2 StPO **nicht** statt.
Die Einlegung einer Verfassungsbeschwerde zum BVerfG bleibt davon unberührt.
Ist die Strafverfolgungsmaßnahme der StPO bereits **vollzogen,** verbleibt im Interesse eines effizienten Rechtsschutzes (Art. 19 Abs. 4 GG) nur noch eine **nachträgliche richterliche** Überprüfung[34] der Maßnahme durch das OLG nach §§ 23 ff. EGGVG. Dieser Rechtsschutz setzt aber zweierlei voraus:

a) ein besonderes **Interesse** des Betroffenen an der Feststellung der Rechtswidrigkeit der gegen ihn gerichteten Maßnahme, und
b) ein **Bedürfnis** für eine nachträgliche richterliche Überprüfung
    aa) der Ermittlungshandlungen der Steuerfahndungsbeamten,
    bb) der Art und Weise der Durchführung von Maßnahmen[35]
    cc) und ggf. des innerdienstlichen Verhaltens der Beamten.

Problematisch ist noch, daß der Antrag auf richterliche Überprüfung nach §§ 23 ff. EGGVG nicht auch Prozeßhandlungen erfaßt, da die auf

a) Einleitung,
b) Durchführung,
c) Gestaltung und
d) Beendigung

von Strafverfahren gerichteten Maßnahmen der Steuerfahndung keine Justizverwaltungsakte i.S. des § 23 Abs. 1 EGGVG sind.
Wurde die Anordnung der Durchsuchung nicht durch einen Richter verfügt, sondern durch die **Staatsanwaltschaft** und ihre **Hilfsbeamten** (z.B. die Beamten der Bußgeld- und Strafsachenstelle oder der Steuerfahndung), so kann der Betroffene nach § 98 Abs. 2 Satz 2 StPO jederzeit die richterliche Entscheidung beantragen.
Bestätigt der Richter die Anordnung, so kann der Beschluß des Richters mittels Beschwerde angefochten werden.
Eine weitere Beschwerde kommt nach § 310 Abs. 2 StPO nicht mehr in Betracht.

---

[34] Vgl. z.B. BVerfG, Beschluß vom 30.4.1997 – 2 BvR 817 / 90 – Wistra 1997, 219.

[35] Nach § 98 Abs. 2 Satz 2 StPO kann ein Antrag auf gerichtliche Entscheidung gestellt und gerügt werden: der unzulässige Zeitpunkt der Durchsuchung; die Durchsuchung auf Grund eines richterlichen Beschlusses, der bereits vor einem halben Jahr ausgestellt worden ist; die Verletzung des Anwesenheitsrechts des Durchsuchungsbetroffenen; der Verstoß gegen das Verbot der Telefonsperre; Hinzuziehung von nicht unabhängigen Durchsuchungszeugen; die Überschreitung der Durchsuchungsgrenzen; die unzulässige Mitwirkung von Steuerfahndern anderer Bundesländer; die sog. fehlerhafte Nachweisung (= Verzeichnis der mitgenommenen Gegenstände); das bewußte Suchen nach Zufallsfunden i.S.d. § 108 Abs. 1 StPO sowie der Verstoß gegen das Beschlagnahmeverbot des § 97 StPO.

Gegen die vorläufige Sicherstellung von Zufallsfunden nach § 108 Abs. 1 Satz 1 StPO kann der Betroffene entsprechend § 98 Abs. 2 Satz 2 StPO jederzeit die **richterliche Entscheidung** beantragen.
Gegen sie ist nach § 304 Abs. 1 StPO die **Beschwerde** zulässig; vorbehaltlich von § 304 Abs. 4 und 5 StPO.
Wird nach Abschluß einer Durchsuchung der beschlagnahmte Gegenstand nicht freigegeben, so muß nach §§ 94, 98 StPO dessen Beschlagnahme richterlich angeordnet werden.
Die einstweilige Beschlagnahme ist aufzuheben und die Sache ist freizugeben, wenn die Staatsanwaltschaft oder die Bußgeld- und Strafsachenstelle es unterläßt, in angemessener Zeit ein neues Verfahren einzuleiten und die endgültige Beschlagnahme zu beantragen.

Gegen einen Beschluß des **Gerichts,** durch den eine **Beschlagnahme** angeordnet worden ist, kann nach § 304 Abs. 1 StPO Beschwerde eingelegt werden.
Eine weitere Anfechtung der auf eine Beschwerde ergangenen Entscheidung findet nach § 310 Abs. 2 StPO **nicht** statt.

Erfolgte die Beschlagnahme, wegen Gefahr im Verzug, durch die Staatsanwaltschaft, die Bußgeld- und Strafsachenstelle oder die Steuerfahndung, so kann der Betroffene jederzeit die richterliche Entscheidung beantragen und anschließend dagegen nach § 304 StPO Beschwerde einlegen.
Gegen Steuerfahndungsmaßnahmen verbleibt schließlich noch die „stumpfe Waffe" der – persönlichen und sachlichen – **Dienstaufsichtsbeschwerde;** ein völlig unzureichendes Mittel des Rechtsschutzes im steuerstrafrechtlichen Ermittlungsverfahren.[36]
Dienstaufsichtsbehörde ist die Oberfinanzdirektion als Organ der innerdienstlichen Kontrolle.

Zu denken ist noch an eine **Klage** auf Einsicht in die Akten der Steuerfahndung nach Einstellung des Ermittlungsverfahrens.
Für diese Klage ist der Finanzrechtsweg gegeben (§ 33 Abs. 1 Nr. 1 FGO). Denn es handelt sich um eine öffentliche Streitigkeit über Abgabenangelegenheiten. Die Voraussetzung des § 33 Abs. 3 FGO, wonach § 33 Abs. 1 FGO auf Straf- und Bußgeldverfahren keine Anwendung findet, gilt dann nicht, wenn das Ermittlungsverfahren schon eingestellt ist.[37]
Die Klage ist als Leistungsklage i.S.d. § 40 Abs. 1 FGO ohne Vorverfahren zulässig.[38]
Über den Antrag auf Akteneinsicht ist nach pflichtgemäßem Ermessen (§ 5 AO) zu entscheiden. Ein allgemeines Akteneinsichtsrecht existiert nach der AO nicht.
Ein Steuerberater hat regelmäßig dann ein berechtigtes Interesse auf Einsicht in die Akten, wenn diese ein Ermittlungsverfahren gegen ihn wegen Beihilfe zur Steuerhinterziehung in Ausübung seines Berufes betreffen.[39]

---

[36] Vgl. dazu **Kreutziger,** Rechtsschutz gegen Maßnahmen der Steuerfahndung, DStZ 1987, S. 346 ff..
[37] Vgl. dazu BFH, Urteil vom 2.12.1976 – IV R 2 / 76 – BStBl. 1977 II, 318; BFH, Urteil vom 7.5.1985 – VII R 25 / 82 – BStBl. 1985 II, 571. Vgl. auch **Rössler,** Recht auf Einsicht in Akten eines abgeschlossenen Ermittlungsverfahrens wegen Steuerhinterziehung?, DStZ 1994, S. 191; **Hellmann,** Der Rechtsweg gegen die Versagung der Akteneinsicht durch die Finanzbehörde nach Abschluß des steuerstrafrechtlichen Ermittlungsverfahrens, DStZ 1994, S. 371.
[38] Vgl. dazu **von Groll,** in: Gräber, FGO, 2. Aufl., § 40 FGO, RdNrn. 32, 28.
[39] Vgl. dazu Niedersächs. FG, Urteil vom 8.12.1992 – I 368 / 89 – EFG 1993, 531.

§ 24 Aufgaben und Befugnisse der Finanzämter (Hauptzollämter)

I. Steuerliche Auswertung des Fahndungsberichts

Die Aufgaben und Befugnisse der Finanzämter (Hauptzollämter) bleiben nach § 208 Abs. 3 AO unberührt. Das bedeutet, daß die Finanzämter (Hauptzollämter) nicht gehindert sind, parallel zur Steuerfahndung (Zollfahndung) in der gleichen Angelegenheit tätig zu werden.[1] Dabei dürfen die Finanzämter z.B. auch den **Fahndungsbericht** steuerlich auswerten. Die Finanzämter wären aber gut beraten, wenn sie das „Auswerten" trotz ihrer zunehmend steigenden Arbeitsbelastung künftig nicht mehr im Sinne eines „unbesehenen Übernehmens" verstehen, sondern die Ergebnisse des Fahndungsberichts als das verstehen würden, was sie tatsächlich sind: ein Beweismittel unter mehreren. Dieses gilt es zu würdigen; unter nochmaliger Gewährung rechtlichen Gehörs.

II. Zwei Schlußberichte über einen Sachverhalt – ein für einen Rechtsstaat unhaltbarer Zustand

Es ist für einen Rechtsstaat ein unhaltbarer Zustand, daß die Steuerfahndung in der Regel **zwei** Schlußberichte über **einen** Sachverhalt fertigt: einen steuerlichen Bericht, der von der Finanzbehörde in jedem Falle – regelmäßig völlig unkritisch – übernommen wird und einen zweiten Bericht, in dem von der Steuerfahndung beachtet wird, daß die Strafgerichte, anders als die Finanzbehörden, die Höhe der Steuerverkürzung nach dem Grundsatz „im Zweifel für den Angeklagten" prüfen werden.[2]

[1] Bestätigend auch BFH, Urteil vom 11.12.1997 – V R 56 / 94 – BStBl. 1998 II, 369, wenn er unter Hinweis auf den **Wortlaut** des § 173 Abs. 2 AO, auf den jeweiligen **Inhalt,** auf die **Ermittlungs**maßnahmen nach §§ 193 ff. AO, auf die Gesetzes**materialien** zur AO 1977 und auf den **Sinn** und **Zweck** des § 173 Abs. 2 AO feststellt, daß Steuerfahndungsprüfung nach § 208 Abs. 1 AO und Außenprüfung als Ermittlungsmaßnahme des Besteuerungsverfahrens nicht identisch sind. Vgl. dazu auch **Mösbauer,** Finanzbehördliche Sachverhaltsermittlung bei Verdacht einer Steuerstraftat, DStZ 2000, S. 512 ff..

[2] So auch **Klos,** a.a.O., S. 508, Abschn. 6 a.E.; ergänzend auch BGH, Urteil vom 28.8.1997 – 4 StR 240 / 97 – Wistra 1997, 341 ff..

Teil III

Die Steueraufsicht

§ 25 Steueraufsicht in besonderen Fällen (§§ 209 ff. AO)[1]

I. Der Sonderregelungsbereich

1. Steueraufsichtliche Befugnisse als rechtliches Dürfen oder Müssen

Mit den §§ 209 ff. AO hat der Gesetzgeber Rechtsvorschriften geschaffen, die der Finanzbehörde besondere steueraufsichtliche Befugnisse als rechtliches Dürfen oder Müssen gewähren. Der Inhalt dieser Befugnisse differenziert sich nach den ihr jeweils obliegenden Aufgaben. Sie können als Differenzierungsmerkmale z.B. durch Rücksichten auf betriebliche Belange ebenso ergänzt werden, wie durch Momente der Arbeitssicherheit.

2. Das rechtliche Dürfen

Das **rechtliche Dürfen** aktualisiert sich in den finanzbehördlichen Befugnissen zur Nachschau nach § 210 AO[2], zu besonderen Aufsichtsmaßnahmen nach § 213 AO, zur Sicherstellung im Aufsichtsweg nach § 215 AO[3] und zur Überführung der sichergestellten Sachen in das Eigentum des Bundes nach § 216 AO.

3. Das rechtliche Müssen

Das **rechtliche Müssen** folgt nach § 211 AO[4] aus den Mitwirkungs- und Hilfspflichten der von einer Maßnahme der Steueraufsicht Betroffenen; nach § 217 AO ferner aus den Hilfspflichten selbst nicht betroffener Dritter.

4. Ermächtigungskatalog der im Rahmen der Steueraufsicht zu erfüllenden Pflichten

Das Bundesministerium der Finanzen kann durch Rechtsverordnung die im Rahmen der Steueraufsicht zu erfüllenden Pflichten näher bestimmen[5]. Der hierzu in § 212 Abs. 1 AO[6] aufgestellte **Ermächtigungskatalog** war zwar als **abschließend** gedacht, hat aber durch Einzelsteuergesetze Erweiterungen erfahren.[7]
Von diesen Ermächtigungen begegnen aber der in § 212 Abs. 1 Nr. 8 AO getroffenen Regelung rechtliche Bedenken. Denn danach kann z.B. angeordnet werden, daß von steuerpflichtigen Waren Proben unentgeltlich entnommen werden dürfen. Dies erscheint aber unter dem Aspekt verfassungsrechtlichen Eigentumsschutzes rechtlich bedenklich. Zwar stellt eine solche unentgeltliche Probenahme rechtlich keine Enteignung i.S. des Art. 14 Abs. 3 GG dar, faktisch kommt sie ihr aber, insbesondere im Hinblick auf die Wirkung, gleich. Aus

[1] Vgl. dazu auch **Mösbauer,** Staatsaufsicht über die Wirtschaft, 1990, § 27 (S. 531 ff.); §§ 21 ff. (S. 429 ff).
[2] ... i.d.F.d.G.v. 21.12.1992 – BGBl. 1992 I, S. 2150.
[3] ... i.d.F.d.G.v. 20.12.2001 – BGBl. 2001 I, S. 3794.
[4] ... i.d.F.d.G.v. 20.12.2001 – BGBl. 2001 I, S. 3794.
[5] Vgl. in diesem Zusammenhang AlkoholVO (BGBl. 1979 I, 2001 / 1980 I, 1156); BierStV (BGBl. 1994 I, 2191 / 1997 I / 1576); BrStV (BGBl. 1994 I, 104 / 1997 I, 1800); HeizölkennzV (BGBl. 1993 I, 1384 / 1996 I, 1101); KaffeeStV (BGBl. 1993 I, 1747 / 1997 I, 235); MinöStV (BGBl. 1993 I, 1602 / 1996 I, 2049); TabStV (BGBl. 1993 I, 1738 / 1996 I, 1827); SchaumwZwStV (BGBl. 1994 I, 568 / 1997 I, 1579).
Der besondere Grund für die Statuierung eines solchen Ermächtigungskatalogs dürfte in einer latenten Gefährdung des Steueraufkommens aus dem Bereich der Zölle und Verbrauchsteuern liegen. Gerade dort, wo Waren mit relativ hohen indirekten Steuern belastet sind, ist der Anreiz zu einer Steuerverkürzung besonders groß. Ebenso **Tormöhlen,** in: Wannemacher, Steuerstrafrecht, 4. Aufl., 1999, RdNrn. 1793 ff., S. 436 f..
[6] ... i.d.F.d.G.v. 20.12.2001 – BGBl. 2001 I, S. 3794.
[7] Bestätigend auch **Rüsken,** in: Klein, AO, 8. Aufl., 2003, § 212 AO.

diesem Grunde wird man daher mit Wieczorek[8] die Zulässigkeit unentgeltlicher Probenahme unter rechtsstaatlichen Grundsätzen zu bezweifeln haben.[9]

II. Rechtfertigung der Sonderregelung

1. Rechtliche Verflechtung von belasteter Ware und belastender Abgabe

Die aufsichtliche Sonderregelung der §§ 209 ff. AO findet ihre Rechtfertigung darin, daß gerade die Zölle und Verbrauchsteuern sich von anderen Steuern dadurch unterscheiden, daß sie bestimmte Waren steuerlich belasten. Da diese Waren zugleich aber für die sie belastenden Abgaben nach § 76 AO dinglich haften[10], damit also eine sehr enge **rechtliche Verflechtung** von balasteter Ware und belastender Abgabe zu konstatieren ist, besteht ein besonderes[11] Interesse des Staates an einer wirksamen Aufsicht, zumal die Befugnisse der Außenprüfung (§§ 193 – 203 AO) und erst recht die allgemeinen Vorschriften der AO „zur Verwirklichung der Besteuerungsgrundsätze (§ 85 AO) ... bei Zöllen und Verbrauchsteuern ... nicht ausreichen“[12]. Dies gilt um so mehr, als gerade die in Relation zum Wert dieser Waren unverhältnismäßig hohen Abgaben in besonderem Maße zu Steuerhinterziehungen verleiten[13]. Diese Realität macht es einsichtig, daß der Gesetzgeber gerade im Bereich des Verbrauchsteuerrechts der **überwiegend präventiven[14]** Steueraufsicht besonderes Gewicht beimaß[15]. Denn mehr als andere Steuerrechtsgebiete ist das Verbrauchsteuerrecht zum Zwecke der Sicherung der Besteuerung auf die Mitwirkung der Betroffenen und der selbst nicht betroffenen Verpflichteten und deren eigene Feststellungen angewiesen.
Es kann daher nicht verwundern, daß die Steueraufsicht gerade von jenem Gebiet ihren Ausgang[16] nahm, das sich mehr als andere Rechtsgebiete durch die besondere Notwendigkeit auszeichnet, die steuerrelevante wirtschaftliche Betätigung – einschließlich des technischen

---

[8] **Wieczorek,** Die Unentgeltlichkeit der amtlichen Probenahmen des Verbrauchsteuerrechts im Wandel des verfassungsrechtlichen Eigentumsschutzes, ZfZ 1964, S. 365 ff..

[9] **Teichner,** in: Koch / Scholtz, AO, 5. Aufl., 1996, § 212 AO, RdNr. 10 hält die vorliegenden Bedenken für unbegründet, weil die Vermögensbelastung der Verpflichteten angesichts der benötigten Mengen nicht ins Gewicht fällt.

[10] Vgl. dazu **Mösbauer,** Zur Sachhaftung verbrauchsteuer- und zollpflichtiger Waren (§ 76 AO), DStZ 1987, S. 397 ff.; **Mösbauer,** Die Haftung für die Steuerschuld, 1990, § 23, S. 246 ff..

[11] So zutreffend **Teichner,** in: Koch / Scholtz, AO, 5. Aufl., 1996, Vorbem. zu §§ 209 – 217 AO, Rz. 2.

[12] **Teichner,** in: Koch / Scholtz, AO, 5. Aufl., 1996, Vorbem. zu §§ 209 – 217 AO, Rz. 2.

[13] Vgl. dazu **Tiedemann,** Wirtschaftskriminalität und Wirtschaftsstrafrecht in den USA und in der Bundesrepublik Deutschland, 1978, S. 41 ff.; **Teichner,** in: Koch / Scholtz, AO, 5. Aufl., 1996, Vorbem. zu §§ 209 – 217 AO, Rz. 2; **Rüsken,** in: Klein, AO, 8. Aufl., 2003, § 209 AO, Anm. 1.

[14] Anders als die vergangenheitsbezogene Außenprüfung ist die Steueraufsicht überwiegend **praeventiv.**

[15] Insbesondere im Hinblick auf den Herstellungsprozeß und die Betriebseinrichtungen; aber auch auf die Buchführung.

[16] Zu den Anfängen der Steueraufsicht vgl. **Mylius,** Corpus Constitutionum Marchicarum, VI. Teil I. Abt. Nr. 29 und seinen Hinweis auf Art. 6 des brandenburgischen Landesrezesses von 1550. Dieser bestimmte, daß „etzliche von der Landschaft jedes Orts in Städten auch sollen dazu geordnet werden und die Satzung helffen thun“. In dieser Überwachung der wirtschaftlichen Tätigkeit der Marktbesucher durch die Landstände liegen die Anfänge der Steueraufsicht begründet. Vgl. auch die ersten Beispiele der Steueraufsicht über die Braubetriebe und Braubauern (**Mylius,** IV. Teil IV. Abt. Nr. 1 und VI. Teil I. Abt. Nr. 31) sowie über die Mühlen (**Mylius,** IV. Teil IV. Abt. Nrn. 9 und 10). Vgl. dazu ergänzend die in Abs. 4 der Akzise-Ordnung vom 15.4.1667 enthaltene Anweisung an die Magistrate, bei den Bäckern und den Fleischern darauf zu achten, daß „by allen spezifizierten Mitteln aller Unterschleif vermieden und gute Ordnung gehalten werden möge“. Zur Ausführung dieses Gesetzes sollten die Steuerdirektoren (einschließlich der Steuereinnehmer) kraft Instruktion vom 28.3.1680 „einen tüchtigen Visitatoren welchen by allen Consumtibilien genaue Aussicht haben, insbesondere der Brauer (und Weinverkäufer) Keller fleißig besuchen, und alles, was verschwiegen, hinweg nehmen solle, zu bestellen“ (**Mylius,** IV. Teil III. Abt. Cap. II Nrn. 5 und 8).

Herstellungsablaufs – zu beaufsichtigen und die künftig entstehenden Steuern zu sichern[17]. Vgl. in diesem Zusammenhang nur die Sicherstellung im Aufsichtsweg nach § 215 AO und die daraus fließende Konsequenz der Überführung nach § 215 AO sichergestellter Sachen in das Eigentum des Bundes (§ 216 AO)[18]. Die Beispiele aus den Anfängen der Steueraufsicht zeigen, daß als Verpflichtete überwiegend die wirtschaftlich Tätigen – die Brauer, Müller, Branntweinbrenner, Bäcker und Schlachter – ausersehen waren[19].

2. Überwachung der wirtschaftlichen Betätigung im Interesse einer quantitativen und qualitativen Erfassung der Steuerfälle

Daraus ist erkennbar, daß zumindest ein Kriterium für die Steueraufsicht die Überwachung der wirtschaftlichen Betätigung im Interesse einer quantitativen und qualitativen Erfassung der Steuerfälle ist[20].

3. Steueraufsicht als laufende Überwachung

Schwerpunkt dieser Aufsicht ist, anders als bei der Außenprüfung[21], dabei weniger die Ermittlung von Besteuerungsgrundlagen im konkreten Einzelfall. Die Steueraufsicht stellt vielmehr auf eine **laufende Überwachung** ab[22]. Diese ist um so notwendiger, als auch Verbrauchsteuergesetze in die Zukunft weisen und damit bereits im Augenblick des Gesetzgebungsbeschlusses eine rechtliche Unsicherheit hinsichtlich der zu beachtenden steuerlichen Konsequenzen in sich tragen. Dazu kommt, daß künftige Momente und abstrakt zu regelnde Verhältnisse im Bereich der Vielfalt des Wirtschaftslebens ebensowenig erfaßbar sind, wie der rasche Wandel der Verhältnisse und der Wertvorstellungen. Dies muß um so mehr für einen Rechtsbereich gelten, der noch dazu durch vielfältige Gestaltungsfreiheiten geprägt ist, und die Aufsichtsverpflichteten zu subjektiver Beeinflussung der Aufzeichnungen, Bücher, Geschäftspapiere und anderer steuerrelevanter Urkunden geradezu auffordert.

4. Die in dem Wesen der Zölle und Verbrauchsteuern begründete aufsichtliche Notwendigkeit

Die gesetzliche Regelung der Steueraufsicht findet somit ihre Rechtfertigung überwiegend in einer in dem Wesen der Zölle und Verbrauchsteuern begründeten aufsichtlichen Notwendigkeit; für den Warenverkehr über die Grenze ferner in der Sicherung der Eingangsabgaben; gelegentlich auch in der Sicherung der teils wirtschaftspolitisch, teils ordnungsrechtlich motivierten Verbote und Beschränkungen in den Bereichen der Einfuhr, Ausfuhr und Durchfuhr.[23]

---

[17] Vgl. **Becker,** Zur Entwicklung des Begriffs der Steueraufsicht, StuW 1937, Teil I, Sp. 1385; zum Steuersicherungszweck vgl. schon **Paulick,** in: Hübschmann / Hepp / Spitaler, AO / FGO, § 212 AO, Rz. 1.

[18] Dazu **Mösbauer,** Befugnisgrenzen der finanzbehördlichen Steueraufsicht (§§ 209 ff. AO), DStZ 1988, S. 267 ff..

[19] Vgl. dazu das Preuß. Reglement vom 28.10.1810, das den Müllern (§ 4), den Brauern (§ 5), Brennern (§ 6) und Wirten (§ 11) erstmalig die Pflicht zur Führung von Büchern zum Zwecke der Steueraufsicht auferlegte.

[20] Ihr dienen die vom BMF durch Rechtsverordnung näher zu konkretisierenden Pflichten der von einer Aufsichtsmaßnahme Betroffenen; vgl. dazu § 212 AO.

[21] Dazu vgl. auch **Rüsken,** in: Klein, AO, 8. Aufl., 2003, § 210 AO, Anm. 1; **Birk,** Steuerrecht, 7. Aufl., 2004, S. 146, RdNr. 453.

[22] So auch **Kühn / Hofmann,** AO / FGO, 17. Aufl., 1995, Vorb. vor § 209 AO, Anm. 1; ferner **Rüsken,** in: Klein, AO, 8. Aufl., 2003, § 209 AO, Anm. 1; **Birk,** Steuerrecht, 7. Aufl., 2004, S. 146, RdNr. 453.

[23] Vgl. dazu auch **Rüsken,** in: Klein, AO, 8. Aufl., 2003, § 209 AO, Anm. 1; **Birk,** Steuerrecht, 7. Aufl., 2004, S. 146, RdNr. 453.

III. Gegenstand der Sonderregelung

Der aufsichtlichen Sonderregelung unterworfen sind nach § 209 **Abs. 1** AO[24]:

1. der **Warenverkehr** über die Grenze[25] [26] und in den Freizonen und Freilagern[27], sowie
2. die **Gewinnung** und **Herstellung**, Lagerung, Beförderung und gewerbliche Verwendung verbrauchsteuerpflichtiger Waren, und
3. der **Handel** mit verbrauchsteuerpflichtigen Waren.
4. § 209 **Abs. 2** Nr. 1 AO erweitert den Gegenstand der Steueraufsicht auf den **Versand,** die Ausfuhr, Lagerung, Verwendung, Vernichtung, Veredelung, Umwandlung und sonstige Bearbeitung oder Verarbeitung von Waren in einem Verbrauchsteuerverfahren.
5. Um auch eine Überwachung für den Fall zu gewährleisten, daß für eine Ware bereits eine Steuerschuld entstanden ist, unterwirft § 209 **Abs. 2** Nr. 2 AO auch die **Herstellung** und die Ausfuhr von Waren, für die ein **Erlaß,** eine Erstattung oder Vergütung von Zoll oder Verbrauchsteuer beansprucht wird, der überwiegend praeventiven Steueraufsicht.
6. Soweit gesetzliche Bestimmungen noch **andere Sachverhalte** der Steueraufsicht unterwerfen, gelten nach der Blankettnorm des § 209 **Abs. 3** AO auch für diese die steueraufsichtlichen Befugnisse als rechtliches Dürfen oder Müssen. Konkret handelt es sich hierbei z.B. um folgende gesetzliche Bestimmungen: § 22 BierStG; §§ 21, 27 SchaumwZwStG; § 28 TabStG; § 26 MinöStG; § 17 KaffeeStG.

Die aufsichtliche Sonderregelung der §§ 209 ff. AO wird ergänzt durch Vorschriften des Zollverwaltungsgesetzes (ZollVG). Danach hat die Zollverwaltung die Aufgabe, den Verkehr mit Waren über die Grenze des Zollgebiets der Gemeinschaft sowie über die Freizonengrenzen zu überwachen. Darüber hinaus hat sie auch den Verkehr mit verbrauchsteuerpflichtigen Waren zu überwachen. Zu überwachen hat sie ferner die Einhaltung gemeinschaftlicher und nationaler Vorschriften über Verbote und Beschränkungen im Warenverkehr. § 10 ZollVG enthält zur Erfüllung dieser Aufgaben über §§ 209 ff. AO hinausgehende Befugnisse, wie z.B. das Anhalterecht und das Recht zur körperlichen Durchsuchung.

---

[24] ... i.d.F.d.G.v. 20.12.2001 – BGBl. 2001 I, S. 3794. Vgl. dazu auch **Tipke,**in: Tipke / Kruse, AO / FGO, vor § 209 AO, Tzn. 1 – 9 u. § 209 AO, Tzn. 1 – 16.

[25] Das ist sowohl die Grenze zu Drittländern als auch zu den Mitgliedstaaten der EU.

[26] Soweit der Warenverkehr über die Zollgrenze der EG in Frage steht, oder soweit es um Gegenstände geht, die durch das Gemeinschaftsrecht, insbesondere den Zollkodex, geregelt sind, werden die §§ 209 ff. AO durch Gemeinschaftsrecht überlagert. Vgl. in diesem Zusammenhang z.B. Art. 166 ff. ZK.

[27] Die Aufsicht über Ein- und Ausgänge von Waren bei Freizonen und Freilagern i.S.d. Art. 166 ff. ZK ist durch Art. 37 Abs. 1, 168 Abs. 1 ZK dem Grunde nach vorgeschrieben. Nach Art. 13 ZK bleibt die Ausgestaltung der Aufsicht nationalem Recht vorbehalten.
Dies gilt auch für die zollamtliche Überwachung der Ausfuhr von Waren aus dem Zollgebiet der Gemeinschaft nach Art. 183 ZK.
Für den Bereich des Marktordnungsrechts richtet sich die Aufsicht nach § 15 MOG; und nicht nach § 209 AO.

§ 26 Die Nachschau-Befugnis

I. Der Befugnistatbestand

1. Der – scheinbar allgemeine – Befugnistatbestand

§ 210 AO beinhaltet einen Katalog von Befugnissen, die den von der Finanzbehörde mit der Steueraufsicht betrauten Amtsträgern zur Durchführung der Steueraufsicht zustehen. Im wesentlichen handelt es sich hierbei um Befugnisse zur **Nachschau während** der Geschäfts- und Arbeitszeiten (§ 210 Abs. 1 AO) und zur **Verdachtsnachschau ohne** zeitliche Einschränkung (§ 210 Abs. 2 AO); ferner um **Befugnisse zum Anhalten** von Schiffen und anderen Fahrzeugen (§ 210 Abs. 3 AO) sowie um „Befugnisse" für eine Nachschau im Bereich der **Bundeswehr** (§ 210 Abs. 5 AO).
Die Befugnisse der Steueraufsicht stehen **neben** denen der **Außenprüfung** und **Steuerfahndung** (Zollfahndung)[1].

2. Bindung an den Bereich der Zölle und Verbrauchsteuern

Der nach dem Wortsinn sowohl des allgemeinen als auch des besonderen juristischen Sprachgebrauchs scheinbar allgemeine Befugnistatbestand des § 210 AO ist durch § 209 Abs. 1 und 2 AO gegenständlich gebunden. Dies ist aus dem Bedeutungszusammenhang mit den §§ 209 ff. AO zu entnehmen, in den der Befugnistatbestand des § 210 AO gestellt ist. Dieser Bedeutungszusammenhang verdeutlicht, daß § 210 AO nur im Bereich der **Zölle** und **Verbrauchsteuern** zu Maßnahmen der Steueraufsicht berechtigt. Darauf weisen sowohl Kontext und sachliche Übereinstimmung des Befugnistatbestandes mit den §§ 209 ff. AO hin, als auch die äußere Systematik des Gesetzes und die ihr zugrundeliegende Begriffssystematik.
Zur Sicherstellung einer gleichmäßigen Festsetzung und Erhebung der **Umsatzsteuer** können die damit betrauten Amtsträger der Finanzbehörde nach § 27 b Abs. 1 Satz 1 UStG nunmehr **ohne** vorherige Ankündigung und **außerhalb** einer Außenprüfung Grundstücke und Räume von Personen i.S.d. § 2 Abs. 1 UStG während der Geschäfts- und Arbeitszeiten betreten, um Sachverhalte festzustellen, die für die Besteuerung erheblich sein können. Diese **Umsatzsteuer-Nachschau** wurde erst mit Wirkung vom 1.1.2002 in das Umsatzsteuergesetz eingefügt.[2]

II. Die Befugnisse im einzelnen

1. Die Befugnis zur Nachschau

a) Die Befugnis zum Betreten von Grundstücken und Räumen

§ 210 Abs. 1 AO befugt die von der Finanzbehörde mit der – steuererfassenden[3] – Steueraufsicht betrauten Amtsträger zur **Nachschau** während der tatsächlichen Geschäfts- und Arbeitszeiten. Zu diesem Zweck berechtigt die Befugnisnorm die Amtsträger,

---

[1] Zu den Befugnissen der Steuerfahndung (Zollfahndung) im Einzelnen vgl. **Mösbauer,** Steuerstraf- und Steuerordnungswidrigkeitenrecht, 2. Aufl., 2000, § 35, S. 453 ff..
[2] Vgl. dazu Gesetz vom 19.12.2001 – BGBl. 2001 I, S. 3922.
[3] Dazu **Bayer,** Steuerlehre (Steuerverfassung, Steuergesetz, Steuergericht), 1998, RdNr. 1652; ferner **Tipke,** in: Tipke / Kruse, AO / FGO, § 210 AO, Tzn. 1 – 3.

Grundstücke und Räume[4] von Personen, die eine gewerbliche oder berufliche Tätigkeit selbständig ausüben und denen ein der Steueraufsicht nach § 209 AO unterliegender Sachverhalt zuzurechnen ist, zu **betreten,** um – potentiell besteuerungsrelevante – Prüfungen i.S. von § 85 AO i.V.m. § 209 AO vorzunehmen oder sonst Feststellungen zu treffen; z.B. im Bezug auf Geräte, Gefäße und Leitungen, die der Herstellung, Bearbeitung, Verarbeitung, Lagerung, Beförderung oder Messung steuerpflichtiger Waren dienen oder dienen können[5]. Die Grundstücke und Räume brauchen nicht im Eigentum der Zurechnungssubjekte zu stehen.
Die Befugnisse stellen ein „unentbehrliches Kontrollinstrument der modernen Wirtschaftsaufsicht“ sowie der „unumgänglichen Steueraufsicht der Finanzbehörde“ zur Zweckerreichung dar.[6] Sie lassen die einzelgesetzlich geregelten Befugnisse, wie z.B. § 17 ZollVG, unberührt.

b) Die Berechtigten

Berechtigt i.S. des Befugnistatbestandes sind nur Amtsträger der nach § 23 AO örtlich zuständigen Bundeszollverwaltung, soweit sie mit der Steueraufsicht betraut sind. Das sind nach § 7 Nr. 1 Alt. 1 AO regelmäßig diejenigen Personen, die nach deutschem Recht auf Grund ihres auf Beamtengesetzen beruhenden Anstellungsverhältnisses **Beamte** sind. Amtsträger sind nach § 7 Nr. 3 AO aber auch, wer nach deutschem Recht sonst dazu **bestellt** ist, bei der Bundeszollverwaltung oder in deren Auftrag **Aufgaben** der öffentlichen Verwaltung wahrzunehmen.
Anders als bei § 7 Nr. 1 Alt. 1 AO ist bei § 7 Nr. 3 AO nicht das Anstellungsverhältnis maßgebend, sondern die konkrete Aufgabenstellung. Als Amtsträger kommen demnach also auch Verwaltungsangestellte in Betracht, sowie Personen, die die ausgeübte Funktion auf Grund einer Beauftragung durch die zuständige Stelle wahrnehmen, gleichgültig ob haupt- oder nebenamtlich, planmäßig oder vertretungsweise. Die ausgeübte Funktion darf aber nicht angemaßt sein. Die Wahrnehmung von Aufgaben der öffentlichen Verwaltung erfordert hoheitsrechtliche Funktionswahrnehmung.
Zur Vermeidung rechtsstaatswidrigen Schematismus ergibt sich aber hier die im Rahmen der organisatorischen Differenzierung zu lösende Frage, **wer** sinnvollerweise mit der Durchführung steueraufsichtlicher Maßnahmen zu betrauen ist. Diese Frage wird durch die Eigenart der verbrauchsteuerrechtlichen Aufsicht besonders aktuell. Denn sie ist sowohl durch eine **technische** Kontrolle des Herstellungsablaufs als auch durch eine **kaufmännische** Kontrolle der Buchführung und des Rechnungswesens gekennzeichnet. So wird es sich empfehlen, die Aufsicht über Steuer- und Betriebsbuchführung z.B. der Raffinerien von Bediensteten der Betriebsprüfungsstelle Zoll der OFD durchführen zu lassen, da vornehmlich sie über die entsprechende Vorbildung und Erfahrung auf dem Gebiet der Datenverarbeitung verfügen. Demgegenüber wird z.B. bei der Steueraufsicht über Steuerlager die Durchführung der Maßnahmen überwiegend Bediensteten zu überantworten sein, die sich durch besondere Kenntnisse der jeweiligen Betriebsverhältnisse auszeichnen. Beiden Gruppen von

---

[4] Vgl. z.B. die Steueraufsicht über Mineralöl-Raffinerien. Vgl. in diesem Zusammenhang die Ermächtigung des BMF, durch Rechtsverordnung anzuordnen, daß bestimmte Handlungen nur in Räumen vorgenommen werden dürfen, die der Finanzbehörde angemeldet sind oder deren Benutzung für diesen Zweck von der Finanzbehörde besonders genehmigt ist (§ 212 Abs. 1 Nr. 1 AO). Der steueramtlichen Aufsicht über Betriebsräume dient auch eine nach § 212 Abs. 1 Nr. 2 AO vom BMF zu erlassende konkretisierende Rechtsverordnung, daß Räume, Fahrzeuge, Geräte, Gefäße und Leitungen, die der Herstellung, Bearbeitung, Verarbeitung, Lagerung, Beförderung oder Messung steuerpflichtiger Waren dienen oder dienen können,auf Kosten des Betriebsinhabers in bestimmter Weise einzurichten, herzurichten, zu kennzeichnen oder amtlich zu verschließen sind.

[5] Dazu vgl. § 212 Abs. 1 Nr. 2 AO; für Österreich vgl. § 154 österr. BAO.

[6] So zutreffend **Bayer,** Steuerlehre (Steuerverfassung, Steuergesetz, Steuergericht), 1998, RdNr. 140, unter ausdrücklicher Bezugnahme auf BVerfGE 32, 54 ff., 74 und BFHE 155, 4 ff., 8.

Amtsträgern stehen die steuerrechtlichen Nachschau-Befugnisse des § 210 AO zwar unterschiedslos zu, sie konkretisieren sich aber an dem unterschiedlichen Gegenstand der Steueraufsicht des § 209 AO. Wenngleich auch die Feststellungen und Prüfungen der Amtsträger potentiell besteuerungsrelevant[7] sind, setzen sie doch kein besonderes Steuerermittlungsverfahren[8] voraus.

c) Die Verpflichteten

§ 210 Abs. 1 AO sieht als **Verpflichtete** der Steueraufsicht die Personen vor, die eine gewerbliche oder berufliche Tätigkeit ausüben und denen ein der Steueraufsicht unterliegender Sachverhalt zuzurechnen ist. Als solcher kommt nach § 209 Abs. 1 AO primär der Warenverkehr über die Grenze und in den Freizonen und Freilagern in Betracht, also die Ein- und Ausfuhr von Waren. Ein solcher Sachverhalt ist aber auch dann gegeben, wenn Waren gewonnen, technisch hergestellt, gelagert, befördert und gewerblich verwendet werden, deren Verbrauch von einem Tatbestand des Verbrauchsteuerrechts erfaßt wird.
§ 209 Abs. 2 Nr. 1 AO nimmt einen der Steueraufsicht unterliegenden Sachverhalt auch dann an, wenn Personen Waren in einem Verbrauchsteuerverfahren versenden, ausführen, lagern, verwenden, vernichten, veredeln, umwandeln oder sonst be- oder verarbeiten.
Das gleiche gilt nach § 209 Abs. 2 Nr. 2 AO für Personen, die für die Herstellung und die Ausfuhr von Waren eine Erlaß, eine Erstattung oder Vergütung von Verbrauchsteuer beanspruchen.
Diese Verpflichteten haben auf Grund einer formlosen[9], auch konkludent[10] möglichen, **Anordnung[11]** der Nachschau[12] zu dulden[13], daß die von der Finanzbehörde mit der Steueraufsicht betrauten Amtsträger Grundstücke und Räume betreten, sofern diese den Duldungspflichten rechtlich und tatsächlich zugehören. Die Duldungspflicht ist, wie das Betretungsrecht, zweckgebunden. Sie besteht nur zur Vornahme besteuerungsrelevanter Prüfungen oder sonstiger Feststellungen. Damit ist die Duldungspflicht – gegenwartsbezogen – primär auf Akte der Wissens- und Meinungsbildung ausgerichtet.

d) Das Recht zur Nachschau als die allgemein formulierte Berechtigung zum Betreten

Das Recht zur Nachschau i.S. des Befugnistatbestandes ist die allgemein formulierte **Berechtigung zum Betreten.** Sie erfaßt neben Geschäftsräumen nicht auch Wohnräume[14]. Denn § 210 Abs. 1 AO stellt kein Gesetz i.S. des Art. 13 Abs. 3 GG dar, das der Verhütung dringender Gefahren für die öffentliche Sicherheit und Ordnung dient. Dieses Ergebnis findet seine Bestätigung auch in § 210 Abs. 2 Satz 2 AO, wonach nach dem ausdrücklichen Willen des Gesetzgebers nur im Rahmen der Verdachtsnachschau, und hier auch nur wieder bei Gefahr im Verzug, eine Durchsuchung[15] von Wohn- und Geschäftsräumen auch ohne

---

[7] Vgl. § 210 Abs. 1 AO: ... um Prüfungen vorzunehmen oder sonst Feststellungen zu treffen, die für die Besteuerung erheblich sein können.

[8] Dazu vgl. **Mösbauer,** Rechte und Pflichten des Steuerpflichtigen bei der Durchführung der Besteuerung, StB 1984, S. 65 ff.; bes. S. 66 – 68.

[9] Eine bestimmte **Form** ist **nicht** vorgeschrieben (§ 119 Abs. 2 Satz 1 AO). Eine mündliche Anordnung ist schriftlich zu bestätigen, wenn hieran ein berechtigtes Interesse besteht und der Betroffene dies unverzüglich verlangt (§ 119 Abs. 2 Satz 2 AO).

[10] Konkludent wird die Anordnung durch **tatsächliche Vornahme** der Nachschau getroffen.

[11] Sie ist an den Betroffenen zu **richten.**

[12] Die Anordnung der Nachschau ist ein **einspruchsfähiger** Steuerverwaltungsakt i.S.d. §§ 118, 347 AO.

[13] Diese Duldung kann durch Zwangsmittel (§ 328 AO) erzwungen werden; so auch **Rüsken,** in: Klein, AO, 8. Aufl., 2003, § 210 AO, Anm. 2.

[14] Vgl. dazu auch **Teichner,** in: Koch / Scholtz, AO, 5. Aufl., 1996, § 210 AO, Rz. 6.

[15] Nach zutreffender Feststellung von **Rüsken,** in: Klein, AO, 8. Aufl., 2003, § 210 AO, Anm. 2 schließt der gesetzlich nicht näher definierte Begriff der Durchsuchung die Einsichtnahme in elektronisch gespeicherte

richterliche Anordnung zulässig sein sollte. Für die hier vertretene Ansicht spricht aber auch die Tatsache, daß § 210 AO entgegen der Forderung des Art. 19 Abs. 1 Satz 2 GG gerade darauf verzichtet, das Grundrecht der Unverletzlichkeit der Wohnung zu nennen, das es angeblich einschränkt. Der Hinweis in § 413 AO scheint mehr eine „leere Förmlichkeit"[16] als ein Surrogat für den fehlenden entsprechenden Hinweis in § 210 AO zu sein.

e) Die Zweckbindung des Rechts zum Betreten

Das Recht zum Betreten ist nicht uneingeschränkt gegeben. Es ist vielmehr **zweckgebunden** auf die Vornahme von **Prüfungen** oder das Treffen sonstiger **Feststellungen**, die für die Besteuerung erheblich sein können. Damit ist aber das Recht zum Betreten, wie die übrigen oben aufgeführten Befugnisse auch, in den finanzbehördlichen Aufgabenbereich des § 85 AO[17] gestellt. Dies kann aber wiederum nur bedeuten, daß das Betreten der gleichmäßigen Festsetzung und Erhebung der Steuern nach Maßgabe der Gesetze dienen muß. Wenn aber schon das Betretungsrecht in den Aufgabenbereich des § 85 AO gestellt ist, dann müssen für das Betreten auch die allgemeinen Vorschriften dieses Aufgabenbereichs gelten, d.h. also die §§ 86 – 92 AO.

Die Zweckbindung des Rechts zum Betreten führt gleichzeitig zu einer räumlich-gegenständlichen Beschränkung[18] der Steueraufsicht. Sie findet ihre Grenzen an der Zurechnung eines der Steueraufsicht unterliegenden Sachverhalts[19]. Wird z.B. nur die chemisch-technische Untersuchung einer Mineralölprobe außerhalb des Herstellungsbetriebes der Steueraufsicht unterstellt, so wird es rechtsmißbräuchlich sein, die Steueraufsicht auf Betriebsanlagen des Herstellungsbetriebes, die der Lagerung von Mineralöl dienen, oder auf Gemeinschaftsräume der Belegschaft auszudehnen. Ein diesbezüglicher Hinweis dürfte wohl auch aus der Aufzählung des § 212 Abs. 1 Nrn. 1 – 8 AO zu entnehmen sein. Denn wenn das BMF schon durch Rechtsverordnung bestimmen kann, daß z.B. bestimmte Handlungen des Pflichtigen nur in Räumen vorgenommen werden dürfen, die der Finanzbehörde angemeldet sind, oder deren Benutzung für diesen Zweck von der Finanzbehörde besonders genehmigt ist, dann kann die ratio dieser Regelung nur darin bestehen, die Aufsicht zwar zu erleichtern, zugleich aber auch jene räumlich-gegenständliche Beschränkung zu realisieren.

f) Beschränkung auf branchenspezifische Geschäfts- und Arbeitszeiten

Im Gegensatz zu den Fällen des § 210 Abs. 2 AO, die eine Nachschau ohne zeitliche Einschränkung zulassen, ist das Recht des § 210 Abs. 1 AO auf die branchenspezifischen Geschäfts- und Arbeits**zeiten beschränkt.** Dies bedeutet, daß ein Betreten nur während der tatsächlichen branchenüblichen Geschäfts- und Arbeitszeiten[20] zulässig ist. Sofern bei diesen nicht nur willkürliche Besonderheiten bestehen, ist auch ihnen im Rahmen der Zweckbindung sowie der Erforderlichkeit und Verhältnismäßigkeit Rechnung zu tragen. Die Steueraufsicht differenziert sich demnach in zeitlicher Hinsicht an dem Grundsatz der Zumutbarkeit[21]. Er

---

Datenbestände ein, nicht jedoch die Suche nach Personen, deren Aufenthalt an einem bestimmten Ort vermutet wird.

[16] **Tipke / Kruse,** AO / FGO, § 210 AO, Tz. 3.

[17] Vgl. dazu **Mösbauer,** Rechte und Pflichten des Steuerpflichtigen bei der Durchführung der Besteuerung, StB 1984, S. 65 ff.; **Mösbauer,** Zum Umfang der Mitwirkungspflicht der Beteiligten und anderer Personen im Besteuerungsverfahren, DB 1985, S. 410 ff..

[18] So auch **Teichner,** in: Koch / Scholtz, AO, 5. Aufl., 1996, § 210 AO, Rz. 6; **Rüsken,** in: Klein, AO, 8. Aufl., 2003, § 210 AO, Anm. 1.

[19] Dazu vgl. § 210 Abs. 1 AO.

[20] Vgl. demgegenüber § 200 Abs. 3 Satz 1 AO, wonach eine **Außenprüfung**, anders als eine Nachschau nach § 210 Abs. 1 AO, während der „üblichen Geschäfts- oder Arbeitszeit" stattfindet.

[21] Bestätigend auch **Teichner,** in: Koch / Scholtz, AO, 5. Aufl., 1996, § 210 AO, Rz. 6 a.E.

beinhaltet das Recht des von einer Maßnahme der Steueraufsicht Betroffenen, abgesehen von dem Fall der Verdachtsaufsicht nach § 210 Abs. 2 AO, tunlichst unbehelligt von staatlichen Aufsichtsmaßnahmen zu bleiben.
Dieses Recht schließt zulässige staatliche Aufsichtsmaßnahmen nicht schlechthin aus. Es beschränkt sie vielmehr auf den Grad zeitlicher Zumutbarkeit. Denn eine staatliche Aufsicht, besonders eine behördliche Nachschau, kann ihre Aufgabe nur dann sinnvoll erfüllen, wenn der der Aufsicht Unterliegende den Zeitpunkt der Durchführung nicht genau voraussehen kann. Zutreffend zieht daraus das BVerwG[22] den Schluß, daß z.B. eine Nachschau in unregelmäßigen Zeitabständen zumutbar ist, ohne daß zwischen den einzelnen Aufsichtsmaßnahmen ein zeitlicher Mindestabstand eingehalten werden müßte. Gerade die für die Aufsichtsmaßnahmen typische Ungewißheit ist in hervorragender Weise geeignet, potentiellen Ordnungswidrigkeiten vorbeugend entgegenzuwirken. Die für den Pflichtigen stets gegebene „Gefahr" einer möglichen Aufsichtsmaßnahme stellt keine besondere Belastung dar, da sein Verhalten ohnehin der rechtlichen Ordnungsmäßigkeit verpflichtet ist. Die Zeitabstände aufsichtlicher Maßnahmen bestimmen sich nach dem Grad der konkreten Erforderlichkeit. Auch sie steht unter dem Vorbehalt des Grundsatzes der Verhältnismäßigkeit und des Gleichheitsgrundsatzes. So wird ein Pflichtiger, der „Anlaß zur Beanstandung gegeben hat, mit häufigeren Nachschauungen rechnen müssen als ein anderer, dessen Zuverlässigkeit außer Zweifel steht"[23].

g) Übergang von der Steueraufsicht zur Außenprüfung

Nach § 210 Abs. 4 Satz 1 AO kann[24] von einer Steueraufsicht **zur Außenprüfung**[25] nach § 193 AO **übergegangen** werden, wenn Feststellungen bei Ausübung der Steueraufsicht hierzu **Anlaß** geben. Damit hat der Gesetzgeber sich expressis verbis dazu bekannt, daß die Steueraufsicht eine Außenprüfung im Bereich des Zoll- und Verbrauchsteuerrechts nicht entbehrlich macht, wenngleich auch die Nachschau das geeignete Mittel der Aufsicht z.B. über den Warenverkehr über die Grenze sowie die Gewinnung und Herstellung verbrauchsteuerpflichtiger Waren darstellt. Der Übergang zur Außenprüfung setzt **keine**[26] **vorherige Prüfungsanordnung** voraus. Insofern derogiert § 210 Abs. 4 Satz 1 AO das Erfordernis des § 196 AO. Erforderlich bleibt jedoch nach § 210 Abs. 4 Satz 2 AO der **schriftliche Hinweis** auf den Übergang; und damit wohl auch auf den Umfang i.S. des § 194 Abs. 1 AO[27]. Denn der Steuerpflichtige kann nur so von seinen Rechten den zweckentsprechenden Gebrauch machen. Zum anderen bestimmt der sachliche Umfang nach § 171 Abs. 4 AO zugleich den Umfang der Ablaufhemmung.[28]

---

[22] BVerwG, Urteil vom 2.3.1971 – I C 37 / 69 – BVerwGE 37, 291.
[23] BVerwG, Urteil vom 2.3.1971 – I C 37 / 69 – BVerwGE 37, 292.
[24] ... ohne vorherige Prüfungsanordnung (§§ 196, 197 Abs. 1 AO).
[25] Vgl. dazu **Mösbauer,** Steuerliche Außenprüfungen durch beauftragte „andere" Finanzbehörden mit originären Prüfungskompetenzen, StBp 1996, S. 169 ff.; **Mösbauer,** Erscheinen in Prüfungsabsicht und Beginn der Außenprüfung, StBp 1997, S. 57 ff.; **Mösbauer,** Materiell-rechtliche Folgerungen der Anordnung einer steuerrechtlichen Außenprüfung, StBp 1998, S. 127 ff.; **Mösbauer,** Bekanntgabe von Prüfungsanordnungen an vollbeendigte und gelöschte Gesellschaften, StBp 1999, S. 188 ff.; **Mösbauer,** Das Erscheinen eines Amtsträgers der Finanzbehörde zur steuerlichen (Außen-)Prüfung als Sperre für die Straffreiheit nach § 371 AO, StBp 1999, S. 225 ff.; **Mösbauer,** Zeitliche Anforderungen an die Bekanntgabe einer Prüfungsanordnung, StBp 2000, S. 65 ff.; **Mösbauer,** Das Recht auf Schlußbesprechung, StBp 2000, S. 257 ff.; **Mösbauer,** Verbindliche Zusagen im Anschluß an eine Außenprüfung, StBp 2000, S. 289 ff.; **Mösbauer,** Die Umsatzsteuer-Sonderprüfung – eine spezifische Form der Außenprüfung, UVR 2002, S. 333 ff..
[26] Siehe dazu **Teichner,** in: Koch / Scholtz, AO, 5. Aufl., 1996, § 210 AO, Rz. 18.
[27] So auch **Rüsken,** in: Klein, AO, 8. Aufl., 2003, § 210 AO, Anm. 4.
[28] Vgl. in diesem Zusammenhang **Söffing,** Analoge Anwendung des § 171 Abs. 4 Satz 1 letzter Satzteil und Satz 3 AO bei Verjährungsunterbrechung durch Beginn von Steuerfahndungsermittlungen, DStZ 1996, S. 713 ff..

Der schriftliche Hinweis ist erforderlich, da die Außenprüfung andere Rechtsfolgen für das Steuerfestsetzungsverfahren hat als die Nachschau. So **hemmt** z.B. der Beginn einer Außenprüfung nach § 171 Abs. 4 Satz 1 AO den Beginn des **Ablaufs** der Festsetzungsfrist; nicht so auch der Beginn einer Nachschau. Ferner ist nach § 164 Abs. 3 Satz 3 AO nach einer Außenprüfung der **Vorbehalt aufzuheben;** nicht so auch nach einer Nachschau. Und schließlich soll nach § 204 AO im Anschluß an eine Außenprüfung auf Antrag eine **verbindliche Zusage** erteilt werden; nicht so auch im Anschluß an eine Nachschau.
Gemeinsam ist der Außenprüfung und der Nachschau, daß **beide** mit dem Erscheinen des jeweiligen Amtsträgers nach § 371 Abs. 2 Nr. 1 Buchst. a AO die Möglichkeit der strafbefreienden Selbstanzeige, und damit die **Straffreiheit, ausschließen.**
§ 210 Abs. 4 Satz 1 AO überläßt es dem Entschließungs**ermessen** des mit der Steueraufsicht betrauten Amtsträgers, ob er zur Außenprüfung übergeht.

2. Die Befugnis zur Verdachts-Nachschau

a) Konkreter Verdacht

Rechtfertigen Tatsachen[29] den konkreten Verdacht[30], daß sich auf Grundstücken und in Räumen von Personen, denen ein der Steueraufsicht unterliegender Sachverhalt zuzurechnen ist, Schmuggelwaren[31] oder nicht ordnungsgemäß versteuerte verbrauchsteuerpflichtige Waren befinden, oder dort sonst gegen Vorschriften oder Anordnungen verstoßen wird, deren Einhaltung durch die Steueraufsicht gesichert werden soll, so dürfen diese Grundstücke usw. nach § 210 Abs. 2 Satz 1 AO auch **ohne zeitliche Einschränkung**[32] der Nachschau unterworfen werden. Sie besteht, wie die Nachschau des § 210 Abs. 1 AO, ebenfalls in der Vornahme besteuerungsrelevanter Prüfungen oder sonstiger Feststellungen.

b) Gefahr im Verzug

Sie schließen aber eine **Durchsuchung** von Wohn- und Geschäftsräumen nicht mit ein. Denn eine solche[33] ist nach § 210 Abs. 2 Satz 2 AO nur bei **Gefahr im Verzug,** d.h. bei Gefährdung des Aufsichtszwecks im Falle ihres Unterlassens, zulässig; hier allerdings dann auch **ohne finanzrichterliche**[34] **Anordnung.** Dies ist aber wegen Art. 13 Abs. 2 GG verfassungsrechtlich unbedenklich[35].

3. Die Befugnis, Schiffe und andere Fahrzeuge anzuhalten

Nach § 210 Abs. 3 Satz 1 AO sind die von der Finanzbehörde mit der Steueraufsicht betrauten Amtsträger ferner berechtigt, im Rahmen von zeitlich und örtlich begrenzten

---

[29] Es muß sich in concreto um prüfbare Tatsachen handeln. „Ist dies der Fall, reicht im übrigen die subjektive Überzeugung des Amtsträgers aus, er könne Schmuggelgut oder nicht ordnungsgemäß versteuerte verbrauchsteuerpflichtige Waren vorfinden oder sonst Verstöße gegen Steueraufsichtspflichten feststellen". (**Teichner,** in Koch / Scholtz, AO, 5. Aufl., 1996, § 210 AO, Rz. 10).

[30] So auch Regierungsbegründung, BT-Drucks. VI / 1982, S. 166. Vgl. dazu **Tipke,** in: Tipke / Kruse, AO / FGO, § 210 AO, Tz. 7.

[31] Vgl. dazu § 373 AO; zur Problematik im einzelnen vgl. **Mösbauer,** Steuerstraf- und Steuerordnungswidrigkeitenrecht (einschließlich Steuer- und Zollfahndung), 2. Aufl., 2000, § 15, S. 253 ff..

[32] ... sc.l. auf die Geschäfts- und Arbeitszeiten.

[33] Verdachtsnachschau und Durchsuchung nach § 210 Abs. 2 AO sind steuerliche Verfahren. Sie sind von den strafprozessualen Verfahren z.B. des § 102 StPO (Durchsuchung beim Verdächtigen) und des § 103 StPO (Durchsuchung bei anderen Personen) zu unterscheiden.

[34] ... gemäß § 33 FGO.

[35] Bestätigend auch **Teichner,** in: Koch / Scholtz, AO, 5. Aufl., 1996, § 210 AO, Rz. 12.

Kontrollen, Schiffe und andere Fahrzeuge, die nach ihrer äußeren Erscheinung gewerblichen Zwecken dienen, **anzuhalten.** Die Anordnung kann erforderlichenfalls mit den Mitteln der §§ 328 ff. AO durchgesetzt werden. Sie können dabei nach § 111 AO die Amtshilfe der Gerichte und Behörden, nach § 13 FVG auch den Beistand der Gemeinde-, Ortspolizei- und sonstiger Ortsbehörden in Anspruch nehmen.

4. Die Nachschau im Bereich der Bundeswehr

Sofern eine Nachschau in einem Dienstgebäude oder einer nicht allgemein zugänglichen Einrichtung oder Anlage der Bundeswehr veranlaßt ist, wird sie nach § 210 Abs. 5 Satz 1 AO grundsätzlich auf Ersuchen der Finanzbehörde regelmäßig durch die vorgesetzte Bundeswehr-Dienststelle durchgeführt. Die Finanzbehörde kann bei der Durchführung mitwirken. Nach § 210 Abs. 5 Satz 3 AO ist ein solches Ersuchen nur dann nicht erforderlich, wenn die Nachschau in Räumen vorzunehmen ist, die ausschließlich von anderen Personen als Soldaten bewohnt werden.

III. Wesen der Nachschau

1. Die Nachschau als Mittel zur Erreichung des Aufsichtszweckes

Die vorstehenden Überlegungen weisen die Nachschau als ein wirksames Mittel zur Erreichung des Aufsichtszweckes nach. Er besteht nicht in der Erforschung strafbarer Handlungen, wenngleich er eine solche inzident auch mit umfassen kann.[36] Diese in concreto für den Bereich der Zölle und Verbrauchsteuern zu treffende Feststellung gilt aber uneingeschränkt auch für die übrigen staatlichen Aufsichtsbereiche des Verwaltungs-, Wirtschafts- und Steuerrechts.[37]

2. Kernelemente der Nachschau-Befugnis

Kernelemente der Befugnis zur Nachschau nach § 210 Abs. 1 AO sind das Recht zum **Betreten** von Grundstücken, Betriebs- und Geschäftsräumen sowie das **Besichtigungs-, Informations-, Prüfungs-** und **Feststellungsrecht,** einschließlich des Rechts zur Anfertigung von **Aufzeichnungen.** Wie im Verwaltungs- und Wirtschaftsrecht so ist auch im Steuerrecht für die Befugnis zur Nachschau charakteristisch, daß

a) sich das Recht zum Betreten auf eine besondere **gesetzliche Vorschrift** zurückführen läßt,
b) das Betreten einem **erlaubten Zweck** – dem Aufsichtszweck – dient,
c) der Gesetzgeber diesen – aufsichtlichen – Zweck **im Gesetz** bereits **kenntlich** gemacht hat, und
d) das Betreten für die Zweckerreichung auch **erforderlich** ist.

3. Das Verhältnis der Nachschau zu Art. 13 Abs. 1 GG

---

[36] Vgl. dazu schon **Tiedemann,** Wirtschaftskriminalität und Wirtschaftsstrafrecht in den USA und in der Bundesrepublik Deutschland, 1978, S. 8 ff..

[37] Vgl. z.B. nur § 34 Abs. 2 Nr. 4 GewO; § 38 Satz 1 Abschn. c GewO i.V. mit den jeweiligen landesrechtlichen Vorschriften; § 41 Abs. 3 Nrn. 1 und 2 LMBG; dazu vgl. **Mösbauer,** Steueraufsicht im Bereich der Zölle und Verbrauchsteuern, DB 1980, S. 1506 ff.; **Mösbauer,** Befugnisgrenzen der finanzbehördlichen Steueraufsicht (§§ 209 ff. AO), DStZ 1988, S. 267 ff.; **Mösbauer,** Staatsaufsicht über die Wirtschaft, 1990, §§ 27 f. (S. 531 ff.); **Mösbauer,** in: Frankenberg / Spieß (Hrsg.), Umwelt und Wirtschaft, Reihe: Umwelt- und Technikrecht, Band 29, 1995, S. 253 ff. (Die Immissionsaufsicht-...) und S. 265 ff. (Die Lebensmittelaufsicht-...).

Die mit der Nachschau für den Betroffenen verbundene Duldungsverpflichtung beinhaltet nach Art. 13 Abs. 7 GG unter gewissen **zweckspezifischen** Voraussetzungen[38] auch **ohne** richterliche Anordnung und **ohne** Vorliegen einer Gefahr im Verzuge eine verfassungsrechtlich zulässige Einschränkung des Grundrechts der Unverletzlichkeit der Wohnung.
Die Zulässigkeit solcher Einschränkungen durch die Staatsaufsicht ist darin begründet, daß ihre Akte grundsätzlich Geschäfts- und Betriebsgrundstücke sowie -räume betreffen. Zwar bezieht die Rechtsprechung des BVerfG auch diese in den **Schutzbereich** des Art. 13 GG mit ein. Sie läßt aber keinen Zweifel, daß ihr Schutzbedürfnis im Vergleich zu dem der eigentlichen Privatgrundstücke und Wohnräume ungleich geringer ist. Denn nach ihrer Zweckbestimmung ist den Geschäfts- und Betriebsgrundstücken und –räumen eine „größere **Offenheit nach außen**" eigen. Sie sind regelmäßig zur Aufnahme sozialer Kontakte bestimmt und damit in wesentlichem Maße jener privaten Intimsphäre entrückt, der die eigentlichen Privatgrundstücke und Wohnräume im engeren Sinne zugehören. Dazu kommt, daß gerade die der Aufsicht unterworfenen Tätigkeiten i.d.R. von diesen betrieblichen Grundstücken und Räumen nach außen wirken und deshalb in besonderem Maße sowohl die Interessen anderer als auch der Allgemeinheit berühren können. Es ist daher nur konsequent, daß die mit dem Schutz dieser Interessen betrauten Aufsichtspersonen diese Tätigkeiten dort kontrollieren dürfen, von wo sie nach außen wirken. Sofern dabei Geschäfts- und Betriebsgrundstücke sowie -räume in Frage stehen, kann ein Recht zum Betreten dieser Räume daher nicht unzulässig sein.[39]

4. Das Verhältnis der Nachschau zu Art. 12 GG

Die Nachschau läßt sowohl das Grundrecht der Berufswahlfreiheit[40] als auch das Recht der Berufsausübung[41] unberührt. Dadurch, daß weder der Zugang zu einem Beruf noch das Verbleiben in einem Beruf beeinträchtigt werden, ist der Freiheit der Berufswahl, die ohnedies nur zum Schutze besonders wichtiger Gemeinschaftsgüter[42] beschränkt werden darf[43], Genüge getan. Und die Freiheit der Berufsausübung kann ohnedies zugunsten eines jeden Gemeinwohlzwecks beschränkt werden.[44] Der Gesetzgeber ist hier im wesentlichen nur durch das allgemeine Übermaßverbot in seiner Regelungsbefugnis begrenzt. Da aber die Nachschau als Maßnahme der staatlichen Aufsicht der Aufgabe der vorbeugenden Gefahrenabwehr dient, beruht sie auf sachgerechten und vernünftigen Erwägungen des Gemeinwohls[45]. Sie werden in ihrer Idealform dann verwirklicht, wenn der von der

---

[38] Vgl. dazu u.a. BVerfG, Urteil vom 13.2.1964 – 1 BvL 17 / 61, 1 BvR 494 / 60, 128 / 61 – BVerfGE 17, 251 f..
[39] So im Ergebnis auch **Teichner,** in: Koch / Scholtz, AO, 5. Aufl., 1996, § 210 AO, Rzn. 11 u. 12.
[40] Art. 12 Abs. 1 Satz 1 GG.
[41] Art. 12 Abs. 1 Satz 2 GG.
[42] Die Existenz eines wichtigen Gemeinschaftsgutes kann aus den besonderen wirtschafts-, sozial- und gesellschaftspolitischen Vorstellungen des Gesetzgebers resultieren. Vgl. dazu **Papier,** Grundgesetz und Wirtschaftsordnung, in: Benda / Maihofer / Vogel (Hrsg.), Handbuch des Verfassungsrechts, 1983, S. 630 ff.; ebenso **Papier,** in: Benda / Maihofer / Vogel, Handbuch des Verfassungsrechts, 2. Aufl., 1994, S. 799 ff., RdNr. 56.
[43] BVerfG, Urteil vom 11.6.1958 – 1 BvR 596 / 56 – BVerfGE 7, 377 ff..
[44] Demgemäß ist der, unter Bezugnahme auf RFHE 44, 72 ff., 73 getroffenen Feststellung von **Bayer,** Steuerlehre (Steuerverfassung, Steuergesetz, Steuergericht), 1998, RdNr. 1709 zuzustimmen, daß vor den Bedürfnissen der Steueraufsicht das Berufsgeheimnis des Rechtsanwalts grundsätzlich ebenso zurücktreten muß, wie das Betriebs- und Geschäftsgeheimnis eines Unternehmers.
[45] Vgl. dazu BVerfG, Urteil vom 11.6.1958 – 1 BvR 596 / 56 –BVerfGE 7, 377 ff.; BVerfG, Beschluß vom 17.7.1961 – 1 BvL 44 / 55 – BVerfGE 13, 97 ff..

Nachschau Betroffene sämtliche ihm obliegenden allgemeinen und spezifischen[46] Pflichten erfüllt.

[46] Vgl. z.B. die im Rahmen der steuerrechtlichen Nachschau (§ 193 Abs. 1 AO 1931) relevante Aufzeichnungspflicht des § 160 Abs. 2 AO 1931; vgl. auch § 210 Abs. 1 AO und speziell zu den damit auferlegten Pflichten **Mösbauer,** Steueraufsicht im Bereich der Zölle und Verbrauchsteuern, DB 1980, S. 1506 ff.; **Mösbauer,** Befugnisgrenzen der finanzbehördlichen Steueraufsicht (§§ 209 ff. AO), DStZ 1988, S. 267 ff.; **Mösbauer,** Staatsaufsicht über die Wirtschaft, 1990, §§ 27 ff. (S. 531 ff.); **Mösbauer,** Steuerliche Außenprüfung (Betriebsprüfung), Steuerfahndung, Steueraufsicht, 1994, S. 300.

§ 27 Besondere Aufsichtsmaßnahmen

I. Rechtskräftige Bestrafung wegen Zoll- oder Verbrauchsteuerhinterziehung

1. Zoll- und Verbrauchsteuerhinterziehung

Wenn es zur Gewährleistung einer wirksamen Steueraufsicht erforderlich ist, dürfen Betriebe oder Unternehmen, deren **Inhaber** oder **leitende Angehörige** wegen vollendeter[1] oder versuchter[2] Steuerhinterziehung oder wegen Anstiftung[3] oder Beihilfe[4] zu einer solchen Tat rechtskräftig bestraft worden sind, nach § 213 Satz 1 AO besonderen Aufsichtsmaßnahmen unterworfen werden. § 213 Satz 1 AO spricht zwar lediglich allgemein von Steuerhinterziehung. Es kann aber, im Hinblick auf den Aufsichtszweck der Vorschrift, keinem Zweifel unterliegen, daß es sich in concreto nur um eine Zoll- oder Verbrauchsteuerhinterziehung handeln kann. Dieses Ergebnis findet seine Bestätigung bereits in der Feststellung Paulicks[5], daß nach dem Grundgedanken des Gesetzes durch die Straftat Vorschriften verletzt sein müssen, deren Innehaltung durch die Steueraufsicht gerade gesichert werden soll; d.h. nach Paulick: „Es ist die Hinterziehung einer Steuer erforderlich, deretwegen die Steueraufsicht angeordnet ist".[6]

2. Rechtskräftige Bestrafung

a) Strafverbüßung

Weiter sind die besonderen Aufsichtsmaßnahmen davon abhängig, daß die Inhaber oder leitenden Angehörigen wegen einer solchen vollendeten oder versuchten Hinterziehung oder wegen Anstiftung oder Beihilfe zu einer solchen Tat **rechtskräftig bestraft** worden sind. Ob sie die Strafe auch **verbüßt** haben, spielt in diesem Zusammenhang keine Rolle. Aus diesem Grunde kann es im Rahmen des § 213 AO auch nicht darauf ankommen, ob eine rechtskräftig erkannte Strafe etwa auf Grund eines Straffreiheitsgesetzes erlassen worden ist.[7]

b) Straftilgung

Sehr wohl aber spielt die Frage eine Rolle, ob die rechtskräftig erkannte Strafe im Strafregister bereits wieder **getilgt** ist.[8] Denn eine solche Tilgung schließt auf Grund des rechtlichen Verwertungsverbotes mit dem Tatbestandsmerkmal „wegen Steuerhinterziehung ... rechtskräftig bestraft" zugleich auch die Anwendbarkeit der Befugnisnorm des § 213 AO aus.

3. Tatsächlich vorhandener bestimmender und gestaltender Einfluß des Bestraften

---

[1] Dazu **Mösbauer,** Steuerstraf- und Steuerordnungswidrigkeitenrecht (einschließlich Steuer- und Zollfahndung), 2. Aufl., 2000, § 12 Abschn. I, S. 93 ff..
[2] Dazu **Mösbauer,** a.e.a.O., § 12 Abschn. II, S. 145 ff..
[3] Dazu **Mösabuer,** a.e.a.O., § 9, S. 68 ff., bes. S. 70 ff..
[4] Dazu **Mösbauer,** a.e.a.O., § 9, S. 68 ff., bes. S. 72 ff..
[5] **Paulick,** in: Hübschmann / Hepp / Spitaler, AO / FGO, 7. Aufl., 1951 / 79, § 213 AO, Rz. 2, unter Hinweis auf **Becker / Riewald / Koch,** RAO, Erl. Zu § 197; **Mattern / Messmer,** RAO, Rz. 1268; **Tipke / Kruse,** RAO, § 197 Anm. 2. Vgl. dazu **Tipke,** in: Tipke / Kruse, AO / FGO, § 213 AO, Tzn. 1 – 6.
[6] A.A. **Rüsken,** in: Klein, AO, 8. Aufl., 2003, § 213 AO.
[7] Vgl. dazu RFH, Urteil vom 4.4.1939 – V zB 4 / 39 – RStBl. 1939, 651; so auch **Rüsken,** in: Klein, AO, 8. Aufl., 2003, § 213 AO.
[8] Vgl. BFH, Urteil vom 4.12.1952 – V zB 1 / 52 – BStBl. 1953 III, 52.

Nicht von Bedeutung dürfte es allerdings sein, in welchem Betrieb der leitende Angehörige den Tatbestand der Zoll- oder Verbrauchsteuerhinterziehung verwirklicht hat[9]. Es dürfte vielmehr lediglich auf den **tatsächlich vorhandenen bestimmenden und gestaltenden Einfluß** ankommen, den Inhaber und leitende Angehörige auf den Betrieb und das Unternehmen ausüben. Aus diesem Grunde wird man wohl die Meinung von Gronarz[10] abzulehnen haben, wonach es im Gegensatz zum alten Recht nicht mehr möglich sein soll, durch Entlassung des wegen der Tat Bestraften besonderen Aufsichtsmaßnahmen nach § 213 AO vorzubeugen. Wenn schon, nach zutreffender Feststellung Paulicks[11], die Einstellung eines wegen Steuerhinterziehung rechtskräftig bestraften leitenden Angestellten in einen sonst integren Betrieb besondere Aufsichtsmaßnahmen begründen kann, dann muß logischer Weise auch ein Betrieb von besonderen Aufsichtsmaßnahmen frei werden können, wenn der tatsächlich vorhandene bestimmende und gestaltende Einfluß des leitenden Angestellten auf Grund Ausscheidens aus dem Betrieb endet. Denn die besonderen Aufsichtsmaßnahmen des § 213 AO können nur dort ihre Berechtigung finden, wo sie für die Einhaltung der steuerlichen Vorschriften unverzichtbar sind. Ergeben die zugrundeliegenden Tatsachen und die übrigen Umstände, daß nach dem Ausscheiden des leitenden Angestellten aus dem Betrieb die Einhaltung der steuerlichen Vorschriften wieder hinreichend gewährleistet ist, wäre es sogar mißbräuchlich, Betriebe oder Unternehmen besonderen Aufsichtsmaßnahmen nach § 213 AO zu unterwerfen.[12]

4. Geeignetheit und Erforderlichkeit der Mittel

a) Besondere Aufsichtsmaßnahmen

Welchen **besonderen Aufsichtsmaßnahmen** die jeweiligen Betriebe oder Unternehmen unterworfen werden, richtet sich danach, welches Mittel im konkreten Einzelfall gerade zur Gewährleistung einer wirksamen Steueraufsicht **geeignet** und **erforderlich** ist; d.h. welche Maßnahmen „künftige einschlägige Hinterziehungen verhindern können“[13]. Damit ist festgestellt, daß die besonderen Aufsichtsmaßnahmen sich auf die Steuerart beziehen müssen, auf die sich auch die Tatbestandsverwirklichung bezieht. Daraus ist mit Paulick[14] der Schluß zu ziehen, daß infolgedessen ein Betrieb zur Herstellung verbrauchsteuerpflichtiger Waren nicht schon dann besonderen Aufsichtsmaßnahmen unterworfen werden kann, wenn der Inhaber z.B. wegen Einkommensteuerhinterziehung bestraft worden ist.

b) Allgemeine Aufsichtsmaßnahmen

Ob im Rahmen der besonderen Aufsicht **allgemeine aufsichtliche**[15] Maßnahmen intensiviert, oder zusätzliche Maßnahmen[16] wie Anschreibungen oder Meldepflichten vorgeschrieben werden, ist dem pflichtgemäßen Ermessen[17] der Aufsichtsbehörde anheimgegeben. Da § 213

---

[9] A.A. **Paulick,** in: Hübschmann / Hepp / Spitaler, AO / FGO, /. Aufl., 1951 / 79, § 213 AO, Rz. 2.
[10] **Gronarz,** in: Koch, Abgabenordnung, 1. Aufl., § 213 AO, Rz. 3; a.A. **Teichner,** in: Koch / Scholtz, AO, 5. Aufl., 1996, § 213 AO, Rz. 5.
[11] A.a.O..
[12] So im Ergebnis **Schwarz,** AO, § 213 AO, Rz. 2.
[13] **Paulick,** in: Hübschmann / Hepp / Spitaler, AO / FGO, 7. Aufl., 1951 / 79, § 213 AO, Rz. 2.
[14] **Paulick,** a.a.O., Rz. 2.
[15] Dazu vgl. **Mösbauer,** Staatsaufsicht über die Wirtschaft, 1990, §§ 21 ff. (S. 429 ff.).
[16] Siehe dazu § 213 Satz 2 AO: z.B. auch den sicheren Verschluß von Räumen, Behältnissen und Geräten sowie ähnlichen Maßnahmen.
[17] Zur Ermessensproblematik im Steuerrecht vgl. **Mösbauer,** Entschließungs- und Auswahlermessen bei der Festsetzung von Verspätungszuschlägen nach § 152 AO, DStZ 1983, S. 24 ff..

Satz 2 AO lediglich eine exemplarische[18] Aufzählung möglicher Aufsichtsmaßnahmen enthält, können auch anderweitige Anordnungen in Betracht kommen.

c) Rechtsschutz

Die Anordnung einer besonderen Aufsichtsmaßnahme ist ein Steuerverwaltungsakt, der mittels **Einspruchs** (§§ 118, 119 Abs. 2, 347 AO) angefochten werden kann.

II. Sicherstellung im Aufsichtsweg

1. Der Befugnistatbestand

Neben die besonderen Aufsichtsmaßnahmen des § 213 AO tritt nach § 215 Abs. 1 Satz 1 AO die Befugnis zur **Sicherstellung im Aufsichtsweg.** Sie ist nicht identisch mit der strafprozessualen Sicherstellung nach § 111 b StPO. Sie dient auch nicht, wie z.B. die Beschlagnahme nach § 76 Abs. 3 AO, der unmittelbaren Verwirklichung des Steueranspruchs. Es geht bei ihr vielmehr „um die Gewährleistung des Besteuerungsrechts des Staates am Verbrauch bestimmter Waren im Steuererhebungsgebiet und – gleichgewichtig – um die Herstellung einheitlicher steuerlicher Wettbewerbsbedingungen für alle im Erhebungsgebiet tätigen Anbieter".[19] Die Sicherstellung im Aufsichtsweg kann gegenüber verbrauchsteuerpflichtigen Waren[20] erfolgen, die entweder in der Finanzbehörde nicht angemeldeten[21] Herstellungsbetrieben oder anderen anmeldepflichtigen Räumen vorgefunden werden (§ 215 Abs. 1 Satz 1 Nr. 1 Buchst. a AO), oder bei denen im Handel[22] die den Steuergesetzen entsprechende Verpackung, Bezeichnung, Kennzeichnung oder das vorschriftsmäßige Steuerzeichen fehlen (§ 215 Abs. 1 Satz 1 Nr. 1 Buchst. b AO).

Ferner kann die Finanzbehörde Waren sicherstellen, die, soweit sie im grenznahen Raum oder in der Grenzaufsicht unterworfenen Gebieten **aufgefunden** werden[23], weder offenbar Gemeinschaftswaren sind noch den Umständen nach in den zollrechtlich freien Verkehr überführt worden sind (§ 215 Abs. 1 Satz 1 Nr. 2 AO).

Paulick[24] wertete den Begriff „auffinden" unter Hinweis auf § 965 BGB i.S. von „finden". Das würde bedeuten, daß § 215 AO nur herrenlose Sachen meint, da nach § 965 BGB nur verlorene Sachen gefunden werden können. Daß dem aber nicht so sein kann, zeigt allein schon der Begriff „vorfinden" in § 215 Abs. 1 Nr. 1 Buchst. a AO. Er betrifft verbrauchsteuerpflichtige Waren, die sich in Herstellungsbetrieben oder anderen anmeldepflichtigen, aber nicht angemeldeten, Räumen befinden. Solche Waren befinden sich aber – sogar erkennbar – noch im Gewahrsam von Personen. Sie können daher nicht gleichzeitig herrenlos sein. Das bedeutet, daß sie auch nicht verlorene Sachen sein können. Daraus ist der Schluß zu ziehen, daß es sich bei den Waren des § 215 Abs. 1 Nrn. 1 und 2 AO nicht lediglich um Waren handeln kann, für die **kein konkreter Gewahrsamsinhaber erkenntlich** ist.

Sichergestellt werden dürfen ferner die Umschließungen der in § 215 Abs. 1 Satz 1 Nrn. 1 und 3 AO genannten Waren (§ 215 Abs. 1 Satz 1 Nr. 3 AO).

---

[18] Insbesondere dürfen ...

[19] **Teichner,** in: Koch / Scholtz, AO, 5. Aufl., 1996, § 215 AO, Rz. 2.

[20] ... einschließlich ihrer Umschließungen; § 215 Abs. 1 Nr. 3 AO.

[21] Zur Anmeldung von Betrieben vgl. §§ 139, 212 Abs. 1 Nr. 1 AO; ferner BFH, Urteil vom 15.12.1964 – VII 277 / 63 – StRK AO § 200 R. 1.

[22] Dazu vgl. RG, Urteil vom 7.5.1923 – III 248 / 23 – RGSt. 57, 230.

[23] Es spielt in diesem Zusammenhang keine Rolle, von wem sie aufgefunden werden; ob von einem Amtsträger oder einem Dritten.

[24] **Paulick,** in: Hübschmann / Hepp / Spitaler, AO / FGO, 7. Aufl., 1951 / 79, § 215 AO, Rz. 4.

Sichergestellt werden dürfen durch die Finanzbehörde aber auch zur Herstellung von verbrauchsteuerpflichtigen Waren bestimmte Geräte, die sich in einem der Finanzbehörde nicht angemeldeten Herstellungsbetrieb befinden (§ 215 Abs. 1 Satz 1 Nr. 4 AO).
Für die Sicherstellung ist es unbeachtlich, ob die Sachen bereits vorher in einem Strafverfahren beschlagnahmt worden waren, da § 215 AO einen selbständigen Tatbestand beinhaltet (§ 215 Abs. 1 Satz 2 AO).

2. Sicherstellen als Entziehen der Verfügungsberechtigung

Sicherstellen i.S. des Befugnistatbestandes bedeutet Entziehen der Verfügungsberechtigung, ggf. auch der Verfügungsmöglichkeit. Auf diese Auslegung verweisen die Mittel, die der Finanzbehörde zum Zwecke der Sicherstellung an die Hand gegeben worden sind: die **Wegnahme** (§ 215 Abs. 1 Satz 1 Alt. 1 AO), das **Anbringen von Siegeln** (§ 215 Abs. 1 Satz 1 Alt. 2 AO) und der Erlaß eines **Verfügungsverbotes** (§ 215 Abs. 1 Satz 1 Alt. 3 AO). So stellt z.B. die Wegnahme ebenso wie das Anbringen von Siegeln eine amtliche Beschlagnahmehandlung[25] dar, mittels der der Gewahrsam des Aufsichtsadressaten gebrochen, zugleich aber ein Gewahrsam der Finanzbehörde begründet wird. Er steht seinerseits wiederum unter dem Schutz des § 136 StGB. Die Beschlagnahme setzt, anders als z.B. die Einziehung nach §§ 375 Abs. 2 AO[26], 94 StPO, zwar keine strafbaren Handlungen voraus, wird aber umgekehrt bei Vorliegen solcher Handlungen auch nicht ausgeschlossen, sofern gleichzeitig gewisse Verdachtsmomente für das Vorliegen verbrauchsteuerrechtlicher Unregelmäßigkeiten gegeben sind. Dies kann, bei gleichem Tatbestand, zu einem Nebeneinander von verwaltungs- und strafverfahrensrechtlichen Beschlagnahmehandlungen führen, da, worauf schon Paulick[27] zutreffend verwies, eine Beschlagnahme nach § 94 StPO nicht dadurch gehindert wird, daß die Sachen bereits im Gewahrsam oder gar im Eigentum des Staates stehen.
Die Anordnung der Sicherstellung ist ein Steuerverwaltungsakt, der mittels Einspruchs angefochten werden kann (§§ 118, 347 AO).

3. Überführung der sichergestellten Sachen in das Eigentum des Bundes

Gemäß § 216 Abs. 1 Satz 1 AO sind die nach § 215 AO sichergestellten Sachen, unter dem Vorbehalt der §§ 375 Abs. 2 und 216 Abs. 1 Satz 2 AO, grundsätzlich in das Eigentum des Bundes zu **überführen.**[28] Diese Überführung[29] ist nach Art. 14 Abs. 1 Satz 1 GG verfassungsrechtlich unbedenklich. Denn § 216 AO stellt nach dem Willen des Gesetzgebers ein Gesetz dar, das gemäß Art. 14 Abs. 1 Satz 2 GG zulässigerweise Inhalt und Schranken des Eigentums bestimmt. Diese Realität geht eindeutig aus den gesetzgeberischen Überlegungen hervor, die der Regierungsbegründung zu § 210 AO[30] zugrundeliegen. Sie gehen davon aus, daß das juristische[31] Eigentum an verbrauchsteuerpflichtigen Waren „einer herkömmlichen inhaltlichen Beschränkung i.S. des Art. 14 Abs. 1 GG" unterliegt. Daraus zieht der Gesetzgeber den Schluß, daß derjenige, welcher z.B. Rechte an verbrauchsteuerpflichtigen

[25] Über diese Beschlagnahmehandlung ist nach § 215 Abs. 2 Satz 1 AO eine **Niederschrift** aufzunehmen. Sie stellt jedoch keine Wirksamkeitsvoraussetzung für die Sicherstellung dar.
[26] Vgl. in diesem Zusammenhang auch § 399 Abs. 2 Satz 2 AO, § 404 Satz 2 AO und § 385 Abs. 1 AO.
[27] **Paulick,** in: Hübschmann / Hepp / Spitaler, AO / FGO, 7. Aufl., 1951 / 79, § 215 AO, Anm. 3.
[28] Anders als die Sicherstellung nach § 215 AO, die eine vorläufige Steueraufsichtsmaßnahme ist, hat die Anordnung nach § 216 AO endgültigen Charakter. So auch **Teichner,** in: Koch / Scholtz, AO, 5. Aufl., 1996, § 216 AO, Rz. 2.
[29] Sie ist auf Veranlassung des Bundesrates weitgehend an die Einbeziehung des Straf- und Ordnungswidrigkeitenrechts angeglichen worden.
[30] Vgl. dazu BT-Drucks. VI / 1982, S. 167.
[31] Die Zurechnungsvorschrift des § 39 Abs. 2 AO ist in diesem Zusammenhang unbeachtlich.

Waren oder an Geräten zu deren Herstellung hat, erwirbt oder anderen einräumt, sich auf die im Interesse der Steueraufsicht erforderlichen strengen Steuervorschriften einrichten muß. Tut er dies nicht, und erleidet er einen Rechtsverlust, so soll dies seiner Verantwortlichkeit zukommen. Nach Auffassung des Gesetzgebers trifft eine solche Einziehung den Rechtsinhaber dann in zumutbarer Weise. Da es sich bei den Sachen sämtlich um solche handelt, die nach § 215 AO sichergestellt worden sind, ist der gesetzgeberischen Argumentation beizutreten; zumal sichergestellte oder bereits überführte Sachen nach § 216 Abs. 5 Satz 1 AO dann zurückzugeben sind, wenn die Überführung in das Eigentum des Bundes als eine unbillige Härte für den Betroffenen erscheint.
Die Überführung[32] in das Eigentum des Bundes läßt sowohl den Steueranspruch als auch die Sachhaftung nach § 76 AO[33] unberührt.
Der die Überführung betreffende Verwaltungsakt kann nach § 347 AO mittels Einspruchs angefochten werden.
Gleichzeitig mit der Unanfechtbarkeit des Verwaltungsaktes der Finanzbehörde verliert der bisherige Eigentümer sein Eigentum (§ 216 Abs. 3 Satz 1 AO).[34]
Ausnahmsweise können nach § 216 Abs. 4 AO sichergestellte Sachen schon **vor** der Überführung veräußert werden (Notveräußerung). Dies gilt insbesondere dann, wenn

a) ein Verderb droht[35],
b) eine wesentliche Wertminderung droht, oder
c) die Aufbewahrung, Pflege oder Erhaltung unverhältnismäßig große Kosten oder Schwierigkeiten[36] verursachen würde.

Die Verwertungsanordnung kann nach § 347 AO mittels Einspruchs angefochten werden.

[32] Zum Überführungsverfahren vgl. **Teichner,** in: Koch / Scholtz, AO, 5. Aufl., 1996, § 216 AO, Rz. 8.
[33] Dazu **Mösbauer,** Die Haftung für die Steuerschuld, 1990, § 23 (S. 246 ff.); ferner **Mösbauer,** Zur Sachhaftung verbrauchsteuer- und zollpflichtiger Waren (§ 76 AO), DStZ 1987, S. 397 ff.; **Mösbauer,** Beschlagnahme zur Sicherstellung der Sachhaftung durch Zollfahndungsämter, DStZ 1989, S. 380 ff..
[34] Zu den Einzelproblemen dieses Rechtsverlustes, vgl. **Teichner,** in: Koch / Scholtz, AO, 5. Aufl., 1996, § 216 AO, Rzn. 9 und 10.
[35] ... wie z.B. bei Nahrungs- und Genußmitteln.
[36] ... wie z.B. die Lagerung von sichergestelltem Mineralöl.

§ 28 Mitwirkungs- und Hilfspflichten des Betroffenen

I. Der Verpflichtungstatbestand

1. Die aktiven steuerlichen Mitwirkungs- und Hilfspflichten

a) Persönliche Erfüllung

Neben die passiven Duldungspflichten des § 210 AO treten nach § 211 AO mit diesen korrespondierende **aktive steuerliche Mitwirkungs- und Hilfspflichten** der von einer Maßnahme der Steueraufsicht Betroffenen. Die auf **Aufforderung** [1] zu erfüllenden Pflichten sind grundsätzlich **persönlich** zu erfüllen.

b) Erfüllung durch Beauftragte

Der einzelne Aufsichtsadressat[2] kann[3] sich durch einen mit der Wahrnehmung der steuerlichen Pflichten[4] **beauftragten**[5] geeigneten Angehörigen seines Betriebes oder Unternehmens[6] ganz oder teilweise, z.B. für ein bestimmtes Sachgebiet oder einen bestimmten Betriebsteil, aber auch für einzelne Pflichten, vertreten lassen, wenn die **Finanzbehörde zustimmt** (§ 214 Satz 1 AO). Die Zustimmung erstreckt sich nur auf die Vollmacht. Sie ist ein begünstigender Verwaltungsakt.
Die Ablehnung der Zustimmung, z.B. wegen fehlender Handlungsfähigkeit nach § 79 AO oder wegen fehlender Bereitschaft, die steuerlichen Pflichten zu erfüllen, wegen mangelnder Sachkunde oder fehlender persönlicher Zuverlässigkeit, ist ein ablehnender Steuerverwaltungsakt. Er kann von dem von der Steueraufsicht betroffenen Steuerpflichtigen mittels Einspruchs angefochten werden (§ 347 AO). Mit diesem Zustimmungserfordernis, das eine Abweichung von dem Grundsatz des § 80 Abs. 1 Satz 1 AO darstellt, soll im Interesse einer wirksamen Steueraufsicht die ordnungsgemäße Wahrnehmung der steuerlichen Pflichten sichergestellt werden.
Zugleich soll der Einspruchsvorbehalt der Finanzverwaltung die Möglichkeit geben, auf die Eignung und Sachkunde des Beauftragten hinwirken zu können.[7]
Es sind Fälle denkbar, in denen das Recht, sich vertreten zu lassen, ausgeschlossen ist. Dies ist insbesondere dort der Fall, wo nur der von der Steueraufsicht Betroffene allein einen Sachverhalt aufklären kann (§§ 80 Abs. 3 Satz 2, 90 Abs. 1, 200 Abs. 1, 211 Abs. 1 AO).

---

[1] Diese Aufforderung ist ein **einspruchsfähiger** Steuerverwaltungsakt i.S.d. §§ 118, 347 AO. Eine bestimmte **Form** ist für sie **nicht** vorgeschrieben (§ 119 Abs. 2 Satz 1 AO). Eine mündliche Anordnung ist schriftlich zu bestätigen, wenn hieran ein berechtigtes Interesse besteht und der Betroffene dies unverzüglich verlangt (§ 119 Abs. 2 Satz 2 AO).
[2] Z.B. der Betriebsinhaber und / oder der Geschäftsherr.
[3] Eine Pflicht zur Bestellung eines beauftragten Vertreters besteht nicht.
[4] Dies sind nicht nur die „im Rahmen der Steueraufsicht zu erfüllenden **Pflichten**" i.S.d. § 212 AO, sondern auch die Anmelde**pflichten** i.S.d. § 139 AO, die Steuererklärungs**pflichten** i.S.d. § 150 AO sowie die Berichtigungs**pflichten** i.S.d. § 153 AO, soweit diese mit einem Gegenstand der Steueraufsicht i.S.d. § 209 AO im Zusammenhang stehen.
§ 214 AO erfaßt **nicht** auch die Wahrnehmung von Rechten.
[5] Die Beauftragung macht die Beauftragten nicht zu Steuerpflichtigen i.S.d. § 33 AO. Sie haften, mangels Verfügungsbefugnis, auch nicht nach § 69 AO. Siehe dazu **Mösbauer,** Die Haftung für die Steuerschuld, 1990, § 5 (S. 39 ff.). Wohl aber kann eine Haftung nach § 71 AO wegen Steuerhinterziehung oder Steuerhehlerei in Betracht kommen. Dazu **Mösbauer,** a.a.O., § 8, S. 96 ff. und **Mösbauer,** Steuerstraf- und Steuerordnungswidrigkeitenrecht, 1989, § 12 (S. 131 ff.).
[6] Die Vertretung durch Rechtsanwälte oder Steuerberater ist **nicht zustimmungsbedürftig.**
[7] So auch **Teichner,** in: Koch / Scholtz, AO, 5. Aufl., 1996, § 214 AO, Rz. 2.

„Besteht die steuerliche Pflicht ... darin, eine Willens- oder Wissenserklärung abzugeben, kann die Finanzbehörde die Erklärung eines Beauftragten, dessen Bevollmächtigung sie nicht gebilligt hat, als nicht ausreichend zur Erfüllung der steuerlichen Pflichten ansehen.“[8]

c) Haftung des Beauftragten

Erfüllt ein Betroffener die ihm obliegenden steuerlichen Pflichten nicht in persona, sondern durch einen beauftragten Vertreter mit Zustimmung der Finanzbehörde, so stellt sich unter **haftungsrechtlichem** Aspekt die Frage nach der Rechtsstellung des beauftragten Vertreters. Denn nach § 69 Satz 1 AO haften nur die in den §§ 34 und 35 AO bezeichneten Personen.
Das sind die gesetzlichen Vertreter natürlicher oder juristischer Personen (§ 34 Abs. 1 AO), die Vertreter nichtrechtsfähiger Personenvereinigungen und Vermögensmassen (§ 34 Abs. 1 und 2 AO) und die Vermögensverwalter (§ 34 Abs. 3 AO). Diesen Gruppen dürfte der beauftragte Vertreter aber ebenso wenig zugehören, wie den in § 35 AO genannten Verfügungsberechtigten. Denn eine Verfügungsberechtigung i.S. des Steuerrechts ist die Befugnis, auf die Rechtslage von Wirtschaftsgütern unmittelbar einzuwirken. Der Beauftragte des § 214 AO wirkt aber nicht auf die persönliche Zuordnung unmittelbar ein. So ist er auch nicht Verfügungsberechtigter i.S. des § 35 AO und damit wohl wider Willen des Gesetzgebers der AO **von der Haftung** nach § 69 AO **frei**[9].

2. Vorlage von Aufzeichnungen, Büchern, Geschäftspapieren und anderen Urkunden

Aktive steuerliche Mitwirkungs- und Hilfspflichten, die der Durchführung der Steueraufsicht dienen, sind nach § 211 Abs. 1 Satz 1 AO vor allem die Pflicht zur **Vorlage** von sämtlichen[10] **Aufzeichnungen,** Büchern, Geschäftspapieren und anderen Urkunden über die der Steueraufsicht unterliegenden Sachverhalte[11], über den Bezug[12] verbrauchsteuerpflichtiger Waren und über den Absatz solcher Waren, sowie die Pflicht zur Erteilung von Auskünften[13] und zur Leistung sonst erforderlicher Hilfsdienste[14]. Im Hinblick auf diese Duldungs- und Mitwirkungspflichten[15], die auch für den **Sonderfall des § 211 Abs. 2 AO**[16] gelten, erscheint die Regelung des § 211 Abs. 3 entbehrlich.
Wenn einem von der Steueraufsicht Betroffenen schon eine Duldungs- und Mitwirkungspflicht auferlegt ist, dann müssen Vorkehrungen, die nicht betrieblich notwendige Maßnahmen sind und die die Ausübung der Steueraufsicht hindern oder

---

[8] **Teichner,** in: Koch / Scholtz, AO, 5. Aufl., 1996, § 214 AO, Rz. 8.
[9] Vgl. dazu auch BFH, Urteil vom 11.7.1958 – III 267 / 57 U – BFHE 67, 245 ff.; ferner **Mösbauer,** Zur steuerrechtlichen Haftung der gesetzlichen Vertreter, Vermögensverwalter und Verfügungsberechtigten, DStR 1982, S. 123 ff.; **Mösbauer,** Die Haftung für die Steuerschuld, 1990, § 5, S. 39 ff.; **Mösbauer,** Die Vertretungs- und Verfügungsmacht nach den §§ 34 und 35 AO als Tatbestandsmerkmal der Haftung nach § 69 AO, DB 1995, S. 1679 ff..
[10] Vgl. demgegenüber noch die Einschränkung des § 194 Abs. 2 AO 1931.
[11] Z.B. § 209 AO.
[12] Z.B. Fremd-Mineralöl.
[13] ... über steueraufsichtsrelevante Tatsachen.
[14] Dazu tritt ergänzend die unentgeltliche Bereitstellung von weiteren erforderlichen Hilfsmitteln für die Steueraufsicht, von geeigneten Räumen oder Arbeitsplätzen; § 211 Abs. 1 Satz 2 i.V. mit sinngem. § 200 Abs. 2 Satz 2 AO.
[15] Sie bestehen unabhängig davon, ob sich in einem konkreten Einzelfall für die Steueraufsicht entscheidende Feststellungen treffen lassen oder nicht. Denn allein der mit der Steueraufsicht betraute Amtsträger vermag zu entscheiden, ob Feststellungen allein oder zusammen mit anderen für die Besteuerung erheblich sind.
[16] Er betrifft den Fall, daß verbrauchsteuerpflichtige Waren einer gesetzlich vorgeschriebenen **Nachversteuerung** (z.B. auf Grund einer **neu** eingeführten Verbrauchsteuer oder der **Erhöhung** eines Verbrauchsteuersatzes) unterworfen werden. Dazu vgl. BT-Drucks. VI / 1982, S. 166; aber auch BFH, Urteil vom 31.1.1967 – VII R 52 / 66 – BStBl. 1967 III, 218. Vgl. auch **Teichner,** in: Koch / Scholtz, AO, 5. Aufl., 1996, § 211 AO, Rzn. 9 und 10.

erschweren, unzulässig sein. Damit beinhaltet aber die Verpflichtung zur Mitwirkung und Hilfe[17] zugleich auch das Verbot, die Ausübung der Steueraufsicht unzulässigerweise zu behindern oder zu erschweren. Durch die Regelung des § 211 Abs. 3 AO wird Selbstverständliches nicht selbstverständlicher. Der Gesetzgeber wäre daher gut beraten, wenn er den § 211 Abs. 3 AO ersatzlos streichen würde.

3. Erteilung von Auskünften

a) Auskunftsverlangen

Wer von einer Maßnahme der Steueraufsicht betroffen wird, hat den Amtsträgern auf Verlangen **Auskünfte** zu erteilen.

aa) Individualität

Gemessen an der Eingriffsintensität stellt das, auf Äußerung über cognitive Tatsachen gerichtete, **Auskunftsverlangen** das geringstintensive[18] Aufsichtsmittel in der aufsichtlichen Hierarchie dar. Seiner Natur nach ist es durch einen unterschiedlich hohen Grad an **Individualität**[19] geprägt.

bb) Rechtfertigung

Das Auskunftsverlangen findet seine **Rechtfertigung** in der öffentlich-rechtlichen Verpflichtung des Individuums, im Falle des Vorliegens der besonderen rechtsrelevanten Tatsachen oder des Eintritts der besonderen rechtsrelevanten Ereignisse[20] im Einzelfall überwiegend auf Grund spezieller[21] behördlicher Aufforderung[22] oder auch auf Grund gesetzlicher Verpflichtung[23] bestimmte[24] Fragen beantworten zu müssen. Demgemäß zeichnen sich die Auskünfte dadurch aus, daß sie, worauf z.B. Feldhaus[25] für das Immissionsschutzrecht ausdrücklich verweist, nur im Hinblick auf **bestimmte** Fragen oder Fragenkomplexe verlangt werden dürfen.[26] [27]

cc) Zweckgebundenheit und Zweckbegrenzung

---

[17] Vgl. in diesem Zusammenhang auch **Teichner,** in: Koch / Scholtz, AO, 5. Aufl., 1996, § 211 AO, Rz. 6.

[18] Vgl. demgegenüber z.B. die Beanstandung eines Tuns oder Unterlassens oder die Ersatzvornahme.

[19] So z.B. auch in § 38 Abs. 1 Satz 1 Abschn. b GewO i.V. mit den jeweiligen landesrechtlichen Vorschriften; ferner in § 41 Abs. 3 Nr. 4, Abs. 4 LMBG.

[20] ... die z.B. Beanstandungen nach sich ziehen können.

[21] – einmaliger, gelegentlicher oder regelmäßiger –.

[22] Vgl. in diesem Zusammenhang BayObLG, Urteil vom 6.12.1962 – RReg. 4 St 348 / 62 – GewArch. 1963, 29.

[23] Vgl. z.B. nur das Prinzip der Publizität im Bereich des VAG, des KWG und der Investmentgesetze; und in diesem Zusammenhang seinen Inhalts- und Zweckwandel von einem privatrechtlichen ius cogens zu einem Mittel staatlich aufsichtlicher Einwirkung. An diesen Wandel anknüpfend, weist **Schwark,** Anlegerschutz durch Wirtschaftsrecht, 1979, S. 209, zutreffend auf spezielle Auskunftsverpflichtungen, wie z.B. in § 25 KWG geregelt, hin. Diese „überschießenden behördlichen Ansprüche auf Rechnungslegung“ zeigen deutlich „das Zurückbleiben der zivilrechtlichen Publizität“ und „vor allem die Übernahme einer ursprünglich ganz anderen Zwecken dienenden Einrichtung in das Arsenal staatlicher Wirtschaftsaufsicht“ (Schwark, a.a.O.).

[24] Die Offenlegungspflicht kann demnach auch eine beschränkte sein.

[25] **Feldhaus,** Bundesimmissionsschutzrecht, § 52 BImSchG, Anm. 7.

[26] Im Ergebnis ebenso § 95 Abs. 2 BHO, wenn er feststellt, daß dem Bundesrechnungshof und seinen Beauftragten die **erbetenen** Auskünfte, d.h. also, nur **soweit** sie erbeten wurden, zu erteilen sind. Im gleichen Sinne etwa § 25 KWG, wonach die Kreditinstitute monatlich Auskunft (sog. Monatsausweise) über die Entwicklung von Vermögenswerten und Verbindlichkeiten zu erteilen haben.

[27] Das Auskunftsverlangen kann auch Fragen zur Person des Betroffenen umfassen, wie z.B. hinsichtlich der Rechtsform, der Geschäftsanteile, des Besitzes und der Eigentumsverhältnisse.

Das bedeutet, daß das Auskunftsverlangen, wie jedes Mittel der Staatsaufsicht, an den Grenzen des jeweiligen staatlichen Aufsichtszweckes endet[28]. Diese **Zweckgebundenheit** und **Zweckbegrenzung** gilt nicht nur für die staatliche Aufsicht im wirtschaftlichen Bereich i.w.S., sondern auch für die Aufsicht über Selbstverwaltungskörperschaften. Die Feststellung Salzwedels[29] z.B., es dürften nicht fortlaufend umfassende Auskünfte über alle Selbstverwaltungsvorgänge angefordert werden, ist eine Bestätigung für die hier vertretene Ansicht.
Sie umfaßt auch die Erkenntnis, daß jedes Auskunftsverlangen „objektive Anhaltspunkte für Situationen“[30], die „ein aufsichtliches Einschreiten rechtfertigen“[31], voraussetzt. Die hier vertretene Ansicht[32] wird aber auch durch das Urteil des BayObLG vom 6.12.1962[33] bestätigt. Zwar erachtet das Gericht nach dem reinen Wortlaut des Entscheidungssatzes **jede** mündliche oder schriftliche Auskunft über den Geschäftsbetrieb für zulässig, läßt aber in den Urteilsgründen klar erkennen, daß die Auskunftspflicht sinnvoll nur als eine begrenzte verstanden werden kann. Das geht daraus hervor, daß das Gericht es für mißbräuchlich erachtet, dieselbe Auskunft mehrfach zu verlangen.
Ebenso mißbräuchlich[34] muß aber auch ein Auskunftsverlangen jenseits der legitimierenden Gemeinschaftsinteressen, der Geeignetheit und der Erforderlichkeit[35] sein.
Auskünfte sind auf Verlangen auch dann zu erteilen, wenn sich der Gegenstand der Auskunft z.B. bereits aus Urkunden ergibt. § 97 Abs. 2 AO, wonach die Vorlage von Büchern, Aufzeichnungen, Geschäftspapieren und anderen Urkunden i.d.R. erst dann verlangt werden soll, wenn der Vorlagepflichtige eine Auskunft nicht erteilt hat, wenn die Auskunft unzureichend ist oder Bedenken gegen ihre Richtigkeit bestehen, wird insoweit modifiziert. Diese Modifizierung kann aber nicht, wie z.B. Tipke / Kruse[36] mit Hinweis auf den Aufsichtszweck meinen, zu einer generellen Nichtanwendbarkeit des § 97 Abs. 2 AO führen. Denn obgleich § 211 Abs. 1 Satz 1 AO die Pflicht zur Vorlage von Aufzeichnungen, Büchern, Geschäftspapieren und anderen Urkunden über die der Steueraufsicht unterliegenden Sachverhalte vor der Auskunftspflicht nennt, kann darin dennoch keine Abweichung von dem auch von Tipke / Kruse[37] für die Steueraufsicht gern zitierten Grundsatz der Verhältnismäßigkeit der Mittel gesehen werden.

b) Form der Auskunft

---

[28] Aus diesem Grunde wäre z.B. § 93 Abs. 2 Satz 2 AO auch ohne den ausdrücklichen gesetzlichen Hinweis in § 200 Abs. 1 Satz 4 AO im Bereich der Außenprüfung nicht anwendbar. In den Grenzen des jeweiligen Aufsichtszweckes finden auch § 208 AO für die Steuerfahndung (Zollfahndung) und § 211 AO für die Steueraufsicht des § 209 AO ihre Rechtfertigung. Dazu vgl. **Mösbauer,** Steueraufsicht im Bereich der Zölle und Verbrauchsteuern, DB 1980, S. 1506 ff.; **Mösbauer,** Befugnisgrenzen der finanzbehördlichen Steueraufsicht (§§ 209 ff. AO), DStZ 1988, S. 267 ff.; **Mösbauer,** Staatsaufsicht über die Wirtschaft, 1990, § 27 (S. 531 ff.).
[29] **Salzwedel,** Staatsaufsicht in der Verwaltung, VVDStRL 22 (1965), S. 249.
[30] **Salzwedel,** a.a.O..
[31] **Salzwedel,**a.a.O..
[32] Vgl. hierzu auch **Beyer,** Steuerlehre (Steuerverfassung, Steuergesetz, Steuergericht), 1998, RdNr. 20.
[33] BayObLG, Urteil vom 6.12.1962 – RReg. 4 St 348 / 62 – GewArch. 1963, 29.
[34] Ein solches Auskunftsverlangen entspricht nicht den Grundsätzen von Recht und Billigkeit. Vgl. dazu BFH, Urteil vom 17.12.1963 – VII 182 / 60 U – BStBl. 1964 III, 88 f.; ferner BFH, Urteil vom 23.2.1951 – IV 81 / 50 S – BStBl. 1951 III, 77; BFH, Urteil vom 18.9.1952 – IV 120 / 52 U – BFHE 56, 716; BFH, Urteil vom 1.7.1959 – II 99 / 56 U – BFHE 69, 409.
[35] Vgl. dazu z.B. § 95 Abs. 1 BHO: Unterlagen, die der Bundesrechnungshof zur Erfüllung seiner Aufgaben für **erforderlich** hält ... Auch § 41 Abs. 3 Nr. 4 LMBG beschränkt das Auskunftsverlangen auf die **Erforderlichkeit** im Rahmen der aufsichtlichen Aufgabennorm des § 41 Abs. 1 LMBG. Vgl. auch das **Aufklärungsbedürfnis** als Zulässigkeitsvoraussetzung für die Anordnung einer Außenprüfung (§§ 193 ff. AO).
[36] **Tipke / Kruse,** AO / FGO, § 211 AO, Tz. 1.
[37] Z.B. **Tipke / Kruse,** AO / FGO, § 210 AO, Tz. 2, 3 und 7.

aa) Form i.e.S.

Die **Form** der Auskunftserteilung – **schriftlich**[38], **mündlich** oder **fernmündlich –** unterliegt grundsätzlich dem Auswahl-Ermessen der die Auskunft anfordernden Behörde. Dieses Ermessen ist jedoch durch den Zweck der Ermächtigung[39] in § 211 AO gebunden. Es findet seine Schranken aber auch in den Grundsätzen der Gleichbehandlung, der Verhältnismäßigkeit der Mittel, der Erforderlichkeit, der Zumutbarkeit[40], der Billigkeit, von Treu und Glauben und in dem Willkür- und Übermaßverbot.

bb) Umfang und Häufigkeit

Diese Schranken gelten sowohl für die verlangte Form selbst, als auch für den **Umfang**[41] und die **Häufigkeit**[42] behördlichen Verlangens. Soweit keine bestimmte Form verlangt wird, liegt es im Ermessen des Auskunftspflichtigen, **wie** er die Auskunft erteilen will.

cc) Unentgeltlichkeit

In jedem Fall ist sie grundsätzlich **unentgeltlich** zu erteilen. Dies gilt auch dann, wenn die Unentgeltlichkeit nicht expressis verbis geregelt ist[43].

c) Auskunft und Anzeige

aa) Behördliches Auskunftsverlangen

Von der ihr verwandten **Anzeige** unterscheidet sich die Auskunft dadurch, daß sie **nicht** auf einer **generellen** öffentlich-rechtlichen Pflichtigkeit zur Mitteilung beruht, die unmittelbar oder mittelbar[44] auf ein Gesetz oder eine andere Rechtsnorm zurückzuführen ist. Sie geht vielmehr auf ein **behördliches Auskunftsverlangen** zurück, das in der Regel schriftlich ergeht und angibt, worüber Auskunft erteilt werden soll.

bb) Mitteilung über Wissen von Tatsachen

Da es sich bei der Auskunftserteilung um die Mitteilung von Wissen über **Tatsachen** handelt[45], zu der die Betroffenen oder die von ihnen benannten Personen, aber auch „andere" Personen[46] und Behörden[47] verpflichtet sein können, kann die Auskunft grundsätzlich schriftlich, mündlich oder fernmündlich erteilt werden.

---

[38] Nach dem Sprachgebrauch umfaßt die Pflicht zur Erteilung einer „schriftlichen Auskunft" grundsätzlich auch die Anfertigung und Aushändigung von Berichten, Abschriften, Auszügen und Zusammenstellungen aus Geschäftsbüchern und Geschäftsunterlagen (z.B. Belegen, Bilanzen). Dies gilt, soweit keine ausdrücklichen Einschränkungen oder Erweiterungen der Auskunftspflicht geregelt sind.

[39] Vgl. dazu § 40 VwVfG; für das Steuerrecht den gleichlautenden § 5 AO.

[40] Vgl. dazu BayObLG, Urteil vom 6.12.1962 – RReg. 4 St 348 / 62 – GewArch. 1963, 29.

[41] So wird es rechtsmißbräuchlich sein, wenn eine Behörde zum Zwecke der Beantwortung einer Frage nach offensichtlich nicht rechtsrelevanten Tatsachen die Anfertigung, Zusammenstellung und Übersendung umfangreicher Berichte und Abschriften aus Geschäftsunterlagen verlangt.

[42] Desgleichen wird es rechtsmißbräuchlich sein, wenn eine Behörde eine Auskunft mehrfach in gleicher Form verlangt. Darunter fällt nicht ein behördliches Verlangen, das nach Einsicht in die Geschäftsunterlagen auf Vorlage teilweiser Auszüge aus diesen Unterlagen gerichtet ist.

[43] Vgl. in diesem Zusammenhang z.B. § 200 Abs. 2 Satz 2 AO. Er gilt sinngemäß auch für die Steueraufsicht der §§ 209 ff. AO.

[44] Z.B. über einen Verwaltungsakt auf Grund eines Gesetzes.

[45] Siehe dazu BFH, Urteil vom 17.12.1963 – VII 182 / 60 U – BStBl. 1964 III, 89.

[46] Vgl. z.B. § 200 Abs. 1 Satz 3 AO i.V. mit § 8 BpO 2000.

cc) Keine Verfahrenshandlung

Da die Auskunftserteilung ferner zwar eine für das Verfahren wesentliche Handlung, gleichwohl aber **keine Verfahrenshandlung** darstellt, kann das Auskunftsverlangen auch gegen – verfahrenshandlungsunfähige – Minderjährige gerichtet sein.

4. Das Verhältnis der §§ 86 – 92 AO zum Verpflichtungstatbestand

Da, gleich den passiven Duldungspflichten, auch die aktiven Mitwirkungs- und Hilfspflichten des § 211 AO in den finanzbehördlichen Aufgabenbereich des § 85 AO gestellt sind, gelten auch für sie die allgemeinen Vorschriften der §§ 86 – 92 AO. Dies bedeutet speziell, daß auch die Mitwirkungspflichten des § 90 AO für das Steueraufsichtsverfahren gelten, sofern die lex specialis des § 211 AO nicht entgegensteht. Eine solche Feststellung ist insbesondere für die Mitwirkungspflichten dritter Personen zu treffen. Da § 211 Abs. 1 AO eine dem § 200 Abs. 1 Satz 3 AO entsprechende Regelung nicht kennt, ist für das Steueraufsichtsverfahren § 93 Abs. 1 Satz 3 AO entsprechend anzuwenden. Dies aber bedeutet, daß die Steueraufsichtsbehörden auch andere – dritte – Personen, die nicht Betroffene i.S. des § 211 Abs. 1 Satz 1 AO sind, zur Auskunft anhalten können, wenn der Aufsichtszweck nicht via § 210 AO und § 211 AO erreichbar ist oder wenigstens erreichbar scheint.

II. Der Verpflichtungstatbestand und seine gegenständliche Bindung

Nach dem Wortsinn sowohl des allgemeinen als auch des besonderen juristischen Sprachgebrauchs handelt es sich bei den Mitwirkungspflichten des § 211 AO nur scheinbar um allgemeine Pflichten. Tatsächlich begründet § 211 Abs. 1 Satz 1 AO für die Betroffenen Pflichten, die durch § 209 Abs. 1 und 2 AO **gegenständlich gebunden** sind. Dies geht aus dem Bedeutungszusammenhang mit den §§ 209 ff. AO hervor, in dem der Verpflichtungstatbestand des § 211 AO steht. Dieser erschließt, daß auch § 211 Abs. 1 Satz 1 AO eine Maßnahme der Steueraufsicht aus dem Bereich der **Zölle und Verbrauchsteuern** voraussetzt. Demnach orientiert sich auch die Erforderlichkeit der Mitwirkung des Betroffenen sowohl dem Grunde als auch dem Umfang nach an den jeweils in Frage stehenden Zöllen und Verbrauchsteuern. Dies bestätigen Kontext und sachliche Übereinstimmung des Verpflichtungstatbestandes mit den §§ 209 ff. AO ebenso wie die äußere Systematik des Gesetzes und die ihr zugrundeliegende Begriffssystematik.

---

[47] ... soweit diesen die Auskunftserteilung nicht ausdrücklich durch Gesetz untersagt ist.

§ 29 Die Bestellung von Steuerhilfspersonen

Mit § 217 AO[1] hat der Gesetzgeber erstmalig eine allgemeine Vorschrift geschaffen, nach der die Finanzbehörde zur aufsichtlichen Feststellung[2] von zoll- oder verbrauchsteuerrelevanten Tatsachen[3] **Steuerhilfspersonen**[4] bestellen[5] kann, die vom Ergebnis der Feststellung nicht selbst betroffen werden. Eine solche Bestellung war bisher nur auf Grund spezifischer, einzelgesetzlicher Regelungen möglich. Ihr Zweck ist nicht nur, wie Tipke / Kruse[6] meinen, darin begründet, die Zoll- und Verbrauchsteuerverwaltung zu entlasten, sondern auch einer Realität zu entsprechen, die durch einen Wandel der Verwaltung von einer traditionell-administrativen zu einer technisch-fachmännischen „mit zunehmender Technisierung des Entscheidungsprozesses" gekennzeichnet ist. Paulick[7] sprach dieses Fachwissen „von außen" an, wenn er darauf verwies, bei den Steuerhilfspersonen des § 217 AO handle es sich um besonders sachkundige und zuverlässige Personen. Begründet werden die Hilfspflichten der betreffenden Personen unmittelbar durch die Bestellung. Ihre Rechtsbeziehungen zu dem aufsichtsunterworfenen Unternehmen werden aber durch die Bestellung nicht berührt. Dies muß auch für Sachkundige mit erheblicher innerbetrieblicher Entscheidungsbefugnis gelten, wenngleich auch nicht zu übersehen ist, daß gerade ihre Bestellung zu Interessenkonflikten führen kann.[8]

---

[1] Er war in der AO 1931 ohne vergleichbares Pendant.

[2] Bei ihr handelt es sich nach zutreffender Feststellung von **Birk,** Steuerrecht, 7. Aufl., 2004, S. 146, RdNr. 453 anders als bei der Außenprüfung nicht um eine Nachprüfung der in der Vergangenheit liegenden Sachverhalte, sondern um eine laufende Kontrolle derjenigen Betriebe, die verbrauchsteuerliche Tatbestände erfüllen. So auch **F. Kirchhof,** Grundriß des Steuer- und Abgabenrechts, 2. Aufl., 2001, RdNr. 208.

[3] Z.B. Feststellungen von Zahl, Art, Merkmalen und Bezeichnung von Waren durch Wägen, Messen und Zählen.

[4] Solche Steuerhilfspersonen bzw. Zollhilfspersonen können z.B. Wiegemeister im Dienste von Gemeinden oder Bedienstete von Hafenverwaltungen sein.

[5] Die Bestellung von Steuerhilfspersonen / Zollhilfspersonen setzt deren fachliche Qualifikation und persönliche Zuverlässigkeit für ihre Aufgabe voraus.
Für ihre Ausschließung und Ablehnung gelten die §§ 82 ff. AO. „Von einer Bestellung sind einerseits ausgeschlossen alle Steuerpflichtigen (§ 33 AO), d.h. auch die gesetzlichen Vertreter und Vermögensverwalter (§ 34 AO) sowie die Verfügungsberechtigten (§ 35 AO), und andererseits alle Handlungsunfähigen (§ 79 AO)." (**Teichner,** in: Koch / Scholtz, AO, 5. Aufl., 1996, § 217 AO, Rz. 5).

[6] **Tipke / Kruse,** AO / FGO, § 217 AO.

[7] So schon **Paulick,** in: Hübschmann / Hepp / Spitaler, AO / FGO, 7. Aufl., 1951 / 79, § 217.

[8] Zur Konfliktsituation bei den Zollhilfspersonen vgl. **Behrendorf / Bukies,** Zollhilfspersonen, AWD 1973, S. 643 ff..

Stichwortverzeichnis

Teil I
Steuerliche Außenprüfung

Teil II
Steuerfahndung (Zollfahndung)

Teil III
Steueraufsicht